"이 책에 인용된 '환시'와 '받아쓰기'는 저자가 나름대로 예수의 생애를 이야기하기 위하여 사용한 문학적 표현 양식일 뿐, 그것을 초자연적인 기원에서 오는 것으로 여겨서는 안 된다."

신앙교리성성 장관 라씽거 추기경
교황청 공식 문서 제 144/58 i호
1994년 6월 21일

마리아 발또르따 (1948년)

마리아 발또르따의 영신 지도자 (좌측)

학생제복을 입은 15세 때의 모습

마리아 발또르따 저

하느님이시요 사람이신 그리스도의 시 : 〈전 10 권〉

* 제 1 권 - 준   비
* 제 2 권 - 공생활 첫해
* 제 3 권 - 공생활 둘째 해 (상)
* 제 4 권 - 공생활 둘째 해 (하)
* 제 5 권   공생활 셋째 해 (상)
* 제 6 권 - 공생활 셋째 해 (중)
* 제 7 권 - 공생활 셋째 해 (하)
* 제 8 권 - 수난 준비
* 제 9 권 - 수   난
* 제10권 - 영광스럽게 되심

이탈리아어 원제목 :

(Il Poema dell' Uomo-Dio) - 《하느님이시요 사람이신 그리스도의 시》

Centro Editoriale Valtortiano
　　　Via Po, 95
03036　Isola del Liri (FR.) Italia에서 출판.

———　———

이 책의 번역권과 출판권은 이탈리아의
"Centro Editoriale Valtortiano"(발또르따 출판사)가
파 레몬드(현우) 신부와 크리스챤 출판사에 독점적으로
주었음.

주 의

이 책에 대한 몇 마디 설명:

1947년에 비오 12세 교황이 예수의 생애에 관한 마리아 발또르따의 글을 직접 읽으셨다. 1948년 2월의 어느 특별 알현 중에 교황은 거기에 대하여 호의적인 의견을 말씀하셨다. 그러므로 이 저서에서 **아무것도 삭제하지 말고**, "환시"(幻視)와 "받아쓰기"에 대하여 설명하는 명백한 언명까지도 삭제하지 말고 출판하라고 권고하셨다.

그러나 동시에 초자연적 현상에 대하여 말하는 어떤 머리말의 글은 인정하지 않으셨다. 교황의 조언에 따르면, 해석은 일체 독자가 해야 할 것이다. "읽는 사람은 이해할 것이다"라고 교황은 덧붙이셨다.

파 레몬드 신부

-일본에서는 마리아 발또르따의 저서를 페데리꼬 바르바로(Federico Barbaro) 신부가 다섯 권으로 요약 번역해서 출판하였다. 이 책 다섯 권은 베스트셀러가 되었다.

마리아 발또르따 저

하느님이시요 사람이신 그리스도의 시

제 6 권
공생활 셋째 해 (중)

번역 안 응 렬
추천 파 레몬드(현우) 신부

도서 파티마의 성모
출판 크리스챤

공생활 셋째 해 (중)

(La Troisieme Annee De La Vie Publique)

요르단강의 서안(西岸)을 향하여
엔갓디에서의 전도와 기적
요나의 시몬의 영적인 싸움과 승리
아리마태아의 요셉의 집에서
자캐오의 회개
"마음으로 가난한 사람들은 행복하다"
포도밭과 자유의지의 비유
대화를 하시는 예수와 마리아
예수께서 사도들에게 사랑에 대하여 말씀하시다
아페카에서의 전도
다리케아에서

〈이 책은 원문의 완역본이다〉

공생활 셋째 해(중)

차 례

머 릿 말 / 15

76. 요르단강의 서안(西岸)을 향하여 …………………………… 21
77. 갈갈라에서 ……………………………………………………… 24
78. 엔갓디를 향하여. 유다와 시몬의 이별과 작별 인사 ……… 35
79. 엔갓디에 도착 ………………………………………………… 43
80. 엔갓디에서의 전도와 기적 ………………………………… 47
81. 엔갓디의 문둥병자 엘리세오를 고치심 …………………… 57
82. 마사다에서 …………………………………………………… 65
83. 유다의 어머니 마리아의 별장에서 ………………………… 72
84. 가리옷에 작별 인사 ………………………………………… 79
85. 가리옷의 안나와 마리아. 유다의 어머니와의 작별 인사 … 85
86. 유다에 작별 인사 …………………………………………… 95
87. 헤브론에 작별 인사 ………………………………………… 103
88. 벳수르에 작별 인사 ………………………………………… 110
89. 베델에서 ……………………………………………………… 117
90. 예수께서 베델에서 베드로와 바르톨로메오와 더불어 …… 126
91. 베델에 작별 인사 …………………………………………… 131
92. 요나의 시몬의 영적인 싸움과 승리 ………………………… 140
93. 평야의 엠마오로 가는 길에서 ……………………………… 143
94. 평야의 엠마오 근처에서 전교하심 ………………………… 150
95. 요빠에서 예수께서 가리옷의 유다와 이방인들에게 말씀하시다 … 167
96. 니고데모의 소유지에서 ……………………………………… 183
97. 아리마태아의 요셉의 집에서 ……………………………… 192
98. 아리마태아의 요셉의 집에서 지낸 안식일. 최고회의 위원 요한 … 201

99. 사도들이 말한다 …………………………………………………… 211
100. 평야에서 이삭줍기의 기적 ……………………………………… 219
101. 사도들끼리, 그리고 예수와 더불어. 예수와 베드로 ………… 229
102. 오순절을 위하여 예루살렘에 …………………………………… 235
103. 최고회의 위원이며 바리사이파 사람의 집의 향연에 가신 예수 ……247
104. 베다니아에서 ……………………………………………………… 262
105. 예수와 예리고로 가는 길에 있는 거지 ………………………… 269
106. 자캐오의 회개 …………………………………………………… 276
107. "자캐오는 세리요 죄인이었다. 그러나 악의로 그런 것은
   아니었다" ………………………………………………………… 283
108. "마음으로 가난한 사람들은 행복하다" ………………………… 288
109. 솔로몬의 마을에서 ……………………………………………… 293
110. 예수께서 데카폴리스의 어떤 마을에서 ……………………… 301
111. 마귀들린 사람 …………………………………………………… 310
112. 바리사이파 사람들의 누룩 ……………………………………… 323
113. "'저희들은 쓸데 없는 종들입니다' 하고 말해야 한다" ……… 335
114. "일곱번 뉘우치는 사람에게는 일곱번 용서하여라" ………… 343
115. "하늘에 가기를 갈망하면서, 사람들을 가르치기 위하여 사는 것은
   하나의 순교이다" ……………………………………………… 353
116. 해항 가이사리아에서 …………………………………………… 358
117. "거룩함의 한 형태인 지혜는 판단의 빛을 준다" …………… 371
118. "종교는 우리가 믿는 분에 대한 사랑과 그분에게로 가고자 하는
   욕망이다" ………………………………………………………… 389
119. 포도밭과 자유의지의 비유 ……………………………………… 402
120. 에스드렐론 평야를 지나가면서 ………………………………… 411
121. 예수와 떨어진 새둥지 …………………………………………… 415
122. "무슨 일에서나 하느님을 볼 줄 아는 사람은 행복하다" …… 420
123. 에스드렐론 평야, 걸음을 계속하며 …………………………… 422
124. 죠가나의 농부들과 함께 ………………………………………… 426
125. 나자렛에서 ………………………………………………………… 437
126. 예수께서 일을 하시면서 옻을 칠한 나무의 비유를 말씀하시다 ……444

127. 나자렛의 평화속에서 지낸 안식일들 …………………………454
128. "나는 어머니이기 전에 하느님의 딸이요 종이다" ……………462
129. 대화를 하시는 예수와 마리아 …………………………………469
130. 성모님이 티베리아에 가시다 …………………………………473
131. 우리에게 특별한 배려를 하는 사람에게는 고마운 마음으로
     감사해야 한다 …………………………………………………484
132. 나자렛에서 지낸 또 한번의 안식일 ……………………………490
133. 출발과 갈릴래아의 베들레헴으로 가는 여행 ………………498
134. 가리옷의 유다가 나자렛의 성모님께로 오다 ………………511
135. 마륵지암의 할아버지의 별세 ……………………………………521
136. 예수께서 사도들에게 사랑에 대하여 말씀하시다 …………528
137. 예수께서 티베리아에 가시다 …………………………………539
138. 예수께서 가파르나움에 오시다 ………………………………556
139. 호수지방에서의 전도. 가파르나움에서 ………………………558
140. 막달라에서 ………………………………………………………568
141. 가파르나움에서의 삽화(揷話). 어린이들의 보호자 예수 ……581
142. 이포 못미쳐 있는 마을에서 ……………………………………590
143. 호숫가 마을에서 아침에 전도하시다 …………………………601
144. 문둥병자의 은신처 곁에서 전도하심 …………………………610
145. 예수께서 이포에 가시다 ………………………………………624
146. 가말라를 향하여 ………………………………………………636
147. 가말라에서 ………………………………………………………645
148. 가말라에서 아페카로 …………………………………………663
149. 아페카에서의 전도 ……………………………………………674
150. 게르게사에, 그리고 가파르나움으로 돌아오심 ……………681
151. "뱀같이 슬기롭고, 비둘기같이 순진하여라" …………………690
152. 가파르나움에서 지내신 안식일 ………………………………698
153. 쿠자의 요안나의 집에서. 안티오키아에서 온 편지 …………710
154. 티베리아의 엠마오 온천에서 …………………………………740
155. 다리케아에서 ……………………………………………………749

● 일러두기

작은 요한 :
　예수님은 마리아 발또르따에게 가끔 '작은 요한' 이라는 이름으로 부르십니다.
　어떤 요한에 대해서 일까요? 가장 젊고, 순결하고, 겸손하고, 너그럽고, 용감하고, 십자가 밑에까지 충실했던 사도 요한에 대해서입니다.
　예수님은 마리아 발또르따를 사도 요한의 영혼과 마음과 정신과 똑같은 수준에까지 만들려고 생각하셨습니다. 이런 뜻에서 발또르따에게 말씀하시기 위해서 작은 요한이라는 이름을 사용하셨습니다.

머 릿 말

마리아 발또르따는 1897년 3월 14일 까세르따(이탈리아)에서 태어났다. 마리아는 1862년 만뚜아에서 출생한 기병 하사관 요셉 발또르따와 1861년 크레모나에서 난 프랑스어 교사인 이시스 피오라반찌의 외딸이었다. 마리아가 겨우 18개월 되었을 때에 부모가 아이와 함께 북부 이탈리아로 가서 살게 되어, 처음에는 파엔짜에 자리 잡았다가 몇 해 후에는 밀라노에 정착하였고, 그곳에서 마리아를 우르술라회 수녀들이 경영하는 유치원에 다니게 하였다. 거기서 마리아가 그의 소명의 첫번째 표를 받았다. 그는 사랑으로 자진해서 받아들인 고통 속에서 그리스도와 동일화되기를 원하였다.

역시 밀라노에서 일곱 살 때에 마르첼로회 수녀들이 경영하는 소학교에 다녔고, 그곳에서 1905년에 거룩한 안드레아 페라리 추기경에게서 견진성사를 받았다. 마리아는 그 후 1907년 가족이 이사해 가서 산 보게라의 공립학교에서 공부를 계속하였다. 1908년에 까스뗏지오에서 첫영성체를 하였다.

매우 독선적인 여자인 어머니의 강요로 마리아는 1909년 몬자의 비앙꼬니 중학교에 들어가야 하였는데, 그 학교에서 매우 날카로운 지능과 대단히 강인한 성격으로 두각을 나타냈다. 마리아는 문예과목에는 매우 재능이 있었으나 수학에는 도무지 소질이 없었다. 꾸준히 노력한 결과로 그가 기술공부의 졸업증서를 받았는데, 이 공부도 어머니가 강요한 것이었다. 그런데도 그는 중학교에서 만족하고 있었는데, 그의 어머니가 4년 후에는 학교를 그만두게 하였다. 그 때에 마리아는 하느님께 열렬한 기도를 드렸는데, 이번에도 하느님께서는 잊지 않으시고 마리아에게 그의 장래를 알려 주셨다. 그동안 아버지는 건강상의 이유로 은퇴하였고 작은 가족이 피렌체로 가서 살았는데, 그곳에서 마리아가 어느 선량한 청년과 약혼하였다.

그러나 어머니의 좋지 못한 성격 때문에 그 젊은이와 헤어져야 하였다. 큰 위기의 시기가 있은 후, 1916년에 마리아는 주께로부터 또 다른 계시의 표를 받았고 1917년에는 "사마리아인" 간호원단에 들어가서 열 여덟 달 동안 피렌체의 육군 병원의 병사들에게 모든 간호를 아끼지 않고 베풀었다.

1920년 3월 17일, 어머니와 같이 거리를 지나가는데 어떤 과격주의자가 쇠막대기로 그의 허리를 때려 그로 인하여 그의 장래의 신체 기능 불완전의 첫째 증상이 몸에 남게 되었다. 석 달 동안을 병상에서 지낸 다음 같은 해 10월에 부모와 같이 깔라브리아의 렛지오로 가서 호텔 주인인 어머니쪽 친척 벨판띠네 집에서 2년 가량을 살았다.

남부 이탈리아의 이 아름다운 해안 도시에서 지낸 긴 세월은 그의 정신을 튼튼하게 하는 많은 경험을 쌓게 하였다. 그러나 새로운 청혼들을 반대하는 어머니의 혐오의 흔적이 남기도 하였다. 그러자 마리아는 피렌체로 돌아가(그것은 1922년의 일이었다) 고통스러운 추억 속에서 또 2년을 보냈다.

1924년에는 비아렛지오로 마지막 이사를 하였는데, 이것이 끊임없이 하느님께로 올라가는 것을 온전히 지향하는 새로운 생활의 시초를 알리는 것이었다. 마리아는 몰래(어머니의 편협 때문에) 모든 교우 본분을 지켰고 이렇게 해서 가톨릭 액숀에 가입하는 데 성공하였다. 항상 자기를 바치고자 하는 소원으로 불타는 그는 1925년에 자비로우신 사랑에 자기를 바쳤고, 1931년에는 서원을 한 다음 더 결연한 의식(意識)을 가지고 하느님의 정의께로 자기를 바치고자 하였다.

점점 더 심해지는 고통에 짓눌려 마리아는 1934년 4월 1일부터는 병상을 떠나지 못하였다. 이 때부터 그는 하느님의 손 안에 든 말 잘 듣는 연장이 되었다. 다음 해에 마르따 디치오띠가 마리아의 집에 왔는데 마르따는 일생 동안 충실한 동반자로 있으면서 마리아를 떠나지 않았다. 이 무렵에 마리아는 그가 사랑하고 사람들 중에서 가장 훌륭한 분으로 생각하던 아버지의 죽음에서 오는 크나큰 고통을 맛보았다.

1942년에 마리아는 전에 선교사였던 독실한 신부로 마리아의 종복회(從僕會) 회원인 로무알도 M. 밀리오리니 신부의 방문을 받았는데, 이 신부는 4년 동안 그의 영신 지도자로 있었다. 1943년, 어머니가 세상을 떠난 그 해에 마리아 발또르따는 작가로서의 활동을 시작하였다. 마리아는 밀리오리니 신부의 권유로 자기의 능력껏 쓴 자서전에서 "받아쓰기"와 "환상 이야기"로 옮아갔는데, 이것들을 계시로 받는다고 언명하였다. 병석에 있으면서 심한 고통을 당하는데도 마리아는 직접, 단숨에, 어떤 시간에나 글을 썼고 밤에도 썼는데, 뜻밖에 중단을 하게 되어도 조금도 방해를 당한다는 느낌이 없이 항상 자연스러운 모습을 잃지 않고 있었다. 그가 참고할 수 있는 유일한 책은 성서와 비오 10세의 교리문답 뿐이었다.

1943년부터 1947년까지, 그러나 1953년까지는 좀 덜 빠른 속도로, 마리아는 공책 약 1만 5천 쪽을 썼다. 성서에 대한 주석, 초대 그리스도인들과 순교자들의 이야기, 신심에 관한 글들이었고 이밖에 여러 장의 영성 일기도 있다. 그러나 마리아 발또르따가 쓴 글의 약 3분의 2를 예수의 생애에 대한 엄청난 양의 작품이 차지한다.

자신의 지능에 이르기까지 모든 것을 하느님께 바친 다음 마리아는 여러 해 동안 정신에 관계되는 일종의 고독에 점진적으로 빠져들어가 마침내 임종하는 그의 머리맡에 불려와서 "Profissere, anima christiana, de hoc mundo"(그리스도인의 영혼아, 이 세상에서 떠나거라!) 하는 말로 기도하는 신부의 권고에 복종하는 듯이 꺼져가는 날에 이르렀다. 그것은 1961년 10월 12일이었다. 마리아는 회상의 글처럼 다음과 같은 글을 남겼었다.

"나의 고통은 끝났다. 그러나 나는 사랑하기를 계속하겠다."

그의 장례식은 10월 14일 아침 일찍 성 바울리노 본당에서 행하여

졌는데, 그의 유지(遺志)에 따라 매우 간소하게 치르졌고, 시체는 비아렛지오 공동묘지에 안장되었다. 그러나 1973년 7월 2일 마리아 발또르따의 유해는 피렌체의 "쌍띠시마 안눈찌아따" 대수도원 참사회 경당에 특전받은 묘소에 묻힐 수가 있었다.

  마리아 발또르따의 가장 중요한 저서인 예수의 생애에 관한 책은 그 후 여러 해에 쓴 몇 장만 빼고는 1944년부터 1947년까지 쓴 것이다. 이 저서는 벌써 1956년에 「Il poema dell'Uomo-Dio(사람이요 하느님이신 분의 시)」라는 제목으로 이탈리아에서 출판되었다. 초판은 부피가 큰 네 권으로 나왔는데, 마리아의 종복회 회원인 곤라도 M. 베르띠 신부의 신학적·교리적 주석이 달린 열 권짜리 비평판(批評版)이 뒤따랐다. 끊임없이 중판되고 아무 광고없이 보급된 이 저서는 이제 이탈리아와 온 세계에 널리 알려졌다.

  1971년에 프랑스인 교수 펠릭스 소바쥬씨가 「Il poema dell'Uomo-Dio」를 읽고 자기 나라 말로 번역할 욕망을 느꼈다. 그가 사는 뽕또드매르에서 그는 우리에게 자기 일의 진척 상황을 끊임없이 알려 주고, 자기가 나이가 많기 때문에 출판에 대한 우리의 결정을 재촉하였다. 그는 철학과 신학을 공부하였고 일생을 교직에서 보냈다고 언명하면서, 자기 자신의 능력을 우리에게 보증하기를 원한 때를 빼고는 자기 자신에 대한 말을 결코 하지 않았다.

  1976년에야 우리는 소바쥬씨가 직접 쓴 여섯 권의 프랑스어 번역을 가지러 노르망디에 갔었다. 그러나 얼마 지나서야 그것을 검토하기 시작하였다. 우리는 원고를 고쳐야 하리라는 것을 알아차렸다. 많이 고치기는 했지만 이 번역은 일할 때에 그를 젊게 하는 믿음의 후원을 받은 연세 높은 분이 이룩하였다는 점에서 공로가 있다.

  불행히도 펠릭스 소바쥬씨는 번역한 작품의 출판을 보지 못하였다. 그분은 1978년 9월 16일 87세의 고령으로 세상을 떠났다. 우리는 마리아 발또르따의 글에 주해나 설명을 달지 않고 그 제목 자체에서 작품의 성격이 솟아 오르게 하려는 그분의 변하지 않은 소원을 존중하

머릿말 **19**

였다.

 그러나 독자들에게 알리고자 하는 것은 일체의 설명이나 깊은 연구를 위하여는 이탈리아어판의 주석들이 여전히 가치가 있다는 것이다. 저서의 성질에 대하여는 이것이 가장 큰 사적인 계시 중의 하나라는 확신을 우리는 가지고 있다. 뿐만 아니라, 사적인 계시들은 공적인 계시에 종속하고 인간적으로 믿을 만한 가능한 표시를 가톨릭 신학이 인정하며, 하느님께서 모든 사람의 영적 이익을 위하여 어떤 사람들에게 주시는 것으로 되어 있다.

 독자들은 이 프랑스어 초판의 몇 가지 결함을 양해하여 주기 바란다.

이솔라 델리리(이탈리아)
1979년 10월 12일

에밀리오 뻬사니, 출판인

76. 요르단강의 서안(西岸)을 향하여

 예수께서는 다시 길을 가시는 중이다. 북쪽으로 등을 돌리시고, 건네줄 사람을 찾기 위하여 구불구불한 강줄기를 따라 가신다. 제자들이 모두 예수 둘레에 있는데, 솔로몬의 작은 마을과 그의 집에서 지낸 며칠 동안에 일어난 일들에 대하여 말하고 있다. 내가 이해한 바로는 선생님이 거기 계시다는 소문이 적대적인 계층에 퍼지기까지는 그들이 그곳에 머물러 있었다. 일이 그렇게 되었을 때는, 잘 정돈한 작은 집을 지키라고 늙은 아나니아에게 맡기고 떠났다. 아나니아는 이제는 슬프지 않은 가난 속에 안심하고 남아 있다.
 "사람들이 지금 있는 상태에 계속 남아 있으면 좋겠는데" 하고 바르톨로메오가 말한다.
 "선생님의 말씀대로 우리가 가고 오고 하면, 우리가 그들을 지금의 심경에 그대로 있게 할 거야" 하고 알패오의 유다가 대답한다.
 "가엾은 노인은 울고 있었어! 정이 들었던 거야…" 하고 안드레아가 아직도 마음이 언짢아서 말한다.
 "그리고 할아버지의 마지막 말이 내 마음에 들었어. 그렇지요, 선생님. 노인이 현자처럼 말했지요?" 하고 제베대오의 야고보가 말한다.
 "나는 노인이 성인처럼 말했다고 하겠네!" 하고 토마가 외친다.
 "그렇다. 나는 그의 소원을 잊지 않겠다" 하고 예수께서 대답하신다.
 "그렇지만 정확히 뭐라고 말했습니까? 저는 요한과 함께 미카엘의 어머니에게 선생님이 말씀하신 것을 잊지 말고 하라고 말하려고 자리를 떴었습니다. 그래서 정확한 것은 하나도 모릅니다" 하고 가리옷 사람이 말한다.
 "노인은 이렇게 말했다. '주님, 만일 제 며느리의 마을로 지나가시거든, 제가 며느리에 대해서 원한을 품고 있지 않는다고. 그리고 이제는 버림받은 사람이 아니라고 말씀해 주십시오. 그렇게 하면 며느리에 대한 하느님의 심판이 덜 엄할 테니까요. 어린 것들을 메시아에 대한 믿음속에서 키워서 제가 그 애들을 하늘에서 데리고 있게 하라고 말씀해 주십시오. 그리고 제가 평화 안에 들어가자마자 그들과 그들의 구원을 위해 기도하겠다고 말씀해 주십시오' 하고. 그래서 나는 그 말을 하겠다. 나는 그 여자를 찾아서 그 말을 해 주겠다. 그렇게 하는 일이 좋은 일이니까" 하고 예수께서 말씀하신다.

"비난의 말은 한 마디도 없구먼! 그리고 이제는 굶주림과 버림받음으로 인해서 죽지 않게 되었으니까 여자의 죄가 가벼워지게 된 것을 기뻐하는구먼. 훌륭해!" 하고 알패오의 야고보가 지적한다.

"그러나 그렇게 한다고 하느님의 눈에 며느리의 죄가 정말 줄어들까? 그것이 문젠걸!" 하고 알패오의 유다가 말한다.

의견들이 서로 엇갈린다. 마태오가 예수께 여쭈어본다. "선생님은 어떻게 판단하십니까? 사정이 전과 마찬가지이겠습니까, 혹은 달라지겠습니까?"

"달라질 것이다…."

"자 봐, 내 말이 맞지?…" 하고 토마가 의기양양해서 말한다. 그러나 예수께서는 당신이 말씀하시게 가만히 있으라는 손짓을 하시고 말씀하신다. "노인에게 있어서는 사정이 달라질 것이다. 이 세상에서 그의 너그러운 친절 때문에 달라진 것과 같이 하늘에서도 달라질 것이다. 여자의 경우에는 사정이 변하지 않을 것이다. 그의 죄는 하느님의 눈 앞에서 항상 외친다. 뉘우침만이 엄한 심판을 바꿀 수 있을 것이다. 그래서 그 말을 그 여자에게 해 주겠다."

"어디에 삽니까?"

"마사다에서, 오빠들 곁에서 산다."

"그래 거기까지 가시려고 하십니까?"

"그곳에도 복음을 전해야 한다…."

"그럼 가리옷에는요?"

"우리는 마사다에서 가리옷으로 다시 올라가고, 유다와 헤브론, 벳수르, 베델에 가서 오순절에는 다시 예루살렘으로 갈 것이다."

"마사다는 헤로데의 땅인데요…."

"그게 무슨 상관이냐? 그것은 요새이지만, 헤로데는 그곳에 없다. 또 있다 하더라도!… 어떤 사람이 있다고 해서 내가 구세주이기를 막지는 못할 것이다."

"그러나 어디서 강을 건넙니까?"

"갈갈라 근처에서. 거기서는 산들을 따라 강을 끼고 갈 것이다. 밤은 시원하고, 지브달의 초생달이 청명한 하늘을 비춘다."

"우리가 그곳으로 해서 간다면, 왜 선생님이 단식을 하신 산에 가지 않습니까? 모두가 그 산을 잘 알 가능성을 가지는 것이 당연한 일입니다" 하고 마태오가 말한다.

"거기로 간다. 그러나 배가 한 척 있으니, 건너편으로 건너갈 수 있게 도선료(渡船料)를 흥정해라."

77. 갈갈라에서

나는 갈갈라가 지금은 어딘지를 모른다. 예수께서 그리로 들어가실 때에는 꽤 인구가 많은 팔레스티나의 보통 도시인데, 특히 포도나무와 올리브나무가 뒤덮인, 별로 높지 않은 언덕 위에 있다. 그러나 그곳에는 햇볕이 어떻게나 강한지, 나무 밑이나 포도나무가 줄지어 서 있는 사이에 되는대로 뿌린 밀도·자랄 수 있을 정도이다. 그리고 그 밀들은 벌써 근처에 있는 광야의 영향을 받는 햇볕으로 바라는 만큼 구워지기 때문에 잎이 우거졌는데도 불구하고 익는다.

장날이라, 먼지와 웅성거림과 더러움과 혼란이 있다. 그리고 운명과 같이 피할 수 없이 으레 있는, 열성적이면서도 확신은 가지지 못한 바리사이파 사람들과 율법학자들이 장마당의 제일 좋은 구석에서 손짓 발짓을 해가며 아는 체하며 토론을 하는데, 예수를 못보는 체, 또는 알지 못하는 체한다. 예수께서는 식사를 하시려고 곧장 중요하지 않은 작은 광장으로 가신다. 그 광장은 거의 변두리에 있으며 가지가지 나무의 가지들이 뒤엉켜서 그늘이 많이 져 있다. 내 생각에는 산의 일부분인데, 도시지역으로 편입된 지가 얼마 되지 않아서, 아직도 원래의 자연상태의 기억을 간직하고 있는 것같다.

빵과 올리브를 드시는 예수께 제일 먼저 가까이 오는 사람은 누더기를 걸친 남자이다. 그는 빵을 좀 달라고 한다. 예수께서는 그에게 당신 빵과 손에 가지고 계신 올리브를 전부 주신다.

"그럼 선생님은요? 아시다시피 우린 돈이 없는데요" 하고 베드로가 지적한다. "우리는 전부 아나니아에게 주고 왔습니다…."

"상관없다. 나는 시장하지 않다. 목은 마르다…."

거지가 말한다. "이 뒤에는 우물이 하나 있습니다. 그렇지만 왜 제게 전부 다 주셨습니까? 선생님의 빵을 반만 주실 수 있었는데…. 다시 가져가시는 것이 싫지 않으시면…."

"드시오, 들어. 나는 안 먹어도 되오. 그러나 내가 불쾌감을 느낀다고 당신이 생각하지 않도록 당신 손으로 한 입만 주시오. 그러면 당신의 친구가 되기 위해 먹겠소…."

침울하고 어두운 얼굴을 하고 있던 그 사람이 놀란 미소로 환해지며 말한다. "오! 제가 불쌍한 오글라가 된 뒤로 누가 제 친구가 되겠다고 말한 것은 처음입니다!" 그러면서 예수께 빵을 한 입 드린다. 그리고 묻는다. "선생님은 누구십니까? 이름이 어떻게 됩니까?"

"나는 갈릴래아의 선생, 나자렛의 예수요."

"아!… 다른 사람들이 선생님 말을 하는 것을 들었습니다. 그렇지만… 선생님은 메시아가 아니십니까?…."

"내가 메시아요."

"그런데 메시아이신 선생님이 거지에게 이렇게 친절하십니까? 분봉왕은 길을 가다가 우리를 보면, 하인들을 시켜 우리를 때리게 하는데요…."

"나는 구세주요. 나는 때리지 않고, 사랑하오."

그 사람은 예수를 뚫어지게 쳐다본다. 그리고 천천히 울기 시작한다.

"왜 우시오?"

"그것은 …제가 구원을 받고 싶기 때문입니다…. 주님, 이제는 목마르지 않으십니까? 우물로 모시고 가서 말씀을 드릴 수 있을 텐데요…."

예수께서는 그 사람이 무엇인지를 고백하고 싶어한다는 것을 알아차리시고 일어나시면서 "갑시다" 하고 말씀하신다. "저도 가겠습니다!" 하고 베드로가 급히 말한다.

"아니다. 그렇기도 하고, 곧 돌아올 것이다…. 그리고 뉘우치는 사람은 존중해야 한다."

예수께서는 그 사람과 같이 집 뒤로 가신다. 집 저쪽으로는 들판이 이어진다.

"저기 우물이 있습니다…. 물을 마시세요. 그리고 제 말씀을 들으십시오."

"아니오. 먼저 당신의 고뇌를 내게 쏟아 놓으시오. 그런 다음에 …

물을 마시겠소. 그리고 어쩌면 내 목마름에는 땅에서 나오는 물보다도 맛있는 물을 마시게 될지도 모르겠소."

"선생님, 그게 어떤 물입니까?"

"당신의 뉘우침이오. 저 나무 아래로 갑시다. 여기서는 여자들이 우리를 살펴보고 있소. 오시오!" 그러면서 그의 어깨에 한 손을 얹으시고, 올리브나무들이 우거진 곳으로 밀고 가신다.

"제가 죄가 있고, 또 뉘우친다는 것을 어떻게 아십니까?"

"오! …그러나 말하시오. 그리고 나를 무서워하지 마시오."

"주님… 저희는 한 아버지에서 난 칠형제였습니다. 그러나 저는 아버지가 상처를 하고, 재취한 여자에게서 태어났습니다. 아버지는 돌아가시면서 우리 모두에게 똑같은 몫을 나누어 주었습니다. 그러나 아버지가 돌아가시자, 여섯 형제는 재판관들을 매수해서 제 재산을 전부 빼앗았습니다. 그들은 불명예스러운 비난을 해서 제 어머니와 저를 내쫓았습니다. 어머니는 제가 열여섯 살 때에 세상을 떠났습니다…. 그것도 궁핍으로 돌아가신 것입니다…. 그 때부터 저를 사랑해 줄 사람은 아무도 없었습니다…." 그러면서 그는 몹시 낙담하여 운다. 그러다가 침착해서 계속한다. "여섯 형은 부유하고 행복하고 성공을 맛보았는데, 그것에는 제 재산의 덕도 있었습니다. 그런데 저는 기진맥진한 어머니를 돌보다가 병이 들었기 때문에 굶어 죽을 지경이었습니다. 그러나 하느님께서는 형들을 하나씩 하나씩 벌하셨습니다. 제가 형들을 하도 저주하고 미워했기 때문에 그들은 마법의 주문(呪文)의 희생이 된 것입니다. 제가 잘못했습니까? 분명히 그렇겠지요. 저도 그것은 압니다. 그러나 어떻게 형들을 저주하고 미워하지 않을 수 있었겠습니까? 나이로는 셋째인 맨마지막 남은 형은 모든 저주를 견디어냈습니다. 그는 다른 다섯 형의 재산 덕택으로 발전하기까지 했습니다. 그는 결혼하지 않고 죽은 동생 세 사람의 재산을 합법적으로 상속했고, 아이없이 죽은 맏형수와 결혼했고, 대부(貸付)와 농간으로 둘째 형의 과부와 고아들에게서 상속의 대부분을 가로챘습니다. 그는 제가 어떤 부자의 하인으로 물건을 팔러 가는 장에서 우연히 만나면, 제게 욕을 하고 때리고 했습니다…. 어느 날 저녁에 저는 그 형을 만났습니다…. 저도 혼자였고, 형도 혼자였습니다. 형은 술이 좀 취해 있었습니다…. 그리고 저는 추억과 증오로 취해 있었습니다…. 어머니가 세상을 떠난지 10년이 되었었습니다…. 형은 제게 욕을 하고 돌아가신 어머니에게도 욕을 했습니다…. 그는 어머니를 '더러운 개'라고 부르고, 저를 '잔인하고 비열한 여자의 아들…'이라고 불렀습니다. 주님, 그가 제 어머니에 대해서 말하지 않았더라면… 저는 참았을 것입니다. 그러나 그는 어머니를 모욕했습니다…. 저는 그의 멱살을 잡았습니다. 저희는 싸웠습니다…. 저는 그를 때리기만 하려고 했습니다…. 그러나 그는 땅에 미끄러졌습니다…. 그런데 땅에는 미끄러운 풀이 깔려 있고, 비탈이 져 있었습니다…. 그리고 아래에는 협곡과 급류가 있었습니다…. 그는 잔뜩 취해 있었기 때문에 굴러서 떨어졌습니다…. 사람들은 여러 해째 아직 그를 찾고 있습니다…. 그러나 그는 레바논의 한 급류와 돌과 모래속에 파묻혀 있습니다. 저는 주인집으로 다시는 돌아가지 않았고, 형은 가이사리아 파네아드에 다시는 돌아가지 못했습니다. 저는 평안하지 않은 마음으로 걸었습니다…. 아! 카인의 저주! 사는 것이 두렵고… 그리고 죽는 것이 두려웠습니다…. 저는 병이 들었습니다…. 그리고… 선생님에 대한 말을 들었습니다…. 그러나 저는 무서웠습니다…. 선생님은 사람의 마음속을 보신다고들 말했습니다. 그런데 이스라엘의 선생들은 몹시 냉혹합니다!…. 그들은 연민을 모릅니다…. 선생 중의 선생인 선생님은 제 공포의 대상이었습니다…. 그래서 선생님을 피해 다녔습니다. 그렇지만 저는 용서를 받고 싶습니다…." 그는 땅바닥에 주저앉아서 운다….

예수께서는 그를 바라다 보시며 속삭이신다.

"그러면 그 죄들을 나 자신이 짊어집시다!… 여보시오! 내 말을 들어요. 나는 연민이지 공포의 대상이 아니오. 나는 당신을 위해서도 왔소. 내 앞에서 부끄러워하지 마시오…. 나는 구세주요. 당신은 용서받기를 바라오? 무엇에 대해서?"

"제 죄에 대해서입니다. 그걸 제게 물으십니까? 저는 형을 죽였습니다."

"당신은 그 때 모욕을 당하고 약이 올랐기 때문에 '그저 때리려고만 했다'고 말했지요. 그러나 당신이 한 사람이 아닌 여섯 형을 미워하고 저주할 때에는 모욕을 당하지 않고 성도 나지 않았었소. 당신은 그 일을 숨을 쉬는 것과 같이 자발적으로 했었소. 증오와 저주와 그들이 벌받는 것을 보는 기쁨, 이것이 당신의 정신적인 **빵**이었지요?"

"예, 주님. 10년 동안 그것이 제 빵이었습니다."

"그러면 실제로 제일 큰 죄는 당신이 미워하고 저주하는 순간에 짓기 시작했소. 당신은 형들을 여섯번 죽인 사람이오."

"그러나 주님, 그들은 저를 파산시키고 미워했습니다…. 그리고 제 어머니는 굶어서 세상을 떠났습니다…."

"당신이 복수를 한 것은 잘 했다는 말이오?"

"예, 그런 뜻입니다."

"당신 말은 옳지 않소. 벌하는 데에는 하느님이 계셨소. 당신은 사랑해야 했소. 그러면 하느님께서 땅과 하늘에서 당신에게 강복하셨을 거요."

"그러면 하느님께서는 절대로 제게 강복하지 않으실 것입니까?"

"뉘우침은 강복을 돌아오게 하오. 그러나 당신은 얼마나 많은 고통과 고민을 스스로 취했소! 당신의 형들이 당신에게 준 것보다 당신의 증오로 훨씬 더 많은 고통과 고민을 스스로 받게 되었소!…."

"맞습니다! 맞습니다! 26년째나 계속되는 증오입니다. 오! 하느님의 이름으로 용서하십시오. 선생님은 제가 제 죄에서 오는 고통을 마음속에 가지고 있는 것을 보시지요! 제 목숨을 위해서는 아무 것도 청하지 않습니다. 저는 거지이고 병들었습니다. 저는 이대로 있으면서 고통을 당하고 속죄하기를 원합니다. 그러나 하느님의 평화를 제게 주십시오! 저는 제물을 위한 돈을 모으느라고 굶주림을 당하면서 성전에서 제물을 바쳤습니다. 그러나 제 죄는 말할 수가 없었습니다. 그래서 제 제물이 받아들여졌는지 알지 못하겠습니다."

"절대로 받아들여지지 않았소. 당신이 날마다 제물을 하나씩 바쳤다 하더라도, 그것을 바치면서 거짓말을 했으면, 그것이 무슨 소용이 있었겠소? 먼저 **죄를 진정으로 고백하지 않은 제물은 미신적이고 무익한 제사요**. 죄에, 또 죄 하나를 더 보태는 것이니, 무익한 것보다도 한층 더 못한 것이오. 독성적(瀆聖的)인 제사요. 당신은 사제에게 뭐라고 말했소?"

"'저는 알지 못해서 주님이 금하신 일을 해서 죄를 지었습니다. 그래서 속죄하고자 합니다' 하고 말했습니다. 그러면서 '나는 무슨 죄를 지었는지 안다. 그리고 하느님께서도 그것을 아신다. 그러나 사람에게는 그것을 분명히 말할 수 없다. 모든 것을 보시는 하느님께서는 내가 내 죄를 생각하고 있다는 것을 아신다' 하고 생각했습니다."

"마음속으로 하는 제한이고, 부당한 핑계요. 다시는 그렇게 하지 마시오."

"그러겠습니다, 주님. 그러면 제가 용서를 받겠습니까? 어디 가서 모든 것을 자백해야 합니까? 제가 죽인 목숨을 제 목숨으로 갚아야 합니까? 저는 하느님의 용서를 받고 죽으면, 그것으로 충분합니다."

"속죄를 하기 위하여 사시오. 당신은 과부에게 남편을 돌려줄 수 없고, 고아들에게 아버지를 돌려줄 수 없소…. 죽이기 전에, 증오가 지배하도록 허락하기 전에, 곰곰이 생각해야 할 것입니다! 그러나 일어나서 당신의 새로운 길을 걸으시오. 걸어가느라면 내 제자들을 만나게 될 거요. 만일 당신이 테쿠아에서 베들레헴으로 가면, 유다의 산에는 틀림없이 그들이 돌아다니고 있을거요. 그들에게 예수가 당신을 보낸다고 말하고, 예수는 벳수르와 베델로 해서 오순절까지는 예루살렘에 다시 올라갈 것이라고 말하시오. 엘리야, 요셉, 레위, 마티아, 요한, 베냐민, 다니엘, 이사악을 찾으시오. 이 이름들을 기억하겠소? 특히 이들에게 문의하시오. 이제는 갑시다…."

"그런데 물은 안 마시십니까?"

"나는 당신의 눈물을 마셨소. 하느님께로 돌아오는 한 영혼을! 내게는 이보다 더 위안이 되는 것이 없소."

"그럼 저는 용서받았습니까? '하느님께로 돌아오는'… 이라고 말씀하셨지요."

"그렇소. 당신은 용서받았소. 그리고 다시는 미워하지 마시오."

그 사람은 몸을 일으켰었기 때문에 다시 몸을 구부려 예수의 발에 입맞춤 한다.

두 사람이 사도들에게로 돌아오니, 그들은 율법학자들과 토론을 하고 있었다.

"여기 선생님이 오십니다. 선생님은 당신들에게 대답하실 수 있고,

또 당신들이 죄를 짓는다고 말씀하실 수 있소."

"무슨 일이냐?" 하고 예수께서 물으시는데, 예수의 정중한 인사는 답례를 받지 못한다.

"선생님, 이 사람들이 질문과 놀림으로 저희 기분을 상하게 합니다…."

"귀찮은 일을 참아견디는 것은 자비로운 일이다."

"그러나 이 사람들은 선생님을 모욕합니다. 이 사람들은 선생님을 경멸의 대상을 삼습니다…. 그래서 사람들은 망서립니다. 보시지요? 저희들은 사람들을 모으는데 성공했었는데… 이제는 누가 남아 있습니까? 여자 두세 명뿐입니다…."

"아! 아니오! 당신들은 남자 한 사람도 데리고 있소. 더러운 남자 한 사람을! 이것도 당신들에게는 분수에 넘치오! 그러나 선생님, 더러운 것은 선생님께 불쾌감을 준다고 항상 말씀하신 선생님이 너무 오염하시는 것이 아닙니까?" 하고 젊은 율법학자가 예수 곁에 있는 거지를 가리키면서 놀린다.

"이 사람은 더럽지 않소. 이 사람은 내게 혐오감을 일으키는 더러움을 가지고 있지 않소. 이 사람은 '거지'요. 거지는 내게 혐오감을 주지 않소. 그의 가난은 다만 형제적인 감정에 마음의 문을 열어야만 하오. 나는 도덕적 빈곤, 악취를 풍기는 마음, 갈기갈기 찢어진 영혼, 헌데 투성이의 정신을 싫어하오."

"그런데 그 사람이 그렇지 않은지 아십니까?"

"이 사람이 하느님의 자비를 안 지금은 하느님과 그분의 자비를 믿고 바란다는 것을 아오."

"자비를 안다구요? 그 자비가 어디에 삽니까? 우리도 가서 그 얼굴을 보게 말해 주시오. 아! 아! 모세가 감히 쳐다보지도 못한 무서운 하느님은 당신이 자비로우실 때에도, 많은 세월이 지닌 그분의 준엄함이 완화되었다 하더라도 무서운 얼굴을 하고 계실 것이 틀림없습니다" 하고 젊은 율법학자가 대꾸하며, 하느님을 모독하는 말보다도 더 부정적인 웃음을 웃는다.

"당신에게 말하고 있는 내가 하느님의 자비요!" 하고 예수께서 외치신다. 예수께서는 몸을 꼿꼿이 일으키셨고, 그 눈길과 몸짓의 힘은 번개가 번쩍거리는 것과 같다. 상대가 어떻게 무서워하지 않는지 모르겠다….

그러나 도망은 하지 않아도 그의 빈정거림을 계속하지 못하고 입을 다무는데, 다른 사람 하나가 대신 들어선다. "오! 쓸데 없는 말이 많기도 하군! 우리는 믿을 수 있기만 했으면 합니다. 그 이상 바랄 것이 없습니다. 하지만 믿기 위하여는 증거가 필요합니다. 선생님, 갈갈라가 우리에게 어떤 곳인지 아십니까?"

"그럼, 당신은 나를 바보 취급을 하는 거요?" 하고 예수께서 말씀하신다. 그리고 약간 단조롭고 느린 성시(聖詩)를 낭송하는 투로 시작하신다. "그리고 여호수아는 아침 일찍 일어나 장막을 거두었다. 온 이스라엘 백성을 거느리고 세띰을 떠나, 요르단강에 다다라 거기서 사흘을 묵었다. 사흘이 지난 후에 장교들이 천막 사이를 돌아다니며 외쳤다. 〈레위 지파 사제들이 주 너희 하느님의 계약궤를 메고 나서는 것이 보이거든 너희도 있던 자리를 떠나 그들을 따라 가라. 그러나 너희와 계약궤 사이에는 2천자 가량의 거리가 있게 하여라. 그래야 너희가 일찍이 가본 적이 없는, 가야 할 길을 멀리서 보고 분간할 수 있을 것이다. 그리고….〉'"

"됐습니다! 됐어요! 학과는 아시는군요. 그럼 우리도 믿기 위해 선생님에게서 그런 기적을 보았으면 합니다. 과월절에 성전에서 우리는 선생님이 물이 불어난 강물을 멈추게 했다고 하는 뱃사공이 전한 소문을 귀가 아프도록 들었습니다. 그러면, 보잘 것없는 사람을 위해서 그렇게 큰 일을 하셨으니, 보통 사람보다 훨씬 더 나은 우리들을 위하여는 제자들을 데리고 요르단강으로 내려가서, 모세가 홍해에서, 그리고 갈갈라에서 여호수아가 한 것과 같이 발을 적시지 않고 강을 건너는 기적을 행하십시오. 자! 요술은 무식한 사람들에게나 소용되지, 우리는 선생의 요술에 매혹되지 않을 것입니다. 비록 선생이 에집트의 비밀과 주문(呪文)의 말투를 알고 있다는 것은 잘 알려진 일이지만 말입니다."

"나는 그런 것 필요없소."

"강으로 내려갑시다. 그러면 선생을 믿겠습니다."

"'네 주 하느님을 시험하지 말아라!' 하는 말이 있소."

"당신은 하느님이 아니오. 당신은 보잘 것없는 미치광이오. 당신은 무식한 군중들을 선동하는 사람이오. 당신은 베엘제불을 데리고 있으니 군중들을 상대할 때는 쉬운 일이오. 그러나 마귀를 쫓는 사람의 기장(記章)을 가진 우리에 대해서는 당신은 아무 것도 아닌 것보다도 못하오" 하고 한 율법학자가 공격적인 어조로 말한다.

"이분을 모욕하지 말게! 우리를 만족시켜 주십사고 청하게, 자네가 그렇게 취급하니까. 이분은 품위가 떨어지고 능력을 잃는 걸세. 자, 나자렛 선생님! 우리에게 증거를 하나 보여 주십시오. 그러면 선생님을 숭배하겠습니다" 하고 뱀처럼 간사한 늙은 율법학자가 말한다. 그런데 그는 다른 사람들이 공공연한 잔인성으로 그런 것보다도 그의 음흉한 아첨으로 더 적의를 나타낸다.

예수께서는 그를 바라다 보신다. 그리고 서남쪽으로 몸을 돌리시고, 팔을 벌려 내미신다. 그리고 말씀하신다. "저기 유다의 광야가 있습니다. 그리고 거기서 나는 마귀에게서 주 내 하느님을 시험하라는 말을 들었습니다. 그래서 나는 그에게 이렇게 대답했습니다. '사탄아, 물러가라! 하느님은 흠숭해야지, 시험해서는 안 된다고 일러졌다. 그리고 하느님을 따르려면 살과 피를 초월해야 한다'고. 나는 당신들에게 이렇게 말합니다."

"당신이 우리를 사탄이라고 부르는 거요? 우리를? 아! 저주받은 자!" 그리고 율법의 박사들이기보다는 오히려 깡패들과 같이 땅에 여기저기 흩어져 있는 돌을 집어 예수를 치려고 하며 외친다. "가시오! 가! 영원히 저주받으시오!"

예수께서는 겁내지 않고 그들을 바라다 보신다. 예수께서는 그들의 독성적(瀆聖的)인 행위를 무력하게 만드시고, 겉옷을 집으시고 말씀하신다. "가자! 여보시오. 당신은 내 앞에서 걸어 가시오." 그리고 우물 있는 데로, 고백이 있었던 올리브밭 쪽으로 가셔서 그리로 들어가신다…. 그리고 괴로움에 짓눌리시어 고개를 떨어뜨리시는데, 억제할 수 없는 눈물 두 줄기가 속눈썹에서 창백한 얼굴로 흘러 내린다.

그들은 큰 길에 이르렀다. 예수께서는 걸음을 멈추시고 거지에게 말씀하신다. "나는 돈을 줄 수 없소. 돈이 없으니까 당신에게 강복하오. 잘 가시오. 내가 말한 대로 하시오."

그들은 헤어진다…. 사도들은 몹시 슬퍼한다. 그들은 말없이 몰래 서로 바라다 본다….

예수께서 율법학자 때문에 중단되었던 성시를 암송하는 어조로 다시 말씀하심으로 침묵을 깨뜨리신다. "그리고 야훼께서 여호수아에게 말씀하셨다. 〈각 지파에서 한 사람씩 백성 가운데에서 열두 사람을 뽑아, 요르단강 한복판 사제들의 발이 머무른 곳에서 매우 단단한 돌 열두 개를 날라다가 너희들이 오늘 밤 천막을 칠 자리에 세워 놓으라고 일러라.〉 그리하여 여호수아는 이스라엘 백성 가운데에서, 각 지파에서 한 사람씩 뽑은 열두 사람을 불러 모으고 일렀다. 〈너희의 하느님 야훼의 궤를 지나 요르단강 한가운데로 가서 이스라엘 지파의 수대로 사람마다 어깨에 돌 한 개씩을 메어내 오너라. 이것이 너희 가운데 기념물로 남으리라. 훗날 너희의 자녀들이 돌들이 무엇이냐고 물으면, 야훼의 계약 앞에서 요르단강의 물이 끊어진 사실을 일러 주어라. 그리고 이 돌들은 그 궤가 요르단강을 건널 때 강물이 끊어졌던 일을 이스라엘 백성에게 영원히 전하는 기념비라고 일러 주어라.〉" 예수께서는 숙이고 계시던 머리를 다시 드신다. 그리고 당신을 쳐다보는 열두 제자에게로 눈길을 돌리신다. 예수께서는 다른 목소리로, 즉 가장 크게 슬프실 때의 목소리로 말씀하신다. "그리고 계약궤는 강속에 있었다. 그리고 그 물을 거룩하게 하기 위하여, 강바닥에 머물러 있는 계약궤 때문에 거룩하게 되었던 것보다도 거룩하게 하기 위하여 물속에 있던 말씀에 대한 경의를 표하기 위하여 물이 갈라지지 않고, 하늘이 갈라졌었다. 그리고 말씀은 돌 열둘을 택하였다. 그 돌들은 세상 마칠 때까지 가야 하기 때문에 매우 단단한 돌을 골랐다. 또 그 돌들은 새 성전과 영원한 예루살렘에 쓰일 주춧돌이 되어야 하기 때문이기도 하다. 열둘, 이것을 기억하여라. 이것이 수이어야 한다. 그리고 말씀은 둘째 증언을 위하여 다른 열두 사람도 택하였다. 첫번 목자 제자들과, 문둥병자 아벨과, 불구자 사무엘과 처음에 병이 고쳐져서 고맙게 여기는 사람들이다…. 역시 매우 단단한 돌들이다. 그것은 하느님을 미워하는 이스라엘의 공격을 견디어내야 하기 때문이다!…. 하느님을 미워하는!…."

이스라엘의 냉혹을 슬퍼하실 때의 예수의 목소리는 얼마나 고민하고 약해지고, 거의 억양이 없는 목소리인가! 예수께서는 말씀을 이으신다. "강속에서는 세월과 사람이 기념이 되는 돌들을 흩트려 놓았다…. 땅에서는 증오가 내 열두 제자를 흩어 놓을 것이다. 강변에서는 세월과 사람들이 기념하는 제단을 무너뜨렸다…. 첫번째 돌들과 두번째 돌들은, 지옥에만 있지 않고 사람들 안에도 있는 마귀들의 증오 때문에 온갖 종류의 일에 사용되었기 때문에 이제는 알아볼 수 없게 되었다. 그 돌들 중의 이러저러한 것들은 나를 죽이는데 소용되기까지 하였다. 그리고 내게 맞서는 돌들 가운데에, 여호수아가 골랐던 매우 단단한 돌의 깨진 조각이 없다고 누가 내게 말하겠느냐? 매우 단단하고! 적대적인 돌들! 오! 매우 단단한 돌들이다! 내 제자들 가운데에서도 갈라져서, 나를 짓밟는 마귀들에게 인도(人道) 노릇을 하고… 나를 치기 위하여 조약돌이 되고… 그래서 내가 선택한 돌이 아니라… 사탄이 될 사람들이 있을 것이다. 오! 사촌 야고보! 이스라엘은 그의 구세주에 대해서 대단히 냉혹하구나!" 그러면서, 당신을 압도하는 어떤 낙담으로 짓눌리시는지 예수께서는 알패오의 야고보의 어깨에 기대어 그를 껴안으면서 우신다…. 이런 일은 도무지 본 적이 없다.

78. 엔갓디를 향하여. 유다와 시몬의 이별과 작별 인사

 그들은 달빛 아래 길을 계속하고, 어떤 동굴에서 몇 시간을 머물렀다가 새벽에 다시 길을 떠난 모양이다. 가시나무들과 땅에 깔려서 발에 거치적거리는 칡덩굴 사이로 난 자갈길을 어렵게 걸어왔기 때문에 눈에 띄게 피로한 모습들이다. 행진은 이 근처를 잘 아는 것같은 열성당원 시몬이 인도하는데, 그는 이 어려운 걸음이 자기에게 달리기나 한 것처럼 그것을 미안해 한다.
 "이제 저기 보이는 산에 다시 가면, 걷기가 더 쉬울 걸세. 그리고 산꿀이 많이 있고, 물도 많이 있을 거라고 약속하네…."
 "물? 난 진흙 속을 걷고 있는 걸! 마치 소금 위를 걸은 것처럼 모래가 내 발을 쏟아서 피부가 사뭇 화끈거리네. 정말 몹쓸 곳이로군! 오! 하늘의 불로 벌을 받은 곳 근처에 와 있다는 걸 느끼네. 암! 느끼고 말고! 하늘의 불이 바람에도 땅에도 가시에도 남아있네. 모든 것에!" 하고 베드로가 외친다.
 "그렇지만 선생님, 옛날에는 여기가 매우 아름다웠었지요?"
 "매우 아름다웠다. 세상이 처음 시작되었을 시절에는 이곳이 작은 에덴동산이었다. 땅이 매우 기름지고, 여러 가지에 소용되지만 이익만 주게 배치된 많은 샘물이 있었다. 그러다가 사람들의 무질서가 자연의 힘을 빼앗아 가는 것처럼 보였다. 그리고는 멸망이 왔다. 이교도 세계의 현자들은 그 무서운 벌을 여러 가지로 설명하였다. 그러나 어떤 때는 미신적인 공포를 곁들인 인간적인 방식으로. 그러나 자연의 힘의 질서를 바꾸어 놓은 것은 다만 하느님의 뜻이었다는 것을 믿어라. 하늘에 있는 자연의 힘이 땅속 깊이 있는 자연의 힘을 불러내서 서로 부딪혔고, 서로 흥분시켜 불길한 원무를 추게 되었고, 번갯불은 땅의 광맥이 터지면서 어지럽게 쏟아놓은 역청(瀝靑)에 불을 질렀다. 그리고 땅속에서 나온 불과 땅 위에 있는 불, 또 땅의 불을 더 잘 타게 하고, 무서운 경련으로 떨고 있는 땅에 검과 같은 번갯불로 새로운 상처를 내기 위하여 하늘의 불이 전에는 낙원이었던 곳을 몇 백 미터 몇 천 미터씩 태우고, 파괴하고, 쏟아서 너희가 지금 보는 지옥을 만들었고, 저 곳에는 생명이 있을 수 없게 되었다."

사도들은 주의깊게 듣고 있다….

바르톨로메오가 묻는다. "두꺼운 장막같은 진한 물을 뺄 수 있으면 큰 바다 밑에서 벌받은 도시들의 잔해를 발견하리라고 생각하십니까?"

"물론이다. 그리고 깊은 물이 파묻힌 도시들의 회로 된 수의를 만들어 놓고 있기 때문에 거의 있는 그대로를 발견할 것이다. 그러나 요르단강이 그 위에 모래를 두껍게 덮었다. 그래서 그 도시들은 다시 일어날 수 없도록 이중으로 묻혔다. 그것은 그들의 죄를 고집하여, 하느님의 저주와 그들이 일생동안 몹시 애타게 섬겼던 사탄의 지배로 다시 나올 수 없게 묻히는 사람들을 상징한다."

"그리고 그의 아들들과 더불어 온 이스라엘의 영광인 아스모네아의 의인 시메온의 요한의 마타티아가 피난했던 곳도 이곳입니까?"

"이곳이다. 산과 사막 사이. 여기서 그는 백성과 군대를 다시 정비했고, 하느님께서 그와 함께 계셨다."

"그러나 적어도… 그에게는 더 쉬운 일이었습니다. 바리사이파 사람들이 선생님께 대해서 하는 것보다는 앗시리아 사람들이 더 의로웠으니까요!"

"오! 바리사이파 사람들보다 더 의로운 것은 아주 쉬운 일이야! 내 다리에 달라붙은 이 가시에게 있어서 찌르는 일보다도 더 쉽단 말이야…. 여기 좀 보게!" 말을 듣느라고 땅을 내려다보지 않아서 장딴지에서 피가 나게 하는 가시덤불에 둘러싸인 베드로가 말한다.

"산 위에는 덜해. 보게, 벌써 덜하지?" 하고 열성당원 시몬이 그를 위로하느라고 말한다.

"흠! 자넨 이곳 사정에 정통하구먼…"

"나는 추방당하고 박해당해서 여기서 살았거든…"

"아! 그럼!…"

78. 엔갓디를 향하여. 유다와 시몬의 이별과 작별 인사

과연 작은 산들은 푸르러진다. 그늘은 덜 지지만 고통을 덜 주는 푸른 빛이다. 그리고 짧은 가는 풀이 별로 잘 발육하지 못하였지만, 그대신 매우 향기롭고 꽃이 사방에 피어 있어, 빛깔 있는 양탄자를 깔아 놓은 것같다. 구름떼 같이 많은 벌들이 거기에서 식량을 얻어 가지고 산허리에 많이 뚫려 있는 동굴로 가서, 담쟁이와 인동덩굴이 커튼처럼 늘어진 아래에 있는 자연적인 벌통속에 줄을 내려놓는다. 열성당원 시몬은 한 동굴로 가서 금빛도는 봉방(峰房)들을 가지고 나온다. 그리고 모든 사람이 먹을 만큼 가져올 때까지 다른 동굴, 또 다른 동굴에 들어간다. 그리고 선생님께 드리고 친구들에게 준다. 그들은 달고 끈적거리는 꿀을 맛있게 먹는다. "빵이 있었으면! 참 맛있다!"하고 토마가 말한다.

"오! 빵이 없어도 맛있는 걸! 펠리시테인들의 밀이삭보다 더 맛있어. 그리고… 우리더러 이걸 먹지 말라고 와서 말할 바리사이파 사람이 없을 걸로 생각돼!"하고 제베대오의 야고보가 말한다.

그들은 먹으면서 길을 가서 어떤 빗물받이 웅덩이에 이른다. 웅덩이로는 작은 시냇물들이 흘러 들어오는데, 그 물이 다시 어디론가 흘러 간다. 물이 웅덩이에서 넘쳐 나오는데, 웅덩이가 파져 있는 바위가 둥근 천장 모양으로 되어 있어 그것으로 해가 가려지고 지저분한 조각들이 떨어지지 않기 때문에 시원하고 수정같이 맑다. 물이 떨어지면서 거무스름한 규토질(硅土質) 바위에 작은 못을 만들어 놓았다.

사도들은 눈에 띄게 기뻐하며 옷을 벗고 그 뜻하지 않은 못에 번갈아가며 몸을 잠근다. 그러나 그 전에 그들은 예수께 그것을 이용하시라고 하였다. "그로 인해서 그들의 사지가 거룩하게 되기 위해서"라고 마태오가 말한다.

그들은 시장기를 더 느끼지만 원기를 회복하여 다시 길을 가기 시작한다. 그리고 시장기를 가장 느끼는 사람들은 그들이 먹는 꿀 외에도 야생 회향풀 줄기와 이름을 알 수 없는 다른 먹을 수 있는 새싹들을 갉아 먹는다.

꼭대기를 검으로 쳐서 자른 것같은 이상하게 생긴 이 산들의 고원에서는 전망이 아름답다. 다른 푸른 산들과 기름진 평야들이 갈마드는 것이 남쪽에 보이고, 사해(死海)의 배경도 보이는데, 반대로 그것은 대안에 있는 먼 산들과 함께 동쪽에 보인다. 먼 산들은 동남쪽에서 일어나는 안개 같은 가벼운 구름으로 어렴풋하다. 북쪽으로는 산꼭대기를 사이로 멀리 요르단강 평야의 푸르른 빛이 보이고, 서쪽으로는 유다의 높은 산들이 보인다.

해가 뜨겁게 내리쬐기 시작한다. 그러니까 베드로는 "모압산 위에 걸려 있는 저 구름들은 몹시 덥겠다는 표야" 하고 격언조로 말한다.

"이제 우리는 키드론천 계곡으로 내려가게 되는데, 거긴 그늘이 져 있네…" 하고 시몬이 말한다.

"키드론천?! 오! 어떻게 해서 이렇게 빨리 키드론천에 왔지?"

"요나의 시몬, 그렇네. 길은 험했지. 그렇지만 거리를 얼마나 좁혔어! 그 계곡을 내려가면 이내 예루살렘에 도착하게 되네" 하고 열성당원이 설명한다.

"그리고 베다니아에도… 에글라를 니까에게 데려다 주라고 라자로의 누이들에게 말하라고 너희 중의 어떤 사람들을 보내야 하겠는데, 니까가 내게 그 말을 아주 많이 했다. 그런데 그것은 올바른 청이다. 아이가 없는 과부인 그도 거룩한 사랑을 가질 것이고, 부모가 없는 소녀도 그를 우리의 예전 믿음과 내 믿음속에서 그를 자라게 할 정말 이스라엘 사람인 어머니를 가지게 될 것이다. 나도 가고 싶다…. 슬퍼하는 내 정신에 평온한 휴식… 라자로의 집에서는 그리스도의 마음이 사랑만을 만나게 된다…. 그러나 내가 오순절 전에 마치고자 하는 길은 멀다!"

"주님, 저를 보내 주십시오. 그리고 저와 함께 걸음 잘 걷는 사람을요. 저희는 베다니아에 갔다가 가리옷으로 가고, 거기서 우리가 모두 만나지요" 하고 가리옷 사람이 열광적으로 말한다. 다른 사람들은 반대로 그들을 선생님과 헤어지게 할 그 여행에 뽑힐 것을 기다리면서 조금도 열광적이 아니다. 예수께서는 곰곰이 생각하신다. 생각하시면서 유다를 바라다 보신다. 동의할지 생각하시는 것이다. 유다는 조른다. "예, 선생님! 그러라고 말씀하십시오! 저를 기쁘게 해 주십시오!…"

"유다야, 예루살렘에 가는 데에는 네가 누구보다도 제일 부적당하다!"

"왜요, 주님? 제가 누구보다도 예루살렘을 더 잘 아는데요!"

"바로 그 때문이다!… 예루살렘이 네게 알려져 있을 뿐 아니라, 그 누구에게 보다도 네 안에 더 뚫고 들어온다."

"선생님, 저는 예루살렘에서 머물지 않고, 또 내 뜻으로는 이스라엘 사람을 아무도 만나지 않겠다고 약속드립니다…. 그러나 저를 가게 놔 두십시오. 저는 선생님보다 먼저 가리옷으로 가겠습니다. 그리고…."

"그리고 내게 인간적인 명예를 주도록 압력을 가하지 않겠느냐?"

"그러지 않겠습니다. 선생님, 약속드립니다."

예수께서는 그대로 곰곰이 생각하신다.

"선생님, 왜 그다지 망서리십니까? 저를 그렇게도 못믿으십니까?"

"유다야, 너는 약한 사람이다. 힘에서 멀리 떠나면 너는 넘어진다! 너는 얼마 전부터 아주 착하다! 왜 네 마음을 어지럽게 해서 나를 슬프게 하려 하느냐?"

"천만에요. 선생님, 저는 그런 일은 원치 않습니다! 언젠가는 제가 선생님을 모시지 않고 있어야 할 것입니다! 그러면 그 때는? 만일 제가 준비가 되어 있지 않으면 어떻게 하겠습니까?"

"유다의 말이 옳습니다" 하고 여러 사람이 말한다.

"좋다!…. 가거라, 내 사촌 야고보와 같이 가거라." 다른 사람들은 안도의 숨을 내쉰다. 야고보는 피로가 와서 한숨을 쉰다. 그러나 온순하게 말한다. "그러겠습니다, 주님! 저희에게 강복을 주십시오. 그러면 떠나겠습니다."

열성당원 시몬은 야고보의 마음 고통을 동정하여 말한다. "선생님, 아버지들은 아들들을 기쁘게 해 주기 위해 기꺼이 그들 대신 일을 합니다. 야고보는 유다 타대오와 동시에 제가 아들을 삼았습니다. 시일은 지났지만, 제 생각은 항상 그대로입니다. 제 청을 들어 주십시오…. 저는 나이 먹었지만, 젊은이처럼 잘 견디어냅니다. 그러니까 유다는 저 때문에 불평할 일은 없을 것입니다."

"안 돼. 자네가 나 대신 선생님에게서 멀리 떠나 희생하는 건 옳지 않아. 선생님을 모시고 가지 않는 것은 확실히 자네에게 고통이 돼

…"하고 알패오의 야고보가 말한다.

"내 고통은 자네를 선생님과 같이 남겨 두는 기쁨으로 완화되네. 자네들이 뭘 했는지 나중에 얘기해 주게나…. 게다가… 나는 베다니아에 가는 것이 좋아…." 열성당원은 그가 바치는 것의 가치를 작게 하려는듯이 이렇게 말을 맺는다.

"좋다, 너희 둘이 가거라. 그동안 저 작은 마을까지 계속 가자. 누가 마을로 올라가서 하느님의 이름으로 빵을 구해 오겠느냐?"

"저요! 저요!" 모두 가고자 한다. 그러나 예수께서는 가리옷의 유다를 붙잡으신다.

다른 사람들이 모두 떠나갔을 때, 예수께서는 유다의 두 손을 잡으시고, 정말 얼굴에 얼굴을 마주 대시고 말씀하신다. 예수께서는 당신 생각을 그에게로 건너가게 하시고, 유다가 예수께서 원하시는 생각이 아닌 다른 생각은 가질 수 없을 정도로 그에게 암시를 주시기를 원하시는 것같다. "유다야… 너 자신에게 해를 끼치지 말아라! 나의 유다야, 너 자신에게 해를 끼치지 말아라! 너는 얼마 전부터 더 침착하고 더 행복하며, 가장 나쁜 네 자아라는 문어발에서 해방되었다고 느껴지지 않느냐? 아주 쉽게 사탄과 세속의 노리개가 되는 저 인간적인 자아에서 말이다. 그렇다, 너는 그렇게 느끼고 있다! 그러니까 네 평화, 네 행복을 보호하여라. 너 자신을 해치지 말아라. 유다야! 나는 네 마음속을 읽는다. 너는 지금 아주 좋은 순간에 있다! 오! 내 모든 피의 대가로 너를 이렇게 보존하고, 네게 있어서 큰 원수가 자리잡고 있는 마지막 성벽까지 무너뜨리고, 너를 순전히 영을, 영의 지능, 영의 사랑, 영을, 영을 만들 수 있었으면!"

예수의 가슴에 가슴을 대고, 얼굴에 얼굴을 대고, 손을 맞잡은 유다는 거의 정신이 멍하게 되었다. 그는 중얼거린다. "저 자신을 해치다니요? 마지막 성벽이라니요? 어떤 성벽입니까?"

"어떤 성벽이냐고? 너는 그것을 알고 있다. 너는 네가 무엇으로 너를 해치고 있는지 알고 있다! 인간적인 권세에 대한 네 생각과 너 자신에게 이 인간적인 권세를 주는데 유익하다고 억측하는 우정들에 전념함으로 그렇게 하는 것이다. 이스라엘은 너를 사랑하지 않는다. 틀림없다. 이스라엘은 나를 미워하는 것처럼, 승리자가 될 수 있을 것같은 사람은 누구나 미워하는 것처럼, 너도 미워한다. 그리고 너는 그런 사람이 되기를 원한다는 네 생각을 숨기지 않는 바로 그 때문에 미움을 받는다. 너를 돕기 위해 내게 관심을 가진다는 핑계로 네게 하는 그들의 거짓 말과 거짓 질문을 믿지 말아라. 그들은 내게 해를 끼치기 위해서 농락하는 것이다. 알기 위해서, 그리고 해치기 위해서, 나를 위해서 네게 부탁하는 것이 아니고, 너를 위해서, 너만을 위해서 부탁하는 것이다. 나는 죄의 표적이 되어 있어도 항상 주님으로 있을 것이다. 그들은 육체를 괴롭혀 죽일 수는 있을 것이다. 그 이상은 아무 것도 하지 못할 것이다. 그러나 너는, 그러나 너는! 그들은 네 영혼을 죽일 것이다…. 벗아, 유혹을 피하여라! 유혹을 피하겠다고 말해 다오! 박해를 당하고 괴롭힘을 당하는 불쌍한 네 선생님에게 이 평화의 말을 해 다오!"

예수께서 이제는 그를 품에 안으셨다. 그리고 뺨에 뺨을 맞대고 귀 가까이에서 말씀하신다. 그래서 예수의 짙은 금발은 유다의 숱이 많은 구불구불한 갈색 머리와 섞인다.

"나는 내가 고통을 받고 죽어야 한다는 것을 안다. 내 왕관은 다만 순교자의 월계관일 뿐이라는 것을 나는 안다. 내 주홍빛 왕의 옷은 오직 내 피의 주홍빛이리라는 것을 나는 안다. 나는 이 때문에 왔다. 나는 그 수난으로 인류를 구속하겠기 때문이다. 그래서 한 없는 시간에서부터 사랑은 이 행동을 행하라고 나를 충동하는 것이다. 그러나 나는 내 사람들 중에서 아무도 파멸하기를 원치 않는다. 오! 모든 사람이 내게 소중하다. 그들은 아버지와 닮은 모습을 가지고 있고, 아버지께서 창조하신 영혼을 가지고 있기 때문이다. 그러나 사랑하는 귀염둥이인 너희들, 내 피의 피요 내 눈의 눈동자인 너희들은 파멸해서는 안 된다. 안 돼, 안 돼! 오! 비록 사탄이 지옥의 유황불의 뜨거운 그의 무기를 내게 찔러넣는다 해도, 죄와 추악함과 혐오인 그가 나를 물고 나를 휩싼다 하더라도 그와 같은 고통은 없을 것이다. 즉 내게는 내가 뽑은 사람들 중의 하나가 파멸하는 고통과 같은 고통은 없을 것이다…. 유다야, 유다야, 나의 유다야! 아니, 너는 내가 저 소름끼치는 내 수난을 세번 당하겠다고 아버지께 청하고, 그 수난 셋에서 둘이 너 하나만을 구원하기 위해서이기를 원하느냐? 벗아, 말해

다오. 그러면 그렇게 하겠다. 나는 이를 위하여 내 고통을 무한히 늘려 주십사고 말하겠다. 유다야, 나는 너를 사랑한다. 너를 지극히 사랑한다. 그리고 너 자신에게서 너를 구원하기 위해서는 나 자신을 내게 주고, 너를 나 자신을 만들고 싶다. 정말 그러고 싶다…"

"선생님, 울지 마십시오. 그렇게 말씀하지 마세요. 저도 선생님을 사랑합니다. 저도 선생님이 강하시고, 존경을 받으시고, 두려워함을 받으시고, 승리하시는 것을 보기 위해서 저 자신을 바치겠습니다. 저는 아마 선생님을 완전히 사랑하지는 못할 것입니다. 저는 아마 완전하게 생각하지는 못할 것입니다. 그러나 선생님이 사랑받으시는 것을 보기를 애타게 바라면서 제 존재 전체를 쓰고, 어쩌면 남용하는지도 모릅니다. 그러나 저는 율법학자들도, 바리사이파 사람들도, 사두가이파 사람들도, 유다인들도, 사제들도 가까이 하지 않겠다고 선생님께 맹세합니다. 야훼를 두고 맹세합니다. 그들은 제가 미쳤다고 말할 것입니다. 그러나 그것은 상관없습니다. 선생님이 저 때문에 슬퍼하지 않으시기만 하면, 그것으로 충분합니다. 만족하십니까? 선생님, 입맞춤을, 선생님의 강복과 보호를 위해서 입맞춤을 해 주십시오."

두 사람은 포옹했다가 떨어진다. 그 때 다른 사람들은 넓은 비스킷과 신선한 치즈들을 흔들면서 언덕을 뛰어 내려와서 돌아온다.

그들은 파란 풀에 앉아서 음식을 나누며, 몇 채 있는 집들에는 목자인 제자들을 알고, 메시아에 대하여 호의를 가진 사람들이 있기 때문에 환영을 받았다는 이야기를 한다.

"선생님이 여기 계시다는 말은 하지 않았습니다. 그랬다가는…" 하고 토마가 말을 마친다.

"어느 날 이리 지나가도록 힘쓰자. 아무도 소홀히 해서는 안 된다" 하고 예수께서 대답하신다.

식사가 끝났다. 예수께서는 일어나셔서 베다니아로 떠나는 두 사람에게 강복하신다. 그들은 계곡에는 녹음이 우거지고 샘이 많기 때문에 저녁을 기다리지 않고 길을 다시 떠난다.

예수와 남아 있는 열 사람은 풀 위에 누워 쉬면서 엔갓디와 마사다로 가는 길로 돌아오려고 저녁 때를 기다린다. 이것은 남아 있는 사람들이 말하는 것을 들어서 안다.

79. 엔갓디에 도착

   길손들은 저녁 때부터 새벽까지 아마 두 행정(行程)으로, 분명히 쉽지 않을 오솔길로 해서 오래 걸었을 터인데도, 감탄을 나타내는 외침을 억제할 수가 없다. 금강석 같은 이슬방울이 처음 떠오르는 아침 햇살을 받아 반짝이는 언덕길의 마지막 한 토막을 지나니, 그들 앞에는 사해의 양안(兩岸)의 전경이 나타난다.
   서쪽 해안에는 사해와 작은 산들이 줄지어 있는 곳 사이에 작은 평야의 공간이 있는데, 그 산들은 아주 낮아서 유다의 산들의 마지막 기복(起伏)같이 보인다. 그 파도치는 것같은 야산들은 가장 가까운 유다의 산맥과의 사이에 아무 것도 없는 광야를 만들어 놓고 나서 황량한 바닷가에까지 와서 아름다운 초목을 지니고 그곳에 머물러 있다. 반대로 동쪽 해안에는 사해 안으로 거의 수직으로 떨어지는 산들이 있다. 정말이지 대지의 무시무시한 대이변 중에 땅이 이렇게 분명하게 잘라지면서 호숫가에 수직의 균열들을 남겨 놓은 것이라는 생각이 든다. 그 균열에서는 물이 많거나 적거나 한 급류들이 내려오는데, 증발하게 되어있는 그 물들은 사해의 저주받은 우중충한 물로 쏟아져 들어간다. 호수와 바로 곁에 있는 산들의 돌출부 너머로 저 뒤쪽에는 다른 산들이 많이 있어 아침 해를 받아 반짝인다. 북쪽에는 요르단강의 청록색 하구가 있고, 남쪽에는 호수를 내려다보는 깍아지른 산들이 있다.
   그것은 산들의 아름다운 모습과 그 모습으로 사람의 죄가 무엇을 할 수 있고, 하느님의 분노가 무엇을 할 수 있는지를 상기시키는 것 같은 사해의 어두운 모습이 한데 어우러지는 장엄하고 음산하고 비난하는 듯한 웅대한 광경이다. 과연 돛 하나 없고, 물을 가르고 다니는 배 한 척 없고, 그 위를 날아 다니는 새 한 마리 없고, 그 물가에 물을 마시러 오는 짐승 한 마리없는 저 엄청나게 큰 거울 같은 물은 무시무시한 모습을 하고 있다.
 야산들과 모래언덕들과 사막의 모래에 이르기까지 해가 만들어 놓은 기적적인 효과는 이 바다의 벌을 상기시키는 것과 대조를 이룬다. 거기에는 소금의 결정체들이 모래와 돌과 사막성 초목의 뻣뻣한 줄기에 뿌려진 값진 벽옥의 모습을 하고 있어, 모든 것 위에 덮여 있는 부스러기 금강석으로 모든 것을 아름다운 광경이 되게 한다. 한층 더 기적적인 것은 백 내지 백 오십 미터 되는 기름진 고원의 모습이다. 그 고원은 바다를 내려다 보는데, 훌륭한 종려나무들과 포도나무들과 가지가지 나무들이 있고, 파란 물이 사방에 흐르고 있으며, 곡식이 무성한 들판에 둘러싸인 아름다운 도시가 발달하였다는 것이다. 바다의 어두운 모습과, 쓸쓸하지만 평온한 것을 보여주는 것으로는 바다의 동남쪽으로 비죽 내민 낮고 푸른 반도밖에 없는 동쪽 해안의 기복이 심한 모습과, 유다의 사막의 황량한 모습과 유다의 산들의 준엄한 모습에서, 이렇게도 기분좋고 아름답고 꽃이 만발한 이 광경으로 눈을 돌리면, 열에 들뜬 악몽이 사라지면서 대신 평화롭고 아름다운 환상이 나타나는 것같다.
 "여기가 우리 조국의 시인들이 노래한 엔갓디이다. 이렇게 황폐한 가운데 우아한 내들이 물을 대주는 이 지방이 얼마나 아름다운지 감상해라! 이 지방의 정원으로 내려가자. 여기는 풀밭, 수풀, 포도밭, 모두가 정원이니까. 여기는 그 이름이 아름다운 종려나무 숲을 상기시키는 옛날의 아사손—타마르이다. 그 종려나무 숲 밑에서는 오막살이들을 짓고, 땅을 가꾸고, 종려나무의 잎들이 아름답게 살랑거리는 소리를 들으면서 서로 사랑하고 아이들과 가축들을 기르는 것이 훨씬 더 아름다웠다. 이곳은 하느님의 벌을 받은 에덴의 땅에서 살아남은 아름다운 오아시스로, 열왕기에서 말하는 것과 같이, 끼워넣은 보석처럼, 염소와 노루들이나 다닐 수 있는 오솔길로 둘러싸여 있다. 이 오솔길들 위에는 박해받고 지치고 버림받은 사람들을 위해 인심좋은 동굴들이 뚫려 있다. 우리들의 왕 다윗을 생각하고, 그의 적이었던 사울에 대한 그의 착함을 다시 생각해 보아라. 여기가 아사손—타마르이고, 엔갓디, 축복받은 아름다운 샘이다. 이곳에서 적들이 요사팟 왕과 그의 백성의 아들들을 공격하려고 떠났다. 그들은 질겁을 했으나, 그의 안에서 하느님의 영께서 말씀하시던 즈가리야의 아들 야하지엘에게서 격려를 받았다. 그리고 그들이 주님께 대한 믿음을 가졌기 때문에 큰 승리를 거두었고, 싸움을 하기 전에 행한 속죄와 기도의 덕택으로 하느님의 도우심을 받을 자격을 얻었다. 이것이 솔로몬이 아름다운 여인들 중에서 아름다운 여인의 아름다움에 대한 표본이라고 노래한 도시이다. 여기가 주님의 내로 물이 공급된 도시들 중의 하나라고 에제키엘이 부른 도시이다…. 내려가자! 이스라엘의 진주에 하늘에서 내려온 맑은 물을 갖다주러 가자."

그러면서 예수께서는 불그스럼한 석회질 바위에 구불구불, 갈짓자꼴로 나 있는 위험한 오솔길을 뛰다시피 내려가기 시작하신다. 그 바위는 바다에 가장 가까운 지점에서는 정말 산이 바다 위에 선반 모양의 돌출부를 만들어 놓은 끝까지 간다. 그 오솔길은 가장 능란한 산사람들까지도 현기증을 느낄 만한 오솔길이다. 사도들은 예수를 따라가기가 힘들고, 선생님이 맑은 물과 가지가지 새들이 노래하는 기름진 고원의 첫번째 종려나무와 첫번째 포도밭에서 걸음을 멈추실 때에 제일 나이 많은 사도들은 까맣게 뒤떨어졌다.

종려나무 숲과 노란꽃 아카시아, 방향성(芳香性) 초목, 유향나무, 연하거나 짙은 향기를 내뿜는 나무의 잎들이 살랑거리는 지붕을 만들어 놓은 것같은 아래서 흰 양들이 풀을 뜯고 있다. 나무에서 풍기는 향기들은 장미밭과 꽃이 만발한 라벤다, 육계(肉桂), 계피, 몰약(沒藥), 향, 사프란, 재스민, 백합꽃, 은방울꽃, 여기서는 엄청나게 큰 알로에 꽃, 카네이션, 줄기에 베낸 자리로 다른 수지(樹脂)들과 함께 스며나오는 안식향(安息香) 따위의 향기와 섞인다. 참으로 "울타리를 둘러친 화원, 정원의 샘"이다. 그리고 사방에 과일과 꽃과 향기와 아름다움이 있다! 팔레스티나에는 그 넓이와 자연적인 아름다움으로 이만큼 아름다운 곳이 없다. 이곳을 보고 있노라면, 오아시스의 아름다움을 세상에 퍼져 있는 낙원들의 아름다움처럼 노래한 동방 시인들의 많은 글을 이해하게 된다.

땀을 뻘뻘 흘리지만 감탄하여 마지 않는 사도들이 선생님 계신 곳에 이르렀다. 그리고 해변 쪽으로 잘 정리되어 있는 큰 길로 해서 함께 내려온다. 그 큰 길에는 모두 경작된 계단식으로 된 평평한 땅들을 계속적으로 지나서 이르렀다. 그 평평한 땅들에서는 바닷가에서 끝나는 평야에 이르기까지 모든 농작물에 물을 대주는 유익한 물이 아름다운 폭포로 쏟아져 내린다. 산 중턱에서 그들은 종려나무 숲이 살랑거리고, 정원들의 장미나무와 수많은 꽃 향기가 진동하는 하얀 도시로 들어가서, 첫번째 만나는 집들에서 하느님의 이름으로 숙소를 찾는다. 자연과 마찬가지로 친절한 집들은 서슴지 않고 문을 열고, 그 집들에 사는 사람들은 "아마포 옷을 입고 눈부시게 아름다운, 솔로몬 왕과 비슷한 저 예언자"가 누구냐고 묻는다···.

　예수께서는 요한과 베드로와 함께 과부가 아들과 같이 살고 있는 작은 집으로 들어가신다. 다른 사람들은 선생님의 강복을 받은 후, 그리고 황혼에 가장 큰 광장에서 모일 계획을 가지고 여기저기로 흩어진다.

80. 엔갓디에서의 전도와 기적

예수께서는 황혼이 될 무렵 주요한 광장으로 향하여 가신다. 엔갓디의 하얀 집들을 붉게 물들이고, 사해에 검은 자개와 같은 광택을 주는 불과 같은 황혼이다. 예수께서는 당신께 숙소를 제공한 청년을 데리고 계신데, 정말 동방적인 건축으로 된 도시의 꾸불꾸불한 길로 예수를 인도한다. 짠 바다의 무거운 느낌이 드는 수면을 이렇게 정면으로 바라보고 있는 이곳에는 햇볕이 매우 강할 것이다. 내 생각에는 이곳은 해가 사정없이 내리쬐어 땅을 뜨겁게 할 것이 틀림없는 메마른 사막 가운데 외따로 떨어져 있는 만큼, 여름 몇 달 동안은 이곳에서 뜨거운 바람이 나올 것같다. 그것을 막기 위하여 엔갓디 주민들은 거리를 좁게 냈는데, 길들은 넓게 앞으로 내민 집들의 물받이 홈통들과 박공으로 인하여 훨씬 더 좁아 보인다. 그래서 눈을 들어도, 저 위에 나타나는 좁은 띠 모양의 새파란 하늘밖에는 보이지 않는다.

집들은 높고, 거의가 이층이고, 위에는 옥상이 있는데, 그렇게 높은데도 포도덩굴들이 기어올라가 퍼져서 그늘을 만들어 주고, 포도송이의 즐거움도 준다. 그 포도송이들은 벽과 옥상 바닥에 반사하는 몹시 뜨거운 햇볕을 받아 익고 나면, 다마스커스의 건포도처럼 달 것이 틀림없다. 그리고 포도나무들은 사람들과 엔갓디에 둥지를 트는 참새에서 비둘기에 이르기까지 대단히 많은 새들을 즐겁게 해주는데 있어서, 사방에서 자라는 키가 큰 종려나무들과, 집들 사이에 있는 좁은 마당과 정원에서 자라고 있는 열매를 많이 맺는 과일나무들과 경쟁한다. 이 과수들은 즐거운 햇볕에 익어가는 과일이 주렁주렁 달린 가지들을 골목길 위로 늘어뜨리고, 흰 벽에서 미끄러져 내려, 매우 많은 장식 홍예창틀 밖으로 비죽 나온다. 그 장식 홍예창틀이 어떤 곳에서는 건축술상의 요구로 군데군데 끊어진 참다운 회랑을 이루고 있다. 그리고 그 과일나무들은 아주 판판하고 새파란 하늘을 향하여 올라간다. 하늘 빛깔이 어떻게나 보드라운지, 만일 그것을 만질 수가 있다면, 터키옥(玉) 보다는 더 진하고 사파이어 보다는 덜 진한 매우 아름다운 잊을 수 없는 빛깔로 칠하고 물들인 두꺼운 벨벳이나 매끈매끈한 가죽을 만질 것같은 인상을 가지게 될 지경이다.

그리고 물은… 수많은 초목의 푸른 빛 사이로 집들의 마당과 정원에서 솟아나는 샘물과 분수는 얼마나 많은가! 주민들이 아직 일을 하고 있거나 집에 있기 때문에 아직 지나다니는 사람이 없는 골목길을 지나가노라면, 찰랑거리고 졸졸거리며 흐르는 물소리가 마치 숨어있는 예술가가 뜯는 하프의 곡조와도 같이 들린다. 그리고 물소리의 매력을 더하기 위하여 장식 홍예창틀과 끊임없는 길모퉁이들이 그 물소리를 받아서 증폭(增幅)하고, 메아리의 효과도 그 수를 증가시켜서 완연한 아르페지오를 만들어낸다.

또 종려나무, 종려나무, 종려나무! 사람이 사는 집의 방 넓이 만큼 밖에 안 되는 아무리 작은 공간에도 날씬하고 매우 높은 줄기들이 하늘을 향하여 올라가고, 저 위에는 줄기 꼭대기에 깃털장식처럼 빽빽한 잎들이 살랑거리며 흩날릴 뿐이다. 한낮에는 손바닥 만한 공간에 수직으로 내려와서 그것을 전부 덮어버리는 그늘이 지금은 더 높은 옥상의 낮은 담들에 이상하게 반사한다.

그런데도 이 도시는 팔레스티나의 도시들에 비하면 깨끗하다. 아마 집들이 다닥다닥 붙어 있고, 어느 집에나 마당과 정원이 있다는 사실이 주민들에게 모든 쓰레기를 길거리에 버리지 말고, 오히려 그 것들을 거두어서 짐승들의 오물과 함께 두엄 더미를 만들어서 나무와 화단에 쓰도록 가르치는데 이바지한 것 같다. 그렇지 않으면… 드물게 보는 질서에 대한 관심으로 그랬든가. 골목길들도 햇볕에 말라서 깨끗하고, 별로 우아하지 않은 허접쓰레기에 버린 야채 무더기, 뒤꿈치가 망그러진 샌들, 더러운 걸레, 짐승들의 배설물, 그밖에 예루살렘 자체에서도 조금 변두리에 가면 거리에서 볼 수 있는 불쾌한 물건들이 없다.

회색 나귀를 타고 일터에서 돌아오는 첫번째 농부가 저기 온다. 나귀를 파리들에게서 보호하기 위하여, 그 사람은 그의 나귀에 재스민 가지를 완전히 갑옷처럼 덮었다. 나귀는 귀를 쫑긋거리고, 물결치는

80. 엔갓디에서의 전도와 기적 **49**

향내나는 풀이불 아래서 방울들을 흔들며 종종걸음을 친다. 그 사람은 바라다보고 인사를 한다. 젊은이가 그에게 말한다. "큰 광장으로 오세요. 저희 집에 머무르시는 선생님의 말씀을 들으실 겁니다."

양떼가 그 뒤쪽으로 들판이 보이는 작은 공간에서 거리로 들어와 휩쓴다. 양들은 서로 꼭 붙어서 걷는데, 앞에 가는 놈이 굽을 놓았던 자리에 굽을 놓으며, 마치 지나치게 살이 찐 몸에 달려 있는 너무 가느다란 목에는 머리가 너무 무거운 것처럼 머리통을 숙이고 걷는다. 양들은 그 놈들의 이상한 걸음으로 종종걸음을 치는데, 너무 살찐 그 놈들의 몸은 말뚝 네개에 꽂아 놓은 보따리 같다…. 예수와 요한과 베드로는 그들과 같이 있는 젊은이가 하는대로 양들을 지나가게 하기 위하여 어떤 집의 뜨거운 벽에 착 기대 선다. 어른 한 사람과 어린 아이 하나가 양떼를 따라온다. 그들은 바라다보고 인사를 한다. 젊은이는 말한다. "양들을 우리에 넣고, 부모님과 함께 큰 광장으로 오세요. 갈릴래아의 선생님이 우리 읍내에 와 계십니다. 우리에게 말씀을 하실 겁니다."

어디를 가는지 한 떼의 어린 아이들에 둘러싸여 나오는 첫번째 여자가 저기 온다. 젊은이는 여자에게 말한다. "요한과 아이들과 같이 메시아라고 하는 선생님의 말씀을 들으러 오세요."

저녁이 되면서 집들은 차차 문을 열어 푸르른 정원이나 비둘기들이 마지막 식사를 하고 있는 작은 마당들이 조금 들여다 보인다. 젊은이는 열린 대문마다 머리를 들이밀고 말한다. "주님이신 선생님의 말씀을 들으러 오세요."

그들은 마침내 곧은 거리로 들어섰다. 그것은 이 도시의 유일한 곧은 거리다. 이 도시는 사람들이 원하는대로 건설되지 않고, 종려나무들이나 틀림없이 수백년 묵은 커다란 유향나무들이 원하는대로 건설되었다. 주민들은 그 덕택으로 일사병(日射病)에 걸려 죽는 것을 면하는 그 나무들을 유력자처럼 존중하는 것이다. 저 안쪽에 광장이 있는데, 수많은 종려나무 줄기가 기둥 노릇을 한다. 지붕을 떠받치는 돌로 된 숲을 만들기 위하여 일정한 거리를 두고 세운 기둥이 꽉 들어찬 넓은 공간으로 된 아주 옛날 신전이나 궁궐의 저 다주식(多柱式)의 큰 방들 중의 하나라고 할 수 있겠다. 여기서는 종려나무들이 기둥 노릇을 하는데, 나무들이 빽빽이 들어섰기 때문에 서로 맞닿은 잎들과 더불어 흰 광장 위에 에메랄드 빛깔의 천장을 만들어 놓는다. 광장 한 가운데에는 수반 중앙에 세운 작은 기둥에서 솟아나와 짐승들이 물을 먹을 수 있는 더 낮은 수반으로 다시 떨어지는 수정같이 맑은 물이 가득한 사각형의 높은 분수대가 있다. 지금은 조용한 집비둘기들이 분수대를 점령하여 물을 마시거나, 제일 윗부분이 불그레한 다리로 미뉴에트춤을 추거나, 저희들의 깃에 물을 튀겨 잠시 깃털에 달라붙은 물방울로 인한 광택을 만들어내거나 한다.

사람들이 오고, 숙소를 구하려고 여기저기로 갔던 여덟 사도도 오는데, 그들은 각기 그가 약속된 메시아라고 일러준 분의 말을 들으려고 하는 그의 신자들을 모아 온다. 사도들은 사방에서 서둘러서 선생님께로 달려 오는데, 마치 그것들이 획득한 것을 뒤에 딸리고 오는 꼬리별과 같다.

예수께서는 손을 들어 사도들과 엔갓디 사람들에게 강복하신다.

알패오의 유다가 모두를 대신하여 말한다. "여기 왔습니다. 주님이신 선생님, 저희는 선생님이 말씀하신대로 했습니다. 그래서 이 사람들은 오늘 하느님의 은총이 그들 가운데 와 있다는 것을 알고 있습니다. 그러나 이들은 말씀도 듣기를 원합니다. 소문을 들어서 선생님을 아는 사람도 여럿 있고, 어떤 사람들은 선생님을 예루살렘에서 뵈어서 알고 있습니다. 모두가, 특히 여자들이 선생님을 알기를 갈망합니다. 그리고 우선 회당장이 그렇습니다. 여기 계십니다. 아브라함 어른, 앞으로 나오십시오."

정말 매우 나이 많은 사람이 앞으로 나아온다. 그는 감격하여 있다. 그는 말하고 또 하고 싶다. 그러나 감격한 나머지 그가 준비하였던 말을 한 마디도 생각해내지 못한다. 그는 지팡이에 의지하면서 무릎을 꿇으려고 몸을 구부린다. 그러나 예수께서는 그것을 말리시고 우선 그를 껴안으시면서 말씀하신다. "연로하시고 의로우신 하느님의 종에게 평화!" 그러니까 노인은 점점 더 감격하여 이렇게 밖에 대답못한다. "하느님께 찬미! 제 눈이 약속되신 분을 뵈었습니다! 그러니 제가 하느님께 무엇을 더 청할 수 있습니까?" 그리고 엄숙한 태도로 팔을 올리면서 다윗의 시편(34)을 읊는다. "'나 애타게 주를 기다렸더니, 주께서 나를 돌아보셨다.'"
 그러나 그는 다 읊지를 않고, 이 사건과 더 관련이 있는 대목들을 읊는다. "'주께서는 내 부르짖음을 들으시고, 나를 불행의 구렁과 진구렁에서 꺼내 주셨다….
 주께서는 내 입술에 새로운 찬미가를 놓아주셨다.
 주께 바라는 사람은 참으로 복되다.
 주 내 하느님, 당신은 놀라운 일을 많이 하셨고, 당신의 계획과 같은 계획을 할 사람은 아무도 없습니다. 나는 그 계획들을 세고 그것에 대해 말하고 싶지마는, 그 수가 너무 많아 열거할 수가 없습니다.
 당신은 제물도 봉헌도 원치 않으셨지만, 내 귀를 열어 주셨습니다…(그는 점점 감격한다).
 내가 당신의 뜻을 행해야 한다고 일러졌고… 당신의 율법은 내 마음 안에 있습니다.
 나는 사람이 많이 모인 곳에서 당신의 정의를 전했습니다. 보십시오. 나는 입술을 다물고 있지 않았습니다. 주께서 그것을 아십니다.
 나는 당신의 정의를 내 안에 감추어 두지 않았고, 당신의 진리와 당신에게서 모든 구원을 선언했습니다.
 그러나 주여, 당신은 나에게서 당신의 연민을 멀리하지 마십시오….
 수없이 많은 불행이 제 위에 떨어졌습니다…(그리고 눈물로 인하여 더 늙어지고 떨어지게 된 목소리를 이 말을 하면서 정말 운다).
 나는 거지이고 곤궁합니다. 그러나 주께서 나를 보살펴 주십니다. 오! 내 하느님, 당신은 내 도움이시고 내 보호자이시니, 지체하지 마십시오!….'
 주님, 이것이 시편입니다. 그리고 제편에서 이렇게 덧붙입니다. '제게 〈오너라〉 하고 말씀하십시오. 그러면 저는 시편에서 말하는 것처럼 〈여기 왔습니다!〉 하고 말하겠습니다!'"
 그는 입을 다문다. 그리고 나이로 인하여 흐려진 눈에 그의 온 믿음을 담고 운다.
 사람들이 설명한다. "이분은 딸을 잃고 손주들이 남아 있습니다. 부인은 많은 고통 때문에 눈이 멀고 바보가 되었습니다. 그리고 외아들이 어떻게 됐는지 도무지 모릅니다. 어느 날 갑자기 사라졌습니다…."

예수께서는 노인의 어깨에 손을 얹으시고 말씀하신다. "의인들의 고통은 영원한 상급의 기간에 비하면 제비와 같이 빨리 지나갑니다. 그러나 우리는 할아버지의 사라이에게 옛날 눈을 돌려주고 젊었을 때의 지능을 돌려주어서 할아버지의 노후를 위로해 드리게 하겠습니다."

"할머니의 이름은 골롬바입니다" 하고 군중속의 어떤 사람이 알린다….

"할아버지에게는 당신의 왕비입니다. 그러나 여러분에게 말하는 비유를 들으시오."

"먼저 제 아내의 눈과 정신을 어두움에서 구하셔서 지혜를 맛볼 수 있게 해 주지 않으십니까?" 하고 늙은 회당장이 애타게 청한다.

"할아버지는 하느님께서 무엇이든지 하실 수 있고, 그분의 능력이 다른 세상에서 온다는 것을 믿으실 수 있습니까?"

"예, 주님. 여러 해전 저녁이 생각납니다. 그때 저는 행복했습니다. 그러나 기쁨 가운데에서도 믿고 있었습니다. 사람은 이렇게 생겼으니까요! 행복할 때에는 하느님까지도 잊을 수 있습니다. 저는 기쁜 그 때에도 하느님을 믿었습니다. 그때 저는 젊었었고, 제 아내는 건강했고, 제 딸 엘리사는 커서 종려나무처럼 아름다운 처녀가 되어 벌써 약혼을 했었고, 엘리세오는 아름답기는 엘리사와 같았지마는, 남자는 으레 그런 것처럼 기운은 더 세었습니다. 저는 혼수감을 짜는 베틀 일을 하는 아내와 딸을 남겨 두고 어린 아들을 데리고 골롬바가 시집올 때 가져온 포도밭 근처에 있는 온천에 갔었습니다…. 그렇지만 어쩌면 이야기가 지루하게 느껴지실지도 모르겠군요. 그 애의 지난 날의 기쁨을 생각나게 하는 불행한 꿈… 그러나 다른 사람들에게는 흥미가 없는 일입니다…."

"말씀하십시오, 말씀하세요!"

"저는 어린 아들을 데리고 갔었습니다…. 온천에… 만일 선생님께서 서쪽 길로 해서 오셨으면, 그 온천이 어디 있는지 아실 것입니다. 온천은 축복받은 곳의 경계에 있었습니다. 그리고 멀리 바라다보면,

저쪽에 사막이 보이고, 그 때에는 유다의 사막에 아직 잘 보이던 로마의 이정표(里程標) 때문에 흰 도로가 보였습니다…. 나중에는… 그 표도 없어졌습니다! 그리고 어떤 표가 모래속에 묻혀 버린다는 것은 아무 것도 아닙니다! 그러나 선생님을 가리키기 위해 이스라엘 사람들의 정신에 보내진 하느님의 표가 지워진다는 것은 나쁜 일입니다. 너무나 많은 사람의 정신에서 말입니다! 제 아들이 말했습니다. ‘아버지, 저거 보세요! 큰 대상과 말들과 약대들과 하인들과 양반들이 엔갓디 쪽으로 갑니다. 아마 밤이 되기 전에 온천으로 오는 모양이군요….’ 저는 풍성한 포도 수확이 있은 다음 땅에 늘어져 있던 것을 일으켜 세우던 가지들에서 눈을 들고 보았습니다. 사람들은 분명히 온천으로 오고 있었습니다. 그들은 내려서 저를 보고, 그곳에서 하룻밤 야영할 수 있겠느냐고 물었습니다.

‘엔갓디에는 인심좋은 집들이 있는데, 여기서 아주 가깝습니다’ 하고 저는 대답했습니다.

‘아닙니다. 우리는 도망할 준비가 되어 있기 위해서 깨어 있을 겁니다. 헤로데가 우리를 찾고 있으니까요. 여기서는 파수보는 사람들이 도로 전체를 볼 것이고, 그래서 우리를 찾는 사람들에게서 빠져나가기가 쉬울 것입니다.’

저는 놀라서, 그리고 저희들에게는 박해받는 사람들에 대한 신성한 의무로 되어 있는 것처럼 저희들 산 여기저기에 있는 동굴들을 일러줄 생각을 하며 ‘당신들은 무슨 죄를 지었습니까?’ 하고 물었습니다. 그리고 이렇게 덧붙였습니다. ‘당신들은 외국인들이고, 여러 군데에서 오신 분들입니다…. 당신들이 어떻게 헤로데에게 죄를 지었는지 모르겠군요….’

‘우리는 유다의 베들레헴에서 나신 메시아께 경배했습니다. 주님의 별이 우리를 그리로 인도했습니다. 헤로데는 메시아를 찾습니다. 그러므로 메시아가 계신 곳을 일러 달라고 우리를 찾는 것입니다. 그런데 헤로데는 메시아를 죽이려고 찾습니다. 우리는 어쩌면 사막에서 이 멀고 알지 못하는 곳에서 죽을지도 모릅니다. 그러나 우리는 하늘에서 내려오신 거룩하신 분을 고발하지 않겠습니다.’

메시아! 참다운 이스라엘 사람 누구나의 꿈! 그런데 그 메시아가 세상에 오신 것입니다! 그리고 예언대로 유다의 베들레헴에 계신 것이었습니다!… 저는 아들을 가슴에 안고서 소식을 묻고 또 물으면서 이렇게 말했습니다. '애야, 엘리세오야! 기억해라! 너는 틀림없이 그분을 뵐거다!' 저는 그때 쉰살이었습니다. 그래서 메시아를 뵙기를 바라지는 못했습니다. 그리고 메시아가 어른이 되신 것을 볼 만큼 오래 살기를 바라지도 못했습니다…. 그런데 엘리세오는… 이제 메시아께 경배하지 못하게 되었습니다…." 노인은 다시 운다. 그러나 다시 침착해져서 말한다. "세 현자는 참을성 있고 친절하게 말했습니다. 그분들은 선생님의 거룩한 어린 시절과 어머니와 아버지를 묘사해 주었습니다…. 저는 그분들과 함께 밤을 지내고 싶었습니다…. 그러나 엘리세오가 제 품에서 잠이 들어가고 있었습니다. 저는 세 현자에게 인사를 하면서, 있을지도 모르는 고발로 그분들에게 해를 끼치지 않기 위해서 입을 다물고 있겠다고 약속했습니다. 그러나 부부의 방에서 골롬바에게는 모든 것을 이야기 했습니다. 그리고 그것은 그 후 저희들을 엄습한 불행중에 태양이 되었었습니다. 그다음 대학살 소식을 들었습니다…. 그리고 여러 해 동안 선생님께서 무사하신지 몰랐습니다. 이제는 그것을 압니다. 그러나 저 혼자뿐입니다. 엘리사는 죽었고, 엘리세오는 없어졌고, 골롬바는 기쁜 소식을 들을 수 없으니까요…. 그러나 그렇지 않아도 독실하던 하느님의 능력에 대한 믿음이, 서로 종족이 다른 세 사람이 하느님의 말씀에 경배하기 위한 하느님의 길에서 기적적인 별의 덕택으로 이룩한 그들의 영혼의 일치로 하느님의 능력을 증언한 오래전의 그 저녁 이래로 완전해졌습니다."

"그리고 할아버지의 믿음은 상을 받을 것입니다. 이제는 여러분 들으시오. 믿음은 무엇입니까? 그것은 때로는 '하느님은 계시다'고 하는 짧은 말로 형성되고, '나는 하느님을 뵈었다'고 하는 유일한 단언으로 강화된 아주 작고 단단한 종려나무 씨와도 같습니다. 동방의 세 현자의 말의 덕택으로 내게 대한 아브라함 할아버지의 믿음이 이러했습니다. 가장 오래된 우리 성조들 이래로, 아담에게서 그 후손에 이르기까지, 죄인이기는 하였으나 그가 '하느님은 계시다. 그리고 우리는 하느님께서 창조하셨기 때문에 존재한다. 그리고 나는 하느님을 알았다'고 말했을 때 사람들이 그의 말을 믿은 아담 이래로 대대로 전해 내려오는 우리 민족의 믿음이 이러했습니다. 점점 더 드러났기 때문에 점점 더 완전해지고, 그 뒤에 와서 우리의 상속이 되고, 하느님의 여러 가지 표시와 천사의 발현과 성령의 빛으로 비추어진 이 믿음이 항상 이러했습니다. 무한에 비하면 언제나 아주 작은 씨앗, 아주 작은 씨앗이었습니다. 그러나 뿌리를 내리고, 의심과 나쁜 경향을 가진 동물성의 단단한 껍질을 쪼개고, 걱정과 죄와 타락의 곰팡이와 악습이라는 쏠아먹는 벌레 따위 모든 것을 이기고, 마음속으로 올라오고, 커서 해를 향해, 하늘을 향해 우뚝 솟아 올라가고 또 올라가서 … 마침내 육체의 한계에서 해방되어, 삶과 죽음의 저 너머로 참생명 안에서 하느님을 완전히 알고 완전히 차지하는 가운데 하느님 안에 섞이게 됩니다.

믿음을 가진 사람은 생명의 길을 차지합니다. 믿을 줄 아는 사람은 방황하지 않습니다. 그는 보고, 알아보고, 주님을 섬기고, 영원한 구원을 차지합니다. 그에게는 십계명이 필요불가결한 것이고, 거기서 오는 명령은 어느 것이든지 장래의 그의 월계관을 꾸미는 진주입니다. 그에게는 구원이 있고, 구세주의 약속이 있습니다. 내가 세상에 오기 전에 믿던 사람이 이미 죽었습니까? 상관없습니다. 그의 믿음 때문에 그는 지금 사랑과 믿음으로 내게 가까이 오는 사람들과 동등하게 됩니다. 세상을 떠난 의인들은 그들의 믿음이 상을 받겠기 때문에 머지 않아 기쁨을 누리게 될 것입니다. 내 아버지의 뜻을 행한 다음에 나는 가서 '오시오!' 하고 말할 것입니다. 그러면 믿음을 가지고 죽은 사람들은 모두 나와 함께 주님의 나라로 올라갈 것입니다.

믿음에 있어서 여러분은 여러분의 땅의 종려나무들을 본 받으시오. 저 종려나무들은 작은 씨에서 나왔지만, 자라고 아주 곧게 올라가겠다는 몹시 강한 의욕을 가지고, 땅은 잊어버리고, 다만 해와 천체와 하늘을 사랑합니다. 내게 대한 믿음을 가지시오. 이스라엘에서 별로 믿는 사람이 없는 것을 믿을 줄 아시오. 그러면 나는 여러분이 원죄에 대한 용서와, 하느님의 완전한 십계명의 아주 쉬운 완성인 내 가르침을 실천하는 모든 사람에게 대한 정당한 상으로 하늘 나라를 차지할 것이라고 약속합니다.

나는 여러분들과 같이 오늘과 거룩한 안식일인 내일을 지내고, 안식일 이튿날 새벽에 떠나겠습니다. 슬퍼하는 사람은 내게로 오시오! 의심하는 사람은 내게로 오시오! 생명을 원하는 사람은 내게로 오시오! 나는 자비요 사랑이니까 두려워 하지 말고 오시오."

그리고 예수께서는 청중이 저녁 식사와 휴식을 취하러 갈 수 있도록 보내시기 위하여 커다란 강복의 손짓을 하신다. 예수께서 떠나려고 하시는데, 그 때까지 골목길 모퉁이에 숨어 있는 작은 노파가 아직 선생님과 남아 있기를 원하는 군중을 헤치고, 그 군중이 놀라서 소리를 지르는 가운데 예수의 발 앞에 와서 무릎을 꿇으며 외친다.

"선생님과 선생님을 보내신 지극히 높으신 분은 찬미받으십시오. 그리고 선생님을 낳으신 태는 복되십니다. 그분은 선생님을 가지셨었으니까 그 태는 보통 여자의 태 이상입니다!"

남자의 외침이 그 여자의 외침과 섞인다. "골롬바! 골롬바! 오! 당신 눈이 보이는구려! 당신 귀가 들리는구려! 당신은 주님을 알아보고 지혜롭게 말하는구려! 오! 하느님! 우리 조상들의 하느님! 아브라함과 이사악과 야곱의 하느님! 예언자들의 하느님! 예언자 요한의 하느님! 내 하느님! 아버지의 아드님! 아버지와 같으신 임금님! 아버지께 순종하심으로 구세주가 되신 분! 아버지와 같으신 하느님, 내 하느님, 당신 종의 하느님! 찬미받으시고, 사랑받으시고, 추종받으시고, 영원히 흠숭받으십시오."

그리고 늙은 회당장은 미끄러지며 그의 작은 노파의 곁에 무릎을 꿇고, 왼팔로 그를 안고 가슴에 꼭 껴안으며 몸을 숙이고, 아내의 몸도 숙이게 하여 구세주의 발에 입맞춤 한다. 그리고 온 군중의 기쁨의 환성은 어찌나 큰지 종려나무 줄기를 떨게 하고, 벌써 둥지에 들어가 있던 비둘기들을 놀라게 한다. 비둘기들은 날아 올라서 구세주께서 그 안에 와 계시다는 소식을 온 시내에 퍼뜨리려는 것처럼 엔갓디 상공을 빙빙 돈다.

81. 엔갓디의 문둥병자 엘리세오를 고치심

지금은 완전히 밤이 되었고, 거의 만월이 된 대단히 환하게 도시를 비추는 것으로 보아, 아마 엔갓디의 주민들 자신의 권고에 따라 그들의 출발을 앞당긴 것같다. 네모난 집들과 달빛의 마술같은 효과로 석회를 조각가의 대리석으로 바꾼 것같이 정원 담들 사이에 있는 골목들은 은빛 리본 같다. 종려나무들과 다른 나무들은 달의 인광(燐光)에 둘러싸여 환상적인 모습을 띠고 있다. 샘들과 작은 시내들은 작은 폭포와 금강석 목걸이와 같다. 나뭇잎들 사이에서는 밤꾀꼬리들이 곡조로 된 목걸이를 펼치고 밤에는 더 분명히 들리는 물의 노래에 저희들의 놀라운 노래를 합친다.

도시는 잠들었다. 그러나 몇몇 사람이 떠나시는 예수와 같이 있다. 그들은 예수와 사도들을 그들 집에 묵게 한 사람들과 그들과 합류한 몇몇 다른 주민이다. 회당장은 예수 곁에서 걸어간다. 오! 그는 완전히 들판에 들어가기 전에 예수께서 돌아가라고 부탁하시는데도 예수를 배웅하는 것을 포기하려고 하지 않는다.

그리고 그들은 마사다로 가는 길을 향하여 가는데, 사해를 끼고 가는 낮은 길, 밤에 다니는 것은 건강에 좋지 않고 또 위험하다고 말하는 것이 들리는 길로 가지 않고, 호숫가에 있는 야산들의 거의 꼭대기 근처의 사면에 나있는 안쪽 길을 향하여 간다.

달빛을 받은 오아시스는 찬란하다! 꿈나라를 걸어가는 것같다. 그러다가 오아시스, 진짜 오아시스가 끝나고, 종려나무들이 드물어진다. 이제는 큰 나무들과 풀밭들과 팔레스티나의 거의 모든 산이 그런 것처럼 산복(山復)에는 동굴이 많이 뚫려 있는 본격적인 산이다. 그러나 여기는 동굴이 더 많은 것같은데, 그 구멍들의 깊이나 너비가 이상해서, 어떤 것들은 곧고, 어떤 것들은 비스듬하고, 어떤 것들은 중턱이 둥그렇고, 또 어떤 것들은 단순히 균열인 것도 있다. 그 동굴들은 달빛에 보니 무서운 모습을 하고 있다.

"아브라함, 큰 길은 더 아래쪽에 있는데요. 왜 자꾸만 올라가서 길을 더 멀게 하고, 다닐 수도 없는 이 오솔길로 가십니까?" 하고 엔갓디의 어떤 사람이 비난한다.

"메시아께 무엇인가를 보여 드리고, 우리에게 베풀어 주신 큰 은혜들 외에 또 어떤 일을 해 주십사고 청해야 하기 때문일세. 그러나 만일 자네들이 피곤하면 집으로 돌아가던지 여기서 나를 기다리던지 하게. 나 혼자 갈 테니까" 하고 노인은 어렵고 가파른 길을 헐떡이며 겨우 걸어 가면서 말한다.

"오! 아닙니다! 우리도 할아버지와 같이 가겠습니다. 그러나 할아버지가 피로하신 것이 걱정이 됩니다. 숨이 몹시 가쁘신데요…."

"오! 오솔길 때문이 아니라!… 다른 일 때문일세! 이것은 내 심장으로 되돌아오는 것일세…. 내 마음을 부풀게 하는 바람일세. 여보게들, 오게. 그러면 자네들의 모든 고통을 위로하던 사람의 마음속에 어떤 괴로움이, 어떤 고통이 있었는지 알게 될 걸세! 어떤… 실망, 그건 아니었네. 그러나… 자네들에게 무엇이든지 하실 수 있는 하느님께 바라라고 늘 말하던 사람의 마음속에는 영원히 아무 기쁨도 바라지 않겠다는 체념이 있었네…. 나는 자네들에게 메시아를 믿도록 가르쳤네…. 내가 이제는 메시아께 해를 끼치지 않고 그렇게 할 수 있었을 때, 내가 얼마나 자신있게 메시아에 대해서 말했는지 기억하나? 자네들은 이렇게 말했지. '그렇지만 헤로데의 대학살은요?' 하고. 어! 그렇지! 그것이 내 마음속에 걸려 있는 큰 가시였네! 그러나 나는 있는 힘을 다해서 바람에 매달렸었네…. 나는 이렇게 말했었지. '이스라엘 사람도 아닌 저 세 사람에게 하느님께서 아기 메시아께 경배하러 오라고 권하시기 위해 별을 보내셨고, 그 별로 이스라엘의 선생들과 사제장들과 율법학자들이 모르던 보잘 것없는 집으로 그들을 인도하셨고, 아기를 구하시기 위해, 헤로데에게로 다시 들르지 말라고 꿈에 그들에게 알려 주셨으니, 하느님께서는 한층 더 큰 능력을 쓰셔서, 하느님과 사람의 바람이신 아기를 안전한 곳으로 데려가게 도망하라고 아버지와 어머니께 알리지 않으셨겠는가?' 하고.

그래서 아기가 무사하리라는데 대한 믿음은 커져갔고, 인간적인 의심과 다른 사람들의 말로 공격을 받아도 끄떡 없었네…. 그리고… 한 아비가 겪을 수 있는 가장 큰 고통이 나를 엄습했을 때… 내가 산 사람을 무덤으로 데리고 가서… 그에게… 그에게… '네가 살아 있는 동안 여기 있어라…. 그리고 만일 어머니의 애무에 대한 사랑이나 다른 동기로 네가 집을 있는 데로 끌려 오게 되면, 내가 제일 먼저 너를 저주하고, 너를 때리고, 비탄에 잠긴 내 사랑도 너를 더는 도울 수 없게 될 곳으로 너를 쫓아 보내야 할거다'하고 말해야 했을 때, 내가 그렇게 해야 했을 때,… 나는 그의 구세주의 구세주이신 하느님께 대한 믿음에 한층 더 매달리고, 나와 내 아들에게… 문둥병에 걸린 내 아들에게… 알겠나? 문둥병자가 된 아들에게… '주님의 뜻에 우리 머리를 숙이자, 그리고 그분의 메시아를 믿자! 나는 아브라함… 너는 불이 아니라 불행으로 제헌된 이사악, 우리의 고통을 기적을 얻기 위해 바치자'하고 말했네. 그리고 매 달, 새 달이 될 때마다… 음식과 옷과 사랑을 가지고 몰래 여기에 왔는데… 내 아들들인… 자네들에게로… 돌아가야 하고… 무서운 고통으로 인해서 눈이 멀고 바보가 된 아내에게로… 이제는 아이도 없게 된 내 집으로… 의식적인 서로간의 사랑의 평화가 없어진 집으로 돌아가고… 내 회당으로 돌아가서 하느님과 그분의 위대하심과… 우주에 널려있는 그분의 아름다움에 대해서 말을 해야 하기 때문에… 음식과 옷은 내 아들에게서 멀리 떨어진 곳에 내려놓아야 했네…. 그리고 나는 병이 쏟아먹는 내 아들의 모습을 눈에 간직하면서… 내 아들을 배은망덕한 자로, 집에서 도망친 범죄자라고 하면서 그에 대해 모욕적인 비방을 하는 것을 들을 때에도 그 애를 변호조차 할 수 없었네…. 그리고 살아 있는 아들의 무덤을 찾아가는 아비의 이 순례를 하면서 나는 그의 마음을 부축해 주기 위해서 그에게 매번 이렇게 되풀이 해 말했네. '메시아는 계시다. 그분은 오실거다. 그분이 너를 고쳐 주실거다…' 하고.

지난 해에 예루살렘에 가서 과월절을 지낼 때, 소경인 제 아내 곁을 떠나 있는 짧은 기간에 선생님을 찾았습니다. 그랬더니 사람들은 '그분은 정말 계십니다. 어제 여기 계셨습니다. 문둥병자들까지도 고쳐주셨습니다. 그분은 팔레스티나를 두루 다니시면서 병을 고쳐 주시고, 위로해 주시고, 가르치십니다' 하고 말했습니다. 오! 저는 얼마나 빨리 돌아왔는지 꼭 결혼식에 가는 젊은이와 같았습니다! 저는 엔갓디에 머무르지도 않고 이리로 와서 제 아이, 제 아들을, 죽어가는 제 겨레를 불러서 '메시아께서 오실거다!' 하고 말했습니다.

주님… 주님께서는 저희 도시에서 많은 좋은 일을 행하셨습니다. 아직 병에 시달리는 사람을 남겨놓지 않고 떠나십니다. 거기서 주님은 나무들과 짐승들에까지 강복하셨습니다…. 그런데 그렇게 하지 않으시겠습니까?… 주님께서는 벌써 제 아내를 고쳐 주셨습니다…. 그러나 제 아내가 낳은 아이는 동정하지 않으시겠습니까?… 어머니를 위해서 아들을! 은총이 가득하신 어머니의 완전한 아들이신 주님께서 어미에게 아들을 돌려 주십시오! 주님의 어머니의 이름으로. '저를, 저희를 불쌍히 여겨 주십시오!…'"

감동시키는 비통한 말을 하는 노인과 함께 모든 사람이 운다.

예수께서는 그가 흐느껴 우는 동안 그를 품에 안으시고 말씀하신다. "이제는 울음을 그치세요! 할아버지의 엘리세오를 찾으러 갑시다. 할아버지의 믿음과 의로움과 바람은 그럴 만한 가치가 있고도 남습니다. 할아버지, 울지 마세요! 그리고 더 지체하지 말고 한 인간을 공포에서 구해냅시다."

"달이 져 가고, 오솔길은 어렵습니다. 새벽을 기다릴 수 없겠습니까?" 하고 어떤 사람들이 말한다.

"아닙니다. 진이 나는 초목이 우리 주위에 많이 있으니, 그 가지들을 꺾어서 불을 붙이시오. 그리고 갑시다" 하고 예수께서 명령하신다.

그들은 좁고 어려운 오솔길로 더 올라간다. 어떤 일시적이었던 개울이 마른 자리 같다. 햇불들은 공중에 심한 진 냄새를 풍기고 연기를 내뿜으며 탁탁 소리를 내면서 벌겋게 타고 있다.

어떤 샘가에 돋아난 무성한 나무의 싹으로 거의 가려진 입구가 좁은 동굴이 좁은 평평한 땅 저쪽에 나타난다. 그 평평한 땅은 균열로 가운데가 끊어져 있고, 그리로 샘물이 흘러 내린다.

"엘리세오가 여러 해 전부터 저기에 있습니다…. 죽음이나 하느님의 은총을 기다리면서…" 하고 노인이 동굴을 가리키면서 낮은 목소리로 말한다.

"아들을 부르시고 격려하십시오. 두려워하지 말고, 믿음을 가지라고 하십시오."

아브라함이 큰 소리로 부른다. "엘리세오! 엘리세오! 내 아들아!" 그리고 부르는 소리에 대답하는 것은 침묵뿐이기 때문에 겁이 나서 떨며 되풀이해서 외친다.

"혹 죽었는지도 모르겠군요?" 하고 어떤 사람들이 말한다.

"아니야! 죽다니, 지금. 아니야! 고통을 당하던 끝에! 기쁨 하나 맛보지 못하고, 아니야! 오! 아들아!" 하고 아버지가 신음한다….

"울지 마시고, 또 부르세요."

"엘리세오! 엘리세오! 왜 대답이 없느냐?…"

"아버지, 아버지! 왜 늘 오시는 때가 아닌 때에 오십니까? 혹 어머니가 돌아가셨나요. 그래서…." 처음에는 멀리서 들려 오던 목소리가 가까워졌다. 그리고 한 유령이 입구를 막고 있는 가지들을 헤친다. 반쯤 벗고 나병에 좀먹힌 소름끼치는 유령, 해골이다…. 횃불과 막대기를 든 그렇게 많은 사람을 보고, 그가 무엇을 생각하는지 뒷걸음치며 외친다. "아버지, 왜 저를 배신하셨습니까? 저는 여기서 한번도 나간 적이 없습니다. 그런데 왜 저를 돌로 쳐 죽이라고 사람들을 데리고 오셨습니까?!" 목소리가 멀어졌다. 그리고 나타났던 것에서 추억으로 남은 것은 움직이는 나뭇가지들뿐이다.

"용기를 주십시오! 구세주가 여기 와 있다고 말씀하십시오!" 하고 예수께서 격려하신다.

그러나 그 사람은 이제 기운이 없어졌다. 그는 슬퍼서 울고 있다.

예수께서 말씀하신다. "아브라함과 하늘에 계신 아버지의 아들은 들으시오. 당신의 의로우신 아버지께서 당신에게 예언하신 것이 이루어지고 있소. 구세주가 여기 와 있소. 그리고 그와 함께 당신의 부활을 즐기러 온 엔갓디의 당신의 친구들과 메시아의 제자들이 있소. 두려워하지 말고 오시오! 균열 있는 데까지 오시오. 그러면 나도 가서 당신을 만지겠소. 그러면 당신은 깨끗해질거요. 두려워 말고, 당신은 사랑하는 주님에게로 오시오!"

가지들이 다시 헤쳐지고 겁에 질린 문둥병자가 밖을 내다본다. 그는 평평한 땅의 풀 위를 걸어서 균열 앞에 와서 걸음을 멈추는 흰 형상인 예수를 바라본다…. 다른 사람들을 본다. 늙은 아버지는 두 팔을 내밀고, 문둥병자인 아들의 얼굴을 뚫어지게 바라보며, 매혹된 듯이 예수를 따라간다. 아들은 안심하고 앞으로 나아온다. 그는 발의 헌데 때문에 몹시 전다. 그는 썩어 문드러진 손이 달린 팔을 내민다. 예수의 앞에까지 왔다. 그리고 예수를 쳐다본다…. 예수께서는 매우 아름다운 당신 손을 내미시고, 눈을 하늘을 향하여 치뜨시고, 수없이 많은 별의 모든 빛을 당신에게로 모으시고, 아니, 수없이 많은 별의 모든 빛을 당신께로 모으셔서, 그 매우 깨끗한 찬란함을 썩어서 조각조각 떨어지는 더러운 살 위에 발산하시는 것같다. 빛을 더 많이 내라고 흔드는 햇불들이 불이 붙은 나뭇가지들의 붉은 빛으로 그 살들이 한층 더 무서워 보이게 된다.

예수께서는 균열 쪽으로 몸을 숙이시고 손가락 끝으로 문둥병자의 손가락 끝을 만지시면서 "나는 원한다!" 하고 말씀하신다. 그런데 이 말씀을, 묘사할 수 없으리 만큼 아름다운 미소를 띠시고 말씀하신다. 예수께서는 "나는 원한다!"는 말씀을 두번 더 되풀이 하신다. 예수께서는 이 말씀으로 기도를 하시고 명령을 하신다.

그리고 떨어지셔서 한 걸음 뒤로 물러나시며 팔을 十자 모양으로 벌리시고 말씀하신다. "당신이 깨끗해지거든, 주님을 전파하시오. 당신은 주님의 것이니까. 당신이 훌륭한 이스라엘 사람이고 착한 아들이었기 때문에 하느님께서 당신을 사랑하셨다는 것을 기억하시오. 아내를 얻어 자녀들을 낳아서 그들을 주님을 위해 키우시오. 이제 당신의 매우 쓰라린 고민이 없어졌소. 그에 대해 하느님을 찬미하시오. 그리고 지극히 행복하시오!"

그리고는 돌아서시며 말씀하신다. "당신들은 햇불을 들고 앞으로 나아가, 그럴 만한 자격이 있는 사람들을 위해 주님께서 어떤 일을 하실 수 있는지 보시오."

예수께서는 그리고 벌리시고 겉옷에 감싸여 있어서 문둥병 환자를 보는 것을 막던 팔을 내리시고 비켜나신다.

맨처음 외침은 예수 뒤에 무릎을 꿇고 있는 노인의 외침이다. "아들! 아들! 스무살 때의 너와 같은 아들이로구나! 그 때처럼 아름다운! 그 때처럼 건강한! 아름다운, 오! 그 때보다도 더 아름답다!….

오! 너한테 갈 수 있게 탁자나 나뭇가지나 무엇이 있었으면!" 그러면서 내달으려고 한다.

그러나 예수께서 그를 붙잡으신다. "안 됩니다! 기쁨으로 인해서 할아버지께서 율법을 어기시게 되어서는 안 됩니다. 우선 아드님은 정결례를 해야 합니다! 그를 바라 보십시오! 눈과 마음으로 입맞춤 하십시오. 할아버지는 그렇게 오랜 세월동안 그러셨던 것처럼, 지금도 굳세십시오…."

사실 그것은 **완전한** 기적이다. 그것은 그저 병나음뿐이 아니라, 병이 파괴하였던 것의 복구이다. 그래서 40세 가량 된 그 남자는 일찍이 아무 병도 없었던 것처럼 말짱하다. 다만 대단히 야윈 모습만은 남아 있어서 보통이 아닌 초자연적인 아름다움을 가진 고행자의 모습을 그에게 준다. 그는 팔을 흔들고, 무릎을 꿇고, 찬미하고… 감사한다는 말씀을 예수께 드리기 위하여 무슨 말을 해야 할지 모른다. 마침 풀속에 있는 꽃들을 보고 꺾어서 입맞춤 하고, 균열 너머로 구세주의 발 앞에 던진다.

"자! 엔갓디의 여러분은 회당장과 함께 남아 계십시오. 우리는 마사다를 향해 길을 계속합니다."

"그러나 길을 모르시면서요…. 보이질 않는데요…."

"나는 압니다. 길도 알고, 무엇이든지 다 압니다! 그리고 세상의 길과 하느님과 하느님의 원수가 지나가는 마음의 길도 알고, 누가 하느님이나 하느님의 원수를 받아들이는지도 압니다. 그냥 계십시오! 내 평화와 함께 남아 계십시오. 게다가 날이 이내 밝을 것이고, 불을 붙인 나뭇가지로 새벽까지는 길을 밝힐 것입니다. 아브라함 할아버지, 작별의 입맞춤을 드리게 이리 오십시오. 주님이 지금까지와 같이 항상 할아버지와 함께 계시고, 할아버지의 가족들과 할아버지의 친절한 도시와 함께 계시기를 바랍니다."

"주님, 여기 다시 오지 않으시렵니까? 행복한 제 집을 보시러?"

"오지 않겠습니다. 내 길은 목적지에 다다르게 되었습니다. 그러나 할아버지는 나와 함께 하늘에 계실 것이고, 가족들도 할아버지와 함께 있을 것입니다. 서로 사랑하십시오. 그리고 어린것들을 그리스도에 대한 믿음속에서 키우세요…. 여러분 모두 안녕히 계십시오. 여기 있는 모든 사람과 그 가족들에게 평화와 축복이 있기를. 엘리세오, 당신에게도 평화. 주님께 대한 감사의 정으로 완전한 사람이 되시오. 너희 내 사도들은 가자…."

그리고 불이 붙은 나뭇가지를 쳐드는 작은 집단의 앞장을 서신다. 그리고 앞으로 나가서서 불쑥 나온 바위를 돌아가신 다음, 흰 옷을 입으신 모습이 사라지고, 사도들도 하나씩 사라지고, 발소리가 멀어지고, 불붙은 나뭇가지들의 붉은 불꽃이 사라진다.

평평한 땅에는 아버지와 아들이 균열 가장자리에 앉아서 서로 바라본다…. 그 뒤에는 엔갓디 사람들이 감탄하여 속삭이며 있다…. 그들은 굉장한 병나음의 소식을 가지고 도시로 돌아가기 위하여 새벽을 기다린다.

82. 마사다에서

그들은 알프스산 어떤 꼭대기에 있는 독수리 둥지 같은 도시를 향하여 좁고 험한 길을 올라가고 있다. 그들은 벌써 유다의 산의 집단의 일부를 이루는 끊이지 않는 산맥에 등을 돌리고, 서쪽에서 동쪽으로 몹시 어렵게 그곳에 다다른다. 거대한 성벽의 버팀벽 같은 강력한 앞부분으로 그 도시는 사해의 서쪽 끝으로, 즉 사해의 남단으로 쑥 내밀었다. 그것은 참으로 증인들과 일체의 사회를 무시하는 그들의 아름다운 사랑을 위하여 독수리들이 사랑하는 것같은 높고, 외따로고, 깎아지른 뾰족한 산봉우리이다.

"아이고, 길도 참!" 하고 베드로가 신음한다.

"지프타엘의 길보다도 훨씬 더 나쁘구먼" 하고 마태오가 확인한다.

"그렇지만 여기서는 비가 오지 않고, 습기도 없고, 미끄럽지도 않네. 이게 벌써 어디야!…" 하고 유다 타대오가 지적한다.

"어! 그렇고 말고! 그게 위로가 되지…. 그러나 그것뿐이 아니야. 원수들이 자넬 붙잡을 위험이 없네! 지진이 나서 자네를 무너뜨리면 모를까, 사람이 너를 떨어뜨리진 못할 거다!" 하고 요새 도시에 대고 말한다. 이 도시는 두꺼운 껍질속에 들어 있는 석류의 씨같이 다닥다닥 달라붙어 있는 그 집들과 더불어 두 개의 방벽이 이룬 좁은 테두리속에 죄어져 있다.

"너는 그렇게 생각하느냐, 베드로야?" 하고 예수께서 물어보신다.

"그렇게 생각하느냐구요? 저는 그걸 봅니다! 그런데 그보다도 더 합니다!"

예수께서는 머리를 흔드시며 대꾸를 하지 않으신다.

"어쩌면 바다쪽으로 해서 오는 것이 나았을지도 모르겠군요. 시몬이 있었더라면…. 시몬은 이 근처를 알거든요" 하고 기진맥진한 바르톨로메오가 말한다.

"우리가 이 도시에 들어가서 다른 길을 보게 되면 이 길을 택한 것을 내게 감사할 것이다. 여기서는 사람이 올라오기가 어려운데, 다른 오솔길로는 염소도 올라오기가 어렵다" 하고 예수께서 대답하신다.

"어떻게 아십니까? 누가 선생님께 말씀했습니까, 그렇잖으면?…"

"나는 안다. 그뿐 아니라, 아나니아의 며느리가 있는 곳은 이쪽이다. 나는 우선 그 여자에게 말하고자 한다."

"선생님… 저기에는 위험이 없겠습니까?…. 여기서는 빨리 나갈 수가 없고, 그래서 사람들이 우리를 쫓아오면 집으로 돌아갈 수가 없겠기 때문입니다. 낭떨어지가 어떤지 돌들이 얼마나 날카로운지 보십시오!…" 하고 토마가 말한다.

"두려워 말아라. 우리는 엔갓디를 찾아가는 것이 아니다. 이스라엘에 엔갓디 같은 곳은 별로 없다. 그러나 우리에게는 아무 불행도 오지 않을 것이다."

"아시다시피 여기는 헤로데의 요새…이기 때문입니다…."

"그래서? 염려 말아라, 토마야! 때가 되지않는 동안은 정말 중대한 일은 아무 것도 일어나지 않을 것이다."

그들은 가고 또 가서 별로 마음을 끌지 않는 모습을 하고 있는 성벽 근처에 이른다. 지금은 해가 높지만, 지형이 높기 때문에 더위가 완화된다.

그들은 좁고 어두운 반원형의 성문을 지나서 도시 안으로 들어간다. 능보(稜堡)의 벽들은 두껍고, 육중한 탑들이 있고, 총안들이 뚫려 있다.

"굉장한 덫이로구먼!" 하고 마태오가 말한다.

"나는 이 건축재료, 돌덩어리, 철판 따위를 이리로 운반한 불쌍한 사람들을 생각하네…" 하고 알패오의 야고보가 말한다.

"조국과 독립에 대한 거룩한 사랑으로 요나타 마카베오의 사람들에게는 무거운 짐이 가벼워졌다. 그런데 자기 자신에 대한 비뚤어진 사랑과 백성의 분노에 대한 공포는 무거운 멍에를 신민들에게 매워주지 않고, 헤로데 대왕의 뜻에 의해서 노예보다도 더 못하게 된 사람들에게 짊어지웠다. 그래서 피와 눈물의 세례를 받은 이 도시는 하느님의 벌의 때가 오면 피와 눈물속에서 멸망할 것이다."
 "그러나 선생님, 그렇게 되는 데에 주민들이 관계가 있습니까?"
 "관계가 도무지 없기도 하고, 전적으로 있기도 하다. 신민들이 잘못이나 좋은 행동을 그들의 우두머리들과 경쟁하면 우두머리들과 같은 상을 받거나 벌을 받는다. 그러나 저기 둘째 길의 셋째 집이고, 앞에 우물이 있는 집이 보인다. 가자…."
 예수께서는 높은 좁은 집의 닫힌 문을 두드리신다. 어린이가 문을 연다.
 "너는 아나니아의 집안 식구냐?"
 "나는 그분과 같은 이름을 가지고 있어요. 그분은 우리 아버지의 아버지니까요."
 "어머니를 불러라. 나는 아나니아와 어머니의 죽은 남편의 무덤이 있는 고장에서 왔다고 어머니에게 말해라."
 어린이가 갔다가 돌아온다. "어머니는 늙은이 소식을 들을 필요가 없다고, 아저씨는 가도 된다고 말했어요."
 예수께서 매우 엄한 얼굴을 하신다. "나는 네 어머니에게 말하기 전에는 떠나지 않겠다. 애야, 가서 어머니에게 남편이 믿던 나자렛의 예수가 여기 왔는데, 네 어머니에게 말을 하고 싶어한다고 말해라. 어머니에게 염려하지 말라고 일러라. 노인은 여기 오시지 않았으니까…."
 사내아이는 다시 간다. 오래 기다려야 하였다. 사람들이 가던 걸음을 멈추고 살펴보고, 어떤 사람들은 제자들에게 말을 물어본다. 그러나 분위기가 냉혹하거나 무관심하거나 조소적이다…. 사도들은 친절하려고 애를 쓰지만 분명히 충격을 받은 모습이다. 그리고 유력자들과 무장을 한 사람들이 모두, 별로 신뢰감을 주지 않는 죄수와 같은 … 얼굴을 하고 갑자기 나타났을 때에는 한층 더 그러하다.
 예수께서는 문틀에 기대어 팔짱을 끼시고 문지방에 서서 생각에 잠기신 채 참을성 있게 기다리신다.
 마침내 여자가 나타났다. 키가 크고, 갈색머리에 눈이 냉혹하고, 옆모습이 뚜렷한 여자인데, 추하지도 않고 늙지도 않았지만, 그의 표정으로 인하여 추하고 늙어 보인다.
"무엇을 원합니까? 빨리 하시오. 난 바쁘니까" 하고 그 여자는 거만하게 말한다.
"나는 아무 것도 원치 않소. 안심하시오. 나는 다만 아나니아의 용서와 애정과 기도를 당신에게 가져왔을 뿐이오…."
"나는 늙은이를 비난하지 않습니다. 부탁할 필요도 없습니다. 난 건성으로 우는 늙은이는 싫어요. 우리 사이는 모든 것이 끝났어요. 게다가 난 곧 재혼을 해요. 그런데 부잣집에 그 교양 없는 농삿꾼을 떠맡길 수는 없어요. 난 그 늙은이의 아들과의 결혼을 승낙한 잘못이 지긋지긋합니다! 그러나 그 땐 내가 어리석은 계집애여서 남자의 아름다움에만 눈이 팔렸던 거지요. 내가 불쌍한 년이었지! 내가 불쌍한 년이었어! 내 갈 길에 그 남자를 놓아둔 동기는 저주 받기를! 그… 에 대한 기억마저도 저주받아라…." 꼭 기계와 같다….
"그만 하시오! 당신이 같이 살 자격이 없던 산 사람과 죽은 사람을 존중하시오. 차돌보다도 더 딱딱한 여자, 당신은 화를 당하시오! 그렇소! 당신에게 앙화요! 당신 안에는 이웃에 대한 사랑이 없고, 사탄이 당신 안에 있기 때문이오. 여보시오, 두려움으로 떠시오! 노인의 눈물과, 당신의 사랑이 없음으로 인해서 분명히 괴로웠을 남편의 눈물이 불비가 되어 당신의 소중한 것 위에 쏟아지지 않을까 두려워서 몸을 떠시오! 당신은 자녀들이 있지요!…."
"아이들! 아! 그것들이 없었으면 좋겠습니다! 그러면 마지막 인연까지 끊어질 겁니다! 그뿐 아니라, 난 아무 말도 듣기 싫어요. 당신 말도 듣고 싶지 않아요. 가시오! 여긴 내 집이오. 내 오빠의 집이오. 난 당신을 모릅니다. 난 늙은이를 기억하고 싶지 않아요. 싫어요…." 그 여자는 산 채로 깃털을 뜯는 까치처럼 소리친다. 정말 사나운 여자이다….
"조심하시오!" 하고 예수께서 말씀하신다.
"날 위협하는 겁니까?"
"나는 당신의 영혼 때문에 하느님과 하느님의 율법을 생각하라고 하겠소. 그런 감정을 가지고 어떤 자녀들을 기르기를 원하오? 하느님의 심판이 두렵지 않소?"

"오! 그만 두시오! 사울아, 가서 내 오빠를 부르고 요나타와 함께 오라고 해서, 본때를 봬 주겠어요! 당신에게…."

"오! 그럴 필요없소. 당신의 영혼을 하느님께서도 강제하지 못하실 거요. 잘 있으시오!"

그리고 예수께서는 사람들 사이로 지나가신다. 높은 집들 사이에 있는 길은 좁다. 그러나 방어를 위하여 건설된 이 도시는 그 방어의 중심이 동쪽 부분에 있다. 그곳에는 모든 것이 수백 미터나 되는 절벽 위로 쑥 내밀고 있고, 정말 엄청나게 가파른 구불구불한 좁은 리본 같은 평야와 바다에서 산꼭대를 향하여 올라온다.

예수께서는 병기(兵器)를 놓는 작은 광장이 있는 바로 그곳으로 가신다. 거기서 다시 한번 하늘 나라에 대한 당신의 초대를 되풀이 하시면서 말씀하기 시작하시고, 하늘 나라의 개략을 말씀하신다. 그것을 부연하여 설명하려고 하시는데, 믿기보다는 호기심이 더 많은 작은 군중 사이를 헤치면서 유력자들이 나아오고 있는데, 자기들끼리 토론을 한다. 예수 앞에 이르자마자 모두 한꺼번에 어수선하게 말하는데, 일치한 것은 예수를 쫓아내겠다는 생각뿐이다. 그들은 예수께 명령한다. "물러가시오. 여기에는 이스라엘 자손들을 가르치는데 우리도 충분하오."

"가시오! 우리 여자들은 당신에게서 비난을 들을 필요가 없소. 갈릴래아 사람!"

"모욕자, 가시오! 헤로데 대왕이 좋아하시는 도시 중의 하나에서 당신은 어떻게 감히 헤로데당원의 아내에게 모욕을 준단 말이오? 날 때부터 그분의 지상권(至上權)을 참칭한 자, 여기서 썩 나가시오!"

예수께서는 그들을 바라다보신다. 특히 이 나중 사람들을 바라다보시면서 다만 한 마디 "위선자들!" 하고 말씀하신다.

"가시오! 가!"

정말 귀에 거슬리는 목소리들의 소란이다. 각기 자기를 위하여 자기 패거리를 비난하거나 옹호한다. 무슨 말인지 알아들을 수가 없다. 그 좁은 공간에서 여자들은 소리를 지르며 기절하고, 어린 아이들은 울고, 무장을 한 사람들은 엄밀한 의미의 요새에서 내려오며, 사람들 사이를 헤치고 오려고 한다. 그렇게 하는 중에 그들은 광장에 몰려 있는 사람들에게 상처를 입히니, 이 사람들은 헤로데와 그의 병사들, 그리고 메시아와 그를 따르는 사람들에 저주를 하면서 반항한다. 굉장한 야단법석이다! 예수를 다소간 용감하게 보호하는 유일한 사람들인 사도들도 예수를 빽빽이 둘러싸고 신랄한 욕설을 퍼붓는데, 욕설은 모든 사람에게 가는 것이다.

예수께서는 그들을 부르셔서 말씀하신다. "여기서 나가자. 시내 뒤쪽을 한바퀴 돌고 떠나자…."

"그리고 영원히, 아시지요? 영원히요!" 하고 베드로가 화가 나서 얼굴이 시뻘개지며 외친다.

"그래, 영원히…."

그들은 한줄로 나란히 서서 가는데, 제자들이 간청하는데도 불구하고 예수께서 맨끝에 가신다. 수비병들은 여러 가지 농담을 하면서 말하는 것처럼 "퇴짜맞은 예언자"를 놀리면서도 이내 성문을 닫고, 광장을 향하여 무기를 돌려대고 문에 기대 설 만큼 양식을 가졌다.

예수께서는 성벽을 끼고 도는 좁은 오솔길로 나아가시는데, 너비가 두 뼘밖에 안 되는 오솔길이고, 그 밑으로는 허공이고 죽음이다. 사도들은 무서운 구덩을 내려다보는 것을 피하면서 예수를 따라간다.

그들은 그들이 들어왔던 문 앞에 다시 이르렀다. 예수는 걸음을 멈추지 않으시고 내려가기 시작하신다. 도시에서는 이쪽에도 성문을 닫는다….

도시에서 몇 미터 나가서 예수께서 발을 멈추시고, 베드로의 어깨에 손을 얹으신다. 베드로는 땀을 닦으면서 말한다. "큰 일 날뻔 했습니다! 저주받은 도시! 저주받은 여자! 오! 가엾은 아나니아! 그 여자는 제 장모보다도 더 고약합니다!…. 아주 뱀같은 여자입니다!"

"그래, 그 여자는 뱀같이 찬 심장을 가지고 있다…. 요나의 시몬아, 어떻게 생각하느냐? 그 모든 방어물에도 불구하고 이 도시가 안전해 보이느냐?"

"아닙니다, 주님. 이 도시는 하느님을 모시고 있지 않습니다. 저는 이 도시가 소돔과 고모라와 같은 운명을 가지게 될 것이라고 장담합니다."

"요나의 시몬아, 너 제대로 말했다! 이 도시는 지금 그에 대한 하느님의 분노의 벼락을 쌓아올리고 있는 중이다. 그런데 그것은 나를 내쫓았기 때문이라기 보다는, 오히려 이 안에서는 십계명의 모든 계명이 어겨지고 있기 때문이다. 이제는 가자. 해가 내리쬐는 이 시간에 어떤 동굴이 서늘한 그늘속에 우리를 받아들일 것이다. 그리고 황혼이 되면, 달빛이 있는 동안은 가리옷을 향해 가자!"

"선생님!" 요한히 뜻하지 않게 흐느끼면서 신음한다.

"아니 무슨 일이야?" 하고 다른 모든 사람이 묻는다.

요한은 설명을 하지 않고, 두 손으로 얼굴을 가린 채 몸을 좀 구부리고 운다…. 그는 벌써 수난날의 몹시 괴로워하는 요한같다….

"울지 말고, 이리 오너라! 우리는 앞으로 아직 즐거운 시간을 가질 것이다" 하고 예수께서는 그를 당신께로 끌어당기시며 말씀하신다. 이로 인하여 요한의 마음은 위로를 받는다. 그러나 눈물은 더 많이 흐르게 된다.

"아이고! 선생님! 제 선생님! 저는 어떻게 합니까? 저는 어떻게 해요?"

"아니 무엇 때문에 그러니, 아우야?"

"이 사람아, 뭣 때문에 그래?" 하고 야고보와 다른 사람들이 묻는다.

요한은 말하기를 망서린다. 그러다가 얼굴을 들고, 두 팔로 예수의 목을 껴안아 엉망이 된 자기의 얼굴 쪽으로 예수의 몸을 기울이지 않을 수 없게 하고, 그에게 질문을 하는 사람들에게 대답하는 대신에 큰 소리로 예수께 대답한다. "선생님이 돌아가시는 것을 보려면요!"

"하느님께서 지극히 사랑하시는 아들인 너를 도와주실 것이다! 하느님의 도움이 없지 않을 것이다. 이제는 울음을 그쳐라. 자! 가자…." 그러면서 예수께서는 눈물에 가려 눈이 보이지 않게 된 사도의 손을 잡고 걸어가신다.

83. 유다의 어머니 마리아의 별장에서

일행은 시원하고 햇살이 눈부신 어느 날 아침나절에 유다의 별장에 도착한다. 사과나무들은 이슬에 젖어 축축하고, 그 밑에 있는 풀은 꽃이 만발한 양탄자 바로 그것이고, 그 위에서는 벌들이 윙윙거린다. 집의 창문들은 벌써 활짝 열려 있다. 이 집을 지휘하는 여인은 큰 친절로 그의 권위를 완화하는 뚱뚱한 여자인데, 하인들과 농부들에게 명령을 주는 중이고, 각기 일자리로 보내기 전에 자기 손으로 직접 먹을 것을 나누어준다. 넓은 부엌의 활짝 열린 문으로 짙은 빛깔 옷을 입은 그 여인이 이리저리 지나다니면서 이 사람 저 사람에게 말하고, 일꾼의 필요에 따라서 노스매기를 하는 것이 보인다. 한 때의 비둘기로 문앞에서 구구거리며 그들의 몫을 받기를 기다리고 있다.

예수께서는 미소를 지으시며 앞으로 나아가셔서 거의 문지방에 이르셨는데, 그때 모이 주머니를 손에 든 시몬의 마리아가 나타나며 말한다. "자 이제는 비둘기 너희 차례다. 여기 첫번 식사가 있으니 먹은 다음 행복스럽게 햇볕에 가서 하느님을 찬미해라. 조용히 해! 너희들이 서로 쪼을 필요가 없게 모두가 먹을 만큼 있다…." 그리고 탐욕스러운 비둘기들의 맹렬한 싸움을 막기 위하여 난알을 사방으로 뿌려서 널리 터뜨린다. 마리아는 머리를 숙이고 있고, 그의 발가락을 다정스럽게 톡톡 쪼는 날짐승들을 쓰다듬어 주려고 몸을 구부리고 있기 때문에 예수를 보지 못한다. 마리아는 그중 한 마리를 두 손으로 잡아서 쓰다듬어 주고 땅에 내려놓고는 한숨을 쉰다.

예수께서 한 걸음 앞으로 나아가시며 말씀하신다. "마리아, 당신께 평화. 그리고 당신 집에도 평화!"

"선생님께서!" 하고 여인은 옆구리에 끼고 있던 모이 주머니를 떨어뜨리고, 비둘기들을 쫓으면서 예수께로 마주 달려 온다. 비둘기들은 그러나 다시 땅에 내려 앉아 그들의 탐욕을 채우기 위하여 주머니 끈을 끄르려고 쪼고, 천을 뚫으려고 쫀다.

"아이고! 주님! 얼마나 거룩하고 행복한 날입니까!" 그러면서 예수의 발에 입맞춤 하기 위하여 무릎을 꿇으려고 한다.

그러나 예수께서는 그렇게 하지 못하게 막으시면서 말씀하신다. "내 사도들의 어머니들과 거룩한 이스라엘 여인들은 내 앞에서 노예들처럼 비굴하게 행동해서는 안 됩니다. 그들은 내게 충실한 정신과 아들을 주었습니다. 그래서 나는 그들에게 특별한 사랑을 드립니다."

유다의 어머니는 감격하여, 그 때에는 예수의 손에 입맞춤 하며 속삭인다. "고맙습니다, 주님!"

그리고 마리아는 머리를 들고, 마지막 나무 있는 데 머물러 있는 사도들을 바라다보다가 아들이 마주 오지 않는 것을 보고 놀라 사도들의 무리를 더 자세히 살펴본다. 두려움으로 인하여 그의 얼굴의 핏기가 가신다. 그는 거의 부르짖다시피 하며 묻는다. "제 아들은 어디 있습니까?" 그리고 겁을 집어먹고 몹시 불안하게 예수를 쳐다본다.

"마리아, 염려 마세요. 열성당원 시몬과 함께 라자로의 집에 심부름을 보냈습니다. 만일 내가 결정했던 것만큼 마사다에 머물렀더라면, 유다를 여기서 만났을 것입니다. 그러나 거기에 머무를 수가 없었습니다. 적의를 가진 그 도시가 나를 내쫓았습니다. 그래서 한 어머니에게서 위안을 받고, 또 어머니에게는 아들이 주님께 봉사한다는 것을 아는 위안을 드리기 위해서 서둘러 이리로 왔습니다" 하고 예수께서는 아들이 주님께 봉사한다는 말에 무게를 더 주시기 위하여 그 말에 힘을 주시며 말씀하신다.

마리아는 시들었다가 다시 생생해지는 꽃과 같다. 뺨에 혈색이 돌아오고, 눈길에 빛이 다시 나타난다. 마리아는 묻는다. "주님, 정말입니까? 그 애가 착합니까? 주님을 기쁘게 해 드립니까? 예? 오! 기뻐라! 어미 마음의 기쁨! 저는 기도를 아주 많이 했습니다! 아주 많이요! 자선을 아주 많이 했습니다! 아주 많이요! 그리고 속죄를… 아주 많이… 제 아들을 성인이 되게 하기 위해서 제가 무엇인들 못하겠습니까? 고맙습니다, 주님! 그 애를 그토록 사랑해 주시어, 고맙습니다! 주님의 사랑이 제 유다를 구원해 주시니까요…."

"그렇습니다. '우리의' 사랑이 그를… 붙들어 줍니다…."

"우리의 사랑이라구요! 주님은 정말 착하십니다! 제 보잘 것없는 사랑을 하느님이신 주님의 사랑 아주 가까이에 결합시키시다니!… 아이고! 어떤 말씀을 제게 해 주셨습니까! 얼마나 안심이 됩니까! 그 말씀으로 주님은 제게 얼마나 큰 위안과 평화를 주시는지요! 보잘 것없는 제 사랑밖에 없는 동안에는 유다가 거기서 별로 이득을 얻어내지 못했습니다. 그러나 주님은 주님의 용서로… 주님은 그 애의 잘못을 알고 계시니까 드리는 말씀입니다. 주님, 그 애가 죄를 지은 다음 주님의 사랑이 필요한데 따라서 더 커지는 것같은 주님의 무한한 사랑으로. 오! 주님…, 제 유다는 마침내 영원히 자기를 이기겠지요. 그렇지요, 선생님?" 여인은 두 손을 모으고, 진지하고 그윽한 눈으로 예수를 뚫어지게 쳐다본다.

예수께서는… 오! 마리아에게 그렇다고 말씀하실 수 없고, 그의 염려를 없애는 이 평화의 시간을 거절하기를 원치 않으시는 예수께서는 거짓말이 아니고, 약속도 아니지만 여인이 안도의 마음으로 받아들일 수 있는 말을 찾아내신다. 예수께서는 이렇게 말씀하신다. "마리아, 우리의 사랑과 합쳐진 그의 착한 뜻은 진짜 기적을 행할 수 있습니다. 하느님께서 마리아를 사랑하신다는 것을 항상 생각하고 마음에 평화를 가지세요. 하느님께서 많이 사랑하신다는 것을. 하느님께서 마리아를 이해하신다는 것을. 많이 이해하신다는 것을 생각하고, 그리고 하느님께서 **항상** 마리아의 친구로 계시리라는 것을 생각하고."

마리아는 예수께 감사한다는 것을 표시하기 위하여 다시 예수의 손에 입맞춤하고 말한다. "그러면 유다를 기다리시는 동안 집안으로 들어오십시오. 여기에는 사랑과 평화가 있습니다. 복되신 선생님!"

예수께서는 제자들을 부르신 다음, 요기를 하시고 쉬시려고 집안으로 들어가신다.

저녁이다. 밤이 천천히 들판에 내리깔린다. 소리가 하나씩 그리고, 이제는 나뭇잎들 사이에 가벼운 바람만이 남아 있어, 고요 속에 목소리를 집어넣는다. 그리고 밭에서 익어가는 곡식들 사이에서 첫번째

83. 유다의 어머니 마리아의 별장에서

 귀뚜라미 소리가 들려온다. 또 한 마리… 또 한 마리… 그러다가 들판 전체가 단조로운 노래를 날카롭게 울어댄다…. 마침내 밤꾀꼬리 한 마리가 물어보는 듯한 그의 첫번째 노래를 별을 향하여 던지고는 … 잠잠해져서, 귀를 기울이다가 다시 시작한다. 다시 잠잠해진다…. 무엇을 기다리는 것인가?…. 밤꾀꼬리는 가만히 속삭인다. 아마 둥지가 있는 집 근처의 잎이 우거진 호두나무에 앉아 있는 모양이다. 아마 알을 품고 있는 암놈과 말을 하나보다…. 아주 가까운 거리에서 매애매애 하는 양의 끈질긴 울음소리가 들린다. 가리옷으로 가는 길에 방울 딸랑거리는 소리, 그리고는 고요해진다.
 예수께서는 마리아 곁에 앉아 계신데, 그들은 집 앞에 놓여 있는 의자들에 앉아 있다. 예수께서는 제자들과 집안 사람들 가운데에서 조용히 쉬신다. 아늑하고 조용한 시간이다. 그 때문에 몸과 마음이 가벼워진다. 예수께서는 말씀을 별로 하지 않으시고, 말씀을 하셔도 사이를 두고 하신다. 그리고 사도들이 엔갓디와 늙은 회당장과 기적 이야기를 하는 것을 그냥 내버려두신다. 마리아와 하인들은 주의깊게 듣고 있다.
 사과나무들 사이에서 무엇인지 움직이는 것이 있다. 그러나 집 앞에 있는 작은 공간인 여기에서는 하늘에 총총 박힌 밝은 별들 덕택으로 아직 좀 보이지마는, 저기 우거진 나뭇잎들 밑에는 빛이 도무지 없고, 무엇인지 움직이는 소리만이 들려 온다.
 "어떤 밤짐승인가? 어떤 길잃은 양인가?" 하고 몇 사람이 자문한다. 그리고 양에 대한 추억으로 여러 사람의 머리에는 그 새끼양을 잡으려고 빼앗아 왔기 때문에 탄식하는 양의 생각이 떠오른다.
 "그 짐승은 마음을 달랠 수가 없어요" 하고 관리인이 말한다.
 "젖을 변질시키지 않을지 염려되는데요. 오늘 아침부터 그 놈이 먹지를 않고, 울고 또 울고 합니다…. 들어 보세요!…."
 "차차 괜찮아질 겁니다…. 그 놈들이 새끼를 낳는건 어린 양을 우리가 먹으라고 그러는건데요. 뭐" 하고 한 하인이 초연하게 말한다.
 "그렇지만 그 놈들이 모두 같진 않아. 저 놈은 덜 어리석어서 더 괴로워하는 거야. 들리나? 꼭 우는 것같아. 제가 어리석다고 말씀하지 마십시오. 선생님… 저건 아들을 잃은 여인의 울음인 것처럼 제 마음을 아프게 합니다….”

 "그렇지만 어머니는 반대로 아들을 만나십니다!” 하고 말하며 가리옷의 유다가 시몬과 함께 뒤에서 나타나 모든 사람이 깜짝 놀라서 뛰어오르게 한다.

 "선생님! 저희가 떠날 때 강복을 주신 것처럼 돌아왔을 때에도 강복을 주십시오.”

 "그러마, 유다야!” 그러시면서 예수께서는 돌아온 두 사도를 껴안는다.

 "어머니, 어머니의 축복을….” 마리아도 아들을 껴안는다.

 "저희들은 선생님을 벌써 여기서 만나 뵐줄은 생각하지 못했습니다. 저희는 거의 쉬지 않고 걸었습니다. 그리고 사람들에게 붙잡히는 것을 피하려고 흔히는 지름길로 해서 왔습니다. 그러나 저희는 제자들을 만났습니다. 그리고 요안나와 엘리사에게 머지 않아 우리를 만나게 될거라고 일렀습니다” 하고 시몬이 설명한다.

 "그렇습니다. 그리고 시몬은 젊은이처럼 걸었습니다. 선생님, 저희는 전갈을 전했습니다. 라자로는 대단히 아픕니다. 더위 때문에 더 고생합니다. 할 수 있는대로 일찍 라자로에게 가시는 것이 좋을 것입니다…. 선생님, 예리고로 떠나기전에 글라우디아에게 감사하기를 원하는 에글라를 기쁘게 하기 위해서 안토니아에 간 것을 빼놓고는 저는 아무 데도 가지 않았습니다. 그렇지, 시몬?”

 "맞습니다. 그리고 안토니아에는 모든 사람에게 집에 남아 있기를 권하는 숨막히게 더운 날 오정에 갔습니다. 알불라 도미띨라가 정원으로 불러낸 글라우디아와 유다가 말을 하는 동안, 저는 다른 여자들의 질문을 받았습니다. 그 여자들이 알고 싶어하는 것을 제가 할 수 있는대로 설명해 주었는데, 잘못한 것으로는 생각하지 않습니다.”

 "잘했다. 그 여자들은 진리를 알고자 하는 참된 뜻을 가지고 있다.”

 "그리고 글라우디아는 선생님을 도와드리려는 참된 뜻을 가지고 있습니다. 글라우디아는 쁠라우띠나와 다른 여자들에게 인사하러 가는 에글라를 보내고, 제게 여러 가지 질문을 했습니다. 제가 잘 알아들었다면, 그 여자는 본시오에게 바리사이파 사람들과 사두가이파

83. 유다의 어머니 마리아의 별장에서 **77**

사람들과 다른 사람들의 중상(中傷)을 믿지 말도록 설득하고자 하는 것같습니다. 본시오는 전투에는 능하지만, 사람과의 관계에는 도무지 능하지 못한 백부장들에게는 어느 정도까지 신임을 얻고 있습니다. 그리고 확실한 정보를 얻는데 있어서는 영리하고 간계까지도 쓸 것이 틀림없는 그의 아내를 많이 이용합니다. 사실에 있어서 총독은 글라우디아입니다. 본시오는 글라우디아가 힘과 조언자로 있기 때문에 그의 지위를 보존하는 무가치한 사람임이 틀림없습니다. 그 여자들은 선생님의 가난한 사람들을 위해 돈을 주려고 했습니다. 여기 있습니다."

"자네들 언제 도착했나? 자네들은 피로해 보이지도 않고, 먼지 투성이 같지도 않은데" 하고 제베대오의 야고보가 묻는다.

"아홉시와 오정 사이에 왔어. 저희들은 어머니가 거기 계신지 보고, 선생님이 오신다는 것을 알려 드리려고 가리옷엘 갔습니다. 그러나 저는 선생님이 원하시는대로 했습니다. 인간적인 욕망에 유혹되지 않았습니다. 그렇지, 시몬?"

"맞네."

"잘했다. 항상 순종하여라. 그러면 구원을 받을 것이다."

"그러겠습니다, 선생님. 오! 글라우디아가 우리 편이라는 것을 알게 된 지금은, 어리석게 서두르지 않게 되었습니다! 그러나 서두르는 것은 모두가 사랑 때문입니다. 선생님도 그것은 인정하셔야 합니다. 무질서한 사랑이었지요…. 선생님이 그럴 만한 자격을 가지고 계시고, 또 꼭 그렇게 **되어야 하는** 것처럼 사랑받으시고 존경받으시게 하는 것인 목적을 달성하는 데에 보호가 없고 도움이 없다는 것을 느끼기 때문에 무질서한 사랑이었습니다. 그러나 이제는 제가 더 침착하게 되었습니다. 저는 이제 두려워하지 않습니다. 기다리는 것이 즐겁기까지 합니다…." 유다는 눈을 뜨고 꿈을 꾼다.

"유다야, 꿈에 빠져들지 말아라. 진리속에 남아 있어라. 나는 세상의 빛이다. 그런데 빛은 어두움에 대해서는 항상 미운 것이다…" 하고 예수께서는 그에게 경고하기 위하여 말씀하신다.

달이 떴다. 달의 흰빛은 들판을 감싸고, 얼굴들을 창백하게 하고, 집과 나무들을 희게 비춘다. 호두나무의 동쪽 부분은 온통 달빛에 휩

싸였다. 밤꾀꼬리는 달의 권유를 받아들여 보류해 두었던 길고 아름다운 노래를 불러서 밤과 달에게 인사를 한다.

84. 가리옷에 작별 인사

예수께서는 놀라울 만큼 사람이 붐비는 가리옷의 회당 안에서 말씀하신다. 지금은 개별적으로 개인적인 문제에 대하여 의견을 청하는 이 사람 저 사람에게 대답을 하고 계신 중이다. 그리고 그들에게 만족을 주신 다음 큰 소리로 말씀하기 시작하신다.

"가리옷의 여러분, 내 작별의 비유를 들으시오. 이 비유를 '두 가지 의향'이라고 부릅시다.

어떤 완전한 아버지가 두 아들을 두었었는데, 둘 다 똑같이 현명한 사랑으로 사랑했고, 두 아들 모두가 좋은 길에 들어가 있었습니다. 그들은 사랑하고 지도하는 데에 아무런 차이도 없었습니다. 그러나 두 아들 사이에는 뚜렷한 차이가 있었습니다.

맏이인 한 아들은 겸손하고 순종하고, 아버지의 뜻을 군말 없이 행하고, 항상 명랑하고, 그의 일에 만족했습니다.

다른 아들은 비록 나이는 덜 먹었지만 자주 불만족해서 아버지와 논쟁을 하고 자신의 **자아**와도 논쟁을 했습니다. 그는 끊임없이 판단을 하고, 그가 받는 권고와 명령에 대해 대단히 인간적인 불쾌한 지적을 하곤 했습니다. 명령을 받은대로 행하지 않고, 명령을 하는 사람이 바보인 것처럼, 명령의 전부 또는 일부분을 서슴지 않고 바꾸곤 했습니다. 형은 그에게 이렇게 말했습니다. '그렇게 하지 말아라. 아버지께 괴로움을 끼쳐드리는 거다' 하고. 그러나 아우는 이렇게 대답하는 것이었습니다. '형은 바보야, 귀가 그렇게 크고 뚱뚱하고, 게다가 맏이고 이제는 어른이 됐으면서 말이야. 나같으면 아버지가 형을 놔둔 지위에 그대로 있지 않을거야. 그러지 않고 그 이상의 일을 하려고 할거야. 하인들에게 나를 인정시킬거란 말이야. 형은 언제나 온순하니까, 형도 하인 같단 말이야. 요컨대 형은 맏이라는 자격이 있으면서도 얼마나 눈에 띄지 않는 존재가 되는지 몰라? 어떤 사람들은 형을 비웃기까지 한단 말이야….' 아우는 유혹을 당하는 것이었습니다. 아니 유혹을 당하는 정도가 아니라, 사탄의 제자가 되어, 사탄의 모든 암시를 주의깊게 실천에 옮기면서, 형을 유혹하는 것이었습니다. 그러나 형은 율법을 지켜 주님께 충실하고, 그의 완전한 처신으로 공경하는 아버지께도 충실했습니다.

세월이 흘렀습니다. 그런데 작은 아들은 아버지에게 여러번 '양보다도 더 순진한 저 바보에게 내맡기지 말고 제게 아버지의 이름으로 아버지의 명예를 위해 행동하게 해 주세요' 하고 청하고, 형을 부추겨서, 하인들과 동향인들과 이웃들에게 자기를 인정하게 하도록 아버지가 명령하는 것 이상의 일을 하게 하려고 애쓰고 나서, 자기가 열망하는대로 세력을 떨칠 수 없는데 화가 나서 이렇게 생각했습니다. '오! 이젠 지긋지긋하다! 이건 우리의 평판이 걸려 있는 문제야! 아무도 행동하려고 하지 않으니, 내가 행동하겠다' 하고. 그리고는 교만과 거짓말에 빠져들고, 거리낌없이 불복종하면서 제 마음 내키는 대로만 하기 시작했습니다.

아버지는 그에게 이렇게 말했습니다. '애야, 네 형에게 순종해라. 네 형은 일을 잘 처리할 줄 안다.' 또 이렇게도 말했습니다. '네가 이런 일을 했다는 말을 들었는데, 그게 사실이냐?' 하고. 그러니까 작은 아들은 어깨를 들썩하면서 아버지의 이 말, 저 말에 이렇게 대답하는 것이었습니다. '형이 안다구요, 안다구요! 형은 너무 소심하고 망서리고 해요. 형은 성공을 거둘 기회를 놓쳐요.' 또 이렇게 말했습니다. '저는 그렇게 하지 않았어요' 하고, 아버지는 말했습니다. '아무개 아무개의 도움을 구하지 말아라. 우리 이름을 빛나게 하는 데 우리보다 너를 더 잘 도와 줄 사람이 누구란 말이냐? 그들은 나중에 너를 희생시키며 즐기려고 너를 부추기는 거짓 친구들이다.' 그러면 작은 아들은 이렇게 말하는 것이었습니다. '아버지는 제가 앞장서서 일하는 것이 샘이 나시는 겁니까? 게다가 저는 제가 잘한다는 걸 알고 있습니다' 하고.

세월이 또 흘렀습니다. 형은 올바른 일을 점점 더 많이 했고, 아우는 나쁜 격정을 길러 가고 있었습니다. 마침내 아버지가 말했습니다. '이제 결말을 낼 때가 되었다. 네가 내 말에 복종하던가 내 사랑을 잃던가 두 가지 중 하나를 택해라.' 반항하는 아들은 그의 거짓 친구들에게 가서 이 말을 했습니다. 그들은 '자넨 그 때문에 걱정을 하나? 그럴 필요없어! 아버지가 한 아들을 다른 아들보다 더 여기지 못하게 할 방법이 있네. 아버지를 우리 손에 맡기게, 그러면 우리가 떠맡을 테니까. 자네는 물질적인 잘못을 면할 것이고, 또 너무 너그러운 사람을 없애버린 다음에는 자네가 재산을 크게 빛나게 할 수 있을 터이니까. 자네의 소유 재산이 다시 번영할 걸세. 비록 그 때문에 괴로움을 당하더라도 소유재산을 망치는 무기력보다는 폭력적인 수단이 낫다는 것을 자넨 모르나?' 하고 대답했습니다.

그래서 이제는 사악(邪惡)이 가득한 작은 아들은 비열한 음모에 가담했습니다.

이제는 생각해 보십시오. 혹 아버지가 자기 아들들에게 두 가지 교육 방식을 썼다고 비난할 수 있겠습니까? 아버지가 공범자라고 말할 수 있습니까? 아닙니다. 그러면 한 아들은 거룩한데, 어떻게 다른 아들은 비뚤어졌습니까? 사람의 의지는 미리부터 그에게 두 가지로 주어졌습니까? 아닙니다. 오직 한 가지 방식으로 주어졌습니다. 그러나 사람이 그것을 제멋대로 바꿉니다. 착한 사람은 자기의 의지를 착하게 하고, 악한 사람은 나쁘게 만듭니다.

가리옷의 여러분, 나는 여러분에게 다만 착한 뜻만을 따르라고 권고합니다. 그리고 이것은 지혜의 길을 따르라고 여러분에게 권고하는 마지막 번이 되겠습니다. 내 임무의 거의 마지막에 이르러, 나는 내가 날 때에 노래불러진 말들을 여러분에게 하겠습니다. '착한 뜻을 가진 사람에게는 평화가 있다.' 평화! 즉 성공, 즉 땅과 하늘에서의 승리입니다. 그것은 하느님께서 당신께 순종할 착한 뜻을 가진 사람과 함께 계시기 때문입니다. 하느님께서는 사람이 자진해서 하는 빛나는 행동보다는 오히려 당신이 권하시는 일에 겸손하고 재빠르고 충실하게 순종하는 것을 중히 여기시기 때문입니다.

나는 여러분에게 이스라엘의 역사의 두 가지 일화를 상기시키겠습니다. 하느님께서는 사람이, 받는 명령을 짓밟으면서 자기 자신의 뜻대로 하고자 하는 곳에는 안 계시다는 두 가지 증거입니다. 마카베오서를 봅시다. 거기에는 이런 말이 있습니다. 유다 마카베오가 요나단과 같이 길르앗으로 싸우러 가고, 시몬이 다른 사람들을 갈릴래아에서 구하려고 가는 동안, 백성의 우두머리들인 즈가리야의 요셉과 아자리야는 유다에 남아서 그것을 지키라는 명령을 받았었습니다. 그리고 유다가 그들에게 말했습니다. '이 백성을 돌보아라. 그리고 우리가 돌아올 때까지는 다른 나라들과 싸움을 하지 말아라' 하고. 그러나 요셉과 아자리야는 마카베오 형제들의 큰 승리들 이야기를 듣고, '우리도 이름을 날리자. 그리고 우리를 둘러싸고 있는 나라들을 공격하러 가자'고 말하면서 그들을 본받으려고 했습니다. 이들은 패배했고 추적을 당했습니다. 그리고 '그들이 영웅으로 행동한다고 생각하고 유다와 그 형제들에게 복종하지 않았기 때문에 민족은 큰 혼란을 겪었습니다.' 교만과 불복종이었습니다.

또 열왕기*에는 어떤 말이 았습니까? 사울이 첫번째와 두번째 배척을 당했는데, 두번째는 순종하지 않았기 때문에 배척을 당해서 다윗이 그를 대신해서 선택되기까지 했다고 했습니다. 불복종했기 때문에! 기억하시오! 기억하시오!' 야훼께서 당신의 말씀을 따르는 것보다 번제나 친교제 바치는 것을 더 기뻐하실 것 같소? 순종하는 것이 제사드리는 것보다 낫고, 그분 말씀을 명심하는 것이 양의 기름기보다 낫소. 그분을 거역하는 것은 점쟁이 노릇 만큼이나 죄가 되고 그분께 대드는 것은 우상을 위하는 것 만큼이나 죄가 되오. 그대가 야훼의 말씀을 거역하였으니, 야훼께서도 그대를 왕의 자리에서 내쫓으려고 그대에게서 왕권을 빼앗으셨소'*라는 말을. 기억하시오! 기억하시오! 사무엘이 순종하여 뿔에 기름을 채워 가지고, 주님이 그곳에서 다른 왕을 선택하셨기 때문에 베들레헴의 이새의 집에 갔을 때, 제사를 드린 후 이새가 아들들과 같이 잔치방으로 들어왔고, 그 때 그 아들들이 사무엘에게 소개되었습니다. 우선 키가 크고 미남자인 맏아들 엘리압이었습니다. 그러나 주님은 사무엘에게 말씀하셨습니다. '얼굴이나 키를 보지 말아라. 그는 이미 내 눈 밖에 났다. 하느님은 사람들처럼 보지 않는다. 사람들은 겉모양을 보지만 나 야훼는

---

* 역주 : 공동번역에는 사무엘 상.
* 역주 : 사무엘 상 15장 22-23 참조.

속마음을 들여다 본다.' 그래서 사무엘은 엘리압을 왕으로 뽑기를 원치 않았습니다. 아미나답이 소개되었지만 사무엘은 말했습니다. '이 아들도 야훼께서 뽑으신 아들이 아니오' 하고. 그러자 이새는 삼마를 보였지만, 사무엘은 '이 아들도 야훼께서 뽑으신 아들이 아니오' 하고 말했습니다. 잔치방에서 소개된 일곱 아들 모두가 이렇게 되었습니다. 그러나 사무엘이 말했습니다. '이들이 당신의 아들 전부요?' 하니까, 이새는 '아닙니다. 양을 치고 있는 아직 어린 아들이 하나 남아 있습니다.' '사람을 보내 데려 오시오. 그가 올 때까지 우리는 식탁에 앉을 수 없소.' 그리고 금발이고 잘 생긴 어린 다윗이 왔습니다. 그리고 주님은 '그에게 기름을 부어라. 그가 왕이다' 하고 말씀하셨습니다.

　하느님께서는 당신이 원하시는 사람을 선택하시고, 교만과 불복종으로 자기의 뜻을 타락시킨 사람은 잘라버리시기 때문입니다. 이것을 언제까지나 아시오. 나는 이번 이후에는 여러분들에게 다시 오지 않을 것입니다. 선생은 지금 그의 임무를 다하고 있는 중입니다. 그 후에 제자가 선생 이상이 될 것입니다. 그 때를 위해 여러분의 마음을 준비하시오. 내가 태어난 것이 착한 뜻을 가진 사람들에게 구원이 된 것과 같이, 나의 도달(到達)도 내 가르침을 통하여 나를 선생으로 따름으로 착한 뜻을 가질 사람들과, 내가 도달한 후에라도 나중에 내 가르침을 통하여 나를 따를 사람들에게도 마찬가지로 구원이 될 것입니다.

　가리옷의 남녀 여러분, 어린이들, 안녕히 계십시오! 안녕히! 서로 눈을 똑바로 들여다 봅시다! 내 마음과 여러분의 마음이 사랑과 작별의 껴안음으로 하나가 되게 합시다. 그리고 여러분 가운데 다시는 영영 오지 못하게 될 때에도 사랑이 항상 생생하게 남아 있게 합시다….

　내가 이곳에 처음 왔을 때에는 한 의인이 영광의 환영을 보는 가운데, 그의 구세주의 입맞춤을 받으면서 숨을 거두었습니다…. 내가 마지막으로 오는 이번에는 여러분에게 사랑을 가지고 강복합니다….

　안녕히 계십시오!…. 주께서 여러분에게 믿음과 바람과 사랑을 완전히 주시기를 바랍니다. 주께서 여러분에게 사랑, 사랑, 사랑을 주시기를 바랍니다. 당신께 대한 사랑을, 나와 착한 사람들과 불행한 사람들과 죄있는 사람들과 자기의 탓이 아닌 죄의 짐을 짊어진 사람들에 대한 사랑을….

이것을 기억하시오. 그리고 착하게 살고, 불의한 사람이 되지 마시오. 내가 죄인들을 용서했을 뿐 아니라, 이스라엘 전체를 사랑으로 감쌌다는 것을 기억하시오. 한 가정에도 착한 사람들과 그렇지 않은 사람들이 있는 것과 같이, 착한 사람들과 그렇지 않은 사람들로 이루어진 이스라엘 전체를 말입니다. 그리고 어떤 가정에 가족 중의 한 사람이 나쁘다고 해서 그 가정이 나쁘다고 말하는 것은 옳지 않을 것입니다.

나는 갑니다. 만일 여러분 중에 내게 말할 필요가 있는 사람이 아직 있으면, 저녁 때에 시몬의 마리아의 별장으로 오시오."

예수께서는 손을 들어 강복하시고 나서 옆문으로 빨리 나가신다. 제자들이 예수를 따라간다.

사람들이 수근거린다. "다시는 안 오신대!"

"무슨 뜻일까?"

"하직 인사를 하실 때, 눈에는 눈물이 괴어 있었어…."

"자네들 들었나? 올라간다고 말씀하셨어!"

"그러면 유다의 말이 정말 옳아! 분명히 나중에 왕이 되셨을 때에는 지금처럼 우리 가운데 계시지는 않을 거야…."

"그렇지만 나는 선생님의 형제들과 말을 했는데, 그 사람들의 말로는 선생님이 우리가 생각하는 것과 같은 왕이 되시지 않고, 예언자들이 말하는 것처럼 구속의 왕이 되실거래. 메시아이실거라 이거야!"

"틀림없이 메시아 왕이 되시는 거야!"

"천만에! 구세주이신 왕이야. 고통을 당하는 사람."

"그래."

"아니야"….

그러는 동안 예수께서는 빨리 들판 쪽으로 가신다.

85. 가리옷의 안나와 마리아. 유다의 어머니와의 작별 인사

"주님, 저하고, 저하고만 어떤 불행한 어머니한테 가지 않으시겠습니까? 이것이 제가 다른 무엇보다도 더 간절히 바라는 것입니다" 하고 시몬의 마리아가 말한다. 점심 식사 후에 사도들은 저녁나절에 다시 길을 떠나기 전에 쉬려고 흩어졌는데, 마리아는 예수 앞에 공손히 서 있다. 예수께서는 익기 시작하는 파란 사과가 주렁주렁 달린 사과나무 그늘에 계신다. 마리아는 이미 시작한 회화를 다시 시작하는 것 같다.

"그럽시다. 나도 처음 시간에 그랬던 것처럼, 이 마지막 시간에도 아주머니와 단 둘이서만 있고 싶습니다. 가십시다."

두 분은 집으로 다시 들어온다. 예수께서는 당신 겉옷을 입으시려고, 마리아는 베일을 쓰고 겉옷을 입으려고.

그들은 사과나무들과 다른 키큰 나무들 사이로 들판길을 간다. 아직 덥다. 익은 곡식이 있는 밭에서는 뜨거운 바람이 불어 온다. 그러나 평야에서는 견딜 수 없을 더위를 산에서 불어 오는 바람이 식혀 준다.

"이렇게 더운데 주님을 걸으시게 하는 것은 마음에 내키지 않습니다. 그러나 나중에는… 할 수가 없을 것입니다. 그리고 이 일을 몹시 갈망하면서도 주님께 감히 청하지는 못했습니다. 조금 전에 주님은 제게 이렇게 말씀하셨지요. '마리아, 내가 마리아를 내게 어머니가 되는 것처럼 사랑한다는 것을 보이기 위해 말하는데, 마리아가 바라는 것을 청하시오. 그러면 만족시켜 주겠습니다' 하고. 그래서 감히 청한 것입니다. 주님, 우리가 어디에 가는지 아십니까?"

"아니오."

"유다의 장모가 될 뻔한 여인 집으로 가는 것입니다…(마리아는 고통스럽게 한숨짓는다). 될뻔 했습니다…. 유다가 처녀를 버렸기 때문에 장모가 되지 않았고, 또 영영 되지 않을 것입니다. 처녀는 상심 끝에 죽었고… 어머니는 저와 제 아들에 대해서 원한을 품고 있습니다. 그 여인은 저희를 끊임없이 저주합니다…. 유다는 악 앞에서 너무도… 너무도… 너무도 약해서 그저 축복만을 받을 필요가 있는데요!… 주님이 그 여인에게 말씀해 주십시오…. 주님은 그 여인을 설득하실 수 있습니다…. 결혼식을 하지 않은 것이 은혜였다고…. 저는 그 일에 아무 관계도 없다고…, 원한을 품지 말고 가라고 말씀하실 수 있습니다. 그 여인은 괴로운 마음을 가지고 천천히 죽어 가고 있는 중이니까요. 저는 저희들 사이에 화해가 이루어지기를 바랍니다…. 일이 이렇게 된 것이 부끄러워서 저는 괴로워했고, 제가 이리로 시집온 때부터 제 동무였던 한 여인과의 우정이 깨지는 것을 보는 것은 괴로운 일이니까요. 요컨대 주님은 아시지요….”

"그러겠습니다, 염려 마세요. 아주머니의 청은 옳은 것입니다. 그러니까 이 좋은 교섭을 떠맡겠습니다.”

작은 계곡을 하나 지난 다음, 두 분은 그 위에 마을이 하나 있는 다른 고지(高地)로 올라간다.

"안나는 딸이 죽은 다음부터 그의 소유지인 여기에서 삽니다. 전에는 가리옷에서 살았습니다. 그러나 그 여인이 가리옷에 살 때에 서로 만나게 되면, 그의 비난이 제 마음을 갈기갈기 찢어 놓았습니다.”

두 분은 마을 조금 전에 옆길로 들어가서 밭 가운데 있는 낮은 집에 이른다.

"여깁니다! 아이고! 여기 오니 지금은 가슴이 떨립니다! 그 여인은 저를 보려고 하지 않을 것이고… 저를 내쫓을 것입니다…. 그 여인은 화를 낼거고, 가엾은 그의 마음은 더 괴로울 것입니다…. 선생님….”

"예, 내가 가겠습니다. 내가 부를 때까지 여기 계세요. 그리고 나를 돕게 기도하세요.”

예수께서는 활짝 열린 집문까지 혼자서 나아가셔서, 친절한 인사를 하시며 들어가신다.

한 여자가 달려 와서 묻는다. "무슨 일로 오셨습니까? 누구십니까?"

"나는 당신의 여주인에게 위안을 주러 왔소. 그이에게로 데려다 주시오."

"의사 양반? 소용없습니다! 이젠 희망이 없어졌습니다. 그분의 심장이 죽어 가고 있습니다."

"아직 치료해야 할 영혼이 있소. 나는 선생이오."

"그런 자격으로도 쓸데 없습니다. 저이는 영원하신 분께 의지하지 않고, 설교를 듣고 싶어하지 않습니다. 가만 놔 두세요."

"저 여인이 그런 상태에 있기 때문에 내가 온 거요. 내가 가게 내버려 두시오. 저 여인은 마지막 여생에 덜 불행할 거요."

여자는 어깨를 들썩 하면서 "들어 오십시오!" 하고 말한다.

어둠침침하고 시원한 복도가 있고, 문이 여럿 있다. 안쪽에 있는 문은 벙싯 열려 있고, 거기서 신음 소리가 새나온다. 여자는 그리로 가서 말한다. "주인님, 선생님 한 분이 주인님한테 말을 하겠다고 그럽니다."

"왜?… 내가 저주받았다고 말하려고? 내가 저 세상에서도 평화를 누리지 못할 거라고 말하려고?" 하고 그 여인은 화가 나서 숨을 헐떡이며 말한다.

"아닙니다. 아주머니가 원하기만 하면 아주머니의 평화가 완전할 것이고, 또 요안나와 함께 영원히 행복할 거라고 말하러 왔습니다" 하고 예수께서 문지방에 나타나시면서 말씀하신다.

침대에 베개 여러 개를 겹쳐 놓고 누워서 숨을 헐떡이고 있는 얼굴이 누렇고 부은 병자가 예수를 쳐다보고 말한다. "아이고! 기막힌 말이로군요! 선생이 내게 비난을 하지 않는 것은 이것이 처음입니다…. 얼마나 큰 바람입니까!… 내 요안나가… 나와 함께… 영복 중에… 고통도 없어지고… 저주받은 녀석이 준 고통…. 그 녀석을 낳은 여인이 막지 않은 그 고통이… 내게 기대를 가지게 한 다음… 배신한 그 여자…. 가엾은 내 딸…." 그러면서 그 여인은 점점 더 숨을 헐떡인다.

"보세요. 선생님 때문에 병이 더 해지지요. 전 알고 있었어요. 나가세요."

"아니오. 당신이 나가시오. 나 혼자 있게 하시오…."

여자는 머리를 흔들면서 나간다. 예수께서는 천천히 침대로 가까이 가신다. 그리고 병자의 땀을 친절히 닦아 주신다. 병자는 놀랄 만큼 부은 손으로 땀을 닦기가 어렵다. 또 종려나무 잎으로 된 부채로 바람을 보내신다. 그 여자가 목을 추기려고 하기 때문에 작은 탁자 위에 있는 음료를 마시라고 주신다. 예수께서는 병든 어머니 시중을 드는 아들과 같다. 그런 다음 천천히 그러나 당신의 사명을 다 하시겠다고 굳게 결심하고 앉으신다.

여인은 마음을 진정하면서, 그리고 괴로운 미소를 띠고 예수를 살펴본다. 그리고 말한다. "선생님은 잘 생기고 착하시군요. 선생님은 누구십니까? 선생님은 제게 위안을 주는 것이 꼭 사랑하는 제 딸과 같은 고운 마음씨를 가지고 계시군요."

"나는 나자렛의 예수입니다!"

"선생님이?! 선생님?!… 제 집에? 왜요?…."

"아주머니를 사랑하기 때문입니다. 나도 어머니를 모시고 있습니다. 나는 어떤 어머니든지 내 어머니로 보고, 어머니들의 눈물을 내 어머니의 눈물로 봅니다…."

"왜요? 선생님의 어머니도 우십니까? 왜요? 다른 아들을 잃었습니까?"

"아직은요…. 나는 외아들인데, 아직 살아 있습니다. 그러나 어머니는 내가 **죽게 되어 있는 것**을 아시기 때문에 벌써 우십니다."

"오! 오! 불쌍한 부인! 아들이 죽으리라는 것을 미리부터 알다니! 그렇지만 어머니가 어떻게 그걸 압니까? 선생님은 건강하고, 튼튼하고, 착하신데. 저는 딸이 죽을 때까지 잘못 생각했었습니다. 그 애는 그렇게도 병이 심했는데!… 선생님의 어머니는 선생님이 돌아가시게 되어 있다는 것을 어떻게 알 수 있습니까!"

"나는 예언자들이 예언한 사람의 아들이기 때문입니다. 나는 이사야가 본 고통받는 사람이고, 다윗이 노래하고 또 구속하는 이의 고통 중에 있는 것을 묘사한 메시아입니다. 아주머니, 나는 구세주이고 사람들의 죄를 구속하는 사람입니다. 그래서 소름끼치는 죽음이 나를 기다리고 있습니다…. 그리고 내 어머니가 그 죽음을 지켜보실 것입니다…. 그런데 왜 어머니는 내가 태어나는 순간부터 당신의 마음이 내 마음과 같이 고통으로 터지리라는 것을 아십니다…. 울지 마세요 …. 내 죽음으로 아주머니의 요안나에게 천당의 문을 열어 주겠습니다….”

"제게두요! 제게두요!"

"그러겠습니다. 때가 오면, 그러나 아주머니는 우선 사랑하고 용서할 줄을 배워야 합니다. 사랑으로 돌아오고, 의인이 되고, 용서할 줄을…. 그렇지 않으면, 아주머니는 요안나와 같이, 나와 함께, 하늘에 갈 수 없을 것입니다….”

여인은 괴로워하며 운다. 그리고 탄식한다. "사랑하라구요…. 사람들이 저희에게 미워하는 것을 가르쳐 주었는데, 사랑하라구요…. 하느님께서 저희들에 대해서 연민을 가지지 않으시고 저희를 사랑하시지 않게 되었는데, 사랑하다니, 그건 어렵습니다…. 사람들이 저희를 괴롭히고, 친구들이 저희에게 상처를 입히고, 하느님께서 저희를 버리셨는데요?….”

"아닙니다. 버리지 않으셨습니다. 내가 여기 와 있습니다. 아주머니에게 천상 약속을 드리려고. 아주머니가 그것을 원하기만 하면, 아주머니의 고통이 기쁨으로 끝날 것이라는 확언을 주려고 왔습니다. 안나, 내 말을 들으시오…. 아주머니는 결혼식이 취소된 것 때문에 울고, 그것을 아주머니의 고통의 원인이라고 생각하고, 그 이유로 어떤 사람을 살인자라고, 그의 불행한 어머니를 공범자라고 비난합니다. 안나, 잘 들으시오. 몇 달 지나지 않아서 아주머니는 요안나가 유다의 아내가 되지 않은 것이 하늘의 은총이라는 것을 보게 될 것입니다….”

"그 녀석의 이름을 부르지 마세요!" 하고 여인이 외친다.

"그 사람의 이름을 말하는 것은, 아주머니가 주님께 감사해야 하고, 또 몇 달 후에는 주님께 감사하리라는 것을 말하기 위해서입니다….”

"저는 머지 않아 죽을 겁니다….”

"아닙니다. 아주머니는 살아서 나를 기억할 것이고, 아주머니의 고통보다 더 큰 고통들이 있다는 것을 깨닫게 될 것입니다….”

"더 큰 고통이라구요? 그건 있을 수 없습니다!"

"그리고 그것은, 내가 십자가 위에서 죽는 것을 보는 내 어머니의 고통은 어떠하겠습니까?" 예수께서는 일어나셨다. 예수께서는 위엄 있으시다. "그리고 하느님의 아들인 예수 그리스도를 배반할 사람의 어머니의 고통은 어떠하겠습니까? 아주머니, 그 어머니를 생각하세요…. 아주머니… 가리옷 전체와 농촌들과 저 너머까지 아주머니의 고통을 동정했습니다! 아주머니는 그 고통을 순교의 월계관처럼 자랑스럽게 생각할 수 있었습니다. 그러나 그 어머니는! 아벨이면서도 카인과 같이, 하느님을 죽인 독성자요 저주받은 배반자인 그의 아들의 희생이 된 그 어머니는 사람의 눈길을 견디지 못할 것입니다. 눈길이란 눈길은 그를 때리는 돌 같을 것이니까요. 사람의 어떤 목소리를 들어도, 어떤 말을 들어도 저주와 욕설을 듣는 것같을 것이고, 그래서 죽을 때까지, 즉 정의의 하느님께서 그를 데려가셔서 그가 하느님을 죽인 사람의 어머니라는 것을 잊게 하시고, 하느님을 차지하게 하실 때까지 땅 위에서는 절대로 피난처를 얻지 못할 것입니다…. 이 어머니의 고통이야말로 가장 큰 고통이 아닙니까?…"

"아이고! 엄청난 고통입니다!…."

"아시겠지요…. 안나, 친절을 베푸세요. 하느님께서 하시는 일이 인자했다는 것을 인정하세요…."

"그렇지만 제 딸은 죽었습니다! 유다는 더 많은 지참금을 구하려고 제 딸을 죽게 했습니다…. 그리고 그의 어머니는 그것을 찬성했습니다."

"아닙니다. 그것은 아닙니다. 내가 하는 말이니, 틀림없습니다. 마음속을 들여다보는 내가 말입니다. 유다는 ──그는 내 사도지만 이 말을 하겠습니다.── 유다는 잘못 했습니다. 그래서 거기에 대한 벌을 받을 것입니다. 그러나 어머니는 죄가 없습니다. 어머니는 아주머니를 사랑합니다. 그리고 아주머니가 사랑해 주기를 바랍니다…. 안나, 두 분은 불행한 어머니들입니다. 그러나 아주머니는 경의를 가지고 칭찬하는 죄없고 깨끗하게 죽은 딸을 영광으로 여기지만…. 시몬의 마리아는 아들을 영광으로 여길 **수가 없습니다.** 그의 행동은 사람들의 비난을 받습니다.

"그렇습니다. 그러나 그가 요안나와 결혼했더라면 비난을 받지 않을 것입니다."

"그러나 오래지 않아 아주머니는 요안나가 상심해서 죽는 것을 보았을 것입니다. 유다는 난폭한 죽음으로 죽을 터이니까요."

"무슨 말씀을 하시는 겁니까? 아이고! 불쌍한 마리아! 언제? 어떻게? 어디서요?"

"머지 않아. 그리고 소름끼치는 방식으로…. 안나! 안나! 아주머니는 친절하십니다! 아주머니는 어머니십니다. 아주머니는 어머니의 고통이 어떤 것인지를 아십니다! 안나, 다시 마리아의 친구가 되십시오! 기쁨이 두 분을 결합하기로 되어 있던 것처럼 고통이 두 분을 결합시키기를 바랍니다. 나로 하여금 마리아가 한 친구를, **오직 한 친구를, 적어도 한 친구는** 가지리라는 것을 아는 기쁨을 가지고 떠날 수 있게 해 주세요…."

"주님… 마리아를 사랑한다는 것은… 그를 용서한다는 말인데… 그게 대단히 괴롭습니다…. 제 딸을 다시 한번 파묻는 것 같습니다…. 저도 딸을 죽이는 것같습니다…."

"그것은 어두움에서 오는 생각입니다! 그 생각에 귀를 기울이지 마세요. 내 말을 들으세요. 세상의 빛인 내 말을. 빛은 아주머니에게 이렇게 말합니다. 동정녀로 죽은 요안나의 운명이 유다의 미망인으로 죽는 것보다는 덜 슬플 것이라고. 안나, 내 말을 믿으세요. 그리고 아주머니보다 더 불행한 사람은 시몬의 마리아라고 생각하세요…."

여인은 생각하고, 또 생각하고, 싸우고, 운다. 그리고 말한다. "그러나 저는 마리아를 저주하고, 마리아와 그의 아들을 저주했습니다! 저는 죄를 지었습니다…."

"그런데 나는 그 죄를 사해 줍니다. 그리고 아주머니가 마리아를 더 많이 사랑하면 사랑할수록 하늘도 아주머니의 죄를 사해줄 것입니다."

"그렇지만 만일 제가 마리아의 친구가 되면… 유다를 만나게 될 텐데요. 주님, 저는 그렇게는 할 수가 없습니다!…."

"다시는 그를 만나지 않을 것입니다. 나는 가리옷에 결코 다시 오지 않을 것이고, 유다도 다시 오지 않을 것입니다. 우리는 벌써 가리옷 주민들에게 인사를 했습니다…."
 "오! 주님은 그런 말씀을…."
 "다시는 오지 않을 것이라고. 유다는 내가 올려진 후까지 다시 올 수 없을 것이라고 말했습니다. 그러나 그는 내가 옥좌에 올라가는 것을 보리라고 믿고 있는데, 반대로 나를 기다리고 있는 것은 십자가의 죽음입니다. 그리고 그는 내 대신 중의 한 사람이 되리라고 믿고 있는데, 그 반대로 그를 기다리고 있는 것은 죽음입니다. 그러나 아주머니는 이 **말을 하지 마십시오, 절대로**. 어머니는 모든 것이 이루어질 때까지 몰라야 합니다. 아주머니는 '불행한 여인! 아들이 죽게 되어 있다는 것을 미리 알고 있다니' 하고 말했지요. 그러나 내 어머니의 고통은 이것 때문에도 벌써 내 희생의 공로를 더하게 되어 있지만, 시몬의 마리아에게는 잠자코 있는 것이 동정이 됩니다. **말하지 마세요.**"
 "말하지 않겠습니다, 주님. 제 요안나의 이름을 걸고 맹세합니다."
 "나는 또 다른 약속 한 가지를 원합니다! 큰 약속! 거룩한 약속을! 아주머니는 착하십니다. 벌써 나를 사랑하십니다."
 "예, 대단히 사랑합니다. 주님이 여기 오신 다음부터 마음이 평안합니다…."
 "시몬의 마리아가 아들을 잃고, 세상이 그에게 멸시를… 퍼부을 때, 아주머니만은 홀로 그에게 집과 마음의 문을 열어 주세요. 내게 약속해 주시겠어요? 하느님과 요안나의 이름으로. 요안나에게는 마리아가 여전히 자기가 늘 사랑하던 사람의 어머니이기 때문에 요안나는 그렇게 했을 것입니다" 하고 예수께서 말씀을 계속하신다.
 "…그러겠습니다!" 그러면서 여인은 운다….
 "아주머니, 하느님께서 아주머니에게 강복하시고 평화를 주시기를 바랍니다…. 그리고 건강을… 이리 오세요. 마리아에게 평화의 입맞춤을 주러 마중 나갑시다…."
 "그렇지만… 주님… 저는 걸음을 걷지 못합니다. 다리가 붓고 기력이 없습니다. 아시겠습니까? 제가 옷을 입고 여기 있습니다만, 나무토막에 지나지 않습니다…."
 "지금까지는 그랬었지요. 이리 오세요!" 하고 예수께서는 그를 권

85. 가리옷의 안나와 마리아. 유다의 어머니와의 작별 인사

하시려고 손을 내미신다.

여인은 예수의 눈을 똑바로 들여다보면서 다리를 움직여 침대 밖으로 내놓고, 벗은 발로 방바닥을 디디고, 일어나서 걷는다…. 그 여인은 홀린 것같다. 갑자기 일어난 병나음을 알아차리지도 못한다…. 여인은 여전히 예수께 손이 잡힌 채 어둠침침한 복도로 나온다…. 그는 출입문 쪽으로 간다. 거기 거의 다 갔을 때 아까의 하녀를 만나니, 하녀는 한편 놀라고 한편 기뻐서 소리를 지른다…. 다른 하인들은 그것이 죽었다는 표가 아닌가 하고 걱정하며 달려 온다. 그들은 조금 전에는 죽어 가면서 시몬의 마리아에 대한 원한을 품고 있던 여주인이 예수의 손을 놓은 다음 팔을 내밀고 기가 죽은 마리아를 향하여 달려 가며 그를 부르고 가슴에 껴안는 것을 본다. 두 여인은 울고 있다…. …평화의 하직인사를 하고 집으로 돌아오는 동안, 시몬의 마리아는 주님께 감사를 드리며 묻는다. "언제 다른 은혜들을 베풀러 오시겠습니까?"

"아주머니, 이제 다시는 안 옵니다. 주민들에게 벌써 그렇게 말했습니다. 그러나 내 마음은 항상 아주머니와 같이 있을 것입니다. 기억하세요. 내가 아주머니를 사랑했고, 사랑한다는 것을 늘 기억하세요. 아주머니가 착하시다는 것을 내가 알고, 하느님께서 그 때문에 아주머니를 사랑하신다는 것을 기억하세요. 그것을 항상 기억하세요. 무서운 시간에도. 아주머니에게는 하느님께서 아주머니를 죄있다고 판단하신다는 생각은 절대로 떠오르지 말아야 합니다. 하느님의 눈에는 아주머니의 영혼이 항상 아주머니의 덕행의 보석과 아주머니의 고통의 진주로 꾸며진 것으로 나타날 것입니다. 유다의 어머니인 시몬의 마리아, 나는 아주머니에게 강복하고 싶고, 아주머니를 껴안고 입맞춤을 하고 싶습니다. 그래서 아주머니의 어머니다운 진실하고 충실한 입맞춤이 내게는 다른 일체의 입맞춤의 보상이 되게 하고… 내 입맞춤이 아주머니에게는 일체의 고통의 보상이 되게 하고 싶습니다. 유다의 어머니, 이리 오십시오. 그리고 아주머니가 내게 준 모든 사랑과 영광을 감사합니다." 그러시면서 마리아를 껴안으시고, 알패오의 마리아에게 하시는 것처럼 이마에 입맞춤 하신다.

"그러나 우리는 다시 만날 텐데요! 저는 과월절에 가겠습니다…."

"아닙니다. 오지 마세요. 제발, 부탁입니다. 저를 기쁘게 해 주고 싶으십니까? 그럼, 오지 마십시오. 다음, 과월절에 여자들은 안 됩니다!"

"아니, 왜요?…."

"오는 과월절에는 예루살렘에 무서운 반란이 있을 것이기 때문입니다. 여자들이 있을 자리가 아닐 것입니다! 그리고… 마리아, 아주머니의 친척에게도 아주머니 있는 데로 오라고 명령하겠습니다. 함께 있도록 하세요. 유다는… 이제 아주머니를 도와드릴 수도 없을 것이고, 올 수도 없을 것이니까요…."

"말씀대로 하겠습니다…. 그러면 다시는 영영, 다시는 영영 하늘의 평화가 반영하는 주님의 얼굴을 보지 못하게 됩니까? 주님의 눈으로 고통스러운 제 마음에 얼마나 큰 평화를 부어 주셨습니까…." 마리아는 운다.

"울지 마세요. 인생은 짧습니다. 그 다음 아주머니는 내 나라에서 나를 영원히 보시게 될 것입니다."

"그러면 주님의 보잘 것없는 종이 그 나라에 들어갈 것으로 생각하십니까?…."

"나는 순교자들과 공동 구속자(救贖者)들의 무리 가운데 있는 아주머니의 자리를 벌써 봅니다. 마리아, 염려 마세요. 주님이 아주머니의 영원한 상이 될 것입니다. 가십시다. 저녁이 되어 갑니다. 그래서 다시 길을 떠날 시간입니다…."

그리고 두 분은 밭들과 사과밭들 사이로 사도들이 기다리고 있는 집에까지 갔던 길을 다시 온다. 예수께서는 작별인사를 서둘러 하시고, 강복하시고, 제자들의 앞장을 서서… 가신다…. 마리아는 무릎을 꿇고 운다.

86. 유다에 작별 인사

　조용한 어느 날 아침나절에, 예수께서 유다 사람들에게 말씀하신다. 오! 정말 유다 전체가 예수의 발 앞에 와 있다고 말할 수 있다. 보통은 둥그스름한 산 여기저기에 흩어져 있는 목자들까지도 여기저기, 군중 뒤에 양들을 데리고 와 있다. 보통은 밭이나 수풀이나 장 따위 다른 곳에 가 있는 사람들까지도 여기와 있다. 몹시 늙은 노인들도 와 있고, 예수 주위에는 빙 둘러 웃기 잘하는 어린이들과 소녀들과 새색시들과 만삭이 된 여자들과 아기를 안고 있는 여자도 있다. 유다 전체가 와 있다.
　남쪽으로 쑥 내민 산의 돌출부는 이 조용한 모임을 받아들이는 계단강당이다. 둘레로는 넓은 지평선이 있고, 위에는 가없는 하늘이 있으며, 저 아래에는 즐거운 듯이 아침 햇빛에 반짝이는 급류가 있는 숲이 우거지고 풀이 무성한 산속에서, 유다의 주민들은 혹은 풀 위에 앉고 혹은 마른 돌로 쌓은 낮은 담에 걸터앉아 선생님의 말씀을 듣고 있다. 우중충한 줄기를 배경으로 눈에 잘 띄는 흰 아마포옷을 입으신 예수께서는 미소짓는 얼굴과 사랑을 받으시는 기쁨으로 빛나는 눈으로, 동쪽에서 오는 햇살이 어루만지는 머리카락이 빛나는 가운데, 매우 높은 호두나무에 기대서서 말씀하신다. 새들의 노래와 저 아래서 흘러 내리는 급류의 노래만이 깨뜨리는, 공손하고 주의를 기울이는 고요속에서 예수의 말씀은 사람들의 마음속으로 천천히 내려가고, 예수의 완전한 목소리는 그 조화로 공기를 가득 채운다.
　내가 글을 쓰는 동안, 예수께서는 "율법에 충실하게 산 사람들이 하늘 나라에 가서 주님 안에서 살게 될 날까지 주님이 사실 거처를 사람들의 영 안에 세우기 위하여," 그 적용이 당신의 가르침으로 완성된 율법에 순종해야 하는 필요성을 다시 한번 되풀이 해서 말씀하시는 중이다. 따옴표 안에 있는 것이 예수의 말씀이다. 예수께서는 이렇게 계속하신다. "사실이 이러하기 때문입니다. 하느님께서 사람들 안에 사시는 것과 사람들이 하느님 안에서 사는 것은 율법에 순종하는 것으로 이루어집니다. 율법은 사랑의 계명으로 시작되고, 십계명의 첫째 계명에서 마지막 계명에 이르기까지 **전체가** 사랑입니다. 이것이야말로 하느님께서 원하시고 하느님께서 사시는 집이고, 율법에 순종함으로써 차지하는 하늘의 상급은 여러분이 영원히 하느님을 모시고 살 진짜 집입니다.

왜냐하면 ─ 이 점에 대해서는 이사야의 66장을 기억하시오.─ 하느님께서는 발판에 지나지 않는 땅, 오직 무량(無量)하시니 당신의 발판에 지나지 않는 땅 위에 거처를 가지지 않으시고, 무한을 담기에는 역시 작고 아무 것도 아닌 하늘을 옥좌로 가지고 계시지만 그 옥좌를 사람들의 마음속에 가지고 계시기 때문입니다. 다만 아버지의 지극히 완전한 사랑만이 당신 자식들에게 당신을 받아들이는 것을 허락하실 수 있는데, 하나이시요 세 위이신 하느님, 지극히 순수하신 삼위로 되신 영께서 사람들의 마음속에 계실 수 있다는 것은, 점점 더 완성되는 하나의 무한한 신비입니다. 오! 거룩하신 아버지, 아버지를 사랑하는 사람들을 가지고 우리의 성령을 위한 성전을 만들뿐 아니라, 아버지의 완전한 사랑과 용서의 덕택으로 장막을 만들어, 모든 믿는 마음을 가지고 모든 여인들 중에서 복되신 여인의 태중에 들어 있었던 것과 같이 참된 하늘의 빵이 들어 있는 계약의 궤가 되게 하도록 언제나, 언제나 제게 허락하시겠습니까?

오! 의인이 나를 위해 준비한 유다의 지극히 사랑하는 제자들, 여러분은 이 예언자를 생각하고, 정의도 사랑도 없는 텅 빈 돌로 된 전당을 세우고, 주님의 계명에 순종함으로써 자기 자신들 안에 그들의 주님의 옥좌를 세울 줄을 모르는 사람들에게 한 그의 말을 기억하시오. 그런데 그것은 주님이 말씀하시는 것입니다. 예언자는 이렇게 말합니다. '너희가 내게 무슨 집을 지어 바치겠다는 말이냐? 내가 머물러 쉴 곳을 어디에다 마련하겠다는 말이냐?' 그런데 그것은 이런 뜻입니다. '너희들은 보잘 것없는 벽들을 내게 쌓아올린다고 나를 차지한다고 생각하느냐? 거룩한 생활이 따르지 않는 너희들의 거짓 행동으로 나를 행복하게 한다고 생각하느냐?' 그렇지 않습니다. 영혼의 생명이 없는 속이 빈 진흙으로 만든 조상이나 문둥병자에 입힌 금으로 된 겉옷 같이 헌데와 빈 것을 감추는 겉으로 드러나는 물건으로 하느님을 차지하지는 못하는 것입니다.

그리고 세상의 주재자이신 주님께서, 신민을 별로 가지지 못하는 왕으로서의 당신의 가난과 그의 집에서 도망쳐 나간 아들을 너무나 많이 가진 아버지로서의 당신의 가난을 인정하면서 이렇게 말씀하시는 것입니다. '가난한 사람에게로, 내 말에 몸을 떠는 뉘우치는 마음을 가진 사람에게로 내 눈길을 돌리지 않고 누구에게로 돌리겠느냐?' 그 사람은 왜 몸을 떱니까? 하느님이 두려워서만 그럽니까? 아닙니다. 깊은 존경으로, 참다운 사랑으로 그럽니다. 주님이 전부 아시고, 자기는 아무 것도 아니라고 말하고, 그렇게 인정하며, 자기가 전부이신 분께 사랑을 받고 용서를 받는다는 것을 느끼며 감격으로 몸을 떠는 신민의 겸손으로, 아들의 겸손으로 그러는 것입니다.

오! 교만한 사람들 가운데에서 하느님을 찾지 마시오, 하느님께서는 거기에 계시지 않습니다. 냉혹한 마음을 가진 사람들 사이에서 하느님을 찾지 마시오. 하느님께서는 거기에 계시지 않습니다. 남을 아랑곳하지 않는 사람들 사이에서 하느님을 찾지 마시오. 하느님은 거기에 계시지 않습니다. 소박한 사람들, 깨끗한 사람들, 자비로운 사람들, 마음으로 가난한 사람들, 온유한 사람들, 저주를 하지 않으면서 우는 사람들, 정의를 찾는 사람들, 박해를 받는 사람들, 평화를 사랑하는 사람들, 이런 사람들에게 하느님은 계십니다. 하느님께서는 거기에 계시는 것입니다. 하느님께서는 뉘우치고 용서를 바라며 속죄하려고 애쓰는 사람들 안에 계십니다. 그리고 이런 사람들은 박수갈채를 받기 위해서나 벌에 대한 미신적인 공포나 완전한 사람으로 보이려는 교만으로 소나 양의 제물을 바치거나 이러저러한 제물을 바치지는 않습니다. 그러지 않고, 만일 그들이 죄인이면 뉘우치는 겸손한 마음의 제물을 드리고, 의인이면 영웅적인 행위에 이르기까지 순종하는 마음의 제물을 드립니다. 이것이 주님의 마음에 드는 것입니다. 이러한 제물에 대해서는 사랑과 초자연적인 더없는 즐거움의 말할 수 없는 당신 보물과 더불어 당신을 주십니다. 다른 사람들에게는 당신을 주지 않으십니다. 그들은 가증스러운 일에서 이미 그들의 보잘 것없는 즐거움을 누렸습니다. 그리고 그들은 벌써 그들의 길을 골라잡았기 때문에, 하느님께서 그들을 당신 길로 부르시는 것은 쓸데 없는 일입니다. 그들은 주님께 응답하지 않고, 주님께 순종하지 않았으며, 업신여기는 마음과 그들이 택한 타락으로 하느님의 눈 앞에서 악을 행했기 때문에, 그들에게는 버림받음과 심한 공포와 벌만을 보내실 것입니다.

그러나 여러분, 내가 사랑하는 유다의 여러분, 여러분은 하느님을 앎으로 사랑으로 몸을 떨고, 나 때문에 권력자들에게서 어리석은 사람으로 업신여김을 받고, 업신여김을 받으면서도 나를 계속 사랑하고, 내 이름과 나 때문에 냉대를 받고, 점점 더 냉대를 받을 것이며, 이스라엘의 사생아들처럼, 하느님의 사생아들처럼 버림을 받을 것입니다. 그런데 바로 여러분과 같은 사람들에게 영원한 생명, 즉 아버지 안에 뿌리를 박고 있는 분의 접지(接枝)가 접붙여졌고, 그래서 하느님의 일부분이 되고, 하느님께 달려 있으며, 하느님의 수액(樹液)으로 삽니다. 그런데, 사람들은 순박하지만 은총으로 비추어지는 눈을 가진 여러분을 오류에 빠져있다고 설득하고자 합니다. 그들은 독성자(瀆聖者)와 악당으로 보이지 않으려고 여러분의 눈 앞에서 자기들이 죄가 없다고 증명하려고 합니다. '주님이 당신 영광을 드러내시면, 우리는 너희들의 기쁨 그것으로 주님을 알아보겠다'고 하는 말을 듣는 여러분에게 말입니다. 여러분은 기쁨을 누릴 것이고, 그들은 창피를 당할 것입니다.

오! 그들을 괴롭히기는 하지만 더 착하게 하지는 못하는 창피를 당해도, 그들의 저주스러운 대가리를 으깨놓기 전에는 계속 해를 미치는 독사들, 몸이 둘로 잘려도 물고 죽이고, 하느님의 압도적인 나타냄에서 대가리만 내밀어도 물고 죽이는 독사와 같은 자들이 벌써 이렇게 외치는 것이 들립니다. '주님의 태중에 그렇게 오래 전부터 들어 있으면서도 아직 빛에 태어나지 못했는데, 어떻게 주님이 대번에 당신의 새 백성을 낳으실 수 있었단 말인가? 어떤 여자가 그의 고통의 부르짖음으로 집안을 가득 채우지 않고 아기를 낳을 수 있는가? 주님이 때가 되기 전에 아기를 낳으실 수 있었단 말인가? 땅이 단 하루에 아기를 낳을 수 있고, 한 국민 전체가 동시에 태어날 수 있단 말인가?' 하고 그들이 외치는 소리가 벌써 들립니다.
　나는 대답합니다. 그리고 여러분을 업신여기면서 박해할 사람들에게 주기 위하여 이 대답을 기억하시오. '발육하는 태아 같지 않고 태안에 숨어 있는 병처럼, 모태에서 떨어져 나가 생기가 없는 채로 있었기 때문에 말라버린 열매와 같이, 하느님의 태 안에서 죽은 열매인 그들은 절대로 빛에 태어나지 못했을 것입니다. 그래서 당신 태 안에서 죽은 씨를 내던지고, 이 세상에서 당신 이름이 죽지 않도록 아들들을 가지시기 위하여 당신의 T자 표가 새겨진 새 아들들을 가지셨고, 사탄과 루치펠을 섬기는 작은 사탄들이 해치지 못하게 당신 사랑의 열정으로 때를 앞당기셔서 비밀히, 조용히 당신 아들을 낳으셨고, 동시에 당신의 새 백성을 낳으십니다. 주님은 무엇이든지 하실 수가 있기 때문입니다' 하고. 오! 주님은 예언자 이사야의 입을 빌어 이 말씀을 하십니다. '다른 사람들이 아이를 낳게 하는 내가 아이를 낳을 수 없겠느냐? 다른 사람들은 수태하게 하는 내가 수태를 하지 못하겠느냐?'
　주님을 사랑하는 여러분 모두 하늘의 예루살렘과 더불어 기뻐하고, 그와 더불어 기뻐 날뛰시오! 기다리는 여러분, 바라는 여러분, 고통받는 여러분, 참된 기쁨으로 하늘의 예루살렘과 더불어 즐기시오.
　오! 말들아 돌아오너라. 내게로 돌아오너라! 하느님의 말씀에서 온 말들아. 하느님의 대변자, 하느님의 예언자인 이사야가 한 말들아. 오 영원한 말들아, 하느님의 이 화단에, 이 양떼 위에, 이 겨레 위에 퍼지기 위하여 오너라. 근원으로 돌아오너라!
　오! 오너라! 예언자의 말들아, 사랑의 반향아, 진리의 목소리야. 지금은 너희가 이 때문에 너희가 주어진 시간들 중의 하나이고, 이것은 그 때문에 너희가 주어진 모임들 중의 하나이다!
　그 말들이 여기 옵니다! 그 말들이 그것들을 생각나게 한 사람에게로 돌아옵니다! 내가 아버지와 나 자신과 성령의 이름으로 이 말들을 하느님의 양떼 가운데에서 뽑힌, 하느님께 사랑받는 사람들에게 말합니다. 원래 하느님의 양떼에는 어린 양들만 있게 되어 있었는데, 그것이 수양들과 훨씬 더 부정한 짐승들과 더불어 타락했습니다. 여러분은 하느님의 위로라는 젖을 배불리 먹고, 하느님의 여러 모양의 영광에서 풍부한 즐거움을 얻어낼 것입니다.

　보시오! 주님은 여러분에게 이렇게 말씀하십니다. 나는 너희들 위에 강물과 같은 평화를, 넘쳐 흐르는 개울 같은 것을 부어 주리니, 너희들 위에는 많은 나라들의 영광보다 훨씬 더 많은 것이 있을 것이다. 하늘의 영광이 여러분 위에 넘쳐 흐를 것입니다. 여러분은 하늘의 품에 안겨 그 영광을 빨아먹을 것이고, 그 무릎에 앉아서 그의 애무를 받을 것입니다. 그렇습니다. 한 어머니가 자기 아이를 쓰다듬어 주듯이, 내 이름을 붙여 준 이 어린 아이를 내가 쓰다듬어 주듯이 (그러면서 예수께서는 그의 세 자녀와 같이 거의 예수의 발 앞에 있는 어머니의 팔에서 어린 예사이를 받아 안으신다), 나를 사랑하고 또 계속 사랑할 여러분을 위로하겠습니다. 그리고 머지 않아 여러분은 내 나라에서 영원히 위로를 받을 것입니다. 주님이 당신 사랑과 정의의 불속으로 데려가고, 어린 양을 늑대, 즉 자기들을 거룩하게 하고 깨끗하게 하는 줄로 생각했지만 오히려 반대로 우상숭배자가 된 자들에게서 갈라놓으면서 벌하거나 영광스럽게 하기 위하여 회오리 바람과 같은 쌍두마차를 타고 불속으로 해서 오실 때, 여러분은 주님을 볼 것이고, 여러분의 마음은 기뻐할 것이고, 여러분의 충실함 때문에 모든 공포에서 풀려난 여러분의 뼈는 풀처럼 다시 기운을 얻을 것입니다.

　지금 떠나는 주님은 올 것입니다. 그리고 끝까지 꾸준한 것을 주님이 만나게 될 사람들은 매우 행복할 것입니다. 이것이 내 작별 인사입니다. 그리고 그와 더불어 내 강복입니다. 내 강복으로 여러분을 강하게 할 터이니 무릎을 꿇으시오. 주님이 여러분께 강복하시고, 여러분을 지켜 주시기를. 주님이 당신 얼굴을 여러분에게 보여 주시고, 여러분을 불쌍히 여기시기를. 주님이 여러분에게 당신 평화를 주시기를 바랍니다."

　"가시오! 내가 유다의 착한 사람들 중에서 착한 사람들을 떠나보내게 해 주시오."

　사람들은 마지못해 떠나간다. 그러나 한 어린이가 예수께 말한다. "주님, 주님의 손에 입맞춤하게 해 주십시오." 그리고 예수께서 동의하시니 모두가 하느님의 어린 양의 거룩한 살에 입맞춤 하기를 원한다. 마을 쪽으로 떠나갔던 사람들까지도 돌아오고, 입맞춤이 비오듯 쏟아진다. 어린이들은 얼굴에, 노인들은 손에 여자들은 풀을 밟고 있는 맨발에 입맞춤을 하며, 눈물을 흘리고 작별과 축복의 말을 한다.
  예수께서는 그들을 참을성 있게 받아들이시어, 모두에게 개별적으로 인사하신다.
  마침내 모든 사람에게 만족을 주셨다. 남은 것은 예수를 유숙시킨 집 가족들뿐이다. 그들은 예수께로 바싹 다가온다. 그리고 사라가 말한다. "선생님은 정말 다시 안 오십니까?"
  "다시는 오지 않소. 그러나 우리는 떨어져 있지 않을 거요. 내 사랑은 당신과 당신 가족들과 같이 있을 것이고, 당신들의 사랑은 나와 같이 있을 거요. 당신들이 나를 잊지 않으리라는 것을 나는 아오. 그러나 잘 들으시오. 이제 다가올 가장 무서운 시간에도 거짓말을 받아들이지 마시오. 지나가는 나그네나 뜻하지 않은 침입자로도… 사라, 어린 아이를 내게 주시오."
  여인이 예사이를 드리니, 예수께서는 예사이를 안고 풀에 앉으셔서 아기의 머리카락 위로 몸을 숙이시고 말씀하신다. "나는 당신들이 알기 전부터 이사악이 사랑하게 한 어린 양이고, 어린 양은 사람들이 그를 악당으로 통하게 하려고 늑대의 가죽을 씌워도 언제나 이 어린 아이처럼 죄가 없다는 것을 기억하시오. 나는 이 아주 어린 아기보다도 더 죄가 없다는 것을 기억하시오…. 이 아기는 아주 다행스럽게도! 그의 무죄함과 어린 나이로 인해서 그의 주님에 대한 사람들의 중상을 알아듣지 못할 것이고, 그로 인해서 마음이 어지러워지지 않을 것이며… 지금과 같이… 이렇게 나를 계속 사랑할 거요…. 이 어린아이와 같은 마음을 가지시오. 당신들을 사랑하고, 당신들에게 아주 특별히 강복하는 어린 양, 친구, 죄없는 사람, 구세주에 대해서 그런 마음을 가지시오. 마리아야, 잘 있어라! 이리 와서 내게 입맞춤해라…. 잘 있어라, 엠마누엘! 너도 이리 오너라…. 어린 양의 어린 양인 예사이, 잘 있어라…. 착하게 살아라…. 나를 사랑해라…."
  계집아이가 예사이의 머리카락에 눈물 한 방울이 반짝이는 것을 보고 "주님, 우셔요?" 하고 묻는다.
  "선생님이 우시냐?" 하고 사라의 남편이 묻는다.

"선생님, 우시는군요! 왜 우셔요?" 하고 여인이 묻는다.

"내 눈물을 보고 슬퍼하지 마시오. 이 눈물은 사랑과 축복이오…. 사라, 잘 있어요. 아기 아빠, 안녕히. 다른 사람들처럼 와서 떠나가는 친구에게 입맞춤 하시오…." 그리고 두 부부의 입맞춤을 손에 받으신 다음 아기를 엄마에게 도로 안겨 주신다. 예수께서는 다시 강복하시고, 올라오셨던 오솔길로 해서 빨리 내려가기 시작하신다.

남아 있는 사람들의 작별 인사하는 목소리가 예수를 따라온다. 남자의 굵은 목소리, 여자의 감격한 목소리, 어린이들의 날카로운 목소리들이 언덕 아래까지 들려 온다. 그리고는 그들이 북쪽으로 거슬러 올라가는 급류만이 유다의 땅을 영원히 떠나시는 선생께 아직도 인사를 한다.

87. 헤브론에 작별 인사

 이제는 숲과 풀밭에 둘러싸인 헤브론이다. 예수께서 들어가시니, 제일 먼저 본 사람들이 호산나라는 외침으로 인사를 하고, 더러는 마을 전체에 알리려고 간다.
 회당장이 달려 오고, 작년에 기적을 받은 사람들이 달려온다. 그리고 유력자들이 달려온다. 각기 주님을 자기 집에 모시기를 원한다. 그러나 예수께서는 모든 사람에게 고맙다는 인사를 하시면서 말씀하신다. "아닙니다. 나는 여러분에게 말하는 시간 만큼만 머물러 있겠습니다. 그러니 초라한, 그러나 거룩한 세례자의 집으로 갑시다. 그 집에도 인사를 하게… 이곳은 기적의 땅입니다. 여러분은 그걸 모르십니다."
 "선생님, 저희들도 압니다. 병이 고쳐진 사람들이 저희들 가운데 있습니다!…" 하고 여러 사람이 말한다.
 "작년보다 훨씬 전에 이곳은 기적의 땅이었습니다. 이곳은 33년 전, 주님의 은총이 말라붙은 모태를 다시 젊어지게 해서 내 예고자의 단 사과가 열리는 나무가 되게 했을 때 처음으로 기적의 땅이 되었습니다. 이곳은 32년 전, 내 예고자와 내가 깊은 태속에서 익어 가는 두 열매였을 때, 내가 그를 신비로운 작용으로 미리 거룩하게 했을 때, 기적의 땅이 되었습니다. 그러나 아직 나지 않았던 강생한 말씀의 비밀 작용에는 여러분이 알지 못하는 큰 기적이 2년 전부터 매여 있습니다. 이 집 안쪽에 살고 있던 여자를 기억하십니까?…"
 "누구요? 아글라에요?" 하고 여럿이 묻는다.
 "그 여자입니다. 나는 그의 태가 아니라, 이교(異敎)와 죄로 말라붙은 그의 영혼에 생명을 돌려 주었습니다. 그리고 그의 착한 뜻의 도움을 받아, 그를 붙잡아놓고 있던 것에서 구해냄으로써 그를 정의가 풍부하게 만들었습니다. 그래서 나는 그 여자를 여러분에게 본보기로 줍니다. 얼굴을 찌푸리지 마시오. 나 진정으로 말하지만, 이스라엘에 이 이교도 죄녀가 하느님의 샘을 찾느라고 걸은 길 만큼 길을 걸어간 사람이 별로 없기 때문에, 이 여자는 예로 들고 본받을 만한 가치가 있습니다."

"저희들은 그 여자가 다른 정부들과 도망한 것으로 생각하고 있었습니다…. 어떤 사람들은 그 여자가 변해서 착한 여자가 되었다고 말했습니다. 그러나 저희들은 '그건 일시적인 기분이야!' 하고 말했습니다. 그리고 그 여자가 …죄를 지으려고… 선생님께로 갔다고 말하는 사람들까지 있었습니다" 하고 회당장이 설명한다.

"사실상 그 여자가 내게 오기는 왔습니다. 그러나 구속을 받기 위해서였습니다."

"저희들은 판단하는 죄를 지었습니다…."

"그 때문에 내가 여러분에게 '판단하지 말라'고 말하는 것입니다."

"그런데 그 여자가 지금 어디 있습니까?"

"하느님만이 아십니다. 분명히 엄격한 속죄를 하고 있을 것입니다. 그 여자의 힘을 돋우어 주기 위해 기도하시오…. 내 친척, 내 예고자의 거룩한 집, 네게 경의를 표한다! 너에게 평화! 비록 지금은 비고 황폐했지만, 오! 평화와 믿음의 거룩한 집, 항상 너에게 평화!" 예수께서는 강복하시며 손질이 되어 있지 않은 정원으로 들어가셔서 번져 가는 잡초 사이로 나아가신다. 예수께서는 전에는 정자 또는 월계수와 회양목을 잘 줄지어 가꾸었던 곳을 끼고 걸으시는데, 그곳이 이제는 담쟁이와 참으아리와 메꽃 줄기들이 숨을 못 쉬게 하는 헝클어진 덤불이다. 예수께서는 저 안쪽 무덤이었던 것의 흔적이 있는 곳으로 가셔서, 그곳에 머물러 계신다.

사람들은 예수를 가운데 두고 말없이 빙 둘러 서 있다.

"하느님의 아들인 헤브론의 여러분, 들으시오!

여러분이 죄녀에 대해서 그런 것과 같이 여러분의 구세주에 대하여 마음이 어지러워지고 그릇된 판단에 빠져들지 않게 하려고, 여러분의 믿음을 굳게 하고 든든하게 하기 위하여 내가 왔습니다. 여러분에게 내 말을 노자(路資)로 주어, 그것이 암흑의 시간에 여러분 안에 빛나게 남아 있고, 사탄이 여러분에게 하늘의 길을 잃게 하지 못하게 하기 위해서 왔습니다.

　머지 않아 여러분의 마음이 탄식하면서 예언자인 시인 아삽의 시편의 말을 할 때가 올 것입니다. 여러분은 이렇게 말할 것입니다. '하느님, 어찌하여 우리를 영원히 버리셨나이까? 어찌하여 당신이 풀을 뜯게 하시는 작은 양들에 대하여 당신의 분노가 타오르나이까?' 그리고 그 때에는 이미 완성된 구속(救贖)을 보호받을 권리처럼 높이 쳐들고, '이 백성은 당신의 백성이며, 당신이 이 백성을 구속하셨습니다!' 하고 부르짖으면서 원수들에 대한 보호를 정말 청할 수 있을 것입니다. 그 때는 그 원수들이 하늘에 계신 것과 마찬가지로 머물러 계시는 참다운 성소, 즉 주님의 그리스도 안에서 할 수 있는 모든 악을 저지르고 난 때일 것입니다. 그리고 우선 지성소를 쓰러뜨린 다음, 이번에는 벽을, 즉 그리스도의 신자들을 쓰러뜨리려고 애쓸 것입니다. 느브갓네살과 안티오코스와 나중에 올 사람들보다도 하느님을 더 진짜로 모독하고 박해하는 자들로서, 그들은 회개를 원치 않고, 믿음과 사랑과 정의를 받아들이지 않고, 반죽속에 들어 있는 누룩처럼 부풀어서, 하느님의 원수들이 성채(城砦)가 된 지성소에서 넘쳐 흐르는 한없는 그들의 교만으로 나를 쓰러뜨리려고 벌써 손을 쳐들고 있습니다.

　하느님의 아들 여러분, 들으시오! 여러분이 나를 사랑했기 때문에 박해를 당할 때에는 여러분보다 내가 먼저 박해를 받는 사람이 되었다는 것을 생각하고, 여러분의 마음을 강하게 하시오. 그들은 그들의 목구멍에 벌써 그들의 승리의 고함소리를 간직하고, 승리의 시간에 바람에 나부끼도록 깃발을 준비하고 있으며, 각 깃발 위에는 진 사람, 악당, 저주받은 사람처럼 보일 내게 대한 거짓말이 있을 것입니다.

　여러분은 머리를 흔듭니까? 여러분은 믿지 않습니까? 여러분의 사랑이 여러분이 믿는 것을 막습니다…. 사랑은 위대한 것입니다! 큰 힘입니다…. 그리고 큰 위험입니다! 예, 위험입니다. 어두움의 시간에 있을 현실의 충격은, 아직 완전히 조절되지 못한 사랑이 눈멀게 하는 마음에는 초자연적인 맹렬함을 가질 것입니다. 여러분은 왕이요 능력있는 사람인 내가 보잘 것없는 사람들에게 좌우될 수 있다고 믿을 수가 없습니다. 특히 그 때에는 믿지 못할 것입니다. 그래서 의심이 생길 것입니다. '그이가 정말 오실 분이었는가? 만일 오실 분이었다면, 어떻게 질 수가 있었을까?' 하고.

그 시간을 위해서 여러분의 마음을 더 굳세게 하시오! 이것을 아시오. '한 순간'은 거룩한 분의 원수들이 문들을 부수고, 모든 것을 땅바닥에 집어던지고, 지극히 거룩하신 이름의 장막을 땅바닥에 동댕이치면서 마음속으로 이렇게 말할 것입니다. '이 땅 위에 하느님의 명절이 모두 없어지게 하자'고. 우리 가운데 하느님을 모시는 것은 명절이니까요. 그들은 이렇게 말할 것입니다. '하느님의 깃발이 다시는 보이지 않게 하고, 우리의 정체를 아는 어떤 예언자도 다시는 없게 하자'고. 그러나 바다에 한계를 정하신 분, 신성한 악어들의 대가리들과 그들을 숭배하던 자들의 머리를 물속에서 으스러뜨리신 분, 샘을 솟아나게 하시고, 급류를 흐르게 하시고, 1년 내내 마르지 않는 강을 마르게 하신 분, 낮과 밤, 여름과 봄, 생명과 죽음을 만드신 분, **모든 것을** 만드신 분이 빨리, 한층 더 빨리, 예언된 것과 같이 당신의 그리스도를 다시 살아나게 하실 것이고, 그래서 그리스도 왕이 될 것입니다. 영원을 위한 왕이 될 것입니다. 그리고 믿음을 굳게 지켰을 사람들은 그와 함께 하늘에서 군림할 것입니다.

이것을 기억하시오. 그래서 내가 높이 쳐들리고 업신여김 받는 것을 볼 때에 흔들리지 마시오. 그리고 여러분이 높이 쳐들리고 업신여김을 받을 때도 흔들리지 마시오.

오! 아버지! 내 아버지! 아버지께 소중하고 제게도 소중한 사람들을 대신해서 아버지께 청합니다. 아버지의 말씀의 청을 들어 주시고, 중재자의 말을 들어 주십시오! 저를 사랑함으로 아버지를 찬미하는 사람들의 영혼을 짐승들에게 넘겨주지 마시고, 아버지의 자녀들의 영혼을 영원히 잊지 마십시오. 인자하신 하느님, 세상 어두움의 장소는 아버지의 자녀들을 무섭게 하기 위한 공포가 나오는 죄의 소굴이오니, 아버지의 약속을 생각하십시오. 아버지! 오! 내 아버지! 아버지께 바라는 보잘 것없는 사람이 창피를 당하고 돌아 가지 않게 하십시오! 가난한 사람과 벌이가 변변치 않은 사람이 아버지께서 그들에게 주실 도움 때문에 아버지의 이름을 찬미하게 하십시오!

87. 헤브론에 작별 인사   **107**

하느님, 일어나십시오! 그 시간을 위하여, 그 시간들을 위하여 아버지께 청합니다! 오! 하느님, 일어나십시오! 요한의 희생과 아버지의 성조((聖祖)들과 예언자들의 거룩함 때문에! 아버지, 제 희생 때문에, 아버지의 것이고 제 것이기도 한 이 양떼를 보호하십시오! 이들에게 어두움속에서 빛을 주시고, 유혹자들에게 저항하는 믿음과 힘을 주십시오! 아버지, 지금과 내일과 아버지의 나라에 들어갈 때까지 아버지를 주시고, 우리를 주십시오! 우리가 영원 무궁세에 있는 그곳에 이들도 있을 순간까지 이들의 마음속에 우리가 있게 하십시오. 그리고 이렇게 되기를 바랍니다."

기적을 행하실 것이 없으므로, 예수께서는 황홀해진 군중이 늘어선 가운데로 지나가시면서 청중 하나하나에게 강복하신다. 예수께서 벌써 높이 올라온 햇볕 아래서 다시 걷기 시작하시는데, 우거진 나무의 잎들과 산 공기로 인하여 햇볕이 견딜만하게 된다. 뒤에서는 사도들이 떼를 이루고 서로 말을 한다.

그들은 끊임없이 말한다. "기막힌 말씀이었어! 사람을 떨게 만들어!" 하고 바르톨로메오가 말한다.

"그렇지만 얼마나 슬픈 말씀이야! 눈물을 나오게 하는 말씀이야!" 하고 안드레아가 한숨짓는다.

"어! 그건 선생님의 작별 인사야. 내 말이 맞아. 선생님은 정말 옥좌를 향해 가시는 거야" 하고 가리옷의 유다가 외친다.

"옥좌? 흠! 내 생각에는 선생님이 영광보다는 오히려 박해 말씀을 하시는 것 같은데!" 하고 베드로가 지적한다.

"천만에! 박해의 때는 끝났어! 아! 나는 행복하다!" 하고 가리옷 사람이 외친다.

"자네에겐 참 잘 됐구먼! 나는 2년 전, 우리가 아직 알려지지 않았던 시절에 있었으면 좋겠네…. 그렇지 않으면 '고운 내'에 있던 시절… 나는 장차 올 날이 무서워…" 하고 요한이 말한다.

"자넨 사슴 새끼 같은 마음을 가지고 있어서 그래…. 그러나 나는! 벌써 미래를 내다본단 말이야…. 행렬들!… 노래 부르는 사람들!… 백성들이 땅에 엎드리고!… 다른 나라들의 경의 표시!… 오! 때가 됐어! 메디안의 약대들과 군중들이 사방에서 올 거야…. 그리고 그건 보잘 것없는 세 동방박사가 아니라… 떼로 몰려 올 거야…. 로마처럼 위대한 이스라엘. 로마보다 더 위대한 이스라엘. 마카베오 형제들의 영광과 솔로몬의 영광을 능가할 거야…. 모든 영광…, 선생님은 왕중 왕…. 그리고 선생님의 벗들인 우리는…. 오! 지극히 높으신 하느님! 그 시간을 위해서 누가 내게 힘을 줄까?…. 아버지가 아직 살아 계셨더라면!…." 유다는 흥분하였다. 그가 살기를 꿈꾸는 미래를 떠올릴 때 그의 얼굴은 환하게 빛난다.

예수께서는 많이 앞서 가신다. 그러나 걸음을 멈추시고, 유다의 말대로라면 미래의 왕이 목이 마르셔서, 두손을 모아 가지고 실개천에서 물을 떠서 마신다…. 숲속에 있는 새나 풀을 뜯는 어린 양과 같이. 그리고 돌아서시며 말씀하신다. "여기 야생 실과들이 있다. 따서 우리 시장기를 달래자…."

"선생님, 시장하십니까?" 하고 열성당원이 묻는다.

"그렇다" 하고 예수께서는 겸허하게 대답하신다.

"물론이지요. 어제 저녁 선생님은 모두 그 불행한 사람에게 주셨으니까요!" 하고 베드로가 외친다.

"그렇지만 왜 헤브론에서 머물고자 하지 않으셨습니까?" 하고 필립보가 묻는다.

"하느님께서 나를 다른 곳으로 부르시기 때문이다. 너희들은 알지 못한다."

사도들은 어깨를 들썩 하고는 산비탈 여기저기에 야생하는 나무들의 아직 파란 열매들을 따기 시작한다. 그것들은 야생의 능금들인 것 같다. 그런데 왕중의 왕이 그의 동행들과 동시에 그것을 드신다. 동행들은 파란 야생의 열매가 시기 때문에 얼굴을 찡 그린다. 예수께서는 열심히 잡수시면서 미소지으신다.

"선생님 때문에 저는 몹시 화가 납니다" 하고 베드로가 외친다.

"왜?"

"선생님도 편하시고, 헤브론 사람들을 기쁘게 하실 수도 있었는데, 선생님은 오히려 배를 상하게 하시고, 독한 하급 알콜기가 있는 풀보다도 더 쓰고 더 신 이 독약으로 이를 시큰하게 하시니까 그럽니다!"

87. 헤브론에 작별 인사 **109**

"오! 나는 지금 나를 사랑하는 너희들과 같이 있다. 내가 높이 들어올려지고, 목이 마르고 시장할 때, 나는 이 시간, 이 음식, 지금 나와 같이 있는 너희들을 생각하겠다. 그 때에는 너희들이…."

"그러나 그 때에는 선생님이 목마르지 않고 시장하지도 않으실 것입니다! 왕에게는 무엇이든지 다 있습니다! 그리고 저희가 선생님을 더 가까이 모시고 있을 것입니다!" 하고 가리옷 사람이 외친다.

"그것은 네 말이다."

"선생님은 그렇지 않을 것이라고 생각하십니까?" 하고 바르톨로메오가 묻는다.

"그렇지 않을 것이다, 바르톨로메오야. 내가 너를 무화과나무 아래에서 보았을 때, 그 열매들은 어찌나 새파랗던지 누구든지 그것을 따 먹으면 혀와 목구멍이 쓰라리게 했을 것이다…. 그러나 내게 있어서 내가 높이 쳐들리는 것이 어떠할지 그것에 비하면, 그 무화과 나무와 이 나무들의 파란 열매가 봉방(峰房)보다도 더 달 것이다…. 가자…." 그러시면서 생각에 잠기신 채 맨 앞장을 서서 걷기 시작한다. 뒤에는 열두 사도가 끊임없이 떠든다.

88. 벳수르에 작별 인사

　지칠줄을 모르는 여행자들이 벳수르가 보이는 데에 이르렀을 때에 겨우 날이 새기 시작한다. 피로하고, 틀림없이 숲속에서 매우 불편하게 쉬었겠기 때문에 구겨진 옷을 걸친 그들은 이제는 가까운 거리에 있는 도시를 기쁘게 바라다 본다. 그들은 그곳에서 환대를 받을 것을 확신하는 것이다.
　일을 하러 가는 농부들이 제일 먼저 예수를 만난다. 그리고 일을 내버려둔 채로 선생님의 말씀을 들으러 시내로 돌아가는 일이 잘하는 일이라고 생각한다. 목자들도 선생님이 머무르시는지 아닌지 물어보고 나서 역시 그렇게 한다.
　"나는 오늘 저녁에 벳수르를 떠납니다" 하고 예수께서 말씀하신다.
　"그런데 말씀을 하시겠습니까, 선생님?"
　"물론입니다."
　"언제요?"
　"즉시."
　"저희들은 양떼를 데리고 있습니다… 여기 들판에서 말씀하실 수 없겠습니까? 양들은 풀을 뜯어먹을 것이고, 저희들은 선생님의 말씀을 놓치지 않을 것입니다."
　"나를 따라 오시오. 북쪽에 있는 목장에서 말하겠습니다. 나는 우선 엘리사를 만나야 합니다."
　목자들은 지팡이로 양들을 돌아오게 하고, 매애매애 하고 우는 양떼를 데리고 사람들 뒤를 따른다. 그들은 마을을 건너질러 간다. 그러나 소식이 벌써 엘리사의 집에까지 전해졌다. 그래서 집 앞에 있는 공간에서 엘리사와 아나스타시카가 그들에게 강복하시는 선생님께 제자로서의 경의를 표한다.

"주님, 제 집으로 들어오십시오. 주님은 이 집을 고통에서 구해내셨습니다. 그래서 여기 사는 모든 사람과 모든 가구로 주님을 위로해 드리고자 합니다" 하고 엘리사가 말한다.

"그럽시다, 엘리사. 그러나 얼마나 많은 군중이 우리를 따라오고 있는지 보이지요. 이제는 모든 사람에게 말하겠습니다. 그런 다음 아홉시 후에 와서 아주머니 집에 머물렀다가 저녁 때 다시 떠나겠습니다. 그 때 우리 같이 이야기 합시다" 하고 예수께서는 더 오래 머무르시기를 바라다가 예수의 의향을 알고 실망한 엘리사를 위로하시려고 말씀하신다. 그러나 엘리사는 훌륭한 제자라 조금도 반대를 하지 않는다. 엘리사는 다만 예수께서 가시는 곳으로 다른 사람들과 같이 가기 전에 하인들에게 명령을 할 허락만을 청한다. 그리고 지난 해의 기력이 없던 여자와는 아주 다르게 그 일을 빨리 해치운다.

예수께서는 햇살이 키가 큰 나무들의 우거지지 않은 나뭇잎들 사이로 새어들어오는 풀밭에 벌써 자리를 잡고 계신다. 그 나무들은 내 생각이 틀리지 않는다면 물푸레나무 같다. 예수께서는 어린 아이와 늙은 한 사람을 고쳐 주시는 중인데, 어린 아이는 속병이 있고, 늙은 이는 눈병이 있다. 다른 병자들은 없다. 그래서 예수께서는 엘리사가 아나스타시카와 함께 그곳에 오기를 기다리시는 동안 엄마들이 내미는 어린 아이들에게 강복하신다.

마침내 엘리사와 아나스타시카가 왔다. 그래서 예수께서는 곧 말씀하기 시작하신다.

"벳수르의 여러분, 들으시오.

지난 해에 나는 하느님의 나라를 얻기 위하여는 어떻게 해야 하는지를 여러분에게 말했습니다. 이제는 여러분이 얻은 것을 잃지 않도록 그 말을 확인합니다. 선생이 이렇게 아무도 빠진 사람이 없는 모임에서 말하는 것은 이것이 마지막입니다. 이후로도 우리 이 세상의 조국의 길에서 개별적으로나 작은 집단으로 우연히 또 만날 수가 있을 것입니다. 그런 다음 더 나중에 여러분을 내 나라에서 볼 수 있을 것입니다. 그러나 절대로 지금과 같지는 않을 것입니다.

장래에는 내게 대해서, 나를 반대해서, 여러분에게 대해서, 그리고 여러분을 반대해서 아주 많은 말들을 할 것입니다. 그들은 여러분에게 공포를 주고자 할 것입니다.

　나는 이사야와 더불어 여러분에게 말합니다. 내가 여러분을 구속했고, 여러분을 내 이름으로 불렀으니 두려워하지 마시오 하고. 나를 버리고자 하는 사람들만 두려워할 이유가 있을 것입니다. 내게 충실해서 내 사람으로 있는 이들은 그렇지 않습니다. 두려워 마시오! 여러분은 내 사람이고, 나는 여러분의 것입니다. 여러분이 내 안에 남아 있으면 강물도, 장작불꽃도, 돌도, 검도, 여러분을 내게서 갈라놓지 못할 것입니다. 오히려 반대로 불과 물과 검과 돌이 여러분을 점점 더 나와 결합시킬 것이고, 여러분은 다른 나 자신이 될 것이며, 내 상급을 받을 것입니다. 여러분이 고통을 당할 때에 내가 여러분과 같이 있을 것이고, 시련을 당할 때에 여러분과 같이 있을 것이고 죽을 때까지 여러분과 같이 있을 것입니다. 그런 다음에는 아무 것도 우리를 갈라놓지 못할 것입니다.

　오! 내 백성! 내가 불러서 모았고, 또 모든 것을 내게로 끌어들이기 위하여 높이 올려질 때에 한층 더 불러서 모을 백성, 선택된 백성, 거룩한 백성, 내가 여러분과 같이 있고 또 나중에도 여러분과 같이 있을 것이니까 두려워하지 마시오. 내 백성인 여러분은 나를 전할 것이고, 이 때문에 나는 내 백성을 이루고 있는 여러분을 내 신하라고 부를 것이고, 동서남북에 말을 하라는 명령을 줄 것입니다. 아니 지금 당장 줍니다. 그래서 창조주이신 하느님의 아들딸들이, 세상의 끝에 있는 사람들까지도 나를 그들의 왕으로 알아보고, 나를 내 진짜 이름으로 부르며, 그것을 위하여 그들이 창조된 영광을 차지하고, 그들을 만드시고 가르치신 분의 영광이 되게 하도록 하겠습니다.

　믿기 위하여는 부족들과 민족들이 내 영광의 증인들을 부를 것이라고 이사야가 말합니다. 그런데 성전과 왕궁에 있는 사람들과 세력 있는 계급의 사람들이 내가 어떤 사람이라는 것을 말하기를 원치 않기 때문에 나를 미워하고 거짓말을 하니, 내가 어디서 증인들을 만나겠습니까? 어디서 내가 증인들을 찾아내겠습니까? 하느님, 제 증인들이 여기 있습니다! 제가 율법을 가르친 사람들, 제가 육체와 정신을 고쳐준 사람들, 소경이었는데 지금은 눈을 뜬 사람들, 귀머거리였었는데 지금은 듣는 사람들, 벙어리였었는데 지금은 당신의 이름을 말할 줄 아는 사람들, 압제를 받았었는데 지금은 해방된 사람들, 모두, 그들에게는 당신의 말씀이 빛이요, 진리요, 길이요, 생명이 된 사람들 모두입니다.

여러분은 내가 누구인지를 알고 믿고 이해하라고 내가 선택한 증인들이고 봉사자들입니다. 나는 주님이요 구세주입니다. 여러분의 이익을 위하여 이것을 믿으시오. 나밖에는 다른 구세주가 없습니다. 일체의 인간적이거나 악마적인 암시에 대항해서 이것을 믿을 줄 아시오. 내 입이 아닌 다른 입이 말하고, 내 말과 다른 말은 무엇이든지 잊어버리시오. 장차 여러분이 들을 수 있을 다른 말을 일체 다 물리치시오. 누구든지 여러분에게 그리스도를 버리게 하려고 하는 사람에게는 이렇게 말하시오. '그분의 행적이 우리 영에 말을 하오' 하고. 그리고 끝까지 믿음을 꾸준히 지키시오.

나는 여러분에게 끄덕없는 믿음을 주기 위해 많은 일을 했습니다. 여러분의 병자들을 고쳐주고 여러분의 고통을 덜어주었고, 훌륭한 선생으로 여러분을 가르쳤으며, 친구로서 여러분의 말을 들었고, 빵과 음료를 같이 나누었습니다. 그러나 이런 일들은 그래도 성인이나 예언자도 하는 일입니다. 나는 그밖에 다른 일을 하겠습니다. 회오리바람이 청명한 여름하늘에 폭풍우 품은 구름을 일으키는 것과 같이 어두움이 일으킬 수 있을 의심을 일체 없앨 수 있는 다른 일을 하겠습니다. 여러분의 예수에 대한 사랑, 여러분을 구원하러 오기 위하여 아버지를 떠났고, 어려분에게 구원을 주기 위하여 목숨을 버릴 이 예수에 대한 사랑을 꿋꿋이 지키면서 구름이 지나가게 놔 두시오.

내가 사랑한 여러분, 자기가 사랑하는 사람들을 위해 자기를 희생하는 것보다 더 큰 사랑은 없으니까. 나 자신보다도 훨씬 더 사랑하는 여러분은 이사야의 예언서에서 야수와 용과 타조라고 불린 사람들, 즉 이방인, 우상숭배자 이교도, 더럽혀진 자들보다 못한 사람이 되지 않도록 하시오. 그들은 내가 나 혼자의 힘으로 죽음까지도 이김으로써 내 사랑과 내 본성에 대한 증언을 나 자신이 주었을 때 — 사실 그것은 사람들이 확인할 수 있는 일이고, 거짓말쟁이가 아니면 아무도 부인할 수가 없는 일입니다.— 이렇게 말할 것입니다. '그분은 하느님의 아들이었다!'고. 그리고 여러 세기에 걸친 더러운 이교,

어두움, 악습따위의 겉으로 보기에는 넘을 수 없는 것 같은 장애물을 이기고 빛으로, 샘으로, 생명으로 올 것입니다. 여러분은 이스라엘에서 너무나 많은 사람들처럼 되지 마시오. 제발 그렇게 되지 마시오. 그들은 내게 번제물을 드리지 않고, 희생을 바쳐 나를 공경하지 않고, 오히려 그들의 죄로 나를 슬프게 하고, 나를 그들의 냉혹한 마음의 희생물이 되게 하며, 나를 넘어지게 하고서 '자 봐요, 저 사람은 하느님의 벼락을 맞았기 때문에 쓰러졌어요' 하고 말할 수 있기 위해서 땅을 파들어가는 은밀한 증오로 나의 용서하는 사랑을 보답합니다.

벳수르의 주민 여러분, 굳세어지시오. 내 말은 진실이니까 그것을 사랑하고, 내 표는 거룩하니까 그것을 사랑하시오. 주님께서 항상 여러분과 함께 계시기를 바라고, 여러분 모두가 일치해서 주님의 봉사자들과 함께 있어서, 여러분 각자가 내가 가는 곳에 가 있고, 또 고난을 극복하고 승리를 거둔 다음 주님 안에서 죽고 주님 안에서 부활해서 영원히 살 모든 사람을 위해서 하늘에 영원한 거처가 마련되기를 바랍니다."

"주님, 그러나 무슨 말씀을 하려고 하신 것입니까? 주님의 말씀에는 승리의 외침과 고통의 부르짖음이 있습니다!" 하고 어떤 사람들이 말한다.

"그렇습니다. 주님은 원수들에게 에워싸여 있는 것을 아는 사람과 같으십니다" 하고 어떤 사람들은 말한다.

"그리고 저희들도 그러리라고 말씀하시는 것같습니다" 하고 또 다른 사람들이 말한다.

"주님, 주님의 미래에는 무엇이 있습니까?" 하고 어떤 사람들은 또 말한다.

"영광이 있어요!" 하고 가리옷의 유다가 말한다.

"죽음이 있어요!" 하고 엘리사가 울면서 한숨을 쉰다.

"구속이 있습니다. 내 사명의 완수! 두려워하지 마시오. 울지 마시오. 나를 사랑하시오. 나는 구세주가 되는 것이 기쁩니다. 엘리사, 이리 오세요. 엘리사의 집으로 갑시다…." 그러면서 앞장서서 상반되는 감동으로 불안해하는 군중을 헤치고 엘리사의 집으로 향하신다.

"하지만 주님, 왜 항상 그런 말씀을 하십니까?!" 하고 유다가 비난의 말투로 묻는다. 그리고 "그 말씀은 왕의 말이 아닙니다" 하고 덧붙인다.

예수께서 그에게 대답하지 않으신다.

반대로 눈물이 반짝이는 눈으로 "선생님, 작별인사를 하실 때는 왜 언제나 성경 대목을 인용하십니까?" 하고 묻는 사촌 야고보에게는 대답하신다.

"나를 비난하는 사람들이 내가 헛소리를 하고, 하느님을 모독하는 말을 한다고 말하지 못하게 하기 위해서이다. 현실을 인정하고자 하지 않는 사람들로 하여금 계시는 처음부터 나를 **인간적인 것이 아닌** 나라의 왕으로 보여 주었는데, 그 나라는 희생의 제헌으로, 사탄과 인류의 최초의 조상들에 의해 파괴된 하늘나라를 다시 만들 수 있는 **유일한** 희생의 제헌으로 설계되고, 건설되고, 공고하게 된다는 것을 알아듣게 하기 위해서이다. 교만과 증오와 거짓말과 음란과 불복종이 파괴하였는데, 겸손과 순종과 사랑과 순결과 희생이 재건할 것이다. 엘리사, 울지 마세요. 아주머니가 사랑하고 나를 기다리는 사람들은 내 제헌의 시간을 애타게 기다리고 있습니다…."

그들은 집으로 들어간다. 그리고 사도들이 쉬고 시장기를 달래는 데 골몰하는 동안, 예수께서는 잘 정돈되고 꽃이 만발한 정원으로 가셔서 엘리사와 단둘이서 그의 말을 들으신다. "선생님, 요안나가 비밀히 선생님께 말씀을 드리고 싶어한다는 것을 저 혼자만 알고 있습니다. 요안나는 요나타를 제게 보냈습니다. 그 사람은 '매우 중대한 일 때문에'라고 말했습니다. 주님이 제게 주신 딸도 ─거기 대해서 찬미받으십시오.─ 그것을 모릅니다. 요안나는 주님을 찾으려고 하인들을 사방으로 보냈습니다. 그러나 그들은 주님을 만나지 못했습니다…."

"나는 매우 멀리 가 있었고, 만일 영이 나를 돌아오라고 이끌지 않았더라면 더 멀리 갔을 것입니다…. 엘리사, 나와 열성당원과 같이 요안나의 집에 갑시다. 다른 사람들은 이틀 동안 여기 남아서 쉰 다음 베델에 오게 하겠어요. 아주머니는 요나타와 같이 돌아오세요."

"예, 주님…." 엘리사는 어머니다운 눈길로 예수를 쳐다보고 유심히 살핀다…. 엘리사는 "주님 괴로워하십니까?" 하는 말을 참지 못한다.
 예수께서는 정말로 아니라는 말씀은 못하시고 머리만 흔드신다. 그러나 분명히 낙망하신 태도이다.
 "저는 어머니입니다…. 주님은 제 하느님이시고… 그러나… 오! 주님! 요안나가 무엇을 원한다고 생각하십니까? 주님은 죽음에 대해서 말씀하셨는데, 성전에서 처녀들이 구세주이신 주님에 대한 성경을 많이 읽기 때문에, 그리고 저는 그 말씀들을 기억하고 있기 때문에 주님의 그 말씀을 알아 들었습니다. 주님은 죽음에 대해서 말씀하셨는데, 주님의 얼굴은 천상 기쁨으로 빛나고 있었습니다. 그런데 지금은 주님의 얼굴이 빛나지 않습니다…. 마리아는 제게 딸과 같았습니다. 그런데 주님은 마리아의 아들이십니다…. 그래서 이렇게 말하는 것이 죄가 되지 않는다면, 저는 주님을 조금은 제 아들처럼 생각합니다…. 주님의 어머니는 멀리 있습니다… 그러나 주님 곁에 있는 것도 한 어머니입니다. 하느님의 축복받으신 분, 제가 주님의 고통을 덜어 드릴 수 없겠습니까?"
 "아주머니는 나를 사랑하시니까 벌써 내 고통을 덜어주십니다. 요안나가 내게 말하게 될 것에 대해서 어떻게 생각하냐구요? 내 인생은 이 장미나무와 같습니다. 장미꽃들은 착한 제자들인 아주머니 같은 사람들입니다. 그러나 장미꽃을 따고 나면 무엇이 남습니까? 가시가 남습니다…."
 "그러나 저희들은 죽을 때까지 주님께 충실하겠습니다."
 "맞습니다. 죽을 때까지! 그리고 아버지께서는 여러분이 내게 주는 위안 때문에 여러분에게 강복하실 것입니다. 집으로 들어가서 쉽시다. 그리고 저녁 때 베델로 떠납시다."

89. 베델에서

　엘리사가 탄 나귀의 고삐를 잡고 몰고 가는 열성당원의 앞장을 서 가시는 예수께서 베델의 관리인의 집 문을 두드리신다. 그들은 지난 번과 같은 길로 오지 않고, 그 위에 저택이 서 있는 산의 서쪽 비탈에 펼쳐져 있는 작은 마을에 있는 요안나의 소유지에 도착하였다.
　주님을 알아본 문지기는 그의 작은 집 옆에 있는 격자 대문을 서둘러 활짝 연다. 그 대문으로 해서는 건물 앞에 있는 정원으로 들어가게 되어 있다. 여기는 요안나의 장미밭이라는 꿈의 장소의 시작이다. 신선한 장미꽃과 장미꽃 향유의 짙은 냄새가 황혼의 더운 공기 속에 감돌고, 동쪽에서 불어 오는 저녁의 가벼운 바람이 꽃이 만발한 장미나무들을 스치면서 지나가면, 향기는 더 짙어지고, 더 신선해지고, 더 진짜가 된다. 그 향기는 장미나무들을 심은 작은 언덕에서 와서, 소유지의 서쪽 담에 기대서 지은 낮고 넓은 헛간에서 나오는 진한 정유(精油)의 향기를 압도하기 때문이다.
　문지기가 설명한다. "주인마님이 여기 계십니다. 저녁마다 꽃 따는 일과 향유 만드는 일에 종사하는 사람들이 모이는 시간에 오십니다. 그 사람들에게 말을 하고, 말을 물어보고, 그들을 돌보고, 기운을 북돋아 주곤 하시지요. 오! 우리 주인마님은 착하십니다! 늘 그랬지만, 주님의 제자가 되신 후로는!… 이제 부르러 가겠습니다. 지금은 일이 많은 시기여서, 과월절 이후에 새로 남녀 하인들을 또 채용했는데도 늘 일하는 꽃따는 사람들 만으로는 부족합니다. 주님, 기다리십시오…."
　"아니오, 내가 가겠소. 하느님께서 당신에게 강복하시고 평화를 주시기를!" 하고 예수께서는 그 때까지 참을성 있게 말하는 것을 들으신 후에 늙은 문지기에게 강복하시기 위하여 손을 들면서 말씀하신다.
　그러나 정원 길의 단단한 땅을 디디는 발소리에 꽤 호기심이 있는 마티아는 고개를 쳐들게 되었고, 어린 아이는 소리를 지르면서, 그가 원하는 포옹을 해 달라고 청하느라고 벌써 팔을 벌려 쳐들고 밖으로 달려 나온다. 그는 뛰어 오면서 "예수님이 오셨어요! 예수님이 오셨어요!"하고 외친다. 그리고 그가 벌써 주님의 품에 안겨 입맞춤을 받고 있을 때 요안나가 하인들에 둘러싸여 나온다.

"주님께서!"하고 이번에는 요안나가 외치고, 그가 있는 장소에서 즉시 예수께 경의를 표하기 위하여 무릎을 꿇는다. 요안나는 땅에 엎드렸다가 다시 몸을 일으키는데 그의 얼굴은 감격으로 인하여 활짝 핀 장미꽃잎과 같은 주홍색으로 물들었다. 그런 다음 예수께로 와서, 발에 입맞춤 하기 위하여 다시 엎드린다.

"요안나야, 네게 평화. 네가 나를 보고자 한다지. 그래서 내가 왔다."

"제가 주님을 뵙고자 했습니다…. 맞습니다, 주님…." 요안나는 얼굴이 창백해지고 진지하게 된다. 예수께서 그것을 알아차리신다.

"일어나거라, 요안나야. 쿠자는 잘 있느냐?"

"예, 주님."

"그리고 지금 여기에 보이지 않는 어린 마리아는?"

"마리아도 잘 있습니다, 주님…. 그 애는 에스텔과 같이 병든 하인에게 약을 가져다 주러 갔습니다."

"그 하인 때문에 나를 불렀느냐?"

"아니올시다, 주님…. 주님… 때문입니다." 요안나는 그를 둘러싼 모든 사람들 앞에서 말하고자 하지 않는 것이 아주 분명하다.

예수께서는 그것을 알아차리시고 말씀하신다. "알겠다. 네 장미나무들을 보러가자…."

"주님은 피곤하실 텐데요. 주님은 무엇을 좀 드실 필요가 있습니다…. 목도 마르시구요…."

"아니다. 우리는 더운 때 몇 시간 동안은 목자들의 제자들 집에서 머물렀다. 나는 피곤하지 않다…."

"그러면 가시지요…. 요나타, 자네는 주님과 주님을 모시고 온 사람들을 위해 모든 것을 마련하게…. 마티아야, 내려가거라…." 요안나는 그의 곁에 공손히 서 있는 지배인과, 예수의 팔 안에 보금자리를 만들고, 다정스럽게 그의 작은 갈색머리를 마치 멧비둘기가 어미 날개 밑에 그렇게 하듯이 예수의 목 오목한 데에 기대고 있는 어린 아이에게 명령한다. 어린 아이는 슬퍼서 한숨을 쉰다. 그러나 순종할 채비를 한다.

그러나 예수께서 말씀하신다. "아니다. 이 애도 우리와 같이 갈거다. 그리고 방해가 되지 않을 것이다. 이 애는 그 앞에서는 얼굴을 찌푸리게 할 행위가 있을 수 없고, 사람들의 마음에 아주 가벼운 의심도 일어날 수 없게 하는 작은 천사일 것이다. 가자…."

"선생님, 엘리사와 저는 집안으로 들어갈까요. 그렇지 않으면 선생님 바로 가까이에 있는 것을 원하십니까?" 하고 열성당원이 묻는다.

"너희들도 가거라."

요안나는 정원을 가로지르는 넓은 길로 해서 예수를 인도한다. 그들은 내려가다가 제자의 꽃이 만발한 소유지를 이루는 반대편 비탈을 다시 올라가는 장미밭을 향하여 간다. 그리고 요안나는 계속 간다. 요안나는 정말 장미나무와 다른 나무, 그리고 잘 자리를 서로 다투거나 그들의 둥지를 마지막으로 한번 둘러보는, 나뭇가지속에 있는 새들밖에 없는 곳에 외따로 있으려고 하는 것같다.

오늘 저녁에는 아직 봉오리로 있지만, 내일에는 가위에 잘려 떨어질 장미꽃들은 이슬을 맞고 잠들기 전에 짙은 향기를 풍긴다. 두 사람은 심한 굴곡을 이룬 땅 두 부분 사이에 있는 작은 계곡에서 걸음을 멈춘다. 그 위에는 한쪽에는 살색의 장미꽃, 또 한쪽에는 엉기고 있는 피얼룩처럼 새빨간 장미꽃이 아름다운 꽃줄장식을 만들어 놓았다. 거기에는 꽃 따는 사람들이 바구니들을 놓는 데 쓰이는 바위가 하나 있는데, 걸상노릇을 하거나 몸을 의지하는데 소용될 수 있다. 풀 위나 바위 위에는 낮에 일을 했다는 것을 증명하는 시들은 장미꽃들과 꽃잎들이 있다.

요안나는 반지를 여러 개 낀 손으로 자리에서 그 지저분한 조각들을 치우고 말한다. "선생님, 앉으십시오. 저는 오랫동안… 말씀드려야 합니다."

"예수께서는 앉으시고, 마티아는 짧은 풀 위에서 이리저리 뛰어 다니기 시작하다가 마침내 저녁에 바람을 쐬러 온 큰 두꺼비를 쫓아다니는 데 몹시 흥미를 느껴서, 그 가엾은 두꺼비 뒤를 왔다갔다 하면서 소리를 지르고 좋아서 깡총깡총 뛰어오르고 하다가, 나중에는 땅강아지 굴에 정신이 팔려, 작은 풀줄기로 그 굴을 쑤시기 시작한다.

"요안나야, 네 말을 들으러 여기 왔는데… 말을 안 하느냐?" 잠시 침묵이 흐른 뒤에 예수께서 물으시며, 아이를 살펴보시던 것을 그만두시고, 심각한 얼굴로 말없이 당신 앞에 서 있는 제자를 바라보신다.

"예, 선생님. 그러나… 매우 어렵습니다…. 그리고 듣기가 고통스러우리라고 생각합니다…."

"솔직하게 신뢰를 가지고 말하여라…."

요안나는 풀 위로 미끄러져 내리며 예수에 비하여 아랫쪽에 발꿈치를 괴고 반쯤 앉아 있다. 예수께서는 남자로서는 여러 미터, 그리고 수많은 장애물로 분리되어 있는 것보다도 더 거리가 있게 근엄하고 꼿꼿한 자세로, 그러나 하느님과 벗으로서는 그 인자한 눈길과 미소의 덕택으로 아주 가까이에 있는 것처럼 바위에 앉아 계신다. 그리고 요안나는 5월의 어느 날 저녁의 온화한 황혼 속에서 예수를 쳐다보고 또 쳐다본다. 마침내 요안나는 말한다. "주님… 말씀 드리기 전에… 저는 선생님께 여쭈어보고… 선생님의 생각을 알고… 선생님의 말씀의 뜻을 잘못 생각하지 않았는지 알 필요가 있습니다…. 저는 여자, 어리석은 여자입니다…. 어쩌면 제가 꿈을 꾸었는지도 모릅니다…. 그리고 지금에야 비로소… 사실들을 선생님이 말씀하신대로, 선생님이 준비하신대로, 선생님의 나라를 위해 원하시는대로… 깨닫는지도 모릅니다…. 어쩌면 쿠자의 생각이 옳고, 제 생각이 틀렸는지도 모릅니다…."

"쿠자가 너를 나무랐느냐?"

"그렇기도 하고, 그렇지 않기도 합니다. 주님, 쿠자는 다만 남편의 권력으로, 만일 사정이 최근에 일어난 일을 보고 생각할 수 있는 대로라면 제가 선생님을 떠나야 한다고만 말합니다. 왜냐 하면 남편은 헤로데의 고관인데, 아내가 헤로데에 대해서 음모를 꾸미는 것을 허락할 수는 없기 때문이라는 것입니다."

"그런데 너는 언제 음모를 꾸몄느냐? 누가 헤로데에게 해를 끼칠 생각을 한다는 거냐? 구역질나는 그의 보잘 것없는 옥좌는 장미나무들 사이에 있는 이 자리만한 가치도 없다. 나는 여기에는 앉지마는 그의 자리에는 앉지 않을 것이다. 쿠자더러 안심하라고 해라! 헤로데의 옥좌도, 카이사르의 옥좌도 나는 탐나지 않는다. 그것들은 내 옥좌가 아니고, 내 나라가 아니다."

"오! 그렇습니까, 주님?! 주님, 찬미받으십시오! 주님은 제게 얼마나 큰 평화를 주시는지 모릅니다. 그 때문에 제가 괴로워하는 것이 여러 날이 됩니다! 거룩하시고 숭고하신 내 선생님, 내 사랑하는 선생님, 제가 이해하고 보고 사랑한 것과 같은 처음부터의 내 선생님, 제가 믿은 것과 같이 그렇게도 고결하시고, 세상을 몹시 초월하시고, 그렇게도… 숭고하신 처음부터의 내 선생님, 오, 내 주님이시며 하늘의 임금님!" 그러면서 요안나는 예수의 손을 잡고 공손하게 손등에 입맞춤하며, 여전히 예배하는 것과 같이 무릎을 꿇고 있다.

"그러나 대관절 무슨 일이 있었던 말이냐? 너를 그다지도 불안하게 만들고, 네 머리속에서 나의 도덕적이고 정신적인 모습의 맑음을 흐려놓을 수 있는 내가 모르는 어떤 일이 있었단 말이냐? 말해라!"

"무슨 일이 있었느냐구요? 선생님, 오류와 교만과 탐욕과 고집의 연기가 냄새가 고약한 분화구에서처럼 올라와서 어떤 남자들과 여자들의 생각속에서 선생님의 모습을 흐려놓았습니다…. 그리고 제 안에도 같은 일을 하려고 시도했습니다. 그러나 하느님, 저는 선생님의 요안나이고, 선생님의 은총입니다! 그래서 저는 파멸하지 않았을 것입니다. 저는 하느님께서 얼마나 인자하신지를 알기 때문에 적어도 그렇기를 바랍니다. 그러나 형성되기 위해서는 싸우는 태아와 같은 영혼에 지나지 않는 사람은 실망 때문에 죽을 수도 있습니다. 그러나 세찬 흐름으로 흐려진 더러운 바다에서 해변의 항구에 이르려고 애를 쓰고, 자신을 깨끗하게 하고, 평화와 정의가 있는 다른 곳을 알려고 애쓰는 사람은 이곳, 바닷가에서 확신을 잃으면 피로로 쓰러져서 다시 해류에, 진흙탕에 휩쓸려 갈 수가 있습니다. 그래서 저는 그들을 위해서 빛에 간청하는 영혼들의 파멸로 인해서 몹시 슬퍼하고 괴로움을 당했습니다. 저희가 영원한 빛을 위해 도야하는 영혼들은 저희가 이 세상의 빛을 주는 육체들보다 한층 더 소중합니다. 이제 저는 육체의 어머니가 되는 것이 어떤 것이고, 영혼의 어머니가 되는 것이 어떤 것인지를 깨달았습니다. 저희들은 죽은 저의 어린 아이 때문에 웁니다. 그러나 그것은 다만 **저희** 고통일 뿐입니다. 저희가 선생님의 빛 안에서 자라게 하려고 애썼는데, 죽는 영에 대해서는 저희들을 위해서만 괴로워하지 않습니다. 그렇지 않고, 선생님과 더불어, 하느님과 더불어 괴로워합니다…. 어떤 영혼의 영적인 죽음에 대한 저희들의 고통은 선생님의 고통이기도 하고, 하느님의 무한한 고통이기도 하기 때문입니다…. 제 생각을 잘 설명드렸는지 모르겠습니다….″

″오! 썩 잘 설명했다. 그러나 내가 너를 위로해 주기를 바라거든, 이야기를 차근차근 해 다오.″

″그러겠습니다, 선생님. 선생님께서는 열성당원 시몬과 가리옷의 유다를 베다니아에 보내셨지요? 로마 여자들이 선생님께 드린 것을 니까에게 보내신 그 히브리 처녀 때문에요….″

″그랬다! 그런데?….″

″그 처녀가 착한 여주인들에게 인사를 하고 싶다고 해서 시몬과 유다가 그 처녀와 같이 안토니아에 갔습니다. 그걸 아십니까?″

″안다… 그래서?″

″선생님… 제가 선생님께 고통을 드리게 될 것입니다. 선생님께서는 정말 정신의 왕이실 뿐입니까? 이 세상의 나라는 생각하지 않으십니까?″

″안 생각하고 말고, 요안나야! 네가 어떻게 아직 그런 생각을 할 수 있느냐?″

″선생님께서 하느님다우신 것을, 오직 하느님다우시기만 한 것을 다시 한번 보기 위해서입니다. 그러나 선생님께 고통을 드리게 될 것입니다…. 선생님, 가리옷 사람은 선생님을 이해하지 못하고, 또 선생님을 현자로, 위대한 철학자로, 이 세상에 있는 덕행의 화신으로 공경하고, 그러나 다만 그 때문에 선생님을 우러러보고, 그 때문에 선생님의 보호자가 되는 여자도 이해하지 못합니다. 선생님의 사도 중의 한 사람이 그렇게 오랫동안 선생님을 모시고 있고서도 이해하지 못하는 것을 이교도 여자들이 이해한다는 것은 이상한 일입니다….″

"그 사람은 인간성, 인간적인 사랑 때문에 눈이 어두웠다."

"선생님께서는 그 사람을 관대하게 보아주시는군요…. 그러나 그 사람은 선생님께 해를 끼칩니다. 시몬이 쁠라우띠나, 리디아, 발레리아와 이야기를 하는 동안, 유다는 글라우디아와 선생님의 이름으로, 선생님의 사자(使者)처럼 말했습니다. 유다는 글라우디아에게서 이스라엘 왕국의 재건을 위한 약속을 얻어내려고 했습니다. 글라우디아는 그에게 **오랫동안** 질문을 했고… 그 사람은 말을 **많이** 했습니다. 그 사람은 분명히 그의 터무니없는 몽상의 일보직전에, 꿈이 현실로 변하는 순간에 와 있다고 생각하는 모양입니다. 글라우디아는 거기에 분개해 있습니다. 그 여자는 로마의 딸입니다. 그 여자의 피에는 로마제국이 있습니다…. 그 여자가, 글라우디아 일족의 딸인 바로 그 여자가 어떻게 로마에 대항해서 나아갈 수 있겠습니까? 글라우디아는 그 때문에 너무나 심한 충격을 받아서 선생님과 선생님의 가르침의 거룩함을 의심했습니다. 그 여자는 선생님의 근본이 거룩함을 아직 생각하지 못하고 이해하지 못합니다…. 그러나 착한 뜻을 가지고 있기 때문에 결국은 그렇게 될 것입니다. 그 여자가 선생님에 대해 안심하게 되었을 때 그렇게 될 것입니다. 지금 당장은 선생님이 그에게는 반역자로, 참칭자(僭稱者)로, 탐욕스럽고, 거짓된 사람으로 보이십니다. 쁠라우띠나와 다른 여자들이 그를 안심시키려고 해보았습니다…. 그러나 그 여자는 선생님에게서 즉각적인 대답을 원합니다."

"그에게 걱정하지 말라고 말해라. 난 왕들의 왕이고, 왕들을 만들고, 그들을 심판하는 왕이다. 그러나 나는 우선 제헌되고, 그 다음에는 하늘에 개선하는 어린 양의 옥좌 아닌 다른 옥좌를 가지지 않을 것이다. 이것을 지체하지 말고 그에게 알려라."

"예, 선생님. 제가 직접 가겠습니다. 그 여자들이 예루살렘을 떠나기 전에요. 글라우디아는 하도 분개해서 안토니아에 더 머물러 있지 않기 때문입니다…. 로마의 적들을 보지… 않기 위해서 라고… 그 여자는 말합니다."

"누가 그 말을 하더냐?"

"쁠라우띠나와 리디아가 그랬습니다. 그 여자들이 왔는데… 쿠자도 거기 있었습니다…. 그래서 그 때부터… 남편은 저를 진퇴유곡의 궁지에 몰아 넣습니다. 선생님께서 정신적인 메시아이시던가, 그렇지 않으면 제가 선생님을 영원히 떠나야 한다는 것입니다."

예수께서는 요안나의 이야기를 들으시고 고통으로 인하여 창백해진 얼굴에 지친 미소를 지으시고 말씀하신다.

"쿠자는 여기 오지 않느냐?"

"내일은 안식일이니까 올 것입니다."

"그러면 내가 그를 안심시키겠다. 걱정하지 말아라. 아무도 걱정할 것없다. 쿠자도 궁중의 지위를 걱정할 필요가 없고, 헤로데도 있을지도 모르는 참칭 때문에 걱정할 필요가 없고, 글라우디아도 로마에 대한 사랑 때문에 걱정할 필요가 없고, 잘못 생각했을 까봐. 그리고 갈라질 수도 있을 까봐 염려할 필요가 없다…. 아무도 걱정할 필요가 없고… 나 혼자만이 걱정해야 하고… 고통을 당해야 한다…."

"선생님, 이 고통을 선생님께 드리고 싶지는 않았습니다. 그러나 잠자코 있는 것은 속이는 일이었을 것입니다…. 선생님, 유다에 대해서 어떤 태도를 취하시겠습니까?…. 그의 반발에 겁이 납니다…. 선생님 때문에, 언제나 선생님 때문에 그렇습니다…."

"진실하게. 나는 내가 알고 있다는 것과 그의 행위와 그의 고집에 내가 찬성하지 않는다는 것을 그에게 알아듣게 하겠다."

"그 사람은 선생님께서 저를 통해서 아신다는 것을 눈치챌 터이니까 저를 미워할 것입니다."

"그것이 괴로우냐?"

"선생님의 미움은 제게 고통이 될 것이지만, 그 사람의 미움은 고통이 되지 않을 것입니다. 저는 여자입니다만, 선생님께 봉사하는 데 있어서는 그 사람보다 더 씩씩합니다. 제가 선생님께 봉사하는 것은 선생님을 사랑하기 때문이지, 선생님에게서 존중을 받기 위해서가 아닙니다. 내일 제가 선생님 때문에 재산과 남편의 사랑과 자유와 목숨까지 잃는다 해도, 저는 선생님을 더 사랑하겠습니다. 그 때에는 제가 사랑한 분이 선생님 한 분뿐이실 것이고, 저를 사랑해 주실 분도 선생님 한 분뿐이실 터이니까요." 하고, 요안나는 일어나면서 격렬하게 말한다.

예수께서도 일어나시면서 말씀하신다. "요안나야, 그 말 때문에 축복받아라. 그리고 안심하고 있어라. 유다의 미움도 사랑도 하늘에 씌여 있는 것을 바꾸지는 못한다. 내 사명은 결정된 것과 같이 완수될 것이다. 결코 가책을 느끼지 말아라. 저 어린 마티아처럼 안심하여라. 저 애는 제 딴에는 더 아름다운 집을 땅강아지에게 만들어 주느라고 애를 쓰고나서 장미꽃잎에 이마를 얹고 잠이 들었다. 그리고 땅강아지가 장미꽃들 위에 있는 줄로 생각하고… 방그레 웃고 있다. 사람이 죄가 없을 때에는 인생이 아름답기 때문이다. 내 인간 생활에는 꽃이 없고, 따서 시들은 꽃잎만이 있지만, 나도 미소짓는다. 그러나 나는 하늘에서 구원을 받은 사람들의 모든 장미꽃을 가질 것이다. 가자. 밤이 되어간다. 조금 있으면 길을 볼 수 없게 되겠다."

요안나가 어린 아이를 안으려고 한다.

"놔둬라…. 내가 안으마. 얼마나 아름답게 웃는지 보아라! 분명히 하늘 나라와 제 엄마를 꿈꾸는 거다. 또 너도… 나도 시간마다 겪는 마음 고통 중에서 하늘과 어머니와 착한 여자 제자들을 생각한다." 그러면서 두 사람은 천천히 집을 향하여 걸어간다….

90. 예수께서 베델에서 베드로와 바르톨로메오와 더불어

　예수께서는 꽃 따는 사람들이 부지런히 일하고 있는 장미밭 사이로 거닐고 계신다. 이렇게 해서 예수께서는 이 사람 저 사람과 말씀을 하시게 되고, 또 당신께 대한 사랑으로, 과월절에 가난한 사람들을 위한 잔치가 있은 후 하녀로 채용한 과부와 그의 아이들과도 말씀을 하시게 되었다. 그들은 딴 사람같이 되었다. 그들은 다시 활짝 피고 차분해져서 기쁘게 그들의 일을 하고 있고 어떤 장미꽃이 싱싱하고 빛깔이 좋은지 아직 구별할 줄 몰라서 고를 수가 없는 가장 어린 아이들은 더 조용한 곳에서 다른 어린 아이들과 같이 놀고 있는데, 인간의 새새끼 같은 그들의 외치는 소리는 나뭇잎들 속에서 먹이를 가지고 돌아오는 어미새들에게 인사하느라고 짹짹거리는 새들의 소리와 섞인다.
　예수께서는 그 인간 새새끼들 쪽으로 가셔서 몸을 구부리고 관심을 보이시고, 쓰다듬어 주시고, 조그마한 말다툼을 말리시고, 넘어져서 흙이 묻고 이마나 귀여운 손이 땅에 긁혀서 건성으로 우는 아이들을 일으키신다. 그러니까 죄없는 이가 죄없는 어린이들에게 주는 애무와 말의 영향으로 울음과 다툼과 질투가 당장 그치고, 그것들이 서로 다투던 대상이나 황금빛 딱정벌레가 떨어진 것이나 빛깔이 있거나 반짝이는 조약돌이나 따온 꽃같은 것을 드리는 행위로 바뀐다…. 예수의 손에는 그런 것들이 잔뜩 들려있고, 허리띠에도 가득 꽂혀 있다. 그런데 예수께서 딱정벌레나 무당벌레들을 잎에 내려놓아 자유롭게 해 주실 때에도 보이지 않게 하신다. 아주 어린 아이들을 상대하실 때에도, 그들의 자존심을 상하지 않게 하고, 그들을 실망시키지 않기 위하여 예수께서 완전한 요령을 발휘하시는 것을 얼마나 많이 보았는지 모른다! 예수께서는 그들을 더 착하게 만들줄 아는 비법을 가지고 계시고, 겉으로 보기에는 하찮은 것이지마는, 어린 아이에게 어울리는 완전한 사랑인 것으로 그들의 사랑을 받는 기술을 가지고 계신다….

그런데 옷이 바람에 펄럭이는 돛처럼 펄럭일 만큼 빠른 걸음으로 베드로가 나아오는 것이 보이고, 그 뒤에는 바르톨로메오가 더 천천히 걸어서 따라오는 것이 보인다.

그들은 틀림없이 꽃 따는 여자들의 아이들인, 나무 그늘에 짚을 넣은 매트에 누여 있는 아기들을 쓰다듬어 주시는 선생님 뒤에 이른다.

"선생님!"

"시몬, 대관절 어떻게 여길 왔느냐? 또 바르톨로메오 너도? 너희들은 내일 안식일 황혼 후에 떠나기로 되어 있었는데…."

"선생님, 저희를 나무라지 마시고… 우선 저희 말씀을 들으십시오."

"듣겠다. 그리고 중대한 동기가 있어서 너희가 불복종했다고 생각하기 때문에 너희를 나무라지 않겠다. 다만 너희들 중의 아무도 병이 들었거나 다치거나 하지 않았다는 보증을 다오."

"아니, 아닙니다. 주님, 아무런 불행도 없었습니다" 하고 바르톨로메오가 서둘러 말한다. 그러나 솔직하고 언제나 과격한 베드로는 말한다. "흠! 저는 우리 모두가 다리가 부러지거나 머리가 깨지는 것이 그것… 보다는 나을 것이라고 말하겠습니다."

"그렇다면 무슨 일이 있었단 말이냐?"

"선생님, 저희는 그 일을… 끝내기 위해서는 오는 것이 나으리라고 생각했습니다…" 하고 바르톨로메오가 말하는 중인데, 베드로가 그의 말을 막고 "아니, 그 말씀을 빨리 드리란 말이야!" 하고는 "선생님이 떠나신 뒤로 유다는 마귀가 됐습니다. 저희들은 말도 하지 못하고 토론도 하지 못했습니다. 그는 누구하고나 다툽니다…. 그리고 엘리사의 모든 하인과 또 다른 사람들에게도 눈쌀을 찌푸리게 했습니다…."

"어쩌면 선생님이 시몬을 데리고 오셨기 때문에 질투를 하게 되었는지도 모릅니다…" 하고 바르톨로메오가 예수의 얼굴이 매우 준엄하게 되는 것을 보고 유다를 변명하기 위하여 말한다.

"그렇구 말구, 질투지! 그 사람 변명하는 걸 그만두지 못하겠어? … 그렇지 않으면 자네하구 싸워서 그 사람과 싸우지 못한 한을 풀 겠네…. 선생님, 제가 잠자코 있는데 성공했기에 드리는 말씀입니다. 생각 좀 해 보십시오. 선생님, 제가 잠자코 있었단 말입니다! 바로 선생님께 대한 순종과 사랑으로 그랬습니다…. 그렇지만 그렇게 되는 데에는 얼마나 힘이 들었는지 모릅니다! 그건 그렇구요! 유다가 문을 쾅 닫고 나갔을 때 저희들은 서로 의논을 했습니다…. 그리고 벳수르에서 파렴치한 행위를 하는 것을 끝내고 또… 그의 따귀를 갈기는 것을… 피하기 위해서 떠나는 것이 낫겠다고 생각했습니다…. 그리고 바르톨로메오와 같이 즉시 떠났습니다. 다른 사람들에게는 그가 돌아오기 전에 지체하지 않고 내가 떠나는 것을 그냥두라고 부탁했습니다…. 그것은… 그것은 제가 더이상 자제하지 못했겠기 때문입니다…. 이렇게 되었습니다. 다 말씀 드렸습니다. 이제는 제가 잘못한 것으로 생각되면 저를 꾸짖어 주십시오."

"너는 잘 했다. 너희들 모두 잘 했다."

"유다두요? 아! 그건 아닙니다, 주님! 그런 말씀을 하지 마십시오! 그는 파렴치한 광경을 보여 주었습니다!"

"그래. 그 사람은 잘하지 못했다. 그러나 너는 그를 판단하지 말아라."

"…예, 주님…." "예"라는 말이 나오기가 힘들다. 잠깐 침묵이 흐른다. 그런 다음 베드로가 묻는다. "그러나 유다가 왜 갑자기 그렇게 되었는지 그것만이라도 말씀해 주십시오. 아주 착하게 된 것 같았는데요! 저희들은 정말 무척 화목하게 지냈습니다! 저는 그 상태가 계속되도록 기도를 드리고 희생을 했습니다…. 선생님이 슬퍼하시는 걸 저는 볼 수가 없으니까요. 그런데 저희가 잘못할 때면 선생님이 슬퍼하시지요…. 그리고 등불 명절 이후로 저는 다만 한숟갈을 희생하는 것도 가치가 있다는 것을 압니다. 한 제자가, 제자들 중의 가장 어린 제자, 보잘 것없는 어린 아이가 이 진리를 선생님의 어리석은 사도인 저에게 가르쳐 주어야 했습니다. 그러나 저는 이 진리를 소홀히 하지 않았습니다. 그 결과를 보았기 때문입니다. 그것은 저를 인자로이 굽어보시고, 교양 없는 어부요 죄인인 제게까지 내려오신 지혜의 빛 덕택으로 돌대가리인 저도 무엇인가를 깨달았기 때문입니다. 선생님을 말로만 사랑해서는 안 되고, 희생으로 영혼들을 선생님께 구해 드려야 한다는 것을 깨달았습니다. 선생님을 기쁘게 해 드리기 위해서, 선생님이 지금과 같이 되시는 것을, 스밧달에서 그러셨던 것처럼 되시는 것을 보지 않기 위해서, 하느님의 아들이신 선생님 곁에 있는 지렁이 같은 저희들, 별이신 선생님 곁에 있는 진흙같은 저희들, 빛이신 선생님 곁에 있는 어두움인 저희들, 선생님을 이해하지 못하는 저희들이 모실 자격이 없는 우리 선생님이시고 주님이신 분이 이렇게도 창백하시고 이렇게도 슬퍼하시니. 그것은 아무 소용도 없었습니다! 아무 소용도! 그것은 사실입니다. 제 보잘 것없는 제물… 그렇게도 시시하고… 그렇게 잘못한 제물들… 그것들이 무슨 소용이 있었겠습니까? 그것들이 소용이 될 수 있을 것이라고 생각했으니, 저는 교만했습니다…. 용서해 주십시오. 그러나 저는 제가 가진 것을 선생님께 드렸습니다. 제가 가진 모든 것을 선생님께 바치기 위해서 저 자신을 바쳤습니다. 그리고 저 자신 **전체로**, 성경에서 말하는 것과 같이 온전한 마음과 온전한 영혼과 온전한 힘으로 내 하느님이신 선생님을 사랑했기 때문에 저는 무죄가 증명되었다고 믿었습니다. 그리고 지금은 이것도 깨닫고, 우리의 천사인 요한이 늘 말하는 것과 같이 저도 말합니다. 그리고 내 하느님, 선생님에 대한 제 사랑을 더 커지게 하기 위하여 선생님의 보잘 것없는 이 시몬 안에 선생님의 사랑을 더 크게 해 주시기를 청합니다."(그러면서 예수의 발 앞에 무릎을 꿇는다.) 그리고 베드로는 몸을 구부려 예수의 발에 입맞춤 하고, 그 자세대로 그대로 있다. 그를 감탄하여 바라보고 그의 말에 찬성하던 바르톨로메오도 베드로가 하는대로 따라 한다.

"벗들아, 일어나거라. 내 사랑은 너희들 안에서 끊임없이 커가고, 또 점점 더 커질 것이다. 그리고 너희들이 가지고 있는 마음 때문에 강복을 받아라. 다른 사람들은 언제 올 참이냐?"

"황혼이 되기 전에 올 것입니다."

"좋다. 요안나도 엘리사와 쿠자와 같이 황혼이 되기 전에 올 것이다. 여기서 안식일을 지내고 나서 떠나자."

"예, 주님. 그러나 요안나가 왜 그렇게 급히 선생님을 모셔 오게 했습니까? 기다릴 수가 없었습니까? 여기 오기로 결정되어 있었는데요! 요안나의 무분별로 이 모든 사건이 일어나게 된 것입니다!…."

"요나의 시몬아, 요안나를 비난하지 말아라. 요안나는 조심성과 사랑으로 행동했다. 요안나는 착한 뜻을 튼튼하게 해 주어야 할 영혼들이 있기 때문에 나를 오게 했다."

"아! 그러면 저는 이제는 그 말을 다시 하지 않겠습니다…. 그러나 주님, 유다가 왜 그렇게 변했습니까?"

"그 생각은 하지 말아라! 그 생각은 하지 말아! 꽃이 만발하고 조용한 이 에덴동산을 즐겨라. 네 주님을 즐겨라. 가장 나쁜 형태의 인간성이 네 불쌍한 동료의 영에 공격을 가하는 것을 놔두고 잊어라. 그를 위하여 많이, 많이 기도하는 일만 기억하여라. 이리 오너라. 놀라서 우리를 쳐다보고 있는 저 꼬마들을 보러 가자. 조금 전에 영혼에서 영혼으로 사랑을 가지고 그들에게 하느님에 대해서 말을 하고 있었고, 제일 큰 아이들에게는 하느님의 아름다움에 대해서 말을 하고 있었다…." 그리고 당신을 기다리고 있는 한 떼의 어린이들에게로 가시면서 두 사도의 허리를 껴안으신다.

91. 베델에 작별 인사

밤낮으로 계속되는 심장발작으로 인하여 기진맥진하기 때문에, 어떻게 해서 글을 쓸지 모르겠다…. 그러나 보이니까 써야 한다.

나는 예수께서 베델에 있는 요안나의 저택 앞에 계신 것을 본다. 이곳에서는 정원이 집 앞에서 넓어져서 집을 두 날개처럼 에워싸 반원형의 작은 광장을 만들어 놓았다. 그 가운데에는 나무가 없고, 그 둘레로는 매우 크고 매우 오래된 나무들이 있다. 그 나무들의 우거진 잎이 언덕 꼭대기에서 불어오는 가벼운 바람에 흔들리고, 해가 서쪽에 있을 때에는 그곳을 가려 주는 알맞은 그림자를 드리운다. 나무들 밑에는 장미나무 울타리가 광장 가장자리에 빛깔이 선명하고 향기를 풍기는 반원을 그리고 있다. 지금은 황혼이다. 과연 성이 높은 위치에 있기 때문에, 태양이 그 궤도의 큰 활모양에서 지평선 위로 내려왔고, 서쪽에 있는 산 뒤로 지려는 것이 분명히 보인다. 안드레아는 그 산들을 필립보에게 가리키면서 저기 벳기나에서 주님을 알려야 하였을 때 느꼈던 두려움을 상기시킨다. 저 산들 위에 벳기나가 있다는 것을 알겠는데, 내 기억이 틀림없다면, 1년 전 주님이 지중해 연안으로 긴 여행을 떠나기 시작하실 때, 그곳에서 여관 주인의 딸의 병을 고쳐 주셨다. 나는 지금 혼자 있어서, 지난 몇달 동안의 원고 뭉치를 달래서 확인할 수가 없고, 또 내 머리는 잘 기억해 내지를 못한다.

사도들이 모두 있다. 예수나 유다의 만남이 어떻게 이루어졌는지는 모르겠다. 겉으로 보면은 만사가 최고로 잘 되어나가는 것같다. 과연 예수의 얼굴에는 조심성이나 마음의 동요의 빛이 나타나지 않고, 유다도 아무 일도 없었던 것처럼 소탈하고 명랑하다. 가장 보잘 것없는 하인들에게까지도 아주 친절할 정도인데, 이런 일은 그에게 쉽게 일어나지 않는 일이고, 그가 화를 낼 때에는 완전히 사라지는 일이다.

엘리사도 아직 있고, 분명히 사도들과 엘리사의 하녀와 같이 왔을 아나스타시카도 있다. 쿠자도 있는데, 지나치게 공손한 태도를 보이며 마티아의 손을 잡고 있다. 그리고 요안나는 엘리사 옆에 있는데, 어린 마리아를 곁에 데리고 있다. 요나타는 여주인의 뒤에 있다.

밧줄과 말뚝들을 써서 천개(天蓋) 모양으로 쳐놓은 휘장이 아직 서쪽 정면을 쨍쨍 내리쬐는 햇볕을 예수께 가려 드린다. 예수의 앞에는 베델의 모든 하인과 정원사들이 있는데, 소유지에서 늘 일하는 사람들뿐 아니라, 성에 딸린 마을에서 온 임시 고용인들도 있다. 그들은 나뭇잎들로 해가 가려진 반원형의 그늘에 줄지어 서서 조용히 예수의 강복을 기다리고 있다. 예수께서는 떠날 준비를 갖추시고 황혼이 안식일의 끝을 알리기만을 기다리시는 것같다.

예수께서는 지금 약간 외따로 떨어지셔서 쿠자와 말씀을 하고 계신 중이다. 두분이 낮은 목소리로 말하기 때문에 무슨 말을 하는지는 모르겠다. 그러나 쿠자가 "제게 관한한 맹세코 안심하셔도 됩니다. 운운"하고. 말하려는 것처럼 가슴에 오른손을 얹고 되풀이 해서 절을 하고 확인하는 것이 보인다.

사도들은 조심성 있게 한구석에 모여 있다. 그러나 그들이 살펴보는 것은 아무도 막을 수가 없다. 베드로와 바르톨로메오의 얼굴에는 무슨 일인지를 조금 아는 사람이 보내는 단순한 눈길이다. 다른 사도들의 얼굴에는 유다의 얼굴만 빼놓고는, 두려움이 서리어 있고, 특히 알패오의 야고보와 요한과 시몬과 안드레아의 얼굴에는 괴로운 표정이 보이는데, 알패오의 유다는 불안하고 준엄해 보이며, 소탈한 것처럼 보이고자 하는 유다는 모든 사도들보다 더 주의깊에 바라다보며, 몸짓과 입술의 움직임을 가지고 예수와 쿠자가 무슨 말을 하는지 독해하려고 하는 것같다.

여자 제자들도 조용하고 공손하게 살펴본다. 요안나는 슬픈 가운데에도 약간 비꼬는 듯한 본의 아닌 미소를 짓고, 쿠자가 이야기 끝에 목소리를 높여 다음과 같이 말할 때에는 남편을 불쌍히 여기는 것같다. "제 감사의 빚은 너무도 커서 어떤 방법으로도 결코 갚지 못할 정도입니다. 그래서 제게 가장 소중한 모든 것, 즉 제 요안나를 선생님께 맡겨 드립니다…. 그러나 요안나에 대한 제 용의주도한 사랑을 이해하셔야 합니다…. 헤로데의 분개… 그의 정당한 방어는… 저희 재산과 저희… 영향력에 대한 보복으로 나타났을 것입니다…. 그런데 요안나는 그런 것에 습관이 되어 있고, 섬세하기 때문에… 그런 것들이 그에게 필요합니다…. 저는 그의 이익을 보살핍니다. 그러나 헤로데가 제게 대해서 그의 적에 은밀히 찬동하는 봉사자라고 생각해서 분개할 이유가 없다는 것을 분명히 한 지금은 요안나에게 완전한 행동의 자유를 주어, 완전한 기쁨으로 선생님께 봉사하게만 하겠다는 것을 맹세합니다…."

"좋습니다. 그러나 영원한 행복을 일시적인 인간적 명예와 맞바꾸는 것은 맏아들의 권리를 팥죽 한 그릇과 맞바꾸는 것과 같다는 것을 기억하시오. 그 보다도 훨씬 더 나쁘다는 것을…."

이 말들은 여자 제자들이 들었다. 그러나 사도들도 들었다. 대부분의 사람에게는 그 말들이 판에 박힌 연설과 같은 인상을 주었다. 그러나 가리옷의 유다는 그 말에서 특별한 억양을 찾아냈다. 그래서 얼굴빛과 표정이 변하면서 요안나에게 겁에 질리고 화가 난 눈길을 보낸다…. 예수께서는 지금까지 일어난 일에 대하여 말씀을 하지 않으셨고, 이제야 비로소 유다가 그의 책략이 드러났는가보다고 의심하기 시작한다는 것을 알겠다.

예수께서는 요안나에게 향하여 말씀하신다. "그러면 이제는 착한 제자를 기쁘게 해야겠다. 네가 바라는대로, 떠나기 전에 네 봉사자들에게 말하겠다."

예수께서는 해가 내려오는 데 따라서 점점 더 길어지는 그늘 언저리까지 나아가신다. 해는 천천히 내려가서 벌써 밑이 잘린 오렌지 같이 되는데, 잘린 자리는 더 넓어지고 해는 맑은 하늘에 불과 같은 붉은 기운을 남기면서 벳기나의 산들 뒤로 내려간다.

"사랑하는 친구 쿠자와 요안나, 그리고 여러 해 전부터 내 제자 요나타의 덕택으로, 또 요안나가 내 충실한 제자가 된 뒤로는 그의 덕택으로 벌써 주님을 알게 된 그들의 착한 봉사자 여러분, 들으시오. 나는 첫번째 제자들인 목자들의 덕택으로, 그리고 구원하기 위하여 가르치면서 지나가는 말씀에 응답한 태도로 인해서 더 많은 제자를 가지게 된 유다의 모든 마음에 작별인사를 했습니다. 내가 이렇게도 아름다운 에덴동산엘 다시는 돌아오지 않을 터이니까, 이제는 여러분에게 작별인사를 하겠습니다. 그러나 이 에덴동산의 아름다움은 장미나무들과 이곳에 넘쳐흐르는 평화에서만 오는 것도 아니고, 이곳의 여왕인 착한 여주인에게서만 오는 것도 아니고, 여기있는 사람들이 주님을 믿고, 주님의 말씀대로 사는 데에서 오는 것입니다. 낙원! 그렇습니다. 아담과 하와의 낙원은 어떠했습니까? 두 첫째 조상이 죄를 짓지 않고 살고, 하느님의 첫번째 두 자녀가 사랑하고 받아들이는 하느님의 목소리가 울려 퍼지는 빛나는 동산이었습니다….

그러니 나는 여러분에게 에덴에서 일어난 일이 일어나지 않도록 경계하라고 권하는 바입니다. 즉 거짓말과 중상(中傷)과 죄의 뱀이 슬그머니 비집고 들어와서 여러분의 마음을 물어 여러분을 하느님에게서 갈라 놓도록 하지 못하게 하라는 것입니다. 경계하고 믿음을 단단히 지키시오…. 동요하지 말고, 불신의 행위를 하지 마시오. 저주받은 자가 하느님의 사업을 파괴하기 위하여 벌써 많은 곳에 들어간 것과 같이 어디에나 들어오거나 들어오려고 애쓸 것이니까, 이런 일이 일어날 수도 있을 것입니다. 그리고 치밀하고 간사하고 지칠줄 모르는 자가 이 곳에 들어와서 탐색하고, 귀를 귀울이고, 계략을 꾸미고, 거품을 내뿜고, 유혹하려고 하는 동안은 아직 재난이 그리 크지는 않습니다. 그가 그렇게 하는 것을 막을 수 있는 것은 아무 것도 없고, 아무 사람도 없습니다. 그는 지상낙원에서 그렇게 했습니다. 그러나 가장 큰 재난은 그를 쫓아내지 않고, 머물러 있게 내버려두는 것입니다. 쫓아내지 않는 적은 그곳에 주인이 되고야 맙니다. 그것은 거기에 자리를 잡고, 거기에 그의 소굴과 아성(牙城)을 짓기 때문입니다. 그를 즉시 내쫓고, 믿음의 무기로 도망치게 하시오. 그렇지만 그런 다음 가장 큰 재난, 최고의 재난은 그가 사람들 가운데에서 마음놓고 살게 내려버려둘뿐 아니라, 그가 외부에서 내부로 뚫고 들어오게 내버려두고, 사람의 마음속에 그의 소굴을 만들게 내버려둘 때입니다. 오! 그렇게 되면!! 그렇지만 벌써 많은 사람이 그리스도를 실패하게 하려고 그를 마음속에 받아들였습니다.

그들은 그리스도를 내쫓기 위하여 사탄을 그의 격정과 더불어 맞아들였습니다. 또 만일 그들이 그리스도를 정말로 알지 못했다면, 마치 길에서 우연히 만나는 여행자들이 처음이자 마지막으로 서로 만나는, 알지 못하는 사람으로, 때로는 올바른 길을 묻기 위해서나, 소금을 조금 달라고 청하기 위해서나, 불을 피우려고 부싯돌을 빌려 달라고 청하거나, 고기를 다루게 칼을 빌려 달라고 청하기 위해서 몇 마디 말을 건네면서 흔히는 그저 잠시 쳐다보는 것만으로 서로 아는 것처럼, 그들의 지식이 피상적이면, 그래도 그들은 그리스도를 알지 못하니까 그들을 동정하고, 그들을 자비롭게 다룰 수 있을 것입니다. 지금도 그렇고 내일은 더하고, 이렇게 점점 더 사탄에게 자리를 만들어 주기 위하여 그리스도를 내쫓는 그들의 마음속에 있는 그리스도에 대한 지식이 이 정도에 그친다면 말입니다. 그러나 내가 어떤 사람인지를 실제로 알고, 내 말과 내 사랑으로 영양을 취했으면서, 이제는 인간적인 대성공이라는 거짓 약속으로 유혹하는 사탄을 맞아들이기 위하여 나를 내쫓는 사람은 화를 입을 것입니다. 인간적인 대성공의 실제는 영원한 벌인데 말입니다.

겸손해서 왕좌도 왕관도 꿈꾸지 않는 여러분, 인간의 영광을 구하지 않고 하느님의 평화와 승리를, 그분의 나라와 그분의 사랑과 영원한 생명을 구하는 여러분, 그것만을 구하는 여러분은 절대로 그런 사람들을 본받지 마시오. 경계하시오! 여러분을 일체의 타락에서 깨끗하게, 암시와 위협과 모든 것에 대항해서 굳세게 지키시오."

예수께서 무엇인지 알고 계시다는 것을 깨달은 유다의 얼굴은 흙빛이 된다. 그의 눈은 선생님과 요안나에게 못된 빛을 쏘아보낸다…. 그는 담에 기대려는 것처럼 동료들 뒤로 물러 간다. 그러나 사실은 그의 실망을 감추기 위하여 그렇게 하는 것이다.

예수께서는 당신의 가르침의 첫째 부분을 둘째 부분에서 갈라놓기 위하시는 것처럼 잠깐 말씀을 끊으셨다가 다시 계속하신다.

예수께서는 이렇게 말씀하신다. "옛날에 예즈라엘 사람 나봇이 사마리아의 왕 아캅의 궁전 곁에 포도밭을 가지고 있었습니다. 그것은 조상에게서 물려받은 포도밭이었고, 따라서 그의 마음에 매우 소중한 것이었고, 거의 신성한 것이었습니다. 그것은 아버지가 그에게 남긴 유산이었고, 아버지는 또 그의 아버지에게서 물려받았었고, 또 그 할아버지는 또 그분의 어버이에게서, 이렇게 계속 내려오는 것이었기 때문이었습니다. 조상들은 대대로 내려오면서 그 포도밭을 점점 더 기름지게 하고 더 아름답게 하려고 거기에서 땀을 흘렸었습니다. 나봇은 그 포도밭을 대단히 사랑하고 있었습니다. 그런데 아캅이 그에게 이렇게 말했습니다. '네 포도밭이 내 집에 붙어 있어서, 나와 또 같이 있는 사람들을 위해 정원을 만드는 데 매우 유익하겠으니, 그것을 내게 양도하여라. 그 대신 더 좋은 포도밭을 주마. 돈이 더 좋다면 돈을 주겠고.' 그러나 나봇은 이렇게 대답했습니다. '임금님께 불쾌감을 드려서 섭섭합니다만, 임금님을 기쁘게 해 드리지 못하겠습니다. 그 포도밭은 조상들에게서 받은 유산이어서 제게는 신성한 것입니다. 제 조상들의 유산을 임금님께 넘겨드리지 않도록 하느님께서 저를 지켜 주시기 바랍니다.'

　이 대답을 묵상합시다. 이것을 묵상하는 사람이 아주 적습니다. 이스라엘에는 별로 없습니다. 많은 사람이, 내가 처음에 말한 대부분의 사람이 조상들의 유산을 존중하지 않고, 사탄을 맞아들이기 위해 그리스도를 내쫓습니다. 많은 돈이나 많은 땅을 가지기만 하면, 즉 많은 명예나 자리를 쉽게 빼앗기지 않는다는 보장만 받게 되면, 그들은 조상들의 유산을, 즉 이스라엘의 성인들에게 계시된대로 실제에 있어서의 메시아 사상을 넘겨주는 데 동의합니다. 메시아 사상은 그 아주 작은 세부 사항까지도 신성시되어야 하고, 소홀히 하지 않고, 변질되지 않고, 인간적인 규제로 가치를 저하(低下)시켜서는 안 되는데 말입니다. 지극히 거룩하고 지극히 영적인 빛나는 메시아 사상을 허수아비처럼 흔들어대는 인간적인 왕위라는 꼭둑각시와 맞바꾸어서, 권위자와 진리를 반대하고 모독하는 사람이 얼마나, 얼마나, 얼마나 많습니까!

　자비 자체인 나는 율법을 어긴 사람들에게 한 모세의 무시무시한 저주로 그들을 저주하게 되지는 않습니다. 그러나 자비 뒤에는 정의가 있습니다. 각자가 이것을 기억하도록 하시오!

　나로서는 그들에게 이것만을 상기시킵니다. ──또 만일 여기 있는 사람들 가운데 그런 사람이 있으면, 충고를 기꺼이 받기 바랍니다.

— 즉 나는 하느님께서 그들에게 정해 주신 것 이상의 사람이 되고자 하던 사람들에게 모세가 한 다른 말들을 상기시킵니다. 자기들이 모세와 아론과 동등이라고 말하고, 이스라엘 백성 가운데에서 오직 레위의 자손노릇만을 하는데 대해 분개하는 고레와 다탄과 아비론에게 모세가 이렇게 말했습니다. '내일 주께서 누가 당신께 속한 사람인지 알리실 것이고, 거룩한 사람들을 당신께 가까이 오게 하실 것이니, 주께서 뽑으실 사람들은 그분께 가까이 갈 것이다. 너희들의 향로에 불을 넣고, 주님 앞에서 불에 향을 얹어라. 그리고 너희들과 너희 가족들이 아론과 같이 오너라. 그리고 주께서 누구를 택하시는지 보자. 레위의 자손들아, 너희들은 조금 지나치게 높이 올라간다!'

착한 이스라엘 사람들인 여러분은 당신 아들들의 자리를 골라 주시고, 골라주셔도 정의를 가지고 골라 주시고, 정확하게 골라 주신다는 것을 잊어버리고 좀 지나치게 높아지고자 하던 사람들에게 하느님께서 어떤 대답을 하셨는지 압니다. 나도 이렇게 말해야 하겠습니다. '좀 지나치게 높이 올라가기를 원하는 어떤 사람들이 있는데, 그들이 하느님을 모독했다는 것을 착한 사람들이 깨달을 수 있도록 벌을 받을 것입니다' 하고. 지극히 높으신 분께서 계시해 주신대로의 메시아 사상을, 인간적이고 둔중하고 편협하고 복수심이 강한 그들의 보잘 것없는 생각과 맞바꾸는 사람들은 모세와 아론에게 있던 거룩한 것을 판단하고자 하던 사람들과 같지 않습니까?

그들의 목적을 달성하고, 그들의 보잘 것없는 생각을 실현시키기 위하여 교만으로 그들 자신이 앞장서는 행동을 취하고, 그것이 하느님의 생각보다 더 옳다고 말하고자 하는 사람들은 너무 높아지기를 원하고, 레위 지파의 사람으로서 불법적으로 아론의 가문 사람이 되고자 한다고 생각되지 않습니까? 이스라엘의 초라한 왕을 동경하면서, 그를 영적인 왕중왕보다 낮게 여기는 사람들, 교만과 탐욕을 분비(分泌)하는 병든 그들의 눈동자 때문에 성경에 기록된 영원한 진리에 대하여 왜곡된 모습을 보게 되고, 육욕이 가득한 인성의 열병으로 인하여, 계시된 진리의 명백한 말씀이 알아들을 수 없는 말이 되고마는 사람들은 혹 그들 온 민족의 유산을 가치가 없는 보잘 것없는 것과 맞바꾸는 사람들이 아니겠습니까? 가장 신성한 유산을 말입니다.
 그러나 그들은 그렇게 한다 하더라도, **나는** 아버지와 조상들의 유산을 **맞바꾸지 않고**, 구속이 필요하게 된 순간부터 살아 있는 그 약속과 **영원으로부터 있는** 그 순종에 충실하게 죽겠습니다. 나는 절대로 아버지를 실망시켜 드리지 않았고, 또 아무리 소름끼치는 죽음이라도 그 죽음이 무서워서 아버지를 실망시켜 드리는 일은 절대로 없겠기 때문입니다. 내 원수들이 거짓 증인들을 얻고, 열성과 완전한 행동을 가장하더라도, 그들의 죄악과 내 거룩함을 조금도 바꾸지는 못할 것입니다. 그러나 **나에게** 속한 것에 손을 뻗칠 수 있다고 믿을 그 사람과 그를 매수하고 나서 그의 공범이 될 사람들은 이 세상에서 그들의 피와 그들의 몸을 실컷 먹을 개들과 수리들을 만날 것이고, 지옥에서는 그들의 독성적(瀆聖的)인 영, 독성적이고 하느님을 죽인 그들의 영으로 만족을 취할 마귀들을 만날 것입니다.
 내가 여러분에게 이 말을 하는 것은 여러분이 알라고 그러는 것입니다. 각자가 그것을 알라고 말하는 것입니다. 악한 사람은 아캅을 본받아 아직 그렇게 할 수 있는 동안에 뉘우치라고, 착한 사람은 어두움의 시간에 마음이 어지러워지게 말라고 이 말을 하는 것입니다.
 베델의 주민들, 잘 있으시오. 이스라엘의 하느님께서 항상 여러분과 같이 계시기를 바라며, 또 **구속**(救贖)이 깨끗한 밭에 이슬을 내리게 하여, 죽기에 이르기까지 여러분을 사랑한 선생님이 여러분의 마음속에 뿌린 모든 씨앗이 싹트게 되기를 바랍니다."
 예수께서는 그들에게 강복하시고, 그들이 천천히 떠나 가는 것을 보신다. 황혼이 왔다. 천천히 보랏빛으로 흐릿하게 되어 가는 붉은 색조만이 태양의 소박한 추억처럼 남아있다. 안식일의 휴식이 끝났다. 예수께서 떠나실 수가 있다. 예수께서는 어린이들을 껴안아 주시고, 여자 제자들과 쿠자에게 인사를 하신다. 그리고 정문 문턱에서 다시 몸을 돌리시고 모든 사람이 듣도록 큰 소리로 말씀하신다.
 "내가 그렇게 할 수 있으면 이 사람들에게 말을 하겠다. 그러나 요안나, 너는 이 사람들에게 내 안에는 죄의 원수와 영의 왕만이 있을 뿐이라는 것을 알려라. 그리고 쿠자, 당신도 그것을 기억하시오. 그리고 두려워하지 마시오. 아무도 나를 무서워할 필요가 없습니다. 나는 구원이니까 죄인들까지도 무서워할 필요가 없습니다. 다만 죽을 때까지 뉘우치지 않는 죄인들만이 순전히 사랑이었다가 심판자가 될 그리스도를 두려워해야 할 것입니다…. 평화가 여러분과 함께 있기를." 그리고 맨 앞에서 내려가기 시작하신다….

92. 요나의 시몬의 영적인 싸움과 승리

주님, 저는 주님이 저기 꽃이 만발한 언덕 위에 꺼져가는 햇빛을 받아 아직 빛나는 베델의 성을 뒤에 남겨 두시고, 기름진 계곡을 향하여 가파른 내리막길로 내려가시는 동안, 주님을 지켜볼 수가 있습니다…. 저 위에 여자 제자들과 어린이들과 보잘 것없는 사람들의 사랑을 남겨 두시고, 예루살렘으로 가는 길로, 세상을 향하여, 아랫쪽을 향하여 내려가시는 주님을 …. 그런데 이곳이 저 꼭대기보다 더 어두운 것은, 다만 여기가 "계곡"이기 때문에, 따라서 빛이 조금 전에 이곳을 떠났기 때문만이 아니라, 특히 저 아래, 세상에는 주님, 당신을 기다리는 계략과 증오와 너무나 많은 악이 있기 때문입니다.

예수께서 맨 앞에서 가신다. 지름길로 가시느라고 들어서신 힘들고 고르지 않은 오솔길을 내려가시는데도 위엄있게 나아가시는 말없는 흰 형태이시다. 내리막길에서 예수의 긴 옷과 넓은 겉옷이 비탈을 스치는데, 벌써 그 발자국 뒤에 끌리는 옷자락이 달린 왕의 겉옷을 입으신 것같다.

예수 뒤에는 위엄은 덜하지만 역시 말이 없는 사도들이 간다…. 맨 끝으로 약간 떨어져서 유다가 가는데, 그의 침울한 원한 때문에 추해 보인다. 어쩌다 가장 순진한 안드레아와 토마가 얼굴을 돌려 그를 바라보고, 안드레아는 "왜 그렇게 혼자서 뒤에 남아 있나? 어디 아픈가?" 하고 묻기까지 한다. 이것은 거칠은 말대꾸를 유발한다. "네 생각이나 해" 하는 말에 안드레아는 깜짝 놀란다. 더구나 그 말대꾸와 곁들여 상스러운 형용사까지 썼기 때문에 더 그러하였다.

베드로는 사도들의 줄의 둘째로, 예수 바로 뒤에 따라가는 알패오의 야고보 뒤에 따라간다. 그리고 산중에서 맞는 매우 고요한 저녁이라, 베드로가 그 말을 들었다. 그는 홱 돌아서서 갑자기 뒤로 유다 쪽으로 향하여 간다. 그러다가 걸음을 멈추고, 곰곰이 생각하더니, 예수께로 달려간다. 그는 예수의 한 팔을 거칠게 붙잡고 흔들면서 괴로워하는 어조로 말한다. "선생님, 전날 저녁 제게 말씀하신대로 틀림없이 된다고 보증하십니까? 희생과 기도는, 그것들이 소용이 없는 것같을 때에도 절대로 결과가 없지 않단 말씀 말입니다…."

예수께서는 모욕에 즉시 반응을 보이지 않으려 하는 노력 때문에 땀을 흘리는 베드로를, 얼굴이 시뻘개져서 몸을 떨기까지 하고, 팔을 하도 꽉 붙잡아서 어쩌면 예수를 아프게 할지도 모르는 베드로를 다정스럽고 서글프고 창백한 얼굴로 바라보시며, 조용하고 서글픈 미소를 지으시며 대답하신다. "그것들이 갚음을 받지 않는 일은 절대로 없다. 그것은 확실하다."

베드로는 예수를 떠나서 가는데, 제 자리로 가는 것이 아니라, 산비탈의 나무들 사이로 가서 난폭하게 작은 나무들과 어린 초목들을 꺾고 또 꺾는 것으로 억압된 그의 감정을 만족시킨다. 그 폭력은 다른 곳을 노리는 것이었으나, 여기 초목들에게로 발산되는 것이다.

"아니 자네 뭘하는 거야? 미쳤나" 하고 여러 사람이 묻는다.

베드로는 대답을 하지않고, 꺾고, 꺾고, 또 꺾는다. 어떻게나 열심히 일하는지 일정량의 나무를 하려고 애쓰는 것같다. 그의 발 앞에는 송아지라도 굽기에 충분한 나뭇단이 마련되었다. 그는 그 나뭇단을 어렵게 짊어지고 동료들에게로 오기 시작한다. 그가 겉옷을 입고 짐과 배낭을 지고 어려운 오솔길에 있어서 갑갑할 터인데, 어떻게 그렇게 하는지 이해하지 못하겠다. 그러나 그는 멍에를 멘 것처럼 몸을 잔뜩 구부리고 걸어온다….

유다는 그가 오는 것을 보고 웃으면서 "자넨 꼭 노예 같구먼!" 하고 말한다.

베드로는 멍에 아래서 머리를 돌리기가 힘들다. 그리고 그에게 무슨 말을 하려다가 입을 다물고, 이를 악물고 나아간다.

"형, 내가 도와 줄께" 하고 안드레아가 말한다.

"아니다."

"그렇지만 어린 양 한 마리를 굽는데는 나무가 너무 많은데" 하고 제베대오의 야고보가 지적한다.

베드로는 대답하지 않는다. 그는 그렇게 짐을 잔뜩 지고 걸어가는데, 기진맥진한 것같다. 그러나 잘 견디어낸다.

마침내 예수께서 내리막길이 거의 끝나는 곳에 있는 어떤 동굴 근처에서 걸음을 멈추시고, 모두가 예수와 같이 멎는다.

"여기 있다가 새벽에 길을 떠나자." 선생님께서 명령하신다. "저녁 식사 준비를 하여라."

그 때에 베드로는 짐을 땅에 내려놓고 그 위에 앉는다. 나무가 사방에 있는데, 그렇게 몹시 피로한 데 대한 동기는 아무에게도 설명하지 않는다.

그러나 어떤 사람은 마실 물을 뜨려고, 어떤 사람은 동굴 바닥을 깨끗이 하고 구을 어린 양을 씻으려고 이리가고 저리가고 하는데, 베드로는 혼자서 선생님 곁에 남아 있는 동안, 서 계신 예수께서는 시몬의 반백이 된 머리에 손을 얹으시고, 그 성실한 머리를 쓰다듬으신다…. 그러자 베드로는 그 손을 잡아 입맞춤 한다. 그는 그 손을 자기뺨에 갖다 대고, 다시 입맞춤 하고 쓰다듬는다…. 흰 손에 물방울이 하나 떨어진다. 그것은 예수의 거칠고 성실한 사도의 땀방울이 아니라, 사랑과 고통의, 노력 끝에 얻은 승리의 조용한 눈물이다. 예수께서는 몸을 숙이시고 그를 껴안으시며 말씀하신다.

"시몬아, 고맙다!"

자, 베드로는 확실히 미남자가 아니다. 그러나 그를 껴안으시고 고맙다고 말씀하시는 그의 예수님을 — 예수께서만은 그를 이해하셨다. — 쳐다보려고 머리를 뒤로 젖힐 때, 공경과 기쁨이 그를 아름답게 한다….

——이 변모를 끝으로 내게는 환영이 끝났다.

93. 평야의 엠마오로 가는 길에서

　새벽은 시원하고 조용한 계곡 위에 있는 하늘의 둥근 천장에 젖빛을 띤 초록색 미광(微光)을 비춘다. 그리고 빛이기도 하고 아직 빛이 아니기도 한 이 막연한 미광이 두 비탈의 꼭대기를 감싼다. 그 미광은 유다의 산들의 가장 높은 꼭대기들을 가만히 어루만지면서 그 위에서 자란 늙은 나무들에게 말하는 것같다.
　"내가 여기 하늘에서 내려오고 새벽보다 앞서서 동쪽에서 오면서 어두움을 쫓아버리고, 하느님께서 너희들에게 주시는 새로운 날의 빛과 활동과 강복을 가져온다."
　그리고 산꼭대기들은 나뭇잎들 한숨과 더불어, 나뭇가지들이 처음으로 흔들리는 소리와 이 첫번째 미광에 잠이 깬 첫번째 새들 지저귀는 소리와 더불어 잠을 깬다. 그리고 새벽은 잔나무 덤불 쪽으로 계속 내려오고, 다음에는 풀들 쪽으로, 그 다음에는 비탈 쪽으로, 점점 더 아래로 계속 내려오며, 나뭇잎들 속에서 점점 더 많아지는 새들의 지저귐과 풀속에서 잠을 깬 도마뱀들의 부스럭소리로 인사를 받는다. 그런 다음 미광은 저 밑의 급류에 이르러, 그 우중충한 물을 끊임없이 밝아지고 반짝거리는 불투명한 은빛으로 바꾸어 놓는다. 그리고 밤의 남색이 새벽의 초록빛을 띤 엷은 남빛으로 겨우 밝아지기 시작하였던 저 위 하늘에는, 그것을 분홍빛 도는 엷은 남색으로 물들이는 새벽의 첫번째 알림이 나타난다…. 그런 다음, 벌써 잔뜩 부풀어오른 분홍빛의 솜 같은 가벼운 새털구름이 온다.
　예수께서는 동굴에서 나오셔서 바라다 보신다…. 그리고 시냇물에서 세수를 하시고, 머리를 매만지시고, 옷을 제대로 입으시고, 동굴 속을 한번 들여다 보신다…. 부르지는 않으신다…. 오히려 산을 올라가셔서 불쑥 내민 뾰족한 산봉우리 위로 가시어 기도를 하신다. 그 산봉우리는 그만해도 꽤 높아서 새벽빛으로 벌써 장미빛으로 물든 동쪽과 아직 양남색으로 물들어 있는 서쪽을 넓게 바라다볼 수가 있다. 예수께서는 기도하신다…. 무릎을 꿇으시고, 팔꿈치를 땅에 대시고, 거의 배를 깔다시피 하시고 열렬히 기도하신다…. 그리고 잠이 깨서 당신을 부르는 열두 제자의 목소리가 아래에서 올라올 때까지 이렇게 기도하신다.

예수께서는 일어나셔서 대답하신다. "간다!" 그러니까 좁은 계곡 안에서 완전히 목소리가 여러 번 메아리 친다. 계곡이 서쪽에 희미하게 보이는 평야에 주님의 "내가 간다" 하는 약속을 전하여, 미리 그 약속을 즐기게 하시려는 것같다.

예수께서는 한숨을 쉬시면서 걷기 시작하시고, 당신의 기도를 요약하고 그것을 설명하는 "그럼 아버지께서는 제게 아버지의 위안을 주십시오…" 하는 말씀을 소리내어 하신다.

예수께서는 빨리 내려와서 아래에 이르시자 매우 다정스러운 미소와 늘 하시는 "이 새 날에 평화가 너희와 함께 있기를" 하는 말씀으로 당신 사도들에게 인사하신다. "또 선생님께도" 하고 사도들이 대답한다. 모든 사도가, 유다까지도. 그를 나무라지 않으시고 다른 모든 사도들과 같이 대하시는 예수의 침묵으로 유다가 안심을 해서 그러는 것인지, 또는 밤 사이에 곤경에서 빠져나올 계획을 세웠는지 모르겠다. 그의 눈길이 덜 사납고, 다른 사람들과 덜 떨어져 있고, 또 바로 그가 모두를 대신해서 묻기까지 한다. "우리는 예루살렘으로 갑니까? 그렇다면 조금 되돌아가서 저 다리를 건너가야 합니다. 저 다리 건너에는 예루살렘으로 직접 가는 길이 있습니다."

"아니다. 우리는 평야의 엠마오로 간다."

"아니, 왜요? 그럼, 오순절은 어떡하구요?"

"시간은 있다. 나는 바다쪽에 있는 평야로 해서 니고데모와 요셉의 집에 가고자 한다…."

"아니, 왜요?"

"그곳에 아직 가지 않았는데, 사람들이 나를 기다리고 있기 때문이다…. 또 착한 제자들이 그렇게 해 주기를 바랐기 때문이다. 우리는 모든 것을 할 시간이 있을 것이다."

"요안나가 그 말씀을 드렸습니까? 그 때문에 선생님을 오시라고 한 겁니까?"

"그럴 필요가 없었다. 제자들이 과월절에 내게 직접 그 말을 했다. 그래서 나는 약속 장소를 충실히 지키는 것이다."

"저 같으면 거기 가지 않겠습니다…. 그 사람들이 어쩌면 벌써 예루살렘에 가 있는지도 모릅니다. 명절이 가까웠으니까요…. 또 그리고… 선생님이 원수들을 만나실 수도 있고, 또…."

"원수들은 어디에나 있다. 그리고 그들을 항상 내 곁에 가지고 있다…." 그러면서 예수께서는 당신의 고통거리인 사도를 쏘아보신다…. 유다는 더 이상 말을 하지 않는다. 더 앞으로 가는 것은 위험한 일이다. 그는 그것을 느낀다. 그래서 입을 다문다.

요한과 안드레아가 나무딸기나 큰 딸기과(科)에 속하는 것같은 작은 열매들을 가지고 돌아와서 선생님께 드리는데, 그 열매들은 그러나 거의 아직 덜 익은 오디같이 빛깔이 더 짙다. 그들은 말한다. "이 열매들이 선생님의 마음에 들 것입니다. 저희들은 어제 저녁에 이것들을 알아보았습니다. 그래서 선생님께 드리려고 올라가서 따 왔습니다. 선생님 드십시오. 맛있습니다."

예수께서는 그 열매들을 급류에 씻은 넓은 나뭇잎에 얹어서 드리는 착하고 젊은 두 사도를 쓰다듬어 주신다. 그들은 열매들보다도 그들의 사랑을 더 드린다. 예수께서는 가장 좋은 열매들을 골라서 각 사도에게 조금씩 주신다. 그들은 그 열매를 빵에 곁들어서 먹는다.

"선생님 드리려고 양젖을 찾았지만 목자들이 아직 없었습니다…." 안드레아가 변명을 한다.

"상관없다. 너무 더워지기 전에 엠마오에 이르게 빨리 가자."

그들은 길을 떠난다. 그리고 식욕이 가장 왕성한 사람들은 걸으면서도 아직 먹는다. 시원한 계곡이 점점 더 넓어지면서 마침내 기름진 평야로 들어간다. 그 곳에서는 벌써 농부들이 일을 한창하고 있는 중이다.

"저는 니고데모가 엠마오에 집들을 가지고 있는 줄은 알지 못했었습니다" 하고 바르톨로메오가 지적한다.

"엠마오가 아니라, 더 멀리 가서다. 유산으로 받은 부모의 땅이다…" 하고 예수께서 설명하신다.

"정말 아름다운 밭들이로군!" 하고 타대오가 탄성을 올린다. 과연 그것은 황금빛 밀이삭의 바다인데, 꿈에 보는 것과 같은 과수원들과 벌써 포도송이의 영광을 약속하는 포도밭들이 군데군데 끼여 있다. 아주 가까이에 있는 산들에서 내려오는 수많은 작은 개울이 지하수맥과 더불어 관개가 가장 필요한 몇 달 동안에 물을 대 주기 때문에 이곳은 참다운 농업의 에덴동산이다.

"흠! 작년의 것보다도 더 아름다운 걸. 적어도 물과 과일들이 있단 말이야…" 하고 베드로가 중얼거린다.

"사론평야는 더 아름다워" 하고 열성당원이 대답한다.

"그렇지만 벌써 사론평야가 아닌가"

"아니야, 사론평야는 이것 다음에 와. 그러나 이 평야도 벌써 사론평야에 가까워지고 있어…." 두 사도가 둘이 말을 하기 시작하며 조금 떨어져 간다.

"바리사이파 사람들의 소유지겠지, 응?" 하고 제베대오의 야고보가 아름다운 들판을 가리키며 묻는다.

"틀림없이 유다 사람들의 것이겠지. 그들은 제일 좋은 밭들을 이전 주인들에게서 가지가지 방법으로 **빼앗은 거야!**" 하고 타대오가 대답한다. 그는 아마 그들이 대부분의 재산을 잃고 쫓겨난 유다에 있던 조상들의 재산을 생각하는 모양이다.

가리옷 사람은 아픈 데를 찔렸다. "그 재산들을 자네들이 빼앗긴 건, 자네들 갈릴래아 사람이 덜 거룩하고 열등(劣等)하기 때문이야…."

"알패오와 요셉이 다윗 가문의 사람들이었다는 것을 기억하기 바라네. 그래서 칙령 때문에 유다의 베들레헴으로 등록하러 갈 수밖에 없었고, 그런 이유로 **선생님**이 그곳에서 나신 거야" 하고 알패오의 야고보가 성미 급한 형의 신랄한 대꾸를 미리 막고, 마태오와 필립보와 같이 말씀을 나누시는 주님을 가리키면서 침착하게 대답한다.

"오! 그럼 됐어!" 하고 토마가 타협적으로 옳게 말한다. "나로서는 좋은 것과 나쁜 것이 어디에나 있다고 말하겠네. 우리가 장사할 때에 여러 종족의 사람들을 가까이 했는데, 정말이지 모든 종족에서 정직한 사람들과 부정직한 사람들을 만났네. 또 그리고… 유다인이라는 걸 왜 자랑해? 혹시 **우리가** 유다인이기를 원한 것인가? 흠! 혹시 내가 어머니 뱃속에 있을 때, 유다인이 어떤 것이고 갈릴래아 사람이 어떤 것인지 알았었나?! 나는 그저 거기 있었고… 거기 그대로 남아 있었지. 일단 세상에 나온 다음에는 배내옷에 따뜻하게 싸여서, 내가 마시는 공기가 유다의 공기인지 갈릴래아의 공기인지 생각도 하지 않았단 말이야…. 나는 엄마의 품밖에는 몰랐었어…. 그리고 우리 모두가 나와 마찬가지야. 그런데 왜 누구는 더 높은 데서 나고 누구는 더 낮은 데서 났다고 이렇게 분개하는 건가? 우리가 똑같이 이스라엘 사람이 아닌가?"

"토마, 자네 말이 맞네" 하고 요한이 대답한다. 그리고 이렇게 결론을 내린다. "또 그리고 이제는 우리가 오직 한 가문, 예수의 가문에 속하는 사람들이야."

"맞아, 선생님은 ─그리고 내 생각에는 지극히 높으신 분께서 분열은 이웃 사랑에 어긋나는 것임을 우리에게 가르쳐 주시려고 그렇게 원하신 것같고, 선생님은 성서에서 말하는 애정 가득한 암탉처럼 우리 **모두를** 모으라고 보냄을 받으신 것같아.─ 그러니까 선생님은 가문은 유다 가문이지만, 갈릴래아에서 잉태되신 다음, 마치 당신은 북쪽 남쪽 할 것없이 이스라엘 **전체의** 구세주이시라는 것을 사실들의 목소리로 우리에게 말씀하고자 하신 것처럼, 사시기는 갈릴래아에서 사셨네. 그리고 선생님이 '갈릴래아 사람'이라고 불리신다는 그 이유하나 만으로도, 갈릴래아 사람들을 업신여겨서는 안될 걸세" 하고 알패오의 야고보가 부드럽게, 그러나 단호하게 말한다. 몇 미터쯤 앞서 가시면서 마태오와 필립보와 말씀을 나누시는 데에 전념하시는 것같던 예수께서 돌아서시며 말씀하신다. "알패오의 야고보, 네가 제대로 말했다. 너는 영원한 진리와 여러 가지 진리를 이해하고, 하느님의 모든 행위의 정당성을 이해한다. 사실, 하느님께서는 아무 것도 목적 없이 하시지 않으시고, 마찬가지로 곧은 마음을 가진 사람들이 한 것은 아무 것도 갚지않고 놓아두시는 것이 없다는 것을 모두 항상 기억하여라. 가장 평범한 사건들에서도 하느님의 이유를 볼 줄 알고, 사람들의 희생에 대한 하느님의 응답을 볼 줄 아는 사람들은 지극히 행복하다."

베드로는 돌아서며 무슨 말을 하려고 한다. 그러다가 말을 하지 않고, 그저 선생님께 미소를 보내기만 한다. 이제는 그들이 황금빛 들판을 가로지르는 통행이 매우 많은 길을 가고 있기 때문에 예수께서도 사도들과 같이 모여 가신다.

그들은 벌써 가까워진 엠마오를 향하여 걸어간다. 엠마오는 익어 가는 황금빛 낟알들과 푸르른 과수원들 가운데에 있는 한 무더기의 눈부시게 하얀 집들이다.

"선생님! 선생님! 멈추십시오! 선생님의 제자들입니다!" 멀리서 들려오는 목소리들이 외치면서 몇명 안 되는 한 떼의 사람이 사과나무 그늘에서 좀 쉬고 있는 농부들을 그 자리에 두어둔 채 햇볕이 쨍쨍 내리쬐는 오솔길로 해서 예수께로 달려 온다. 전에 목자이다가 그 다음에는 세례자의 제자였던 마티아와 요한이다. 그리고 그들과 같이 니콜라이, 전에 문둥병자였던 아벨, 사무엘, 헤르마스테, 그밖에 또 다른 사람들도 있다.

"너희들에게 평화. 너희들이 여기에 있느냐?"

"예, 선생님. 저희들은 해안 전체를 돌아다녔습니다. 그리고 지금은 예루살렘으로 가는 길이었습니다. 더 앞에는 스테파노가 다른 사람들과 같이 있고, 그 보다도 더 앞에는 헤르마와 다른 사람들이 있습니다. 그리고 저희 모두의 작은 선생인 이사악이 그 보다도 더 앞에 있습니다. 적어도 지금까지는 그랬습니다. 티몬이 요르단강 건너편에 있던 것과 마찬가지로 말입니다. 그러나 이제는 모두가 예루살렘으로 오순절 명절을 지내러 가는 중일 것입니다. 저희들은 여러 개의 작은 집단으로 나누었습니다만, 비활동적으로 있지는 않았습니다. 이렇게 하니까, 저들이 저희들을 박해해도, 몇몇 사람은 잡을 수 있지만, 모두를 잡을 수는 없습니다" 하고 마티아가 설명한다.

"너희들은 잘했다. 나는 남쪽 유다 전체에서 너희들을 만나지 못해서 이상히 여겼었다…."

"선생님… 선생님이 그리로 가셨는데…. 누가 가는 것이 선생님이 가시는 것보다 낫겠습니까? 또 그리고…. 오! 유다지방은 거룩하게 되는 데에 필요한 것 이상의 것을 받았습니다!…. 그런데도 오히려! … 하늘의 말을 가져가는 사람에게 돌을 던집니다. 키드론 골짜기에서 엘리야와 요셉은 매를 맞았습니다. 그래서 요르단강 건너 솔로몬의 집으로 갔습니다. 요셉은 머리에 돌을 맞아 죽을 뻔 했습니다. 1주일 동안 그들은 선생님이 보내신 산의 모든 비밀을 아는 사람과 같이 어떤 깊은 동굴에서 살았습니다. 그리고 밤에 천천히 강 건너로 갔습니다…."

제자들과 사도들은 이 박해의 추억과 소식으로 불안해진다. 그러나 예수께서는 이렇게 말씀하셔서 그들을 진정시키신다. "죄없는 아기들이 그리스도의 길을 그들의 죄없는 붉은 피로 물들였다. 그러나 이 길은 하느님의 길에서 악의 흔적을 지우기 위해서 항상 붉게 물들어야할 것이다. 그것이 왕도(王道)이다. 순교자들이 이 길을 내게 대한 사랑으로 붉게 물들인다. 나 때문에 박해를 당하는 사람들은 지극히 행복한 사람들 중에서도 지극히 행복한 사람들이다."

"선생님, 저희들은 저 농부들에게 말을 하고 있었습니다. 이제는 선생님이 말씀하지 않으시겠습니까?"

"황혼에 내가 엠마오 성문 근처에서 말하겠다고 그들에게 가서 일러라. 지금 햇볕 때문에 그렇게 할 수가 없다. 가거라. 그리고 하느님께서 너희와 함께 계시기를 바란다. 나는 이 길이 끝나는데 가서 있겠다."

예수께서는 그들에게 강복하시고 그들을 찾으시며 다시 걷기 시작하신다. 하얀 길에는 뜨거운 햇볕이 쨍쨍 내리쬐는데, 그 때문에 길가에 심은 플라타너스들이 그 길에 그들을 조금 만들어 주기 때문이다.

94. 평야의 엠마오 근처에서 전교하심

　엠마오의 성문 곁에는 농가가 하나 있다. 온 식구가 밭에 나가서 일하고 있기 때문에 집이 조용하다. 마당에는 지난 며칠 동안에 거두어 들인 곡식단들이 있고, 건초들은 벌써 투박한 건초 저장소에 쌓여 있다. 대낮의 뜨거운 햇볕이 건초와 곡식단에서 뜨거운 냄새를 발산시킨다. 항상 요란하고 싸움을 잘 하는 비둘기들의 구구거리는 소리와 참새들의 짹짹거리는 소리 외의 다른 소리는 없다. 비둘기와 참새들은 끊임없이 지붕이나 그 곁에 있는 나무들에서 곡식단과 건초단으로 와서, 그것들을 맛보는 놈들 중에서 첫째놈들은 꼿꼿하게 서 있는 이삭을 쪼고, 가책도 없이 탐욕스럽게 싸우면서, 할 수 있는대로 낟알을 더 많이 먹고 가장 부드러운 건초 부스러기를 가지려고 다툰다. 이스라엘에서 만날 수 있는 유일한 도둑들이다. 나는 이스라엘에서 사람들이 남의 물건을 매우 존중한다는 것에 주의하였다. 집의 문을 연채로 두고, 마당이나 포도밭을 지키지 않는다. 아주 드문 직업적인 도둑들과 산골짜기에서 사람들을 습격하는 산적들 말고는, 좀도둑이나 그저… 남의 과일나무나 새끼 비둘기에 손을 대는 탐식하는 사람들도 없다. 각기 제 갈길을 가고, 이웃의 소유지를 건너질러 가면서도 눈이나 손이 없는 것같이 행동한다. 하기는 어디를 가나 인심이 하도 후하기 때문에 먹기 위하여 도둑질을 할 필요가 없을 지경이기는 하다. 예수께 대하여만, 그리고 나그네에 대한 환대의 오랜 습관을 소홀히 할 정도로 큰 증오 때문에, 예수께 대하여만 재워 주는 것과 음식을 주는 것을 거절하는 집들이 있다는 사실이 확증되는 것이다. 그러나 다른 사람들에 대하여는 일반적으로 동정심이 있고, 특히 가장 비천한 사람들이 더 그러하다.

　그래서 사도들은 닫혀 있는 집 문을 두드리고 나서 아무도 발견하지 못한 다음, 두려워하지 않고, 농기구와 빈항아리들이 놓여 있는 헛간으로 피해 들어갔다. 그들은 주인이나 되는 것처럼 건초단을 가져다가 깔고 앉고, 우물에서 물을 길으려고 나무들통을 가져오고, 물을 마시고 약간 굳어진 빵조각과 차게 된 어린 양고기 조각들을 담으려고 손잡이 달린 단지들을 가져와서, 그것들을 먹는다. 그런데 햇볕으로 하도 마비가 되고 정신이 멍해져서 거의 말이 없이 먹다시피 한다. 그리고 역시 마음대로 건초단과 그릇들을 사용하고 나서, 이내 좋은 냄새가 나는 건초 위에 누워서, 즉시 음조와 선률이 각각인 코골기 합주를 시작한다.

예수께서도 피로하시다. 피로하시기보다는 더 슬퍼하시는 모습이다. 한동안 잠자는 열두 제자를 바라보시고, 기도를 드리시고, 곰곰이 생각하신다. 예수께서는 눈으로는 참새들과 비둘기들이 싸우는 모습과 해가 내리쬐는 마당 위를 쏜살같이 날아다니는 제비들을 기계적으로 지켜보시면서 깊이 생각하신다. 공중을 지배하는 그 제비들의 날카로운 부르짖음이 예수께서 당신 자신에게 던지시는 고통스러운 질문에 대한 정확한 대답을 가져오는 것같다. 그러다가 예수 자신도 건초 위에 누우셨고, 오래지 않아 슬픔에 잠긴 다정스러운 파란 눈이 눈꺼풀에 가려진다. 예수의 얼굴은 잠들어 움직이지 않는데, 아마 마음속에 슬픔을 간직하고 잠드시기 때문에 그렇겠지만, 예수의 얼굴은 돌아가실 때에 띠게 될 쇠약과 고통의 표정을 많이 띠고 있다….

그런 다음 집주인 농부들이 돌아온다. 남자들과 여자들과 어린이들. 또 그들과 함께 아까 본 제자들도 온다. 그들은 건초 위에서 잠을 자는 예수와 제자들을 보고, 그들을 깨우지 않으려고 그들의 목소리가 속삭임으로 변한다. 어떤 어머니는 입을 다물고자 하지 않는 아이의 뺨을 때린다. 혹은 적어도 때리는 시늉을 한다. 꼬마 하나가 손가락 하나를 입에 물고 멧비둘기 새끼 같은 걸음으로 베개 노릇을 하는 구부린 팔에 머리를 얹고 주무시는 예수를 살펴보려고 가는데, 예수를 "제일 잘 생긴" 사람이라고 말한다. 그리고 모두가 신발을 벗고, 발끝으로 걸어서 어린이가 하는대로 따라 하는데, 누구보다도 먼저 마티아와 요한이 그렇게 하고, 예수께서 그렇게 건초 위에 누워서 주무시는 것을 보고 감동한다. 그리고 마티아가 이렇게 지적한다. "첫번째 잠이 드셨을 때와 같이 우리 선생님이 지금도 주무시는데,

그 때보다는 덜 행복하시네…. 지금은 어머니도 안 계시고…."
 "그래, 선생님은 점점 더 가까워 오는 박해밖에 없어. 그렇지만 우리는 선생님을 항상 사랑할 것이고, 지금도 항상 그 때처럼 사랑하고 있어…" 하고 요한이 대답한다.
 "그 때보다 더 사랑해, 마티아. 그 때보다 더. 그 때는 우리가 믿음으로만 사랑했고, 또 아기를 사랑하는 것은 기쁜 일이니까 사랑했어. 그렇지만 지금은 선생님을 알기 때문에 사랑하기도 한단 말이야…."
 "요한, 선생님은 갓났을 때에도 미움을 받으셨어. 아기를 죽이려고 해서 일어난 일을 생각해 보게!…." 그러면서 마티아는 그 일을 생각하고 얼굴빛이 변한다.
 "맞아…. 그러나 그 고통은 축복받아야 해! 우리는 모든 것을 잃었지만, 선생님은 잃지 않았어. 그런데 이것만이 중요한 거야. 만일 선생님이 돌아가셨더라면, 우리가 아직 부모를 모시고, 집과 보잘 것없는 우리 안락을 아직 가지고 있더라도 그게 우리에게 무슨 소용이 있었겠나?"
 "사실이야, 마티아. 자네 말이 옳아. 선생님이 이 세상에 안 계시게 되면, 세상 전체를 가진다 해도 우리에게 무슨 소용이 있겠나?"
 "그 말은 내게 하지도 말게…. 그 때는 우리가 정말 버림받은 사람이 될 거야…. 당신들은 가보시오. 우리는 선생님 곁에 남아 있을 테니까" 하고 요한이 이내 농부들을 보내면서 말한다.
 "우리는 이분들에게 열쇠를 줄 생각을 하지 않은 것을 후회합니다. 그랬으면 집안으로 들어가서 좀더 편하셨을 텐데…" 하고 집안에서 제일 나이 많은 사람이 말한다.
 "우리가 선생님께 그 말씀을 드리겠습니다. 그러나 선생님은 여러분의 사랑만으로도 행복하실 것입니다. 가십시오, 가세요."
 농부들은 집으로 가고, 조금 있다가 굴뚝에서 연기가 올라오는데, 그것은 그들이 음식을 준비하는 중이라는 것을 말하는 것이다. 그러나 그들은 어린 아이들을 제지하고 소리를 별로 내지 않으면서 일을 한다…. 그런 다음 소리를 내지 않고 음식을 제자들에게 가져오면서 말한다. "저분들의 것은 따로 놓아두었습니다…. 잠을 깨시면 드리려고…."

94. 평야의 엠마오 근처에서 전교하심 **153**

그리고 집은 적막에 감싸인다. 아마 새벽부터 일을 한 농부들이 뜨거운 해가 내리쬐는 밭에서 일 할 수가 없을 이 시간에는 침대에 누웠나 보다. 제자들도 존다…. 비둘기와 참새들까지도 조용히 있다. 제비들만이 지치지 않고 쏜살같이 날아다니는데, 그 놈들이 날아다니는 모습은 공중에는 파란 말을 써 놓고, 흰 마당에는 그림자의 말을 써 놓는다…. 조금 전에 이야기가 나왔던 어린 아이, 몹시 더운 이 시간이라 옷이라고는 그저 짧은 샤쓰만 걸친 아주 예쁜 어린 아이가 작은 갈색 머리를 부엌문으로 내밀고 한번 훑어보더니, 그 가냘픈 발로 조심조심 나아온다. 그의 발은 햇볕으로 뜨거워진 땅바닥 때문에 고통을 느낀다. 깃이 많이 팬 샤쓰는 포동포동한 어깨 거의 아래까지 흘러 내려왔다. 그는 제자들 있는 데로 와서, 다시 예수를 보러 가려고 그 위를 지나가려고 해본다. 그러나 그의 작은 다리들은 너무 짧아서 어른들의 실팍한 몸을 뛰어넘을 수가 없다. 그래서 걸려서 마티아 위에 넘어졌다. 마티아는 잠이 깨어 울상이 된 슬픈 작은 얼굴을 본다. 그는 미소를 짓고, 어린 아이가 무슨 일을 꾸미는지를 알아차리고 말한다. "이리 오너라. 너를 예수와 나사이에 놔 주마. 그렇지만 말없이 조용히 있어라. 예수님이 코오 하게 가만 놔 둬라, 피곤하니까." 그러니까 꼬마는 행복하게 앉아서, 예수의 아름다운 얼굴 앞에서 감탄에 잠긴 채로 있다. 어린 아이는 예수를 들여다보고 살펴본다. 그리고 예수를 쓰다듬고 예수의 금발을 만져보고 싶은 마음이 든다. 그러나 마티아가 웃으면서 감시하고, 그렇게 하지 못하게 한다. 그러니까 어린 아이는 가만히 묻는다.

"아저씨는 늘 이렇게 코오 하는 거야?"
"늘 이렇게 하신다" 하고 마티아가 대답한다.
"아저씨는 피곤해? 왜?"
"아주 많이 걸으시고, 아주 많이 말을 하시니까."
"왜 말을 하고 걷고 해?"
"어린 아이들에게 선생님과 함께 하늘에 가게 착하게 굴고 주님을 사랑하도록 가르치시려고."
"저기 말이야? 어떻게 해야 가? 먼데…."
"영혼, 너 영혼이 뭔지 아니?"

"아니!"

"그것은 네 안에 있는 제일 아름다운 것이야. 그리고…."

"눈보다 더 아름다운 거야? 엄마는 내 눈이 별 둘이라고 말하는데. 별들은 이뻐, 아저씨 알아?!"

제자는 빙그레 웃으면서 대답한다.

"영혼은 네 눈의 작은 별들보다 더 아름답다. 착한 영혼은 해보다 더 아름답거든."

"오! 그런데 영혼이 어디 있어? 내 머리에 있는 거야?"

"여기, 네 작은 마음속에. 그리고 영혼은 다 보고 듣고, 절대로 죽지 않는다. 그리고 누가 조금도 나쁘게 굴지 않고, 올바른 사람으로 죽으면, 그의 영혼은 주님과 함께 저 위로 날아 올라간다."

"아저씨와 함께?" 그러면서 꼬마는 예수를 가리킨다.

"선생님과 함께."

"그렇지만 아저씨도 영혼이 있어?"

"선생님은 영혼과 천주성을 가지고 계신다. 네가 들여다보는 이 사람은 하느님이시니까."

"아저씬 그건 어떻게 알아? 누가 말해 줬어?"

"천사들이."

완전히 마티아의 무릎에 앉아 있던 어린 아이는 이 소식을 태연하게 받을 수가 없어 벌떡 일어나면서 말한다. "아저씨는 천사들을 봤어?" 그러면서 눈을 크게 뜨고 마티아를 본다. 그 소식이 하도 놀라워서 꼬마는 잠시 예수를 잊는다. 그래서 예수께서 어린 아이의 가벼운 외침으로 잠이 깨서 눈을 반쯤 뜨셨다가, 미소를 지으시고 머리를 돌리시면서 눈을 다시 감으시는 것을 보지 못한다.

"조용히 해라! 자 봐! 너 선생님을 깨웠다…. 너를 쫓아버리겠다."

"가만히 있을게. 그런데 천사들이 어떻게 생겼어? 아저씨는 천사들을 언제 봤어?" 작은 목소리가 속삭임이 되었다. 그러니까 마티아는 다시 그의 품으로 돌아와 황홀해서 앉아 있는 어린 아이에게 참을성 있게 성탄의 밤 이야기를 들려 준다. 그는 왜? 왜? 하는 어린 아이의 모든 물음에 참을성 있게 대답한다. "왜 아저씨가 외양간에서 났어? 집이 없었어? 집을 얻지 못할 만큼 가난했었나? 그리고 지금도 집이 없나? 엄마가 없나? 엄마가 어디 있어? 사람들이 벌써 아저씨를 죽이려고 한 걸 알면서, 엄마는 왜 아저씨를 혼자 내버려 둬? 엄마가 아저씨를 사랑하지 않는 거야?…" 소나기처럼 퍼붓는 질문이고 소나기처럼 퍼붓는 대답이다. 그리고 마지막 질문에는 마티아가 "그 거룩하신 어머니는 하느님이신 당신 아들을 매우 사랑하신다. 그러나 사람들이 구원받도록 아들이 가게 내버려 두는 괴로움을 희생으로 바치신다. 위로를 받기 위해서 어머님은 아드님을 사랑할 수 있는 착한 사람들이 아직 있다는 것을 생각하신다…" 하고 대답하는데, 이것이 이런 대답을 유발한다. "그런데 그 엄마는 아저씨를 사랑하는 어린 아이들이 있다는 걸 알지 못해? 그 엄마가 어디 있어? 말해 줘, 그럼 내가 가서 '울지 말아요. 나는 어머니 아들을 사랑해요' 하고 말하겠어. 어떻게 생각해? 그 엄마가 좋아할까?"

"아주 많이 좋아하실 거다. 애야" 하고 마티아가 그를 껴안으며 말한다.

"그리고 아저씨도 좋아할까?"

"아주 많이, 많이. 선생님이 깨시거든 네가 말해라."

"오! 그럼!… 그렇지만 아저씨가 언제 깰까?" 어린 아이는 걱정이 된다.

예수께서는 더 참으실 수가 없다. 그래서 돌아누으시며, 눈을 크게 뜨시고 환한 미소를 지으시며 말씀하신다. "너는 벌써 그 말을 내게 했다. 나는 다 들었으니까. 애야, 이리 오너라."

오! 어린 아이는 그 말을 듣기가 무섭게 예수에게로 가서 엎어지면서, 쓰다듬고, 입맞춤을 하고, 손가락으로 이마와 눈썹과 속눈썹을 만지고, 예수의 파란 눈동자를 들여다보고, 수염과 부드러운 머리카락을 어루만지고, 한 가지 한 가지를 발견할 때마다 "아저씬 정말 이뻐! 이뻐! 이뻐!" 하고 말한다.

예수께서는 미소 지으시고, 마티아도 빙그레 웃는다. 그리고 이제는 어린 아이가 그다지 조심을 하지 않기 때문에 다른 사람들도 깨는데 따라, 제자들과 사도들도 그 주의깊은 검사를 보고 빙그레 웃는다. 반쯤 벗은 포동포동한 자그마하고 귀여운 사람은 그 검사를 되풀이 하며, 예수를 머리에서 발끝까지 살펴보려고 그 몸 위를 왔다갔다

하는 데 기쁨을 느낀다. 그리고 마침내 이렇게 말한다. "몸을 돌려 봐!" 그리고 나서 설명한다. "날개를 보려고 그래." 그리고는 실망하여 묻는다. "왜 날개가 없어?"

"애야, 나는 천사가 아니란다."

"그렇지만 아저씨는 하느님이지! 아저씨가 날개가 없으면, 어떻게 하느님이 될 수 있어? 하늘엘 어떻게 갈 거야?"

"나는 하느님이다. 그리고 바로 내가 하느님이기 때문에 날개가 필요없다. 내가 하고 싶은 것을 하고, 또 무엇이든지 할 수 있다."

"그럼, 내게도 아저씨 눈같이 이쁜 눈을 만들어 줘. 아저씨 눈은 이쁘거든."

"아니다. 네가 가진 눈은 내가 준 거다. 그리고 그대로 있어도 내 마음에 든다. 차라리 네가 나를 점점 더 사랑하도록 올바른 사람의 영혼을 달라고 청해라."

"내 영혼도 아저씨가 내게 줬어. 그러니까 그대로 있어도 아저씨 마음에 들 거야" 하고 꼬마가 어린이다운 논리로 말한다.

"그렇다. 지금은 네 영혼이 죄가 없으니까 내 마음에 든다. 그렇지만 네 눈은 언제나 익은 올리브 빛깔 그대로이겠지만, 네 영혼은 하얗던 것이 만일 네가 나쁜 사람이 되면 까맣게 된다."

"나쁜 사람은 안 될 거야. 난 아저씨를 많이 좋아해. 그리고 아저씨가 났을 때 천사들이 말한 것처럼 나도 할래. '하늘에서는 하느님께 평화, 땅에서는 마음이 착한 사람들에게 영광' 하고." 꼬마는 틀리게 말한다. 그래서 어른들이 깔깔거리고 웃게 되었고, 꼬마는 그 때문에 자존심이 상하여 입을 다문다.

그러나 예수께서는 바로잡아 주시면서 그를 위로하신다. "하느님은 언제나 평화이시다. 애야, 하느님은 평화야. 그러나 천사들은 구세주가 난 것 때문에 하느님께 영광을 드렸고, 사람들에게는 내 탄생에서 올 평화를 얻기 위한 첫 규칙, 즉 '착한 뜻을 가지라'는 규칙을 주었다. 네가 원하는 착한 뜻 말이다."

"응, 그럼 그걸 내게 줘. 이 아저씨가 내가 영혼을 가지고 있다고 말한 자리에 넣어 줘" 하고 두 검지로 자기의 작은 가슴을 여러 번 두드린다.

"그래, 작은 친구야. 이름이 뭐니?"

"미카엘."

"능력 있는 대천사의 이름이로구나. 그러면 미카엘아, 네게 착한 뜻을 준다. 그리고 너는 천사인 네 수호자가 말한 것처럼 박해자들에게 '누가 하느님과 같으냐?' 하고 말하면서 참 하느님의 증거자가 되어라. 이제와 항상 강복을 받아라." 그러시면서 그에게 두 손을 얹으신다.

그러나 꼬마는 확신을 가지지 못해서 이렇게 말한다. "아니야, 여기 영혼에 입맞춤 해 줘. 그러면 아저씨의 강복이 안으로 들어가서 꼭 갇혀 있을 거야." 그러면서 그의 작은 육체와 숭고한 입술 사이에 아무런 장애물도 가로놓이지 않은 채 예수께서 입맞춤 하시도록 작은 가슴을 드러낸다.

거기 있는 사람들은 빙그레 웃는다. 그리고 동시에 감동한다. 그럴 만도 하다! 어떤 사람들은 본능으로 그랬다고 말하겠지만 나는 영의 자극으로 예수께로 갔다고 생각하는 무죄한 어린 아이의 놀라운 믿음은 참으로 감동시키는 것이다. 그래서 예수께서는 그것을 지적하시며 말씀하신다. "아! 모든 사람이 어린이의 마음을 가졌으면!…"

그러는 동안 시간이 흘렀다. 집이 활기를 띤다. 여자들과 어린이들과 남자들의 목소리가 들린다. 그리고 한 어머니가 외친다. "미카엘아! 미카엘아! 어디 있니?" 그리고 겁을 집어먹고, 마음에는 끔찍한 생각을 품고 깊은 우물을 들여다보는 것이 보인다.

"아주머니, 염려 마시오. 아들이 나와 같이 있어요."

"아이고! 저는 겁이 났었습니다.… 이 애가 하도 물을 좋아해서요…."

"또 사실 이 아이는 사람들에게 생명을 주려고 하늘에서 내려온 맑은 물에게로 왔소."

"이 애가 선생님을 방해했군요…. 이 애가 하도 살그머니 빠져나오는 바람에 저는 알아차리지를 못했습니다…" 하고 여인은 변명하느라고 말한다.

"오! 아니오! 나를 방해하지 않았소. 나를 위로했어요! 어린이들은 절대로 예수에게 고통을 주지 않아요."

남자들이 다가오고, 다른 여자들도 가까이 온다. 가장이 말한다.

"들어오셔서 요기를 하십시오. 그리고 선생님을 뵌 때부터 저희들이 집주인으로 모시지 못한 것을 용서하십시오…."

"용서할 것이 아무 것도 없습니다. 나는 여기 편하게 있습니다. 당신의 경의가 내게 모든 영광을 줍니다. 우리는 음식을 가지고 있었고, 당신의 우물물은 시원하고, 건초는 부드럽습니다. 사람의 아들에게는 이것이면 넉넉하고도 남습니다. 나는 시리아의 태수(太守)가 아닙니다."

예수께서는 음식을 드시려고 제자들이 뒤따르는 가운데 넓은 부엌으로 들어가신다. 그동안 마당에서는 남자들이 선생님의 말씀을 들으려고 벌써 사방에서 오는 사람들을 위하여 자리를 마련하고, 다른 남자들은 서둘러 음료와 식량을 준비하고, 복음전파자들에게 여행용 비축물을 드리기 위해 어린 양의 가죽을 벗기며, 여자들은 달걀과 버터를 가져온다. 버터는 베드로의 항의를 유발한다. 베드로는 이 더위에 그렇게도 잘 녹는 식량을 배낭에 넣어서 가져갈 수는 없다고 말하는데, 옳은 말이기는 하다. 그러나 단지들은 공연히 있는 것이 아니다…. 그래서 여자들은 단지 하나에 버터를 채우고, 뚜껑을 닫고, 할 수 있는대로 시원하게 하려고 우물속으로 내려보낸다.

예수께서는 고맙다는 인사를 하시고, 그 선물들을 제한하려고 하신다. 암 그렇고 말고! 그것은 헛수고이다. 다른 선물들이 사방에서 오고, 모두가 별로 드리는 것이 없다고 변명한다….

베드로가 중얼거린다. "여기에는 목자들이 있다는 걸 잘 알겠군. 여긴 기름지게 한 땅… 좋은 땅이야."

마당에는 사람들이 가득 찼는데, 아직 시원한 기운이 오지 않고, 마지막 햇살이 마당을 아직 스치고 있는 데도 태연하다.

예수께서 말씀을 시작하신다. "평화가 여러분과 함께 있기를! 나는 이스라엘의 선생의 가르침이 훌륭한 제자들의 보살핌으로 이곳에 벌써 알려졌다는 것을 봅니다. 그래서 여러분이 이미 알고 있는 것을 되풀이 해 말하려고 온 것은 아닙니다. 나는 여러분을 가르친 영광과 책임을 훌륭한 제자들에게 남겨두고, 또한 점점 더 그렇게 해서 내가 하느님께서 언약하신 사람이고, 내 말은 하느님의 말씀이라는 완전한 확신을 여러분에게 주기까지 하라는 소임을 그들에게 남겨 줍니다."

"그리고 선생님의 기적들은 하느님에게서 오는 것입니다. 복되신 선생님!" 하고 군중 가운데에서 한 여자의 목소리가 외친다. 그러니까 많은 사람이 그쪽을 보려고 몸을 돌린다. 여자는 건강해 보이는 얼굴로 웃는 어린 아이를 공중에 쳐들고 외친다. "선생님, 이 애가 '고운 내'에서 고쳐 주신 어린 요한입니다. 허리가 부러져서 아무 의사도 고칠 수가 없던 어린 아이를 믿음을 가지고 선생님께 데리고 갔었는데, 선생님이 품에 안고 앉히셔서 고쳐 주셨습니다."

"아주머니, 기억납니다. 당신의 믿음은 기적을 얻을만 했습니다."

"선생님, 그 믿음이 더 커졌습니다. 제 친척 모두가 선생님을 믿습니다. 애야, 가서 구세주께 고맙다는 인사를 드려라. 애가 선생님께 가도록 놔 두세요…" 하고 여자가 부탁한다. 그러니까 군중은 갈라져서 어린 아이가 지나가게 한다. 어린 아이는 예수를 껴안을 수 있도록 팔을 내밀고 예수를 향하여 급히 간다. 이 광경은 그 도시와 근방의 사람들의 호산나 소리와 이러니 저러니 하는 말들이 일어나는 가운데 벌어진다. 이 시골 사람들은 이미 그 사실을 알고 있어서 놀라지 않기 때문이다.

예수께서는 어린 아이의 손을 잡으시고, 말씀을 다시 시작하신다.

"자, 이제 감사하는 한 어머니로 인해서 내 본성이 확인되었고, 하느님의 마음에 대한 믿음의 힘도 확인되었습니다. 하느님께서는 자녀들의 신뢰하는 정당한 청을 절대로 실망시키지 않으십니다.

나는 여러분에게 유다 마카베오가 고르지아의 어마어마한 야영부대를 탐색하려고 이 평야에 왔을 때를 기억하라고 권합니다. 고르지아의 야영부대는 갑옷과 무기와 공성루(攻城樓)를 갖추고 전투훈련이 잘 되어 있는 보병 5천명과 기병 천명의 병력을 가진 강한 군대였습니다. 유다는 방패도 없고 검도 없는 그의 보병 3천명을 데리고 그들을 바라보고 있었는데, 그의 병사들의 마음에 공포가 스며드는 것을 느꼈습니다. 그 때에 유다는 그가 불의를 목표로 하지 않고 침략당하고 더렵혀진 조국을 지키는 것을 목표로 하고 있었기 때문에 하느님께서 인정하시는 정당한 권리로 힘을 얻어 이렇게 말했습니다. '수효로 인해서 겁을 집어먹지 말고, 저들의 공격을 두려워하지 말아라. 우리의 조상들이 파라오가 그의 대군을 거느리고 쫓아올 때에 홍해에서 어떻게 구원을 받았는지 기억하여라' 하고. 그리고 항상 의인들과 함께 계시는 하느님의 능력에 대한 믿음을 되살린 다음, 도움을 얻는 방법을 그의 병사들에게 가르쳤습니다. 그는 이렇게 말했습니다. '그러면 목소리를 하늘 높이 올려보내자. 그러면 주님이 우리를 불쌍히 여기실 것이고, 우리 조상들과 맺으신 계약을 기억하시고, 오늘 우리 앞에 있는 저 군대를 때려부수실 것이다. 그래서 이스라엘을 구원하시는 구세주께서 계시다는 것을 모든 민족이 알게 될 것이다.'

자, 보시오. 나는 여러분에게 의로운 일에 우리를 도와주시도록 하느님을 모시기 위하여 가장 중요한 두 가지 요소를 일러주겠습니다. 첫째 요소는 계약을 차지하기 위하여는 우리 조상들의 의로운 마음을 가져야 한다는 것입니다. 우리 성조들은 요구된 일이 별로 중요하지 않건 대단히 중요하건 간에 거룩하고 재빠르게 주님께 순종하였다는 것을 기억하시오. 그분들이 주님께 얼마나 큰 충성을 지켰는지를 상기하시오. 이스라엘에서 예전처럼 관대하신 주님을 모시지 못하게 되었다고 탄식하는 사람이 많습니다. 그러나 이스라엘이 아직 조상들의 마음을 가지고 있습니까? 누가 아버지와의 계약을 깨뜨렸고, 지금도 끊임없이 깨뜨리고 있습니까?

하느님을 모시고 있기 위해 가장 중요한 두번째 것은 겸손입니다. 유다 마카베오는 위대한 이스라엘 사람이었고, 위대한 군인이었습니다. 그러나 그는 '오늘 나는 저 군대를 때려부술 것이다. 그러면 내가 이스라엘의 구원자되는 것을 모든 민족이 알 것이다' 하고 말하지 않습니다. 그렇게 말하지 않고 '우리는 약해서 그렇게 할 수 없기 때문에 주님께서 우리 앞에서 저 군대를 때려부수실 것이다' 하고 말합니다. 하느님은 아버지이셔서 당신의 자녀들을 보살피시고, 그들이 멸망하는 것을 막기 위해서 당신의 강력한 군대를 보내시어 당신 자녀들의 적들을 초자연적인 무기로 공격하게 하십니다. 하느님께서 우리와 함께 계시면, 누가 우리를 이길 수 있습니까? 이것을 지금도 끊임없이 생각하고 장래에는 더 많이 생각하시오. 장래에는 사람들이 여러분을 이기려고 할 것이지만, 나라를 위한 싸움과 같은 상대적인 중요성을 가진 일 때문에가 아니라, 여러분의 영혼에 관한 일이기 때문에 현세에 있어서나 그 결과에 있어서나 훨씬 더 큰 중요성을 가진 일 때문일 것입니다. 공포나 교만에 지배되지 않도록 하시오. 두 가지가 다 손해를 입히는 것입니다. 만일 여러분이 내 이름 때문에 박해를 당하면, 하느님께서 여러분과 함께 계실 것이고, 박해 중에 여러분에게 힘을 주실 것입니다. 만일 여러분이 겸손하면, 만일 여러분이 여러분의 힘으로는 아무 것도 할 힘이 없지만 아버지와 결합해 있으면 무엇이든지 할 수 있다는 것을 인정하면, 하느님께서 여러분과 함께 계실 것입니다.

유다는 자기가 이스라엘의 구제자라고 자칭해서 자신을 돋보이게 하지 않고, 영원하신 하느님께 그 칭호를 드렸습니다. 과연 만일 사람들의 노력을 하느님께서 보살펴주지 않으시면 그들이 활동을 해도 소용없습니다. 이와 반대로 주님께 의지하는 사람은 활동을 하지 않고서도 승리를 거둡니다. 주님은 언제 승리로 상을 주시는 것이 옳고, 언제 패배로 벌하시는 것이 옳은지를 아십니다. 하느님을 판단하거나 하느님께 충고를 하거나 하느님을 비판하고자 하는 사람은 매우 어리석은 사람입니다. 조각가의 일을 지켜보던 개미가 '당신은 빈 틈없이 일할 줄을 모르는군요. 내가 당신보다 더 빠르게 더 잘 하겠소' 하고 말한다고 상상해 보시오. 사람이 하느님께 교훈을 드리고자 하면 이 개미와 꼭 같습니다. 그리고 우스꽝스러운 그의 모습에다가 자기는 피조물이고, 하느님은 조물주이시라는 것을 잊어버리는 배은망덕하고 건방진 사람의 모습을 합치는 것입니다. 그러므로 하느님께서 하느님 자신에게 충고할 수 있다고 믿을 수 있을 정도로 잘 창조된 존재를 만드셨으니, 모든 피조물을 만드신 분의 완전은 어떠하겠습니까? 이 생각 하나만으로도 넉넉히 교만을 꺾을 수 있고, 악마적인 저 나쁜 풀을 얼마든지 아주 없애버릴 수 있을 것입니다. 사람의 정신속에 슬그머니 뚫고 들어와서, 속속들이 침범하고, 그 자리에 대신 들어앉고, 질식시키고, 좋은 나무는 무엇이든지 죽이고, 세상에서 사람을 위대하게 만드는, 재산이나 명예가 아니라, 초자연적인 정의와 지혜로 정말 위대하게 만들고, 하늘에서는 영원히 복되게 만드는 모든 덕행을 죽이는 기생목(寄生木)을 아주 없애버리기에는 이 생각 하나만으로 충분하다는 말입니다. 또 위대한 유다 마카베오와 그날 이 평야에서 있은 일들이 우리에게 주는 다른 권고를 생각해 봅시다.

싸움이 시작되자, 하느님께서 함께 계시던 유다의 군대는 적을 이기고 패주시키고, 그들을 예제론, 아조, 이두메아, 얌니아까지 쫓아갔다고 역사는 말합니다. 그리고 적의 일부분을 죽여서, 들판에는 3천 이상의 시체를 남겨 놓았습니다. 그러나 유다는 승리에 취한 그의 병사들에게 말했습니다. '전리품을 탐내어 여기 머물러 있지 말아라. 전쟁은 끝나지 않았고, 고르지아는 군대를 거느리고 우리 가까이 산속에 있기 때문이다. 이제 우리는 아직 적을 공격하여 그들을 완전히 무찌를 일이 남아 있다. 그런 다음에는 마음놓고 전리품을 차지하여라.' 그래서 그들은 그대로 해서 확실한 승리를 거두고 전리품을 많이 얻고 해방되었습니다. 그리고 돌아오면서 하느님의 찬미를 노래했습니다. '하느님은 착하시고 그분의 자비는 영원하기' 때문입니다.

사람도, 어떤 사람도 유다인들의 거룩한 도시를 둘러싸고 있는 밭들과 같습니다. 외부와 내부의 적들에 에워싸여 있는데, 이 적들은 모두가 잔인하고, 모두가 각사람의 거룩한 도시, 즉 그의 영을 공격할 희망을 가지고 있고, 또 그 도시를 가지가지 계략으로 교묘하게 속여서 점령하기 위하여 뜻밖에 공격해서 그것을 파괴할 희망을 가지고 있습니다. 사탄이 길러 주고 자극하고, 사람은 그것을 억제하기 위하여 온 의지를 다해서 감시하지 않는 격정들은, 사람이 그것들을 억제하지 못하면 위험하지만, 사슬에 묶인 도둑처럼 감시하면 해가 없으며, 또 세상은 그것들을 가지고 육체와 돈과 교만의 모든 유혹을 써서 음모를 꾸미는데, 그것들은 갑옷을 입고 공성루와 활잡이들과 훌륭한 사수(射手)들과 빠른 기병들을 갖추고, 악의 명령만 내리면 언제든지 공격을 시작할 준비를 하고 있는 고르지아의 군대와 같습니다.

그러나 만일 하느님께서 의인이 되기를 원하는 사람과 함께 계시면 악이 무엇을 할 수 있습니까? 사람은 고통을 당하고 상처를 입을 것입니다. 그러나 그의 자유와 생명을 구할 것이고, 유리한 싸움을 한 뒤에 승리를 얻을 것입니다. 그러나 싸움은 한번만 일어나는 것이 아니라, 생명이 계속되는 동안, 또는 사람이 그의 인간성을 넉넉히 버리고, 육체보다는 오히려 영이 되지 않는 동안은 언제나 다시 시작 되는 것입니다. 하느님과 하나가 된 영에는 상처와 심한 공격과 전화 (戰火)가 깊은 상처를 입히지 못하고, 단단하고 반짝거리는 벽옥 위에 떨어지는 물 한방울이 할 수 있는 것과 같이 피상적으로만 때리고 나서 쓰러지는 것입니다.

여러분이 생명의 문턱에 있지 않은 한, 이 세상의 생명 말고 하늘나라의 참 생명의 문턱에 가 있지 않은 한, 전리품을 얻느라고 지체하지 말고, 정신을 딴 데로 팔지 마시오. 하늘나라의 생명의 문턱에 이르거든, 승리자로서 여러분의 전리품을 모아 가지고 왕 중의 왕의 앞으로 영광스럽게 나아가 말하시오. '저는 이겼습니다. 여기 제 전리품이 있습니다. 저는 이 일을 주님의 도우심과 제 착한 뜻으로 해냈습니다. 그래서 주님을 찬미합니다. 주님은 착하시고, 주님의 자비는 영원하십니다' 하고.

이것은 일반적으로 생명에 대해서, 모든 사람에 대해서 하는 말입니다. 그러나 여러분, 나를 믿는 여러분에게는 여러분을 노리는 다른 싸움이 한 가지 있습니다. 아니 여러 가지 싸움이 있습니다. 의심에 대한 싸움, 사람들이 여러분에게 할 말에 대한 싸움, 박해에 대한 싸움입니다.

나는 그것을 위해서 하늘에서 온 그곳에서 높이 쳐들릴 것입니다. 그 장소가 여러분을 무섭게 할 것이고, 내 말에 대한 부인으로 보일 것입니다. 그러나 그렇지 않습니다. 사건을 정신의 눈으로 바라보시오. 그러면 일어나는 일이 내 실제의 정체에 대한 확인임을 알게 될 것입니다. 즉 보잘 것없는 나라의 보잘 것없는 왕이 아니라, 예언자들이 예고한 왕이고, 그의 유일한 불멸의 옥좌 아래로는, 강들이 큰 바다로 흘러가는 것처럼, 세상의 모든 민족이 와서 '왕 중의 왕이시며 심판자여, 당신을 흠숭하나이다. 당신의 거룩한 희생으로 세상을 구속하셨기 때문입니다' 하고 말하리라는 것입니다.

의심을 물리치시오. 나는 거짓말을 하지 않습니다. 나는 예언자들이 말한 그 사람입니다. 조금 전에 요한의 어머니가 한 것처럼, 내가 여러분에게 한 것에 대한 기억을 되살려 이렇게 말하시오. '하느님의 행적은 이런 것이다. 하느님께서는 이것들을 믿기 위한, 바로 이 시간에 믿기 위한 기억으로, 확인으로, 도움으로 남겨 주셨다'고. 싸우시오, 그러면 영혼의 호흡을 조이는 의심을 이길 것입니다. 여러분이 들을 말에 대항해 싸우시오. 예언자들과 내 행적을 기억하시오. 그리고 적의를 품은 말에는 예언자들과 내가 하는 것을 여러분이 본 기적으로 대답하시오. 겁내지 마시오. 그리고 공포로 인해서 내가 여러분을 위해서 행한 기적을 말하지 않음으로 배은망덕하는 사람이 되지 마시오. 박해에 대항해서 싸우시오. 그러나 여러분을 박해하는 사람들을 박해하는 것으로 싸우지 말고, 죽인다는 위협으로 여러분을 설득해서 나를 버리게 하려고 하는 사람들에게 영웅적인 신앙 고백을 하는 것으로 싸우시오. 원수들과 끊임없이 싸우시오. 모든 원수와 여러분의 인간성에 대항해서, 여러분의 공포, 비열한 타협, 이해관계가 얽힌 관계맺음, 압력, 위협, 고문, 죽음에 대항해서 싸우시오.

죽음!

나는 자기 백성에게 '나는 즐기는데, 너희들은 고통을 당하여라' 하고 말하는 우두머리가 아닙니다. 그렇지 않고, 여러분에게 모범을 보이기 위하여 내가 먼저 고통을 당합니다. 나는 자기 군대에게 '나를 보호하기 위하여 싸우고, 내 목숨을 건지기 위해 너희들이 죽어라' 하고 말하는 군의 지휘자가 아닙니다. 그렇지 않고, 내가 제일 먼저 싸웁니다. 여러분에게 죽는 법을 가르치기 위해 내가 제일 먼저 죽겠습니다. 이와 같이, 가난을 권장하면서 내가 가난한대로 있었고, 금욕을 권장하면서 내가 순결을 지켰고, 절제를 권하면서 내가 절제하였고, 정의를 권장하면서 정의로웠고, 용서를 권장하면서 내가 용서했고 또 용서할 것입니다. 이 모든 것을 한 것과 같이 마지막 일도 또 하겠습니다. 어떻게 구속하는지를 여러분에게 가르쳐 두겠습니다. 그것을 말로 가르치지 않고 사실로 가르치겠습니다. 가장 힘드는 순종, 즉 죽는 순종을 함으로써 순종하는 것을 여러분에게 가르치겠습니다.

나는 나를 하늘에서 빼앗아 온 인류를 내 요람의 짚 위에 누워 있으면서 용서한 것과 같이, 내 최후의 고통 중에서 용서함으로써 여러분에게 용서하는 것을 가르치겠습니다. 나는 이제까지 항상 용서한 것과 같이 미래에도 용서하겠습니다. **모두를. 내게 관한 한, 모두를.** 내 작은 원수를, 즉 소극적이고, 무관심하고, 잘 변하는 사람들을, 그리고 내 능력과 그들을 구원하고자하는 내 갈망에 대하여 무감각하다는 고통을 내게 줄 뿐 아니라, 하느님을 죽이는 사람들이라는 고통을 내게 주고, 미래에도 줄 큰 원수들도 용서하겠습니다. 나는 용서하겠습니다. 그리고 하느님을 죽이는 사람으로 뉘우치지 않는 사람들에게는 내가 사죄(赦罪)를 줄 수 없겠으므로, 그들을 위하여 아버지께… 그들을 용서해 주십사고 마지막 고통으로 또 청하겠습니다…. 그들은 사탄의 술로 취해 있기 때문입니다…. 나는 용서하겠습니다…. 그리고 여러분도 내 이름으로 용서하시오. 그리고 사랑하시오. 내가 사랑하는 것과 같이 내가 여러분을 사랑하고 또 영원히 사랑할 것과 같이 사랑하시오.

안녕히들 계십시오. 저녁빛이 내려 깔립니다. 함께 기도합시다. 그리고 각기 마음속에 주님의 말씀을 간직하고 집으로 돌아가시오. 그리고 여러분이 친구요 선생인 여러분의 구제주의 말을 더 듣기를 갈망할 때에, 여러분의 정신을 하늘로 올려보내서, 여러분을 자기 자신보다 더 사랑한 그분을 찾아낼 수만 있게 될 때에, 그 말씀이 여러분의 장래의 굶주림을 달래는 낟알이 많은 이삭이 되기를 바랍니다."

"하늘에 계신 우리 아버지…." 그리고 예수께서는 북향한 면의 우중충한 벽에 기대 세워진 높고 흰 십자가 모양으로 팔을 벌리시고 주의 기도를 천천히 외신다.

그런 다음 모세의 축복으로 강복하시고, 어린이들을 껴안으시고, 또 강복하신다. 예수께서는 작별 인사를 하시고, 엠마오에 들어가시지 않고, 엠마오를 끼고 북쪽을 향하여 가신다.

황혼의 보라빛이 점점 더 당신의 운명을 향하여 가시고 또 가시는 선생님의 다정스러운 환영을 천천히 삼켜버린다. 어둡기 시작하는 마당에는 조용한 고통의 적막이 흐른다…. 일종의 기다림이…. 그러다가 어린 미카엘의 울음이, 혼자 있게 된 어린 새끼양의 울음이 매혹된 것같은 분위기를 깨뜨리니, 많은 눈이 눈물에 젖고, 많은 입술이 어린 아이의 순진한 말을 되풀이 한다. "아이고! 왜 갔어? 돌아와요, 돌아와!… 주님! 예수를 돌아오게 해요." 그리고 예수께서 정말 사라지시자, 기정사실을 슬프게 확인한다. "예수가 없어졌어!" 하고. 어린 미카엘의 어머니가 그를 위로하려고 애쓰지만 소용없다. 미카엘은 엄마보다 더한 것을 잃은 것처럼 울고, 엄마의 품에서도 예수께서 사라지신 지점만을 바라다 보며 팔을 내밀면서 "예수! 예수!" 하고 부른다…. 예수께서는 좀 더 멀리 가기를 기다리셨다가 말씀하신다. "우리는 요빠로 간다. 제자들이 그곳에서 일을 많이 했고, 그곳 사람들이 주님의 말씀을 기다린다."

길을 더 많이 걷는다는 계획에 대하여는 별로 열광하지들 않는다. 그러나 열성당원 시몬은 요빠에서는 니고데모와 요셉의 소유지에 빨리 갈 수 있고, 그것도 훌륭한 길로 간다는 것을 지적한다. 요한은 바다로 가는 것을 좋아한다. 그러니까 다른 사람들도 이러한 고찰에 끌려서 결국은 바다 쪽으로 가는 길로 더 기꺼이 간다.

95. 요빠에서 예수께서 가리옷의 유다와 이방인들에게 말씀하시다

나는 예수께서 어떤 집 안마당에 앉아 계신 것을 본다. 그 집은 호화롭지는 않지만 적당한 모습을 하고 있다. 예수께서는 매우 피로하신 것같다. 전이 별로 높지 않은 우물 곁에 있는 돌걸상에 앉아 계신데, 우물 위에는 둥근 지붕 모양으로 초록색 덩굴을 올린 것이 있다. 포도송이들이 형성되기 시작한다. 꽃이 떨어진지가 얼마 되지 않은 모양이어서, 포도알들은 푸른 꽃자루 끝에 달린 좁쌀알 같다. 예수께서는 오른 무릎에 오른 팔꿈치를 얹으시고, 손바닥에 턱을 괴고 계신다. 때로는 더 편한 자세를 찾아내려고 하시는듯 팔을 구부려 우물전에 얹으시고, 주무시려는 것처럼 팔 위에 머리를 얹으신다. 그러면 예수의 피로한 얼굴이 머리카락에 가려지는데, 그렇지 않으면, 적갈색을 띤 금발의 굽슬굽슬한 머리카락 사이로 얼굴이 창백하고 근엄한 모습으로 나타난다.

한 여인이 손이 밀가루 투성이가 된 채 집의 어떤 방에서 마당 맞은 편에 있는 방으로 왔다갔다 하는데, 그 작은 방에는 화덕이 있는 모양이다. 그 여자는 매번 예수를 바라보지만, 그의 휴식을 방해하지는 않는다. 해가 지붕 위의 옥상 꼭대기를 겨우 스치는데, 점점 덜 스치다가 마침내 완전히 사라지는 것으로 보아 저녁이 가까워진 모양이다.

비둘기가 열 마리쯤 마지막 식사를 하려고 구구거리며 마당으로 내려온다. 그 놈들은 이 알지 못하는 사람이 어떤 사람인지 보려는 듯이 예수 둘레를 맴돌며 감히 땅바닥에 내려앉지 못한다. 예수께서는 깊은 생각을 하시던 것을 그만두시고, 미소를 지으시고, 손바닥을 위로 하고 손을 내미시며 말씀하신다. "너희들 배가 고프니? 이리 오너라" 하고 마치 사람들에게 말씀하듯 하신다. 가장 대담한 비둘기가 그 손에 내려 앉는다. 그 비둘기 다음으로 또 한 마리, 또 한 마리. 예수께서는 빙그레 웃으신다. "나는 아무 것도 없다" 하고 비둘기들이 자주 구구거리는 앞에서 말씀하신다. 그리고는 큰 소리로 부르신다.

"여보시오! 당신의 비둘기들이 배가 고파요! 비둘기 모이가 있소?"

"예, 선생님. 문간 아래 자루에 들어 있습니다. 제가 가겠습니다."

"내가 할 테니 그만두시오. 내가 주겠소. 이렇게 하는 것이 나는 좋아요."

"비둘기들이 오지 않을 텐데요. 그 놈들이 선생님을 알지 못하니까요."

"오! 내 어깨에 앉아 있고, 머리 위에까지 앉아 있소!…"

사실 예수께서는 가슴이 납빛깔인 비둘기로 만들어진 이상한 깃털 장식을 달고 걸으신다. 비둘기의 납빛깔 가슴은 빛깔이 여러 가지로 변하는 값진 갑옷 같다.

여자는 믿을 수 없다는 듯이 나타나더니 "오!" 하는 소리를 지른다.

"보시오. 비둘기들이 사람들보다 낫소. 비둘기들은 누가 그 놈들을 사랑하는지 아오. 사람들은… 그렇지 못한데."

"선생님, 지난 일은 생각하지 마십시오. 여기에는 선생님을 미워하는 사람이 별로 없습니다. 다른 사람들은 거의 모두가 선생님을 사랑하고, 적어도 존경은 합니다."

"오! 나는 그 때문에 마음이 어지럽지는 않소. 내가 이 말을 하는 것은 짐승이 사람보다 나은 때가 많다는 것을 지적하려고 한 것이오."

예수께서는 자루 주둥이를 벌리고 긴 손을 넣어 황금색 낟알을 꺼내서 당신 겉옷자락에 놓으신다. 자루 주둥이를 다시 묶으시고, 저희들이 직접 먹으려고 하는 비둘기들의 침입을 막으면서 마당 가운데로 돌아오신다. 그리고 겉옷 자락을 펴서 모이를 땅바닥에 쏟아 놓으시고, 탐욕스러운 비둘기들이 싸우고 다투는 것을 보고 웃으신다. 식사는 이내 끝났고, 비둘기들은 아직 예수를 쳐다보면서 우물 곁에 있는 오목한 접시에 있는 물을 먹는다.

"이제는 가라. 이젠 아무 것도 없다."

비둘기들은 좀 더 예수의 어깨와 무릎 위로 포롱포롱 날아 다니다가 그 놈들의 둥지로 돌아간다. 예수께서는 다시 명상에 잠기신다.

대문을 꽝꽝 두드리는 소리가 들린다. 여자가 달려 나가 문을 연다. 제자들이다.

"오너라" 하고 예수께서 말씀하신다.

"돈을 거지들에게 나누어 주었느냐?"

"그랬습니다, 선생님."

"동전 한닢 남기지 않고? 우리가 받은 것은 우리를 위한 것이 아니라, 자선을 위한 것임을 기억하여라. 우리는 가난해서 남의 동정으로 살아 간다. **자기의 임무를 인간적인 목적에 이용하는 사도는 불행하다!**"

"그러다가 어느 날 빵이 떨어지고, 참새들처럼 밀이삭을 비벼 밀알을 먹는다고 해서 율법을 어긴다는 비난을 받으면 어떡합니까?"

"유다야, 무엇이 부족한 때가 있었느냐? 나와 같이 있은 뒤로 절대로 필요한 어떤 것이 없은 적이 있었느냐? 어떤 때 쇠약해서 길에서 쓰러진 적이 있었느냐?"

"없었습니다, 선생님."

"내가 네게 '오너라' 하고 말했을 때, 내가 안락과 재물을 약속했느냐? 내 말을 듣는 사람들에게 말할 때, '내 사람들'에게 이 세상에서 행복을 주겠다고 약속한 적이 있었느냐?"

"없었습니다."

"그러면 유다야? 왜 이렇게까지 변했느냐? 네 불만족과 네 냉담이 내게 고통을 준다는 것을 알지 못하고 깨닫지 못하느냐? 그 불만족이 네 형제들에게 번지는 것을 보지 못하느냐? 벗 유다야, 어찌하여 이와 같은 운명에 불리고, 그렇게도 열광적으로 내 사랑과 내 빛에 온 네가 이제는 나를 버리느냐?"

"선생님, 저는 선생님을 버리지 않습니다. 저는 선생님과 선생님의 이익과 선생님의 성공을 가장 걱정하는 사람입니다. 정말입니다."

"나도 그것은 안다. 너는 그것을 인간적으로 원한다. 내 벗 유다야,

그러나 내가 원하는 것은 그것이 아니다…. 나는 인간적인 대성공과 인간적인 왕권과는 아주 다른 일을 위하여 왔다…. 내가 온 것은 친구들에게 인간적인 승리의 조각들을 주기 위해서가 아니라, 크고 풍성한 상을 듬뿍 주려고 온 것이다. 그것은 하도 가득 차서 상이라고 할 수도 없는 상이니, 내 영원한 나라에 참여하는 것이며, 하느님의 자녀의 권리에 한 몫끼는 것이다…. 오! 유다야! 왜 이 숭고한 상속에 네가 열광하지 않느냐? 이 상속에는 포기로 이르게 된다. 그러나 이 상속은 황혼을 모른다. 유다야, 더 가까이 오너라.

알겠지? 우리는 지금 단 둘이 있다. 다른 사람들은 내가 내… 재물, 사람의 아들이며 하느님의 아들인 내가 하느님과 사람의 이름으로 사람에게 주라고 받는 기부금을 나누어 주는 사람인 너에게 말하기를 원한다는 것을 깨달았다. 그래서 그들은 집 안으로 들어갔다. 유다야, 우리의 마음이 멀리 있는 우리 집 쪽으로, 우리 어머니들에게로 날아가는 저녁의 이렇게도 아늑한 이 시간에 우리 단 둘이 있다. 우리 어머니들은 혼자 드실 저녁을 준비하시면서, 아마도 지극히 거룩하신 뜻이 하느님을 영과 진실로 사랑하게 하라고 우리를 받아 들이신 이 하느님의 시간 이전에 우리가 앉던 자리를 손으로 쓰다듬으실 것이다.

우리 어머니들! 어머니의 예수의 벗들인 너희를 극진히 사랑하시고, 너희를 위하여 기도하시는 지극히 거룩하시고 지극히 깨끗하신 내 어머니… 그리스도의 어머니로서의 모성의 고민 가운데에서 내가 **너희들의** 애정으로 둘러싸여 있다는 것을 아시는 그 평화밖에 가지지 못하신 내 어머니… 벗아, 내 어머니의 그 마음을 실망시키지 말고 상해 드리지 말아라. 다만 나쁜 행동 하나만으로도 그 마음을 상해 드리지 말아라! 유다야, 네 어머니는, 네 어머니는 우리가 마지막으로 가리옷에 들렀을 때 내게 축복하기를 그치지 않고, 내 발에 입맞춤을 하려고 했다. 그것은 어머니의 유다가 하느님의 빛속에 있는 것이 기쁘기 때문이었다. 네 어머니는 이렇게 말씀하셨다. '오! 선생님! 제 유다를 거룩하게 만들어 주십시오! 어머니의 마음이 자식의 행복 말고 무엇을 원하겠습니까? 그리고 영원한 행복보다 더 큰 행복이 어떤 행복입니까?' 유다야, 사실 내가 너희를 데려 가고자 하는

95. 요빠에서 예수께서 가리옷의 유다와 이방인들에게 말씀하시다

행복, 내 길로 가야만 거기에 이르는 행복보다 더 큰 행복이 어떤 행복이냐? 유다야, 네 어머니는 거룩한 여인이고, 참된 이스라엘의 딸이시다. 나는 네 어머니가 내 발에 입맞춤 하는 것을 못하게 했다. 그것은 너희가 내 벗들이기 때문이고, 너희 모든 어머니들을, 착한 모든 어머니를 내 어머니로 보기 때문이다. 유다야, 그리고 나는 너희가 너희 어머니를 볼 때에 공동구속자(共同救贖者)라는 아주 무서운 운명을 가지신 내 어머니로 보기를 바라며, 내 어머니를 죽이는 것은 너희들의 어머니를 죽이는 것같이 너희들에게 생각되겠지…. 때문에 너희가 내 어머니를 죽이기는 원치 않기를, 정말 그렇게 원치 않기를 바란다.

　유다야, 울지 말아라. 왜 우느냐? 만일 네 마음에 네 어머니와 내 어머니에 대한 가책이 될 만한 것이 아무 것도 없으면 왜 그 눈물을 흘리느냐? 이리 와서, 네 머리를 내 어깨에 얹고, 네 벗에게 네 고민을 말하라. 실수를 했느냐? 실수를 하려고 하느냐? 오! 혼자 있지 말아라! 너를 사랑하는 사람의 도움으로 사탄을 이겨라. 유다야, 나는 예수이다. 나는 병자들을 고치고, 마귀를 내쫓는 예수이다. 나는 구원하는 예수이고… 너를 몹시 사랑하고, 네가 그렇게 약해진 것을 보고 괴로워하는 예수이다. 나는 일곱번씩 일흔번을 용서하라고 가르치는 예수이다. 그러나 나는, 나는, 내게 관해서는 일곱번씩 7백번을, 7천번을 용서하는 예수이다…. 그리고 만일 죄지은 사람이 뉘우치면서 '예수님, 저는 죄를 지었습니다' 하고 말하면, 내가 용서하지 않는 죄가 없다, 유다야. 내가 용서하지 않는 죄가 없다, 유다야. 내가 용서하지 않는 죄가 없다, 유다야. 그보다도 더 못하게 '예수님!' 하고 부르기만 해도 아니 그보다도 더 못하게, 애원하면서 나를 쳐다보기만 해도. 그리고 벗아, 내가 제일 먼저 용서해 주는 죄들을 누구에게 용서해 주는지 아느냐? 가장 죄 많은 사람들과 가장 많이 뉘우치는 사람들에게 용서해 준다. 또 내가 제일 먼저 용서해 주는 죄가 어떤 것인지 아느냐? 내게 대해 지은 죄들이다.

　유다야?… 네 선생에게 대답할 말이 없느냐?… 네 고민이 너무 커서 네 말문을 막는단 말이냐? 내가 너를 고발할까봐 염려하느냐? 염려하지 말아라! 너를 내 가슴에 안고 이렇게 내게 말을 하기를 원하

는 것이 아주 오래 전부터이다. 함께 태어나서 한 요람에 누워 있었던 두 쌍동이처럼, 거의 한 육체로 되어 있고, 따뜻한 젖가슴을 서로 바꾸며, 엄마젖의 단 맛과 동시에 형제의 침맛을 느낀 두 어린 아이처럼. 지금 나는 너를 차지하고 있으니, 내가 너를 고쳐 주었다고 네가 말해 줄 때까지 너를 떠나지 않겠다. 유다야, 염려 말아라. 내가 원하는 것은 고백이다. 이 대화가 끝난 다음에는 우리 얼굴이 서로의 평화와 서로의 사랑으로 하도 빛날 것이니까 네 동료들은 이것이 사랑의 대화라고 생각할 것이다. 그리고 오늘 저녁 식사 때에 너를 내 가슴에 안고, 내 자신의 빵을 소스에 담가서 귀염둥이에게처럼 네게 주어서, 그들이 점점 더 그렇게 믿도록 하겠다. 그리고 하느님께 감사를 드린 다음 포도주잔을 제일 먼저 네게 주겠다. 유다야, 너는 축연의 왕이 될 것이고, 또 실제로 왕일 것이다. 내가 사랑하는 영혼아, 만일 네가 네 먼지를 깨끗하게 하는 내 가슴에 털어서 너를 깨끗하게 자유롭게 하면, 너는 신랑의 신부가 될 것이다.

너는 아직도 네 괴로움을 내게 털어놓지 않겠느냐?"

"선생님은 어머니에 대해서… 집에 대해서… 선생님의 사랑에 대해서… 몹시 다정스럽게 말씀하셨습니다…. 약한 한 순간이었습니다…. 저는 몹시 지쳤습니다…. 그리고 얼마 전부터 선생님이 저를 그렇게 사랑하시지 않게 된 것처럼 생각되었습니다."

"아니다. 그것이 아니다. 네 말에는 한 가지 진실밖에 없다. 그런데 그것은 네가 지쳤다는 것이다. 길, 먼지, 햇볕, 진흙, 군중 때문에 지친 것이 아니라, **네게 지친 것이다.** 네 영혼은 네 육체와 네 정신에 싫증이 났다. 하도 싫증이 나서 마침내 치명적인 권태로 죽고야 말 것이다. 내가 영원한 찬란함을 누리라고 부른 가엾은 영혼! 내가 너를 사랑하는 것을 알고, 내 사랑에서 그를 억지로 잡아 떼낸다고 너를 비난하는 가엾은 영혼! 내가 내 사랑으로 너를 어루만져도 소용 없는 것과 같이, 네 선생에 대해서 음험하게 행동한다고 너를 나무라지만 효력을 얻지 못하는 가엾은 영혼이다. 그러나 내가 행동하는 것이 아니다. 너를 미워하고 나를 미워하는 자가 행동하는 것이다. 그렇기 때문에 네게 '혼자 있지 말아라' 하고 말한 것이다. 자, 잘 들어라. 내가 밤을 대부분 기도로 보낸다는 것을 너는 안다. 만일 어느

날 네가 사람이 되겠다는 용기와 새 사람이 되겠다는 의지가 생기는 것을 느끼거든, 네 동료들이 자는 동안에 내게로 오너라. 별들과 꽃들과 새들은 조심성 있고 착하고 침묵을 지키고 동정심이 가득한 증인들이다. 별들은 그 빛 아래에서 일어나는 범죄를 보고 소스라치게 놀란다. 그러나 사람들에게 '이 사람은 그의 형제를 죽인 카인이오' 하고 말할 수 있는 목소리가 없다. 알아들었느냐, 유다야?"

"예, 선생님. 그러나 정말이지, 저는 권태와 흥분 외에 다른 것은 아무 것도 가지지 않았습니다. 저는 선생님을 진심으로 사랑합니다. 그리고…."

"됐다, 그만 해 두어라."

"제게 입맞춤을 안 해 주십니까, 선생님?"

"그러마, 유다야. 그리고 다른 입맞춤도 여러 번 주겠다…."

예수께서는 괴롭게 깊은 한숨을 쉬신다. 그러나 유다의 뺨에 입맞춤 하신다. 그리고 그의 머리를 양손으로 잡으시고, 그 머리를 당신 앞에 몇 센티미터 되는 것에 꼭 붙잡으시고, 뚫어지게 들여다보시고, 살펴보시고, 당신의 매혹적인 시선으로 꿰뚫어보신다. 그런데 그 불행한 유다는 몸을 떨지 않는다. 그는 이렇게 검사를 받으면서도 겉으로 보기에는 태연하게 있다. 다만 조금 창백해지고, 잠깐 동안 눈을 감기만 한다.

그러니까 예수께서는 내리깔린 그의 눈꺼풀에 입맞춤 하시고, 그 다음에는 제자의 심장을 찾아내려고 머리를 숙이시고 그의 심장 있는 곳에 입맞춤 하신다. 그리고 말씀하신다. "자, 이것은 구름을 흩어버리기 위한 것이고, 네 예수의 다정스러움을 네게 느끼게 하기 위한 것이고, 네 마음을 튼튼하게 하기 위해서이다." 그리고 그를 놓아 주시고, 집으로 향하여 가시니, 유다도 따라온다.

"마침 잘 오셨습니다. 선생님! 모든 것이 준비되어서 선생님만을 기다리고 있었습니다" 하고 베드로가 말한다.

"좋다. 나는 유다와 여러 가지 이야기를 했다…. 그렇지, 유다야? 아들이 피살된 그 가엾은 노인을 보살펴야 할 것이다."

"아!" 하고 유다는 마음을 완전히 안정시키고, 또 혹 다른 사람들이 의심을 하면 그 의심을 딴 데로 돌리게 하려고 재빨리 기회를 붙잡는다. "아! 선생님, 아십니까? 오늘 저희들은 그리이스의 로마 식민지의 유다인들과 섞인 이방인들의 일단에게 붙잡혔었습니다. 그들은 많은 것을 알고 싶어했습니다. 저희들은 능력껏 대답했습니다만, 물론 저희들은 그들을 설득하지 못했습니다. 그렇지만 그들은 친절해서 저희들에게 돈을 많이 주었습니다. 여기 있습니다. 선생님, 우리는 많은 자선을 행할 수 있을 것입니다." 그러면서 유다는 호화로운 가죽으로 만든 큰 주머니를 탁자 위에 내놓는다. 주머니는 은소리를 낸다. 그 주머니는 어린 아이 머리만 하다.

"좋다, 유다야. 돈을 공평하게 나누어 주어라. 그 이방인들이 무엇을 알고자 하더냐?"

"내세에 대한 일들입니다…. 사람이 영혼을 가지고 있는지, 영혼이 불멸의 것인지. 그들은 그들의 선생들의 이름을 말했습니다. 그러나 저희들이… 무슨 말을 할 수 있었습니까?"

"그 사람들에게 오라고 말해야 하는건데 그랬다."

"저희들이 그렇게 말했습니다. 아마 올 겁니다."

식사가 계속된다.

예수께서는 유다를 당신 옆에 앉히시고, 구은 고기 접시에 있는 소스에 빵을 담가서 그에게 주신다. 그들이 작은 검정올리브를 먹고 있는 중인데, 문 두드리는 소리가 들린다. 그리고 조금 있다가 집주인 여자가 들어와 말한다.

"그 사람들이 선생님을 뵙겠다고 합니다."

"누구요?"

"외국인들입니다."

"아니 그건 불가능한 일이오!"

"선생님은 피곤하셔요!"

"하루 종일 걸음을 걸으시고 말씀을 하셨어요!"

"또 그리고 이방인들을 집에 들이다니! 안 될 말이오!" 열두 제자는 벌집을 쑤셔 놓은 것처럼 떠들썩하다.

"쉬! 조용히 해라! 나를 찾는 사람의 말을 듣는 것은 내게 있어서 피로가 아니다. 그것은 내 휴식이다."

"이런 시간이니, 혹 계략일지도 모릅니다!…."

"아니다, 계략이 아니다. 너희들 조용히 있으면서 쉬어라. 나는 너희들을 기다리면서 벌써 쉬었다. 나는 가겠다. 너희들에게 나와 같이 오라고 부탁하지는 않겠다. 하기는… 하기는 너희들이 바로 이방인들 가운데에 유다교를 전해야 할 터인데 그 유다교는 이미 그리스도교에 지나지 않을 것이라고 말하겠다마는, 여기서 기다리고 있어라."

"혼자서 가십니까? 아! 그건 절대로 안 됩니다!" 하고 베드로가 말하며 일어난다.

"그대로 있어라. 나 혼자 가겠다."

예수께서는 나가신다. 그리고 길로 향한 문에 나타나신다. 황혼속에 많은 사람이 기다리고 있다.

"평화가 여러분과 함께 있기를. 당신들이 나를 보겠다고 했습니까?"

"선생님, 안녕하십니까?" 로마식 옷을 입은 위엄있는 노인인데, 그 옷은 머리에 쓴 두건이 달린 둥근 겉옷아래로 비죽 나와 있다. "우리는 오늘 선생님의 제자들과 말을 했습니다만, 그 사람들은 많은 설명을 해 주지 못했습니다. 그래서 선생님과 말씀을 나누었으면 합니다."

"당신들이 많은 기부금을 주신 분들입니까? 하느님의 가난한 사람들을 대신해서 감사합니다!" 그리고 예수께서는 집주인 여자에게 말씀하신다. "아주머니, 나는 이분들과 같이 나갑니다. 내 제자들에게 해변 근처로 나를 찾으러 오라고 말하시오. 내가 보는 것이 틀림없다면, 이분들은 상점의 상인들이니까요…."

"또 항해자들도 있구요. 선생님께서 잘 보셨습니다."

그들은 환한 달빛으로 비추어진 길로 모두 함께 나간다.

"당신들은 멀리서 오셨습니까?" 예수께서는 집단의 가운데에 계신데, 제일 먼저 말한 노인이 곁에 있다. 뚜렷한 라틴족의 얼굴 모습을 한 잘 생긴 노인이다. 다른 쪽에는 뚜렷하게 히브리인 얼굴을 가진 중년의 다른 사람이 있고, 그 둘레로는 살갗이 올리브 빛깔인 꽤 마른 두세 사람이 있는데, 쾌활하고 약간 빈정거리는 듯한 눈을 하고 있으며, 여러 연령층의 튼튼한 다른 사람들이 또 있다. 모두 해서 한 열명쯤 된다.

"우리는 그리이스와 아시아의 로마 식민지에서 왔습니다. 더러는 히브리인들이고 더러는 이방인들입니다. 이 때문에 감히 오지 못했었습니다…. 그러나 선생님은… 다른 사람들이 하는 것처럼… 이방인들을 업신여기지 않는다고 사람들이 안심시켜 주었습니다…. 다른 사람들이라고 한 것은 세심한 유다인들, 이스라엘 사람들을 말하는 것입니다. 다른 곳에도 유다인들이 있는데… 그들은 덜 엄격하기 때문입니다. 그래서 나는 로마인이지만 아내는 리카오니아의 유다인이고, 이 사람은 에페소의 히브리인인데, 아내는 로마 여자입니다."

"나는 아무도 업신여기지 않습니다. 그러나 **조물주가 한 분뿐이시기 때문에 모든 사람이 같은 혈족이라는** 것을 아직 생각할 줄 모르는 사람들에 대해서 관대해야 합니다."

"우리는 선생님이 철학자들 가운데에서도 위대한 분이시라는 것을 알고 있습니다. 그리고 선생님이 말씀하시는 것이 그것을 확인합니다. 위대하고 착하시다는 것을."

"선을 행하는 사람이 착하지, 말을 잘하는 사람이 착한 것이 아닙니다."

"선생님은 말씀도 잘 하시고, 착하게 행동도 하십니다. 그러니까 착하십니다."

"내게서 무엇을 알고 싶으십니까?"

"선생님! 오늘, 저희 호기심으로 선생님을 피곤하게 해 드린다면, 용서해 주십시오. 그러나 좋은 호기심도 있습니다. 그것은 진리를 찾는 호기심이니까요…. 오늘 저희들은 고대 그리이스의 철학자들이 희미하게 나타낸 학설에 대한 지식을 선생님의 제자들에게서 알려고 했습니다. 그런데 선생님은 그 학설을 더 광범하고 더 아름답게 다시 가르치기 시작하신다는 말을 들었습니다. 제 아내 에우니카가 선생님의 말씀을 들은 유다인들과 말을 했는데, 그 말들을 제게 되풀이해 주었습니다. 그리이스 여자인 에우니카는 교양이 있고, 조국의 현인들의 말을 알고 있거든요. 제 아내는 선생님의 말씀과 그리이스의 한 위대한 철학가의 말 사이에 일치하는 점들을 발견했습니다. 그리고 선생님이 하신 말씀들이 에페소에까지 이르렀습니다. 그래서 어떤 사람들은 장사를 하려고, 또 어떤 사람들은 종교의식을 행하려고 이 항구에 와서, 친구들끼리 서로 다시 만나서 말을 했습니다. 사업을 한다고 해서, 더 고상한 것도 생각하지 못하게 되지는 않습니다. 이제 가게에 물건을 가득 채우고, 배에 짐을 실어 놓았으니까. 저희는 이 의문을 풀 시간이 있습니다. 선생님은 영혼이 영원하다고 말씀하시는데, 소크라테스도 영혼이 불멸의 것이라고 말했습니다. 그리이스 선생의 말을 아십니까?"

"아니오. 나는 로마와 아테네의 학교에서 공부하지 않았습니다. 그러나 말하시오. 그래도 당신의 말을 알아듣습니다. 그리이스 철학자의 생각을 모르지 않습니다."

"소크라테스는 우리 로마 사람들이 믿는 것과는 반대로, 또 선생님네 사두가이파 사람들이 믿는 것과도 반대로, 사람은 영혼을 가지고 있고, 영혼은 죽지 않는다는 것을 인정하고 주장합니다. 그의 말에 의하면, 영혼은 그러하기 때문에, 영혼에게 있어서는 죽음이 감옥에서 해방되어, 그가 사랑했던 사람들과 합쳐지는 자유로운 곳으로 건너가는 것이라고 합니다. 그곳에서 영혼은 그들의 생각에 대해서 말하는 것을 들었던 현자들을 알게 되고, 위인, 영웅, 시인들을 알게 된다고 합니다. 그리고 그곳에서는 불의도 고통도 당하지 않고, 의롭게 산 불멸의 영혼들을 받아들이는 평화의 거주지에서 영원한 지복을 얻게 된다고 합니다. 선생님은 거기 대해서 어떻게 생각하십니까?"

"나 진정으로 말합니다만, 그리이스의 선생은, 참되지 않은 종교의 오류를 가지고 있으면서도, 영혼이 죽지 않는다고 말한 것은 진리를 말한 것입니다. 진리를 찾고 덕행을 닦는 그분은 그의 정신속에서, 알지 못하는 하느님, 참 하느님, 유일한 하느님의 목소리가 속삭이는 것을 느꼈던 것입니다. 그 하느님은 내가 사람들을 진리로 데려오기 위해서 떠나온 지극히 높으신 아버지이십니다. 사람은 하나이고, 참되고, 영원하고, 주인이며, 상이나 벌을 받을 만한 일을 할 수 있는 영혼을 가지고 있습니다. 이방인인 당신들은 사실은 감탄할 만한 작품이고, 그 위에 영원한 분의 엄지손가락의 흔적이 남아 있는 육체를 예찬하는데 너무 골몰합니다. 당신들은 당신들의 머리의 보석상자속에 들어 있으면서 거기에서 숭고한 광선을 흘러나오게 하는 보석인 지능을 너무 찬미합니다. 지능은 여러분을 당신 생각에 따라서 당신 생각에 비슷하게, 그러니까 기관과 사지가 있는 완전한 작품으로 만드시고, 당신들에게 당신의 생각과 당신의 영과의 유사성(類似性)을 주신 창조주 하느님의 큰 선물, 고급 선물입니다. **그러나 완전한 유사성은 정신에 있는 것입니다.** 하느님께서는 육체의 지체(肢體)와 불투명성을 가지고 계시지 않고, 또 오관과 음란의 원인도 가지고 계시지 않기 때문입니다. 하느님께서는 지극히 순수하시고, 영원하시고, 완전하시고, 변치 않으시고, 지치지 않고 일을 하시는 영이시며, 당신의 활동을 끊임없이 새롭게 하셔서, 당신의 피조물이 올라가는 길에 자애롭게 적응시키십니다. 같은 능력과 착함의 근원에서부터 모든 사람을 위하여 창조된 정신은 그 시초의 완전에 있어서 차이가 없습니다. 완전하시고, 또 그런대로 계신 창조되지 않으신 영은 오직 한 분뿐이십니다. 창조된 완전한 영은 셋이 있습니다."

"선생님은 그중의 하나이시겠군요."

"나는 아닙니다. 나는 내 육체 안에 창조되지 않고, 아버지께서 넘치는 사랑으로 낳으신 영을 가지고 있습니다."

"그러면 창조된 완전한 영은 누구입니까?"

"인류의 근원으로, 처음에 완전하게 창조되었다가 자기의 의지로 불완전에 빠진 첫째 조상 두 사람입니다. 셋째 사람은 하느님과 우주의 기쁨을 위하여 창조된 분인데, 지금 세상의 생각과 믿음의 가능성을 너무나 초월하는 분이어서, 내가 당신들에게 가르쳐줄 수가 없습니다. 그러니까 내가 말한 것처럼 같은 근원에서 동등한 완전의 정도로 창조된 영들은 그후 그들의 공로와 그들의 의지에 따라서 두 가지로 변하게 됩니다."

"그러면 선생님은 제2의 인생을 인정하시는군요?"

"**인생은 하나밖에 없습니다.** 이 인생에서 애초에 사람이 가졌던 하느님과의 유사성을 가진 영혼은 모든 일에 충실하게 실천한 정의의 덕택으로 더 완전한 유사성으로, 말하자면 자기 자신의 제2의 창조로 건너가는데, 그것으로 인해서 그 영혼은 **완전한 정의와 아들들의 아버지와의 유사성인** 거룩함을 차지할 수 있게 됨으로써, 창조주와의 이중의 유사성을 향하여 발달하는 것입니다. 이런 영혼은 지극한 행복을 누리는 사람들, 즉 당신들의 소크라테스가 저승에서 살고 있다고 말하는 사람들에게 있습니다. 그러나 나는 영원한 지혜가 말을 하고, 그 말을 자기의 피로 확인한 다음에는 그들은 천당의, 나라의, 즉 하느님의 지극한 행복을 받는 사람들이 될 것입니다."

"그럼 그 사람들이 지금은 어디에 있습니까?"

"기다리고 있습니다."

"무엇을 기다립니까?"

"희생을, 용서를, 해방을."

"메시아는 구세주일 것인데, 선생님이 메시아시라고 말들 하는데… 참말입니까?"

"사실입니다. 당신들에게 말하는 내가 메시아입니다."

"그러면 선생님은 돌아가셔야 합니까? 왜요? 세상에는 빛이 몹시 필요한데, 선생님은 세상을 떠나기를 원하십니까?"

"그리이스인인 당신이 그것을 내게 물어보십니까? 소크라테스의 말이 군림하는 당신이 말입니다."

"선생님, 소크라테스는 의인이었습니다. 그런데 선생님은 성인이십니다. 세상에 성덕이 얼마나 필요한지 보십시오."

"그 거룩함이 고통 하나하나, 상처 하나하나, 내 핏방울 하나하나에 대해서 천만배나 되는 힘으로 자라날 것입니다."

"아이고! 목숨을 업신여기라고 설교하시는 데 그치지 않고, 목숨을 버릴 채비를 하시는 선생님보다 더 위대한 극기심이 있는 사람은 일찌기 없었습니다."

"나는 목숨을 업신여기지 않습니다. 나는 목숨을 세상의 구원을 사는 데 가장 유익한 것으로 사랑합니다."

"그러나 선생님은 돌아가시기에는 너무나 젊으십니다!"

"당신의 철학자는 거룩한 사람은 신들이 애지중지하는 사람이라고 말했고, 당신은 나를 거룩한 사람이라고 불렀습니다. 내가 거룩한 사람이면, 내가 떠나온 거룩함에로 돌아가기를 갈망해야 할 것입니다. 따라서 이 갈망을 가지지 못할 만큼 젊을 수는 절대로 없습니다. 소크라테스도 거룩한 사람은 신들의 뜻에 맞는 일들을 하기를 좋아한다고 말합니다. 죄로 인하여 멀리 떨어진 자녀들을 아버지가 껴안을 수 있게 도로 데려오고, 모든 선의 근원이신 하느님과의 화해를 사람에게 마련해 주는 것보다 더 기분좋은 일이 무엇입니까?"

"선생님은 소크라테스의 말을 알지 못한다고 말씀하셨는데, 그러면 지금 말씀하시는 것은 어떻게 아십니까?"

"나는 무엇이든지 다 압니다. 사람들의 생각은, 그것이 좋은 생각인 한, 내 생각들의 반영에 지나지 않습니다. 좋지 않은 것은 내게서 오는 것이 아닙니다. 그러나 세월이 흐르는 데 따라서 내가 그것을 읽었고, 그 말을 하였고, 또 장차 할 때에, 나는 그것을 알았고, 지금도 알고, 미래에도 알 것입니다. 나는 압니다."

"주님, 세계의 등대인 로마로 오십시오. 여기서는 증오가 선생님을 에워싸고 있습니다. 저기에서는 공경이 선생님을 감쌀 것입니다."

"그 공경은 사람을 감싸겠지만, 초자연적인 것을 가르치는 선생을 감싸지는 않을 것입니다. 비록 하느님의 백성의 자식들이 말씀에 대하여 가장 냉혹하지만, 나는 그들에게 초자연적인 것을 갖다 주어야 합니다."

"그러면 로마와 아테네는 선생님을 모시지 못하겠군요?"

"로마와 아테네가 나를 가지게 될 것입니다. 염려 마시오. 그 도시들이 나를 차지할 것입니다. 나를 차지하기를 원하는 사람들은 차지할 것입니다."

"그러나 저 사람들이 선생님을 죽이면요?"

"영은 죽지 않습니다. 어떤 사람의 영도 안 죽습니다. 그런데 하느님의 아들의 영인 내 영이 불멸의 것이 아니겠습니까? 나는 내 영으로 가서 활동할 것입니다…. 내가 갈 것입니다…. 나는 지금 수 없이 많은 군중과 내 이름으로 세우는 집들을 봅니다…. 나는 어디에나 있습니다…. 나는 대성당과 사람들의 마음속에서 말하겠습니다…. 내 복음 전파는 휴식을 모를 것입니다…. 기쁜 소식이 세상을 두루 다닐 것입니다…. 모든 착한 사람이 내게로 올 것입니다…. 자, 그래서…. 나는 내 성인들의 군대의 앞장을 서서 그들을 하늘로 데려갑니다. 진리에로 오시오."

"오! 주님! 저희들은 주문(呪文)의 말투와 오류로 둘러싸여 있는 영혼을 가지고 있습니다. 영혼의 문을 열어 주려면 어떻게 해야 하겠습니까?"

"나는 지옥의 문을 열겠습니다. 나는 당신들의 말하는 저승과 내 임보*의 문을 열겠습니다. 그런데 당신들의 영혼의 문을 열 수 없겠습니까? '나는 원한다' 하고 말하시오. 그러면 그 문이 마치 나비 날개로 만든 자물쇠처럼, 내 광선이 지나면 먼지가 되어 무너질 것입니다."

"누가 선생님의 대리자로 올 것입니까?"

"소년티를 겨우 면한 다른 사람과 지금 오고 있는 저 사람이 보이지요? 저 사람들이 로마와 온 세계에 갈 것입니다. 그리고 그들과 같이 다른 많은 사람이 갈 것입니다. 그들을 자극하고, 내 곁에 있어야만 마음이 놓이게 하는 내게 대한 사랑 때문에 지금 열의가 있는 것과 같은 열의를 가지고, 내 희생으로 구속된 사람들에 대한 사랑으로 당신들을 찾아 모아 가지고 빛으로 데려오기 위해서 갈 것입니다. 베드로야! 요한아! 오너라. 다 끝낸 것으로 생각한다. 그래서 이제는 너희 차지다. 다른 말 또 할 것이 있습니까?"

"드릴 말씀이 아무 것도 없습니다. 선생님의 말씀을 가지고 떠나겠습니다."

"그 말들이 당신들 안에서 싹이 트고 영원히 뿌리를 내리고 자라기를 바랍니다. 가 보시오. 평화가 당신들과 함께 있기를."

"선생님, 안녕히 계십시오."

──그리고 환영이 사라졌다.

그러나 예수께서는 아직 말씀을 하신다. "몹시 지쳤느냐? 매우 힘드는 받아쓰기였지. 환영을 보는 것보다는 받아쓰기였다. 그러나 이것이 어떤 사람들이 바라는 설명이다. 누구들이냐고? 내 **날**이 되면 알 것이다. 지금은 너도 평안히 가거라."

나 자신이 덧붙여 말할 것은 예수와 이방인들 사이의 대화가 어떤 해안 도시의 부둣가에서 있었다는 사실이다. 달빛을 받아 잘 보이는 조용한 물결

---

* 역주 : 고성소(古聖所). 예수께서 구속사업을 이루시기 전에, 중죄가 없으므로 지옥에는 가서는 안되고, 천당에 갈 수 없는 영혼들이 머무르는 장소(가톨릭 대사전에서 참조).

은 해안파와 함께 배들이 가득 찬 큰 항구의 쑥 내민 방파제의 현초(顯礁)에 와서 부딪혀 사라지곤 하였다. 그 사람들이 끊임없이 말을 하고 있었기 때문에 이 말을 전에 할 수가 없었다. 만일 내가 그곳을 묘사하였더라면, 대화의 연결을 잃었을 것이다. 그들은 항구 근처의 해변의 일부분을 왔다갔다 하면서 말을 했었다. 길은 쓸쓸하였다. 행인들이 없었고, 뱃사람들은 그들의 배로 돌아갔기 때문이었다. 그 배들의 붉은 현등(舷燈)들은 밤하늘에 홍옥처럼 반짝이고 있었다. 그 도시가 어떤 도시인지는 모르겠다. 그 도시는 틀림없이 아름답고 중요할 것이다.

96. 니고데모의 소유지에서

　예수께서는 어느 시원한 새벽에 그곳에 도착하신다. 그런데 착한 니고데모의 저 기름진 밭들은 첫 햇살을 받아 아름답다. 비록 많은 밭에는 밀이 벌써 베어져서, 밀들이 죽은 뒤의 밭들의 처량한 모습을 보이고 있지만, 그래도 아름답다. 밀들은 황금빛 낟가리로 싸이거나 시체처럼 땅바닥에 누워서 마당으로 옮겨지기를 기다리고 있다. 또 별처럼 생긴 파란 패랭이꽃들과 자주빛 금붕어꽃들, 아주 작은 채꽃 종류의 꽃부리들, 은방울꽃들의 가냘픈 꽃받침들, 노랑양국과 마가렛트의 화려한 꽃부리들, 빛깔이 몹시 진한 개양귀비들, 그 밖에 별처럼 생기거나, 이삭이나 포도송이나 꽃부리 모양으로 생긴 가지가지 다른 꽃들이 전에는 밀짚의 노란 빛깔이 펼쳐져 있는 곳에서 화려하게 피어 있었는데, 지금은 밀들과 같이 죽어간다. 그러나 밀이 없어진 밭들의 슬픔을 위로하는 것으로는 커지면서 여러 가지 빛깔을 띠어 가는 열매들로 점점 더 맵시있게 되어 가는 과일나무들의 나뭇잎들이 있다. 그 열매들이 지금은 아직 햇볕에 증발하지 않은 이슬로 인하여 금강석 가루를 뿌려 놓은 듯이 반짝인다.
　농부들은 힘드는 추수일이 끝나 가게 된 것을 기뻐하며 벌써 일을 하고 있다. 그들은 낫질을 하면서 노래를 부르고, 누가 제일 재게 그리고 솜씨있게 낫질을 하고 단을 묶는지 경쟁하며 명랑하게 웃는다…. 마음씨 착한 주인을 위하여 일하는 것을 기뻐하는 영양이 좋은 많은 농부들이다. 그리고 밭 근처나 곡식단을 묶는 사람들 뒤에는 이삭을 주으려고 기다리는 어린이들과 과부들과 늙은이들이 있다. 그들은 말을 물으시는 예수께 어떤 과부가 설명하는 것처럼, "니고데모의 명령으로" 언제나 그런 것과 같이 모든 사람이 이삭을 주을 만큼 넉넉히 있으리라는 것을 알기 때문에 안심하고 기다린다.
　그 과부는 이렇게 말한다. "그분은 우리를 위해서 곡식단에 묶지 않은 이삭을 일부러 많이 남겨 놓도록 살피십니다. 그리고 이런 선심으로도 만족하지 않으시고, 뿌린 씨앗에 알맞은 적당한 양을 가진 다음에는 나머지를 우리에게 나누어 주십니다. 오! 그분은 그 일을 하시는 데 안식년(安息年)을 기다리지 않으십니다. 그러지 않고, 언제나 가난한 사람에게 당신의 밀로 이익을 얻게 하시고, 올리브밭과 포도밭에 대해서도 그렇게 하십니다. 그렇기 때문에 하느님께서 기적적인 추수로 그분에게 복을 내려 주십니다. 가난한 사람들의 축복은 씨앗과 꽃에 내리는 이슬과 같아서 씨앗 하나하나가 더 많은 이삭을 나게 하고, 아무 꽃도 열매를 맺게 하지 않고 떨어지지 않게 됩니다. 그리고 올해는 은총의 해이니까 모든 것이 우리의 것이라고 우리에게 알리셨습니다. 그분이 무슨 은총을 가지고 말하는지는 모르겠습니다. 우리 가난한 사람들과 그분의 행복한 하인들 사이에서 말하는 것처럼 그분이 자기가 그리스도라고 말하는 분의 은밀한 제자라는 것 말고는요. 자기가 그리스도라고 말하는 분은 하느님께 대한 사랑을 증명하기 위해서 가난한 사람들에 대한 사랑을 가지라고 가르친답니다…. 선생님이 니고데모의 친구시면, 아마 그분을 아시겠군요…. 친구들은 대개 같은 친구들을 가지는 법이니까요…. 가령 아리마태아의 요셉은 니고데모와 친한 친구인데, 그분도 선생님의 친구라고들 말합니다…. 아이고! 내가 무슨 말을 했지? 하느님, 용서하십시오! 저는 이 평야의 착한 두분에게 해를 끼쳤습니다!…." 그 여자는 비탄에 잠긴다.

예수께서는 빙그레 웃으시면서 물으신다. "아주머니, 왜 그러세요?"

"그것은… 아이고! 이거 보세요. 선생님은 니고데모와 요셉의 진짜 친구십니까? 그렇지 않으면 최고회의 일원으로, 그 착한 두분이 갈릴래아의 선생님의 친구라는 확증만 있으면 그분 둘을 해칠 거짓친구 중의 한 사람이십니까?"

"안심하시오. 나는 착한 두분의 참다운 친구요. 그런데 아주머니는 많이 알고 있군요! 그런 것들을 어떻게 아십니까?"

"오! 우리는 모두 이 일들을 알고 있습니다. 상류계급 사람들은 증오를 가지고, 하층민들은 사랑을 가지고 알고 있어요. 그리스도가 사랑하고, 또 사랑하라고 가르치시는 우리 버림받은 사람들은 그리스도를 알고 있진 못하지만, 사랑하고 있으니까요. 그래서 그리스도 때문에 떨고 있습니다…. 유다인들과 바리사이파 사람들, 율법학자들, 그리고 사제들은 너무도 신의 없는 사람들이거든요!…. 그렇지만 제가 선생님께 눈쌀을 찌프리게 하는군요…. 용서하세요. 잠자코 있을 줄을 모르는 여편네의 혓바닥입니다. 그렇지만 이것은 우리의 모든 고통이 그들에게서, 즉 무자비하게 우리를 압제하는 유력자들에게서 오기 때문에 그러는 겁니다. 그 사람들은 율법이 명하지 않는 단식재를 우리에게 지키게 하는데 율법에서는 명하지 않지만, 그들 부자들이 우리들에게 매기는 모든 십일조(十一租)를 내기 위한 돈을 마련하려면 어쩔 수 없이 지켜야 합니다…. 또 그렇기 때문에 모든 희망이 그 선생님의 나라에 있는 겁니다. 그 선생님은 박해를 받는 지금도 그렇게 착하시니, 그분이 왕이 될 수 있을 때는 어떻겠습니까?"

"그분의 나라는 이 세상의 것이 아닙니다. 아주머니, 그분은 궁궐도 없을 것이고 군대도 안 가지고 있을 것입니다. 그분은 인간적인 법률을 과하지는 않을 것입니다. 그분은 돈을 나누어 주지는 않고, 가장 착한 사람들에게 그렇게 하라고 가르칠 것입니다. 그래서 가난한 사람들은 부자들 가운데에서 둘이나 열이나 백명의 친구를 얻지 않을 것입니다. 그렇지 않고, 선생님을 믿는 모든 이가 재산이 없는 그들의 형제들을 돕기 위해 그들의 재산을 한데 모을 것입니다. 이제부터는 동포를 '이웃'이라고 부르지 않고 주님의 이름으로 **'형제'**라고 부를 것이기 때문입니다."

"오!…" 여인은 이 사랑의 시대를 생각하고 몹시 놀란다. 그 여자는 그의 아이들을 쓰다듬으며 미소짓는다. 그리고 머리를 쳐들고 말한다. "그러면 제가 선생님과 말을 해서… 니고데모에게 해를 끼치지 않았다고 보증하시는 겁니까? 이건 아주 저절로 된 겁니다…. 선생님의 눈은 너무도 다정스러워서!…. 선생님의 모습은 그렇게도 맑고!…. 왠지 모르지만… 저는 하느님의 천사의 곁에 있는 것처럼 안전하게 느껴집니다…. 그래서 말을 한 겁니다."

"아주머니는 니고데모에게 해를 끼치지 않았습니다. 확실합니다. 오히려 아주머니는 내 친구를 대단히 칭찬했습니다. 나는 그에게 그걸 축하하겠습니다. 그리고 그가 어느 때보다도 내게 더 소중하게 여겨질 겁니다. 아주머니는 이 지방 사람입니까?"

"아! 아닙니다, 주님. 저는 리다와 벳테곤의 중간지점에서 왔습니다. 그렇지만 고통을 더는 일일 때에는 길이 멀어도 달려 오는 겁니다! 겨울과 굶주림의 여러 달은 더 길거든요…."

"그리고 인생보다 영원은 더 깁니다. 사람들이 육체에 대해서 들이는 정성을 영혼에 대해서도 들여야 하고, 그래서 생명의 말이 있는 곳으로 달려가야 할 것입니다…."

"저도 예수 선생님의 제자들과 그렇게 합니다. 그 착하신 분 말입니다. 아시겠어요? 그 분만이 우리가 가지고 있는 너무나 많은 선생님들 중에서 오직 한 분뿐인 착한 분이십니다."

"아주머니가 잘하는 일입니다" 하고 예수께서는 미소지으시며 말씀하신다. 그러나 다른 사도들은 니고데모의 집으로 간 사이에 당신과 함께 있는 안드레아와 제베대오의 야고보에게 눈짓을 하셔서, 말을 하고 있는 사람이 예수 선생님이시라는 것을 알게 하기 위한 일련의 잔꾀를 쓰지 말라고 하신다.

"제가 잘하고 말고요. 저는 그분을 사랑하지 않고 믿지 않았다는 죄를 면하고 싶거든요…. 그분이 그리스도라고 사람들이 말합니다…. 저는 그분을 알지 못합니다. 그렇지만 그분을 그리스도로 인정하지 않는 사람들에게는 불행이 닥쳐올 것이라고 생각하니까 그분을 믿고자 합니다."

"그런데 그분의 제자들이 잘못 알았으면 어떻게 하지요?" 하고 예수께서 그 여자를 시험하려고 말씀하신다.

"주님, 그럴 수는 없습니다. 그분들이 하도 착하고 겸손하고 가난해서 그분들이 거룩하지 않은 어떤 사람을 따르리라고 생각할 수는 없습니다. 또 그리고… 저는 그 선생님이 병을 고쳐 주신 사람들과 말을 했습니다. 선생님은 믿지 않는 죄를 짓지 마십시오! 선생님은 선생님의 영혼을 지옥에 보내실 겁니다…. 결국… 제가 생각하기로는, 혹 우리 모두가 잘못 생각하고, 그분이 약속된 왕이 아니더라도, 그분이 그런 말을 했고, 또 영혼과 육체를 고쳐 주셨다면, 거룩한 분이고 하느님의 벗일 것이 틀림없습니다…. 그리고 착한 사람들을 존경하는 것은 언제나 이로운 일입니다."

"제대로 말했습니다. 그 믿음을 그대로 간직하시오…. 니고데모가 저기 옵니다…."

"예, 선생님의 제자들과 같이 오는군요. 과연 제자들은 추수하는 농부들에게 기쁜 소식을 전하는 중입니다. 바로 어제 그들의 빵을 우리가 먹었습니다."

그러는 동안 짧은 옷을 입은 니고데모가 선생님을 보지 못한 채 걸어오면서, 농부들에게 그들이 벤 밀이삭을 하나도 치우지 말라고 명령한다. "우리가 먹을 빵은 있소…. 그러니 빵을 가지지 못한 사람들에게 하느님의 선물을 줍시다. 그리고 걱정하지 말고 줍시다. 우리는 늦은 서리로 농사를 망칠 수도 있었소. 그런데 낟알 한 톨도 축나지 않았고. 하느님의 불행한 자녀들에게 빵을 주는 것으로 하느님께 빵을 돌려 드립시다. 나 분명히 말하지만, 이렇게 하면 내년의 추수는 백에 대해서 천을 받는 것처럼 한층 더 유리할 거요. 하느님께서는 '주는 사람은 고봉(高捧)으로 받을 것'이라고 말씀하셨기 때문이오."

농부들은 공손히 그리고 기쁘게 주인의 말을 듣고 찬성한다. 그리고 니고데모는 이 밭에서 저 밭으로, 이 집단에서 저 집단으로 옮겨가면서 그의 인심좋은 명령을 되풀이 한다.

밭들을 갈라 놓은 도랑 근처에 자라고 있는 갈대숲에 반쯤 가려지신 예수께서는 빙그레 웃으신다. 니고데모가 더 가까이 와서, 만남과 깜짝 놀랄 시간이 임박한 만큼 더 많이 미소지으신다.

니고데모가 다른 밭들 있는 데로 가려고 작은 도랑을 건너 뛴다…. 그러다가 그에게 팔을 내미시는 예수 앞에 화석처럼 굳어져서 멈추어 선다.

마침내 말문이 다시 열린다. "거룩하신 선생님, 복되신 선생님께서 어떻게 제 집엘?"

"그럴 필요가 아직 있으면, 가장 진실한 증인들, 즉 당신이 많은 은혜를 베풀어 주는 사람들의 말을 통해서 당신을 알기 위해서요…."

니고데모는 무릎을 꿇고 몸을 땅에까지 구부렸고, 스테파노와 산의 엠마오의 요셉이 지도하는 제자들도 무릎을 꿇고 있다. 농부들도 알아차리고 가난한 사람들도 알아차린다. 그리고 모두가 깜짝 놀라 지극한 존경심으로 땅에 엎드린다.

"일어들 나시오. 조금 전까지는 내가 신뢰심을 일으키는 길손이었습니다…. 지금도 나를 그런 사람으로 보고, 두려워하지 말고 나를 사랑하시오. 니고데모, 여기 없는 열 사람을 당신 집으로 보냈소…."

"저는 어떤 명령이 지켜지도록 살펴보려고 밖에서 밤을 지냈습니다…."

"그렇소. 하느님께서는 그 명령 때문에 당신에게 복을 내리시오. 그런데 가령 오는 해가 그렇지 않고, 올해가 은총의 해라고 어떤 목소리가 말해 주었소?"

"…모르기도 하고… 알기도 하겠습니다…. 저는 예언자는 아닙니다. 그러나 우둔하지는 않고, 또 제 지능에는 하늘의 빛이 결합해 있습니다. 선생님… 저는 하느님께서 아직 가난한 사람들 가운데 계신 동안에 가난한 사람들이 하느님의 선물을 누리기를 바랐습니다…. 그러면서도, 제 형제들인 하느님의 가엾은 자녀들의 것이 될 이 밀과 제 올리브와 포도밭과 과수원에 단 맛과 거룩하게 하는 힘을 주십사고 선생님을 모실 생각을 감히 하지 못했습니다…. 그러나 지금은 여기 오셨으니, 복되신 손을 들어 강복을 주셔서, 이것들을 먹어 영양을 취할 사람들에게 육체의 양식과 더불어, 선생님에게서 나오는 성덕이 내려오게 해 주십시오."

"니고데모, 그러지요. 그것은 하늘이 칭찬하시는 올바른 욕망이오." 그러시면서 예수께서 강복을 하시려고 팔을 벌리신다.

"오! 기다리십시오! 농부들을 부르게요." 그러면서 호각을 가지고 세번 분다. 날카로운 호각소리가 조용한 공중에 퍼져서 추수하는 농부들과 이삭 줍는 사람들과 구경군들을 사방에서 뛰어 오게 한다. 하나의 작은 군중이다….

예수께서는 팔을 벌리시고 말씀하신다. "주님의 힘으로, 그분의 종의 소원에 따라, 영과 육체의 구원의 은총이 씨앗 하나하나와 포도알 하나하나에, 그리고 모든 올리브와 모든 열매에 내려와, 사욕과 미움이 섞이지 않은 좋은 정신으로 이것들을 먹고, 주님의 숭고하고 완전한 뜻에 순종함으로써 주님을 섬기고 싶어하는 사람들을 복되고 거룩하게 하기를 바랍니다."

"그렇게 되기를 바랍니다" 하고 니고데모와 안드레아와 야고보와 다른 제자들이 대답한다…. 예수께서 강복하시도록 무릎을 꿇었던 작은 군중은 일어나면서 "그렇게 되기를 바랍니다" 하고 되풀이 한다.

"여보시오, 일을 중단시키시오. 저들에게 말하고 싶소."

"선물 가운데 또 선물이 있군요. 선생님, 저들 대신으로 감사드립니다."

그들은 잎이 우거진 과수원의 그늘로 가서 집으로 보낸 열 사람이 오기를 기다린다. 그들은 니고데모를 만나지 못한 데 실망하여 숨을 헐떡이며 달려온다.

그런 다음 예수께서 말씀하신다.

"평화가 여러분과 함께 있기를. 나를 둘러싸고 있는 여러분에게 비유를 하나 말하겠는데 각자는 그 교훈과 그 비유에서 자기에게 더 많이 적합한 부분을 받아들이도록 하시오.

잘 들으시오. 어떤 사람이 두 아들을 두었습니다. 아버지가 맏이에게 가서 말했습니다. '애야, 오늘은 아비의 포도밭에 가서 일해라.' 그것은 아버지가 아들을 존중한다는 것을 나타내는 훌륭한 표였습니다! 아버지는 그 아들이 그 때까지는 아버지가 일했던 곳에서 일할 수 있는 능력이 있다고 판단하는 것이었습니다. 그것은 아버지가 아들에게서 착한 뜻과 꾸준함과 능력과 경험과 아버지에 대한 사랑을 본다는 표였습니다. 그러나 아들은 세상사에 정신이 좀 산만해지고, 하인처럼 보일 것을 염려하고 ─사탄은 사람들을 선에서 멀어지게 하기 위하여 이런 환상(幻像)을 씁니다.─ 또 아버지에게는 감히 손을 대지 못하지만, 자기에게는 경의를 덜 가질지도 모르는 아버지의 원수들의 비웃음과 또 어쩌면 보복까지도 받지 않을까 염려해서 이렇게 대답했습니다. '안 가겠습니다. 가고 싶지 않아요.' 그러자 아버지는 다른 아들을 만나러 가서 첫째 아들에게 한 것과 같은 말을 했습니다. 그러니까 둘째 아들은 즉시 "예, 곧 가겠습니다" 하고 대답했습니다.

그러나 어떤 일이 일어났습니까? 큰 아들은 마음이 곧았습니다. 유혹과 반항으로 잠시 약해졌다가, 그는 아버지를 불쾌하게 해드린 것을 뉘우치고, 아무 말없이 포도밭으로 갔습니다. 그는 하루 종일, 저녁 늦게까지 일했습니다. 그는 의무를 다했다는 평안한 마음을 가지고 만족해서 집으로 돌아왔습니다. 이와 반대로 거짓말쟁이고 마음이 약한 둘째 아들은 집에서 나가기는 했지만, 곧이어서 마을로 돌아다니고, 그들에게서 이득을 얻어내기를 바라는 유력한 친구들을 쓸데 없이 찾아다니는 데 시간을 허비했습니다. 그러면서 그는 마음속으로 이렇게 말했습니다. '아버지는 늙으셔서 집에서 나오지 않으시니, 내가 순종했다고 말씀드리면 믿으실 거다…' 하고.

그도 저녁 때가 되어 집에 돌아왔는데, 아무 일도 하지 않은 사람이 가지는 싫증난 그의 모습과 구겨진 곳 없는 그의 옷과 아버지에게 하는 인사에 자신이 없는 것 따위를 보고 아버지의 총명은 사정을 분명히 알았습니다. 아버지는 그를 살펴보면서, 피로하고 더럽고 헝크러진 머리를 하고 돌아왔으나, 솔직하고 겸손하고 착한 눈길을 하고 기뻐하고 진실하며, 의무를 다했다고 자랑은 하지 않으면서도 아버지에게 '저는 아버지를 진심으로 사랑합니다. 그래서 아버지를 기쁘게 해드리기 위해서 유혹을 이겼습니다' 하고 말씀드리고 싶어하는 것같은 맏아들과 비교했습니다. 그리고 피로한 아들을 껴안으면서 말했습니다. '너는 사랑을 깨달았으니 축복받았다' 하고.

과연 여러분은 어떻게 생각하십니까? 두 아들 중에서 누가 사랑했습니까? 여러분은 분명히 이렇게 말할 것입니다. '아버지의 뜻을 따른 아들입니다' 하고. 그런데 어떤 아들이 아버지의 뜻을 따랐습니까? 맏아들입니까, 둘째 아들입니까?"

"맏아들입니다" 하고 군중이 이구동성(異口同聲)으로 말한다.

"맏아들입니다. 맞습니다. 이스라엘도 이런 사람들이 많고, 여러분은 그것을 한탄합니다마는, 마음속에는 그들의 죄를 참으로 뉘우치지 않으면서 ─이것은 그들의 마음이 점점 더 냉혹해지는 만큼 틀림없는 사실입니다.─ 가슴을 치면서 '주여! 주여!' 하고 말하는 사람들과, 사람들이 성인이라고 부르라고 종교의식을 지키면서 뽐내지만, 사생활에서는 사랑이 없고 정의가 없는 사람들과, 나를 보내신 하느님의 뜻을 참으로 거역하고 그 뜻을 사탄의 뜻인 것처럼 공격하는 사람들은 ─이것은 용서받지 못할 일입니다.─ 하느님의 눈으로 볼 때 거룩한 사람들이 아닙니다. 그렇지 않고, 하느님께서 하시는 일은 무엇이든지 잘 하신다고 인정하여, 하느님께서 보내신 이를 받아들이고, 아버지께서 원하시는 것을 더 잘 알기 위해서, 점점 더 잘 알기 위해서 하느님께서 보내신 이의 말을 귀담아듣는 사람들이 거룩한 사람들이고 지극히 높으신 분의 사랑을 받는 사람들입니다.

나 분명히 말합니다만, 무식한 사람들과 가난한 사람들과 세리들과 창녀들이 '선생', '권력자', '성인'이라고 불리는 사람들보다 많이 앞서 가서 하느님의 나라에 들어갈 것입니다. 그리고 그것이 공평한 일일 것입니다. 과연 요한이 이스라엘을 정의의 길로 인도하기 위하여 그리로 왔는데, 이스라엘에서는 너무나 많은 부분의 사람이, 자기 자신에게 '박식하고 거룩하다'는 칭호를 주는 이스라엘 사람들은 그의 말을 믿지 않고, 세리들과 창녀들이 그를 믿었습니다. 그리고 내가 왔는데, 유식한 사람들과 거룩한 사람들은 나를 믿지 않고, 가난한 사람, 무식한 사람, 죄인들이 나를 믿습니다. 그리고 내가 기적들을 행했는데, 그들은 이 기적들도 믿지 않았고, 나를 믿지 않는 데 대한 뉘우침도 그들에게는 오지 않았습니다. 오히려 그들의 증오가 나와 나를 사랑하는 사람들에게 왔습니다.

그런데 나는 말합니다. '나를 믿을 줄 알고, 그분에게 영원한 구원이 있는 주님의 그 뜻을 행할 줄 아는 사람들은 지극히 행복합니다' 하고 여러분의 믿음을 더 크게 하고 꾸준하시오. 그러면 여러분이 진리를 사랑할 줄 알았을 터이니까 하늘 나라를 차지할 것입니다. 가시오. 하느님께서 항상 여러분과 함께 계시기를 바랍니다."

예수께서는 그들에게 강복하시고 돌려 보내신다. 그리고 니고데모의 곁에서, 한낮의 더위가 심한 동안 계시기 위하여 제자의 집을 향하여 가신다.

97. 아리마태아의 요셉의 집에서

여기도 한창 곡식을 거두어들이는 중이다. 니고데모의 밭들보다 지중해안에 한층 더 가까운 이 밭들에는 밀이삭이 하나도 남아 있지 않기 때문에 낫이 소용없게 된 지금이니… 거두어 들였었다고 말하는 편이 더 나을 것이다. 과연 예수께서는 아리마태아로 가시지 않고, 요셉이 바닷가 평야에 가지고 있는 소유지로 가셨다. 이 소유지는 곡식을 거두어 들이기 전에는 또 다른 하나의 작은 이삭의 바다였을 것이다. 그만큼 매우 넓은 들이다.

넓고 낮은 아주 하얀 집 한 채가 곡식을 거두어들인 밭들 한가운데에 있다. 시골집이기는 하지만 정돈이 잘 된 집이다. 네 군데에 있는 마당에는 많은 곡식단이 가득 차 있는데, 마치 군인들이 야영에서 쉴때에 총을 세워 놓는 것처럼 모아 놓았다. 많은 짐수레들이 이 밭의 보물을 실어 오고, 많은 사람이 그것들을 수레에서 내려 더미를 만들어 놓는다. 요셉은 이 마당에서 저 마당으로 왔다갔다 하며 일하는 것을 살피고, 모든 것이 제대로 행해지는지 보살핀다.

한 농부가 수레 위에 쌓아올린 곡식단 더미 위에서 알린다. "주인 어른, 다 끝냈습니다. 낟알 전부가 주인 어른의 마당에 와 있습니다. 이것이 마지막 밭에서 오는 마지막 수레입니다."

"좋소. 곡식단들을 내리고, 소들을 풀어서 데리고 가서 물을 먹이고 외양간으로 끌고 가오. 그 놈들도 일을 잘 해서 휴식을 취할 자격이 있소. 당신들도 일을 잘 했으니, 쉴 자격이 있소. 그러나 마지막 피로는 가벼울 거요. 착한 마음씨를 가진 사람들에게는 남의 기쁨이 위안이 되니까. 이제는 하느님의 자녀들을 오게 해서 아버지의 선물을 줍시다." 그리고나서 한 노인에게 "아브라함, 가서 그들을 불러 오시오" 하고 말한다. 그 노인은 요셉의 이 소유지의 하인인 농부들 중의 첫째인 모양이다. 내가 이렇게 생각하는 것은 이 노인에 대한 다른 사람들의 분명한 존경을 보기 때문이다. 노인은 일은 하지 않고, 주인을 돕기 위하여 보살피고 조언을 한다.

그러니까 노인이 간다…. 그가 넓고 매우 낮은 건물 쪽으로 가는 것이 보인다. 그 건물은 집보다는 창고와 더 비슷하고, 빗물받이 홈통에까지 올라가는 엄청나게 큰 대문 둘이 달려 있다. 내 생각에는 수레들과 농기구 일체를 넣어 두는 창고인 것같다. 노인은 안으로 들어가더니, 모든 연령층의… 가지가지 불행을 지닌 혼합된 군중을 데리고 나온다…. 야위기는 했어도 못생기지는 않은 사람들이 있는가 하면, 불구자들과 소경들과 손을 못쓰는 사람들과 눈병이 있는 사람들도 있다…. 수많은 고아들에 둘러싸인 많은 과부가 있고, 남편이 병들어서, 병자를 간호하느라고 밤을 새우고, 희생을 한 까닭에 침울하고 낙담하고 야윈 여자들도 있다.

그들은 은혜를 받을 곳으로 가는 가난한 사람들이 가지는 독특한 모습으로 나아온다. 그것은 쭈뼛쭈뼛하는 눈길, 정직한 가난한 사람들의 거북한 태도, 그래도 고통의 나날이 창백한 얼굴에 새겨 놓은 우울 위를 스치고 지나가는 미소, 그래도 작은 승리의 반짝임, 오래 계속된 침울한 세월동안 악착같은 운명의 장난에 대한 일종의 대답인, 하나의 도전이 그것이다. "우리에게도 이것은 명일(名日)이다. 오늘은 우리에게도 잔칫날이고, 즐거움이고 위안이다!"하고.

어린 것들은 집보다도 높이 쌓인 곡식단 무더기를 보고 눈을 크게 뜨고 그것을 가리키며 어머니들에게 말한다. "이게 우리 거야? 야! 굉장하다!" 늙은이들은 속삭인다. "복되신 분이 동정을 베푸는 이에게 복을 내리시기를!" 거지들, 불구자들, 소경들, 손을 못쓰는 사람들, 눈이 병든 사람들은 말한다. "우리도 이제는 손을 내밀지 않고도 빵을 가지게 됐다!" 또 병자들은 부모에게 이렇게 말한다. "적어도 이제는 우리 때문에 아버지 어머니가 고생하시지 않는다는 것을 알면서 우리 병을 치료할 수 있게 됐습니다. 이제는 약이 잘 들을 겁니다." 그리고 부모들은 병자들에게 말한다. "봐라, 이제는 우리가 너희에게 빵 한 입거리를 남겨 주려고 굶는다는 말을 너희가 하지 않게 됐구나. 이제는 그러니까 행복해라!…." 또 과부들은 고아들에게 말한다. "얘들아, 너희 아버지 노릇을 해 주시는 하늘에 계신 아버지와 그분의 관리인이신 착한 요셉 아저씨를 많이 찬미해야 한다. 너희를 도와 줄 사람이라고는 어미밖에 없는 너희들이 이제는 배고파 우는 소리를 듣지 않게 됐구나…. 풍부한 것이라고는 마음밖에 없는 가엾은 어미들의 말이다…."

그것은 즐겁기도 하지만, 눈에 눈물이 괴기도 하는 합창이요 광경이다….

이 불행한 사람들 앞에 있는 요셉은 그들이 늘어선 가운데로 다니기 시작하면서 사람들을 하나씩 불러, 식구가 몇인지, 언제 과부가 되었는지, 또는 언제 병이 들렸는지 등등…을 물어보고 적는다. 그리고 매번 하인 농부들에게 "열 단을 주게.""서른 단을 주게" 하고 명령한다.

모두 열두 살이 못된 손자 열일곱을 데리고 온, 눈이 반쯤 먼 늙은이의 말을 들은 다음에 요셉은"예순 단을 주게" 하고 말한다. 손자들은 그의 자식들의 자식들인데, 아들은 지난 해 추수할 때에 죽었고, 딸은 아기를 낳다가 죽었다고 한다…. "그리고" 하고 늙은이는 말한다. "딸의 남편은 1년이 지나서 재혼을 해서 슬픔을 달랬고, 다섯 아이를 내게 맡기면서 자기가 그 애들을 돌보겠다고 말했습니다. 그러나 돈은 한번도 보내지 않았습니다!…. 이제는 제 아내도 죽었고, 그래서 저 혼자서… 이 애들을 데리고 있습니다…."

"연세 높으신 할아버지께 예순 단을 드리게. 그리고 할아버지는 어린 것들 입을 옷을 드릴 테니까 남아 계십시오."

하인은 매번 예순 단씩 주면 모두에게 줄 만큼 낟알이 넉넉하지 못할 것이라고 지적한다.

"그래 자네의 믿음은 어디 있나? 내가 곡식단을 쌓아 놓고 나누어 주는 것이 혹 나를 위해서인가? 아닐세. 주님께 가장 소중한 자녀들을 위해서일세. 모든 사람에게 넉넉히 돌아가도록 주님께서 친히 마련해 주실 걸세" 하고 요셉이 하인에게 대답한다.

"예, 주인 어른 그렇지만 수효는 수효입니다…."

"그러나 믿음은 믿음일세. 그래서 나는 믿음이 모든 것을 할 수 있다는 것을 자네에게 보이기 위해서 이미 처음에 준 사람들에게 준 만큼 더 주라고 명하네. 열 단을 가진 사람에게는 열 단을 더, 스무

단을 가진 사람에게는 스무 단을 더, 그리고 노인에게는 백스무 단을 드리게. 그렇게 하게. 그렇게들 하라구."

하인들은 어깨를 들썩하고 복종한다.

그리고 자기들의 가장 터무니없는 바람을 초과하는 분량을 받는 것을 보고 수익자들이 기뻐하며 놀라는 가운데 분배는 계속된다.

요셉은 그것을 보고 빙그레 웃으면서, 엄마들을 돕는데 분주한 어린이들을 쓰다듬어 주거나, 불구자들이 곡식단 더미를 만드는 것을 도와 주거나 너무 몸이 약해진 여인들을 도와 주거나 한다. 그는 두 병자를 따로 떼어 놓게 하여, 손자 열일곱 명을 둔 노인에게 한 것과 같이 다른 도움을 받게 한다. 집보다 더 높던 곡식단 더미가 이제는 매우 낮아져서 거의 땅바닥에 깔려 있다. 요셉이 묻는다 "아직 몇 단이나 남아 있나?"

"백 열두 단입니다" 하고 하인들이 남아 있는 곡식단을 세어 보고 나서 말한다.

"됐네. 자네들은 거기서 가져가게…." 요셉은 그가 적은 명단을 훑어보고 나서 말한다. "자네들은 쉰 단을 가져가는데, 그것은 거룩한 씨앗이니까 갖다가 씨앗으로 남겨 두도록하게. 그리고 나머지는 가장들에게 주는데, 식구 한 사람에 한 단꼴로 주게. 여기 있는 식구는 정확히 예순두 명이네."

하인들은 복종해서 쉰 단을 가져가고 나머지는 준다. 이제는 마당에 커다란 황금빛 더미는 없고, 크기가 각각인 예순두 개의 더미가 땅바닥에 깔려 있다. 그 더미의 주인들은 그것을 묶어서 원시적인 손수레에 싣거나, 집 뒤에 있는 말뚝울타리에 가서 끌어온 나귀에 싣느라고 분주하다.

하인농부들 중에서 주요한 사람들과 말을 탄 늙은 아브라함이 농부하인들과 같이 주인에게로 다가간다. 요셉이 그들에게 묻는다. "자, 보았지요? 모든 이가 가질 만큼 넉넉히 있었고, 또 남아 있었지요!"

"그러나 주인 어른, 여기엔 수수께끼가 있습니다! 우리 밭에서는 주인님이 나누어 주신 곡식단의 수만큼 나올 수가 없습니다. 저는 여기서 났고, 지금 일흔여덟 살입니다. 그리고 추수를 하는 것이 66년이 됩니다. 그래서 압니다. 제 아들의 말이 옳았습니다. 어떤 신비가 있지 않고는 우리가 그만큼 줄 수가 없었을 것입니다!…"

"그러나 우리가 분명히 주었지요, 아브라함. 할아버지는 내 곁에 계셨고, 곡식단은 하인들이 주었습니다. 요술도 없고, 비현실성도 없어요. 곡식단은 아직도 셀 수가 있습니다. 여러 몫으로 나누어져 있지만 아직 여기 있습니다."

"그렇습니다, 주인 어른. 하지만… 밭에서 그만큼 많이 나올 수는 없습니다."

"그러면 믿음은 어떡하고? 여러분, 믿음은? 당신들은 믿음을 어떡하오? 주님의 이름으로, 그리고 거룩한 목적으로 약속을 하는 당신의 종의 말을 주님께서 거짓말이라고 부인하실 수 있겠소?"

"그러면 주인님은 기적을 행하셨군요?!" 하고 하인들은 벌써 호산나를 외칠 태세를 갖추고 말한다.

"나는 기적을 행할 만한 사람이 아니오. 나는 보잘 것없는 사람이오. 주님께서 행동하신 거요. 주님께서는 내 마음속을 읽으시고, 거기에서 두 가지 소원을 보셨소. 첫째 소원은 당신들을 나자신의 믿음으로 데려오는 것이었고, 둘째 소원은 내 불행한 형제들에게 많이, 많이, 많이 주는 것이었소. 하느님께서 내 소원에 동의하셨고… 그래서 행하셨소…. 하느님은 이 때문에 찬미받으셔야 하오!" 하고 요셉은 마치 제단 앞에 있는 것처럼 경건하게 몸을 숙이면서 말한다.

"그리고 그분의 종도 하느님과 함께" 하고 예수께서 말씀하신다. 예수께서는 그 때까지 화덕이나 압착실인 것같은 울타리를 둘러친 작은 집의 모퉁이에 숨어 계시다가 이제는 요셉이 있는 마당으로 숨김없이 나타나신다.

"선생님이시며 주님!!" 하고 요셉은 예수께 경의를 표하기 위하여 무릎을 꿇으면서 외친다.

"당신에게 평화. 당신의 사랑과 당신의 믿음을 갚아주기 위하여 아버지의 이름으로 당신에게 강복을 주려고 왔소. 오늘 저녁 당신 집에서 머무르겠소. 좋겠소?"

"오! 선생님! 그걸 제게 물으십니까? 다만… 다만 여기서는 제가 선생님께 마땅한 공경을 드리지 못하겠습니다…. 저는 하인들과 농부들과 같이… 제 별장에 와 있습니다. 고운 식탁보도 없고, 우두머리 하인도 없고, 자격 있는 하인들도 없습니다…. 고급요리도 없고 고급 포도주도 없고… 친구들도 없습니다…. 대단히 초라한 대접이 될 것입니다…. 그러나 저를 용서해 주십시오…. 주님, 왜 미리 통지를 하지 않으셨습니까? 모든 것을 마련했을 텐데요…. 그러나 그저께 헤르마가 그의 제자들과 같이 여기 왔었습니다. 저는 그 사람을 시켜서, 하느님의 것을 주고 돌려주기를 원하는 사람들에게 통지를 하게 했습니다…. 그러나 헤르마는 제게 아무 말도 하지 않았습니다. 만일 제가 알았더라면!… 선생님, 제가 명령을 해서 이 일에 대한 대책을 강구하게 허락해 주십시오…. 왜 그렇게 웃으십니까?" 하고 요셉이 마침내 묻는다. 그는 뜻하지 않은 기쁨과 그가 참담하다고… 생각하는 상황 때문에 정신이 몹시 얼떨떨하다.

"당신의 쓸데 없는 걱정 때문에 웃는 거요. 그러나 요셉, 당신은 무얼 찾고 있소? 당신이 가진 것을?"

"제가 가진 것이라니요? 저는 아무 것도 없습니다."

"오? 지금은 당신이 너무나 인간적이구려! 당신은 왜 이제는 조금 전에 현자로서 말을 하던 그 영적인 요셉이 아니란 말이오? 당신의 믿음 때문에, 그리고 믿음을 주기 위해서 자신 있게 약속하던 조금 전 말이오."

"오! 선생님께서 들으셨군요?"

"요셉, 듣기도 하고 보기도 했소. 이 월계수 울타리는 내가 씨뿌린 것이 당신 안에서 죽지 않았다는 것을 보는 데 매우 편리하오. 그 때문에 당신에게 쓸데 없는 걱정을 한다고 말하는 거요. 우두머리 하인과 자격 있는 하인들이 없다구요? 그러나 사랑이 베풀어지는 곳에는 하느님께서 계시고, 하느님께서 계신 곳에는 천사들이 있소. 그런데 천사들보다 더 능력 있는 어떤 우두머리 하인들을 원하시오? 당신은 고급요리와 고급 포도주가 없다구요? 그런데 당신이 이들에게 대해서 가진 사랑과 내게 대해서 가진 사랑보다 더 고급인 어떤 요리와 더 고급인 어떤 포도주를 내게 주기를 원하오? 내게 경의를 표하기 위한 친구들이 없다구요? 그러면 이 사람들은 무엇이오? 예수라는 이름을 가진 선생에게 가난한 사람들과 불행한 사람들보다 더 소중한 친구가 어떤 사람들이오? 자, 요셉! 헤로데가 회개해서 깨끗하게 한 궁궐에 나를 초대하고 내게 경의를 표하기 위해서 나를 자기 방에 받아들이고, 또 내게 경의를 표하기 위해서 그와 함께 모든 특권계급의 우두머리들이 그와 함께 있다 하더라도, 나도 한 마디 말을 하고 선물을 주고 싶은 이 조신(朝臣)들보다 더 선택된 조신은 없을 거요. 그렇게 하도록 허락해 주겠소?"

"아이고! 선생님! 아니, 선생님께서 원하시는 것은 무엇이든지 저도 원합니다! 명령하십시오."

"저들에게 모이라고 말하시오. 하인들도 모이라고 하고, 우리가 먹을 빵은 언제나 있을 거요. 저들은 하찮은 걱정 때문에 이리저리 분주히 돌아 다니는 것보다 내 말을 듣는 것이 더 낫소."

사람들은 놀라서 서둘러 모여든다….

예수께서 말씀하신다. "여기서 여러분은 벌써 그렇게 하고자 하는 소원이 사랑의 소원에서 올 때에는 믿음이 낟알을 불릴 수 있다는 것을 알게 되었습니다. 그러나 여러분의 믿음을 물질적인 필요에만 한정하지 마시오. 하느님께서 첫번째 밀알을 창조하셨고, 그 때부터 밀에서는 사람들의 빵을 제공하기 위하여 이삭이 팼습니다. 그러나 하느님께서는 천당도 만드셨는데, 천당은 그곳에서 살 사람들을 기다리고 있습니다. 그런데 천당은 율법을 지키면서 살고, 인생의 고통스러운 시련에도 불구하고 충실하게 율법을 지키는 사람들을 위해 만들어졌습니다. 믿음을 가지시오. 그러면 여러분은 주님의 도우심으로 여러분을 거룩하게 지킬 수 있게 될 것입니다. 요셉이 여러분을 이중으로 행복하게 하고, 또 그의 하인들의 믿음을 굳게 하기 위하여 여러분에게 낟알을 곱절로 불려서 나누어줄 수 있는 것과 같이 말입니다. 나 진정으로, 진정으로 여러분에게 말합니다만, 만일 사람이 주님께 대한 믿음을 가지고 있으면서 올바른 동기로 행하면, 바위로 된 내부로 땅 속에 뿌리를 박은 산까지도 저항하지 못하고, 주님께 대한 믿음을 가진 사람의 명령으로 옮겨질 것입니다. 하느님께 대한 믿음을 가지고 있습니까?" 하고 모두에게 물으신다.

"예, 주님!"

"여러분 생각에 하느님은 어떤 분이십니까?"

97. 아리마태아의 요셉의 집에서

"그리스도의 제자들이 가르치는 것과 같이 지극히 거룩하신 아버지이십니다."

"그럼, 여러분 생각에 그리스도는 누구입니까?"

"구세주, 선생님, 성인이십니다!"

"그것뿐입니까?"

"하느님의 아들이십니다. 그렇지만 이 말을 하면 바리사이파 사람들이 우리를 박해하니까 이 말을 해서는 안 됩니다."

"그러나 여러분은 그리스도가 하느님의 아들이라고 믿습니까?"

"예, 주님."

"좋습니다. 여러분의 믿음을 키워 가시오. 여러분이 잠자코 있어도, 돌과 나무와 별과 흙과 모든 것이 그리스도가 참 구세주이고 왕이라고 부르짖을 것입니다. 그것들은 그리스도가 높이 올려지는 시간에, 그리스도가 지극히 거룩한 주홍빛 옷을 입고 구속의 왕관을 쓰고 있을 때 그렇게 언명할 것입니다. 지금부터 믿을 줄 아는 사람들, 또 그 때에 더 믿고, 그리스도에 대한 믿음을 따라서 영원한 생명을 가질 사람들은 정말 대단히 행복합니다. 여러분은 그리스도에 대한 이 흔들리지 않는 믿음을 가지고 있습니까?"

"예, 주님. 그리스도께서 어디 계신지 가르쳐 주십시오. 그러면 이렇게 행복하게 되게 우리의 믿음을 증가시켜 주십사고 그분께 청하겠습니다." 그리고 기도의 마지막 말은 가난한 사람들만이 하지 않고, 하인들과 사도들과 요셉도 한다.

"만일 여러분이 겨자씨 만한 믿음을 가지고 있어서, 인간적이거나 초인간적이면서 나쁜 것인 어떤 것에 의해서도 그것을 빼앗기지 않고, 여러분의 마음속에 귀중한 진주인 이 믿음을 간직하고 있으면, 여러분 모두가 요셉의 우물에 그늘을 만들어 주고 있는 이 커다란 뽕나무더러 '뽑아져서 바다의 물결에 가서 심어져라' 하고 말할 수도 있을 것입니다."

"그렇지만 그리스도가 어디 계십니까? 저희들은 병이 낫기 위해서 그분을 기다립니다. 제자들은 저희를 고쳐 주지 못하고 '그리스도께서는 고치실 수 있다'고 말했습니다. 저희들은 일을 하기 위해서 병이 고쳐지기를 바랍니다" 하고 병자나 장애자들이 말한다.

"그러면 여러분은 그리스도가 고쳐줄 수 있다고 믿습니까?" 하고 예수께서 말씀하시며, 그리스도가 당신이라는 것을 말하지 말라고 요셉에게 눈짓을 하신다.

"믿습니다. 그리스도는 하느님의 아들이시니, 무엇이든지 하실 수 있습니다."

"그렇습니다. 그리스도는 무엇이든지 할 수 있습니다…. 그리고 모든 것을 원합니다!" 하고 예수께서 마치 맹세를 하기 위한 것처럼 오른 팔을 위엄있게 폈다가 내리시면서 외치신다. 그리고 힘찬 외침으로 말씀을 끝마치신다. "그리고 하느님의 영광을 위하여 그렇게 되기를 원합니다."

그리고 집 쪽으로 가시려고 한다. 그러나 병이 고쳐진 사람 한 20명이 소리를 지르며 달려와서, 예수를 만지고 축복하고, 입맞춤 하고 어루만지려고 손과 옷을 찾느라고 내민 손들이 엉클어진 가운데 에워싼다. 그들은 예수를 요셉과 모든 사람에게서 갈라 놓는다….

그러니까 예수께서는 미소를 지으시고, 어루만지시고, 강복하신다…. 예수께서는 천천히 빠져 나오신다. 그리고 아직도 사람들이 쫓아오는 가운데 집안으로 사라지신다. 그러는 동안, 황혼이 시작되면서 보라빛을 띤 하늘로 호산나 소리가 올라간다.

98. 아리마태아의 요셉의 집에서 지낸 안식일. 최고회의 위원 요한

 아리마태아의 요셉은 햇빛을 가리기 위하여 커튼을 모두 내렸기 때문에 어두침침한 방에서 쉬고 있다. 온 집안이 아주 조용하다. 요셉은 돗자리를 씌운 낮은 의자에 앉아 졸고 있다…. 하인 한 사람이 들어와서 주인에게로 가더니 깨우려고 건드린다. 요셉은 아직 덜 깬 눈을 뜨고 하인에게로 의아스러운 듯한 시선을 던진다.
 "주인 어른, 친구분 요한이 오셨습니다…."
 "내 친구 요한이?! 안식일이 아직 끝나지 않았는데 어떻게 여길 왔지?" 요셉은 최고회의 위원이 안식일에 찾아온 것에 놀라서 곧 잠이 깨며 명령한다. "어서 들여보내게."
 하인은 나간다. 그리고 기다리는 동안 요셉은 어두침침하고 시원한 방안에서 생각에 잠긴 채 왔다갔다 한다.
 "요셉, 하느님께서 당신과 함께 계시기를!" 하고 최고회의 위원 요한이 말한다. 아리마태아에서 예수를 위하여 베풀어졌던 첫번째 연회때와 지난 과월절에 라자로의 집에서도 본 일이 있는 그 사람이다. 항상 제자의 자격은 아니지만, 적어도 예수께 대하여 미움은 가지고 있지 않은 사람의 자격으로 와 있던 사람이다.
 "요한, 당신과도 함께 계시기를! 그러나… 당신이 의인인 것을 아는 나로서는 당신을 황혼 전에 본다는 것이 이상하게 되오…."
 "옳은 말이오. 나는 안식일의 법을 어겼소. 그리고 나는 죄를 짓는다는 것을 알면서 죄를 지었소…. 그러니까 내 죄는 크오…. 그리고 용서를 받기 위해 내가 바쳐야 할 제물도 클 거요. 그러나 나로 하여금 이 죄를 짓게 한 동기는 훨씬 더 크오…. 정의로우신 야훼께서는 나로 하여금 죄를 짓게 한 큰 동기 때문에 죄지은 당신 종을 불쌍히 여기실 거요…."

"전에는 당신이 이렇게 말하지 않았는데, 당신 생각에는 지극히 높으신 분께서 그저 엄격하고 강직하기만 하신 분이셨소. 그리고 당신은 그분을 준엄하신 하느님으로 두려워했기 때문에 완전했소…."

"오! 완전했다고!…. 요셉, 나는 내 숨은 잘못을 당신에게 한번도 고백하질 않았소…. 그러나 이스라엘의 많은 사람이 그런 것처럼 내가 하느님을 **준엄하신** 분으로 생각한 그것은 사실이오. 우리는 그렇게 믿도록 배웠소. 복수의 하느님이라고…."

"그리고 당신은 선생님께서 당신 백성에게 하느님의 진짜 얼굴… 아버지의 얼굴과 마음을 알게 하시려고 오신 후에도 계속 그렇게 믿었소…."

"사실이오, 사실이야. 그러나… 나는 선생님께서 길게 말씀하시는 것을 아직 들은 적이 없었소…. 그렇기는 하지만… 당신도 기억하겠지만, 그분을 당신 집 연회에서 처음 보았을 때부터 나는 선생님에 대해서 사랑의 태도는 아니라 하더라도… 적어도 공경의 태도는 가졌었소."

"그건 사실이오. 그러나 내가 당신에게 주고자 하는 이익을 위해서는 당신이 선생님께 대한 사랑의 태도를 가지게 되었으면 하오. 존경은 너무나 적은 거요."

"당신은 그분을 사랑하지요, 요셉."

"그렇소. 그리고 나는 대사제들이 선생님을 사랑하는 사람을 미워한다는 것을 알지만 당신에게 이 말을 하오. 그러나 당신은 밀고자가 될 수는 없는 사람이오…."

"그렇소. 나는 밀고자가 될 수는 없소…. 그리고 당신과 같이 되었으면 좋겠소. 그러나 언젠가 그렇게 될 수가 있겠는지?"

"당신이 그렇게 되도록 기도하겠소. 여보, 그것이 당신의 영원한 구원일 거요…."

곰곰이 생각하는 침묵이 흐른다….

그리고 요셉이 묻는다. "당신은 중대한 동기 때문에 안식일을 어기게 되었다고 말했지요. 그 동기가 어떤 것이오? 과히 조심성 없는 사람이 되지 않고서도 그걸 물어볼 수 있겠소? 나는 당신이 친구의 도움을 얻기 위해서 온 것으로 생각하는데, 당신을 돕기 위해서는 내가 알아야지요….”
 요한은 성숙한 남자의 약간 벗어진 넓은 이마에 손을 대고, 이마를 죄고, 막 반백이 되기 시작한 머리와 숱이 많은 네모난 수염을 기계적으로 쓰다듬는다…. 그러다가 머리를 들고 요셉을 똑바로 들여다보면서 말한다. "그렇소, 중대하고 괴로운 동기요. 그리고… 또 큰 바람이기도 하고….”
 "어떤 것들이오?"
 "요셉, 당신은 내 집이 지옥이고, 오래지 않아 집이 아니라… 황폐하고 멸망하고 파괴되고 끝장이 난 물건에 지나지 않을 거라고 생각하오?"
 "뭐요? 당신 무슨 말을 하는 거요? 헛소리를 하는 거요?"
 "아니오, 나는 헛소리를 하는게 아니오. 내 아내가 집을 나가려고 하오…. 놀랐소?"
 "…그렇소…. 왜냐하면… 나는 당신 부인이 착하다는 걸 항상 알았고, 또… 당신네 가정은 모범적인 가정으로 보였기 때문이오…. 당신은 그지없이 착하고… 부인은 더없이 덕이 많고….”
 요한이 머리를 두 손으로 감싸고 앉는다.
 요셉이 계속 말한다. "그런데 이제… 그… 그 결정… 나는… 이거 봐요…. 나는 당신 부인이 실수를 했거나… 당신이 실수를 했다고는 믿지 못하겠소…. 그러나 당신 부인이 그랬다고는 더구나 생각못하겠소…. 집하고 아이들밖에는 알지 못하는 부인이 말이오…. 아니오! … 부인에게는 잘못이 있을 수가 없소!…”
 "그렇게 확신하오? 정말 확신해요?"
 "아이고! 가엾은 이 친구! 나는 하느님의 눈을 가지고 있지는 못하오. 그러나 거기에 대해서 내가 판단할 수 있는 한 그렇게 생각하오….”
 "당신은 안나가… 부정(不貞)하다고는… 생각하지 않소?"
 "안나가?! 아니, 여보시오! 여름해 때문에 당신이 분별을 잃은 것 아니오? 부정을 하다니, 누구하고? 당신 부인은 집에서 나가는 일이 절대로 없고, 도시보다는 시골을 더 좋아하오. 그리고 하녀들 중의 제일 가는 하녀처럼 일하고, 겸손하고, 얌전하고, 부지런하고, 당신과 아이들에게 단정하오. 경박한 여자는 이런 것을 좋아하지 않소? 정말이오. 오! 요한, 당신은 어디다 근거를 두고 의심하는 거요? 언제서부터?"

"오래 전부터."

"오래 전부터? 아니 그럼, 그건 병이오!…"

"그렇소. 그리고… 요셉, 나는 잘못이 많소. 그러나 당신 혼자에게만 고백하고 싶지는 않소. 그저께 우리 집으로 제자들과 가난한 사람들이 지나갔소. 그들은 선생님께서 당신 집으로 오신다고 말했소. 그런데 어제는… 우리 집에 있어서 큰 풍파의 날이었소…. 그래서 안나가 내가 말한 결심을 한 거요…. 밤 동안에, 그건 말할 수 없이 괴로운 밤이었지만, 나는 많이 생각했소…. 그리고 얻은 결론은, 완전한 선생님이신 그분만이…."

"하느님이신 선생님이시오, 요한. 하느님이신 선생님!"

"…좋을대로 부르시오…. 그분만이 나를 고쳐 주시고, 내 집을 복원하고… 재건하고, 내 안나를… 내 아이들을… 모든 것을 내게 돌려주실 수 있다는 것이었소…." 그 사람은 운다. 그리고 눈물을 흘리면서 말을 계속한다. "그분만이 진실을 보고 말씀하시기 때문이오…. 그래서 나는 그분을 믿겠소…. 내 벗 요셉, 내가 여기 남아서 선생님을 기다리게 놔 두시오…."

"선생님은 여기 계시오. 황혼이 지나면 떠나실 거요. 내가 가서 모셔 오겠소." 그러면서 요셉이 나간다….

몇 분 동안 기다린 다음 커튼이 다시 벌어지며 예수께서 지나오시게 한다…. 요한은 일어난다. 그리고 몸을 굽혀 공손하게 인사를 한다.

"당신에게 평화, 요한. 무슨 이유로 나를 찾았소?"

"저를 도와 주게 해 주십사고요…. 그리고 저를 구해 주십사고요. 저는 매우 불행합니다. 저는 하느님과 저와 한 몸인 사람에게 죄를 지었습니다. 그리고 죄를 짓고 또 지은 끝에 안식일의 법을 어기게 되었습니다. 제 죄를 사해 주십시오, 선생님."

"안식일의 법! 중요하고 거룩한 법이오! 그리고 이 법이 중요하지 않고 시대에 뒤진 것이라고 판단할 생각은 털끝 만큼도 없소. 그러나 왜 그 법을 계명 중에서 첫째 계명보다 앞세우시오? 뭐라구요? 당신은 안식일을 어긴 데 대해서는 사죄(赦罪)를 청하면서, 사랑을 위반하고, 죄없는 여자를 괴롭히고, 당신의 아내의 영혼을 실망과 죄의 문턱으로 이끌어간 데 대해서는 사죄를 청하지 않는군요? 그러나 무엇보다도 당신이 괴로워해야 할 것은 이 점이오! 당신 아내에 대하여 범한 중상(中傷)에 대해서 말이오…."

"주님, 저는 방금 요셉에게만 이 말을 했고, 다른 사람은 아무에게도 말하지 않았습니다. 정말입니다. 저는 제 고통을 아주 단단히 숨기고 있었기 때문에, 제 친한 친구인 요셉도 아무 눈치도 채지 못했었고, 그래서 놀랐습니다. 이제 요셉은 저를 도와주기 위해서 선생님께 그 말씀을 드렸군요. 의인인 요셉은 다른 사람 아무에게도 말을 하지 않을 것입니다."

"요셉은 나하고도 말하지 않았소. 당신이 나를 찾는다고만 말했소."

"오! 그럼, 어떻게 아십니까?"

"어떻게 아느냐구요? 하느님께서 사람들의 마음의 비밀을 아시는 것과 같이 아오. 당신의 마음의 상태를 말할까요?…." 요셉은 주의를 끌지 않고 물러가려고 한다. 그러나 요한 자신이 그를 붙잡으며 말한다. "오! 그대로 있어요! 당신이 내게는 친구요! 내 결혼에 들러리를 선 당신이 선생님 곁에서 나를 도와줄 수 있소!…." 그러니까 요셉이 돌아온다.

"내가 당신에게 그것을 말할까요? 당신 자신을 알도록 내가 당신을 도와주기를 원하시오? 오! 염려 마시오! 나는 무자비한 손을 가지고 있지 않소. 나는 상처를 찾아낼 줄 아오. 그러나 상처를 고치려고 피를 흘리게 하지는 않소. 나는 이해할 줄 알고, 관대할 줄을 아오. 나는 치료하고 고칠 줄을 아오. 낫기를 원하기만 하면 되오. 당신은 그럴 의사를 가지고 있소. 그렇기 때문에 나를 찾았소 여기 나와 요셉 사이에 앉으시오. 요셉은 당신의 지상의 결혼식에 들러리를 섰으니, 나는 당신의 영적인 결혼식에 들러리를 서고 싶소…. 오! 원하고 말고요!… 그렇소! 그럼 이제는 내 말을 잘 듣고, 모든 질문에 솔직하게 대답하시오. 하느님께서 남자와 여자를 서로 결합하라고 창조하신 행위를 당신은 어떻게 생각하시오? 좋은 행위였소. 나쁜 행위였소?"

"하느님께서 하신 모든 일과 마찬가지로 좋은 행위였습니다."

"제대로 대답하셨소. 이제는, 만일 행위가 좋은 행위였으면, 그 결과가 어떠해야 했는지 말해 보시오."

"역시 좋아야 했습니다, 주님. 그리고 사탄이 들어와서 어지럽히기는 했지만, 그 결과는 사실 좋았습니다. 아담은 항상 하와에게서 위안을 받았고, 하와는 아담에게서 위안을 받았으니까요. 땅에 유배되어서 단 둘이 되어서 서로 의지가 되었을 때에는 그 위안이 더 두드러진 것이 되기까지 했습니다. 그리고 물질적인 결과로, 즉 그들을 통해서 인류가 퍼지고 그들을 통해서 하느님의 능력과 인자(仁慈)가 나타난 자녀들도 좋았습니다."

"왜요? 어떤 능력과 어떤 인자요?"

"그야… 사람들을 위해 베풀어지는 인자입니다. 우리가 뒤돌아보면… 그렇습니다…. 정의로운 벗들이 있습니다. 그러나 인자한 행위는 더 많습니다…. 그리고 아브라함과 맺으시고 야곱에게 되풀이하신 계약은 무한한 인자이십니다. 이 계약은 그리고 또… 그리고 또… 요한에 이르기까지 예언자들의 거짓말을 할 줄 모르는 입으로 되풀이 되고, 오늘날에 이르기까지 되풀이 됩니다…."

"그리고 선생님의 입으로 되풀이 되었소. 요한" 하고 요셉이 중단한다.

"그 입은 예언자의 입이 아니오…. 그것은 선생님의 입이 아니오…. 그것은 그 이상이오…."

예수께서는 최고회의 위원의 암암리의 신앙고백을… 들으시고 보일까 말까 하게 미소를 지으신다. 최고의 위원은 "하느님의 입이오" 하고 말하게 되지는 못하지만, 벌써 그렇게 생각은 한다.

"그러니까 하느님께서 남자와 여자를 결합시키신 것은 잘하신 일이오. 이것은 이미 말한 것이오. 그러나 하느님께서는 남자와 여자가 어떻게 되기를 원하시오?" 하고 예수께서 물으신다.

"한 몸이 되기를 원하십니다."

"좋소. 그러면 몸이 자기 자신을 미워할 수 있소?"

"없습니다."
"한 지체가 다른 지체를 미워할 수 있소?"
"없습니다."
"한 지체가 다른 지체에서 떨어져 나갈 수 있소?"
"없습니다. 괴저(壞疽)만이, 또는 문둥병이나 어떤 불행만이 한 지체를 육체의 나머지 부분에서 떼어낼 수 있습니다."
"좋소, 따라서 고통스럽거나 나쁜 일만이 하느님의 뜻에 의해서 오직 하나인 것을 떼어놓을 수 있단 말이지요?"
"그렇습니다, 선생님."
"그러면 이런 일에 대해서 확신을 가진 당신이 어째서 당신의 몸을 사랑하지 않소. 어째서 한 지체와 다른 지체 사이에 괴저가 생기게 해서, 그 때문에 괴롭힘을 당하는 가장 약한 지체가 떨어져 나가서 당신을 혼자 내버려 두게 할 정도로 그 몸을 미워하오?"
요한은 말없이 자기 옷의 가장자리 술장식을 비틀면서 고개를 떨어뜨린다.
"그 이유를 당신에게 말해 주겠소. 그것은 언제나 그런 것과 같이 교란자인 사탄이 당신과 아내 사이에 들어갔기 때문이오. 아니 그 보다도 당신 아내에 대한 단정치 못한 사랑과 더불어 당신 안에 들어갔소. 사랑이 난잡해지면 미움이 되는 거요. 요한, 사탄은 당신으로 하여금 죄를 짓게 하기 위해서 당신의 남성적인 관능성을 선동하였소. 그것으로 당신의 죄는 시작되었소. 점점 더 새롭고 중대한 난잡을 생기게 하는 그런 난잡으로 인해서 말이오. 당신은 아내를 착한 아내와 당신의 아이들의 어머니로만 보지 않고 쾌락의 대상으로도 보았소. 그로 인해서 당신의 눈동자는 모든 것을 비뚤게 보는 소의 눈동자와 같게 되었소. 당신은 **당신의** 눈에 보이는대로 보았소. 당신은 아내를 그렇게 보았소. 당신에게 쾌락의 대상이니까 당신은 아내가 다른 남자들에게도 그러하리라고 판단했고, 거기서 당신의 흥분한 질투가 생겼고, 이유 없는 당신의 공포와 죄되는 횡포가 생겨서, 아내를 겁에 질리게 하고, 자유가 없는 사람, 고문을 당하는 사람, 중상을 당하는 사람을 만들었소. 그리고 당신이 아내를 몽둥이로 때리지 않고, 공공연하게 비난을 하지 않는다 해도 그것이 어떻다는 거요? 당신의 의심이 몽둥이오! 당신의 의심이 중상이오! 당신은 아내가 당신을 배신하기에 이를 수 있다고 생각함으로 그를 중상하는 거요. 당신이 아내를 당신의 지위가 요구하는대로 대우한다고 그것이 대수로운 일입니까? 당신의 아내는 무엇보다도 그의 품격을 떨어뜨리는 당신의 짐승같은 음란 때문에 가정 안의 사생활에서 당신에게는 노예보다도 더 못한 존재요. 그것을 당신의 아내는 당신을 진정시키고, 설득하고 착하게 만들기를 희망하며 말없이 온순하게 항상 참아 견디었소. 그런데 그것은 당신을 점점 더 자극해서 당신 집을 음란과 질투의 마귀들이 으르렁거리는 지옥을 만들어 놓기까지 하는 데만 소용되었소. 질투! 아니, 여자에게 있어서 질투보다 더 중상적인 것이 무엇이 있겠소? 또 질투 말고 무엇이 어떤 마음의 실제 상태를 더 분명히 말해 주겠소? 몹시도 어리석고, 아주 당치 않고, 아무 근거가 없고, 더할 수 없이 모욕적이고, 몹시도 집요한 그 질투가 자리잡은 곳에는 이웃에 대한 사랑도 하느님께 대한 사랑도 없고, 이기주의가 있다는 것을 아시오. 당신은 안식일을 어겼다는 이유 때문이 아니라, 이것 때문에 괴로워해야 합니다. 용서를 받기 위하여는 당신이 황폐하게 한 것을 고쳐 놓아야 하오…."

"그러나 아내는 이제는 집을 나가려고 합니다. 가서서 제 아내를 설득해 주십시오. 선생님께서는… 선생님만이 제 아내의 말을 들으시고, 제 아내가 실제로 무죄한지 판단하실 수 있습니다. 그리고…."

"요한!! 당신은 자신을 고치기를 원하면서 내가 말하는 것을 믿고자 하지 않는구려."

"주님의 말씀이 옳습니다. 제 마음을 바꿔주십시오. 사실입니다. 저는 근거있는 의심의 동기를 가지고 있지 못합니다. 그러나 저는 아내를… 음란하게 사랑하는 것은 사실입니다마는… 몹시 사랑합니다…. 선생님께서 잘 보셨습니다…. 그래서 모든 것이 제게 의혹을 품게 합니다…."

"그 끔찍한 관능의 격렬한 흥분에서 나와 빛 안으로 들어오시오. 이것이 처음에는 당신에게 고통을 줄 것입니다…. 그러나 착한 아내를 잃는 것과, 사랑이 없고 중상과 간통을 한 당신의 죄와 아내의 간통죄의 값을 치르기 위하여 지옥에 가는 것이 훨씬 더 고통스러울 것입니다. 당신 아내의 간통죄라고 말한 것은 아내를 이혼으로 몰고 가는 사람은 자기도 간통의 길로 들어가고, 아내도 간통의 길로 들여 보낸다는 것을 상기시키기 위해서요. 만일 당신이 한달 동안, 적어도 한달 동안 당신의 마귀에게 저항할 줄 알면, 나는 당신의 악몽이 끝 날 것이라고 약속하오. 약속하겠소?"

"오! 주님! 주님! 제 소원은… 아니, 이것은 불과 같습니다…. 그걸 꺼 주십시오. 주님께서, 능하신 주님께서!…" 최고회의 위원 요한은 예수 앞에 미끄러져 내려가 무릎을 꿇고 두 손으로 감싸쥔 머리를 방바닥에 조아리며 운다.

"내가 그것을 가라앉히고 번지지 않게 하겠소. 내가 그 마귀를 억제하고 한계를 정해 주겠소. 그러나 요한, 당신은 죄를 많이 지었으니, 당신 자신의 힘으로 다시 일어나려고 힘써야 하오. 내가 회개시킨 사람들은 새로운 사람, 자유로운 사람이 되겠다는 대쪽 같은 의지를 가지고 내게로 왔소…. 그들은 벌써 그들의 힘만으로 그들의 구속의 시초를 닦았었소. 마태오가 그랬고, 라자로의 마리아가 그랬고, 또 다른 사람들도 그랬소. 당신이 여기 온 것은 다만 당신 아내가 죄가 있는지 알기 위해서였고, 당신의 쾌락이 만끽하던 근원을 잃지 않도록 나더러 도와달라고 하기 위해서였소. 나는 당신의 마귀의 능력을, 한달이 아니라 석달 동안 다른 데로 번지지 못하게 하겠소. 이 기한 동안 묵상하고 고상하게 되시오. 새로운 남편의 생활을, 당신이 지금까지 한 짐승과 같은 생활이 아니라, 영혼을 가진 사람으로서의 생활을 하기로 작정하시오. 기도와 묵상과 내가 당신에게 석달 기한으로 주는 평화로 강해지고, 싸워서 영원한 생명을 얻고, 당신 아내와 당신 집의 사랑과 평화를 다시 얻을 줄을 아시오. 가보시오!"

"그러나 제가 안나에게 뭐라고 말해야 합니까? 어쩌면 아내가 벌써 떠날 준비를 하고 있는지도 모릅니다…. 그렇게 수많은 모욕을 준… 세월이 지난 지금 무슨 말을 해서 제가 아내를 사랑하고, 아내를 잃기를 원치 않는다고 설득하겠습니까? 선생님께서 오십시오…."

"나는 갈 수 없소. 그러나 그것은 지극히 간단하오…. 겸손해지시오. 아내를 따로 불러서 당신의 고민을 고백하시오. 당신을 하느님께서 용서해 주시기를 당신이 원하니까 당신이 내게 왔었다는 말을 하시오. 그리고 당신의 아내가 당신을 위해서 용서를 청하고, 또 우선 당신을 용서해 주어야만 하느님께서 당신을 용서해 주실 터이니까 아내에게 용서를 청하시오…. 오! 불행한 사람! 당신은 당신의 열병으로 얼마나 큰 행복과 평화를 잃었소! 성적 본능의 문란과 애정의 무질서는 얼마나 큰 불행을 만드는 것입니까! 자 일어나서 안심하고 가시오. 아니, 당신 아내는 착하고 당신에게 충실하기 때문에 당신을 떠난다는 생각에 당신보다 더 가슴아파하고, 당신에게서 한 마디 말만 있으면 '모든 것이 용서되었어요' 하고 당신에게 말하려고 기다리고 있다는 것을 깨닫지 못하시오? 자, 가시오. 이제는 황혼이 되었소. 그러니까 집에 돌아간다고 죄를 짓는 것이 아니오…. 또 당신의 구세주에게 오기 위하여 길을 걸은 것은 당신의 구세주가 사해 주오. 평안히 가시오. 그리고 다시는 죄 짓지 마시오."

"오! 선생님! 선생님… 저는 그 말씀을 들을 자격이 없습니다!…. 선생님… 저는… 저는 이제부터 선생님을 사랑하고 싶습니다…."

"그러시오, 그래요. 가시오, 지체하지 마시오. 그리고 내가 죄없이 중상(中傷)을 당할 때에 이 시간을 기억하시오."

"무슨 말씀입니까?"

"아무 것도 아니오. 가시오, 안녕히." 그리고 예수께서는 당신을 하느님만이 그러실 수 있는 것처럼 거룩하시고 지혜로우시다고 판단하여 감격하고 정열에 불타는 두 최고회의 위원을 떠나서 물러가신다.

99. 사도들이 말한다

"난 빨리 산위에 다다랐으면 좋겠다!" 하고 베드로가 숨을 헐떡이고 뺨과 목으로 흘러 내리는 땀을 닦으면서 외친다.

"뭐라구? 산을 미워하던 자네가 이젠 산을 갈망하는 건가?" 하고 가리옷의 유다가 비꼬며, 묻는다. 유다는 발각된다는 염려가 사라지는 것을 보고 다시 잘난 체하고 건방지게 되었다.

"그래 정말이지, 지금은 산을 원하네. 이 계절에는 산이 호의적이야. 결코 바다 같지는 않지만… 바다는, 아!… 그러나 이건 딴 얘기지만… 왜 밭이 곡식을 거두어 들인 다음에 더 더운지 모르겠어. 그래도 언제나 똑같은 해인데 말이야…."

"밭들이 더 뜨거워서 그런게 아니야. 밭들이 더 을씨년스럽고, 또 밭에 일이 있을 때보다 이런 것을 보느라면 싫증이 나기 때문에 그런 거야" 하고 마태오가 양식을 가지고 말한다.

"아니야, 시몬의 말이 맞아. 곡식을 거두어 들인 다음에는 밭이 견딜 수 없이 뜨거워. 이런 더위는 처음이야" 하고 제베대오의 야고보가 말한다.

"처음이라구? 그럼 니까의 집에 갈 때에 느꼈던 더위는 어떡하구?" 하고 유다가 대꾸한다.

"이런 더위는 한번도 없었어" 하고 안드레아가 그에게 대답한다.

"그렇구 말구! 여름이 40일을 앞당겨 왔으니까 해가 내리쬐는 거지" 하고 유다가 고집한다.

"밀짚이 이삭 덮인 밭들보다 열을 더 발산한다는 것은 사실이야. 그리고 그건 설명이 되네. 전에는 이삭 끝에 와서 머물던 해가 이제는 벌거벗어서 뜨거워진 땅을 직접 뜨겁게 해. 땅은 빛을 아래로 내려보내는 해와는 반대로 그 뜨거운 기운을 위로 반사해. 그래서 사람은 이 두 불 사이에 있게 된단 말이야" 하고 바르톨로메오가 점잖을 빼며 말한다.

　가리웃 사람은 빈정거리며 웃고, 동료에게 큰 절을 하면서 말한다. "나타나엘 선생님, 인사 드립니다. 그리고 선생님의 박식한 가르침 고맙습니다." 그는 그 어느 때보다도 무례하다.

　바르톨로메오는 그를 바라다 보고… 입을 다문다. 그러나 필립보가 그를 변호한다. "빈정거릴 게 없어! 바르톨로메오의 설명이 옳아! 양식을 가진 수백만의 머리가 참되고 논리적이고 확인하기 쉬운 것이라고 판단한 진리를 자네가 부인하려고 하는 건 분명히 아니겠지."

　"암 그렇구 말구, 그렇구 말구! 나도 알아. 자네들이 박식하고, 경험이 많고, 양식을 많이 가졌고, 착하고, 완전하다는 걸 나도 알아…. 자네들은 모든 것이란 말이야! 모든 것! 나 혼자만이 흰 양들 가운데 있는 검은 양이야!…. 나 혼자만이 잡종 양이고, 밝혀지는 치욕이고, 수양처럼 뿔이 나는 양이란 말이야…. 나 혼자만이 죄인이고, 불완전한 사람이고, 우리들 사이에서, 이스라엘에서, 세상에서 모든 악의 원인이란 말이야…. 어쩌면 별들에게서도 그럴지 몰라… 난 이제 견딜 수가 없어! 내가 최하등의 사람이라는 것을 보고, 선생님과 말하고 있는 저 두 얼간이같이 무가치한 사람들이 거룩한 두 신탁(神託)처럼 찬미받는 것을 보는 게 이젠 견딜 수가 없단 말이야. 난 싫증이 나…."

　"이거봐, 총각…." 더위보다도 자제하기 위하여 하는 노력 때문에 더 얼굴이 벌개진 베드로가 말을 시작한다.

　그러나 유다 타대오가 그의 말을 막는다.

　"자넨 자네의 척도(尺度)를 가지고 다른 사람들을 헤아려 보네. 자네도 내 아우 야고보와 제베대오의 요한이 그런 것처럼 '무가치한 사람'이 되도록 힘쓰게. 그러면 사도의 집단에서 불완전이 없어질 걸세."

　"아니, 그러니까 내 말이 옳단 말이야! 불완전, 그건 나란 말이야. 아! 이젠 못참겠어! 아니, 이제 못…."

　"맞아, 사실 나는 요셉이 우리에게 술을 너무 많이 먹인 것같아…. 그래서 이 더위와 합쳐서 고통을 주는 거야…. 그건 피를 끓게 하거든…." 토마가 흥분하기 시작하는 언쟁을 농담으로 흘리려고 침착하게, 매우 침착하게 말한다.

그러나 베드로는 그의 인내의 한계를 넘어 섰다. 계속 자신의 감정을 억제하기 위하여 이를 악물고 주먹을 쥐면서 말한다. "이거봐, 총각. 자네에겐 한 가지 조언밖에 줄 게 없네. 잠깐 떨어져 있게…."

"내가? 내가 떨어져 있으라구? 자네 명령으로? 선생님만이 명령을 하실 수 있고, 또 선생님께만 내가 복종할 거야. 자넨 누구야? 보잘 것없는…."

"어부고, 무식쟁이고, 세련되지 못하고, 아무 짝에도 쓸모가 없고. 자네 말이 맞아…. 그건 자네보다도 내가 먼저 생각하는 걸세. 그리고 아니 계신 데가 없고 무엇이든지 다 보시는 우리 야훼 앞에서 잘라 말하지만, 첫째 자리보다는 꼴찌 자리에 더 있고 싶네. 자네나 그 어느 누구라도, 아니 그 보다는 오히려 자네가 자네를 옳지 못하게 만드는 질투의 괴물에서 해방되도록 내 자리에 와 있는 것을 보기를 바라고, 그래서 복종만 하면 되게. 총각 이 사람아, 자네에게 복종하기만 하면 되게 됐으면 좋겠네…. 그리고 정말이지 그렇게 되면, 내가 '첫째'로서 자네에게 말해야 하는 것보다 덜 피곤할 걸세. 그러나 자네들 가운데 나를 '첫째'로 만드신 것은 선생님이셔…. 그러니까 나는 우선 선생님께 순종해야 하고, 다른 누구에게 보다도 선생님께 순종해야 하네…. 그리고 자네도 순종해야 하고, 그리고 내 어부의 양식으로 자네에게 말하지만, 가장 서늘한 내 말을 불로 보고 자네가 알아들은 것처럼 우리와 헤어지라는 것이 아니라, 잠깐 동안 우리와 떨어져서 혼자 있으면서 곰곰이 생각하라는 걸세…. 자넨 베델에서 계곡에 올 때는 모든 사람 뒤에 오면서 얌전하게 행동했지? 지금도 그렇게 하게… 선생님은 맨 앞에… 자네는 맨 끝에… 가운데에는 우리가 있고… 무가치한 우리가 말이야…. **알아듣고** 침착해지기 위해서는 혼자 있기만 하면 되는 거야…. 정말일세…. 그것이 자네를 위시해서 모든 사람을 위해 나은 일이야…." 그리고 유다의 팔을 붙잡아 집단에서 끌어내리면서 말한다. "우리가 선생님 계신 데로 가는 동안 여기있게. 그런 다음… 천천히, 천천히 오게…. 그러면 자네의 폭풍우가… 지나가는 것을 보게 될 걸세." 그러면서 그를 그곳에 세

위놓고, 몇 미터 앞서 간 동료들을 따라잡는다.

"후유! 그 사람에게 말하느라고 걷는 것보다도 더 땀을 흘렸네…. 무슨 놈의 성질이 그런지! 그렇지만 언제고 그에게서 뭘 좀 얻어낼 수 있을 건가?"

"시몬, 절대로 없을 걸세. 내 사촌은 고집을 부리고 그를 붙잡아 두지만… 그를 결코 좋게 만들지 못할 거야"하고 유다 타대오가 대답한다.

"그 사람은 정말 우리 가운데 있는 화근이야!"하고 안드레아가 중얼거린다. 그리고 이렇게 말을 맺는다. "요한과 나는 그 사람을 무서워하다시피 해. 그리고 다른 말다툼이 생길까봐 염려가 돼서 늘 입을 다물고 있어."

"그게 제일 좋은 행동방식이네"하고 바르톨로메오가 말한다.

"나는 잠자코 있을 수가 없어"하고 타대오가 실토한다.

나도 그렇게 하기가 힘들어…. 그렇지만 나는 그렇게 하는 비결을 발견했네"하고 베드로가 말한다.

"어떤 비결이야? 어떤 비결? 우리한테도 가르쳐 주게…"하고 모두가 말한다.

"쟁기를 끄는 소처럼 일하는 거야. 물론 쓸데 없는 일이지…. 그렇지만 내 안에서 부글부글 끓고 있는 걸, 유다가 아닌 어떤 것에… 쏟아내게 하는데 소용되는 일이야."

"아! 알았어! 그래서 자넨 계곡으로 내려올 때에 작은 나무들을 무더기로 꺾었구먼! 그 때문이야, 응?"하고 제베대오의 야고보가 묻는다.

"그래, 그 때문이었어…. 그러나 오늘… 여기에는… 손해를 입히지 않고 부러뜨릴 것이 아무 것도 없었네. 과일나무들밖에 없는데, 그걸 엉망을 만들어 놓는 것은 아까운 일이지…. 나는 가파르나움의 이전 시몬이 되지 않으려고 나 자신을 꺾느라고… 세곱절은 피로했네…. 그 때문에 뼈가 다 욱신거리네…."

바르톨로메오와 열성당원은 같은 행동을 하고 같은 말을 한다. 그들은 베드로를 껴안으면서 외친다. "그러면서 자네는 선생님이 자넬 우리들 중에서 첫째로 뽑으신 것을 이상하게 생각하나? 자네가 우리에게는 선생이야…."

 "내가? 그 때문에?… 그 하찮은 일!… 나는 보잘 것없는 사람이야 … 그렇지만 나를 사랑하기만 해서 유식한 조언, 다정스럽고 단순한 것을 주기만 부탁하네. 내가 자네들처럼 되게, 사랑과 솔직함을 주기를 부탁하네…. 그리고 그렇지 않아도 너무나 많은 마음 괴로움을 가지고 계신 선생님을 위해서만 그렇게 해 주게…."

 "자네 말이 옳아. 우리만이라도 마음의 고통을 드리지 말아야 해!" 하고 마태오가 외친다.

 "나는 요안나가 선생님을 오시라고 청했을 때 대단히 두려워했네. 앞에 갔던 자네 두 사람이 정말 아무 것도 모르나?" 하고 토마가 묻는다.

 "물론 모르지. 그렇지만 우리는 마음속으로 저 뒤에 있는 사람이 … 어떤 어리석은 짓을 했구나 하고 생각했네" 하고 베드로가 대답한다.

 "조용히 해! 나도 안식일에 선생님이 말씀하시는 걸 듣고 같은 생각을 했네" 하고 유다 타대오가 실토한다.

 "나도" 하고 제베대오의 야고보가 덧붙인다.

 "저런!… 나는 그날 저녁 유다가 그렇게 침울한 걸. 솔직히 말하자면 그렇게 까지 무례한 걸 보면서도… 그런 생각은 못했었어" 하고 토마가 말한다.

 "됐어! 그 말은 이제 그만하세. 그리고, 마륵지암이 우리에게 가르쳐 준 것과 같이 많은 사랑과 많은 희생으로 그 사람을 더 낫게 만들도록… 힘쓰신…" 하고 베드로가 말한다.

 "마륵지암이 뭘 하고 있을까?" 하고 안드레아가 빙그레 웃으면서 묻는다.

 "아니!…얼마 안 있어 그 애와 같이 있게 될 거야. 나는 초조해서 못견디겠어…. 이런 이별은 정말 고통스러워."

 "왜 선생님이 이런 이별을 원하시는지 모르겠어. 이젠…마륵지암도 우리와 같이 있을 수 있을 텐데. 그 애는 이제 어린 아이가 아니고, 허약하지도 않단 말이야" 하고 제베대오의 야고보가 지적한다.

 "또 그리고… 지난 해에는 몹시 가냘픈데도 그렇게 길을 많이 걸었으니, 지금은 말할 것도 없이 잘 걸을 수 있을 거야" 하고 필립보가 말한다.

"나는 그 애에게 어떤 기분나쁜 것을 보지 않게 하시려고 그러는 걸로 생각하네…" 하고 마태오가 말한다.

"그 애에게 어떤 접촉을 피하게 하려고 그러시든지…" 하고 가리옷 사람을 정말 견디어낼 수가 없는 타대오가 중얼거린다.

"자네 두 사람의 생각이 다 옳은지도 몰라" 하고 베드로가 말한다.

"아니야! 선생님이 그렇게 하시는 건 그 애가 완전히 튼튼해지라고 그러시는 거야! 두고 봐, 내년에는 그 애가 우리와 같이 있을 테니" 하고 토마가 단언한다.

"내년! 내년에는 선생님이 아직 우리와 함께 계실까?" 하고 바르톨로메오가 생각에 잠기며 묻는다. "선생님의 말씀들이 내게는 몹시도… 암시적인 것으로 생각되거든…."

"그 말은 하지 말게!" 하고 다른 사람들이 애원한다.

"나도 그 말을 하고 싶지는 않네. 하지만 그 말을 하지 않는다고 기록되어 있는 것이 멀어지지는 않는단 말이야."

"그러면… 이 몇 달 동안에 우리가 훨씬 더 착한 사람이 될 이유가 더 있는 걸세…. 선생님께 고통을 드리지 않고, 또 준비를 하고 있기 위해서. 나는 우리가 갈릴래아에서 쉬게 된 지금, 특히 우리 열두 사람을 많이, 많이 가르쳐 주십사고 말씀드리고 싶네…. 얼마 안 있어 갈릴래아에 가 있게 될 테니까…."

"그래, 그리고 나는 빨리 갈릴래아에 가 있고 싶네. 나는 나이가 많아서, 이렇게 더운 데 걸어다니는 것 때문에 눈에 띄지 않는 많은 난처한 일을 겪는단 말이야" 하고 바르톨로메오가 말한다.

"나도 그래. 나는 방탕했었고, 그래서 사람들이 나이를 세면서 생각하는 것보다 더 늙었어. 방탕한 생활… 응! 이제 나는 그걸 모두 뼛속에 느낀단 말이야…. 또 그리고, 우리 레위의 자손들은 정말 천성적으로 고통을 느낀단 말이야…."

"그리고 나는 여러 해 동안 병자였었는데… 동굴에서 얼마 되지 않고 보잘 것없는 음식으로 사는 그 생활, 그 모든 것이 영향을 주네

…" 하고 열성당원이 말한다.

"그렇지만 자네는 병이 고쳐진 뒤로 항상 튼튼하게 느껴진다고 늘 말했지" 하고 그들을 따라잡은 유다가 그의 뒤에서 말한다. "기적의 효과가 자네에겐 아마 끝난 모양이지?"

열성당원은 그의 못생기고 표정이 풍부한 얼굴에 전형적인 뾰로통한 표정을 짓고서, 이렇게 말하는 것같다. "이 자가 여기 와 있구먼! 주님, 참을성을 제게 주십시오!" 그러나 아주 몹시 예의바르게 대답한다. "아닐세. 기적의 효력은 끝나지 않았네. 그리고 그것은 눈에 잘 띄네. 나는 그 뒤로 병이 없었고, 튼튼하고 저항력이 있었네. 그렇지만 나이는 나이고, 피로는 피로야. 그리고 우리가 구렁에 빠진 것처럼 땀을 흘리게 하는 이 더위하며, 낮의 더위와 비교하면 얼음장 같다고 할 수 있고, 그래서 우리 위에 있는 땀을 얼게 하는 이 밤들 하며, 그렇지 않아도 벌써 땀에 흠뻑 젖은 옷을 마저 적셔 놓는 이슬 하며, 이 모두가 분명히 내 몸에 이롭지는 않단 말이야. 그래서 나를 좀 돌보게 빨리 휴식을 취하고 싶은 거야. 특히 한데잠을 잔 날 아침에는 온 몸이 아프네. 완전히 병이 들면, 내가 무엇에 소용이 되겠나?"

"고통을 받는데 소용되지. 선생님은 고통이 일과 기도만한 가치가 있다고 말씀하셨어" 하고 안드레아가 대답한다.

"그건 좋아. 그렇지만 나는 사도로서 선생님께 봉사하는 것이 더 좋겠어. 그리고…."

"그러니까 자네도 지쳤단 말이지. 솔직히 고백해. 자네는 기분 좋은 시간에 대한 전망이 없이, 오히려 반대로 박해와… 실패를 예측하면서 이 생활을 계속하는 데 싫증이 나는 거지. 자네는 다시 추방당한 사람이 될 위험이 있다는 것을 곰곰이 생각하기 시작하는 거지" 하고 가리옷의 유다가 말한다.

"나는 아무 것도 곰곰이 생각하지 않네. 나는 병자가 돼 간다는 것을 느낀다고 말하는 걸세."

"오, 선생님이 한번 자넬 고쳐 주셨으니!…" 그러면서 유다는 빈정거리는 웃음을 웃는다.

바르톨로메오는 또 다른 말다툼이 가까웠음을 깨닫고, 예수를 부르는 것으로 그 말다툼의 방향을 틀어놓는다. "선생님! 저희들을 위해서는 아무 것도 없습니까? 선생님은 줄곧 앞장 서 가시니 말입니다!…"

"네 말이 옳다, 바르톨로메오야. 그러니, 걸음을 좀 멈추자. 저 작은 집이 보이지? 해가 너무 뜨거우니 그 집으로 가자. 오늘 저녁에 다시 걷기로 한다. 오순절이 아주 가까웠으니까, 예루살렘에 돌아가기 위해서는 서둘러야 한다."

"무슨 말씀을 하고 있었니?" 하고 유다 타대오가 아우에게 묻는다.

"생각 좀 해보라고! 우리는 아리마태아의 요셉에 대해서 말하기 시작했었는데, 나자렛에 있던 요아킴의 옛날 토지와 그분의 습관 이야기를 하게 되고 말았어. 그렇게 할 수 있는 동안은 추수한 것의 반은 당신을 위해 남겨 놓고, 나머지는 가난한 사람들에게 주시던 습관 말이야. 이 일은 나자렛의 노인들이 썩 잘 기억하고 있는 일이지. 두 의인 안나와 요아킴이 얼마나 절제를 하셨겠어! 당연히 따님의 기적, 그 따님의 기적을 얻으셨지!…. 그리고 예수님과 같이 우리의 어린 시절 일을 회상했어…" 그들이 햇볕이 쨍쨍 내리쬐는 밭들 가운데에 있는 집을 향하여 가는 동안 회화는 계속 된다.

100. 평야에서 이삭줍기의 기적

　곡식이 익어서 노랗게 된 들판을 예수께서 제자들과 같이 지나가신다. 아침 이른 시간인데도 매우 덥다. 농부들은 밀이삭이 가득 찬 밭이랑에 낫질을 하여 황금빛 밀 사이에 빈 자리들을 만들어 놓는다. 낫들은 잠깐 동안 햇빛을 받아 반짝이다가 이삭들 사이로 사라졌다가 잠시 다른 쪽에 다시 나타나고, 밀대들은 휘청하면서, 마치 해가 뜨겁게 내리쬐는 땅에 여러 달 동안 서 있는데 싫증이 난듯이 눕는다.
　여자들은 낫질하는 사람들 뒤로 밀단을 묶으면서 지나간다. 들판에는 어디서나 이 일에 골몰한다. 농사는 아주 잘 되었고, 그래서 거두어 들이는 농부들도 아주 기뻐한다.
　사도들의 무리가 길을 따라 가면서 일하는 농부들 가까이를 지나갈 때에는 여러 사람이 잠깐 일손을 멈춘다. 자루가 긴 낫에 기대 서서 땀을 닦으며 바라보고, 밀단을 묶는 여자들도 바라다 본다. 연한 빛깔의 옷을 입고 머리에는 흰 수건을 쓴 여자들은 밀이 베어진 땅에서 머리를 내미는 개양귀비, 파란 페랑이꽃, 마가렛 따위의 꽃들같이 보인다. 갈색이나 노란색 짧은 잠방이를 입은 남자들은 눈길을 덜 끈다. 그들이 지닌 엷은 빛깔이라고는 머리에 얹고 노끈으로 매서 목과 뺨으로 늘어진 수건밖에 없다. 이렇게 흰 빛깔에 둘러싸여 있으니까 해에 그을린 얼굴들이 한층 더 검게 보인다.
　예수께서는 누가 당신을 눈여겨보는 것을 보시면, 지나가시면서 "하느님의 평화와 강복이 여러분과 함께 있기를" 하고 인사하신다. 그러면 그 사람들도 "하느님의 강복이 선생님 위에 내리기를." 또는 단순히 "하느님의 평화가 선생님과도 함께 있기를" 하고 대답한다.
　더 수다스러운 어떤 사람들은 추수에 대하여 예수의 관심을 끌며 말한다. "올해 농사는 잘 됐습니다. 낟알이 많이 붙은 이 이삭들을 보십시오. 그리고 밀이 얼마나 빽빽이 밭이랑에 들어찼는지 보세요. 이걸 베느라고 고생하지요. 그러나 이게 빵인 걸요!…."
 "거기에 대해서 주님께 감사하시오. 그리고 당신들도 알겠지만, 감사하는 마음은 말로 나타내는 것이 아니라 행위로 나타내는 것입니다. 전능하신 분께서 당신들이 많은 곡식을 거둘 수 있도록 당신들의 밭에 이슬과 햇볕을 주심으로 자비를 베푸셨다는 것을 생각하고, 이 수확물을 가지고 자비를 베푸시오. 신명기(申命記)의 계명을 기억하시오. 하느님께서 당신들에게 주신 재물을 거두어 들이면서, 아무 것도 갖지 못한 사람을 생각하고, 당신들의 것을 조금 남겨 주시오. 당신들이 이웃에게 베푸는, 하느님께서 보시는 자선인 이 거짓말은 거룩한 거짓말입니다. 모든 것을 탐욕스럽게 주워 모으는 것보다는 조금 남겨 놓는 것이 더 낫습니다. 하느님께서는 너그러운 사람들에게 강복하십니다. **받는 것보다 주는 것이 더 낫습니다.** 그렇게 하면 정의로우신 하느님으로 하여금 동정심을 가진 사람에게 더 푸짐한 상급을 주시지 않을 수 없게 하기 때문입니다."
 예수께서는 지나가시면서 사랑의 권고를 되풀이 하신다.
 해가 더 뜨거워진다. 농부들은 일을 멈춘다. 가까운 데 사는 사람들은 집으로 돌아가고, 다른 사람들은 나무 그늘에 가서 쉬고, 먹고, 졸고 한다.
 예수께서도 들판 안쪽에 있는 나무가 우거진 작은 숲으로 피해 들어가 풀에 앉으셔서, 기도를 하시고 빵과 치즈와 올리브라는 간소한 음식을 바치신 다음 몫몫이 나누어 주시고, 제자들과 말씀을 나누시며 드신다.
 그늘이 있고, 시원하고, 대단히 고요하다. 여름의 해가 쨍쨍 내리쬐는 시간의 정적이다. 잠을 재촉하는 고요이다. 과연 대부분은 식사 후에 졸고 있다.
 예수께서는 졸지 않으신다. 나무에 어깨를 기대시고 쉬신다. 그리고 그 동안에 꽃 위에서 하는 곤충들의 일에 관심을 기울이신다. 어떤 순간에 예수께서는 요한과 가리옷의 유다, 그리고 바르톨로메오라고 부르는 제일 나이가 많은 사람들 중의 한 사람에게 손짓을 하신다. 그리고 그들이 당신 둘레에 오자 말씀하신다. "자 이 작은 곤충을 살펴 보아라. 이 놈이 무슨 일을 하고 있는지 보아라. 살펴 보아라. 나는 조금 전부터 이 놈을 지켜보고 있다. 이 놈은 이 아주 작은 꽃받침 밑에 가득 들어 있는 꿀을 차지하고 싶어하는데, 그렇게 할 수가 없기 때문에 어떻게 하는지 보아라. 우선 그 작은 다리 하나를 뻗치고, 그 다음에는 다른 다리 하나를 뻗쳐서 꿀 속에 담근 다음, 꿀을 먹는다. 잠시 후에는 꿀을 다 먹었다. 하느님의 섭리가 얼마나 놀라운 것인지 보아라! 풀밭의 푸른 빛깔 위로 날아 다니는 황옥(黃玉)이 되라고 창조된 곤충이 어떤 기관이 없으면 먹고 살 수가 없다는 것을 모르지 않으시는 하느님의 섭리는 작은 다리에 아주 작은 털을 갖추어 주셨다. 그것들이 보이느냐? 바르톨로메오 너는? 안 보여? 들여다 보아라. 이제 내가 이 놈을 잡아서 역광(逆光)으로 보여주마." 그러시면서 갈색이 도는 금같은 풍뎅이과의 곤충을 살짝 집어서 당신 손바닥에 뒤집어 놓으신다. 풍뎅이과의 곤충은 죽은 체하고 있고, 세 사람은 그 작은 다리들을 살펴본다. 그러다가 곤충은 도망하려고 작은 다리를 움직인다. 물론 도망하지는 못한다. 그러니까 예수께서 그 놈을 도와서 바른 자세로 놓아주신다. 곤충은 손바닥 위를 걸어서 손가락 끝으로 가서 몸을 기울이고 날개를 편다. 그러나 경계한다. "이 놈은 내가 모든 존재의 이익만을 원한다는 것을 알지 못한다. 이 놈은 본능밖에 가지고 있지 못한데, 이 놈의 본성에 비하면 완전하고, 이 놈에게 필요한 모든 것에는 충분하지만, 사람의 생각에 비하면 대단히 하등이다. 그러니까 곤충은 나쁜 행동을 하더라도 책임이 없다. 사람은 그렇지 않다. 사람은 그의 안에 고등 지능의 빛을 가지고 있고, 하느님의 일을 많이 배우는 데 따라서 더 많은 빛을 차지할 것이다. 그러므로 사람은 자기 행동에 대해서 책임이 있다."

"그러면, 선생님" 하고 바르톨로메오가 말한다. "선생님이 가르치시는 저희들은 책임이 크군요."

"크다. 그리고 장래에는, 희생이 이루어지고 구속이 오고, 그와 더불어 힘과 빛인 은총이 올 때에는 더 많은 책임을 가질 것이다. 그리고 그 은총 뒤에는 너희들을 훨씬 더 원할 능력이 있게 하실 분께서 오실 것이다. 그런 다음에 원하지 않는 사람은 책임이 매우 무거울 것이다."

"그러면 구원받을 사람이 얼마 안 되겠군요!"
"바르톨로메오야, 왜?"
"사람은 하도 약하니까요!"
"그러나 내게 대한 신뢰로 자기의 약함을 튼튼하게 하면, 강해진다. 내가 너희들의 투쟁을 이해하지 못하는 줄로 생각하느냐? 저것 봐라. 사탄은 저 나뭇가지에서 이 줄기로 거미줄을 치고 있는 저 거미와 같다. 저 거미줄은 몹시 가늘고 몹시 음험하다. 그것은 만져서 느껴지지 않는 선세공(線細工) 하는 은실 같아 보인다. 저 거미줄은 밤에는 보이지 않고, 또 내일 새벽에는 빛나는 보석이 덮여 있을 것이다. 그리고 깨끗하고 깨끗하지 않고 간에 먹을 것을 찾아 밤에 빙빙 돌아다니는 조심성 없는 파리들이 그 안에 걸리고, 또 반짝거리는 것에 끌려드는 경솔한 나비들도 걸려든다…."

다른 사도들이 다가와서 식물계와 동물계에서 끌어낸 교훈을 듣는다.

"…자 그런데, 내 사랑은 내 손이 지금 하는 것을 사탄에 대해서 한다. 거미줄을 걷어치운다. 거미가 어떻게 도망해서 숨는지 보아라. 거미는 더 강한 자를 무서워한다. **사탄도 더 강한 것을 무서워한다. 그런데 더 강한 것은 사랑이다.**"

"거미를 처치해 버리는 것이 더 낫지 않을까요?" 하고 베드로가 대단히 효율적인 그의 결론을 말한다.

"그것이 낫기는 할 것이다. 그러나 저 거미도 제 의무를 다하는 것이다. 저 놈이 몹시 아름다운 나비들을 죽이는 것이 사실이지만, 병자들에게서 성한 사람들에게로, 죽은 사람에게서 산 사람들에게로 병균을 옮겨다 주는 더러운 파리도 많이 없앤다."

"그러나 저희들의 경우에는 거미가 어떤 일을 합니까?"

"어떤 일을 하느냐구, 시몬아? (시몬도 매우 나이가 많고, 류마티스를 호소한 것도 그다.) 너희 안에서 착한 뜻이 하는 일을 한다. 즉 냉담과 무기력과 잘난 체하는 자만심을 없앤다. 너희로 하여금 늘 조심하고 있지 않을 수 없게 한다. 너희로 하여금 상을 받을 자격이 있게 하는 것은 무엇이냐? 투쟁과 승리이다. 투쟁이 있지 않으면, 너희가 승리를 얻을 수 있느냐? 사탄이 있으니까 너희는 끊임없이 조심하지 않을 수 없게 된다. 그런 다음 너희를 사랑하는 영원한 사랑은 사탄의 현존이 반드시 해로운 것이 아니게 한다. 만일 너희가 이 사랑 곁에 남아 있으면, 사탄이 유혹은 하지만 참으로 해를 끼치지는 못하게 된다."

"언제나요?"

"큰 일에나 작은 일에나, 항상. 작은 일을 하나 예로 들자. 네게는 사탄이 건강을 돌보라고 권하지만 쓸데 없는 일이다. 너를 내게서 빼앗아가려고 하는 교활한 권고이다. 사랑이 너를 단단히 붙잡고 있다, 시몬아, 그래서 네 고통은 네 눈에도 그 중요성을 잃는다."

"아이고! 주님은 아십니까?…"

"그렇다. 그러나 그 때문에 괴로워하지 말아라. 자, 자! 사랑이 네게 너무도 많은 용기를 주어서, 지금 류마치스 때문에 떨고 있는 네 인간성을 제일 먼저 비웃는다…" 예수께서는 제자가 부끄러워하는 것을 보고 웃으시며, 그를 위로하기 위하여 당신께로 끌어당겨 꼭 껴안으신다. 예수께서는 웃으실 때에도 몹시 의젓하시다. 다른 사람들도 웃는다.

"누가 저 불쌍한 할머니를 도우러 가겠느냐?" 예수께서는 삼복 더위를 무릅쓰고 낫질을 한 밭고랑에서 이삭을 줍고 있는 한 작은 노파를 가리키시며 말씀하신다.

"저요" 하고 요한이 말한다. 그리고 그와 같이 토마와 야고보도 말한다.

그러나 베드로는 요한의 소매를 잡아 당겨 조금 옆으로 데리고 가서 말한다. "선생님께 무엇 때문에 그렇게 기뻐하시는지 여쭈어 보게. 내가 여쭈어 보았지만, 그저 '내 행복은 한 영혼이 빛을 찾는 것을 보는 데서 온다'고만 말씀하셨네. 그렇지만 자네가 여쭈어 보면… 자네에겐 무엇이든지 다 말씀해 주시니까."

요한은 한편으로는 신중함, 또 한편으로는 알고 싶기도 하고 베드로를 만족시키고도 싶은 욕망, 이렇게 두 가지 사이에서 망설인다. 그는 벌써 밭고랑에서 이삭을 줍고 계신 예수께로 천천히 다가간다. 작은 노파는 이 모든 청년들을 보고 슬픔을 나타내는 몸짓을 하면서 더 바쁘게 일하느라고 애를 쓴다.

"할머니! 할머니!" 하고 예수께서 외치신다. "저는 할머니께 드리려고 이삭을 줍고 있습니다. 햇볕에 계시지 마세요. 제가 할께요."

작은 노파는 이렇게 큰 친절에 매우 놀라 예수를 뚫어지게 바라보더니, 시키는대로 구부러지고 조금 떠는 그 작은 몸을 이끌고 밭가에 있는 비탈의 좁은 그늘로 간다. 예수께서는 이삭을 주으시면서 빨리 걸어 가신다. 요한은 곁에서 예수를 따라 가고, 좀 더 떨어져서는 토마와 야고보가 따라간다.

"선생님" 하고 요한이 헐떡이며 말한다. "선생님은 어떻게 이삭을 그렇게 많이 발견하십니까? 저는 옆고랑에서 이렇게 조금밖에 찾아내지 못하는데요!"

예수께서는 빙그레 웃으시며 말씀을 하지 않으신다. 나는 그렇다고 단언은 하지 못하겠지만, 하느님의 눈이 닿는 곳에서는 베기만 하고 거두어들이지는 않은 밀이삭들이 일어나는 것같다. 예수께서 주으시며 미소지으신다. 팔에는 진짜 밀단이 안겨 있다.

"자, 요한아. 내 밀단을 받아라. 너도 많이 주었구나. 할머니가 기뻐하시겠다."

"아니, 선생님… 선생님은 기적을 행하시는군요? 그렇게 많은 이삭을 발견하실 수는 없는 일입니다!"

"쉬! 이것은 할머니를 위한 것이다…. 내 어머니와 네 어머니를 생각하고 한 것이다. 어떤 할머니인지 보아라!… 갓난 새새끼도 배불리 먹이시는 하느님께서는 저 작은 할머니의 작은 곡식창고를 채워 주고자 하신다. 이것은 할머니가 아직 살아 있을 몇 달 동안 먹을 빵이 될 것이다. 할머니는 다음해 추수는 보지 못할 것이다. 그러나 나는 할머니가 마지막 겨울 동안 배 곯는 것을 원치 않는다. 이제는 네가 할머니의 외침을 들을 참이다. 요한아, 그 때문에 귀가 멍멍해질 각오를 해라. 내가 눈물과 입맞춤 세례를 받을 각오를 하고 있듯이…."

"예수님, 며칠 전부터 매우 명랑하시군요! 왜 그러십니까?"

"네가 알고 싶은 것이냐, 그렇지 않으면 누군가가 너를 보냈느냐?"

그렇지 않아도 피로해서 얼굴이 빨갛던 요한은 홍당무가 된다.

예수께서는 알아차리신다. "너를 보낸 사람에게 이렇게 말해라. 내 형제 중의 한 사람이 병들었는데, 나으려고 애를 쓴다고. 병을 고치려고 하는 그의 의지 때문에 내가 매우 기쁘다."

"선생님, 그게 누굽니까?"

"네 형제 중의 한 사람. 예수가 사랑하는 어떤 사람. 한 죄인이다."

"그러면 저희들 중의 한 사람은 아니군요."

"요한아, 너희들 가운데에는 죄가 없다고 믿느냐? 너는 내가 너희들 때문에만 기쁨을 느낀다고 생각하느냐?"

"아니올시다, 선생님. 저희들도 죄인이고, 선생님은 모든 사람을 구원하고자 하신다는 것을 저는 알고 있습니다."

"그러면? 악을 찾아내는 문제가 나왔을 때에도 '알려고 하지 말아라' 하고 네게 말했다. 선의 시초의 문제인 지금도 같은 말을 해 준다…. 할머니에게 평화! 여기 우리가 주운 이삭이 있습니다. 제 동료들이 그들의 이삭을 가지고 올 겁니다."

"젊은이, 하느님의 강복을 받으시오. 그런데 어떻게 이렇게도 많이 주웠소? 하기는 나는 눈이 잘 보이질 않아요. 그렇지만 이건 아주 커다란 단이 둘이나 되는데요…." 노파는 떨리는 손으로 그것을 만져보고, 쓰다듬고, 들려고 한다. 그러나 들지 못한다.

"저희가 도와드릴 께요. 집이 어딥니까?"

"저거요" 하고 노파는 밭 저쪽에 있는 작은 집을 가리킨다.

"할머니는 혼자시지요?"

"그래요. 어떻게 그걸 아우? 그런데 젊은이는 누구요?"

"어머니를 모신 사람입니다."

"그럼 이 사람은 동생이구요?"

"제 친구입니다."

예수 뒤에서 그 친구는 노파에게 커다란 손짓을 한다. 그러나 노파는 눈동자가 흐려서 그것들을 보지 못한다. 게다가 예수를 쳐다보는데 너무 골몰해 있다. 그의 늙은 어머니마음은 너무 감동하였다.

"젊은이, 땀을 줄줄 흘리는구려. 여기 이 나무 그늘로 오시오. 앉아요. 땀이 얼마나 흐르는지 봐요! 내 베일로 땀을 닦으시오. 해지긴 했지만 깨끗해요. 자, 받아요, 젊은이."

"고맙습니다, 할머니."

"이렇게도 착한 당신의 어머니 되시는 분은 복되시오. 하느님께 당신들에게 강복하시도록 이름을 말씀드리게 젊은이의 이름과 어머니의 이름을 말해 주시오."

"마리아와 예수입니다."

"마리아와 예수… 마리아와 예수… 가만 있어요. 언젠가 나는 많이 울었어요…. 내 아들의 아들이 그의 아들을 보호하다가 죽임을 당했고, 그 때문에 내 아들이 울홧병으로 죽었어요…. 그 죄없는 것이 죽임을 당한 것은 사람들이 예수라는 이름을 가진 어떤 이를 찾기 때문이라는 말을 들었어요…. 지금 나는 죽음의 문턱에 와 있어요. 그런데 그 이름이 생각나는군요…."

"그 때에는 이 이름 때문에 우셨군요. 할머니, 이제는 이 이름이 할머니께 강복을 주기 바랍니다…."

"당신이 그 예수로군요…. 이제 죽게 되었는데, 그의 고통이 이스라엘을 위한 메시아를 구하는데 소용이 된다는 말을 들었기 때문에 저주를 하지 않고 살아 온 여인에게 그 말을 해 주시오!"

요한은 손짓을 더 많이 하고, 예수께서는 잠자코 계신다.

"아이고! 말해 줘요. 당신이오? 내 목숨이 다 할 때에 내게 강복해 줄 분이? 하느님의 이름으로 청하니 말해 주시오."

"저입니다."

"아!" 작은 노파는 땅에 엎드린다. "내 구세주! 저는 기다리면서 살았고, 주님을 뵙기를 바랐습니다. 제가 주님의 승리를 보게 되겠습니까?"

"아닙니다, 할머니. 모세처럼, 할머니도 그 날을 보지 못하고 돌아가실 겁니다. 그러나 나는 할머니께 미리 하느님의 평화를 드립니다. 나는 평화입니다. 나는 길이요, 생명입니다. 의인들의 어머니요 할머니이신 할머니는 내가 다른 승리를 거둔 것을 보실 터인데, 그 승리는 영원할 것입니다. 그리고 내가 할머니와 할머니의 아들과 그 아들의 아들과 또 그 아들에게 문을 열어 줄 것입니다. 나를 위해 죽은 그 사내 아이는 주님께 성스러운 아이입니다! 할머니, 울지 마세요…."

"그런데 저는 주님을 만졌습니다! 그리고 주님은 저를 위해 이삭을 주으셨습니다! 아이고! 제가 어떻게 이런 영광을 받을 수 있게 되었습니까?"

"할머니의 거룩한 체념 때문입니다. 할머니의 집으로 가십시다. 그리고 이 낟알이 할머니께 육체를 위한 빵보다는 영혼을 위한 빵을 드리기를 바랍니다. 나는 모든 마음의 굶주림을 채워주기 위해 하늘에서 내려온 참된 빵입니다. 너희들은(토마와 야고보도 그들이 주은 곡식을 가지고 합류하였다) 이 밀단을 들어라. 그리고 가자."

세 사람은 모두 이삭 주은 것을 짊어지고 간다. 예수께서는 작은 노파와 함께 그들을 따라 가시는데, 노파는 울면서 기도를 중얼거린다. 그들은 작은 집에 이르렀다. 방 둘에, 작은 화덕과 무화과나무가 한 그루, 그리고 포도나무가 조금 있다. 깨끗하고 가난하다.

"여기가 할머니 집입니까?"

"그렇습니다. 주님, 이 집에 강복하십시오."

"저를 아들이라고 불러 주세요. 그리고 어머니의 고통이 어떤지를 아시는 할머니께서 제 어머니가 고통 중에 위한을 받도록 기도해 주세요. 할머니, 안녕히 계십시오. 참 하느님의 이름으로 강복을 드립니다."

그리고 예수께서는 손을 들어 작은 집에 강복하신 다음, 몸을 숙여 작은 노파를 끌어당겨 가슴에 꼭 껴안으시고, 흰 머리카락이 몇 오라기 덮여 있는 머리에 입맞춤 하신다. 노파는 울면서 입술을 예수의 손에 살짝 갖다 대고, 경의를 표하고 사랑한다….

예수께 말씀하신다.

"이번 받아쓰기 다음에는 네 마음속에 물음표가 많다.

네 마음속에 가지고 있는 물음표 하나는 언제나 유다가 구원을 향한 이 노력에도 불구하고 구원을 받지 못하리라는 것을 내가 알고 있었느냐 하는 것이다.

나는 알고 있었다.

그런데 왜 내가 기뻐했었느냐'

그것은 그 소원만이라도 유다의 마음의 황야에 있음으로 해서 내 아버지께서 내 제자를 호의를 가지고 보시게 되었기 때문이다. 내가 사랑하였고,

그러면서도 **구원할 수가 없었을** 내 제자를 말이다. 어떤 마음을 내려다 보시는 하느님의 눈! 아버지께서 모든 사람을 내려다 보시는 것, 그것도 사랑을 가지고 내려다 보시는 것 말고 무엇을 내가 바라겠느냐?

그리고 그 불행한 사람에게 다시 일어서기 위한 이 방법까지도 주기 위해서 나는 기뻐해야만 했었다. 그가 내게로 돌아오는 것을 보면서 느끼는 내 기쁨의 자극이라는 **방법을.**

내가 죽은 후 어느날 요한은 이 진리를 알았고, 베드로와 야고보와 안드레아와 다른 사람들에 그것을 말해 주었다. 내 마음속 비밀을 무엇이든지 알고 있던, 내가 사랑하던 제자에게 그렇게 하라는 명령을 내가 주었기 때문이었다. 요한은 그것을 알았고, 모두가 제자들과 신자들의 지도를 위한 행동규칙을 가지도록 그것을 말해 주었다.

한번 죄를 지은 다음 하느님의 사제에게 와서, 친구나 아들, 남편이나 형제에게 저지른 자기의 잘못을 고백하고, 실수를 한 다음, 와서 '저를 곁에 두어 주십시오. 저는 하느님과 당신께 고통을 드리지 않기 위해 다시는 잘못을 저지르기를 원치 않습니다'하고 말하는 영혼에게는, 다른 것 중에서도, 그 영혼이 우리를 행복하게 하기를 바라는 것을 보고 우리가 행복한 것을 보는 만족을 거절해서는 안 된다.

사람의 마음을 보살피는 데에는 무한한 요령이 필요하다. 영원한 지혜인 나는 유다의 경우에는 그것이 무익하다는 것을 알면서도 모든 사람에게 **구속하는 기술을, 구속되는 사람을 도와주는 기술을 가르치기** 위하여 그것을 가졌었다.

그리고 이제는 카나니아 사람 시몬에게 말한 것처럼 네게도 '자, 자!' 하고 말하면서, 너를 사랑하는 사람이 있다는 것을 네게 느끼게 하기 위해 너를 꼭 껴안는다.

이 손에서는 벌도 내려오지만, 애무도 내려오고, 내 입술에서는 엄한 말도 나오지만, 더 기쁘게 말하는 친절한 말이 더 많이 나온다.

마리아야, 평안히 있어라. 너는 네 예수에게 고통을 주지 않았다. 이것이 네 위안이 되기 바란다.

101. 사도들끼리, 그리고 예수와 더불어.
   예수와 베드로

　사도들의 무리는 평야 쪽으로 등을 돌리고, 기복이 심한 길로 해서 산과 골짜기를 거쳐 예루살렘을 향하여 간다. 길을 단축하기 위하여 그들은 큰 길을 버리고 사람이 별로 다니지 않는, 피곤하게 하지만 매우 빠른 지름길을 걸어간다.
　지금 그들은 관개가 잘 되고 꽃이 많은 푸른 계곡 안에 있는데, 거기에는 향내나는 풀도 없지 않다. 그래서 타대오는 은방울꽃을 '골짜기의 백합화'라고 부르는 것은 매우 옳은 일이라고 지적하고, 연약하면서도 저항력이 있고 매우 우아한 향기가 나는 그 꽃의 아름다움을 찬미한다.
　"그렇지만 거꾸로 된 백합화야. 이 꽃들은 위를 보지 않고 아래를 본단 말이야" 하고 토마가 지적한다.
　"그리구 이 꽃들은 얼마나 작아! 우리에겐 더 맵시있는 꽃들이 있어. 난 왜 이 꽃을 그렇게 많이 찬양했는지 모르겠어…" 하고 유다가 꽃이 핀 은방울꽃 한 무더기를 멸시하는 태도로 발로 툭 건드린다.
　"안 돼! 왜 그래? 이 꽃들이 얼마나 우아한데!" 하고 안드레아가 가엾은 꽃들을 보호하기 위하여 개입한다. 그리고 부러진 꽃줄기들을 몸을 구부려 줍는다.
　"이건 건초용의 풀 같애. 그 이상의 아무 것도 아니야. 용설란 꽃이 더 아름답지. 아주 위엄있고 아주 강해서, 하느님께 어울리고, 하느님을 위해 피기에 적합한 꽃이야."
　"나는 이 작은 꽃부리에서 하느님을 더 많이 발견하네…. 아니, 얼마나 우아한지 보란 말이야!… 톱니 모양에다 거의 오목하고… 설화석고(雪花石膏)나 아무 것도 섞이지 않은 밀랍을 가지고 아주 작은 손으로 가공한 것같아…. 그렇지만 반대로 무량(無量)하신 분께서 이것들을 만드셨어! 오! 하느님의 능력!…" 안드레아는 꽃들을 들여다 보고 창조하신 분의 완전을 묵상하느라고 거의 황홀경에 빠져 있다.

"자넨 병적인 신경을 가진 가냘픈 여자 같네!…" 하고 가리옷의 유다는 고약하게 웃으면서 투덜거린다.

"아니야" 하고 토마가 말한다. "나는 금은 세공사이기 때문에 나도 이런 일엔 정통한데, 이 꽃들은 완전하다고 생각하네. 금속으로 이런 것들을 만들기는 용설란을 만들기보다 훨씬 더 어렵네. 이 사람아, 예술가의 재간을 나타내는 것은 무한히 작은 물건이라는 것을 알란 말이야. 안드레아, 꽃을 하나 주게…. 그리고 자네는 웅장한 것만을 찬미하는 쇠눈 같은 눈을 가지고 여기 와서 살펴보게. 아니, 어떤 예술가가 이다지도 가볍고 이다지도 완전한 잔을 만들어서 저 밑을 작은 황옥으로 장식하고, 이것들을 이렇게 구부러지고 몹시 가벼운 선세공(線細工) 같이 이대로 밑동과 연결할 수 있었겠는가?… 아니, 이건 정말 경탄할 만한 것이야!…."

"오! 얼마나 많은 시인이 우리들 가운데에 생겨났는가! 토마, 자네도 이렇게…."

"나는 바보도 아니고, 가냘픈 여자도 아니란 말이야. 그렇지 않고 한 예술가, 감수성이 예민한 예술가야. 그리고 이것이 자랑스러워. 선생님, 이 꽃들이 마음에 듭니까?" 토마는 선생님을 부른다. 선생님은 다 들으시면서 말씀을 하지 않으셨다.

"우주에 있는 모든 것이 내 마음에 든다. 그러나 이 꽃들은 내가 특히 좋아하는 것 중에 끼는 것이다…."

"왜요?" 하고 여럿이 묻는다. 그리고 동시에 유다도 묻는다. "독사들까지도 마음에 드나요?" 그러면서 웃는다.

"독사들까지도. 독사들도 유익하다…."

"무엇에요?" 하고 여럿이 묻는다.

"무는데, 아! 아! 아!" 하고 유다는 무례한 웃음을 웃으며 말한다.

"그러면 독사들은 자네 마음에 굉장히 들겠구먼" 하고 타대오가 매우 분명한 암시로 그의 웃음을 막아버린다. 이번에는 적절하게 가한 일격 때문에 다른 사람들이 웃는다.

예수께서는 웃지 않으신다. 오히려 창백하고 침울하시다. 열두 사도를 바라보시고, 그 중에서도 한 사람은 성이 나서, 또 한 사람은 엄하게 서로 바라보는 두 적대자를 보신다. 그리고 유다에게 개별적으로 대답하시며 모든 사람에게 대답하신다.

"하느님께서 그 놈들을 만드신 것은, 그것들이 유익하기 때문이다. 악만이 분명히 해롭고, 또 해롭기만 하다. 그리고 악에 물리는 사람들은 불행하다. 악에게 물린 것의 결과 중의 하나는 타락한 이성과 양심이 좋지 않은 것을 향하여 빗나가는 것이고, 영적인 맹목이다. 유다야, 이 맹목으로 인해서 사람들은 가장 대수롭지 않은 물건에서까지도 하느님의 능력이 빛나는 것을 보지 못하게 된다. 하느님의 능력은 이 꽃 안에 그 아름다움과 향기와 다른 어떤 꽃과도 아주 다른 그 모양과, 작은 꽃잎의 밀랍 빛깔의 속눈썹에 매달려서 떨고 반짝이며, 모든 것을 만드신, 모든 것을 잘, 유익하게, 다양하게 만드신 조물주에 대한 감사의 눈물같이 보이는 이 이슬방울로 기록되어 있다. 그러나 첫째 조상들에게는 그들이 죄의 백내장(白內障)을 가질 때까지 모든 것이 아름다웠다고 쓰여 있다…. 그리고 물건들 위에, 아니 그보다도 그들의 눈동자에 하느님을 보는 능력을 변형시킨 액체가 방울방울 떨어질 때까지는 모든 것이 그들에게 하느님에 대해 말했었다…. 현재도 한 인간 안에서 정신이 더 왕인 그만큼 하느님께서 당신을 드러내신다."

"솔로몬은 하느님의 놀라운 일들을 노래했고, 다윗도 그랬습니다. 그러나 그들의 정신은 확실히 왕이 아니었습니다. 이번에는 선생님이 잘못 하시는 현장을 잡았습니다."

"아니, 자넨 정말 눈에 뵈는게 없구먼! 어떻게 감히 그런 말을 하나?" 하고 바르톨로메오가 화를 내면서 말한다.

"말하게, 가만 내버려 두어라…. 나는 그것을 문제시하지 않는다. 그것은 바람에 불려가는 말들이고, 풀과 나무들이 분개하지 않는 말들이다. 우리들만이 그 말을 들었는데, 우리는 그 말들이 가진 마땅한 무게를 줄 줄 안다. 안 그러냐? 그리고 우리는 그 말을 기억하지 **않는다**. 젊은이들은 흔히 지각없는 행동을 한다. 바르톨로메오야, 거기에 대해서 동정을 해라…. 그러나 누군가 내가 왜 골짜기의 백합화를 특히 좋아하는지 물었다…. 내 대답은 이렇다. '그 겸손 때문이다.'

골짜기의 백합화에는 모든 것이 겸손을 말한다…. 이 꽃이 좋아하는 장소가 그렇고… 이 꽃의 태도가 그렇다…. 이 꽃은 내 어머니를 생각하게 한다…. 이 꽃… 이렇게도 작은 꽃이! 그렇지만 이 꽃 하나가 어떤 냄새를 풍기는지 보아라. 주위에 있는 공기 전체가 이 꽃으로 향기롭게 되었다. 겸손하고, 조심성 있고 알려지지 않으시고, 알려지지 않은채로 계시기만 바라시는 내 어머니도… 그러나 어머니의 성덕의 향기는 하도 강해서 나를 하늘에서 끌어내렸다….”

"선생님은 이 꽃에서 선생님의 어머니의 상징을 보십니까?”

"그렇다, 토마야.”

"그리고 우리 조상들이 골짜기의 백합꽃을 찬양할 때에 거기에 대한 예감을 가졌었다고 생각하십니까?” 하고 알패오의 야고보가 묻는다.

"그 때에는 그들이 선생님의 어머니를 다른 초목과 꽃들인 장미와 올리브나무에 비교했고, 가장 귀여운 짐승인 멧비둘기와 집비둘기에 비교했습니다.”

"각자가 내 어머니에 대해서 그가 피조물 중에서 가장 아름다운 것으로 보던 것을 말했었다. 그리고 가장 아름다운 피조물, 내 어머니는 실제로 말할 수 없이 아름다운 분이시다. 그러나 만일 내가 어머니를 찬양해야 한다면, 나는 어머니를 골짜기의 백합화와 평화의 올리브나무라고 부르겠다.” 그리고 예수께서는 당신 어머니를 생각하시면서 명랑해지시고, 얼굴이 환해지신다. 그리고 혼자 계시려고 떨어지신다….

계곡 안에는 나무들이 연달아 있어서 해를 가려 주기 때문에 한낮의 더위에도 불구하고 계속 걸어간다.

얼마 후에 베드로가 걸음을 재촉하여 선생님을 따라 잡는다. 그는 가만히 "제 선생님!” 하고 부른다.

"나의 베드로!”

"선생님과 같이 가면 선생님께 방해가 되겠습니까?”

"그렇지 않다. 무슨 말을 그리 급히 하고 싶기에 네 선생 곁으로 오게 되었느냐?”

"한 가지 질문이 있습니다…. 선생님, 저는 호기심이 많은 사람입니다…."

"그래서?" 예수께서는 당신의 사도를 들여다 보시며 빙그레 웃으신다.

"그래서 저는 많은 것을 알고 싶습니다…."

"베드로야, 그것은 결점이다."

"저도 압니다…. 그러나 이번에는 그것이 결점이 아니라고 생각합니다. 만일 제가 알아서는 안 되는 일을 알고자 하면, 가령 사기행위를 한 사람을 비난하기 위해 그 사기행위를 알고 싶어하면, 오! 그 때에는 결점일 것입니다. 그렇지만 선생님도 보시다시피 베델에서 선생님을 오십사고 청했던 것과 유다가 무슨 관련이 있었는지 여쭈어 보지 않았고, 또 왜…."

"그러나 몹시 물어보고 싶기는 했지…."

"예, 맞습니다. 그러나 반대로 그것이 더 큰 공로가 아닙니까?"

"자제하는 것이 큰 공로인 것과 같이 그것은 더 큰 공로이다. 그것은 그렇게 하는 사람에게 영적인 일에 있어서 훌륭하고, 착실한 발전이 있었고, 선생님의 가르침을 참으로 능동적으로 이해하고 흡수했다는 것을 증명하는 것이다."

"그렇지요, 예? 그래서 선생님은 그것이 기쁘십니까?"

"오! 베드로야, 네가 그걸 내게 묻느냐? 나는 그것이 매우 기쁘다."

"예? 정말입니까? 선생님! 아니, 그러면 선생님의 보잘 것없는 시몬이 선생님을 그렇게까지 기쁘게 해드리는 사람입니까?"

"그렇다. 그러나 네가 그것을 벌써 알고 있지 않았느냐?"

"저는 감히 그렇게 믿지 못했습니다. 그러나 어제 선생님이 매우 기뻐하시는 것을 보고, 선생님께 여쭈어 보라고 했습니다. 그것은… 비록 제가 그런 증거는 가지고 있지 못했지만… 유다가 더 나은 사람이 되기 때문일 수도 있을 것이라고 생각했습니다. 선생님은 성인이 되는 어떤 사람이 있기 때문에 기뻐하신다고 말씀하시더라고 요한이 말했습니다…. 그런데 방금 선생님은 제가 나아지기 때문에 제게 만족하신다고 말씀하셨습니다. 이제는 제가 압니다. 선생님을 행복하고 기쁘게 해드리는 것은 보잘 것없는 시몬 저라는 것을…. 그렇지만 이제는 제 희생이 유다를 변하게 할 수 있었으면 좋겠습니다. 저는 질투를 하지 않습니다. 저는 선생님을 완전히 행복하게 해 드리게 모두가 완전하기를 바랍니다. 제가 이 일에 성공할 수 있겠습니까?"

"시몬아, 신뢰를 가져라. 자신을 가지고 꾸준히 해 나가라."

"그렇게 하겠습니다. 물론 그렇게 하겠습니다. 선생님을 위해서… 또 그 사람을 위해서라도요. 언제나 이러고 있다는 것은 확실히 기쁜 일이 아닙니다. 따지고 보면… 그는 거의 제 아들벌이 될 수도 있을 것입니다…. 흠! 정말이지 저는 마룩지암의 아버지 노릇하는 것이 더 낫습니다! 그러나… 저는 그에게 선생님께 어울리는 영혼을 주기 위해 힘쓰면서 그의 아버지 노릇을 하겠습니다."

"또 네게도 어울리는 사람이 되게, 시몬아." 그러시면서 예수께서는 몸을 숙여 그의 머리카락에 입맞춤 하신다.

베드로는 완전히 행복하다…. 조금 후에 그는 묻는다. "그리고 다른 이야기는 안 해 주십니까? 다른 좋은 일은 아무 것도 없습니까? 선생님이 어디서나 만나시는 가시들 가운데에 있는 어떤 꽃…?"

"있다. 빛을 찾아오는 요셉의 친구다."

"정말입니까? 최고회의 위원입니까?"

"그렇다. 그러나 이 말을 해서는 안 된다. 그 사람을 위해 기도하고 고통을 당해야 한다. 그게 누군지 묻지 않느냐? 알고 싶지 않느냐?"

"대단히 알고 싶습니다. 그러나 여쭈어 보지 않겠습니다. 알지 못하는 그 사람을 위한 희생입니다."

"축복 받아라, 시몬아! 오늘은 네가 나를 정말 기쁘게 하는 거다. 그렇게 계속하여라. 그러면 내가 너를 점점 더 사랑할 것이고, 하느님께서도 너를 점점 더 사랑하실 것이다. 이제는 걸음을 멈추고 다른 사람들을 기다리자…."

102. 오순절을 위하여 예루살렘에

도성에는 사람이 가득 찼다. 성전에도 사람이 꽉 찼다. 예수께서는 예루살렘에 들어오시자마자 성전으로 올라가신다. 그리고 제물의 못* 근처에 있는 문으로 들어가신다. 그러니까 거의 즉시, 즉 시내에 계시다는 것을 사람들이 알아차릴 수 있기 전에, 그리고 그들이 배낭을 내려놓고, 깨끗한 몸으로 성전에 들어가기 위하여 먼지와 땀을 씻은 집에서 소문이 퍼져 나가기 전에 성전으로 들어가신다.

물건 파는 사람들과 환전상들의 무례한 혼잡은 여전하다. 옷빛깔과 얼굴들의 만화경(萬華鏡)도 여전하다.

예수께서는 제물에 필요한 것을 사온 사도들을 데리시고 직접 기도하는 곳으로 가셔서, 오랫동안 머물러 계신다. 자연 좋은 사람 나쁜 사람 할 것없이 여러 사람의 눈에 띄셨고, 사람들이 기도하기 위하여 걸음을 멈추는 바깥 마당을 통하여 속삭임이 바람처럼, 나뭇가지로 지나가는 바람 소리와 더불어 번져 간다.

그래서 기도를 드리신 다음, 오셨던 길로 되돌아 가시려고 몸을 돌리실 때에는 점점 더 많아진 사람의 한 떼가 안마당과 회당과 마당들로 예수를 따라 와서, 마침내 하나의 군중이 되어 에워싸고 말씀을 해 달라고 청한다

"여러분, 다른 때에! 다른 장소에서!" 하고 예수께서 말씀하시고, 그곳을 피하려고 하시며 강복하시려고 손을 드신다.

군중 가운데 섞여 있는 율법학자, 바리사이파 사람, 박사들과 그들의 제자들은 서로 몇 마디씩을 주고 받으며 비웃는데, 그것은 "조심성이 있으니까 곰곰이 생각하게 되는 거로구먼" 또는 "어! 겁이 좀

---

* 역주 : 하느님께 바칠 제물을 깨끗이 씻던 성전 근처의 못.

나는 모양이야…" 또는 "철이 들었어." 또는 "생각한 것보다는 덜 바보로구먼…" 하는 따위의 놀리는 말들이다. 그러나 대부분의 사람들은, 혹은 예수를 알고 사랑하기 때문에, 혹은 진심으로 예수를 알기를 바라기 때문에 증오심을 가지고 있지 않아서 이렇게 말하며 조른다. "선생님은 명절 중의 이 즐거움을 저희들에게서 빼앗아 가시겠습니까? 착하신 선생님이 그렇게 하실 수는 없습니다! 저희들 중에는 선생님을 기다리려고 여기 남아 있기 위해서 제물을 바친 사람들이 많이 있습니다." 그리고 어떤 사람들은 조롱하는 사람들의 입을 다물게 하거나 빈정거리는 사람들에게 같은 말투로 대꾸를 한다.

대중은 얼마 안 되는 악의를 품은 사람들을 못살게 굴 생각을 가지고 있는 것이 분명하다. 꾀바르고 음험한 이 자들은 그것을 알아차리고, 입을 다물뿐 아니라 그곳을 떠나려고 한다. 비록 이들이 성전 구내에 있기는 하지만, 떠나가는 이들을 서슴지 않고 야유하고, 별로 기쁘게 하지 않는 말을 던지는 사람이 여럿 있다. 반면에 나이가 지긋한 사람들, 따라서 생각이 더 깊은 사람들은 예수께 이렇게 질문한다. "아니 그런데, 주님의 목소리에 응하지 않는 이곳, 이 도시, 이스라엘 전체가 어떻게 되겠습니까? 선생님은 알고 계시지요?"

예수께서는 반백이거나 완전히 백발이 된 그 머리들을 동정심을 가지고 바라다 보시며 대답하신다. "하느님의 불쌍히 여기심을 하느님 편의 약점의 증거로 생각해서 더욱 더 죄를 짓는 것으로, 하느님의 분노의 섬광에 대항하는 사람들이 어떻게 되겠느냐 하는 것을 예레미아가 여러분에게 말해 주었습니다. 여러분, 하느님을 무시해서는 안 되기 때문입니다. 영원하신 분께서 예레미아의 입으로 말씀하시는 것과 같이, 여러분은 옹기쟁이 손에 들려 있는 질흙과 같습니다. 자기가 능력이 있다고 믿는 사람들도 질흙과 같고, 이곳에서 사는 사람들과 왕국에 있는 사람들도 질흙과 같습니다. 하느님께 대항할 수 있는 인간의 능력은 없습니다. 그리고 질흙이 옹기쟁이에게 저항하고, 이상하고 소름끼치는 형태를 취하려고 하면, 옹기쟁이는 시작품 (試作品)을 뭉개서 다시 한 줌의 질흙이 되게 하고, 새로 그릇 모양을 만들어서 옹기쟁이가 더 강하다는 것을 그릇이 깨닫고 그릇이 그의 뜻에 복종하게 되도록 합니다. 또 그릇이 고집스럽게 옹기쟁이가 만드는 모양대로 있으려고 하지 않기 때문에, 옹기쟁이가 그릇에 금이 가지 않게 빚기 위하여 적시는 물을 그릇이 거부하기 때문에 산산 조각이 나는 일도 생길 수 있습니다. 그 때에는 옹기쟁이가 말을 듣지 않는 질흙과 일에 반항하는 쓸데 없는 조가비 모양의 그릇을 쓰레기 더미에 던져 버리고, 새 질흙을 가지고 가장 좋아 보이는 형태로 빚습니다.

 예언자가 옹기쟁이와 오지그릇의 상징을 이야기 하면서 이렇게 말하지 않습니까? 이렇게 말합니다. 그리고 주님의 말씀을 되풀이 해서 이렇게 말합니다. '질흙이 옹기쟁이의 손 안에 있는 것과 같이, 이스라엘아, 너도 이와 같이 하느님의 손 안에 있다.' 그리고 반항하는 사람들에게 경고를 주시기 위하여, 오직 속죄와 하느님의 나무람을 받아들임만이 반항하는 백성에 대한 하느님의 벌의 명령을 변경시킬 수 있다고 주님께서 덧붙이십니다.

 이스라엘은 뉘우치지 않았습니다. 그래서 하느님의 위협은 한번, 열번 이스라엘을 악착스럽게 따라 다녔습니다. 이스라엘은 지금도 뉘우치지 않습니다. 예언자가 아니라, 예언자보다 더한 사람이 이스라엘에게 말하는 지금도 뉘우치지 않습니다. 그래서 이스라엘에 대하여 더없는 자비를 베푸셨고, 나를 보내신 하느님께서는 이제 여러분에게 이렇게 말씀하십니다. '너희들이 내 목소리에 귀를 기울이지 않으니, 나는 너희들에게 베풀어준 행복을 후회하고, 너희들에 대하여 불행을 준비하겠다'. 그리고 자비 자체인 나는 내 목소리를 울려 퍼지게 해도 소용없다는 것을 알지만, 이스라엘에게 외칩니다. '각자는 그의 나쁜 길에서 돌아오시오. 각자는 그의 행실과 그의 성벽(性癖)을 고쳐서, 죄지은 나라에 대한 하느님의 계획이 이루어질 때에, 그 시민들 중의 가장 좋은 사람들만이라도, 재산과 자유와 통일을 전적으로 잃는 가운데에서, 죄에서 해방되고 하느님과 일치한 정신을 보존하고, 그들이 세상의 재물을 잃었을 것처럼 영원한 재물을 잃지 않게 하시오.'

 예언자들 환시(幻視)는 목적 없는 것이 아닙니다. 그 목적은 사람들에게 장차 올 수 있는 것을 경고하는 것입니다. 백성 앞에서 깨진 질그릇의 상징으로 주님께 복종하지 않는 도시와 나라들을 기다리는 것이 무엇인지 말하는 것입니다. 그리고…"

아까 물러갔던 노인들과 율법학자들과 박사들과 바리사이파 사람들은 성전의 자경단(自警團)과 질서 담당 행정관들에게 가서 알렸다. 행정관 하나가 재생지로 만든 것같은 우스꽝스러운 병정 몇 사람을 거느리고 예수께로 온다. 그 우스꽝스러운 병정들은 어리석음과 약간의 악의의 혼합물이고, 거기에다 난폭함이라까지는 말하지 않더라도 냉혹이 꽤 많이 섞인 얼굴만 빼놓고는 싸움꾼이라는 인상이 없다. 선생님은 이교도들의 회랑의 한 기둥에 기대 서서 말씀하시고, 선생님 둘레로 빽빽이 에워싼 군중 가운데 계신다. 행정관이 예수께 소리를 지른다. "가시오! 그렇잖으면 내 병사들을 시켜서 내쫓겠소…."

"우! 우! 초록색 왕파리들! 용사들이 어린 양들을 덮치는구먼! 그러면서 당신들은 예루살렘을 창가(娼家)로 만들고, 성전을 시장을 만드는 자들은 가둘 줄을 모르오? 토끼 낯짝을 한 사람, 여기서 나가시오. 족제비들이나 찾아가시오…. 우! 우!" 사람들은 무장을 한 그 꼭둑각시들에게 반항하고, 선생님께 모욕을 가하는 것을 용납하지 않겠다는 것을 분명히 보인다.

"나는 받은 명령에 복종하는 거요…" 하고 이 경비병의 우두머리가 변명하느라고 말한다.

"당신은 사탄에게 복종하면서 그걸 알아차리지 못하는 거요. 자, 이제는 감히 선생님을 모욕하고 위협한 데 대해서 불쌍히 여겨 달라고 청하러 가시오. 선생님께는 손을 대지 못하오! 알아들었소? 당신들은 우리의 압제자들이고, 선생님은 가난한 사람들의 친구시오. 당신들은 타락시키는 사람들이고, 선생님은 우리의 거룩하신 선생님이시오. 당신들은 우리의 파멸이고, 선생님은 우리의 구원이시오. 당신들은 배신이 가득 차 있고, 선생님은 친절이 가득 차 계시오. 여기서 나가시오. 그렇지 않으면, 마타티아가 모딘에서 한 것처럼 하겠소. 우리는 우상의 제단처럼 당신들을 모리아산 비탈 아래로 내던지고, 더럽혀진 곳을 당신들의 피로 씻어서 청소를 하겠소. 이스라엘의 유일한 성인의 발이 그 피 위로 걸어서 지성소로 가셔서 거기서 왕노릇을 하실 거요. 그럴 자격이 있는 선생님이! 썩 꺼지시오! 당신들과 당신들의 주인들! 깡패를 섬기는 깡패들, 썩 꺼지시오…."
 겁을 집어먹은 소란이 벌어졌다…. 안토니아에서 로마 수비대가 나이 먹고 엄하고 일을 재빨리 해치우는 장교와 같이 달려 온다.
 "비키시오, 건달들! 무슨 일이오? 당신들은 옴 오른 당신들의 어린 양 한 마리 때문에 서로 잡아먹는 거요?"
 "이 사람들이 자경대에 반항을 하오…" 하고 행정관이 설명하려고 한다.
 "아이고 맙소사! 이자들이… 자경대라고? 아! 아! 주보(酒保)의 병사, 바퀴하고나 전쟁을 하러 가시오. 당신들이 말하시오…" 하고 장교는 군중에게 명령한다.
 "이 사람들은 갈릴래아 선생님께 말을 못하게 하려고 했소. 선생님을 내쫓으려고 했소. 어쩌면 붙잡으려고 했는지도 모르오…."
 "갈릴래아 사람에게? 논 리쳇*. 나는 목잘린 사람의 말을 로마말로 하는 거요. 아! 아! 당신과 당신의 발바리들은 개집으로 가시오. 잡종개들도 개집에 남아 있어야 하는 거요. 그 놈들도 암늑대*가 갈기갈기 찢어놓을 수 있으니까…. 알았소? 로마만이 판단할 권리가 있는 거요. 그리고 당신 갈릴래아 양반은 당신 이야기를 계속하시오…. 아! 아!" 그리고 그는 홱 돌아서더니, 갑옷을 해에 번쩍이며 간다.
 "꼭 예레미아에게 한 것 같구먼…."
 "모든 예언자들에게 한 것같이… 라고 말해야지…."
 "그러나 하느님께서는 그래도 이기신단 말이야."
 "선생님, 더 말씀하십시오. 독사들은 갔으니까요."
 "아니야, 선생님은 가시게 해. 새 파수꾼들이 무력을 가지고 다시 와서 선생님을 묶을지도 모르니까…."
 "위험할 거 없어…. 사자의 으르렁거리는 소리가 계속되는 동안은 하이에나들이 나오지 못하는 법이야…."

---

 * 역주 : Non licet. "불가(不可)하오." 라는 라틴어.
 * 역주 : 로마의 개조(開祖) 로물루스를 젖먹여 살렸다고 하는 전설이 있는 암늑대를 말하는 것으로 생각됨.

사람들은 몹시 혼란한 가운데 말을 하고 이러쿵저러쿵 비판을 한다.

"당신들 생각은 잘못이오" 하고 겉옷을 입고 동료 몇 사람과 율법박사 몇 사람을 데리고 있는 한 바리사이파 사람이 아주 달콤한 어조로 말한다. "당신들 생각은 틀렸소. 한 계급 전체가 거기에 속하는 몇몇 사람과 같다고 생각해서는 안 되오. 허! 허! 좋고 나쁜 것은 어떤 생물에나 다 있는 거요."

"그렇지요. 과연 무화과는 보통 달지만, 아직 덜 익었거나 너무 무르익으면 떫거나 시어진단 말이오. 그런데 당신들은 예레미아의 나쁜 바구니의 무화과들처럼 시단 말이오" 하고 군중 가운데에 어떤 사람이 말하는데, 나는 알지 못하는 사람이지만 여러 사람이 잘 아는 모양이고, 또 바리사이파 사람이 타격을 반항하지 않고 참고 견디는 것으로 보아 유력하기도 한 모양이다.

반항하기는 고사하고 오히려 한층 더 부드러운 태도로 선생님께로 몸을 돌리고 말한다. "선생님의 지혜로 볼 때에는 훌륭한 주제입니다. 선생님, 이 주제에 대해서 말씀해 주십시오. 선생님의 설명은 대단히… 새롭고… 대단히 유식합니다…. 우리들은 굶주린 사람들처럼 그것을 탐욕스럽게 맛봅니다."

예수께서 이 바리사이파 투사를 뚫어지게 바라 보시고 나서 대답하신다. "엘키아, 당신은 은밀한 다른 갈망도 가지고 있고, 당신 친구들도 그렇소. 그러나 당신에게도 이 양식이 주어질 거요…. 무화과보다도 더 신 이 음식. 그리고 그 음식이 마치 시어진 무화과가 내장을 손상시키는 것과 같이 당신들의 마음속을 손상시킬 거요."

"선생님, 아닙니다. 살아 계신 하느님의 이름으로 맹세합니다! 제 친구들과 저는 선생님의 말을 듣고자 하는 것 외에 다른 갈망을 가지고 있지 않습니다…. 하느님께서 보고 계십니다…."

"그만 해 두시오. 정직한 사람은 맹세를 할 필요가 없소. 그의 행동이 맹세이고 증언이오. 그러나 나는 훌륭한 무화과와 상한 무화과에 대해서 말하지는 않겠소…."

"왜요? 선생님은 사실이 **선생님의** 설명과 일치하지 않을까봐 염려하시는 겁니까?"

"오! 아니오! 오히려 그 반대요…."
"그러면 우리에게 대해서 고통과 치욕과 검과 흑사병과 굶주림을 예견하시는 겁니까?"
"그것과 그 이상의 것이오."
"그 이상이라구요? 그래 그것이 무엇입니까? 도대체 하느님께서 우리를 사랑하시지 않게 되었다는 말입니까?"
"하느님께서는 당신들을 너무나 사랑하시기 때문에 당신의 언약을 지키셨소."
"선생님이요? 선생님이 언약이시니까요?"
"내가 언약이오."
"그러면 언제 선생님의 나라를 세우십니까?"
"그 기초는 벌써 있소."
"어디에요? 어디에?"
"착한 사람들의 마음속에…."
"그러나 그것은 나라가 아닙니다. 그것은 가르치기입니다."
"내 나라는 영적인 것이기 때문에 영들을 신민으로 가지고 있소. 그리고 영들은 궁궐과 집과 자경대와 성벽이 필요하지 않고, 하느님의 말씀을 알고 그것을 실천에 옮길 필요가 있소. 이런 일이 착한 사람들에게 일어나고 있는 중이오."
"그러나 선생님이 그 말을 할 수가 있습니까? 누가 선생님에게 그런 허가를 줍니까?"
"소유요."
"무슨 소유입니까?"
"말씀에 대한 소유요. 나는 나 자신을 주오. 생명을 가진 사람은 생명을 줄 수 있소. 돈을 가진 사람은 돈을 줄 수 있소. 나는 영원한 본성으로서 하느님의 생각을 나타내는 말씀을 가지고 있고, 그 말씀을 주오. 내 아버지이신 지극히 높으신 분의 생각을 알게 하는 이 선물을 주라고 사랑이 나를 충동하기 때문이오."
"선생님 말씀하시는 것을 주의하십시오! 그것은 대담한 말투입니다! 그것이 선생님께 해를 끼칠 수도 있을 것입니다!"
"거짓말 하는 것은 내게 더 해가 될 거요. 그것은 이 본성을 변질시키는 것이 될 것이고, 내가 그분에게서 나오는 그분을 부인하는 것이 되겠기 때문이오."
"선생님은 그럼 하느님이고, 하느님의 말씀이란 말입니까?"
"그렇소."
"선생이 그렇게 말하는 겁니까? 이 일을 고발할 수도 있을, 이렇게 많은 증인 앞에서?"
"진리는 거짓말을 하지 않고, 진리는 계산을 하지 않고, 진리는 용맹하오."
"그런데 이것이 진리란 말입니까?"
"진리는 당신들에게 말하는 사람이오. 하느님의 말씀은 하느님의 생각을 나타내기 때문이고, 또 하느님은 진리이시기 때문이오."
 사람들은 토론을 듣기 위하여 온 정신을 귀에 모으고, 조용히 주의를 기울이고 있다. 그러나 토론은 격렬하지 않게 진행된다. 다른 사람들이 다른 여러 곳에서 모여들어서 마당이 가득 차고, 사람들이 우글거린다. 수백개의 얼굴이 다만 한군데로 향하였고, 다른 여러 마당에서 이 마당으로 통하는 출입구로는 보고 들으려고 고개를 내민 얼굴의 무리가 보인다.
 최고회의 위원 엘키아와 그의 친구들은 서로 쳐다본다…. 진짜 눈길의 대화이다. 그러나 그들은 자제한다. 그리고 한 나이 많은 박사는 아주 예의바르게 이렇게 묻기까지 한다. "그러면 선생님이 예견하시는 벌을 피하기 위해서는 어떻게 해야 하겠습니까?"
"나를 따르고, 특히 나를 믿어야 하고, 그리고 한층 더 나아가 나를 사랑해야 합니다."
"선생님은 행복을 가져다 주시는 분이십니까?"
"아니오. 나는 구세주오."
"그러나 선생님은 군대를 안 가지고 계신데요…."
"나는 나 자신을 가지고 있습니다. 당신들의 이익과 당신들의 영혼에 대한 연민으로 선생도 그렇고 당신들도 그렇고, 모세와 아론이 에집트에 있을 때에 그들에게 하신 주님의 말씀을 기억하시오. '하느님의 백성들은 누구나 티가 없는 한 살짜리 새끼양 수컷 한 마리씩을 마련하여라. 한 집에 한 마리씩. 그 집안 식구의 수가 새끼양을 다

먹을 만큼 넉넉히 많지 않으면, 이웃 사람들을 불러오도록 하여라. 그리고 너희들은 그 새끼양을 아빗달 ─지금은 니산달이라고 부르는─ 열나흗 날에 잡아서 바쳐라. 그리고 잡은 어린 양의 피를 좌우 문설주와 문 상인방(上引枋)에 발라라. 그리고 밤에 그 고기를 불에 구워서 누룩없는 빵과 쓴 나물을 곁들여 먹어라. 먹고 남는 것이 있으면 불에 살라 버려라. 그것을 먹을 때는 허리에 띠를 매고, 발에는 신을 신고, 손에는 지팡이를 잡고, 서둘러서 먹어라. 그것은 주님의 지나가심이기 때문이다. 그날 밤 나는 지나가면서 어린 양의 피로 표하지 않은 집에 있는 사람이나 짐승들의 맏이들을 모조리 죽이겠다.' 지금은 하느님께서 새로 지나가실 때, 하느님께서 눈에 보이게, 그분의 표로 알아볼 수 있게 실제로 지나가시기 때문에 **가장 참된** 통과 때에, 어린 양의 피로 유익한 표가 찍혀진 사람들 위에 구원이 내려올 것입니다. 참말이지, **모두가** 어린 양의 피로 표가 찍혀지겠기 때문입니다. 그러나 어린 양을 사랑하고, 그의 표를 사랑할 사람들만이 그 피로 구원을 받을 것입니다. 다른 사람들에게는 그것이 카인의 표일 것입니다. 그런데 당신들이 알다시피 카인은 주님의 얼굴을 뵐 자격을 잃었고, 그를 따라 다니는 가책과 벌과 그의 잔인한 주인인 사탄으로 타격을 받아 영영 휴식을 얻지 못하고, 죽을 때까지 세상으로 헤매며 도망했습니다. 새 아벨을 칠 민족의 진짜, 진짜 상징입니다…."

"에제키엘도 타우(T)에 대해서 말합니다…. 선생님은 에제키엘의 티우자가 선생님의 표라고 생각하십니까?"

"예, 그렇습니다."

"그러면 선생님은 예루살렘에 우상숭배가 있다고 우리를 비난하십니까?"

"그렇게 할 수 없었으면 좋겠습니다. 그러나 사실이 그렇습니다."

"그러면 타우(T)자 표시가 된 사람들 가운데에는 죄인이 없습니까? 그것을 맹세하실 수 있습니까?"

"나는 아무 것도 맹세는 하지 않습니다. 그러나 만일 표가 된 사람들 가운데 죄인들이 있으면, 그들의 벌은 더 무서울 것이라고 말하겠습니다. 그것은 정신적인 간통자, 즉 하느님을 버리고 죽이는 자, 하느님의 제자가 되었다가 그렇게 되는 자들은 지옥에서 가장 큰 죄인이겠기 때문입니다."

"그러나 선생님이 하느님이라고 믿을 수 없는 사람들은 죄가 없을 것입니다. 그러니 그들은 의인으로 인정 되겠군요…."

"아닙니다. 만일 당신들이 나를 알지 못하고, 내 행동을 확인할 수 없었더라면, 내 말을 확인할 수 없었더라면, 당신들에게는 잘못이 없을 것입니다. 만일 당신들이 이스라엘의 박사가 아니었더라면, 당신들에게 잘못이 없을 것입니다. 그러나 당신들은 성서를 알고, 내 행동을 봅니다. 당신들은 비교검토를 할 수 있습니다. 그리고 그것을 성실하게 하면, 성경의 말씀에서 나를 보게 되고, 행위로 나타난 성경의 말씀을 내게서 보게 됩니다. 그러므로 당신들이 나를 인정하지 않고, 나를 미워하는 것이 정당화되지 못할 것입니다. 하느님만이 계셔야 할 곳에 너무나 많은 반종교적인 가증스러운 짓과 너무나 많은 우상과 너무나 많은 우상숭배가 있습니다. 당신들이 있는 어느 곳이나 그렇습니다. 구원은 그런 것들을 버리고 당신들에게 말하는 진리를 받아들이는 데 있습니다. 따라서 당신들이 죽이거나 죽이려고 해 보는 곳에서 당신들이 죽음을 당할 것입니다. 또 이런 이유로 당신들의 이스라엘의 경계에서, 즉 인간의 어떤 권력도 소멸하는 곳, 오직 영원한 분께서 당신이 창조하신 자들을 심판하시는 곳에서 심판을 받을 것입니다."

"주님, 왜 그렇게 말씀하십니까? 선생님은 준엄하십니다."

"나는 진실을 말하는 사람이고, 빛입니다. 어두움을 비추라고 빛이 보내졌습니다. 그러나 빛은 자유롭게 빛나야 합니다. 만일 지극히 높으신 분께서 빛을 보내시고 나서 그것을 모말로 씌우시면, 빛을 보내신 것이 쓸데 없는 일이 될 것입니다. 사람들이 불을 켜고 그렇게 하지 않습니까? 만일 그렇다면 불을 켠 것이 쓸데 없을 것입니다. 사람들이 불을 켜는 것은 불이 비추어서 들어오는 사람이 잘 볼 수 있으라고 하는 것입니다. 나는 어둡게 된 내 아버지의 지상의 집에 빛을 밝혀서 그곳에 있는 사람들이 잘 보도록 하려고 왔습니다. 그리고 빛을 비춥니다. 그러니까 빛이 그 지극히 깨끗한 빛살로 당신들에게 뱀과 전갈과 함정과 거미와 벽의 금을 보게 하거든 그 빛을 찬미하시오. 빛이 그렇게 하는 것은 여러분에 대한 사랑으로 하는 것이고, 당신들이 자신을 알도록 하기 위해서, 당신들이 다시 깨끗해지도록 하기 위해서, 걱정과 죄 따위의 해로운 짐승들을 내쫓기 위해서, 너무 늦기 전에 당신들이 다시 일어나라고, 당신들이 그리로 곤두박질 하기 전에 당신들이 어디에 발을 들여놓는지, 즉 사탄의 함정에 발을 들여놓는다는 것을 보라고 하는 것입니다. 그러나 보기 위하여는 선명한 빛 외에 깨끗한 눈이 필요합니다. 빛은 불순물이 덮여 있는 눈으로는 통과하지 못합니다. 빛이 당신들 안으로 내려갈 수 있도록 당신들의 눈을 깨끗하게 하고, 당신들의 정신을 깨끗하게 하시오. 지극히 인자하신 분께서 당신들에게 빛을 보내시고, 병을 고치라고 약을 보내시는데, 왜 어두움속에서 죽겠습니까? 아직도 늦지는 않습니다. 당신들에게 남아 있는 시간에 오시오. 빛과 진리와 생명으로 오시오. 당신들에게 팔을 벌리고, 마음을 열고 당신들의 영원한 행복을 위해 그를 받아 달라고 애원하는 당신들의 구세주에게로 오시오."

예수께서는 정말 애원하신다. 사랑이 아닌 것은 무엇이나 모두 떨쳐버리시고, 사랑을 가지고 애원하신다…. 가장 냉혹하고 증오로 가장 열광하는 맹수들까지도 그것을 느끼고, 그들의 무기는 패배를 스스로 인정하고, 그들의 독은 그 산(酸)을 솟아오르게 할 힘을 잃었다.

그들은 서로 쳐다본다. 그리고 엘키아가 모든 사람을 대신하여 말한다. "선생님, 말씀 잘 하셨습니다! 선생님께 경의를 표하기 위하여 드리는 향연을 받아 주시기 바랍니다."

"나는 당신들의 영혼을 얻는 영예 말고 다른 영예를 원하지 않습니다. 나를 내 가난에 남겨 두시오…."

"선생님은 제게 거절하는 모욕을 주고자 하지는 않으시겠지요?"

"모욕의 문제가 아닙니다. 내 친구들과 같이 있게 놔 두기를 부탁하는 것입니다."

"그러나 저 사람들도 청한다는 걸 누가 의심하겠습니까? 저 사람들도 선생님과 같이 청합니다. 제 집으로. 큰 영광일 것입니다!…. 큰 영광!…. 선생님은 다른 실력자들의 집에도 가시면서요! 왜 엘키아의 집에는 안 오시겠습니까?"

"그러면… 가겠습니다. 그러나 당신 집의 은밀한 곳에서도 여기 대중 앞에서 당신에게 한 말과 다른 말은 할 수 없으리라는 것을 분명히 아시오."

"저도 그렇지 않고, 제 친구들도 그렇지 않습니다! 그것을 혹 의심하시겠습니까?…."

예수께서는 그를 뚫어지게 똑바로 들여다 보신다. 그리고 말씀하신다. "나는 모르는 것에 대해서만 의심합니다. 그러나 나는 사람들의 생각을 모르지 않아요. 댁으로 갑시다…. 내 말을 들은 사람들에게 평화."

그리고 엘키아의 곁에서 성전 밖으로 나가신다. 사도의 무리는 내키지 않는 걸음으로 엘키아의 친구들과 섞여서 따라간다.

103. 최고회의 위원이며 바리사이파 사람의 집의 향연에 가신 예수

예수께서 당신을 청한 사람의 집으로 들어가신다. 그 집은 성전에서 별로 떨어져 있지 않으나, 토펫산 밑에 있는 동네 쪽으로 있다.

대단히 품위가 있고 약간 간소한, 종교상의 의무를 충실히 지키는, 지나칠 정도로 지키는 사람의 집이다. 내 생각에는 못까지도 613개 계명 중의 어떤 것들이 명하는 수대로, 명하는 자리에 박혀 있는 것 같다. 천에 무늬 하나 없고, 벽에 장식품도 하나 없고, 자질구레한 실내장식품 하나도 없다…. 요셉과 니고데모, 그리고 가파르나움의 바리사이파 사람들의 집에까지도 집을 아름답게 꾸미기 위하여 있는 그 자질구레한 것이 아무 것도 없다. 이 집에서는 어디에서나 그 주인의 정신이 새어나온다. 하도 아무런 장식이 없어서 얼음장같은 느낌을 준다. 우중충하고 둔중하고, 석관(石棺)과 같이 직각으로 자른 가구들도 장식이 없다. 혐오감을 주는 집이다. 사람을 맞아들이는 것이 아니라, 들어가는 사람을 적의를 품고 가두는 집이다.

그런데 엘키아는 그것을 지적하며 자랑한다. "선생님, 제가 얼마나 경의를 표하는지 아시겠지요. 모든 것이 그것을 나타냅니다. 보십시오. 그림없는 커튼, 장식없는 가구, 꽃을 본뜬 조각한 그릇이나 큰 촛대 같은 것은 아무 것도 없습니다. 있기는 다 있습니다. 그러나 모든 것이 '너는 하늘 위에나 땅 위에나 또 땅 아래 물속에 있는 것을 나타내는 조각이나 상(像)을 만들어 가지지 말아라' 하는 계명에 따라서 조절되었습니다. 제 집이 이렇고, 제 옷과 제 집에 있는 사람들의 옷이 이렇습니다. 예를 들어 저는 선생님의 제자(가리옷 사람)의 옷과 겉옷에 있는 이 솜씨를 칭찬하지 않습니다. 선생님은 '이런 것을 입는 사람이 많다'고 말씀하시겠지요. '이것은 그리이스식 번개무늬에 지나지 않는다'고 말씀하시겠지요. 그러나 이 각(角)과 이 모양이 너무나 에집트의 기호들을 상기시킵니다. 소름끼치는 것입니다! 악마의 숫자입니다! 강신술의 기호! 베엘제불의 약자(略字)입니다! 시몬의 유다 당신은 그걸 입고 다니는 것이 소름끼치지 않소? 그리고 선생님은 그에게 이것을 허락하시는 것이 몹시 싫지 않으십니까?"

유다는 비꼬는 웃음을 약간 웃는 것으로 대답을 대신하고, 예수께서는 겸손하게 대답하신다. "나는 옷에 있는 기호보다도 마음속에 소름끼치는 기호가 없도록 보살핍니다. 그러나 아무에게도 눈쌀을 찌푸리지 않게 하기 위해서 장식이 덜 있는 옷을 입으라고 내 제자에게 부탁하겠습니다. 아니 지금 당장 부탁합니다."

유다는 좋은 감정의 움직임을 보인다. "사실 선생님은 제 옷이 좀더 검소했으면 좋겠다는 말씀을 여러 번 해 주셨습니다. 그러나 저는… 이렇게 입는 것이 마음에 들기 때문에 제가 하고 싶은대로 한 것입니다."

"그건 좋지 못하오. 매우 좋지 못해. 갈릴래아 사람이 유다인에게 교훈을 한다는 것은 성전에 있었던 당신에게 매우 좋지 않은 일이오… 오!" 엘키아는 완전히 분개했다는 것을 나타내고, 그의 친구들도 덩달아 일제히 찬성한다.

유다는 착하게 구는 데 벌써 싫증이 났다. 그래서 대꾸한다. "오! 그러면 최고회의의 당신들에게서도 없애야 할 화려한 것이 너무나 많을 것입니다! 당신들이 당신들의 영혼의 모습을 가리기 위해서 그려 붙인 모든 그 점을 없애야 한다면, 당신들의 안색이 매우 나쁠 겁니다."

"당신이 어떻게 그렇게 말하오."

"당신들을 아는 사람으로 말하는 겁니다."

"선생님! 아니, 이 사람의 말을 들으셨습니까?"

"들었습니다. 그리고 양쪽이 다 겸손이 있어야 하겠다고, 양쪽에다 진실이 있고 서로 동정을 한다고 말하겠습니다. 하느님만이 완전하십니다."

"선생님, 말씀 잘 하셨습니다!" 하고 친구 중의 한 사람이 말한다…. 바리사이파 사람들과 박사들의 무리 가운데에서 나오는 소심하고 외로운 목소리이다.

"오히려 잘못 말씀하신 것이오" 하고 엘키아가 대꾸한다. "신명기의 저주는 분명해요. 신명기는 이렇게 말하오. '장색들의 손이 만드는 고약한 것인, 조각하거나 주조(鑄造)된 상들을 만드는 자는 화를 입을 것이다.' 그리고…."

"그러나 이것은 옷이지 조각이 아닙니다" 하고 유다가 대답한다.

"너는 잠자코 있어라. 네 선생이 말하겠다. 엘키아, 올바르게 보고 구별을 하시오. 우상을 만드는 사람은 저주를 받습니다. 그러나 조물주께서 우주에 만들어 놓아 두신 아름다운 것을 본떠서 그림을 그리는 사람은 저주를 받지 않습니다. 우리는 장식하기 위하여 꽃을 따기도 합니다…."

"저는 꽃을 따지 않습니다. 그리고 꽃으로 방을 꾸미는 것도 보기를 원치 않습니다. 제 집의 여자들도 그들의 방에라도 이런 죄를 지으면 화를 입을 것입니다. 감탄하며 바라 보아야 할 것은 하느님뿐입니다."

"옳은 생각이오. 오직 하느님 뿐이시지요. 그러나 하느님께서 꽃을 만드신 분이라는 것을 인정하면서 꽃을 보면서 하느님을 감탄하며 바라볼 수도 있습니다."

"아닙니다! 아닙니다! 그것은 이교입니다! 이교요!"

"유딧도 에스텔도 거룩한 목적을 위해 몸을 꾸몄습니다…."

"여자들! 그리고 여자는 항상 멸시할 만한 존재입니다. 그러나 선생님, 연회장으로 들어가십시오. 그동안 저는 친구들과 말을 해야 하기 때문에 잠깐 자리를 뜨겠습니다."

예수께서는 이의를 제기하지 않으시고 응하신다.

"선생님… 저는 숨이 막힙니다!…" 하고 베드로가 외친다.

"왜? 속이 거북한가?" 하고 어떤 사람들이 묻는다.

"아니야. 하지만 나는 함정에 빠진 사람처럼… 편안치 않아."

"불안해 하지 말아라. 그리고 모두 신중해라" 하고 예수께서 충고하신다.

그들은 바리사이파 사람들이 하인들을 데리고 돌아올 때까지 한군데 모여서 서 있다.

"곧 식사를 시작합시다. 우리는 모임이 있기 때문에 지체할 수가 없습니다" 하고 엘키아가 명령하고 자리들을 정해준다. 그동안 하인들은 벌써 고기를 자른다.

예수께서는 엘키아 옆에 계시고, 예수 옆에는 베드로가 있다. 엘키아가 음식을 드리고, 식사는 무서운 침묵속에 시작된다.

그러나 곧 첫번째 말이 교환된다. 그런데 다른 열두 사람은 거기에 있지 않은 것처럼 돌보지 않기 때문에 말은 자연 예수께 하는 것이다.

첫번째로 질문하는 사람은 율법 박사이다. "선생님, 그러면 선생님은 선생님이 말씀하시는 그 사람이라고 확신하십니까?"

"그것은 내가 내 입으로 말하는 것이 아닙니다. 내가 당신들 가운데 있기 전에 예언자들이 말한 것입니다."

"예언자들!… 우리가 거룩하다는 것을 부인하시는 선생님은 만일 내가 우리 예언자들이 광신자들이라고 말하면 내 말이 훌륭한 말이라고 생각하시겠습니까?"

"예언자들은 성인들입니다."

"그러나 우리는 성인이 아니란 말씀이지요? 그러나 소포니아가 예루살렘을 단죄할 때에 예언자들을 사제들과 함께 싸잡는 것을 보십시오. '그 예언자들은 광신자이고, 믿음이 없는 사람들이며, 그 사제들은 거룩한 것을 더럽히고 율법을 어긴다'고. 선생님은 우리더러 이렇게 한다고 끊임없이 비난하시지만, 만일 선생님이 예언자가 말하는 둘째 부분을 인정하시면, 첫째 부분도 인정하셔야 하고, 광신자들이 한 말에 의거할 수는 없는 것이라고 인정하셔야 합니다."

"이스라엘의 선생님, 내게 대답하시오. 몇 줄 더 가서, 소포니아가 '시온의 딸아, 노래하고 기뻐하여라…. 주님께서 내게 대한 명령을 철회하셨다…. 이스라엘의 왕이 너희들 가운데 있다'고 말하는데, 당신의 마음은 이 말들을 받아들이십니까?"

"그 날을 생각하면서 그 말을 되풀이 하는 것이 내 영광입니다."

"그러나 그것은 한 예언자, 따라서 광신자의 말인데요…."

율법 박사는 잠시 어리둥절해 있다. 한 친구가 그를 도우러 나선다. "이스라엘이 군림하리라는 것은 아무도 의심할 수가 없습니다. 하느님의 이 약속을 말할 것은 한 예언자가 아니라, 모든 예언자와

103. 최고회의 위원이며 바리사이파 사람의 집의 향연에 가신 예수

예언자 이전 사람들, 즉 성조들입니다."

"그런데 예언자이전의 사람들과 예언자들 중의 아무도 나를 내 본질 그대로 가리키기를 잊지 않았습니다."

"오! 그래요? 그러나 우리는 증거를 가지고 있지 못합니다! 선생님도 광신자이실 수 있습니다. 선생님이 하느님의 아들인 메시아라는 어떤 증거를 우리에게 보이십니까? 내가 그것을 판단할 수 있게 유예 기간을 주십시오."

"나는 당신에게 다윗과 이사야가 묘사한 내 죽음에 대해서 말하는 것이 아니라, 내 부활에 대해서 말하는 것입니다."

"선생님이? 선생님이? 부활하신다구요? 그런데 누가 선생님을 부활시킬 것입니까?"

"물론 당신들도 아니고, 대사제도 아니고, 군주도 아니고, 특권계급도 아니고, 백성도 아닐 것입니다. 나는 나 자신의 힘으로 부활할 것입니다."

"오 갈릴래아 양반, 하느님을 모독하는 말을 하지 말고, 거짓말을 하지 마시오!"

"나는 오직 하느님께 영광을 드리고 진리를 말할 뿐입니다. 그리고 소포니아와 함께 당신에게 말합니다. '나를, 내 부활할 때까지 기다리시오' 하고. 그 때까지는 당신이 의심을 가질 수 있을 것이고, 당신들 모두가 의심을 가지고, 그 의심을 백성에게 불어넣어 주려고 애쓸 수 있을 것입니다. 그러나 영원히 살아 있는 분이 구속한 다음에 자기 힘으로 다시 살아나서 더이상 죽지 않게 될 때에는 당신들이 그렇게 할 수 없을 것입니다. 범할 수 없는 심판자이며 완전한 왕인 그는 그의 완전과 정의로 세상 마칠 때까지 통치하고 심판할 것이며, 하늘에서 계속 영원히 군림할 것입니다."

"아니 선생은 박사들과 최고회의 위원들에게 말한다는 것을 모르시오?" 하고 엘키아가 말한다.

"그래서요? 당신들이 물으니까 나는 대답하는 거요. 당신들이 알고 싶다는 욕망을 나타냈고, 나는 당신들에게 진리를 설명하는 것입니다. 옷에 있는 무늬 때문에 신명기에 있는 저주를 상기시킨 당신이 '이웃을 몰래 치는 자는 화를 입을 것이다' 라고 하는 신명기의 다른 저주를 내게 생각나게 하려는 것은 아니겠지요."

"나는 선생을 치지 않고, 음식을 줍니다."

"아니지요. 그러나 교활한 질문은 등을 때리는 매요. 엘키아, 조심하시오. 하느님의 저주는 계속되고, 내가 인용한 저주 뒤에는 '죄없는 사람을 사형에 처하기 위하여 선물을 받는 자는 화를 입을 것이다' 하는 이 저주가 또 따라 오니까요."

"이 경우에는 선물을 받는 사람은 선생입니다. 내 손님인 선생이오."

"나는 단죄하지 않습니다. 죄 지은 사람들까지도, 그들이 회개하면…."

"그러면 선생은 공평하지 못합니다."

"아니오. 선생님은 공정하시오. 선생님은 뉘우침은 용서를 받을 만한 것이라고 간주하시고, 그 때문에 단죄하지 않으시니까요" 하고 집 안마당에서 벌써 예수께 동의하였던 그 사람이 말한다.

"다니엘, 당신은 잠자코 있어요! 당신이 우리보다 더 자세히 안다고 생각하는 거요? 그렇지 않으면, 그 사람에 대해서 결정해야 할 것이 아직 많은데, 그에게 유리하게 결정하도록 우리를 도우려고 아무 것도 하지 않는 그 사람에게 매혹된 거요?" 하고 어떤 박사가 말한다.

"나는 당신들이 현자들이고, 당신들이 나를 왜 당신들과 같이 있으라고 하는지도 모르는 평범한 유다인이라는 걸 압니다."

"아니, 그건 당신이 친척이기 때문이오! 이건 이해하기 쉬운 일이오! 그리고 나는 나와 친척관계에 있는 사람들은 거룩하고 지혜롭기를 바라오! 나는 성경과 율법과 할라샤, 미드리심, 하가다에 관해서 무식한 것을 허용할 수가 없소. 그리고 그런 무식은 참지 못하오. 무엇이든지 알아야 하고, 무엇이든지 지켜야 하오…."

"그래서 당신이 그렇게도 많이 마음을 써 준 것을 고맙게 생각하오. 그러나 자격 없이 당신의 친척이 된 평범한 농부인 나는 내 생활에서 격려를 받기 위해서만 성경과 예언자들을 알려고 몰두했소. 그리고 학자가 아닌 사람의 어리석음으로 선생님을 메시아로 우리에게 일러준 예고자의 뒤를 따라 오신 메시아로 인정한다는 것을 고백하

103. 최고회의 위원이며 바리사이파 사람의 집의 향연에 가신 예수

오…. 그런데 요한은 하느님의 성령께서 차지하신 사람이었다는 것을 당신은 부인할 수 없소."

침묵이 흐른다. 세례자가 과오를 범하지 않는 사람이었다는 것을 부인하는 것은 그들이 원치 않는다. 그가 과오를 범할 수 없는 사람이었다는 것을 인정하기도 원치 않는 것이다.

그 때에 다른 한 사람이 말한다. "자… 예고자는 그리스도의 길을 닦으라고 하느님께서 보내시는 그 천사의 예고자라 말합시다. 그리고… 갈릴래아 선생에게는 선생자신을 이 천사라고 판단하기에 충분한 성덕이 있다고 인정합시다. 이분 뒤에는 메시아의 시대가 올 것입니다. 내 생각이 모든 사람에게 타협적인 것으로 생각되지 않습니까? 엘키아, 당신은 이것을 인정하오? 그리고 내 친구 당신들은? 그리고 나자렛 선생은?"

"아니오." "아니오." "아니오." 세개의 아니오는 확신에 차 있다.

"뭐라구요? 왜 찬성하지 않습니까?"

엘키아는 잠자코 있다. 그의 친구들도 입을 다물고 있다. 예수만이 솔직하게 대답하신다. "나는 틀린 생각에 동의할 수가 없기 때문이오. 나는 천사보다 더한 사람이오. 천사는 그리스도의 예고자인 세례자였소. 그리고 그리스도는 나요."

차디찬 침묵이 오랫동안 계속된다. 엘키아는 식탁용 침대에 팔꿈치를 얹고, 손으로 턱을 괴고, 냉혹하고 속마음을 알 수 없는 얼굴로 곰곰이 생각하고, 그의 집에 있는 모든 사람도 그렇다.

예수께서는 몸을 돌려 그를 바라보신다. 그리고 말씀하신다. "엘키아, 엘키아, 율법과 예언자들을 하찮은 것들과 혼동하지 마시오!"

"나는 선생이 내 생각을 읽었다는 것을 알겠습니다. 그러나 선생은 계명을 어겨서 죄를 지었다는 것을 부인하지 못하실 겁니다."

"당신처럼 말이지요. 그런데 당신은 계략으로 했고 따라서 더 큰 잘못을 저지르면서 했기 때문에 환대의 의무를 어겼소. 또 당신은 그것을 그렇게 하려는 **의지를 가지고** 했소. 당신은 내 주의를 딴 데로 돌리고 나서 나를 이리로 보냈고, 그 동안에 당신은 당신 친구들과 함께 손을 씻었소. 그리고는 돌아와서 당신이 어떤 모임에 가야 하니까 우리더러 일을 재빨리 해치우라고 말했소. 그런데 이 모든 것은 내게 '당신이 죄를 지었소' 하고 말할 수 있기 위해서 한 것이오."

"선생은 선생을 깨끗하게 할만한 것을 드릴 의무가 내게 있다는 것을 상기시킬 수가 있었습니다."

"내가 당신에게 상기시킬 수 있을 것이 너무나 많소. 그러나 그것은 당신을 더 비타협적이고 더 적의를 품은 사람이 되게 하는 소용밖에는 없을 거요."

"아닙니다. 아닙니다. 우리는 선생의 말을 듣기를 원합니다. 그리고…."

"그리고 나를 대사제에게 고발하려는 거지요. 이 때문에 내가 당신에게 마지막 저주와 끝에서 둘째 저주를 상기시킨 거요. 나는 그것을 아오. 나는 당신들을 알아요. 나는 여기 당신들 가운데 무장이 없는 채 와 있소. 나는 여기에 나를 사랑하는 대중에서 떨어져서 있소. 그 대중 앞에서는 당신들이 나를 감히 공격하지 못하지요. 그러나 나는 두렵지 않소. 나는 타협에 응하지 않고, 비열한 행동을 하지 않겠소. 그리고 나는 당신들에게 당신들의 죄를 말하고, 당신들의 계급 전체의 죄를 말하오. 그리고 율법을 거짓 순수하게 지키는 사람들인 바리사이파 사람들, 참된 선과 거짓 선을 고의적으로 혼동하고, 다른 사람들에게는 외부적인 일에까지 완전을 강요하고 요구하면서, 당신들 자신에게는 아무 것도 요구하지 않는 거짓 현자들 박사들, 당신들의 죄도 말하오. 당신들은 당신들과 나를 청한 주인과 짜고서, 식사하기 전에 손을 씻지 않았다고 나를 비난하오. 당신들은 내가 성전에서 오는 것을 알고 있는데, 성전에는 먼지와 길에서 묻은 더러운 것을 깨끗하게 씻지 않고는 가까이 갈 수가 없소. 그러면 거룩한 곳이 더러운 것이라고 인정하고자 하는 거요?"

"우리는 식사하러 가기 전에 손을 씻었습니다."

"그리고 우리에게는 '가서 기다리시오' 하고 명했소. 그리고는 이내 '지체하지 말고 식사를 시작합시다' 하고 말했구요. 그러니까 그림이 없는 당신의 벽에 둘러 싸인 방안에는 어떤 계획이 하나 있었소. 나를 속이겠다는 계획. 어떤 손이 그것을 당신 벽에 썼소? 가능한 고발의 이유를 말이오. 당신의 정신이 그랬소? 그렇지 않으면 당신의 정신을 인도하고, 당신이 그 말을 따르는 어떤 다른 힘이 그랬소? 그러면 모두 잘 들으시오."

예수께서는 일어나셔서 식탁 가장자리에 두 손을 짚으시고 당신의 비난을 시작하신다. "당신들 바리사이파 사람들은 마치 접시와 잔과 손발이 당신들이 깨끗하고 완전하다고 공언하는 당신들의 정신속에 들어가게 되는 것처럼 잔과 접시의 거죽을 씻고, 당신들의 손발을 씻으오. 그러나 당신들의 정신이 어떻다는 것을 공언하는 것은 당신들이 아니라, 하느님이셔야 하오. 그러면 하느님께서 당신들의 정신을 어떻게 생각하시는지 아시오. 하느님께서는 당신들의 정신에 거짓말과 더러운 것과 폭력이 가득 차 있고, 악의가 가득 차 있어서, 밖에서 오는 아무 것도 이미 부패한 것을 부패시킬 수는 없다고 생각하시오."

예수께서는 오른 손을 식탁에서 떼시고, 본의 아니게 손짓을 하기 시작하시며 계속 말씀을 하신다. "그러나 당신들의 육체를 만드신 분께서 당신들이 외부에 대해 가지는 존경을 내부에 대해서 적어도 같은 정도로는 가지라고 요구하실 수 없겠소? 두 가지 가치를 그 중요성을 전도(轉倒)시키면서 바꾸는 어리석은 사람들, 지극히 높으신 분께서 영에 대해서, 즉 당신과 비슷하게 만드시고 타락으로 인해서 영원한 생명을 잃는 영에 대해서 손이나 발에 대해서 들이는 것보다 더 큰 정성을 들이기를 원치 않으시겠소? 손발의 더러움은 쉽게 씻을 수 있고, 또 더러운 채로 있다 하더라도 내적인 깨끗함에는 영향을 미칠 수 없을 터인데 말이오. 잔이나 접시는 영혼 없는 물건들이고, 당신들의 영혼에 영향을 미칠 수가 없는데, 하느님께서 잔이나 접시가 깨끗한 것에 대해서 걱정을 하시겠소?

시몬 보에토스, 나는 당신의 생각을 읽는데, 그렇지 않소. 이 깨끗함은 필요불가결한 것이 아니오. 당신들이 이런 주의를 하고, 이런 정결례를 지키는 것은 건강을 염려해서, 몸을 보호하기 위해서 하는 것이 아니오. 육욕의 죄, 또 탐식과 무절제와 음란의 죄는 손이나 접시에 있는 먼지 조금보다 몸에 더 해롭소. 그러나 당신들은 당신들의 몸을 보호하고 당신들의 가족을 보호할 걱정은 하지 않고 그런 일들을 행하고 있소. 그리고 당신들은 여러 가지 종류의 죄를 짓소. 당신들의 영과 육체의 오염, 물질의 낭비, 당신들의 가족들에 대한 존경의 부족 외에 당신들은 성령의 옥좌가 있어야 하는 당신들의 영의 성전인 당신들의 육체를 더럽힘으로 주님께 죄를 짓기 때문이오. 그리고 또 당신들은 약간의 먼지에서 올 수도 있는 병에 대해 당신들을 보호하는 것이 당신들의 소관이라고 생각하는 것으로 짓는 죄로도 주님을 모욕하오. 마치 당신들이 깨끗한 정신으로 주님의 도움을 청하면 당신들을 육체의 병에서 보호하기 위하여 개입하실 수 없는 것같이.

그러나 내부를 창조하신 분이 외부도 창조하시고, 또 외부를 창조하신 분이 내부도 창조하지 않으셨소? 그리고 더 고귀하고, 하느님과의 유사(類似)의 자국을 더 많이 가지고 있는 것이 내부가 아니오?

그러면 하느님께 어울리는 행동을 하지 먼지보다 더 높이 올라가지 못하는 비루한 짓들은 하지 마시오. 먼지를 위하여 먼지로 이루어진 비루한 짓, 동물적인 피조물로 본 인간, 형체를 받았다가 세월이라는 바람이 흩어놓는 먼지로 돌아가는 진흙인 인간이라는 보잘 것 없는 먼지보다 더 올라가지 못하는 비루한 짓을 하지 말라는 말입니다. 오래 남아 있는 행동, 완전하고 거룩한 행동, 하느님의 강복으로 상을 받는 행동을 하시오. 자선사업을 하고 애긍을 하시오. 당신들의 행동과 의향을 정직하고 깨끗하게 하고 깨끗하게 가지시오. 그러면 목욕재계하는 물의 힘을 빌지 않더라도 당신들에게 있는 모든 것이 깨끗할 것입니다.

그러나 당신들은 당신들이 어떻다고 생각하시오? 향신료(香辛料)에 대해서 십일조를 내기 때문에 흠이 없다고 생각하시오? 그렇지 않소. 박하와 운향(芸香), 겨자와 커민*, 회향, 그밖의 향신료용 식물에 대한 십일조를 바치면서, 그 다음에 하느님의 정의와 사랑은 소홀히 하는 바리사이파 사람, 당신들에게 화가 미칠 것입니다. 십일조를 내는 것은 의무이므로 그것은 해야 하오. 그러나 그보다 더 고상한 의무들이 있는데, 그것들도 지켜야 하오. 겉으로 드러나는 것은 지키면서, 하느님과 이웃에 대한 사랑에 바탕을 둔 내부적인 의무를 소홀

---

* 역주 : 미나리과의 풀.

103. 최고회의 위원이며 바리사이파 사람의 집의 향연에 가신 예수 **257**

히 하는 사람은 화를 입을 것입니다. 회당과 모임에서 상석을 좋아하고, 공공장소에서 공경받기를 좋아하면서, 하늘에 당신들의 자리를 마련해 주고, 당신들이 천사들의 존경을 받을 자격이 있게 하는 행동들은 할 생각을 하지 않는 당신들 바리사이파 사람들은 화를 입을 것입니다. 당신들은 그것을 스치는 사람은 보지 못하고 지나가지만, 만일 그 속에 들어 있는 것을 볼 수 있으면 혐오감을 가지게 될 숨어 있는 무덤들과 같소. 그러나 하느님께서는 가장 은밀한 것들도 보시고, 당신들을 심판하실 때는 실수를 하지 않으시오."

예수의 말씀은 한 율법 박사에 의하여 중단된다. 그도 예수께 반대하기 위하여 일어섰다. "선생, 그렇게 말하는 것은 우리도 모욕하는 것입니다. 그런데 이 다음에 우리가 선생을 심판해야 하기 때문에 선생께 적절하지 않습니다."

"아니오, 당신들이 아니오. 당신들은 나를 심판할 수 없소. 당신들은 심판을 받는 사람들이지 심판을 하는 사람들이 아니오. 그리고 당신들을 심판하시는 분은 하느님이시오. 당신들은 말할 수 있고, 당신들의 입술로 소리를 낼 수 있소. 그러나 아무리 힘있는 목소리라도 하늘에까지는 이르지 못하고, 온 땅을 돌아다니지도 못하오. 약간의 공간을 지나가면 잠잠해지오. 그리고 시간이 조금 지난 뒤에는 잊혀지오. 그러나 하느님의 심판은 늘 남아 있는 목소리이고, 잊혀지지 않는 것이오. 하느님께서 루치펠*을 심판하시고, 아담을 심판하신 것이 오랜 옛날의 일이오. 그러나 그 심판의 목소리는 사라지지 않고, 그 심판의 결과는 남아 있소. 그리고 내가 완전한 희생을 통해서 사람들에게 은총을 다시 가져다주려고 왔지만, 아담의 행위에 대한 심판은 그대로 남아 있고, 또 언제나 '원죄'라고 불릴 것이오. 사람들은 다른 어떤 정화보다도 뛰어난 정화로 씻어져서 구속될 것입니다. 그러나 그들은 이 낙인을 가지고 날 거요. 그것은 하느님께서 여인에게서 나는 사람 누구에게나 이 낙인이 있어야 한다고 판단하셨기 때문이오. 사람이 행위로가 아니라, 성령에 의해서 만들어진 사람과, 미리

---

* 역주 : 사탄의 다른 이름.

예방이 된 여인과 미리 거룩하게 된 남자를 빼놓고는 말이오. 미리 예방이 된 여인은 하느님의 동정녀 어머니가 되실 수 있기 위해서였고, 미리 거룩하게 된 남자는 구속하는 구세주의 무한한 공로를 미리 얻은 결과로 벌써 깨끗해져서 태어남으로써 죄없는 분의 예고자가 될 수 있기 위해서였소.

그리고 나 당신들에게 분명히 말하오마는, 하느님께서 당신들을 심판하시는데 이렇게 말씀하시면서 심판하시오. '너희들 율법 박사들은 화를 입을 것이다. 너희들은 사람들이 질 수 없는 무거운 짐을 그들에게 지워 주어서, 지극히 높으신 분께서 당신 백성에게 주신 온정 넘치는 십계명을 가지고 하나의 벌을 만들었기 때문이다.' 하느님께서는 조심성 없고 무식하고 영원한 어린 아이인 사람이 올바른 인도자의 도움을 받으라고, 사랑을 가지고 또 사랑으로 십계명을 주셨소. 그런데 당신들은 하느님께서 당신의 피조물인 인간들에게 당신 길로 걸어 나아와서 당신의 마음에 이를 수 있게 하기 위하여 그들을 다정스럽게 부축하느라고 쓰시던 걸음마 어린이를 인도하는 끈 대신에, 날카롭고 무겁고 고통을 주는 돌로 된 산들과, 사람을 찍어누르고, 길을 잃게 하고, 걸음을 멈추게 하고, 그로 하여금 하느님을 원수처럼 무서워하게 만드는 미로(迷路)와 같은 명령들과 악몽과 같은 불안을 가져다 주었소. 당신들은 사람들의 마음이 하느님께로 걸어가는 데 장애물을 갖다 놓소. 당신들은 아버지를 당신의 자녀들에게서 갈라 놓소. 당신들은 당신들의 과중한 짐으로 이 다정스럽고 축복받은 참된 부성을 부인하오. 그러나 당신들 편에서는 다른 사람들에게 짊어지우는 그 무거운 짐을 손가락 끝으로도 건드리지 않소. 당신들은 무거운 짐을 짊어지게 한 것만으로 당신들이 정당화된다고 믿고 있소. 그러나 어리석은 사람들, 당신들은 구원을 받기 위하여 필요하다고 당신들이 판단한 그것에 대해서 심판을 받으리라는 것을 모르시오? 당신들은 하느님께서 당신들에게 이렇게 말씀하시리라는 것을 모르시오? '너희들은 너희들의 말이 신성하고 옳다고 말하였다. 그러나 나는 너희들의 말을 그렇게 생각하지 않는다. 그리고 너희들은 그 말을 모든 사람에게 받아들이게 하고, 너희 형제들은 그 말을 받아들이고 실행한 방식에 따라서 판단했으니, 나도 너희들을 너희들의 말을 가지고 심판한다. 그런데 너희들은 다른 사람들에게 하라고 말한 것을 하지 않았으니, 선고를 받아라.'

당신들의 조상들이 죽인 예언자들의 무덤을 가꾸는 당신들은 화를 입을 것입니다. 아니! 그렇게 함으로써 당신들은 조상들의 죄를 작게 한다고 믿고 있소? 아니오, 오히려 반대로 당신들은 조상들이 그런 일을 했다는 것을 증언하는 것이오. 그것뿐이 아니라, 당신들은 그들이 행한대로 할 기분이 완전히 되어 가지고 그들이 한 일을 찬성하오. '우리는 이 분을 공경했소' 하고 말할 수 있으려고, 박해받은 예언자의 무덤을 세우면서 말이오. 위선자들! 이 때문에 하느님의 지혜는 이렇게 말씀하시오. '나는 저들에게 예언자들과 사도들을 보내겠다. 그런데 그들은 어떤 사람들은 죽이고 어떤 사람들은 박해하여, 세상 창조때부터 그후까지, 아벨의 피에서부터 제단과 지성소 사이에서 죽임을 당한 즈가리야의 피에 이르기까지 흘린 모든 예언자들의 피를 이 세대에 요구할 수 있게 할 것이다.' 그렇소. 나 진정으로, 정말 진정으로 당신들에게 말하오마는, 성인들이 흘린 이 모든 피에 대하여는 하느님께서 계신 곳에서 그분을 알아볼 줄을 모르고, 그들의 불의와 생생한 대조가 되기 때문에 의인을 박해하는 이 세대에 그 책임을 물을 것입니다.

지식의 열쇠를 빼앗아 가지고, 지식의 전당에 들어가 지식에 의해 심판받는 것을 피하기 위해 그 전당의 문을 잠그고, 다른 사람들이 그곳에 들어가는 것을 허락하지 않은 율법박사 당신들은 화를 입을 것입니다. 사실 당신들은 백성이 참 지식, 즉 거룩한 지식을 가지게 되면 당신들을 심판할 수 있으리라는 것을 알고 있소. 그래서 그들이 당신들을 심판하지 못하도록 무식한대로 있는 것을 당신들은 더 좋아하오. 그리고 내가 영원하신 지혜의 말씀이기 때문에 당신들은 나를 미워하고, 내가 다시는 말을 못하도록 정해진 때가 되기 전에 나를 감옥이나 무덤에 가두고 싶어하오.

그러나 나는 내가 말하는 것이 내 아버지의 마음에 드는 동안에는 말을 하겠소. 그 다음에는 내 행동이 내 말보다도 한층 더 말할 것입니다. 그리고 내 공로가 행동보다도 한층 더 말을 할 것이고, 세상이 교육을 받아 알 것이고, 당신들을 심판할 것입니다. 당신들이 당할 첫째 심판이오. 그런 다음 둘째 심판이 올 것인데, 당신들 각자가 죽어서 받는 사심판(私審判)이오. 마침내 맨마지막 심판, 즉 공심판(公審判)이 올 것입니다. 그러면 당신들은 이 날과 이 시기를 기억할 것이고, 순박한 사람들의 정신 앞에 마치 악몽의 환상인 것처럼 흔들었던 무서운 하느님을 당신들만이 알게 될 것입니다. 순박한 사람들에게는 그렇게 하면서, 당신들은 당신들의 무덤속에 들어 앉아서 하느님을 비웃었고, 첫째이고 주요한 계명, 즉 당신들이 존중하지 않고 따르지 않은 시나이산에서 받은 마지막 계명인 사랑의 계명을 우습게 알았소.

엘키아, 당신 집에 형체로 나타낸 상(像)을 가지고 있지 않은 것은 쓸데 없는 일이오. 당신들 모두, 당신들 집에 조각한 물건을 가지고 있지 않은 것은 쓸데 없는 일이오. 당신들의 마음속에 우상을, 여러 개의 우상을 가지고 있소. 당신들이 신이라고 믿는 우상은 당신들의 사욕의 우상들이오. 너희들은 이리 오너라. 가자.”

그리고 열두 제자를 앞세우시고 맨 마지막으로 나오신다.

침묵….

그러다가 남아 있는 사람들이 모두 함께 크게 부르짖으며 말한다.

“저자를 뒤쫓아서, 위반하는 현장을 잡아 고소 거리를 찾아내야 하오!”

“저자를 죽여야 하오!”

또 다시 침묵이 흐른다.

그럼 다음 두 사람이 바리사이파 사람들의 증오와 말에 진저리가 나서 떠난다. 한 사람은 엘키아의 친척이고, 또 한 사람은 두번이나 선생님을 옹호한 사람이다. 그동안 남아 있는 사람들은 서로 묻는다.

“그런데 어떻게 한다?”

또 다시 침묵이 흐른다.

그러다가 쉰 목소리로 웃음을 터뜨리며 엘키아가 말한다.

“시몬의 유다를 선동해야 하오….”

“좋소! 좋은 생각이오. 하지만 당신이 그에게 모욕을 주었소!….”

“내가 생각을 하는데” 하고 예수께서 시몬 보에토스라고 부르신 사람이 말한다. “나와 안나의 엘르아잘이…. 그를 구슬리겠소….”

"약속을 좀 하고…."
"겁을 좀 주고…."
"돈을 듬뿍 주고…."
"아니오. 많이 줄 필요는 없고… 약속, 돈을 많이 주겠다는 약속을 하는 거요…."
"그리고는?"
"뭐가 그리고는이오?"
"어! 그리고는 다 끝난 다음에는 그에게 뭘 주느냐 말이오."
"그야 아무 것도 안 주지요! 죽음을 주지요. 그러면… **그가 말을 못하게 될 거요**" 하고 엘키아가 천천히 잔인하게 말한다.
"우우! 죽음이라!…."
"당신은 그게 소름끼치오? 그렇지만 여보! 우리가 의인인… 나자렛 사람을 죽이니… 죄인인 가리옷 사람도 죽일 수 있는 거요…."
망설임이 있다….
그러나 엘키아는 일어나면서 말한다. "안나에게도 의견을 물읍시다…. 그리고 두고 보시오…. 안나도 이 생각이 좋은 생각이라고 말할 거요. 그리고 당신들도 찬성할 거요…. 오! 당신들도 찬성하고 말고…." 그들은 모두 주인의 뒤를 따라 나온다. 집주인은 "당신들도 찬성할 거요…. 당신들도 찬성할 거요!" 하고 말하면서 간다.

104. 베다니아에서

　예수께서 베다니아에 이르실 때에는 황혼이 하늘을 붉게 물들인다. 땀을 줄줄 흘리고 먼지 투성이가 된 제자들이 예수를 따라간다. 그리고 올리브산에서 베다니아의 언덕까지 계속되는 나무들이 그늘을 별로 지어 주지 않는 길에서 맹렬한 더위를 무릅쓰는 것은 오직 예수와 사도들 뿐이다. 여름이 맹위를 떨친다.
　그러나 증오는 한층 더 맹렬한 기세로 타오른다. 밭들은 곡식이 거두어져서 헐벗었고 타고 있어서, 뜨거운 불기운을 내뿜는 큰 화덕과 같다. 그러나 예수의 원수들의 마음은 더 헐벗었는데, 사랑만 없는 것이 아니라 성실성도, 인간적인 윤리적 판단력조차도 없고, 증오로 타오르고 있다…. 그리고 예수께는 베다니아라는 한 집, 한 피난처밖에 없다. 거기에는 사랑이 있고, 위안과 보호와 충실이 있다…. 박해를 받는 순례자는 흰 옷을 입고, 고민하는 얼굴로, 원수들이 뒤에서 몰기 때문에 멈출 수가 없는 사람과 같은 피로한 걸음으로 매 시간, 매 걸음이 가까워지게 하고, 또 하느님께 순종하시기 위하여 이미 받아들이는 죽음을 벌써부터 바라보는 사람의 체념한 눈길로 그리로 향하여 가신다….
　넓은 정원 가운데 있는 집은 문이 전부 닫혀 있고, 조용히 더 서늘한 시간을 기다리고 있다. 정원은 비었고 조용하며, 태양만이 거기에 지배자로 군림하고 있다.
　토마가 바리톤 목소리로 부른다.
　커튼 하나가 움직이고, 한 얼굴이 내다본다…. 그리고는 "선생님이시다" 하는 외침이 들리고, 하인들이 밖으로 달려 나오고, 놀란 여주인들이 그들을 따라 나온다. 그들은 분명히 이렇게 몹시 더운 시간에 예수께서 오실 줄은 생각하고 있지 않았다.
　"선생님!" "주님!" 마르타와 마리아는 벌써 몸을 구부리고 땅에 엎드릴 자세를 취하며 멀리서 외친다. 그리고 대문이 열리자마자 땅에 엎드린다. 예수께서는 이제 바로 그들 가까이에 오셨다.

"마르타, 마리아. 너희와 너희 집에 평화!"

"선생님께, 주님께 평화…. 그러나 어떻게! 이런 시간에?" 하고 두 자매가 예수께서 더 자유롭게 말씀하실 수 있도록 하인들을 보내면서 여쭙는다.

"미움이 없는 곳에서 육체와 영을 쉬게 하려고…" 하고 "나를 받아주겠느냐?" 하고 말씀하시려는 것처럼 두 손을 내미시면서 말씀하신다. 그리고 미소를 지으려고 해보신다. 그러나 그것은 고통스러운 눈길이 부인하는 몹시 서글픈 미소이다.

"저들이 선생님께 해를 입혔습니까?" 하고 마리아가 흥분하며 묻는다.

"선생님께 무슨 일이 있었습니까?" 하고 마르타가 물으며, 어머니답게 덧붙인다. "이리 오십시오. 드실 걸 드리겠습니다. 언제부터 걸으셨기에 그렇게 피로하십니까?"

"새벽부터… 그리고 계속해서 걸었다고 말할 수 있다. 최고회의 위원 엘키아의 집에 잠깐 머무른 것은 먼 길을 걸은 것보다 더 나빴으니까…."

"그들이 선생님을 괴롭혔습니까?…."

"그렇다…. 그리고 우선 성전에서 그랬다…."

"그렇지만 왜 그 교활한 자의 집에 가셨습니까?" 하고 마리아가 묻는다.

"그의 집에 가지 않는 사실은 그의 증오를 정당화하는 데 소용돼서, 내가 최고회의 위원들을 업신여겼다고 비난했겠기 때문이다. 그러나 이제는… 그 집에 가거나 가지 않거나 바리사이파 사람들의 증오는 극에 달했다…. 그리고 이제는 일시적인 중단도 없을 것이다…."

"우리가 그런 상황에 이르렀습니까? 저희와 같이 계십시오. 여기서는 그들이 선생님을 해치지 못할 것입니다…."

"그러면 내 사명을 소홀히 하는 것이 될 것이다…. 많은 영혼이 그들의 구세주를 기다리고 있다. 나는 가야 한다…."

"그러나 그들이 선생님이 가시는 것을 막을 것입니다."
"아니다. 그들은 내 걸음 하나하나를 조사하기 위해 나를 걷게 하고, 내 말 한 마디 한 마디를 탐색하기 위해서 내게 말을 하게 하고, 잘못으로 보일 수 있을 무엇인가를… 얻기 위하여 먹이를 따라 다니는 사냥개처럼 나를 감시하면서 나를 박해할 것이다…. 그리고 모든 것이 도움이 될 것이다…."
언제나 몹시 조심성 있는 마르타가 너무나 연민을 느껴 야윈 뺨을 쓰다듬으려는 것처럼 손을 들다가 얼굴을 붉히고 멈칫하며 말한다.
"용서하세요! 선생님은 오빠와 같이 가엾게 느껴졌습니다! 주님, 선생님을 고통 당하는 오빠처럼 사랑한 것을 용서하십시오!"
"나도 고통받은 형제이다…. 나를 자매와 같은 순수한 사랑으로 사랑하여라…. 그런데 라자로는 무엇을 하느냐?"
"주님, 오빠는 쇠약해지고 있습니다…" 하고 마리아가 대답하고, 그렇게 괴로워하시는 선생님을 뵙는 고통에 합쳐지는 이 고백과 더불어 눈에 잔뜩 괴어 있는 눈물을 펑펑 쏟는다.
"오빠 때문에도 울지 말고, 나 때문에도 울지 말아라. 마리아야, 우리는 하느님의 뜻을 채우고 있다. 이 뜻을 채울 줄을 알지 못하는 사람들을 불쌍히 여겨서 울어야 한다."
마리아는 몸을 숙여 예수의 손을 잡고, 손가락 끝에 입맞춤 한다.
그러는 동안 그들은 집에 이르러서 안으로 들어가 즉시 라자로에게로 간다. 그동안 사도들은 하인들이 가져온 것으로 목을 추기면서 쉰다.
예수께서는 수척한, 점점 더 수척한 라자로에게로 몸을 굽히시고, 친구의 슬픔을 달래려고 미소를 지으시며 껴안으신다.
"선생님, 저를 정말 끔찍이 사랑하시는군요! 저녁 때를 기다리지 않으시고, 이 더위에 저를 보러 오셨으니…."
"여보! 나는 당신을 보면 기쁘고, 당신은 나를 보면 기쁘고, 그 나머지는 아무 것도 아니오."
"맞습니다. 아무 것도 아닙니다. 제 고통조차도 제게는 아무 것도 아닙니다…. 이제는 제가 왜 고통을 당하는지, 제 고통으로 무엇을 할 수 있는지 압니다." 그러면서 라자로는 친밀하고 활발한 미소를 짓는다.

"그렇습니다, 선생님. 우리 오빠는 병을 거의 기쁘게 생각하는 것 같습니다. 그리고…." 흐느낌에 마르타의 목소리가 막혀 입을 다문다.

"그렇구 말구. 그리고 죽음을 이기라고 솔직히 말해라. 선생님, 제 동생들에게 레위파의 성직자들이 사제들 곁에서 하는 것처럼 저를 도와주어야 한다고 말씀하십시오."

"무엇을 도우라고 말이오?"

"희생을 완전히 드리도록…."

"그러나 얼마 전까지만 해도 오빠는 죽음을 생각하고 떨고 있었는데! 이제는 오빠가 우리를 사랑하지 않게 되었어요? 이제는 오빠가 선생님을 사랑하지 않게 되었어요? 오빠는 선생님께 봉사하기를 원치 않으세요?…" 하고 마리아가 더 힘주어서, 그러나 슬픔으로 얼굴이 창백해져서 말한다. 그리고 오빠의 누르스름한 손을 어루만진다.

"그런데 그걸 네가 물어보니? 열렬하고 용맹한 바로 네가? 나는 네 오빠가 아니니? 나는 같은 피를 가지고 네가 가진 것과 같은 사랑, 예수님, 영혼들 그리고 사랑하는 동생인 너희를?… 그러나 과월절부터 내 영혼은 위대한 말씀을 받아들였다. 그래서 나는 죽음을 사랑한다. 주님, 저는 죽음을 바로 주님의 의향을 위해 주님께 바칩니다."

"그러면 당신은 이제는 병을 고쳐달라고 내게 청하지 않소?"

"예, 선생님. 저는 고통을 당하고 또… 죽을 줄을… 그리고 만일 이것이 너무 많이 청하는 것이 아니라면, 구속을 할 줄 알게 강복을 주시기를 청합니다. 선생님께서 제게 이 말씀을 하셨습니다…."

"내가 그 말을 했소. 그리고 당신에게 모든 힘을 주기 위해서 강복하오." 그러면서 그에게 손을 얹으시고 나서 껴안으신다.

"선생님 저희와 함께 계시면서 저를 가르쳐 주십시오…."

"라자로, 지금은 안 되오. 머무르지 않소. 몇 시간만 지내려고 왔소. 밤에 떠나겠소."

"아니, 왜요?" 하고 세 사람이 실망해서 묻는다.

"머물러 있을 수가 없어서 그러오…. 가을에 다시 오겠소…. 그리고 그 때에는…. 오랫동안 머무르면서 여기와… 이 근방에서 많이 활동하겠소…."

슬픈 침묵이 흐른다. 그러다가 마르타가 청한다.

"그러면 쉬기라도 하셔서 기운을 차리도록 하십시오…."

"너희들의 사랑만큼 내 기운을 더 돋우어 주는 것은 아무 것도 없다. 내 사도들을 쉬게 하여라. 그리고 나는 너희들과 여기 이렇게 조용히 있게 해다오…."

마르타는 울면서 나갔다가 찬 양젖 잔들과 새로 과일들을 가지고 돌아온다.

"사도들은 벌써 먹었습니다. 그리고 피곤해서 자고 있습니다. 선생님, 정말 쉬지 않으시겠습니까?"

"마르타야, 자주 청하지 말아라. 아직 새벽이 되기 전에 그들은 나를 찾아 여기에, 게쎄마니에, 요안나의 집에, 나를 환대하는 집에는 어디든지 찾아올 것이다. 그러나 새벽에는 내가 벌써 멀리 가 있을 것이다."

"선생님 어디로 가십니까?" 하고 라자로가 묻는다.

"예리고 쪽으로 그러나 보통길로 가지 않겠소…. 데쿠아 쪽으로 돌아서 예리고 쪽으로 다시 오겠소."

"이 계절에는 힘든 길인데요…" 하고 마르타가 속삭인다.

"바로 그렇기 때문에 그 길에는 사람이 안 다닌다. 우리는 밤에 길을 갈 거다. 밤은 달이 뜨기 전에도 밝다…. 그리고 새벽이 아주 빨리 온다…."

"그 다음에는요?" 하고 마리아가 묻는다.

"그 다음에는 요르단강 건너로 갔다가, 북쪽 사마리아 쯤에서 강을 건너 이쪽으로 오겠다."

"나자렛으로 가십시오, 빨리. 피로하셨는데…" 하고 라자로가 말한다.

"그전에 해안지방으로 가야 하오…. 그리고… 갈릴래아로 가겠소. 그러나 거기에서도 그들이 나를 박해할 거요…."

"그래도 선생님을 위로해 주실 어머니를 모실 것입니다…" 하고 마르타가 말한다.

104. 베다니아에서

"그렇다, 가엾은 어머니!"

"선생님, 막달라는 선생님의 것입니다. 아시지요" 하고 마리아가 예수께 상기시켜 드린다.

"나도 안다. 마리아야…. 나는 모든 선과 모든 악을 안다…."

"그렇게 오랫동안!… 헤어져 있다니! 제가 살아 있는 것을 다시 보시겠습니까, 선생님?"

"틀림없소. 울지들 마시오…. 이별에도 습관이 되어야 하오. 이별은 애정의 힘을 시험하는 데 유익하오. 마음을 멀리서 정신의 눈길로 바라다 보면 더 잘 알게 되오. 사랑하는 사람이 그곳에 있는 데에서 오는 인간적인 즐거움으로 유혹당하지 않게 되어서 그의 정신과 사랑을 심사숙고하면… 멀리 떨어져 있는 사람의 **자아**(自我)를 더 많이 이해하게 되오. 나는 당신들이 당신들의 선생님을 생각하면서 내 행동과 내 애정을 조용히 보고 생각할 때에, 당신들의 선생을 더 잘 이해하리라고 확신하오."

"아이고! 선생님! 그러나 저희들은 선생님을 의심하지 않는 걸요!"

"나도 당신들을 의심하지 않소. 나도 그것을 아오. 그러나 당신들은 나를 더 많이 알게 될 거요. 그리고 나는 당신들의 마음을 알기 때문에 나를 사랑하라고 말하지는 않소. 나는 다만 나를 위해 기도하라고만 말하오."

세 사람은 운다…. 예수께서 그렇게까지 침울하시니!…. 어떻게 울지 않을 수 있겠는가?

"어쩔 수 없소! 하느님께서는 사람들 가운데에 사랑을 보내셨소. 그러나 사람들은 사랑에 증오를 대치했소…. 그리고 증오는 원수들 사이만 서로 갈라놓지 않고, 친구들을 갈라놓으려고 스며들고 있소."

오랜 침묵이 흐른다.

그런 다음 라자로가 말한다. "선생님, 얼마 동안 팔레스티나를 떠나십시오…."

"안 되오. 내가 살고 복음을 전하고 죽을 자리는 여기요."

"그러나 선생님께서는 요한과 그리이스 여자의 안전을 마련해 주셨지요. 그들에게로 가십시오."

"아니오. 그들은 구해 주어야 했소. 나는 **구원해야 하오**. 이것이 모든 것을 설명하는 차이요. 제단이 여기 있고, 강단(講壇)도 여기 있소. 나는 다른 곳에 갈 수 없소. 또 그뿐 아니라!…. 그렇게 한다고, 결정된 것이 바꾸어질 것으로 생각하오? 아니오. 땅에서도 하늘에서도 바꾸어지지 않소. 그렇게 하는 것은 다만 메시아의 상징의 정신적인 순수성을 흐리게만 할 거요. 나는 도망해서 목숨을 보전하는 '비겁자'일 거요. 나는 지금 사람들과 나중에 올 사람들에게, 하느님의 일과 거룩한 일에, 비겁해서는 안 된다는 본보기를 보여야 하오…."

"선생님 생각이 옳습니다"하고 라자로가 한숨을 짓는다….

그리고 마르타는 커튼을 젖히면서 말한다. "선생님의 말씀이 맞습니다…. 저녁 때가 되어 가는군요. 이제는 해가 없어졌습니다…."

마리아는 마치 그의 울음이 조용한 눈물 되도록 억제하던 정신적인 힘을 분해하는 능력을, 이 말이 가진 것처럼 몹시 괴로워하며 운다. 마리아가 바리사이파 사람의 집에서 구세주의 용서를 눈물로 애원할 때의 울음보다도 더 가슴이 찢어지는 듯한 울음이다….

"왜 그렇게 우니?" 하고 마르타가 묻는다.

"언니, 언니가 진실을 말했기 때문이야. 이제는 태양이 없어졌어…. 선생님이 가시니까…. 이제는 내게… 우리에게 태양이 없어졌어…."

"품위를 지켜라. 나, 너희들에게 강복한다. 그리고 내 강복은 너희들 위에 남아 있을 것이다. 이제는 나를 라자로와 함께 놔 두어라. 라자로는 피로해서 고요가 필요하다. 나는 내 친구를 지키면서 쉬겠다. 사도들을 보살펴라. 그리고 어두워지면 떠나도록 준비를 하도록 살펴라…."

두 자매는 물러가고, 예수께서는 명상에 잠기시면서, 괴로워하는 친구 곁에 말없이 남아 계신다. 라자로는 이렇게 계신 것이 만족스러워서 얼굴에 가벼운 미소를 띠고 잠이 든다.

105. 예수와 예리고로 가는 길에 있는 거지

나는 예수께서 매우 먼지가 많고 해가 쨍쨍 내리쬐는 큰 길을 가시는 것을 본다. 한 점 그늘도 없고 푸른 풀 한 포기도 없다. 길과 길 옆에 있는 경작되지 않은 들판에는 먼지뿐이다.

확실히 갈릴래아의 완만한 언덕들도 아니고, 많던 적던 나무가 있고, 물과 목장이 그렇게도 많은 유다의 산들이 아니다. 여기는 자연적으로 사막은 아니지만, 사람들이 경작하지 않은 채로 놓아두어서 이렇게 만든 땅이다. 이곳은 평야이고, 먼 데까지도 야산이 보이지 않는다. 팔레스티나를 도무지 알지 못하기 때문에 여기가 어떤 지방인지 말할 수 없다. 확실히 지금까지의 환시에서 본 적이 없는 지방이다. 길 한편에 돌무더기들이 있는데, 아마 길을 보수하느라고 쌓아두었는지도 모르겠다. 길이 매우 한심한 상태이기 때문이다. 지금은 먼지가 두껍게 깔려 있다. 비가 오면 흙탕물의 개울이 될 것이 틀림없다. 가까이나 멀리나 집이 보이지 않는다.

예수께서는 항상 그러시는 것처럼 사도들보다 몇 미터쯤 앞서 가시고, 사도들은 무리를 지어 예수를 따라오는데, 땀을 줄줄 흘리고 피로해 있다. 햇볕을 막기 위하여 그들은 겉옷을 머리 위에 치켜올려서, 여러 가지 빛깔 옷을 입은 신심단체 같다. 반대로 예수께서는 머리에 아무 것도 쓰지 않으셨다. 해가 거북하게 느껴지지 않으시는 것 같다. 소매가 팔꿈치까지 오는 흰 아마포 속옷을 입으셨다. 그 옷은 넓고 헐렁하며, 보통 허리띠 노릇을 하는 끈도 달리지 않았다. 그것은 정말 몹시 더운 이 지방에 안성맞춤인 옷이다. 겉옷도 매우 곱고, 보통 때보다는 훨씬 덜 감싸고 있는 몸둘레로 가볍게 늘어져 있는 것으로 보아 파란 물을 들인 아마포로 된 것이 틀림없다. 겉옷은 어깨를 덮고 있지만, 팔은 자유로운 채로 있다. 나는 예수께서 어떻게 해서 그 겉옷을 그렇게 고정시키셨는지 모르겠다.

조약돌 더미에 앉은, 아니 반쯤 누운 남자 한 사람이 있다. 가난한 사람이고, 틀림없이 거지이다. 그는 더럽고 누더기가 된 짧은 옷을 (이렇게 말할 수 있다면) 입고 있는데, 그 옷은 아마 흰 것이었겠지만, 지금 진흙 빛깔이다. 그는 뒤꿈치가 망그러지고 바닥이 반쯤 닳아 빠진 샌들 두 짝을 노끈 조각으로 매서 신었다. 손에는 나뭇가지로 된 지팡이가 들려있다. 이마에는 더러운 붕대가 감겨 있고, 왼쪽 넓적다리에는 무릎과 엉덩이 사이에 더럽고 피가 묻은 다른 헝겊이 있다. 그 불행한 사람은 야위어서 가죽과 뼈뿐이고, 창피하고, 더럽고, 머리카락이 텁수룩하고 헝클어졌다.

그 사람이 예수께 애원하기도 전에 예수께서 그에게로 가신다. 불쌍한 사람에게 가까이 가셔서 물으신다. "당신은 누구요?"

"빵을 청하는 가난한 사람입니다."

"이 길에서?"

"저는 예리고로 갑니다."

"길은 멀고, 이 지방에는 사람이 없소."

"압니다. 그렇지만 제가 떠나오는 유다인들에게서 보다는 이 길로 지나다니는 이방인들에게서 빵과 돈을 얻기가 더 쉽습니다."

"당신은 유다에서 오는 거요?"

"예, 예루살렘에서 옵니다. 그렇지만 제게 언제나 도움을 주는 농촌의 선량한 사람들 집으로 해서 지나오려고 먼 길을 돌아서 와야 했습니다. 도시에서는 도움을 주지 않습니다. 동정심이 없습니다."

"잘 말했소. 동정심이 없소."

"선생님은 동정심을 가지고 계시군요. 선생님은 유다인이십니까?"

"아니오, 나자렛 사람이오."

"전에는 나자렛 사람들의 평판이 좋지 않았습니다. 그러나 지금은 그 사람들이 유다 사람들보다 낫다고 말해야 합니다. 예루살렘에서도 예언자라고 하는 그 나자렛 사람을 따르는 사람들밖에는 착한 사람이 없습니다. 그분을 아십니까?"

"그럼, 당신은 그 사람을 아시오?"

"모릅니다. 제가 거기 간 것은 선생님이 보시다시피 다리 하나가 죽고 뒤틀려서 겨우 다닐 수 있기 때문입니다. 저는 일을 할 수 없고, 배고프고 매를 맞아 죽을 지경입니다. 그분이 만져서 사람들의 병을 고쳐 준다는 말을 들었기에 그분을 만나기를 바랐었습니다. 하기는 저는 선택된 민족의 사람이 아닙니다…. 그러나 그분은 모든 사람에게 친절하시다는 말을 들었습니다. 저는 그분이 오순절 명절에 예루살렘에 계시다는 말을 들었습니다. 그러나 저는 걸음이 느립니다…. 그리고 매를 맞아서 도중에서 병이 들었습니다…. 제가 예루살렘에 도착했을 때는 그분이 벌써 떠나신 뒤였습니다. 유다인들이 그분도 학대했기 때문이라고 말하더군요."

"그럼, 당신도 학대를 받았소?"

"항상이오. 로마 병사들만이 제게 빵을 줍니다."

"그런데 예루살렘에서 백성들 사이에서는 그 나자렛 사람에 대해서 뭐라고 말하오?"

"하느님의 아들이고, 위대한 예언자, 성인, 의인이라고들 합니다."

"그럼, 당신은 그분이 어떤 분이라고 생각하시오?"

"저는… 저는 우상 숭배자입니다. 그러나 그분이 하느님의 아들이라고 믿습니다."

"당신은 그 사람을 알지도 못한다면서 어떻게 그렇게 믿을 수 있소?"

"저는 그분의 행동을 압니다. 오직 하느님만이 그분처럼 착하실 수 있고, 그분이 하시는 것과 같은 말을 하실 수가 있습니다."

"그 말들을 누가 당신에게 해 주었소?"

"다른 가난한 사람들과 병이 고쳐진 사람들과 제게 빵을 갖다 주는 어린 아이들입니다…. 어린 아이들은 친절하고, 믿는 사람들과 우상 숭배자들에 대해서 아무 것도 알지 못합니다."

"그러나 당신은 어디서 왔소?"

"…."

"말하시오. 나도 어린 아이들과 같소. 무서워하지 마시오. 진실하기만 하시오."

"저는… 사마리아 사람입니다. 저를 때리지 마십시오."

"나는 절대로 아무도 때리지 않소. 나는 모든 사람을 불쌍히 여기오."

"그러면… 그러면 선생님은 갈릴래아의 선생님이시군요!"
 거지는 조약돌 더미 아래 예수 앞에 넙죽 엎드리고, 무슨 덩어리처럼 쓰러지며 얼굴을 먼지에 박는다.
 "일어나시오, 내가 그 사람이오. 무서워 마시오. 일어나서 나를 보시오."
 거지는 그의 기형(畸形) 때문에 몸이 오그라든 채 무릎을 꿇고 있으면서 얼굴을 든다.
 "이 사람에게 빵과 마실 것을 주어라" 하고 예수께서 다가온 제자들에게 명령하신다.
 요한이 물과 빵을 준다.
 "이 사람이 편하게 먹게 앉혀라. 형제, 자시오."
 불행한 사람은 울면서 먹지를 않는다. 그는 처음으로 불쌍히 여기는 어떤 사람에게 쓰다듬음을 받고, 배불리 먹게 된 것을 보는 길잃은 가없은 개의 눈과 같은 눈으로 예수를 쳐다본다.
 "자시오!" 예수께서 미소를 지으시며 명령하신다.
 불쌍한 사람은 흐느껴 울면서 먹는다. 그래서 눈물이 빵을 적신다. 그러나 눈물과 더불어 미소도 있다. 그는 천천히 안심한다.
 "누가 이 상처를 입혔소?" 하고 예수께서 손가락으로 이마의 더러운 붕대를 만지면서 물으신다.
 "어떤 부자 바리사이파 사람이 그의 마차로 저를 일부러 쓰러뜨렸습니다. 저는 빵을 청하려고 네거리에 갔었습니다. 그런데 그 사람이 그의 말을 제게로 달리게 했는데, 하도 빨리 왔기 때문에 비킬 수가 없었습니다. 그 때문에 죽을뻔 했습니다. 제 머리에 아직도 구멍이 하나 있고, 거기서 고름이 나옵니다."
 "또 여기는 누가 때렸소?"
 "연회가 벌어지고 있는 어떤 사두가이파 사람의 집에, 개들이 제일 맛있는 것을 먹은 다음에 식사 찌꺼기를 청하려고 가까이 갔었습니다. 그 사람이 저를 보더니, 제게 개들을 놓아 주었습니다. 그중 한 마리가 제 넓적다리를 찢었습니다."
 "그리고 당신 손을 병신이 되게 한 이 커다란 홈집은 무엇이오?"
 "이것은 3년 전에 어떤 율법학자가 지팡이로 때린 것입니다. 그 사람은 제가 사마리아 사람인 것을 알아보고 저를 때려서 손가락을 부러뜨렸습니다. 그래서 저는 일을 하지 못합니다. 오른 손이 불구가 되고, 다리 하나는 죽었으니, 제가 어떻게 생활비를 벌 수 있습니까?"

"그러나 당신은 왜 사마리아에서 나오오?"

"선생님, 필요는 몹쓸 것입니다. 저희는 불쌍한 식구가 많습니다. 그리고 모두가 먹을 빵이 없습니다. 선생님이 도와주시면…."

"내가 어떻게 해 주기를 바라오?"

"일을 하게 고쳐 주시기를 바랍니다."

"내가 그렇게 할 수 있다고 믿소?"

"예, 그렇게 믿습니다. 선생님은 하느님의 아들이시니까요."

"당신이 그렇게 믿소."

"그렇게 믿습니다."

"사마리아 사람인 당신이 그렇게 믿소? 왜요?"

"왠지 저도 모릅니다. 제가 믿는 건 선생님과 선생님을 보내신 분입니다. 선생님이 오신 지금에는 경배의 차이가 없습니다. 영원한 주님이신 선생님의 아버지께 경배하려면 선생님께 경배하면 됩니다. 선생님이 계신 곳에 아버지도 계십니다."

"벗들아, 들었느냐?(예수께서는 제자들을 돌아보신다.) 이 사람은 그에게 진리를 밝혀 주시는 성령의 힘으로 말한다. 그리고 이 사람은 잔인한 율법학자들과 바리사이파 사람들과 사두가이파 사람들, 율법의 아들들이라고 거짓으로 말하는 저 모든 우상 숭배자들보다 확실히 더 낫다. 율법은 하느님 다음으로 이웃을 사랑해야 한다고 말한다. 그런데 이 사람들은 고통을 당하고 빵을 청하는 이웃에게 매를 주고, 간청하는 이웃에게 말과 개를 내달리게 하고, 부자의 개들보다도 더 자기를 낮추는 이웃에게, 바로 그 개들을 내달리게 해서, 불구로 인해서 그랬던 것보다도 훨씬 더 불행하게 만든다. 건방지고 잔인하고 위선적인 그들은 하느님께서 알려지시고 사랑받으시는 것을 원치 않는다. 그러기를 원하면, 이 사람이 말하는 것과 같이, 그들의 행동을 통해서 그분을 알게 할 것이다. 사람들의 마음속에 살아 계신 하느님을 알게 하고, 사람들을 하느님께로 인도하는 것은 종교의식이 아니라 행동이다.

 그리고, 내가 조심성 없다고 비난하는 너 유다야. 내 비난으로 그들을 쳐서는 안 되겠느냐, 치지 말아야 하겠느냐? 입을 다물고, 그들을 인정하는 체하는 것은 그들의 행동에 찬성하는 것이 될 것이다. 그것은 안 된다. 하느님의 영광을 위하여, 하느님의 아들인 나는 보잘 것없는 사람들과 불행한 사람들, 착한 사람들이 내가 이 사람들의 죄를 찬성한다고 믿게 할 수는 없다. 나는 이방인들을 하느님의 자녀를 만들려고 왔다. 그러나 율법의 자식들이 —그들은 자기들이 율법의 자식이라고 말하지만, 그들은 사생아들이다.— 이방인들보다 더 죄되는 이교를 실천하는 것을 보면, 나는 그렇게 할 수가 없다. 과연 히브리인들은 하느님의 율법을 알았는데, 지금은 마치 부정한 짐승들처럼 충족된 그들의 격정을 거기에다 토해낸다. 유다야, 너도 그들과 같다고 생각해야 하겠느냐? 내가 말하는 진실에 대해서 비난을 하는 너를 말이다. 그렇지 않으면, 네가 네 목숨 때문에 불안해 한다고 생각해야 하겠느냐? **나를 따르는 사람은 인간사에 대한 걱정을 해서는 안 된다.** 내가 이 말을 했다. 유다야, 내 길과 네가 찬성하는 유다인들의 길 둘 중에서 하나를 택할 시간은 아직 있다. 그러나 곰곰이 생각하여라. 내 길은 하느님께로 인도하고, 다른 길은 하느님의 원수에게로 인도한다. 곰곰이 생각하고 결정하여라. 그러나 솔직하여라.

 그리고 여보시오. 당신은 일어나서 걸으시오. 붕대들을 끄르시오. 그리고 집으로 돌아가시오. 당신은 당신의 믿음 때문에 고쳐졌소."

 거지는 놀라서 예수를 쳐다본다. 그는 감히 손을 펴지 못한다…. 그러다가 해본다. 손이 말짱해서 다시 왼손과 같게 되었다. 그는 지팡이를 내려놓고, 두 손으로 돌더미를 짚고 노력을 한다. 일어난다. 일어선다. 다리를 뒤틀리게 하였던 마비가 나았다. 다리를 움직이고, 구부리고… 한 걸음, 두 걸음, 세 걸음을 떼어놓는다. 걷는다…. 그는 소리를 지르고 기쁨의 눈물을 흘리면서 예수를 쳐다본다. 그는 머리에서 붕대를 끄른다. 곪은 구멍이 있던 뒤통수를 만져본다. 이제는 아무 것도 없다. 모든 것이 나았다. 그는 궁둥이에서 피얼룩이 있는 헝겊을 떼어낸다. 피부가 말짱하다.

105. 예수와 에리고로 가는 길에 있는 거지 **275**

"선생님, 선생님이시며 하느님!" 그 사람은 두 팔을 들면서 이렇게 말한다. 그리고는 무릎을 꿇고 예수의 발에 입맞춤 한다.

"이제는 집으로 가시오. 그리고 항상 주님을 믿으시오."

"선생님이시며 하느님, 거룩하시고 인자하신 선생님을 따르는 일 말고 제가 무엇을 해야 하겠습니까? 선생님, 저를 물리치지 마십시오…."

"사마리아로 가서 나자렛의 예수에 대해서 말하시오. 구속의 때가 가까웠소. 당신들의 형제들에게 내 제자 노릇을 하시오. 평안히 가시오."

예수께서 그에게 강복하시고, 그들은 헤어진다. 병이 고쳐진 사람은 잰 걸음으로 북쪽을 향하여 가면서, 아직도 가끔 뒤를 돌아다본다.

예수께서는 사도들과 같이 큰 길을 떠나서서, 큰 길을 가로지르는 오솔길로 해서 동쪽을 향하여 황폐한 밭들 가운데로 들어가신다. 그 오솔길은 훨씬 더 가서야 넓어진다. 아마 에리고로 가는 길인가 보다. 잘 모르겠다.

106. 자캐오의 회개

　종려나무들과 더 키가 작고 잎이 우거진 다른 나무들로 그늘이 진 광장이 보이는데, 장마당 같다. 종려나무들은 여기저기에 무질서하게 자라고 있는데, 뜨거운 센 바람에 삐거덕 소리를 내는 잎들을 흔들고 있다. 바람은 마치 사막이나, 또는 적으로 황폐한 땅이나 불그스름한 흙이 있는 데서 불어 오는 것처럼 불그스름한 먼지를 일으킨다. 반대로 다른 나무들은 광장 가장자리를 따라 일종의 긴 회랑을, 그늘진 회랑을 이루고 있어서, 파는 사람들과 사는 사람들이 그 아래로 피해 들어가서, 움직이고 떠들며 소란을 피운다.
　광장 한 구석, 바로 간선도로가 시작되는 곳에 세금 받는 사람의 가장 중요한 사무소가 있다. 저울과 자가 있고, 걸상이 하나 있는데, 거기에는 한 작은 사람이 앉아서 감시하고, 살펴보고, 돈을 받는다. 그는 매우 잘 알려진 사람인 것처럼, 누구나가 그와 말을 한다. 많은 사람이 그를 부르기 때문에 나는 그가 염세리(塩稅吏) 자캐오라는 것을 알게 되었다. 어떤 사람들은 읍내에서 일어난 일을 물으려고 질문을 하는데, 그들은 외부에서 온 사람들이고, 어떤 사람들은 세금을 내기 위하여 그를 부른다. 그가 무슨 생각에 잠겨 있는 것을 보고 여러 사람이 이상히 여긴다. 과연 그는 멍하니 깊은 생각에 잠겨 있는 것같다. 그는 외마디로 대답하고 때로는 손짓으로 대답한다. 이것을 많은 사람이 이상히 여기는 것으로 보아, 자캐오가 보통은 말이 많다는 것을 알 수 있다. 몸이 불편한지 또는 부모가 병이 들었는지 어떤 사람이 묻는다. 그러나 그는 그렇지 않다고 대답한다.
　두번만 그가 강한 관심을 보인다. 첫번째는 예루살렘에서 오면서 나자렛 선생님에 대하여 말하고, 그의 기적과 설교 이야기를 한 두 사람에게 말을 물어볼 때이다. 그 때에는 자캐오가 많은 질문을 한다. "그분이 사람들이 말하는 것처럼 정말 인자하시오? 그분의 말이 그분이 하는 행동과 일치하오? 그분이 권장하는 자비를 그 다음에 그분이 실제로 베푸시오? 모든 사람에게? 세리들에게까지도? 그분이 아무도 물리치지 않는다는 것이 사실이오?" 그리고는 귀를 기울이고 곰곰이 생각하고 한숨을 쉬고 한다.

또 한번은 어떤 사람이 나귀에 가구를 싣고 지나가는 수염난 사나이를 그에게 가리킬 때이다. "자캐오, 보게. 저 사람은 문둥병자 자카리알세. 10년 전부터 저 사람은 무덤속에서 살았네. 이제는 병이 고쳐져서, 그와 가족들이 문둥병자로 선고를 받았을 때 율법을 적용해서 비웠던 그의 집에 놓으려고 가구를 다시 사는 걸세."

"저 사람을 부르시오."

자카리아가 온다.

"당신이 문둥병자였소?"

"그렇소. 그리고 나와 함께 내 아내와 두 아이도 문둥병자였소. 아내가 먼저 병에 걸렸는데, 우리는 그것을 이내 알아차리지 못했소. 아이들은 엄마하고 같이 자서 병이 들었고, 나는 아내를 가까이 해서 병이 들었소. 우리는 모두가 문둥병자였소! 사람들이 그것을 알아차리고는 우리를 마을에서 쫓아냈소…. 그들이 우리를 우리 집에 그대로 내버려둘 수도 있었을 거요. 우리 집은 길 끝에 있는… 마지막 집이었소. 우리는 그들을 귀찮게 하지 않았을 거요. 우리는 사람들에게 보이지도 않게 하느라고 벌써 산나무 울타리를 아주 높이 자라게 했었소. 그것은 벌써 무덤이나 다름 없었소…. 그러나 우리 집이었지요…. 그런데 사람들은 우리를 내쫓았소. '나가라! 나가라!' 하고. 아무 마을도 우리를 받아주지 않았소. 그것은 정당한 일이었소! 우리 마을도 우리를 받아주지 않았소. 그래서 우리는 예루살렘 근처에 있는 빈 무덤에 자리잡았소. 거기에는 불행한 사람이 많이 있소. 그러나 아이들은 동굴의 추위로 죽었소. 병과 추위와 굶주림으로 이내 죽은 거지요…. 두 아들이었지요…. 병들기 전에는 예뻤어요. 튼튼하고 잘 생기고, 8월의 오디 모양으로 갈색이고, 머리카락이 굽슬굽슬하고, 영리했소. 그 애들은 헌데 투성이의 두 해골이 되었었소…. 머리는 빠지고, 눈은 딱지가 앉아 감겨지고, 그 작은 손발은 흰 인비늘이 되어 떨어졌소. 내 아이들이 내 눈 앞에서 먼지가 되어 버렸소!… 몇 시간 사이를 두고 그 애들이 죽은 그날 아침 그 애들의 얼굴은 이미 사람의 얼굴이 아니었소…. 나는 제 어미가 울부짖는 가운데 그 애들을 마치 죽은 짐승의 시체처럼, 흙 조금과 많은 돌 밑에 묻었소…. 몇달 후에 어미도 죽었고… 나 혼자만 남았소…. 나는 죽음을 기다리고 있었소. 그리고 나는 사람의 손으로 판 구덩이에 묻히지도 못했을 거요…. 나는 벌써 거의 소경이 되었었소. 그러던 어느 날 나자렛 선생님이 지나가셨소. 나는 내가 있던 무덤에서 '다윗의 자손 예수님, 저를 불쌍히 여겨 주십시오!' 하고 외쳤소. 겁내지 않고 내게 빵을 갖다 주었던 어떤 거지가 이런 부르짖음으로 나자렛 선생님을 불러서 눈 멀었던 것이 나았다고 말했소. 그리고 그 사람은 이렇게 말했소. '선생님은 눈의 시력만 내게 주시지 않고, 영혼의 눈도 뜨게 하셨소. 나는 선생님이 하느님의 아들이시다는 것을 보았고, 이제는 모든 것을 그분을 통해서 보오. 그렇기 때문에 나는 형제인 당신을 피하지 않고, 빵과 믿음을 가져다 주오. 그리스도께로 가시오. 그래서 그분을 찬미할 사람이 한 사람 더 늘어나게 하시오.'

나는 걸을 수가 없었소. 뼈까지 궤양이 된 내 발로는 걸을 수가 없었던 거요…. 또 그리고… 사람들에게 들키면, 나는 돌에 맞아 죽었을 거요. 나는 그분이 지나가는데 주의를 기울이고 있었소. 선생님은 예루살렘에 가시느라고 자주 지나가셨소. 하루는 내가 볼 수 있는 한 도내에서 길에 먼지가 구름처럼 피어오르는 것과 군중을 보았고, 떠드는 소리를 들었소. 나는 무덤 구덩이들이 있는 언덕 꼭대기로 기어갔소. 그리고 두건을 쓴 머리들 사이에 두건을 쓰지 않은 금발 머리가 반짝이는 것이 보이는 것 같기에, 있는 힘을 다해서 큰 소리로 외쳤소. 세번 외쳐서 마침내 내 외침이 선생님께 이르렀소.

선생님은 몸을 돌리시더니 걸음을 멈추셨소. 그리고 혼자서 다가오셨소. 선생님은 바로 내가 있던 곳 아래에 오셔서 나를 바라다 보셨소. 목소리와 미소가 아름답고 친절하신 분이!… '내가 어떻게 해주기를 바라오?'

'병이 고쳐지기를 바랍니다.'

'내가 그렇게 할 수 있다고 믿소? 왜 그렇게 할 수 있다고 믿소?' 하고 선생님은 물으셨소.

'선생님은 하느님의 아들이시니까요.'
'그렇게 믿소?'
'저는 그렇게 믿습니다' 하고 대답했소. '저는 지극히 높으신 분이 당신의 온 영광으로 선생님의 머리 위에서 빛나시는 것을 봅니다!'
그러니까 선생님은 아주 정열적인 얼굴로 한 손을 내미셨소. 선생님의 눈은 두 개의 파란 해와 같았소. 그리고 말씀하셨소. '내 원하니, 깨끗해 지시오'. 그리고 미소를 지으시며 내게 강복하셨소!…. 아! 얼마나 아름다운 미소였는지! 나는 어떤 힘이 내 안에 불칼처럼 뚫고 들어 와서 내 심장을 찾아 달리고, 내 핏줄 안을 달려 가는 것을 느꼈소. 그렇게도 병이 몹시 들었던 내 심장이 20대의 기운을 되찾았소. 내 핏줄속에서 얼어붙었던 피가 다시 뜨거워지고 활발해졌소. 고통이 없어지고, 피로가 없어지고, 기쁨이, 기쁨이!… 선생님은 나를 바라 보고 계셨고, 나를 지극히 행복하게 해주고 계셨소. 그리고 이렇게 말씀하셨소. '사제들에게 가서 보이시오. 당신의 믿음이 당신을 구해 주었소' 하고. 그 때에 나는 내가 고쳐졌다는 것을 깨닫고, 내 손과 발을 들여다 보았소. 헌데가 없어졌더군요. 전에는 뼈가 드러나 있던 곳에 볼그레하고 생생한 살이 있었소. 나는 시내로 달려 가서 얼굴을 비추어 보았소. 얼굴도 깨끗하더군요. 나는 깨끗해졌던 것입니다! 나는 소름끼치는 10년이 지난 후에 깨끗해졌던 것입니다!… 아! 선생님은 왜 전에, 내 아내와 아이들이 살아 있을 때 지나가지 않으셨을까요? 선생님은 우리를 모두 고쳐 주셨을 텐데. 이제는 보시오. 내 집에 놓을 것들을 사고있소…. 그러나 나는 혼자요…."
"당신은 선생님을 다시는 뵙지 못했소?"
"예, 그러나 선생님이 이 근방에 계시다는 걸 알고 일부러 여길 왔소. 나는 선생님을 또 찬미하고 싶고, 내게 고독한 가운데에 힘을 가지도록 강복해 주시기를 바라오."
자캐오는 고개를 숙이고 입을 다문다. 그들은 헤어진다.
시간이 흘렀다. 더운 시간이 되었다. 장꾼들이 흩어진다. 세리는 한 손으로 머리를 괴고, 걸상에 앉아서 생각에 잠긴다.
"나자렛 선생님이다. 선생님이다!" 하고 어린이들이 간선도로를 가리키며 외친다.

여자들과 남자들과 병자들과 거지들이 서둘러 마주 달려 간다. 장마당은 텅 비었다. 종려나무에 매놓은 노새들과 낙타들만이 그 자리에 남아 있고, 자캐오는 걸상에 그대로 앉아 있다.

그러나 그는 곧 일어나서 걸상 위로 올라간다. 병자들 위로 몸을 구부리시며 나타나시는 예수를 환영하기 위한 것처럼 많은 사람이 나뭇가지를 꺾어서 흔들기 때문에 자캐오는 아직 아무 것도 보지 못한다. 그러자 자캐오는 옷을 벗고 짧은 속옷만 입은 채 나무로 기어 올라간다. 그의 짧은 다리와 팔로 잘 껴안을 수가 없는 굵고 미끄러운 줄기를 타고 올라가기가 꽤 힘들다. 그러나 올라가는 데 성공하여 홰에 올라 앉듯이 나뭇가지 둘에 걸터 앉는다. 그의 다리는 이 난간에 늘어져 있고, 그는 창문에서 내려다보는 사람처럼 허리에서부터 몸을 구부린다.

군중이 광장에 이른다. 예수께서는 눈을 들어 나뭇가지에 올라 앉아 있는 외로운 구경꾼에게 미소를 보내신다. 예수께서는 "자캐오, 곧 내려오시오. 오늘은 당신 집에서 머무르겠소" 하고 명령하신다.

자캐오는 한동안 넋을 잃고 있다가, 감격으로 얼굴이 새빨개져 가지고 부대처럼 땅으로 미끄러져 내려온다. 그는 흥분하여, 옷을 다시 입는 것을 몹시 꾸물거린다. 그는 장부와 금고를 닫는데, 날쌘 동작으로 하고 싶어하는데, 그럴수록 동작은 더 느려진다. 그러나 예수께서는 참을성 있게, 그동안 어린이들을 쓰다듬어 주신다.

마침내 자캐오가 준비가 다 되었다. 그는 선생님께 가까이 와서, 마을 한가운데에 넓은 정원에 둘러싸인 아름다운 집 쪽으로 인도한다. 이곳은 아름다운 마을이고, 면적으로는 그렇지 않다 하더라도 건물로는 예루살렘보다 별로 떨어지지 않은 도시라고 할 수도 있겠다.

예수께서는 집으로 들어가셔서, 식사가 준비되기를 기다리시는 동안 병자들과 성한 사람들을 돌보신다. 참을성 있게… 그런 참을성은 예수만이 가지실 수 있다.

자캐오는 몹시 애를 쓰며 왔다갔다 한다. 그는 기뻐서 어쩔 줄을 모른다. 그는 예수와 말을 하고 싶으나, 예수께서는 여전히 군중에 둘러싸여 계신다. 마침내 예수께서 "해가 지거든 오시오. 지금은 집으로 돌아가시오. 여러분에게 평화" 하고 말씀하시면서 모두 돌려 보내신다.
  정원에서 사람들이 빠져나가고, 정원으로 향한 아름답고 시원한 큰 방에 식사를 차린다. 자캐오는 일을 아주 잘 하였다. 가족들이 보이지 않는다. 그래서 나는 자캐오가 독신이고, 다만 많은 하인들만 거느리고 있는 것으로 생각하였다.
  식사가 끝난 다음 제자들이 쉬려고 수풀 그늘로 흐트러졌을 때, 자캐오는 혼자서 예수와 같이 시원한 방에 남아 있다. 그리고 자캐오가 예수를 쉬시게 하려고 그러는 것처럼 물러갔기 때문에 한동안은 예수께서 혼자 계시기로 한다. 그러나 자캐오는 이내 돌아와서 커튼을 젖히고 들여다 본다. 그는 예수께서 주무시지 않고, 생각에 잠겨 계신 것을 본다. 그래서 그는 가까이 온다. 그는 무거운 궤를 안고 있다. 그는 궤를 예수 곁에 탁자에 내려 놓으면서 말한다. "선생님… 저는 얼마 전에 선생님에 대한 말을 들었습니다. 어느 날 산에서 선생님은 우리 박사들이 말할 줄을 알지 못하게 된 많은 진리를 말씀하셨습니다. 그 진리들이 제 마음속에 남아있습니다…. 그래서 그 때부터 선생님을 생각합니다…. 그리고 선생님은 착하시고, 죄인들을 물리치지 않으신다는 말을 들었습니다. 선생님, 저는 죄인입니다. 저는 선생님이 병자들을 낫게 하신다는 말을 들었습니다. 저는 마음이 병들었습니다. 그것은 제가 부정행위를 했고, 고리대금을 했고, 방탕하고, 사기꾼이었고 가난한 사람들에게 냉혹했기 때문입니다. 그러나 이제는 선생님이 제게 말씀하셨기 때문에 고쳐졌습니다. 선생님이 제게 가까이 오시자 관능성과 재물의 마귀가 달아났습니다. 그래서 저는 오늘부터 선생님이 거절하지 않으시면 선생님의 사람입니다. 그리고 제가 선생님 안에 새로 태어난다는 것을 보여드리기 위해서, 제가 부당하게 얻은 재물을 버립니다. 선생님께 제 재산의 반을 드립니다. 그리고 나머지 반은 제가 부정한 수단으로 빼앗은 것을 네 곱절로 돌려주는 데 쓰일 것입니다. 저는 누구에게 부정행위를 했는지 압니다. 그리고 각자에게 그들의 것을 돌려준 다음에는, 선생님이 허락하시면, 선생님을 따라 다니겠습니다…."
  "원하오. 오시오. 나는 구원하고 빛으로 부르기 위하여 왔소. 오늘은 빛과 구원이 당신 마음의 집에 왔소. 내가 당신의 연회석에 앉아서 당신을 구속했기 때문에 저 문 밖에서 불평을 하는 사람들은 당신도 그들과 같이 아브라함의 후손이라는 것과, 잃었던 것을 구원하러, 그리고 영이 죽었던 사람들에게 생명을 주기 위하여 내가 왔다는 것을 잊고 있소. 당신은 다만 나를 비난하기 위해 나를 따라 다니는 많은 사람들보다 내 말을 더 잘 이해했소. 그래서 이제는 당신이 나와 함께 있게 되었소."

——환시는 이렇게 끝났다.

107. "자캐오는 세리요 죄인이었다. 그러나 악의로 그런 것은 아니었다"

 예수께서 말씀하신다.
 "누룩도 가지가지이다. 선의 누룩도 있고, 악의 누룩도 있다. 사탄의 독인 악의 누룩은 선의 누룩보다 더 쉽게 익는다. 그것은 사람의 마음과 사람의 생각과 사람의 육체 안에 그 작용에 더 잘 맞는 재료를 만나기 때문이다. 이 세 가지는 이기주의적인 의지로, 따라서 하느님의 뜻인 어떤 보편적인 의지에 반대되는 의지에 의해 유혹을 당한다.
 하느님의 뜻은 보편적이다. 하느님의 뜻을 절대로 개인적인 생각에 머무르지 않고 온 우주의 선을 생각하시기 때문이다. 하느님께서는 모든 것을 언제나 완전하게 차지하셨기 때문에, 하느님께는 아무 것도 그 완전을 어떻게든지 크게 할 수는 없다. 따라서 당신 행동의 어떠한 것이든 당신 자신의 이익을 위하여 이용하시는 것을 생각한다는 것은 하느님께 있을 수가 없다. '이 일을 하느님의 더 큰 영광을 위하여, 하느님의 이익을 위하여 한다'고 말하는 것은 하느님의 영광이 그 자체로 커질 수 있기 때문이 아니라, 우주에 있는 어떤 것이든지 선의 흔적을 가지고 있고, 또 선을 행하는 사람, 따라서 선을 차지할 자격을 얻는 사람은 누구든지 하느님의 영광의 표로 자신을 꾸미고, 이렇게 함으로써 모든 것을 창조하신 영원한 영광 자체에 영광을 드리게 되기 때문이다. 요컨대 이것은 사람들과 물건들이 그들의 행동으로 그들이 나온 완전한 근원에 대하여 증언을 함으로써 하느님께 증언을 드리는 것이다.
 그러므로 하느님께서 너희들에게 어떤 행동을 명령하시거나 권고하시거나 할 생각을 불어넣어 주실 때, 이기주의적인 이익을 위하여 그렇게 하지 않으시고, 너희들의 행복을 위한 이타적(利他的)인 생각으로 하시는 것이다. 하느님의 뜻은 절대로 이기주의적이 아니라, 전적으로 이타주의와 보편성을 향한 뜻이라는 이유가 이런 것이다. 보편적인 행복을 지향하는 온 세상의 유일하고 참된 힘인 것이다.

하느님에게서 오는 정신적인 싹인 선의 누룩은, 이와 반대로, 커가는 데 있어서 많은 반대와 어려움을 만나고, 다른 누룩에 유리한 저항을 받기 때문에 발전하기가 매우 힘들다. 다른 누룩이라는 것은 이기주의에 침범된 사람의 육체와 마음과 생각인데, 이기주의야말로 원래 사랑일 수밖에 없는 선과 정반대이다. 대부분의 사람에 있어서 선의 의지가 부족하다. 그래서 선이 열매를 맺지 못하고 죽거나 몹시 힘들게 살아서 올라오지 못하고 그대로 주저앉아 있다. 큰 잘못도 없지만, 가장 큰 선을 행하기 위한 노력도 없다. 그래서 영은 기력이 없고, 죽지는 않았으나 열매를 맺지 못하는 것이다.

악을 행하지 않는 것은 지옥을 피하는 데에만 소용된다는 것에 유의하여라. 아름다운 천당을 즉시 누리기 위하여는 선을 행해야 한다. 그렇게 할 수 있게 되는 한도내에서 절대로 선을 행해야 한다. 자기 자신과 다른 사람들과 싸움으로. 이 때문에 그 싸움이 하느님께서 원하시는 것과 반대되는 방향으로 향한 인간적인 의지에 반대해서 하느님의 뜻과 하느님의 율법을 옹호해야 할 때에는 아버지와 자식들 사이, 형제자매들 사이에 싸움을 가져다 주러 왔지 평화를 가져다 주러 오지 않았다고 내가 말한 것이다.

자캐오의 안에서는 한 줌밖에 안 되는 선의 누룩이 크게 발효했었다. 애초에는 그의 마음속에 부스러기들밖에 떨어지지 않았었다. 사람들이 내 산상설교를 그에게 이야기 했었다. 말을 옮길 때에 그렇게 되는 것처럼 불완전하게 옮겼을 것이고, 틀림없이 내 말의 많은 부분이 잘려 나갔을 것이다.

자캐오는 세리이고 죄인이었다. 그러나 악의로 그런 것은 아니었다. 그는 눈동자에 백내장(白內障)의 베일이 덮여 있어서 사물을 제대로 보지 못하는 사람과 같았다. 그러나 그 사람은 눈에서 그 베일을 제거하면 눈이 다시 잘 보는 상태가 되리라는 것을 알고, 그 병자는 누가 그 베일을 치워 주기를 바란다. 자캐오가 이러하였다. 그는 확신도 가지지 못하고 행복하지도 못했다. 이제는 진짜 율법 대신 들

107. "자캐오는 세리요 죄인이었다. 그러나 악의로 그런 것은 아니었다"

어선 바리사이파 사람들의 규율에 확신을 가지지도 못하고, 자기의 생활 방식으로 행복하지도 못했었다.

자캐오는 본능적으로 빛을, 참 빛을 찾고 있었다. 그는 그 연설의 단편에서 진리의 불똥을 보았고, 그것을 보물처럼 마음속에 간직했다. 그가 그 불똥을 사랑했기 때문에. ──마리아야, 이것에 주의하여라. 그가 그 진리의 불똥을 사랑했기 때문에, 불똥이 점점 더 환하고 넓고 맹렬하게 되었고, 선과 악을 분명히 보고, 정확히 판단하고 선택하도록 그를 이끌었고, 전에는 사물에서 마음으로, 마음에서 사물로 왔다갔다 하며 그를 배신해서 노예를 만드는 그물로 둘러쌌던 촉수(觸手)를 용감하게 자르게 했다.

'그가 그것을 사랑했기 때문에' 이것이 성공하느냐 성공하지 못하느냐의 관건이다. 사랑하면 성공한다. 빈약하게 사랑하면 보잘 것없게 성공한다. 사랑하지 않으면 조금도 성공하지 못한다. 어떤 일에나 그렇다. 하느님의 일에서는 더 그러하다. 하느님의 일에서는 비록 하느님께서 육체의 오관에는 보이지 않으시더라도 사랑을 가져야 한다. 어떤 일에 성공하려면 피조물이 완전에 도달할 수 있는 한도내에서 그 사랑이 완전해야 한다고까지 말하겠다. 이 경우에는 성덕에서 있어서 말이다.

너무나 좀스럽고, 다른 사람들에게는 단호하고 자신들에게 호의가 넘치는 바리사이파 사람들의 규율에 싫증이 난 것과 같이 세상과 육체에 대해 싫증이 난 자캐오는, 인간적으로 말하면 아주 우연히 그에게 도달한 내 말들 중 하나의 그 작은 보물을 사랑했다. 그는 이 보물을 그의 사십평생에 가졌던 것 중에서 가장 아름다운 물건처럼 사랑했다. 그리고 그 때부터 그의 마음과 생각을 이 점에 집중시켰다. 악의 경우에만 사람의 마음이 그의 보물이 있는 곳에 있는 것이 아니다. 그렇지 않고, 선의 경우에도 그러하다. 성인들은 살아 있는 동안, 그들의 보물이신 하느님께서 계신 곳에 마음이 가 있지 않았느냐? 그랬었다. 또 이 때문에 하느님만 쳐다보면서, 그들의 영혼을 땅의 진흙속에서 썩게 하지 않고 세상을 지나갈 수가 있었다.

그날 아침, 내가 나타나지 않았더라도, 문둥병자였던 사람의 이야기가 자캐오의 변형을 끝마쳤기 때문에 역시 새 신자를 한 사람 만들었을 것이다. 염세서(塩稅署)의 계산대에는 이미 사기를 일삼고 타락한 사람이 앉아 있지 않고, 자기의 과거를 뉘우치고 생활을 바꾸기로 결정한 사람이 앉아 있었다. 내가 예리고에 나타나지 않았더라면, 그는 그의 계산대를 닫고, 그의 돈을 가지고 나를 찾아왔을 것이다. 그는 이제 진리의 물과 사랑의 빵과 용서의 입맞춤없이 그대로 있을 수는 없었기 때문이다.

항상 나를 비난하기 위하여 나를 살피던 습관적인 트집꾼들은 이것을 보지 못했고, 더구나 이해하지는 더 못했다. 그래서 내가 죄인의 집에서 식사 하는 것을 이상히 여겼다. 오! 너희들 자신을 판단할 능력이 없는 하찮은 소경들인 너희가, 판단하는 일은 하느님께 맡겨 드리고, 너희들은 절대로 판단을 하지 말았으면!

나는 죄인들의 죄를 찬성하기 위하여 죄인들과 사귄 일은 결코 없다. 나는 그들을 죄에서 끌어내기 위하여 가곤 했다. 그 때에는 흔히 그들이 죄의 외형만을 가지고 있었기 때문이다. 뉘우치는 영혼은 벌써 속죄하기로 결심한 살아 있는 내 영혼으로 변해 있었던 것이다. 그렇다면, 내가 죄인과 함께 있었던 것이냐? 아니다. 새로 부활한 사람의 약한 몸을 이끌고 나아가기 위하여 다만 인도를 받을 필요만 있는 구속된 사람이었다.

자캐오의 일화(逸話)가 너희에게 얼마나 많은 것을 가르쳐 줄 수 있는지 모른다! 욕망을 일으키는 올바른 의향의 힘을, 선에 대하여 점점 큰 지식을 찾도록, 그리고 하느님을 찾아낼 때까지 끊임없이 찾도록 자극하는 **참된 욕망을**, 포기하는 **용기를** 주는 실제적인 뉘우침을 가르쳐 준다. 자캐오는 **참된** 가르침의 말을 듣고자하는 진정한 의향을 가지고 있었다. 그 말 몇 마디를 듣고 나니, 그의 올바른 욕망은 더 큰 욕망으로 밀고 갔고, 따라서 그 가르침을 끊임없이 찾도록 부추겼다. 참 가르침 안에 숨어 계신 하느님을 찾는 일은 그를 돈과 관능성의 보잘 것없는 신들에게서 떼내고, 그를 단념의 영웅을 만드는 것이다.

'완전한 사람이 되기를 원하면, 가서 네가 가진 것을 팔아라. 그리고 나를 따라라' 하고 부자 젊은이에게 내가 말했는데, 그 사람은 그렇게 하지 못했다. 자캐오는 비록 인색과 관능성에 더 굳어졌지만,

107. "자캐오는 새리요 죄인이었다. 그러나 악의로 그린 것은 아니었다" **287**

그렇게 할 줄을 알았다. 그것은 그가 주위들은 몇 마디 안 되는 말을 통해, 내가 고쳐준 소경 거지와 문둥병자가 그랬던 것과 같이, 하느님을 보았기 때문이었다.

하느님을 본 어떤 영이 세상의 하찮은 일에서 어떤 매력을 찾아낼 수 있느냐? 내 어린 신부야, 그런 것을 찾아낼 수 있겠느냐?"

108. "마음으로 가난한 사람들은 행복하다"

예수께서 말씀하신다.

"나는 여러 가지 진복을 말할 때에 그것들에 이르는 데 반드시 필요한 것과 그 진복자들에게 주어질 상급들을 말했다. 그러나 내가 이름을 불러 준 종류는 여러 가지였지만, 너희들이 자세히 보면 상급은 같은 것이다. 즉 하느님께서 누리시는 것과 같은 것을 누린다는 것이다.

여러 가지 종류, 하느님께서 이 세상이 그 모든 하등과 고등의 필요에 있어서 올바른 균형을 누리도록, 어떻게 당신 생각으로 여러 가지 경향을 가진 영혼들을 창조하시도록 마련하시는지를 나는 이미 보여 주었다. 그후, 사람을 올바른 길로 해서 사랑을 가지고 인도하시는 하느님의 뜻에 항상 어긋나게 가고자 하는 사람의 반항이 이 균형을 깨뜨리면, 그 잘못은 하느님께 있지 않다.

언제나 그들의 처지에 대하여 불만을 가진 인간들은 혹은 분명한 부정한 행위로, 혹은 부정한 시도로 남의 영토를 침략하거나 거기에 혼란을 일으킨다. 세계전쟁과 가정 안에서의 싸움, 그리고 신앙고백 사이의 싸움은 행동으로 나타나는 부정이 아니고 무엇이냐? 사회적 혁명들은 무엇이고, '사회적'이라는 이름으로 외관을 장식했지만, 실제로는 과격하고 사랑에 반대되기만 하는 주의들은 무엇이냐? 그 주의들은 그것들이 권하는 정의를 원하고 실천할 줄을 모르고, 압제받는 사람들을 돕지 않고, 얼마 안 되는 압제자들의 이익을 위하여 압제받는 사람의 수를 불리는 폭력의 폭발에 귀착하기 때문이다.

그러나 나 하느님이 군림하는 곳에서는 이런 변질이 생기지 않는다. 참으로 내게 속해 있는 영들과 내 나라 안에서는 질서를 어지럽히는 것이 아무 것도 없다. 그러므로 정의롭고, 깨끗하고, 온유하고, 자비롭고, 덧없는 재물에 대한 탐욕에서 벗어나고, 하느님의 사랑의 기쁨으로 기뻐하는 하느님의 다양한 거룩함의 여러 가지 형태가 실천되고 상을 받는다.

영혼들 가운데에서 어떤 영혼들은 이러한 형태를 지향하고, 어떤 영혼들은 저러한 형태를 지향한다. 성인 안에는 덕행이 모두 현존하기 때문에 영혼들이 **탁월**하게 지향한다. 그러나 이 성인이 사람들 가운데에서 특별히 찬양받게 하는 지배적인 덕행이 하나 있다. 그러나 내가 **모든 덕행** 때문에 그 성인에게 강복하고 상급을 주는 것은, 평화를 사랑하는 사람들에게나, 자비로운 사람들에게나, 정의를 사랑하는 사람들에게나, 불의에 의해 박해를 받는 사람들에게나, 순결한 사람들에게나 슬퍼하는 사람들에게나, 온유한 사람들에게나, 마음으로 가난한 사람들에게나 상급은 '하느님을 누리는' 것이기 때문이다.

마음으로 가난한 사람들! 이 정의(定義)는 그것을 올바른 뜻으로 이해하는 사람들에게까지도 얼마나 잘못 이해되었는지 모른다! 마음으로 가난한 사람들이란 천박한 사람들과 그들의 어리석은 빈정거림, 그리고 지혜로 자처하는 무식의 편에서 볼 때에는 '**어리석다**'는 뜻이다. 가장 나은 사람들은 마음(정신)을 지능이나 생각이라고 믿는다. 물질적인 사람들에게 그것은 간교이고 악의이다.

아니다. 정신(마음)은 **지능보다 훨씬 위에 있다**. 그것은 너희들 안에 있는 모든 것의 왕이다. 육체적, 정신적 모든 장점들이 이 왕에게는 신민(臣民)들이고 하인들이다. **하느님께 자녀로서의 충성을 다하는 한 인간이 사물들을 그것들의 올바른 자리에 놓아둘 줄 아는 곳에서는** 말이다. 이와 반대로, 인간이 자녀로서의 충성을 다하지 않는 곳에는 우상숭배자들이 밀어닥치고, 왕인 정신을 옥좌에서 끌어내고, 하녀들이 여왕들이 된다. 모든 무정부상태가 그러하듯이 멸망을 초래하는 무정부상태이다.

마음으로 가난한 것은 사람의 더 없는 즐거움이 되고, 그것을 위하여는, 물질적인 범죄나 정신적인 범죄까지도 저지르게 되는 모든 것에 대한 저 최고의 자유에 있다. 정신적인 범죄는 인간의 법률에서 벗어나 벌을 받지 않는 일이 매우 많지만, 그래도 희생을 덜 내지도 않고, 더 많은 희생을 내기까지 하며, 그 결과는 희생된 사람의 목숨만 앗아갈 뿐 아니라, 때로는 피해자들과 그들의 가족들에게서 존경과 생계를 빼앗아가기도 한다.

　마음으로 가난한 사람은 더이상 재물의 노예가 아니다. 비록 일체의 안락과 더불어 재산을 버리고 수도회에 들어감으로 재물을 물질적으로 포기하지 않더라도, 그는 자기를 위하여는 몹시 절약해서 쓸 줄을 아는데, 이것은 반대로 세상의 가난한 사람들에게 아끼지 않고 베풀기 위한 것이므로, 이중의 희생이 되는 것이다. 마음으로 가난한 사람은 '옳지 않은 재물을 가지고 친구를 만들라'고 한 내 말을 이해하였다. 그를 음란과 탐식과 자선에 반대되는 행동으로 이끌어가서 그의 정신의 원수가 될 수 있을 그의 돈을 가지고, 그는 자기의 고행과 자기와 같은 사람들의 불행을 돕는 자선사업으로 덮인 ─마음으로 가난한 사람인 부자를 위하여─ 하늘의 길을 고르게 하는 하인을 만드는 것이다.

　마음으로 가난한 사람은 어떤 불의인들 보상하고 고치지 않겠느냐! 자캐오와 같이, 인색하고 냉혹한 마음을 가진 사람에 지나지 않았던 시절의 자기 자신의 불의를 보상하고 고치고, 살았거나 죽은 이웃의 불의, 사회적인 불의를 보상하고 고치는 것이다.

　너희들은 권력으로만 위대했던 사람들에게 기념건조물을 세워 준다. 그런데 옹색하고 가난하고 근면한 인류의 숨은 은인들, 그들의 재산을 그들 자신의 생활을 끊임없는 향연이 되게 하는데 쓰지 않고, 가난하고 고통받는 사람들, 기능적인 능력이 줄어든 사람들, 그들의 무지가 자기들의 저주받은 계획에 더 유익하기 때문에 권력자들이 무지속에 그대로 내버려두는 사람들에게 생활을 더 빛나고 더 낫고 더 고상하게 하기 위해서 쓴 사람들에게는 왜 기념건조물을 세워 주지 않느냐? 부유하지 않고, 오히려 가난한 사람들보다 조금 나은 사람들 가운데에도, 자기들이 가진 것과 같은 빛을 ─그들이 빛을 가지고 있다는 것은 그들의 행동하는 방식을 보고 알 수 있다.─ 가지지 못했기 때문에 자기들의 곤궁보다 더 큰 곤궁을 덜어주기 위해서 그들이 가진 '잔돈 두푼'까지 희생할 줄 아는 사람이 얼마나 많으냐! 그들이 가진 크거나 수수한 재력을 잃으면서도 평화와 소망을 보존할 줄 알고, 하느님도 사람도, 아무도 저주하지도 미워하지도 않을 줄 아는 사람들은 마음으로 가난한 사람들이다.

내가 맨먼저 말한 '마음으로 가난한 사람들'의 큰 범주는 ─이것은 인생의 모든 더없는 즐거움을 초월하는 저 정신의 자유가 없으면, 진복들이 주는 다른 덕행들을 가질 수 없다고 말할 수 있겠기 때문에 그런 것이다.─ 많은 형태로 나누이고 또 나누인다.

자만하지 않고 자기가 뛰어나다고 자칭하지 않고, 하느님의 선물이 어디에서 오는지를 인정하고 그것을 선을 위하여, 선만을 위하여 쓰는 생각의 겸손.

애정에 있어서의 너그러움. 그는 이 너그러움으로 하느님을 따르기 위하여 애정과 목숨까지도 버릴 줄 안다. 동물적인 인간의 가장 참되고, 본능적으로 가장 사랑하는 재산인 생명까지도 말이다. 내 순교자들은 모두 이런 의미로 너그러운 사람들이었다. 그들의 정신이 오직 하나뿐인 영원한 재물인 하느님으로 '부유하게' 되기 위하여 가난하게 될 줄을 알았기 때문이다.

개인적인 물건에 대한 사랑에 있어서의 올바름. 그것들이 하느님의 섭리의 증언인 한 의무이기 때문에 그것을 사랑해야 한다. 이에 대하여 전에 여러번 불러줄 때에 이미 말했다. 그러나 그것을 하느님과 하느님의 뜻보다 더 사랑할 정도로 사랑하지는 말 것이다. 사랑은 하되, 어떤 사람의 손이 그것을 너희들에게서 빼앗아 가면 하느님을 저주할 정도로 사랑하지는 말 것이다.

끝으로 되풀이 해 말하지만, 돈의 예속에서 자유로워지는 것이다. 이런 것들이 정의와 더불어 하늘나라를 차지할 것이라고 내가 말한 그 정신적인 가난의 여러 가지 형태이다. 영원한 재물을 차지하기 위하여 인생의 덧없는 재물은 모두 발로 밟아야 한다. 세상과 거죽은 달고 속은 쓴 속이는 맛을 가진 세상의 열매는 맨끝자리에 놓아 두고, 하늘을 얻기 위하여 힘쓰면서 살아야 한다. 오! 하늘에는 속이는 맛을 가진 과일은 없다. 거기에는 하느님을 누린다는 말할 수 없는 과일이 있다.

이것을 자캐오는 깨달았었다. 이 구절이 그의 마음을 뚫어, 빛으로, 사랑으로, '오너라' 하고 그에게 말하려고 가는 나에게로 오게 한 화살이었다. 그리고 내가 그를 부르러 갔을 때에는 그가 이미 '마음으로 가난한 사람'이 되어 있었다. 그래서 그는 하늘을 차지할 수 있는 사람이 된 것이다."

109. 솔로몬의 마을에서

　예수께서 한밤중에 그 곳에 도착하신다. 달은 지금 있는 위치로 보아서 새벽 두시쯤이라고 생각하게 한다. 겨우 이지러지기 시작하고, 청명한 하늘 가운데에서 땅에 평화를 퍼뜨리면서 빛나는 아름다운 달이다. 평화와 많은 이슬, 낮의 뜨거운 햇볕이 내리쬔 후에 초목에 유익한, 더운 지방의 많은 이슬이다.
　여름의 갈수기(渴水期)라 강폭이 더 좁아졌기 때문에 여행자들은 말라 있는 강변을 따라온 모양이다. 그리고 그들은 갈대밭에서 다시 올라와, 강변을 뒤덮고, 물 가까이 있는 땅에서 자라는 나무들의 뿌리가 그물처럼 얽혀 둑을 받치고 있는 수풀에까지 이른다.
　"여기서 멈추어서 아침을 기다리기로 하자"하고 예수께서 말씀하신다.
　"선생님… 저는 온 몸이 아픕니다…"하고 마태오가 말한다.
　"그리고 저는 열이 있는 것같습니다. 여름에는 강이 건강에 좋지 않습니다…. 아시지요"하고 필립보가 한술 더 뜬다.
　"그렇지만 만일 우리가 강에서 유다의 산으로 올라 갔더라면 더 나빴을 걸세. 이것도 다 아는 얘기야"하고 열성당원이 말한다. 그는 모두가 그들의 조그마한 고통을 이야기 하고, 그들의 탄식을 들려 드리면서, 그 심정을 아무도 이해하지 못하는 예수를 동정하는 것이다.
　"시몬아, 가만 놔 두어라. 이들의 말이 옳다. 그러나 조금만 있으면 쉬게 된다…. 제발 부탁이니, 길을 조금만 더 가고…, 여기서 조금 기다리자. 달이 얼마나 서쪽으로 기울었는지 보아라. 조금만 있으면 날이 샐 텐데, 뭣 때문에 그 노인을 깨우겠느냐? 그리고 요셉이 아직 앓고 있는지도 모르는데…."
　"여기는 어디나 이슬에 젖어 있기 때문에 그럽니다. 어디 앉을지 알 수가 없어요…"하고 가리옷 사람이 투덜거린다.

"자넨 옷을 망칠까봐 그러나?" 하고 항상 유쾌한 토마가 말한다.

"자, 먼지와 이슬 가운데를 도형수(徒刑囚)들처럼 이렇게 걸어오고 나서는 거드름 피울 필요가 없어졌네! 게다가… 그런 꼴로는 자네가 친절한 엘키아의 마음에 더 들 걸세. 자네의 그리이스식 번개 무늬 말이야. 가장자리와 소매끝의 무늬들은 유다의 황야의 가시나무에 걸려 너덜너덜하게 됐고, 목의 무늬는 땀이 망쳐 놓았네…. 이제 자네는 완전한 유다인일세…."

"완전한 더러움이야. 그리고 나는 이것이 지긋지긋하네" 하고 가리옷 사람이 성이 나서 대꾸한다.

"유다야, 깨끗한 마음만 가지고 있으면 충분하다. 그것이 가치가 있는 것이다…" 하고 예수께서 조용히 말씀하신다.

"가치! 가치! 저희들은 피로하고 허기가 져서 기진맥진합니다…. 저희들은 건강을 잃습니다. 그런데 건강만이 가치가 있는 것입니다" 하고 유다가 불손하게 대답한다.

"나는 너를 억지로 붙잡지 않는다…. 네가 남아 있겠다고 하였다."

"이제는!… 그렇게 하는 것이 제게 좋습니다. 저는…."

"아니, 하고 싶어 못 견디는 말을 마저 해라. '너는 최고회의의 눈으로 볼 때 위험한 일에 말려들었단' 말이지. 그러나 너는 언제나 사죄를 하고… 그들의 신임을 다시 얻을 수 있다…."

"저는 사죄하기 싫습니다…. 저는 선생님을 사랑하고, 선생님과 같이 있고 싶으니까요."

"자네는 정말 그 말을 사랑보다는 미움을 더 나타내는 것같은 식으로 말하는구먼" 하고 알패오의 유다가 중얼거린다.

"그야… 사람은 각기 사랑을 표현하는 독특한 방식이 있는 거야."

"어! 그렇구 말구! 아내를 사랑하지만 사정없이 때리는 사람들도 있지…. 그런 종류의 사랑은 내 마음에 들지 않겠는데" 하고 제베대오의 야고보가 말하며 농담으로 말썽에 종지부를 찍으려고 해본다. 그러나 아무도 웃지 않는다. 하지만 다행히 아무도 대꾸를 하지 않는다.

예수께서 권하신다. "집 문간에 가서 앉자, 처마가 넓어서 이슬을 막아 준다. 그리고 작은 집의 주춧돌 노릇을 하는 저 기초가 있다 …."

그들은 말없이 순종한다. 그리고 집에 이른 다음에 벽을 따라 나란히 앉는다. 그러나 "시장한데, 밤에 걸으면 배가 고프게 된단 말이야" 하는 토마의 단순한 지적으로 토론이 다시 벌어진다.

"아니, 얼마나 걸었어! 며칠 동안을 보잘 것없는 걸로 살아온 꼴이야!" 하고 여전히 가리옷 사람이 대답한다.

"정말이지, 우린 니까의 집과 자캐오의 집에서 먹었어. 먹어도 잘 먹었지. 그리고 니까는 우리에게 너무나 많이 주어서 상할까봐 가난한 사람들에게 나누어 주어야 할 지경이었네. 우린 빵이 떨어진 적은 한번도 없었어. 저 대상의 짐승 몰이꾼도 빵과 찬을 주었어…" 하고 안드레아가 지적한다.

그것을 부인할 수 없어 유다는 입을 다문다.

멀리서 수탉 한 마리가 밝아오는 첫번 희미한 빛을 보고 인사한다.

"오! 됐다! 이제 얼마 안 있어 새벽이 된다!" 하고 베드로가 기지개를 켜면서 말한다. 그는 거의 잠이 들었던 것이다.

그들이 조용히 날이 새기를 기다린다.

우리 안에서 양우는 소리가 들리고… 이어서 멀리 맞은 편 큰 길에서 방울 소리가 들린다…. 아주 가까이에서는 아나니아의 비둘기들이 꾸르륵거리는 소리가 들린다. 갈대밭에서 남자의 쉰 목소리가 들려 온다…. 밤고기잡이를 하고 돌아오는 어부인데, 결과가 좋지 않은 것을 불평한다. 그는 예수를 보고 걸음을 멈춘다. 머뭇거리다가 말한다.

"이걸 드리면, 장차 고기가 많이 잡히리라고 약속하시겠습니까?"

"돈벌이를 하려고 그러시오. 그렇지 않으면 필요해서 그러시오?"

"필요해서 그럽니다. 저는 아이가 일곱이고, 아내에다가 장모까지 모시고 있습니다."

"옳은 말이오. 아량을 베푸시오. 그러면 당신에 필요한 것이 떨어지지 않으리라고 약속하겠소."

"그럼 받으십시오. 이 안에는 다친 사람이 있는데, 치료를 해도 회복이 안 됩니다…."

"하느님께서 당신에게 갚아 주시고, 당신에게 평화를 주시기를 바라오" 하고 예수께서 말씀하신다.

그 사람은 인사를 하고, 버드나무 가지에 꿴 물고기들을 남겨 두고 간다.

다시 정적이 돌아와서, 겨우 갈대 버석거리는 소리와 어떤 새소리로 깨진다. 그러다가 가까이서 삐걱거리는 소리가 들린다. 아나니아가 만든 촌스러운 격자 모양의 문이 삐걱 소리를 내고 돌아가고, 작은 노인이 하늘을 살피면서 길로 나온다. 양이 매애 매애 하고 울면서 따라온다….

"아나니아, 할아버지께 평화!"

"선생님! 아니… 언제부터 여기 계셨습니까? 왜 부르셔서 문을 열라고 하지 않으셨습니까?"

"얼마 안 됩니다…. 아무도 방해하고 싶지 않았습니다…. 요셉은 어떻습니까?"

"아시겠습니까?… 좋지 않습니다. 귀에서 고름이 나오고, 머리가 많이 아프다고 합니다. 죽을 것으로 생각합니다. 아니, 그렇게 생각했습니다. 이제는 선생님이 오셨으니, 그 사람이 나으리라고 생각합니다. 저는 고약을 만들 약초를 구하러 나가던 길입니다…."

"요셉의 동료들도 여기 있습니까?"

"두 사람이 있습니다. 다른 사람들은 앞으로 갔고, 여기에는 솔로몬과 엘리야가 있습니다."

"바리사이파 사람들이 귀찮게 굴었습니까?"

"선생님이 떠나신 뒤 바로는 그랬지만, 그 후에는 그러지 않았습니다. 그들은 선생님이 어디로 가셨는지 물었습니다. 그래서 '마사다에 있는 내 며느리 집으로 가셨다'고 말했습니다. 잘못 했습니까?"

"잘 하셨습니다."

"그런데… 정말 거길 가셨습니까?" 노인은 안절부절 하며 매우 불안해 한다.

"예, 모두 잘 있습니다."

"그러나… 선생님의 말씀을 안 들었지요?…."

"예, 그 여자를 위해서 많이 기도해야 합니다."

"그리고 어린 것들을 위해서도요…. 며느리가 아이들을 주님을 위해서 기르도록…" 하고 노인이 말하는데, 굵은 눈물 두 줄기가 내려와 노인이 잠자코 있는 말을 해 준다. 노인은 끝으로 이렇게 말한다.

"그 애들을 보셨습니까?"

"한 아이는 보았다고 말할 수 있습니다. 다른 아이들은 힐끗 보기만 했구요. 다들 잘 있습니다."

"제 단념과 용서를 하느님께 바칩니다…. 그렇지만…. '그 애들을 다시는 보지 못하겠습니다'…하고 말하는 것도 몹시 슬픕니다…."

"할아버지는 오래지 않아 아드님을 보시게 될 것입니다. 그리고 그와 더불어 하늘에 평안히 계실 것입니다."

"주님, 고맙습니다. 들어오십시오…."

"예, 즉시 부상자에게로 갑시다. 어디에 있습니까?"

"제일 나은 침대에 있습니다."

그들은 손질이 매우 잘 되어 있는 정원으로 들어가고, 그곳에서 부엌으로, 그리고는 부엌에서 작은 방으로 들어간다. 예수께서는 신음하며 자고 있는 병자에게로 몸을 굽히신다. 굽히고 또 굽히신다…. 그리고 벌써 고름 투성이가 된 헌 천을 찢어서 만든 붕대가 감겨있는 귀에 대고 입김을 부신다. 예수께서는 일어나셔서, 소리없이 물러가신다.

"깨우지 않으십니까?" 하고 노인이 작은 목소리로 묻는다.

"아닙니다. 자게 그냥 두세요. 이제는 아프지 않으니까 쉴 겁니다. 다른 사람들을 보러 갑시다." 예수께서는 소리없이 문으로 가셔서 지난 번에 사온 두 침대가 있는 방으로 건너가신다. 두 제자는 피곤해서 자고 있다.

"이 사람들은 아침까지 밤샘을 합니다. 아침부터 저녁까지는 제가 지키구요. 이 사람들은 그러니까 피곤합니다. 매우 착한 사람들입니다."

그 두 사람은 귀를 연 채로 자는 모양이어서, 즉시 잠을 깨더니

"선생님! 우리 선생님! 마침 잘 오셨습니다! 요셉이…" 하고 말한다.

"나았다. 내가 벌써 기적을 행했다. 요셉은 자고 있어서 알지 못하고 있지만, 이제는 아무렇지도 않다. 썩은 것을 닦아 내기만 하면 된

다. 이전과 같이 건강한 몸이 될 것이다."

"오! 그러면 저희도 깨끗하게 해 주십시오. 저희는 죄를 지었으니까요."

"어떻게?"

"요셉을 돌보느라고 성전엘 가지 못했습니다…."

"사랑은 어디에서나 성전 노릇을 한다. 사랑의 성전 안에 하느님께서 계신 것이다. 만일 우리가 모두 서로 사랑하면, 이 세상은 오직 하나의 성전에 지나지 않을 것이다. 안심하고 있어라. 오순절이 '사랑'을 뜻하는 날, 사랑의 표시를 뜻하는 날이 올 것이다. 너희들은 너희 형제를 사랑했으니까, 미래의 오순절을 미리 앞당겨 지낸 셈이다."

다른 방에서 요셉의 목소리가 들려 온다. "아나니아! 엘리야! 솔로몬! 아니, 난 나았어요!" 그리고 그 사람은 짧은 속옷만 입은 채 나타난다. 야위고 아직 얼굴이 창백하지만, 이제는 아프지 않다. 그는 예수를 보고 말한다. "아! 선생님이시군요!" 그리고 달려 가서 예수의 발에 입맞춤 한다.

"요셉, 하느님께서 네게 평화를 주시기를! 그리고 나 때문에 고통을 당했으면 용서해 다오."

"저는 선생님을 위해 피를 흘린 것을 영광으로 생각합니다. 제 아버지가 전에 피를 흘린 것처럼요. 아버지에게 어울리는 아들이 되게 해 주신 것으로 인해 선생님을 찬미합니다!" 요셉의 상스러운 얼굴이 이 말의 기쁨으로 빛나고, 내적인 빛에서 오는 고귀함과 아름다움을 지닌다.

예수께서 그를 쓰다듬으시며 솔로몬에게 말씀하신다. "네 집이 많은 좋은 일을 하는데 쓰이는구나."

"아이고! 이 집이 이제는 선생님의 것이기 때문입니다. 전에는 이 집이 뱃사공의 둔한 잠에만 소용이 됐습니다. 그러나 이 집이 선생님께 소용되었고, 이 의인에게 소용되었다는 것이 기쁩니다. 이제는 선생님을 모시고 저희가 며칠 동안 좋은 날을 보내게 되었습니다."

"아니다, 이 사람아. 너희는 즉시 떠나야 한다. 이제는 우리가 쉴 수가 없게 되었다. 이제 오는 세월은 정말 시편의 매일 것이고, 강한 의지를 가진 사람들만이 계속 충실할 것이다. 이제는 식사를 같이 하고, 너희는 즉시 떠나서 강을 따라 나보다 한나절을 앞서 가도록 하여라."

"예, 선생님. 요셉두요?"

"요셉도. 또 다시 상처를 입을까봐 염려하지 않는다면…."

"아이고! 선생님! 선생님을 위해 피를 흘리면서 먼저 죽어 가야 한다면 좋겠습니다!"

그들은 처음 햇살이 이슬을 반짝이게 하는 정원으로 나온다. 아나니아는 햇볕이 제일 잘 드는 가지에서 첫번째 무화과들을 따서 집의 경의를 표하고, 비둘기의 두배의 새끼가 병자를 위하여 쓰였기 때문에 새끼 비둘기를 드릴 수 없는 것을 사과한다. 그러나 물고기들이 있다. 그래서 빨리 빨리 음식을 준비하기 시작한다.

예수께서는 엘리야와 요셉 사이에서 거닐으시는데, 그들은 자신들이 겪은 일과 밤에 상처 입은 사람을 업고, 여러 킬로미터를 거의 단숨에 걸어 온 솔로몬의 힘 이야기를 한다.

"그러나 요셉, 너는 너를 때린 사람을 용서하지?"

"저는 그 불행한 사람들에 대해서 원한을 품은 적이 없습니다. 저는 용서와 고통을 그들의 구속을 위해 바쳤습니다."

"그렇게 해야지, 착한 제자! 그리고 오글라는?"

"오글라는 티몬과 같이 갔습니다. 티몬을 계속 따라 가겠는지, 또 헬몬산에서 멎겠는지는 모르겠습니다. 그 사람은 늘 레바논에 가고 싶다고 말했습니다."

"좋다! 하느님께서 그를 가장 좋은 곳으로 해 주시기를 바란다."

이제는 나뭇잎들 가운데에서 새들이 일제히 지저귄다. 양들이 우는 소리, 어린 아이들과 여자들의 목소리, 나귀들이 우는 소리, 우물 위에서 도르레가 삐걱거리는 소리들이 마을이 잠을 깼다는 것을 알린다.

바로 정원에서 빵과 물고기를 나누어준다. 그리고 식사를 끝낸다. 그런 다음 즉시 예수의 강복을 받은 세 제자가 집을 떠나, 강으로 통하는 길을 빨리 걸어가서 시원한 갈대의 그늘속으로 빠져들어간다….

이제는 그들이 보이지 않게 되었다….

"그럼, 이제는 저녁까지 쉬자. 그런 다음 우리도 그들을 따라 가자" 하고 예수께서 명령하신다.

거기에는 아나니아가 뜬 그물 무더기가 있다. 아나니아는 이렇게 해서 한가롭게 있지 않고, 그날 그날의 양식을 번다고 말한다. 사도들이 일부분은 그물 위에, 일부분은 침대에 누워서 피로를 회복시키는 잠을 청한다.

그 동안 아나니아는 땀에 젖은 옷들을 주워 가지고, 소리를 내지 않고 나가, 문과 격자 모양의 울타리문을 닫고, 깨끗하게 빨아서 저녁에 입을 수 있게 말리려고 강으로 내려간다.

110. 예수께서 데카폴리스의 어떤 마을에서

 강가에 매우 수수한 집 몇 채가 있는 마을이 하나 보인다. 예수께서 물이 불은 요르단강을 배로 건너실 때, 아마 이 마을에서 떠나신 것같다. 과연 길을 준비하라고 가리옷 사람과 토마를 앞으로 보내셨던 예수께로 뱃사공이 그의 부모와 같이 마주 나온다.
 뱃사공은 예수께서 오시는 것을 멀리서 보고, 걸음을 재촉한다. 그리고 예수 앞에 이르러서는 몸을 매우 깊이 숙여 절을 하면서 말한다. "선생님, 우리 병자들을 위해서 잘 오셨습니다. 선생님을 기다리고 있습니다. 저는 선생님 말을 많이 했습니다. 온 마을이 저를 통해 선생님께 인사를 드리며 말합니다. '지극히 높으신 하느님의 메시아, 찬미 받으십시오' 하고."
 "당신과 이 마을에 평화. 나는 당신들을 위해서 왔으니, 당신들의 바람이 저버려지지 않을 것입니다. 하늘은 믿는 사람을 불쌍히 여기실 것입니다. 갑시다." 그리고 예수께서는 뱃사공 곁에 서서 마을 중심으로 향하신다.
 여자들과 어린이들과 남자들이 문지방에 나타났다가, 행렬이 전진하는데 따라 작은 행렬을 따라 간다. 몇 미터쯤 갈 때마다 군중이 불어난다. 사람들이 끊임없이 와서, 이미 와 있던 사람들과 합치기 때문이다. 인사를 하고, 찬미하고, 구원을 빌고 한다.
 "선생님" 하고 어떤 어머니가 외친다. "제 아이가 병이 들었습니다. 복되신 선생님, 오십시오!"
 그러니까 예수께서는 한 초라한 집 쪽으로 방향을 바꾸어 가셔서 눈물에 젖은 어머니의 어깨에 손을 얹으시고 말씀하신다. "아들이 어디 있소?"
 "여기 있습니다. 선생님, 이리 오십시오."
 그 어머니와 예수, 뱃사공, 베드로, 요셉, 타대오 그리고 군중 속의 사람들이 들어간다. 다른 사람들은 문 앞에 빽빽이 모여 서서 목을 늘이고 본다.

초라하고 어두운 부엌 한구석에, 불을 피워 놓은 곳 곁에 작은 침대가 있고, 그 위에는 일곱살 쯤 된 어린 아이의 시체가 있다. 작은 시체라고 말한 것은 그 아이가 하도 작아지고, 누르스름하고, 움직이지 않고 있기 때문이다. 작은 가슴이 숨가쁘게 헐떡거리는 소리만이 있다. 폐결핵을 앓는 것같다.

"보십시오, 선생님. 저는 이 애를 구하려고, 이 애만이라도 구하려고 돈을 다 썼습니다. 저는 남편을 여의었습니다. 다른 아이 둘은 이 애와 거의 같은 나이 때에 죽었습니다. 저는 이 애를 로마 의사에게 보이려고 가이사리아 항구에까지 데리고 갔습니다. 그러나 그 의사는 '체념하시오. 카리에스*가 이 아이를 갉아 먹고 있습니다' 하고만 말하는 것이었습니다. 보십시오…."

그러면서 어머니는 담요를 뒤로 젖혀서 불쌍한 어린 것의 몸을 드러낸다. 붕대가 없는 곳에는 변질해서 누르스름한 피부 밑에 작은 뼈들이 툭 불거져 나왔다. 그러나 몸의 작은 일부분만 드러나고, 나머지 부분은 붕대를 감고 수건이 덮여 있는데, 어머니가 그것들을 치우니까 카리에스의 특징을 나타내는 진물이 나오는 구멍들이 보인다. 애처로운 광경이다. 어린 병자는 너무나 쇠약해서 몸짓 하나도 하지 못한다. 그의 일이 아닌 것같아 보인다. 아이는 쑥 들어간 얼빠진 듯한 눈을 겨우 뜨고, 무관심한 눈길을. 아니 귀찮다고 할 수 있을 시선을 군중에게 던지고는 다시 감는다.

예수께서 그를 어루만지신다. 그 긴 손을 어린 아이의 작은 머리에 얹으시니, 머리가 축 늘어진다. 그리고 어린 아이는 다시 눈을 뜨고, 자기를 많은 사랑을 가지고 만지고, 자기에게 그렇게도 큰 연민을 가지고 미소를 보내는 그 모르는 사람을 더 큰 관심을 가지고 쳐다본다.

"낫고 싶으냐?" 하고 예수께서 창백한 작은 얼굴 위로 몸을 굽히시며 가만히 말씀하신다. 예수께서 수건을 갈려고 하는 어머니에게

---

* 역주 : Caries, 결핵균에 의해 뼈에 공동이 생기고 고름이 차는 질환.

"아주머니, 필요없어요. 그대로 놔 두시오" 하고 말씀하시면서 우선 작은 몸을 다시 덮어 주셨다. 어린 병자는 말없이 그렇다는 표를 한다.

"왜?"

"엄마를 위해서요" 하고 약한, 몹시 약한 목소리가 말한다. 어머니는 더 크게 운다.

"네가 나으면 늘 착하게 굴겠니? 착한 아들로? 훌륭한 시민으로? 훌륭한 신자로?" 예수께서는 어린 아이에게 질문 하나하나에 대답할 시간을 주시기 위하여 질문들을 잘 떼어서 하신다. "지금 네가 약속하는 걸 기억하겠니? 언제나?" 약하기는 하지만 아주 간절한 소원을 나타내는 "예"라는 대답이 차례차례로 마치 영혼의 한숨처럼 떨어진다.

"애야, 손을 다오." 어린 것은 성한 왼손을 주려고 한다. 그러나 예수께서 말씀하신다. "다른 손을 다오. 아프게 하지 않겠다."

"주님, 그 손은 헌데 투성이입니다. 주님을 위해서 싸매게 놔 두십시오…" 하고 어머니가 말한다.

"아주머니, 상관없어요. **내가 혐오를 느끼는 것은 다만 마음이 더러운 것뿐입니다.** 손을 다오, 그리고 나와 함께 말해라. '저는 아들로, 어른으로, 참 하느님을 믿는 사람으로 항상 착하게 살기를 원합니다' 하고."

어린 아이는 그의 작은 목소리에 억지로 힘을 주며 되풀이 한다. 오! 그의 온 영혼이 이 목소리에 들어 있고, 소망과… 또 분명히 어머니의 소망도 이 목소리에 들어 있다.

방안과 길거리에는 엄숙한 침묵이 흐른다. 병자의 오른손을 왼손으로 잡고 계신 예수께서는 오른손을 쳐드시고 ─이것은 예수께서 어떤 진리를 알리시거나, 당신의 뜻을 병과 자연의 힘에 강요하실 때의 손짓이다.─ 그리고 장엄하게 몸을 일으키시고 힘찬 목소리로 말씀하신다. "그리고 나는 네가 낫기를 원한다. 애야, 일어나라. 그리고 주님을 찬미해라." 그러시면서 작은 손을 놓으신다. 그 손이 이제는 아주 성하다. 마르기는 했지만 살갗이 조금 벗어진 것조차도 없다.

그러자 예수께서 어머니에게 말씀하신다. "아이를 덮은 것을 벗기시오."

여인은 사형선고나 특사선고를 기다리는 사람의 얼굴과 같은 얼굴이 된다. 머뭇거리면서 담요들을 젖힌다…. 그리고 소리를 지르면서 대단히 마르기는 했지만 성한 작은 몸 위로 엎어지며 입맞춤을 하고 껴안는다…. 여인은 너무 기뻐서 제 정신을 잃는다. 그래서 예수께서 침대 곁을 떠나서서 문 쪽으로 향하여 가시는 것을 보지 못한다.

그러나 어린 병자는 그것을 보고 말한다. "주님, 제게 강복을 주시고, 제가 주님을 찬미하게 허락해 주셔요. 엄마… 고맙다는 인사를 드리지 않아요?"

"아이고! 용서하십시오!…." 여인은 어린 아이를 안고 예수의 발 앞에 몸을 던진다.

"아주머니, 이해합니다. 평안히 계셔요. 그리고 행복하세요. 얘야, 잘 있거라. 착하게 굴어라. 모두들 안녕히 계시오." 그리고 밖으로 나가신다.

많은 여자들이 예수의 강복이 자기 아이들을 미래에 악에서 예방해 주라고 아이들을 쳐든다. 어린 아이들은 애무를 받으려고 어른들 사이로 교묘하게 빠져나온다. 그러니까 예수께서는 그들에게 강복하시고, 쓰다듬어 주시고, 그들의 말을 들으신다. 그리고 또 걸음을 멈추시고, 눈병이 있는 세 사람과 무도병(舞蹈病)이 있는 사람처럼 몸을 떠는 사람을 고쳐 주신다. 이제는 마을 한가운데에 와 계신다.

"여기에는 나면서부터 귀먹은 벙어리인 친척 한 사람이 있습니다. 정신이 민첩할 터이지만 아무 것도 하지를 못합니다. 그 사람을 고쳐 주십시오, 예수님!" 하고 뱃사공이 말한다.

"그 사람에게로 데려다 주시오."

그들은 어떤 작은 정원으로 들어가는데, 그 안쪽에서는 삼십세 가량 된 청년이 채소에 물을 주려고 우물에서 물을 긷고 있다. 귀머거리이고 등을 돌리고 있기 때문에 무슨 일이 일어나고 있는지 알아차리지 못하고, 군중이 지르는 소리가 너무 커서 비둘기들이 놀라 지붕으로 도망치는데도, 그는 태연하게 일을 계속하고 있다.

뱃사공이 그에게로 가서, 팔을 붙들고 예수께로 데려온다.

예수께서는 불쌍한 사람과 아주 가까이에 마주 서시는데, 정말 몸이 서로 닿도록 하셔서 당신의 혀가 입을 벌리고 있는 벙어리의 혀에 닿게 하신다. 그리고 가운데 손가락 둘을 귀먹은 벙어리의 두 귀에 넣으시고, 눈을 하늘로 치켜 뜨시고 잠시 기도하신 다음 말씀하신다. "열려라!" 그리고 손을 떼시고 물러나신다.
　"제 혀와 귀를 풀어 주고 뚫어 주시는 선생님은 누구십니까?" 하고 기적을 받은 사람이 말한다.
　예수께서는 손짓을 한번 하시고, 집 뒤로 해서 나오셔서 길을 계속 가려고 하신다. 그러나 병이 나은 사람도 뱃사공도 예수를 붙잡는다. 한 사람이 "메시아이신 나자렛의 예수님일세" 하고 말하니까 다른 사람은 "아이고! 경배를 하게 머물러 계십시오" 하고 외친다.
　"지극히 높으신 주님께 경배하고, 그분께 항상 충실하시오. 자, 쓸데 없는 말을 하느라고 시간을 허비하지 말고, 기적을 오락거리로 삼지 마시오. 말은 선을 행하는 데 쓰고, 당신을 사랑하시고 당신에게 강복하시는 창조주이신 영의 목소리를 귀보다는 마음으로 더 들으시오."
　암, 그렇고 말고! 지극히 행복한 사람에게 그의 행복에 대하여 말하지 말라고 하는 것은 무익한 일이다! 병이 고쳐진 사람은 그곳에 있는 모든 사람에게 자기의 행복을 말하는 것으로 그렇게 여러 해 동안 말을 하지 못하고 듣지 못했던 것을 보충한다.
　뱃사공은 예수께서 그의 집으로 들어 가셔서 쉬시고 요기를 하시도록 간청한다. 그는 예수를 둘러싸고 있는 모든 공경을 자기가 만들어냈다고 생각하고, 이 생각에 집착한다. 그는 자기의 권리가 인정받기를 원한다.
　"하지만 내가 마을의 유력자일세" 하고 위엄있는 노인이 말한다.
　"그렇지만 만일 제가 제 배를 가지고 그곳에 있지 않았더라면, 어르신네는 예수님을 뵙지 못하셨을 겁니다" 하고 뱃사공이 대답한다.
　그러니까 항상 솔직하고 충동적인 베드로가 말한다. "정말이지… 만일 내가 거기 있어서 당신에게 무슨 말을 하지 않았더라면, 당신과 … 배는…"
　예수께서 다행히 개입하셔서 사람들의 의견을 같게 하신다. "강 근처로 갑시다. 거기서 음식이 준비되기를 기다리면서 나는 기쁜 소식을 전하겠습니다. 그리고 아주 조금, 또 간소해야 합니다. **음식은 육체에 도움을 주는 것이어야 하지, 육체의 목적이 되어서는 안 되기** 때문입니다. 내 말을 듣고 질문을 하고 싶은 사람들은 갑시다."

마을 전체가 예수를 따라 간다고 말할 수 있겠다.

예수께서는 물이 없는 모래사장에 끌어올려져 있는 배에 올라가셔서, 이 급조의 강단에서, 당신 앞에 강가와 나무들 사이에 반원형으로 둘러 앉아 있는 청중에게 말씀하신다.

예수께서는 어떤 사람이 당신께 한 질문을 주제로 하신다. "선생님, 우리 율법은 불행하게 태어나는 사람을 하느님께 벌을 받은 사람으로 보여주는 것같습니다. 그런 사람들에게는 제단에서 일하는 것을 일체 금할 정도로 말입니다. 그러나 그들에게 무슨 잘못이 있습니까? 그 불행한 사람들을 낳은 부모를 죄인으로 여기는 것이 옳지 않겠습니까? 특히 어머니들이 말입니다. 그리고 불행하게 태어난 사람들에 대해서 우리는 어떤 행동을 취해야 합니까?"

"잘 들으시오.

매우 훌륭한 한 조각가, 완전한 조각가가 어느 날 어떤 상(像)의 형태를 만들었습니다. 그런데 그 작품을 어떻게나 완전하게 했던지 거기에 만족을 느끼고, '땅에 이런 훌륭한 것이 가득 차게 하고 싶다'고 말했습니다. 그러나 그 많은 일을 혼자서 할 수는 없었습니다. 그래서 자기를 도와달라고 다른 사람들을 불러서 말했습니다. '이 본을 따서 똑같이 완전한 상을 천개고 만개고 만드시오. 내가 그것들에 마지막 손질을 해서 그것들의 용모에 표정을 박아 주겠소.' 그러나 그의 조수들은 그렇게 할 능력이 없었습니다. 과연 그들의 능력은 선생의 능력보다 훨씬 못하였고, 게다가 정신착란과 모호한 것을 만들어내는 어떤 열매를 맛본 탓으로 약간 취했었습니다. 그 때에 조각가는 그들에게 거푸집을 주면서 말했습니다. '재료를 여기에 흘려 넣어서 상의 모양을 만드시오. 그 상의 끝마무리를 하기 위하여는 내가 마지막 손질을 해서 생명을 불어 넣어 주겠소.' 그래서 조수들은 일을 시작했습니다.

그러나 조각가는 큰 원수를 가지고 있었습니다. 조각가 자신의 원수이기도 하고 조수들의 원수이기도 했습니다. 이 원수는 갖은 방법으로 조각가를 훌륭하게 보이지 않게 하고, 그와 조수들 사이에 불화가 생기도록 애를 썼습니다. 이를 위하여, 그는 작품들에 그의 간계를 작용하게 했습니다. 때로는 거푸집에 흘려 넣어야 하는 재료를 변질시키고, 때로는 불을 덜 세게 하고, 때로는 조수들을 지나치게 흥분시켜서 말입니다. 그러므로 세상을 다스리시는 분은, 할 수 있는대로 작품의 불완전한 복제가 나오지 않게 하려고, 불완전한 형태로 나온 복제들에 대해 중한 제재(制裁)를 정했습니다. 그런데 그 제재 중의 한 가지는 그런 불완전한 복제들은 하느님의 집에 내놓을 수 없다는 것이었습니다. 거기에는 모든 것이 완전해야 하고, 완전해야 할 것입니다. '해야 할 것'이 라고 말하는 것은 사실은 그렇지 않기 때문입니다. 외양은 좋더라도 실제는 좋지 않습니다. 하느님의 집에 있는 사람들은 결점이 없는 것같이 보입니다. 그러나 하느님의 눈은 그들에게서 가장 중대한 결점들을 발견하십니다. 마음에 속하는 결점들 말입니다.

오! 마음! 하느님을 마음으로 섬겨야 합니다. 정말이지, 마음으로 섬겨야 합니다. 하느님의 뜻에 맞는 찬미를 노래하기 위하여는, 맑은 눈과 완전한 귀, 듣기 좋은 목소리, 육체적인 아름다움을 가지는 것이 필요하지도 않고 충분하지도 않습니다. 아름답고 깨끗하고 향기로운 옷을 입는 것이 필요하지도 않고 충분하지도 않습니다. 눈길과 청각과 목소리와 정신적인 형태에서 영이 맑고 완전하고 조화있고, 잘 생겨야 하며, 정신적인 형태들이 깨끗함으로 꾸며져야 합니다. 이것이야말로 깨끗하고 사랑으로 향기롭게 된 아름다운 옷이고, 이것이야말로 하느님의 마음에 드는 향기가 잔뜩 밴 기름입니다.

그런데, 행복한 사람으로 불행한 사람을 보고, 그에 대하여 업신여김과 미움을 가지는 사람의 사랑은 어떤 사랑이겠습니까? 그러나 반대로 죄가 없으면서 불행하게 태어난 사람에게는 이중 삼중으로 사랑을 베풀어야 합니다. 불행은 벌을 참아받는 사람과, 벌을 참아받는 것을 보고 감명을 받는 사람과, 어버이의 사랑으로 그것을 괴로워하면서, 어쩌면 '내가 내 악습으로 이 벌의 원인이 되었다'고 생각하며 가슴을 치고 있을 사람에게 공로를 주는 벌입니다. 그리고 불행은 그것을 보는 사람에게 절대로 정신적인 죄의 원인이 되어서는 안됩니다. 보는 것은, 만일 그것이 반애덕(反愛德)을 유발하면 죄가 됩니다. 그렇기 때문에 나는 여러분에게 이렇게 말하는 것입니다. '여러분의 이웃에 대해서 절대로 사랑을 잃지 마시오. 그가 불행하게 태어났습니까? 그가 큰 고통을 가지고 있으니까 그를 사랑하시오. 그가 자기의 잘못으로 불행하게 되었습니까? 그의 잘못이 벌써 벌로 변했으니까 그를 사랑하시오. 그가 불행하게 태어났거나 불행하게 된 사람의 아버지입니까? 자기 자식을 통해서 벌을 받는 아버지의 고통보다 더 큰 고통이 없으니까 그를 사랑하시오. 그가 괴물을 낳은 어머니입니까? 그 여자는 가장 비인간적이라고 그 여자가 생각하는 그 고통으로 문자그대로 찍어눌려 있기 때문에 그 여자를 사랑하시오. 그것은 비인간적인 고통입니다. 그러나 영혼이 괴물인 어떤 사람을 낳은 여인. 자기가 이 세상과 조국과 가정과 친구들에 대하여 마귀이고 위험한 인물을 낳았다는 것을 알아차리는 여인의 고통은 훨씬 더 비인간적인 고통입니다. 오! 감히 이마를 들지 못하는 이 어머니, 잔인하고, 비열하고, 살인자이고, 배신자이고, 도둑이고, 타락한 인간의 이 불쌍한 어머니!' 그런데 나는 여러분에게 이렇게 말하겠습니다. '가장 불행한 이 어머니들도 사랑하시오.' 어떤 살인자와 어떤 배신자의 어머니들의 이름과 더불어 역사에 전해질 어머니들을.

사방에서 땅은 자기 자식의 참혹한 죽음으로 인하여 고민하는 어머니들의 울음소리를 들었습니다. 하와 이래로 얼마나 많은 어머니들이 사람들에 의해서 무참히 죽고 몹시 괴롭힘을 당하고 박해를 당한 아들의 시체 앞에서 그들의 오장육부가 해산의 고통보다도 더한 고통으로 찢어지는 것을 느꼈습니까! 아니, 그보다도 어떤 잔인한 손이 오장육부와 심장을 떼어내는 것 같은 고통을 느꼈습니까! 그 어머니들은 그들의 고통스러운 사랑의 발작적인 정신착란으로 시체 위에 엎어져서 그들의 끔찍한 고통을 부르짖었습니다. 그러나 그 시체는 어머니의 말을 듣지 못했고, 어머니의 체온에도 따뜻해지지 않았고, 말을 할 수 없으면 눈길이나 몸짓으로라도 '어머니, 나는 어머니의 말이 들려요.' 하는 말을 하기 위한 움직임 하나도 할 수가 없게 되어 있었습니다.

그러나 여러분에게 말하지만, 가장 거룩하신 여인과 가장 불행한 여인, 사람의 기억에 영원히 남아 있을 여인들, 즉 죽음을 당한 구세주의 어머니와 구세주를 배반한 사람의 어머니의 부르짖음을 땅은 아직 듣지 못했고, 그들의 눈물을 거두지도 못했습니다. 서로 다르게 고통을 당한 두 여인은 멀리 떨어진 거리에서 서로 탄식하는 소리를 들을 것이고, 죄없고 거룩한 어머니, 가장 죄없는 어머니, 죄없는 아들의 죄없는 어머니가 잔인한 아들의 고통받는 어머니인 멀리 떨어져 있는 자매에게 다른 무슨 말보다도 '자매님, 나는 자매님을 사랑해요' 하고 말할 것입니다.

여러분은 모든 사람을 위하여 사랑하고 모든 사람을 사랑할 이 어머니에 어울리는 사람이 되도록 사랑하시오. 사랑이야말로 이 세상을 구원할 것입니다."

예수께서는 촌스러운 강단에서 내려오셔서, 강가의 풀에서 뒹구는 반소매 샤쓰만 입은 어린 아이를 쓰다듬어 주시려고 몸을 굽히신다. 그렇게도 숭고한 말씀을 많이 하신 다음, 보통 사람처럼 아주 어린 꼬마에게 관심을 보이시고, 그런 다음 빵을 나누어서 바치고 가장 가까이 있는 사람들에게 주시고, 분명히 마음속으로는 벌써 당신 어머니의 비통한 부르짖음 소리를 들으시고, 또 당신 곁에 유다가 있는 것을 보시면서도 다른 사람들과 같이 앉으셔서 잡수시는 선생님을 이렇게 보는 것은 기분좋은 일이다.

몹시 충동적인 내게는 당신의 감정을 이렇게 억제하시는 것이 다른 많은 것보다도 더 깊은 인상을 준다. 이것이 내가 거기서 받는 계속적인 교훈이다. 그러나 거기 있는 사람들은 완전히 황홀해진 것같이 보인다. 그들은 다정스러운 사랑의 선생님을 존경을 가지고 쳐다보면서 생각에 잠긴 채 말없이 먹는다.

111. 마귀들린 사람

예수와 제자들은 들판을 건너질러 가고 있다. 이곳에는 밀 수확이 벌써 끝나서, 밭에는 햇볕이 내리쬐는 그루터기들이 보인다. 예수께서는 그늘진 오솔길을 가시면서, 사도들의 무리와 합쳐진 사람들과 말씀하신다.

"그렇습니다" 하고 어떤 사람이 말한다. "아무 약을 써도 낫지 않습니다. 미친 사람보다 더 합니다. 그리고 아시겠어요? 그 사람은 누구나 무서워하지만, 특히 여자들이 무서워합니다. 외설한 농담을 하면서 쫓아오니까요. 그에게 붙잡히는 날이면 불행한 일입니다!"

"그 사람이 어디에 있는지 도무지 알 수가 없습니다" 하고 다른 사람이 말한다. "산 위에도 있고, 수풀속에도 있고, 풀밭 고랑속에도 있습니다…. 뱀처럼 뜻하지 않은 때에 불쑥 나타납니다…. 여자들은 그를 몹시 무서워 합니다. 강에서 오던 아주 어린 처녀가 그 미치광이에게 붙잡혀 봉변을 당하고, 그후 대단한 열병에 걸려서 며칠 사이에 죽고 말았습니다."

"저번날은 제 처남이 장인을 잃었기 때문에 자기와 가족들을 위해서 무덤을 마련해 둔 곳에 가서 매장의 준비를 하고 있었습니다. 그러나 무덤 안에 마귀들린 사람이 벌거벗은 채로 있다가, 늘 그러는 것처럼 소리를 지르면서 돌을 던지며 위협하는 바람에 도망쳐야 했습니다…. 마귀들린 사람은 그를 거의 마을에까지 따라왔다가 무덤으로 돌아갔고, 제 처남은 돌아가신 분을 제 무덤에 묻어야 했습니다."

"또 토비아와 다니엘이 그를 강제로 붙잡아서 묶어 가지고 그의 집으로 데리고 온 것을 그가 기억한 한번은 어떡하구요? 그 사람이 강가의 갈대와 진흙속에 반쯤 파묻혀서 그들을 기다렸다가, 그들이 고기잡이를 하려고 그랬는지 강을 건너가려고 그랬는지 정확히는 모르지만 배를 탔을 때, 그의 악마와 같은 힘으로 배를 쳐들어 엎어 놓았습니다. 그들은 기적적으로 살아나기는 했지만, 배에 있던 것을 모두 잃었고, 배는 용골(龍骨)이 부수어지고 노가 부러져서 겨우 나왔습니다."

"그러나 당신들은 그를 사제들에게 보이지 않았습니까?"

"보였습니다. 봇짐처럼 묶어서 예루살렘에까지 데려갔었습니다…. 기막힌 여행이었습니다! 기막힌 여행!… 제가 갔었기 때문에 말씀인데, 지옥에서 무슨 일이 일어나고 무슨 말을 하는지 알려면 지옥에 내려갈 필요가 없습니다. 그렇지만 그것도 아무 소용이 없었습니다…."

"그전과 마찬가지였소?"

"더 나빠졌습니다!"

"그렇지만… 사제가!…."

"그렇지만 어쩌겠습니까!… 성공하려면…."

"뭐요? 계속하시오…."

침묵이 흐른다.

"말하라니까요. 염려 마시오. 나는 당신을 비난하지 않겠소."

"이렇습니다…. 제 말은… 그러나 저는 죄를 짓고 싶지는 않습니다…. 제 말은… 그렇지요…. 사제가 성공할 수 있으려면…."

"사제가 거룩했더라면 성공했을 것이라고 말하고 싶은데, 감히 말하지 못하는 거지요. 그러나 나는 당신에게 판단하는 것을 피하라고 말하겠소. 하지만 당신이 말하는 것은 사실이오. 비통하게도 사실이오!…."

예수께서는 입을 다무시고 한숨을 지으신다. 거북한 침묵이 잠시 흐른다.

그러다가 어떤 사람이 용기를 내서 다시 말한다. "만일 우리가 그 사람을 만나면 그 사람을 고쳐 주시겠습니까? 이 지방을 구해내 주시겠습니까?"

"당신은 내가 그렇게 할 수 있다고 생각하시오? 왜요?"

"선생님은 거룩하시니까요."

"하느님께서 거룩하십니다."

"선생님은 하느님의 아들이십니다."
"당신이 그것을 어떻게 알 수 있소?"
"네! 그렇게들 말하니까요. 또 그리고 저희들은 강사람들인데, 석 달 전에 선생님이 하신 일을 알고 있습니다. 하느님의 아들이 아니면, 누가 물이 붇는 것을 막습니까?"
"그러면 모세는? 또 여호수아는?"
"그 사람들은 하느님의 이름으로 하느님의 영광을 위해 행했습니다. 그리고 그들은 거룩했기 때문에 그렇게 할 수가 있었습니다. 선생님은 그들보다 더 거룩하십니다."
"선생님, 그렇게 하시겠습니까?"
"우리가 그 사람을 만나면 그렇게 하겠소."
그들은 길을 계속간다. 더위가 점점 더해져서 그들은 큰 길을 버리고 강 옆에 있는 작은 수풀을 찾아 들어가 휴식을 취하게 된다. 강은 물이 불었을 때처럼 흐리지 않다. 그렇지 않고, 비록 아직 물이 많지마는 잔잔하고 파라며, 햇빛을 받아 반짝이고 있다.
오솔길이 넓어지고, 흰 집 한 떼가 보인다. 어떤 마을에 가까이 가는 모양이다. 마을 근처에는 매우 흰 작은 건축물들이 있는데, 한편 벽에 구멍 하나만이 나 있다. 더러는 열려 있고, 더러는 꼭 닫혀 있다. 주위에는 사람이 아무도 없다. 그 건축물들은 버려진 것같이 메마르고 경작되지 않은 땅에 흩어져 있다. 잡초와 조약돌들밖에 없다.
"가라! 가! 물러가. 그렇지 않으면 너를 죽이겠다!"
"마귀들린 사람이 우릴 본 겁니다! 나는 갑니다."
"나도."
"나도 자네들을 따라 가겠네."
"조금도 두려워 마시오. 여기 남아서 보시오."
예수께서 하도 자신을 보이시니까 용맹한… 사람들이 복종한다. 그러나 그들은 예수 뒤로 간다. 제자들도 뒤에 남아 있다. 예수께서는 아무 것도 보이지 않고 아무 소리도 들리지 않는 듯이 혼자서 엄숙하게 앞으로 나아가신다.
"가라!" 가슴을 찢는 듯한 부르짖음이다. 사람의 목구멍에서는 그런 부르짖음이 나올 수 없을 것같다. "가라! 물러가! 너를 죽이겠다!

왜 나를 쫓아오느냐? 나는 너를 보고 싶지 않다!" 마귀들린 사람은 긴 수염과 머리카락이 헝클어진 채, 발가벗은 갈색 몸으로 뛰어오른다. 마른 나뭇잎과 먼지 투성이의 텁수룩한 검은 머리채가 눈구멍속에서 구르는 핏발이 선 무서운 눈 위로 늘어져서, 악몽 같은 소리를 지르고 깔깔거리고 웃느라고 벌어진 입에까지 내려온다. 입에서는 거품이 나고, 미치광이가 뾰족한 돌로 자신을 치기 때문에 피가 난다.

"왜 내가 너를 죽일 수 없는 거냐? 누가 내 힘을 묶어놓느냐? 너냐? 너야?"

예수께서는 그를 바라 보시며 나아가신다.

미치광이는 땅에서 구르고, 자기의 몸을 물고, 거품을 더 내뿜고, 조약돌로 제 몸을 때리며 일어나서, 깜짝 놀라 예수를 뚫어지게 쳐다보면서 검지를 예수께로 내밀며 말한다. "들어라들! 들어! 여기 오는 사람은…."

"입 다물어라. 사람 안에 있는 마귀야! 명령이다."

"싫다! 싫다! 싫어! 잠자코 있지 않겠다. 입을 다물지 않겠어. 우리와 너와 무슨 상관이란 말이냐? 왜 우리를 잘 다루지 않는 거냐? 우리를 지옥의 나라에 가둔 것이 부족하더란 말이냐? 우리에게서 사람을 빼앗아 가려고 오는 것이, 아니 이미 온 것이 너는 충분하지 않단 말이냐? 왜 우리를 저리로 밀어내는 거냐? 우리가 우리 희생물 안에서 사는 것을 가만 놔 둬라! 위대하고 능력 있는 너는 지나가면서 할 수 있으면 정복해라. 그러나 우리가 즐기고 해치게 가만 내버려둬라. 우리는 이 때문에 있는 것이다. 오! 저주… 아니다! 그 말을 할 수는 없다! 네게 그 말을 하게 하지 말아라! 네게 그 말을 하게 하지 말아! 나는 너를 저주할 수 없다! 나는 너를 미워한다! 나는 너를 괴롭힌다! 나는 너를 고문하기 위해서 너를 기다린다! 나는 너를 미워한다. 너와 네가 나온 그를 미워한다. 나는 너희들의 영도 미워한다. 증오인 나는 사랑을 미워한다! 나는 너를 저주하고 싶다! 너를 죽이고 싶다! 그러나 그렇게 할 수가 없다. 할 수 없다! 아직은 할 수가 없다! 그러나 그리스도야, 나는 너를 기다린다. 너를 기다린다. 나는 네가 죽은 것을 보겠다! 오! 기쁨의 시간! 아니다! 기쁨이 아니다! 네가 죽어? 아니다, 죽지 않는다. 그리고 내가 진다! 져! 언제나 진다!…. 아!….” 발작이 극도에 달하였다.
 예수께서는 빛나는 그 매력적인 눈으로 마귀들린 사람을 지켜보시며 그에게로 다가가신다. 이제는 예수 혼자뿐이시다. 사도들과 일반 대중은 뒤에 남아 있었다. 일반은 사도들 뒤에 있고, 사도들은 적어도 삼십 미터 가량 예수에게서 떨어져 있다.
 인구가 매우 많고, 또 부유한 것같게도 생각되는 마을 주민들이 외치는 소리에 끌려 나와서 광경을 바라 본다. 그런데 그들도 다른 무리의 사람들과 같이 도망칠 준비를 갖추고 있다. 이 현장의 배치는 이러하다. 가운데에 마귀들린 사람과 예수님이 이제는 몇 미터 거리만 떨어져 있고, 예수 뒤 왼쪽에는 사도들과 일반 대중, 오른쪽에는 마귀들린 사람 뒤에 이 도시 사람들이 있다.
 예수께서 마귀들린 사람에게 입을 다물라고 명령하신 다음, 더 이상 말씀을 하지 않으셨다. 다만 마귀들린 사람을 뚫어지게 바라 보기만 하신다. 그러나 이제는 예수께서 걸음을 멈추시고, 두 팔을 올려 마귀들린 사람에게로 내미시고, 말씀을 하려고 하신다. 부르짖음이 정말 끔찍해진다. 마귀들린 사람은 몸을 뒤틀고 오른쪽 왼쪽으로, 또 공중으로 뛰어오른다. 그는 도망을 치거나 뛰어나오려고 하는 것같지만, 그렇게 하지 못한다. 그는 거기에서 꼼짝 못하고, 끊임없이 몸을 뒤트는 것 외에는 아무렇게도 움직일 수가 없다.
 예수께서 팔을 내미시고, 선서를 하시려는듯이 손을 뻗치시니까, 미치광이는 더 크게 소리를 지르고, 많은 저주를 하고, 웃고, 모독하는 말을 하고 나서는 울고 애원하기 시작한다. “지옥으로는 보내지 마세요! 아니, 지옥에는 안 돼요! 저를 지옥으로 보내지 마세요! 내 생활은 여기 이 사람의 감옥 안에서도 소름끼칩니다. 나는 세상을 두루 다니면서, 당신의 인간들을 갈기갈기 찢어 놓고 싶으니까요. 그러나 여기, 여기, 여기!…. 아니! 아니! 아니! 나를 밖에 놔 두시오!….”
 “이 사람에게서 나가라. 명령이다!”
 “안 나갑니다!”
 “나가라!”
 “안 나갑니다!”
 “나가라!”

"안 나갑니다!"
"참 하느님의 이름으로 나가라!"
"오! 왜 나를 이기십니까? 그러나 나는 나가지 않습니다. 안 나가요. 당신은 하느님의 아들 그리스도요. 그러나 나는…."
"너는 누구냐?"
"나는 베엘제불이오. 세상의 지배자 베엘제불입니다. 그래서 나는 굴복하지 않습니다. 그리스도, 나는 당신에게 도전합니다!"

마귀들린 사람은 갑자기 움직이지 않게 되어, 뻣뻣하고 거의 엄숙하게 되면서, 인광(燐光)을 발하는 눈으로 예수를 뚫어지게 쳐다본다. 그리고 입술을 겨우 움직여 알아들을 수 없는 말을 하고, 팔꿈치를 구부리고 손을 어깨 쪽으로 올리며, 가볍게 움직인다.

예수께서도 걸음을 멈추셨고, 이제는 팔을 가슴 위에 十자로 포개시고 그를 뚫어지게 바라보신다. 예수께서도 겨우 입술을 움직이신다. 그러나 말소리는 들리지 않는다.

관중은 기다린다. 그러나 모두가 같은 의견을 가지고 있지는 않다.
"쫓아내지 못하는구먼!"
"아니야, 이제는 그리스도께서 쫓아내실 거야."
"아니야, 마귀가 우세하단 말이야."
"맞아."
"아니야."

예수께서는 팔을 풀으신다. 예수의 얼굴은 거역할 수 없이 빛난다. 목소리는 천둥소리 같다. "나가라. 마지막으로 말한다. 사탄아, 나가라! 내가 명령한다!"

"아아아아아! (무한한 격렬한 아픔을 나타내는 긴 부르짖음이다. 검으로 천천히 꿰뚫리는 사람의 부르짖음보다 더한 부르짖음이다). 그러더니 부르짖음이 말로 변한다. "나갑니다. 예, 당신이 나를 이겼습니다. 그러나 나는 복수를 하겠습니다. 당신은 나를 쫓아내십니다. 그러나 당신 곁에는 마귀가 한 놈 있습니다. 그래서 나는 온 힘을 다해서 그를 공격해서, 그의 안으로 들어가 차지하겠습니다. 그리고 당신의 명령이 그를 내게서 억지로 빼앗아 가지 못할 겁니다. 언제나 어디서나 악의 창시자인 나는 아들을 낳아 가집니다. 그리고 하느님이 자기 스스로 생긴 것과 같이, 나도 나를 스스로 만들어냅니다. 나는 사람의 마음속에 나 자신을 잉태하면, 사람은 나를 낳습니다. 즉 그 자신인 새로운 사탄을 낳는 것입니다. 그러면 나는 그것을 몹시 기뻐합니다. 그런 후예를 가진 것을 몹시 기뻐하는 겁니다! 당신과 사람들은 내 사람들인 이런 인간들을 언제나 만날 건데, 그들은 모두 제2의 나자신입니다. 그리스도, 나는 당신이 원하는 대로 내 새 나라를 차지하러 가고, 내게서 학대를 받은 이 넝마조각 같은 것을 당신에게 남겨 놓습니다. 사탄이 하느님인 당신에게 주는 동냥인 이 사람 대신 이제 나는 이런 자를 천명, 만명 차지하겠습니다. 그래서 당신이 너덜너덜한 몹시 불쾌한 살덩어리로 개들의 웃음거리가 되었을 때 그들을 만날 것입니다. 세월이 흐르는 동안 나는 그런 자들을 만 명이고 십만명이고 차지해서 내 연장을 만들고 당신의 고통이 되게 하겠습니다. 당신은 당신의 표를 높이 쳐들어서 나를 이긴다고 생각합니까? 내 사람들이 당신을 쓰러뜨릴 것이고, 내가 이길 것입니다…. 아! 아닙니다. 나는 당신을 이기지 못합니다! 그렇지만 당신 자신과 당신의 사람들을 통해 당신을 괴롭힙니다!…."

　벼락치는 것같은 요란한 소리가 들린다. 그러나 번갯불빛도 없고 천둥소리도 울리지 않는다. 다만 여운이 없는 격렬한 파열음이 있을 뿐이고, 마귀들린 사람이 죽은 사람처럼 땅에 쓰러진 채로 있는데, 제자들 곁에는 굵은 나무 줄기 하나가 마치 벼락 같은 톱으로 땅에서 1미터 가량 되는 곳이 베어진 것처럼 땅에 떨어진다. 사도의 무리는 겨우 옆으로 비킬 수가 있었고, 일반 대중은 사방으로 달아난다.

　그러나 땅에 쓰러진 사람에게로 몸을 굽히시고 그의 손을 잡으신 예수께서는 몸을 돌리시고, 몸을 굽히시고 해방된 사람의 손을 잡으신 채 말씀하신다. "이리들 오시오. 아무 염려 마시오!" 사람들은 쭈뼛쭈뼛 다가온다. "이 사람은 나았습니다. 옷을 가져 오시오." 어떤 사람이 뛰어 간다.

　그 사람은 천천히 제 정신으로 돌아온다. 그는 눈을 뜨면서 예수의 눈길과 마주친다. 그는 앉는다. 붙잡혀 있지 않은 손으로 자기 얼굴에 있는 땀과 피와 침을 닦는다. 머리카락을 뒤로 젖히고, 자기 몸을 내려다 본다. 그러다가 자기가 그 많은 사람 앞에 벌거벗은 몸으로 있는 것을 보고 부끄러워 한다. 그는 몸을 움츠리며 묻는다. "무슨 일입니까? 당신은 누구십니까? 내가 왜 여기 벌거벗은 몸으로 있습니까?"

"아무 것도 아니오. 이제 당신에게 옷을 갖다 줄 것이고, 당신은 집으로 돌아가게 되오."

"내가 어디서 왔습니까? 그리고 당신은 어디서 오셨습니까?" 그는 병자의 피로하고 억양없는 목소리로 말한다.

"나는 갈릴래아 바다에서 왔소."

"그런데 나를 어떻게 아십니까? 왜 나를 구조합니까? 당신 이름은 무엇입니까?"

사람들이 옷을 가지고 와서 기적을 받은 사람에게 내민다. 그리고 눈물을 줄줄 흘리는 불쌍한 노파가 와서 병이 나은 사람을 가슴에 껴안는다.

"내 아들!"

"어머니, 왜 나를 이렇게 오랫동안 내버려 두셨어요?"

가엾은 노파는 더 크게 울며 그를 껴안고 쓰다듬는다. 아마 아들에게 다른 말을 할 것같다. 그러나 예수께서 눈길로 노파를 억제하시어 더 다정스러운 다른 말을 찾아내게 하신다. "너는 몹시 아팠단다. 얘야! 너를 고쳐 주신 하느님과 하느님의 이름으로 기적을 행하신 하느님의 메시아를 찬미해라."

"이분이? 이름이 뭔데요?"

"갈릴래아의 예수님이시다. 그러나 이분의 이름은 인자이다. 얘야, 이분의 손에 입맞춤 해라. 그리고 네가 했거나 말한 것에 대해서 용서를 청해라. 네가 말한 것은 틀림없이…."

"그렇습니다. 이 사람은 열에 들떠서 말했습니다" 하고 예수께서 조심성없는 말을 막으시려고 말씀하신다. "그러나 말을 한 것은 이 사람이 아닙니다. 그래서 이 사람에게는 엄하게 굴지 않습니다. 이제는 착하게 사시오. **금욕을 하시오.**" 예수께서는 이 말에 힘을 주신다. 그 사람은 부끄러워서 고개를 숙인다.

그러나 예수께서 그 사람에게 면하게 해 주시는 것을, 이제는 가까이 온 읍내 사람들은 면하게 해 주지 않는다. 그들 가운데에는 그야 말로 훌륭하다는 바리사이파 사람들도 있다.

"이게 자네에겐 도움이 되었네. 자네가 마귀의 우두머리인 이 사람을 만난 건 자네에겐 다행한 일일세."

"마귀 들렸었다구요, 내가?" 하고 그 사람은 겁을 먹고 말한다.

작은 노파가 화를 버럭 낸다. "저주받은 사람들! 동정심도 없고, 존경심도 없는! 밉살머리스럽고 잔인한 독사같은 사람들! 그리고 당신, 쓸데 없는 회당장, 거룩하신 분을 마귀의 우두머리라구!"

"그럼 마귀들의 왕과 아비 말고 누가 마귀들에 대해 능력을 가졌단 말입니까?"

"오! 독성자들! 하느님을 모독하는 말을 하는 자들! 저⋯."

"할머니, 입 다물고, 아들과 같이 행복하게 사시오. 저주는 하지 마시오. 이것이 내게는 슬프지도 괴롭지도 않습니다. 모두 안녕히들 가시오. 착한 사람들에게 내 강복을. 자, 가자."

"선생님을 따라가도 되겠습니까?" 하고 병이 고쳐진 사람이 말한다.

"아니오. 그대로 있으시오. 내게 대한 증언과 어머니의 기쁨이 되시오. 가시오!"

그리고 당신께 박수갈채를 하는 소리와 업신여기는 중얼거림이 들리는 가운데, 예수께서는 작은 읍내를 부분적으로 건너질러 가신 다음 강을 끼고 서 있는 나무 그늘로 다시 들어가신다. 사도들이 예수께로 바싹 다가온다.

베드로가 묻는다. "선생님, 더러운 악령이 왜 그다지도 저항을 했습니까?"

"그 놈은 완전한 악령이었기 때문이다."

"그 단어는 무슨 뜻입니까?"

"내 말을 잘 들어라. 주요한 악습 하나에 문을 열어 주는 것으로 사탄에게 자기를 바치는 사람이 있고, 두번, 세번, 일곱번 자기를 바치는 사람이 있다. 어떤 사람이 그의 정신을 일곱 가지 악습에 열어 주면, 그 때에는 그의 안에 완전한 악령이 들어간다. 검은 왕인 사탄이 들어가는 것이다."

"저 사람은 아직 어린데, 어떻게 사탄에게 붙잡힐 수 있었습니까?"

"오! 이 사람들아! 사탄이 어떤 오솔길로 해서 오는지 아느냐? 일반적으로 잘 다져진 길이 셋이 있는데, **그 중의 하나는 없는 때가 결코 없다.** 세 가지는 육욕과 돈과 정신의 교만이다. 그리고 육욕은 절대로 없는 때가 없는 것이다. 다른 사욕들의 속달 파발군으로서, 육욕은 그 독을 뿌리면서 지나가고, 그러면 사탄의 꽃이 무더기로 피어난다. 그렇기 때문에 내가 너희들에게 '너희 육신을 억제하라'고 말하는 것이다. 이 예속이 다른 모든 예속의 시초인 것과 같이 이 억제가 다른 모든 억제의 시작이어야 한다. 음욕의 노예는 그의 지배자를 섬기기 위하여 도둑과 배임자(背任者)를 가리고, 잔인한 자, 살인자가 된다. 권력에 대한 갈망조차도 육욕과 맺어져 있다. 그렇게 생각되지 않느냐? 사실 그렇다. 곰곰이 생각해 보아라. 그러면 내 말이 맞다는 걸 알게 될 것이다. 사탄은 육욕을 통해서 사람 안에 들어왔고, 그렇게 할 수 있으면 좋아하는데, 사람 안에 다시 들어오는 것은 육욕을 통해서이다. 하나이면서 부하 마귀떼가 많아지는 것과 더불어 일곱 마리가 되어 다시 들어오는 것이다."

"막달라의 마리아는 마귀를 일곱 마리 가지고 있다고 말씀하셨지요. 선생님이 그렇게 말씀하셨어요. 그리고 그것은 틀림없이 음란의 마귀였을 것입니다. 그런데도 선생님은 그 여자를 아주 쉽게 구해내셨습니다."

"그렇다, 유다야. 그것은 맞는 말이다."

"그러면요?"

"그러면 내 이론이 성립되지 않는다는 말이지. 아니다, 이 사람아. 그 여자는 앞으로는 **마귀들린 것에서 해방되기를 원했었다.** 의지, 이것이 전부이다."

"선생님, 왜 우리는 마귀에게 붙잡힌 많은 여자, 말하자면 **이 마귀**에게 붙잡힌 많은 여자를 보게 됩니까?"

"이것 봐라, 마태오야. 여자는 그 형성과 원죄에 대한 반응이 남자와 같지 않다. 남자는 많게든 적게든 좋은 그의 욕망에 있어서 다른 목적들을 가지고 있다. 여자는 한 가지 목적 즉 사랑만을 가지고 있다. 남자는 구성이 다르다. 여자는 다정다감한 그 구성을 가지고 있는데, 아이를 낳기로 되어 있기 때문에 한층 더 완전한 구성이다. 너도 알다시피 어떤 완전이든지 감성을 더해 준다. 완전한 청력은 덜 완전한 귀가 듣지 못하는 것을 듣고, 그것을 즐긴다. 눈도 이와 마찬가지이고, 미각과 후각도 이와 마찬가지이다.

여자는 세상에서 하느님의 다정스러움이 되기로 되어 있었고, 사랑이 되고, 스스로 계신 분을 움직이는 그 불의 화신(化身)이 되고, 사랑의 표현, 사랑의 증언이 되기로 되어 있었다. 따라서 하느님께서는 여자에게 뛰어나게 민감한 정신을 주셔서, 여자는 언젠가 어머니가 되어야 하기 때문에 자녀들을 하느님과 사람들에 대한 사랑에 눈 뜨게 할 줄을 알고 할 수 있게 하였고, 마찬가지로 남자는 자녀들이 이해하고 행동하도록 그들의 지능의 눈을 뜨게 했을 것이다. 하느님께서 스스로 당신 자신에게 '아담에게 짝을 하나 만들어 줍시다' 하신 명령을 곰곰이 생각해 보아라. 인자하신 하느님께서는 아담에게 **좋은 짝을 만들어 주기를 원하실** 수밖에 없었다. 착한 사람은 사랑하는 것이다. 그러므로 아담의 짝은 행복스러운 낙원에 있어서의 남자의 생활을 끝내 지극히 행복하게 하기 위하여 넉넉히 사랑할 능력이 있어야 했다. 여자는 하느님의 피조물인 남자의 사랑에 있어서 하느님과 버금가고 협력자이고 대신이 될 수 있도록 넉넉히 능력을 갖추어, 천주성께서 당신 사랑의 목소리로 당신을 피조물에게 나타내지 않으실 때에도 남자가 사랑을 받지 못함으로 인하여 자기가 불행하다고 느끼지 않도록 하게 되어 있었다.

사탄이 이 완전을 알고 있었다. **사탄은 아주 많은 것을 안다**. 괴사(怪蛇)의 입술을 통해서 진리에 섞인 거짓말들을 하는 것은 사탄이다. 그런데 그는 거짓말의 화신이기 때문에 미워하는 이 진리들을 말하는 것은 다만 ──너희들 모두와 나중에 올 너희들도 모두 이것을 잘 기억해 두어라.── 어두움이 말하는 것이 아니라 빛이 말하는 것이라는 망상으로 너희들을 유혹하기 위해서일 뿐이다. 교활하고 음험하고 잔인한 사탄은 이 완전속에 슬그머니 들어가서 깨물어서 거기에 그의 독을 남겼다. 사랑에 있어서의 여자의 완전은 이렇게 해서 여자와 남자를 지배하고, 악을 퍼뜨리는 데 쓰이는 사탄의 연장이 된 것이다….”
 "그러나 그럼 저희 어머니들은요?"
 "요한아, 너는 어머니들 때문에 걱정을 하느냐? 모든 여자가 사탄의 도구는 아니다. 감정에 있어서 완전한 어머니들은 행동에 있어서도 항상 극단적이다. 하느님께 속해 있기를 원하면 천사가 되고, 사탄에게 속해 있기를 원하면 마귀가 된다. 거룩한 여자들은 ─그런데 네 어머니는 이들 축에 낀다.─ 하느님께 속해 있기를 원한다. 그래서 그들은 천사들이다."
 "선생님, 여자에 대한 벌은 불공평하다고 생각되지 않습니까? 남자도 죄를 지었는데요."
 "그러면 상은 또 어떠냐? 여인에 의하여 세상에 선이 다시 오고 사탄이 패배할 것이라는 말이 있다. 하느님의 하시는 일을 절대로 판단하지 말아라. 우선 이렇다. 오히려 너희는 이렇게 생각하여라. 즉 여인에 의해서 악이 세상에 들어왔으므로 여인에 의해서 선이 세상에 들어오는 것이 공평한 일이라고. 사탄이 쓴 글 한 쪽을 없애야 하는데, 한 여인의 눈물이 이 일을 할 것이다. 그리고 사탄이 영원히 소리를 지를 것이므로, 한 여인의 목소리가 노래를 불러 그 소리가 들리지 않게 할 것이다."
 "언제 그렇게 됩니까?"
 "나 진정으로 너희에게 말하지만, 그 여인이 알렐루야를 영원히 부르던 하늘에서 그의 목소리가 벌써 내려왔다."
 "그 여인은 유딧보다 더 위대하겠습니까?"
 "어떤 여인보다도 더 위대할 것이다."
 "그분은 무엇을 할 것입니까? 대관절 무슨 일을 할 것입니까?"
 "그 여인은 하와의 세 가지 죄를 뒤엎을 것이다. 절대적인 순종, 절대적인 순결, 절대적인 겸손으로, 그 여인은 여왕과 승리자로서 그 위에 우뚝 설 것이다…."
 "그러나 그분은 선생님의 어머니가 아니십니까. 예수님, 선생님을 낳으셨기 때문에 가장 위대하신 여인?"
 "하느님의 뜻을 행하는 사람은 위대하다. 그렇기 때문에 마리아는 위대하시다. 다른 공로는 어떤 것이나 하느님에게서 온다. 그러나 이 공로만은 완전히 마리아의 것이다. 그래서 그로 인해 복된 여인이 되기를 바란다."

──그리고 모든 것이 끝났다.

예수께서 말씀하신다.

"너는 사탄에게 '차지되었던' 사람을 보았다. 내 말에는 많은 대답이 들어 있다. 너를 위해서 뿐 아니라 다른 사람들을 위해서도. 그 대답들이 소용이 있을 것인가? 아니다. 이 대답들이 가장 필요한 사람들에게는 **소용이 없을 것이다.** 평안히 쉬어라."

112. 바리사이파 사람들의 누룩

성주간, 따라서 보지 못하는 보속의 기간이 지나자, 오늘 아침에 (46년 4월 22일) 복음서에 대한 영적인 환영이 다시 나왔다. 그래서 언제나 형언할 수 없는 초인적인 환희의 감정으로 예고되는 이 기쁨으로 내 모든 걱정은 잊혀졌다.

…그리고 나는 아직도 강가에 있는 작은 숲들을 끼고 걸어가시는 예수를 본다. 예수께서는 너무 더워서 걸음을 걸을 수 없는 이 시간에 휴식을 명하기 위하여 걸음을 멈추신다. 과연 빽빽하게 얽힌 나뭇가지들은 해를 막아 주기도 하지만, 겨우 느껴질까 말까한 약한 바람의 움직임을 막는 덮개와 같기도 하다. 게다가 공기는 강 가까이에 있는 땅에서 풍기는 습기로 인하여 뜨겁고 움직이지 않고 무겁다. 그 습기는 부드럽게 해 주는 것이 아니라, 그렇지 않아도 괴로운 땀과 섞여서 몸에 달라 붙는다.

"저녁 때까지 쉬자. 그런 다음 별빛에 희게 보이는 모래밭으로 내려가서 밤에 길을 계속가자. 지금은 음식을 먹고 쉬자."

"아! 음식을 먹기 전에 저는 미역을 감아서 몸을 식히겠습니다. 물은 기침나는 데 먹는 탕약처럼 미지근하겠지만, 그래도 땀을 씻는 소용은 될 것입니다. 누가 나하고 같이 갈래?" 하고 베드로가 묻는다.

모두가 베드로와 같이 간다. 모두들, 땀을 줄줄 흘리고, 옷이 먼지와 땀으로 무거워진 예수님까지도, 그들은 각기 배낭에서 깨끗한 옷을 꺼내 가지고 강으로 내려간다. 풀 위에는 그들의 정지를 알리는 배낭 열세개와 수통들밖에 남지 않았다. 그것을 오래된 나무들과 수많은 새들이 지키고 있다. 새들은 그 새까만 작은 눈으로 풀 위에 흩어져 있는 가지가지 빛깔로 된 통통한 열세개의 배낭을 신기한 듯이 바라본다.

미역 감으러 가는 사람들의 목소리가 멀어지다가 강물 소리에 섞이고 만다. 다만 이따금씩 그 중 제일 젊은 사람들의 요란스러운 웃음 소리가 강물의 낮고 단조로운 화음을 누르는 날카로운 음처럼 울릴 뿐이다.

그러나 적요는 오래지 않아 발걸음 소리로 깨진다. 머리들이 나뭇가지들이 얽힌 뒤에서 나타나서 한번 훑어보고, 만족한 표정으로 말한다. "여기 있네. 여기서 멈추었네. 다른 사람들에게 가서 말하세." 그러면서 나무 덤불 뒤로 멀어지더니 사라진다….

…그 동안 시원해지고, 그럭저럭 훔쳤지만 아직 축축한 머리칼로, 물에 씻어서 물이 줄줄 흐르는 샌들을 끈으로 붙들고 맨발로, 신선한 옷을 걸치고, 다른 사람들은 요르단강의 파란 물에 몸을 씻은 다음, 아마 갈대 위에 누워 있는 모양인데, 사도들은 선생님을 모시고 돌아온다. 그들은 이렇게 오랫동안 목욕을 하고 나서 눈에 띄게 원기가 더 왕성하다.

발각되었다는 것을 모르고, 그들은 예수께서 음식을 바치시고 나누어 주신 다음 앉는다. 그리고 식사를 한 다음 졸면서 누워서 자고 싶어 한다. 그러나 한 사람이 오더니, 또 한 사람이 오고, 또 한 사람이 온다….

그들이 오다가 나무 덤불 근처에서 걸음을 멈추고, 더 와야 할지 어떨지 망설이고 있는 것을 본 제베대오의 야고보가 "무슨 일이오?" 하고 묻는다. 예수를 포함한 다른 사람들은 야고보가 누구와 말을 하는지 보려고 돌아다 본다.

"아! 마을 사람들이로구먼…. 우리를 따라왔구먼!" 하고 잠을 좀 자려고 하던 토마가 열의없이 말한다.

그러나 야고보가 말을 물은 사람들은 사도들이 자기들을 맞이하는 것이 분명히 마음에 내키지 않는 것같으므로 약간 겁을 먹고 대답한다. "선생님께 말씀을 드리려고 했는데요…. 말씀을… 그렇지, 사무엘?…" 그리고는 감히 더 말을 하지 못하고 말을 끊는다.

그러나 예수께서는 친절하게 그들을 격려하신다. "말하시오, 말해요. 다른 병자들이 있소?…" 그러면서 그들에게로 가시려고 일어나신다.

112. 바리사이파 사람들의 누룩   **325**

"선생님, 선생님도 피로하셨습니다. 저희들보다도 더 피로하셨습니다. 좀 쉬십시오. 저 사람들은 기다리라고 하지요…" 하고 여러 사도가 말한다.

"여기에는 나를 보기를 원하는 사람들이 있다. 그 사람들도 그러니까, 마음이 편안치 않다. 그런데 마음의 피로는 사지의 피로보다 더하다. 저 사람들의 말을 듣게 나를 내버려 두어라."

"좋습니다! 우리의 휴식이여, 안녕! 입니다…" 하고 사도들은 불평을 한다. 피로와 더위로 멍해져서 외부 사람들 앞에서 선생님을 비난하고 이렇게 말하기까지 하였다. "그래서 조심성이 없었던 탓으로 저희가 모두 병이 들게 하신 다음에는 저희가 선생님께 필요한 존재였다는 걸 깨달으실 텐데, 그 때는 이미 때가 늦었을 겁니다."

예수께서는 그들을 바라보신다…. 연민을 가지고. 예수의 피로한 부드러운 눈에는 다른 것은 아무 것도 없다…. 그러나 이렇게 대답하신다. "아니다, 이 사람들아. 나는 너희더러 나를 본받으라고 하지는 않는다. 이것 봐라. 너희들은 여기 남아서 쉬어라. 나는 저 사람들과 좀 떨어져 있겠다. 저 사람들의 말을 듣고 나서 나도 와서 너희들 가운데에서 쉬겠다."

예수의 대답이 어떻게나 부드러운지 비난 이상의 것을 얻었다. 열두 제자의 착한 마음씨와 애정이 다시 살아나 우세해진다. "아이고 아닙니다, 주님! 계신 데 그대로 계시면서 그 사람들에게 말씀하십시오. 저희들은 옷을 뒤집어서 다른 쪽도 말리러 가겠습니다. 그렇게 하면 저희가 졸음도 이기게 될 것입니다. 그런 다음 와서 같이 쉬겠습니다."

제일 많이 졸린 사람들이 강 쪽으로 간다…. 남아 있는 사람은 마태오와 요한과 바르톨로메오이다. 그러나 그동안 읍내 사람 세 사람이 열 명이 넘게 되고, 또 계속해서 온다….

"그래서요? 다가와서 겁내지 말고 말하시오."

"선생님, 선생님이 떠나신 다음 바리사이파 사람들은 더 난폭하게 되었습니다…. 그 사람들은 선생님이 구해내신 사람을 괴롭혔습니다. 그래서…. 그 사람이 미치지 않으면, 그건 또 하나의 기적이 될 것입니다…. 왜냐하면… 그들은 그 사람에게… 선생님이 그 사람의 이성만 차지하고 있던 마귀를 제거해 주셨지만, 그보다 더 강한 마귀를 주셨다고… 말하기 때문입니다. 그 마귀는 첫번 놈을 이길 정도로 강하고, 그 사람을 지옥에 가게 하고 그의 영을 차지하기 때문에 첫번 마귀보다 더 강하다고 합니다. 그 사람이 첫번 마귀 들렸던 것에 대해서는 내세에서 그 결과를 받을 필요가 없었을 터인데 말입니다. 그것은 그 사람의 행동이 어떻지 않았기 때문이라는 것이었습니다…. 그들이 뭐라구 말했지, 아브라함?…"

"그들은 이렇게 말했습니다…. 오! 이상한 말입니다…. 결국, 그 사람의 행동은 정신의 자유없이 한 것이기 때문에, 하느님께서 거기에 대해서 그 사람에게 책임을 묻지 않으셨을 것이라고 했습니다. 그런데 지금은 그와 반대로, 그 사람이 마음속에 가지고 있는 마귀의 영향으로 선생님이 그 사람에게 넣어주신 마귀, —오! 이렇게 말하는 것을 용서하십시오.— 마귀의 왕인 선생님이 그 사람에게 넣어주신 마귀의 영향으로, 이제는 미쳐 있지 않은 정신으로 선생님께 예배함으로 독성죄를 지으며, 그래서 저주를 받고 지옥에 갈 것이라고 말합니다. 그러니까 그 가엾고 불행한 사람이 처음 상태를 그리워하고, 거의 선생님을 저주하게까지… 되었습니다…. 따라서 이전보다도 더 미쳤고… 어머니는 구원받을 것에 대해 실망하는 아들 때문에 절망에 빠져 있습니다…. 그래서 그들의 모든 기쁨이 고통으로 변했습니다. 저희들은 그 사람에게 평화를 주시라고 선생님을 찾았는데, 틀림없이 천사가 저희들을 이리로 데려온 것입니다…. 주님, 저희들은 주님이 메시아이심을 믿고, 메시아는 하느님의 성령을 모시고 계시고, 그러니까 메시아는 진리와 지혜시라는 것을 믿습니다. 그래서 저희들에게 평화와 설명을 주시기를 청합니다…"

"당신들은 정의와 사랑을 가지고 있소. 축복을 받으시오. 그런데 그 불행한 사람이 어디 있습니까?"

"그 사람은 어머니와 함께 그의 절망을 슬퍼하면서 저희를 따라 오고 있습니다. 보십시오. 저 포악한 바리사이파 사람들을 빼놓고는, 온 마을이 통틀어, 그들의 위협을 상관하지 않고 이리로 옵니다. 그들은 선생님을 믿는 것 때문에 저희들이 벌을 받을 것이라고 위협했으니까요. 그러나 하느님께서 저희들을 보호하실 것입니다."

112. 바리사이파 사람들의 누룩 **327**

"하느님께서 당신을 보호하실 것입니다. 나를 기적 받은 사람에게로 데려다 주시오."

"아닙니다. 저희들이 그 사람을 데려 오겠습니다. 기다리십시오." 그러면서 여러 사람이 더 많은 사람들의 무리가 있는 쪽으로 간다. 그들은 손을 홰홰 내저으면서 이쪽으로 오는데, 두 사람의 날카로운 탄식 소리가 군중의 웅성거리는 소리를 누른다. 다른 사람들, 즉 남아 있는 사람도 벌써 많은데, 가운데 마귀들렸다가 나은 사람과 그의 어머니를 둘러싼 다른 사람들이 그들과 합치니까, 정말 많은 군중이 나무들 사이로 예수 둘레에 몰려든다. 듣고 보고 할 자리를 얻으려고 나무에 올라가는 사람들까지 있다.

예수께서 당신이 기적을 베풀어 주신 사람에게로 마주 가시니, 그 사람은 예수를 보고 머리카락을 쥐어뜯고 무릎을 꿇으면서 말한다.

"제게 전에 있던 마귀를 돌려 주십시오! 저를 불쌍히 여기시고 제 영혼을 불쌍히 여겨 주세요! 제가 선생님께 무슨 일을 했기에 이렇게까지 제게 해를 끼치십니까?"

그리고 그의 어머니도 무릎을 꿇고 말한다. "이 애는 무서워서 헛소리를 하는 것입니다, 주님! 이 애의 하느님을 모독하는 말을 받아들이지 마시고, 저 잔인한 사람들이 이 애에게 넣어준 공포에서 구해 내셔서 영혼의 생명을 잃지 않게 해 주십시오. 주님이 이 애를 한번 구해 내셨습니다!…. 오! 한 어미를 불쌍히 여기셔서 또 한번 구해 내 주십시오!"

"그러지요, 염려 마시오! 하느님의 아들, 들으시오!" 그러면서 예수께서는 초자연적인 공포로 헛소리를 하게 되는 불행한 사람의 헝클어진 머리에 양손을 얹으시고 말씀하신다. "듣고 판단하시오. 이제는 당신의 판단력이 자유로워서 올바르게 판단할 수 있으니까 당신 자신이 판단하시오. 어떤 기적이 하느님에게서 오는지 마귀에게서 오는지 아는 확실한 방법이 있소. 그리고 이것을 영혼이 느끼오. 만일 이상한 일이 하느님에게서 오는 것이면, 영혼에 평화를 넣어주오, 평화와 위엄 가득한 기쁨을. 만일 그것이 마귀에게서 오는 것이면, 불안과 고통이 기적과 같이 오오. 또 하느님의 말씀에서 평화와 기쁨이 오기도 하오. 영의 마귀이건 사람 마귀이건, 마귀의 말에는 불안과 고통이 오는데 말이오. 또 하느님을 가까이 하는 데에서 평화와 기쁨이 오는데, 마귀나 나쁜 사람을 가까이 하는 데에서는 불안과 고통이 오오. 하느님의 아들, 이제는 곰곰이 생각하시오. 당신이 음란의 마귀에게 몸을 맡기고, 당신의 압제자를 당신 안에 받아들였을 때, 기쁨과 평화를 누렸소?"

그 사람은 곰곰이 생각하더니, 얼굴을 붉히며 대답한다. "아닙니다, 주님."

"또 당신의 영원한 적이 당신을 완전히 차지했을 때, 평화와 기쁨을 누렸소?"

"아닙니다, 주님. 도무지 그렇지 않았습니다. 제가 이해를 하고, 정신의 자유가 조금 남아 있는 동안은 적의 폭력에서 불안과 고통이 왔습니다. 그런 다음… 모르겠습니다…. 저는 제가 무엇을 겪는지를 이해할 능력이 있는 기능을 더 이상 가지지 못했었습니다…. 저는 짐승만도 못했었습니다…. 그러나 짐승보다도 지능이 떨어지는 것같이 보이던 그 상태에서도… 오! 제가 아직 얼마나 고통을 당할 수 있었는지 모릅니다! 무엇으로 인해 고통을 당했는지는 말하지 못하겠습니다…. 지옥은 무섭습니다! 소름끼치는 곳일 뿐입니다…. 그것이 어떤 것이라고 말할 수가 없습니다…."

그 사람은 마귀들린 사람으로서의 그의 고통을 불충분하게 기억하면서도 몸을 떤다. 그는 몸을 떨고, 얼굴이 창백해지고, 땀을 흘린다…. 어머니가 그를 안고, 그를 이 악몽에서 끌어내려고 뺨에 입맞춤한다…. 사람들은 작은 소리로 이러쿵 저러쿵 말한다.

"그런데 당신의 손이 내 손에 잡힌 채 깨어났을 때, 무엇을 느꼈소?"

"오! 몹시 아늑한 놀람… 그리고 기쁨, 한층 더 큰 평화…. 저는 수없이 많은 뱀이 우글거리고, 소름끼칠 정도의 악취가 가득 찬 어두운 감옥에서 나오는 것같았습니다. 그리고 동시에 꽃이 만발하고, 해가 환히 비치고, 노래가 가득 찬 정원으로 들어갔습니다…. 저는 낙원을 맛보았습니다…. 그러나 그것도 묘사할 수 없는 것입니다…." 그 사람은 마치 최근의 그의 짧은 기쁨의 추억에 매료된 듯이 미소를 짓는다. 그러다가 한숨을 쉬면서 이렇게 말을 끝맺는다. "그러나 그것은 이미 끝났습니다…."
 "그것을 확신하오? 말해 보시오. 당신을 불안하게 하던 사람들에게서 멀리 떠나 내 곁에 있는 지금은 어떤 것을 느끼오?"
 "또 평화를 느낍니다. 여기 선생님 곁에 있으니까, 제가 지옥에 가게 된 사람이라고 믿을 수가 없고, 그들의 말이 하느님을 모독하는 말로 생각됩니다…. 그렇지만 저는 그 말들을 믿었습니다…. 그러니까 선생님께 죄를 짓지 않았습니까?"
 "당신이 죄를 지은 것이 아니라, 그들이 죄를 지었소. 하느님의 아들, 일어나시오. 그리고 당신 안에 있는 평화를 믿으시오. 평화는 하느님에게서 오는 것이니, 당신은 하느님과 함께 있소. 죄를 짓지 마시오. 그리고 염려하지 마시오." 그리고 예수께서 그 사람의 머리에 얹고 계시던 손을 내리시고, 그 사람을 일으키신다.
 "주님, 정말 그렇습니까?" 하고 여러 사람이 묻는다.
 "정말로 그렇습니다. 고의로 해로운 말을 해서 일으킨 의심은, 져서 이 사람에게서 나간 사탄이 그가 잃은 먹이를 도로 잡기를 바라면서 하는 마지막 복수였습니다."
 매우 분별력 있게 서민 한 사람이 말한다. "아니 그럼… 바리사이파 사람들… 그들이 사탄에게 봉사했군요!" 그러니까 많은 사람이 이 옳은 지적에 박수갈채를 보낸다.
 "판단하지 마시오. 판단하는 분이 따로 있습니다."
 "그렇지만 적어도 저희들의 판단은 솔직합니다…. 그리고 하느님께서 저희가 분명한 잘못을 판단한다는 것을 아십니다. 그들은 실제로 그렇지 않으면서 그런 체합니다. 그들의 행동은 거짓이고, 그들의 의향은 좋지 않습니다. 그런데도 그들은 정직하고 성실한 저희들보다 더 성공합니다. 그들은 저희들에게 공포를 주는 사람들입니다. 그들은 믿음의 자유에까지 그들의 권력을 휘두릅니다. 그들의 마음에 드는대로 믿고 실천해야 합니다. 그들은 저희들이 선생님을 사랑하기 때문에 저희들을 위협합니다. 그들은 선생님의 기적들을 마술로 귀착시키려고 하고, 선생님께 대한 공포심을 불어넣으려고 애씁니다. 그들은 음모하고 압제하고 해를 끼칩니다…."
 군중이 시끄럽게 말한다.

예수께서는 침묵을 요구하시는 손짓을 하시고 말씀하신다. "그들에게서 오는 것이나 그들의 암시나 그들의 설명, 또 '그들은 고약한 데도 성공을 한다'는 생각까지도 당신들의 마음속에 받아들이지 마시오. 당신들은 '죄인들의 대성공은 오래 가지 않는다'고 한 지혜서의 말씀과 '아들아, 죄인들의 본을 따르지 말고, 불경건한 자들의 말을 듣지 말아라. 그들은 그들의 죄의 사슬에 묶여 있고, 그들의 큰 어리석음에 계속 속아 넘어갈 것이기 때문이다'하고 말한 잠언(箴言)의 말씀을 기억하지 못합니까? 당신들이 불완전한 데도 불구하고 의롭지 않다고 판단하는 사람들에게서 오는 것을 당신들 안에 넣지 마시오. 그렇게 하면 당신들도 그들을 타락시키는 것과 같은 누룩을 당신들 안에 넣는 꼴이 될 것입니다. 바리사이파 사람들의 누룩은 위선입니다. 하느님께 대한 예배의 형태에서도 그렇고, 여러분의 형제들과의 관계에서도 그렇고, 위선은 절대로 당신들 안에 있어서는 안 됩니다. 바리사이파 사람들의 누룩을 조심하시오. 드러나지 않는 비밀은 하나도 없고, 결국 알려지지 않는 숨겨진 것은 아무 것도 없다는 것을 생각하시오.

보시오. 그들은 내가 떠나게 내버려 두고나서, 주님이 좋은 씨를 뿌린 곳에 가라지 씨를 뿌렸었습니다. 그들은 약게 행동했다고 생각하고, 일을 승리로 끝낼 줄로 믿고 있었습니다. 당신들이 나를 찾아내지 못하고, 배의 이물이 갈라놓은 다음에는 다시 제 모습을 찾는 물에 흔적을 남기지 않고, 내가 강을 건너가기만 했어도, 유리한 관점 아래 나타나는 그들의 나쁜 행동이 성공하기에 충분했을 것입니다. 그러나 그들의 술책은 이내 발각되었고, 그들의 나쁜 행동은 무력하게 되었습니다. 사람의 모든 행동이 다 그렇습니다. 그것들을 아시고, 거기에 대비할 줄 아시는 분이 적어도 한 분 계십니다. 어두움 속에서 말한 것이 빛으로 밝혀지고, 방안에서 비밀히 꾸미는 것이 마치 광장에서 마련한 것처럼 드러날 수도 있습니다. 어떤 사람이든지 그를 적발할 사람이 있을 수 있기 때문입니다. 어떤 사람이든지, 죄인들의 가면을 벗기기 위하여 개입하실 수 있는 하느님께서 보시기 때문입니다. 그러므로 평안한 마음으로 살려면 항상 정직하게 행동해야 합니다. 그리고 이렇게 사는 사람은 이 세상에서도 내세를 위해서도 두려워할 필요가 없습니다. 아닙니다. 여러분, 나 분명히 말하지만 의인으로 행동하는 사람은 두려워하지 마시오.

　육체를 죽이는 사람들, 즉, 육체는 죽일 수 있지만, 그런 다음에는 다른 일을 아무 것도 할 수 없는 사람들을 두려워하지 마시오. 나는 당신들에게 무엇을 두려워해야 할지를 말하겠습니다. 당신들을 죽게 한 다음, 당신들을 지옥으로 보낼 수 있는 것, 즉 악습과 나쁜 동무들, 거짓 선생들, 마음속에 죄나 의심을 슬그머니 넣어주는 모든 사람, 육체 외에 영혼을 타락시키려고 애쓰고, 당신들을 하느님에게서 갈라놓고, 하느님의 자비에 대하여 실망하는 생각을 가지도록 이끌어 가려고 애쓰는 사람들을 무서워하시오. 되풀이 해서 말하지만, 당신들이 무서워해야 할 것은 이것입니다. 그렇게 되면 당신들은 영원히 죽을 터이니까요.

　그러나 그 나머지에 대해서, 당신들의 생활에 대해서는 걱정하지 마시오. 당신들의 아버지께서는 나뭇잎 사이에 둥지를 트는 저 작은 새, 다만 한 마리도 잊어버리지 않으시고, 작은 새들 중의 한 마리도 그 창조주께서 알지 못하시는 사이에 그물에 걸리지는 않습니다. 그러나 그 놈들의 물질적인 가치는 아주 보잘 것없습니다. 참새 다섯 마리에 동전 두 닢입니다. 그리고 그 놈들의 영적 가치는 도무지 없습니다. 그런데도 하느님께서 그 놈들을 보살피십니다. 그러니 어떻게 당신들을 돌보지 않으시겠습니까? 당신들의 목숨과 당신들의 이익을? 당신들의 머리의 머리카락까지도 아버지께서 알고 계시고, 사람들이 당신의 아들들에게 하는 부당한 행위는 하나도 눈에 띄지 않고 넘어가지 못합니다. 당신들은 **하느님**의 아들들이니까요. 그러니까 지붕과 나뭇잎 사이에 둥지를 트는 참새들보다 훨씬 나은 존재이기 때문입니다. 그리고 당신들 자신이 자유로운 의지로 하느님의 아들이기를 스스로 포기하지 않는 한, 당신들은 아들로 남아 있습니다. 그런데 하느님을 모른다고 하고, 하느님께서 사람들을 당신께로 데려오라고 사람들 가운데에 보내신 하느님의 말씀을 모른다고 할 때에는 이 아버지와 아들의 관계를 포기하는 것입니다. 그러므로 어떤 사람이 나를 인정하는 것이 그에게 손해를 입힐까봐 염려해서, 사람들 앞에서 나를 인정하기를 원치 않으면, 그 때에는 하느님께서도 그를 아들로 인정하지 않으실 것이고, 하느님의 아들이고 사람의 아들인 분도 그를 하늘의 천사들 앞에서 인정하지 않을 것입니다. 사람들 앞에서 나를 모른다고 한 사람은 하느님의 천사들 앞에서 아들로 인정되지 않을 것입니다. 또 사람의 아들에 대해서 나쁘게 말하고, 사람의 아들을 반대해서 말하는 사람은, 내가 아버지께 그를 용서해 주십사고 빌 터이니까 그래도 용서를 받을 것입니다. 그러나 성령께 대해서 모독하는 말을 한 사람은 용서를 받지 못할 것입니다.

왜 그렇습니까? 그것은 모두가 사랑의 정도와 사랑의 완전한 무한성을 알지 못하고, 다른 어떤 사람의 육체와도 같은 육체 안에서는 하느님을 볼 수 없기 때문입니다. 이방인들과 이교도들은 이것을 믿음으로 믿을 수가 없는데, 그것은 그들의 종교가 사랑이 아니기 때문입니다. 우리 가운데에서까지도, 이스라엘이 야훼에 대하여 가지는 두려워하는 존경심이 하느님께서 사람이 되셨다는 것을, 그것도 사람들 중에서 가장 비천한 사람이 되셨다는 것을 믿지 못하게 막을 수 있습니다. 나를 믿지 않는 것은 잘못입니다. 그러나 그것이 하느님께 대한 지나친 두려움에 근거를 두는 것일 때에는, 그래도 용서를 받습니다. 그러나 내 행위에서 밝히 드러나는 진리를 인정하지 않고, 사랑의 성령이 정해진 시기에 주님을 보내겠다는 약속, 예언된 표시들이 앞서 이루어지고 같이 따라 다니는 구세주를 보내겠다고 한 약속을 지킬 수 있었다는 것을 인정하지 않는 사람은 용서를 받을 수 없습니다. 나를 박해하는 그 사람들은 예언자들을 압니다. 예언서에는 내게 대한 말이 가득 차 있습니다. 그들은 예언들을 알고 있고, 내가 무엇을 하는지 압니다. 진리는 드러났습니다. 그러나 그들은 진리를 부인하고자 하기 때문에 진리를 부인합니다. 그들은 내가 사람의 아들일 뿐 아니라, 예언자들이 예언한 하느님의 아들이라는 것, 사람의 뜻으로가 아니라 영원한 사랑의 뜻으로, 사람들이 나를 알아볼 수 있도록 나를 예고하신 영원하신 성령의 뜻으로 동정녀에게서 태어난 사람이라는 것을 조직적으로 부인합니다. 그들은 그리스도를 기다리는 밤이 아직 계속된다고 말할 수 있기 위하여, 세상에 와 있는 빛을 보지 않으려고 고집스럽게 눈을 감고 있고, 따라서 성령과 그분의 진리와 빛을 인정하지 않습니다. 그러니까 그들에게 알지 못하는 사람들에게 대해서보다 더 엄한 심판이 있을 것입니다. 그리고 나를 '사탄'이라고 부르는 것에 대해서는 그들이 용서받지 못할 것입니다. 성령께서는 나를 통해서 하느님의 일을 하시지, 사탄의 일을 하시지 않기 때문입니다. 사랑이 사람들을 평화로 데려갔는데, 그들을 절망으로 데려가는 일은 용서를 받지 못할 것입니다. 그것은 모두가 성령께 짓는 죄이기 때문입니다.

사랑이시고, 사랑을 주시고, 사랑을 요구하시며, 슬기로운 사랑으로 퍼지기 위하여 내 사랑의 희생을 기다리시고, 내 신자들의 마음을 비추시는 분이신 빠라끌리또 성령께 짓는 죄란 말입니다. 그리고 그렇게 되면, 그들은 또 당신들을 사법관들과 군주들에게 고발하면서 회당과 법정에서 박해할 것입니다. 그 때에는 당신들을 어떻게 변호할까 하고 걱정하지 마시오. 영원한 생명의 나라에 들어갈 수 있기 위하여 필요한 것을 하느님의 말씀이 지금 당신들에게 주고 있는 것과 같은 모양으로, 진리에 봉사하고 생명을 얻기 위하여 당신들이 대답해야 할 것을 성령께서 친히 말해 주실 것입니다.

평안히들 가시오. 내 평화를 가지고, 하느님이신 평화, 하느님께서 당신 자녀들에게 가득 채워 주시려고 발산하시는 이 평화를 가지고 가시오. 그리고 염려마시오. 나는 당신들을 속이러 오지 않고 가르치러 왔습니다. 당신들을 파멸시키려고 오지 않고, 구속하러 왔습니다. 내 말을 믿을 줄 아는 사람들은 지극히 행복할 것입니다.

또 두번 구원을 받은 당신은 꿋꿋하시오. 그리고 내 평화를 기억하고 유혹자들에게 이렇게 말하시오. '나를 유혹하려고 하지 마시오. 내 믿음은 그분이 그리스도이시라는 것입니다' 하고. 아주머니, 가시오. 아들과 같이 가서 평안히 사시오.

안녕히들 가시오. 집으로 돌아가시오. 그리고 사람의 아들이 구원해야 할 다른 사람들을 찾아서 끝까지 박해받는 사람으로서의 그의 길을 다시 떠나기 전에 풀 위에서 초라한 휴식을 취하게 놔 두시오. 내 평화가 당신들과 같이 남아 있기를 바랍니다."

예수께서는 그들에게 강복하시고, 음식을 들었던 곳으로 돌아오신다. 그리고 사도들도 예수와 같이 온다. 사람들이 떠나가자, 그들은 배낭들을 베고 눕는다. 그리고 오후의 무더위와 찌는 듯한 이 시간의 무거운 적요속에서 오래지 않아 잠이 든다.

113. "'저희들은 쓸데 없는 종들입니다' 하고 말해야 한다"

달은 없지만 수천 개의 별로 밝혀진 밤에 모래톱은 희끄무레해진다. 큰 별, 동방 하늘의 정말같지 않게 큰 별들이다. 그것은 달빛과 같이 강한 빛은 아니다. 그러나 그것만으로도 부드러운 인광(燐光)이어서, 눈이 어두움에 익숙해진 사람에게는 어디를 걸어가는지, 주위에 무엇이 있는지 볼 수 있게 해 준다. 여기서는, 강을 끼고 북쪽으로 올라가는 여행자들 오른쪽에는 부드러운 별빛에 갈대와 버드나무와 키큰 나무들로 이루어진 식물의 경계가 드러나 보인다. 그런데 빛이 매우 약하기 때문에, 나무들이 중단없이 이어져서 뚫고 들어갈 수가 없는 단단한 담을 형성하고, 지금은 완전히 마른 개울이나 도랑 바닥이, 흰 줄을 그어놓은 곳에서만 겨우 끊어진 것같다. 그 흰 줄은 동쪽으로 가다가, 지금은 말라붙은 아주 작은 지류가 구부러지는 곳에서 사라진다. 이와 반대로 왼쪽에는 여행자들이 사해 쪽으로 졸졸거리고 속삭이는 듯 희미한 소리를 내면서 내려가는 고요하고 잔잔한 물의 반영을 알아본다. 그리고 밤에 남빛으로 빛나는 물의 선과, 풀과 작고 큰 나무의 빽빽한 검은 덩어리 사이에 있는, 때로는 더 넓고 때로는 더 좁은 모래톱의 밝은 띠는 가끔 손바닥만한 웅덩이로 끊어져 있다. 그것은 전에 물이 불었던 때의 흔적으로, 아직 물이 조금 남아 있어 조금씩 땅속으로 잦아들어가며, 아직 푸른 풀무더기가 남아 있다. 반면에 다른 곳에는, 해가 내리쬐는 시간에는 틀림없이 몹시 뜨거울 모래 위에 풀들이 말라 있다. 이 물웅덩이들과 샌들을 신은 맨발에 상처를 입힐 수 있는 그 마른 골풀들 때문에 사도들은 가끔 헤어졌다가 다시 선생님 곁으로 모일 수밖에 없다. 예수께서는 언제나 위엄있게 성큼성큼 걸어가시는데, 흔히는 말씀을 하지 않으시고, 눈은 땅을 내려다 보시기보다는 오히려 별을 올려다 보신다.

사도들은 잠자코 있지 않다. 그들은 자기들끼리 말하며, 낮에 있었던 일을 요약 정리하고, 거기에서 결론을 끌어내리거나 장차 올 진전을 예측한다. 직접적인 질문에 대답하기 위하여나, 결함이 있거나 별로 인정이 없는 논리를 정정하기 위하여 어쩌다가 하시는 예수의 말씀이 열두 제자의 수다스러운 말의 사이를 떼어놓는다.

그리고 행진은 이 인기척없는 강가에서 밤의 고요에 사람의 목소리와 발소리라는 새로운 요소로 리듬을 붙이면서 이 밤중에 계속된다. 그러니까 밤꾀꼬리들은 나뭇잎들 사이에서, 그들 명수(名手)의 **독창**을 늘 반주하는 물과 바람의 속삭임을 방해하며 섞여 오는, 음률이 맞지 않고 듣기 싫은 소리들을 듣고 놀라 잠잠해진다.

그러나 과거에 관한 것이 아니라 미래에 관한 직접적인 한 질문이, 경멸이나 분노로 흥분한 목소리들의 더 날카로운 음조에 대하여는 말하지 않더라도, 반란과 같은 난폭함으로 밤의 평온뿐 아니라, 더 은밀한 마음의 평화까지도 깨뜨린다. 필립보가 그들이 집에 가게 되겠는지, 간다면 며칠이나 있어야 가게 되겠는지를 물은 것이다. 사도인 것 외에 남편이고 아버지이며, 보살펴야 할 이해관계를 가지고 있는, 벌써 나이가 많은 사도의 단순한 질문에는 쉬어야 할 은근한 필요, 표현되지는 않았지만 함축된 가족에 대한 애정의 욕망이 들어 있다….

예수께서는 이 모든 것을 알아차리시고, 몸을 돌려 필립보를 바라보신다. 필립보는 마태오와 나타나엘과 함께 조금 뒤에 있기 때문에 예수께서는 그를 기다리시려고 걸음을 멈추신다. 그의 곁에 이르시자, 예수께서는 한 팔로 그의 어깨를 감싸면서 말씀하신다. "곧 가게 된다, 이 사람아. 그러나 네가 그전에 나와 헤어지기를 원치 않는다면, 또 다른 작은 희생을 베풀어 줄 친절을 부탁한다…."

"제가 헤어지다니요? 그건 절대로 안 됩니다!"

"그러면… 너를 얼마 동안 더 베싸이다에서 멀리 데려가겠다. 나는 사마리아로 해서 해항(海港) 가이사리아로 가고자 한다. 돌아오는 길에 우리는 나자렛에 갈 터인데, 갈릴래아에 가족이 없는 사람들은 나와 같이 있을 것이다. 그리고 얼마 후에 가파르나움에서 너희들과 합류하겠다…. 그리고 거기에서 너희들을 더 능력 있는 사람을 만들기 위하여 너희들에게 전도를 하겠다. 그러나 만일 네가 베싸이다에 있는 것이 필요하다고 생각하면… 필립보야, 가거라. 거기서 다시 만나자….”

"아닙니다, 선생님. 선생님을 모시고 있는 것이 더 필요합니다! 그렇지만 아시다시피… 집은 즐겁습니다…. 그리고 제 딸들… 장차 그 애들과 많이 같이 있지 못할 것같이 생각됩니다…. 그래서 그 애들에게서 오는 순결한 즐거움을 조금 즐기고 싶습니다. 그러나 그 애들과 선생님 둘 중에서 골라야 한다면, 저는 선생님을 택하겠습니다…. 그것도 여러 가지 이유로…” 하고 필립보가 한숨을 쉬며 결론을 내린다.

"이 사람아, 그렇게 하는 것이 잘하는 일이다. 나는 네 딸들보다 먼저 치워질 터이니까….”

"오! 선생님!” 하고 사도는 슬퍼하며 말한다.

"필립보야, 그게 사실이다” 하고 예수께서는 사도의 관자놀이에 입맞춤하시며 말을 끝마치신다.

예수께서 가이사리아 말씀을 하신 때부터 입속으로 투덜거린 가리옷의 유다는 필립보에게 주신 입맞춤을 본 것으로 인하여 그의 행위에 대한 통제를 잃은 것처럼 목소리를 높인다. 그리고 이렇게 말한다. "쓸데 없는 일을 얼마나 많이 하는 거야! 가이사리아에 갈 무슨 필요가 있는지 난 정말 모르겠어!” 그런데 이 말을 악의가 넘쳐 흐르는듯이 과격하게 말한다. 마치 "거기 가는 당신은 바보요” 하는 뜻을 은연 중에 암시하려는 것같다.

"우리가 하는 일의 필요성에 대한 판단을 하는 것은 자네가 아니라, 선생님이셔” 하고 바르톨로메오가 대답한다.

"응, 그래? 마치 선생님이 자연의 필요를 잘 알아차리기라도 하시는 것처럼 말이야!”

"이봐! 자네 미쳤나 성한가? 자네가 누구에 대해서 말하는지 알고 있나?” 하고 베드로가 그의 팔을 흔들면서 묻는다.

"나는 미치지 않았어. 머리가 성한 사람은 나 하나뿐이야. 그리고 나는 내가 무슨 말을 하는지 알고 있어.”

"훌륭한 말을 하는구먼!” "그 말들을 셈에 넣지 마십사고 하느님께 청하게!” "겸손은 자네의 장점이 아니구먼!” "가이사리아에 가면 자네가 어떤 사람인지를 사람들이 알아볼까봐 겁내는 것 같구먼" 하고 제베대오의 야고보와 열성당원 시몬과 토마와 알패오의 유다가 함께 제각기 말한다.

가리옷 사람은 알패오의 유다에게 대답한다. "나는 하나도 무서워할 게 없고, 자네들은 아무 것도 알 게 없어. 하지만 나는 이 잘못에서 저 잘못으로 가서 파멸로 가는 것을 보는 데 지쳤단 말이야. 최고회의 위원들과의 충돌, 바리사이파 사람들과의 언쟁, 이제 남은 건 로마인들뿐이란 말이야…"

"뭐라구? 자네가 글라우디아를 친구로 두었기 때문에 기뻐 어쩔 줄을 모르고, 자신만만하고, 자네가, 자네가, 자네가… 자네가 뭐라고 말할 수 없게 됐던 게 두 달도 채 안되는데 말이야!" 하고 바르톨로메오가 비꼬며 지적한다. 바르톨로메오는 가장… 비타협적이면서도, 다만 선생님께 순종하기 위해서만 로마인들과의 접촉을 거부하지 않는 유일한 사람이다.

유다는 한동안 입을 다물고 있다. 그것은 빈정거리는 질문의 논리가 명백하여, 그가 먼저 말한 것을 취소할 수가 없기 때문이다. 그러나 곧이어 고쳐 말한다. "내가 이 말을 하는 건 로마인들 때문이 아니야. 적으로서의 로마인들 때문이 아니란 말이야. 그 여자들은, 결국 네 사람, 기껏해야 대여섯 명에 지나지 않기 때문에 도와주겠다고 약속했고, 또 약속을 충실히 지킬 거야. 그러나 이로 인해서 선생님의 원수들의 원한이 더 커지기 때문이야. 그런데 선생님은 그걸 깨닫지 못하신단 말이야. 그래서…."

"그들의 원한은 극도에 달했다, 유다야. 그리고 너도 나와 같이 그것을 알고 있고, 나보다도 한층 더 **잘** 알고 있다" 하고 예수께서 침착하게 말씀하신다. "더 잘"이란 말을 강조하시면서.

"제가요? 제가요? 누가 선생님보다 사정을 더 잘 알고 있습니까?"

"너 혼자만이 필요한 일을 알고 있고, 그 일에 어떻게 처신해야 할지를 알고 있다고 네가 방금 말했었다…" 하고 예수께서 대꾸하신다.

"그러나 자연적인 일에 대해서는 그렇습니다. 초자연적인 일은 선생님이 그 누구보다도 더 잘 아신다고 저는 단언합니다."

113. "'저희들은 쓸데 없는 종들입니다' 하고 말해야 한다"

"사실이다. 그러나 나는 내 원수들의 원한과 그들의 계획… 같은 추하다고 할까, 품위를 떨어뜨리는 것이라고 할까. 자연적인 일을 나보다 네가 더 잘 알고 있다는 바로 그 말을 한 것이다."

"저는 아무 것도 모릅니다! 아무 것도 몰라요. 제 영혼을 두고, 제 어머니를 두고, 야훼를 두고 맹세합니다…."

"그만두어라! 맹세하지 말라고 하였다"하고 예수께서 엄하게 명하신다. 이 엄격이 그의 얼굴 모습까지 굳어지게 하는 것같아서, 조상(彫像)의 얼굴 모습과 같이 움직이지 않게 된다.

"그러면 맹세는 하지 않겠습니다. 그러나 저는 노예가 아니니까, 가이사리아로 가서 로마 여자들과 말을 하는 것이 필요하지 않고, 유익하지도 않고, 위험하기까지 하다는 말은 할 수가 있습니다…."

"그런데 그렇게 되리라고 누가 네게 말해 주더냐?"하고 예수께서 물으신다.

"누구냐구요? 그야 모든 것이 말해 줍니다! 선생님은 한 가지 일을 확보하고자 하십니다. 선생님은 어떤 자취를…."그러다가 화 때문에 너무 많은 말을 하게 된다는 것을 깨닫고 말을 끊는다. 그랬다가 다시 말을 잇는다. "그래서 저는 선생님이 저희 이해관계도 생각하셔야 할 것이라고 말씀드리는 것입니다. 선생님은 저희들에게서 집이며 돈벌이며 애정이며 편안함이며, 모두를 빼앗아 가셨습니다. 저희들은 선생님의 이익 때문에 박해를 당합니다. 그리고 장차도 박해를 당할 것입니다. 선생님이 온갖 방법으로 말씀하시는 것처럼, 언젠가는 가실 테니까요. 그러나 저희들은 남아 있습니다. 그러나 파산을 한 채로 남아 있을 것입니다. 저희들은…."

"내가 너희들 가운데 있지 않게 될 때에 너는 박해를 받지 않을 것이다. 진리인 내가 네게 말한다. 그리고 네게 말하지만, 나는 너희들이 자발적으로 간절한 마음으로 주는 것을 받았다. 그러니까 너는 내가 너희들이 머리를 빗을 때 빠지는 너희 머리카락 한 가닥도 독단적으로 빼앗았다고 비난할 수 없다. 왜 나를 비난하느냐?"예수께서는 벌써 덜 엄하게 되셨다. 이제는 친절하게 이성으로 돌아오게 하려고 하는 서글픔을 가지고 계신다. 그리고 예수께서 보이시는 자비는 너무도 가득하고 너무도 숭고해서, 죄인에 대하여 확실히 자비를 가지지 않았을 다른 사람들에 대한 억제가 되었다고 생각한다.

유다 자신도 그것을 깨닫고 서로 반대 되는 두 가지 힘에 끌리는 그의 영혼의 급작스러운 방향 전환 중의 하나로 땅에 엎드리며 이마와 가슴을 치면서 외친다. "저는 마귀, 마귀이기 때문입니다. 선생님, 모든 마귀들린 사람을 구해 주시는 것처럼 저도 구해 주십시오! 저를 구제해 주십시오!"

"구원받기를 원하는 의지가 무력하게 되지 않기를 바란다."

"그 의지가 있습니다. 선생님은 그걸 아십니다. 저는 구원받기를 원합니다."

"나에 의해서. 너는 내가 모든 것을 다 하기를 요구한다. 그러나 나는 하느님이라, 네 자유를 존중한다. 나는 '원하게' 되는데 필요한 힘을 네게 주겠다. 그러나 원하는 것은 매여 있는 것이 아니다. 그것은 네게서 와야 한다."

"저는 그러기를 원합니다! 저는 그러기를 원합니다! 그러나 가이사리아에는 가지 마십시오! 가지 마세요! 선생님이 마코르에 가고자 하실 때에 요한의 말을 들으신 것처럼, 제 말도 들으십시오. 저희들은 모두 똑같은 권리를 가지고 있습니다. 저희들은 똑같이 선생님께 봉사합니다. 저희가 하는 것 때문에, 선생님은 저희들을 만족시키실 의무가 있습니다…. 저도 요한처럼 취급하십시오! 저는 그것을 원합니다! 그와 저 사이에 어떤 차이점이 있습니까?"

"정신이 있네! 내 아우는 자네가 말하는 것처럼은 절대로 말하지 않았을 걸세. 내 아우는…."

"입 다물어라, 야고보야. 내가 말하고, 또 모두에게 말한다. 그리고 너는 일어나서 내가 너를 취급하는 것과 같이 인간으로 처신하여라. 주인의 발 앞에서 신음하는 노예같이 하지 말고. 네가 요한처럼 취급되기를 그렇게도 원하니, 인간다워져라. 요한은 순결하고 사랑을 가득히 가지고 있기 때문에 정말이지 인간 이상이다.

가자. 시간이 늦었는데, 나는 새벽에 강을 건너고 싶다. 그 시간에 어부들이 통발을 꺼내 가지고 돌아온다. 그래서 배를 얻기가 쉽다. 달은 마지막 며칠 동안에는 그 가느다란 하현달이 점점 높이 뜬다. 그 환한 달빛 덕택으로 더 빨리 갈 수 있다.

113. "'저희들은 쓸데 없는 종들입니다' 하고 말해야 한다"

잘들 들어라. 나 너희들에게 진정으로 말하지만, 아무도 자기 자신의 의무를 한 것을 자랑해서는 안 되고, 의무인 그것 때문에 특별한 배려를 요구해서는 안 된다.

유다는 너희들이 내게 모든 것을 바쳤다는 것을 상기시켰고, 그 대신 내가 너희들이 하는 것에 대해서 너희를 만족시킬 의무가 있다고 내게 말했다.

그러나 좀 생각해 보아라. 너희들 가운데에는 어부들도 있고, 지주들도 있고, 작업장을 가졌던 사람도 여럿 있고, 하인을 한 사람 두었던 열성당원도 있다. 그러면, 배의 사환들이나, 올리브밭이나 포도밭이나 보통밭에서 하인처럼 너희들을 도와주던 사람들이나, 공장의 견습공이나, 또는 그저 집을 돌보거나 식사 시중을 들던 충직한 하인이 그들의 일을 끝마쳤을 때, 혹 너희들이 그들의 시중을 들었느냐?

그리고 모든 집과 모든 사업에서 그렇지 않느냐? 밭일을 하거나 양들에게 풀을 뜯기는 하인이나, 또는 작업장에 일꾼을 둔 어떤 사람이, 하인이 일을 끝냈을 때, 하인에게 '곧 가서 식사하게' 하고 말하느냐? 그런 사람은 아무도 없다. 그러지 않고, 하인이 밭에서 돌아오거나 일하던 연장을 내려놓거나 하면, 주인은 누구나 이렇게 말한다. '내 식사 준비를 하고 제복을 입어라. 그리고 깨끗한 옷을 입고, 내가 식사하는 동안 시중을 들어라. 그런 다음 먹고 마셔라' 하고. 그리고 이것을 무자비하다고 말할 수는 없다. 과연 하인은 주인을 섬겨야 하지만, 주인은 하인에 대해서 의무가 없다. 그것은 하인은 주인이 그에게 하라고 아침에 명령한 것을 했기 때문이다. 사실, 주인은 그의 하인에 대해서 인정이 있어야 하지만, 하인도 게으르지 않고 낭비하지 않고, 자기에게 옷과 먹을 것을 주는 사람의 안락에 협력할 의무가 있다. 너희들의 소년 선원이나 밭일이나 다른 일을 하는 너희 일꾼이나 너희 하인이 '내가 일을 했으니, 내 시중을 드시오' 하고 말하는 것을 너희들은 참아 견디겠느냐? 나는 그러리라고 생각하지 않는다.

이와 마찬가지로, 너희가 나를 위해서 한 것과 지금 하고 있는 것을 보면서 —그리고 미래에는, 내 사업을 계속하고, 너희들의 선생에게 계속 봉사하기 위하여 너희가 할 것을 보면서— 너희들은 항상 이렇게 말해야 한다. '저희들은 저희 의무밖에 하지 않았으니, 쓸데 없는 하인들입니다' 하고. 그것은 너희들이 하느님에게서 받은 모든 것과 동등하게 하기 위해서 마땅히 해야 한 것보다는 언제나 훨씬 덜 했다는 것을 알게 되겠기 때문이다. 만일 너희들이 이렇게 이치를 따지면, 너희 마음속에 주제넘은 생각이나 불만이 생기는 것을 느끼지 않게 될 것이고, 올바르게 행동할 것이다."

예수께서 입을 다무신다. 모두가 곰곰이 생각한다. 베드로는 달빛을 받아 남색에서 파란빛이 도는 은빛으로 변하는 물을 하늘색 눈으로 계속 바라다 보면서 곰곰이 생각하는 요한을 팔꿈치로 건드리며 말한다. "어떤 사람이 그의 의무 이상의 일을 하는 때는 언제냐고 여쭈어보게. 나는 내 의무 이상의 일을 하게 되었으면 좋겠어…."

"시몬, 나도 그래…. 나는 바로 그 생각을 하고 있었어" 하고 요한은 입술에 아름다운 미소를 머금고 대답한다. 그리고 큰 소리로 묻는다. "선생님, 선생님의 봉사자인 사람이 그의 의무 이상의 일을 하고, 그 이상의 것을 가지고 선생님을 완전히 사랑한다고 결코 말할 수 없겠는지 말씀해 주십시오."

"총각아, 하느님께서는 네게 너무나 많이 주셨기 때문에, 당연히 네 영웅적 행위가 별 것이 아닐 것이다. 그러나 주님은 너무나 인자하셔서, 너희들이 주님께 드리는 것을 당신의 무한한 척도(尺度)로 재지 않으시고, 인간의 능력의 한있는 척도로 재신다. 그래서 너희가 넘칠 만큼 후하게 가득한 척도로 아낌없이 드리는 것을 보시면, 그 때에는 이렇게 말씀하신다. '이 종은 그의 의무가 요구하는 것보다 더 많이 바쳤다. 그러므로 내 상급을 넘치게 주겠다' 하고."

"아이고! 저는 정말 기쁩니다! 그럼 저는 그렇게 넘치게 받기 위해서 넘쳐흐르는 척도를 선생님께 드리겠습니다" 하고 베드로가 외친다.

"그래, 너는 넘쳐 흐르게 줄 것이고, 너희들이 내게 넘쳐 흐르게 줄 것이다. 진리와 빛을 사랑하는 사람은 누구든지 넘치게 내게 줄 것이다. 그래서 그들은 나와 함께 초자연적으로 행복할 것이다."

114. "일곱번 뉘우치는 사람에게는 일곱번 용서하여라"

그들이 이제는 건너편 강가에 와 있다. 그들의 오른쪽에는 다볼산과 소(小) 헬몬산이 있고, 왼쪽에는 사마리아의 산들, 뒤에는 요르단강, 앞에는 평야 저쪽으로 야산들이 있는데, 그 앞에 마젯도가 있다 (내 기억이 틀리지 않으면, 이것이 이미 오래 전에 본 환시에서 들은 이름이다. 즉 신디카와 엔도르의 요한의 출발을 숨길 필요 때문에 헤어졌다가, 예수께서 가리옷의 유다와 토마를 다시 만나신 그 환시 말이다).

지금은 다시 저녁때이고, 그들이 쉬었다는 것이 분명한 것으로 보아, 그들은 낮동안 내내 인심좋은 어떤 집에서 쉰 모양이다. 아직 덥다. 그러나 벌써 이슬이 내리기 시작하여 더위를 완화한다. 그리고 타는 듯한 해넘이의 마지막 붉은 빛에 뒤를 이어 황혼의 보라빛 도는 어두움이 내려온다.

"여기는 걷기가 편한 걸" 하고 마태오가 아주 만족해서 말한다.

"그래. 이 속도로 걸으면, 닭이 울기 전에 마젯도에 가겠는 걸" 하고 열성당원이 대답한다.

"그리고 새벽에는 야산들 너머 사론평야가 보이는 데에 갈 거야" 하고 요한이 덧붙인다.

"또 네 바다도 보이고 말이지, 응?" 하고 그의 형이 놀리느라고 말한다.

"응, 내 바다도 보이고…" 하고 요한이 미소를 지으며 대답한다.

"그러면 자네는 영적인 여행을 한번 또 떠나겠지" 하고 베드로가 투박하고 어진 애정을 가지고 그를 껴안으면서 말한다. "어떻게 해야 사물들을 보는 데에서 어떤 생각을… 천사와 같은 생각을 그렇게 나오게 하는지 내게도 가르쳐 주게. 물이야 나도 수없이 봤지…. 그리고 사랑했어…. 그렇지만… 물은 내게 먹고 사는 것과 고기잡이 하는 데밖에 소용된 적이 없네. 자넨 물에서 뭘 보는 건가?"

"시몬, 나도 물을 자네처럼. 그 누구나 보는 것처럼. 그리고 지금 밭들과 과수원들을 보는 것처럼 보네…. 그러나 곧이어, 육체의 눈 외에 여기 마음속에 다른 눈같은 것이 있어서, 내가 보는 것이 풀과 물이 아니라, 물질적인 그 물건에서 나오는 지혜의 말을 보게 돼. 그 때는 내가 생각하는 것이 아니야. 나는 그렇게 생각할 수가 없을 테 니까. 그렇지 않고 어떤 다른 사람이 내 대신 생각을 하는 거야."

"자넨 아마 예언자인 모양이구먼" 하고 가리옷 사람이 약간 빈정 거리며 묻는다.

"오! 아니야! 나는 예언자가 아니야…."

"그럼? 하느님을 차지하고 있다고 생각하나?"

"그건 더더구나 아니야…."

"그럼, 자넨 정신착란을 일으키는 거로구먼."

"정말 그럴 수도 있을 거야. 나는 하도 보잘 것없고 약하니까. 그러나 그렇다면 정신착란을 일으키는게 대단히 기분좋은 일이고, 또 나를 하느님께로 가게 하는 걸세. 그러면 내 병은 은혜가 되니까, 그 일로 하느님을 찬미하겠네."

"아! 아! 아!" 하고 유다가 요란스럽게 거짓 웃음을 웃는다.

그것을 들으신 예수께서 말씀하신다. "요한은 병자도 아니고 예언 자도 아니다. 그러나 깨끗한 영혼은 지혜를 가지고 있다. 지혜가 의 인의 마음속에서 말하는 것이다."

"그러면 저는 절대로 그렇게 되지 못하겠군요. 저는 항상 착한 마 음을 가지지는 않았으니까요…" 하고 베드로가 낙담하여 말한다.

"그럼 난 또 어떻구?" 하고 마태오가 그에게 대답한다.

"이 사람들아, 오래 전부터 깨끗하기 때문에 지혜를 가질 수 있는 사람은 별로 많지 않고, 아주 적을 것이다. 그러나 뉘우침과 착한 뜻 은, 처음에는 죄가 있고 불완전하던 사람을 의롭게 되게 한다. 그 때 에는 양심이 겸손과 통회와 사랑의 목욕으로 깨끗해진다. 그리고 이 렇게 깨끗해진 영혼은 원래 깨끗한 사람들과 경쟁할 수가 있는 것이 다."

"고맙습니다, 주님" 하고 말하면서 마태오는 선생님의 손에 입맞춤하려고 몸을 숙인다.

침묵이 흐른다. 그러다가 가리옷의 유다가 외친다. "난 지쳤어! 밤새껏 걸을 수 있을는지 모르겠어."

"그럴 테지!" 하고 제베대오의 야고보가 대답한다. "오늘 우리가 자는 동안에 자넨 왕파리처럼 빙빙 돌아다녔으니까 말이야."

"제자들을 만날지 보려고 했던 거야."

"그래 그게 자네와 무슨 상관이 있었나? 선생님이 말씀하지 않으셨는데, 그러니…."

"하지만 난 그렇게 했어. 그리고 만일 선생님이 허락하시면, 난 마젯도에 머무를 거야. 해마다 이맘때면 밀걷이가 끝난 다음 그리로 내려오는 내 친구 중의 한 사람이 있을 걸로 생각해. 내 어머니에 대해서 그에게 말하고 싶어, 그리고…."

"그러면 네가 좋다고 생각하는대로 하여라. 네 일이 끝나거든 나자렛 쪽으로 오너라. 우리는 너를 나자렛에서 만나겠다. 그래서 내 어머니와 알패오의 마리아에게 우리가 오래지 않아 집에 갈 것이라고 알려 드려라."

"저도 마태오처럼 말씀드리겠습니다. '고맙습니다, 선생님.'"

예수께서는 아무 대답도 하지 않으시고, 마태오의 입맞춤을 받으신 것과 같이 손에 그의 입맞춤을 받으신다. 지금은 햇빛이 완전히 사라지고, 아직 별빛은 없는 시간이기 때문에 얼굴들의 표정은 볼 수가 없다. 하도 어두워서 길을 가기가 힘들다. 그래서 어떤 불리한 형편에도 미리 대비하기 위하여 베드로와 토마는 줄지어 서 있는 나무들의 가지들을 다 꺾어서 불을 붙이기로 결심한다. 나뭇가지들은 탁탁 튀면서 탄다…. 그러나 처음에는 빛이 없는 것 때문에, 그 다음에는 연기를 내뿜으며 움직이는 불빛 때문에 얼굴들의 표정을 잘 볼 수가 없다.

야산들은 그러는 동안 가까워졌고, 그 어두운 둥근 언덕이, 밀을 거두어들인 다음 밤 어두움속에 남아 있는 희끄무레한 그루터기의 검은 빛보다 더 분명한 검은 빛 덕택으로 모습을 나타낸다. 그리고 그 야산들은 더 가까워지고, 제일 먼저 뜨는 별들의 빛이 비추는데 따라서 점점 더 모습을 나타낸다….

"여기서 선생님을 떠날까 합니다. 제 친구는 마젯도에서 조금 떨어진 곳에 사니까요. 저는 몹시 피곤합니다…."

"가거라. 주님께서 네 걸음을 지켜 주시기 바란다."

"선생님, 고맙습니다. 잘들 가게, 자네들."

"안녕, 안녕" 하고 다른 사람들은 인사를 별로 대수롭지 않게 생각하며 말한다.

예수께서는 되풀이 해 말씀하신다. "주님께서 네 행동을 지켜 주시기를 바란다."

유다는 거리낌없는 걸음으로 떠난다.

"흠! 이젠 그렇게 피로해 보이지 않는 걸" 하고 베드로가 지적한다.

"그래! 여기서는 샌들을 질질 끌더니, 지금은 영양처럼 뛰어 가는 걸…" 하고 나타나엘이 말한다.

"선생님의 작별인사는 거룩했습니다. 그러나 주님께서 당신의 뜻을 그에게 강요하시면 몰라도, 하느님의 협력이, 그를 도와 착한 방식과 올바른 행동을 하게 하시지는 않을 것입니다."

"유다야, 네가 내 형제라고 해서 꾸지람을 면하는 것은 아니다! 그래서 나는 네가 동료의 비위를 거스르고 그에 대해 무자비한 것을 나무라겠다. 그도 잘못이 있지만, 너도 잘못이 있다. 그리고 첫째 잘못은 그 영혼을 도야(陶冶)하는 일에 나를 도와주지 않는다는 것이다. 너는 네 말로 그를 몹시 화나게 한다. 폭력으로 마음을 사로잡는 것은 아니다. 너는 그의 모든 행동을 비난할 권리를 가지고 있다고 생각하느냐? 그렇게 할 수 있을 만큼 네가 완전하다고 느끼느냐? 네 선생인 내가 그렇게 하지 않는 것은 저 조잡한 영혼을 사랑하기 때문이라는 것을 네게 상기시키겠다. 저 영혼이 그 어느 다른 영혼보다도 불쌍한 생각이 드는 것은… 바로 저 영혼이 조잡하기 때문이다. 그가 자기 처지에 만족하고 있는 줄로 생각하느냐? 그리고 한 동료에 대해서 죄인들을 구속하는 무한한 사랑을 베푸는 일을 훈련하지 않으면, 어떻게 내일 사람들의 선생이 될 수 있겠느냐?"

알패오의 유다는 처음 말씀이 나올 때부터 고개를 숙이고 있다. 그러나 끝에 가서는 땅바닥에 무릎을 꿇고 말한다. "용서해 주십시오. 저는 죄인이니 제가 잘못을 저지를 때에는 나무라 주십시오. 견책은 사랑이고, 또 현인(賢人)에게서 견책을 당하는 은혜를 이해하지 못하는 사람은 어리석은 사람뿐이니까요."

"내가 네 이익을 위해서 그렇게 한다는 것을 너도 알겠지. 그러나 책망에는 용서도 곁들여진다. 그것은 내가 네 엄격함의 이유들을 알기 때문이고, 또 견책을 받는 사람의 겸손은 견책을 하는 사람을 누그러뜨리기 때문이다. 유다야, 일어나거라. 그리고 다시는 죄짓지 말아라." 그리고 그를 요한과 같이 곁에 있게 하신다.

다른 사람들은 자기들끼리 이러쿵 저러쿵 말한다. 처음에는 작은 목소리로 말하다가 나중에는 늘 큰 소리로 말하는 버릇 때문에 더 크게 말한다. 그래서 나는 그들이 유다와 가리옷의 유다를 비교하는 것을 듣게 되었다.

"그 꾸지람을 가리옷의 유다가 들었더라면! 얼마나 반발을 했을지 누가 알겠나? 자네 형은 착해" 하고 토마가 야고보에게 말한다.

"그렇지만… 이거봐… 그가 잘못 말했다고는 할 수 없어. 그 사람은 가리옷의 유다에 대해서 사실을 말했네. 자넨 가리옷의 유다가 유데아에 있는 친구를 보러 간다고 믿나? 나는 믿지 않네" 하고 마태오가 솔직히 말한다.

"아마… 예리고의 장마당에서처럼, 포도밭 일 때문일 테지" 하고 베드로가 잊을 수 없는 광경을 기억하고 말한다. 모두가 웃는다.

"선생님만이 그 사람에 대해서 그렇게 많은 동정을 가지고 계시다는 것은 확실해…" 하고 필립보가 지적한다.

"그렇게 많이라구? 항상이라고 말해야 할 걸세" 하고 제베대오의 야고보가 대꾸한다.

"나같으면, 그렇게까지 참을성을 가지지 못할 걸세" 하고 나타나엘이 말한다.

"나도야" 하고 마태오가 확인한다. "어제의 사건은 몹시 불쾌했어."

"사람은 완전히 자각하지는 못할 걸세" 하고 열성당원이 타협적으로 말한다.

"그렇지만" 하고 베드로가 말한다. "그가 자기 사업은 항상 잘 할 줄 아네. 너무 잘하지. 나는 아무 것도 잃지 않으리라는 확신을 가지고, 내 배며 그물이며 내 집까지도 걸고, 그가 보호를 청하려고 어떤 바리사이파 사람의 집에 가는 중이라고 장담하네…."

"맞아! 이스마엘! 이스마엘이 마젯도에 있어! 우리가 어떻게 그 생각을 못했지?! 아니 선생님께 이 말씀을 드려야 하네!" 하고 토마가 이마를 탁 치면서 외친다.

"쓸데 없는 일이야. 선생님은 또 그를 관대하게 보아주시고, 우리를 나무라실 걸세" 하고 열성당원이 말한다.

"그래도… 해 보세. 야고보, 자네가 가게. 선생님은 자네를 사랑하시네. 자넨 선생님의 친척이니까…."

"선생님께는 우리가 모두 똑같네. 여기 우리를 선생님께서는 친척이나 친구로 보지 않으시고, 사도로만 보시고, 공평무사하시네. 그렇지만 자네들을 기쁘게 하기 위해서 가겠네" 하고 알패오의 야고보가 말하고, 서둘러 동료들을 떠나 예수께로 간다.

"자네들은 그 사람이 어떤 바리사이파 사람에게 갔다고 생각하지. 이 바리사이파 사람이건 다른 사람이건, 그건 상관없어…. 그렇지만 나는 그가 가이사리아에 가지 않으려고 그렇게 했다고 생각하네. 그는 가이사리아에 가는 것이 마음에 내키지 않는 거야…" 하고 안드레아가 말한다.

"얼마 전부터 그 사람이 로마 여자들에 대해서 반감을 가지고 있는 것같아" 하고 토마가 말한다.

"그렇지만… 자네들은 엔갓디로 가고, 나는 그와 같이 라자로의 집에 가는 동안에, 그는 글라우디아와 말하는 것을 아주 기뻐했는데…" 하고 열성당원이 지적한다.

"그래… 그렇지만… 나는 그가 바로 그 때에 어떤 잘못을 저지른 걸로 생각하네. 그리고 요안나가 그걸 알았고, 그 때문에 예수님을 오십사고 청한 것으로 생각하네. 그리고… 그리고… 나는 유다가 벳수르에서 그렇게 화를 낸 뒤로 이 속에서 많은 생각을 굴리고 있단 말이야…" 하고 베드로가 입속으로 투덜거린다.

"자네 말은?…" 하고 마태오가 호기심을 가지고 묻는다.

"그렇지만… 모르겠어…. 그저 생각뿐이지…. 두고 보세…."

"오! 나쁘게 생각하지 마세. 선생님이 그걸 원치 않으셔. 그리고 우리는 그가 나쁜 일을 했다는 증거를 가지고 있지 못해" 하고 안드레아가 애원한다.

"너는 그가 선생님을 몹시 슬프게 해 드리고, 선생님께 불손하게 굴고, 불평을 쏟아놓고… 하는 것을 잘하는 일이라고 내게 말하려는 건 아니겠지…."

"됐네! 시몬! 나는 그가 조금 미쳤다고 장담하네…" 하고 열성당원이 말한다.

"좋아! 그럴 수도 있을 거야. 하지만 그는 우리 주님의 인자에 대해서 죄를 짓는단 말이야. 나는 혹 그가 내 얼굴에 침을 뱉고, 뺨을 때리더라도 그의 구속을 위해서 그걸 하느님께 바치기 위해 참아받을 걸세. 나는 그를 위해서 가지가지 희생을 하기로 결심을 했네. 그래서 그가 나를 누르기 위해서 미친 체할 때에는 혀를 깨물고, 손바닥을 손톱으로 꼭 누르곤 하네. 그러나 내가 용서할 수 없는 건 그가 우리 선생님께 못되게 구는 거야. 그가 선생님께 짓는 죄는 내게 하는 것과 같아서, 그를 용서하지 않아. 그리고… 그런 일이 어쩌다 있으면 몰라! 그런데 늘 또 시작하고 또 시작하고 한단 말이야! 그가 저지른 일 때문에 이 속에서 부글부글 끓는 노기를 미쳐 가라앉히지도 못했는데, 또 다른 일을 저지른단 말이야! 한번, 두번, 세번… 한계가 있는 거지!" 베드로는 거의 외치다시피, 그리고 그의 성급함으로 인하여 요란한 몸짓을 하며 말한다.

10미터쯤 앞서 가시는 예수께서 밤 중에 보이는 흰 그림자처럼 돌아서시며 말씀하신다. "사랑과 용서에는 한계가 없다. 한계가 없어. 하느님께도 그렇고 진짜 하느님의 아들들에게도 그렇다. 생명이 있는 동안에는 한계가 없다. 용서와 사랑이 내려오는 것을 막는 유일한 장애물은 죄인의 뉘우치지 않는 저항뿐이다. 그러나 죄인이 뉘우치면 항상 용서를 받는다. 하루에 한번, 두번, 세번이 아니라, 그 이상이라도.

너희들도 죄를 짓는다. 그리고 하느님께서 너희를 용서해 주시기를 원해서 '저는 죄를 지었습니다! 용서해 주십시오' 하고 말하면서 하느님께로 간다. 그리고 하느님께서는 용서하는 것이 즐거운 것과 같이 너희들에게는 용서받는 것이 기분좋다. 너희들은 하느님이 아니다. 따라서 너희와 같은 사람 중의 하나가 너희들에게 짓는 죄는, 다른 아무와도 같지 않으신 분께 짓는 죄보다 덜 무겁다. 그렇게 생각되지 않느냐? 그런데도 하느님께서는 용서하신다. 너희들도 그와 같이 하여라. 너희들 자신에 주의하여라! 너희들의 비타협성이 너희들에 대한 하느님의 비타협성을 유발해서 너희들에게 손해로 변하지 않을까 조심하여라.

　이 말은 벌써 한 것이지만, 다시 되풀이 한다. 자비를 얻으려면 자비를 베풀어라. 죄인에 대해서 준엄할 수 있을 만큼 죄를 면한 사람은 아무도 없다. 남의 가슴을 찍어누르는 무거운 짐을 보기 전에 너희들 마음을 찍어누르는 무거운 짐을 보아라. 우선 너희 정신에서 너희들의 무거운 짐을 내려놓고 나서 다른 사람들의 무거운 짐을 돌아보고, 다른 사람들에게 단죄하는 준엄을 보이지 않고 가르치고 악에서 해방되도록 도와주는 사랑을 보이도록 하여라. '너는 하느님과 이웃에 대해 죄를 지었다'고 말해도 죄인이 너희들에게 침묵을 강요할 수 없게 하려면, 죄를 짓지 않았어야 한다. 또는 적어도 죄를 보속했어야 한다. 죄지은 것을 원통하게 생각하는 사람에게, 뉘우치는 사람은 용서해 주시는 하느님의 봉사자로서 '하느님께서는 뉘우치는 사람은 용서하신다는 것을 믿어라' 하고 말할 수 있으려면, 너희들이 용서하는 데 많은 자비를 보여야 한다. 그러면 너희들은 이렇게 말할 수 있을 것이다. '뉘우치는 죄인, 알겠느냐? 나는 자기 죄를 그 때마다 뉘우치는 사람에게는 수없이 여러번 용서해 주시는 분의 봉사자이기 때문에 네 죄를 일곱번씩 일곱번 용서한다. 그러니까 네가 다만 그분의 봉사자이기 때문에 용서할 줄 아니, 완전하신 분께서는 너를 얼마나 용서해 주실지 생각해 보아라. 믿음을 가져라' 하고.

　너희들은 이렇게 말할 수 있어야 하는데, 말로 말하는 것이 아니라 행동으로 이렇게 말해야 한다. 용서함으로써 말해야 한다는 말이다. 따라서 너희 형제가 죄를 지으면, 사랑을 가지고 나무라라. 그리고 그가 뉘우치면, 용서하여라. 또 만일 아침에 그가 죄를 일곱번 지었는데, '나는 뉘우칩니다' 하고 일곱번 말하거든, 그만큼 여러번 용서하여라. 알아들었느냐? 그렇게 하겠다고 약속하겠느냐? 그가 멀리 떨어져 있는 동안 그를 동정하겠다고 약속하겠느냐? 그가 잘못할 때에는 너희가 자제하는 희생으로 그를 고쳐 주도록 나를 돕겠다고 약속하겠느냐? 내가 그를 구원하도록 도와주지 않겠느냐? 그는 정신적인 형제, 한 분뿐이신 아버지에게 온 형제, 오직 한 민족에서 온 한겨레로서의 형제, 너희들과 같이 사도이기 때문에 사명으로서의 형제이다. 따라서 너희들은 그를 세곱절 사랑해야 한다. 만일 너희들 가정에 아버지께 걱정을 끼쳐 드리고, 그에 대해서 소문이 나게 하는 형제가 있으면, 아버지가 더이상 고통을 당하지 않으시게 하고, 사람들이 너희 가정에 대해서 말을 하지 않게 하려고, 그를 나무라려고 하지 않겠느냐? 그러면? 너희 가정은 아버지는 하느님이시고, 맏아들은 나인 더 크고 더 거룩한 가정이 아니냐? 그러면 왜 아버지와 나 자신을 위로하고, 불쌍한 형제를 착하게 만드는 일에 우리를 도우려고 하지 않느냐? 정말이지 그는 그런 상태에 있는 것이 기쁘지 않다…."

예수께서는 결점 투성이인 사도를 위하여 애를 태우며 애원하신다…. 그리고 이렇게 말씀을 마치신다. "나는 큰 거지이다. 그래서 너희들에게 가장 귀중한 동냥을 청한다. 내가 너희들에게 청하는 것은 영혼들이다. 나는 영혼들을 찾아 다닌다. 그러나 너희들은 나를 도와야 한다. 사랑을 찾는데, 정말 얼마 안 되는 사람에게서
는 허기진 내 마음을 배불리 먹여 다오. 완전을 향해 가지 않는 사람은 내게 있어서 굶주린 내 영에서 빼앗아 가는 빵과 같기 때문이다. 사랑을 받지 못하고 이해를 받지 못해서 몹시 슬퍼하는 너희들의 선생에게 영혼들을 다오…."

사도들은 감격하였다…. 그들은 선생님께 많은 말씀을 드리고 싶은데, 어떤 말도 그들에게는 보잘 것없는 것으로 생각된다…. 그들은 선생님 둘레로 바싹 모여들어서, 그들이 선생님을 사랑한다는 것을 느끼시게 하기 위하여 모두가 선생님을 애무하기를 원한다.

마침내 온유한 안드레아가 말한다. "예, 주님. 참을성과 침묵과 희생 따위, 회개를 시키는 무기를 가지고, 저희들은 주님께 영혼들을 드리겠습니다. 하느님께서 저희를 도와주시면… 저희 영혼두요…."

"그렇습니다, 주님. 그리고 선생님은 기도로 저희를 도와 주십시오."

"그러마. 그리고 그동안, 떠나간 동료를 위해서 함께 기도하자. '하늘에 계신 우리 아버지….'"

예수의 완전한 목소리는 주의 기도의 말을 또박또박 천천히 왼다. 다른 사람은 작은 목소리로 따라 한다. 그리고 기도를 드리면서 그들은 밤 어두움을 헤치며 멀어져 간다.

115. "하늘에 가기를 갈망하면서, 사람들을 가르치기 위하여 사는 것은 하나의 순교이다"

하도 낮기 때문에 야산이라고도 부를 수 없는 마지막 언덕 꼭대기에서 보니, 지중해 해안이 넓은 반경 안에 나타난다. 그 범위는 북쪽에는 갈멜산의 갑(岬)으로 한계가 지어져 있고, 남쪽으로는 사람의 시력이 미치는 끝간 데가 없는 거리까지 환히 트여 있다. 거의 직선이 고요한 해안이고, 그 뒤편에 있는 지방은 겨우 매우 낮은 땅의 기복이 군데군데 있는 기름진 평야이다. 해안 도시들은 안쪽에 있는 푸르름과 고요하고 청명한 바다의 푸른 빛 사이에 있는 흰 집들과 함께 보인다. 바다의 푸른 빛은 하늘의 깨끗한 파란 빛을 반사해서 반짝인다.

가이사리아는 사도들과 예수와 몇몇 제자들과 같이 있는 곳에서 약간 북쪽에 있다. 그 제자들은 아마 저녁이나 새벽에 지나온 마을들에서 만날 모양이다. 지금은 새벽이 지났고, 아직 아침의 이른 시간이기는 하지만 새벽빛도 지난 시간이니까. 이 시간은 하늘이 새벽의 장미빛 다음에 파란 빛이 되고, 공기는 맑고 더없이 신선하며, 들판이 시원하고, 바다에는 돛 하나도 나타나지 않는 여름날 아침의 몹시 아름다운 시간이며, 새 꽃들이 피고, 처음 햇살에 증발하는 이슬이 풀냄새를 함께 풍겨, 나무줄기에 있는 잎들을 겨우 움직이게 하고, 평평한 바다의 수면에 겨우 주름을 일게 하는 아침의 미풍의 가벼운 입김에 신선함과 향기를 맡기는 순결한 시간이다.

도시는 해안에 전개되어 나타나는데, 로마인들의 세련된 문명이 나타나는 어떤 곳이나 그런 것처럼 아름답다. 공동 목욕탕과 대리석으로 지은 궁궐들이 바다에서 가장 가까운 동네에 얼어붙은 눈덩어리 같은 흰 빛을 벌여놓고 있는데, 그 동네들은 항구 가까이에 세워진 역시 흰 빛깔의 네모진 탑이 지키고 있다. 그것은 아마 야영이나 관측소인 모양이다. 그리고는 변두리의 더 수수한 히브리식 집들이 있고, 사방에 혹은 더 혹은 덜 호화롭게 옥상에 꾸며진 정자 모양의 덩굴들과 옥상 정원이 있고, 어디에나 나무들이 우뚝우뚝 서 있다.

사도들은 거의 언덕 꼭대기에 심어진 플라타너스의 그늘에 머물러서 감탄하여 바라 본다.

"이렇게 한없이 넓은 것을 보니 숨쉬기가 더 낫구먼!" 하고 필립보가 외친다.

"그리고 저 아름다운 파란 물의 시원한 맛을 모두 벌써 느끼는 것 같네" 하고 베드로가 말한다.

"정말이야! 그렇게도 많은 먼지와 조약돌과 가시덤불을 거치고 나서 말이야…. 얼마나 많은지 보라구! 얼마나 시원하고, 얼마나 평온해! 바다는 언제나 평화를 주네…" 하고 알패오의 야고보가 지적한다.

"흠! 뺨을 후려갈기고, 사람과 배를 사내 아이들의 손이 돌리는 팽이처럼 돌릴… 때를 빼놓고는 말이지…" 하고 마태오가 아마 그가 배멀미를 한 것을 기억하면서 말한다.

"선생님… 저는… 저는 하느님의 능력을 찬미하는 우리 시편 작자들에서 욥서에 이르기까지의 모든 말씀과 지혜서들 말씀을 생각합니다. 그리고 왠지 모르게 사물들을 보는 데서 오는 이 생각은 제게 또 다른 생각을 하나 일으킵니다. 즉 저희가 끝까지 의로운 사람으로 있으면 파랗고 빛나는 깨끗함 위에 있는 완전한 아름다움으로 들어올려져서, 선생님이 저희들에게 묘사하시는, 악의 종말이 될 선생님의 영원한 승리속에 많은 사람이 모여 있게 될 것이라는 생각입니다. 그리고 저는 부활한 사람들의 빛나는 몸들이 있고, 선생님은 천개의 태양보다도 더 찬란하게 복된 사람들 가운데 계시며, 더이상 고통과 눈물과 어제 저녁에 있었던 것과 같은 욕설과 중상이 없고… 평화, 평화, 평화가 있는 저 한없이 넓은 하늘이 보이는 것같습니다…. 그러나 악이 언제나 해를 끼치지 않게 되겠습니까? 혹 선생님의 희생에 대해서 쏘는 그의 화살을 무디게 할까요? 자기가 졌다는 것을 확신하게 될까요?" 하고 처음에는 미소를 짓다가 나중에는 괴로워하며 요한이 말한다.

115. "하늘에 가기를 갈망하면서, … 사는 것은 하나의 순교이다" **355**

"절대로 그런 일은 없을 것이다. 그는 의인들이 부인하는 데도 불구하고 제가 항상 이기는 줄로 믿을 것이다. 그리고 내 희생도 그의 화살을 무디게 하지 못할 것이다. 그러나 악이 지게 될 마지막 시간이 올 것이다. 그러면 네 정신이 어렴풋이 본 아름다움보다도 더 무한한 아름다움속에서 선택받은 사람들이 영원하고 거룩한 유일한 백성, 참 하느님의 참 백성이 될 것이다."

"그런데 저희들 모두가 거기 있을 것입니까?" 하고 사도들이 묻는다.

"모두."

"그럼, 저희들은요?" 하고 벌써 많아진 제자들의 무리가 묻는다.

"너희들도 모두 거기에 있을 것이다."

"여기 있는 사람 모두 말씀입니까, 그렇지 않고 모든 제자 말씀입니까? 헤어진 사람들이 있는데도, 이제는 저희 수효가 많습니다."

"그리고 너희들은 점점 더 많아질 것이다. 그러나 모두가 끝까지 충실하지는 않을 것이다. 그래도 많은 제자가 나와 함께 천국에 있을 것이다. 어떤 사람들은 속죄를 한 다음에 상을 받을 것이고, 어떤 사람들은 죽은 다음 이내 받을 것이다. 그러나 상이 너무 커서, 너희들이 세상과 그 고통을 잊어버릴 것과 같이, 연옥과 거기서 속죄하며 느낄 사랑의 향수를 잊게 될 것이다."

"선생님, 선생님은 저희가 박해와 순교를 당할 것이라고 말씀하셨습니다. 그 때에는 저희가 붙잡혀서 뉘우칠 시간도 없이 죽임을 당할 수 있겠습니까? 또는 저희가 약한 것 때문에 참혹한 죽음을 당하면서 인종(忍從)을 가지지 않게 되지 않겠습니까?…. 그러면 어떻게 합니까?" 하고 제자들 가운데에 있던 안티오키아의 니콜라이가 말한다.

"그렇게 생각하지 말아라. 인간으로서의 약점 때문에 과연 너희들은 인종으로 순교를 할 수 없을 것이다. 그러나 주님에 대해 증언을 해야 하는 위대한 사람들에게는 주님께서 초자연적인 도움을 주신다…."

"어떤 도움입니까? 혹 무감각입니까?"

"니콜라이, 그게 아니다. 완전한 사랑이다. 그들은 지극히 완전한 사랑에 이르러서, 고문의 고통과 비난의 고통, 부모와 헤어지는 고통, 생명과 그밖의 모든 것에 대한 고통이 사기를 꺾는 것이 되지 않게 되고, 오히려 모든 것이 하늘을 향하여 올라가기 위한, 하늘을 받아들이고 하늘을 보기 위한 발판으로 변할 것이고, 그들의 마음이 벌써 가 있는 곳, 즉 하늘로 가기 위하여 그들의 팔과 마음을 고문에 내맡길 것이다."

"이렇게 죽는 사람은 많은 용서를 받겠군요" 하고 내가 이름을 알지 못하는 나이 먹은 제자가 말한다.

"빠삐아, **많은 것**을 용서받지 않고, 모든 것에 대하여 용서를 받을 것이다. 사랑은 사죄(赦罪)이고, 희생은 사죄이며, 영웅적인 신앙 고백은 사죄이기 때문이다. 따라서 순교자들은 삼중으로 깨끗해지리라는 것을 너는 알게 되었다."

"오! 그러면… 선생님, 저는 많은 죄를 지었습니다. 그래서 저는 이 사람들을 따라왔고, 어제 선생님은 저를 용서해 주셨습니다. 그리고 그 이유로 인해서 선생님은 용서를 하지 않아서 죄가 있는 사람들에게서 모욕을 당하셨습니다. 선생님의 용서는 유효하다고 믿습니다. 그러나 제가 오랜 세월 동안 죄를 지었기 때문에 제게 죄를 사해 주는 순교를 주십시오."

"당신은 너무 많은 것을 내게 청하오!"

"제베대오의 요한이 묘사하고, 선생님이 확인하신 지복(至福)을 얻기 위해서 제가 바쳐야 할 만큼은 절대로 되지 못할 것입니다. 주님, 제발 제가 주님과 주님의 가르치심을 위해 죽게 해 주십시오…."

"당신은 너무 많은 것을 청하오! 사람의 목숨은 내 아버지의 손에 있소…."

"그러나 주님의 판단은 어떤 것이든지 받아들여지는 것과 같이 주님의 기도도 어느 것이든지 받아들여집니다. 저를 위해 영원하신 분께 이 용서를 청해 주십시오…."

그 사람은 예수의 발 앞에 무릎을 꿇고 있다. 예수께서는 그의 눈을 들여다 보시고, 이어서 말씀하신다. "그러면 세상이 매력을 모두 잃었고, 마음은 하늘을 갈망하는데 살아 있는 것과 다른 사람들에게 사랑을 가르치기 위하여 사는 것, 그리고 선생님이 체험한 실망을 체

115. "하늘에 가기를 갈망하면서, … 사는 것은 하나의 순교이다" **357**

험하면서 선생님에게 영혼들을 바치기 위하여 지치지 않고 꾸준한 것은 순교가 아니라고 생각되오? 당신의 뜻이 더 영웅적인 것으로 보이더라도 언제나 하느님의 뜻을 행하시오. 그러면 당신은 성인이 될 거요…. 그러나 동료들이 식량을 가지고 오니, 몹시 더운 시간이 되기 전에 시내에 도착하게 길을 떠납시다."

그리고 앞장서서 가파르지 않은 비탈로 가신다. 비탈길은 이내 해항 가이사리아로 가는 흰 띠 같은 길이 나 있는 평야에 이른다.

116. 해항 가이사리아에서

가이사리아에는 로마인들의 세련된 식탁을 위하여 고급 식료품들이 모여드는 넓은 시장들이 있고, 또 얼굴과 얼굴빛과 인종의 만화경(萬華鏡) 속에 더 보잘 것없는 양식이 있는 광장 근처에는 사방에서 온 더 풍부한 양식들을 파는 상점들이 있다. 그 양식들은 여러 군데에 있는 로마 식민지에서 온 것도 있고, 고국에서 멀리 떨어져 있는 것을 덜 고생스럽게 하기 위하여 먼 이탈리아에서 온 것도 있다. 포도주와 다른 데에서 온 값진 요리의 거래가 깊숙한 회랑 밑에서 이루어진다. 그것은 로마인들이 연회에서 먹을 양식들을 그들의 세련된 입을 위하여 장만할 때에 햇볕에 타거나 비를 맞는 것을 좋아하지 않기 때문이다. 미각을 만족시키기 위하여 쾌락주의자가 되는 것도 좋지만, 다른 식구들의 보호에도 마음을 써야 한다…. 그렇기 때문에 그늘진 서늘한 회랑들과 비를 맞지 않게 하는 회랑들이, 해변길과 병영과 조세 관청이 있는 광장 사이에 둘러싸여 있는 총독 관저 주위에 거의 모두 몰려 있다시피 한 로마인들의 동네에서 유다인들의 시장 근처에 있는 로마인들의 상점으로 통한다.

시장 쪽으로 면한 끝에 있는, 아름답지는 않지만 편리한 회랑에는 사람이 많이 있다. 가지가지 종류의 사람들이 있는데, 노예들과 해방된 노예들이 있고, 때로는 노예들에 둘러싸인 돈많은 향락자도 어쩌다 있는데, 그는 가마를 길거리에 남겨둔 채, 이 판매대에서 저 판매대로 느릿느릿 걸어다니면서 물건을 사고, 노예들은 그것을 집으로 가져간다. 부유한 로마인 두 사람이 만날 때의 습관적으로 하는 한가로운 회화는 날씨, 멀리 떨어져 있는 이탈리아의 기쁨을 주지 못하는 이 나라의 권태, 웅장한 구경거리에 대한 아쉬움, 연회의 식단, 그리고 난잡한 이야기들이었다.

부대와 짐꾸러미를 짊어진 열 명 가량의 노예를 앞세운 한 로마인이 같은 신분의 다른 로마인 두 사람을 만났다. 서로 인사를 나눈다.
"엔니우스, 안녕하시오?"
"플로루스 뚤리우스 꼬르넬리우스, 안녕하시오? 마르꾸스 헤라끌레우스 플라비우스, 안녕하시오?"
"언제 돌아오셨소?"
"그저께 새벽에 돌아와서 피로하오."
"당신이 피로하다구? 대관절 당신이 언제 땀을 흘리오?" 하고 플로루스라고 불린 젊은이가 농담을 한다.
"놀리지 마시오. 플로루스 뚤리우스 꼬르넬리우스, 지금 마침 친구들을 위해서 땀을 흘리고 있는 중이오!"
"친구들을 위해서라구? 우리는 당신더러 애쓰라고 요구하지 않았소" 하고 마르꾸스 헤라끌레우스 플라비우스라고 불린 나이 좀 더 먹은 다른 사람이 반박한다.
"그러나 내 마음은 당신들을 생각하고 있소. 나를 업신여기는 잔인한 사람들, 짐꾸러미를 짊어진 저 노예들의 행렬을 보시오? 다른 노예들은 다른 짐을 가지고 저들보다 먼저 갔소. 그런데 이것이 모두 당신들을 위해서요. 당신들을 대접하려고."
"그러면 당신 일이 그것이오? 연회?"
"그런데 왜?" 두 친구가 요란스럽게 소리지른다.
"쉬! 고귀한 로마 귀족들끼리 이렇게 소란을 피우다니! 당신들은 우리가… 지치게 되는 이 나라의 천민과 같구려."
"진탕 먹고 마시고 하는 일이 없어서 지친단 말이지요. 우리는 그 일 말고 다른 일은 아무 것도 하는 것이 없으니까. 나는 우리가 왜 여기 와 있는지 아직 의아하게 생각하오. 우리가 무슨 의무를 가지고 있는 거요?"
"죽도록 권태로운 것이 의무 중의 하나지요."
"저 가련한 곡녀(哭女)들에게 사는 것이 어떤 것인지를 가르치는 것이 또 하나의 의무이고."
"또… 히브리 여자들의 신성한 골반에 로마의 씨를 뿌리는 것이 또 하나의 의무요."
"그리고 다른 곳에서와 마찬가지로 여기서도 무엇이든지 할 수 있는 우리의 재력과 권력을 누리는 것이 또 하나의 의무요."
 세 사람은 호칭기도(呼稱祈禱)에서 하듯이 번갈아가며 말하고 웃는다. 그러다 젊은 플로루스가 중단하고 침울해지며 말한다. "그러나 얼마 전부터 빌라도의 즐거운 궁정에 안개가 내려덮히기 시작했소. 가장 아름다운 여자들이 순결한 처녀들처럼 행동하고, 남편들도 그 여자들의 변덕을 돕고 있소. 이것은 관례적인 축제에 대단한 피해를 주오…."
 "그렇소! 이 변덕은 저 세련되지 못한 갈릴래아 사람 때문이오…. 그러나 이것은 이내 지나갈 거요…."
 "엔니우스, 당신 생각은 틀렸소. 글라우디아까지도 그가 사로잡은 사람들 중의 한 사람이라는 것을 나는 아오. 그리고 이 때문에 그의 저택에는 도덕관념에 이상한 조심성이 자리잡았소. 그 곳에는 엄격한 공화정치시대의 로마가 되살아나는 것같소…."
 "쳇! 곰팡이 냄새가 나는군! 그런데 언제부터 그렇소?"
 "사랑에 유리한 따뜻한 4월부터 그렇소. 당신은 모르지요…. 당신은 여기 없었으니까. 그러나 우리 귀부인들은 유골 단지 앞의 곡녀들같이 침울하게 되었소. 그래서 우리 남자들은 다른 데에서 많은 위로를 찾아야 하오. 정숙한 여자들이 있는 곳에서는 그런 위로조차 허락되지 않소!"
 "이것으로 내가 당신들을 구제할 이유가 하나 더 생긴 셈이오. 오늘 저녁에는 큰 만찬이 있고… 게다가 우리 집에서는 진탕 먹고 마시는 판이 벌어지오. 내가 갔던 친띠움에서 나는 이곳의 불쾌한 놈들이 부정하다고 생각하는 더 없는 즐거움을 발견했소. 공작, 자고(鷓鴣), 가지가지 뜸부기, 그리고 죽인 어미에게서 산 채로 떼어서 우리의 식사를 위해 기른 산돼지 새끼요. 그리고 포도주… 아! 로마의 구릉지대와 내 고향 리떼르눔의 더운 해안지대, 그리고 당신의 고향 아치리 근처의 양지바른 해변에서 나는 달고 값진 포도주요!…. 또 키오와 친띠움이라는 진주를 가지고 있는 섬에서 나는 향기로운 포도주. 그리고 마지막 향락을 위해 성욕을 불지르기에 알맞은 이베리아의 취하게 하는 포도주. 오! 이것은 굉장한 축제일 거요! 이 귀양살이의 권태를 쫓아내기 위해서. 우리가 아직 남자답다는 것을 확신하기 위해서…."
"여자들도 있소?"
"여자들도… 그리고 장미꽃보다도 더 아름답고, 피부색도 각각이고…. 홍취도 각각인 여자들. 모든 상품 중에는 여자들도 끼여 있는데, 그것을 장만하는 데 큰 돈이 들었소…. 그러나 나는 친구들에 대해서 너그럽소!…. 나는 여기서 마지막 물건들을 사고 있었소. 여행하는 동안에 상할 수 있는 것을. 연회가 끝난 다음에는 사랑이 우리를 기다리고 있소!…."
"여행은 잘 했소?"
"썩 잘 했지요. 바다의 비너스가 나를 도와주었소. 그뿐 아니라, 오늘밤의 의식을 비너스에게 바치오…."
세 사람은 머지않아 누릴 그들의 가증할 기쁨을 미리 맛보면서 상스럽게 웃는다….
그러나 풀로루스가 묻는다. "왜 이 멋진 축제를 벌이는 거요? 무슨 동기로?…."
"세 가지 동기가 있소. 내 사랑하는 조카가 요사이 성인(成人)의 토가*를 입게 되오. 이 사건을 축하해야지요. 가이사리아가 슬픈 체류지가 되고, 그래서 비너스에게 하는 의식으로 운명을 거슬러서 가야 한다는 전조(前兆)를 따르는 것. 셋째는… 당신들에게 살그머니 말하지만 내가 결혼을 하는 거요…."
"당신이? 설마!"
"내가 결혼을 하오. 꼭 닫힌 항아리에서 첫모금을 맛볼 때마다 '결혼식'을 하는 거요. 오늘 저녁에 내가 이렇게 할 거요. 나는 2만 세스테르티우스*, 또 혹 당신들이 이렇게 말하는 것을 더 좋아한다면, 금화 200을 주고 그 여자를 샀소. ─이 만한 돈을 사실 브로커들과… 그런 종류의 다른 사람들한테 주고야 말았소.─ 그러나 비너스가 그 여자를 사월의 어느 날 새벽에 낳고, 거품과 금빛 광선으로 빚었다

───────────

* 역주 : Toga. 고대 로마의 길고 펑퍼짐한 옷.
* 역주 : Sestertius. 고대 로마의 은화. 2½온스의 값어치가 있었음.

하더라도, 그 여자를 더 아름답고 더 깨끗하다고 생각하지는 않았을 거요! 꽃봉오리, 벌어지지 않은 꽃봉오리… 아! 그런데 내가 그 여자의 주인이란 말이오!"

"신을 모독하는 사람!" 하고 마르꾸스 헤라끌레우스가 농조로 말한다.

"이보다 더 나을 것이 없는 당신은 비평가인 체하지 마시오!… 발레리아누스가 떠난 뒤로는 우리가 여기서 권태로워 죽을 지경이었소. 그러나 내가 그를 대신하오…. 우리보다 먼저 온 사람들의 경험을 이용해야 하오. 나는 내가 갈라 치쁘리나라는 이름을 붙인 꿀보다 더 황금빛 금발의 그 여자가 인생을 즐길 줄 모르는 거세된 자들의 우울과 철학으로 타락하기를 기다릴 만큼 그처럼 어리석지는 않을 거요…."

"좋아! 하지만… 발레리아누스의 여자노예는 유식했고 또…."

"…또 철학서적을 읽는 데 미쳤었지요…. 그러나 무슨 영혼! 무슨 내세! 무슨 덕행이오!… 사는 것은 즐기는 것이오! 그런데 여기서는 우리가 살고 있소. 어제 나는 두루마리를 모두 불속에 던졌소. 그리고 노예들에게 어기면 죽을 것이라고 하면서, 철학자들과 갈릴래아 사람들의 궁상을 상기시키지 말라고 명했소. 그러면 계집아이는 나밖에는 모를 거요…."

"그런데 그 여자를 어디서 발견했소?"

"음! 사려깊은 어떤 사람이 갈리아 전쟁 후에 노예들을 취득해서 대우를 잘하면서 생식용으로만 사용하면서, 새로운 아름다운 꽃들을 주기 위해 아이들을 낳아 주기만을 요구했소. 그런데 갈라는 그 새로운 아름다운 꽃들 중의 하나요. 지금은 그 애가 사춘기의 소녀가 되었는데, 주인이 팔았소…. 그래서 내가 산 거요…. 아!아!아!"

"색골!"

"내가 아니면 다른 사람이었을 거요…. 그러므로… 여자로 태어나지 말았어야 했던 거요…."

"그 사람이 당신 말을 듣는다면… 오! 저기 온다!"

"누구 말이오?"

"우리 귀부인들을 호린 나자렛 사람말이오. 당신 뒤에 있소…."

116. 해항 가이사리아에서

엔니우스는 등 뒤에 독사가 있기라도 한 것처럼 돌아본다. 그는 당신 주위에 몰려드는 보잘 것없는 서민들과 로마인들의 노예들까지 있는 사람들 가운데로 천천히 걸어오시는 예수를 바라본다. 그리고 비웃는다. "저 거지?! 여자들이 타락했소. 그러나 저 자가 우리 마저 호리지 못하게 피합시다! 너희들은" 하고 마침내 불쌍한 그의 노예들에게 말한다. 노예들은 무거운 짐을 짊어진 채 그동안 줄곧 여인상주(女人像柱)처럼 서 있었는데, 그들에 대하여는 동정도 없다. "너희들은 집으로 가라. 지금까지 시간을 허비했으니까 빨리 가라. 그리고 음식 준비를 하는 사람들은 향신료와 향료를 기다리라고 해라. 빨리! 그리고 황혼 때에 모든 것이 준비되어 있지 않으면, 채찍이 있다는 것을 기억해라."

노예들은 뛰어서 가고, 그 뒤를 로마인과 그의 두 친구가 더 천천히 따라간다….

예수께서는 앞으로 나아오신다. 엔니우스의 마지막 말을 들으셨기 때문에 슬퍼하시며, 키가 크기 때문에 위에서, 무거운 짐을 지고 뛰어 가는 노예들을 무한한 연민으로 내려다 보신다. 예수께서는 휘 둘러보시며, 로마인들의 다른 노예들의 얼굴을 찾으신다…. 예수께서는 당신을 둘러싸고 있는 군중에 섞여서, 관리에게 들키거나 히브리인들에게 내쫓길까봐 벌벌 떨고 있는 노예 몇 사람을 보시고, 걸음을 멈추시며, 말씀하신다. "여러분 가운데 이 집의 사람이 아무도 없소?"

"없습니다, 주님. 그러나 저희들은 그 사람들을 압니다" 하고 거기 있는 노예들이 대답한다.

"마태오야, 저 사람들에게 동냥을 듬뿍 주어라. 그들은 그것을 동료들과 나누어 가져서, 그들을 사랑하는 어떤 사람이 있다는 것을 알게 할 것이다. 그리고 당신들은 고역 중에서 착하고 정직하게 산 사람들에게는 인생과 더불어 끝나는 것은 고통뿐이고, 고통과 더불어 부자와 가난한 사람, 자유인과 노예 사이의 관계가 끝난다는 것을 알고, 다른 사람들에게도 그 말을 하시오. 그 다음에는 오직 한 분뿐이시고, 모든 사람에 대해 공평하신 하느님께서 계십니다. 하느님께서는 재산이나 속박은 상관하지 않으시고, 착한 사람들에게는 상을 주시고, 그렇지 않은 사람들을 벌하실 것입니다. 이것을 기억하시오."
 "예, 주님. 그러나 글라우디아와 쁠라우띠나의 집에 딸린 저희들은 리디아와 발레리아의 사람들과 같이 꽤 행복합니다. 그리고 선생님께서 저희들의 운명을 낫게 해 주셨기 때문에 선생님을 찬미합니다" 하고 한 늙은 노예가 말한다. 그의 말을 모두가 우두머리의 말처럼 듣는다.
 "내게 대해서 감사하는 마음을 가지고 있다는 것을 보이기 위해서 점점 더 착하게 되시오. 그러면 참 하느님을 영원한 친구로 모시게 될 것입니다." 그러면서 예수께서는 그들을 떠나보내고 강복하시려는 것처럼 손을 드신다. 그런 다음 한 기둥에 기대 서시어 군중이 주의를 기울이고 조용한 가운데 말씀을 시작하신다. 노예들은 떠나가지 않고, 하느님의 입에서 나오는 말씀을 듣기 위하여 남아 있다.
 "들으시오.
 자식을 많이 둔 어떤 아버지가 어른이 된 자식 각자에게 가치가 큰 돈 두 닢씩을 주면서 말했습니다. '나는 이제는 너희들 각자를 위해서 일할 생각이 없다. 너희들은 이제 생활비를 벌만한 나이가 되었다. 그래서 너희들 각자에게 너희들 마음에 더 드는대로, 그리고 너희들의 이익을 위해서 쓰라고 똑같은 양의 돈을 준다. 나는 여기 남아서 기다리면서, 너희들에게 조언을 할 마음을 가지고, 또 고의가 아닌 어떤 불행으로 인해서 내가 지금 주는 돈을 전부 또는 일부분 잃게 되면, 너희를 도와줄 준비를 하고 있겠다. 그러나 고의적인 악의로 돈을 잃는 사람과 아무 일도 하지 않거나 악습으로 돈을 써버리거나 돈을 놓고 있게 하는 게으름쟁이에 대해서는 용서가 없으리라는 것을 기억해라. 나는 모두에게 선과 악을 가르쳤다. 그러므로 너희들은 아무 것도 모르면서 인생살이를 시작한다고 말할 수 없다. 나는 모두에게 슬기롭고 올바른 활동과 정직한 생활의 본보기를 주었다. 따라서 너희들은 내가 나쁜 본본기로 너희 정신을 타락시켰다고 말할 수는 없다. 나는 내 의무를 다했다. 이제는 너희들이 바보도 아니고, 준비가 안 되지도 않았고, 문맹도 아니니까 너희 의무를 해라. 가거라." 그러면서 자식들을 떠나 보내고 집에 혼자 남아 기다렸습니다.

116. 해항 가이사리아에서

그의 자식들은 사방으로 흩어졌습니다. 그들은 모두 똑같은 것을 가지고 있었습니다. 그들이 마음대로 쓸 수 있는 가치가 많은 돈 두 닢과, 건강과 정력과 지식과 아버지의 본보기라는 그 보다 더 큰 보물을 가지고 있었습니다. 그러므로 그들은 똑같이 성공해야 했습니다. 그러나 어떻게 되었습니까? 자식들 중에서 어떤 사람들은 그들의 돈을 잘 써서, 지칠 줄 모르는 성실한 일과 아버지의 가르침에 맞추어서 한 처신 덕택으로, 빨리 정직한 큰 돈을 만들었습니다. 어떤 자식들은 처음에는 정직하게 재산을 만들었지만, 곧이어 아무 일도 하지 않고 맛있는 음식만 먹어서 재산을 흩뿌렸습니다. 또 어떤 자식들은 고리대금과 파렴치한 장사로 재산을 모았습니다. 또 어떤 자식은 무기력하고 게으르고 우유부단한 탓으로 아무 것도 하지 않았고, 그래서 아직 어떤 일거리를 발견하지도 못한 채, 가치가 많은 그들의 돈을 다 쓰게 되었습니다.

얼마후 가장은 자식들이 어디 있는지 알고 있었기 때문에 사방으로 하인들을 보내면서 그들에게 말했습니다. '내 자식들에게 집으로 모이라고 말해라. 나는 내 아이들이 그동안 한 일에 대해서 내게 보고하기를 원하고, 내가 직접 그들의 처지를 알아보고자 한다.' 그래서 하인들은 주인의 아들들을 만나러 갔습니다. 그들은 전갈을 가지고 가서 각기 그들이 찾아간 주인의 자식과 같이 돌아왔습니다.

가장은 그들을 아버지로서, 그러나 또 심판자로서 매우 장엄하게 맞아들였습니다. 거기에는 집안의 모든 친척이 와 있었고, 친척들과 더불어 친구들과 친지들과 하인들과 동향인들과 근처 마을 사람들도 있었습니다. 큰 모임이었습니다. 아버지는 가장의 자리에 앉아 있었고, 그 둘레로는 반원형으로 모든 친척, 친구, 친지, 하인 마을 사람이나 이웃 마을 사람들이 있었습니다. 그 앞에는 자식들이 줄지어 서 있었습니다.

질문을 받지 않아도, 그들의 여러 가지 모습은 진실을 나타내고 있었습니다. 부지런하고 정직하고 품행이 바르고 거룩하게 재산을 모은 아들들은 넉넉한 재산과 훌륭한 건강과 편안한 양심을 가진 사람다운, 기운차고 편안하고 여유있는 모습을 보였습니다. 그들은 착하고 고마워하고 겸손하면서도 동시에 의기양양한 미소를 지으면서 아버지를 쳐다 보았습니다. 그 미소는 아버지와 가정을 명예롭게 하고, 훌륭한 아들, 훌륭한 시민, 훌륭한 신자였던 것에 대한 기쁨으로 빛나는 것이었습니다. 게으름과 악습으로 그들의 재물을 낭비한 아들들은 창피해하고 어쩔줄을 몰라하며, 초라한 모습에, 그들의 몸 전체에 흔적이 남아 있는 진탕 먹고 마신 것이나, 굶주림의 표가 나는 허술한 옷차림을 하고 있었습니다. 위법인 술책으로 재산을 모았던 아들들은 길들이는 사람을 무서워하고 반항할 차비를 하고 있는 야수들과 같은 딱딱하고 공격적인 얼굴과 잔인하고 불안한 눈길을 가지고 있었습니다….

아버지는 이 마지막 아들들부터 질문을 시작했습니다. '떠날 때에는 아주 평온한 모습을 가졌던 너희들이 대관절 어떻게 이제는 할퀼 차비를 하고 있는 야수들같이 보이느냐? 그 모습이 어디서 오는 거냐?'

'인생살이가 저희들에게 이런 모습을 주었고, 또 저희를 집 밖으로 내보내신 아버지의 냉혹 때문에 이런 모습이 되었습니다. 아버지가 저희들을 세상과 접촉하게 하셨습니다.'

'좋다. 그래 너희들은 세상에서 무엇을 했느냐?'

'아버지가 주신 아무 것도 아닌 것을 가지고 생활비를 벌라고 하신 아버지의 명령에 복종하기 위해서 저희가 할 수 있는 일을 했습니다.'

'좋다. 이쪽 구석으로 가 있어라…. 이제는 야위고 병들고 옷도 변변히 입지 못한 너희들 차례다. 어떻게 해서 그 꼴이 되었느냐? 너희들이 떠날 때에는 그래도 건강하고 옷을 제대로 입었었는데?'

'10년이 되니까 옷이 해졌습니다…' 하고 게으름쟁이들이 반박했습니다. '세상에는 사람의 옷을 만드는 데 쓰이는 천이 다 없어졌느냐?'

'천은 있습니다…. 그러나 그걸 사려면 돈이 있어야 합니다….'

'너희들은 돈이 있었는데.'

'10년이 되니까…, 돈이 떨어진지가 오래 되었습니다. 시작되는 것은 무엇이든지 끝이 있는 것입니다.'

'돈을 꺼내 쓰기만 하고 갖다 넣지 않으면 그렇다. 그러나 왜 갖다 쓰기만 했느냐? 만일 너희가 일을 했더라면, 돈을 갖다 넣고, 또 끝

없이 꺼내 쓰고, 비축을 늘릴 수도 있었을 것이다. 혹 병이라도 들었었느냐?'
  '아닙니다, 아버지.'
  '그러면?'
  '저희들은 길을 잃은 것같은 생각이 들었습니다…. 무슨 일을 하는 것이 적당한지 몰랐습니다…. 저희들은 일을 잘 못할까봐 걱정이 돼서, 잘못하지 않으려고 아무 일도 하지 않았습니다.'
  '조언을 구하기 위해서 호소할 너희 아비가 있지 않았느냐? 혹 내가 까다롭고 가까이하기 어려운 아비 노릇을 한 적이 있었느냐?'
  '아! 아닙니다! 그렇지만 저희들은 아버지께 〈저희들은 솔선해서 일을 할 능력이 없습니다〉 하고 말씀드리기가 창피스러웠습니다. 아버지는 항상 몹시 활동적이셨습니다…. 그래서 저희들은 부끄러워서 숨었습니다.'
  '됐다. 너희들은 방 한가운데로 가거라. 너희들 차롄데, 너희들은 내게 무슨 말을 하겠느냐? 굶주림과 병으로 고통을 당한 것같은 너희들은? 아마 일을 너무 많이 해서 병이 난 모양이지? 솔직히 말해라. 그러면 야단을 치지 않겠다.'
  부름을 받은 아들들 중의 어떤 아들들은 무릎을 꿇고 가슴을 치면서 말했습니다. '아버지, 용서하십시오! 벌써 하느님께서 저희들을 벌하셨는데, 저희들은 벌을 받아 마땅합니다. 그러나 저희들의 아버지이신 아버지는 저희들을 용서해 주십시오! 저희들은 시작은 잘 했지만, 끝까지 꾸준하지 못했습니다. 쉽게 부자가 됐기 때문에, 저희들은 이렇게 말했습니다. 〈좋아! 친구들이 권하는 것처럼 좀 즐기자. 그런 다음 일을 다시 해서 축난 것을 보충하자〉 하고. 그리고 사실 저희들은 그렇게 하려고 했습니다. 돈 두 닢을 도로 찾아서 장난으로 하는 것처럼 다시 이익을 내게 하려구요. 그리고 두번이나(그중 두 사람이 이렇게 말한다), 세번이나(그중 한 사람이 이렇게 말한다) 저희들은 성공을 했습니다. 그렇지만 그 다음에는 운이 다해서 저희 돈을 전부 잃었습니다.'
  '그러나 어째서 처음 잘못한 다음에 다시 정신을 차리지 않았느냐?'

'악습으로 양념이 된 빵은 미각을 타락시켜서, 그것 없이는 살 수 없게 되기 때문입니다….'

'아비가 있었는데….'

'사실입니다. 그래서 저희들은 후회와 향수를 가지고 아버지를 그리워했습니다. 그러나 저희들은 아버지의 마음을 상해 드렸었습니다…. 저희들은 아버지의 책망을 듣고 용서를 받기 위해서, 아버지께 저희를 부를 생각을 일으켜 주시도록 하늘에 애원했습니다. 저희들은 그걸 청했습니다. 그리고 지금도 재산보다도 오히려 용서를 더 청합니다. 재물은 저희들을 빗나가게 했기 때문에, 이제는 재물을 원치 않습니다.'

'좋다. 너희도 앞서의 형제들과 같이 방 한가운데에 가 있어라. 그리고 저들과 같이 병들고 가난하면서도 말을 하지 않고 고통도 보이지 않는 너희들은 무슨 말을 하겠느냐?'

'처음 형제들이 말한대로 말하겠습니다. 아버지는 무모한 행동방식으로 우리를 파멸시켰기 때문에 아버지를 미워한다구요. 우리를 아는 아버지는 우리를 유혹 가운데로 내몰아서는 안 됐던 것입니다. 아버지가 우리를 미워했습니다. 그래서 우리도 아버지를 미워합니다. 아버지는 우리를 몰아내려고 우리에게 덫을 놓았습니다. 저주를 받으세요.'

'됐다. 첫번 형제들과 같이 저 구석에 가 있어라. 그러면 이제는 건강해 보이고 침착하고 부유한 내 아들들인 너희들 차례다. 말해 보아라. 너희들은 어떻게 그렇게 되었느냐?'

'아버지의 가르치심, 아버지의 본보기, 아버지의 충고, 아버지의 명령 모두를 실천에 옮겨서 이렇게 되었습니다. 저희들에게 생명과 지혜를 주신 축복받으신 아버지, 아버지께 대한 사랑으로 유혹에 저항해서 이렇게 되었습니다.'

'됐다. 너희들은 내 오른편으로 오너라. 그리고 모두 내 심판과 내 변호를 들어라. 나는 모두에게 돈과 좋은 본보기와 지혜를 똑같이 주었다. 내 자식들은 여러 가지 다른 모양으로 응하였다. 부지런하고 정직하고 품행이 좋은 아버지에게서 그를 닮은 아들들이 나왔고, 그 다음에는 게으름쟁이들, 유혹에 쉽게 빠지는 약한 자들, 그리고 아버

116. 해항 가이사리아에서 **369**

지와 형제들과 이웃을 미워하는 잔인한 아들들이 나왔다. 이 아들들은 이웃에 대해서 고리대금을 하고 죄를 저질렀다는 것을 그들이 말하지 않아도 나는 안다. 그런데 약하고 게으른 아들들 가운데에는 뉘우치는 사람들과 뉘우치지 않는 사람들이 있다. 이제는 내가 심판한다. 완전한 아들들은 벌써 내 오른편에 있으며, 일하는 데에 있어서 나와 동등했던 것과 같이 영광속에서도 나와 동등하다. 뉘우치는 아들들은 배워야 하는 어린 아이들 같이, 다시 어른이 되게 하는 능력의 정도에 이를 때까지 다시 시련을 겪을 것이다. 뉘우치지 않는 자들과 죄있는 자들은 내 집 밖으로 내던져져서, 이제는 그들의 아버지가 아닌 사람의 저주로 괴롭힘을 받아라. 이제는 그들의 아버지가 아니라고 한 것은 그들의 증오로 인해서 우리 사이에는 부자의 관계가 끊어졌기 때문이다. 그러나 내가 모두에게 상기시키고자 하는 것은 각자가 제 운명을 제가 만들었다는 것이다. 나는 모든 아들에게 똑같은 것들을 주었는데, 그것들이 그것을 받은 사람들에게 네 가지 다른 운명을 만들어 주었기 때문이다. 그래서 나는 그들의 불행을 원했다는 비난을 받을 수가 없다.'

비유를 듣는 여러분, 비유는 끝났습니다. 이제는 이 비유가 무엇을 나타내는지를 말하겠습니다.

하늘에 계신 아버지는 자식이 많은 가정의 아버지로 상징되십니다. 모든 아들이 세상에 보내지기 전에 그들에게 준 돈 두 닢은, 율법과 의인들의 본보기로 교육을 받고 훈련된 다음, 좋다고 생각하는 대로 쓰라고 하느님께서 각 사람에게 주시는 시간과 자유의지입니다.

모든 사람에게는 똑같은 선물이 주어집니다. 그러나 각 사람은 그것을 자기 뜻대로 씁니다. 시간과 그들의 능력, 교육, 부, 재산, 모두를 선을 위하여 모으고, 자기자신을 건강하고 거룩하게 유지하며, 그들이 불린 재산으로 부유해지는 사람들이 있습니다. 시작은 잘 했다가 싫증이 나서 모든 것을 잃는 사람들도 있습니다. 아무 것도 하지 않으면서, 일을 다른 사람들이 해야 한다고 주장하는 사람들도 있습니다. 자기들이 잘못한 것에 대해서 아버지를 비난하는 사람들도 있고, 뉘우치고 속죄를 할 뜻을 가지고 있는 사람들도 있고, 뉘우치지 않고, 마치 그들의 파멸이 다른 사람들에 의해 강요된 것처럼 비난하고 저주하는 사람들도 있습니다.

하느님께서 의인들에게는 즉시 상을 주십니다. 뉘우친 사람들에게는 그들의 뉘우침과 속죄로 상을 받게 될 수 있도록 속죄할 시간과 자비를 주십니다. 그리고 죄를 지은 다음 뉘우치지 않음으로 사랑을 짓밟는 자에게는 저주와 벌을 주십니다. 하느님께서는 각자에게 마땅히 받아야 할 것을 주십니다.

그러므로 시간과 자유의지라는 돈 두 닢을 낭비하지 말고, 올바르게 써서 아버지의 오른편에 가도록 하시오. 그리고 만일 위반했으면, 뉘우치고 자비로운 사랑을 믿으시오.

가시오. 평화가 여러분과 함께 있기를!"

예수께서는 그들에게 강복하시고, 광장과 길거리들을 환히 비추는 햇빛을 받으며 떠나 가는 것을 바라 보신다. 그러나 노예들은 아직 거기에 있다….

"아직 여기 있소, 가엾은 친구들? 아니, 벌을 받게 되지 않소?"

"주님의 말씀을 들었다고 말하면 벌을 받지 않습니다. 저희 주인마님들은 주님을 숭배합니다. 주님, 이제는 어디로 가실 것입니까? 주인마님들은 아주 오래 전부터 주님을 뵙기를 갈망합니다…."

"항구의 밧줄 장수의 집으로 가오. 그러나 나는 오늘 저녁에 떠나는데, 당신들의 여주인들은 연회에 가 있을 것이오…."

"그래도 말씀을 드리겠습니다. 주인마님들은 주님이 지나가시는 것을 알리라고 아주 여러 달 전부터 명령했습니다."

"좋소, 가시오. 그리고 당신들도 시간과 또 사람이 속박을 당해도 항상 자유로운 생각을 잘 쓰도록 하시오."

노예들은 머리가 땅에 닿도록 몸을 구부려 인사하고, 로마인들의 동네를 향하여 간다. 예수와 제자들은 수수한 거리로 해서 항구 쪽으로 가신다.

117. "거룩함의 한 형태인 지혜는 판단의 빛을 준다"

　예수께서는 밧줄 장수의 초라한 가정에 머무르신다. 바닷물에 가까이 있기 때문에 찝찔한 냄새가 감도는 낮은 집이다. 집 뒤에는 여러 가지 구매자들이 가져가기 전에 상품을 부려 두는 별로 기분좋지 않은 냄새를 풍기는 창고들이 있다. 앞 쪽에는 무거운 수레들이 자주 다니는 먼지투성이의 거리가 있는데, 끊임없이 왔다갔다 하는 짐부리는 사람들과 개구쟁이들과 마차꾼들과 뱃사람들 때문에 시끄럽다. 길 저쪽에는 작은 선거(船渠)가 하나 있는데, 괴어있는 물은 거기에 버리는 찌꺼기들 때문에 기름끼가 있다. 그 선거에서 운하 모양의 작은 항구가 시작되는데, 그것은 넓어서 큰 배들을 받아들일 수 있는 진짜 항구로 통한다. 서쪽에는 모래밭으로 된 평지가 있는데, 손으로 돌려서 꼬는 윈치가 삐걱거리는 가운데 밧줄들을 만든다. 동쪽에는 남자들과 여자들이 그물과 돛을 수선하는 훨씬 더 작고, 한층 더 소란하고 어수선한 광장이 또 있다. 그리고는 반쯤 벗은 사내 아이들이 우굴거리는 찝찔한 냄새가 나는 낮은 오두막집들이 있다.
　예수께서 부유한 집을 택하셨다고는 분명히 말할 수 없다. 파리, 먼지, 소음 괴어 있는 웅덩이와 껍질을 벗기려고 물에 담가놓은 삼 냄새 따위가 이곳의 주인이다. 그런데 왕중의 왕이 작은 집 뒤에 있는 광같기도 하고 창고같기도 한 이 초라한 곳에서, 피곤하셔서 사도들과 같이, 다루지 않은 삼단 위에서 주무신다. 거기서는 역청(瀝靑) 같이 까만 문으로 해서 역시 까만 부엌으로 들어가고, 속돌 같은 흰 회색을 띠게 하는 먼지와 소금에 부식되고 벌레가 먹은 문으로 해서 사람들이 밧줄들을 만들고 있는 광장으로 나가게 되는데, 거기에서는 껍질을 벗기려고 물에 담가놓은 삼의 퀴퀴한 냄새가 온다.
　광장에는, 장방형인 광장 양쪽 끝에 두 그루씩 엄청나게 큰 플라타너스 네 그루가 있는데도 불구하고, 해가 쨍쨍 내리쬔다. 삼을 꼬는

데 쓰이는 윈치들이 이 나무들 아래 있다. 내가 그 기구의 명칭을 잘 설명하는지 모르겠다. 남자들은 정말 품위를 지키는 데 필요한 최소한의 것에 머무르는 짧은 속옷을 입고, 샤워를 하는듯이 땀을 줄줄 흘리며 계속해서 윈치를 돌리고 있는데, 마치 갤리선의 죄수들처럼 쉬지 않고 기구를 움직이고 있다…. 그들은 일에 꼭 필요한 말밖에는 하지 않는다. 그러므로 윈치의 바퀴가 삐걱거리는 소리와 삼이 꼬이면서 늘어나는 소리 말고는 광장에 다른 소리가 없어, 밧줄 장수의 집을 둘러싸고 있는 다른 장소들의 소음과는 이상한 대조를 이룬다.

그래서 밧줄 만드는 사람들 중의 하나가 "여자들이?! 이 지독한 시간에?! 저거 봐! 바로 이리로 오는데…" 하고 외치는 소리는 마치 생각할 수 없는 일과 같이 놀라운 일이다.

"남편을 묶기 위해 밧줄이 필요한 모양이지…" 하고 한 젊은 밧줄 제조공이 농담을 한다.

"일하는 데 삼이 필요할 수도 있겠지."

"아이고! 빗질을 완전히 한 삼을 공급하는 사람들이 있는데, 이렇게 투박한 우리의 삼을!?"

"우리 삼은 덜 비싸거든. 알겠어? 저 여자들은 가난하단 말이야…."

"그렇지만 이곳 여자들이 아닌 걸. 저들의 색다른 겉옷을 보게나…."

"여기 여자들이 아니야. 지금은 가이사리아에 별의별 것이 다 있어…."

"저 여자들이 혹 선생님을 찾는지도 모르겠군. 병자들인지도 몰라…. 이 더위에 저렇게 푹 뒤집어쓰고 있는 걸 보게…."

"문둥병자만 아니었으면 좋겠는데…. 빈곤은 좋아, 그렇지만 문둥병은 싫어. 하느님께 대한 인종으로라도 문둥병은 싫어" 하고 밧줄 만드는 곳 주인이 말한다.

"그러나 당신은 '하느님께서 보내시는 것은 무엇이든지 받아들여야 한다'고 하신 선생님의 말씀을 들었지요."

"그렇지만 문둥병은 하느님께서 보내시는 게 아니야. 그건 죄와 악습과 전염이야…."

여자들은 뒤로 해서 왔다. 말하는 사람들, 그러니까 광장 끝에 있는 사람들 말고, 집 쪽에 있는 사람들, 따라서 다가가는 데 제일 가까운 사람들 뒤로 해서 왔다. 그리고 그 중의 한 여자가 밧줄 만드는 사람 중의 한 사람에게 무슨 말을 하려고 몸을 구부리니, 그 사람은 깜짝 놀라 돌아보며 얼빠진 사람처럼 그대로 있다.

"좀 들으러 가세…. 저렇게 뒤집어쓴 여자들… 하지만 집안에 문둥병까지 생기면, 그 많은 아이들하고 설상가상이겠네!…" 하고 밧줄 만드는 곳 주인이 윈치 돌리는 움직임을 중단하고 걷기 시작하면서 말한다. 동료들이 그를 따라 온다….

"시몬, 이 여자가 뭘 물어보지만, 외국말을 하네. 배를 타고 다닌 자네가 좀 들어보게" 하고 여자가 말을 물어본 사람이 말한다.

"무슨 일입니까?" 하고 밧줄 장수는 여자의 얼굴에까지 내려오는 어두운 빛깔의 베일을 통해서 그 여자를 보려고 애쓰며 거칠게 묻는다.

그러니까 매우 순수한 그리이스말로 여자는 "이스라엘의 왕 선생님을."

"아! 알았습니다. 그러나… 당신들은 문둥병자입니까?"

"아니오."

"그걸 누가 증명합니까?"

"선생님께서 친히. 선생님께 여쭈어 보시오."

그 남자는 망설인다. 그러다가 말한다.

"좋습니다. 믿음의 행위를 하겠습니다. 그러면 하느님께서 나를 보호해 주실 겁니다…. 부르러 갈 테니 여기 그대로 있으시오."

여자들은 네 사람인데 말이 없는 회색빛 띤 무리를 이루고 움직이지 않는다. 몇 걸음 떨어진 곳에 모인 밧줄 만드는 사람들은 놀란 눈으로 분명히 두려워하며 그 여자들을 바라본다.

그 남자는 창고 안으로 가서 주무시는 예수를 건드린다. "선생님… 밖으로 오십시오. 누가 선생님을 찾습니다."

예수께서는 잠을 깨시고 곧 일어나시며 물으신다. "누구요?"

"모르겠습니다!… 그리이스 여자들인데… 베일을 푹 뒤집어썼습니다…. 그 여자들은 문둥병자가 아니라고 말하면서, 선생님이 그걸 증명하실 수 있다고 합니다….”
 "곧 가겠소.”예수께서는 벗어 놓으셨던 샌들끈과 옷깃의 끈을 매시고, 주무시는 동안 더 자유로우라고 끌러 놓으셨던 허리띠를 다시 매시면서 말씀하신다. 그리고 밧줄 장수와 같이 나오신다. 여자들은 예수께로 마주 나오려는 몸짓을 한다.
 "거기 그대로 있으라니까요! 당신들이 내 아이들 노는 곳에 걸어 들어오는 것을 원치 않습니다…. 우선 당신들이 건강하다고 선생님이 말씀하시기를 바랍니다.”
 여자들은 걸음을 멈춘다. 예수께서 여자들에게로 가신다. 아까 그리이스말로 말한 여자 말고 키가 제일 큰 여자가 작은 소리로 한 마디 한다. 예수께서 밧줄 장수를 돌아보시며 말씀하신다. "시몬, 안심해도 되오. 이 여자들은 건강하오. 그런데 나는 이 여자의 말을 조용히 들을 필요가 있소. 집으로 들어가도 되겠소?”
 "아닙니다. 할망구가 말할 수 없이 수다스럽고 호기심이 많습니다. 저 안쪽에 있는 선거의 창고로 가십시오. 거기에는 작은 방 하나가 있으니까 혼자서 조용히 계실 수 있습니다.”
 "오시오…” 하고 예수께서 여자들에게 말씀하신다. 그리고 여자들과 같이 광장 저 안쪽에 악취를 풍기는 창고 안에 있는, 감방처럼 작은 방으로 가신다. 그 방에는 망그러진 연장들과 걸레들과 삼부스러기들과 왕거미들이 있고, 물에 담근 삼과 곰팡이 냄새가 어떻게나 심한지 목구멍이 막힐 지경이다. 매우 근엄하시고 매우 창백하신 예수께서 가벼운 미소를 지으시며 말씀하신다. "여기는 당신들의 취미에 맞는 장소가 아닙니다…. 그러나 나는 다른 장소가 없습니다….”
 "저희들은 지금 이 장소에 사시는 분을 보기 때문에 장소는 보지 않습니다” 하고 쁠라우띠나가 베일과 겉옷을 벗으면서 대답한다. 다른 여자들도 따라서 그렇게 하는데, 그들은 리디아, 발렌시아, 그리고 해방된 노예 알불라 도미띨라이다.
 "이것으로 나는 그래도 역시 당신들이 나를 의인으로 믿고 있다는 결론을 내리게 되는군요.”
 "의인 이상이십니다. 그리고 글라우디아가 저희를 보내는 것도 바로 선생님께서 의인 이상이시라고 믿고, 그가 들은 말을 고려에 넣지

117. "거룩함의 한 형태인 지혜는 판단의 빛을 준다" **375**

않기 때문입니다. 그러나 글라우디아가 선생님께 대해서 가지는 존경을 배로 늘리기 위해서 그 사실을 선생님께서 확인해 주시기를 바랍니다."

"또는 그들이 나를 어떠한 모습을 가진 사람으로 보이게 하려고 하는데 내가 그런 모습으로 나타나면 그 존경을 집어치우려고 말이지요. 그러나 글라우디아를 안심시키시오. 나는 인간적인 목표를 가지고 있지 않다고. 그렇습니다, 나는 모든 사람을 오직 하나인 나라에 모으기를 원합니다. 그러나 사람들의 무엇을 말입니까? 살과 피를 말입니까? 아닙니다. 이것은, 즉 잘 변하는 물질은 불안정한 왕국들과 불확실한 제국들에 남겨 놓습니다. 나는 내 왕권 아래, 사람들의 영만을 모으고자 합니다. 불멸하는 영들을 불멸의 나라에, 나는 그 어떤 사람이 주는 것이든 이 뜻과 다른 내 의지의 다른 뜻은 일체 거부합니다. 그리고 나는 진리는 오직 한 말밖에 가지고 있지 않다는 것을 당신들이 믿고, 당신들을 보낸 분에게 말하기를 부탁합니다…."

"선생님의 사도는 아주 자신만만하게 말하던데…."

"그 사람은 흥분한 어린 아이와 같은 사람입니다. 그를 실제로 있는 그대로 생각해야 합니다."

"그러나 그 사람은 선생님께 해를 끼칩니다! 그를 나무라십시오…. 그를 쫓아 버리십시오…."

"그러면 내 자비가 어디에 있겠습니까? 그 사람은 잘못된 사랑으로 그렇게 합니다. 그러니 내가 그를 불쌍히 여겨야 하지 않겠습니까? 그리고 또 내가 그를 쫓아낸다고 무엇이 달라지겠습니까? 그는 자기와 내게 곱절이나 되는 해를 끼칠 것입니다."

"그러면 그 사람은 선생님께 발에 맨 쇠공과 같은 존재로군요!…."

"내게는 그가 구속해야 할 불행한 사람입니다…."

쁠라우띠나는 팔을 내밀며 무릎을 꿇고 말한다. "아! 그 누구보다도 더 위대하신 선생님, 선생님의 마음이 선생님의 말씀 안에 있는 것을 느낄 때 선생님께서 거룩하시다는 것을 믿기가 얼마나 쉽습니까! 선생님의 지능보다도 한층 더 큰 선생님의 사랑 때문에 선생님을 사랑하고 선생님을 따르기가 얼마나 쉽습니까!"

"더 크지는 않지만, 당신들에게는 더 이해할 수 있는 것이지요…. 당신들은 너무나 많은 오류의 방해를 받는 지능을 가지고 있고, 또 진리를 받아들이기 위하여 모든 것을 버릴 만큼 용감하지도 못합니다."

"선생님의 말씀이 옳습니다. 선생님께서는 지혜로우신 만큼 예언자이기도 하십니다."

"지혜는 거룩함의 한 형태이므로 과거의 일이나 현재의 일에 대해서나 미래의 사건을 예고하는 데 있어서나 항상 판단의 빛을 줍니다."

"그렇기 때문에 선생님네 예언자들은…."

"그분들은 성인들이었습니다. 그 때문에 하느님께서는 그분들과 매우 완전하게 뜻이 통했었습니다."

"그분들이 이스라엘 사람들이기 때문에 거룩했습니까?"

"그분들이 거룩했던 것은 이스라엘 사람들이기 때문에, 그리고 그분들의 행동이 옳기 때문이었습니다. 이스라엘이면서도 이스라엘 전체가 거룩하지는 않았으니까요. 우연히 어떤 민족이나 어떤 종교에 속해 있는 것이 거룩하게 할 수 있는 것은 아닙니다. 이 두 가지는 거룩하게 되는 것을 많이 도울 수 있습니다. 그러나 이것들이 거룩함의 절대적인 요인은 아닙니다."

"그러면 그 요인은 어떤 것입니까?"

"사람의 의지입니다. 좋으면 사람의 행동을 성덕으로 이끌어가고, 나쁘면 퇴폐로 이끌어가는 의지입니다."

"그러면… 저희들 가운데에도 반드시 의인이 없는 것은 아니라는 말씀이군요."

"그렇습니다. 오히려 당신들의 조상들 가운데에는 틀림없이 의인들이 있고, 또 지금 살아 있는 사람들 가운데에도 확실히 의인들이 있을 것입니다. 이교도의 세계 전체가 마귀에게 속해 있다는 것은 너무나 소름끼치는 일일 터이니까요. 당신들 가운데 선과 진리에 대하여 매력을 느끼고, 악습에 대하여 혐오를 느끼며 나쁜 행동을 사람의 품위를 떨어뜨리는 것으로 생각하고 피하는 사람들은 벌써 정의의 오솔길에 들어 있다고 생각하시오."

117. "거룩함의 한 형태인 지혜는 판단의 빛을 준다" **377**

"그러면 글라우디아는…."
"그렇습니다, 그리고 당신들도. 끝까지 꾸준하시오."
"그러나 선생님께 회두하기… 전에 죽게 된다면?… 덕을 닦은 것이 무슨 소용이 있겠습니까?…."
"하느님께서는 공평하게 심판하십니다. 그러나 왜 참 하느님께로 오는 것을 주저합니까?"
 세 귀부인은 고개를 숙인다…. 침묵이 흐른다…. 그런 다음 그리스도교에 대한 그 많은 잔인한 행위와 저항에 대한 설명을 주는 것이 될 굉장한 고백이 나왔다…. "그렇게 하면 조국을 배반하는 것같이 생각되었기 때문입니다…."
 "그 군대와 재력 외에 하느님을 차지하고 하느님의 보호를 받음으로 도덕적으로 정신적으로 로마를 더 강하게 만듦으로 당신들은 오히려 반대로 조국에 봉사할 것입니다. 세계적인 도시 로마, 전세계적인 종교의 도시인 로마!…. 생각해 보시오…."
 침묵이 흐른다.
 그런 다음 리디아가 얼굴이 홍당무처럼 새빨개지며 말한다. "선생님, 얼마 전부터 저희들은 우리 비르질리우스의 글에서도 선생님을 찾아보았습니다. 그것은 수천년째 내려오는 신앙의 영향을 그들에게서 느낄 수 있을 선생님네 예언자들의 예언보다는, 이스라엘의 어떤 믿음에도 물들지 않은 예언자들의 예언이… 저희들에게는 더 가치가 있으니까요…. 그래서 저희들끼리 토론을 합니다…. 어느 시대를 막론하고, 또 어떤 나라와 종교를 막론하고 선생님을 예감한 예언자들을 대조하면서요. 그러나 우리 비르질리우스보다 더 정확하게 선생님을 예감한 사람은 아무도 없었습니다…. 저희들은 그날, 글라우디아가 소중히 여기는 점성가(占星家)인 그리이스인 해방된 노예 디오메데스와도 거기에 대해서 정말 많은 말을 했습니다! 디오메데스는 그 때는 더 가까운 때였고 천체들이 그것들의 합(合)으로 말을 했기 때문에 그렇게 되었다고 주장했습니다…. 그리고 그의 주장을 뒷받침하는 것으로는 선생님께서 어린 아이였을 때 경배하러 와서 로마를 소름끼치게 한 학살을 유발했던 동방의 세 나라의 세 현자의 사실을 들었습니다…. 그러나 저희들은 확신을 가지지 못했습니다. 그것은… 50년 이상이나 전세계의 어떤 현자도 천체를 내세우면서 선생님에 대해 말을 하지 않았기 때문입니다. 비록 그들이 선생님의 현재의 발현에 한층 더 가까웠는데도 말입니다. 글라우디아는 이렇게 외쳤습니다. '우리에겐 선생님이 필요해! 선생님께서는 진리의 말씀을 주실 거야. 그래서 우리는 가장 위대한 우리 시인의 지위와 운명을 알게 될 거야!'하고. 선생님, 말씀해 주시겠습니까…. 글라우디아를 위해서… 글라우디아가 선생님을 의심한 것때문에 선생님께 미운 사람이 되지 않았다는 것을 저희들에게 보이시기 위한 선물로."

"나는 글라우디아의 로마 여인으로서의 반응을 이해했습니다. 그리고 원한을 품지 않았습니다. 글라우디아를 안심시키시오. 그리고 들으시오. 비르질리우스는 다만 시인으로만 위대한 사람이 아니었지요?"

"오! 그러문요! 인간으로도 그랬습니다. 벌써 타락하고 악습에 젖어 있는 사회 안에서 그는 정신적인 순결성으로 빛났습니다. 그가 음란했다고, 진탕 먹고 마시는 것과 방탕한 놀이를 좋아했다고 말할 수 있는 사람은 아무도 없습니다. 그의 글은 순결합니다. 그러나 그의 마음은 더 순결했습니다. 그가 가장 많이 살던 곳에서는 그를 '처녀'라고 부를 정도였습니다. 행실이 고약한 사람들은 업신여겨서 그랬고, 착한 사람들은 존경으로 그랬습니다."

"그러면, 순결한 사람의 맑은 영혼 안에 하느님께서 나타나실 수 없겠습니까. 그가 이교도라 하더라도? 완전하신 덕행이 덕있는 사람을 사랑하지 않으셨겠습니까? 그리고 그의 정신의 순수한 아름다움 때문에 그에게 진리에 대한 사랑과 진리를 보는 혜택이 주어졌다면, 그가 예언자적인 번득임을 가질 수 없었겠습니까? 진리를 알 자격이 있는 사람에게, 그에게 상을 주고, 그를 항상 점점 더 큰 진리로 이끌어가기 위하여 그에게 나타나는 진리 외의 다른 것이 아닌 예언의 번득임 말입니다."

"그러면… 비르질리우스가 실제로 선생님을 예언했습니까?"

"순결과 천재로 불타는 그의 정신은 내게 관한 한 페이지에 대한 지식에까지 올라갔습니다. 그래서 그를 이교도이지만 의로운 시인이라고, 예언자적이고 그의 덕행을 보상하는 그리스도 이전의 정신을 가진 사람이라고 부를 수 있습니다."

"오! 우리의 비르질리우스! 그럼 그가 상을 받을 것입니까?"

"'하느님은 공평하시다'고 내가 말했습니다. 그러나 당신들은 그 시인을 본받아서 그의 한계에서 멈추지 마시오. 당신들에게는 진리가 직관으로나 부분적으로 나타나지 않고, 완전히 나타나서 당신들에게 말을 했으니까, 앞으로 나아가시오."

"고맙습니다. 선생님… 저희들은 물러가겠습니다. 글라우디아는 정신상의 문제에 있어서 그가 선생님께 유익한 일을 할 수 있겠는지 여쭈어보라고 말했습니다" 하고 쁠라우띠나가 예수의 의견에는 응하지 않은 채 말한다.

"그리고 글라우디아는, 만일 내가 참칭자(僭稱者)가 아니면 그 말을 내게 하라고 그랬지요…."

"아이고! 선생님! 어떻게 그것을 아십니까?"

"나는 비르질리우스와 예언자들보다 더한 사람입니다…."

"맞습니다! 모두가 참말입니다! 저희가 선생님을 도와드릴 수 있습니까?…."

"나를 위해서는 믿음과 사랑밖에 필요한 것이 없습니다. 그러나 큰 위험을 당하고 그의 영혼이 오늘밤에 죽을 인간이 있습니다. 글라우디아는 그를 구해낼 수 있을 것입니다."

"여기에요? 누굽니까? 죽임을 당하는 영혼이라니요?"

"당신들의 귀족 중의 한 사람이 연회를 베푸는데…."

"아! 예! 엔니우스 깟시우스. 제 남편도 초대를 받았습니다…" 하고 리디아가 말한다.

"그리고 제 남편두요. 그리고 저희들도, 정말. 그렇지만 글라우디아가 거기 가지 않겠다니까 저희도 가지 않겠습니다. 저희가 거기 가는 경우에는 저녁식사 후에 곧 자리를 뜨기로 결정했었습니다…. 왜냐하면… 우리들의 저녁은 진탕 먹고 마시는 것으로 끝나는데… 저희들은 이제 그것을 견딜 수가 없게 되었습니다…. 그래서 무시당한 아내들의 멸시를 가지고 저희 남편들을 거기에 남겨 놓습니다…" 하고 리디아가 말한다.

"멸시를 가지고 할 것이 아니라… 그들의 도덕적인 빈곤에 대한 연민으로 그래야지요." 하고 예수께서 바로잡으신다.

"선생님, 그것은 어렵습니다. 저희들은 거기서 무슨 일이 일어나는지 알고 있습니다…."

"나도 마음속에 일어나는 것을 아주 많이 알고 있습니다… 그렇지만 용서합니다…."

"선생님은 성인이시지요…."

"당신들도 성인이 되어야 합니다. 내가 그것을 바라니까, 그리고 당신들의 의지가 당신들을 격려하니까…."

"선생님!…."

"그렇습니다. 당신들은 나를 알기 전과 마찬가지로 행복하다고, 그들이 육체 이상의 것이라는 것을 모르는 이교도 여자들의 품위를 떨어뜨리는 관능적인 하찮은 행복으로 행복하다고 말할 수 있습니까? 당신들이 지혜를 조금 아는 지금 말입니다…."

"아닙니다, 선생님. 솔직히 고백합니다. 저희들은 어떤 보물을 찾는데 발견하지 못하는 사람처럼 불만이고 불안합니다."

"그런데 그 보물이 당신들 앞에 있습니다! 당신들을 불안하게 만드는 것은 빛을 향한 당신들의 정신의 갈망이고, 당신들의 정신이 요구하는 것을 당신들이 주는 것을… 지체하는 데에서 오는 그 정신의 고통입니다…."

침묵이 흐른다…. 그러다가 다시 쁠라우띠나가 이 주제를 계속하지 않고 말한다. "그런데 글라우디아가 무엇을 할 수 있겠습니까?"

"그 여자를 구해내는 것입니다. 로마 사람의 향락을 위해서 사 온 소녀, 내일이면 처녀가 아닐 처녀입니다."

"그가 그 처녀를 샀으면,… 처녀는 그 사람의 것입니다."

"그 처녀는 가구가 아닙니다. 그의 안에는 정신이 들어 있습니다…."

"선생님… 저희 법률은…."

"여보시오, 하느님의 법이오!…."

"글라우디아는 연회에 가지 않는데요…."

"나는 글라우디아에게 연회에 가라고 말하는 것이 아닙니다. 당신들에게 글라우디아에게 이렇게 말하라고 하는 것입니다. '선생님은 글라우디아가 자기를 비난하지 않는다는 확신을 가지기 위해서 저 어린 영혼을 위해 도움을 청합니다' 하고…."

"저희들이 이 말은 하겠습니다. 그러나 글라우디아도 아무 것도 할 수 없을 것입니다…. 사온 노예는… 마음대로 할 수 있는 물건입니다…."

"그리스도교는 노예도 카이사르의 영혼과 같은 영혼, 대부분의 경우에는 더 좋은 영혼을 가지고 있다는 것을 가르칠 것이고, 그 영혼은 하느님의 것이며, 그 영혼을 타락시키는 자는 저주를 받는다는 것을 가르칠 것입니다." 예수께서는 이 말씀을 하실 때에 위엄이 있다.

여자들은 그 권위와 엄함을 느낀다. 여자들은 이의를 제기하지 않는다. 그들은 겉옷을 다시 입고 베일을 다시 쓰고 말한다. "그 말씀을 드리겠습니다. 선생님, 안녕히 계십시오."

"안녕히들 가시오."

여자들은 여전히 더운 광장으로 나온다. 그러나 쁠라우띠나가 돌아서며 말한다. "**누구에게나** 저희들은 그리이스 여자들이었습니다. 아셨지요?"

"좋습니다. 안심하고 가시오."

예수께서는 낮은 대문 아래 머물러 계시고, 여자들은 왔던 길로 해서 돌아간다.

밧줄 만드는 사람들은 일을 하러 돌아간다.

예수께서는 천천히 창고로 돌아오신다. 생각에 잠겨 계신다. 이제는 눕지 않으시고, 둘둘 말아 놓은 밧줄 더미에 앉으셔서 열심히 기도하신다…. 열한 사람은 계속 깊이 잠들어 있다….

얼마 동안 이렇게 지나간다…. 한 시간쯤, 그런 다음 밧줄 장수가 머리를 들이밀고, 예수께 문으로 오시라는 손짓을 한다. "노예가 한 사람 와서 선생님을 뵙겠다고 합니다."

누미디아 사람인 노예는 밖에 해가 아직 쨍쨍 내리쬐는 광장에 있다. 그는 절을 하고 말없이 밀랍 서판(書板)을 건네드린다. 예수께서 그것을 읽으시고 말씀하신다. "내가 새벽까지 기다리겠단다고 말하시오. 알아들었소?" 그 남자는 머리를 끄덕여 그렇다는 뜻을 나타낸다. 그리고 왜 말을 하지 않는지를 이해시켜 드리려고 입을 벌려 혀가 잘린 것을 보인다. 예수께서는 그를 쓰다듬으시며 "불쌍하게도!" 하고 말씀하신다.

노예는 눈물 두 줄기를 그의 검은 뺨 위로 흘리며 큰 원숭이의 손 같이 검은 두 손으로 예수의 흰 손을 잡아 얼굴에 갖다 대고 입맞춤하고, 자기 가슴에 갖다 댄다. 그런 다음 땅에 엎드린다. 그는 예수의 발을 잡아 자기 머리에 얹는다…. 연민 가득한 그 사랑의 몸짓에 대한 그의 고마움을 나타내는 일련의 몸짓으로 하는 언어이다…. 그러니까 예수께서는 "불쌍하게도!" 하고 되풀이 하신다. 그러나 그를 고쳐 주지는 않으신다.

노예는 일어나 밀랍 서판을 달라고 한다…. 글라우디아는 그가 편지로 연락한 흔적을 남기기를 원치 않는 것이다…. 예수께서는 빙그레 웃으시며 서판을 돌려주신다. 누미디아 사람은 떠나 가고, 예수께서는 밧줄 장수 곁으로 가신다.

"나는 새벽까지 있어야 하오…. 괜찮겠소?…."

"무엇이든지 선생님 원하시는대로 입니다. 저는 가난한 것이 유감입니다…."

"당신이 정직한 것이 내 마음에 드오."

"그 여자들은 어떤 사람들이었습니까?"

"조언이 필요한 외국여자들이었소."

"건강합니까?"

"당신과 나와 마찬가지로."

"아! 좋습니다!…. 저기 사도들이 옵니다…."

과연 아직 잠이 덜깬 열한 사도가 눈을 비비고 기지개를 켜며 창고에서 나와 선생님께로 간다.

"선생님… 오늘 저녁에 떠나시려면 저녁 식사를 해야겠습니다…" 하고 베드로가 말한다.

"아니다. 새벽에나 떠난다."

"왜요."

"누가 그렇게 하라고 청했기 때문이다."

"그렇지만 왜요? 누가요? 밤에 길을 가는 것이 나을 텐데요. 지금은 초생달이니까요…."

117. "거룩함의 한 형태인 지혜는 판단의 빛을 준다" **383**

"나는 어떤 인간을 구해내기를 바란다…. 그런데 이것이 달보다 더 밝고, 내게는 밤보다 더 시원하다."

베드로가 예수를 따로 끌고 간다. "무슨 일이 있었습니까? 로마 여자들을 보셨습니까? 그 여자들의 기분이 어떻습니까? 그 여자들이 개종을 하는 것입니까? 말씀해 주십시오…."

예수께서는 빙그레 웃으시며 말씀하신다. "대답을 하게 나를 가만 내버려두면 말을 해주마, 호기심이 너무 많은 사람아. 로마 여자들을 보았다. 그 여자들은 진리를 향해 천천히 올 뿐이다. 그러나 뒤로 돌아가지는 않는다. 그것만이라도 대단한 것이다."

"그리고… 유다가 말하던 것은… 어떻게 되었습니까?"

"그 여자들은 나를 현인으로 계속 존경한다."

"그러나… 유다의 일은요? 그가 관련이 있지 않습니까?…."

"그 여자들은 나를 찾아왔지, 그를 찾아온 것이 아니라…."

"아니 그럼, 그 사람이 왜 로마 여자들을 만나는 것을 겁냈습니까? 왜 선생님을 가이사리아에 못 오시게 하려고 했습니까?"

"시몬아, 유다가 이상한 변덕을 부리는 것이 이번이 처음이 아니다…."

"맞습니다. 그런데… 그 로마 여자들이 오늘 밤에 옵니까?"

"그 여자들은 벌써 왔었다."

"그러면 왜 새벽을 기다리십니까?"

"그런데 너는 왜 그렇게 호기심이 많으냐?"

"선생님, 선심을 쓰셔서… 모두 말씀해 주십시오."

"네 의심을 모두 없애기 위해서 그러마…. 너도 저 로마인 세 사람이 말하는 것을 들었지…."

"예, 더러운 놈들! 지긋지긋한 놈들! 마귀들! 그렇지만 그게 우리와 무슨 상관이 있습니까?…. 아! 알겠습니다! 로마 여자들이 저녁 식사에 가는군요. 그래서 그 추악한 것에 가는 것에 대해서 선생님께 용서를 청하러 왔군요…. 선생님께서 그것을 받아들이셨다는 것이 놀랍습니다."

"나는 네가 경솔한 판단을 하는 것에 놀란다!"

"용서하십시오, 선생님!"

"그러마, 그러나 로마 여자들이 저녁 식사에 가지 않는다는 것과 내가 그 계집 아이를 위해 나서서 손을 쓰라고 글라우디아에게 부탁했다는 것을 알아라…."

"오! 그러나 글라우디아는 아무 것도 할 수 없습니다! 계집 아이를 로마 사람이 샀으니, 그 애에 대해서 무엇이든지 할 수 있습니다."

"그러나 글라우디아는 그 로마인에 대해서 많은 일을 할 수 있다. 그리고 글라우디아는 내게 새벽까지 기렸다가 떠나라는 전갈을 보냈다. 다른 것은 아무 것도 없다. 만족하냐?"

"예, 선생님. 그러나 우선은 선생님이 쉬지 못하셨습니다…. 이제는 이리 오십시오…. 선생님은 피로하셨습니다! 선생님을 방해하지 않도록 제가 지키겠습니다…. 오십시오, 오세요…." 그러면서 사랑을 기울여 우격다짐으로 끌고 밀고 하며 다시 누우시도록 강제한다….

시간이 흐른다. 황혼이 내려오고, 일이 멎고, 거리와 작은 광장들에서는 어린이들이, 하늘에서는 제비들이 더 크게 소리를 지른다. 그러다가 처음 어두움이 내리덮이니, 제비들은 둥지를 찾아가고, 어린이들은 침대로 간다. 소리들이 하나씩 차례로 멎고, 마침내 운하를 따라서 흰 물결을 일으키는 물이 가볍게 찰싹거리는 소리와 바닷가에 파도가 부딪는 소리만이 남게 된다. 집들은, 피로한 일꾼들의 저 집들은 문을 닫고, 집안에서는 불빛이 꺼지고, 휴식이 와서 모든 눈을 감게 하고, 사람들을 소경과 벙어리가 되게 하여… 멀리 떠나가게 한다…. 달이 떠서 그 은빛 빛살로 작은 선거의 더러운 거울까지 고상하게 만들어서, 이제는 그것이 은으로 만든 판같이 보인다….

사도들은 다시 삼단 위에서 잠이 들었다…. 예수께서는 움직이지 않는 윈치 중의 하나에 올라 앉으셔서 양손을 가슴에 모으시고 기도하시고, 곰곰이 생각하시고, 기다리신다…. 시내에서 오는 길에서 눈을 떼지 않으신다.

달은 계속 하늘로 올라간다. 달은 예수의 머리 위에 와 있다. 바다의 소리는 더 두드러지게 들리고, 파도는 더 짙은 냄새를 풍긴다. 빛나는 원추형과 같은 달빛은 점점 더 넓어져서 예수 앞에 있는 물거울 전체를 둘러싸고, 그 빛살은 점점 더 멀리 퍼져 나간다. 그것은 세상 끝에서부터 예수를 향하여 오면서 운하를 거슬러 올라와서 선거(船渠)에 와서 멎는 것같은 빛의 길이다.

그런데 이 길로 작고 흰 배 한 척이 나아오고 있다. 배는 제가 지나오자마자 다시 제대로 되는 액체로 된 길에 제가 지나온 흔적을 남기지 않고 나아오고 또 나아온다…. 배는 운하를 거슬러 올라온다…. 이제는 조용한 선거에 이르렀다. 기슭에 닿고, 멎는다. 그리고 배에서는 그림자 셋이 내린다. 근육이 발달한 남자 한 사람, 여자 한 사람, 그리고 두 사람 사이에 있는 가냘픈 윤곽이다. 그들은 밧줄 장수의 집으로 간다. 예수께서 그들에게로 마주 가신다.

"당신들에게 평화, 누구를 찾소?"

"선생님을 찾습니다" 하고 리디아가 베일을 벗고, 혼자 앞으로 나아오면서 말한다. 그리고 말을 계속한다. "그것은 옳은 일이고 극히 도덕적인 일이었기 때문에 글라우디아가 선생님께 봉사했습니다. 이 소녀입니다. 발레리아가 얼마 후에 어린 파우스따를 돌보는 아이로 데려갈 것입니다. 그러나 발레리아는 그동안 이 애를 맡으시라고, 아니 그 보다도 선생님의 어머님이나 선생님의 친척들의 어머니에게 맡기십사고 청합니다. 이 애는 완전히 이교도입니다. 아니 이교도 이상입니다. 이 애를 기른 주인은 이 애 안에 **절대적인 무(無)**를 넣어 주었습니다. 이 애는 올림포스산의 신들이나 다른 아무 것도 알지 못합니다. 이 애는 다만 남자들에 대한 유별난 공포감만을 가지고 있습니다. 그것은 얼마 전부터 인생이란 것이 아주 생생하게 이 애에게 나타났기 때문입니다…."

"오! 슬픈 말! 너무 늦었나요?"

"육체적으로는 그렇지 않습니다…. 그러나 그 사람은 이 애를 그의 … 신성 모독이라고 할 것을 위해 준비시키고 있었고, 처녀는 공포에 사로잡혀 있었습니다…. 글라우디아는 저녁 식사 동안 줄곧 이 애를 그 치한 곁에 놓아 두고, 술 때문에 그가 깊이 생각을 할 수 없게 될 때까지 행동을 보류해야만 했습니다. 남자는 그의 관능적인 사랑에 있어서 항상 음탕하지만, 취했을 때에 가장 그 정도가 심하다는 것을 선생님께 상기시켜 드릴 필요는 없습니다…. 그러나 그 때에는 어떤 힘이 억압해서 그의 보물을 빼앗을 수 있는 기회이기도 합니다. 그래서 글라우디아가 그 점을 이용했습니다. 엔니우스는 실총(失寵)으로 인해서 멀리 떨어지게 된 이탈리아로 돌아가기를 갈망합니다…. 글라우디아는 소녀와 맞바꿔서 그의 귀국을 약속했습니다. 엔니우스는 낚시를 물었습니다…. 그러나 내일 술이 깨면 반항하고, 소녀를 찾고, 떠들어댈 것입니다. 하기는 내일은 글라우디아가 그의 입을 막을 방법을 찾아내겠지만요."

"폭력입니까? 그것은 안 됩니다."

"오! 폭력도 좋은 목적을 위해서는 유익합니다! 그러나 글라우디아가 폭력은 쓰지 않을 것입니다…. 다만 오늘 저녁에 술을 너무 마셔서 아직 얼이 빠진 빌라도가 엔니우스에 대해서 로마에 보고하러 가라는 명령에 서명할 것입니다…. 아! 아!… 그러면 그는 첫번째 군선으로 떠날 것입니다. 그러나 우선은 … 빌라도가 후회하고 그의 명령을 철회하지 않을까 걱정이 되니, 소녀가 다른 데 가 있는 것이 낫습니다. 빌라도는 하도 잘 변하니까요! 또 할 수 있으면, 소녀가 인간의 비열한 언동을 잊어버리는 것이 좋습니다. 오! 선생님!… 저희들은 이 때문에 저녁 식사에 갔었습니다…. 그렇지만, 저희가 몇 달 전만 해도 그렇게 진탕 먹고 마시는 데 가면서도 어떻게 심한 불쾌감을 느끼지 않을 수가 있었을까요? 저희들은 목적을 달성하자 이내 도망쳤습니다…. 거기서 저희 남편들은 아직 짐승같은 사람들과 경쟁을 하고 있습니다…. 선생님, 얼마나 불쾌감을 주는 일입니까!… 그런데 저희들은 그런 다음… 그런 다음… 남편들을 받아주어야 합니다…."

"엄하게 굴고 참을성을 가지시오. 당신들은 모범으로 남편들을 더 나은 사람을 만들 것입니다."

"오! 그것은 될 수 없는 일입니다!…. 선생님께서는 모르십니다…." 여인은 고통으로 보다는 분해서 운다. 리디아는 다시 말을 잇는다. "글라우디아는 선생님을 **존경을 받을 자격이 있는 유일한 사람**으로 공경한다는 것을 선생님께 보여 드리기 위해서 이 일을 했다고 말씀드리라고 저를 보냈습니다. 그리고 선생님께 영혼과 순결의 가치를 가르쳐 주신 것에 대해서 감사한다는 말씀을 드리라고 했습니다. 글라우디아는 이것을 기억할 것입니다. 소녀를 보시겠습니까?"

"그러지요. 그리고 남자는 누굽니까?"

"이 사람은 글라우디아가 가장 비밀을 요하는 일에 쓰는 누미디아 사람입니다. 밀고의 위험은 없습니다…. 이 사람은 혀가 없습니다…."

예수께서는 오후에 그러신 것처럼 "가엾게도!" 하고 되풀이 하신다. 그러나 지금도 기적을 행하지 않으신다.

리디아는 가서 계집 아이의 손을 잡고, 말하자면 예수 앞으로 끌고 온다. 그리고 설명한다. "라틴어를 몇 마디 압니다. 그리고 유다인들의 말은 더 모릅니다…. 작은 야수와 같습니다…. 오직 쾌락의 대상입니다." 그리고 계집 아이에게 말한다. "겁내지 말고, '고맙습니다' 하고 말씀드려라. 이분이 너를 구해 주셨다…. 무릎을 꿇고 이분의 발에 입맞춤 해라. 자! 떨지 말고!… 선생님, 용서하십시오! 이 애는 술이 취한 엔니우스의 마지막 애무에 겁을 먹었습니다…."

"가엾은 소녀!" 하고 예수께서는 베일을 쓴 소녀의 머리에 손을 얹으시면서 말씀하신다. "무서워하지 말아라! 나는 너를 내 어머니께로 데리고 가서 얼마 동안 거기 있게 하겠다. 어머니께 말이다. 알겠니? 그리고 네 주위에는 착한 오빠가 아주 많이 있을 거다…. 애야, 무서워하지 말아라!"

예수의 목소리와 눈길에는 무엇이 있는가? 모든 것이 다 있다. 평화, 안전, 순결, 거룩한 사랑. 계집 아이가 그것을 느끼고, 예수를 더 잘 보려고 겉옷과 두건을 뒤로 젖힌다. 그러니까 아직 거의 어린 아이이고, 이제 겨우 사춘기의 문턱에 들어선 소녀의 가냘프고 예쁜 모습과 청소년기의 약간 성숙하지 않은 아름다움과 순진한 태도를 가지고, 그에게는 너무 큰 옷을 입은 소녀가 나타난다.

"이 애는 반쯤 벗은 상태였습니다…. 저는 가방을 뒤져서 찾아낸 아무 옷이나 입혔습니다…" 하고 리디아가 설명한다.

"어린 아이로군!" 하고 예수께서 동정을 가지고 말씀하신다. 그리고 소녀의 손을 잡으시며 물으신다. "무서워하지 않고 나를 따라오겠니?"

"예, 주인님."

"아니다, 나는 주인이 아니다. 선생님이라고 말해라."

"예, 선생님"하고 소녀는 좀 더 담대하게 말한다. 그리고 매우 흰 그의 얼굴의 겁먹은 표정 대신에 수줍은 미소를 보인다.

"너 오래 걸을 수 있겠니?"

"예, 선생님."

"그런 다음, 내 어머니께 가서 내 집에서 쉴 거다. 어린 아이인… 파우스따를 기다리면서, 너는 파우스따를 많이 이뻐할 거다…. 좋으냐?"

"예! 그러문요!…." 그리고 소녀는 금빛 속눈썹 사이로 보이는 매우 아름다운 회색을 띤 파란 색의 맑은 눈을 담대하게 치뜨고 용기를 내서 묻는다. "이제는 그 주인이 없습니까?"하고. 그리고 공포의 빛이 아직도 그의 눈길을 흐리게 한다.

"다시는 절대로 없다"하고 예수께서 소녀의 꿀빛깔의 숱이 많은 금발에 다시 손을 얹으시며 약속하신다.

"안녕히 가십시오, 선생님. 며칠 후에는 저희들도 호수에 가겠습니다. 어쩌면 또 만나뵐지도 모르겠습니다. 가엾은 로마 여자들을 위해 기도해 주십시오."

"리디아, 안녕히 가시오. 글라우디아에게 내가 열망하는 정복은 이런 것이지 다른 것이 아니라고 말하시오. 애야, 이리 오너라. 우리는 곧 떠난다…."

그리고 소녀의 손을 잡고, 사도들을 부르시려고 창고 문에 나타나신다.

배가 왔던 흔적을 남기지 않은 채 넓은 바다로 돌아가는 동안, 예수와 사도들은 겉옷으로 휩싸인 소녀를 일행의 가운데에 두고 변두리의 길로 해서 들판을 향하여 간다….

118. "종교는 우리가 믿는 분에 대한 사랑과 그분에게로 가고자 하는 욕망이다"

여름의 새벽은 하도 일찍 오기 때문에, 달이 진 다음부터 첫새벽 빛이 나타나기까지의 시간은 매우 짧다. 그래서 그들이 아무리 걸음을 재촉해도, 그들이 아직 가이사리아시 근처에 있을 때 가장 어두운 시간이 닥쳐왔다. 그리고 나뭇가지에 불을 붙인 것은 넉넉한 빛을 주지 못한다. 또 밤에 걸어 버릇하지 않은 소녀가 먼지에 반쯤 묻힌 돌에 자주 부딪히기 때문에 잠깐 걸음을 멈추어야 한다.

"잠깐 걸음을 멈추는 것이 낫겠다. 소녀가 잘 보지를 못하고 또 피로했다" 하고 예수께서 말씀하신다.

"아니에요, 아니에요. 저는 걸을 수 있어요…. 멀리, 멀리 가요…. 그 사람이 올지도 모릅니다. 우리들은 이리로 해서 그 집에 갔어요" 하고 소녀는 이를 딱딱 마주치면서, 자기 의사를 이해시키기 위하여 히브리어를 라틴어와 섞은 새로운 방언으로 말한다.

"우리는 저 나무들 뒤로 가니까 아무도 우리를 보지 못할 거다. 염려 말아라" 하고 예수께서 대답하신다.

"그래, 무서워하지 말아라. 그… 로마 사람이 지금은 술이 잔뜩 취해서 식탁 아래 쓰러져 있다" 하고 바르톨로메오가 소녀를 안심시키기 위하여 말한다.

"또 그리고 너는 우리들과 같이 있는데, 우리는 너를 많이 사랑한다! 누가 네게 해를 끼치는 걸 가만두지 않을 거다. 이거봐! 우린 튼튼한 남자가 열두 명이나 된다…" 하고 소녀보다 클까 말까 한 베드로가 말한다. 그러나 소녀가 가냘픈 반면에 베드로는 뚱뚱하고, 소녀는 더 매력있고 더 값지라고 그늘에서 자란 가엾은 꽃처럼 눈같이 흰 데 반하여 베드로는 햇볕에 그을었다.

"너는 어린 여동생이다. 그런데 오빠들은 동생들을 보호한다…"

하고 요한이 말한다.
 임시방편으로 만든 횃불의 마지막 희미한 불빛에 소녀는 그의 용기를 돋우어주는 사람들에게로 파란 빛이 돌까말까한 철회색 홍채(虹彩)를 쳐든다. 조금 전에 흘린 눈물로 아직 젖어 있는 맑은 두개의 눈이다…. 소녀는 경계한다. 그러나 이들을 믿고 길 저쪽에 있는 마른 개울을 건너서, 그 곳에서 앞이 우거진 과수원으로 끝나는 어떤 소유지로 들어간다.
 그들은 어두운 가운데 앉아서 기다린다. 남자들은 아마 자고 싶을 것이다. 그러나 조그마한 소리만 나도 소녀는 비명을 지르게 되고, 또 말 한 마리가 네 굽을 놓아 달리는 소리가 들리자 소녀는 바르톨로메오의 목에 경련적으로 매달린다. 바르톨로메오가 제일 나이가 많기 때문에 아마 그의 신뢰와 친밀감을 끄는 모양이다. 이런 상황이니 잘 수가 없다.
 "염려하지 말라니까! 예수님과 같이 있으면 나쁜 일이 아무 것도 생기지 않는다"하고 바르톨로메오가 말한다. "왜요?"하고 소녀는 떨면서 아직 사도의 목을 꺼안고 묻는다.
 "예수님은 세상에 계신 하느님이신데, 하느님은 사람들보다 더 힘이 세시기 때문이다." "하느님이요? 하느님이 뭔데요?"
 "가엾은 소녀! 아니 사람들이 너를 어떻게 기른 거냐? 그 사람들이 네게 아무 것도 가르쳐 주지 않았니?"
 "제 살갗을 희게, 제 머리카락은 반짝거리게 간직하라고, 또 주인들에게 복종하라고 가르쳤어요…. 늘 예, 하고 말하라고…. 그렇지만 저는 로마인에게 예, 하고 말할 수는 없었어요…. 그 사람은 보기 싫고 무서웠어요…. 하루 종일 무서웠어요…. 하주 종일 무서웠어요…. 언제나요…. 목욕할 때, 옷 입을 때… 그리구 그 눈… 그 손… 아이고!… 그런데 '예'하고 말하지 않는 사람은 몽둥이로 얻어맞아요…."
 "이제는 너를 몽둥이로 때리지는 않는다. 로마 사람은 이제 여기 없고, 그 사람의 손도 없다…. 평화가 있다…"하고 예수께서 그에게 대답하신다.
 그리고 다른 사람들은 이러쿵 저러쿵 평을 한다. "아니, 이건 소름 끼치는 일이야! 비싼 짐승들처럼, 짐승보다 낫지 않게! 오히려 더 못하게 말이야…. 왜냐하면 짐승은 밭을 갈고, 안장을 지고, 재갈을 물도록 사람들이 가르친다는 것은 적어도 안단 말이야. 그것이 짐승이 하는 일이니까. 그러나 이 아이는 아무 것도 모르는 채 그곳에 던져졌단 말이야!…."

"만일 제가 알았더라면 바다로 뛰어 들었을 겁니다. 그 사람은 '너를 행복하게 해주겠다'고 말했어요…."

"과연 그 사람은 그가 상상하지 못한 모양으로 너를 행복하게 해주었다. 세상에서도 행복하고 하늘에서도 행복하게. 예수님을 아는 것은 행복이니까" 하고 열성당원이 소녀에게 말한다.

침묵이 흐른다. 그동안 각자는 세상의 추악함을 묵상한다. 그러다가 소녀가 작은 목소리로 바르톨로메오에게 묻는다. "하느님이 뭔지 말해 주세요. 그리고 왜 저분이 하느님이에요? 잘 생기고 착하니까, 그래요?"

"하느님…. 어떻게 해야 종교 사상이라고는 조금도 들어 있지 않은 네게 그걸 가르칠 수 있겠니?"

"종교요? 그건 뭐야요?"

"지극히 높으신 지혜여! 저는 무한히 넓은 바다에 빠진 사람과 같습니다! 이 심연(深淵) 앞에서 어떻게 해야 하겠습니까?"

"바르톨로메오야, 네게 어려운 것으로 생각되는 그것이 아주 간단한 것이다. 그것은 심연이다. 맞았다. 그러나 거기에는 아무 것도 들어 있지 않으니까, 네가 진리를 가지고 그것을 메울 수가 있다. 구렁에 진흙과 독과 뱀이 가득 차 있으면 더 고약하다. 어린 아이에게 말할 때 하는 것처럼 쉽게 말해라. 그러면 이 애가 어른보다도 더 잘 이해할 것이다."

"아이고! 선생님! 선생님이 하실 수 없겠습니까?"

"내가 할 수 있기는 할 것이다. 그러나 소녀는 하느님인 내 말보다 자기와 같은 사람들 중의 한 사람의 말을 더 쉽게 받아들일 것이다. 또 한편… 너희들은 장차 그런 심연(深淵)을 만나서 나로 그 심연을 채워야 할 것이다. 그렇게 하는 것도 배워야 한다."

"사실입니다! 해보겠습니다. 애야 내 말 들어라…. 네 어머니 생각이 나니?"

"예, 엄마가 제 곁에 있지 않은 담부터 봄에 꽃이 핀 것이 일곱번 지났어요. 그렇지만 전에는 제가 엄마와 같이 있었어요."

"됐다. 그리고 엄마 생각이 나니? 엄마를 많이 사랑하니?"

"오!" 부르짖음과 같이 나오는 흐느낌이 모든 것을 말한다.

"울지 말아라. 가엾게도…. 내 말 들어라…. 네가 엄마에 대해서 가지는 사랑이…."

"그리고 아버지와… 어린 동생들두요…" 하고 소녀가 흐느끼며 말한다.

"그래… 네 가족에 대해서, 네 가족에 대한 사랑, 네 가족에게로 가는 네 생각, 네 가족에게로 돌아가고 싶어하는 욕망…."

"다시는 영영 못 가요!!…"

"이 모두가 가족의 종교라고 부를 수 있는 것이다. 종교는, 따라서 종교 사상은 우리가 믿고 사랑하고 원하는 분이나 분들이 있는 곳을 사랑하고 생각하고 가기를 원하는 것이다."

"아! 그럼 제가 저 하느님을 믿으면 종교를 가지게 되겠군요…. 쉽군요!"

"좋다. 무엇이 쉽단 말이냐? 종교를 가지는 것 말이냐, 저 하느님을 믿는 것 말이냐?"

"이것두 저것두요. 저분처럼 좋은 하느님은 쉽게 믿게 되니까요. 로마 사람도 신의 이름을 많이 부르면서 맹세를 했어요…. 이렇게 말했어요. '비너스 여신을 걸고!', '큐피드 신을 걸고.' 그렇지만, 그 신들은 좋지 않았던가 봐요. 그 사람은 그 신들의 이름을 부르면서 좋지 않은 짓을 했으니까요."

"이 소녀는 바보가 아닌데" 하고 베드로가 낮은 목소리로 주를 단다.

"그렇지만 저는 아직 하느님이 뭔지 보지 못해요. 난 아저씨 같은 사람을 봐요…. 그럼 저분은 사람이고 하느님인가요? 그럼 어떻게 저분을 이해할 수 있어요? 무엇으로 모든 사람보다 더 힘이 세다는 거예요? 검도 없고, 하인들도 없는데…."

"선생님, 도와주십시오…."

"아니다. 나타나엘아! 너는 아주 잘 가르친다…."

"선생님은 친절하셔서 그렇게 말씀하시는 것입니다…. 어떻든 계속 해보자. 애야, 내 말을 들어라…. 하느님은 사람이 아니시다. 하느님은 빛과 눈길과 소리와 같은 분이시고, 하도 크셔서 하늘과 땅을 가득 채우시고, 모든 것을 비추시고, 모든 것을 보시고, 모든 것을 가르치시고, 모든 것을 지배하신다…."

"로마 사람두요? 그럼 좋은 하느님이 아니예요. 저는 무서워요."

"하느님은 착하시고, 좋은 명령을 내리신다. 그리고 사람들에게 전쟁을 하지 말고, 노예를 만들지 말고, 어린 아이들을 그들의 엄마에게 그대로 남겨 두고, 계집 아이들을 놀라게 하지 말라는 명령을 주셨다. 그러나 사람들은 언제나 하느님의 명령을 따르지는 않는다."

"그렇지만 아저씨는 따르지요…."

"나는 따르지."

"그렇지만 그분이 모든 사람보다 더 강하면, 왜 복종하게 만들지 않아요? 또 사람이 아니면 어떻게 말을 해요?"

"하느님은… 아이고! 선생님!"

"바르톨로메오야, 계속해라. 너는 아주 슬기로운 선생이다. 너는 가장 고상한 생각을 간결하게 표현할 줄 안다. 그런데 무서워하느냐? 성령께서 정의를 가르치는 사람들의 입술에 계시다는 것을 모르느냐?"

"선생님의 말씀을 들을 때는 아주 쉬워 보입니다…. 그리고 선생님의 모든 말씀이 이 안에 있습니다…. 그러나 선생님께서 하시는대로 해야 할 때에 그 말씀을 나오게 하는 것은!…. 아이고! 불쌍한 저희들, 불쌍한 사람들! 얼마나 보잘 것없는 저희들입니까!"

"너희들이 아무 것도 아니라는 것을 인정하는 것은 빠라끌리또 성령의 가르치심에 너희를 대비하게 하는 것이다…."

"좋습니다. 애야, 들어봐라. 하느님은 강하시다. 매우 강하셔서 카이사르보다도, 성을 부수는 데 쓰는 도구와 무기를 가진 모든 사람을 함께 모은 것보다도 더 강하시다. 그러나 하느님은 언제나 예, 하고 말하라고 하고, 그렇게 하지 않는 사람은 채찍으로 때리는 무자비한 주인이 아니시다. 하느님은 아버지이시다. 네 아버지는 너를 많이 사랑했니?"

"아주 많아요! 아버지는 저를 아우레아 갈라(Aurea Galla)*라고 불렀어요. 황금은 귀중한 것이고 갈리아는 조국이니까요. 아버지는 제가 아버지가 전에 가지고 있었던 황금과 조국보다도 더 귀중하다고 말했어요…."

"아버지가 너를 몽둥이로 때렸니?"

"아니오, 한번도 안 때렸어요. 제가 못되게 굴어도 아버지는 '내 가엾은 딸!'이라고 말하면서 울곤 했어요…."

"그렇다! 하느님께서도 그렇게 하신다. 하느님은 아버지시다. 하느님은 우리를 사랑하시고, 우리가 나쁜 짓을 하면 우시지. 강제로 복종시키지는 않으신다. 그렇지만 나쁜 사람은 언젠가 무서운 형벌로 벌을 받을 것이다…."

"아이고! 아주 잘 됐어요! 저를 어머니에게서 빼앗아다가 섬으로 데려간 주인과 그 로마 사람이 형벌을 받는다! 그런데 제가 그 사람들을 보게 되나요?"

"네가 하느님을 믿고 착하게 굴면, 하느님 곁에 있으면서 그를 보게 될 거다. 그렇지만 착하게 되려면, 너는 로마 사람까지도 미워해서는 안 된다."

"안 돼요? 그럼 어떻게 해요?"

"그 사람을 위해서 기도하거나…."

"기도하는게 뭐예요?"

"하느님께 우리가 원하는 것을 말씀드리는 거다…."

"그렇지만 저는 주인들이 재앙으로 죽기를 원해요!" 하고 소녀가 야성적으로 세차게 말한다.

"안 된다, 네가 그렇게 해서는 안 된다. 네가 그렇게 말하면, 예수님이 너를 사랑하지 않으신다…."

"왜요?"

"우리에게 해를 끼친 사람을 미워해서는 안 되기 때문이다."

"그렇지만 저는 그 사람들을 사랑할 수는 없어요…."

---

* 역주 : "황금의 갈리아 여자"라는 뜻.

"지금 당장은 그들을 잊어버려라…. 잊어버리도록 애써라. 그리고 네가 하느님에 대해서 더…. 배우게 되면, 그들을 위해서 기도해라…. 그러니까 우리는, 하느님은 능하시지만, 당신 자녀들을 자유롭게 놔 두신다는 말을 하고 있었지."

"제가 하느님의 딸이라구요? 저는 아버지가 두 분이예요? 하느님은 자녀가 얼마나 돼요?"

"모든 사람은 하느님께서 만드셨으니까. 그들 모두가 하느님의 자녀이다. 저 위에 별들이 보이지? 하느님께서 만드신 것이다. 또 저 나무들도? 하느님께서 만드신 거다. 또 우리가 있는 이 땅도, 노래를 하는 저 새도, 아주 넓은 바다도, 하느님께서 모든 것을 만드셨고, 모든 사람을 만드셨다. 그리고 사람은 다른 어떤 것보다도 더 하느님의 자녀이다. 그것은 영혼이라고 하는 것 때문인데, 영혼은 빛과 소리와 눈길이다. 사람들의 빛과 소리와 눈길은 하늘과 땅을 완전히 채우는 하느님의 빛과 소리와 눈길 만큼 크지는 못하지만, 그래도 아름답고, 하느님께서 돌아가시지 않는 것처럼 절대로 죽지 않는다."

"영혼은 어디 있어요. 저도 영혼이 있어요?"

"그럼, 네 마음속에 있다. 그리고 그 로마 사람이 나쁘다는 것을 네게 알게 했고, 또 틀림없이 내가 그 사람과 같이 되기를 바라지 않게 할 것은 그 영혼이다. 그렇지?"

"예…" 소녀는 그가 확실치 않게 예, 하고 대답한 후 곰곰이 생각한다…. 그리고 나서 자신있게 말한다. "예! 제 안에 있는 어떤 목소리 같았고, 도움을 받아야 할 필요같은 거였어요…. 그리고 제 안에 또 다른 목소리로 저는 엄마를 불렀어요. 그런데 그건 제 목소리였어요…. 저는 하느님이 있다는 것과 예수님이 있다는 걸 알지 못했거든요…. 제가 그걸 알았더라면, 제 마음속에 있는 그 목소리로 불렀을 거예요…."

"애야, 너 잘 알아들었다. 그러니까 너는 빛 안에서 자라겠다. 내가 분명히 네게 말한다. 참 하느님을 믿고, 네 영혼의 목소리를 들어라. 네 영혼은 네가 얻은 지혜가 도무지 없고, 또 나쁜 뜻도 도무지 없다. 그러니까 너는 하느님을 아버지로 모실 것이다. 참 하느님을 믿는 착한 사람들은, 죽는 것이 세상에서 하늘로 건너가는 것인데, 그 때에 너는 하늘에서 네 주님 곁에 자리를 하나 얻을 것이다"하고 예수께서 소녀의 머리에 손을 얹으시며 말씀하신다. 소녀는 자세를 바꾸어 무릎을 꿇으며 말한다.

"선생님 곁에 말이지요. 선생님과 같이 있는 것은 기분좋아요. 저한테서 떠나지 마세요. 예수님, 이제는 선생님이 어떤 분인지 압니다. 그래서 엎드립니다. 가이사리아에서는 이렇게 하는게 겁났어요…. 그렇지만 그 때는 선생님이 사람으로 보였어요. 이제는 선생님이 사람 안에 숨어 있는 하느님이시고, 제게는 아버지와 보호자라는 것을 알아요."

"또 구세주이고, 아우레아 갈라야."

"또 구세주이구요. 선생님이 저를 구해 주셨어요."

"그리고 너를 더 구해 주겠다. 너는 새 이름을 하나 가지게 된다…."

"선생님은 제게서 우리 아버지가 준 이름을 없애세요? 섬에 있던 주인은 저를 아우레아 퀸띨리아라고 불렀어요. 그 주인은 우리들을 살갖 빛깔 숫자로 분류했으니까요. 그래서 저는 다섯째 금발이었어요. 그렇지만 왜 아버지가 준 이름을 제게 그대로 두지 않으세요?"

"그 이름을 네게서 빼앗지는 않는다. 다만 너는 네 이전 이름에 덧붙인 영원한 새 이름을 가질 것이다."

"어떤 이름인데요?"

"크리스티아나, 그리스도가 너를 구제했으니까. 그러나 이제는 하늘이 훤해진다. 떠나자…. 나타나엘아, 빈 구렁에게는 하느님에 대해서 말하는 것이 쉽다는 것을 알았지…. 너는 말을 아주 잘 했다. 소녀는 진리를 빨리 배울 것이다…. 아우레아야, 내 형제들과 같이 앞으로 가거라…."

소녀는 복종한다. 그러나 불안해 하며 복종한다. 소녀는 바르톨로메오와 같이 있었으면 더 좋겠다. 바르톨로메오는 그것을 깨닫고 약속한다. "나는 이내 가마. 시키시는대로 해라…." 그리고 베드로와 시몬과 마태오와 같이 예수 곁에 남아서 이렇게 지적한다. "저 애를 발레리아가 데리고 있는 것은 아깝습니다. 그래도 이교도이거든요…."

"저 애를 라자로에게 떠맡길 수는 없다…."

"니까가 있습니다, 선생님" 하고 마태오가 권한다.

"또 엘리사도…" 하고 베드로가 말한다.

"또 요안나요…. 요안나는 발레리아의 친구이니까. 발레리아가 틀림없이 기꺼이 양보할 것입니다. 저 애가 좋은 집에 있게 될 것입니다" 하고 열성당원이 말한다.

예수께서 곰곰이 생각하시며 잠자코 계신다….

"선생님이 생각하실 일입니다…. 저는 소녀에게로 돌아가겠습니다. 그 애는 자꾸 돌아봅니다. 제가 나이가 많기 때문에 나를 믿습니다…. 제가 데리고 있어도 될 텐데요…. 딸 하나 더 있는 셈이지요…. 그렇지만 이스라엘 아이가 아니라…" 그러면서 착하기는 하지만 너무나 이스라엘 사람인 바르톨로메오가 간다.

예수께서는 그가 가는 것을 보시며 머리를 저으신다.

"선생님, 왜 그런 몸짓을 하십니까?" 하고 열성당원이 묻는다.

"그것은… 지혜로운 사람들까지도 선입관에 사로잡힌다는 것을 보는 것이 괴롭기 때문이다…."

"그렇지만… 이것은 우리끼리 얘깁니다만… 바르톨로메오의 말이 옳습니다…. 그리고 또… 이 생각도 하셔야 할 것입니다…. 신디카와 요한을 생각하십시오…. 같은 일이 일어나지 않아야지요…. 저 애를 신디카에게로 보내십시오…" 하고 어린 이교도 소녀가 그들 가운데 있음으로 인하여 귀찮은 일이 생길까봐 염려해서 베드로가 말한다.

"요한은 오래지 않아 죽을 것이다…. 신디카는 저 애와 같은 소녀의 선생이 될 만큼 성숙하지는 못했다…. 분위기가 그에게 맞지 않는다…."

"그렇지만 선생님은 저 애를 데리고 계실 수는 없습니다. 유다가 오래지 않아 저희와 같이 있으리라는 것을 생각하십시오. 그리고 유다는 —이 말을 제가 하게 내버려 두십시오.— 음란한 사람이고, 또… 거기서 이익을 얻어내기 위해서는 쉽게 말하고…, 또 바리사이파 사람들 가운데 친구가 너무 많은 사람입니다…" 하고 열성당원이 뒷받침한다.

"보십시오. 시몬의 말이 맞습니다! 제가 생각한 것이 바로 그것입니다" 하고 베드로가 외친다. "시몬의 말을 들으십시오, 선생님!…"

예수께서는 곰곰이 생각하시며 말씀을 하지 않으신다…. 그러다가 이렇게 말씀하신다. "기도하자! 그러면 아버지께서 우리를 도와주실 것이다…." 그리고, 다른 사람들 뒤에서 그들은 열심으로 기도를 드린다….

첫새벽이 볼그레한 새벽빛으로 변한다…. 그들은 어떤 작은 마을을 지나서 들판을 지나가는 길로 다시 들어선다…. 해가 점점 더 뜨거워진다. 그들은 엄청나게 큰 호두나무 그늘에서 식사를 하기 위하여 멎는다.

"피곤하니?" 하고 예수께서 마지 못해 음식을 먹는 소녀에게 물으신다. "말해라, 그러면 여기서 쉬겠다."

"아니예요, 아니예요, 가요…."

"저희가 여러번 물어보았지만 항상 아니라고만 말합니다…" 하고 알패오의 야고보가 말한다.

"갈 수 있어요! 갈 수 있어요! 멀리 가요…."

그들은 다시 걷기 시작한다. 그러나 아우레아가 생각해낸다. "저는 돈주머니를 하나 가지고 있어요. 부인들이 제게 이렇게 말했어요. '산이 시작될 때에 그걸 드려라'하고. 그런데 산이 있으니 드리겠어요." 그러면서 리디아가 옷 몇 벌을 넣어준 배낭을 뒤진다…. 거기서 돈주머니를 꺼내서 예수께 드린다.

"기부금이다…. 그 여자들은 고맙다는 인사를 받기를 원치 않았다. 우리 중의 많은 사람보다 나은 여자들이다…. 마태오야, 이 돈을 받아서 보관해라. 이 돈은 비밀히 애긍하는 데 쓰일 것이다."

"가리옷의 유다에게 말해서는 안 됩니까?"

"말하지 말아라."

"그 사람이 소녀를 볼 텐데요…."

예수께서는 대답을 하지 않으신다. 그들은 심한 더위와 먼지와 눈부신 빛으로 인하여 피로하게 하는 걸음을 다시 시작한다. 그리고 갈멜산으로 생각되는 산의 첫번째 지맥(支脈)들을 올라가기 시작한다. 그러나 그들이 더 있고, 더 시원한데도 불구하고 아우레아는 자주 비틀거리며 천천히 걸어간다.

바르톨로메오가 뒤로 돌아와 선생님 곁으로 온다. "선생님, 소녀가 열이 있고 기진맥진했습니다. 어떻게 합니까?"

의논을 한다. 일시 정지를 해야 하는가? 업고서 계속 가야 하는가? 그렇게 하자. 안 된다. 마침내 그들은 타는 짐승이나 마차를 가진 어떤 여행자에게 도움을 청하기 위하여 적어도 시카미논으로 가는 길까지는 가야 한다고 결정한다. 그리고 그들은 소녀를 안고 갔으면 하지만, 소녀는 멀리 떨어져서 가고 싶은 용맹한 의지를 가지고 "갈 수 있어요! 갈 수 있어요!" 하는 말을 되풀이 하며 혼자서 걸어 가려고 한다. 소녀는 얼굴이 붉어졌고, 눈이 열에 들떴고, 정말 기진맥진하였다. 그러나 뜻을 굽히지 않는다…. 그리고 바르톨로메오와 필립보가 붙들어주는 것은 받아들이면서 천천히 걸어 간다…. 그러나 걸어 간다…. 그들은 모두가 기진맥진이다. 그러나 걸을 필요가 있다는 것을 깨닫는다. 그래서 걸어간다….

고개를 넘었다. 이제는 반대면 비탈이다…. 밑 아래로는 에스드렐론 평야가 펼쳐지고, 그 너머로는 나자렛이 있는 구릉들이 있다….

"만일 사람을 만나지 못하면, 농가에서 쉬기로 하자…" 하고 예수께서 말씀하신다.

그들은 가고 또 간다…. 거의 평야에 이르렀을 때, 그들은 일단의 제자를 만난다. 내가 알지 못하는 다른 사람들 가운데 에페소의 이사악이 어머니와 같이 있고, 베들레헴의 아벨이 그의 어머니와 같이 있다. 여자들을 위하여는 튼튼한 노새가 끄는 촌스러운 마차가 한 대 있다. 목자 다니엘과 베냐민이 있고, 뱃사공 요셉과 다른 사람들도 있다.

"섭리가 우리를 도와주시는구나!" 하고 예수께서 외치시고 멈추기를 명하신다. 그동안 예수께서 제자들에게, 특히 여자 제자들에게 가서 말씀하신다.

예수께서 여자들을 이사악과 함께 따로 부르셔서 아우레아의 시련을 부분적으로 이야기 하신다. "우리는 그 소녀를 더러운 주인에게서 벗어나게 했소… 그 애가 공포와 피로로 병이 들었기 때문에, 그 애를 돌보기 위해서 나자렛으로 데려갔으면 하오. 그러나 우리는 수레가 없소. 어디로 가던 길이오?"

"갈릴래아의 베들레헴의 미르타의 집으로 가는 중입니다. 평야의 더위는 견딜 수가 없습니다" 하고 이사악이 대답한다.

 "우선 나자렛으로 가게. 사랑으로 그렇게 해 주기를 청하네. 소녀를 내 어머니께 데려다 드리고, 2, 3일 후에는 내가 집에 갈 것이라고 말씀 드리게. 소녀는 열이 있으니까, 그 애가 하는 헛소리에는 신경쓰지 말게. 나중에 내가 말해 주겠네…."

 "예, 선생님이 시키시는대로 하겠습니다. 지금 곧 떠나겠습니다. 가엾은 계집애! 그 사람이 그 애를 때렸습니까?" 하고 세 사람이 묻는다.

 "그 애를 더럽히려고 했소."

 "오!… 몇 살인데요?"

 "열세 살쯤…."

 "비열한 사람! 더러운 녀석! 그러나 저희가 그 애를 사랑하겠습니다. 우리는 어머니들이지요, 노에미?"

 "그러믄요, 미르타. 주님, 그 애를 제자로 삼으실 겁니까?"

 "아직 모르겠소…."

 "선생님이 그 애를 데리고 계신다면, 저희가 여기 있습니다. 저는 에페소로 돌아가지 않습니다. 모든 것을 처분하라고 친구들을 보냈습니다. 저는 미르타와 함께 있겠습니다…. 그 소녀에 대해서는 저희들을 기억해 주십시오. 선생님은 저희 아들들을 살려 주셨으니, 저희들은 그 소녀를 구제하기를 원합니다."

 "두고 봅시다."

 "선생님, 이 두 제자는 성덕에 대한 보증은 무엇이든지 다 줍니다…." 하고 이사악이 변호한다.

 "그것은 내게 달린 것이 아닐세…. 많이 기도하시오. 그리고 **아무에게도 말하지 마시오. 알겠소? 아무에게도.**"

 "말하지 않겠습니다."

 "마차를 끌고 오게." 그러시면서 예수께서는 뒤로 돌아오신다. 이사악이 마차를 끌고 따라오고, 두 여자도 따라온다.

 소녀는 그의 심한 열을 좀 식히려고 풀 위에 누워 있다….

 "가엾어라! 그러나 죽지는 않겠지요?"

 "정말 예쁜 계집애로구나!"

"애야, 염려 말아라. 나도 어머니다, 알겠니? 이리 오너라…. 미르타, 좀 붙잡아요…. 비틀거리는군요…. 이사악아, 우릴 도와다오…. 덜 흔들리는 이리로…. 배낭을 베게 하고… 우리 겉옷을 깔아 주고…. 이사악아, 이마에 얹게 이 수건들을 물에 적셔라…. 펄펄 끓는구나, 가엾게도!"

두 여인은 열의가 있고 모성적이다. 아우레아는 열로 인하여 얼이 빠져서 말하자면 정신없이 멍하니 있다….

모든 것이 정돈되었다…. 마차는 떠날 수 있다. 이사악은 채찍질을 하기 전에 생각이 나서 말한다. "선생님, 다리에 가시면, 가리옷의 유다를 만나실 것입니다. 거기서 거지처럼 선생님을 기다리고 있습니다…. 선생님이 이리로 지나가실 거라고 그 사람이 말해 주었습니다. 선생님께 평화. 저희들은 밤에 나자렛에 도착할 것입니다!"

"당신들에게 평화!…"

마차는 속보(速步)로 떠난다.

"주님께 감사하자!…" 하고 예수께서 말씀하신다.

"예, 소녀를 위해서도 잘 됐고, 또 유다 때문에도 잘 되었습니다…. 그 사람이 아무 것도 알지 못하는 것이 좋습니다…."

"그렇다. 그게 낫다. 너무도 잘 되었기 때문에, 너희들 마음에 한 가지 희생을 부탁한다. 나자렛에 이르기 전에 헤어지자. 그래서 호수 사람 너희들은 유다와 같이 가파르나움으로 가거라. 그동안 나는 사촌들과 토마와 시몬과 함께 나자렛으로 가겠다."

"그렇게 하겠습니다, 선생님. 그런데 기다리는 사람들에게는 무엇이라고 말씀하시겠습니까?"

"우리가 도착한다는 것을 내 어머니께 급히 알려드릴 필요가 있었다고… 가자…." 그러면서 제자들 있는 데로 가시니, 제자들은 선생님을 모시는 것이 너무 기뻐서 질문을 하지 않는다.

119. 포도밭과 자유의지의 비유

"너희들에게 평화. 주님은 인자하시다. 주님은 우리가 우애 있는 식사를 나누도록 모이게 허락하셨다. 어디로 가던 길이냐?"

"어떤 사람들은 바다로, 또 어떤 사람들은 산으로 갑니다. 그러나 지금까지는 저희들이 같이 왔는데, 길에서 만나는 다른 집단들 때문에 수가 점점 늘어났습니다" 하고 레바논에서 목자이었던 다니엘이 말한다.

"예, 그리고 저희 두 사람은 저희가 양떼를 치는 대 헬몬산까지 가서, 사람들의 마음에 양식을 주고 싶습니다" 하고 그의 동료 베냐민이 말한다.

"좋은 생각이다. 나는 얼마 동안 나자렛에 가 있다가 엘룰 새달까지 가파르나움과 베싸이다 사이를 왔다갔다 하겠다. 내가 이 말을 하는 것은 너희들이 필요한 경우에 나를 만날 수 있으라고 그러는 것이다. 앉아라, 그리고 우리 음식을 함께 모아서 공평하게 나눌 수 있게 하자."

그들은 그렇게 해서 그들의… 재물, 비스킷, 치즈, 절인 물고기, 올리브, 달걀 몇 알, 말린 사과 …를 수건 위에 펴놓는다. 그리고 음식을 제공한 것과 마찬가지로, 예수께서 그것들을 바치시고 강복하신 다음 기쁘게 나눈다.

그들은 바라지 않았던 이 사랑의 잔치를 몹시 기뻐한다. 그들은 예수의 말씀을 듣는 기쁨에 몰두해 있어서 피로와 더위를 잊는다. 예수께서는 그들에게 무엇을 했는지 물으시고, 조언을 하시거나 당신이 하신 일을 이야기하신다. 그리고 무더운 날의 매우 더운 시간이라 졸려서 정신이 멍한데도 불구하고, 관심이 너무 커서 잠에 빠져드는 사람은 아무도 없다. 그리고 식사가 끝나고, 나머지 음식은 똑같은 분량으로 나누어서 배낭에 다시 넣고 나서, 그들은 야산의 수풀이 시작되는 곳으로 깊숙이 들어가, 나무 그늘에 예수 주위로 빙 둘러 앉아서, 그들의 생활 지침이라고 가르치는 데 소용될 아름다운 비유를 말씀해 주십사고 청한다.

예수께서는 지금은 밀걷이가 끝나 밭들에는 아무 것도 없으나 포도밭과 과수원이 많은 에스드렐론 평야가 바로 앞으로 내다보이도록 앉으셔서, 당신 눈에 보이는 것에서 어떤 주제를 찾으시는 듯이 전경(全景)을 휘 둘러 보신다. 그리고 미소를 지으신다. 찾아내신 것이다. 일반적인 문제로 말씀을 시작하신다. "이 평야의 포도나무들은 아름답지?"

"매우 아름답습니다. 포도송이가 놀라우리만큼 많이 달려서 익어가고 있습니다. 그 때문에 그렇게도 많은 수확을 거두게 됩니다."

"저것들은 정선(精選)된 포도나무들임에 틀림없다…"하고 예수께서 넌지시 말씀하신다. 그리고 이렇게 끝마치신다. "이 평야는 거의 전부가 부유한 바리사이파 사람들의 소유지로 나누어져 있으므로, 그들은 구입하는 데 드는 비용을 아까워하지 않고 훌륭한 묘목들을 갖다 심었다."

"오! 그 다음에 묘목들을 계속해서 손질하지 않았으면, 가장 좋은 묘목을 사왔더라도 소용이 없을 것입니다! 저는 포도밭이 전재산이기 때문에 이 일을 잘 압니다. 그러나 만일 제가 거기에 땀을 흘리지 않으면, 아니 그 보다도 지금 제 아우들이 계속 땀을 흘리는 것처럼 제가 땀을 흘리지 않았더라면, …선생님, 정말이지 포도 수확할 때에 작년에 드린 것과 같은 포도를 드리지는 못할 것입니다." 사십세쯤 되어 보이는 기운찬 남자가 말한다. 그 사람을 내가 본 것같기는 하지만, 이름을 기억하지 못한다.

"글레오파, 자네 말이 맞네. 훌륭한 열매를 얻는 비결은 순전히 자기 땅에 얼마나 많은 정성을 들이느냐에 달렸어"하고 다른 사람이 말한다.

"훌륭한 열매와 훌륭한 이득이지. 만일 땅이 우리가 땅에 들인만큼만 소출을 낸다면, 그것은 돈의 좋지 못한 투자일 걸세. 땅은 들인 자본에 대한 이자를 주어야 하고, 그 위에 우리 재산을 불릴 수 있는 이득을 주어야 하네. 사실 아버지는 아이들을 위한 상속의 몫을 만들어야 하고, 땅이나 돈으로 가지고 있는 것으로 아이들 모두에게 먹고 살만한 것을 줄 상속의 몫을 아이들의 수에 따라서 만들어야 한다는 것을 생각해야 하네. 아이들이 혜택을 입게 하기 위해서 이렇게 재산을 늘리는 것은 비난을 받아 마땅하다고는 생각하지 않습니다" 하고 글레오파가 강조한다.

 "성실한 일로 정직하게 그것을 달성하면 비난받을 것이 없다. 그러니까 훌륭한 묘목을 심었다 하더라도, 거기에서 이득을 얻으려면 힘을 많이 기울여야 한다는 말이지?"

 "그렇구 말구요! 그 포도나무들이 첫번 포도알을 만들기 전에요…. 시간이 필요하니까요. 그렇지요! 그러니까 참을성이 있어야 하고, 묘목들이 잎만 가지고 있을 때까지 일도 해야 합니다. 그런 다음, 열매를 맺고 든든하게 됐을 때에는, 쓸데 없는 가지와 해충이 없도록, 또 기생식물이 지력(地力)을 고갈시키거나 포도나무의 햇가지들이 가시덤불이나 메꽃줄기에 눌려 말라죽지 않도록 조심해야 합니다. 그리고 포도나무 밑 둘레를 파서 이슬이 스며들게 하고, 물이 다른 데보다 좀 더 오래 머물러 있어서 포도나무에 영양을 주게 해야 하고, 또 거름을 갖다 주어야 합니다…. 힘드는 일입니다! 그러나 그 일이 몹시 지치게 한다 해도 해야 합니다. 마치 포도송이 하나하나가 보석을 수확하는 것과 같이 보일만큼 몹시 아름답고 아주 단 포도가 바로 그 검고 냄새가 역한 거름을 빨아먹고 생겨나니까요. 그것은 불가능할 것같이 보이지만, 사실이 그렇습니다! 그리고 햇볕이 포도송이에 내려오게 하도록 잎들을 따 주어야 합니다. 그런 다음 포도 수확이 끝나면, 포도나무들을 잡아매고, 가지를 치고, 묶고, 뿌리가 얼지 않게 보호하기 위해서 짚과 거름으로 덮어 주고 해서 정리해야 합니다. 그리고 겨울에도, 바람이나 어떤 부랑배가 지주를 뽑지나 않았는지, 세월이 지나는데 따라서 가지를 지주에 붙잡아매는 데 사용한 버들가지들이 풀어지지나 않았는지 가 보아야 합니다…. 오! 포도나무가 완전히 죽기 전까지는 언제나 할 일이 있습니다…. 그리고 그 다음에도, 죽은 포도나무를 땅에서 파내고, 새 묘목을 받아들이도록 땅에서 뿌리들을 걷어내고, 하는 따위의 할 일이 아직 있습니다. 그리고 아직 살아 있는 포도나무 덩굴에 섞여 있는 죽은 포도나무 덩

굴을 빼내는 데에는 날렵하고 참을성 있는 손과 빈틈없는 눈이 얼마
나 필요한지 아시지요. 만일 어리석게, 그리고 둔한 손으로 일을 하
면, 손해가 나게 할 것입니다! 그 일을 알려면 이 방면의 전문가가
돼야 합니다!…. 포도나무요? 아니, 그건 어린 아이들과 같습니다!
어린 아이가 어른이 되기까지는 그의 육체와 정신을 건강하게 보존
하기 위해서 얼마나 수고를 해야 합니까!…. 그러나 제가 말을 하고
또 해서 선생님이 말씀하시게 놔 두질 않는군요…. 선생님은 저희에
게 비유를 하나 말씀해 주시겠다고 약속하셨지요…."

"참말이지, 비유는 네가 벌써 말했다. 네 결론을 적용하기만 하면
되고, 영혼들이 포도나무 같다고만 말하면 충분할 것이다…."

"아닙니다, 선생님! 선생님이 말씀해 주십시오. 저는… 바보같은
말만 했습니다. 그리고 저희들 자신으로서는 적용하는 일을 할 수가
없습니다…."

"좋다. 들어들 보아라.

우리가 어머니의 태속에서 동물성의 육체를 가지고 있을 때에, 하
늘에 계신 하느님께서는 미래의 사람을 당신을 닮게 하시려고 영혼
을 만드셔서 태중에서 형성되고 있는 육체에 넣어 주셨다. 그리고 날
때가 되어서 사람은 그의 영혼을 가지고 났는데, 영혼은 철들 나이까
지에는 주인이 개간하지 않은 상태로 놓아둔 땅과 같았다. 그러나 철
들 나이가 되자, 사람은 이치를 따지고 선악을 구별하기 시작하였다.
그 때에 사람은 그의 뜻대로 가꾸어야 할 포도밭이 하나 있다는 것
을 알아차렸다. 또 그 포도밭의 책임을 맡은 포도밭 일꾼, 즉 자유의
지가 있다는 것도 알아차렸다.

과연, 하느님께서 당신 자녀인 사람에게 주신 행동하는 데 있어서
의 자유는, 포도밭 즉 영혼을 기름지게 하는 일을 도우라고 하느님께
서 당신 자녀인 사람에게 주신 능력있는 하인과 같은 것이다.

만일 사람이 부유하게 되기 위하여, 즉 초자연적인 성공이라는 영
원한 미래를 스스로 얻기 위하여 직접 노력을 해야 되지 않고, 모든
것을 하느님에게서 받기로 되어 있었다면, 하느님께서 첫째 사람들
에게 처음에 무상으로 주셨던 거룩함을 루치펠이 타락시킨 다음, 거
룩함을 다시 만들어 가지는 데에 사람이 무슨 공로가 있었겠느냐?

죄의 유전으로 인하여 타락한 인간들에게 상을 받을만한 공로를 세우고, 완전한 피조물의 애초의 본성에 자기자신의 자유의지로 다시 남으로써 거룩하게 될 수 있도록 하느님께서 허락하시는 것만도 대단한 것이다. 완전한 인간의 애초의 본성은 창조주께서 아담과 하와에게 주셨던 것이고, 또 첫째 조상들이 원죄를 짓지 않은 채로 있었더라면 그들의 후손들에게도 주셨을 것이었다.

타락한 인간은 자기자신의 자유의지로 선택받은 사람이 되어야 한다. 그런데 영혼에는 어떤 일이 일어났느냐?

이런 일이 일어난다. 사람은 그의 영혼을 자기의 의지, 자기의 자유의지에 맡기고, 자유의지는 그 때까지는 좋기는 하지만 오래 가는 초목이 없던 불모의 땅으로 남아 있던 포도밭을 가꾸기 시작한다. 살기 시작해서 처음 몇해 동안에는 가냘픈 풀들과 피었다가 이내 지는 작은 꽃들이 여기저기 나 있을 뿐이었다. 즉 아직 선과 악을 모르는 천사와 같기 때문에 착한 어린이의 본능적인 착함이 있을 뿐이었다.

'얼마 동안이나 이런대로 있느냐'고 너희들이 말하겠지. 일반적으로는 처음 여섯해 동안 그렇다고 말한다. 그러나 사실은 조숙한 지각들이 있어서, 그 때문에 만 여섯살이 되기 전에 벌써 자기들의 행위에 대한 책임이 있는 어린이들도 있다. 세살이나 네살 때에도 자기 행위에 대하여 책임이 있는 어린이들이 있는데, 그것은 그들이 선이 무엇이고 악이 무엇인지를 알고, 선이나 악을 자유로 **원하기** 때문이다. 어린이가 나쁜 행동과 좋은 행동을 구별할 줄 아는 때부터 책임이 있는 것이다. 그 전에는 책임이 없다. 그러므로 바보는 백살이 되어도 책임있는 사람이 되지 않는다. 그러나 그 대신 보호자들이 책임이 있다. 보호자들은 사랑으로 바보와, 또 바보나 미친 사람이 해를 끼칠 수도 있는 이웃을 보살펴서, 지각 없는 사람이 자기자신이나 다른 사람들에게 해를 끼치지 못하게 해야 한다. 그렇기 때문에 하느님께서는 바보나 미친 사람에게는 죄에 대한 책임을 지우지 않으신다. 그것은 불행하게도 그는 이성이 없기 때문이다.

그러나 우리는 지능을 갖추고 정신과 육체가 건강한 사람들에 대해서 말하는 것이다.

그러니까 사람은 가꾸지 않은 그의 포도밭을 그것을 가꾸는 사람,

즉 자유의지에게 맡기고, 자유의지는 그 포도밭을 가꾸기 시작한다. 영혼, 즉 포도밭은 그러나 목소리를 가지고 있어, 그것을 자유의지에게 들려준다. 그 목소리는 하느님께서 영혼들에게 절대로 거절하지 않으시는 초자연적인 목소리들, 즉 수호천사의 목소리, 하느님께서 보내신 영들의 목소리, 영원하신 지혜의 목소리, 사람이 정확하게 자각은 하지 못하더라도 어떤 영혼이나 모두 기억하는 초자연적인 추억의 목소리에게서 양분을 받은 초자연적인 목소리이다. 그리고 영혼은 자유의지에게 그윽하고 애원조이기까지 한 목소리로 말해서, 자기를 좋은 초목으로 꾸며 달라고 부탁하고, 자기를 뱀과 전갈들이 살고, 여우와 담비, 그밖의 해를 끼치는 네발 짐승들이 땅굴을 파는 황량하고 나쁘고 독이 든 가시덤불을 만들지 않도록 부지런하고 슬기로우라고 부탁한다.

　자유의지는 언제나 훌륭한 농부는 아니다. 자유의지는 포도밭을 항상 지키지는 않고, 넘어올 수 없는 울타리로, 즉 도둑들과 기생식물들과 모든 해로운 것, 그리고 착한 결심의 꽃이 겨우 욕망속에 생겨나려고 할 때에 그것들을 떨어뜨릴 수 있을 사나운 바람에 대해서 영혼을 보호하는 것을 목적으로 하는 굳고 착한 의지를 가지고 항상 포도밭을 보호하지도 않는다. 오! 마음을 악에서 구하려면 그 둘레에 얼마나 높고 튼튼한 울타리를 쳐야 하느냐! 울타리가 부수어지지 않도록, 부주의가 들어오는 큰 구멍들도, 독사들 즉 칠죄종(七罪宗)이 살그머니 들어오는 작고 음험한 구멍들도 밑에 뚫리지 않도록 얼마나 경계해야 하겠느냐! 얼마나 고행으로 김매고, 해로운 풀들을 태우고, 가지를 치고, 땅을 파고, 거름을 주고 해야 하며, 얼마나 하느님과 이웃에 대한 사랑으로 자기 자신의 영혼을 돌보아야 하느냐! 또 좋은 것으로 보이던 묘목이 나중에 나쁜 것으로 드러나지 않을지 밝은 눈을 크게 뜨고 빈틈없는 정신으로 살펴야 한다. 쓸데 없거나 해로운 나무가 많은 것보다는 완전한 나무 한 그루만 있는 것이 더 낫다.

　우리는 마음을 가지고 있다. 그러니까 항상 무질서한 농부가 가꾸고 새 초목을 가득 채우는 포도밭을 가지고 있는데, 그 농부는 이런 일, 이런 사상, 이런 의지 같은 새 초목을 항상 빽빽이 채워 놓는다. 그 초목들이 애초에는 나쁘지 않더라도, 돌보지 않으면 나중에는 나쁘게 되어서 땅에 쓰러지고, 퇴화하고, 죽는다…. 얼마나 많은 덕행이 육욕에 섞이기 때문에, 가꾸어지지 않기 때문에, 결론적으로 말해서, 자유의지가 사랑으로 뒷받침되지 않기 때문에 죽느냐! 양심이 깨어 있지 않고 자기 때문에, 의지가 약해지고 타락하기 때문에, 자유의지가 악에게 유혹되어 끌려가기 때문에, 그래서 자유로운 의지가 노예가 되기 때문에, 얼마나 많은 도둑이 들어와서 훔치고, 혼란을 일으키고, 뽑아버리곤 하느냐!

그러나 생각하여라! 하느님께서는 의지를 자유롭게 놓아두시는데, 의지는 격정과 죄와 정욕, 요컨대 악의 노예가 된다. 교오와 분노와 인색과 음란이 처음에는 좋은 초목에 섞여 있다가 이내 좋은 초목을 희생시키고 의기양양해진다!…. 대단한 무질서다! 하느님과의 일치인 기도가 없기 때문에, 따라서 영혼에 이로운 즙인 이슬이 내리지 않기 때문에 얼마나 뜨거운 불이 초목을 말리느냐! 하느님과 이웃에 대한 사랑이 없기 때문에 얼마나 된 서리가 뿌리를 얼리느냐! 고행과 겸손이라는 기름을 거부하기 때문에 땅이 얼마나 메말라지느냐! 해로운 것을 스스로 자르는 것을 견딜 용기가 없기 때문에 좋은 가지들과 좋지 않은 가지들이 얼마나 심하게 뒤얽히느냐! 무질서하고 악 쪽으로 향한 의지가 지키고 가꾸게 되는 영혼의 상태는 이런 것이다.

이와 반대로 질서있게 사는 의지, 질서가 어떤 것이며, 어떻게 하는 것이 질서이며, 어떻게 해야 그것을 보존하는지를 사람이 알라고 주어진 율법에 복종하면서 사는 의지, 또 악은 그것을 멍청하게 만들고 마귀와 비슷하게 만드는데, 선은 사람을 고상하게 만들고 하느님과 비슷하게 만들기 때문에 용맹하게 선에 충실한 의지를 가진 영혼은 믿음의 맑고 풍부하고 유익한 물로 관개되고, 바람이라는 초목으로 적당히 그늘이 지고, 사랑의 태양에서 볕을 받으며, 의지로 바로잡아지고, 정의로 운영되고, 슬기와 양심으로 지켜지는 포도밭과 같다. 그래서 은총이 많은 것으로 도와져서 자라고, 성덕이 자라서 포도밭은 하느님께서 즐거움을 맛보시기 위하여 내려오시는 훌륭한 동산이 되고, 마침내 인간이 죽을 때까지 그 포도밭이 항상 완전한 정원으로 저 자신을 보존하기 때문에, 하느님께서 착한 뜻을 많이 가진

119. 포도밭과 자유의지의 비유 **409**

착한 자유의지가 이룩한 것을 천사들을 시켜 훌륭하고 영원한 하늘 동산으로 가져가게 하신다.

너희가 원하는 것은 틀림없이 이런 운명이다. 그러면 마귀와 세속과 육신이 너희 의지를 유혹하고, 너희 영혼을 황폐하게 만들지 않도록 경계하여라. 너희 안에 참된 사랑이 있고, 참된 사랑을 없애고 영혼을 가지가지 육욕과 무질서의 엉뚱한 짓으로 몰아넣는 자신에 대한 사랑이 있지 않도록 경계하여라. 끝까지 경계하여라. 그러면 폭풍우가 너희를 적실 수는 있어도 해를 끼치지는 못할 것이고, 너희들은 열매를 잔뜩 안고, 영원한 상을 받으러 주님께로 갈 것이다.

말을 끝냈다. 이제는 묵상하고 황혼이 될 때까지 쉬어라. 그동안 나는 기도하러 물러가겠다.”

“아닙니다, 선생님. 우리는 집들 있는 데 도착하도록 즉시 길을 떠나야 합니다” 하고 베드로가 말한다.

“아니, 왜 그래? 황혼까지는 아직 시간이 있는데!” 하고 여럿이 말한다.

“나는 황혼도 안식일도 생각하지 않고, 한 시간이 지나기 전에 사나운 폭풍우가 온다는 것을 생각하고 있네. 사마리아 산맥에서 천천히 올라오고 있는 저 까만 혀같이 생긴 것들이 보이나? 그리고 서쪽에서 마구 달려 오는 하얀 혀같이 생긴 것들은? 높은 바람이 흰 구름들을 밀고, 낮은 바람은 검은 구름을 밀고 오네. 하지만 저 구름들이 우리 위에 오면, 높은 바람이 동남풍에 못 견디게 되고, 그러면 우박이 실려 있는 검은 구름이 내려오면서 벼락이 실려 있는 구름과 부딪칠 걸세. 그러면 자네들은 굉장한 음악을 들을 걸세! 빨리 가세! 난 어부라, 하늘을 읽는단 말이야.”

예수께서 제일 먼저 그의 말을 따르신다. 그러니까 모두가 들판에 있는 농가들을 향하여 빨리 걷기 시작한다.

다리에서 그들은 유다를 만난다. 그는 “아이고! 선생님! 선생님에게서 멀리 떨어져 저는 얼마나 괴로웠는지 모릅니다! 여기서 선생님을 기다린 끈기를 상주신 하느님을 찬미합니다! 가이사리아 여행은 어떻게 되었습니까?”

“유다야, 네게 평화” 하고 예수께서는 짤막하게 대답하시고, 이렇게 덧붙이신다. "집에서 이야기하자. 오너라, 소나기가 닥쳐올지 모른다."

과연 돌풍이 시작되면서 햇볕으로 뜨거워진 길에 구름같은 먼지를 일으킨다. 하늘에는 가지가지 모양과 빛깔의 구름이 덮이고, 공기는 누렇고 침침해진다…. 엄청나게 크고 뜨거운 첫번째 빗방울이 드문 드문 떨어지기 시작하고, 첫번째 번갯불들이 거의 까맣게 된 하늘을 갈짓자로 달린다….

그들은 모두 전속력으로 뛰기 시작한다. 그들은 소나기를 면하기를 간절히 바라며, 이렇게 해서 첫번째 집들에 이르렀다. 그 때 얼마 떨어지지 않은 곳에 벼락이 떨어져 요란한 소리를 내는 가운데 동이로 퍼붓는 것같은 비와 우박이 그 고장을 내리덮치며, 비에 젖은 강한 흙냄새와 끊임없이 계속되는 번갯불로 생긴 오존 냄새를 풍긴다….

그들은 들어간다. 집은 다행히 회랑들이 있고, 메시아를 믿는 농부들이 살고 있다. 그래서 그들은 공경하는 태도로 예수를 에워싸면서 선생님께 동행들과 같이 들어와 자리를 잡으시라고 권한다. "선생님의 집인 것처럼 하십시오. 그러나 저희들이 일해 놓은 것을 불쌍히 여기셔서 손을 펴서 우박을 쫓아 주십시오" 하고 말한다.

예수께서는 손을 드시고 동서남북으로 돌리시니, 물만이 하늘에서 내려와 과수원과 풀밭들을 적시고, 몹시 무거운 공기를 깨끗하게 한다.

"주님, 찬미받으십시오!" 하고 가장이 말한다.

"주님, 들어오십시오!"

그리고 비가 계속 오는 동안, 예수께서는 분명히 창고인 매우 넓은 방으로 들어가시어, 피로한 몸으로 제자들에게 둘러싸여 앉으신다.

120. 에스드렐론 평야를 지나가면서

 땅이 매우 축축하고 길이 질척거리는 것을 보면, 전날 종일밤 동안에 비가 온 모양이다. 그러나 반대로 공기는 맑고, 높은 데 낮은 데 할 것없이 먼지 한 알이 없다. 저 위에서는 하늘이 깨끗하게 해주는 소나기가 지나간 다음에 다시 봄날씨처럼 되어 밝아 보이고, 땅도 역시 비로 인하여 시원해지고 깨끗해져서, 폭풍우가 지나간 뒤의 그 청명한 새벽의 신선함으로 봄의 기억을 되살리며 즐거워하는 것같다. 서로 뒤얽힌 나뭇잎들 사이에 남아 있거나 덩굴손에 매달린 마지막 물방울들이 햇빛을 받아 금강석처럼 반짝이고, 비에 씻긴 열매들은 대청(大靑)의 색조와 더불어 완전히 익은 과일의 완전한 색채를 나날이 더 띠어가는 껍질의 빛깔을 보여준다. 다만 초록색이고 단단한 포도송이들과 올리브들만이 나뭇잎들의 초록색과 혼동된다. 그러나 작은 올리브 한 알 한 알의 끝에는 작은 물방울이 하나씩 매달려 있고, 빽빽한 포도알들은 잎꼭지에 매달린 작은 물방울들로 진짜 그물을 만들어 놓고 있다.
 "오늘은 걷기가 정말 좋은 걸!" 하고 베드로는 먼지가 나지 않고, 뜨겁지도 않고, 진흙으로 인하여 미끄럽게 되지도 않은 땅을 즐겁게 밟으면서 말한다.
 "깨끗함을 들이마시는 것 같은 걸" 하고 유다 타대오가 대답한다.
 "아니, 저 하늘빛 좀 보게!"
 "또 저 사과들은?" 하고 열성당원이 말한다. "저 가지 둘레에 빙 돌아가며 달려 있는 사과 무더기를 보게. 사과 무더기에서 무성한 잎을 가진 가지가 빠져나오는 것같은데, 어떻게 그 무게를 견디어내는지 모르겠네. 그리고 빛깔은 또 얼마나 가지가지인가! 저 잎에 가려진 것들은 초록색이 겨우 노래지기 시작했고, 다른 것들은 벌써 볼그레해졌고, 완전히 해 있는 쪽으로 향해 있는 저 두 알은, 해를 보는 쪽은 아주 빨갛네. 저것들은 봉랍*(封蠟)을 입힌 것같네!"
 그러면서 그들은 만물의 아름다움을 바라보면서 기쁘게 간다. 그러다가 타대오가 하느님의 창조의 영광을 찬미하는 시편을 노래하기 시작하니, 이내 토마가 따르고, 다음에는 다른 사람들도 따라 부른다.
 예수께서는 그들이 기쁘게 노래하는 것을 들으시며 미소를 지으시고, 그들의 합창에 당신의 아름다운 목소리를 합치신다. 그러나 예수께서는 노래를 끝마치지 못하신다. 가리옷 사람이 다른 사람들은 계속 노래를 부르고 있는데, 예수께로 가까이 와서 이렇게 말하기 때문이다. "선생님, 저 사람들이 노래에 몰두해서 정신이 딴 데 가 있는 동안에 말씀해 주십시오. 가이사리아 여행은 어떻게 이루어졌고, 선생님은 거기서 뭘 하셨는지요? 선생님은 제게 아직 말씀해 주지 않으셨는데… 지금에야 비로소 말씀하실 수 있게 되었습니다. 처음에는 동료들과, 그 다음에는 동료들과 제자들이었고, 그리고 제자들이 우리를 앞질러 떠나간 지금은 동료들이 있습니다…. 그래서 도무지 선생님께 여쭈어볼 수가 없었습니다…."
 "거기에 대해서 관심이 많거나…. 그러나 가이사리아에서도 내가 죠가나의 소유지에 가서 하는 것 이외의 일은 하지 않았다. 나는 율법과 하늘나라에 대해서 말했다."
 "누구에게요?"
 "시장 근처에 있는 주민들에게."
 "아! 로마인들은 아니구요? 로마인들은 보지 않으셨습니까?"
 "총독의 본거지인 가이사리아에 가서 어떻게 로마인들을 보지 않을 수 있겠느냐?"
 "저도 그것은 압니다. 제 말씀은… 그런데… 그들에게 개별적으로 말씀하지 않으셨습니까?"
 "다시 말하지만, 거기에 관심이 많구나!"
 "아닙니다. 선생님, 단순한 호기심입니다."
 "그럼, 나는 로마 여자들에게 말했다."

─────────

*역주 : 수지질(樹脂質)의 혼합물. 보통 빨간 빛깔임.

"글라우디아에게두요? 그 여자가 선생님께 무슨 말씀을 드렸습니까?"

"아무 말도 안했다. 글라우디아는 나타나지 않았으니까. 그리고 그 여자는 자기가 **우리**와 교제가 있다는 것을 사람들이 알기를 **바라지 않는**다는 것을 내게 알아차리게 했다." 예수께서는 이 말씀을 매우 강조하시고, 유다를 유심히 살피신다. 유다는 뻔뻔스러움에도 불구하고, 얼굴빛이 변해서, 약간 붉어졌다가 흙빛깔이 된다.

그러나 이내 침착해져서 말한다. "그 여자가 원치 않는다구요? 이제는 선생님에 대해서 존경심을 가지고 있지 않습니까? 미친 여자로군요."

"아니다. 그 여자는 미치지 않고 건전하다. 그 여자는 로마인으로서의 그의 의무와 자기 자신에 대한 그의 의무들을 구별하고 분리시킬 줄을 안다. 자기 자신과 자기 정신에는, 빛과 깨끗함을 향하여 옴으로써 빛과 호흡을 마련해 준다. 그 여자는 본능적으로 진리를 찾는 인간이고, 이교의 거짓말에 만족하지 않기 때문이다. 그러나 이론적으로라도 조국에 해를 끼치기를 원치 않는다. 그런데 자기가 로마의 경쟁자가 될 수 있는 사람을 지지한다고 생각하게 하는 것은 조국에 해를 끼치는 것이 될 수 있을 것이다…."

"오! 그러나… 선생님은 정신적인 왕이신데요!…."

"그러나 그것을 알고 있는 너희들 자신도 그것을 확신하게 되지 못한다. 그것을 부인할 수 있느냐?"

유다는 얼굴을 붉혔다가 창백해진다. 그는 거짓말을 할 수가 없어서 말한다. "아닙니다! 그러나 사랑이 지나쳐서…."

"더군다나 나를 알지 못하는 사람, 즉 로마는 나를 경쟁자로 두려워할 수도 있다. 글라우디아는 나를 하느님으로서는 아니라 하더라도 적어도 정신적인 왕과 선생으로서 존경하고, 조국에는 충성을 바침으로써, 하느님께와 조국에 대해서 올바르게 행동한다. 나는 충실하고 올바르며 완고하지 않은 정신을 가진 사람들을 감탄하며 바라본다. 그리고 내 사도들이 내가 저 이교도 여인에게 주는 칭찬을 받을 만한 자격이 있었으면 좋겠다."

유다는 무슨 말을 해야 할지 모른다. 그는 선생님 곁을 떠나려고 한다. 그러나 또 호기심의 자극을 받는다. 그것은 호기심 이상이다. 선생님이 어느 정도까지 알고 계신지 알고자 하는 욕망이다…. 그래서 묻는다. "그 여자들이 저를 보자고 했습니까?"

"너도 다른 어떤 사도도 보자고 하지 않았다."

"그러나 그렇다면 무슨 말씀을 나누셨습니까?"

"순결한 생활과 그들의 시인 비르질리우스에 대해서 말했다. 이것은 베드로나 요한이나 다른 사람에게도 흥미있는 일이 아니었다는 것을 너도 알겠지."

"그러나… 무슨 흥미가 있습니까? 쓸데 없는 회화지요."

"아니다. 그 회화는 순결한 사람은 정신이 맑고 마음이 정직하다는 것을 그들에게 생각하게 하는 데 도움이 되었다. 그것은 이교도 여자들에게 매우 흥미있는 일이었다…. 또 그들에게만 흥미있는 일이 아니었다."

"선생님 말씀이 옳습니다…. 더 이상 선생님을 붙들지 않겠습니다." 그러면서 거의 뛰다시피하면서, 노래 부르는 것을 끝내고 뒤에 떨어져 있는 두 사람을 기다리고 있는 사람들에게로 간다….

예수께서는 그보다 천천히 그들을 따라가시어 그들과 합치시면서 말씀하신다. "나무가 우거진 이 오솔길로 해서 가자. 그러면 거리도 단축될 것이고, 벌써 뜨거워지기 시작하는 해도 피할 것이다. 그리고 나무그늘에서 쉬면서 우리끼리 식사도 할 수 있을 것이다."

그리고 서북쪽으로 향하여 가기 전에 그렇게 한다. 서북쪽은 틀림없이 죠가나의 땅이 있는 곳이다. 이렇게 생각하는 것은 그들이 이 바리사이파 사람의 농부들에 대하여 말하는 것이 들리기 때문이다….

121. 예수와 떨어진 새둥지

나는 흰 옷을 입으시고 짙은 파란빛 겉옷을 어깨 위로 젖히신 예수께서 나무가 우거진 작은 길로 걸어 가시는 것을 본다. 길에 나무가 우거졌다고 한 것은 길 이쪽 저쪽에 크고 작은 나무들이 있고, 오솔길들이 푸른 잡목림 사이로 이리저리 나 있기 때문이다. 그러나 다른 사람들을 자주 만나게 되는 것으로 보아 인가에서 멀리 떨어진, 사람이 살지 않는 곳 같지는 않다. 주민들의 농지를 건너질러 이웃한 두 마을을 연결하는 길인 것같다. 이곳은 평야 지대이고, 먼 곳에 산들이 보인다. 이곳이 어떤 곳인지는 모르겠다.

제자들과 말씀을 하시던 예수께서 걸음을 멈추시고 주위를 둘러보시며 귀를 기울이신다. 그러다가 수풀 사이로 난 오솔길로 들어서시어, 한 무더기의 작은 나무들과 관목들이 있는 데로 가신다. 그리고 몸을 구부리시고 찾으신다. 발견하셨다. 풀속에 새둥지 하나가 있다. 땅이 축축하고, 또 소나기가 지나간 다음에 그런 것처럼 나뭇가지들에서 물방울이 뚝뚝 떨어지기 때문에 생각할 수 있는 것처럼 폭풍우로 인하여 떨어진 것인지, 또는 어떤 사람이 꺼냈다가 한 배의 새새끼를 들고 가다가 들키는 것을 피하려고 그 자리에 내버려둔 것인지 모르겠다. 그것은 모르겠다. 나는 다만 건초 나부랑이를 얼기설기해서 만들고, 마른 나뭇잎과 솜털과 양털이 가득 들어 있는 작은 새둥지와 그 속에서 깃이 없이 빨갛고, 크게 벌린 부리와 툭 튀어나온 눈으로 인하여 보기싫은, 알을 깐지 며칠밖에 안 되는 새새끼 다섯 마리가 짹짹거리며 몸을 흔드는 것만을 볼 뿐이다. 저 위에는 나무에 앉은 어미새들이 절망적인 비명을 지르고 있다.

예수께서는 새둥지를 조심스럽게 주워 올리신다. 둥지를 손바닥을 오목하게 해서 잡으시고, 둥지가 있던 곳이나 안전하게 놓아둘 수 있을 곳을 휘휘 둘러보시며 찾으신다. 가시덤불 줄기들이 얽힌 것이 바구니 같이 잘 배치되고, 수풀속에 움푹 들어가 있어서 새둥지가 안전하게 있을 만한 곳을 한군데 찾아내셨다. 예수께서 새둥지를 베드로에게 맡기신다. 그러니까 이 땅딸막한 사람이 짧고 못이 박힌 손에 작은 새둥지를 들고 있는 것이 이상야릇하게 보인다. 예수께서는 팔이 가시에 긁힐 것을 상관하지 않으시고, 길고 넓은 소매를 걷어올리시고, 가시덤불 얽힌 것을 더 오목하게 하고 더 잘 보호되도록 하는 일을 하신다. 다 되었다. 예수께서는 새둥지를 다시 받으셔서 그 한가운데에 놓으시고, 매우 가느다란 골풀로 생각되는 원통형의 긴 풀로 그것을 고정시키신다.

새둥지는 이제 안전하다. 예수께서는 비켜나시며 미소지으신다. 그리고 배낭을 어깨에서 허리로 비스듬히 메고 있는 제자에게 빵조각 하나를 달라고 하셔서, 그것을 부스러뜨려 큰 바위 위에 뿌려주신다. 예수께서는 이제 만족하신다. 큰 길로 돌아오시려고 몸을 돌리시니, 어미 새들이 이제는 기쁜 소리를 내면서 구해진 둥지 위로 쏜살같이 내려온다.

몇 사람 안 되는 작은 떼가 길 옆에 멈추어 있다. 예수께서 그들 앞에 오게 되시어 그들을 바라다 보신다. 새둥지를 주우실 때에는 연민이 가득하고, 그것이 자리잡은 것을 보실 때에는 그렇게도 행복하게 보이던 예수의 얼굴에서 미소가 사라지고, 매우 엄격하게 되고, 침울하게 된다고도 말할 수 있겠다.

예수께서는 걸음을 멈추시고, 뜻밖의 목격자들을 바라다 보신다. 그들의 은밀한 생각과 더불어 그들의 마음을 들여다 보시는 것같다. 작은 한 떼의 사람이 오솔길을 막고 있기 때문에 지나가실 수가 없다. 그러나 잠자코 계신다.

베드로는 잠자코 있지 않는다. "선생님이 지나가시게 하시오" 하고 말한다.

"나자렛 사람, 입 다무시오" 하고 그중 한 사람이 말한다. "어떻게 당신 선생님이 서슴지 않고 내 수풀에 들어가고, 안식일에 육체노동을 했단 말이오?"

예수께서는 그를 이상야릇한 표정으로 똑바로 바라다 보신다. 그것은 미소 같기도 하고, 미소 같지 않기도 하다. 어떻든 그것은 찬성하는 미소는 아니다. 베드로가 대꾸를 하려고 하지만, 예수께서 말씀을 하신다. "당신은 누구요?"

"이곳의 주인 죠가나 벤 자카이요."

"이름 높은 율법학자시로군요. 그런데 내게 무엇을 비난하시오?"

"안식일을 어겼다는 거요."

"죠가나 벤 자카이, 당신은 신명기를 아시오?"

"당신이 그것을 내게 묻는 거요? 이스라엘의 진짜 선생인 나에게?"

"당신의 말뜻을 알겠소. 나는 율법학자가 아니고, 보잘 것없는 갈릴래아 사람이기 때문에, '선생'일 수가 없다는 말이지요. 그러나 다시 묻겠는데, '신명기를 아시오?'"

"분명히 당신보다 더 잘 알고 있소."

"문자 그대로요…. 당신의 말뜻이 그것이라면 확실히 그렇소. 그러나 그 참 뜻을 아시오?"

"거기 말한 것은 말한 그대로요. 한 가지 뜻밖에는 없소."

"사실 한 가지 뜻밖에 없소. 그리고 그것은 사랑의 뜻, 또는 자비의 뜻이오. 혹 또 그렇게 부르는 것이 마음에 거슬린다면, 인정의 뜻이라고 부르시오.

그런데 신명기에는 이런 말씀이 있소. '만일 네 형제의 양이나 소가 길을 잃는 것을 보거든, 그가 네 곁에 있지 않더라도, 그냥 지나치지 말고, 그 양이나 소를 그 형제에게 도로 데려다 주거나 그가 찾으러 올 때까지 붙잡아 두어라.' 또 이런 말씀이 있소. '만일 네 형제의 나귀나 소가 쓰러지는 것을 보거든, 못본 체하지 말고, 형제를 도와서 나귀나 소를 일으켜라.' 또 이런 말씀도 있소. '만일 땅이나 나무에서 새끼를 품고 있는 어미나 알들이 있는 새둥지를 만나거든, 어미는 생식을 하게 되어 있으므로 어미는 잡지 말고 새끼만 가져가라.'

나는 땅에 떨어진 새둥지와 그 새둥지를 보고 우는 어미새를 보았소. 나는 그 새가 어미이기 때문에 불쌍히 여겨 새끼들을 그 새에게 돌려주었소. 나는 한 어미를 위로한 것으로 안식일을 어겼다고는 생각하지 않았소. 형제의 양이 길잃는 것을 그냥 내버려 두어서는 안 되고, 율법은 안식일에 나귀를 일으키는 것이 잘못이라고는 말하지 않소. 율법은 다만 형제에 대하여 자비를 베풀어야 하고, 하느님의 피조물인 나귀에 대하여 인정을 베풀어야 한다고 말하오. 나는 하느님께서 그 어미새를 생식을 하라고 만드셨고, 어미새는 하느님의 계명을 따랐고, 그래서 그 어미새가 새끼를 기르는 것을 막는 것은 하느님의 계명에 그 어미새가 복종하는 것을 방해하는 것이라고 생각했소. 그러나 당신은 **이것**을 이해하지 못하오. 당신과 당신 친구들은 글씨는 보지만 정신은 보지 못하오. 당신과 당신 친구들은 하느님의 말씀을 편협한 인간의 정신상태로 깎아내리고, 하느님의 명령을 방해하고, 이웃에 대해서 자비를 베풀지 않음으로 **이중, 삼중**으로 안식일을 어기오. 비난으로 모욕을 주려고, 당신들은 **필요가 없는데 말을 하는 것은 나쁜 일이라는 것**으로 판단하고 있소. 이것은 그래도 하나의 일이고, 유익하지도 않고, 필요하지도 않고, 착하지도 않은 일인데, 이것이 당신들에게는 안식일을 어기는 것으로는 생각되지 않는 거요.

죠가나 벤 자카이, 내 말을 잘 들으시오. 오늘 당신은 머리가 까만 꾀꼬리 한 마리를 불쌍히 여기지 않고, 바리사이파적인 규율의 이름으로 그 어미새를 고통으로 죽게 할 것이고, 그 새끼들을 독사나 타락한 사람의 손닿는 곳에 내버려 두어서 죽게 할 거요. 그리고 내일은 이와 마찬가지로 한 어머니를 불쌍히 여기지 않고, 그의 자식을 죽임으로써 고통으로 죽게 하고, **당신의** 법률, 하느님의 법률에 대해서가 아니라 **당신의** 법률에 대한 존중으로, 당신과 당신의 동류(同類)들이 약한 사람들을 압제하고, 강한 사람인 당신들이 성공을 거두기 위하여 스스로 만들어 가진 법률에 대한 존중으로 그렇게 하는 것이 좋다고 말할 거요. 그러나 알겠소? 약한 사람들은 언제나 구세주를 만나오. 교오한 사람들, 세상의 법률로 보아서 강한 사람들은 바로 그들 자신의 법률의 무게에 깔려 으스러질 터인데 말이오. 죠가나 벤 자카이, 잘 있으시오. 이 시간을 기억하고, 당신이야말로 저질러진 범죄에 대한 호의로 다른 안식일을 어기지 않도록 조심하시오."

그리고 예수께서는 화가 나서 얼굴이 새빨개진 늙은 사람의 얼굴에 몹시 무서운 눈길을 던져 위에서 아래로 내려다 보신다. 율법학자는 키가 작고 살이 쪘고, 그의 앞에 계신 예수께서는 종려나무처럼 키가 훤칠하시기 때문이다. 율법학자가 비키지 않기 때문에 예수께서는 그의 곁으로 풀을 밟으며 지나가신다.

122. "무슨 일에서나 하느님을 볼 줄 아는 사람은 행복하다"

예수께서 말씀하신다.

"비록 복음서들에서는 묵상하라고 제공하지 않은 것이지만, 나는 한 참된 환시로 네 정신을 북돋아 주고자 하였다. 너를 위하여 이 가르침을 준다. 즉 나는 둥지없는 새들을 매우 불쌍히 여긴다. 그 새들이 꾀꼬리라고 불리지 않고 마리아나 요한이라고 불리더라도 말이다. 그리고 무슨 사건으로 인해서 그들이 둥지를 잃게 되면, 그들에게 둥지를 도로 주는 일을 떠맡는다."

모든 사람을 위한 교훈은 다음과 같다.

율법의 말을 아는 사람은 너무나 많다. 그것을 모두가 알아야 할 터인데, 별로 많지 않지만, 그래도 너무나 많다. **그러나 그들은 율법의 '말들'을 알기만 한다**. 그들은 그것을 생활하지 않는다. 그것이 잘못이다.

신명기가 인정의 법들을 규정한 것은 그 때의 사람들은 정신성이 유치했고, 교양이 없고, 반 야만이기 때문이었다. 그들의 손을 잡고, 짐승 한 마리를 잃는 형제에 대한 연민과 존경과 사랑의 꽃이 핀 오솔길로 해서 그들을 인도해서, 더 높은 연민과 존경과 사랑으로 올라가도록 가르쳐야 했다.

그러나 내가 와서는 모세의 규칙들을 완성하고, 더 넓은 범위를 열어주었다. 이제는 문자가 '전부'가 아니다. 정신이 '전부'가 된 것이다. 한 새둥지와 둥지 안에 있는 새새끼들에 대한 인정어린 작은 행위 너머로, 창조주의 아들인 내가 창조주께서 만드신 것 앞에 몸을 구부렸다는, 내 몸짓이 뜻하는 대답을 보아야 한다. 그 새새끼 한 배도 창조주께서 만드신 것이다.

오! 무슨 일에서나 하느님을 볼 줄 알고 존경을 곁들인 사랑의 정

122. "무슨 일에서나 하느님을 볼 줄 아는 사람은 행복하다" **421**

신으로 그분을 섬길 줄 아는 사람들은 행복하다! 그리고 뱀들과 같이 그 진흙에서 머리를 들 줄 모르고, 형제들의 행동에 나타나는 하느님께 대한 찬미의 노래를 부를 수가 없으므로, 그들을 질식시키는 독이 넘쳐흐름으로 인하여 형제들을 무는 사람들은 화를 입을 것이다. 가장 착한 사람들을 괴롭히면서, 그들의 사악을 정당화하기 위하여, 법을 존중해서, 하느님의 법이 아니라 **그들의** 법을 존중해서 그렇게 하는 것이 잘하는 일이라고 말하는 사람이 너무나 많다. 하느님께서 그들의 고약한 행동을 막으실 수는 없지만, 당신 '자녀들'의 원수를 갚아주실 줄도 아신다.

그리고 이 교훈은 이것이 가야 할 사람들에게 가기를 바란다.

주의를 게을리하지 않는 내 평화가 네 위에 있기를 바란다.

123. 에스드렐론 평야, 걸음을 계속하며

 이 사건이 있은 다음, 그들은 얼마 동안 말없이 걸어 갔다. 그러나 그들이 밭들 가운데 있는 **두 갈래 길에 이르렀을 때**, 제베대오의 야고보가 말한다. "자! 여기서는 미케아의 집으로 갑니다…. 그러나… 우리가 그리로 갑니까? 분명히 그 사람은 우리를 학대하려고 그의 소유지에서 기다리고 있을 겁니다…."
 "그리고 선생님이 농부들에게 말씀하시는 것을 막기 위해서요. 야고보의 말이 옳습니다. 그리로 가지 마십시오" 하고 가리옷 사람이 권한다.
 "그 사람들이 나를 기다린다. 내가 그리 간다고 사람을 보내 일렀다. 그들의 마음은 즐거워하고 있다. 나는 그들을 위로하러 가는 친구이다…."
 "다음번에 가십시오. 그들은 단념할 겁니다" 하고 유다가 어깨를 들썩 하며 말한다.
 "너는 네가 바라던 어떤 것을 누가 빼앗으면, 쉽게 단념하지 않는다."
 "제 일은 중대한 일입니다. 그런데 그들의 일은…."
 "그런데 마음을 도야하는 것과 북돋아 주는 것보다 더 중대하고 더 중요한 일이 무엇이냐? 그들은 모든 것이 평화와 소망에 멀어지게 하려고 공모하는 마음들이다…. 그리고 그들은 내세라는 **한 가지** 소망밖에는 없다. 그리고 거기에 가는 데는 내 도움이라는 한 가지 방법밖에 없다. 그렇다. 나는 돌에 맞아 죽는 위험을 무릅쓰고라도 가겠다."
 "안 됩니다! 안 됩니다, 주님!" 하고 알패오의 야고보와 열성당원이 함께 말한다. "그것은 저 불쌍한 하인들을 벌받게 하는 데에나 소용될 것입니다. 선생님은 듣지 못하셨지만, 죠가나는 이렇게 말했습니다. '이제까지는 내가 참았다. 하지만 이제부터는 참지 않겠다. 그러니까 그에게 가거나 그를 받아들이는 하인은 화를 입을 것이다. 그는 하느님께 버림받은 자이고, 마귀이다. 나는 내 집안에 부패를 원치 않는다.' 그리고 한 동행에게 이렇게 말했습니다. '그 하인놈을 죽여야 한다 해도, 저 저주받은 자에 의해서 그 놈들이 마귀들리는 것을 고쳐 놓겠소' 하고."

예수께서는 고개를 숙이시고 곰곰이 생각하시고… 괴로워하신다. 예수의 고통은 뚜렷하다…. 다른 사람들은 그것을 보고 슬퍼한다. 그러나 어떻게 할 것인가? 토마의 실용적인 침착성이 이 상황을 해결한다. "이렇게 합시다. 우리는 안식일을 어기지 않게 황혼 때까지 여기 머물러 있습시다. 그동안 우리 중의 한 사람이 집에까지 가서 '밤중에 세포리스 밖에 있는 샘 근처로 오시오' 하고 말합니다. 그리고 우리는 황혼이 지난 다음 그리로 가서, 세포리스가 있는 산 아래 있는 작은 숲에서 그들을 기다립니다. 선생님은 저 불행한 사람들에게 말씀을 하시고, 위로해 주시고, 날이 밝아오기 시작하면, 그들은 집으로 돌아갑니다. 우리는 야산을 넘어서 나자렛으로 가고요."

"토마의 말이 옳다. 토마, 잘했다!" 하고 여러 사람이 말한다. 그러나 필립보가 이렇게 지적한다. "그런데 누가 가서 그들에게 알리나? 그는 우리를 다 알고 있고, 우리를 볼지도 모르는데…."

"시몬의 유다가 갈 수 있을 거야. 유다는 바리사이파 사람들을 잘 알거든…" 하고 안드레아가 악의없이 말한다.

"자넨 무슨 말을 넌지시 하려는 건가?" 하고 유다가 공격적으로 묻는다.

"나? 아무 것도. 나는 자네가 아주 오랫동안 성전에 있었고, 거기에 절친한 사람들을 많이 두었기 때문에 그들을 안다고 말한 걸세. 자넨 그걸 늘 자랑하지. 그 사람들이 친구에게는 해를 끼치지 않을 거야…" 하고 온유한 안드레아가 말한다.

"그렇게 생각하지 말아, 알겠어? 아무도 그렇게 생각하지 말아. 우리가 아직 글라우디아의 보호를 받고 있으면, 혹 내가 그럴 수도 있겠지만. 지금은 끝장났어. 결론으로 말하자면, 그 여자는 이제 우리에게 관심을 가지지 않게 되었단 말이야. 그렇지요, 선생님?"

"글라우디아는 계속 현인을 우러러 보고 있다. 그 여자는 이 이상의 것을 아무 것도 한 적이 없다. 이 탄복에서 그 여자가 어쩌면 참 하느님에 대한 믿음으로 건너올 수도 있을 것이다. 그러나 다만 흥분한 어떤 사람의 착각만이 그 여자가 내게 대해서 다른 감정을 가지고 있는 줄로 믿을 수 있었다. 또 그 여자가 그런 감정을 가지고 있다 하더라도 나는 그것을 받아들이지 않을 것이다. 나는 그들의 이교를 그리스도교로 바꾸기를 바라고 있기 때문에 그것은 그래도 받아들일 수 있다. 그러나 그들 편에서 우상숭배가 될 것, 즉 보잘 것없는 인간의 옥좌에 올려진 보잘 것없는 우상인 인간에 대한 숭배는 받아들일 수가 없다."

예수께서는 이 말씀을 마치 모든 사람을 가르치시는 것처럼 조용히 말씀하신다. 그러나 말투가 하도 단호하여서, 사도들 사이에 이런 의미의 어떠한 일탈도 응징하고자 하시는 당신의 의향과 뜻에 대하여 아무 의심도 남겨 놓지 않을 정도이다. 인간적인 왕권에 대하여는 아무도 대꾸를 하지 않는다. 그러나 그들은 "그러면 농부들은 어떻게 합니까?" 하고 묻는다.

"제가 가겠습니다. 제가 이 제안을 했으니까, 선생님이 허락하시면 제가 가겠습니다. 바리사이파 사람들이 틀림없이 저를 잡아먹지는 않을 것입니다…" 하고 토마가 말한다.

"가거라. 그리고 네 사랑이 축복받기를 바란다."

"아이고! 선생님, 이건 아무 것도 아닙니다!"

"토마야, 이것은 훌륭한 일이다. 너는 네 형제들의 소원을 느낀다. 너는 예수와 농부들을 불쌍히 여긴다. 그래서 육체로서의 네 형제가 저들의 이름으로도 네게 축복한다" 하고 예수께서 당신 앞에 숙인 토마의 머리에 손을 얹으시며 말씀하신다. 그러니까 토마는 감격하여 속삭인다. "제가… 선생님의… 형제라구요?! 주님, 이것은 너무나 큰 영광입니다. 저는 주님의 종이고, 주님은 제 하느님이신데… 그건 그렇습니다…. 가겠습니다."

"자네 혼자서? 나도 가겠네!" 하고 타대오와 베드로가 말한다.

"아니야, 자네들은 성미가 너무 급해 나는 모든 것을 조종할 줄을 안단 말이야…. 어떤… 인간들을 무력하게 만드는 데는 이게 제일 좋은 방법이야. 자네들은 이내 벌컥 홍분한단 말이야…. 나 혼자 가겠어."

"나도 가겠네" 하고 요한과 안드레아가 말한다.

"오! 그래! 자네 둘 중의 한 사람은 좋아. 그리고 열성당원 시몬과 알패오의 야고보같은 사람 하나도."

"아니야, 아니야, 내가 가. 나는 절대로 반항하지 않고, 잠자코 있으면서 행동한단 말이야" 하고 안드레아가 조른다.

"가세." 그러면서 그들은 한쪽으로 가고, 예수께서는 남아 있는 사람들과 같이 다른 쪽으로 길을 계속 가신다….

124. 죠가나의 농부들과 함께

"그 사람들이 올까?" 그 위에 세포리스가 있는 야산의 비탈이 시작되는 곳에 있는 푸른 참나무 숲 아래 앉아 있는 동료들에게 마태오가 묻는다. 에스드렐론 평야는 그들이 있는 야산 저쪽에 있기 때문에 이제는 보이지 않는다. 그러나 이 야산과 밝은 달빛으로 분명히 볼 수 있는 나자렛 지방의 야산들 사이에 훨씬 더 작은 평야가 있다.

"그 사람들이 약속했으니까 올 거야" 하고 안드레아가 대답한다.

"적어도 그 중 몇 사람은 올 거야. 초경(初更) 중간에 떠났으니까 이경(二更) 시작될 때에는 도착할 걸세" 하고 토마가 말한다.

"더 늦을 거야" 하고 타대오가 말한다.

"우리가 오는 데 세 시간이 채 안 걸렸는데" 하고 안드레아가 반박한다.

"우리는 남자들이고 기운이 펄펄한 사람들이지. 그 사람들은 지쳐 있고, 또 여자들도 데리고 올 거야" 하고 또 타대오가 대답한다.

"주인이 알아차리지 못했으면!" 하고 마태오가 한숨을 쉰다.

"그런 위험은 없어. 그 사람은 에즈라엘의 친구의 집에 갔다니까. 관리인이 있지만, 그 사람은 선생님을 미워하지 않기 때문에 그 사람도 온대" 하고 토마가 말한다.

"그 사람 진실한가?" 하고 필립보가 묻는다.

"그래. 그렇지 않을 이유가 없으니까."

"흠! 주인의 총애를 받는 것, 그리고…."

"아니야, 필립보. 포도 수확이 끝난 뒤에 죠가나가 그 사람을 내보낸대. 바로 그 사람이 선생님을 미워하지 않기 때문이래" 하고 안드레아가 대답한다.

"누가 그 말을 하던가?" 하고 여럿이 묻는다.

"그 사람과 농부들이… 따로따로. 그런데 다른 부류의 두 사람이 어떤 일에 대해서 말하는 것이 일치하면, 그들이 진실을 말한다는 표야. 관리인이 가기 때문에 농부들은 울고 있었네. 관리인이 매우 인정있는 분이었다는 거야. 그리고 그 사람은 우리에게 이런 말을 했어. '나는 사람이지 꼭둑각시가 아닙니다. 지난 해에는 주인이 내게 〈선생님을 공경하고 가까이 하고, 그분의 신자가 되게〉 하고 말했습니다. 나는 복종했습니다. 이제는 주인이 이렇게 말합니다. 〈만일 자네가 내 원수를 사랑하고, 저들이 그를 사랑하게 허락하면, 자네는 화를 입을 걸세. 나는 저 저주받은 자를 받아들여 내 땅에 저주가 내리기를 원치 않네〉 하고. 그러나 그 사람이 어떤 사람인지를 알게 된 지금, 어떻게 그 명령을 정당한 것으로 생각할 수 있겠습니까? 나는 주인에게 이렇게 말했습니다. 〈주인님이 작년에는 다르게 말씀하셨습니다. 그리고 그분은 여전히 변하지 않았습니다〉 하고. 그랬더니 주인은 나를 첫번째로 때렸습니다. 나는 이렇게 말했습니다. 〈나는 노예가 아닙니다. 또 비록 노예라 하더라도, 주인님은 내 생각을 차지하지는 못하실 것입니다. 내 생각은 주인님이 저주받은 사람이라고 부르시는 분을 거룩한 분이라고 판단합니다.〉 그랬더니 주인은 나를 또 때렸습니다. 오늘 아침 주인은 내게 이렇게 말했습니다. 〈이스라엘의 저주받은 자가 내 땅에 와 있네. 자네가 내 명령을 어기면 화를 입을 걸세. 내 하인 노릇을 못하게 될 걸세.〉 나는 이렇게 대답했습니다. 〈말씀 잘 하셨습니다. 나는 이제 주인님의 하인 노릇을 안 하겠습니다. 주인님의 마음과 같은 마음을 가지고, 주인님이 남의 영혼을 탐욕스럽게 노리시는 것처럼, 주인님의 재산을 탐욕스럽게 노릴 다른 사람을 구하십시오〉 하고. 그랬더니 주인은 나를 땅에 쓰러뜨리고 때렸습니다…. 그러나 올해의 농사일은 오래지 않아 끝날 것이고, 티스리달이 되면 나는 자유롭게 됩니다. 나는 다만 저 사람들 때문에 섭섭할 뿐입니다…' 하고. 그러면서 농부들을 가리키더군" 하고 토마가 이야기 한다.

"하지만 자넨 그 사람을 어디서 만났나?…"

"마치 우리가 도둑인 것처럼 숲속에서 만났네. 우리가 미케아에게 말했더니, 미케아가 그 사람에게 알려서 왔는데, 아직 피투성이었어.

그리고 남녀 하인들이 작은 떼를 지어서 왔어…"하고 안드레아가 말한다.

"흠! 그럼 유다의 말이 옳구먼! 그 사람은 바리사이파 사람들의 기질을 알고 있어…"하고 바르톨로메오가 지적한다.

"유다는 너무나 많은 걸 알고 있어!…"하고 제베대오의 야고보가 말한다.

"입 다물어! 그 사람이 자네 말을 들을지도 몰라!"하고 마태오가 충고한다.

"아니야. 그 사람은 졸리고 머리가 아프다고 말하면서 저리 갔어"하고 야고보가 대답한다.

"달과 같은 사람! 하늘에 달이 있고, 그 사람의 머릿속에도 달이 있어. 그렇게 생겨먹어서, 바람보다도 더 잘 변한단 말이야"하고 그 때까지 잠자코 있던 베드로가 격언조로 말한다.

"어! 그래! 우리들 가운데 있는 진짜 불행이야!"하고 바르톨로메오가 한숨짓는다.

"아니야. 그렇게 말하지 말게! 불행 이야기는 하지 말게! 차라리 자기를 거룩하게 하는 방법이라고 말하게…"하고 열성당원이 말한다.

"또는 지옥에 떨어지는 방법이라고. 그 사람은 덕행을 잃게 하니까 말이야…"하고 타대오가 단호한 어조로 말한다.

"불행한 사람이야!"하고 안드레아가 슬프게 평한다.

침묵이 흐른다. 그러다가 베드로가 묻는다. "아니 그런데 선생님은 아직도 기도하고 계신가?"

"아니야. 자네가 자고 있는 동안에, 망을 보라고 길에 세워둔 요한과 그의 형 야고보에게로 가시느라고 지나가셨어. 즉시 가엾은 농부들 곁에 가고 싶으신 거야. 어쩌면 그 사람들을 보시는 것이 이번이 마지막이 될지도 몰라"하고 열성당원이 대답한다.

"왜 마지막이야? 왜? 그런 말 하지 말게. 자넨 불행을 가져오는 것 같네!"하고 타대오가 몹시 불안해서 말한다.

"하지만 그것은, 자네도 알다시피… 우리가 점점 더 박해를 받기 때문이야…. 우리가 장차 어떻게 해야 할지 모르겠네…."

"시몬의 말이 맞아…. 이봐! 모두가 영적인 사람이 되면 참 좋겠는데…. 그러나… 글라우디아의 인정을… 조금… 보호를 아주 조금 가질 수 있었으면, 우리에게 해롭지는 않았을 텐데" 하고 마태오가 말한다.

"아니야. 우리가 홀로 있는 것이 더 나아…. 특히 이방인들과의 접촉이 도무지 없는 것이. 나는… 찬성하지 않아" 하고 바르톨로메오가 결연하게 말한다.

"나도 별로 찬성하지 않아…" 하고 타대오가 말한다. "그렇기는 하지만, 선생님은 당신의 가르침이 온 세상에 펴져야 한다고 말씀하시고, 또 우리가 그 일을 해야 한다고… 당신 말씀을 사방에 전파해야 한다고 말씀하시네…. 그렇다면 우리는 이방인들과 이교도들을 가까이하는 습관을 들여야 할 걸세…."

"더러운 사람들을, 나는 무슨 독성죄를 짓는 것같은 생각이 드네. 지혜를 돼지들에게 주다니!…."

"그들도 영혼을 가지고 있네. 나타나엘! 자네가 어제는 계집 아이를 불쌍히 여기더니…."

"그것은… 그것은… 형성해야 하는 아무 것도 아니기 때문이야. 갓난 아기와 같은 것이지…. 그러나 다른 사람들은!… 그리고 그 애는 로마 사람이 아니야…."

"갈리아 사람들은 우상숭배를 덜 한다고 생각하나? 그들도 그들의 잔인한 신들을 가지고 있네. 자네가 그들을 개종시키러 가게 되면 그것을 알아차리게 될 걸세!…" 하고 다른 사람들보다 학식이 많은, 더 국제적이라고 할 수 있을 열성당원이 말한다.

"그러나 그 애는 이스라엘을 더럽힌 자들의 민족에 속해 있는 아이는 아니야. 나는 지금이고 지난 날이고 할 것없이 이스라엘의 적에게는 전도하지 않겠네."

"그러면… 자넨 매우 멀리 북극 낙토의 사람들에게 가야 할 걸세. 왜냐하면… 그런 것같지 않지만, 이스라엘은 이웃한 모든 민족을 경험했으니까 말이야."

"나는 멀리 가겠네…. 그러나 선생님이 저기 오시네. 마중 나가세. 아이고, 사람이 많이도 온다! 아니, 그 사람들 다 왔는데! 어린 아이들까지…."

"선생님이 기쁘시겠네…."

그들은 선생님께로 간다. 선생님은 그 많은 사람에게 빽빽이 둘러싸여서 풀밭을 무척 힘들게 걸어 오신다.

"유다는 아직 돌아오지 않았느냐?" 하고 예수께서 물으신다.

"예, 그러나 선생님이 원하시면 저희가 부르러 가겠습니다…."

"필요없다. 내 목소리가 그가 있는 데까지 들릴 것이다. 그리고 자유로운 그의 양심은 그 자체의 목소리로 그에게 말하고 있다. 너희들의 목소리를 그 목소리에 합쳐서 의지를 강요해서는 안 된다. 와서, 우리 형제들인 이 사람들과 같이 여기 앉자. 그리고 너희와 함께 빵을 나누어서 사랑의 식사를 하지 못한 것을 용서해라."

그들은 예수를 중심으로 하여 빙 둘러 앉는다. 그리고 예수께서 어린이들을 당신 둘레에 앉히고 싶어하시니, 어린이들은 마음 턱 놓고 예수께로 바싹 다가 앉으며 어루만진다.

"애들에게 강복해 주십시오, 주님! 그 애들은 저희가 보기를 바라는 것을 보고 있습니다. 주님을 사랑할 자유를요!" 하고 어떤 여자가 외친다.

"그렇습니다. 그들은 우리에게서 이 자유까지 빼앗아 갑니다. 그들은 저희들 마음속에 선생님의 말씀이 새겨지는 것을 원치 않고, 이제는 저희들이 선생님께로 오는 것도 금해서, 우리가 만나는 것까지도 막습니다…. 그래서 이제는 선생님의 거룩한 말씀도 듣지 못하게 되었습니다!" 하고 한 늙은이가 탄식한다.

"이렇게 버려져서 저희들은 죄인이 될 것입니다. 선생님은 저희들에게 용서를 가르치셨고… 너무나 많은 사랑을 베풀어 주셨습니다. 그래서 주인과 그의 악의를 참아견딜 수 있었습니다…. 그러나 지금은…." 하고 한 젊은이가 말한다. 얼굴을 잘 알아보지 못해서 누가 말하는지 정확히 알지는 못하겠다. 그러나 목소리에 근거를 두고 이렇게 말하는 것이다.

"울지들 마시오. 나는 여러분에게 내 말을 듣지 못하게 하지는 않겠습니다. 나는 할 수 있는 한 또 오겠습니다…."

"안 됩니다. 선생님이시며 주님, 그 사람은 인정머리 없는 사람이고 그의 친구들도 그렇습니다. 그 사람이 선생님을 해칠지도 모르는데, 그렇게 되면 그것은 저희 때문일 것입니다. 저희들은 선생님을 잃는 희생을 합니다. 그렇지만 '선생님이 붙잡히신 것은 우리 때문이다'하고 말하는 고통은 저희들에게 주지 마십시오."

"예, 선생님, 도망하십시오!"

"염려 마시오. 예레미아서를 보면, 예레미아가 주님께서 말씀해 주시는 것을 어떻게 비서 바룩에게 쓰라고 말했고, 어떻게 그 쓴 것을 주님의 집에 모여 있는 사람들에게 가서 읽으라고, 예언자는 갇혀서 갈 수가 없으니까 예언자 대신 그것을 읽어 주라고 말했는지 쓰여 있습니다. 나도 그렇게 하겠습니다. 나는 내 사도들과 제자들 가운데 충실한 바룩을 많이 가지고 있습니다. 그들이 여러분에게 와서 주님의 말씀을 말할 것이고, 그러면 여러분의 영혼은 죽지 않을 것입니다. 그리고 나는 여러분 때문에 붙잡히지는 않을 것입니다. 이스라엘의 왕이 모든 사람에게 알려지기 위해서 군중들에게 보여져야 할 시간이 되기 전에는 지극히 높으신 하느님께서 나를 그들의 눈에 보이지 않게 하시겠기 때문입니다.

또 여러분 안에 있는 말을 잃지 않을까 하고 염려 마시오. 역시 예레미아서에 보면, 두루마리를 불태우는 것으로 영원하고 진실한 말씀을 없애기를 바란 유다의 왕 요아킴이 책을 없앤 다음에도, 주님께서 예언자에게 '새 두루마리를 하나 가지고 와서 왕이 태워버린 두루마리에 있던 모든 것을 거기에 써라'하고 명령하셨기 때문에, 하느님께서 불러 주신 것이 그대로 남아 있었다고 씌어 있습니다. 그래서 예레미아는 책을, 즉 쓰이지 않았던 두루마리를 바룩에게 주고, 비서에게 영원한 말씀과 그것을 보충하는 다른 말씀도 다시 불러 주었습니다. 주님께서는 영혼들에게 좋은 일일 때에는 사람들이 입힌 피해를 복원하시고, 사랑이 이룩한 것을 증오가 망치는 것을 허락하지 않기 때문입니다.

그러면, 나도 나 자신을 거룩한 진리가 가득 찬 책에 비교하는데, 만일 내가 없어지게 되면, 주님께서 여러분을 다른 책들의 도움을 받지 못하고 죽어가게 내버려 두실 것으로 생각하십니까? 그 책들에는 내 말들이 있을 것이고, 또 내가 폭력에 의해서 갇히고 부수어지기 때문에 말할 수 없을 것을 이야기할 내 증인들의 말도 들어 있을 것입니다. 또 여러분의 마음의 책에 새겨진 것이, 시간이 내 말 위로 지나가면 없어지리라고 생각하십니까? 아닙니다. 주님의 천사가 여러분에게 그 말들을 되풀이해 주어서, 지혜를 원하는 여러분의 정신에 생생하게 보존되게 할 것입니다. 그뿐 아니라, 그 말들을 여러분에게 설명해 줄 것이고, 여러분은 여러분의 선생의 말로 지혜로울 것입니다. 여러분은 내게 대한 여러분의 사랑을 고통으로 확인합니다. 박해에까지도 저항하는 것이 멸망할 수 있습니까? 그것은 멸망할 수 없습니다. 내가 여러분에게 단언합니다.

 하느님의 은혜는 사라지지 않습니다. 죄만이 그것을 없앱니다. 그러나 여러분은 틀림없이 죄를 짓기를 원치 않지요?"

 "예, 주님. 그것은 내세에서도 주님을 잃는 것이 될 것입니다" 하고 여러 사람이 말한다.

 "그러나 그들은 저희들에게 죄를 짓게 합니다. 주인은 저희들에게 이제는 안식일에도 그의 소유지에 나가지 못하게 강요합니다…. 그래서 저희들에게는 이제 과월절도 없게 되었습니다. 그러니 저희들은 죄를 지을 것입니다…" 하고 말하는 사람들도 있다.

 "아니, 여러분은 죄를 짓지 않을 것입니다. 죄를 지을 것은 그 사람입니다. 그 사람만이, 하느님의 권리에 폭력을 쓰고, 주님의 날에 사랑과 가르침의 즐거운 대화를 나누며 서로 껴안고 서로 사랑하는 하느님의 자녀들의 권리를 폭력으로 막는 그 사람만이 죄를 지을 것입니다."

 "그렇지만 그 사람은 많은 단식과 헌금으로 속죄를 합니다. 그런데 저희들은 그렇지 않아도 저희 일로 인한 피로에 비해서는 음식이 너무 적고 그래서 바칠 것이 아무 것도 없기 때문에, 헌금을 할 수가 없습니다…. 저희들은 가난합니다…."

 "여러분은 하느님께서 높이 평가하시는 것, 즉 여러분의 마음을 드리십시오. 이사야는 거짓 회개하는 자들에게 하느님의 이름으로 이렇게 말합니다. '자, 너희들이 단식하는 날 너희들의 의도가 나타나고, 너희들에게 빚진 사람들을 못살게군다. 너희들은 싸우고 하찮은 일로 다투고, 부도덕하게 주먹을 휘두르며 싸우려고 단식을 한다. 오늘까지 한 것처럼 큰 소리를 지르기 위하여 단식을 하지 말아라. 내가 원하는 단식이 그런 것이냐? 사람이 하룻동안 자기 마음을 괴롭히고, 육체를 괴롭히고, 재 위에서 자는 데 그치는 것을 말이다. 내가 더 좋아하는 단식은 아주 다른 것이다. 죄의 사슬을 끊고, 압제하는 계약을 파기하고, 갇힌 사람을 풀어 주고, 일체의 책임을 없애라. 네 빵을 굶주린 사람과 나누어 먹고, 가난한 사람들과 나그네를 받아들이고, 헐벗은 사람에게 옷을 주고, 네 이웃을 업신여기지 말아라.'

그러나 죠가나는 이렇게 하지 않습니다. 여러분은 그를 위해 하는 일로 그 사람을 부유하게 하기 때문에 여러분이 그의 채권자인데, 그 사람은 여러분을, 돈을 제때에 갚지 않는 채무자보다도 더 심하게 다루고, 여러분을 위협하려고 목소리를 높이고, 여러분을 때리려고 손을 듭니다. 그는 여러분에 대해서 자비롭지 않고, 여러분이 하인이기 때문에 업신여깁니다. 그러나 하인도 주인과 마찬가지로 사람이고, 주인에게 봉사할 의무가 있지만, 육체적으로나 정신적으로 사람에게 필요한 것을 받을 권리도 가지고 있습니다. 안식일을 지키는 사람이 같은 날 그의 형제들을 사슬로 묶고 알로에의 즙*을 마시게 하면, 안식일을 회당에 가서 지내더라도, 안식일을 지키는 것이 아닙니다. 여러분은 여러분끼리 주님에 대한 말을 하면서 안식일을 지내시오. 그러면 주님께서 여러분 가운데 계실 것입니다. 여러분은 용서하시오. 그러면 주님께서 여러분을 영광스럽게 하실 것입니다.

나는 착한 목자입니다. 그래서 모든 양을 불쌍히 여깁니다. 그러나 우상숭배하는 목자들이 내 길에서 멀리 떠나라고 때린 양들을 나는 분명히 특별하게 사랑합니다. 나는 다른 어떤 양보다도 이런 양들을 위해서 왔습니다. 그것은 여러분의 아버지이기도 한 내 아버지께서 내게 이런 명령을 주셨기 때문입니다. '〈우리는 부자가 되었다!〉 하고 말하면서 팔아버린 주인들에 의해, 무자비하게 죽이는 도살장으로 갈 저 양들에게 풀을 뜯겨라. 그 양들에 대하여는 목자들도 동정을 하지 않았다'하고.

그러면, 양떼의 가엾은 양들인 여러분, 나는 도살장으로 가게 된

---

* 역주 : 맛이 쓰다고 함.

양떼에게 풀을 뜯기겠습니다. 그리고 여러분을 슬프게 하고, 여러분을 통하여 괴로워하시는 아버지를 슬프게 하는 사람들은 그들의 악의에 내맡기겠습니다. 나는 하느님의 자녀들 중에서 가장 보잘 것없는 자녀들에게 손을 내밀어 내게로 끌어당겨서 내 영광을 누리게 하겠습니다.

주님께서는 목자로서의 내 연민과 능력을 찬미하는 예언자들의 입을 통해서 이것을 약속하십니다. 그리고 나도 나를 사랑하는 여러분에게 이것을 직접 약속합니다. 나는 내 양떼를 보살피겠습니다. 착한 양들이 내게 오기 위해서 물을 흐리게 하고 목장을 망친다고 비난하는 자들에게는 이렇게 말하겠습니다. '물러가라. 너희들이야말로 샘물을 마르게 하고 내 자녀들의 양식을 마르게 한다. 그러나 나는 그들을 다른 목장으로, 정신을 배불리는 목장으로 데려갔고, 장차도 데려갈 것이다. 나는 너희들의 뚱뚱한 배를 채울 목장을 남겨 놓겠고, 너희들이 흐리게 한 쓴 샘물을 너희들에게 남겨 주고, 나는 하느님의 진짜 양들과 거짓 양들을 갈라놓고, 진짜 양들을 데리고 갈 것이다. 그러면 내 어린 양들은 더 이상 아무 것으로도 고통을 당하지 않고, 하늘의 목장에서 영원히 기뻐할 것이다' 하고.

지극히 사랑하는 자녀들, 끝까지 꾸준하시오! 내가 참을성을 가지는 것과 같이, 그렇게 좀더 참을성을 가지시오. 옳지 못한 여러분의 주인이 여러분에게 허락하는 것을 함으로써 충실하시오. 그러면 하느님께서 여러분이 모든 것을 다 했다고 판단하시고, 모든 것에 대해 상을 주실 것입니다. 비록 모든 것이 공모해서 여러분에게 증오를 가르치더라도 미워하지 마시오. 하느님을 믿으시오. 여러분도 아시다시피, 요나는 그의 고통에서 벗어나게 되었고, 야베는 사랑에 인도되었습니다. 그러나 주님께서 노인과 어린 아이에게 하신 것과 같이 여러분에게도 하실 것입니다. 이 세상에서는 부분적으로, 그렇게 하시고, 내세에서는 전적으로 그렇게 하실 것입니다.

나는 여러분의 물질적인 상황을 덜 힘들게 하기 위해서 여러분에게 줄 돈밖에 가진 것이 없습니다. 나는 그것을 여러분에게 주겠습니다. 마태오야, 돈을 주어서 나누어 가지게 하여라. 돈은 많습니다. 그러나 이렇게 수가 많고, 몹시 옹색한 여러분에게는 그래도 적은 것입니다. 그렇지만 물질적인 것으로는… 다른 것은 아무 것도 없습니다. 그러나 내게는 사랑이 있고, 여러분의 울음을 위로하고, 여러분이 알아듣기 어려운 것에 빛을 줄 무한한 초자연적인 보물들을 여러분에게 청해 주기 위해서 내가 아버지의 아들의 자격으로 가지고 있는 능력이 있습니다. 오! 하느님께서 빛나게 하실 수 있는 비참한 생활! 하느님만이! 하느님만이!….

그래서 나는 이렇게 말합니다. '아버지, 나는 이 사람들을 위하여 아버지께 청합니다. 이 세상의 행복한 사람들과 부유한 사람들을 위하여 청하지 않고, 아버지와 나밖에는 가진 것이 없는 이 사람들을 위하여 아버지께 청합니다. 이 사람들을 영의 길에 아주 높이 올리셔서, 이들이 우리의 사랑 안에서 모든 위안을 얻게 하십시오.' 그리고 사랑으로, 우리의 무한한 모든 사랑으로 우리를 이 사람들에게 주어, 이들의 그날 그날의 일과 활동을 평화와 차분함과 용기로, 초자연적인 평화와 차분함과 힘으로 덮어 주고, 우리에 대한 사랑으로 세상에서 멀리 떨어져서, 그들의 시련에 저항할 수 있게 하고, 죽은 다음에는 아버지와 우리를, 무한한 지복(至福)을 차지할 수 있게 합시다."

예수께서는 당신에게 안겨서 잠든 어린이들에게서 살그머니 빠져 나오셔서 일어서서 기도하셨다. 기도를 하시는 예수님은 위엄있고 다정스러우시다.

이제는 눈을 내리뜨시고 말씀하신다. "나는 떠납니다. 여러분도 집에 늦지 않게 도착하려면 지금 떠날 시간입니다. 우리는 또 만나게 될 겁니다. 나는 여러분에게 마륵지암을 데리고 오겠습니다. 그러나 내가 다시는 오지 못하더라도, 내 영은 항상 여러분과 같이 있을 것이고, 내 사도들은 여러분을 내가 사랑한 것처럼 사랑할 것입니다. 주님께서 당신의 강복이 여러분 위에 머물러 있게 해 주시기를 바랍니다. 가시오!" 예수께서는 몸을 구부려 잠든 어린이들을 쓰다듬어 주시고, 당신에게서 떨어질 줄을 모르는 가엾은 군중의 감정의 토로에 몸을 맡기신다….

그러나 마침내 각자가 그의 방향으로 가서 두 집단은 서로 헤어진다. 그동안 달은 지고, 사람들은 길을 밝히기 위하여 나뭇가지에 불을 붙인다. 아직 축축한 나뭇가지의 매캐한 연기가 흘러내리는 눈물에 좋은 핑계가 된다.···.

　유다는 어떤 나무 줄기에 기대 서서 그들을 기다리고 있다. 예수께서는 그를 바라보시고 아무 말씀도 하지 않으신다. 유다가 "좀 낫습니다" 하고 말할 때에도.

　그들은 이렇게 밤에 걸을 수 있는 한 최선을 다해서 걸어 간다. 그러다가 새벽이 되면서는 더 쉽게 걷는다.

　네거리를 보시고, 예수께서 걸음을 멈추시며 말씀하신다. "여기서 헤어지자. 토마와 열성당원 시몬과 내 사촌들은 나와 같이 간다. 다른 사람들은 호수로 가서 나를 기다려라."

　"고맙습니다. 선생님··· 제가 감히 청하지를 못했었는데, 선생님이 제 소원을 앞질러 들어 주시는군요. 저는 정말 지쳤습니다. 그래서, 허락하시면 티베리아에 머무르겠습니다···."

　"친구의 집에" 하고 제베대오의 야고보가 말하지 않고 배기지를 못한다.

　유다는 눈을 부라린다···. 그러나 거기에 그치고 만다.

　예수께서 서둘러 말씀하신다. "안식일에 네가 동료들과 같이 가파르나움에 가기만 하면 된다. 나를 떠나는 사람들은 입맞춤 하게 이리들 오너라." 그러면서 떠나는 사람들을 다정스럽게 껴안으시면서, 각자에게 낮은 목소리로 충고를 주신다.

　이의를 제기하는 사람은 아무도 없다. 베드로만이 떠나면서 "선생님, 빨리 오십시오" 하고 말한다.

　"예, 빨리 오세요" 하고 다른 사람들이 말하고, 요한이 이렇게 말을 끝맺는다. "선생님이 안 계신 호수는 몹시 쓸쓸할 겁니다."

　예수께서는 그들에게 다시 강복하시고, "곧 가마!" 하고 말씀하신다. 그리고 각기 제 갈길로 간다.

125. 나자렛에서

세포리스에서 올 때에는 나자렛에 서북쪽으로 해서, 즉 가장 높고 가장 돌이 많은 쪽으로 해서 들어가게 된다. 계단처럼 펼쳐진 계단강당 같은 나자렛은 세포리스에서 와서 마지막 언덕 꼭대기에 이르면 전부가 내려다 보인다. 이 언덕은 움푹 팬 여러 갈래의 땅으로 해서 어지간히 가파르게 이 작은 도시로 내려간다. 내 기억이 틀리지 않으면 ─그 동안에 세월이 흘렀고, 산이 많은 곳의 풍경은 서로 비슷한 곳이 많으니까─ 예수께서 지금 계신 곳은 바로 동향인들이 예수를 돌로 치려고 하였는데, 예수께서 당신 능력으로 그들을 그렇게 하지 못하게 하시고, 그들 가운데로 지나가신 그 지점이다(루가 4장).

예수께서는 당신께 적대적인 당신의 사랑하시는 도시를 발을 멈추고 내려다 보시며, 만족의 미소가 그 얼굴을 빛나게 한다. 어린 예수를 받아들이고, 크시는 것을 보았고, 어머니가 태어나시고, 하느님의 정배와 하느님의 어머니가 되신 땅에 흘러들어가 은총으로 퍼지는 이 하느님의 미소는, 나자렛 사람들이 모르고 또 받을 자격도 없는 얼마나 큰 강복인가!

예수의 두 사촌도 뚜렷한 기쁨을 가지고 그들의 고향도시를 내려다 본다. 비록 타대오의 기쁨은 엄격하고 억제된 진지한 태도로 가라앉은 데 반하여, 야고보의 기쁨은 더 솔직하고 더 다정스러우며, 예수의 기쁨과 더 비슷하기는 하지만.

비록 그의 고향도시는 아니지만, 토마의 얼굴은 기쁨으로 빛나고 있으며, 화덕에서 연기가 뭉게뭉게 피어오르는 성모님의 작은 집을 가리키며 말한다. "어머님이 집에 계시며 빵을 만드시는구나…" 그런데 이 말을 할 때에 그의 사랑의 정열이 얼마나 큰지 아들의 온 애정을 나타내며 자기 친어머니에 대하여 말하는 것같다.

나이와 교육 때문에 더 침착한 열성당원은 빙그레 웃으면서 말한다. "그래. 그리고 어머님의 평화가 벌써 우리 마음에까지 오네."
 "빨리 가세" 하고 야고보가 말한다. "그리고 나자렛 사람들에게 거의 들키지 않고 도착하게 이 오솔길로 지나 가세. 그 사람들은 우리를 붙들 거야…."
 "그렇지만 자네들 집에서는 멀어지는데, 자네들 어머니도 자네들을 보고 싶어 하실 텐데."
 "오! 시몬, 우리 어머니가 마리아 아주머니 댁에 가 계시다는 건 확신해도 되네. 어머니는 거의 언제나 거기 계시니까…. 또 빵을 만드시니까 거기 계실 거고, 병든 소녀 때문에도 거기 계실 거야."
 "그래, 이리로 해서 가자. 알패오의 집 정원 뒤로 지나서 우리 집 정원 울타리에 이르도록 하자" 하고 예수께서 말씀하신다.
 그들은 오솔길로 해서 빨리 내려가는 데, 그 오솔길은 처음에는 매우 가파르다가 시내에 가까워지면 더 완만해진다. 그들은 올리브 밭으로 지나가고, 다음에는 아무 것도 없는 작은 밭들로 지나가고, 시내의 첫번째 정원들의 울타리를 스쳐 지나간다. 정원들은 열매들이 주렁주렁 달린 나무들의 잎들이 위에 늘어진 높고 잎이 무성한 울타리를 둘러쳤거나, 정원의 나무 가지들로 겉이 가려진 낮은 돌담이 둘러쳐져 있다. 그러므로 정원 안에서 왔다갔다 하거나 빨래를 하거나 집 근처에 있는 작은 풀밭에 빨래를 너는 주부들이 그들이 지나가는 것을 보지 못한다….
 성모님의 집 정원 한쪽의 경계가 되는 울타리는 겨울에는 온통 가시가 얽혔다가, 봄에 산사(山査)나무 꽃이 되었다가 여름에는 온통 잎이 우거지고, 가을에는 빨간 열매들이 나타난다. 지금은 울타리가 힘차게 자란 말리(茉莉) 한 그루도 아름다워졌고, 이름을 알 수 없는 물결치는 꽃받침으로 꾸며졌는데, 그 꽃들이 있는 나뭇가지들은 정원 안에서 울타리 위로 뻗어 나와 울타리를 더 우거지게 하고 더 아름답게 보이게 한다. 꾀꼬리 한 마리가 울타리에서 노래하고, 안에서는 비둘기들이 구구 하고 우는 소리가 들려 온다.
 "창살문도 고쳤고, 꽃이 만발한 가지에 온통 덮여 있구먼" 하고 정원 뒤에 있는 촌스러운 창살문을 보려고 앞으로 달려간 야고보가 말한다. 그 창살문은 여러 해 동안 쓰이지 않고 있는 것인데, 요한과

125. 나자렛에서

신디카를 위한 베드로의 마차가 드나들 수 있게 한 문이다.

"오솔길로 해서 지나가서 문을 두드리기로 하자. 내 어머니는 이 피난처가 부수어진 것을 보시면 슬퍼하실 것이다"하고 예수께서 그에게 대답하신다.

"아주머니의 담을 둘러친 정원!"하고 유다 타대오가 외친다.

"그래, 어머님은 그 정원의 장미꽃이시고"하고 토마가 말한다.

"가시들 사이에 있는 백합꽃"하고 야고보가 말한다.

"봉인이 된 샘"하고 열성당원이 말한다.

"그 보다도, 아름다운 산에서 힘차게 솟아 올라 땅에 생명의 물을 주고, 향기로운 아름다움을 가지고 하늘로 치솟는 신선한 물이 나오는 샘이시다"하고 예수께서 말씀하신다.

"조금 있으면 선생님을 보시고 기뻐하시겠습니다"하고 야고보가 말한다.

"사촌, 제가 오래 전부터 알고 싶어하는 것 한 가지를 말씀해 주세요. 마리아 아주머니를 어떻게 보십니까? 어머니로 보십니까, 그렇지 않으면 신민(臣民)으로 보십니까? 선생님의 어머니이시기는 하지만, 한 여인이시고, 선생님은 하느님이신데요…"하고 타대오가 말한다.

"자매처럼, 정배처럼, 하느님의 즐거움과 휴식, 사람의 위안처럼 생각한다. 내가 하느님과 사람으로서 마리아에게서 보고 차지하는 것은 이 모든 것이다. 하늘에서 삼위일체의 제2위의 즐거움이고, 아버지와 성령과 마찬가지로 말씀의 즐거움이었던 그분은 사람이 된 하느님의 즐거움이고, 영광스럽게 된 하느님이요 사람인 이의 즐거움일 것이다."

"굉장한 신비로군요! 그러니까 하느님께서는 당신의 만족을 두번 스스로 포기하셨군요. 선생님과 마리아를 통해서요. 그리고 두 분을 땅에 주셨군요…"하고 열성당원이 명상을 한다.

"굉장한 사랑!이라고 말해야 했을 걸세. 삼위일체로 하여금 세상에 마리아와 예수를 주시게 한 것은 사랑이야"하고 야고보가 말한다.

"그런데, 하느님이신 선생님 때문이 아니라, 당신의 장미꽃 때문에, 하느님께서는 모두가 그 장미꽃을 보호할 자격이 없는 사람들에게 그것을 맡기는 것을 염려하지 않으셨습니까?"하고 토마가 묻는다.

"토마야, 아가(雅歌)가 네게 대답한다. '평화를 사랑하는 분이 포도밭을 가지고 있었는데, 그 포도밭을 포도재배인들에게 맡겼다. 그 포도재배인들은 큰 독신자(瀆神者)의 부추김을 받은 독신자들로서 많은 돈을 주고 그 포도밭을 차지하려고 하였다. 즉 갖가지 유혹으로 그 포도밭을 꾀려고 하였다. 그러나 주님의 아름다운 포도밭은 자기 스스로 자신을 지켜, 주님께만 열매를 주고자 하였고, 주님께만 문을 열어 값을 정할 수 없을 만큼 값진 보물, 즉 구세주를 낳고자 하였다.'"

그들은 집문에 이르렀다. 예수께서 걸린 문을 두르리시는데 알패오의 유다가 말한다. "이번이야말로 '사랑하는 내 자매, 내 정배, 티없는 비둘기야, 문을 열어 다오.'… 하고 말하는 것이 시기 적절하겠구먼…" 하고 해설을 한다. 그러나 문이 벙싯 열리며 성모님의 다정스러운 얼굴이 나타나자, 예수께서는 어머니를 안으시려고 팔을 벌리시며 "어머니!"라는 가장 다정스러운 말밖에 하지 않으신다.

"오! 내 아들! 복된 아들! 들어오너라. 그리고 평화와 사랑이 너와 함께 있기를!"

"그리고 어머니와 집과 그 안에 있는 모든 것에도" 하고 예수께서 다른 사람들의 앞장을 서서 들어가시며 말씀하신다.

"너희 어머니는 두 제자가 빵을 만들고 빨래를 하는 동안 곁에 계신다…" 하고, 사도들과 조카들과 공손한 인사를 나누신 다음 설명하신다. 사도들과 조카들은 어머니를 아들과 단둘이 계시게 해드리기 위하여 조심스럽게 물러간다.

"어머니, 제가 어머니께 왔습니다. 우리는 얼마 동안 함께 있을 것입니다…. 어머니, 사람들 가운데에서 그렇게도 여행을 많이 한 뒤에 집에 돌아오는 것은… 특히 어머니께 돌아오는 것은 정말 즐겁습니다…."

"사람들은 너를 점점 더 알게 되고, 이렇게 알기 때문에, 너를 사랑하는 사람들과… 너를 미워하는 사람들, 이렇게 두 갈래로 갈라진다…. 그런데 제일 큰 갈래는 너를 미워하는 사람들의 갈래이다…."

"악은 오래지 않아 지리라는 것을 느낍니다. 그래서 미친듯이 화가 낳고…. 또 몹시 화를 나게 합니다…. 소녀는 어떻습니까?"

"조금 나아졌다…. 그러나 죽을 뻔했다…. 그런데 이제 헛소리를 하지 않게 된 지금, 그 애의 말이 비록 더 조심성있기는 하지만, 정신착란 중에 있을 때 그 애의 입에서 나오던 말과 일치한다. 우리가 그 애의 내력을 다시 구성하지 못했다고 말하면 거짓말을 하는 것이 될 것이다…. 불쌍도 하지!…."

"예, 그러나 섭리가 그 애를 지켜 주었습니다."

"그런데 이제는?…."

"그런데 이제는… 모르겠습니다. 아우레아는 인간으로서는 제게 속해 있지 않습니다. 그 애의 영혼은 제 것이지만, 육체는 발레리아의 것입니다. 당분간은 그 애가 잊어버리도록 여기에 머무를 것입니다…."

"미르타가 그 애를 가지고 싶어한다."

"저도 압니다…. 그러나 로마 여자의 허락없이는 제게 행동할 권리가 없습니다. 저는 로마 여자들이 돈을 주고 그 애를 샀는지, 또는 약속이라는 무기만을 사용했는지 모릅니다…. 로마 여자가 그 애를 돌려달라고 하면…."

"애야, 네 대신 내가 가마. 네가 가는 것은 좋지 않다. 어미가 하는 대로 내버려 두어라. 이스라엘에게는 미미한 존재인… 우리 여자들은 이방인들에게 가서 말을 하더라도, 사람들이 그다지 지켜보지 않는다. 그리고 네 어미는 세상에 별로 알려지지 않았다! 겉옷에 감싸여서 티베리아의 거리들을 지나 로마의 귀부인의 집문을 두드리는 히브리 서민의 여자를 주의해 보는 사람은 아무도 없을 것이다."

"요안나의 집에 가셔서… 그 부인에게 말씀하실 수도 있을 것입니다…."

"그렇게 하마. 내 예수야, 네 마음이 가벼워지기 바란다!…. 너는 몹시 괴로워하고 있지…. 나도 그걸 안다…. 그래서 너를 위해 많은 일을 하고 싶구나…."

"어머니는 정말 많은 일을 하십니다. 어머니께서 하시는 모든 일에 대해서 감사합니다…."

"아이고! 나는 아주 보잘 것없는 보조자이다! 네가 사랑을 받게 하는 데 성공하지 못하고, 네가 조금 가질 수 있는 만큼의… 기쁨을 … 네게 주는 일에도 성공하지 못하니… 그럼 대관절 나는 무엇이냐? 아주 보잘 것없는 제자….”

"어머니, 어머니! 그렇게 말씀하지 마세요! 제 힘은 어머니의 기도에서 옵니다. 제 정신은 어머니를 생각하는 것에서 휴식을 얻습니다. 그리고 이렇게 머리를 어머니의 복된 가슴에 대고 있으면, 제 마음은 위안을 얻습니다…. 어머니!…." 예수께서는 벽에 기대 놓은 궤에 앉아 계신 당신 곁에 서 계신 어머니를 당신께로 끌어당기시어, 이마를 어머니의 가슴에 대시니, 어머니는 예수의 머리카락을 가만히 쓰다듬으신다….

사랑 가득한 잠시의 휴식이다….

그런 다음 예수께서는 머리를 드시고 나서 일어나신다. 그리고 말씀하신다. "소녀를 보러 가십시다." 그러면서 어머니와 함께 정원으로 나오신다.

세 제자는 앓는 소녀가 있는 방 문지방에서 사도들과 쉬지 않고 말을 하고 있다. 그러나 예수를 보고는 입을 다물고 무릎을 꿇는다.

"알패오의 마리아, 당신에게 평화. 그리고 미르타와 노에미, 당신들에게도 평화. 소녀가 잡니까?"

"예, 열이 계속 있어서 애가 어리둥절해지고 쇠약해집니다. 이렇게 계속되면 이 애가 죽을 것입니다. 이 애의 약한 몸이 병에 저항하지 못하고, 정신은 기억들로 인해서 불안합니다" 하고 알패오의 마리아가 말한다.

"그렇습니다…. 그리고 이 애가 저항하지 않는 것은, 다시는 로마인들을 보지 않기 위해서 죽고 싶다고 말하기 때문입니다…" 하고 미르타가 확인한다.

"벌써 이 애를 사랑하는 저희들에게는 그것은 하나의 고통입니다…" 하고 노에미가 말한다.

"염려 마시오!" 하고 예수께서 방 문턱까지 가셔서 커튼을 젖히시며 말씀하신다….

문 맞은 편의 벽에 기대 놓은 작은 침대에 광대뼈는 불처럼 빨갛고 다른 곳은 눈처럼 흰 야윈 작은 얼굴이 긴 금발 머리 무더기에 파묻힌 채 나타난다. 소녀는 열에 들뜬듯이 자면서 입속으로 알아들을 수 없는 말을 중얼거리고, 담요 위에 힘없이 내던져져 있는 손으로는 가끔 무엇인지 밀어내는 것같은 손짓을 한다.

예수께서는 들어가지 않으시고, 소녀에게 연민의 눈길을 보내신다. 그리고 큰 소리로 부르신다. "아우레아야! 이리 오너라! 너를 구해준 사람이 왔다."

소녀는 갑자기 작은 침대에 일어나 앉더니 예수를 보고는, 소리를 지르면서 내려와 길고 헐렁한 속옷을 입은 채 맨발로 예수께로 달려와 그 발 앞에 엎드리며 말한다. "주님! 예, 이제 정말 저를 구해내주셨습니다!"

"이 애는 나았습니다. 알겠지요? 이 애는 죽을 수가 없었어요. 그전에 진리를 알아야 했으니까." 그리고 당신의 발에 입맞춤 하는 소녀에게 말씀하신다. "일어나거라. 그리고 평안하게 살아라." 그러면서 이제는 열이 없어진 그 소녀의 머리에 손을 얹으신다.

아마 성모님의 옷인 것같은, 너무 길어서 질질 끌릴 정도인 긴 아마포 옷을 입고, 풀어진 머리카락은 겉옷처럼 그의 가냘픈 몸에 내리덮히고, 방금 물러간 열과 지금은 나타나는 기쁨으로 반짝이는 회색을 띤 파란 눈을 가진 아우레아는 천사같이 보인다.

"안녕! 당신들이 소녀와 집안일을 돌보는 동안 우리는 작업장으로 물러가 있겠소…" 하고 선생님이 말씀하신다. 그리고 네 사람의 앞장을 서서 요셉의 옛날 작업장으로 들어가셔서, 지금은 쓰이지 않는 작업대에 제자들과 같이 앉으신다.

126. 예수께서 일을 하시면서 옻을 칠한 나무의 비유를 말씀하시다

　작업장의 촌스러운 화덕이 아주 오랫동안 쓰이지 않다가 불이 피워졌다. 그릇에서 끓고 있는 아교 냄새가 톱밥과 방금 만들어졌거나 또는 작업대 아래로 떨어지는 대팻밥의 독특한 냄새에 섞인다.
　예수께서는 널빤지들을 톱과 대패로 의자 다리와 서랍과 그밖의 다른 물건으로 변형시키기 위하여 열심히 일하신다. 나자렛의 작은 집에 가구들, 수수한 가구들이 작업장으로 옮겨졌다. 고칠 필요가 있는 빵 반죽 그릇, 성모님의 베틀 중의 하나, 등없는 걸상 둘, 정원 사닥다리, 작은 궤, 그리고 화덕의 문이다. 화덕의 문은 쥐들이 밑을 갉아먹은 모양이다.
　예수께서는 쓰거나 오래 되어서 망그러진 것을 고치느라고 일하신다.
　한편 토마는 금은 세공사(細工師)가 쓰는 작은 연장 한 벌을 가지고 얇은 은조각들을 날렵한 손으로 가공하고 있다. 그 연장들은 열성당원의 침대와 같이 벽에 기대 놓은 침대 위에 놓여 있는 그의 배낭에서 꺼낸 것이 틀림없다. 끌을 두드리는 그의 작은 망치는 맑은 소리를 내는데, 그 소리는 예수께서 쓰시는 연장이 내는 더 큰 소리에 빨려 들어간다.
　이따금씩 그들은 몇 마디 말을 나누는데 토마는 선생님과 같이 거기 있으면서 그의 일을 하는 것이 너무도 기뻐서 ─또 사실 그는 이 말을 한다.─ 대화를 하는 중간 중간에 가만히 휘파람을 불 지경이다. 가끔 그는 눈을 들어 위를 보며 깊은 생각에 잠긴다. 열중한 모습으로 연기에 그을은 방의 벽을 뚫어지게 바라다 본다.
　예수께서 그것을 알아차리시고 그에게 말씀하신다. "토마야, 너는 검게 된 이 벽에서 영감을 얻어내는 거냐? 하긴 벽들이 이 모습을

126. 예수께서 일을 하시면서 옻을 칠한 나무의 비유를 말씀하시다   **445**

띠게 된 것은 한 의인이 오랜 동안 일을 한 때문이다. 그렇지만 그것이 금은 세공사에게 어떤 모티브를 줄 수 있을 것같지는 않은데…."

"그렇습니다, 선생님. 사실 금은 세공사는 호화로운 금속을 가지고 거룩한 가난의 시를 나타낼 수는 없습니다…. 그렇지만 그의 금속을 가지고 자연의 아름다운 것들을 모방하고, 금과 은을 가지고 자연계에 있는 꽃과 잎들을 재생시켜서 금과 은을 고귀하게 만들 수 있습니다. 저는 그 꽃과 잎들을 생각합니다. 그리고 그 모습을 생각해 내기 위해서 이렇게 눈을 벽 쪽으로 돌린 채 꼼짝 하지 않고 있는 것입니다. 그러나 제가 실제로 보는 것은 제 고향의 작은 수풀들과 목장들, 술잔이나 별을 닮은 가벼운 나뭇잎들과 꽃들, 그리고 나무 줄기들과 잎들의 생김새입니다…."

"그러면 너는 시인이로구나. 다른 사람이 양피지에 써서 노래하는 것을 금속에 새겨서 노래하는 시인."

"그렇습니다. 과연 금은 세공사는 자연의 아름다움을 금속에 새겨 놓는 시인입니다. 그러나 저희들의 예술적이고 아름다운 일이 선생님의 수수하고 거룩한 일 만한 가치가 없습니다. 저희들의 일은 부자들의 허영에 소용되는 것인데, 선생님의 일은 집안의 거룩함과 가난한 사람들의 유익에 소용되기 때문입니다."

"토마, 자네 말 잘 하는구먼" 하고 열성당원이 정원으로 향한 문지방에 나타나면서 말한다. 그는 짧은 옷을 입고, 소매를 걷어올렸고, 앞에는 오래된 앞치마를 두르고, 손에는 칠통을 들고 있다.

예수와 토마는 몸을 돌려 그를 바라다보며 빙그레 웃는다. 그리고 토마가 대답한다. "맞아, 내가 말을 잘 해. 그렇지만 나는 금은 세공사의 일이 어떤… 좋고 거룩한 물건을 꾸미는 데 소용이 되기를 바라네…."

"무슨 일인데?"

"비밀이야. 오래 전부터 이걸 생각하고 있네. 우리가 라마에 갔던 때부터 나는 이 순간을 기다리면서 항상 금은 세공사의 작은 연장들을 가지고 다니네…. 그런데 시몬, 자네 일은?"

"오! 나야 토마 자네처럼 완전한 예술가는 아니지. 붓을 들어 보는 것이 생전 처음이야. 그래서 내가 칠하는 것이 아무리 착한 뜻을 들여도 불완전하네. 그래서 손을 익히기 위해… 가장… 보잘 것없는 곳들부터 시작했네…. 그런데 정말이지 내가 어떻게나 서투른지 소녀가 기꺼이 웃게 되었단 말이세. 그러나 난 그게 기쁘네! 선생님, 그 애는 시간이 지날수록 차분한 생활로 다시 돌아옵니다. 그런데 그 애의 과거를 지우고 그 애를 선생님께 완전히 새로운 사람이 되게 하는 데에는 그렇게 하는 것이 필요합니다."

"이봐! 하지만 발레리아가 그 애를 놓아주지 않을지도 몰라…" 하고 토마가 말한다.

"오! 저 애를 데리고 있거나 데리고 있지 않거나 발레리아에게 무슨 상관이 있겠나? 발레리아가 저 애를 데리고 있었던 것은 저 애를 세상에서 헤매게 내버려 두지 않기 위해서였어. 그리고 확실히 소녀가 영원히, 모든 면에서, 특히 정신면에서 구원을 받는 일이 좋은 일일 거야. 그렇지요, 선생님?"

"사실이다. 이를 위해 많이 기도해야 한다. 저 애는 순박하고 정말 착하다. 그러니까 진리로 키워지면 많은 것을 줄 수 있을 것이다. 저 애는 본능적으로 빛을 향해 가고 있다."

"물론입니다! 저 애는 이 세상에서는 위안을 가지지 못했습니다…. 그래서 그것을 하늘에서 찾습니다. 불쌍한 아이! 저는 선생님의 기쁜 소식이 세상에 전해질 수 있게 되면, 제일 먼저, 그리고 제일 많이 받아들일 사람들은 바로 노예들일 것이라고. 아무런 인간적인 위안도 없어, 위안을 얻으려고 선생님의 약속을 찾을 사람들일 것이라고 생각합니다…. 그리고 제가 말씀드릴 것은, 제가 바로 선생님을 전할 영광을 얻게 되면, 저 불행한 사람들에 대해서 특별한 사랑을 가지리라는 것입니다…."

"그러면 잘하는 일일 것이다, 토마야!" 하고 예수께서 말씀하신다.

"맞아. 그러나 자네가 어떻게 그 사람들에게 가까이 갈 건가?"

"오! 나는 귀부인들에게 금은 세공사 노릇을 하겠네…. 그리고 그들의 노예들에게는 선생 노릇을 하고. 금은 세공사는 부잣집에 드나들거나 그들의 하인들이 집으로 그를 찾아오거나 하네…. 그러면 나는 일을 할 걸세…. 두 가지 금속을 가공할 거란 말이야. 부자들을 위해서는 이 세상의 금속을…, 그리고 노예들을 위해서는 정신의 금

126. 예수께서 일을 하시면서 옻을 칠한 나무의 비유를 말씀하시다

속을."

"하느님께서 네 계획에 강복하시기를 바란다, 토마야. 그 의향을 꾸준히 간직해라…."

"그러겠습니다, 선생님."

"그럼, 토마에게 대답하셨으니, 이제는 저와 같이 가셔서… 제가 일한 것을 보시고, 이제는 무엇을 칠해야 할지 말씀해 주십시오. 아직 보잘 것없는 일들입니다. 저는 매우 쓸모없는 견습공이니까요."

"가자. 시몬아…." 그러시면서 예수께서 연장을 내려놓으시고 열성당원과 같이 나가신다.

그들은 조금 후에 돌아온다. 그리고 예수께서는 정원의 층계를 그에게 가리키신다. "이것을 칠해라. 칠은 나무를 아름답게 하는 것 외에, 나무에 물이 스며들어가지 못하게 해서 더 오랫동안 보존한다. 그것은 사람의 마음을 덕행들이 보호하고 아름답게 하는 것과 같다. 사람의 마음은 교양이 없고 거칠 수도 있다…. 그러나 덕행들로 감싸면 아름답고 기분좋게 된다. 알겠느냐? 아름답고 실제로 효과있는 칠을 얻으려면 많은 정성이 필요하다. 우선, 칠을 만드는 데 필요한 것을 주의해서 골라야 한다. 즉 흙이나 이전 칠을 말끔히 없앤 그릇과 좋은 기름과 좋은 염료를 써야 하고, 그것들을 참을성 있게 섞고 다루어서 너무 되지도 않고 너무 묽지도 않은 액체를 만들어야 한다. 그리고 아주 작은 덩어리까지 풀어지도록 싫증나지 않고 다루어야 한다. 그렇게 한 다음에는 붓을 써야 하는데, 털이 빠지지 않는 붓을 써야 하고, 털이 너무 뻣뻣하지도 않고 너무 보드러워도 안 된다. 붓에서는 이전 칠을 말끔히 없애야 하고, 칠을 하기 전에 나무에서 꺼칠꺼칠한 것과 전에 발랐던 칠이 딱딱해진 것과 흙과 그밖의 모든 것을 없앤 다음, 질서 있게 확실한 솜씨로, 항상 같은 방향으로 붓을 놀리며 참을성있게, 매우 참을성있게 칠을 해야 한다. 과연 같은 널빤지에도 저항이 각각이다. 예를 들어, 마디에는 칠이 반들반들하게 남아 있는 것은 사실이다. 그러나 마디에서는 나무가 칠을 거부하기 때문에 잘 먹지 않는다. 반대로 나무의 부드러운 부분에는 칠이 이내 먹는다. 그러나 일반적으로 부드러운 부분은 덜 반들거리고, 그래서 부풀어오르거나 가느다란 홈이 생기기가 쉽다…. 그러니까 칠을 바르는 데 정성스럽게 손을 써서 수리를 해야 한다. 또 그리고, 헌 가구에는, 예를 들어 이 층계의 단처럼 새로 갖다 붙이는 부분들이 있는데, 이 보잘 것없는 층계에 조각을 갖다붙인 것이 아니라 매우 오래 된 것같이 보이게 하기 위해서, 새로 만든 단이 옛날 것들과 같도록 해야 한다…. 자, 이렇다!" 층계 밑에 몸을 구부리고 계신 예수께서는 일을 하시면서 말씀하신다….

끌들을 놓아 두고 가까이에서 보려고 왔던 토마가 묻는다. "왜 위에서부터 시작하지 않으시고 아래서부터 시작하셨습니까? 반대로 하는 것이 더 낫지 않았을까요?"

"그렇게 하는 것이 더 나아 보이겠지만, 그렇지 않다. 과연 아랫쪽은 더 많이 상했고, 땅에 놓여 있기 때문에 더 상하게 되어 있다. 그러므로 아랫쪽은 여러번 손질을 해야 한다. 한번 칠하고, 두번 칠하고, 필요하면 세번도 칠해야 한다…. 그리고 아랫쪽이 칠을 또 한번 할 수 있도록 마르는 동안 아무 것도 하지 않고 있지 않기 위해서, 그동안 층계의 윗쪽을 칠하고, 다음에는 가운데를 칠해야 한다."

"그러나 그렇게 하다가 옷을 더럽히고 먼저 칠한 부분을 망그러뜨릴 수도 있겠는데요."

"솜씨 있게 하면 옷도 더럽히지 않고 아무 것도 망그러뜨리지 않는다. 자 보아라. 이렇게 하는 거다. 옷을 꼭 여미고 멀찍이 떨어진다. 칠에 대해서 혐오감을 가져서가 아니라, 새로 칠한 것이 망그러지기가 쉽기 때문이다." 그러시면서 예수께서는 팔을 들어 이제는 층계 윗쪽을 칠하신다.

그리고 말씀을 계속하신다. "영혼들과도 이렇게 한다. 나는 처음에 칠이 사람의 마음을 덕행으로 아름답게 꾸미는 것과 같다고 말했다. 칠은 나무를 아름답게 하고, 벌레와 비와 해에서 나무를 보호한다. 칠을 한 물건들을 돌보지 않고 망그러지게 내버려 두는 집주인은 화를 입을 것이다! 나무에서 칠이 벗겨 지는 것을 보면, 때를 놓치지 말고, 칠을 다시 하고, 칠을 다시 손질해야 한다…. 덕행들도 정의를 향한 첫번 충동에서, 집주인이 조심하지 않으면, 죽거나 완전히 사라질 수 있다. 육체와 영이 벌거벗은 채로 일기불순과 기생식물, 즉 격정과 타락에 내맡겨지면, 공격을 받아 그것들을 아름답게 하던 칠을

126. 예수께서 일을 하시면서 옻을 칠한 나무의 비유를 말씀하시다

잃고 불을 때는… 소용밖에는 안 되고 말 수도 있다.

그러므로 우리에게 있어서나 우리 제자들과 같이 우리가 사랑하는 사람들에 있어서, 우리의 **자아**(自我)를 보호하는 데 소용되던 덕행들이 가치가 떨어지고 빛깔이 흐려지는 것을 알아차리게 되면, 즉시 목숨이 다할 때까지 부지런하고 참을성 있는 노력으로 대비해서, 영광스럽게 부활할 자격이 있는 육체와 영을 가지고 죽음 안에 잠들 수 있도록 해야 한다.

덕행이 참되고 훌륭하기 위하여는, 어떤 찌꺼기도, 어떤 얼룩도 없애는 순수하고 용감한 의향이 있어야 하고, 덕을 닦는 데 있어서 결점을 남기지 말아야 하며, 그 다음에는 너무 엄격하거나 너무 너그럽지 않은 태도를 취해야 한다. 지나치게 강경한 태도와 지나친 너그러움은 해롭기 때문이다. 그리고 붓, 즉 의지는 물질적인 줄로 영적인 칠에 나뭇결 무늬를 만들어 놓을 수도 있을, 전에 있던 인간적인 경향이 일체 없이 깨끗해야 하며, 적절하고 피로하게 하지만, 이전의 딱지를 모두 말끔히 치우고 덕행을 받도록 묵은 **자아**를 깨끗하게 하기 위하여는, 필요한 작업을 가지고 자기 자신을 준비하거나 다른 사람들을 준비시켜야 한다. 사실 헌 것과 새 것을 섞을 수는 없는 것이다.

그리고 일을 질서 있게 잘 생각해 가면서 해야 한다. 중대한 동기 없이는 한 군데에서 다른 데로 건너뛰지 말아야 하고, 이 쪽으로 칠하다가 저 쪽으로 칠하다가 하지 말아야 한다. 덜 피로하기는 하겠지만, 칠이 고르지 않을 것이다. 무질서한 영혼들에게는 이런 일이 생긴다. 그런 영혼들은 완전한 곳들을 보이는가 하면, 그 곁에는 변형된 곳이 있고, 다른 빛깔들이 있다…. 옹이같이 칠을 잘 받지 않는 곳, 즉 물질의 결점이나 지나친 격정은 계속 칠을 해야 한다. 그런 결점과 격정은 그것들을 힘들여 매끈하게 하는 의지에 의하여 억제되기는 하지만, 자르기는 했어도 완전히 없어지지는 않은 옹이처럼 남아서 계속 저항을 한다. 그리고 그것들에는 이내 떨어져 나가는 칠이 한겹밖에 없는 데도 덕행들로 잘 감싸여 있는 것처럼 보이기 때문에 어떤 때는 사람들을 속인다. 사욕의 옹이를 조심해야 한다. 그것들이 다시 나와서 새 **자아**를 더럽히지 못하도록 덕행으로 여러번 칠하도록 하여라. 그리고 무른 부분, 즉 칠을 쉽게 받지만, 변덕스럽게 받아서 부풀어 오르거나 줄이 생기는 부분은 사포(砂布)로 여러 번 문질러서 매끈하게 하고, 매끈하게 하고, 또 매끈하게 하고 칠을 한번 또는 여러번 다시 해서 치밀한 에나멜처럼 매끈하게 되도록 해야 한다. 그리고 칠을 더덕더덕 덧바르지 않도록 조심해야 한다. 덕행에 있어서 지나친 열심은 인간이 반발을 하고 부글부글 끓어서, 충격을 받으면 즉시 칠이 비늘처럼 떨어진다. 그래서는 안 된다. 너무 많은 것도 너무 적은 것도 안 된다. 자기 자신과 육체와 영혼으로 된 인간들에 대한 일에 중용(中庸)을 지켜야 한다.

대부분의 경우에는 ──아우레아 같은 경우는 예외이지 으레 그런 것은 아니니까.── 옛날 부분에 섞인 새 부분이 있다. 모세에서 그리스도에게로 건너오는 이스라엘 사람들의 경우도 그렇고, 여러 가지 믿음을 가진 이교도들의 경우도 그렇다. 이 믿음들이 대번에 사라질 수는 없을 것이고, 적어도 가장 순수한 일에 있어서는 향수와 추억을 가지고 나타날 것이다. 그 때에는 새 덕행들을 보충하기 위하여 그 전부터 있던 것들을 써서 묵은 것이 새 것과 조화를 이루며 섞이도록 한층 더 주의와 요령을 가져야 하고 꾸준히 해나가야 한다. 이와 같이, 로마인들에 있어서는 애국심과 씩씩한 용기가 중요한 요소이며, 이 두가지는 말하자면 신화적인 것이다. 그러면 이것들을 쳐부술 것이 아니라, 애국심에 새 정신을, 즉 로마를 그리스도교 세계의 중심을 만들어서 정신적인 위대함도 로마에 주겠다는 의향을 주입해야 한다. 로마인들의 씩씩함을 써서 싸움에서 용맹한 사람들을 믿음에서도 용맹하게 되도록 하여라. 또 한가지 예는 아우레아이다. 폭로된 동물적인 사실에 대한 혐오감은 아우레아로 하여금 깨끗한 것을 사랑하게 하고 부정한 것을 미워하도록 이끌었다. 그러면 이 두가지 감정을 이용해서, 그 애가 타락을 동물적인 로마인인 것처럼 미워함으로써 완전한 순결에 이르도록 이끌어라.

내 말을 알아듣겠느냐? 그리고 풍습을 가지고 파고 들어가는 수단을 만들어라. 거침없이 쳐부수지 말아라. 너희는 건설하는 데 필요한 것을 즉시 얻지는 못할 것이다. 그러지 말고, 사랑과 참을성과 끈기로, 개종자에게 **남아 있어서는 안 되는** 것을 천천히 갈아치우도록 하여라. 그리고 이교도들에 있어서는, 개종한 후에도, 특히 물질이 지배하고, 또 그들이 살아야 하는 주위환경과 항상 관계를 유지해야 하므로, 관능적인 쾌락을 피하라고 많이 강조하여라. 관능을 통해서 나머지 것이 침투하는 것이다. 이교도들에 있어서 과격한 기분, 또 솔직히 말해서 우리들 사이에서도 매우 날카로운 기분을 살펴 보아라. 그래서 세상과의 접촉으로 인하여 보호하는 칠이 부스러지는 것을 보거든, 계속 윗쪽을 칠하지 말고, 다시 아랫쪽으로 돌아와서, 영과 육체, 위와 아래를 균형잡히게 유지하도록 하여라. 그러나 항상 육체부터 시작하고, 육체적인 악습부터 시작해서 부정한 육체에나 관능적인 타락의 악취를 풍기는 정신에는 살지 않으시는 손님을 받아들이도록 준비시켜라…. 내 말 알아듣겠느냐?

그리고 너희들이 정신을 돌보는 사람들의 낮은 부분, 물질적인 부분을 너희 옷으로 건드려서 너희들이 손상될까봐 염려하지 말아라. 건설하지 않고 오히려 망그러뜨리지 않도록 조심성있게. 하느님으로 영양을 취하고, 덕행들로 감싸인 너희 **자아**로 살아라. 그리고 특히 남의 매우 민감한 정신적인 **자아**를 보살펴야 할 때에는 조심성있게 행동하여라. 그러면 틀림없이 가장 멸시할 만한 사람들을 가지고도 하늘에 갈 자격이 있는 사람들을 만드는 데 성공할 것이다."

"정말 아름다운 비유를 저희들에게 말씀해 주셨습니다! 마룩지암을 위해서 이것을 쓰겠습니다!"하고 열성당원이 말한다.

"그리고 저는 주님을 위해서 저를 아주 아름답게 해야 하겠습니다"하고 아우레아가 단어들을 찾아 가면서 천천히 말한다. 아우레아는 얼마 전부터 정원으로 난 문지방에 맨발로 서 있다.

"오! 아우레아! 너 우리 말을 듣고 있었니?"하고 예수께서 물으신다.

"선생님 말씀을 듣고 있었어요. 참 아름다워요! 제가 잘못했나요?"

"아니다, 애야. 거기 있은지가 오래 됐니?"

"아니요. 그리고 그게 아까워요. 선생님이 전에 말한 건 제가 알지 못하니까요. 선생님의 어머니가 곧 식사 시간이라고 말하라고 저를 보내셨어요. 빵을 화덕에서 꺼내려고 해요…. 저는 **빵** 만드는 법을 배웠어요…. 정말 아름다워요! 그리고 빨래를 하는 법도 배웠어요. 그리고 선생님의 어머니는 빵과 천에 대해서 다른 비유 두가지를 말해 주셨어요."

"아! 그래? 무슨 말씀을 해 주셨니?"

"제가 아직 체에 있는 밀가루 같지만, 선생님의 친절이 저를 정제하고, 선생님의 은총이 저를 가공하고, 선생님의 포교가 저를 길러주고, 선생님의 사랑이 저를 구워서 밀기울이 많이 섞인 거친 밀가루이던 것이, 만일 제가 선생님이 가공하시게 가만 둬 두면 결국은 제물 만드는 데 쓰는 밀가루가 되고, 제물로 바치는 밀가루와 빵이 되어 제단에 올라가도 되는 좋은 빵이 될 것이라고 하셨어요. 그리고 어둡고, 기름기가 있고, 꺼칠꺼칠했었는데, 거품 나는 풀을 많이 쓰고, 하도 두드려서 깨끗하고 녹질녹질하게 된 천에, 이제는 해가 빛살을 보내서 희게 될 거라구요…. 그리고 선생님의 어머니는 제가 늘 태양 아래 있고, 또 왕중의 왕, 즉 주님이신 선생님께 어울리는 사람이 되도록 연하게 하는 것도 받아들이면, 하느님의 태양이 저를 그렇게 하실 거라구요. 저는 정말이지 아름다운 것을 너무나 많이 배워요…. 저는 꿈을 꾸는 것같아요…. 아름답고! 아름답고! 아름다운 꿈! 여기는 모두가 아름다워요…. 주님, 저를 다른 데로 보내지 마세요!"

"미르타와 노에미하고 기꺼이 가지 않겠니?"

"저는 여기가 더 좋겠어요…. 그렇지만… 그 아주머니들하고라도. 그렇지만 로마 사람들과는 싫어요. 싫어요, 주님…."

"애야, 기도해라!" 하고 예수께서 꿀빛깔같은 금발에 손을 얹으시며 말씀하신다. "너 기도를 배웠니?"

"그럼요! '우리 아버지!' 하고 말하는 것이 얼마나 아름다운지 몰라요. 그리고 하늘을 생각하는 것두요…. 그렇지만… 하느님의 뜻이 좀 무서워요…. 하느님이 제가 원하는 걸 원하시는지 모르거든요…."

"하느님께서는 네 행복을 원하신다."

"그래요? 주님이 장담하세요? 그럼 저는 이젠 무섭지 않아요…. 저는 제가 이스라엘에 남아 있으리라는 것을 느껴요…. 제 아버지도 되시는 그 아버지를 점점 더 알기 위해서요…. 그리고… 주님, 갈리아의 첫번째 제자가 될 줄을 알기 위해서요!"
"네 믿음이 훌륭하기 때문에 네 믿음이 청하는 것이 들어질 것이다. 가자…."
그러면서 그들은 모두 샘 아래 있는 웅덩이에 손을 씻으러 가고, 아우레아는 뛰어서 성모님께로 간다. 그리고 여자의 두 목소리가 들려오는데, 완전히 여유있게 말씀하시는 성모님의 목소리와 단어를 찾는 다른 여자의 자신없는 목소리이다. 그리고는 성모님이 조용히 고쳐 주시는 잘못된 말 때문에 발랄하게 웃는 소리가 들려온다….
"계집 아이가 빨리 잘 배우는군요" 하고 토마가 지적한다.
"그렇다. 그 애는 재치가 있고 착한 뜻을 많이 가지고 있다."
"또 그리고 선생님의 어머님을 선생님으로 모셨거든요!…. 사탄 자신도 어머님께는 저항하지 못할 것입니다!…" 하고 열성당원이 말한다.
예수께서는 말씀을 하지 않으시고 한숨을 쉬신다….
"선생님, 왜 그렇게 한숨을 쉬십니까? 제가 말을 잘못 했습니까?"
"아니다, 썩 잘 말했다. 그러나 사탄보다도 더 저항하는 사람들이 있어서 그런다. 사탄은 적어도 내 어머니를 보면 도망치는데 말이다. 어머니의 이웃에 있으면서 어머니에게 교육을 받는 데도 더 좋아지는 데 성공하지 못하는 사람들이 있다."
"그러나 저희들은 그렇지 않지요, 예?" 하고 토마가 말한다.
"너희들은 그렇지 않다…. 가자…."
그들은 집안으로 들어온다.
—— 그리고 환시가 끝난다.

127. 나자렛의 평화속에서 지낸 안식일들

 안식일은 휴식이다. 그렇다, 이것은 다 아는 것이다. 사람들은 쉬고, 사람들이 덮어 놓거나 조심스럽게 정돈해 놓은 일하는 연장들도 쉰다.
 여름의 어떤 금요일 저녁 노을이 다 끝나게 된 지금, 큰 사과나무 그늘에 놓은 당신의 가장 작은 베틀에 앉아 계신 성모님은 일어나서 베틀을 덮으시고, 토마의 도움을 받으시며 집안에 있는 제 자리로 들어오신다. 아우레아는 성모님의 발 앞에 등없는 의자에 앉아, 로마 여자가 준 것을 성모님이 그의 몸에 맞게 고치신 옷을 아직 자신없는 손으로 꿰매는 일에 전념하고 있다. 성모님은 그에게 일감을 조심스럽게 개켜서 그의 작은 방 탁자에 다시 갖다 놓으라고 권하신다. 소녀가 그렇게 하는 동안, 어머니는 토마와 함께, 예수께서 열성당원과 함께 톱과 대패와 나사 돌리개와 칠통과 아교통들을 제 자리에 도로 갖다 놓으시고, 작업대와 방바닥에서 톱밥과 대팻밥을 치우시는 일을 서둘러 하시는 작업장에 들어가신다. 지금까지 한 일에서 남아 있는 것은 끼워 넣은 곳(아마 나중에 서랍이 될)에 풀이 굳으라고 바이스에 끼워 놓은 직각으로 된 널빤지들과 시큼한 냄새를 풍기는 아직 생생한 칠이 반쯤 칠해져 있는 등없는 걸상이다.
 아우레아도 들어와서 토마가 끌로 일한 것을 몸을 굽혀 감탄하여 들여다 보며, 호기심도 약간 가지고, 또 본능적으로 약간 교태를 부리는 여자로서, 그것이 어디에 쓰이는 것이며, 자기에게도 잘 어울리겠는지 묻는다.
 "이것이 네게 잘 어울릴 거다. 그렇지만 착하게 구는 것이 네게 더 잘 어울린다. 이것은 육체만을 아름답게 꾸미고 정신에는 유익하지 않은 장식품들이다. 오히려 멋부리는 데 마음을 쓰게 해서 영에 해를 끼친다."

"그러면 그런 걸 왜 만들어요?" 하고 소녀가 이치에 닿는 질문을 한다. "정신에 해를 끼치려고 하시는 거예요?"
항상 착하고 어진 토마는 소녀의 비판에 빙그레 웃으면서 대답한다. "없어도 되는 것은 약한 정신을 가진 사람에게는 해를 끼치지만, 강한 정신을 가진 사람에게는 장식품은 장식품일뿐, 그 이상도 그 이하도 아니다. 브로치는 옷을 제자리에 있게 하는 데 필요한 것이다."
"누구 주려고 만드는 거예요? 부인에게 주려구요?"
"나는 아내가 없다. 그리고 아내를 얻는 일도 결코 없을 거다."
"그럼, 누이동생 주려구요?"
"내 누이동생은 필요 이상으로 많이 가졌다."
"그럼 어머니 드리려구요?"
"가엾은 노인! 어머니가 이것 가지고 뭘 하시겠니?"
"그렇지만 어떤 여자에게 줄 거지요…."
"그래, 그렇지만 너 줄 건 아니다."
"아이고! 저는 생각도 하지 않아요…. 또 그리고 지금 아저씨가 이런 것들이 약한 정신에 해를 끼친다고 했으니까, 저는 그런거 가지고 싶지 않아요. 저는 옷에 두른 이 선들도 떼어 버리겠어요. 저를 구해주신 분에게 속한 것에 해를 끼치고 싶지는 않아요!"
"착한 소녀! 알겠니? 너는 네 의지를 가지고 내가 한 일보다도 더 아름다운 일을 했다."
"오! 아저씨가 착하기 때문에 그런 말을 하는 거예요!…."
"그게 사실이기 때문에 말하는 거다. 이거 봐라. 나는 은 덩어리를 가지고, 내게 필요한 데 따라서 얇은 판대기들을 만들었고, 연장을 가지고, 아니 그보다도 많은 연장을 가지고 이런 모습을 만들었다. 그러나 가장 중요한 것을 할 일이 남아 있다. 여러 가지 부분을 합치는 것인데, 그것도 자연스럽게 합치는 것이다. 지금으로서는 이 작은 잎 두개와 잎들과 어울리는 작은 꽃밖에 끝난 것이 없다." 그러면서 토마는 자연의 본보기를 완전히 닮은 잎들 사이에 끼여 있는 가벼운 은방울꽃 줄기를 굵은 손가락으로 들어올린다. 금은 세공사의 튼튼하고 햇볕에 그을린 손가락에 들린 은 광택이 나는 그 작은 장신구를 보는 것은 어지간히 인상적이다.

"오! 아름다워요! 섬에 많이 있었는데, 저희들에게는 해뜨기 전에 그것들을 따게 내버려 뒀어요. 그건 저희 금발들은 값이 더 나가기 위해서 절대로 햇볕을 쬐면 안 됐기 때문이에요. 반대로 갈색 피부를 가진 아이들은 더 갈색이 되라고, 기분이 나빠질 정도까지 해가 쨍쨍 내리쬐는 밖에 남아 있게 했어요. 그 사람들을 그 애들을… 어떤 물건을 다른 물건이라고 하고 파는 것을 뭐라고 하지요?"

"그야!… 속임수라고… 사기라고… 잘 모르겠다."

"그래요. 그 사람들은, 그 애들이 아라비아나 나일강 상류 지방에서 태어났다고 말하면서 속였어요. 그 사람들은 그런 아이 하나를 시바 여왕의 후손이라고 하면서 팔았어요."

"바로 그거다! 그러나 그 소녀들이 속는 것이 아니라, 사는 사람들이 속는 것이다. 그 때에는 사기꾼이라고 하는 거다. 기막힌 인간들! 가짜 에티오피아 소녀의… 살갗이 희어지는 것을 보고, 산 사람이 굉장히 놀라겠군! 아니, 선생님, 들으셨습니까? 우리가 알지 못하는 일이 얼마나 많습니까!…"

"들었다. 그러나 가장 슬픈 것은 사기가 아니라…, 그 소녀들의 운명이다…"

"맞습니다. 영원히 더럽혀지고 파멸한 영혼들…"

"아니다. 하느님께서는 언제나 개입하실 수 있다…"

"하느님께서는 제게 그렇게 해 주셨어요. 주님은 저를 구해 주셨어요!" 하고 아우레아는 맑고 차분한 눈길로 주님을 쳐다보며 말한다. 그리고 덧붙인다. "그리고 저는 아주 행복해요!" 그리고 예수를 껴안으러 갈 수는 없으므로 성모님의 목을 두 팔로 껴안고, 신뢰 가득한 사랑의 행위로 그의 금발머리를 성모님의 어깨에 갖다 댄다.

뉘앙스가 다른 두 금발머리가 어두운 벽에 두드러지게 보인다. 매우 다정스러운 한 집단. 그러나 성모님은 저녁식사를 생각하신다. 두 사람은 떨어져서 간다.

"들어가도 됩니까?" 하고 길로 향한 방문에서 베드로의 쉰 목소리가 말한다.

"시몬이다! 문 열어라!"

"시몬! 시몬은 여기서 멀리 떨어진 데 남아 있질 못했군요!" 하고 토마가 웃으면서 문을 열러 뛰어가는 동안 말한다.

"시몬! 그건 예견할 수 있던 일이야…"하고 열성당원이 빙그레 웃으면서 말한다.

그러나 문에 나타나는 것은 베드로의 얼굴만이 아니다. 바르톨로메오와 가리옷 사람을 빼고는 호수의 사도들이 모두 있다. 그리고 그들과 더불어 알패오의 유다와 야고보도 있다.

"너희들에게 평화! 그러나 왜 이 더위에 왔느냐?"

"그것은… 저희가 이이상 멀리 떨어져 있을 수가 없어서 그랬습니다. 두 주일하고도 반이 되었습니다. 아시겠습니까? 이해하시지요? 두 주일 반이나 선생님을 뵙지 못했습니다!"하고 말하는 베드로는 "두 세기나! 이건 엄청난 것입니다!"하고 말하는 것같다.

"그러나 안식일마다 유다를 기다리라고 너희들에게 말했었는데."

"그렇습니다. 그러나 두번 안식일에 그 사람은 오지 않았습니다…. 그래서 셋째 안식일에는 저희가 왔습니다. 저기는 몸이 썩 좋지 않은 나타나엘이 남아 있는데, 유다가 오면 그가 받아줄 것입니다…. 그러나 분명히 오지 않을 것입니다…. 대 헬몬산으로 가기 위해 저희들에게 오기 전에 티베리아에 들른 베냐민이 티베리아에서 그를 보았다고 말했습니다. 그리고… 좋습니다. 나중에 말씀드리지요…"하고 그의 아우가 옷을 잡아당기는 바람에 말을 중단한다.

"좋다. 나중에 말해라…. 그러나 그렇게도 쉬기를 바라던 너희들이 쉴 수 있게 된 지금 이렇게 달리기를 하다니! 언제 떠났느냐?"

"어제 저녁 호수가 거울처럼 잔잔할 때에 떠났습니다. 저희들은 티베리아를 피하기 위해서 타리케아에서 배에서 내려졌습니다…. 유다를 만나지 않으려고요…."

"왜?"

"선생님, 그것은 조용히 선생님을 모시고 즐기고 싶었기 때문입니다."

"너희들은 이기주의자로구나!"

"아닙니다. 그는 **그**의 기쁨을 가지고 있습니다…. 그러나! 그가 그걸 가지고 즐길 수 있게 누가 그에게 돈을 그렇게 많이 주는지 모르겠습니다…. 그래 알았다. 안드레아야, 그렇지만 내 옷을 그렇게 세게 잡아당기지 말아라. 나는 이웃 한 벌뿐이다. 너도 알지. 너는 내가 헌 누더기를 걸치고 다시 떠나기를 바라니!"

안드레아가 얼굴을 붉힌다. 다른 사람들은 웃고, 예수께서도 빙그레 웃으신다.

"그래서요. 저희가 타리케아에서 배에서 내린 것은 이런 일 때문이기도 합니다. 저를 나무라지 마십시오…. 더위 때문이기도 하고, 제가 선생님을 멀리 떠나 있으면 나빠지기 때문이기도 하고, 그 사람이… 누구와 합치기 위해서 선생님을 떠났다고 생각하는 것은… 결국, 소매 좀 그만 잡아당겨라! 내가 알맞게 말을 끊을 줄 안다는 걸 너두 보지 않니!…. 그래서요, 선생님, 이런 여러 가지 일 때문이었습니다…. 저는 죄를 짓기를 원치 않았거든요. 그런데 만일 유다를 보았더라면 죄를 지었을 것입니다. 그래서 저는 타리케아 쪽으로 갔고, 저희들은 새벽에 길을 떠났습니다."

"가나로 해서 왔느냐?"

"아닙니다. 저희는 길을 늘이고 싶지 않았습니다…. 그러나 그런데도 역시 대단히 멀었습니다. 그래서 생선이 상해 가고 있었습니다…. 저희들은 제일 더운 몇 시간 동안 몸을 피하기 위해서 어떤 집에 생선을 주었습니다. 그리고 오후 세시 후, 다음 시간이 반쯤 갔을 때 떠났습니다…. 진짜 화덕속과 같았습니다!…."

"너희들은 이런 일을 모두 하지 않아도 되는 건데 그랬다. 내가 오래지 않아 갔을 텐데…."

"언제요?"

"태양이 사자자리에서 나온 다음에."

"그럼 선생님은 저희가 그렇게 오랫동안 선생님을 떠나서 있을 수 있을 것같습니까? 저희들은 선생님께로 와서 선생님을 뵙기 위해서는 이런 더위를 천번이라도 무릅썼을 것입니다. 우리 선생님! 숭배하는 우리 선생님!" 그러면서 베드로는 다시 찾아낸 그의 보물을 껴안는다.

"그런데 우리가 같이 있을 때에는 너희들이 날씨와 길이 먼 데 대해서 불평밖에 하지 않는다는 생각을 하면…."

"그것은 저희들이 어리석어서 그렇습니다. 같이 있을 때에는 선생님이 저희들에게 어떤 존재이신지를 저희가 깨닫지 못하기 때문입니다…. 그러나 이제는 저희들이 여기 왔습니다. 저희들은 벌써 자리가 있습니다. 알패오의 마리아의 집에 가는 사람, 알패오의 시몬의 집에 가는 사람, 이스마엘의 집에 가는 사람, 아세르의 집에 가는 사람, 알패오의 집에 가는 사람, 모두 여기서 가깝게요. 이제는 쉬고, 내일 저녁에는 더 기쁘게 다시 떠나는 겁니다."

"지난 안식일에는 미르타와 노에미가 소녀를 보러 여기 왔었다" 하고 토마가 말한다.

"보십시오. 누구나 올 수 있으면 여기로 옵니다."

"그렇다, 베드로야. 그래 너희들은 그동안 무얼 했느냐?"

"고기잡이를 했습니다…. 배에 옻칠을 하고… 그물을 고치구요…. 지금은 마륵지암이 사환들과 자주 나갑니다. 그래서 '아내에게 사생아를 하나 데려오고 나서도 아내를 굶어 죽게 하는 게으름쟁이'에 대한 제 장모의 비난이 줄게 되었습니다. 그리고 폴피레아는 마륵지암을 가지게 된 지금처럼 마음과… 나머지 모든 것이 흡족했던 때가 없었다는 것을 생각하십시오. 양은 세 마리가 다섯 마리가 되었는데, 오래지 않아 더 많아질 것입니다…. 이것은 저희들 가족같이 보잘 것 없는 가족에게는 적지않게 유익합니다! 그리고 마륵지암은 고기잡이를 해서, 제가 아주 드물게나 하는 것을 보충합니다. 그러나 그 부인은 독사 같은 혀를 가졌습니다. 딸은 비둘기 같은 혀를 가졌는데 말입니다…. 그러나 선생님도 일을 하셨다는 것을 알겠습니다…."

"그렇다, 시몬아. **우리** 모두가 일했다. 내 사촌들은 저희들 집에서 일했고, 나는 이 사람들과 같이 내 집에서, 우리 어머니들을 기쁘게 해 드리고, 또 쉬게 해 드리기 위해서."

"그럼! 저희들두요" 하고 제베대오의 아들들이 말한다.

"그리고 저와 제 아내는 벌통과 포도나무들을 돌보았습니다" 하고 필립보가 말한다.

"그럼, 마태오 너는?"

"저는 기쁘게 해야 할 사람이 아무도 없기 때문에… 그래서 제가 기억하는 것이 더 즐거운 것들을 쓰는 것으로 저 자신을 기쁘게 했습니다…."

"오! 그럼 우리는 자네에게 옻칠에 대한 비유를 말해 주겠네. 매우 미숙한 칠장이인 내가 그 비유를 유발했네…"하고 열성당원이 말한다.

"그렇지만 자넨 일을 빨리 배웠는 걸. 이 의자를 얼마나 잘 윤기를 냈는지 보게들!"하고 타대오가 말한다.

그들은 완전히 일치해 있다. 그리고 당신 집에 계신 뒤로 더 생기 있는 얼굴을 가지신 예수께서는 당신 둘레에 사랑하는 당신 사도들을 두신 것 때문에 기쁨으로 빛나신다. 아우레아가 들어오다가 깜짝 놀라 문지방에 서 있다.

"오! 그 애가 왔구나! 아니 저 애가 얼마나 좋게 됐는지 보게! 저 옷을 입으니까 꼭 이스라엘 소녀 같네!"

아우레아는 얼굴이 새빨개져서 무슨 말을 해야 할지 모른다. 그러나 베드로가 하도 어질고 자애롭기 때문에 소녀는 이내 침착해져서 말한다. "저는 이스라엘 소녀가 되려고 애쓰고 있어요. 그리고… 제 여선생님하고 오래지 않아 그렇게 될 줄로 생각해요…. 선생님, 이분들이 오셨다고 어머니께 가서 말씀드리겠어요…." 그리고 즉시 물러간다.

"착한 소녀야"하고 열성당원이 잘라 말한다.

"그래. 나는 저 애가 우리를 위해서 이스라엘 사람으로 남아 있었으면 해. 바르톨로메오는 저 애를 받아주지 않아서 좋은 기회와 기쁨을 잃었어…"하고 토마가 말한다.

"바르톨로메오는 틀에… 대단히 집착하고 있어"하고 필립보가 그를 변명하려고 말한다.

"그것이 그의 유일한 결점이다"하고 예수께서 지적하신다.

성모님이 들어오신다.

"어머님께 평화"하고 가파르나움에서 온 사람들이 말한다.

"자네들에게 평화… 나는 자네들이 온 줄 알지 못했었네. 이제는 즉시 자네들을 돌보겠네…. 우선 이리들 오게…."

"저희 어머니가 집에서 음식을 가지고 올 겁니다. 살로메도 올거구요. 아주머니, 걱정 마세요"하고 알패오의 야고보가 말한다.

"정원으로 가자…. 저녁 바람이 일기 시작하니 기분이 좋다…"하고 예수께서 말씀하신다.

  그래서 그들은 정원으로 들어가 여기저기 앉아서 우애 있게 대화를 나눈다. 그동안 비둘기들은 아우레아가 땅에 뿌려 주는 마지막 식사를 다투어 가며 구구거린다…. 그런 다음 그들은 꽃이 핀 화단이나 사람에게 필요한 채소만이 있는 지면에 물을 준다. 그리고 사도들이 기쁘게 그 일을 하기를 원한다. 그동안 집에 도착한 알패오의 마리아는 아우레아와 함께 손님들의 식사를 준비한다. 그리고 지글지글 소리를 내는 음식 냄새가 물을 준 흙냄새에 섞이고, 나뭇잎 속에서 자리를 심하게 다투는 새들의 소리가 사도들의 굵고 높은 목소리에 섞인다.

128. "나는 어머니이기 전에 하느님의 딸이요 종이다"

그리고 안식일이 계속된다. 그것은 진짜 안식일이다.
찬란한 아침, 하루의 무더위가 시작되기 전에 그늘진 나무덩굴 정자 아래에나, 무화과나무와 편도(扁桃)나무 곁에서 그 나무들과 함께, 그 위에서 포도가 익어 가고 있는 나무덩굴 정자의 그늘을 연장하는 그늘의 반점을 이루고 있는 사과나무가 있는 곳에 앉아서 우애 깊은 조용한 모임을 가진다는 것은 기분좋은 일이다. 화단들을 한바퀴 돌아 벌통에서 비둘기집으로, 거기에서 작은 동굴로, 그리고는 여자들, 즉 성모님과 글레오파의 마리아와 그의 며느리인 시몬의 살로메와 아우레아의 뒤로 해서 비탈에서 조용한 정원 위로 비스듬히 서 있는 몇 그루의 올리브나무 쪽으로 가는 것도 기분좋다.
그래서 예수와 제자들도 그렇게 하고, 성모님과 다른 여자들도 그렇게 한다. 또 예수께서는 그런줄 모르시면서도 가르치시고, 성모님도 모르는 사이에 가르치신다. 그리고 예수의 제자들도 성모님의 제자들도 두분 선생님의 말씀에 주의를 기다린다.
아우레아는 늘 그리는 것처럼 성모님의 발 앞에 거의 쭈그리다시피 등없는 걸상에 앉아서, 손을 깍지끼어 무릎에 얹고, 얼굴을 들어 눈을 크게 뜨고 성모님의 얼굴을 똑바로 쳐다본다. 그는 신기한 전설을 듣는 어린 아이와 같다. 그러나 그것은 전설이 아니라 아름다운 진실이다. 성모님은 이스라엘의 옛날 이야기들을 어제의 이교도 소녀에게 이야기 하시는데, 다른 여자들은 비록 조국의 역사를 알고 있지만 주의깊게 듣고 있다. 라켈의 이야기, 예프테의 딸의 이야기, 엘카나의 안나의 이야기들이 그 입술에서 흘러 나오는 것을 듣는 것은 매우 기분좋은 일이기 때문이다!
알패오의 유다가 천천히 다가와서 미소를 지으면서 듣는다. 그는 성모님 뒤에 있어서 성모님은 그를 보지 못하신다. 그러나 아들 유다에게 보내는 글레오파의 마리아의 미소 띤 눈길이 성모님께 누가 뒤에 있다는 것을 알린다. 그래서 성모님이 뒤돌아 보신다. "오! 유다야! 너는 보잘 것없는 여자인 내 말을 들으려고 예수를 버렸니?"

"예, 저는 예수께 가느라고 아주머니를 버렸습니다. 아주머니는 제 첫번째 선생님이셨으니까요. 그렇지만 때로는 예수님을 버리고 아주머니께로 와서, 제가 아주머니의 제자였던 때와 같이 어린 아이가 다시 되는 것이 기분좋습니다. 제발 계속하세요…."

"아우레아가 안식일마다 상급을 원하는데, 그 상급은 우리가 일하는 동안 내가 날마다 조금씩 설명해 주는 우리 역사에서 이 애에게 더 감명을 준 것을 이야기 해 주는 것이다."

다른 사람들도 다가왔다…. 타대오가 말한다. "애야, 네 마음에 드는 것이 어떤 거야?"

"아주 많아요. 전부라고 말할 수 있을 거예요…. 그렇지만 아주 많이 마음에 드는건 라켈과 엘카나의 안나, 그리고 룻…, 또 그리고… 아! 아주 아름다운건 토비아와 천사 이야기, 그리고 구함을 받기 위해서 기도하는 아내 이야기예요…."

"그럼 모세는 아니고?"

"모세는 무서워요…. 너무 위대해요…. 그리고 예언자들 가운데에서는 수산나를 보호해 준 다니엘이 좋아요." 아우레아는 주위를 휘둘러본다. 그런 다음 속삭인다…. "저도 제 다니엘의 보호를 받았어요." 그러면서 예수를 쳐다본다.

"그러나 모세의 책들도 훌륭하다!"

"예, 추한 짓을 하지 말라고 가르치는 곳과 야곱에게서 태어날 그 별에 대해서 말하는 데가 아름다워요. 저는 이제 그 별의 이름을 알아요. 전에는 제가 아무 것도 알지 못했었는데, 저는 그 예언자보다도 더 행복해요. 그 별을 보고, 보아도 가까이에서 보기 때문이예요. 어머니가 다 말씀해 주셨어요. 그래서 저도 알아요" 하고 소녀는 약간 열광적으로 말을 끝마친다.

"그럼, 과월절은 네 마음에 들지 않니?"

"마음에 들어요…. 그렇지만… 다른 사람의 아들들도 엄마의 아들들인데, 그 아들들을 왜 죽여요? 저는 죽이는 하느님보다 구해 주시는 하느님이 더 좋아요…."

"네 말이 옳다…. 아주머니, 선생님의 탄생 이야기는 아직 안해 주셨습니까?" 하고, 야고보가 들으면서 아무 말씀도 하지 않으시는 주님을 손가락으로 가리키며 말한다.

"아직은요. 나는 과거에 그 존재 이유를 가지고 있는 현재를 이 애가 이해하기 위해, 현재보다 먼저 과거를 잘 알기를 원한다. 과거를 알게 되면, 이 애가 무서워하는 하느님, 시나이산의 하느님께서 엄한 사랑의 하느님이실 뿐…, 그러나 역시 사랑의 하느님이시라는 것을 알게 될 거다."

"아이고! 어머니! 그 이야기를 지금 해 주세요! 제가 현재를 알게 되면 제가 오히려 과거를 더 쉽게 이해할 거예요. 제가 아는 것으로는 현재가 몹시 아름답고, 하느님을 겁내지 않고 사랑하게 하는데요. 저는 무서워하지 않을 필요가 있어요!"

"이 애의 말이 옳다. 너희가 복음을 전할 때에 모두, 그리고 항상 이 진리를 기억하여라. 영혼들이 탁 믿고 하느님께 가기 위해서는 무서워하지 않을 필요가 있다. 내가 하려고 애쓰는 것이 이것이다. 그리고 사람들이 무식해서나, 또는 그들의 탓으로 하느님을 몹시 무서워하는 경향이 있는 만큼 더욱 그렇게 하려고 애쓴다. 그러나 하느님은, 에집트 사람들을 쳐서 네가 무서워하는 하느님도 여전히 착하신 분이시다. 알겠니? 하느님께서 잔인한 에집트 사람들의 아들들을 치셨을 때에도, 크지 않았기 때문에 그들의 아버지들처럼 죄인이 되지 않은 그 아들들에 대해서 연민을 가지셨고, 그 부모들에게도 그들이 저지른 죄를 뉘우칠 시간을 주셨다. 그러므로 그것은 엄한 인자였다. 참다운 인자와 나약한 교육에 지나지 않는 것과를 구별해야 한다. 내가 어린 아이였을 때, 많은 아기들이 엄마 품에서 죽임을 당해서 세상이 공포로 울부짖었을 때에도 마찬가지였다. 그러나 세월이 각 사람에게 있어서나 온 인류에 있어서 첫번째 사건때와 두번째 사건때와 같지 않게 되었을 때, 너희들은 이스라엘에서, 그리스도 시대의 이스라엘에서 행복한 사람들, 축복받은 사람들은 어렸을 때에 죽임을 당했기 때문에 가장 큰 죄, 즉 구세주의 죽음의 공범이 되는 죄를 면하게 된 그들이었다는 것을 깨달을 것이다."

128. "나는 어머니이기 전에 하느님의 딸이요 종이다"

"예수!" 하고 알패오의 마리아가 공포에 사로잡혀 일어나서 정원의 울타리와 나무 줄기들 뒤에서 하느님을 죽이는 사람들이 불쑥 나타나는 것을 볼까봐 걱정되는듯이 휘 둘러보며 외친다. "예수!" 하고 마리아는 슬퍼서 예수를 쳐다보며 되풀이 한다.

"뭐라구요? 아주머니는 혹 성경을 모르셔서 제가 말하는 것을 듣고 그렇게 놀라시는 겁니까?" 하고 예수께서 그에게 물으신다.

"그렇지만… 그렇지만… 그건 안 될 일입니다. 예수님은 그걸 허락해선 안 돼요…. 예수님의 어머니가…."

"어머니는 저와 같이 구세자입니다. 어머니도 그것을 알고 계십니다. 어머니를 보시고 본받으세요."

성모님은 과연 엄숙하시고, 창백하신 가운데에 위엄있으시며, 몸을 움직이지 않고 계신다. 성모님은 기도하실 때처럼 손을 가슴에 十자로 포개 얹으시고, 고개를 곧게 드신 채 허공을 멍하니 바라 보고 계신다….

알패오의 마리아가 성모님을 쳐다보고 나서 다시 예수께로 몸을 돌리고 말한다. "그렇지만 예수님은 그 소름끼치는 이야기를 말해서는 안 돼요! 어머니의 심장에 검을 찔러 넣는 거예요."

"그 검은 32년째나 어머니의 심장에 꽂혀 있습니다."

"아니예요! 그럴 수가 없어요. 마리아… 항상 그렇게도 침착한… 마리아가…."

"제 말을 믿지 못하시면 어머니께 여쭈어 보세요."

"예, 물어보구 말구요! 마리아, 그게 참 말이예요? 알고 있어요? …."

그러니까 성모님은 억양은 없으나 씩씩한 목소리로 말씀하신다.

"맞아요. 예수가 난지 40일 되었을 때인데 어떤 성인이 내게 그 말을 해 주었어요…. 그러나 그 전에도 벌써… 오! 내가 동정녀로 있으면서 아들을 잉태할 것이고, 그 아들은 하느님에 의해서 잉태되기 때문에 하느님의 아들이라 불릴 것이라고 ─또 실제로 그래요.─ 천사가 내게 말했을 때, 그리고 수태를 하지 못하던 엘리사벳의 태중에 영원하신 분의 기적으로 아기가 생겼을 때, 나는 이사야의 말을 어렵지 않게 생각해 냈어요. '보라 동정녀가 잉태하리니, 그는 엠마누엘이라 불릴 것이다….' 이사야서 전체가, 온통 전체가 그래요! 이사야가 예고자에 대해서 말할 때에도… 고통의 사람, 붉게 된 사람, 피로 붉게 물들여져서 알아볼 수 없게 된 사람… 우리의 죄 때문에 문둥병처럼… 된 사람에 대해서 말할 때… 검은 그 때부터 내 심장에 꽂혔고, 모든 것이 그것을 더 깊이 박는 데 소용되었어요. 천사들의 찬송가도 그렇고, 시므온의 말도 그렇고, 동방의 왕들이 찾아온 것도 그렇고, 모두가, 모두가….”

“그렇지만 모두라니, 다른 것 무엇이 또 있어요? 예수는 큰 성공을 거두고, 기적들을 행하고, 점점 더 많은 군중이 예수를 따르는데… 혹 이것이 사실이 아니예요?”하고 알패오의 마리아가 말한다.

그리고 성모님은 여전히 같은 자세로 질문마다 “예, 예, 예” 하고 고민도 없고 기쁨도 없이 대답하신다. 사실이 그렇기 때문에 그저 조용히 동의하시는 것뿐이다….

“그러면 어떤 다른 것 **모두**가 마리아의 심장에 칼을 깊숙이 박는다는 거예요?”

“오!… 모두가요….”

“그런데도 항상 그렇게 조용하고 그렇게 침착해요? 마리아가 33년 전에 신부로 여기 올 때와 여전히 똑 같으니 말이예요. 나는 어제 일처럼 그걸 기억하고 있어요…. 그렇지만 어떻게 그렇게 할 수 있어요?… 나 같으면… 나는 미친 사람 같을 거예요…. 나는 이렇게… 나는 뭘 할지 몰라요…. 나같으면… 아니예요! 한 어머니가 그것을 알면서 침착하게 있다는 건 있을 수 없는 일이예요!”

“어머니이기 전에 나는 하느님의 딸이요, 종이예요…. 내가 어디서 내 침착을 얻어내느냐구요? 하느님의 뜻을 행하는 데서요. 내 차분함이 어디서 오느냐구요? 하느님의 뜻을 행하는 데에서 와요. 만일 내가 어떤 사람의 뜻을 행해야 한다면, 불안할 수가 있을 거예요. 사람은 아무리 지혜로운 사람이라도 역시 그릇된 뜻을 강요할 수 있으니까요. 그러나 하느님의 뜻은! 만일 하느님께서 내가 당신의 그리스도의 어머니가 되기를 원하셨으면, 그것이 잔인한 일이라고 혹 생각하고, 이 생각 때문에 내 차분함을 잃어야 하겠어요? 예수와 내게 있어서, 내게 있어서도 말입니다. 구속이 어떤 것이리라는 것에 대한 생각이, 그 시간을 어떻게 해야 이겨낼까 하고 염려해서 나를 불안하게 해야 되겠어요? 오! 그 시간은 아주 무서울 거에요…." 그러면서 성모님은 본의 아니게 소스라치시고 뜻밖에 몸을 떠신다. 그리고 손이 떨리는 것을 막기 위해서 그러시는 것처럼 또 더 열렬히 기도하시려는 것처럼 주먹을 꼭 쥐신다. 또 얼굴은 한층 더 희어지고, 얇은 눈꺼풀이 고민으로 떨리면서 연한 파란색 눈 위로 내리덮힌다. 그러나 괴로운 긴 한숨을 쉬신 후에 그 목소리는 씩씩해져서 이렇게 말씀을 마치신다. "그러나 내게 당신 뜻을 받아들이게 하셨고, 내가 신뢰하는 사랑으로 섬기는 그분께서는 그 시간을 위해서 내게 도움을 주실 겁니다. 예수와 내게… 아버지께서는 사람의 힘에 겨운 뜻을 받아들이라고 하실 수는 없으니까요…. 그리고 도와주시니까요…. 항상… 그러니까 아버지께서 우리를 도와주실 것이다. 아들아… 아버지께서 우리를 도와주실 것이다…. 그리고 우리를 도와줄 분은 무한한 수단을 가지고 계신 아버지밖에 있을 수 없을 것이다…."

"그렇습니다, 어머니. 무한한 사랑이 우리를 도와주실 것이고, 우리도 사랑속에서 서로 도울 것입니다. 그리고 사랑으로 우리는 구속할 것입니다…." 그러시면서 예수께서는 어머니 곁에 와 앉으셔서 어깨에 팔을 올려놓으신다. 성모님은 고문으로 인하여 얼굴이 흉하게 되고 헤아릴 수 없이 많은 상처로 죽임을 당하기로 되어 있는 아름답고 건강한 당신의 예수를 쳐다보기 위하여 얼굴을 드시며 말씀하신다.

"사랑과 고통속에서… 그래, 그리고 함께…."

이제는 아무도 말이 없다…. 장차 일어날 골고타의 비극의 두 주역(主役)을 빙 둘러싸고 앉아 있는 사도들과 여자제자들은 생각에 잠긴 듯한 조상들과 같다….

등없는 걸상에 앉아 있는 아우레아는 몹시 놀라 몸이 굳었다…. 그러나 그가 제일 먼저 몸을 흔든다. 그리고 일어나지 않은 채, 무릎걸음으로 미끄러져서 바로 성모님 앞으로 간다. 성모님의 무릎을 껴안고 가슴에 머리를 얹으면서 말한다.

"이 모두가 저를 위한 것이기도 해요…. 제가 얼마나 고통을 드립니까. 그리고 제가 고통을 드린 것 때문에 얼마나 두분을 사랑하는지 몰라요! 오! 제 하느님의 어머니, 두분이 저를 위해서 치르신 값이 효과없게 되지 않도록 제게 강복해 주세요…."

"오냐, 내 딸아, 염려 말아라. 네가 하느님의 뜻을 항상 받아들이면, 하느님께서 너를 도와주실 것이다." 그러시면서 그의 머리와 뺨을 쓰다듬어 주시는데, 뺨이 눈물로 젖어 있는 것을 느끼신다.

"울지 말아라! 그리스도에 대해서 너는 우선 고통스러운 운명, 사람으로서의 그의 사명의 끝을 알게 되었다. 이것을 알고서, 네가 그리스도의 세상 생활의 첫시간을 알지 못한다는 것은 옳지 않다. 들어봐라…. 그리스도의 탄생의, 온통 빛과 노래와 호산나가 가득 찬 시간을 회상함으로써, 슬프고 어두운 명상에서 나오는 것을 모두가 기뻐할 것이다…. 들어봐라…." 그리고 성모님은 구세주가 태어날 도시가 되리라고 예언된 유다의 베들레헴으로 여행을 한 이유를 설명하시면서, 그리스도가 탄생한 밤 이야기를 조용히 하신다.

129. 대화를 하시는 예수와 마리아

같은 안식일 저녁인지는 모르겠다. 내가 아는 것은, 식당 문 곁에 집에 기대 놓은 돌로 만든 걸상에 앉아 계신 예수와 성모님을 본다는 사실이다. 식당에서는 문 근처에 놓여 있는 기름등잔의 작은 불빛이 새나온다. 희미한 불빛은 호흡운동을 하는 것처럼 바람결에 커졌다 작아졌다 한다.

달없는 밤에 오직 하나뿐인 빛이다. 정원으로 나와서 문 앞에 있는 땅을 작은 띠 모양으로 비추고, 화단에 있는 첫번째 장미나무에 가서 죽어버리는 아주 조그마한 빛이지만, 이 얼마 안 되는 빛이 재스민과 다른 여름꽃 향기가 가득 찬 고요한 밤에 친밀한 대화를 나누시는 두분의 옆모습을 비추기에는 넉넉하다.

두분은 친척들에 대하여 서로 말씀하신다…. 여전히 고집을 부리는 요셉에 대하여, 그리고 아버지가 그랬던 것처럼 독선적이고 자기의 생각을 고집하는 맏형에게 억눌려서 신앙 고백을 그리 용감하게 하지 못하는 시몬에 대하여, 조카들이 모두 당신의 예수의 제자가 되기를 바라시는 성모님의 큰 고통이다….

예수께서는 어머니를 위로하시며, 사촌을 변명하기 위하여 그의 이스라엘 사람으로서의 강한 믿음을 돋보이게 하신다. "하나의 장애물입니다. 아시겠어요? 참다운 장애물이오. 과연 모든 격언과 계명이 메시아 사상을 실제 그대로 받아들이는 데에 장애물이 됩니다. 이교도로서 완전히 타락한 정신을 가지지 않은 사람이면, 그를 개종시키는 것이 더 쉽습니다. 이교도는 깊이 생각하고, 그의 올림포스산의 신들과 내 나라와의 큰 차이를 알게 됩니다. 그러나 이스라엘은… 이스라엘의 가장 학식이 많은 부분은… 새로운 사상을 따르기가 힘듭니다!…."

"그렇지만, 역시 같은 사상인데!"

"그렇습니다. 여전히 십계명이고, 여전히 예언서들입니다. 그러나 사람이 그것들을 왜곡하고, 그것들이 있던 초자연적인 영역에서 땅의 수준으로, 세상의 환경으로 끌어내렸고, 사람들의 인간성은 모든 것에 손을 대서 변질시켰습니다…. 메시아가 이스라엘의 왕좌에서 **태어나기** 때문에 이스라엘 왕국이라고 불리지마는, 그리스도가 이스라엘에 있는 가장 좋은 것과 전에 있었던 가장 좋은 것을 모아서 하느님이요 사람으로서의 그의 완전에까지 올리기 때문에 그리스도의 왕국이라고 부르는 것이 더 옳은 위대한 나라의 왕인 메시아입니다. 그런데 저들의 생각으로는 메시아는 권력과 재산을 갈망하지 않고, 복종이 큰 율법을 어기지 않을 때에는 거룩한 것이기 때문에, 하느님의 벌로 인하여 우리를 지배하는 사람들에게 복종하는 그런 온유하고 가난한 사람일 수는 없다는 것입니다. 이 때문에 그들의 믿음은 참 믿음에 대항해서 작용하고 있다고 말할 수 있습니다. 이렇게 완고하고 자기들이 옳다고 확신하는 사람들은 각계 각층에… 너무나 많고… 친척들과 사도들 가운데까지도 있습니다. 정말이지, 제 수난을 믿지 못하는 그들의 고집은 여기서 오는 것입니다. 이것이 그들의 그릇된 평가의 시초입니다…. 또 이방인들과 우상 숭배자들을 볼 때에 그들을 사람으로만 보지않고, 사람의 영으로, **오직 하나의** 기원을 가졌고, 또 하느님께서 그에게 **오직 하나의** 운명, 즉 하늘을 주시기를 원하시는 그 영으로 보아서 그들을 존중하기를 거부하는 그들의 고집스런 혐오감도 여기에서 오는 것입니다. 바르톨로메오를 보세요…. 그가 하나의 본보기입니다. 그 사람은 착하고 지혜롭고 제게 존경과 위안을 주기 위해서는 무엇이든지 할 준비가 되어 있는 사람입니다…. 그러나 아글라에 같은 여자나 신디카 같은 여자 말고 —오직 속죄로 인해서 진흙 밖으로 나와 꽃피게 된 불쌍한 아글라에에 비하면 신디카는 벌써 한 송이 꽃입니다만— 그런 여자들 앞에서가 아니라, 한 소녀 앞에서도, 그의 운명이 연민을 불러일으키고, 그의 본능적인 수치심이 탄복을 자아내는 가엾은 소녀 앞에서도, 그런 것을 보고서도 이방인들에 대한 그의 혐오는 수그러지지 않고, 제 본보기도, 또 제가 모든 사람을 위해서 왔다고 하는 제 단언도 그 사람을 설득하지 못합니다."

"네 말이 옳다. 바로 가장 학식이 많은 또는 적어도 유식한 바르톨로메오와 가리옷의 유다까지도. 박식한 바르톨로메오와, 어떤 계급에 속해 있는지 정확히는 모르겠지만, 성전의 분위기에 젖고 그것으로 가득 찼다고 말할 수 있는 가리옷의 유다가 가장 많이 저항하는 사람이기도 하다. 그렇지만⋯ 바르톨로메오는 착하고, 그의 저항은 그래도 용서할만 하다. 유다는⋯ 그렇지 않다. 너도 일부러 티베리아에 갔던 마태오가 말한 것을 들었지⋯. 그런데 마태오는 인생을, 특히 **그전 생활**을 안다⋯. 그리고 제베대오의 야고보가 적절하게 지적했다. '아니, 누가 유다에게 그렇게 많은 돈을 주는 걸까?' 하고. 그런 생활은 돈이 많이 드니까 말이다⋯. 가엾은 시몬의 마리아!"

예수께서는 "그렇습니다⋯" 하고 말씀하기 위한 것같은 손짓을 하신다. 그리고 한숨을 쉬신다. 그리고 말씀하신다. "들으셨어요? 로마 여자들이 티베리아에 와 있답니다⋯. 발레리아는 제게 아무 것도 알려 주지 않았습니다. 그러나 저는 길을 다시 떠나기 전에 알아야 합니다. 어머니, 가파르나움에서 어머니를 얼마 동안 모시고 싶습니다⋯. 그런 다음 이리로 돌아오세요. 저는 시로 - 페니키아 국경으로 갔다가, 이스라엘의 고집센 양인 유다로 내려가기 전에 어머니께 인사드리러 다시 오겠습니다⋯."

"아들아, 내일 저녁에 내가 가마⋯. 알패오의 마리아를 데리고 가겠다. 아우레아가 너희들과 같이 여러 날 동안 여기 머물러 있으면 비판을 받지 않을 수 없을 테니까. 알패오의 시몬의 집에 가 있게 하겠다⋯. 세상이 그렇게 생겼으니까⋯. 그리고 내가 가겠다⋯. 가나에서 첫날밤을 지내고, 새벽에 떠나서 시몬의 살로메의 친정어머니 집에 머무르겠다. 그런 다음 석양에 다시 떠나면, 아직 해가 있을 때 티베리아에 닿을 것이다. 내가 직접 발레리아의 집에 가고자 하니까 제자 요셉의 집으로 가겠다. 만일 내가 요안나의 집에 가면, 요안나가 가려고 할 텐데⋯. 아니다. 구세주의 어머니인 나는 발레리아의 눈에 구세주의 여자 제자와 다르게 보일 것이다⋯. 그래서 내게 안 된다는 말은 하지 않을 것이다. 염려 말아라, 아들아!"

"염려는 하지 않습니다. 그러나 어머니께서 애쓰시는 것이 괴롭습니다."

"오! 한 영혼을 구하기 위해서는! 화창한 계절에 20마일쯤 걷는 것이 뭐 그리 대수냐?"

 "정신적인 피로도 될 것입니다. 무엇을 청한다는 것…. 어쩌면 모욕을 당하실지도 모르는데…."

 "그것은 별것 아니고 또 잠깐 지나가는 길이다. 그러나 영혼은 남아 있다!"

 "어머니가 타락한 티베리아에 가시면 길잃은 제비 같으실 겁니다…. 시몬을 데리고 가십시오."

 "아니다, 얘야. 보잘 것없는 여자인 우리 단둘이… 그러나 두 어머니이고 두 제자이니, 크나큰 정신적 힘이 둘 있는 셈이다…. 이내 해치울 거다. 가게 내버려 다오…. 다만 강복이나 해 다오."

 "그러겠습니다, 어머니. 아들된 제 온 마음으로, 그리고 하느님인 제 능력을 다해서, 가십시오. 그리고 천사들이 어머니의 길에 같이 모시고 가기를 바랍니다."

 "고맙다, 예수야. 자, 들어가자. 나는 내 출발에 필요한 것과 여기 남아 있는 사람들에게 필요한 것을 준비하기 위해 새벽에 일어나야 할 거다. 아들아, 기도문을 외어라…."

 예수께서 일어나시고, 성모님도 일어나시어, 함께 주의 기도를 외신다…. 그리고 집으로 들어가셔서 문을 닫으신다…. 불빛이 사라지고, 이제는 사람의 목소리가 들리지 않는다. 나뭇잎들을 흔드는 미풍과 수반에서 흘러내리는 가느다란 물줄기가 가볍게 찰랑거리는 소리만이 남아 있다.

130. 성모님이 티베리아에 가시다

피로한 두 여자 나그네가 내리깔리는 황혼 속을 걸어갈 때 티베리아가 벌써 보인다.

"곧 밤이 될 텐데… 우리는 아직 들판에 있어요…. 여자 둘만이… 그리고 대부분은 베엘제불! 베엘제불이 가득 찬 큰 도시 근처에… 아이고! 굉장한 사람들!" 하고 알패오의 마리아가 공포에 사로잡혀 주위를 둘러보며 말한다.

"염려 말아요, 마리아. 베엘제불이 우리를 해치지 않을 거예요. 그 놈은 자기를 마음속에 받아들이는 사람들에게만 해를 끼쳐요…."

"그렇지만 저 이교도들은 베엘제불을 가지고 있어요!…."

"티베리아에는 이교도만 있진 않아요. 또 그들 가운데에도 의인들이 있어요."

"뭐라구요! 뭐라구요! 그 사람들은 우리 하느님을 모시고 있지 않는데요!…."

성모님은 대꾸를 하지 않으신다. 그것이 무익한 일이라는 것을 아시기 때문이다. 성모님의 선량한 동서는 자기들이 이스라엘 사람들이기 때문에… 자기들만이 덕행을 가질 수 있다고 믿는 수많은 이스라엘 여자들 중의 한 사람에 지나지 않는다.

침묵이 흐르고, 그 동안은 피로하고 먼지 투성이 발에 신은 샌들 소리만이 들린다.

"늘 다니던 길로 오는게 나을 걸 그랬어요…. 그 길은 우리가 알고 … 사람도 많이 다니는데…. 이 길은 채소밭들 사이에 호젓하고… 알지 못하는 길이라… 겁이 나서 그래요!"

"아니라니까요, 마리아. 보세요, 도시가 바로 저 앞에 있어요. 여기는 티베리아의 농부들의 조용한 채소밭들이예요. 그리고 호숫가는 바로 코 앞에 있구요. 호숫가로 가는게 좋겠어요? 어부들을 만날 거예요…. 이 채소밭들을 지나가기만 하면 돼요.”

 “아니예요! 아니예요! 그러면 우리가 시내에서 다시 멀어질 거예요. 그리고… 뱃사공들은 거의 모두가 그리이스 사람, 크레타섬 사람, 아라비아 사람, 에집트 사람, 로마 사람들이예요….”그러면서 지옥의 계급들이라도 대는 것같다. 지극히 거룩하신 마리아는 당신 베일의 그늘속에서 빙그레 웃지 않으실 수가 없다.

 두 사람은 앞으로 나아간다. 길은 큰 가로(街路)가 되고, 그래서 지금까지 보다도 더 어둡다…. 그리고 알패오의 마리아는 그 어느 때보다도 더 무서워서 점점 더 느리게 한 걸음을 떼어놓을 때마다 야훼를 부른다.

 “마란 아타!” 하고 대답을 하신 성모님은 “자, 용기를 내요! 무서우면 빨리 와요!” 하고 알패오의 마리아가 기원을 할 때마다 그를 격려하기 위하여 말씀하신다.

 그러나 알패오의 마리아는 아주 걸음을 멈추고 묻는다. “아니, 그런데 왜 여길 오려고 했어요? 혹 가리옷 사람에게 말씀을 하시려고요?”

 “아니예요, 마리아. 아니 적어도 바로 그 때문에 온 건 아니예요. 로마 여자 발레리아에게 말하려고 온 거예요….”

 “하느님, 맙소사! 우리가 그 여자의 집엘 가는 거예요? 아! 안 돼요, 마리아! 그러지 마세요! 나는… 나는 같이 가지 않겠어요! 아니, 그런데 뭘 하러 거길 가세요? 그… 그… 그 저주받은 사람들 집엘! …”

 성모님은 이제는 친절한 미소를 거두시고 정색을 하시며 물으신다. “그럼, 마리아는 아우레아를 구해야 한다는 것을 기억 못하세요? 내 아들이 그 애의 해방을 시작했고, 나는 그 해방을 완성하러 가는 거예요. 마리아는 영혼들에 대한 사랑을 이렇게 실천하세요?”

 “그렇지만 그 애는 이스라엘 사람이 아닌데요….”

 “정말이지, 마리아는 기쁜 소식을 아직 한 마디도 이해하지 못했군요! 마리아는 매우 불완전한 제자입니다…. 마리아는 선생님을 위해 일하지 않고, 내게 많은 고통을 주세요.”

 알패오의 마리아는 고개를 숙인다…. 그러나 이스라엘의 선입견이

130. 성모님이 티베리아에 가시다

가득 차 있지만 천성적으로 착한 그의 마음이 우세해진다. 그래서 흐느끼며 성모님을 껴안으면서 말한다. "용서하세요! 용서하세요! 제게 마리아에게 고통을 주고 우리 예수에게 봉사하지 않는다고 말씀하지 마세요! 그래요, 그래요! 저는 매우 불완전해요. 꾸중을 들어 마땅해요. 그렇지만 다시는 그러지 않겠어요…. 가겠어요, 가겠어요! 지옥에 가서 예수께 드리려고 영혼을 하나 빼앗아 내려고 가시면 지옥에까지도 가겠어요…. 마리아, 저를 용서한다는 표시로 입맞춤을 한번 해 주세요…."

성모님은 그에게 입맞춤 하신다. 그리고 두 사람은 사랑으로 다시 활기를 띠고 날쌔게 다시 길을 걷기 시작한다….

두 사람은 이제 티베리아의 작은 어항 쪽으로 왔다. 그들은 제자 뱃사공인 요셉의 작은 집을 찾는다…. 그 집을 찾아내서 문을 두드린다….

"선생님의 어머니! 들어오십시오. 어머님! 그리고 하느님께서 어머님과 어머님을 받아들이는 저와 함께 계시를 바랍니다. 아주머니도 들어오십시오. 그리고 사도들의 어머니께도 평화."

두 분이 들어가니 뱃사공의 아내와 뱃사공의 아주 어린 딸이 달려와서 인사를 하고, 그들 뒤에는 더 어린 아이 여럿이 따라 온다….

간소한 식사가 이내 끝나고, 글레오파의 마리아는 피곤해서 집의 아이들과 함께 물러간다. 그러니까 호수가 내려다 보이는 —달이 아직 뜨지 않았기 때문에 호수가 보이기보다는 오히려 호수의 파도 소리가 들린다.— 높은 옥상에는 성모 마리아와 뱃사공과 그의 아내만이 남아 있다. 뱃사공의 아내는 이야기 상대가 되려고 애쓰지만, 실제로 머리를 꾸벅거리며 존다.

"이 사람은 피곤합니다!…"하고 요셉이 아내를 변호하려고 말한다.

"불쌍해라! 주부들은 저녁이면 언제나 지쳐있어요."

"예, 주부들은 즐겁게 지내는 저 여자들 같지는 않습니다!"하고 뱃사공은 노래와 음악이 울려 퍼지는 가운데, 호숫가를 떠나는 불을 환하게 밝힌 배들을 가리키며 경멸하는 태도로 말한다. "저 여자들은 지금에야 나갑니다! 저 여자들에게 이제부터 피로가 시작됩니다! 홀

룡한 사람들이 잘 때에 말입니다. 그리고 저 여자들은 일하는 사람들에게 해를 끼칩니다. 저 여자들이 고기잡이를 한답시고 제일 좋은 곳에 가서, 가족을 위해서 호수에서 생계를 얻어내는 저희들을 도망칠 수밖에 없게 하니까요…."

"어떤 사람들인가요?"

"로마 여자들과 그들과 똑같은 여자들입니다. 그리고 그들 가운데에는 헤로디아와 그의 더러운 딸과 다른 이스라엘 여자들도 있습니다…. 막달라의 마리아 같은 여자들이 저희들 고장에는 많으니까요…. 저는 뉘우치기 전의 마리아를 말하는 것입니다…."

"불행한 여자들입니다…."

"불행한 여자들이라구요? 불행한건 저희들입니다. 타락해서 하느님의 저주를 저희 위에 불러오는 저 여자들을 돌로 쳐서 이스라엘을 깨끗하게 하지않는 저희들이 말입니다."

그러는 동안 다른 배들도 호숫가를 떠난다. 그리고 호수는 향락자들의 배의 불빛으로 붉게 물든다.

"저 수지(樹脂) 냄새를 맡으십니까? 저들은 우선 저 연기로 취합니다. 그리고 나머지는 연회 중에 합니다. 저들은 맞은 편에 있는 뜨거운 샘에 갈 수도 있습니다…. 저 온천장에요…. 거기서 일어나는 일들은 악마같은 일들입니다! 저들은 새벽, 날이 밝아올 때에, 어쩌면 더 늦게 돌아옵니다…. 술이 취해서 남자 여자 할 것없이 서로 포개져서요. 그래서 노예들이 저들의 집안으로 메어서 옮겨다가 진탕 먹고 마신 것이 내려가게 할 것입니다…. 마침 오늘 저녁에는 아름다운 배가 모두 나갑니다. 보십시오! 보세요!…. 그러나 저는 저들보다도 거기 있는 유다인들에 대해서 더 화가 납니다. 저 사람들이야… 다 아는 것입니다! 부끄러움을 모르는 짐승같은 사람들입니다. 그렇지만 우리들은!…. 어머님, 사도 유다가 여기 있는 걸 아십니까?"

"압니다."

"그 사람은 좋은 모범을 보이지 않습니다, 아시겠어요?"

"왜요? 저 사람들하고 어울리나요?…."

"아닙니다…. 그러나… 나쁜 친구들…. 그리고 여자도 하나 있구요. 저는 그를 보지는 못했습니다. 우리 중의 아무도 그가 이런 친구들과 같이 있는 것을 보지는 못했습니다. 그렇지만 바리사이파 사람들이 이렇게 말하면서 저희들을 놀렸습니다. '자네들 사도가 선생을 바꿨네. 지금은 그 사람이 여자가 하나 있고, 세리들과 잘 어울리네' 하고요."

"요셉, 당신이 들은 것만을 가지고 판단하지 마세요. 당신은 바리사이파 사람들이 당신들을 사랑하지 않고, 또 선생님도 칭찬하지 않는다는걸 알지요."

"그것은 사실입니다···. 그렇지만, 소문이 퍼지니··· 그것이 해를 끼칩니다···."

"소문은 생겨났던 것 모양으로 사라질 겁니다. 당신은 형제에 대해서 죄를 짓지 마세요. 그가 어디에 유하는지 아나요?"

"예, 어떤 친구집에 유한다나 봐요. 포도주와 향신료(香辛料) 장사를 하는 사람입니다. 분수를 지나서 시장 동쪽으로 셋째 가게입니다···."

"로마 여자들이 모두 똑같은가요?"

"오! 거의 다지요!···. 그렇게 보이지 않는 여자들도 나쁜 짓을 합니다."

"그렇게 보이지 않는 여자들은 어떤 사람들이지요?"

"과월절에 라자로의 집에 왔던 여자들입니다. 그 여자들은 어울리지 않습니다···. 제 말씀은 연회에 항상 가지는 않는다는 말입니다. 그러나 어떻든 부정한 여자들이라고 할 수 있을 만큼은 넉넉히 자주 갑니다."

"그러나 당신이 그렇게 말하는 것은 그것을 확실히 알기 때문인가요. 그렇지 않으면 당신의 히브리인다운 선입관 때문에 그렇게 말하게 되는 건지요? 정말 자신을 잘 살펴 보세요···."

"그렇습니다···. 사실을 말하자면··· 저는 알지 못합니다···. 저는 그 여자들이 저 불결한 자들의 배에 있는 것을 보지는 못했습니다···. 그렇지만 밤에 배를 타고 호수로 나갑니다."

"당신도 호수에 가지요."

"물론이지요! 고기잡이를 하려고 할 때는요!"

"'몹시 더워요. 밤에 시원한 곳은 호수밖에 없어요.' 저녁 식사 하는 동안에 당신이 그렇게 말했어요."
"사실입니다."
"그러면 왜, 그 여자들이 호수에 나가는 것도 그 이유 때문이라고 생각하지 않아요?"
그 사람은 입을 다문다. 그랬다가 말한다. "시간이 늦었습니다. 별들을 보니 2경이라는 걸 알겠습니다. 어머님, 저는 물러가겠습니다. 안 들어가시겠습니까?"
"아니, 나는 여기 남아서 기도하겠어요. 나는 일찍 나갈 겁니다. 새벽에 나를 보지 못해도 놀라지 마세요."
"하고 싶으신대로 하십시오. 안나! 갑시다! 자러 가요!" 그러면서 깊이 잠든 아내를 흔든다. 그들은 간다.
성모님은 혼자 남아 계신다.… 무릎을 꿇으시고, 기도하고, 또 기도하신다…. 그러나 나아가는 배를, 부자들의 배를, 꽃과 노래와 향의 연기가 어울린 가운데 불을 환히 밝히고 가는 배들을 놓치지 않으신다…. 많은 배가 동쪽을 향하여 가고, 가고, 또 간다. 거리가 멀어지면서 배들은 아주 작아지고, 노래소리는 들려오지 않게 되었다. 외로운 배 한 척이 남아서, 티베리아 앞으로 져 가는 달이 비추는 거울같이 잔잔한 수면 저 멀리에서 반짝이고 있다. 그 배는 천천히 왔다갔다 한다…. 성모님은 그 배의 이물이 호숫가를 향하여 돌려지는 것을 보실 때까지 배를 지켜보신다.
그 때에는 성모님이 일어나시면서 말씀하신다. "주님, 저를 도와주십시오! 제발 저 배가…." 그리고는 경쾌하게 작은 층계를 내려오셔서 문이 벙싯 열려 있는 방안으로 조용히 들어가신다…. 흰 달빛으로 작은 침대를 알아볼 수 있다. 성모님은 침대 위로 몸을 굽히시고 부르신다. "마리아! 마리아! 눈을 뜨세요! 떠납시다!"
알패오의 마리아가 눈을 뜨고, 잠에 취해 정신이 얼떨떨해서, 눈을 비비며 묻는다. "벌써 떠날 시간이에요! 날이 일찍 밝기도 했네요!" 마리아는 하도 얼떨떨해서 열린 문으로 들어오는 것이 새벽빛이 아니라 포리끼한 약한 달빛이라는 것을 깨닫지 못한다. 그러나 밖으로 나와, 뱃사공의 집 앞에 있는 경작한 조그마한 땅에 있게 되었을 때에는 그것을 알아 차린다.

130. 성모님이 티베리아에 가시다 **479**

"그렇지만, 지금은 밤인데요!" 하고 외친다.

"그래요. 그러나 빨리 해치우고, 빨리 이 도시에서 나갑시다…. 적어도 나는 그러기를 바랍니다. 오세요! 이리 호숫가를 따라서, 빨리 하세요! 배가 닿기 전에…."

"배라니요? 무슨 배요?" 하고 마리아가 묻는다. 그러나 성모님 뒤로 뛰어 간다. 성모님은 인기척이 없는 호숫가를 작은 배가 향해 오는 작은 부두를 향하여 빨리빨리 가신다.

두분은 가쁜 숨을 쉬며 배보다 조금 전에 도착한다…. 성모님은 주의깊게 바라 보시다가 탄성을 올리신다. "하느님께 찬미! 그 여자들이에요. 이제는 나를 따라 오세요…. 나는 저 여자들이 가는 데로 따라가야 하니까요…. 저 여자들이 어디 사는지 모르거든요…."

"아니, 마리아…. 제발!… 사람들이 우리를 창녀로 알겠어요!…."

지극히 순결하신 성모님은 머리를 저으시며 속삭이신다. "실제로 그렇지만 않으면 그만이예요. 오세요!" 그러면서 마리아를 어떤 집의 어슴푸레하게 그늘진 곳으로 끌고 가신다.

배가 호숫가에 닿는다. 그리고 배를 조작하는 동안 아주 가까이에 가마가 한 채 멈추어서 앞으로 메고 가기를 기다리고 있다. 두 여자가 가마에 오르고, 두 여자는 땅에 남아서 가마 곁을 따라 걸어간다. 가마는 네명의 누미디아 사람의 율동적인 걸음으로 앞으로 나아간다. 누미디아 사람들은 겨우 흉부나 가리는 소매없는 짧은 속옷을 입고 있다.

그런데 성모님은 알패오의 마리아가 "여자 둘만이!… 저들 뒤에! 저 사람들은 반쯤 벗었어요…. 오!" 하고 은연중에 항의하시는 데도 불구하고 그들을 따라 가신다.

몇 미터를 가더니 가마가 멎는다.

한 여자가 가마에서 내리고, 그동안 맨앞에 있던 남자가 대문을 두드린다.

"안녕, 리디아!"

"안녕, 발레리아! 내 대신 파우스띠나를 한번 쓰다듬어 줘요. 내일 저녁에도 다른 사람들이 즐기는 동안, 우리는 또 조용히 책을 읽읍시다…."

대문이 열리고 발레리아는 여자노예 또는 해방된 노예와 같이 들어가려고 한다.

성모님은 앞으로 나아가셔서 말씀하신다. "부인! 잠깐만!"

발레리아는 얼굴에까지 아주 낮게 내려오는 매우 수수한 히브리식 겉옷으로 감싼 두 여인을 바라다 보고, 거지들로 생각한다. 그리고 "바르바라, 동냥을 주어라!" 하고 명령한다.

"아닙니다, 부인. 나는 돈을 청하지 않습니다. 나는 나자렛 예수의 어머니이고, 이 사람은 내 친척입니다. 나는 예수 대신으로 부인께 한 가지 청을 하러 왔습니다."

"부인! 아드님께서 혹… 박해라도…."

"여느 때보다 더 받지는 않습니다. 다만 내 아들이 원하는 것은 …."

"부인, 들어오십시오. 부인께서 거지처럼 길에 계시다는 것은 좋지 않습니다."

"아닙니다. 부인이 내 말을 비밀히 들어주시면 이내 말이 끝날 것입니다…."

"모두 물러가라!" 하고 발레리아가 해방된 노예와 문지기에게 명령한다. "우리들뿐입니다. 선생님께서 무엇을 원하십니까? 저는 선생님께 당신의 도시에서 해를 끼치지 않기 위해 가지 않았습니다. 선생님께서는 아마 제 남편에 대해서 제게 해를 끼치지 않으시려고 오지 않으신 거로군요?"

"아닙니다. 내 조언을 듣고 안 왔습니다. 부인, 내 아들은 미움을 받고 있습니다."

"그것은 저도 압니다."

"그리고 그의 사명에서만 위안을 받습니다."

"압니다."

"내 아들은 명예도 재산도 요구하지 않고, 지배하거나 재산을 가지기를 바라지 않습니다. 그러나 영들에 대한 그의 권리는 강조합니다."

"압니다."

"부인… 내 아들은 그 소녀를 부인께 돌려드려야 할 것입니다….

130. 성모님이 티베리아에 가시다

 그러나 이런 말하는 것을 듣고 분개하지 마십시오. 여기서는 그 소녀의 영이 예수의 것이 되게 할 수가 없을 것입니다. 부인은 다른 사람들보다 나으십니다…. 그러나 부인 주위에는… 세상의 타락한 상태가 너무나 역력합니다.”

 "사실입니다. 그래서요?”

 "부인은 어머니이십니다…. 내 아들은 모든 영에 대해서 아버지의 감정을 가지고 있습니다. 부인은 그 소녀가 그를 파멸시킬 수 있는 사람들 가운데에서 크는 것을 허락하시겠습니까?….”

 "아닙니다. 그리고 알아들었습니다…. 그러면… 아드님께 이 말씀을 전해 주십시오. ‘선생님께서 육체를 구해 주신 파우스띠나를 기억해서, 발레리아는 선생님께서 아우레아의 영을 구하시도록 선생님께 양도합니다…’ 하고요. 사실입니다! 저희들은 너무 타락했습니다…. 그래서 성인께 신뢰를 드릴 수가 없습니다…. 부인, 저를 위해 기도해 주십시오!” 그러면서 발레리아는 성모님이 고맙다는 인사를 하실 수 있기 전에 빨리 물러간다. 그 여자는 울면서 물러가는 것같다….

 알패오의 마리아는 화석처럼 굳어졌다.

 "마리아, 갑시다…. 밤에 떠납시다. 그러면 내일 저녁에는 나자렛에 가게 될 겁니다….”

 "가십시다…. 그 여자는 그 애를 마치 무슨 물건…처럼 양도했어요….”

 "그 사람들에게는 하나의 물건이고, 우리들에게는 하나의 영혼입니다. 이리 와서 보세요…. 저쪽에는 하늘이 벌써 밝기 시작해요. 이 달에는 밤이 없다고 말할 수 있을 거예요….”

 두분은 호숫가의 길로 가지 않고, 이제는 어슴푸레하게 앞에 환하게 탁 트인 길로 간다. 무수한 집들이 줄지어 늘어서 있는 뒤에 있는 길이다…. 그 길을 중간쯤 왔을 때, 어떤 모퉁이에서 눈에 보이게 술에 취한 유다가 갑자기 튀어나온다. 어떤 연회에서 돌아 오는지 머리가 헝클어지고, 옷은 구겨지고, 얼굴이 더러워진 유다이다.

 "유다! 자네가? 그 상태로?”

 유다는 성모님을 알아보지 못하는 체할 시간이 없고 도망칠 수도 없다…. 놀람으로 인하여 번쩍 정신이 들어 아무 반응도 없이 그 자리에 꼼짝 못하고 서 있다.

성모님은 사도의 모습이 일으키는 혐오감을 극복하면서 그에게 다가가셔서 말씀하신다. "유다, 불행한 아들, 자네 뭘 하는 건가? 왜 죄인이 되기를 원하나? 나를 쳐다보게. 유다! 자네는 자네 영혼을 죽일 권리가 없네…." 그러시면서 그의 손을 잡으려고 하시면서 그를 만지신다.

"저를 가만 놔 두세요. 요컨대 저는 사람입니다. 그리고… 그리고 저도 다른 사람들이 하는대로 할 자유가 있습니다. 저를 탐정하라고 보낸 분에게 저는 아직 순수한 영이 아니고 또 젊다고 말씀하세요!"

"유다, 자네는 자네 자신을 파멸시킬 자유는 없네! 자네 자신을 불쌍히 여기게… 그렇게 하면, 자네는 절대로 복된 영이 되지 못할 걸세…. 유다… 예수는 자네를 염탐하라고 나를 보내지 않았네. 예수는 자네를 위해 기도하고 있네. 이것 뿐일세. 그리고 나도 예수와 같이 그렇게 하네. 자네 어머니의 대신으로…."

"저를 가만 놔 두세요" 하고 유다가 불손하게 말한다. 그리고 나서 자기의 무례함을 깨닫고 고쳐 말한다. "저는 어머님의 동정을 받을 자격이 없습니다…. 안녕히 가십시오…." 그리고 도망친다….

"굉장한 마귀로군요!… 예수께 말하겠어요" 하고 알패오의 마리아가 외친다. "우리 유다의 말이 옳아요!"

"아무한테도 말하지 마세요. 그를 위해 기도하세요. 그건 좋아요…."

"우세요? 그 사람 때문에 우세요? 아이고!…."

"웁니다…. 아우레아를 구해 주어서 기뻤었는데…. 지금은 유다가 죄인이기 때문에 웁니다. 그러나 몹시 괴로워하는 예수에게는 기쁜 소식만 전합시다. 그리고 속죄와 기도로 죄인을 사탄에게서 빼앗아 옵시다…. 마리아, 그 사람이 우리의 아들인 것처럼! 우리의 아들인 것처럼!…. 마리아도 어머니이니까 알지요…. 저 불행한 어머니를 위해서, 저 죄지은 영혼을 위해서, 우리 예수를 위해서…."

"예, 기도하겠어요…. 그렇지만 저 사람이 그런걸 받을 자격이 있다고는 생각하지 않아요…."

"마리아! 그런 말 하지 말아요…."

"말을 하지 않겠어요. 그러나 그게 사실인 걸요…. 요안나의 집에는 안 갑니까?"

"아니오. 오래지 않아 우리가 예수와 같이 올 겁니다…."

131. 우리에게 특별한 배려를 하는 사람에게는 고마운 마음으로 감사해야 한다

성모님은 당신 집에 발을 들여놓으실 때 매우 피곤하시다. 그러나 매우 행복하셔서 이내 당신의 예수를 찾아가신다. 예수께서는 져가는 해의 마지막 빛을 이용하여, 다시 제자리에 달고 계신 화덕의 문에 아직 힘을 기울이고 계신 중이다. 시몬이 문을 열어드렸는데, 성모님께 인사를 드리고 나서는 조심스럽게 작업장으로 물러간다. 토마는 보이지 않는다. 아마 외출한 모양이다.

예수께서는 어머니를 보시자마자 연장들을 내려놓으시고, 기름 묻은 손을(돌쩌귀와 빗장에 기름을 치고 계신 중이었다) 일할 때 입는 앞치마에 닦으시면서 어머니께로 가신다. 두분이 서로 보고 웃는 미소는 달이 내리비치는 정원을 비추는 것같다.

"어머니께 평화."

"아들아, 네게 평화."

"어머니는 많이 피로해 보이십니다! 쉬지 않으셨군요…."

"한 새벽부터 황혼까지 요셉의 집에 있었다…. 그러나 이 큰 더위만 아니었더라면 아우레아가 네 아이가 되었다고 말하기 위해서 즉시 다시 떠났을 거다."

"그래요?!" 예수의 얼굴은 기쁜 놀라움으로 다시 젊어지기까지 한다. 스무살이 조금 넘은 사람의 얼굴 같다. 그리고 보통 당신의 얼굴과 행위에 배어 있는 정중함을 잃으시고, 언제나 행동과 태도가 몹시 차분하고 어린애다우신 어머니를 한층 더 닮게 되신다.

"그렇다, 예수야. 그리고 그것을 조금도 어렵지 않게 얻었다. 부인은 즉시 동의했다. 그 여자는 자기 자신과 자기와 더불어 자기 친구들이 하느님께 속한 인간을 기르기에는 너무 타락했다는 것을 인정하면서 감동했다. 몹시 겸손하고, 아주 솔직하고, 아주 참된 고백이었다! 그렇게 하도록 강요당하지 않고 자기의 결점을 인정하는 사람들을 만나기는 쉬운 일이 아니다."

"그렇습니다, 쉬운 일이 아닙니다. 이스라엘의 많은 사람이 그렇게 할 줄을 모릅니다. 그 여자들은 더럽고 딱딱한 껍질속에 묻혀 있는 아름다운 영혼들입니다. 그러나 더러운 것이 떨어지면…."

"아들아, 그렇게 되겠니?"

"저는 확신합니다. 그 여자들은 본능적으로 선을 향해 갑니다. 결국은 선에 찬동하고 말 것입니다. 그 여자가 뭐라고 말했습니까?"

"오! 그저 몇 마디만 했다…. 우리는 곧 서로 뜻이 맞았다. 그러나 아우레아를 즉시 데려오는 것이 좋겠다. 아들아, 네가 좋다면 내가 직접 그 애에게 그 말을 해주고 싶다."

"그러세요, 어머니. 시몬을 보내십시다." 그러면서 큰 소리로 열성당원을 부르시니, 즉시 온다.

"시몬아, 알패오의 시몬의 집에 가서 내 어머니가 돌아오셨다고 말하고, 소녀와 토마와 같이 오너라. 토마는 살로메가 부탁한 조그마한 일을 하느라고 거기 있을 것이 틀림없다!"

시몬은 절을 하고 즉시 간다.

"어머니, 이야기해 주십시오…. 여행하신 거며… 이야기하신 거며…. 가엾은 어머니, 저 때문에 몹시 애쓰셨군요!"

"아이고! 아니다. 예수야! 네가 행복할 때에는 피로가 없다…." 그리고 성모님은 당신의 여행과 알패오의 마리아의 두려움과 뱃사공의 집에 머무르신 것과 발레리아와의 면담을 이야기하시고, 이렇게 말씀을 마치신다. "하늘이 그것을 허락하셨기 때문에 그 여자를 그 시간에 보는 것이 낫다고 생각했다. 그 여자가 더 자유로웠고, 나도 그랬다. 그리고 글레오파의 마리아가 더 빨리 위로를 받았다. 두 여자가 티베리아에 있는 것을 마리아는 몹시 두려워했기 때문이다. 그 공포를 오직 네게 대한 사랑과 네게 봉사하겠다는 생각으로만 극복할 수가 있었다…." 그러면서 성모님은 당신 동서의 극도의 불안을 생각하며 빙그레 웃으신다….

그러니까 예수께서도 빙그레 웃으시며 말씀하신다. "불쌍한 아주머니! 진짜 이스라엘 여인, 조심성 있고, 온전히 가정에 매인 옛날 여인, 잠언(箴言)의 말씀대로 **강한** 여인입니다. 그러나 새 종교에서는 여자가 집안에서만 강하지 않을 것입니다…. 마카베오 형제의 어머니와 같은 용맹을 가지고 자기 자신에 대하여 용맹하기 때문에 유딧과 야헬을 능가할 여자가 많을 것입니다…. 그런데 우리 마리아 아주머니도 그럴 것입니다. 그러나 지금 당장은… 아직 저렇습니다…. 요안나를 보셨습니까?"

성모님은 이제 미소짓지 않으신다. 아마 유다에 대한 질문을 걱정하시는 모양이다. 그래서 빨리 대답하신다. "나는 마리아에게 새로운 불안을 강요하고 싶지 않았다. 우리는 오후 중간까지 집에 들어박혀 쉬고 나서 떠났다…. 나는 우리가 요안나를 오래지 않아 호수에서 볼 거라고 생각했다…."

"잘 하셨습니다. 어머니는 제게 대한 로마 여자들의 감정에 대한 증거를 제게 주셨습니다. 만일 요안나가 개입했더라면, 그 여자가 친구에게 양보했다고 사람들이 생각할 수도 있었을 것입니다. 이제는 안식일까지 기다렸다가 미르타가 오지 않으면, 아우레아를 데리고 그리로 가십시다."

"아들아, 나는 남아 있고 싶다…."

"어머니께서 매우 피로하셨다는 것을 알겠습니다."

"아니다. 그 때문이 아니라…. 유다가 이리로 올지도 몰라서 그러는 거다. 가파르나움에 그를 친구로 맞이하기 위해서 누가 있는 것이 좋은 것과 같이, 여기도 그를 사랑으로 맞이해 줄 사람이 있는 것이 좋다."

"고맙습니다, 어머니. 그를 아직 구원할 수 있는 것이 무엇인지 이해하는 사람은 어머니뿐이십니다…."

두분은 당신들에게 고통을 주는 제자를 생각하고 한숨을 쉬신다. ….

시몬과 토마가 아우레아와 같이 돌아온다. 아우레아는 성모님께로 달려 간다. 예수께서는 아우레아를 어머니와 같이 있게 두고 사도들과 같이 집으로 가신다.

"애야, 네가 기도를 많이 해서, 하느님께서 네 기도를 들어주셨다…" 하고 성모님이 말씀을 시작하신다.

131. 우리에게 특별한 배려를 하는 사람에게는 … 감사해야 한다

그러나 소녀는 "제가 어머니와 같이 있게 됐군요!" 하는 기쁨의 환성으로 성모님의 말씀을 중단시킨다. 그리고 성모님의 목을 얼싸안고 입맞춤을 한다.

성모님도 소녀에게 입맞춤을 하시고, 여전히 그 애를 안으신 채 말씀하신다. "누가 큰 호의를 베풀어 주면, 그걸 그 사람에게 갚아야지?"

"아이고! 그러믄요! 그러니까 저는 아주 많은 사랑으로 어머니께 갚아 드리겠어요!"

"그래. 그러나 내 위에는 하느님이 계신다. 하느님께서는 너를 당신 백성들 가운데 받아주시고, 너를 구세주이신 선생님의 제자를 만드시는 이 큰 호의, 헤아릴 수 없는 이 은총을 네게 베풀어주신 것이다. 나는 은총의 도구였을 뿐이다. 그러나 은총을 네게 내려주신 분은 지극히 높으신 그분이시다. 그러면 지극히 높으신 분께 네가 감사한다고 말씀드리기 위해서 무엇을 드리겠니?"

"그렇지만… 저는 몰라요…. 어머니가 가르쳐 주세요…"

"그것이 사랑이라는 것은 확실하다. 그렇지만 사랑이 정말 사랑이기 위해서는 희생과 합쳐져야 한다. 어떤 물건이 비용이 많이 들면 값어치가 더 있기 때문이다. 그렇지?"

"예, 어머니."

"됐다. 그럼 네게 말하겠다만, 주님의 보잘 것없는 종인 내가 네게 대한 주님의 뜻을 말해 주면, 너는 네가 '제가 어머니와 같이 있게 됐군요!' 하고 외치게 된 것과 같은 기쁨으로 '예, 주님' 하고 외쳐야 할 것이다."

"어머니, 그것을 말씀해 주세요." 하고 아우레아가 말하는데, 그의 얼굴이 좀 심각한 표정을 띤다.

"하느님의 뜻은 너를 노에미와 미르타라는 두 착한 어머니에게 맡기신다…" 소녀의 맑은 눈에서 굵은 눈물 두 방울이 반짝이다가, 그의 볼그레한 작은 얼굴로 흘러내린다.

"그분들은 착하다. 그리고 예수와 내게 소중한 분들이다. 한분에게는 예수가 아들을 살려주셨고, 또 한분의 아들에게는 내가 젖을 먹여 주었다. 그리고 너도 그분들이 착하다는 걸 보았다…"

"예… 그렇지만 저는 어머니와 같이 있기를 바랐어요…."

"얘야, 우리는 모든 것을 가질 수는 없는 거다! 네가 보다시피 나도 내 예수와 함께 있지 못한다. 나는 예수를 너희들에게 주고 멀리 남아 있다. 예수가 전도하고 병을 고쳐주고, 소녀들을 구해내기 위해서 팔레스티나를 두루 다니는 동안, 나는 예수에게서 아주 멀리 떨어져 있다…."

"맞아요…."

"만일 내가 예수를 나 혼자만이 차지하려고 했더라면 너는 구함을 받지 못했을 거다…. 만일 내가 예수를 나 혼자만이 차지하려고 했더라면 너희 영혼들이 구원을 받지 못했을 거다. 내 희생이 얼마나 큰지 깊이 생각해 보아라. 나는 너희 영혼들을 위해 바쳐지라고 아들을 주었다. 게다가 너와 나는 언제나 결합해 있을 것이다. 제자들은 그리스도에 대한 사랑으로 결합해서 커다란 한 가정을 이루면서 그리스도 둘레에 남아 있고, 또 항상 남아 있겠기 때문이다."

"맞아요. 또 그리고… 제가 여기 또 오게 되지요? 또 우리가 서로 만나구요?"

"하느님께서 원하시는 동안은 물론 그렇게 될 거다."

"그리고 어머니는 저를 위해 늘 기도하실 거지요…."

"그리고 너를 위해 항상 기도할 거다."

"그리고 우리가 함께 있을 땐 어머니가 저를 또 가르쳐 주실 거지요?"

"얘야, 그러마…."

"아! 저는, 저는 어머니와 같이 되고 싶었어요! 언젠가 그렇게 될까요? 착하게 되기 위해서 아는 것 말이에요…."

"노에미는 주님의 제자인 한 회당장의 어머니이고, 미르타는 기적의 은혜를 받을 자격이 있는 착한 아들, 착한 제자인 아들을 둔 어머니이다. 그리고 두 여인은 착하고 지혜롭고, 게다가 사랑을 많이 가지고 있다."

"정말이에요?"

"그렇다, 얘야."

"그러면… 제게 축복해 주세요. 그리고 주님의 뜻이 이루어지기 바

131. 우리에게 특별한 배려를 하는 사람에게는 … 감사해야 한다 **489**

랍니다…. 예수님의 기도에 있는 것처럼요. 저는 그 기도를 아주 많이 했어요. 이제는 제가 로마 사람들의 집에 가지 않는 은혜를 얻기 위해서 말한 것을 하는 것이 옳아요…."

"너는 착한 소녀이니까 하느님께서 점점 더 도와주실 거다. 가자, 제일 어린 제자가 하느님의 뜻을 할 줄 안다고 예수에게 말하러 가자…." 그러면서 소녀의 손을 잡으시고 그와 함께 집 안으로 들어가신다.

132. 나자렛에서 지낸 또 한번의 안식일

아니 오히려, 미르타와 노에미가 젊은 아벨과 같이 땀을 줄줄 흘리면서 그러나 기뻐하며 도착할 때에는 금요일의 해가 지기 시작하니까, 또 하나의 안식일의 시작이다. 두 여자는 그들이 타고 온 노새에서 내리고, 노새들은 아벨이 다른 곳으로 끌고 가는데, 분명히 친구들의 마구깐으로, 어쩌면 제자가 된 나자렛의 두 나귀몰이의 마구깐으로 끌고 가는 모양이다. 그리고 두 여자는 환기를 시키려고 열어놓은 작업장의 문으로 해서 들어온다. 작업장에는 조금 전만 하더라도 투박한 난로의 열기가 여름 무더위의 공범이 되었었다.

토마는 연장들을 챙기는 중이고, 시몬은 톱밥을 쓴다. 그동안 예수께서는 크고 작은 풀통과 물감통을 깨끗하게 하신다.

"선생님께 평화. 제자분들께도 평화" 하고 여자들은 입구에서부터 절을 많이 하며 인사를 하고, 작업장을 건너지른 다음에는 마침내 예수의 발 앞에 엎드린다.

"당신들에게 평화. 두분은 매우 충실하시군요! 이 더위에 오다니!"

"아이고! 이건 아무 것도 아닙니다. 여기 오면 모든 것을 잊을 만큼 좋은 걸요. 선생님의 어머님은 어디 계십니까?"

"옆에서 아우레아의 옷에 마지막 손질을 하고 계십니다. 두분도 그리 가십시오."

두 여자는 그들의 자루를 들고 빨리 간다. 그리고 아직 날카로운 아우레아의 목소리와 성모님의 은을 울리는 것같은 목소리에 섞여서 꽤 낮은 맑은 그 여자들의 목소리가 들려 온다.

"이제는 저 여자들이 행복하겠습니다!" 하고 토마가 말한다.

"그렇다. 선량한 두 여인이다" 하고 예수께서 대답하신다.

"선생님, 미르타는 그가 가졌던 아들을 그대로 가지는 데다가 새로 또 딸을 하나 얻었군요. 그것도 1년 남짓한 사이에요…" 하고 열성당원이 말한다.

"그렇습니다. 1년 남짓한 사이에! 라자로의 마리아가 회개한 것이 벌써 1년이 넘는군요. 세월이 빠르기도 합니다! 어제일 같은데… 작년에는 일이 많기도 했지요! 선택하기 전에 얼마나 아름다운 피정을 했습니까! 그리고 엔드로의 요한, 그리고 마륵지암! 그리고 나임의 다니엘, 그런 다음에는 라자로의 마리아, 그리고 신디카…. 그런데 신디카가 어디에 있는 걸까요? 나는 자주 그 생각을 하는데, 이유를 도무지 알지 못하겠어…." 예수와 시몬이 대답을 하지 않기 때문에 토마는 끝에 가서는 혼잣말을 한다. 예수와 시몬은 여자 제자들 있는 데로 가려고 손을 씻으려 정원으로 나간다.

갈릴래아의 베들레헴의 아벨이 돌아와서, 토마가 보통 일하는 자리 앞에서 곰곰이 생각하고 있는 것을 또 만난다. 토마는 그의 금은 세공한 작은 걸작품들을 옮기면서 생각에 잠겨 있다.

"일거리를 찾아내셨군요?" 하고 제자가 그 자질구레한 물건을 몸을 굽히고 들여다 보며 묻는다.

"오! 나는 나자렛의 모든 여자를 즐겁게 해 주었네. 나는 브로치니, 팔찌니, 목걸이니, 백합꽃 모양의 장신구니 하는 것들을 수선해야 할 것이 그렇게 많은 줄은 상상도 못했었네. 마태오에게 티베리아에서 재료를 구해다 달라고 부탁해야 할 지경이었네. 난 단골들을 만들었네…. 하! 하!(그러면서 아주 기쁘게 웃는다.) 아버지 자신이 가지지 못하셨던 것만큼 말이야. 하긴 나는 돈을 받지 않으니까…."

"그럼, 전부 손해를 보시는 거예요?"

"아닐세. 재료값만 받네. 일은 거저 해 주네."

"인심이 좋으시군요."

"아닐세. 현명한 걸세. 나는 아무 것도 하지 않고 있지는 않네. 일과 금전에 대한 초탈의 본보기를 보이는 것일세. 그래서… 전도를 하는 걸세…. 가만있게! 나는 비유를 하나도 말하지 않고, 회당에서 말한 마디도 하지 않고도, 이렇게 하는 것으로 마치 끊임없이 말한 것처럼 더 많은 전도를 했다고 생각하네. 또 그리고… 나는 실습을 하는 걸세. 내가 미신자들 사이에 가서 예수를 전해야 할 때에는 일하는 것으로 선전을 할 것이라고 결심했네. 그래서 그 훈련을 하는 걸세."

"사도님은 금은 세공사로서 또 사도로서 현명하십니다."

"나는 예수님에 대한 사랑으로 그렇게 되려고 애쓰네. 그래, 자넨 누이동생이 하나 생겼지? 그 애를 잘 다루어야 하네. 알겠나? 둥지에 있는 어린 비둘기와 같네. 내 직업상 여자들을 다루어 버릇한 내가 말하는 걸세. 새매가 몹시 무서워서 자기를 보호하려고 엄마와 형제들의 날개를 찾는 천진한 작은 비둘길세. 만일 자네 어머니가 데려가려고 하지 않았더라면 내 쌍둥이 누이동생을 위해서 내가 청했을 걸세. 아이 하나 더 있고 덜 있는 것쯤이야? 내 누이동생은 아주 착하거든, 알겠나?"

"제 어머니두요. 어머니는 과부가 된 다음에 어린 딸을 잃었어요. 아마 남편이 죽은 고통 때문에 어머니의 젖이 변질했었나봐요…. 저는 그 어린 누이동생 생각이 잘 나지 않습니다…. 그리고 만일 어머니가 그 어린 누이동생 때문에 자주 울고, 또 베들레헴의 아주 어린 가난한 아이가 죽은 제 누이동생에 대한 기억으로 우리 집의 음식과 옷을 얻을 권리를 가지고 있지 않았으면 아마 그 누이동생은 잊어버렸을 겁니다…. 그러나 저는 어머니 곁에서만 컸기 때문에 어린 계집애들에 대해서 많은 사랑을 가지게 되었습니다…. 저 소녀는 아주 어리지는 않다는 것을 압니다…. 그렇지만 저 애가 어머니와 노에미 아주머니와 사도님이 말하는 것같은 소녀면 마음은 아주 어린 계집 아이인 것으로 보겠습니다…."

"그건 확신해도 되네. 옆방으로 가세…."

다른 방, 즉 작은 식당에는 여자들과 예수와 열성당원이 있다. 그리고 벌써 큰 바람을 가지고 온 미르타는 소녀를 위해 지어 온 아마 포옷을 아우레아에게 입혀 보면서 그의 마음을 끌고 있는 중이다.

"정말 잘 맞는구나" 하고 미르타는 새 옷을 벗기고, 그 옷을 입힐 때 구겨졌던 먼저 입었던 옷을 다시 입히고 바로잡아 주면서 말한다. "그 옷이 잘 맞는다. 그러니 모든 것이 잘 돼 나갈 거다. 두고 봐라, 내 딸아…. 오! 내 아들 아벨이 왔구나. 애야, 이리 오너라. 이 애가 아우레아다. 이제는 아우레아가 우리 아이다. 너도 아니?"

132. 나자렛에서 지낸 또 한번의 안식일   **493**

"압니다. 어머니, 그리고 어머니와 함께 기뻐합니다." 그는 소녀를 바라다 본다…. 그리고 검토한다…. 그의 어두운 빛깔의 눈이 밝은 하늘빛의 넓은 홍채를 뚫어지게 들여다 보고 그 속으로 빨려 들어간다. 그는 검토에 만족한다. 소녀에게 미소를 보내며 말한다. "우리는 우리를 구해 주신 주님 안에서 서로 사랑하자. 그리고 주님을 사랑하고 주님이 사랑받으시게 하자. 나는 네게 영적인 다정한 오빠가 되겠다. 나는 이것을 선생님과 내 어머니 앞에서 약속한다." 그리고 벌써 높은 영성을 향하여 가고 있는 깨끗한 젊은이다운 아름답고 맑은 미소를 띠고 튼튼하고 거무스름한 손을 아우레아에게 내민다.

아우레아는 망서리다가 얼굴을 붉히면서 그에게 내민 오른손에 그의 왼손을 놓으면서 말한다. "우리는 주님 안에서 그렇게 하겠습니다."

어른들은 서로 보고 빙그레 웃는다….

"여기는 문을 두드리지 않고도 들어갈 수 있어…."

"요나의 시몬이로구먼! 이번에는 유혹에 저항하지 못했구먼…" 하고 토마가 웃으면서 밖으로 뛰어 나가며 말한다.

"맞아, 나는 저항하지 않았네…. 선생님께 평화!" 그가 예수께 입맞춤 하니, 예수께서도 입맞춤으로 답례하신다. "누가 저항할 수 있습니까?" 그는 성모님을 보고 절을 하며 인사하고 나서 말을 계속한다.

"그렇지만, 양심에 거리낌이 없게 하려고 티베리아에 들렀습니다. 그리고 유다를 찾았습니다. 저희가… 저희가 모두 같이 모이려구요. 예, 다른 사람들도 오는 중입니다. 마륵지암두요…. 그러니까 저희가 티베리아에 들렀다고 말했지요. 흠! 그렇지요! 유다를 찾으려고 말입니다. 넷째 안식일에 만이라도 가파르나움에 오려고 했을… 경우를 생각하고요…. 저희가 모두 떠나 왔으면 난처한 일이었을 것이거든요…. 그리고 저희는 그를 찾아냈습니다…. 그렇습니다! 아니, 그 보다도 이사악이 요나타에게 인사를 하러 가다가 그를 발견한 것입니다. 과연 이사악은 선생님을 기다리려고 가파르나움으로 오고야 말았는데 얼마나 많은 제자를 데리고 왔는지 모릅니다. 그 사람들은 헤르마와 스테파노와, 노에미 당신의 아들과 사제 요한의 지도로 더 슬기롭게 되려고 그 곳에 남아 있습니다…. 그러나 이사악도 저희들과 같이 왔습니다. 그 사람도 선생님을 뵙고 싶어 죽을 지경이니까요…. 그런데 가엾은 이사악! 이 사람 유다에게 썩 좋은 대우를 받지 못했습니다. 그러나 이사악은 오래 앓는 동안에 일체의 성급함과 일체의 원한과 일체의 분격을 쳐부순 모양입니다…. 그 사람은 절대로 반항을 하지 않습니다! 누가 뺨을 때려도 미소를 짓습니다…. 정말 평온한 사람입니다! 그것 그렇구요. 이사악이 저희들에게 이렇게 말했습니다. '유다를 내가 봤는데, 오지 않겠답니다. 여러 말 하지 마세요.' 저는 알아들었습니다. 그래서 이렇게 말했습니다. '그 사람이 당신에게 못되게 대답했소? 나는 우두머리이니까 알아야 하오….' 그랬더니 그 사람은 '아! 아닙니다' 하고 대답했습니다. '그 사람은 제게 나쁘게 대답하지 않았지만, **그 사람**의 악이 나쁘게 대답했습니다. 불쌍한 사람입니다…' 하고. …그러니까 그 사람을 불쌍히 여깁시다…. 결국 저희들은 여기 왔습니다. 그리고 대단히 행복합니다…. 여기 다른 사람들도 왔군요…."

그리고 다른 사람들과 같이 알패오의 유다와 야고보도 그들의 어머니와 나자렛의 제자들, 즉 아세르와 이스마엘과 알패오의 시몬과 같이 온다. 그리고 이것은 드문 일인데, 알패오의 요셉도 온다.

그들은 배낭을 내려놓는다. 나타나엘은 꿀을 가져왔고, 필립보는 아우레아의 머리카락처럼 금빛나는 포도를 한 바구니 가져왔다. 베드로는 소금에 절인 물고기를 가져왔고, 제베대오의 아들들도 절인 물고기를 가져왔다. 여자들이 꾸미고 정돈하는 집을 가지지 못했고, 따라서 맛있는 것이 아무 것도 없는 마태오는 흙이 가득 들어 있고, 그 안에 가느다란 나무줄기가 있는 항아리를 가져왔다. 그 나무는 잎을 보니까 레몬나무나 오렌지나무, 또는 다른 어떤 감귤류 같다. 그는 이렇게 설명한다. "이 나무는 일찍 열매를 맺습니다…. 이 나무를 얻으려면 키레네에 가야 합니다. 저는 거기 갔다 온 사람을 한 사람 압니다. 전에 저처럼 세무관청에 있던 사람인데, 지금은 이포에서 은퇴 생활을 합니다. 저는 이 나무를 달라고 하려고 거기엘 갔었습니다. 이 나무는 새 달에 적당한 자리에 심어야 하니까요. 이 나무에는 맛있고 아름다운 열매가 열립니다. 꽃은 그윽한 향기가 나고, 모양은 밀랍으로 만든 별과 같습니다, 어머님의 이름과 같은 별이오…. 받으십시오." 그러면서 나무를 성모님께 바친다.

"하지만 마태오, 이 무거운 걸 가져오느라고 얼마나 애를 썼나! 고맙네. 내 정원은 자네들 덕택으로 점점 더 아름다워지네. 폴피레아의 녹나무, 요안나의 장미나무들, 마태오, 자네의 희귀한 나무, 가리옷의 유다가 가져온 다른 꽃나무들 하고…. 아름다운 것들이 얼마나 많고, 자네들은 예수의 어머니에 대해서 얼마나 친절한가!"

사도들은 모두 감격하였다. 그러나 성모님이 유다의 이름을 부를 때에는 서로 쳐다본다.

"예, 이 사람들이 아주머니를 매우 사랑합니다. 그러나 저희들도 아주머니를 많이 사랑합니다" 하고 알패오의 요셉이 점잔을 빼며 자랑스럽게 말한다.

"물론이지! 너희들은 내 친척 알패오와 말할 수 없이 착한 마리아의 아들들이다. 그래서 나를 많이 사랑한다. 그러나 이것은 자연스러운 일이다. 우리는 친척이니까…. 이와 반대로 이 사람들은 우리의 혈족은 아니지만, 그래도 내게는 아들들 같고, 예수에게는 형제들 같다. 그만큼 이 사람들은 예수를 사랑하고 따른다…."

요셉은 암시를 이용하여 말을 하려고 단어들을 찾으면서 목소리를 가다듬으려고 기침을 한다…. 말을 찾아냈다…. 그는 이렇게 말한다.

"물론입니다! 그러나 제가 이 사람들과 같이 있지 않는 것은 예수와 아주머니에 대한 결과들을 생각하기 때문입니다…. 그리고…. 그리고… 요컨대 제 사랑도, 특히 너무 오래 혼자 있는 가엾은 여인인 아주머니께 대한 제 사랑도 사랑입니다…. 그래서 예수가 어머니의 필요한 일을 기억하고, 여기에 유익한 일을 한 것을 제가 기뻐한다고 말해 주러 왔습니다…." 그러면서 일가의 **우두머리**여서 칭찬하고 나무랄 수 있는 것을 만족스럽게 생각하며, 이 한 달 동안에 한 목수일, 칠 일, 그밖에 다른 모든 일을 한 것을 칭찬하며 좋아한다.

"그렇게 해야지! 지금은 이 여인이 아들을 하나 두었다는 것을 사람들이 알게 되었네! 그러나 나는 요셉 아저씨의 슬기로운 내 예수를 다시 찾았다고 말할 수 있는 것이 기쁘네. 잘했네! 잘했어!"

그러니까 요셉의 슬기로운 예수, 당신의 육체로 모욕을 당하시는 온유하고 겸손하신 지극히 슬기로우신 하느님의 말씀은 사촌 형 요셉의 독선적인 충고에… 섞인 칭찬을 너무도 부드러운 미소로 받아들이셔서, 예수를 위한 시의적절(時宜適切)하지 않은 사도들의 일체의 반응을 억제하는 데 도움이 된다.

그러니까 요셉은 순풍에 돛단 격이 되었고, 사람들이 이렇게 그의 말을 듣는 것을 보고는 이에 그치지 않고 계속한다. "이제부터는 나자렛이 버림받은 가엾은 어머니와 다른 사람들이 다니는 길에서 벗어나 목적과 결과에 안정성을 보이지 않는 길을 무모하게 가는 그의 아들을 볼 기회가 없기를 바라네. 내가 친구들과 회당장과 거기에 대해서 말하겠네…. 우리는 자네를 용서하겠네…. 오! 나자렛은 돌아오는 아들처럼 자네를 두 팔 벌려 받아들이는 것을 매우 기뻐할 걸세. 게다가 모든 주민을 위해 덕행의 모범으로 돌아오는 자네를 말이야. 내일 당장 내가 직접 회당으로 데리고 가겠네. 그리고…."

예수께서 입을 다물고 조용하라고 요구하시려고 손을 드신다. 그러나 과단성있게 말씀하신다. "회당에는 신자로서 다른 여러 안식일에 간 것과 같이 분명히 가겠습니다. 그러나 형님이 저를 위해 변호하실 필요는 없습니다. 해가 진 다음 한 시간 뒤에는 지극히 높으신 분께 대한 제 순종의 의무에 따라 복음을 전하러 가기 위해 다시 떠날 터이니까요."

요셉에게는 큰 모욕이다!…. 매우 큰!…. 그의 모든 친절이 산산조각나고, 그의 적의를 품은 비타협성이 나타난다. "좋네! 그러나 필요할 때에 나를 찾아오지는 말게. 나는 내 의무를 다 했으니까 피할 수 없는 자네의 불행이 내 책임은 아닐세. 잘 있게. 내가 자네들을 이해하지 못하고, 자네들이 나를 이해하지 못하니까. 나는 여기 필요 없는 사람일세. 나는 원한은 가지지 않지만 슬픈 마음으로 물러가네. 주님께서 자네를 보호하시고, 무엇이 좀 모자라는 좀 단순한 머리를 가진… 사람도 모두 보호하시기를 바라네…. 마리아 아주머니, 안녕히 계십시오! 가엾은 어머니, 용기를 내십시오!"

"요셉, 잘 가라. 그러나 내가 용기를 가져야 하는 것은 예수 때문이 아니라, 너 때문이다. 너야말로 하느님의 길 밖에 있어서 내게 고통을 주기 때문이다" 하고 성모님은 조용히, 그러나 자신있게 말씀하신다.

"너는 바보다. 그래! 그래서 만일 네가 지금 가장이 아니면 내 피는 받았지만 내 정신은 받지 못한 자식인 너를 때려 줄 거다…" 하고 알패오의 마리아가 부르짖는다. 그리고 계속하려고 한다. 그러나 성모님이 애원하신다. "입다무세요! 제게 대한 사랑으로."

"잠자코 있겠어요. 예, 그렇지만… 그렇지만 제가 제 아이들 중에 저런 사생아같은 자식을 보아야 할지 생각해 보세요!…"

그러는 동안 사생아는 갔는데, 착한 알패오의 마리아는 그 고집센 아들에 대하여 가슴에 쌓여 있던 것을 털어놓는다. 그리고 그의 슬픔으로 인하여 갑자기 울음을 터뜨린다. 그리고 흐느끼면서, 무엇보다도 그를 괴롭히는 것을 말한다. "그러니까 저 애와는 하늘에서 같이 있지 못할 겁니다. 저 애와는 같이 있지 못할 거예요! 저 애가 고통을 당하는 것을 내가 보게 될 거예요! 오! 예수! 기적을 행해 줘요!"

"하고 말구요. 아주머니, 하고 말구요! 형에게도 때가 올 것입니다. 어쩌면 마지막 시간에 올지도 모릅니다. 그러나 그 시간이 오기는 올 것입니다. 아주머니께 장담합니다. 울지 마세요…" 하고 예수께서 알패오의 마리아를 위로하시려고 말씀하신다…. 그리고 울음이 그치자 사도들과 제자들에게 말씀하신다.

"여자들이 짐을 챙기는 동안에 올리브밭으로 가자. 우리들끼리 이야기를 나누자."

133. 출발과 갈릴래아의 베들레헴으로 가는 여행

 진짜 안식일 저녁이다. 그래서 안식일의 휴식이 지난 후 생활이 다시 시작된다. 이곳 나자렛의 작은 집에서는 여행 준비로 생활이 다시 시작된다. 식량을 정돈하고, 옷을 배낭속에 차곡 차곡 쌓고, 배낭들을 노끈으로 단단히 묶고, 샌들 끈과 고리쇠가 완전한 상태인지 살펴보고, 나귀들은 물과 여물을 배불리 먹여서 정원 울타리에 매 놓고… 인사를 나누고, 미소와 축복과 오래지 않아 다시 만나자는 약속을 주고 받는 중에 눈물을 좀 흘리고… 그런데 뜻밖에도 토마가 성모님께 선물을 드린다. 목에 옷을 고정시키는 데 소용되는 고리쇠인데, 우리가 브로치라고 말하는 것같은 것이다. 그 브로치는 실제를 완전히 모방한 금속으로 된 두 잎 사이에 끼운 가늘고 가볍고 완전한 은방울꽃 세개로 되어 있는데, 명인(名人)의 손으로 만들어졌다는 것을 알 수 있다.

 "어머님이 이것을 달지 않으시리라는 것은 저도 압니다. 그래도 받아 주십시오. 주님이 어머님을 은방울꽃에 비하면서 어머님 말씀을 하신 어느 날 이것을 만들었으면 하는 소원이 생겼습니다…. 저는 어머님의 집을 위해서 아무 것도 한 것이 없습니다…. 그러나 어떤 다른 여자보다도 어머님이 받으실 자격이 더 있는 아드님의 칭찬을 상징으로 나타내기 위해서 이것을 어머님을 위해 만들었습니다. 금속을 가지고 산 꽃나무처럼 우아하게 하지는 못하고, 꽃처럼 향기롭게 하지는 못했습니다만, 주님의 어머니이신 어머님께 대한 제 진실하고 존경하는 사랑이 쓰다듬는 것처럼 이것을 아름답게 하고, 어머님께 대한 제 충실로 향기롭게 합니다."

 "오! 토마! 사실일세. 나는 무익한 것이라고 생각되는 패물을 지니지 않네. 그러나 이것은 같은 것이 아닐세. 이것은 내 예수와 예수의 사도의 사랑이네. 그래서 내게 소중하네. 나는 이것을 날마다 들여다

133. 출발과 갈릴래아의 베들레헴으로 가는 여행

보면서 선생님의 가르침뿐 아니라, 가장 보잘 것없는 물건과 가장 하찮은 사람들에 대한 가장 평범한 말씀까지도 기억할 정도로 선생님을 사랑하는 착한 토마를 생각하겠네! 토마, 고맙네. 가치가 아니라 자네의 사랑이 고맙네!"

모두가 완전한 작품을 감탄한다. 그러니까 토마는 매우 기뻐하며 그의 더 작은 작품을 꺼낸다. 아주 조그마한 잎들 사이에 있는 별같은 재스민 세 송이를 가느다란 테에 끼운 것이다. 그것을 아우레아에게 주면서 말한다. "네가 이것을 가지고 싶어서 애교를 떨지 않았기 때문에, 이것이 재스민꽃이 되었을 때 네가 여기 있었기 때문에, 그리고 이 작은 별들이 우리의 별이신 어머님을 네게 생각나게 하라고 주는 거다. 그러나 조심해라! 너는 네 덕행으로 꽃들을 향기롭게 해야 하고, 너도 하늘을 향해 향기를 풍기는 순박하고 아름답고 깨끗한 꽃이 돼야 한다. 내가 그렇게 하지 않으면, 내가 브로치를 도로 달라고 할 거다. 자, 울지 말아라…. 모든 것은 지나간다…. 그리고…. 그리고… 오래지 않아 우리가 어머님께로 다시 오거나, 어머님이 우리에게로 오실 거다…. 그리고…." 그러나 아우레아가 눈물을 점점 더 많이 흘리는 것을 보고, 토마는 계속하지 않는 것이 낫다는 것을 알아차리고 자존심이 상하여 나가면서 베드로에게 말한다. "저 애가 더 울기 시작할…거라고 생각했더라면, 저 애에게 아무 것도 주지 않았을 걸세…. 내가 저 브로치를 만든건 바로 이 시간에 저 애를 위로하려고 했던 건데…. 저것이 내게 좋은 결과를 가져다 주지 못했어…."

그러니까 베드로는 혼란한 그 순간에 자제심을 잃고 말한다. "그렇지만 작별할 때는 언제나 이런 거야…. 그때 자네가 신디카를 보았더라면…." 그는 자기가 말했다는 것을 깨닫고, 얼굴을 붉히며 고쳐 말하려고 한다…. 그러나 이미 엎질러진 물이다….

토마는 알아들었다. 그리고 착하고 어질게 베드로의 목에 한 팔을 감고 말한다. "시몬, 괴로워 말게. 나는 침묵을 지킬 줄 아네. 그리고 자네들이 왜 아무 말도 하지 않았는지 이해하네…. 시몬의 유다 때문이지. 나는 우리 조상들의 하느님을 걸고, 내가 본의아니게 알게 된 것을 잊었다고 자네에게 맹세하겠네. 시몬, 괴로워 말게!…."

"선생님이 그걸 원치 않으셨기 때문이야…."

"그리고 선생님은 그렇게 하신 데에는 가장 훌륭한 이유가 있었을 거야. 나는 이 때문에 기분을 상하지는 않네."

"나도 그건 아네. 그렇지만 선생님이 뭐라고 하시겠어!…."

"아무 말씀도. 아무 것도 알지 못하실 거니까, 나를 믿게."

"아! 안 돼! 선생님께 대해서 비밀이 있어서는 안 돼. 내가 잘못했어. 나는 꾸지람을 들어 마땅해. 그것도 즉시. 내가 잘못한 것을 선생님께 고백하지 않으면, 내 마음이 편안치 않을 걸세. 토마, 친절을 베풀어서 선생님을 모셔 오게…. 나는 작업장으로 가겠네. 가서 선생님을 모시고 오게. 나는 너무 당황해서 그렇게 하지 못하겠네. 그리고 다른 사람들이 눈치챌 걸세."

토마는 감탄 가득한 동정의 눈으로 그를 바라다 보고 집안으로 다시 들어가 예수를 부른다. "선생님, 잠깐 오십시오. 말씀드릴 게 있습니다."

알패오의 마리아에게 인사를 하시던 예수께서 즉시 그를 따라 나오신다. "무슨 일이냐?" 하고 토마 곁에서 걸어오시며 물으신다.

"저는 아무 것도 없습니다. 시몬이 선생님께 말씀드려야 합니다. 저기 있습니다…."

"시몬아! 무슨 일이 있기에 그렇게 불안해 하느냐?"

베드로는 예수의 발 앞에 엎드리며 신음한다. "저는 죄를 지었습니다! 제 죄를 사해 주십시오!"

"죄를 짓다니? 무슨 일로? 너는 우리와 같이 여기 기쁘게 조용히 있었는데."

"아! 선생님, 저는 선생님께 불복종했습니다. 토마에게 신디카에 대해서 말했습니다…. 저는 눈물 때문에 마음이 어지러웠습니다. 그리고 토마는 저보다도 더 했습니다. 토마는 자기가 눈물을 더 흘리게 했다고 생각하고 있었습니다…. 토마를 위로하기 위해서 저는 '작별할 때는 언제나 그런 거야…. 자네가 신디카를 보았더라면…' 하고 말했습니다. 그러니까 그 사람은 알아들었습니다!…." 베드로는 엉망이 된 얼굴을 쳐든다. 그의 눈길은 정말 창피를 당하고 비판에 잠겨 있다.

"내 시몬아, 하느님은 찬미받으시기를! 나는 네가 훨씬 더 중대한 어떤 일을 저지른 줄로 생각했었구나. 하긴 네 솔직함이 그것까지도 없앤다. 너는 악의없이 말했다. 그리고 동료에게 말했다. 토마는 착한 사람이니, 말하지 않을 것이다…"

"사실은 그 사람이 제게 맹세했습니다…. 그러나 아시겠습니까? 이제는 제가 너무 당황해서 비밀을 지킬 줄 모르게 될까봐 겁이 납니다."

"지금까지 네가 그렇게 했는데…?"

"예, 그렇지만 생각해 보십시오. 필립보와 나타나엘에게 절대로 한마디도 하지 않는다는 것은! 그리고 이제는…."

"자, 일어나거라! 사람은 항상 불완전하다. 그러나 악의없이 불완전할 때에는 죄를 짓지 않는다. 스스로 경계하여라. 그러나 더이상 슬퍼하지 말아라. 네 예수는 네게 입맞춤만 주겠다. 토마, 이리 오너라." 토마가 달려 온다. "너는 확실히 침묵의 이유를 깨달았지."

"예, 선생님. 그리고 제게 한해서는, 또 제 능력껏은 침묵을 존중하겠다고 맹세했습니다. 시몬에게 벌써 그 말을 했습니다…."

"바보같은 시몬에게" 하고 베드로가 한숨을 쉰다.

"여보게 그렇지 않네. 나는 자네의 완전한 겸손과 솔직성에 감화를 받았네. 자네는 내게 **훌륭한** 교훈을 주었네. 그걸 나는 기억할 걸세. 조심성 때문에 이 교훈을 알리지는 못하겠는데, 그것이 슬프네. 자네가 가지고 있는 정의를 가진 사람, 또 가질 사람은 우리들 가운데 별로 없기 때문일세…. 그런데 우릴 부르고 있네. 가세!"

실제로 여러 사람이 벌써 길에 나와 있고, 세 여자, 즉 노에미와 미르타와 아우레아는 벌써 노새에 올라가 있다. 성모님은 동서와 함께 아우레아의 곁에 계신데, 두분은 아직도 아우레아에게 입맞춤을 한다. 그리고 예수께서 오시는 것을 보자, 두 여자 제자 동료들에게 입맞춤을 하고, 마지막으로 예수께 인사하니, 예수께서는 길을 떠나시기에 앞서 두분에게 강복하신다….

성모님과 글레오파의 마리아는 집안으로 들어간다…. 바로 전에 있었던 일을 생각하게 하는 것으로, 제 자리에 놓이지 않은 의자들, 아직 어수선하게 흩어져 있는 식기들… 출발에 뒤따른 무질서가 남아 있는 집안으로.

성모님은 생각에 잠기신 채, 아우레아에게 일을 가르쳐 주시던 작은 베틀을 어루만지신다…. 성모님의 눈은 참으시는 눈물로 촉촉하고 반짝인다.

"마리아, 괴로워하시는군요!" 하고 눈물을 참으려고 하지 않고 우는 글레오파의 마리아가 말한다. "마리아는 정이 들었었지요!…. 그들은 여기 왔다가… 가고… 우리는 괴로워하구요…."

"여자 제자로서의 우리 생활이지요. 오늘 예수가 말하는 걸 들었지요. '너희들은 장차 이렇게 해라. 모든 인간 안에 형제의 영혼을 보고, 인심좋은 사람, 초자연적으로 인심좋은 사람이 되어라. 손님을 받아들이는 너희들 자신을 길손으로 생각하고, 너희가 받아들이는 사람들도 길손으로 생각하면서. 그들을 도와 주고, 그들에게 식사를 주고, 조언을 해 주어라. 그리고 죽은 다음에는 너희들이 저들과 다시 만나리라는 확신을 가지고, 샘많은 사랑으로 그들을 붙잡지 말고, 그들의 운명을 향하여 떠나게 하여라. 박해가 올 것이고, 그러면 많은 사람이 너희들을 떠나 순교하러 갈 것이다. 비겁하지 말아라. 그리고 비겁하라고 권고하지도 말아라. 순교자들의 용기를 북돋우기 위해서 빈 집에 남아 기도하여라. 가장 약한 사람들을 강하게 하기 위해 침착하고, 용사들을 본받을 준비가 되어 있기 위하여 강하게 되어라. 지금부터 초탈과 용맹과 형제적인 사랑에 익숙해져라….' 그래서 우리는 그렇게 하는 거예요. 고통을 겪으면서, 그것은 확실해요! 우리는 육체를 가진 인간 들이거든요…. 그러나 영은 주님의 뜻을 행하고, 주님의 영광에 협력하는 영적인 기쁨을 누려요. 게다가… 나는 모든 사람의 어머니이고… 한 사람만의 어머니여서는 안 돼요. 나는 오로지 예수만의 어머니여서도 안 돼요…. 내가 어떻게 예수를 붙잡지 않고 가게 내버려 두는지 보았지요…. 예수와 같이 있고 싶기는 해요. 그건 그래요. 그러나 예수는 자기가 '오세요' 하고 내게 말하기까지는 내가 여기 남아 있어야 한다고 생각해요. 그래서 나는 남아 있어요. 예수가 여기 머무르는 거요? 어머니로서의 내 기쁨이지요. 예수와 같이 긴 여행을 하는 거요? 그것은 제자로서의 내 기쁨이지요. 이곳의 내 고독이요? 그것은 주님의 뜻을 행하는 신자로서의 내 기쁨이에요."

"마리아, 그 주님이 마리아의 아들인데요…."

"그렇지요. 그렇지만 여전히 내 주님이지요…. 마리아, 나하고 같이 있겠어요?"

"예, 여기 있게 해주면요…. 제 아들들이 떠나고 난 다음 처음 몇 시간 동안은 집이 너무도 쓸쓸해요…. 또 그리고 이번에는 한층 더 울 거예요…."

"왜요?"

"어제부터 자꾸만 울음이 나오니까요…. 저는 빗물받이 웅덩이 같아요…. 비올 때의 빗물받이 웅덩이요."

"아니 왜 그러냐니까요?"

"요셉 때문에요…. 어제… 오! 제가 가서 호되게 야단을 쳐야 할지 모르겠어요. 결국 그 애는 제 아들이고, 이 배가 그 애를 가졌었고, 이 젖이 그 애를 먹였으니까요. 그리고 어미보다 높은 자식이 없는 거니까요. 그렇지 않으면, 그 애에게 다시는 말을 하지 말아야 할지. 제게서 났으면서도 우리 예수와 마리아를 모욕하는 그 사생아 같은 녀석에게 말입니다. 그리고…."

"그런 일은 하나도 하지 마세요. 마리아는 그에게 여전히 '어머니'예요. 고집세고 병들고 길잃은 아들을 불쌍히 여기고, 인자로 길들이고, 기도와 참을성으로 하느님께로 데려오는 어머니 말입니다.

자, 울지 마세요!…. 차라리 나하고 같이 가서, 내 방에서 기도합시다. 그를 위해, 가는 사람들을 위해, 소녀가 고통을 별로 당하지 않고 성덕속에서 자라도록 그 애를 위해서…. 마리아, 오세요. 와요!" 그러시면서 데리고 가신다….

그동안 길손들은 남서쪽을 향하여 길을 간다. 여자들은 나귀를 타고 있어서 앞서 간다. 나귀들은 잘 먹고 잘 쉬어서 경쾌하게 속보로 달린다. 그래서 조심성 있게 하느라고, 나귀를 처음 타보는 아우레아 곁에 따라가는 마특지암과 아벨은 거의 뛰어 갈 수밖에 없게 된다. 그런데 그렇게 하는 것이 고된 일이기는 하지만, 성모님과 헤어진 것으로 인하여 소녀가 받게 되는 마음의 괴로움을 잊게 하는 데 도움이 된다.

가끔 젊은이들에게 숨을 돌릴 수 있게 하기 위하여, 미르타는 그의 나귀를 멎게 하고 좀 쉰다. 미르타는 사도들의 무리가 여자들을 따라 온 다음에야 다시 움직이기 시작한다. 쉬는 동안에는 나귀가 달리는 것으로 인한 변화로 정신이 쏠리지 않게 되기 때문에, 아우레아는 다시 침울해진다…. 성모님을 안 후에 어떤 양모(養母)에게 사랑으로 거두어진 고아로서의 난관을 경험하였기 때문에 사정에 밝은 마룩지암이 그를 위로한다. 마룩지암은 어떻게 양어머니에게 "꼭 친어머니인 것처럼" 애정을 느끼게 되었는지를 말하고, 그의 느낌을 이야기하고, 어떻게 마리아와 마티아가 요안나의 집에서 행복하고, 아나스타시카가 엘리사의 집에서 행복한지를 이야기한다.

아우레아가 그 이야기를 들으니, 마룩지암은 이렇게 이야기를 끝맺는다. "정말이지, 제자들은 **모두** 착하다. 그리고 예수님은 우리같은 불행한 아이들을 누구에게 주셔야 할지를 알고 계셔요." 그리고 아벨이 뒷받침한다. "그리고 너는 내 어머니를 믿지 않아서는 안 돼. 어머니는 너를 얻게 된 것을 몹시 기뻐하고, 요사이는 하느님께서 너를 주시도록 기도를 아주 많이 했다." 그러니까 아우레아가 말한다. "그 말을 믿어요. 그래서 어머니를 많이 사랑해요. 그렇지만 마리아 어머니는 마리아 어머니예요…. 그러니까 오빠들은 동정해야 해요…."

"그래, 그렇지만 우린 네가 슬퍼하는 걸 보는 게 마음이 언짢다…."

"오! 나는 이젠 로마 사람의 집에서와 해방된 후에 한동안은 슬프지는 않아요…. 나는 그저… 어쩔 줄을 모를 뿐이예요…. 여러 해째 나는 애무를 받은 적이 없었어요…. 그렇게 여러 해 동안 주인들 밑에 있은 후에 마리아 어머니만이 내게 애무를 해 주었어요…."

"애야! 그러나 내가 너를 쓰다듬으려고 여기 있는 거다! 내가 네게 또 한 사람의 마리아 어머니가 돼 주마. 이리 아주 가까이 오너라…. 네가 더 작았더라면, 아벨이 어렸을 때 그랬던 것처럼 내가 데리고 안장에 앉을 텐데…. 그러나 너는 벌써 한 여인이다…" 하고 미르타가 가까이 와서 그의 손을 잡으며 말한다. "너는 내 작은 여인이다. 그래서 네게 아주 많은 것을 가르쳐 주겠다. 그리고 아벨이 복음을 전하러 멀리 가면 너와 나와 둘이서 주님이 말씀하시는 것처럼

133. 출발과 갈릴래아의 베들레헴으로 가는 여행 **505**

나그네들을 받아들이고, 주님의 이름으로 좋은 일을 아주 많이 하자. 너는 젊으니까 나를 도와다오…."

"아니, 저 언덕 너머 저기에 무슨 빛이 저렇게 굉장한지 보시오" 하고 여자들을 따라온 제베대오의 야고보가 외친다.

"수풀이 타는 건가?"

"혹은 어떤 마을인가?"

"뛰어 가서 봅시다…."

이제는 피로한 사람이 아무도 없다. 호기심이 다른 감각은 무엇이든지 사라지게 하기 때문이다. 예수께서도 친절하게 그들을 따라가셔서, 큰 길을 버리시고 작은 언덕으로 올라가는 오솔길로 들어서신다. 이내 꼭대기에 다다랐다….

불타고 있는 것은 수풀도 아니고 마을도 아니고, 작은 언덕 둘 사이에 브라이어*가 뒤덮힌 분지이다. 여름 날씨로 바짝 마른 브라이어가 아마 좀 더 위에서 벌목을 하던 벌목 인부들에게서 튀어 나온 어떤 불똥에 불이 붙은 모양이어서, 지금은 그것들이 타고 있다. 짧기는 하지만 선명한 불꽃이 융단 모양으로 처음에 불이 붙은 곳에서 불사를 새 브라이어를 찾아 움직이고 있다. 벌목 인부들은 불꽃을 두드려서 맞불을 놓으려고 해보나 소용이 없다. 그들은 별로 수가 많지 않고, 한 쪽에서 일하면, 불은 다른 쪽으로 번진다.

"만일 불이 수풀에까지 이르면, 재난이겠는걸. 진이나는 나무들이 있단 말이야" 하고 필립보가 점잔을 빼며 말한다.

예수께서는 팔짱을 끼고 작은 언덕 꼭대기에 서서 바라 보시며 미소를 지으시면서 곰곰이 생각하신다.

동쪽에 있는 흰 달빛은 서쪽에 있는 불꽃의 붉은 빛과 선명한 대조를 이룬다. 달은 구경하는 사람들의 뒤쪽을 아주 하얗게 하는데, 불꽃의 반사로 그들의 얼굴은 붉게 물들여진다.

그리고 불꽃은 넘치는 물처럼 달리고, 또 달리고, 올라오고 번진다…. 불이 수풀에서 몇 미터 되는 곳까지 왔고, 벌써 가장자리에 쌓아

---

* 역주 : briar, brier. 장미과에 속하는 낙엽관목(落葉灌木). 그 뿌리는 끽연용 파이프를 만드는 데 가장 적당하다고 함. 남유럽 원산임(이희승 편 국어대사전 참조).

놓은 나무더미를 비추고, 점점 더 선명한 불빛으로 불이 올라오는 작은 언덕 위에 있는 마을의 작은 집들을 보인다.

"불쌍한 사람들! 저 사람들은 모든 것을 잃겠구먼!" 하고 여럿이 말한다. 그러면서 말씀을 하지 않으시고 미소짓고 계신 예수를 쳐다본다….

그러나 곧 이어… 예수께서는 팔짱을 풀으시고 외치신다. "멈춰라! 죽어라! 명령이다!"

그러니까 불꽃을 덮어씌워 끄기 위하여 커다란 모말이 내려지는 것처럼, 기적으로 불이 타기를 그친다. 선명하고 날쌘 춤을 추던 혀 모양의 불꽃들이 불은 붙어 있지만 불꽃은 없는 벌건 잉걸불로 변했다가, 그 붉은 빛이 보라빛으로, 붉은 회색이 된다…. 아직 잿속으로 어떤 섬광이 미끄러지듯 지나간다… 그러다가 이제는 은빛 광채로 수풀을 비추는 달밖에 없다.

흰 달빛에, 팔을 홰홰 내두르며 모여서 기적을 행한 천사를 찾으려고… 주위를 둘러보고 위를 바라보는 벌목 인부들이 보인다….

"내려가자. 나는 내게 주어진 뜻하지 않은 동기를 가지고 영혼들에 작용하겠다. 그리고 도시에 가서 머무르는 대신에 저 마을에서 잠시 쉬기로 하자. 그리고 새벽에 떠나자. 저들은 여자들을 받아들일 자리가 있을 것이다. 우리는 수풀이면 충분하다" 하고 예수께서 말씀하시면서 내려가시니, 다른 사람들이 따라간다.

"그러나 왜 그렇게 미소를 지으셨습니까? 선생님이 매우 행복하신 것같이 보이시던데요!"

"내 말을 들으면 알 것이다."

일행은 벌써 황무지가 아직 뜨거운 재로 변해서 샌들에 밟혀 바작 소리가 나는 곳에 이르러, 그곳을 건너질러 간다. 그들이 한가운데, 달이 환히 내리비추는 데에 이르렀을 때, 벌목 인부들이 그들을 보았다.

"오! 내가 뭐랬어! 그분만이 이런 일을 하실 수 있단 말이야! 뛰어 가서 경배하세" 하고 한 나무꾼이 외친다. 그런데 그는 예수의 발 앞에 재에 엎드리면서 그렇게 외친다.

"왜 내가 그렇게 할 수 있었다고 믿소?"

"이런 일을 할 수 있는 분은 메시아밖에는 없기 때문입니다."

"그런데 어떻게 내가 메시아라는 것을 아시오? 당신이 혹 나를 아오?"

"아니올시다. 그렇지만 착하고, 가난한 사람들을 사랑하는 분만이 불쌍히 여길 수 있었고, 또 하느님의 성인만이 불에 명령해서 복종을 받을 수 있었습니다. 저희들에게 당신의 메시아를 보내신 지극히 높으신 분은 찬미받으시기 바랍니다! 또 알맞게 오셔서 저희들의 집을 구해 주신 메시아도 찬미받으시기 바랍니다!"

"당신들은 당신들의 영혼을 구하는 데 더 열의를 가져야 할 것입니다."

"영혼들은 주님을 믿고, 주님이 가르치시는 것을 하려고 힘쓰는 것으로 구원을 받을 수 있습니다. 그러나 주님도 아시겠지만, 모든 것을 잃은 슬픔으로 저희들의 약한 영혼이 약해질 수 있고… 섭리를 의심하게 될 수도 있습니다."

"누가 내게 대해서 가르쳐 주었소?"

"주님의 몇몇 제자들입니다…. 저희들의 가족이 여기 있습니다…. 저희들은 언덕 전체가 불타지 않을까 염려해서 가족들을 깨우러 보냈었습니다…. 이리들 나오너라…. 그리고 기적이 일어났으니 와서 보라고 말하라고 다른 사람을 보냈었습니다. 주님, 이 사람들이 저희들 가족입니다. 제 가족, 야곱의 가족, 요나타의 가족, 마르코의 가족, 제 아우 토비아의 가족, 제 처남 멜키아의 가족, 필립보의 가족, 엘르아잘의 가족입니다. 또 그리고 다른 사람들은 목자로 지금 양떼에게 풀을 뜯기러 온 사람들의 가족들입니다…."

아직 젖먹이거나 겨우 젖이 떨어진 많은 어린 아이들을 포함하여 최대한으로 보아서 이백오십 명의 집단이다. 어린 아이들은 선잠이 깨서 칭얼거리거나, 그들이 당하였던 위험을 의식하지 못한 채 자고 있다.

"여러분 모두에게 평화. 하느님의 천사가 당신들을 구해 주셨소. 함께 주님을 찬미합시다."

"주님이 저희들을 구해 주셨습니다! 주님을 믿는 신자들이 있는 곳에는 언제든지 계시는 주님이!" 하고 여러 여자가 말한다…. 그리고 남자들은 점잖게 동의한다.

"그렇습니다. 내게 대한 믿음이 있는 곳에는 섭리가 있습니다. 그러나 육체적인 일에도 영적인 일에도 끊임없는 조심성이 필요합니다. 무엇이 잔가지에 불을 붙였습니까? 아마 여러분의 화덕에서 튀어나온 불똥이나, 어떤 어린이가 불을 붙여서 그 나이의 태평함으로 아래로 던지면서 장난하려고 한 나뭇가지일 것입니다. 과연 어두워지는 공기를 가르고 지나가는 불화살을 보면 아름답습니다. 그러나 조심성 없음으로 인해서 무슨 일이 일어날 수 있는지 보시오. 조심성 없음으로 인하여 중대한 파괴가 생길 수 있습니다. 마른 브라이어 덤불에 떨어진 불똥 하나가, 불붙은 가지 하나가 계곡 하나에 불을 놓는 데 충분했습니다. 그리고 영원하신 분께서 나를 보내지 않으셨더라면, 숲은 장작불이 되어서, 그 불집게로 여러분의 재난과 생명을 불살랐을 것입니다.

영의 일에도 이렇게 됩니다. 끊임없고 조심성 있는 주의를 기울여, 불화살이나 불똥이 마음속에서 알아보지 못하게 은밀히 꾸며진 다음 여러분의 믿음을 공격해서, 나를 미워하는 사람들이 원하고, 내 신자들을 빼앗아가려는 그들이 유발한 화재가 되지 않게 해야 합니다. 여기서는 알맞게 멈추어진 화재가, 여러분이 계곡에 그대로 내버려 두었던 쓸데 없는 황무지를 없애버리고 파괴와 재의 거름으로 여러분에게 땅을 준비해 줌으로써 재난이 될 수 있었던 것으로 은혜를 만들어 주었습니다. 이 땅은 여러분이 그렇게 할 뜻을 가지고 있기만 하면, 유익한 농사를 지어서 기름지게 할 수가 있을 것이니까요. 그러나 마음속은 이와는 아주 다릅니다! 그래서 모든 선이 여러분에게서 없어지면, 여러분 안에는 마귀들의 잠자리짚으로 소용될 가시덤불 말고는 아무 싹도 나지 못하게 되고 맙니다.

여러분은 이것을 기억하시오. 그리고 지옥의 불꽃처럼 여러분의 마음속에 던져질 내 원수들의 침투를 늘 경계하시오. 그 때에는 맞불을 놓을 준비를 갖추고 있으시오. 그러면 이 맞불은 어떤 것입니까? 점점 더 굳어지는 믿음과 하느님의 사람으로 있겠다는 의지입니다. 거룩한 불에 속해 있는 것입니다. 불이 이 거룩한 불을 잡아먹지는 못하니까요. 그런데 만일 여러분이 참 하느님께 대한 사랑의 불이 되면, 하느님께 대한 증오의 불이 여러분에게 해를 끼칠 수 없을 것입니다. 사랑의 불은 다른 어떤 불이라도 다 이깁니다. 내 가르침은 사랑입니다. 그리고 내 가르침을 받아들이는 사람은 사랑의 불속으로 들어갑니다. 그리고 마귀의 불로 괴롭힘을 당할 수 없게 됩니다.

이 작은 언덕 위에서 황무지가 타는 것을 바라 보고, 불을 끄려고 하는 여러분의 행동을 보기보다는 오히려 여러분의 영이 그 주 하느님께 드리는 말을 듣는 동안 나는 빙그레 웃고 있었습니다. 그래서 내 사도들 중의 한 사람이 '왜 웃으십니까?' 하고 묻기에 '구함을 받은 사람들에게 말할 때에 그 말을 해 주마'고 약속했습니다. 나는 약속을 지금 지키겠습니다. 내가 빙그레 웃고 있었던 것은 불꽃이 여러분이 쓸데 없이 술책을 쓰는데도 죽지 않고 계곡의 브라이어 덤불 사이로 번져 가는 것과 마찬가지로 내 가르침도 빛을 원치 않는 사람들이 헛되이 박해하겠지만 세상에 전파되리라는 것을 생각하고 그랬던 것입니다. 그리고 내 가르침은 빛일 것이고, 깨끗하게 할 것이고, 이로울 것입니다. 얼마나 많은 뱀이 이 잿속에서 죽었고, 뱀들과 같이 얼마나 많은 다른 해충들이 죽었습니까! 여러분은 여기에 독사가 많기 때문에 이 계곡을 무서워했습니다. 그런데 한 마리도 살아남지 않았습니다. 이와 마찬가지로 세상이 내 가르침을 알게 되고, 내 가르침의 불로 깨끗해진 다음에는 그 많은 이단과 그 많은 죄와 그 많은 고통에서 구함을 받을 것입니다. 무익한 초목이 깨끗이 치워지고 해방되어서, 씨앗을 받을 수 있게 되고, 성덕의 열매를 풍부하게 맺게 될 것입니다.

그렇기 때문에 내가 빙그레 웃고 있었던 것입니다…. 자꾸 번지는 불에서 나는 세상에 내 가르침이 전파되는 상징을 보고 있었던 것입니다. 그런 다음, 우리가 하느님께 대해 가지는 사랑과 떼어놓아서는 안 되는 이웃에 대한 사랑이 내 생각을 여러분의 필요로 데려왔고, 나는 정신의 눈길을 하느님의 이익을 묵상하는 데에서 형제들의 이익을 생각하는 쪽으로 내려, 여러분이 기쁨을 가지고 주님을 찬미하도록 불을 잡았습니다. 따라서 여러분은 내 생각이 하느님께로 올라갔다가, 한층 더 강력하게 되어서 내려왔다는 것을 알게 되었습니다. 하느님과 같게 되는 것은 언제나 우리의 행동능력을 증가시키고, 내 생각이 여러분의 생각과 더불어 하느님께로 다시 올라가기 때문입니다. 이렇게 해서 나는 사랑의 덕택으로 하느님의 이익과 동시에 내 형제들의 이익을 위해 일했습니다. 여러분도 장차 이와 같이 하시오.

그러면 이제는 이 여자들을 위해서 밤에 몸둘 곳을 청합니다. 달은 져가고, 화재 때문에 우리 걸음이 느려졌습니다. 그래서 우리는 이웃 도시까지 계속해서 갈 수가 없습니다."

"오십시오! 오세요! 모든 이가 들어갈 자리가 있습니다. 저희들은 집을 잃을 뻔했습니다. 저희들의 집은 여러분의 집입니다. 가난한 사람들의 집이지만, 깨끗합니다. 오십시오! 그러면 저희 집들이 축복받을 것입니다" 하고 그들 모두가 외친다.

그래서 그들은 꽤 가파른 비탈을 기적으로 파괴를 면한 마을을 향하여 다시 올라간다. 그리고 각 여행자는 그의 주인집 안으로 사라진다.

134. 가리옷의 유다가 나자렛의 성모님께로 오다

겨우, 정말 겨우 첫새벽 빛으로 동녘 하늘이 붉어질 때 가리옷의 유다가 나자렛의 작은 집 문을 두드린다.
길에는 농부들, 아니 그보다도 일하는 연장을 가지고 그들의 포도밭이나 올리브밭으로 가는 나자렛의 작은 지주들밖에 없다. 그들은 이렇게 새벽 이른 시간에 마리아의 집 문을 두드리는 사람을 놀라서 바라 본다. 그들은 서로 속삭인다.
"제자야" 하고 어떤 사람이 다른 사람의 불쾌한 지적에 대답한다.
"저 사람은 분명히 요셉의 예수를 찾는 거야."
"내버려 두게! 저건 가리옷의 유다야. 저 사람, 내 마음에 들지 않아. 어쩌면 우리가 예수에게 가혹한 짓을 많이 하고, 잘못 행동하는지도 몰라. 그러나 저 사람은 작년에 우리들 가운데 많은 해를 끼쳤어…. 어쩌면 우리는 회개했을 수도 있겠지만, 저 사람은…."
"뭐라구? 뭐라구? 그걸 자네가 어떻게 아나?"
"나는 어느날 저녁 회당장의 집에 있었는데, 바보처럼 이내 모든 것을 믿었네. 이제는… 그만이야! 나는 죄를 지었다고 생각하네."
"어쩌면 저 사람도 자기가 죄지은 것을 알아차렸는지도 모르지. 그래서…."
그들은 멀어져간다. 그리고 그들의 말이 하나도 들리지 않게 되었다.
유다는 다시 와서 작은 문을 두드리는데, 다른 사람이 보고 알아보는 것을 피하기 위한 것처럼 얼굴을 나무에 갖다 대고 문에 바싹 다가서 있다. 그러나 작은 문은 닫힌 채로 있다. 유다는 낙담했다는 몸짓을 하고 물러나 정원을 끼고 도는 오솔길로 해서 집 뒤쪽으로 돌아간다. 그는 울타리 너머로 조용한 정원을 한번 힐끗 넘겨다 본다. 정원에서 움직이는 것은 비둘기들뿐이다.

유다는 어떻게 할까 하고 생각해본다. 그는 혼잣말을 한다. "어머니도 떠났나? 그렇지만… 그러면 내가 보았을 텐데…. 또 그리고! 아니야. 어제 저녁에 목소리를 들었는데…. 아마 동서의 집에 자러 간 모양이지…. 에이그! 그건 얼굴에 와서 앉은 벌처럼 난처한 일인걸. 그러면 두 사람이 같이 돌아올 텐데, 나는 저 노인이 보지 않게 어머니에게만 따로 말하고 싶으니까 말이야. 그 노인은 수다스러워서 내게 잔소리를 할 거야. 나는 잔소리는 듣기 싫단 말이야. 그리고 그 늙은 여인은 서민층의 모든 늙은 여자들처럼 꾀바르단 말이야. 그 여자는 내 변명을 인정하지 않고, 어리석은 비둘기같은 동서에게 그걸 지거릴 거란 말이야…. 어머니는 내 마음대로 감언이설로 속일…, 자신이 있는데 말이야. 어머니는 양처럼 이해를 느리게 하거든…. 그런데 나는 티베리아에서 일어난 일을 만회해야 한단 말이야. 왜냐하면 어머니가 말을 하면…. 또 그리고 말을 했을까, 침묵을 지켰을까? 만약에 말을 했으면… 일을 잘 마무리 짓기가 더 어려워…. 그러나 말을 안했을 거야…. 어머니는 덕행과 어리석음을 혼동하거든. 그 어머니에 그 아들이야…. 그리고 이들이 자고 있는 동안에 다른 사람들은 일을 한단 말이야. 그런데 그 사람들이 옳아. 그 사람이 원하는 것 같으면, 그 사람들은 왜 무시하겠어?… 그러나 그들이 무얼 원하지? …. 난 머리가 너무 어지러워… 술을 그만 먹어야겠어. 그리고… 좋아! 하지만 돈이 유혹하는 걸. 그리고 나는 너무 오랫동안 가두어 둔 망아지 같단 말이야. 2년이란 말이야! 2년도 넘어! 갖가지 부자유를 겪은 2년. 그렇지만… 엘키아가 그저께 뭐라고 했어? 어! 그 사람은 내게 나쁜 교훈을 주지는 않는단 말이야! 틀림없이! 예수를 왕좌에 올려 앉히는 데 성공하기만 하면, 무슨 일을 해도 괜찮단 말이야. 그러나 예수가 원치 않으면? 그렇지만 우리가 성공을 거두지 못하면 우리에게는 모든 것이 데오다나 갈릴래아 사람, 유다의 지지자들의 경우와 같이 끝나리라는 걸 예수도 알아야 한단 말이야…. 혹은 내가 갈라서는 게 나을지도 몰라. 왜냐하면… 그래, 그들이 원하는 것이 좋은 일인지 모르겠거든. 그 사람들을 별로 믿지 못하겠어…. 그들은 얼마 전부터 너무 많이 변했단 말이야…. 나는 그렇게 하기는 싫어 …. 몸서리쳐지는 일이야! 내가 예수에게 해를 끼치는 일을 돕다니?

안 되지. 나는 갈라설 거야. 그렇지만 지배하는 걸 꿈꾸다가 다시 무엇이 되다니? 아무 것도 아닌 것 말이야…. 그러나… 보다는 아무 것도 하지 않는 게 낫지…. 예수는 끊임없이 이런 말을 하지, '큰 죄를 저지른 사람'이라고. 어이! 그건 내가 아니란 말이야. 응! 나라구? 나라구? 차라리 호수에 빠져 죽지…. 난 떠나겠다. 내가 떠나는 것이 낫겠어. 어머니한테 가서 돈을 달래야지. 내가 떠나기 위해서 최고회의 위원들에게 돈을 달라고는 분명 못하겠으니까 말이야. 그들이 나를 도와주는 것은 그들이 불확실성에서 나오도록 내가 도와주기를 바라기 때문이야. 일단 예수가 왕이 되고 나면, 우리는 안심이야. 군중이 우리 편일 테니까…. 헤로데… 누가 그자 걱정을 해 주겠어? 로마인들도 아니고, 백성도 아니야. 그 자는 모두의 미움을 받거든! 그리고…. 또… 그러나 예수가 왕으로 선포되자마자 포기할 수도 있단 말이야. 오! 좋아! 안나의 엘르아잘이 그의 아버지가 예수의 대관식을 거행할 용의가 있다고 내게 장담하는 이상!…. 그 다음에는 예수도 신성한 자격을 내팽개치지는 못할 거야. 요컨대… 나는 예수가 말한 비유의 불충실한 관리인처럼 한단 말이야. 나는 나를 위해서 친구들에게 도움을 청하는 것이 사실이야. 그래, 하지만 예수를 위해서도 하는 거란 말이야. 그러니까 나는 옳지 않은 방법을 써서…. 그렇지만 안 돼! 예수를 설득하도록 더 애를 써야 해. 나는 이런 기만술책을 쓰는 것이 잘하는 일인지 확신을 가질 수 없어…. 그런데 오! 내가 예수를 설득할 수 있으면! 그건 기막히게 멋있는 일일거야! 기막히게… 그렇구 말구! 그게 제일 좋은 일이야. 선생님께 모든걸 솔직히 말하는 거야. 선생님께 애원하는 거야…. 어머니가 티베리아 이야기를 하지만 않았으면 좋겠는데…. 선생님께 어떻게 말하라고 어머니한테 말했더라?…. 아! 맞아! 로마 여자들의 거절. 그 여자는 저주 받아야 해! 만일 내가 그 여자의 집에 가지 않았더라면 어머니를 만나지 않았을건데! 하지만 마리아 어머니가 티베리아에 와 있다고 누가 생각할 수 있었겠어? 그리고 나는 안식일 전날과 안식일과 안식일 다음 날은 어떤 사도를 만나는 것을 피하기 위해서 절대로 외출을 하지 않았다는 걸 생각하면…. 바보! 바보! 이포나 게르게사에 가서 계집애들을 찾을 수도 있지 않았냐 말이야. 그게 아니고! 바로 거기에! 가파르나움의 사람들이 여기 오려면 지나야 하는 티베리아에 말이야!…. 하지만 이게 모두 로마 여자들의 탓이야…. 내가 희망하던 것은…. 아니야, 내가 변명하기 위해서는 이 말을 해야 하지만, 사실은 아니야. 내 자신에게 이 말을 하는 것은 쓸데 없는 짓이야. 내가 왜 티베리아에 갔는지를 내가 아니까 말이야. 이스라엘의 유력자들을 만날 약속을 하기 위해서였고, 또 즐기기 위해서였어. 나는 돈이 꽤 많이 있었으니까…. 그렇지만… 돈이 참 빨리 달아나기도 한단 말이야! 얼마 안 가서 돈이 떨어질 참이야…. 아! 아! 엘키아와 패거리들에게 무슨 얘기를 해 줘야지. 그러면 돈을 또 줄 테니까….”

 “유다! 당신 미쳤소? 올리브나무 위에서 당신을 바라보고 있는 것이 한동안이나 되오. 당신은 혼자서 손짓을 하고 말을 하고 있소…. 타무즈달의 해 때문에 어떻게 된 거요?” 하고 사라의 알패오가 유다 있는 곳에서 30미터쯤 떨어진 곳에 있는 엄청나게 큰 올리브나무의 가지들이 교차된 곳에서 나타나며 말한다.

 유다는 소스라쳐 놀라 그쪽을 바라보며 그를 보고는 투덜댄다. “죽기나 해라! 고약한 정탐꾼의 고장!” 그러나 친절한 미소를 띠고 외친다. “아니오. 나는 마리아 어머니가 문을 안 열어 주셔서 걱정이 되어서 그러오…. 혹 몸이라도 불편하신 거 아닐까요? 나는 문을 두드리고 또 두드렸는데!….”

 “마리아 어머니요? 아무리 두드려 보시오! 어머니는 죽어가는 어떤 노파의 집에 가셨소. 삼경에 사람이 부르러 왔었소….”

 “그렇지만 나는 어머니께 말씀을 드려야 하는데요.”

 “기다리시오. 내가 내려가서 알리러 가겠소. 그렇지만 당신은 정말 그럴 필요가 있소?”

 “어! 그렇다니까요! 나는 첫새벽부터 여기 와 있단 말이오.”

 알패오는 서둘러 나무에서 내려와서 빨리 간다.

 “저 사람도 나를 보았어! 그리고 이제는 마리아 어머니가 다른 여자와 같이 올 거야! 내게는 되는 일이 하나도 없어!” 그러면서 나자렛과 나자렛 사람들, 알패오의 마리아, 심지어 죽어가는 노파에 대한 지극히 거룩하신 성모님의 사랑과 죽어가는 노파 자신에게까지 일련의 비난을 내뱉는다….

134. 가리옷의 유다가 나자렛의 성모님께로 오다   **515**

그가 아직 비난의 말을 다 끝내지 않았는데, 정원 쪽으로 난 식당의 문이 열리며 매우 창백하고 매우 슬퍼하시는 성모님이 문지방에 나타나신다. "유다!" "어머니!" 두 사람이 동시에 말한다.

"문을 열어 주겠네. 알패오는 그저 '집으로 가보세요. 어머님을 뵙겠다는 사람이 있습니다' 하고 말하기에 달려왔네. 더구나 가엾은 노인은 이제 내가 필요없게 되었기 때문에 더 그랬네. 그 노인은 나쁜 아들로 인해서 이제는 고통을 당하는 일이 끝났네…."

성모님이 말씀하시는 동안, 유다는 오솔길로 달려서 집 앞으로 다시 온다…. 성모님이 문을 열어 주신다.

"가리옷의 유다, 자네에게 평화. 들어오게."

"어머님께 평화."

유다는 약간 주저한다. 성모님은 친절하시나 근엄하시다.

"저는 새벽에 아주 오랫동안 문을 두드렸습니다."

"어제 저녁 한 아들이 어머니의, 한 어머니의 마음을 터뜨렸네…. 그래서 사람들이 예수를 찾아왔네. 그러나 예수는 여기 없네. 자네에게도 말하네만, '예수는 여기 없네. 너무 늦게 왔네.'"

"예수님이 여기 안 계신 것은 저도 압니다."

"그걸 자네가 어떻게 아나? 방금 온 길인데…."

"어머님, 친절하신 어머님께는 솔직히 말씀드리겠습니다. 저는 어제부터 여기 와 있습니다…."

"그러면 왜 오지 않았나? 자네 동료들은 이 여러번의 안식일 동안 한번밖에는 빠지지 않았는데…."

"어! 저도 그걸 압니다! 제가 가파르나움엘 갔었는데, 그 사람들을 만나지 못했습니다."

"유다, 거짓말 하지 말게. **가파르나움에는 자네가 한번도 가지 않았네.** 바르톨로메오는 항상 가파르나움에 남아 있었는데 자네를 한번도 보지 못했다네. 바르톨로메오는 어제야 비로소 왔네. 그러나 자네는 여기 있었어…. 그러면… 유다, 왜 거짓말을 하나? 거짓말은 도둑질과 살인으로 가는 첫걸음이라는 것을 모르나?…. 가엾은 에스텔은 그의 아들의 행실로 인한 고통으로 죽임을 당해서 죽었네. 그리고 그의 아들 사무엘은 작은 거짓말로 나자렛의 수치가 되기 시작했는데, 그 작은 거짓말이 나중에는 점점 더 큰 거짓말이 되었네… 거기서부터 나머지 모든 것에 이른 걸세. 주님의 사도인 자네가 그 사람을 본받으려고 하나? 자네 어머니를 고통으로 돌아가시게 하려는 건가?"

나무람은 낮은 목소리로 천천히 하였다. 그러나 그것은 정확하게 맞았다! 유다는 무슨 말을 대꾸할지를 모른다. 그는 갑자기 두 손으로 머리를 감싸고 앉는다.

성모님은 그를 살펴보시고 나서 말씀하신다. "그래서? 왜 나를 보자고 했나? 가엾은 에스텔을 도와주는 동안, 나는 자네 어머니와… 자네를 위해서 기도했네…. 자네들은 두 사람 다, 두 가지 다른 이유로 불쌍히 생각되어서 그러네."

"그러면 저를 불쌍히 여기시면 용서해 주십시오."

"나는 원한을 가진 적이 절대로 없었네."

"뭐라구요?…. 티베리아의 그날 아침 일에… 대해서두요?… 아시겠습니까? 제가 그랬던 것은 그전날 저녁에 로마 여자들이 제가 마치 미쳤거나… 선생님을 배반하는 것처럼 저를 푸대접했기 때문이었습니다. 예, 고백하겠습니다만, 제가 글라우디아에게 말한 것이 잘못이었습니다. 저는 그 여자에 대해서 잘못 생각했었습니다. 그러나 저는 잘 한다고 생각했었습니다. 저는 선생님을 슬프게 해 드렸습니다. 선생님은 제게 그 말씀은 하지 않으셨지만, 저는 제가 말한 것을 선생님이 알고 계시다는 것을 압니다. 틀림없이 요안나가 선생님께 알려 드린 것인데, 요안나는 절대로 저를 보지 못했습니다. 그리고 로마 여자들은 저를 괴롭혔습니다…. 잊기 위해서 저는 술을 마셨습니다…."

성모님은 본의 아니게 빈정거리는 동정의 표정을 지으시며 말씀하신다. "그러면 예수는 날마다 맛보는 모든 마음 고통 때문에 밤마다 취해야 하겠구먼…."

"선생님께 그 말씀을 하셨습니까?"

"나는 내 아들에게 새로운 배신, 타락, 죄, 계략 따위를 알리는 것으로 아들의 고통의 쓴 잔을 더해 주지는 않네…. 나는 말을 하지 않았고, 장차도 하지 않겠네."

유다는 무릎으로 기어서 성모님의 손에 입맞춤 하려고 한다. 그러나 성모님은 무례하지 않지만 당신을 만지게 내버려 두지 않겠다는 단호한 태도로 물러 나신다.

"어머님, 고맙습니다! 어머님은 저를 살려 주십니다. 저는 그 때문에 여기 온 것입니다… 그리고 어머님이 제가 나무람을 듣지 않고 창피를 당하지 않고 선생님께 가까이 가는 것을 더 쉽게 해 주십사고요."

"창피한 것을 피하려면 가파르나움으로 가서 다른 사람들과 같이 이리로 오기만 하면 되었을 텐데. 그것은 매우 간단했었는데."

"맞습니다…. 그러나 다른 사람들은 착하지 않습니다. 그래서 그들은 나중에 저를 꾸짖고 비난하려고 저를 정탐하게 했습니다."

"유다, 형제들을 모욕하지 말게. 죄짓는 것만으로도 족하네! 자네는 그리스도의 고향인 이곳에서 정탐을 했지…."

유다가 성모님의 말을 막는다. "언제요? 작년에요? 그것입니다! 그들은 제 말을 왜곡했습니다! 그러나 제가 생각하기로는…."

"나는 자네가 작년에 무슨 말을 하고 무슨 짓을 했는지는 모르네. 그러나 나는 어제 이야기를 하는 걸세. 자네는 어제부터 이곳에 와 있네. 예수가 떠난 것도 알고 있네. 그러니까 자네는 조사를 한 걸세. 그리고 아세르, 이스마엘, 알패오 또는 유다나 야고보의 형같은 친한 집이나, 알패오의 마리아와 예수를 사랑하는 얼마 안 되는 사람들에게 가서 알아보지를 않았네. 자네가 그렇게 했으면, 그 사람들이 내게 와서 말을 했을 것이니 말일세. 에스텔의 집에는 새벽에 그가 죽을 때에 여자들이 가득 차 있었네. 그러나 아무도 자네에 대해서 아무 것도 알지 못하고 있었네. 그 여자들이 나자렛의 제일 착한 여자들이었네. 나를 사랑하고 예수를 사랑하고, 또 남편 아버지와 아들들의 반대에도 불구하고 예수의 가르침을 실천하려고 애쓰는 여자들, 그러니까 자네는 내 예수의 원수인 사람들에게 가서 조사할 걸세. 자네 그것을 뭐라고 부르나? 나는 그것을 말하지 않겠네. 자네가 스스로 자네 자신에게 그 말을 해야 할 걸세. 자네가 왜 그렇게 했는지, 나는 알고 싶지 않네. 나는 이 말만 자네에게 하겠네. 많은 칼이 내 가슴에 박힐 것이라고. 내 예수를 슬프게 하고 미워하는 사람들에 의해서 무자비하게 여러번 박히고 또 박힐 것이라고. 그러나 그 중의 하나가 자네의 칼일 것인데, 그 칼은 박힌 채 뽑아지지 않을 걸세. 유다, 자네 스스로를 구원하고자 하지 않는 자네. 자네 자신을 파멸시키는 자네가 나를 무섭게 하는데, 나 자신 때문에가 아니라 자네의 영혼 때문에 무섭게 하는 자네에 대한 기억이 내 마음에서 나가지 않겠기 때문이네. 칼 하나는 내 아기를, 내 거룩한 작은 어린 양을 안고 갔을 때 의인 시므온이 내 가슴에 박았고… 다른 칼은… 다른 칼은 자넬세…. 자네의 칼끝이 벌써 내 마음을 괴롭히고 있네. 그러나 자네는 이 고통을 한 가엾은 여인에게 주는 것으로도 직성이 풀리지 않아서… 자네에게 사랑밖에 주지 않은 여인의 가슴에 자네의 칼을 끝까지, 잔인한 사람으로서의 자네의 칼을 깊숙이 박기를 기다리고 있네…. 그러나 자네 어머니에 대해서도 가지지 않는 연민을 가져 달라고 자네에게 바라는 내가 어리석네!…. 그렇기는커녕, 자, 이런 걸세! 두 어머니의 기도가 구원할 수 없는 불쌍한 아들인 자네는 한 칼에 자네 어머니와 내 심장을 꿰뚫을 걸세!….”

성모님은 말씀하시면서 우신다. 그런데 유다는 성모님에게서 떨어진 곳에 무릎을 꿇고 그 자리에 그대로 있기 때문에 눈물이 그의 갈색 머리에 떨어지지 않는다…. 거룩한 눈물을 마시는 것은 벽돌을 깐 바닥이다…. 그리고 이 광경을 보니 아글라에의 생각이 되살아난다. 이와 반대로 아글라에는 구속을 받으려는 진정한 욕심으로 성모님께 바짝 다가와 있었기 때문에 성모님의 눈물이 그의 위로 떨어졌었다.

"유다, 자넨 할 말이 없나? 자네는 자네 안에서 착한 결심을 할 힘을 얻어내게 되지 못하나? 오! 유다! 유다! 어디 말 좀 해보게. 자넨 자네 생활에 만족한가? 유다, 반성하게. 우선 겸손하고, 자네 자신에 대해서 솔직하고, 다음에는 하느님께 대해 솔직하게. 그리고 자네 마음에서 돌과 같은 무거운 짐을 내려놓고 예수에게 가서 말하게 '제가 왔습니다. 선생님께 대한 사랑으로 돌을 치웠습니다' 하고."

"저는 예수님께 고백을 할 용기가… 없습니다."

"자네는 그렇게 할 겸손이 없는 걸세."

"맞습니다. 저를 도와주십시오…."

"가파르나움으로 가서 겸손하게 예수를 기다리고 있게."

"그러나 어머님이 하실 수 있는…."

"내가 할 수 있을 것은 내 아들이 항상 하는 것, 즉 자비를 가지는 일을 하라고 말하는 것밖에 없네. 내가 예수에게 교훈을 하는 것이 아니고, 예수가 그의 제자를 가르치는 걸세."

"어머님은 선생님의 어머니신데요."

"내 마음으로는 그렇네. 그러나 예수의 권리에 의해서는 예수가 내 선생일세. 모든 다른 여자 제자들보다 더하지도 않고 덜하지도 않은 …."

"어머님은 완전하신데요."

"예수는 완전 자체이네."

유다는 입을 다물고 곰곰이 생각하더니, 이윽고 묻는다. "선생님은 어디로 가셨습니까?"

"갈릴래아의 베들레헴으로 갔네."

"그 다음에는요?"

"나는 모르네."

"그러나 이리로 돌아오지 않으십니까?"

"돌아오네."

"언제요."

"그것은 알지 못하네."

"제게 말씀해 주고자 하지 않으시는 거지요."

"내가 알지 못하는 것을 말할 수는 없네. 자네는 2년 전부터 예수를 따라 다니네. 그런데 예수가 언제나 일정한 노정(路程)을 따라 다녔다고 말할 수 있나? 사람들의 뜻으로 예수가 변경을 하지 않을 수 없게 된 것이 몇 번이나 되나?"

"사실입니다. 저는 떠나겠습니다…. 가파르나움으로."

"해가 너무 뜨거워서 길을 갈 수 없네. 남아 있게. 자네도 다른 모든 사람들과 같이 나그네일세. 그런데 예수는 여자 제자들이 나그네를 돌보아야 한다고 말했네."

"어머님께는 제 생활이 비난할 만한 것이지요…."

"자네가 고쳐지기를 거절하는 것이 내게 괴로우네! 그것만이… 겉옷을 벗게… 어디서 잤나?"

"자지 않았습니다. 어머님을 단 둘이서만 뵐려고 새벽을 기다렸습니다."

 "그러면 피곤하겠구먼. 방에는 시몬과 토마가 쓴 침대 둘이 있네. 방은 조용하고 시원하네. 가서 내가 자네 식사를 준비하는 동안 자게."

 유다는 한 마디 말도 없이 간다. 그리고 성모님은 병자를 돌보시느라고 밤을 새시고 나신 다음에도 쉬시지를 않으시고, 불을 피우시려고 부엌으로 가시고, 채소를 뜯으시려고 텃밭으로 가신다. 그리고 눈물, 눈물, 눈물이 성모님이 나무를 정리하느라고 몸을 구부리시는 동안 조용히 화덕 위로 떨어지고, 채소를 뜯으시려고 몸을 구부리시는 동안 땅으로 떨어지고, 채소를 대야에 씻으시고 껍질을 벗기는 동안에도 떨어진다…. 그리고 눈물은 비둘기에게 모이를 주시는 동안 황금빛 낟알과 함께 떨어지고, 또는 수반에서 건져내서 햇볕에 널으시는 빨래 위에도 떨어진다…. 하느님의 어머니의 눈물… 어떤 죄도 면제되셨지만 고통은 면치 못하시고, 공동 구속자가 되기 위하여 그 어느 여인보다도 더 많은 고통을 당하신 분의 눈물이….

135. 마륵지암의 할아버지의 별세

예수께서 사도들과 이사악과 마륵지암과 같이 계신 것으로 보아 벌써 여자들과는 헤어지신 모양이다. 일행은 밤이 천천히 내려오는 동안, 에스드렐론 평야를 향하여 마지막 비탈을 내려오고 있는 중이다.

마륵지암은 주님이, 사랑하는 할아버지에게로 그를 데리고 가시는 것을 매우 기뻐한다. 이스마엘과의 사이에 최근에 있었던 일을 기억하는 사도들은 덜 만족스럽다. 그러나 그들은 폴피레아가 준 꿀에 손을 대지 않은 것을 기뻐하는 젊은이를 슬프게 하지 않으려고 점잖게 입을 다물고 있다. 마륵지암은 이렇게 말한다. "저는 주님이 제 할아버지를 보게 해서 제 마음을 기쁘게 해 주시리라는 희망을 가졌었거든요…. 왠지 모르지만… 얼마 전부터 할아버지가 저를 부르시는 것처럼 제 머리에 와 계셔요. 어머니께 말씀드렸더니, 이렇게 말씀하셨어요. '시몬이 멀리 가 있을 때 나도 그렇다'하고. 그렇지만 어머니 말씀대로 그런건 아닐 거예요. 전에는 그런 일이 도무지 없었거든요."

"그땐 네가 어린 아이였으니까 그렇다. 이제는 네가 어른이 되어서 네 생각이 생각을 더 많이 하게 된 거다" 하고 베드로가 말한다.

"저는 이밖에 작은 치즈 두개하고 올리브가 조금 있어요. 사랑하는 할아버지 드리려고 제 것을 가져올 수 있는대로 가져온 거예요. 또 그리고 베로 만든 속옷 한 벌하고 베옷도 한 벌 있어요. 어머니는 이 옷들을 저 입으라고 지으려고 하셨어요. 그렇지만 제가 이렇게 말씀 드렸지요. '어머니가 저를 사랑하시면, 늙으신 할아버지가 입으시도록 지으세요' 하고. 할아버지는 늘 누더기를 걸치고, 좋지 못한 모직옷을 입어서 땀을 몹시 흘리셔요!…. 이걸 입으시면 더 시원하실 거예요."

"그런데 그동안 너는 시원한 옷이 없어서 그 모직 옷을 입고 땀이

펑 젖었구나" 하고 베드로가 말한다.

"오! 상관없어요! 할아버지는 제가 수풀속에 있을 적에 제게 먹을 것을 주시느라고 굶으신 적이 아주 많았어요…. 마침내 저도 할아버지께 무엇을 드릴 수 있게 됐어요. 할아버지를 해방시켜 드리게 저축을 넉넉히 할 수 있으면 좋겠는데!"

"지금까지 얼마나 되니?" 하고 안드레아가 묻는다.

"별로 없어요. 생선에서 10드라크마를 벌었어요. 그렇지만 오래지 않아 어린 양들을 팔 거예요. 그러면… 아주 추워지기 전에 그렇게 할 수 있었으면 좋겠어요!…."

"자네네가 그 할아버지를 받을 건가?" 하고 나타나엘이 베드로에게 말한다.

"응, 그 가엾은 노인이 우리 음식에서 한 입 드신다고, 우리가 파산은 하지 않을 걸세…."

"또 그리고… 노인이 자질구레한 일을 좀 하실 수 있을 거야…. 베싸이다에 와서 우리들 집에서 말이야. 그렇지 필립보?"

"물론이지, 물론이야…. 시몬, 우리는 우리 착한 마륵지암과 노인을 기쁘게 하기 위해서 자네를 돕겠네…."

"죠가나가 집에 없었으면 좋겠는데" 하고 유다 타대오가 말한다.

"저는 먼저 가서 알리겠습니다" 하고 이사악이 말한다.

그들은 달빛을 받으며 빨리 걷는다…. 어느 순간에 이사악이 일행에서 떨어지며 한층 더 빨리 걸어 가고 다른 일행은 더 천천히 그를 따라 간다. 평야는 아주 조용하다. 밤꾀꼬리조차도 소리가 없다.

일행은 계속 전진하는데, 드디어 어느 순간에 그들은 그들에게로 뛰어 오는 두 그림자를 본다. "한 사람은 틀림없이 이사악인데…. 또 한 사람은… 혹 미케아나 관리인일 거야. 그들은 키가 같거든…" 하고 요한이 말한다.

이제 그들은 가까이, 아주 가까이 왔다. 바로 관리인이고, 이사악이 뒤따르는데, 이사악은 비탄에 젖은 것같다.

"선생님… 마륵지암… 가엾은 녀석!…. 빨리들 오십시오…. 마륵지암아, 네 할아버지가 앓으신다…. 대단히 앓으신다…."

"아! 주님!…" 하고 젊은이는 비통하게 부르짖는다.

135. 마륵지암의 할아버지의 별세

"자, 자… 용기를 내라. 마륵지암!" 하고 말씀하시며 예수께서는 마륵지암의 손을 잡고 거의 뛰기 시작하신다. 그러면서 사도들에게 "너희들은 우리를 따라 오너라" 하고 말씀하신다.

"예… 그러나 조용히 하십시오…. 죠가나 때문에요" 하고 벌써 멀리 떨어져 있는 관리인이 외친다.

가엾은 늙은이는 미케아의 집에 있다. 아무런 바보라도 그가 정말 죽어간다는 것을 알 수 있다. 그는 눈을 감고, 얼굴모습은 벌써 죽어가는 사람처럼 풀어진 채, 축 늘어져 있다. 얼굴빛은 밀초 같고, 다만 광대 뼈만 충혈이 되어 붉은 흔적이 남아있다.

마륵지암은 초라한 침대 위로 몸을 구부리면서 부른다. "할아버지! 우리 할아버지! 저예요. 마륵지암! 알아 들으세요? 마륵지암이예요! 야베요! 할아버지의 야베요!…. 아이고! 주님! 이제는 제 말을 듣지 못하셔요…. 주님, 이리 오세요…. 이리 오세요. 주님이 해보세요…. 할아버지를 낫게 해 주세요…. 저를 보고 말을 하게 해 주세요…. 아니, 저는 제 집안 어른들이 제게 작별 인사를 하지 않으신 채 이렇게 돌아가시는 걸 봐야 합니까?…."

예수께서는 가까이 가셔서 죽어가는 사람에게로 몸을 굽히시고, 한 손을 그의 머리에 얹으시며 말씀하신다. "내 아버지의 아들, 내 말을 들으시오."

깊은 잠에서 깨어나는 사람처럼, 노인은 한숨을 푹 쉬고, 벌써 흐릿하게 된 눈을 뜨고, 자기 얼굴을 들여다 보는 두 얼굴을 막연히 쳐다본다. 그는 말을 하려고 해본다. 그러나 혀가 말을 듣지 않는다. 그러나 한순간 알아본 모양이어서, 미소를 짓고, 두 사람의 손을 잡아 입술로 가져가려고 애쓴다.

"할아버지… 제가 왔어요…. 저는 여기 오려고 기도를 무척 많이 했어요!…. 저는 이런 말씀을 드리려고 했어요…. 오래지 않아 우리는 돈을 넉넉히 모아서… 할아버지께 드려서 할아버지가 해방되시게 할 거라고… 그래서 할아버지의 야베와… 모든 사람에게 말할 수 없이 착한 양아버지와 양어머니 집에 와서 저와 함께 사실 거라고…."

노인은 혀를 움직일 수 있게 되어 어렵게 말한다. "하느님께서 그 분들에게 갚아 주시기를 바란다. 또… 네게도 갚아주시기를…. 그러나 늦었다…. 나는 아브라함의 품으로 간다…. 더는 고통을 당하지 않게….” 그는 예수께로 몸을 돌리며 몹시 불안스럽게 묻는다. “그렇지요?”

“그렇습니다, 안심하고 계세요!” 그러시면서 예수께서는 위엄있게 몸을 일으키시고 말씀하신다. “심판자와 구세주로서의 내 능력으로. 나는 할아버지가 일생 동안 지을 수 있었던 잘못이나 태만, 그리고 사랑을 거스린 마음의 감정과 할아버지를 미워한 사람들에 대한 마음의 감정을 사합니다. 나는 할아버지에게 모든 것을 용서하니 평안히 가십시오!” 예수께서는 사제로서 제단에 계시면서 제물을 축성하기 위하신 것처럼 침대 위로 두 손을 펼치셨다.

마륵지암이 우는데, 노인은 조용히 미소지으면서 속삭인다. “주님 덕택으로 평화속에서 눈을 감습니다…. 주님, 고맙습니다….” 그러면서 푹 쓰러진다….

“할아버지! 할아버지! 오! 할아버지가 돌아가십니다! 돌아가셔요! 꿀을 조금 드립시다…. 혀가 말랐어요…. 추워하십니다…. 꿀은 몸을 녹입니다…” 하고 마륵지암이 외치며 한 손으로는 무거워져가는 할아버지의 머리를 받치면서 한 손으로는 배낭속을 뒤지려고 한다.

문지방에 사도들이 나타나서… 말없이 지켜보고 있다….

“마륵지암아, 어서 해라. 할아버지는 내가 받쳐 드리마” 하고 예수께서 말씀하신다…. 그런 다음 베드로에게 “시몬아, 이리 오너라…” 하고 말씀하신다.

그러니까 시몬은 몹시 마음 아파하며 앞으로 나아온다.

마륵지암은 노인에게 꿀을 조금 드리려고 해본다. 그는 단지에 손가락을 넣어 끈적거리는 꿀을 묻혀 꺼내서 할아버지의 입술에 발라 드린다. 할아버지는 눈을 다시 떠서 그를 쳐다보면서 미소를 짓고 “맛있다” 하고 말한다.

“제가 할아버지를 위해 한 거예요…. 그리고 시원한 베옷도 있어요….”

노인은 떨리는 손을 들어 갈색 머리에 얹으려고 해보면서 말한다. “너는 착하다…. 꿀보다도 더…. 네… 네 착함이 내게 좋은 일을 한 다…. 그렇지만 네 꿀은… 이제는 소용이 없게 됐다…. 또 시원한 옷도… 그것들 네가 가져라…. 내 축복과 더불어 네가 가져라….”

마륵지암은 무릎을 꿇으며 머리를 침대 가장자리에 대면서 탄식한다. "혼자! 저 혼자 남아요!”

시몬은 침대 주위를 돌며 가슴아픔으로 인하여 그 어느 때보다도 더 쉰 목소리로 말하며 마륵지암의 머리를 쓰다듬는다. “아니다…. 혼자라니, 아니다…. 내가 너를 많이 사랑하는데, 폴피레아도 너를 많이 사랑하고…. 제자들은… 모두가 형제고…. 또 그리고… 예수님… 너를 많이 사랑하시는 예수님…. 아들아, 울지 말아라!”

“당신의… 아들… 예… 나는 행복해요…. 주님!… 주님!….” 노인은 중얼거리는데 머리가 멍해지고… 최후가 온 것을 느낀다.

예수께서는 노인을 한 팔로 감싸들어 올리시고 천천히 노래하기 시작하신다. "나 내 구원이 올 산들을 향하여 눈을 들었더니….” 그리고 시편 제120편을 계속하신다. 그리고 이 말씀으로 마음이 가라앉아 당신 품에서 죽어가는 사람을 살펴보시며 멈추신다…. 예수께서는 시편 제121편을 노래하기 시작하신다. 그러나 별로 많이 하지 못하신다. 그것은 제4절을 겨우 시작하시자마자 중단하시고 “의로운 영혼아, 평안히 떠나라!” 하고 말씀하시기 때문이다. 그리고 천천히 그를 다시 누이시고 손으로 눈꺼풀을 쓸어내리신다.

예수를 빼고는 아무도 운명을 알아차리지 못했을 만큼 아주 조용한 죽음이었다. 그러나 그들은 예수의 몸짓으로 그것을 깨닫고, 이어서 목소리들이 들린다.

예수께서는 잠잠하라는 손짓을 하신다. 예수께서는 마륵지암에게로 몸을 돌리신다. 마륵지암은 침대에 머리를 대고 울고 있었기 때문에 아무 것도 눈치채지 못하였었다. 예수께서는 그에게로 몸을 구부리시고 그를 안아서 일으키려고 하시며 말씀하신다. “마륵지암아, 할아버지는 평안히 계신다! 이제는 고통을 당하시지 않는다. 할아버지에게는 **가장 큰** 하느님의 은총이 이것이다. 즉 죽음, 그것도 주님의 품안에서 죽는 것! 사랑하는 아들아, 울지 말아라. 할아버지가 얼마나 평안하신지 보아라…. 평안히… 이스라엘에서 이 의인이 받은 것과 같은, 구세주의 품에서 죽는 특별한 배려를 받은 사람은 별로 없다. 내 품으로 이리 오너라…. 너는 혼자가 아니다. 또 그리고, 모든 사람을 대신해서 너를 사랑하시는 하느님이 계신다. 그런데 이것이면 그만이다."

가엾은 마륵지암은 정말 보기가 딱하다. 그러나 그래도 이렇게 말할 용기를 찾아낸다. "주님, 와 주셔서 고맙습니다…. 또 아버지도 저를 데리고 오셔서 고맙습니다…. 그리고 모든 분, 모든 분에게 감사합니다…. 제게 주신 모든 것에 대해서…. 그러나 이제는 아무 것도 소용없습니다…. 그렇지만… 옷은 소용이 돼요…. 저희는 가난합니다…. 저희들은 방부 조치를 할 수가 없습니다…. 오! 할아버지! 저는 무덤도 하나 드릴 수가 없습니다!…. 그러나 아저씨들이 저를 믿고 하실 수 있으면… 비용을 들이십시오. 그러면 제가 10월에 어린 양들과 물고기 판 값을 드리겠습니다…."

"얘야! 그러나 네게는 아직 아버지가 한 사람 있다! 내가 모든 것을 떠맡겠다! 배 한 척을 팔아야 한다해도, 노인께 훌륭한 장례식을 해드리자. 중요한 것은 돈을 돌리는 일이다…. 그리고 무덤을 줄 사람…."

관리인이 말한다. "예즈라엘에는 백성 중에 제자들이 있는데, 그 사람들은 아무 것도 거절하지 않을 것입니다. 제가 곧 떠났다가 아침 아홉시에 돌아오겠습니다…."

"좋소. 그러나… 바리사이파 사람은?"

"염려 마십시오. 제가 그에게 죽은 사람이 있다고 알렸습니다. 그러니까 부정을 타지 않기 위해서 집에서 나오지 않을 것입니다. 다녀 오겠습니다…."

그리고 마륵지암이 할아버지의 몸에 엎디어 울면서 쓰다듬고, 예수께서 사도들과 이사악과 조용히 말씀을 하고 계신 동안, 미케아와 다른 사람들은 왔다 갔다 하면서 그들의 죽은 동료의 장례식 준비를 한다.

그리고 나는 여기서 개인적인 고찰을 한 가지 한다. 내가 이런 경우를 목격한 적이 여러 번 있었다. 그런데 그곳에 있는 사람들이 좋은 의향으로나 또 좋은 의향이 아닌 비타협성으로, 부모 친척을 잃은 것을 슬퍼하는 사람들에게 입을 다물게하는 것을 자주 눈여겨 보았다. 나는 이러한 태도를 고아의 고통을 동정하시고, 자연스럽지 않은 용맹을 그들에게서 기대하지 않으시는 예수의 친절과 비교한다…. 예수의 지극히 보잘 것없는 행위에서도 배워야 할 것이 얼마나 많은가!

136. 예수께서 사도들에게 사랑에 대하여 말씀하시다

 "시몬아, 네가 나자렛에 왔을 때 배를 어디에 두었느냐?" 하고 예수께서 에스드렐론 평야에 등을 돌리시고 동북쪽을 향하여 다볼산 방향으로 가시며 물으신다.

 "고기잡이 하라고 도로 보냈습니다. 선생님, 그러나 사흘에 한 번씩을 타리케아에 오라고 일렀습니다…. 제가 얼마 동안이나 선생님을 모시고 있게 될지 알지 못했으니까요."

 "잘 됐다. 너희들 중의 누가 내 어머니와 알패오의 마리아에게 가서 우리가 있는 티베리아로 오시라고 알리겠느냐? 약속 장소는 요셉의 집이다."

 "선생님… 저희 모두가 가고 싶어합니다. 그러나 누가 가야 할지 선생님이 말씀해 주십시오. 그것이 나을 것입니다."

 "그러면 마태오, 필립보, 안드레아, 그리고 제베대오의 야고보가 다녀 오너라. 다른 사람들은 나와 같이 타리케아로 가자. 어머니와 알패오의 마리아에게 왜 늦었는지 이유를 말씀드리고, 집을 잠그고 오시라고 하여라. 우리는 한달 동안 줄곧 같이 있을 것이다. 가거라. 갈림길에 왔다. 평화가 너희와 함께 있기를." 예수께서는 떠나는 네 사람에게 입맞춤 하시고, 다른 사람들과 같이 다시 걷기 시작하신다.

 그러나 몇 걸음을 옮기신 후 발을 멈추시고, 머리를 수그리고 조금 뒤에서 걸어오는 마륵지암을 눈여겨 보신다. 젊은이가 당신 계신 곳까지 오자, 손을 턱 밑으로 넣으셔서 얼굴을 들게 하신다. 약간 거무스름한 얼굴에 두 줄기 눈물 자국이 보인다.

 "너도 나자렛에 갔으면 좋겠니?"

 "예, 선생님… 그렇지만 선생님 마음대로 하세요."

 "애야, 나는 네가 위안을 받기를 원한다…. 가라, 뛰어서 저 사람들을 따라 가라. 어머니께서 너를 위로해 주실 것이다." 예수께서는 그에게 입맞춤 하시고 가게 하신다. 마륵지암은 네 사람을 빨리 따라 잡으려고 뛰기 시작한다.

"아직 어린 아이야…" 하고 베드로가 말한다.

"그리고 많이 괴로워해. 어제 저녁 집 모퉁이에서 눈물에 젖어 있는 걸. 내가 만났는데, 이렇게 말했어. '마치 아버지 어머니가 어제 돌아가신 것 같아요…. 할아버지가 돌아가심으로 해서 제 슬픔이 되살아났어요…'" 하고 요한이 말한다.

"가엾은 아이!…. 하지만 그 애가 그분이 세상을 떠날 때에 거기 있었던 것은 잘된 일이었네…" 하고 열성당원이 말한다.

"그 애는 할아버지를 도와드릴 수 있다는 생각으로 얼마나 자기 자신을 달랬는지 몰라…" 하고 베드로가 말한다.

"폴피레아가 말하는데, 그 애는 돈을 저축하려고 온갖 희생을 다 했다네. 밭에 가서 일을 하고, 화덕에 땔 나무를 해 오고, 고기잡이를 하고, 치즈를 팔려고 먹지 않고, 꿀도 팔려고 먹지 않았다네…. 그 애는 마음속에 한이 맺혀서, 꼭 할아버지를 모시고 있고 싶어했어…. 아아! 슬픈 일이야!"

"착한 결심을 가진 사람이야. 그 애는 희생과 일 앞에서 물러서지를 않아. 훌륭한 장점이야" 하고 바르톨로메오가 말한다.

"그렇다, 훌륭한 아들이다. 그리고 가장 훌륭한 제자 중에 낄 것이다. 가장 불안한 순간에도 그가 얼마나 큰 자제력을 가지고 처신하는지 보아라…. 그의 슬픈 마음은 마리아 어머니를 원하고 있었다. 그러나 가겠다고 청하지 않았다. 그 애는 기도 중에 힘이라는 것이 무엇인지를 너무나 잘 이해해서 어른들을 훨씬 능가할 지경이다" 하고 예수께서 말씀하신다.

"그 애가 미리 목적을 정해 놓고 희생을 한다고 생각하십니까?" 하고 토마가 묻는다.

"나는 그렇다고 확신한다."

"사실이야" 하고 알패오의 야고보가 말한다. "어제 그 애는 과일을 어떤 노인에게 주면서 말했네. '제가 잃은지 얼마 안 되는 친할아버지를 위해서 기도해 주세요' 하고. 그래서 내가 '마륵지암아, 할아버지는 평화 중에 계신다. 너는 예수님의 사죄가 유효하다고 생각하지 않니'하고 비평을 했더니 그 애는 이렇게 대답했네. '유효다고 믿어요. 그렇지만 저는 전구(傳求)를 하면서, 아무도 기도를 해 주지 않은 영혼들을 생각하면서 이렇게 말합니다. 제 할아버지께 그것이 필요없으면, 이 희생들이 아무도 생각하지 않는 사람들에게 가기를 바랍니다'하고. 그래서 나는 거기에서 많은 감화를 받았네."

"그래"하고 베드로가 말한다. "어제 내게로 와서 양팔로 내 목을 껴안으면서 ──아직 어린 아이니까── 말했네. '이제는 아버지가 제게는 정말 아버지예요…. 그래서 아버지가 친절해서 제게 저축하게 하신 걸 도로 드리겠어요. 이 돈이 할아버지에게 소용이 없게 됐어요…. 그리고 아버지와 어머니는 저를 위해서 너무나 많은 걸 해 주세요…'하고. 나는 울음을 억지로 참으면서 말했네. '아니다, 아들아. 이 돈을 가지고 곤궁한 노인들이나 가난한 고아들을 위해서 애긍을 하자. 그러면 하느님께서 네 애긍을 가엾은 할아버지의 평화를 증가시키는 데 쓰실 것이다. 그러니까 마륵지암이 두번 어떻게나 세게 입맞춤을 하는지…. 정말이지… 눈물을 참을 수가 없었네. 그리고 바르톨로메오, 자네가 지출을 결산해 준 것을 얼마나 고마워하는지 모르네. 그 애는 이런 말을 했네. '제게 있어서는 할아버지께 드린 경의는 값이 없어요. 저는 바르톨로메오 아저씨께 하인으로 써 달라고 말하겠어요'하고."

"아이고! 가엾은 녀석! 한 시간도 그렇게는 안 되네. 그 애는 주님께 봉사하고 우리를 교화하네. 나는 의인에게 경의를 표했네. 내가 그렇게 할 수 있는 것은 내 이름이 알려져 있어서, 내게 돈을 꾸어줄 사람을 만나기가 쉬웠기 때문일세. 베싸이다에서, 사실은 하찮은 그 작은 빚을 갚는 일을 하겠네…"하고 바르톨로메오가 대답한다.

"그렇다. 에즈라엘 사람들이 너그러웠으니까 돈으로서는 별것이 아니다. 그러나 동료 제자에 대한 네 사랑은 하찮은 것이 아니다. 사랑의 행위는 무엇이든지 큰 가치가 있는 것이니까"하고 예수께서 말씀하신다. 그리고 계속하신다. "너희들은 이웃에 대한 이 사랑을 훈련하는 중이다. 이웃에 대한 사랑은 하느님의 율법의 기본 계명의 둘째 부분이지만, 사실은 이스라엘에서 효력을 잃었었다. 간결하면서도 옳고 완전한 시나이산의 율법에 뒤이어 나온 수 많은 계명들과 자질구레한 일들이 기본계명의 첫째 부분을 왜곡해서, 그것들에게 가치와 힘줄과 진실을 주는 것이 없는 외적인 의식 무더기를 만들어 놓고 말았다. 즉 **외적인 예배의 형식에 내적인 활발한 찬성**이 없고, 그 찬성이 이룩하는 행동이 없고, 그것이 쳐 이기는 유혹이 없는 것이다."

"예배를 과시하고 나서 내적으로는 마음이 하느님을 사랑하지 않고, 하느님께 대한 존경하는 사랑속에서 겸손하지 않고, 하느님께서 만드신 것들, 그리고 우선 지상에 있는 피조물 중의 걸작품인 사람을 사랑함으로써 하느님을 찬미하고 탄복하며 우러러보지 않으면, 그 예배를 과시하는 것이 하느님의 눈에 무슨 가치가 있을 수 있느냐? 너희들은 이스라엘에서 잘못이 어느 정도에까지 이르렀는지를 알게 되었다. 처음에는 오직 하나인 계명을 가지고 두 계명을 만들고, 그 다음에는 정신이 타락하면서, 첫째 계명에서 둘째 계명을 마치 쓸데 없는 가지인 것처럼 깨끗이 잘라 버림으로 말이다.

그것은 쓸데 없는 가지가 아니었다. 두 가지 있는 것도 아니었다. 그것은 하나밖에 없는 줄기였는데, 밑동에서부터 두 가지 사랑의 독특한 덕행으로 꾸며졌었다. 언덕 꼭대기에 돋아난 저 큰 무화과나무를 보아라. 저 나무는 저절로 돋아났는데, 거의 뿌리에서부터, 즉 땅에서 나오면서부터 두 가지로 갈라졌다. 그런데 그 두 가지가 어떻게나 단단히 붙어 있는지 두 가지의 껍질이 들어붙어 있을 정도이다. 그러나 가지가 각각 양쪽에 아주 이상하게 따로따로 잎이 우거져서 작은 언덕 위에 있는 저 작은 마을에 '쌍둥이 무화과나무의 집'이라는 이름을 붙여주게 되었다. 그런데 사실은 **오직 한** 줄기인 저 두 줄기를 지금 갈라놓으려고 한다면, 도끼나 톱을 써야 할 것이다. 그러나 어떻게 되겠느냐? 나무를 죽게 하거나, 그렇지 않고 두 줄기 중에서 한 줄기만 상하게 할 만큼 도끼질이나 톱질을 능란하게 하면, 한 줄기는 살리겠지만, 다른 줄기는 어쩔 수 없이 죽게 될 것이고, 남아 있는 줄기는 비록 아직 살아 있기는 하지만, 허약할 것이고, 아마 시들시들해져서 열매를 맺지 않게 되거나 아주 조금밖에 맺지 못하게 될 것이다.

이스라엘에 같은 일이 일어났다. 그들은 오직 하나를 이룰 정도로 결합한 두 부분을 갈라놓고 분리시키고자 하였다. 그들은 완전한 것을 다시 손질하고자 하였다. 하느님께서 하시는 일은 무엇이든지 완전하고, 어떤 생각이나 어떤 말씀이나 다 완전하니까 말이다. 과연 하느님께서 시나이산에서 지극히 거룩하신 하느님과 이웃을 사랑하라는 계명을 오직 하나의 계명으로 주셨으니, 이 계명과 저 계명 사이에 서로 관계없이 지킬 수 있는 두 가지 계명이 있는 것이 아니라, 오직 하나의 계명을 가지고 있다는 것이 분명하다.

그리고 이 고귀한 덕행, 모든 덕행 중에서 제일 큰 덕행, 하늘에는 이 덕행만이 홀로 남아 있기 때문에 영과 더불어 하늘에 올라가는 이 덕행에 너희를 넉넉히 훈련시킬 수는 절대로 없으므로, 영의 온 생명의 바탕인 이 덕행을 강조하는 것이다. 영의 사랑을 잃으면 하느님을 잃기 때문에 생명을 잃는 것이다.

내 말을 알아들어라. 매우 부유한 두 부부가 어느날 너희 집에 와서 문을 두드리며 일생 동안을 너희 집에 머물게 해 달라고 청한다고 가정하자. 그런데 너희들이 '남편은 받아들이겠지만 아내는 받아들이지 않겠습니다' 하고 말한다면 남편의 다음과 같은 대답을 듣지 않을 수 있겠느냐? '나는 내 살의 살과 갈라질 수는 없으니까 그렇게는 할 수 없습니다. 만일 당신들이 내 아내를 받아들이기를 원치 않으면, 나도 당신들의 집에 머무를 수가 없습니다. 그래서 내가 당신들을 한몫 끼게 했을 모든 재물을 가지고 갑니다' 하고?

하느님께서는 사랑과 결합하여 계신다. 사랑은 정말, 서로 열렬히 사랑하는 두 부부보다도 한층 더 친밀하고 참된 당신의 성령의 영이다. 하느님 자신이 사랑이시다. 사랑은 하느님의 가장 뚜렷한 모습, 하느님을 더 돋보이게 하는 모습에 지나지 않는다. 하느님의 모든 속성(屬性) 중에서 사랑은 가장 으뜸가는 속성이고, 원천이 되는 속성이다. 하느님의 다른 모든 속성은 역시 사랑에서 나기 때문이다. 능력은 행동하는 사랑이 아니고 무엇이냐? 지혜는 가르치는 사랑이 아니고 무엇이냐? 자비는 용서하는 사랑이 아니고 무엇이냐? 정의는 다스리는 사랑이 아니고 무엇이냐? 그리고 나는 하느님의 수 없이 많은 모든 속성에 대해서 이렇게 계속할 수 있을 것이다.

이제는 내가 말한 것으로, 사랑을 가지고 있지 못한 사람이 하느님을 모시고 있다고 생각할 수 있느냐? 모시고 있지 못한다. 그 사람이 하느님을 맞아들이면서 사랑은 맞아들이지 않을 수 있다고 생각할 수 있느냐? 오직 하나뿐이고, 창조주와 인간들에 미치는 사랑, 창조주께 드리는 쪽인 반쪽만을, 인간들에게 주는 쪽인 다른 반쪽 없이 가질 수 없는 사랑을 말이다. 하느님께서는 인간들 안에 계시는데, 지워지지 않는 표를 가지고, 아버지와 정배와 왕의 자격을 가지고 계신다. 영혼은 하느님의 옥좌이고, 육체는 하느님의 성전이다. 그러니까 형제를 사랑하지 않고 업신여기는 사람은 형제의 집의 주인을 업신여기고 슬프게 하고 인정하지 않는 것이니, **전부이시고 형제 안에**, 모든 형제 안에 계신 저 위대하신 분이 더 작은 존재, 전부의 **일부분**, 즉 개별적으로 사람 하나하나에게 가해진 모욕을 당신의 모욕으로 생각하시는 것은 당연한 일이다. 이 때문에 나는 너희들에게 육체적이고 정신적인 자비의 행위를 가르쳤고, 이 때문에 너희 형제들로 하여금 죄를 짓게 하지 말라고 가르쳤으며, 이 때문에 너희 형제들을 판단하지 말고, 업신여기지 말고, 물리치지 말라고 가르친 것이다. 너희 형제들이 착하건 착하지 않건, 신자이건 이방인이건, 친구이건 원수이건, 부자이건 가난한 사람이건 상관없이 말이다.

잠자리에서 잉태가 이루어질 때에는, 그것이 금으로 만든 침대에서 이루어지건 외양간의 짐승의 잠자리짚 위에서 이루어지건 같은 행위로 이루어진다. 그리고 왕후의 태중에 생겨나는 인간이 거지의 태중에 생겨나는 인간과 다르지 않다. 잉태, 즉 새로운 인간의 형성은 주민들의 종교가 어떤 것이건, 세상의 어느 부분에서나 똑같다. 모든 인간이 하와의 태에서 아벨과 카인이 난 것과 같이 난다. 그리고 이 세상에서 한 남자와 한 여자의 자녀들의 임신과 형성과 나는 방식의 평등은 하늘에서의 다른 평등과 일치한다. 태아가 **사람의 태아가 되고 짐승의 태아가 되지 않도록** 태아에게 불어넣어줄 영혼의 창조가 그것이다. 그런데 영혼은 창조되는 순간부터 죽을 때까지 사람을 동반하고, 살아 남아서 전체 인류의 부활을 기다려 그 때 부활한 육체와 다시 결합하여 육체와 더불어 상이나 벌을 받게 되어 있다. 세상에서 사는 동안에 행한 행동에 따라 상이나 벌을 받는 것이다. 과연 사랑이 불공평할 수 있다고, 많은 사람이 이스라엘이나 그리스도에게 속하지 않았었다는 이유만으로, 그들의 종교가 **참것이**라는 확신을 가지고 그 종교를 따르면서 덕행을 닦았는데도 영원히 상을 받지 않은 채로 있을 것이라고 생각하지 말아라. 세상이 끝난 다음에는 사랑만이, 즉 창조주와 의롭게 살았을 모든 인간의 결합말고 다른 덕행은 살아남지 않을 것이다. 이스라엘을 위한 천국이 하나, 그리스도인들을 위한 천국이 하나, 가톨릭 신자들을 위한 천국이 하나, 이방인들을 위한 천국이 하나, 이교도들을 위한 천국이 하나, 이렇게 천국이 많지 않을 것이다. 천국이 그만큼 많지 않고, **다만 하나만** 있을 것이고, 그와 마찬가지로 상도 오직 하나일 것이다. 즉 의롭게 살았을 피조물들과 결합하시는 창조주 하느님이시다. 하느님께서는 성인들의 영과 육체의 아름다움 때문에 피조물들 안에서 아버지와 하느님으로서의 기쁨을 가지고 당신 자신을 감탄하며 보실 것이다. 오직 한분의 주님만이 계실 것이지, 이스라엘을 위한 주님 한분, 가톨릭교를 위한 주님 한분, 다른 각 종교를 위한 주님이 한분씩 계시지 않을 것이다.

이제 나는 큰 진리를 너희들에게 알린다. 이것을 기억하고, 너희 후계자들에게 전하여라. 모호한 것이 여러 해나 여러 세기 지난 후에 성령께서 항상 다시 진리들을 밝혀 주시리라고 기대하지 말아라. 잘 들어라. 너희들이 혹 이렇게 말할지 모르겠다. '그러나 세상 마칠 때에 저희들이 이방인들과 같은 모양으로 취급된다면, 그러면 거룩한 종교에 속해 있었다는 것이 옳을 것이 무엇인가?' 하고. 나는 너희들에게 이렇게 대답한다. '거룩한 종교에 속해 있으면서도 거룩하게 살지 않았기 때문에 지극한 행복을 누리는 사람이 되지 못할 사람들을 위하여도 같은 정의가 있을 것이며, 그것이 참 정의이다' 하고. 덕행이 있는 이교도는 자기의 종교가 좋은 종교라는 확신을 가지고 진정한 덕행을 닦았다는 이유만으로 끝에 가서 천국을 얻을 것이다. 그러나 언제? 세상이 끝나서, 죽은 사람들의 네 군데 체류지 중에서 두 군데, 즉 천당과 지옥만이 남아 있게 될 때에. 그 때에는 정의가 자유의지의 나무에서 좋은 열매를 골랐을 사람들이나 나쁜 열매를 원했을 사람들에게 영원한 두 나라를 보존해서 줄 수밖에 없을 것이기 때문이다. 그러나 덕행 있는 이교도가 이 상에 이르기 전까지는 얼마나 기다려야 하느냐!…. 너희들은 그 생각을 하지 못하느냐? 그리고 이 기다림은, 특히 구속이 그 뒤이어 일어난 모든 기적과 더불어 이루어지고, 복음이 세상에 전해졌을 때부터는, 다른 종교에서 의인으로 살았지마는 참 믿음의 존재와 그 실재(實在)에 대한 증거를 알고서 그 믿음에 들어오지 못했을 영혼들의 정화(淨化)가 될 것이다. 그들을 위하여는 세상 마칠 때까지 오랜 세월 동안 임보가 있을 것이다. 참 하느님을 믿었지마는, 영웅적으로 거룩하게 될 줄을 알지 못했을 사람들에게는 오랜 연옥이 있을 것이다. 그리고 어떤 사람들에게는 연옥이 세상 마칠 때에야 끝날 수 있을 것이다.

그러나 속죄와 기다림 후에는 착한 사람들은 어디에서 왔건 모두 하느님의 오른편에 있을 것이고, 악한 사람들은 어디에서 왔건 왼편으로 갔다가 무시무시한 지옥으로 갈 것이고, 구세주는 착한 사람들을 데리고 영원한 나라로 들어갈 것이다."

"주님, 주님의 말씀을 제가 알아듣지 못했으면 용서하십시오. 주님의 말씀은 매우 어렵습니다…. 적어도 제게는요…. 주님은 주님이 구세주이시고, 주님을 믿는 사람들을 구속하실 것이라고 항상 말씀하셨습니다. 그렇다면, 전에 살았기 때문에 주님을 알지 못해서, 또는 ㅡ 세상이 하도 넓으니까요! ㅡ 주님을 알지 못했기 때문에 믿지 않는 사람들은 어떻게 구원을 받을 수 있습니까?" 하고 바르톨로메오가 묻는다.

"내가 네게 그 말을 해주었다. 즉 그들의 의로운 생활 때문에, 그들의 선행과 그들이 **참된 것**이라고 믿었던 그들의 신앙 때문에 구원받을 것이다."

"그러나 그들은 구세주께 도움을 청하지 않았습니다…."

"그러나 구세주는 그들을 위하여, 그들을 위하여도 고통을 당할 것이다. 바르톨로메오야, 너는 하느님인 사람으로서의 내 공로가 어떤 정도의 가치를 가질지 상상하지 못하느냐?"

"주님, 그 공로는 역시 하느님의 공로보다는 떨어집니다. 따라서 주님이 영원으로부터 가지시는 공로보다는 떨어집니다."

"네 대답은 옳기도 하고 옳지 않기도 하다. 하느님의 공로는 무한하다고 너는 말했지. 하느님께 있는 것은 모두가 무한하다. 그러나 하느님께서는 공로를 가지고 계시지 않다. 공로를 세우지 않으셨다는 뜻으로 말이다. 하느님께서는 당신께 특유한 속성과 덕들을 가지고 계신다. 하느님께서는 존재하시는 분이시다. 즉 완전이시고 무한이시고 전능이시다. 그러나 공로를 세우기 위하여는 우리 본성을 지나치는 어떤 일을 힘들여 실행해야 한다. 예를 들어, 음식을 먹는 것은 공로가 아니다. 그러나 우리가 절약하는 것을 가난한 사람들에게 주기 위하여 진짜 희생을 하면 아껴 먹는 것은 공로가 될 수 있다. 침묵을 지키는 것은 공로가 아니다. 그러나 모욕 등등에 대꾸를 하지 않고 침묵을 지키면 공로가 된다.

이제 너는 하느님께서 완전하시고 무한하시기 때문에 당신 자신을 강제하실 수 없다는 것을 알아듣겠지. 그러나 하느님인 사람은 무한한 천주성을 인간적인 한계에까지 낮춤으로 자기 자신을 강제할 수 있고, 자기 안에 없거나 은유적(隱喩的)인 것이 아니라, 인간성의 모든 감각과 감정, 고통과 죽음을 당할 수 있는 가능성, 자유의지를 가진 실제적인 인성을 이김으로 자신을 강제할 수 있다.

죽음을 좋아하는 사람은 아무도 없다. 특히 죽음이 고통스럽고, 너무 이르고, 억울할 때에 더 그렇다. 아무도 죽음을 좋아하지 않는다. 그러나 사람은 누구나 다 죽어야 한다. 그러므로 우리는 생명이 있는 모든 것이 끝나는 것을 보는 것과 똑같이 침착하게 죽음을 바라 보아야 할 것이다. 그런데 나는 죽음을 사랑하도록 내 인성을 강요한다. 그것뿐이 아니다. 나는 죽음을 당할 수 있기 위하여 생명을 선택하였다. 인성으로 그렇다는 말이다. 과연 하느님인 사람의 자격으로, 나는 하느님으로 있으면서는 세울 수 없었던 공로를 세운다. 그리고 인성에 결합한 내 천주성 때문에, 그것들로써 내가 공로를 세울 수 있는 처지에 스스로 놓이게 된 사랑과 순종의 덕행 때문에, 그리고 내 아버지 하느님께 잘 받아들여지도록 내 마음속에 넣은 힘과 정의와 절도(節度)와 조심성과 그밖의 모든 덕행 때문에, 내가 그것들을 세운 형태로는 무한한 그 공로들로써 나는 하느님으로서 뿐 아니라, 모든 사람을 위하여 자기를 희생한, 즉 사랑의 극한(極限)에까지 이른 사람으로서 무한한 능력을 가질 것이다. 공로를 주는 것은 희생이다. 희생이 크면 클수록 공로도 크다. 온전한 희생에는 온전한 공로가 있다. 완전한 희생에는 완전한 공로가 있다. 그리고 공로는 희생자의 거룩한 뜻에 따라 쓰일 수 있다. 아버지를 한없이 사랑하고, 이웃을 한없이 사랑했기 때문에 아버지께서 '네 뜻대로 되기를 원한다'고 말씀해 주신 희생자의 거룩한 뜻대로 말이다.

자, 내가 너희들에게 이 말을 하는 것이다. 사람들 중에서 가장 가난한 사람도 자기를 희생하기까지 사랑할 줄을 알면, 가장 부유하게 될 수 있고, 수없이 많은 형제들에게 좋은 일을 할 수 있다. 나 너희들에게 분명히 말한다. 너희가 빵 한조각, 물 한잔, 누더기옷 한벌이 없게 되더라도 여전히 좋은 일을 할 수 있다. 어떻게? 형제들을 위하여 기도하고 고통을 당함으로써. 누구에게 좋은 일을 하는가? **모두에게.** 어떻게? 모두 거룩한 수없이 많은 모습으로, 너희들이 사랑할 줄을 알면, 하느님처럼 행동하고, 가르치고, 용서하고, 다스릴 수 있을 것이고, 하느님인 사람처럼 **구속**할 수가 있겠기 때문이다."

"오 주님, 그런 사랑을 저희에게 주십시오!"하고 요한이 탄식한다.

"하느님께서 당신을 너희들에게 주시니까 사랑을 주시는 것이다. 그러나 너희들은 그것을 받아들여서 점점 더 완전하게 실천해야 한다. 어떤 사건에서도 너희로서는 사랑에서 갈라져 있어서는 안 된다. 육체적인 사건에서 정신적인 사건에 이르기까지. 모든 것을 사랑으로, 사랑을 위해서 해야 한다. 너희 행동과 너희 그날 그날의 일을 거룩하게 하고, 너희 묵상기도에 자극을 주고, 너희 행위를 밝게 하여라. 빛과 맛과 거룩하게 함이 사랑이다. 사랑이 없으면 의식이 가치가 없고, 기도가 헛것이고, 제물이 거짓것이다. 정말 잘 들어두어라. 가난한 사람이 너희들에게 형제로서 인사하는 미소가 어떤 사람이 사람의 눈에 띄고자 하는 목적만으로 너희 발 앞에 던져줄 수 있는 돈주머니보다 더 가치가 있다. 사랑할 줄을 알아라. 그러면 하느님께서 항상 너희와 함께 계실 것이다."

"주님, 저희들에게 그렇게 사랑하도록 가르쳐 주십시오."

"너희들에게 그것을 가르쳐 주는 것이 2년이나 된다. 내가 하는 것을 보는대로 하여라. 그러면 너희들이 사랑 안에 있을 것이고, 사랑이 너희들 안에 있을 것이다. 너희들에게 표시와 성유(聖油)와 관

(冠)이 있어, 너희들을 사랑이신 하느님의 사제로 알아보게 할 것이다. 이제는 이 그늘진 곳에서 쉬자. 키가 크고 우거진 풀이 있고, 나무들이 더위를 덜어준다. 저녁 때쯤에 다시 길을 가자…"

137. 예수께서 티베리아에 가시다

예수께서 제자들과 같이 어떤 비바람 몰아치는 아침나절에 티베리아에 도착하신다. 그런데 타리케아에서 티베리아로 오는 짧은 뱃길로 해서 배를 타고 오신다. 배들은 매우 너울진 호수에서 몹시 흔들리고, 호수는 좋은 징조라고는 하나도 없는 구름들이 사방으로 달리는 하늘과 같이 잿빛이다.

베드로는 하늘과 호수를 살펴보고, 사환들에게 배들을 안전한 곳에 매 놓으라고 명령한다. "조금 있으면 굉장한 음악을 듣게 될 거다! 얼마 안 있어 소나기가 쏟아지고 파도가 일어서 손해를 내지 않으면, 나는 이제 어부 시몬이 아니다. 호수에 아무도 없나?" 하고 뒤집힌 갈릴래아의 바다를 살펴보면서 혼잣말을 한다. 그리고 호수에는 아무도 없고, 점점 더 위협적인 것이 되는 하늘 덮개 아래에서 점점 더 높아지는 파도들만이 사방으로 달리는 것을 본다. 그는 호수가 비어 있는 것을 보고, 인명 피해를 내지 않으리라는 것을 생각하고 마음을 달랜다. 그리고 더 만족스러운 마음으로 선생님을 따라 간다. 선생님은 먼지가 구름처럼 일고 광풍에 옷자락이 펄럭이는 가운데, 사람들이 걸어 다니기가 어려울 정도로 몹시 센 바람을 받으며 걸어가신다.

서민층의 사람들과 어부들이나 고기잡이에 관계되는 일에 종사하는 장색들의 가족들이 사는 티베리아의 이 부분에는 심한 비바람으로 손상될 수 있을 것들을 집안으로 들여가느라고 오가는 사람이 많다. 사람들은 벌써 안전한 곳에 매 놓은 배들에서 그물과 노들을 꺼내서 메고 뛰어 가고, 어떤 사람들은 일하는 데 쓰는 연장들을 집안으로 끌고 간다. 그동안 바람은 윙윙거리고, 먼지가 구름처럼 피어오르고, 문들이 덜커덩거린다. 더 북쪽에 있는 다른 티베리아, 즉 호수를 끼고 늘어서 있는 저택들과 활등 같이 구부러진 호반에 보이는 아름다운 정원들이 있는 동네는 느긋하게 움직이지 않고 있다. 집들이 이스라엘 사람들의 것이냐, 로마 사람들의 것이냐에 따라서 하인들이나 노예들만이 옥상에 있는 커튼들을 치우고, 가벼운 노릿배들을 끌어들이고, 정원에 널려 있는 의자들을 치우느라고 분주히 움직인다….

이쪽으로 가신 예수께서는 열성당원 시몬과 사촌 유다에게 말씀하신다. "쿠자의 요안나의 문지기에게 가서 우리 사람들 중의 아무도 우리를 찾지 않았는지 물어보아라. 나는 여기서 기다리겠다."

"예, 그럼 요안나는요?"

"요안나는 나중에 보자. 가서 내가 말하는대로 해라."

두 사람은 빨리 간다. 그리고 다른 사람들이 기다리는 동안 예수께서는 "제자의 가족에게 비용을 쓰게 하는 것은 옳지 않으니까 그들과 여자들을 위해서"라고 말씀하시면서 음식물을 마련해 오라고 이리저리로 보내신다. 그리고는 큰 나무들과 바람의 싸움이 어떻게나 심한지 폭풍우의 소음이 들려오는 어떤 정원 담에 혼자 기대서 앉아 계신다.

예수께서는 겉옷으로 옷을 꼭 여미시고 잔뜩 오그리고 계신다. 겉옷을 머리에까지 올리셔서, 겉옷은 머리카락을 눈으로 내리덮히게 하는 바람을 막는 두건노릇을 한다. 그런데 이렇게 먼지 투성이가 되신 채로 겉옷자락으로 반쯤 가려진 얼굴로, 호수에서 시내 중심지로 가는 아름다운 큰 길과 교차하는 길 거의 모퉁이에 있는 담에 기대 계시니까 동냥을 기다리는 거지와 같으시다. 몇몇 행인이 바라본다. 그러나 아무 말씀도 하지 않으시고 아무 것도 청하지 않으시고 이렇게 계시니까 아무도 동냥을 주거나 무슨 말을 하려고 걸음을 멈추지 않는다. 그동안 돌풍은 더 심해지고 호수의 소리는 더 맹렬해져서 그 으르렁거리는 소리로 온 시내를 가득 채운다.

목 아래에 손으로 꼭 졸라 쥔 겉옷에 폭 감싸여, 바람을 막으려고 몸을 구부린 키가 큰 사람이 시내에서 호숫가로 가는 길에서 오고 있다. 그는 시장에 야채를 부리고 돌아오는 야채 재배자들의 나귀 행렬을 피하기 위하여 머리를 들고 예수를 본다(그리고 나는 그 청년이 가리옷의 유다라는 것을 알았다).

"오! 선생님!" 그는 줄지어 가는 나귀의 열 저쪽에서 말한다. "저는 선생님을 찾으려고 마침 요안나의 집으로 가던 길입니다. 선생님을 찾으려고 가파르나움에 갔습니다만…." 마지막 나귀가 지나가자 유다는 서둘러 선생님께로 오며 하던 말을 마저 끝낸다. "…그러나 가파르나움에는 아무도 없었습니다. 며칠동안을 기다리다가 이리 돌아왔습니다. 그리고 선생님을 찾으려고 날마다 요셉의 집과 요안나의 집에 갔습니다…."

예수께서는 날카로운 시선으로 그를 바라보시고 다만 "평화가 너와 함께"라고만 말씀하셔서 쏟아져 나오는 그 많은 말을 막으신다.

"참 그렇군요! 저는 선생님께 인사도 드리지 않았군요! 평화가 선생님과 함께. 그러나 선생님은 그 평화를 항상 가지고 계십니다!"

"그러면 너는 그렇지 않으냐?"

"선생님, 저는 사람입니다."

"의로운 사람은 평화를 가지고 있다. 죄있는 사람만이 불안하다. 네가 그런 사람이냐?"

"제가요?…. 아닙니다, 아니예요. 선생님, 적어도…. 사실을 말씀드리자면, 확실히 선생님께서 멀리 떨어져 있는 것으로 제가 행복해지지는 않았습니다…. 그러나 그것은 아직 평화를 빼앗긴 것은 아니었습니다. 그것은 제가 선생님께 대해서 가진 애정 때문에 선생님께 대한 동경이었습니다…. 그러나 평화는 다른 것이지요?…."

"그렇다. 다른 것이다. **만일 사랑하는 사람이 그것을 알면 슬퍼할 수 있을 것이라고 양심이 일러주는 일을, 헤어진 사람의 마음이 하지 않으면, 헤어지는 것이 마음의 평화를 해칠 수가 없다.**"

"그러나 떨어져 있는 사람들은 알지 못합니다…. 소식을 전해 주는 사람이 있으면 몰라두요."

예수께서는 그를 바라다 보시며 잠자코 계신다.

"선생님, 혼자십니까?" 하고 유다는 화제를 더 평범한 문제로 돌려 보려고 말한다.

"내 어머니께서 나자렛에서 오셨는지 알기 위해서 요안나의 집에서 보낸 사람들을 기다리고 있다."

"선생님의 어머님이요? 어머님을 여기 오시게 하십니까?"

"그렇다. 나는 한달 동안 죽 가파르나움에 어머님을 모시고 있으면서 배로 호숫가 여러 마을에 가겠다. 그러나 매일 가파르나움으로 돌아오겠다. 제자들이 많이 있을 것이다…."

"예… 많이 있을 겁니다…." 유다는 그의 능란한 말솜씨를 잃었다. 그는 생각에 잠긴다.

"유다야, 너는 내게 아무 것도 할 말이 없느냐? 우리 둘뿐이다…. 헤어져 있는 동안에 네게 아무 일도 없었느냐? 거기에 대해서 네 예수의 말을 들을 필요를 느끼는 아무 일도 없었느냐?" 하고 예수께서는 당신의 자비로운 사랑 전체를 그에게 느끼게 하시면서, 고백을 하도록 제자를 돕기 위하신 것처럼 부드럽게 말씀하신다.

"그럼 선생님은 제게서 선생님께 드릴 말씀을 청하는 것을 아무 것도 알지 못하십니까? 만일 그것을 아시면 —나는 정말이지 이 말을 들어 마땅한 것이 무엇인지 모르겠다.— 말씀하십시오. 어떤 사람이 자기의 잘못과 결점을 생각해내서 다른 사람에게 고백하는 것은 괴롭게 느껴지는 것입니다…."

"네게 말하는 나는 **다른** 사람이 아니라…."

"그렇습니다. 선생님은 하느님이십니다. 저도 그걸 압니다. 그러나 이 때문에 제가 말을 할 필요가 없습니다. 선생님은 아시니까요…."

"내가 말하려던 것은 나는 **다른** 사람이 아니라 가장 다정스러운 네 친구라는 것이다. 나는 네게 선생이니 웃사람이니 하고 말하지 않고 친구라고 말한다…."

"그건 언제나 마찬가지입니다. 그것은 역시 과거에 있었던 일, 그것을 고백하면 비난을 유발할 수 있을 것을 성가시게 탐색하는 것입니다. 그렇지만 비난보다도 친구의 평가에 있어서 체면이 손상되는 것이 더 괴롭습니다…."

"나자렛에서 내가 마지막으로 지낸 안식일에, 시몬 베드로는 말하지 말아야 하는 어떤 일을 부주의로 어떤 동료에게 말했다. 그것은 고의적인 불복종도 아니었고, 누구를 비방하는 것도 아니었고, 이웃에게 해를 끼칠 수 있는 일도 아니었다. 시몬 베드로는 성실한 마음을 가진 사람, 사려 깊은 사람에게 그 말을 했었다. 이 사람은 어떤 비밀을 자기 자신이나 베드로가 원치 않았는데 알게 되었다는 것을 알아차리고 다른 사람들에게 비밀을 말하지 않겠다고 맹세했다. 시몬은 안심할 수 있었다…. 그러나 그는 그의 잘못을 내게 고백하고 나서야 안심하게 되었다…. 가엾은 시몬! 그는 그것을 죄라고 부르고 있었다! 그러나 내 제자들의 마음속에 그 죄와 같은 죄밖에 없고, 베드로가 가진 만큼의 겸손과 신뢰와 사랑이 있으면…. 오! 나는 나 자신을 성인들의 무리의 선생이라고 자칭해야 할 것이다!…"

"그러니까 이렇게 해서 베드로는 거룩하고 저는 그렇지 않다고 말씀하시려는 거로군요. 그건 사실입니다. 저는 성인이 아닙니다. 그러면 저를 쫓아내십시오…."

"유다야, 너는 겸손하지 않다. 교오가 너를 파멸시킨다. 그리고 너는 나를 아직 알지 못하고 있다…." 예수께서는 한없이 서글프게 말씀을 마치신다.

유다는 이 마음의 고통을 깨닫고 중얼거린다. "선생님, 용서해 주십시오!…."

"언제나 용서한다. 그러나 착하게 되어라. 이 사람아! 착하게 되란 말이다! 왜 너 자신에게 해를 끼치려고 하느냐?"

유다의 속눈썹에는 진짠지 가짠지는 모르지만 눈물이 맺힌다. 그리고 예수의 품안으로 파고 들며, 그 어깨에 기대서 운다. 그러니까 예수께서는 그의 머리를 쓰다듬으시며 속삭이신다. "가엾은 유다! 그의 평화를 발견할 수 없는 다른 곳에 가서 평화를 찾고, 그를 이해할 수 있을 사람을 다른 데에 가서 찾는 가엾고 가엾은 유다…."

"예, 맞습니다. 선생님의 말씀이 맞습니다. 평화는 여기 선생님의 품에 있습니다… 저는 불행한 사람입니다…. 선생님만이 저를 이해하시고 저를 사랑하십니다…. 선생님만이… 저는 바봅니다…. 선생님, 용서하십시오."

"그래, 착하게 굴고 겸손해라. 만일 넘어지거든, 내게로 오너라. 내가 너를 일으켜 주마. 유혹을 당하거든 내개로 달려 오너라. 내가 네 자신에게서, 너를 미워하는 사람들에게서 모든 것에서 너를 지켜 주마…. 그러나 일어나거라. 다른 사람들이 온다…."

"선생님, 입맞춤을 한번… 입맞춤을 한번…."

그러니까 예수께서 그에게 입맞춤 하신다…. 그리고 유다는 마음이 진정된다…. 그렇다. 그러나 내 생각에는 그가 그 때까지 자기의 죄는 결코 고백하지 않았다….

"요안나가 벌써 일어나 있었고, 문지기가 그에게 알리려고 했기 때문에 저희들이 좀 지체했습니다. 요안나는 낮동안에 요셉의 집에 와서 선생님께 경의를 표하겠답니다" 하고 타대오가 말한다.

"요셉의 집에? 하늘이 예고하는 저 엄청난 물이 쏟아지면 이 거리는 늪이 될 텐데. 요안나는 그 누추한 집에, 그것도 이 거리로 해서 오지는 않을 걸세. 우리가 그의 집으로 가는 것이 나을 걸세…" 하고 벌써 자신을 도로 찾은 유다가 말한다.

예수께서는 그에게 대답하지 않으시고 사촌에게 물으신다. "우리 사람들 중의 아무도 요안나의 집으로 우리를 찾아오지 않았느냐?"

"아직 아무도 오지 않았답니다."

"좋다. 요셉의 집으로 가자. 다른 사람들은 그리로 우리를 찾아올 것이다…."

"우리 어머니들이 길을 떠나셨다는 것을 확실히 알면, 제가 마중을 나갈 텐데요" 하고 알패오의 유다가 말한다.

"그게 좋긴 하겠지만, 티베리아로 오는 길이 여럿이 있는데 그분들이 제일 큰 길로 해서 오시지 않는지도 모른다…."

"그렇군요. 예수님… 가십시다…."

일행은 침침한 하늘을 이리저리 가로지르는 번개가 치고 첫번 천둥소리가 호수를 거의 완전히 둘러싸고 있는 야산들의 골짜기에 격렬하게 울려 퍼지는 가운데로 간다. 그들은 요셉의 초라한 집으로 들어간다. 그 집은 폭풍우를 만나니 한층 더 초라하고 어두워 보인다. 빛나는 것이라고는, 선생님을 그들의 집에 모시는 것을 몹시 기뻐하는 제자와 그 가족의 얼굴뿐이다.

"그러나 주님, 운나쁘게 찾아오셨습니다" 하고 뱃사공이 사과한다.

"이런 호수에서 고기잡이를 할 수 없었습니다. 그래서… 채소밖에는 없습니다…."

"그리고 네 착한 마음씨하고. 그러나 나는 그 생각을 했다. 우리 일생이 필요한 것을 가지고 올 것이다. 아주머니 애쓰지 말아요…. 우리는 땅바닥에 앉아도 괜찮소. 아주 깨끗한데. 나는 당신이 성실한 여자라는 걸 알지만, 내가 여기서 보는 질서가 그것을 증명하오."

"오! 제 아내요! 정말 능력이 있는 여자입니다! 제 기쁨이고, 저희들의 기쁨입니다" 하고 주님의 칭찬에 몹시 기뻐서 뱃사공이 단언한다. 예수께서는 어린 아이 하나를 무릎에 앉히시고, 거의 땅바닥인 불꺼진 화덕 가장자리에 조용히 앉으셨다. 어린 아이는 놀라서 예수를 쳐다본다.

물건을 사러 갔던 사람들은 첫번 소나기가 쏟아지기 시작할 때에 들어온다. 그래서 그들은 집안에 물과 진흙을 들여오지 않으려고 문지방에서 겉옷과 샌들을 턴다.

세상의 종말이 된 것같은 천둥, 번개, 비바람이다. 호수의 으르렁거림이 번개의 독창과 바람의 성난 부르짖음에 반주를 한다.

"잘 있었나? 여름이 깃을 씻고, 화덕에 불을 주는구먼…. 이것이 지나가면 좀 나아지겠지…. 포도나무들을 망치지나 말았으면 좋겠는데…. 위에 올라가서 호수를 봐도 되겠나? 호수가 어떤 기분인지 알고 싶어서 그러네…."

"가보세요, 가보세요. 여러분의 집입니다" 하고 제자가 베드로에게 대답한다.

그러니까 베드로는 짧은 속옷바람으로 몹시 기뻐하며 폭풍우를 즐기러 나가, 바깥쪽 층계를 올라가서 몸을 식히려고 머물러 있으면서, 마치 그의 배의 갑판에서 배 조종하는 것을 지휘하는듯이 집안에 있는 사람들에게 의견을 말해 준다.

다른 사람들은 부엌 안에 여기저기에 앉아 있는데, 비 때문에 문을 반쯤 닫아 두어야 하기 때문에 잘 보이지 않고, 틈으로는 푸르스름한 빛이 새어 들어오다가 짧고 눈부신 번갯불로 중단되곤 한다….

베드로는 호수에 빠졌던 것처럼 펑 젖어서 돌아와 말한다. "구름이 지금 우리 머리 위에 있네. 사마리아 쪽으로 가고 있어. 이제 저쪽을 적실 참이야…."

"자넨 벌써 흠뻑 적셨네! 자네에게선 샘처럼 물이 흐르고 있네" 하고 토마가 지적한다.

"그래, 하지만 그렇게 몹시 더운 다음이니, 나는 기분이 참 좋으네."

"들어오게. 그렇게 젖어 가지고 문에 있으면 병이 들 걸세" 하고 바르톨로메오가 그에게 충고한다.

"아니야! 나는 물을 견디어내는 나무 토막 같은 사람이야…. 나는 '아버지' 하는 말을 아직 할 줄 모르던 때에 축축한 데 있기 시작했는걸. 아! 가슴이 탁트인다!…. 그렇지만… 거리는… 강이야…. 자네들은 호수를 보지 못했으니까 그렇지! 호수는 갖가지 빛깔을 띠고, 남비처럼 부글부글 끓고 있어. 파도가 어느 방향으로 가는지도 알 수 없게 됐네. 그 자리에서 부글부글 끓고 있어…. 그렇지만 이래야만 했어…."

"예, 이래야만 했습니다. 벽들이 하도 햇볕에 달아서 다시 식질 못했었습니다. 제 포도나무는 잎이 말라 오그라들고 먼지 투성이였습니다…. 밑동에 물을 주긴 했습니다…. 그렇구 말구요! 그렇지만 나머지 모두가 불덩어린데 물 조금이 무슨 소용이 있습니까?" 하고 요셉이 말한다.

"이 사람아, 그건 유익하기보다는 오히려 해로운 걸세" 하고 바르톨로메오가 선언한다. "식물은 하늘의 물이 필요하네. 잎으로도 물을 먹으니까, 알겠나?! 그런 것 같지 않지만, 그건 사실이야. 뿌리가 있지, 뿌리가! 그건 맞아. 그렇지만 잎들도 어떤 역할을 하고, 권리도 있단 말이야…."

"선생님, 바르톨로메오가 훌륭한 비유의 주제를 제공한다고 생각하지 않으십니까?" 하고 열성당원이 예수께 말씀을 하시라고 권하기 위하여 말한다.

그러나 번개를 무서워하는 어린 아이를 흔들고 계신 예수께서는 비유를 말씀하시지 않으시고, 다만 이렇게 말씀하시면서 동의를 하신다. "그러면 너는 비유를 어떻게 말하겠느냐?"

"확실히 잘못 말할 것입니다. 저는 선생님이 아닌 걸요…."

"네가 아는대로 말해 보아라. 비유로 전도하는 것이 너희들에게 매우 유익할 것이다. 시몬아, 네 말을 들어보자…."

"오!… 선생님. 어리석은… 제가…. 그러나 순종하겠습니다. 그럼 저는 이렇게 말하겠습니다. '어떤 사람이 아름다운 포도나무 한 그루를 가지고 있었습니다. 그러나 그 사람은 포도밭을 가지고 있지 못했기 때문에, 옥상으로 올라가게 해서 그늘도 만들어 주고 포도도 열게 하려고 포도나무를 정원 한 구석에 심고, 많은 정성을 기울였습니다. 그러나 그 포도나무는 집들이 있는 가운데 가까이에 심어졌습니다. 그래서 부엌과 화덕의 연기와 길의 먼지가 올라와서 포도나무를 상하게 하는 것이었습니다. 그래도 니산달의 비가 하늘에서 오는 동안은 포도나무 잎들에서 불순물들이 떨어져 나가고, 잎들은 해와 공기를 막는 오물이 그 위에 앉지 않아서 해와 공기를 누렸습니다. 그러나 여름이 와서 하늘에서 비가 오지 않게 되자, 연기와 먼지와 새똥이 잎 위에 겹겹이 쌓이고 너무 뜨거운 햇볕에 말랐습니다. 포도나무 주인은 땅에 박힌 뿌리에 물을 주었습니다. 그래서 포도나무가 죽지는 않았습니다. 그러나 뿌리가 빨아들인 물은 안쪽으로만 올라갈 뿐 초라한 잎들은 혜택을 입지 못하기 때문에 힘들게 겨우 살아가기만 했습니다. 오히려 물을 조금 준 마른 땅에서는 발효와 증발기(蒸發氣)가 올라와서 오톨도톨한 일종의 혹으로 얼룩지게 해서 잎을 상하게 했습니다. 그러다가 마침내 하늘에서 큰 비가 와서 잎에 내려오고, 가지와 포도송이와 줄기를 타고 흘러내리고, 벽과 땅의 열기를 식혔습니다. 폭풍우가 지나간 다음에, 포도나무 주인은 포도나무가 깨끗해지고, 싱싱해지고, 맑은 하늘 아래서, 기뻐하고 기쁘게 하는 것을 보았습니다.' 비유는 이렇습니다."

"좋다. 그러나 사람에게 대한 적용은?…"

"선생님, 그것은 선생님이 하십시오."

"아니다, 네가 해라. 우리는 형제들끼리다. 너는 초라하게 보일까봐 염려해서는 안 된다."

"초라하게 보이는 것은 괴로운 일로 생각하고 염려하지는 않습니다. 오히려 제가 겸손한 채로 있는 데 도움이 되기 때문에 좋아합니다. 그게 아니라 부정확한 말을 하고 싶지 않아서 그러는 것입니다…."

"내가 고쳐 주마."

"오! 그러면! 자, 저는 이렇게 말하겠습니다. '하느님의 정원에 떨어져 살지 않고, 세상사의 먼지와 연기속에서 사는 사람에게도 같은 일이 일어납니다. 먼지와 연기는 그 사람이 거의 알아차리지 못하는 사이에 그에게 때가 끼게 해서, 그 사람은 자기의 정신이 인간성의 딱지가 너무 두껍게 앉아서 하느님의 바람과 지혜의 태양이 그에게 유익할 수 없을 정도로 메마르게 된 것을 보게 됩니다. 그리고 종교 의례에서 푼 물 조금을 많은 인간성으로 아랫 부분에 주어서 보충하려고 해보지만 쓸데 없으니, 윗부분은 그 혜택을 받지 못하는 것입니다…. 더러움을 없애고, 격정의 열기를 끄고, **자아** 전체를 정말 기르는 하늘에서 내려오는 물을 가지고 자기를 깨끗하게 하지 않는 사람은 화를 입을 것입니다.' 다 끝났습니다."

"말 잘 했다. 나는 이렇게도 말하겠다. 즉 자유의지가 없고 땅에 달라붙어 있고, 따라서 제게 유익한 것을 자유롭게 찾아갈 수 없고, 제게 해로운 것을 피할 수가 없는 피조물인 나무와는 달리, 사람은 하늘의 물을 찾아 갈 수 있고, 육신과 세속과 마귀의 먼지와 연기와 열기를 피할 수 있다고. 그러면 교훈이 더 완전할 것이다."

"선생님, 고맙습니다. 기억하겠습니다" 하고 열성당원이 말한다.

"사람은 혼자 살지 않아…. 우리는 세상에서 살고 있단 말이야…. 따라서…" 하고 가리옷의 유다가 말한다.

"왜, 그 따라서라는 말을 하는 건가? 자넨 시몬이 말을 바보처럼 했다고 말하려고 하나?" 하고 알패오의 유다가 묻는다.

"그렇게 말하는 건 아니야. 우리는 혼자 떨어져 살 수 없으니까…. 우리는 어쩔 수 없이 세상의 것을 뒤집어쓰게 마련이라고 말하는 거지."

"선생님과 시몬은 우리는 우리를 둘러싸고 있는 세상에도 불구하고 우리를 깨끗하게 보존하기 위해 하늘의 물을 찾아가야 한다는 바로 그 말을 한 거야" 하고 알패오의 야고보가 말한다.

"좋아! 그렇지만 우리를 깨끗하게 하는 데 하늘의 물 자체가 언제나 우리 마음대로 되는 것인가?"

"그래" 하고 요한이 자신있게 말한다.

"그래? 그런데 자넨 그걸 어디서 찾아내나?"

"사랑 안에서."

"사랑은 불이야. 그건 자넬 더 타오르게 할 걸세."

"사랑이 불이라는 건 맞아. 그렇지만 씻는 물이기도 해. 그것은 세상의 것은 모두 멀리 쫓아버리고 하늘의 것은 모두 주니까."
 "…그건 내가 이해할 수 없는 작용인데. 멀리 쫓아버리고, 갖다 주고…."
 "그래, 나는 미치지 않았어. 내 말은 사랑은 자네에게서 인간적인 것은 없애고, 하느님에게서 오는 것, 따라서 숭고한 것을 준단 말일세. 숭고한 것은 영양을 주고 거룩하게 하는 일밖에 할 수 없네. 사랑은 나날이 세상이 자네에게 준 것을 개끗이 없애준단 말이야."
 유다가 대꾸를 하려고 한다. 그러나 예수께 안겨 있는 꼬마가 말한다. "또 다른 예쁜, 예쁜 비유를… 나한테 말해 줘요…." 그러니까 이것으로 인하여 토론의 방향이 틀어지고 만다.
 "무엇에 대해서 말이냐, 애야" 하고 예수께서 친절하게 물으신다.
 어린 아이는 휘 둘러보다가 찾아낸다. 그는 손가락으로 엄마를 가르키며 "엄마에 대해서" 하고 말한다.
 "어머니는 영혼과 육체에 대해서 하느님께서 그것들에 대해서 하시는 것과 같은 일을 한다. 엄마는 네게 무엇을 해주니? 너를 지키고, 보살피고, 가르치고, 사랑한다. 엄마는 네가 다치지 않도록 주의하고, 비둘기가 사랑으로 새끼들을 날개로 덮는 것처럼 너를 보호한다. 그런데 어머니가 하는 것은 모두 우리 이익을 위해서 하기 때문에 어머니의 말을 듣고 어머니를 사랑해야 한다. 착하신 하느님께서도 어머니들 중에서 제일 완전한 어머니보다도 훨씬 더 완전하게 당신 자녀들을 당신 사랑의 날개 밑에 지키시고, 보호하시고, 가르치시고, 도와주시고, 밤낮으로 그들을 생각하신다. 그러나 착하신 하느님도 어머니와 같이, 어머니보다도 훨씬 더 ──사실 어머니는 땅에서 제일 큰 사랑이지만, 하느님은 땅과 하늘의 제일 크고 영원한 사랑이시다.── 말을 잘 듣고 사랑해야 한다. 하느님께서 하시는 것은 모두 우리의 이익을 위해서 하시니까."
 "번개두?" 하고 번개를 몹시 무서워하는 어린이가 말을 가로막는다.
 "번개두."
 "왜?"
 "번개는 하늘과 공기를 깨끗하게 하니까, 그리고…."

"그런 다음에는 무지개가 오니까!…" 하고 반쯤 밖에 반쯤은 안에 걸쳐 있으면서 듣기만 하고 잠자코 있던 베드로가 외친다. 그리고 덧붙인다. "애야, 오너라. 무지갤 보여줄께. 얼마나 아름다운지 바라보아라!…"

과연 폭풍우가 지나갔기 때문에, 달이 하늘을 비추고, 이포의 호숫가에서 떠난 엄청나게 큰 무지개가 활 모양의 리본을 호수 위로 던져서, 그 리본은 막달라 뒤에 있는 산들 너머로 가서 사라진다.

모두가 문지방으로 나온다. 그러나 마당은 누런 흙탕물의 늪이 되어 천천히 물이 빠지고 있는 중이어서 신발을 벗어야 한다. 폭풍의 기념품처럼 호수는 누르스름한 빛깔대로 있고, 파도는 가라앉기 시작한다.

그리고 티베리아는 활기를 되찾는다…. 오래지 않아 아직 물과 진흙이 가득 차 있는 거리로 요안나가 요나타와 같이 오는 것이 보인다. 요안나는 옥상에 계신 예수께 눈을 들어 인사하고, 빨리 올라와서 행복하게 땅에 엎드린다…. 사도들은 자기들끼리 말을 하고 있는데, 유다만이 한편으로는 예수와 요안나 사이, 또 한편으로는 사도들과의 사이 중간에 혼자 남아 생각에 잠겨 있다. 요안나가 "여러분에게 평화"라는 오직 한 마디로 모든 사도에게 인사를 하였기 때문에 유다에 대한 그의 생각을 읽을 수 없는 요안나의 말에 유다는 굉장히 큰 주의를 기울인다.

그러나 요안나는 아이들에게 대해서와 선생님이 가파르나움에 계신 동안에 배로 거기 가도 된다고 한 쿠자의 허락에 대하여만 말한다. 그 때에야 유다의 의혹이 가라앉고, 그는 동료들 있는 데로 간다….

옷 아랫자락에는 진흙이 묻었지만, 다른 데는 마른 채로 성모님과 알패오의 마리아가 그분들을 모시러 갔던 다섯 사람과 같이 나아오신다. 짧은 층계를 올라오시는 동안 성모님의 미소는 하늘에 남아 있는 무지개보다도 더 훌륭하다.

"선생님의 어머니이십니다!" 하고 토마가 알린다.

예수께서 마주 가시고, 다른 사람들도 모두 예수와 함께 간다. 그리고 부인들이 옷 아랫자락에 진흙이 좀 묻은 것 외에 다른 난처한 일을 당하지 않은 것을 기뻐한다.

"저희들은 빗방울이 떨어지기 시작하자 어떤 야채 재배인 집에 머물렀습니다" 하고 마태오가 설명한다. 그리고 묻는다. "저희들을 기다리신지가 오래 됐습니까?"

"아니다. 우리는 새벽에 도착했다."

"저희들은 어떤 불행한 사람 때문에 늦어졌습니다…" 하고 안드레아가 말한다.

"좋아. 이제 자네들 모두가 여기 왔고, 또 날씨도 다시 좋아졌으니까, 나는 오늘 저녁에 가파르나움으로 떠났으면 하는 생각인데" 하고 베드로가 말한다.

항상 동의하시는 성모님이 이번에는 이렇게 말씀하신다. "아닐세, 시몬. 우리는 그렇게 떠날 수는 없네. 떠나기 전에 우선… 아들아, 어떤 어머니가 그의 외아들을 네가 회개시키게 해 달라고 내게 부탁했다. 너만이 그렇게 할 수 있으니까. 내가 그러마고 약속했으니까, 제발 내 말을 들어다오…. 그를 용서해 주어라…. 네 용서를…."

"어머님, 용서는 벌써 해 주셨습니다. 저는 벌써 선생님께 말씀드렸습니다…" 하고 가리옷 사람은 성모님이 그에 대하여 말씀하시는 줄로 생각하고 말을 가로막는다.

"시몬의 유다, 나는 자네 말을 하는 것이 아닐세. 나는 자기 아들의 행동 때문에 죽은 어머니인 나자렛 여인, 레위의 에스텔에 대해서 말하는 걸세. 예수야, 에스텔은 네가 떠나던 날 밤에 죽었다. 에스텔이 네게 하는 호소는 고약한 아들의 희생자인 가엾은 어머니인 자기를 위한 것이 아니라, 아들을 위한 것이었다…. 너희 아들들의 우리 어머니들은 우리 자신의 걱정을 하는 것이 아니니까…. 에스텔은 그의 아들 사무엘이 구원 받기를 원한다…. 그러나 지금은, 어머니가 죽은 지금은 사무엘이 양심의 가책을 받아 미치광이 같이 되어 가지고 도무지 사리를 따르려고 하지 않는다…. 그러나 너는 그의 이해력과 정신을 구할 수 있다…."

"그 사람이 뉘우쳤습니까?"

"실망을 하고 있는데 어떻게 뉘우치겠니?"

"과연 자기 어머니를 죽였다는 사실로 그가 끊임없는 고통을 당하기 때문에 실망하게 되겠군요. 이웃에 대한 사랑의 계명 중의 첫째 계명을 어기고서 벌을 받지 않을 수는 없습니다. 어머니, 어머니를 죽이고도 뉘우치지 않는 사람을 제가 어떻게 용서하고, 하느님께서 어떻게 그에게 평화를 주시라고 하십니까?”

“아들아, 그 어머니는 내세의 평화를 청한다…. 에스텔은 착했고… 고통을 많이 당했다….”

“에스텔은 그의 몫의 평화는 누릴 것입니다….”

“아니다, 예수야. 한 어머니가 자식이 하느님을 빼앗긴 것을 보면, 어머니의 영은 평화를 누릴 수가 없다….”

“그 사람은 하느님을 빼앗겨 마땅합니다.”

“그렇다, 그래. 그렇지만 가엾은 에스텔에게는… 그의 마지막 말은 아들을 위한 기도였다…. 그러면서 네게 그 말을 해 달라고 부탁했다. 예수야, 에스텔은 너도 알다시피, 살아 있는 동안에 기쁨을 누려 본 적이 없었다. 그가 죽은 지금 기쁨을 그에게 주려무나. 아들 때문에 고통을 당하는 그의 영에 기쁨을 주어라.”

“어머니, 저는 나자렛에 머무르는 동안 사무엘을 회개시키려고 애썼습니다. 그러나 그 사람에게는 사랑이 없어졌기 때문에 소용없었습니다….”

“그것은 나도 안다. 그러나 에스텔은 사무엘의 마음속에 사랑이 되 살아나라고 용서와 고통을 바쳤다. 또 혹 알 수 있니? 사무엘이 지금 겪고 있는 고통이 다시 살아나는 사랑일 수 있지 않겠니? 고통스러운 사랑이고, 또 어떤 사람은 어머니가 그것을 누릴 수 없으니까 쓸데 없는 사랑이라고 말할 수도 있을 것이다. 그러나 너와 나는 죽은 사람들의 사랑이 주의깊고 아주 가까이 있다는 것을 안다. 나는 믿음으로 알고, 너는 직접 안다. 죽은 사람들은 우리에 대한 관심을 잃지 않고, 그들이 떠난 사랑하는 사람들에게 일어나는 일을 모르지 않는다…. 그러니까 에스텔은 배은망덕했지만 지금은 마음이 몹시 흔들린 아들의 때늦은 그 사랑을 아직 누릴 수 있다. 오 예수야, 그 사람이 그 엄청난 죄 때문에 네게 혐오감을 일으킨다는 것은 나도 안다. 어머니를 미워하는 아들이라니! 네 어머니에 대해서 오직 사랑뿐인 네가 볼 때에는 하나의 괴물이다. 그러나 네가 내게 대해서 오직 사랑뿐이니까, 바로 그 때문에 내 말을 들어다오. 즉시 나자렛으로 함께 돌아가자. 그것이 한 영혼을 구하는 데 소용되면, 내게는 길가는 것이 괴롭게 여겨지지 않고, 아무 것도 짐스럽게 여겨지지 않는다."

"좋습니다. 어머님이 이기셨습니다…. 시몬의 유다야, 요셉을 데리고 나자렛에 가서 사무엘을 가파르나움으로 데리고 오너라."

"제가요? 왜 제가 갑니까?"

"너는 피로하지 않기 때문이다. 다른 사람들은 피로하다. 그들은 네가 쉬고 있는 동안 길을 매우 많이 걸었다…."

"저도 걸었습니다. 저는 선생님을 찾으러 나자렛에 갔었습니다. 선생님의 어머님이 그걸 말씀하실 수 있습니다."

"네 동료들은 안식일마다 나자렛에 왔었고, 지금도 먼 길을 갔다가 온 길이다. 여러 말 하지 말고 갔다 오너라…."

"사실은… 나자렛 사람들이 저를 좋아하지 않기 때문입니다…. 왜 하필이면 저를 보내십니까?"

"나도 그들이 사랑하지 않는다. 그런데도 나는 나자렛에 간다. 어떤 곳에서 사랑을 받아야만 그곳에 가는 것은 아니다. 다시 말한다만 여러 말 하지 말고 다녀 오너라."

"선생님… 저는 미친 사람들이 무섭습니다…."

"그 사람은 가책으로 인해서 마음이 몹시 흔들렸지만, 미치지는 않았다."

"선생님의 어머님이 그렇게 말씀하셨는데요…."

"그런데 나는 세번째 말한다마는 여러 말 하지 말고 갔다 오너라. 어머니를 괴롭히는 것이 어떤 결과를 가져올 수 있는지 묵상하는 것이 네게 이익밖에 될 수가 없다…."

"선생님은 저를 사무엘에 비교하시는 겁니까? 제 어머니는 집에서는 여왕이십니다. 저는 어머니 곁에 있으면서 어머니를 감시하지 않고, 저를 부양하는 것 때문에 어머니에게 짐이 되지 않습니다…."

"그런 것들이 어머니들에게 짐이 되는 것이 아니다. 그게 아니고, 아들들이 사랑이 없는 것과, 하느님과 사람들의 눈으로 보기에 불완전한 그들의 행동이야말로 그들을 찍어누르는 무거운 짐이다. 다녀 오라니까 그러는구나."

"가겠습니다. 그런데 그 사람에게 뭐라고 말합니까?"

"가파르나움에 내게로 오라고 일러라."

"어머니에게까지도 순종한 적이 없는데, 지금 그가 실망을 하고 있으니, 제게 복종을 하겠습니까?"

"그런데 너는 내가 너를 보내는 것은 내가 벌써 사무엘의 정신에 작용해서 희망을 잃은 가책의 망상에서 벗어났다는 표라는 것을 아직 깨닫지 못했단 말이냐?"

"가겠습니다. 선생님, 안녕히 계십시오. 어머님, 안녕히 계십시오. 친구들, 잘 있게." 그러면서 도무지 내키지 않는 걸음으로 떠난다. 그의 뒤를 요셉이 따라 가는데, 요셉은 반대로 이 사명을 위해서 선택된 것을 몹시 기뻐한다.

베드로가 낮은 소리로 무슨 노랜지 흥얼거리고 있다.

예수께서 그에게 "요나의 시몬아, 무슨 말을 하는 거냐?"

"호수의 옛날 노래를 부르고 있었습니다…."

"어떤 노랜데?"

"이런 겁니다. '언제나 그런 법일세. 농삿군은 고기잡이를 좋아하지만, 어부는 고기잡이를 좋아하지 않네!' 정말이지, 여기서는 오히려 제자가 사도보다 고기잡이 할 욕망을 더 가지고 있다는 것을 볼 수 있었습니다…."

여러 사람이 웃는다. 예수께서는 웃지 않으시고, 한숨지으신다.

"제가 선생님을 괴롭혀 드렸습니까?" 하고 베드로가 묻는다.

"아니다. 그러나 항상 비난하지 말아라."

"유다 때문에 선생님이 슬퍼하시는 거야" 하고 알패오의 유다가 말한다.

"너도 잠자코 있어라, 특히 마음속으로."

"그렇지만 정말 사무엘이 벌써 기적을 받았습니까?" 하고 토마가 호기심을 가지고, 또 약간 의심을 하면서 묻는다.

"그렇다."

"그러면 그 사람이 가파르나움에 오는 것은 쓸데 없는 일이군요."

"그것은 필요한 것이다. 나는 그의 마음을 완전히 고쳐주지는 못했다. 병나음을, 즉 거룩한 뉘우침으로 용서를 구하는 것은 그가 스스로 해야 할 일이다. 나는 그가 다시 이치를 따질 수 있도록 했다. 이제 그의 자유로운 의지로 나머지를 얻는 것은 그가 할 일이다. 내려가자. 우리는 비천한 사람들에게로 간다…."

"선생님, 제 집에는 안 가시구요?"

"아니다, 요안나야. 너는 오고 싶은 때에 내게로 올 수 있지만, 그 사람들은 일에 붙잡혀 있다. 그래서 내가 그들에게로 가는 것이다…."

예수께서는 옥상에서 내려오셔서 거리로 나가시는데, 다른 사람들이 뒤따르고, 요나타를 집으로 보낸 요안나도 따라 온다. 요안나는 예수께서 그의 집으로 가실 마음이 없으므로, 예수에게서 떨어지지 않기로 단단히 결심하고 있는 것이다.

일행은 가난한 작은 집들 있는 쪽으로, 점점 더 초라한 변두리 쪽을 향하여 간다….

——그리고 환시는 이렇게 끝난다.

138. 예수께서 가파르나움에 오시다

  자발적으로 그랬는지 또는 누가 알려주어서 그랬는지는 알 수 없지만, 폴피레아는 배들이 도착할 때에 벌써 가파르나움의 작은 호숫가에 나와 있다. 그런데 배가 두 척이 아니라 세 척이 있다. 그것을 보니, 나는 선생님이 오신다고 알리고, 여자들과 마륵지암을 위하여 배 한 척을 끌어 가려고 누가 벌써 가파르나움에 왔었다고 생각하게 된다. 그리고 폴피레아와 함께 필립보의 딸들과 야이로의 미리암이 있고, 야고보와 요한의 어머니도 있다.
  그러나 나는 아직 약간 너울진 호수의 작은 파도들이 좀 미친 듯이 무질서하게 모래톱을 이리저리 달리고 있는 것도 상관하지 않고, 무릎까지 차는 물속으로 들어오는 폴피레아를 눈여겨본다. 폴피레아는 마륵지암이 있는 배 안으로 몸을 구부리고 그에게 입맞춤 하며 말한다. "나는 선생님을 위해서 너를 많이 사랑하겠다. 사랑하는 아들아, 나는 모든 사람을 대신해서 너를 많이 사랑하겠다!" 이 말을 매우 감격해서 한다. 그리고 배가 멎고 타고 있던 사람들이 내리자마자, 폴피레아는 마륵지암을 꼭 껴안아, 젊은이에게 자기가 **매우** 사랑받는다는 것을 느끼게 할 의무를 아무에게도 양보하지 않는다.
  폴피레아는 또 선생님께 경의를 표하기 위하여, 그리고 오래 전부터 예수의 도착을 기다리고 있는 가파르나움 사람들과 수 많은 제자들이 선생님을 가로채서 여자 제자들에게서 예수를 그들만이 모시는 기쁨을 빼앗아 가기 전에 예수께 경의를 표할 수 있도록 다른 배에 있는 사람들에게로 간다. 여자들이 예수를 빙 둘러싸고 간다. 그래서 가파르나움의 어린이들만이 그들의 작은 몸으로 두 여자 사이를 억지로 비집고 들어가 당신 집을 향하여 천천히 걸어가시는 예수께 감으로써 예수를 둘러싼 여자 제자들의 열을 흐트러놓을 수 있다.
  이렇게 이른 아침 시간에는 거리에 사람이 별로 없고, 기껏해야 아이들에게 둘러싸여 샘이나 장으로 가는 여자들이나 저녁 때의 고기 잡이를 준비하려고 노와 그물들을 가지고 배로 돌아가는 어떤 어부가 있을 뿐이다. 그러나 유력자로는 야이로를 빼놓고는 아무도 없다. 야이로는 예수께 경의를 표하기 위하여 아주 공손한 태도로 달려왔는데, 예수께서 몇 주 동안 머무르시면서 밤에는 호숫가 마을들에 가셔서 아침에 말씀을 하시고 나서 돌아오셔서 낮에는 가파르나움에서 쉬실 작정이라는 말을 듣고 기뻐한다. 또 그가 동향인들에게 불러일으키는 존경 때문에 제일 먼저 예수 곁에 갈 수 있게 되는 것도 야이로이다. 그는 아버지의 권위에 의하여 딸을 밀어내고 예수 곁에 오는 데 성공한다. 야이로 다음으로 예수와 같이 있는 데 성공하는 사람들은 가장 영향력 있는 제자들인데, 다른 사람들이 본능적인 정의의 충동으로 사도들 다음으로 첫째 자리를 양보하는 제자들, 즉 늙은 사제 요한(전에 문둥병자였던 사람), 스테파노, 헤르마, 티몬, 노에미의 아들 요한, 전에 목자였던 제자들이다. 전에 목자였던 제자들은 레바논으로 간 두 사람만 빼고는 다 와 있다.

예수께서는 다른 사람들, 즉 거기 없는 사람들에 대하여 관심을 가지시고, 그들의 소식을 동료들에게 물으신다. 그들이 아직 열심한가? 오! 매우! 열심하다! 그들이 집에서 쉬고 있는가? 아니다. 그들은 새로운 제자들을 얻기 위하여 그들의 도시와 근처 마을들에서 일한다. 그런데 헤르마스테아는? 헤르마스테아는 해안지방으로 가서 그의 도시를 향하여 내려가는 중이다. 그는 요셉, 즉 엠마오의 요셉과 같이 있으며, 해안을 따라 내려가면서 줄곧 구세주에 대하여 말하고자 하는데, 두 친구 사무엘과 아벨이 그들과 합류하였다. 그것은 그들 중의 한 사람은 불구자였고, 또 한 사람은 문둥병자였는데, 주님이 무엇을 하실 수 있는지 보이기 위해서이다.

질문과 대답이 계속되는데, 길을 가는 동안의 시간이 그것을 다 끝내는 데 충분치 않다. 그리고 가파르나움의 토마의 집은 이제는 그렇게 오랫동안 떠나가 계셨다가 돌아오신 예수 둘레로 몰려드는 그 많은 사람들을 받아들이기에 충분하지 못하다.

그래서 예수께서는 어떤 사람들을 편애하는 일 없이 모든 사람 가운데 계실 수 있으려고 들판으로 가시기로 결정하신다.

139. 호수지방에서의 전도. 가파르나움에서

 안식일이다. 나는 사람들이 회당에 모여 있는 것을 보고 이렇게 생각한다. 그러나 사람들이 햇볕을 피하기 위해서나 야이로의 집에 더 조용히 있기 위해서 거기 모였는지도 모른다. 그런데 통풍이 되게 하려고 문과 창문들을 열어 놓아도 수그러지지 않는 더위에도 불구하고 사람들이 몰려 들어서 주의를 기울인다.
 회당 안으로 들어가지 못한 사람들은 길거리에서 햇볕에 그을지 않으려고 회당 뒤에 있는 그늘진 정원으로 피해 들어갔다. 햇볕이 잘 가려진 덩굴 올린 정자들과 잎이 우거진 과수들이 있는 야이로의 정원이다. 예수께서는 정원에 있는 사람들과 회당 안에 있는 사람들이 모두 들을 수 있도록 정원 쪽으로 난 문 곁에서 말씀하신다.
 야이로는 예수 곁에서 주의를 기울이고 있다. 사도들은 정원으로 향한 문 근처에 모여 있고, 여자 제자들은 성모님을 가운데에 모시고, 거의 집에 닿다시피한 정자 아래 앉아 있다. 야이로의 미리암과 필립보의 두 딸은 성모님의 발 앞에 앉아 있다.
 내가 듣는 말에 의하여, 나는 노상 나오는 그 바리사이파 사람들과 예수 사이에 어떤 말썽이 있었고, 그 때문에 군중이 좀 술렁거린다는 것을 알겠다. 예수께서는 어지러운 마음에는 하느님의 말씀이 효과적으로 파고들 수 없다고 말씀하시며 군중에게 평화와 용서를 권고하신다.
 "저희들은 선생님이 모욕 당하시는 걸 용납할 수 없습니다" 하고 군중속에서 어떤 사람이 외친다.
 "나와 여러분의 아버지께서 하시도록 맡겨 드리시오. 모욕에 모욕으로 응하는 것으로 원수들을 설득할 수는 없습니다."
 "그렇지만 끊임없는 온유로도 설득하지 못합니다. 선생님은 자신을 사람들이 짓밟게 내버려 두십니다" 하고 가리옷 사람이 외친다.

"내 사도인 너는 분노와 비난의 본보기를 주어서 사람들로 하여금 죄짓게 하지 말아라."

"그러나 선생님의 제자의 생각이 옳습니다. 그 사람이 바른 말을 했습니다."

"그 말을 하는 마음도 그것을 듣는 마음도 옳지 못합니다. 내 제자가 되기를 원하는 사람은 나를 본받아야 합니다. 나는 참고 용서합니다. 나는 온유하고 겸손하고 평화를 사랑합니다. 분노의 아들들은 나와 함께 있을 수 없습니다. 그들은 세속과 그 격정의 아들들이기 때문입니다.

여러분은 열왕기(列王記) 4권을 기억하지 못하십니까? 어떤 대목에, 무엇이든지 감히 할 수 있다고 믿고 있던 산헤립에 대항해서 이사야가 말했다는 말이 있고, 그를 하느님의 벌에서 구해줄 것이 아무 것도 없다고 말했다는 말이 있습니다. 이사야는 산헤립을 책망받아 마땅한 격렬함을 억제하기 위하여 코뚜레를 꿰고 입술에는 재갈을 물리는 짐승에 비합니다. 여러분은 산헤립이 어떻게 그의 친아들들의 손으로 죽었는지를 알지요. 정말이지 흉포한 사람은 그 자신의 흉포 때문에 파멸하기 때문입니다. 흉포한 사람은 육체와 영으로 죽습니다.

나는 흉포한 사람들을 사랑하지 않습니다. 나는 교만한 사람들을 사랑하지 않습니다. 나는 성 잘 내는 사람, 인색한 사람, 음란한 사람을 좋아하지 않습니다. 나는 여러분에게 이런 것의 말 한 마디, 본보기 하나도 결코 주지 않았고, 오히려 반대로 항상 이 나쁜 격정에 반대되는 덕행들을 가르쳤습니다.

우리의 왕 다윗이 그의 과거의 잘못에 대한 진실한 뉘우침으로 얌전한 품행을 가졌던 여러 해가 지난 후 성덕으로 돌아와서, 그가 새 성전을 건축하는 사람이 되는 것을 막는 명령에 대하여 지극히 온화하게 체념하면서 주님을 찬미했을 때 그의 기도가 얼마나 아름다웠습니까? 지극히 높으신 주님을 찬미하면서 그 기도를 함께 드립시다…"

앉아 있던 사람들이 일어나고, 벽에 기대 있던 사람들이 기댔던 곳에서 떨어지면서 경건한 자세를 취하는 동안, 예수께서는 다윗의 기도를 시작하신다(역대기 상권 29장 10~19절).

그런 다음 예수께서는 늘 말씀하시는 어조로 다시 말씀을 시작하신다. "어떤 일이든지 하느님의 손 안에 있고, 어떤 계획도 어떤 승리도 하느님의 손 안에 있다는 것을 기억하시오. 화려함과 능력과 영광과 승리는 주님의 것입니다. 주께서 어떤 확실한 이익을 위하여 이러저러한 것을 사람에게 주실 시간이라고 판단하시면, 그것을 사람에게 주시는 것입니다. 그러나 사람은 그것을 요구할 수는 없습니다. 용서를 받기는 했지만, 지난 날의 잘못들을 저지르고 나서 아직도 자기 자신에 대한 승리를 거둘 필요가 있는 다윗에게 하느님께서는 성전 짓는 것을 허락하지 않으십니다. '너는 너무 많은 피를 흐르게 했고 너무 많은 전쟁을 했다. 그러므로 너는 내 앞에서 그렇게 많은 피를 흐르게 하고 나서 내 이름의 집을 세울 수는 없을 것이다. 네게서 한 아들이 태어날 것인데, 그는 평화의 사람일 것이다…. 그래서 사람들은 그를 평화를 사랑하는 사람이라고 부를 것이다…. 그가 내 이름의 집을 세울 것이다.' 지극히 높으신 분께서 당신 종 다윗에게 이렇게 말씀하셨습니다.

이와 마찬가지로 나도 여러분에게 이렇게 말합니다. 여러분은 여러분의 분노로 인하여 여러분의 마음속에 여러분의 주 하느님께 집을 세워 드릴 자격을 잃기를 원하십니까? 그러므로 사랑의 감정이 아닌 일체의 감정을 여러분에게서 멀리 떨쳐 버리시오. 다윗이 성전을 지을 그의 아들을 위하여 청한 것과 같이 여러분은 완전한 마음을 가져서, 내 계명을 지키고 무엇이든지 내가 여러분에게 가르친 것에 따라 행함으로, 영원하고 기쁨 가득한 하느님의 집에 가기까지 여러분 안에 여러분의 하느님의 집을 짓게 되도록 하시오.

야이로, 두루마리를 하나 주시오. 이들에게 하느님께서 무엇을 원하시는지 설명하겠습니다."

야이로는 두루마리들이 정리되어 있는 곳으로 가서 무더기속에서 아무 것이나 하나를 꺼낸다. 먼지를 털어서 예수께 가져다 드리니, 예수께서는 펴서 읽으신다. "예레미아서 5장. 예루살렘의 거리로 가서 광장들을 바라보고 살펴보고, 정의를 실천하고 충실하려고 애쓰는 사람을 찾아라. 나는 그에게 자비를 베풀겠다.'"(주님이 내게 말쓈하신다. "계속하지 말아라. 나는 이 장을 전부 읽겠다.")

예수께서는 다 읽으신 다음 두루마리를 야이로에게 도로 주시고 말씀하신다.

"여러분, 여러분은 옳지 않은 예루살렘과 이스라엘에 얼마나 무서운 벌이 예정되어 있는지를 들었습니다. 그러나 기뻐하지 마시오. 이스라엘은 여러분의 조국입니다. 여러분은 '우리는 아마 그곳에 있지 않을 거야' 하고 생각하면서 기뻐하지 마시오. 그곳에는 언제나 여러분의 형제가 가득 차 있습니다. '이 나라가 주님께 대해서 잔인했으니, 잘 됐다'고 말하지 마시오. 조국의 불행과 동포들의 고통을 의인인 사람들은 항상 슬퍼해야 합니다. 다른 사람들이 판단하는 것과 같이 판단하지 말고, 하느님께서 판단하시는 것과 같이, 즉 자비를 가지고 판단하시오.

여러분은 조국과 저 동포들에 대해서 어떻게 해야 합니까? 이 명칭으로 큰 고향과 그 주민들, 즉 팔레스티나 전체를 가리키거나, 여러분의 도시인 가파르나움이라는 이 작은 고향을 가리키거나, 모든 히브리인을 가리키거가 갈릴래아의 이 작은 도시의 내게 적의를 품은 몇몇 사람을 가리키거나 말입니다. 여러분은 사랑의 일을 해야 합니다. 조국과 동포들을 구하도록 힘쓰시오. 어떻게 구합니까? 혹 폭력으로 구합니까? 업신여김으로 구합니까? 아닙니다. 사랑으로, 그들을 하느님께로 회개시키기 위한 참을성 있는 사랑으로 구해야 합니다.

여러분은 들었지요. '내가 정의를 실천하는 사람을 만나면, 그에게 자비를 베풀겠다.' 그러므로 사람들의 마음이 정의를 찾아오고, 의롭게 되도록 힘을 기울이시오. 정말이지, 그들은 그들의 불의속에서 내게 대해 '저 사람은 그분이 아니다' 하고 말합니다. 그리고 이 이유로 나를 박해해도 그들에게 불행이 닥쳐오지 않을 것이라고 생각합니다. 정말 그들은 이렇게 말합니다. '이런 일은 절대로 일어나지 않을 것이다. 예언자들은 되는대로 말했다'고.

그러면서 그들은 여러분도 그들처럼 말하도록 끌어 가려고 애씁니다. 여기 있는 여러분은 충실하십니다. 그러나 가파르나움은 어디에 있습니까? 이것이 가파르나움 전체입니까? 전에 내 둘레로 몰려드는 것을 내가 보았던 그 사람들은 어디 있습니까? 도대체 내가 지난번 여기 왔던 때 이후로 발효한 누룩이 많은 사람들의 마음속에 파멸을 가져다 주었단 말입니까? 알패오는 어디 있습니까? 요수에와 그의 세 아들은? 말라키아의 악제는? 요셉과 노에미는? 레위, 아벨, 사울, 즈가리야는? 그들은 거짓말에 속았기 때문에 분명히 받은 은혜들을 잊어버렸습니까? 그러나 말이 사실을 때려부술 수 있습니까?

보시오! 이곳은 작은 고장에 지나지 않습니다. 은혜를 입은 사람이 가장 많은 이곳에서도 원한은 내게 대한 믿음을 유린할 수 있었습니다. 내가 보는 것은 믿음이 완전한 사람들밖에 없습니다. 그러니 여러분은 오래된 사실과 오래된 말들이 이스라엘 전체를 하느님께 충실하도록 보존할 수 있다고 주장할 수 있겠습니까? 믿음은 사실로 뒷받침되지 않더라도 그대로 있어야 하기 때문에 그래야 할 것입니다. 그러나 사실은 그렇지 않습니다. 그리고 지식이 많으면 그럴수록 믿음은 적습니다. 학자들은 사랑의 힘으로 자라지, 지식의 도움 덕택으로 자라지 않는 소박하고 솔직한 믿음은 자기들이 가지지 않아도 된다고 믿기 때문입니다.

사랑을 전하고 불붙여야 합니다. 그런데 그렇게 하려면 자기가 불타야 합니다. 설득하기 위하여는 확신을, 영웅적으로 확신을 가져야 합니다. 모욕을 대하는 데 상스러운 말을 하기 보다는 겸손과 사랑을 가져야 합니다. 그리고 그들과 같이 가면서 주님의 말씀을 기억하지 못하게 된 사람들에게 그 말씀을 상기시켜야 합니다. '첫째 계절과 마지막 계절의 비를 우리에게 주시는 주님을 두려워 하자' 하고."

"그들은 우리의 말을 이해하지 못할 것입니다. 오히려 그들은 우리가 가르칠 권리가 없으면서 가르치기 때문에 독성죄를 짓는 사람들이라고 말하면서 우리에게 모욕을 줄 것입니다. 선생님은 율법학자들과 바리사이파 사람들이 어떤 사람들이라는 것을 모르시지 않지요!…."

"예, 모르지 않습니다. 또 내가 모르고 있었더라도 지금은 알 것입니다. 그러나 그들이 어떤 사람이건 상관없습니다. 중요한 것은 **우리가 어떤 사람이냐** 하는 것입니다. 그들과 사제들이 율법이 명령하는 착한 행실에만 박수갈채를 보내야 한다는 것을 잊고, 그들에게 유리한 것을 예언하는 거짓 예언자들에게 박수갈채를 보내겠으면 보내라고 하시오. 그것은 내 신자들이 그들을 본받거나, 낙망해서 자기들이 진 것으로 생각할 이유가 되지 않습니다. 여러분은 악이 일하는 만큼 일해야 합니다…."

"우리는 악이 아닙니다" 하고 길에서 문지방에 들어오면서부터 바리사이파 사람 엘리야의 쉰 목소리가 외친다. 그는 들어오려고 애쓰며 계속 외친다. "우리는 악이 아니에요. 소요를 선동하는 사람."

"여보시오. 당신이야말로 교란하는 사람이오. 여기서 나가시오" 하고 백부장(百夫長)이 즉시 말한다. 그의 개입이 아주 빠른 것으로 보아, 그는 회당을 경비하고 있는 것이 틀림없다.

"당신이, 이교도인 당신이 감히 내게 명령을 하다니…."

"로마인인 내가 명령하오. 나가시오! 선생님은 혼란을 일으키지 않으시오. 질서를 문란하게 하는 것은 당신이오. 당신은 그럴 권리가 없소."

"선생은 우리들이지 갈릴래아의 목수가 아니오" 하고 늙은이가 외치는데, 차라리 그 모습이 야채장수 여자같지 선생같지는 않다.

"한 사람 더하고, 한 사람 덜하고… 당신들은 선생 수백 명을 가지고 있는데, 모두 좋지 못한 것을 가르치고 있소. 덕이 있는 분은 선생님 한 분뿐이오. 당신에게 나가기를 명령하오."

"덕이 있다구, 응?! 자기의 안전을 로마에게서 사는 사람이 덕이 있다구! 독성자(瀆聖者)! 더러운 자!"

백부장이 소리를 꽥 지르니 병사 몇 사람의 무거운 발걸음이 엘리야의 모욕적인 외침에 섞인다.

"그 사람을 붙잡아서 내쫓아라" 하고 백부장이 명령한다.

"나를? 이교도의 손이 나를 건드려? 이교도들의 발이 우리 회당 중의 하나 안에! 저주받아라! 도와주시오! 이들이 나를 모독하오! 이들이 나를…."

"군인들, 제발 그 사람을 놓아 두시오! 들어오지 마시오. 이 장소와 그의 백발을 존중하시오" 하고 예수께서 당신이 계신 자리에서 말씀하신다.

"선생님의 말씀대로 하겠습니다."

"아! 모사꾼! 그러나 최고회의가 알거요. 나는 증거를 잡았소! 증거를 잡았어요! 이제는 내가 들은 말을 믿소. 나는 증거를 잡았소. 그리고 당신에겐 저주요!"

"그리고 당신이 한 마디만 더 하면 당신 위에는 검이 떨어지오. 로마는 권리를 지키오. 총독이 내 보고를 받을 거요. 이제 보고를 쓰겠소. 당신은 집에 가서 로마의 명령에 복종하시오." 그러면서 백부장은 완전히 뒤로 돌아!를 하고, 병사 네 사람을 뒤따르게 하고, 엘리야를 그 자리에 남겨 두고 간다. 엘리야는 매우 놀라 벌벌 떤다. 비겁하게 벌벌 떤다….

예수께서는 아무 일도 없었다는 듯이 말씀을 다시 시작하신다.

"여러분은 악이 일하는 만큼 일해서, 내가 처음에 말한 것과 같이 여러분 안에와 여러분 주위에 하느님의 집을 세워야 합니다. 하느님께서 아직도 우리 마음속과 우리가 사는 것을 보고, 벌써 벌을 대단히 많이 받은 사랑하는 조국에 내려오실 수 있도록 큰 성덕을 가지고 행동해야 합니다. 우리 조국은 북쪽에 있는 이미 우리를 지배하는 강한 나라에 어떤 불행의 구름이 형성되고 있는지를 알지 못합니다. 그런데 시민들의 행동이 지극히 인자하신 분께 혐오감을 일으키고, 강한 자를 자극하기에 알맞은 것이기 때문에 그 강한 나라가 점점 더 우리를 지배할 것입니다. 그런데 하느님의 분노와 우리를 지배하는 사람의 분노를 가지고 여러분은 혹 평화와 번영을 누리기를 원하십니까? 오, 하느님의 자녀들이여, 착한 사람들이 되시오. 제발! 이스라엘에서 착한 사람이 한 사람뿐이 아니라, 수백 수천 명이 되어 하늘의 무서운 벌의 방향을 바꾸게 하시오. 나는 처음에 평화가 없는 곳에는 하느님의 말씀이 있을 수가 없다고, 하느님의 말씀은 조용히 들어야 마음속에서 열매를 맺는다고 말했습니다. 그런데 여러분은 이 모임이 조용하지 않았고, 그래서 유익하지 못하리라는 것을 알게 되었습니다. 마음속에 너무나 많은 동요가 있었습니다…. 가시오. 우리는 같이 모여 있는 시간이 또 있을 것입니다. 그리고 내가 기도하는 것과 같이, 우리를 방해한 사람이 생각을 고치도록 기도하시오…. 어머니, 가십시다." 그러시면서 군중을 헤치시고 거리로 나오신다.

엘리야는 아직 그곳에 있다. 그리고 죽은 사람의 얼굴빛처럼 흙빛이 된 얼굴빛으로 예수의 발 앞에 엎드리며 말한다. "불쌍히 여겨 주십시오. 언젠가 제 손자를 살려 주셨으니 저도 뉘우칠 시간을 가지게 구해 주십시오. 저는 죄를 지었습니다. 저도 그것을 인정합니다. 그러나 선생님은 인자하십니다. 로마는… 오! 로마가 제게 어떻게 할 것입니까?"

"로마는 채찍으로 단단히 쳐서 당신에게서 여름 먼지를 털어 줄 거요" 하고 어떤 사람이 소리친다. 그러니까 사람들은 웃는데, 엘리야는 벌써 채찍을 느끼는 듯이 신음한다. "나는 늙었소…. 고통에는 꼼짝 못해요…. 아이고!"

"치료하면 낫게 될 거요. 이 비열한 늙은이!"

"당신은 다시 젊어져서 춤을 출 거요…."

"조용하시오!" 하고 예수께서 빈정거리는 사람들에게 명령하신다. 그리고 바리사이파 사람에게 말씀하신다. "일어나서 체통을 지키십시오. 당신은 내가 로마와 음모를 꾸미지 않는다는 것을 아십니다. 그러니 나더러 어떻게 하라고 그러십니까?"

"사실입니다. 예, 사실이에요. 선생님은 음모를 꾸미지 않으십니다. 오히려 로마인들을 업신여기시고, 미워하시고, 또…."

"그런 것은 아무 것도 하지 않습니다. 전에 나를 비난하면서 거짓말을 한 것과 같이 나를 칭찬하면서 거짓말을 하지 마십시오. 그리고 내게 대해서 이러저러한 사람을 미워한다느니, 이러저러한 사람을 저주한다느니 하고 말하는 것은 칭찬이 아니라는 것을 아십시오. 나는 모든 영의 구세주입니다. 그래서 내 눈에는 인종과 얼굴이 보이지 않고, 영들이 보일 뿐입니다."

"맞습니다! 맞아요! 그러나 선생님은 의인이시고, 로마가 그것을 압니다. 그래서 선생님을 보호합니다. 선생님은 군중을 진정시키시고, 법률을 존중하라고 가르치시고 또…."

"당신 눈에는 혹 이것이 잘못으로 보입니까?"

"오! 아닙니다! 아니에요! 그것은 정의입니다! 선생님은 우리 모두가 해야 할 일을 하십니다. 그것은 선생님이 의인이시기 때문이고, 그것은…."

사람들은 비웃으며 속삭인다. 사람들이 소리를 죽여 말하는데도

"거짓말쟁이! 비겁한 영감! 오늘 아침만 해도 당신은 그와 반대되는 말을 했소!"하고 말과 여러 가지로 부르는 말투가 들려온다.

"그런데, 나더러 어떻게 하라는 것입니까?"

"가 주십사고! 가서 백부장을 만나보시라는 것입니다. 빨리요! 파발꾼이 떠나기 전에요. 보십니까? 그 사람들은 벌써 말을 준비하고 있습니다! 오! 제발!"

예수께서는 그를 바라보신다. 작고, 벌벌 떨고, 무서워서 얼굴이 창백해지고, 비참한 그를… 예수께서는 동정을 가지고 그를 살펴보신다. 동정을 가지고 그를 바라보는 눈동자는 넷밖에 없다. 아들의 눈동자와 어머니의 눈동자, 다른 눈동자는 하나같이 빈정거리거나 엄혹하거나 성이 나 있다…. 요한까지도, 안드레아까지도 업신여기고 엄하고 무자비한 눈길을 보내고 있다.

"나는 불쌍히 여깁니다. 그러나 내가 백부장을 만나러 갈 것은 아닙니다…."

"선생님께서는 그 사람이 친구인데요…."

"아닙니다."

"선생님이 고쳐 주신 하인 때문에… 그 까닭에 그 사람이 선생님께 감사하고 있다는 말입니다."

"당신도, 당신 손자의 병이 고쳐졌는데, 당신이 나와 같이 이스라엘 사람인데도 내게 감사하는 마음을 가지지 않았소. 은혜로는 의무가 생기지 않는 것이군요."

"아닙니다. 의무가 생깁니다. 감사하는 마음을 가지지 않은 사람은 화를…." 엘리야는 자기 자신을 단죄한다는 것을 깨닫고, 머리가 멍해져서 입을 다문다. 군중은 비웃는다.

"선생님, 빨리요. 위대하신 선생님! 거룩하신 선생님! 백부장이 명령을 내립니다. 보시지요?! 저들이 떠나려고 합니다! 제가 업신여김을 당하기를 원하십니까? 제가 죽기를 원하십니까?"

"아닙니다. 나는 은혜를 취소하지는 않겠습니다. 당신이 가서 그에게 말하십시오. '선생님이 동정을 베풀라고 당신에게 말씀하십니다' 하고. 가 보십시오!"

엘리야가 뛰어서 가고, 예수께서는 반대 방향으로 당신 집을 향하여 가신다.
 백부장이 수락한 모양이다. 벌써 안장에 올라앉았던 병사들이 말에서 내려오고, 초를 입힌 서판(書板)을 백부장에게 돌려주고, 말들을 도로 데려가는 것이 보이기 때문이다.
 "분하다! 그 자에게 잘된 일이었는데!" 하고 베드로가 외친다. 그리고 마태오가 이렇게 대답한다. "그래, 선생님이 그 자가 벌받게 내버려 두셔야 했는데! 우리한테 욕한 것만큼 매를 맞아야 하는 건데, 가증스런 늙은이!"
 "그리고 이렇게 되면, 그 자는 또 다시 시작할 채비를 하고 있단 말이야" 하고 토마가 외친다.
 예수께서 엄격한 얼굴로 돌아서신다. "내가 제자들을 두었느냐, 마귀들을 두었느냐? 자비가 없는 마음을 가진 너희들은 가라! 너희들이 있는 것이 내게 고통스럽다."
 세 사람은 비난을 듣고 돌같이 굳어져서 그 자리에 서 있다.
 "아들아, 너는 그렇잖아도 너무나 많은 고통을 당하고 있고, 나도 벌써 많은 고뇌를 겪고 있다! 거기에다 이 고통까지 보태지 말아라…. 저 사람들을 봐라!…" 하고 성모님이 애원하신다.
 그러니까 예수께서 돌아서시며 세 사람을 바라보신다….
 눈에는 온 바람과 온 고통이 깃든 비탄에 잠긴 세 얼굴이다.
 "오너라!" 하고 예수께서 명령하신다.
 오! 제비들도 이 세 사람보다는 느릴 것이다!
 "그리고 너희들이 그런 말과 같은 말을 하는 것을 내가 듣는 것이 이번이 마지막이 되게 해라. 마태오, 너는 그런 말 할 권리가 없다. 토마, 너는 네가 구원을 받았다고 믿고서 누가 불완전한지 판단할 만큼은 아직 죽지 못했다. 그리고 시몬, 너는 고생해가며 산꼭대기에 올려갔는데 골짜기 아래로 떨어진 큰 돌과 같다. 내 말뜻을 알아들어라…. 그리고 이제는 내 말을 들어라. 여기 회당과 시내에서 말해야 소용이 없다. 나는 호수를 여기저기 다니면서 배에서 말하겠다. 너희들은 배를 필요한 만큼 준비하여라. 조용한 저녁이나 시원한 새벽에 가자…."

140. 막달라에서

"어디루요? 선생님?" 배의 조작과 항행의 준비를 마치고, 선생님을 따라갈 준비를 갖춘, 사람들이 가득 탄 작은 선대(船隊)의 선두에 자기 배를 타고 있는 베드로가 묻는다.

"막달라로 가자. 내가 라자로의 마리아에게 약속했다."

"좋습니다" 하고 베드로가 대답하고는, 지그재그로 항행하여 좋은 방향을 잡을 수 있도록 키를 조작한다.

요안나는 선생님과 성모님과 글레오파의 마리아, 그밖에 마륵지암, 마태오, 알패오의 야고보와 내가 알지 못하는 어떤 사람과 같은 배에 타고 있다. 요안나는 고요한 여름날 저녁속에 잠겨있는 호수에 떠 있는 많은 배를 가리킨다. 저녁은, 마치 하늘에서 자수정이나 활짝 핀 등나무 꽃송이들의 폭포가 쏟아지는 것처럼, 석양의 붉은 빛을 부드럽게 해서 보라빛 도는 장막의 폭포를 만들어 놓는다. 요안나는 말한다. "저 배들 가운데에는 아마 로마 여자들의 배도 있을 것입니다. 이런 고요한 저녁에 고기잡이를 하는 체하는 것이 그 여자들의 오락 중의 한 가지입니다."

"그렇지만 남쪽에 더 많이 있을 것입니다" 하고 내가 알지 못하는 사람이 지적한다.

"오! 아니예요, 베냐민. 그 사람들은 빠른 배들과 능란한 뱃사공들을 두었어요. 그 사람들은 저기까지 와요."

"그들이 할 걸로 말하면…" 하고 베드로가 투덜거린다. 그리고 항행과 고기잡이를 오락으로 보지 않고, 직업으로 보고, 엄격하고 유익한 법으로 규제되는 종교로까지 생각하는 어부의 고집을 가지고 입속으로 계속 중얼거린다. 항행과 고기잡이를 서투르게 사용하는 것이 그에게는 하나의 모독같이 생각되는 것이다. "그들의 향과 꽃과 향수와 그밖의 악마같은 것들로 물을 썩게 하고, 그들의 음악과 새된

괴성과 그들의 이야기로 고기들을 혼란시키고, 그들의 연기나는 횃불로 고기들을 놀라게 하고, 무턱대고 던지는 그들의 그물로 호수 바닥과 고기의 번식을 망친단 말이야…. 그것은 금지해야 할거야. 갈릴래아 바다는 갈릴래아 사람과 이 고장 어부들의 것이지 창녀들과 한 패거리들의 것이 아니란 말이야…. 내가 주인이었다면! 하느님의, 우리 하느님의 물이고 **그분**의 자식들의 물인 이곳에까지 그들의… 을 가져오는 이교도들의 배, 떠다니는 악의 소굴, 침대방인 배들아, 너희들에게 본때를 보여줄 텐데…. 오! 아니 저거 좀 봐! 저 배들이 바로 우리를 향해 돌진하는데! 아니, 저걸 볼 수 있어!…. 아니 저걸 가만둘 수 있어…. 아니….''

업신여김으로 숨이 막혀 얼굴이 시뻘개지고, 마치 지옥의 세력과 싸움이라도 하듯이 헐떡이며 이스라엘 사람과 어부로서의 온 정신을 내쏟는 베드로의 이 비난을 예수께서 중단시키신다. "그러나 네가 주인이 아닌 것이 좋다. 네가 주인이 아닌 것이 다행이다! 저들과 너를 위해서. 사실 너는 저들이 좋은 충동을 따르는 것을 막을 것이다. 그러니까 저 인간들을 인도하시는 영원한 자비에 의해서 그들의 정신에 ─이교도의 정신이라는 것은 나도 동의한다만, 천성적으로 착한 정신 말이다.─ 넣어진 충동을 말이다. 그 인간들은 히브리 나라에 태어나지 않고 로마 나라에서 태어난 것에 대해서 죄가 없는 것이다. 하느님께서는 마침 그들이 선한 것을 지향하는 것을 보시기 때문에 그들을 동정의 눈으로 보시는 것이다. 그리고 너는 사랑을 어기는 행위와 또 하나 겸손을 어기는 행위를 저지르겠기 때문에 너 자신에게 해를 끼칠 것이다…."

"겸손이라니요? 못알아듣겠습니다…. 호수의 주인이면, 저는 호수를 제 마음대로 할 수 있을 텐데요."

"아니다, 요나의 시몬아. 아니야, 네 생각은 틀렸다. 우리의 것인 물건들도 하느님께서 주시기 때문에 우리의 것이 되는 것이다. 그러므로 어떤 한정된 시간 동안 소유를 하면서, 모든 것을 시간과 공간의 제한 없이 차지하는 분은 오직 한 분뿐이시라는 것을 항상 생각해야 한다. 한 분만이 주인이시고, 사람들은…. 오! 사람들은 큰 우주의 작은 조각들의 관리인에 지나지 않는다. 그러나 주인은 내 아버지이시고 네 아버지이시며, 살아 있는 모든 사람의 아버지이신 그분이시다. 게다가 그분은 하느님이시다. 따라서 모든 생각과 모든 행동이 지극히 완전하시다. 그러니까 하느님께서 진리를 향한 저 이교도들의 마음의 움직임을 호의를 가지고 바라보시고, 또 바라보실 뿐 아니라 선을 향하여 점점 더 가속시킴으로서 그 움직임을 도와주시니, 사람인 네가 그것을 막으려고 하는 것은 결국 하느님께 어떤 행동을 못하시게 막는 것이라고 생각되지 않느냐? 그런데 사람이 어떤 일을 언제 막느냐? 그것이 좋지 않다고 생각할 때이다. 그러므로 너는 하느님에 대해서 좋지 않은 일을 하신다고 생각하는 것이 될 것이다. 어떤 사람이든지 결점이 있고, 또 인식과 판단 능력이 하도 한정되어 있어서 열에서 일곱번은 그릇된 판단을 할 정도이기 때문에 형제들을 판단하는 것이 좋은 일이 아니니, 하느님의 행동을 판단하는 것은 절대적으로 나쁠 것이다. 시몬아, 시몬아! 루치펠은 하느님의 생각 중의 하나를 판단하고자 해서 그것을 틀렸다고 생각하고 자기를 하느님보다 더 옳다고 믿고 하느님 대신이 되고자 했다. 시몬아, 루치펠아 어떻게 하는 데 성공했는지 너도 알지. 또 우리가 겪는 모든 고통이 이 교오에서 왔다는 것도 알지…."

"선생님, 말씀이 옳습니다! 저는 지극히 불쌍한 놈입니다! 용서해 주십시오, 선생님!"

그리고 언제나 충동적인 베드로는 키의 손잡이를 놓고 예수의 발 앞에 가서 엎드린다. 그러니까 갑자기 제멋대로 내버려진 배는 마침 빠른 물살을 타고 방향을 잃고 무섭게 빗나가, 글레오파의 마리아와 요안나, 그리고 베드로의 육중한 배가 이제는 그들을 덮치려고 하는 것을 본, 가벼운 쌍둥이 배에 타고 있는 사람들이 비명을 지른다. 다행히도 마태오가 빨리 키의 손잡이를 다시 잡으니, 배는 앞뒤로 무섭게 흔들린 다음 항로를 도로 잡는다. 심하게 흔들린 것은 다른 배에 있던 사람들이 이 배를 멀리 미느라고 노들을 써 갑자기 흔들리게 하고 소용돌이를 일으켰기 때문이기도 하다.

"이봐, 시몬! 언젠가 자네는 로마 사람들이 우리를 덮치려고 했기 때문에 그 사람들을 서투른 뱃사공으로 취급하면서 욕을 했었지. 그러나 오늘은 자네가 처량한 꼴이 됐구먼…. 그것도 바로 그들이 보는 앞에서. 그들이 어떻게 모두 배에서 일어서서 보고 있는지 바라보게 …"하고 가리옷 사람이 로마 사람들이 배들을 가리키면서 베드로의 감정을 상하게 하려고 말한다. 로마인들의 배는 막달라 앞의 거울같이 잔잔한 물에 하도 가까이 와 있어서 저녁의 보라빛 장막이 빛을 없애면서 더 어두워졌는데도 볼 수가 있을 정도이다.

"자넨 바구니 하나하고 물통 하나도 잃었네. 시몬, 갈고리를 가지고 건져 볼까?"하고 제베대오의 야고보가 다른 배에서 말한다. 그 사건이 있은 후에 모두가 베드로의 배 둘레로 모여들었기 때문에 야고보의 배도 이제는 아주 가까이에 와 있다.

"그렇지만 형은 어떻게 한 거야? 그런 일은 한번도 없었는데 말이야!"하고 안드레아가 또 다른 배에서 큰 소리로 말한다.

그들은 모두 함께 말했는데, 베드로는 모두에게 차례로 대답한다.

"그들이 나를 보았다구? 상관없어! 그들이 내 마음도 보았으면 좋았을 걸…. 좋아, 베드로야. 그 말은 하지 마라…. 그렇지만 자네가 내게 해를 끼치지 않는다는 걸 알아두게. 그건 배를 잘못 다루어서 그런게 아니라, 나 자신에게 모욕을 줄 수 있다는 좋은 원인으로 일어난 일일세…. 야고보, 걱정하지 말게! 낡아빠진 것들이 가라앉았는 걸…. 내 안에서 저항하고 있는 낡은 사람도 그것들 다음으로 물속에 던져버릴 수 있으면 좋겠네! 나는 모든 것을 배까지도 잃더라도, 정말 선생님이 원하시는대로 됐으면 좋겠네…. 내가 어떻게 했느냐구? 야! 하느님께까지 교훈을 하려고 하는 나 자신, 내 오만에 대해서 나는 배에 관한 일에 있어서까지도 바보라는 것을 증명한 거다…. 나로서는 잘된 일이다. 나 자신을 가지고 나 자신에게 비유를 만들어 들려준 거다…. 그렇지 않습니까, 선생님?"

예수께서는 찬성하신다는 것을 보이시기 위하여 미소를 지으신다…. 늘 앉으시는 자리인 고물에 앉으신 예수께서는 머리카락이 저녁 바람에 가볍게 물결치는 가운데, 어두워가는 공간을 배경으로 하고 흰 모습으로 마치 빛과 평화의 천사와 같이 황혼속에 두드러져 보이신다.

로마인들의 배들이 그들 있는 곳으로 왔다.

"저 배들은 선체와 돛이 완전합니다…. 그리고 사공들은 어떻구요! 빠르기가 물총새 같습니다. 저들은 조그만 바람도 조그만 물살도 다 이용합니다…."

"배 젓는 사람들은 거의 모두가 크레타섬과 나일강에서 온 노예들이예요" 하고 요안나가 설명한다.

"나일강 삼각주의 뱃사람들은 매우 능란하지요. 크레타 섬의 뱃사람들도 그렇구요. 그렇지만 이탈리아의 뱃사람들도 매우 훌륭합니다…. 그들은 쉴라*와 카립드*를 돌파해서 다니거든요…. 그만하면 그들이 훌륭한 뱃사람이라는걸 넉넉히 알 수 있지요" 하고 베냐민이라고 하는 내가 알지 못하는 사람이 말한다.

"주님, 어디로 갑니까? 막달라로 갑니까. 그렇지 않으면… 보십시오. 막달라 사람들이 우리에게로 옵니다…."

과연 그 곳의 모든 작은 배가 호숫가나 작은 항구를 떠나 가파르나움의 배들 쪽으로 향하여 오는데, 사람들을 무서울 정도로 태우고 또 태워서 뱃전에 물이 찰랑찰랑 할 지경이다.

"아니다. 시내가 바라보이는 여기 먼 곳에 남아 있자. 나는 배에서 말하겠다…."

"저 조심성없는 사람들이 빠져죽으려고 해서… 그럽니다. 아니, 선생님, 보십시오! 호수가 은판처럼 고요하기는 합니다만…. 그래도 물은 역시 물이고… 짐은 역시 짐이거든요…. 그런데 저기… 저 사람들은 물 위에 있지 않고 뭍에 있는 걸로 믿고 있습니다…. 돌아가라고 명령하십시오…. 저 사람들 빠져 죽겠습니다…."

"믿음이 부족한 사람아! 그래 너는 믿음을 가진 동안은 내가 권하는 데 따라서 물위를 마치 단단한 땅 위를 걷는 것처럼 걸었다는 것을 기억하지 못하느냐? 저 사람들은 믿음을 가지고 있다. 그러니까 짐과 빠져 들어가는 것 사이의 평형(平衡)법칙을 거슬러서 물이 사람을 너무 많이 태운 저 배들을 떠받쳐 줄 것이다."

"그렇게 되면… 그것은 정말 큰 기적의 저녁이 되겠군요…" 하고

---

* 역주 : Seylla, 이탈리아의 멧시나 해협(이탈리아 반도와 시칠리아 섬 사이에 있는)에 있는 유명한 암초.

* 역주 : 멧시나 해협의 무서운 소용돌이.

베드로가 배를 멎게 하려고 작은 닻을 내리면서 어깨를 들썩 하고 중얼거린다. 배는 이렇게 하여 일부분은 가파르나움, 일부분은 막달라, 일부분은 티베리아의 배들이 빙 둘러 있는 가운데 있게 되었다. 티베리아의 배들은 로마 여자들의 배인데, 그 배들은 조심성있게 가파르나움의 배들 뒤로 가서 호수 중심 쪽으로 자리를 잡는다.

예수께서는 그 배들에 등을 돌리시고, 막달라의 배들 쪽, 라자로의 마리아의 넓은 나무가 우거진 정원 쪽, 호숫가로 죽 이어져 있고, 밤에 그 흰 빛이 두드러지게 나타나는 작은 집들 쪽을 바라보신다.

이제는 이물과 노들이 휘젓지 않게 된 호수는 고요한 모습을 되찾는다. 그것은 떠오르는 달빛으로 은빛 물결무늬가 생기고, 이물마다 켜 놓은 현등(舷燈)이나 등불의 불꽃이 호수에 반사되는 곳에는 황옥이나 홍옥 비늘을 깔아놓은 것같은 거대한 수정판과 같다.

얼굴들은 붉고 노란 빛과 달빛의 대조로 인하여 이상하게 보인다. 어떤 부분은 매우 뚜렷이 나타나고, 어떤 부분은 겨우 보일까 말까 하다. 어떤 얼굴들은 세로나 가로로 둘로 잘린 것같아서, 이마나 턱 또는 한쪽 뺨만이 불빛을 받아, 얼굴 반쪽 옆얼굴은 아주 분명히 나타나고, 다른 쪽은 거의 가려져 있다시피 하다. 어떤 사람들의 눈은 반짝이는데, 어떤 사람들의 눈구멍은 비어 있는 것같다. 입도 마찬가지여서, 어떤 사람들의 이는 미소로 인하여 반짝이는가 하면, 어떤 사람들의 이는 어둠속으로 사라진다.

그러나 모든 사람이 예수를 보도록 가파르나움의 배들과 막달라의 배들에서 많은 현등을 넘겨 주어 예수의 발 앞에 놓고, 쓰지 않는 노에 달아서 이물과 고물의 뱃전에 놓고, 돛을 내린 돛대에까지도 매단다. 예수께서 계신 배는 이렇게 해서 불빛이 없는 배들이 빙 둘러싼 배들 가운데에서 빛나고 있고, 예수께서는 이제 사방에서 불빛을 받으셔서 잘 보이신다. 로마 사람들의 배들만이 그들의 붉은 초롱으로 비추어지는데, 매우 가벼운 바람으로 불꽃이 펄럭인다.

"평화가 여러분과 함께!" 하고 배가 앞뒤로 약간 흔들리는데도 불구하고 예수께서는 일어서시어, 강복하시려고 팔을 벌리시며 말씀하신다. 그리고 모든 사람이 잘 듣도록 천천히 말씀을 계속하신다. 고요한 호수 위에는 힘차고 듣기 좋은 목소리가 퍼진다.

"조금 전에 내 사도들 중의 한 사람이 내게 비유 하나를 제공했습니다. 그런데 이제는 내가 그것을 여러분에게 말하겠습니다. 그것은 그 비유를 여러분 모두가 이해할 수 있어서 모두에게 유익할 수 있기 때문입니다. 들어 보시오.

어떤 사람이 오늘 저녁같이 고요한 저녁에 호수를 항행하고 있었는데, 자신만만하게 느껴져서 자기가 결점이 없는 사람이라고 거드름을 피웠습니다. 그 사람은 배를 부리는 데 많은 경험이 있었고, 그런 이유로 인해서 그는 물 위에서 만나는 다른 사람들보다 자기가 뛰어나다고 느끼고 있었습니다. 다른 사람들 가운데에는 심심풀이로 온 사람이 많았고, 따라서 생활비를 벌기 위해서 일상적으로 하는 일에서 오는 경험이 없었습니다. 한편 그 사람은 착한 이스라엘 사람이었고, 이 이유로 그는 자기가 모든 덕행을 가지고 있다고 믿고 있었습니다. 요컨대 그 사람은 실제로 선량한 사람이었습니다.

어느날 저녁 자신있게 배를 달리게 하면서 이웃에 대해서 감히 판단을 내렸습니다. 그의 생각을 따르면, 그 사람은 하도 먼 이웃이어서 이웃이라고 생각할 필요도 없는 사람이었습니다. 그와 그 이웃 사이에는 국적이나 직업이나 믿음으로 아무런 관계도 없었고, 그래서 그는 국민적이거나 종교적이거나 직업적인 아무런 연대관계로도 제지되지 않으므로, 안심하고, 가혹하기까지 하게 이웃을 조롱하고, 그곳의 주인이 아닌 것을 한탄했습니다. 만일 그가 주인이었더라면 그곳에서 이웃을 내쫓을 것이라는 것이었습니다. 그리고 비타협적인 신앙심으로, 지극히 높으신 분께서 자기가 하는 것을 다른 사람들이 하고, 자기가 사는 곳에 살도록 허락하시는 것을 거의 비난하다시피 했습니다.

배에는 친구 한 사람이 있었습니다. 그를 정의로 사랑하고, 그 때문에 그가 지혜롭기를 원하는 매우 친절한 친구였고, 필요한 때에는 그의 잘못된 생각을 고쳐 주기도 했습니다. 그러니까 그날 저녁 그 친구는 뱃사공에게 이렇게 말했습니다. '왜 그런 생각을 하나? 사람들의 아버지는 오직 한분뿐이 아니신가? 그분이 우주의 지배자가 아니신가? 혹시 그분의 해가 모든 사람에게 내려와서 그들을 따뜻하게 해 주지 않는가? 혹시 그분의 구름이 히브리인들의 밭과 같이 이방인들의 밭도 적셔주지 않는가? 그리고 사람의 물질적인 필요를 위해서 그렇게 하시는데, 그의 영적인 필요에 대해서 같은 배려를 해 주시지 않겠는가? 그런데 자네는 하느님을 무엇을 하시라는 암시를 드리려고 하는 건가? 누가 하느님과 같은가?' 하고.

 그 사람은 착한 사람이었습니다. 그의 비타협성에는 많은 무지와 많은 그릇된 생각이 있었지마는, 나쁜 뜻은 없었고, 하느님께 죄를 지으려는 생각은 없었습니다. 오히려 하느님의 이익을 옹호하려는 마음이 있었습니다. 이 말을 듣고 현인의 발 앞에 엎드려 바보처럼 말한 것을 용서해 달라고 청했습니다. 그가 용서를 하도 성급하게 청하는 바람에 하마터면 배와 배에 있는 사람들을 가라앉고 물에 빠지게 해서 큰 재앙을 불러일으킬뻔 했습니다. 과연 용서를 서둘러서 청하느라고 키의 손잡이나 돛이나 물살은 걱정하지 않게 되었습니다. 그래서 결함이 있는 판단을 한 첫번째 잘못 다음에 서투른 조작을 하는 두번째 잘못을 저질러서, 자기가 보잘 것없는 심판자일 뿐 아니라 서투른 뱃사람이기도 하다는 것을 자기 자신에게 증명했습니다.

 비유는 이상과 같습니다.

 이제는 들으시오. 여러분 생각에는 이 사람이 하느님의 용서를 받겠습니다. 받지 못하겠습니까? 이것을 기억하시오. 이 사람은 하느님의 행동과 이웃의 행동을 판단함으로써 하느님과 이웃에 대해서 죄를 지었었고, 하마터면 그의 동행들을 죽일뻔 했습니다. 깊이 생각하고 대답하시오…." 그리고 예수께서는 팔짱을 끼시고 모든 배로, 가장 멀리 있는 배까지, 뱃전 위로 비죽 나온 귀족 부인들과 노젓는 사람들의 주의깊은 얼굴들이 줄지어 있는 것이 보이는 로마인들의 배들에까지 눈길을 보내신다….

 사람들은 잡담을 하며 서로 의논한다…. 겨우 들릴까 말까한 목소리들의 속삭임이 뱃전에 와서 가볍게 찰랑거리는 물소리에 섞인다. 판단하기가 어렵다. 그러나 대부분은 그 사람이 죄를 지었기 때문에 용서를 받지 못하리라는 의견이었다. 용서를 받지 못할 것이다. 적어도 첫째 죄에 대해서는 용서를 받지 못하리라는 것이다….

 예수께서는 이런 방향으로 확대되는 속삭임을 들으신다. 예수께서는 밤인데도 달빛 아래 두개의 사파이어처럼 빛나는 희한한 눈의 시선으로 미소지으신다. 달빛은 점점 더 아름다워지고 빛나서, 여러 사람이 초롱과 현등을 끄고 달의 인광을 발하는 빛만이 비추는 가운데 있을 생각을 한다.

"시몬아, 이 불들도 꺼라" 하고 예수께서 베드로에게 말씀하신다.

"천체와 별이 가득한 이 하늘 밑에서는 별빛에 비해서 그 등불들이 불똥들처럼 초라하다." 베드로는 군중의 심판을 듣기 위하여 긴장해 있다. 그래서 예수께서는 베드로가 초롱들을 떼기 위하여 손을 내미는 동안 그를 쓰다듬으시며 물으신다. "왜 그렇게 불안한 눈길을 가지느냐?"

"선생님이 이번에는 제게 군중의 심판을 받게 하시니까요…."

"오! 왜 군중을 두려워 하느냐?"

"그것은… 저와 같이… 군중도 옳지 않기 때문입니다…."

"시몬아, 그러나 심판하시는 것은 하느님이시다!"

"그렇습니다. 그러나 선생님은 저를 아직 용서해 주지 않으셨고, 이제는 저들의 판단을 기다려서 용서하고자 하십니다…. 선생님 생각이 옳습니다…. 저는 고치기 어려운 사람입니다…. 그러나… 선생님의 가엾은 시몬에게 왜 하느님의 이 심판을 당하게 하십니까?…."

예수께서는 베드로의 어깨에 손을 얹으신다. 베드로는 배 안 낮은 곳에 있고, 예수께서는 고물에 서 계시기 때문에, 즉 베드로보다 훨씬 위에 계시기 때문에 쉽게 그렇게 하실 수 있다. 그리고 그에게 미소를 보내신다…. 그러나 대답은 하지 않으신다. 오히려 사람들에게 물으신다. "그러면요? 배 하나씩 하나씩 크게 말하시오."

아아! 가엾은 베드로! 만일 하느님께서 거기 있는 사람들의 의견에 따라 심판하셨더라면, 베드로를 단죄하셨을 것이다. 사도들의 배까지 포함해서 세 배만 빼고는 다른 모든 배가 그를 단죄한다. 로마 사람들의 배는 의사를 표시하지 않고 질문도 받지 않는다. 그러나 그 배들도 역시 그 사람이 비난받아 마땅하다고 판단하는 것이 분명하다. 그것은 이 배에서 저 배로 ─로마 사람들의 배는 세 척이다.─ 그들은 엄지손가락을 거꾸로 하는 표시를 하는 것으로 보아 알 수 있다.

베드로는 놀란 소의 눈같은 눈을 들어 예수의 얼굴을 쳐다보다가 한층 더 다정스러운 얼굴을 만나게 되는데, 그 새파란 눈에서는 일종의 평화가 흘러 나온다. 그리고 베드로는 사랑에 빛나는 얼굴이 그에게로 숙여지는 것을 보고, 자기가 예수께로 끌리는 것을 느낀다. 그래서 그의 반백이 된 머리가 예수의 옆구리에 기대지게 되고, 선생님의 팔은 그의 어깨를 꼭 껴안게 되었다.

"사람은 그렇게 판단합니다. 그러나 하느님께서는 그렇게 심판하지 않으십니다! 여러분은 '그 사람은 용서받지 못할 것이라'고 말했습니다. 그러나 나는 이렇게 말합니다. '주님은 그에게서 용서받을 만한 거리도 발견하지 못하신다'고. 사실 용서는 죄를 가정합니다. 그러나 여기에는 죄가 없었습니다. 머리를 저으며 중얼거리지 마시오. 되풀이해서 말하지만, 여기에는 죄가 없었습니다.

죄는 언제 생깁니까? 죄를 지을 뜻이 있고, 죄를 짓는다는 자각이 있고, 어떤 행동이 죄가 된다는 자각을 하고 나서도 계속 죄짓기를 원할 때에 죄가 있는 것입니다. 덕행이건 죄의 행위이건, 모든 것이 어떤 행위를 하는 뜻에 달렸습니다. 어떤 사람이 분명히 좋은 행위를 하면서도, 좋은 행위를 한다는 의식없이, 오히려 나쁜 행위를 한다고 믿으면서 하면, 그 사람은 나쁜 행위를 하는 것과 마찬가지로 죄를 짓습니다. 그리고 이 반대의 경우도 같습니다.

예를 하나 곰곰이 생각해 보시오. 어떤 사람이 원수가 한 사람 있는데, 그 원수가 병이 들었다는 것을 압니다. 그는 또 의사의 명령으로 병자가 찬 물을 마시면 안 되고, 어떤 액체도 마셔서는 안 된다는 것을 안다고 합시다. 그 사람이 표면상으로는 사랑으로 그러는 것같이 병자를 찾아갑니다. 그리고 병자가 '목이 말라, 목이 말라!' 하고 신음하는 소리를 듣습니다. 그리고는 동정하는 체하면서 우물에서 떠 온 아주 찬 물을 서둘러서 먹여 주면서 말합니다. '이 사람아, 마시게. 나는 자네를 사랑하네. 그래서 그렇게 목이 타서 괴로워하는 걸 볼 수가 없네. 보게, 이렇게 시원한 물을 일부러 가져왔네. 마시게, 마셔. 병자를 도와주고, 목마른 사람에게 마실 것을 주는 사람은 큰 상을 받으니까.' 그리고 그 사람에게 마실 것을 주면서 그의 죽음도 가져다 줍니다. 두 가지 자비의 행위로 이루어졌기 때문에 그 자체로서는 착한 이 행위가 나쁜 목적으로 행해졌는데도 좋은 행위라고 생각하십니까? 아닙니다, 좋은 행위가 아닙니다.

또 술꾼인 아버지를 모시고 있는 아들로, 무절제로 인해서 당하게 될 죽음에서 아버지를 구하려고 포도주 지하저장실을 잠그고, 아버지에게서 돈을 빼앗고, 술을 마셔서 건강을 해치게 될 마을에 가는 것을 엄격히 막으면서, 그의 아버지를 비난하고, 그것도 자기 아버지에게 마치 가장이나 된듯이 비난을 한다는 그 사실 하나만으로 넷째 계명을 어기는 것으로 생각됩니까? 표면상으로 아버지를 괴롭혀서 죄가 있는 것같습니다. 그러나 사실은 착한 아들입니다. 그의 아버지를 죽음에서 구하기를 원하므로 그의 뜻이 착하기 때문입니다. 언제나 뜻이 행위에 가치를 주는 것입니다.

또 있습니다. 전쟁에서 사람을 죽이는 병사는 살인자입니까? 그의 정신이 살육에 동의하지 않고, 어쩔 수 없이 싸우되, 전쟁이라는 무자비한 법과 부하라는 그의 지위 때문에 강요되어서 그렇게 하면 그렇지 않습니다.

따라서 신자와 애국자와 어부로서의 좋은 뜻을 가지고, 그의 생각으로는 모독하는 사람들인 그 사람들을 용납하지 않은 그 뱃사람은 이웃에 대한 사랑을 어기는 죄를 짓지 않고, 다만 이웃 사랑에 대해서 잘못된 생각을 가지고 있었습니다. 또 하느님에 대한 그의 원한은 건전하지 못하고 견식있지는 않지만 착한 신자의 정신에서 오는 것이기 때문에 하느님께 대한 불경의 죄가 아니었고, 또 용서를 청하려는 좋은 욕망으로 배의 침로이탈을 일으켰기 때문에 살인죄도 짓지 않았습니다.

항상 구별을 할 줄 아시오. 하느님은 비타협적이시기 보다는 오히려 자비로우십니다. 하느님은 인자하십니다. 하느님은 아버지이십니다. 하느님은 사랑이십니다. 이것이야말로 참 하느님이십니다. 그리고 참 하느님께서는 모두에게, 모두에게 가슴을 열어 보이시며, 모든 사람에게 당신 나라를 가리키시면서 '오너라' 하고 말씀하십니다. 그리고 하느님께서 마음대로 그렇게 하실 수 있는 것은 그분이 오직 한 분뿐이시고, 보편적이시고, 창조주시고, 영원하신 주님이시기 때문입니다.

이스라엘 사람 여러분, 제발 부탁입니다. 공정하시오. 그리고 이것들을 기억하시오. 당신들이 불결하다고 생각하는 사람들은 이것들을 알아듣는데 당신들은 알아듣지 못하게 되지 마시오. 종교와 조국에 대한 지나치고 도를 지나친 사랑도 죄입니다. 그것은 이기주의가 되기 때문입니다. 그런데 이기주의는 언제나 죄의 이유와 원인이 되는 것입니다.

그렇습니다. 이기주의는 마음속에 나쁜 뜻의 씨를 뿌려 하느님과 하느님의 계명에 반항하게 하기 때문에 죄입니다. 이기주의자의 정신은 하느님도 하느님의 진리도 똑똑히 보지 못하게 됩니다. 이기주의자 안에서는 교만이 연기를 뿜어 진리들을 가립니다. 교만해지기 전에 보던 것처럼 진리의 순수한 빛을 보지 못하게 된 정신은 안개 속에서 이유들에 대한 소송을 시작하고, 거기에서 의심으로 넘어가고, 의심에서는 하느님에 대한 사랑과 하느님과 그분의 정의에 대한 사랑에서뿐 아니라, 하느님과 그분의 벌에 대한 두려움에서까지도 이탈하는 데로 넘어갑니다. 따라서 죄를 쉽게 짓게 되고, 죄를 쉽게 짓는 데에서 하느님에게서 멀어지는 영혼, 이제는 그를 인도하는 하느님의 뜻을 가지지 못하게 되므로 죄인인 **자기**의 뜻의 지배에 빠지게 되는 영혼의 고독이 옵니다. 오! 죄인의 뜻은 매우 무자비한 사슬입니다. 그 사슬의 한 끝은 사탄이 잡고 있고, 사람의 발에 매여 있는 다른 끝에는 무거운 쇠공이 달려 있어서, 그를 진흙과 어두움속에 노예로 몸을 굽게한 채 붙잡아 둡니다.

그러니 사람이 죽을 죄를 짓지 않을 수가 있습니까? 이제는 자기 안에 나쁜 뜻밖에 가지지 않게 되었으니 그런 죄를 짓지 않을 수가 있습니까? 그 때에는, 그 때에만 하느님께서 용서하지 않으십니다. 그러나 사람이 착한 뜻을 가지고 있으면 무의적(無意的)으로 덕행을 닦더라도 분명히 진리를 차지하게 되고야 맙니다. 착한 뜻은 하느님께로 인도하고, 지극히 거룩하신 아버지이신 하느님께서는 착한 뜻을 가진 당신 자녀들을 도우시고 강복하시고 용서하시려고 사랑과 연민과 관용을 가득히 가지시고 굽어보십니다.

그렇기 때문에 그 배에 있던 사람은 죄를 지을 뜻을 가지고 있지 않아서 죄를 짓지 않았기 때문에 전적으로 사랑을 받았습니다.

이제는 집으로 평안히 가십시오. 별들이 하늘 가득히 총총 박혔고,

달은 세상을 깨끗하게 감쌌습니다. 별들처럼 순종해서 집으로 가고, 달처럼 깨끗하게 되시오. 하느님께서는 순종하고 마음이 깨끗한 사람들을 사랑하시고, 행위 하나하나를 하느님과 형제들을 사랑하고 하느님의 영광과 형제들의 이익에 힘쓰겠다는 착한 뜻으로 하는 사람들에게 강복하시기 때문입니다.

평화가 여러분과 함께 있기를 바랍니다."

그리고 예수께서는 강복하시려고 팔을 벌리시고, 예수를 둘러싸고 있던 배들은 멀어지며 서로 헤어져서 각기 제 갈길을 간다.

베드로는 너무 행복해서 떠날 생각을 하지 않고 있을 지경이다.

마태오가 그를 흔든다. "시몬, 자넨 주의를 하고 있지 않구먼? 나는 어떻게 하는지 잘 모르는데…."

"그렇구먼… 아이고! 선생님! 그러면 저를 단죄하지 않으셨습니까?! 저는 몹시 걱정을 했었는데요…."

"걱정하지 말아라, 요나의 시몬아. 나는 너를 구하려고 택했지, 파멸시키려고 택하지는 않았다. 나는 너의 착한 뜻 때문에 너를 택했다…. 자, 요나의 시몬아, 키 손잡이를 잡고 북극성을 바라보고 자신있게 나아가라. 언제나 자신있게… 모든 항행에서… 하느님인 네 예수가 네 영적인 배의 이물에, 항상 네 곁에 서 있을 것이다. 그리고 네 예수는 항상 너를 이해할 것이다. 요나의 시몬아, 알아듣겠느냐? 항상 말이다. 그리고 네가 약한 어린 아이처럼 넘어질 수는 있어도, 넘어지겠다는 나쁜 뜻은 절대로 가지고 있지 않기 때문에, 네 예수는 너를 용서할 것도 없을 것이다…. 기뻐하여라, 요나의 시몬아."

그러니까 베드로는 너무 감격하여 말을 못하고, 사랑으로 숨이 막히다시피 하여 동의한다는 표를 하고 또 한다. 그리고 키 손잡이를 잡은 손이 떨린다. 그러나 바로 그의 곁에 온통 흰 빛에 감싸인 대천사같이 뱃전에 서 계신 선생님을 쳐다볼 때에 그의 얼굴은 평화와 안전과 사랑으로 빛난다.

141. 가파르나움에서의 삽화(挿話).
어린이들의 보호자 예수

"며칠 동안 먹을 음식과 옷을 준비해라. 우리는 이포로 갔다가 가말라와 아페카로 갔다가 게르게사에 내려오고, 안식일 전에 이리로 돌아온다" 하고 예수께서 문지방에 서서 가파르나움의 어린이들을 기계적으로 쓰다듬으시며 명령하신다. 어린이들은 해가 서쪽으로 기울어 살인적인 정도로 뜨겁지는 않게 되어 집에서 나올 수 있게 되자마자 그들의 큰 친구에게 인사를 하러 왔다. 그런데 예수께서는 해가 쨍쨍 내리쬐는 시간의 질식시키는 무기력에서 깨어나는 시내에 있는 집에서 제일 먼저 나오는 사람들 중의 한분이시다.

사도들은 그들이 받은 명령에 썩 마음이 내키지 않는 것같다. 그들은 서로 쳐다보고, 아직 몹시 무자비한 해를 올려다보고, 아직 뜨거운 집의 벽을 만져보고, 맨발로 땅바닥을 더듬어보며 말한다. "땅바닥이 불에 올려놓은 벽돌처럼 뜨겁습니다…." 그러면서 그 모든 무언의 동작으로 길을 떠나는 것은 미친 짓이라는 것을 은연 중에 암시한다….

예수께서는 약간 기대어 계시던 문틀에서 떨어지시며 말씀하신다. "가고 싶지 않은 사람은 그냥 남아 있어라. 나는 아무도 강요하지는 않는다. 그러나 나는 말을 하지 않고 이 지방을 떠나고 싶지는 않다."

"선생님… 그게 될 말씀입니까? 저희가 모두 가겠습니다…. 다만 … 저희는 여행하기에는 아직 너무 이른 것으로 생각되었습니다…."

"장막절 전에 나는 북쪽으로 가고자 한다. 따라서 훨씬 더 멀리, 그리고 배를 이용할 수 없는 길로 가고자 한다. 그러므로 호수로 인해서 길을 많이 절약하게 되는 이 지방을 **지금** 다녀야 한다."

"선생님의 말씀이 옳습니다.'배들을 준비하겠습니다…." 그리고 요나의 시몬은 그의 아우와 제베대오의 두 아들과 그밖에 여러 제자와 함께 출발 준비를 하러 간다.

예수께서는 열성당원과 당신의 사촌들과 가리옷 사람과 토마와 떨어지지 않는 두 사람인 필립보와 바르톨로메오와 함께 남아 계신데, 이들은 배낭을 준비하고, 수통에 물을 채우고, 빵과 과일 따위 필요한 모든 것을 가져온다.

한 작은 어린 아이가 예수의 무릎에 기대서 울고 있다.

"왜 우니, 알패오야?" 하고 예수께서 그에게 입맞춤 하시려고 몸을 굽히시며 말씀하신다….

아무 말도 없고… 더 크게 운다.

"이 애는 과일을 보고, 그걸 먹고 싶어하는 겁니다" 하고 가리옷 사람이 귀찮아하며 말한다.

"아이고! 가엾은 꼬마! 이 애 생각이 옳아! 어떤 것들은 아이들에게 보게 하면서 좀 주지 않아서는 안 돼요. 애야, 옛다. 울지 말아라!" 하고 알패오의 마리아가 말하면서 잎과 포도송이들이 달려 있는 채로 바구니에 담은 가지에서 황금빛 포도송이를 하나 떼어 준다.

"난 포도는 싫어요…." 그러면서 더 크게 운다.

"이 애는 분명히 꿀물이 먹고 싶은 겁니다" 하고 토마가 말하면서 수통을 그에게 주며 말한다. "이건 애들이 좋아하고, 애들에게 유익한거다. 내 조카들도…."

"난 아저씨의 물 싫어요…." 그리고 더 날카롭고 더 큰 소리를 지른다.

"아니 그럼, 뭘 원하는 거냐?" 하고 알패오의 유다가 반은 정색을 하고 반은 성이 나서 말한다.

"뺨따귀 두대, 이걸 애가 바라는 거야!" 하고 가리옷 사람이 말한다.

"왜? 가엾은 어린 것을!" 하고 마태오가 묻는다.

"귀찮게 하니까 그렇지."

"오! 귀찮게 구는 모든 사람의 뺨을 때리기로 든다면, 일생 동안을 뺨을 서로 때리는 걸로 보내야 할 걸세" 하고 토마가 매우 침착하게 말한다.

"아마 몸이 좋지 않은 모양이지" 하고 제자들 가운데 있는 마리아 살로메가 말한다. "과일과 물, 물과 과일… 몸이 그 때문에 고통을 겪어요."

"그런데 이 애는 빵과 물과 과일을 먹는 것만 해도 대단한 것입니다…. 그들은 몹시 가난하거든요!" 하고 세금 징수인으로서의 경험으로 가파르나움의 재정을 환히 알고 있는 마태오가 말한다.

"꼬마야, 왜 그러니? 여기가 아프냐?… 그렇지만 열은 없는데…" 하고 글레오파의 마리아가 어린이 곁에 무릎을 꿇고 말한다.

"아이고! 어머니도! 변덕스러운 짓이에요!… 보지 못하세요? 아이들 모두의 응석을 받아 주시겠어요."

"유다야, 나는 네 응석을 받아 주지 않았지만 너를 사랑했다. 그래 너는 내가 네 아버지의 엄격함에 너를 보호해 줄 정도로 너를 사랑했다는 걸 깨닫지 못하니?…."

"맞습니다. 어머니… 제가 어머니를 비난한 것이 잘못이었습니다."

"괜찮다, 얘야. 그렇지만, 네가 사도가 되기를 원하면 신자들에 대해서 어머니의 심정을 가질 줄 알아라. 그들은 어린 아이들 같다. 알겠니?… 그래서 그들에게는 애정 넘치는 참을성이 필요하다…."

"아주머니, 말씀 잘 하셨습니다!" 하고 예수께서 칭찬하신다.

"우리는 결국 여자들에게서 배우고 말겠구먼" 하고 가리옷 사람이 투덜거린다. "그리고 어쩌면 이교도 여자들에서도…."

"틀림없는 사실이다. 너희들이 지금 그 상태대로 있으면, 그리고 누구보다도 네가 그러하면, 그 여자들이 너희들을 훨씬 앞질러 갈 것이다. 확실히 모두가 너를 앞질러 갈 것이다. 어린 아이들, 거지들, 무식한 사람들, 여자들, 이방인들… 모두가."

"선생님은 제가 세상의 실패작이라고 말씀하실 수 있을 것입니다. 그 편이 더 간단할 겁니다" 하고 유다가 대답하며 쓴웃음을 짓는다.

"다른 사람들이 돌아오고 있습니다…. 이제 떠날 시간이 다 되었지요?" 하고 바르톨로메오가 여러 사람이 각기 제나름대로 고통을 느끼는 사건에 종지부를 찍으려고 한다.

어린이의 울음은 극도에 달하였다.

"아니, 대관절! 뭘 원하는 거냐? 무슨 일이냐?" 하고 가리옷 사람이 어린 아이가 달라붙어 있는 예수의 무릎에서 그를 떼어놓으려고, 그리고 특히 죄없는 어린이에게 분풀이를 하려고 그를 마구 흔들면서 말한다.

"선생님하고! 선생님하고!… 선생님이 가면… 매를 막 때린단 말이야…"

"아!… 아이고 가엾은 것! 참 말입니다! 그 여자가 재혼을 한 뒤로는 첫째 남편의 아이들은… 거지 같고… 그 여자에게서 나지 않은 아이들 같습니다…. 그 아이들을 거지처럼 내보내고… 오! 그 애들에게는 빵도 안 줍니다…" 하고 상황과 책임자들을 잘 아는 것같은 집 주인의 아내가 말한다. 그 여자는 이렇게 말을 마친다.

"누가 저 버려진 세 아이를 양자로 데려가야 할 겁니다…."

"여보시오. 요나의 시몬에게는 그 말을 하지 마시오. 그렇게 하면 그 어느 때보다도 그 사람과 우리들에게 완강하게 구는 장모에게 죽도록 미움을 받게 될 겁니다. 바로 오늘 아침에도 시몬과 마륵지암에게 몹시 거만하게 굴었습니다. 그래서 그들과 같이 있던 나는…" 하고 마태오가 말한다.

"시몬에게는 이 말을 하지 않겠습니다…. 그렇지만 사실이 그렇습니다…."

"그럼, 당신은 그 애들을 거두지 않겠소? 당신은 아이가 없는데…" 하고 예수께서 그 여자를 뚫어지게 들여다 보시며 말씀하신다.

"저는… 오! 그러고 싶기는 합니다만… 저희는 가난해서요…. 그리고 토마는… 조카들이 있고… 또 저는… 또…."

"그리고 특히 당신은 동포들에게 좋은 일을 할 기분이 아닌 거지요…. 여보시오. 당신은 어제 이곳의 바리사이파 사람이 마음이 냉정하다고 비난했고, 이 도시의 사람들이 내 말에 대해서 까다롭게 군다고 비난했지요…. 그러나 나를 안지가 2년이 넘는 당신이 다르게 하는 것이 무엇이오?…"

여자는 고개를 숙이고 옷을 만지작거린다. 그러나 여전히 울고 있는 어린이를 위한 말은 한 마디도 하지 않는다.

"다 준비되었습니다, 선생님!" 하고 베드로가 오면서 외친다.

141. 가파르나움에서의 삽화(揷話). 어린이들의 보호자 예수

"오! 가난한 것!… 그리고 박해를 당하는 아이!…" 하고 예수께서는 팔을 쳐들어 낙망을 나타내는 몸짓을 하시며 한숨을 쉬신다….

"아들아!…" 하고 지금까지 잠자코 계시던 성모님이 예수를 위로하기 위하여 말씀하신다. 그러니까 이 말씀만으로 예수께서는 넉넉히 위로를 받으신다.

"너희들은 식량을 가지고 먼저 가거라. 나는 어머니와 함께 어린 아이의 집까지 가겠다" 하고 예수께서는 지금 오는 사람들과 이미 당신과 같이 있던 사람들에게 명령하시고, 어린 아이가 목에 매달린 어머니와 함께 떠나신다.

두 분은 들판을 향하여 가신다.

"아들아, 그 여자에게 무슨 말을 할 참이냐?"

"어머니, 어머니로서의 마음속에 자기 배에서 나온 아이들에 대해서조차 사랑을 가지고 있지 않은 여자에게 무슨 말을 하겠습니까?"

"네 말이 옳다…. 그러면?"

"그러면… 어머니, 기도하십시다."

두 분은 기도를 하면서 걸어 가신다.

한 노파가 두 분을 불러세운다. "알패오를 메로바에게 데려 가시오? 그 여자에게 그 애들을 돌볼 때가 됐다고 말하시오. 그 애들은 어쩔 수 없이 도둑이 될 거요…. 그리구 그 애들이 떨어지는 곳에서 그 애들은 메뚜기처럼 될 거요…. 그렇지만 나는 그 여자를 원망하지, 그 불쌍한 세 아이는 원망하지 않겠어요…. 아이고! 죽음은 정말 공평하지도 못해요! 야곱이 살고, 그 여자가 죽을 순 없었어요? 선생님이 그 여자를 죽게 해야 할 겁니다. 그러면…."

"할머니, 할머니는 나이를 그렇게 잡숫고도 지혜로워지지 못하셨습니까? 그리고 할머니는 아무 때고 돌아가실 수 있는데 그런 말씀을 하세요? 정말이지 할머니는 메로바 만큼이나 옳지 못하십니다. 뉘우치십시오. 그리고 다시는 죄짓지 마세요."

"용서하십시오, 선생님…. 그 여자의 잘못 때문에 내가 당찮은 소리를 하게 돼서 이럽니다…."

"예, 할머니를 용서합니다. 그러나 다시는 절대로 그런 말을 혼자 서라도 하지 마세요. 저주도 잘못을 고치지는 못합니다. 사랑으로 고치시오. 메로바가 죽는다고 아이들의 운명이 바뀌겠습니까? 아마 홀아비가 된 남자는 또 다른 여자를 얻어 셋째 결혼에서 아이들을 얻을 것이고, 이 어린이들은 못된 어머니를 맞이하게 될 것입니다…. 따라서 이 애들의 운명은 더 고통스러울 것입니다."

"그렇군요. 나는 늙고 어리석습니다. 저기 메로바가 옵니다. 벌써 욕을 하고 있습니다. 선생님, 나는 갑니다. 저 여자가 내가 선생님한테 제 말을 했다고 생각하기는 원치 않습니다. 입이 험한 여자거든요…."

그러나 호기심이 "입이 험한 여자"에 대한 두려움보다 더 강해서, 그 노파는 예수와 마리아와 떨어져 있으면서도 그렇게 멀리 떨어지지는 않고, 눈치채이지 않고 듣기 위하여 몸을 굽히고 길가에서, 샘 가까이 있어서 축축하게 된 풀을 뜯는다.

"너 여기 있구나! 너 뭐 했니? 집으루 가! 언제나 들짐승처럼 쏘다니구 주인 없는 개처럼…. 또…."

"어머니 없는 아이처럼이지요. 여보시오. 집 안에 붙어 있지 않는 아이들은 어머니에 대해서 나쁜 증거가 된다는 것을 당신도 알지요?"

"그건 애들이 못돼 먹어서 그래요…."

"아니오. 내가 여기 오는 것이 서른 달이나 되는데, 전에 야곱이 살아 있을 때와 당신이 과부가 된 후 처음 몇 달 동안은 이렇지 않았소. 그러다가 당신이 새 남편을 얻었는데… 그 때부터 첫번 결혼의 기억과 더불어, 당신은 당신 아이들의 기억도 잃었소. 그러나 그 아이들과 지금 당신 뱃속에서 자라고 있는 아이 사이에 무슨 차이가 있소? 그 아이들도 그렇게 가지지 않았었소? 혹시 그 아이들은 젖을 먹여 기르지 않았소? 저기 저 비둘기를 보시오…. 새끼를 얼마나 정성스럽게 보살피오?…. 그러나 그 어미 비둘기는 벌써 다른 알들을 품고 있소…. 저 양을 보시오. 저 양은 벌써 또 다른 새끼를 뱃기 때문에 지난번에 낳은 어린 양에게 젖은 먹이지 않소. 그러나 얼마나 새끼의 주둥이를 핥아 주고, 몹시 발랄한 새끼양이 옆구리를 부딪는 것을 가만 봐 두는지 보시오. 내게 대답을 안 하오? 여보시오, 당신은 주님께 기도를 드리오?"

141. 가파르나움에서의 삽화(揷話). 어린이들의 보호자 예수

"물론이지요. 난 이교도가 아닙니다…."

"그런데 당신이 옳지 않으면서 어떻게 의로우신 주님께 말씀을 드릴 수가 있소? 어떻게 회당에 가서 두루마리의 말씀을 들으면서, 거기서 당신 자녀들에 대한 주의 사랑에 대해서 말씀하시는 것을 들으면서 마음속에 가책을 느끼지 않을 수가 있소? 왜 그렇게 오만한 태도로 침묵을 지키고 있소?"

"나는 당신의 말을 청하지 않았기 때문입니다…. 그리고 나는 당신이 왜 나를 불안하게 하려고 왔는지 모르겠군요…. 내가 있는 처지는 존중을 받을 만한 것입니다…."

"그럼 당신 영혼의 처지는 존중받아 마땅하지 않구요? 나는 당신의 말뜻을 알아듣소. 분노는 장차 태어날 아이의 목숨을 위태롭게 할 수 있다는 말이지요…. 그러나 당신 영혼의 생명에 대해서는 걱정을 하지 않소?…. 당신 영혼의 생명은 장차 나올 아이의 목숨보다 더 귀중하오…. 당신도 그걸 알지요…. 당신의 상태는 죽음으로 끝날 수도 있소. 당신은 그 시간을 불안하고 병들고 옳지 않은 영혼으로 맞고 싶소?"

"내 남편은 당신의 말을 들어서는 안 된다고 했습니다. 그러니까 당신의 말은 안 듣겠어요. 알패오야, 가자…." 그러면서 어린 아이가 벌써 매를 맞으러 간다는 것을 알고 성모님의 팔을 놓으려고 하지 않으면서 큰 소리로 울부짖는 가운데 몸을 돌리는 태도를 취한다. 성모님은 한숨을 쉬시면서 여자를 설득하려고 하시며 그에게 말씀하신다. "나도 어머니입니다. 그래서 많은 것을 이해할 줄 압니다. 또 나는 여자입니다…. 그래서 여자들을 이해할 줄 압니다. 당신은 좋지 못한 시기를 지나고 있는 중이지요? 당신은 고통을 당하면서 고통을 견딜 줄을 모릅니다…. 그래서 감정이 격해집니다…. 자매님, 내 말을 들으시오. 만일 내가 어린 알패오를 당신에게 주면, 이 애와 당신 자신에 대해서 옳지 못한 짓을 할 것입니다. 이 아이를 며칠 동안, 오! 며칠 동안만 내게 맡겨 주시오. 이 아이가 없게 되면 어떤가 보시오. 이 아이를 그리워할 겁니다…. 아들은 하도 다정스러운 것이어서, 우리에게서 멀리 떨어져 있으면 우리가 초라하고 냉정하고 빛이 없는 것같이 느껴집니다…."

"아니 그 앨 데려가세요! 데려가세요! 다른 두 아이도 데려가실 수 있으면 좋겠습니다. 그러나 그 애들이 어디 있는지 모르겠군요…."

"그럼 이 애를 데리고 갑니다. 잘 있어요. 예수야, 가자." 그러시면서 성모님은 빨리 돌아서서 흐느끼며 떠나신다….

"어머니, 울지 마십시오."

"아들아, 그 여자를 심판하지 말아라…."

연민 가득한 이 두 마디 말이 서로 엇갈린다. 그리고 오직 한 생각으로 입술이 벌어지면서 같은 말이 나온다. "그들이 자연적인 사랑을 이해하지 못하니, 기쁜 소식 안에 들어 있는 사랑을 언젠가 이해할 수가 있겠는지?" 그러면서 이 아들과 이 어머니 두분은 죄없는 어린 아이의 머리 위로 서로 바라다 보신다. 어린 아이는 이제는 신뢰하고 기뻐하며 성모님의 팔에 몸을 맡긴다.

"어머니, 우리는 생각했던 것보다 제자 하나를 더 얻게 되었습니다."

"그리고 이 아이는 평화스러운 며칠을 보내게 되었다…."

"보셨지요, 예?" 하고 작은 노파가 두분보고 말한다. "그 여자는 귀머거리예요, 귀가 아주 절벽이란 말입니다…. 내가 뭐랬어요? 그럼 이젠? 또 나중엔 어떻게 되지요?"

"그럼, 이제는 평화입니다. 그리고 나중에는 어떤 마음좋은 사람이 동정을 하기 바랍니다…. 할머니 마음이 그러지 말라는 법이 어디 있어요? 사랑으로 준 물 한 잔도 하늘에서 계산이 됩니다. 그러나 내게 대한 사랑으로 죄없는 어린이를 도와주는 사람은…. 오! 어린 아이들을 사랑하고, 그들을 악에서 구해 주는 사람들에게 얼마나 큰 천복이 주어지겠습니까!…."

작은 노파는 곰곰이 생각하고 있다…. 그리고 예수께서 호수로 통하는 지름길로 해서 가신다. 도착하셔서 예수께서는 성모님이 더 쉽게 배에 올라 가시도록 성모님의 품에서 어린 아이를 받으신다. 그리고 그 어린 아이를 보이시려고 할 수 있는대로 높이 쳐드시고, 벌써 배안에 올라간 사람들에게 말씀하신다. "보아라! 이번에는 우리가 죄없는 어린 아이를 데리고 가니까 틀림없이 성과가 많은 전도를 하게 될 것이다." 그러시면서 흔들리는 선교(船橋)를 자신있게 올라가셔서 배안으로 들어가 어머니 곁에 앉으신다. 그동안 배는 호숫가에서 떨어져서 이내 동남쪽인 이포 쪽으로 선수를 돌린다.

142. 이포 못미쳐 있는 마을에서

 이포는 호수의 거의 동남쪽 경계에 있는 호숫가의 저 집들을 보고 내가 생각했던 것처럼 호숫가에 있지 않다. 제자들의 말을 듣고서 그것을 알아차리게 되었다. 저 집들의 집단은 말하자면 더 내륙에 있는 이포의 전위(前衛)같은 것이다. 로마에 대한 오스티아, 베네치아에 대한 리도같이, 저 집들은 내륙에 있는 도시의 호수 쪽으로 난 출구를 나타내는 것으로서, 그 도시는 이곳을 호수를 통한 수입 수출 경로로 이용하고, 이 지방에서 갈릴래아의 대안(對岸)으로 가는 여행의 여정을 줄이는 데 이용하고, 끝으로 도시의 한가한 사람들의 소풍 장소로, 이 마을의 많은 어부들이 그들에게 마련해 주는 생선을 공급하는 장소로 이용한다.
 조용한 저녁에 일행은 지금은 물이 마른 개울바닥에 개울물이 밀어내지 않는 호수의 푸르스름한 물이 몇 미터쯤 들어와 만들어놓은 자연적인 작은 포구 근처에서 배에서 내린다. 거기에는 고기가 많은 물을 이용하는 어부들과 기름지고 축축한 띠모양의 땅을 가꾸는 야채재배인들의 크고 작은 집들이 있다. 아주 가까이에 있는 물로 관개되는 이 땅은 호숫가에서 내륙 쪽으로 뻗어가는 데, 남쪽보다는 북쪽으로 더 뻗어 간다. 남쪽으로는 거의 수직으로 호수로 내려가는 높은 절벽이 시작되는 곳에서 빨리 끝난다. 그 절벽 꼭대기에서는 게라사 사람들의 기적의 돼지들이 호수로 뛰어내린 곳이다.
 시간이 그런 시간이라, 주민들은 옥상이나 정원에서 저녁 식사를 하는 중이다. 그러나 정원에는 낮은 울타리가 쳐져 있고, 옥상에도 별로 높지 않은 담이 둘러쳐져 있다. 그래서 주민들은 포구에 들어오는 작은 선단을 보게 된다. 어떤 사람들은 호기심으로, 또 어떤 사람들은 알기 때문에 일어나서, 오는 사람들의 마중을 나간다.
 한 어부가 말한다. "저건 요나의 시몬의 배와 제베대오의 배야. 그러니 선생님이 제자들과 같이 여기 오시는 것이 틀림없어."
"여보, 즉시 아이를 안고 나를 따라와요. 아마 선생님일 거야. 선생님이 아이를 고쳐 주실 거요. 하느님의 천사가 선생님을 우리에게 모셔 오는 거요" 하고 한 야채재배자가 얼굴이 눈물 투성이가 된 아내에게 명령한다.
"나는 믿네. 나는 그 기적을 기억하네! 그 많은 돼지들! 그 놈들 안에 들어간 마귀들의 열기를 물속에서 식히는 돼지들 말이야…. 고통이 얼마나 심했기에 깨끗한 것은 그렇게도 무시하는 그 짐승들이 물속으로 뛰어들었겠어…" 하고 한 사람이 뛰어 오면서 선생님의 선전을 한다.
"오! 자네 말이 맞아! 틀림없이 고통스러웠을 걸세. 나도 거기 있어서 기억하고 있네. 돼지 몸에서 김이 나고, 물에서 김이 났지. 호수가 하마타의 물보다도 더 뜨겁게 됐었어. 그리고 그 놈들이 뛰어서 지나간 곳에는 나무들과 풀이 타 버렸어."
"나도 거기 갔었지만, 나는 아무 것도 변한 것을 보지 못했는데…" 하고 또 한 사람이 그에게 대답한다.
"아무 것도 못봤다구! 아니, 그럼 자넨 눈에 백태가 낀 모양이로구먼! 자 보게! 여기서도 보이네. 저기 개울 바닥이 마른 곳이 보이지! 좀 더 가까이 가서 보게. 어떻게 됐는지 알아차리게…."
"아니라니까?! 그렇게 황폐하게 된 건 테벳달의 추운 밤에 로마의 병사들이 그 방탕자를 찾을 때 그렇게 한 거야. 그 자들이 거기서 야영을 하고 불을 피웠거든."
"그래 그 병사들이 불을 피우느라고 수풀 하나를 온통 태웠단 말이야? 거기 나무가 몇 그루나 없어졌는지 보게!"
"수풀이라니! 참나무 두세 그루를 가지고!"
"그래, 자네에겐 그게 아무 것도 아닌 걸로 보이나?"
"아니야. 그렇지만 이건 알려진 사실이야! 그 자들은 우리 것을 가지고 가마를 만든단 말이야. 그 자들은 지배자고, 우리는 피압박민들이야. 아! 언제까지나…." 토론은 영적인 분야에서 정치적인 분야로 미끄러져 간다.
"누가 나를 선생님한테 데려다 주겠소? 소경을 동정하시오! 선생님이 어디 계십니까? 말 좀 해 줘요. 나는 선생님을 예루살렘과 나자렛과 가파르나움에서 찾았지만, 언제나 내가 가기 전에 떠나고 없었어요…. 어디 계셔요? 오! 나를 동정해 줘요!" 그는 사십세쯤 된 남자인데, 지팡이로 그의 둘레를 더듬으면서 탄식한다.

그는 다리나 어깨를 지팡이로 맞은 사람들의 저주를 받는다. 그러나 그를 동정하는 사람은 아무도 없고, 모두가 지나가면서 그를 건드리지만, 그를 데려다 주려고 내미는 손은 하나도 없다. 가엾은 소경은 겁이 나고 낙담이 되어 걸음을 멈춘다….

"선생님! 선생님! 악─악, 저 분은 에!"(나는 여자들이 억양을 붙여서 내는 날카로운 소리를 말로… 표현하려고 애쓰지만 그것은 외치는 소리지 말은 아니다. 그 외침은 사람의 말보다는 어떤 새들의 소리를 더 연상시킨다).

"선생님은 우리 아이들에게 강복하실 거야!"

"선생님의 말씀을 들으면 내 뱃속의 아이가 뛰놀 거야. 아가야, 기뻐해라! 구세주께서 네게 말씀하신다" 하고 얼굴이 건강해 보이는 아내가 헐렁한 옷 아래로 부른 배를 쓰다듬으면서 말한다.

"오! 어쩌면 선생님이 내 태에 생식력을 넣어 주실지도 몰라! 그러면 엘리세오와 나 사이는 화목하게 될 거야. 나는 여자가 생식력을 얻는다고 하는 데는 다 가 보았어. 라켈의 무덤 근처의 우물과 어머님이 선생님을 낳으신, 동굴 옆의 개울물도 마셨고… 사흘 동안이나 세례자가 태어난 곳의 흙을 가져오려고 헤브론에도 갔었어…. 아브라함의 참나무 열매도 먹고, 아벨이 나서 죽임을 당한 곳에서 아벨에게 기원도 했어…. 땅과 하늘의 거룩한 것과 기적적인 것은 모두 해 보았고, 의사니 약이니 기원이니 기도니 제물이니… 모두 시험했어…. 그렇지만 내 태는 열려서 씨를 받아 들이지 않았어. 그래서 엘리세오가 나를 겨우 견디어 주는 거야. 나를 미워하지 않는게 고작이야!!! 아이고!" 하고 벌써 퇴색한 여인이 탄식한다.

"셀라, 당신은 이제 늙었어요! 단념해요!" 하고 약간 업신여김이 섞인 동정과 뚜렷이 우쭐하는 태도로 여자들이 말하는데, 아기를 낳아서 젖가슴이 부풀어 올랐거나 아기를 안고 가며 건강해 보이는 젖을 먹이는 여인들이다.

"아니야! 그런 말들 하지 말아! 선생님은 죽은 사람들도 다시 살리셨어! 그러니 내 태에 생명을 주실 수 없겠어?"

"비키세요! 비켜요! 병드신 우리 어머니가 가시니 비켜 주세요" 하고 임시변통으로 만든 들것의 채를 들고 가는 젊은이가 외친다. 들것의 한쪽은 매우 슬퍼하는 한 소녀가 들고 간다. 들것 위에는 아직 젊기는 하지만 누르스름한 해골처럼 된 여자가 있다.

"선생님께 불행한 요한에 대해서 말씀드려야 될 걸세. 그 사람이 있는 곳을 가리켜 드려야 해. 그 사람이 제일 불행한 사람이야. 문둥병자가 돼서 선생님을 찾아갈 수도 없으니까…" 하고 영향력 있는 나이 많은 남자가 말한다.

"우선 우리들이오! 우선 우리들이오! 선생님이 이포 쪽으로 가시면 끝장입니다. 도시 사람들이 선생님을 독점하고, 우리는 언제나 그런 것처럼 뒤에 처지고 맙니다."

"그런데 저기 무슨 일이 일어난 걸까? 호숫가에서 왜 여자들이 저렇게 외치고 있을까?"

"미친 여자들이라 그런 거지!"

"아니야. 기쁜 함성이야! 뛰어가세…"

길은 모래톱과 개울 쪽으로 몰고 가는 군중의 흐름과도 같다. 그곳에는 예수와 예수의 일행이 제일 먼저 달려 온 사람들에게 가로막혀 있다.

"기적이오! 기적! 의사들이 손을 놓은 엘리사의 아들이 나았단 말입니다! 선생님이 목구멍에 침을 넣어 고쳐 주셨어요."

여자들의 외침은 남자들의 힘찬 호산나 소리에 섞여서 한층 더 날카롭고 높다.

예수께서 키가 크신데도 문자 그대로 압도당하셨다. 사도들은 어떻게 해서든지 선생님을 빼내려고 애쓴다. 암, 그렇고 말고! 성모님을 가운데 모신 여자 제자들은 사도들의 무리와 갈라졌다. 알패오의 마리아의 품에 안겨 있는 어린 아이는 무서워서 운다. 아이의 울음소리로 여러 사람의 주의가 여자들에게로 쏠리고, 으레 있는 소식통이 말한다. "오! 선생님의 어머니도 계시고, 제자들의 어머니들도 있네…"

"어떤 여자들이야? 누구야?"

"어머니는 얼굴이 희고 금발이고, 아마포옷을 입은 분이고, 제일 나이많은 다른 여자들은 아기를 안은 사람하고 머리에 바구니를 이고 있는 여자야."

"그럼 꼬마는 누구야?"

"아들이지 뭐! 엄마 하고 부르는 소리가 안 들려요?"

"누구 아들이냐 말이오. 더 나이 많은 여자의? 그럴 수가 있나?"

"젊은 분의 아들이겠지. 아이가 그이한테 가려고 하는게 보이지 않아요?"

"아니야. 선생님은 형제가 없어. 나는 확실한 출처에서 들어서 알고 있어."

여자들이 이 이야기를 들었다. 그래서 예수께서 어렵게 빠져나오셔서 어린 아이들이 들고 있는 들것 있는 데까지 가시게 되어 병자를 고쳐 주시는 동안 그 여자들은 호기심을 가지고 성모님께로 간다.

그러나 그 중의 한 여자는 호기심으로 가는 것이 아니다. 그 여자는 성모님의 발 앞에 엎드리며 말한다. "어머님의 모성으로 저를 불쌍히 여겨 주십시오." 그런데 아기를 낳지 못하는 여자이다.

성모님은 몸을 굽히시고 말씀하신다. "자매님, 무엇을 원하십니까?"

"어미가 되는 걸요…. 아기 하나를!…. 다만 하나만이라도!…. 저는 수태를 하지 못하는 탓으로 미움을 받습니다. 아드님은 무엇이든지 하실 수 있다고 저는 믿습니다. 그러나 아드님에 대한 제 믿음은 너무 커서, 선생님이 어머니에게서 나셨으니까 어머니를 거룩하게 하시고 당신처럼 능력이 있게 하셨으리라고 생각합니다. 이제는 제발 부탁입니다…. 어머니의 더 없는 기쁨을 위해서 부탁입니다. 제가 수태를 하게 해 주십시오. 어머니 손으로 저를 만져 주십시오. 그러면 제가 행복하게 될 것입니다…."

"당신의 믿음이 큽니다. 그러나 믿음은 권리를 가지신 분이신 하느님께 드려야 합니다. 그러니 내 예수에게로 갑시다…." 그러시면서 성모님은 그 여자의 손을 잡으시고, 예수 계신 곳으로 가게 해 달라고 상냥하게 사람들에게 간청하신다.

다른 제자들도 사람들 사이에 갈라지는 틈으로 해서 성모님을 따라가고, 성모님께로 달려 온 여자들도 따라가는데, 걸어가면서 알패오의 마리아에게 군중 위로 쳐들고 가는 그 아이가 누구냐고 묻는다.

"어머니가 이제는 사랑하지 않게 된 아입니다. 그래서 사랑을 찾아 선생님께로 왔어요…."

"엄마가 사랑하지 않게 된 어린 아이라니!?!"

"수산나, 들었어요?"

"그런 잔인하고 비열한 여자가 누구예요?"

"아이고! 나는 아이가 가지고 싶어 죽겠는데! 어린 아이가 한번만이라도 나를 껴안게 아이를 주세요. 주세요!…." 그러면서 셀라는 말하자면 알패오의 마리아의 팔에서 꼬마를 빼앗다시피 해서 가슴에 꼭 껴안고, 그가 어린 아이를 안기 위해 성모님의 손을 놓은 때부터 벌써 헤어져 계신 성모님을 따라가려고 애쓴다.

"예수야, 들어라. 은혜를 청하는 여인이 한 사람 있다. 수태를 하지 못한다는구나…."

"아주머니, 그 여자 때문에 선생님을 성가시게 하지 마세요. 그 여자의 배는 죽었습니다" 하고 하느님의 어머니께 말한다는 것을 알지 못하는 어떤 사람이 말한다. 그러다가 어떤 사람이 알려 주는 바람에 자기가 잘못 생각한 것이 창피해서 몸을 움츠리고 달아나려고 한다. 그동안 예수께서는 그 사람과 애원하는 여자에게 대답하시며 이렇게 말씀하신다. "나는 생명입니다. 아주머니가 청하는 것이 이루어지기를 원합니다." 그러시면서 셀라의 머리에 잠깐 손을 얹으신다.

"다윗의 후손 예수님, 저를 불쌍히 여겨 주십시오!" 하고 아까의 소경이 소리를 지른다. 그 사람은 천천히 군중 가까이로 와서 군중 뒤에서 큰 소리로 부르는 것이다.

셀라의 애원하는 말을 들으시려고 몸을 구부리셨던 예수께서는 머리를 드시고, 파선을 당한 사람의 목소리처럼 놀란 소경의 목소리가 들려오는 쪽을 바라보신다.

"나더러 어떻게 해 달라는 겁니까?" 하고 예수께서 외치신다.

"보게 해 주십시오. 저는 암흑속에 있습니다."

"나는 빛이오. 그렇게 되기를 명하오!"

"아! 보입니다! 보여요! 다시 눈이 보입니다! 내가 주님의 발에 입맞춤 하러 가게 좀 비켜 주세요!"

"선생님, 여기 있는 사람들은 모두 고쳐 주셨습니다. 그러나 수풀 속 오막살이에 문둥병자가 한 사람 있습니다. 그 사람은 선생님을 모셔다 달라고 끊임없이 저희들에게 부탁합니다…."

"갑시다! 갑시다! 나를 가게 해 주시오. 사람을 다치게 하지 마시오. 나는 모든 사람을 위해 여기 왔습니다…. 자, 비켜 주시오. 여러분은 여자들과 어린이들을 괴롭게 하는군요. 나는 그렇게 이내 떠나지 않습니다. 내일까지 여기 남아 있습니다. 그리고 닷새 동안 이 지방에 있을 것입니다. 여러분이 원하면 나를 따라 올 수 있을 것입니다…."

예수께서는 군중의 질서를 바로잡고, 당신이 오신 것에서 혜택을 입으려고 하다가 다치지 않게 하시려고 애를 쓰신다. 그러나 군중은 마치 물렁물렁한 물질같이 물러났다가는 이내 다시 예수 둘레로 몰려든다. 마치 자연법칙으로 움직이면서 커질 수 밖에 없는 눈사태같고, 자석에 끌려오는 쇠알맹이 같다…. 그래서 걸음이 느리고, 방해를 받고, 힘들다…. 모든 사람이 땀을 흘리고, 사도들은 고함을 지르고, 팔꿈치로 가슴을 밀고, 다리들을 차서 길을 뚫어 보려고 한다…. 그러나 쓸데 없는 노력이다! 십 미터를 나아가는 데 십오 분이나 걸린다.

마흔 살쯤 된 여인이 하도 끈질기게 노력한 나머지 사람들 사이를 비집고 예수께까지 올 수 있었다. 그래서 예수의 팔꿈치를 건드린다.

"아주머니, 무슨 일입니까?"

"그 어린 아이 말입니다…. 말을 들었습니다…. 저는 과부이고 아이가 없습니다…. 저를 기억해 수십시오. 저는 아패카의 사라인데, 식기 장수의 과부입니다. 기억해 주십시오. 저는 붉은 샘 광장 근처에 집이 있습니다. 그러나 저는 포도밭도 있고 삼림도 가지고 있습니다. 저는 혼자인 사람에게 줄 만한 것이 있습니다…. 그랬으면 저는 행복하겠습니다…."

"아주머니를 기억하겠습니다. 아주머니의 동정심이 축복받기 바랍니다."

마을은 호수에 수직으로 펼쳐지기보다는 호수와 평행해서 펼쳐져 있다. 그래서 마을을 이내 건너질러서 들판으로 나오게 되었다. 사람들은 해가 질 때에 들판에 들어서게 되었는데, 석양 빛에 뒤이어 느낄 수 없이 어느 사이엔가 달빛이 비추기 때문에 어둡지 않다. 일행은 더 남쪽으로는 호숫가가 되는 높은 절벽이 있는 지맥(支脈)을 향하여 간다. 깎아지른 곳에 동굴들이 있다. 자연적으로 생긴 것들인지 바위속에 일부러 판 것인지는 모르겠는데, 담을 둘러치고 겉은 희게 칠한 것이 여러개 있다. 그것들은 틀림없이 무덤들이다.

"다 왔습니다! 병에 걸리지 않게 여기서 멈춰 섭시다. 우리는 살아 있는 사람의 무덤 근처에 와 있습니다. 그리고 지금은 그가 사람들이 갖다 주는 것을 가지러 바위에 오는 시간입니다. 그 사람은 부자였습니다. 아시겠습니까? 마음씨가 착하기도 했습니다. 그러나 지금은 성인입니다. 고통으로 타격을 받으면 받을수록 더 의로워졌습니다. 우리는 그 사람이 어떻게 문둥병자가 되었는지 모릅니다. 그가 잠을 재워준 나그네들에 의해서 그렇게 됐다고들 말합니다. 그 나그네들은 예루살렘으로 간다고 말했습니다. 그 사람들이 건강해 보이기는 했지만, 틀림없이 문둥병자들이었을 것입니다. 실제로 그 나그네들이 지나간 다음에 그들이 문둥병에 걸렸습니다. 우선 아내와 하인들, 그 다음에는 아이들, 끝으로 그 사람까지 걸렸습니다. 모두 다. 처음에 손부터 시작되었는데, 나그네들의 발을 씻어주고 옷을 빨아 준 사람들부터 시작되었습니다. 그래서 우리는 그 나그네들이 모든 것의 원인이었을 것이라고 말하는 것입니다. 아이가 셋이었는데 눈깜짝할 사이에 죽었고, 다음에는 어머니가 죽었는데 병보다는 오히려 고통으로 인하여 죽었습니다…. 저 사람은…, 사제가 그들 모두를 문둥병자라고 선언했을 때 저 사람은 이제는 쓸데 없게 된 재산을 가지고 이 언덕 한구석을 사서, 그와 가족과… 하인들까지를 위해 식량을 그리로 가져오게 하고, 괭이와 곡괭이들도 가져오게 했습니다…. 그리고 무덤을 파기 시작했고, 아이들과 아내와 하인들을 하나씩 차례로 거기에 묻었습니다…. 그 사람 혼자 남았는데, 모든 것이 세월과 더

불어 없어지기 마련이기 때문에 지금은 가난합니다…. 이것이 십오 년째 계속 됩니다…. 그렇지만… 절대로 불평 한 마디 없습니다. 그 사람은 유식했습니다. 그는 성경을 별들과 풀들과 나무들과 새들에게 말합니다. 그 사람은 그에게서 배울 것이 많은 우리에게 성경 이야기를 해 주고, 우리의 고통을 위로해 줍니다…. 그 사람이 말입니다. 아시겠습니까? 그 사람이 우리의 고통을 위로해 준단 말입니다. 그의 말을 듣기 위해서 사람들이 이포와 가말라에서 오고, 게르게사와 아페카에서까지도 옵니다. 그 사람이 마귀들린 두 사람의 기적 이야기를 듣고는… 오! 선생님에 대한 믿음을 전하기 시작했습니다. 주님, 남자들이 주님을 메시아라고 부르며 인사하고, 여자들이 주님을 승리자와 왕으로 인사를 드리고, 우리 어린이들이 주님의 이름을 알고, 주님이 이스라엘의 거룩하신 분이라는 것을 아는 것은 가엾은 문둥병자의 덕택입니다." 이것이 전에 요한에 대하여 말한 노인이 모든 사람을 대표해서 이야기한 것이다.

"그 사람을 고쳐 주시겠습니까?" 하고 여럿이 묻는다.

"그걸 내게 묻습니까? 나는 죄인들을 불쌍히 여깁니다. 그러나 의인에 대해서는 어떻겠습니까? 그런데 저기 저 덤불 사이로 오는 것이 아마 그 사람인 모양입니다…."

"틀림없이 그 사람일 것입니다. 그러나 주님은 얼마나 눈이 밝습니까! 우리는 소리는 들리지만, 아무 것도 보이지 않습니다…."

소리까지도 멎었다. 모든 것이 적막이고 기다림이다….

예수께서는 음식을 갖다 놓는 바위에까지 가셨기 때문에 혼자 앞에 서 계셔서 썩 잘 보이신다. 어떤 나무들 그늘에 있는 다른 사람들은 나무 줄기들과 덤불 사이로 사라진다. 어린이들까지도 엄마 품에서 잠이 들었거나 적요(寂寥)와 무덤들과, 나무와 바위들을 비추는 달빛이 만들어내는 이상야릇한 그림자들이 무서워서 조용하다.

그러나 그가 숨어 있는 곳에서 문둥병자는 볼 것이 틀림없고, 보아도 잘 볼 것이 틀림없다. 달빛을 받아 아주 하얗게 매우 아름답게 보이시는 주님의 크고 장엄한 키를 볼 것이 틀림없다. 문둥병자의 피로한 눈길이 예수의 빛나는 눈길과 만날 것이 틀림없다. 늘어나고 별같이 반짝이는 이 숭고한 눈에서 무슨 말이 나올 것인가? 사랑의 미소로 벌어지는 입술에서 무슨 말이 나올 참인가? 어떤 말이 마음에서, 특히 그리스도의 마음에서 나올 참인가? 신비이다. 영적인 관계를 맺는 하느님과 영혼들 사이에 있는 수많은 신비 중의 하나이다. 문둥병자가 "하느님의 어린 양이 여기 오셨군요! 세상의 모든 고통을 낫게 하려고 오신 분이 여기 오셨군요! 복되신 메시아, 우리의 왕이시요 우리의 구세주이신 예수님, 저를 불쌍히 여겨 주십시오!"하고 외치는 것으로 보아 그가 깨달은 것이 분명하다.

"당신은 무엇을 원하십니까? 어떻게 알지 못하는 사람을 믿고, 그 사람을 기다려지는 분으로 볼 수 있습니까? 당신 생각에는 내가 누굽니까? 알지 못하는 사람…."

"아닙니다. 선생님은 살아 계신 하느님의 아들이십니다. 제가 어떻게 그것을 알고 보느냐구요? 모르겠습니다. 여기 제 마음속에서 어떤 목소리가 외칩니다. '여기 기다려지시는 분이 오셨다. 네 믿음을 상주시려고 오셨다' 하고. 알지 못하는 분이요? 그렇습니다. 아무도 하느님의 얼굴을 알지 못했습니다. 그러니까 선생님은 외관상으로는 '알지 못하는 분'이십니다. 그러나 선생님은 선생님의 본성으로, 선생님 실재로는 알려지신 분이십니다. 아버지의 아들, 사람이 되는 말씀, 아버지와 같이 하느님이신 예수님이십니다. 선생님은 그런 분이십니다. 그래서 선생님을 믿고 인사 드리며 간청합니다."

"그런데 만일 내가 아무 것도 할 수 없고, 당신의 믿음이 기대에 어긋나면 어쩌겠습니까?"

"그것은 지극히 높으신 분의 뜻이라고 말하겠습니다. 그리고 항상 주님을 믿고, 사랑하고, 주님께 바라는 것을 계속하겠습니다."

예수께서는 대화를 주의깊게 듣고 있는 군중에게로 몸을 돌리시고 말씀하신다. "나 진정으로 진정으로 말합니다만, 이 사람은 산을 옮길 만한 믿음을 가지고 있습니다. 정말 잘 들어 두시오. 참 사랑과 참 믿음과 참다운 바람은 기쁨에서보다도 고통에서 더 알게 됩니다. 지나친 기쁨은 때로는 아직 미완성의 영에 파멸이 되기 때문입니다. 인생이 같은 날, 기쁘지는 않더라도 평온한 날의 계속에 지나지 않을 때에는 믿고 착하게 되기가 쉽습니다. 그러나 병, 재난, 죽음, 불행 따위가 고독과 버림받음과 모든 사람에게서 멀리 떨어짐을 그에게 가져다 줄 때에도 믿음과 바람과 사랑에 꾸준할 줄 알고, 그저 '지극히 높으신 분께서 내게 유익하다고 생각하시는 것이 이루어지기를 바랍니다' 하고만 말하는 사람은, 정말이지 하느님의 도움을 받을 자격이 있을 뿐 아니라, 하늘 나라에 그의 자리가 틀림없이 마련되어 있고, 그는 연옥을 거치지 않을 것이라고 나는 말하겠습니다. 그의 의덕은 그의 과거 생활의 모든 빚을 무효하게 만들었기 때문입니다. 여보시오. 나 당신에게 말합니다. '하느님께서 당신과 함께 계시니 평안히 가시오!'" 이렇게 말씀하시면서 예수께서는 돌아서시어 팔을 문둥병자에게로 내미시고, 말하자면 그 몸짓으로 그를 끌어당기신다. 그리고 그가 아주 가까이 와서 잘 보이게 되었을 때 이렇게 명령하신다. "내가 명령합니다! 깨끗해지시오!…." 그러니까 달이 그 은빛 광선으로 그 소름끼치는 병의 종기와 헌데와 작은 마디와 딱지들을 깨끗하게 하고 쓸어버리는 것같다.

몸이 다시 구성되고 다시 건강하게 된다. 군중의 호산나라는 기쁨의 함성으로 기적이 일어났음을 알게 되었으나, 율법이 명령한 시간 전에는 예수도 또 아무도 만질 수가 없으므로 땅에 입맞춤 하려고 몸을 구부리는 그 사람은 야윈 모습으로 인하여 고행자다운 용모를 가진 품위 있는 노인이다.

"일어나세요. 당신이 사제 앞에 가실 수 있게 깨끗한 옷을 갖다 드리겠습니다. 그러나 항상 깨끗한 정신으로 당신의 하느님 앞에 나아갈 줄을 아시오. 안녕히 계십시오. 평화가 당신과 함께 있기를!"

예수께서는 군중 있는 데로 다시 오셔서 쉬시려고 마을로 천천히 돌아오신다.

143. 호숫가 마을에서 아침에 전도하시다

　반대로 이제는 시원한 아침 나절에 사람들이 예수께서 호숫가 마을의 어떤 집에서 나오셔서 전도를 시작하시기를 기다리고 있다.
　나는 주민들이 전날의 기적들과 메시아를 그들 가운데 모신다는 기쁨과 예수께서 계신 시간을 일분이라도 놓치지 않으려는 의지로 인하여 지난 밤에 별로 잠을 자지 못하였으리라고 생각한다. 이 집 저 집 안에서는 자기 전에 사건들을 요약하고 정리하느라고, 그리고 이 세상과 내세에서 하느님의 은총을 얻는 데 확실한 방법이라고 선생님께서 칭찬하시고 일러주신, 어떤 어려운 사건에도 저항하는 그 믿음과 소망과 사랑을 각자의 영이 가지고 있는지 살피느라고 여러 가지로 이야기를 하였기 때문에 잠이 오는데 시간이 많이 걸렸다. 주민들은 선생님께서 아침 일찍 거리에 나오셔서, 떠나시는 것을 그들이 뵙지도 못하는 사이에 멀리 가시지 않을까 하는 염려로 인하여 급히 집에서 나왔다. 이리하여 집들의 문이 빨리 열리고 사람들이 거리로 쏟아져 나왔는데, 그들은 **모두가** 같은 생각을 가지고 이렇게도 많이 모인 것을 이상히 생각하며 서로 말하였다. "정말이지 같은 생각이 우리 마음을 움직여서 일치시킨 것은 이번이 처음인 걸"하고. 그리고 새롭고 착하고 형제적인 우정을 가지고 같은 마음으로 예수께서 묵으시는 집을 향하여 가서, 소리를 내지 않고, 초조하지 않고, 그러나 지치지 않고, 선생님께서 거리로 나오시기만 하면 따라 가기로 단단히 결심하고 집을 에워쌌다.
　많은 야채재배자들이 아직 이슬이 맺혀있는 과일들을 그들의 밭에서 따 가지고 와서 떠오르는 햇볕과 먼지와 파리를 막으려고 그것들은 잎이 우거진 포도나무 가지나 무화과나무의 넓은 잎으로 덮어 놓았는데, 그 잎들의 톱니모양 사이로 세밀화가(細密畵家)가 칠한 것같은 불그레한 사과들과, 호박색이나 줄 마노(瑪瑙)색 포도알, 또는 가지가지 종류의 무화과의 야들야들한 배가 보인다. 무화과 중의 어떤 것들은 꿀같이 단 과육을 둘러싸고 있는 잘게 주름이 잡힌 껍질속에 들어 있고, 어떤 것들은 잘 다린 비단처럼 부풀어 오르고 매끄러우며, 어떤 것들은 벌어져서 섬유들이 보이는데, 종류에 따라서 황금빛, 분홍빛, 짙은 빨강 따위이다. 어부들은 작은 바구니에 생선을 담아 가지고 왔다. 그들이 그 고기들을 밤 동안에 잡은 것이 틀림없다. 그것은 어떤 놈들은 아직 살아서 임종의 경련을 일으키면서 마지막 괴로운 숨을 쉬고, 마지막 숨을 쉬고 약하게 팔딱거리면서 버드나무나 포플라나무의 회청색 잎들 위에 누인 배와 등의 은빛이나 약간 파란 기운이 도는 비늘을 반짝이게 하는 것으로 알 수 있다.

호수는 밤이 지나면서 새벽이 물에 쏟아붓는 연한 젖빛을 띠고 있었고, 몹시 깨끗하고, 말하자면 천사 같았고, 무엇에 열중한 것같았다. 그만큼 파도는 천천히 모래밭으로 밀려오고, 조약돌들 사이로 스며들 적에야 소리가 겨우 들릴까말까 하였다. 이제는 호수가 더 인간적인 아름다운 빛깔을 띠었다. 말하자면 호수의 수면에 장미빛 구름들이 반사되어 물을 첫번째 붉은 빛깔로 타오르게 하는 새벽의 살빛깔이라고 하겠다. 호수는 새벽의 순수한 빛을 받아 푸르스름하게 되고, 그 조용한 물결들과 더불어 다시 살아 팔딱이기 시작한다. 파도들은 움직이기 시작하여 아름답게 거품으로 술을 달며 호숫가로 달려가기도 하고, 돌아오다가 다른 파도와 부딪기도 하여, 아침의 가벼운 바람이 스치고 지나가는 연한 파란 색의 비단같은 물 위에 던진 가벼운 흰 레이스로 거울같은 호수 전체를 꾸며 놓는다. 그러다가 이제는 첫햇살이 저쪽 타리케아 쪽에 있는 물을 갈라놓는다. 그곳에는 물에 반사되는 수풀 때문에 초록색을 띤 파란 빛이었는데, 이제는 금빛이 되면서 해에 맞아 깨진 거울처럼 반짝인다. 이 거울은 점점 더 확장되어 아직 푸르스름한 새로운 넓은 층에 금빛깔과 황옥 빛깔을 띠게 하고, 물결에 반사되던 구름의 볼그레한 빛깔을 지우고, 고기잡이를 하고 돌아오는 마지막 배들의 용골(龍骨)과 호수로 나가는 첫째 배들의 용골을 감싸며, 돛들은 이제는 떠오른 태양의 화려한 빛을 받아, 하늘의 파란 빛과 야산들의 초록빛을 배경으로 하고 천사들의 날개처럼 희게 보인다. 연안지방의 기름진 것으로는 우리네 가르다

호수를 연상시키고, 신비스러운 평화로는 우리네 뜨라시메나 호수를 연상시키는 기묘한 갈릴래아 호수는 팔레스티나의 정화(精華)로, 예수의 공생활의 대부분의 무대가 될 만한 곳이다!

예수께서 들어 계신 집의 문지방에 나타나시어, 당신을 기다리는 참을성 있는 주민들에게 강복하시려고 팔을 쳐드시며 미소지으신다.

"평화가 여러분과 함께 있기를.

나를 기다리고 있었습니까? 내가 여러분에게 인사를 하지 않고 도망할까봐 염려했습니까? 나는 약속을 절대로 어기지 않습니다. 오늘은 여러분에게 복음을 전하기 위해서 여러분과 같이 있고, 내가 약속한대로 여러분과 같이 있으면서 여러분의 집과 채소밭과 배에 강복하고, 각 가정이 거룩하게 되게 하고, 또 일도 거룩하게 되게 하겠습니다. 그러나 내 강복이 효과가 있기 위하여는 여러분의 착한 뜻으로 도움을 받아야 한다는 것을 기억하시오. 또 여러분은 어떤 가족이 살고 있는 집이 거룩하게 되려면 그 가족이 착한 뜻으로 움직여야 한다는 것도 알고 있습니다. 남자는 우두머리어야 하지만, 자기 아내나 자녀들이나 하인들에게 횡포한 사람이어서는 안 됩니다. 그리고 동시에 왕이어야 합니다. 이 단어의 성서적인 의미로 참된 왕이 되어야 한다는 말입니다. 여러분은 열왕기 1권* 8장을 기억하십니까? 이스라엘의 장로들이 모여서 사무엘이 있는 라마로 가서 그에게 말했습니다. '당신은 이제 늙고 아드님들은 당신의 길을 따르지 않으니 다른 모든 나라처럼 왕을 세워 우리를 다스리게 해 주십시오' 하고.

그러므로 왕은 '판관'이라는 뜻이고, 왕은 그의 신민(臣民)들을 전쟁과 불의와 부당한 세금으로 이 세상에서 불행하게 만들지 말아야 하고, 나약함과 악습으로 다스려서 영원에서 불행하게 만들지 않기 위하여 올바른 판관이 되어야 할 것입니다. 그들의 의무를 소홀히 하고, 신민들의 목소리에 귀를 막고, 국민의 괴로움을 못본 체하고, 그들의 동맹국들의 도움으로 그들의 권력을 강화하기 위하여 정의에 어긋나는 동맹으로 국민의 고통의 공범자가 되는 그런 왕들은 화를 입을 것입니다! 또 그들의 의무를 소홀히 하고, 가족의 필요와 결점

---

* 역주 : 공동번역에는 사무엘 상.

에 대하여 눈을 감고 귀를 막으며, 가족에게 분노나 고통의 원인이 되고, 결혼은 생식 이외에 남자와 여자를 고상하게 하고 위로하는 것을 목적으로 하는 결합이라는 것을 생각하지 않고, 부유하고 권력 있는 집안과 인척관계를 맺으려고 결혼을 위한 파렴치한 타협을 하도록 비굴해지는 그런 아버지들도 화를 당할 것입니다. 결혼은 하나의 의무이고, 임무이지, 흥정이 아니고, 고통이 아니고, 남편이나 아내의 가치를 떨어뜨리는 것이 아닙니다. 결혼은 사랑이지 미움이 아닙니다.

그러므로 가장은 정의로워야 하고, 지나친 냉혹이나 요구가 없어야 하고 지나친 관대와 약함이 없어야 합니다. 그러나 만일 이 두 가지 과도한 것 중에서 하나를 골라야 한다면, 차라리 후자를 택하시오. 왜냐하면 하느님께서 그것에 대하여는 여러분에게 '너희들은 왜 그렇게 착하게 굴었느냐?"고 말씀하시면서 적어도 여러분을 단죄하지 않으실 수가 있겠기 때문입니다. 지나치게 책하는 것은 다른 사람들이 그에게 서슴지 않고 하는 모욕 때문에 사람을 벌하는 것이니까 말입니다. 이와 반대로 냉혹은 가장 가까운 이웃에 대한 사랑의 부족이기 때문에 하느님께서는 그것을 항상 여러분에게 책하실 것이기 때문입니다. 그리고 아내는 남편과 아이들과 하인들에 대하여 정의로워야 합니다. 아내는 남편에게 순종과 존경을 위안과 도움을 주어야 합니다.

순종이 죄에 끌어넣는 것이 아닌 한 순종해야 합니다. 아내는 복종해야 하지만 품위가 떨어져서는 안 됩니다. 아내들이여, 어떤 죄되는 친절에 대해서 하느님 다음으로 제일 먼저 당신들을 판단하는 사람은 그렇게 하도록 당신들을 부추기는 바로 당신들의 남편 자신이라는 것에 유의하시오. 그것은 언제나 사랑의 욕망이 아니라, 당신들의 덕행에 대한 시련입니다. 혹 그 당장은 당신들의 남편이 깊이 생각하지 않는다 하더라도, 언젠가 '내 아내가 매우 관능적인 걸' 하고 생각하는 날이 올지도 모릅니다. 그래서 당신들의 절개를 의심할 수도 있을 것입니다. 결혼생활에서도 순결을 지키시오. 당신들의 순결이 당신들의 남편으로 하여금 사람들이 순결한 것에 대해서 가지는 자제를 가지도록 강요하게 하시오. 그래서 당신들을 노예나 **쾌락**을 위해서만 뒤두고 마음에 들지 않게 되었을 때는 물리쳐 버리는 첩과 같이 생각하지 말고, 자기와 같은 사람으로 생각하게 하시오. 덕행이 있는 아내, 즉 결혼한 다음에도 그 행동과 말과 사랑이 넘치는 내맡김 중에 '무엇인지' 처녀다운 것을 간직하는 아내는 자기 남편을 관능에서 감정으로 올라가도록 이끌어서, 남편이 음란한 생각을 버리고, 아내를 자기 자신의 일부분과 똑같은 주의를 가지고 취급하여서, 아내와 더불어 오직 하나뿐인 '어떤 것'이 되게 할 수 있습니다. 또 아내는 '그의 뼈에서 나온 뼈이고, 그의 살에서 나온 살'인데 아무도 자기의 뼈와 자기의 살을 박대하지 않고 오히려 사랑하니까 그렇게 되는 것이 당연합니다. 그래서 남편과 아내는 최초의 조상들과 같이 서로 바라다 보되 성적인 나체로 보지 않고, 품위를 떨어뜨리는 부끄럼 없는 정신으로 서로 사랑하게 되어야 합니다.

아내는 남편에 대해서 참을성 있고 모성적이어야 합니다. 아내는 남편을 맏아들처럼 생각해야 합니다. 아내는 언제나 어머니이고, 남자는 언제나 참을성 있고, 사려 깊고, 다정하고, 그를 위로하는 어머니가 필요하기 때문입니다. 자기 배우자의 아내가 됨과 동시에 그를 뒷받침하는 어머니가 되고, 그를 인도하는 딸이 될 줄을 아는 아내는 정말 행복합니다. 아내는 근면해야 합니다. 일은 돈주머니에 이익이 되는 외에 공상을 못하게 함으로써 정직에도 유익합니다. 아내는 아무 것도 마무리 짓지 못하는 어리석은 질투로 남편을 괴롭히지 말아야 합니다. 남편이 성실합니까? 그렇다면 어리석은 질투는 남편으로 하여금 집을 피하게 해서 창녀의 그물에 걸려들 위험을 당하게 할 것입니다. 남편이 성실치 않고 충실치 않습니까? 그렇다면 질투의 흥분이 그를 고치지 못하고, 뿌루퉁하지는 않고 상스럽지도 않은, 의젓하고 다정스러운, 항상 다정스러운 사려깊은 태도가 남편으로 하여금 깊이 생각하게 하고, 다시 조심성 있게 되게 하는 것입니다. 남편이 정열로 인해서 당신들에게서 멀어지거든, 젊었을 때에 당신들이 아름다움으로 그를 사로잡았던 것과 같이 당신들의 덕행으로 그를 다시 사로잡을 줄을 아시오. 그리고 이 의무에 대한 힘을 거기서 얻어내고, 당신들을 옳지 못한 사람이 되게 할 수도 있을 고통에 저항하기 위하여는 당신들의 자녀들을 사랑하고 그들의 행복을 생각하시오.

여자는 자녀 안에 모든 것을 가지고 있습니다. 기쁨과, 그가 실제로 집안과 남편의 여왕인 행복한 시기를 위한 왕관과, 부부생활의 배신이나 다른 괴로운 경험들이 그의 이마에 채찍질을 하고, 특히 고통받는 아내로서의 그의 비참한 왕권의 가시로 심장을 찌르는 고통스러운 시기에 있어서의 위안 따위 말입니다.

하도 품격이 떨어져서 이혼을 하고 당신들의 친정으로 돌아가거나 여자를 즐기기를 원해서 배신을 당한 여자의 마음을 동정하는 체하는 소위 친구라는 남자에게서 보상을 얻기를 바랍니까? 그러지 마시오, 아내들이여, 그러지 마세요! 저 아이들, 그렇지 않아도 차분함과 정의를 잃은 가정의 분위기로 인해서 그렇지 않아도 너무 일찍부터 불안해지고 슬프게 된 저 죄없는 아이들은 어머니와 아버지와 집의 위안에 대한 권리를 가지고 있습니다. 그리고 그 가정에서 한 사랑이 파멸했다 하더라도, 다른 사랑이 그들을 지키기 위하여 깨어 있습니다. 그들의 죄없는 눈은 당신들을 쳐다보고 검토하고, 당신들이 생각하는 것보다 더 많은 것을 이해합니다. 당신들의 죄없는 자녀들에게 절대로 분노의 원인이 되지 말고, 육체의 약함과 뱀의 계략에 대한 순수한 금강석으로 만든 성처럼 그들에게로 피신하시오.

그리고 여자는 그의 아들 딸들의 어머니임과 동시에 누나요 언니, 누나요 언니임과 동시에 친구인 어머니, 올바른 어머니이어야 하고, 특히 모든 일에 있어서 그들의 본보기가 되어야 합니다. 아들딸들을 보살피고, 그들의 잘못을 다정스럽게 바로잡아 주고, 그들을 부축해 주고, 그들로 하여금 깊이 생각하게 해야 합니다. 그리고 아이들은 모두가 한 씨와 한 배에서 나왔으니까 이 모든 것을 편애없이 해야 합니다. 착한 자녀들이 주는 기쁨 때문에 그들이 사랑받는 것은 당연하지만, 착하지 않은 자녀들도, 비록 고통스러운 사랑으로 해야 하더라도, 사랑하는 것이 의무입니다. 착한 사람들뿐 아니라 착하지 않은 사람들까지도 사랑하시는 하느님보다 사람이 더 엄격해서는 안 된다는 것을 기억해야 합니다. 하느님께서는 착하지 않은 사람들을 착한 사람이 되게 해 보시려고, 또 그들에게 착한 사람이 될 방법과 시간을 주어 보시려고 그들을 사랑하시며, 그들을 죽을 때까지 참아 주시고, 사람이 속죄할 수 없게 되었을 때에만 정의로운 심판자가 되도록

143. 호숫가 마을에서 아침에 전도하시다

유보하십니다.

그런데 여기서 주제와는 상관이 없지만 여러분이 기억해 두는 것이 유익한 어떤 이야기를 하는 것을 허락해 주시오. 악인들이 착한 사람들보다 기쁨을 더 많이 가지는데, 이것은 정당하지 않다는 말을 자주, 너무 자주 듣습니다. 우선 나는 여러분에게 '겉보기와 여러분이 알지 못하는 것을 판단하지 마시오' 하고 말하겠습니다. 겉보기는 실제와 다른 때가 자주 있고, 이 세상에서는 하느님의 판단이 감추어져 있습니다. 또 한편으로는 악한 사람의 일시적인 행복은 그를 선으로 이끄는 수단으로, 그리고 아무리 악한 사람이라도 할 수 있는 얼마 안 되는 선행에 대한 갚음으로 주어졌다는 것을 여러분은 알고 보게 될 것입니다. 그러나 내세의 올바른 빛으로 사물들을 볼 때에 여러분은 죄인의 기쁨의 시간은 봄에 개울가에 나서 여름이 되면 말라 버리는 풀포기의 짧은 일생보다도 더 짧은데, 하늘의 영광의 다만 한 순간도 그것을 누리는 영에게 주는 기쁨으로 인해서, 일찍이 있었던 사람의 가장 화려한 일생보다도 더 길다는 것을 알게 될 것입니다. 그러므로 악인의 행운을 부러워하지 말고, 여러분의 착한 뜻으로 의인의 영원한 보배를 차지하게 되도록 힘쓰시오.

그러면 내 강복이 집안에 유익하게 남아 있기 위해서는 가족들과 한 집의 식구들이 어떠해야 하는지에 대해서 다시 말하기로 하고, 너희 어린이들에게 말하겠는데, 주 너희 하느님께 존경을 드리고 순종하는 사람이 되기 위해서 너희 부모들에게 공손하고 경의를 표하고 순종하여라. 사실, 만일 너희가 보는 아버지 어머니의 작은 명령에 복종하는 것을 배우지 않으면, 그분의 이름으로 말한 것이지만, 너희가 보지도 못하고 듣지도 못하는 하느님의 명령에 어떻게 순종할 수 있겠느냐? 또 너희를 사랑하는 너희 아버지와 어머니같이 너희를 사랑하는 사람은 좋은 일밖에는 명령할 수 없다고 믿는 것을 배우지 않으면, 하느님의 명령이라고 너희에게 주어진 것이 좋은 것들이라는 것을 어떻게 믿을 수 있겠느냐? 하느님은 사랑하시고, 하느님은 아버지시라는 것을 아느냐? 그러나 사랑하는 어린이들아, 하느님께서 너희를 사랑하시고 너희를 데리고 계시기를 원하시는 바로 그것 때문에 너희는 착하게 되어야 한다. 너희가 착하게 되는 것을 배우는 첫번째 학교는 가정이다. 너희는 가정에서 사랑하고 순종하는 것을 배우고, 가정에서 너희를 하늘로 인도하는 길이 시작된다. 그러므로 착하고 공손하고 말잘듣는 어린이들이 되어라. 아버지가 너희를 꾸중하시더라도 너희 이익을 위해서 그러시는 것이니까 아버지를 사랑하여라. 또 어머니가 경험으로 그것이 좋지 않다는 것을 아는 행동을 너희에게 하지 못하게 하시더라도 어머니를 사랑하여라. 아버지 어머니를 공경하고, 너희의 나쁜 행동으로 아버지와 어머니가 얼굴을 붉히게 되는 것을 피하여라. 교만은 좋은 것이 아니다. 그러나 거룩한 교만이 있으니, '나는 아버지와 어머니께 고통을 드리지 않았다'고 말하는 교만이 그것이다. 아버지 어머니가 살아 계신 동안 그분들 가까이에 있는 기쁨을 누리게 하는 이것은 너희에게 부모가 돌아가신 데서 받는 상처에 평화가 되지만, 어떤 어린이가 부모에게 흘리게 하는 눈물은 녹은 납같이 나쁜 어린이의 가슴을 후벼내고, 상처를 가라앉히기 위해서 어떤 노력을 해도 괴롭히고, 부모 중의 한 분이 세상을 떠나서 어린이가 잘못을 속죄할 수 없게 될 때에는 점점 더 괴롭히기를 그치지 않는다…. 오! 어린이들아, 하느님의 사랑을 받고 싶으면, 항상 착한 어린이가 되어라.

끝으로 주인들의 정의의 덕택으로 하인들과 고용인들이 의롭게 되는 집은 거룩합니다. 주인들은 나쁜 태도가 하인의 기분을 거스르고 타락시킨다는 것을 기억하고, 하인은 자기의 나쁜 행동이 주인을 화나게 한다는 것을 잊지 말아야 합니다. 각자가 자기 위치를 지키되, 이웃에 대한 사랑으로 맺어져서 하인들과 주인들 사이에 있는 구분을 없애야 합니다.

그러나 내 강복을 받은 집이 내 강복을 보존할 것이고, 하느님께서 거기 머물러 계실 것입니다. 또 이와 마찬가지로 여러분이 일해도 되는 날에는 거룩하게 일을 하고, 거룩한 안식일 동안에는 하느님을 공경하는 데 몸을 바치면서 어부나 야채재배인의 생활을 해 나가면서, 값이나 무게에 속임수를 쓰지않고, 일을 저주하지도 않고, 또 일이 여러분에게 이익을 가져다 주지만, 하느님께서는 여러분에게 하늘을 주시니까, 일을 하느님보다 앞세울 정도로 일을 여러분의 생활의 왕으로 삼지 않으면, 배와 채소밭과 일하는 연장과 고기잡이 도구가 강복을 보존할 것이고, 따라서 보호를 받을 것입니다.

그럼 이제는 집과 배와 노와 채소밭과 괭이에 강복하러 갑시다. 그리고는 요한이 사제를 보러 가기 전에 그의 은신처 가까이에 가서 말을 합시다. 나는 이 곳에 다시 오지 않을 터인데, 그 사람이 적어도 한번은 내 말을 듣는 것이 당연하니까요. 빵과 생선과 과일을 가져오시오. 그것들을 저기 수풀속으로 가져가서 병이 고쳐진 문둥병자 앞에서 먹으면서 제일 좋은 몫을 그에게 주어 그의 육체도 즐겁게 하고, 그가 주님을 믿는 사람들 가운데에서 벌써 형제같이 되었다는 것을 느끼게 합시다."

그러시면서 예수께서 길을 가기 시작하시니, 마을 사람들과 다른 이웃 여러 도시에서 온 사람들이 따라 간다. 그 이웃 도시들에는 아마 밤사이에 이 마을 사람들이 가서 구세주께서 이 연안에 와 계시다는 소식을 전한 모양이다.

144. 문둥병자의 은신처 곁에서 전도하심

"주님!" 전에 문둥병자였던 사람은 그가 그렇게도 오랜 세월을 살아 온 돌 많은 곳에 오기 전에 있는 황무지에 예수께서 나타나시는 것을 보자마자 무릎을 꿇으면서 이렇게 외친다. "왜 제게로 다시 오십니까?"

"당신에게 건강의 여비를 준 다음에 말의 여비를 주려고 왔습니다."

"여비는 길을 떠나는 사람에게 주는 것인데, 과연 저는 깨끗하게 하는 예식을 위해서 오늘 밤에 떠납니다. 그러나 저는 갔다가 다시 와서, 주님께서 저를 받아 주신다면, 제자들과 합류하려고 합니다. 주님, 저는 이제 집도 없고 친척도 없습니다. 저는 활동과 생활을 다시 시작하기에는 너무 늙었습니다. 제 자산은 돌려받게 될 것입니다. 그러나 십오 년 전부터 주인이 없게 되었던 집이 어떠하겠습니까? 제가 그 집에서 무엇을 얻어 만나겠습니까? 아마 무너진 벽이나 발견하겠지요…. 저는 둥지 없는 새입니다. 주님을 따라 다니는 사람들의 무리에 합치게 허락해 주십시오. 게다가… 저는 이제 제 몸이 아닙니다. 주님이 제게 주신 것이니까 주님의 것이 되었기 때문입니다. 저는 이제 그렇게 오랜 동안, 부정한 사람이라는 정당한 명목이긴 했지만, 저를 떼어 놓았던 세상에도 속해 있지 않습니다. 주님을 알고 난 지금은 제가 세상을 부정하다고 생각합니다. 그래서 주님께로 오기 위해 세상을 피합니다."

"그리고 나도 당신을 물리치지는 않습니다. 그러나 나는 당신이 이 지방에 머물러 있기를 수락하기를 원한다는 말을 하겠습니다. 아에라와 아르벨라는 그들의 아들을 복음 전파를 위한 제자로 가지고 있습니다. 당신은 이포와 가말라와 아페카와 이웃 도시들을 위하여 복음전파의 제자가 되시오. 나는 곧 유다로 내려가서 다시는 이쪽으로 오지 않을 것입니다. 나는 이쪽에 복음 전파하는 사람들이 있기를 원합니다."

"주님의 뜻은 어떠한 단념도 제게 소중한 것이 되게 합니다. 주님이 원하시는대로 하겠습니다. 깨끗하게 하는 의식이 끝나는대로 그렇게 하겠습니다. 저는 제 집을 돌보지 않겠다고 생각했었습니다. 그러나 지금은 반대로 그 집에서 살고, 주님을 알기를 원하는 사람들을 겨울 동안에 받아들일 수 있도록 집을 수리하겠다고 말씀드리겠습니다. 그리고 선생님을 여러 해째 따라 다니는 어떤 제자더러 저와 같이 있자고 청하겠습니다. 그것은 제가 작은 선생이 되기를 원하시면, 저보다 많이 배운 사람에게서 배울 필요가 있기 때문입니다. 그리고 봄에는 다른 사람들과 함께 주님의 이름을 전하러 가겠습니다."

"좋은 생각입니다. 하느님께서 그 생각을 실현하도록 도와주실 것입니다."

"저는 제 것이었던 모든 것, 즉 제 초라한 침대와 제가 쓰던 모든 물건, 어제까지 제가 입었던 옷, 제 병든 몸에 닿았던 모든 것을 불살라 버림으로 벌써 시작했습니다. 제가 살던 동굴은 부수고 깨끗하게 하기 위해서 제가 놓은 불로 인해서 까맣게 되었습니다. 폭풍우가 몰아치는 밤에 그 동굴에 피해 들어오는 사람이 아무도 병에 걸리지 않을 것입니다. 그리고… (그 사람의 목소리는 마치 갈라지는 듯이 약해지며, 말을 더 천천히 한다….) 그리고… 조각조각이 되어버리고… 벌레가 먹은 헌 궤를 하나 가지고 있었습니다…. 나병균이 그 궤도 갉아먹은 것같았습니다…. 그러나 제게는… 그것이 이 세상의 모든 재물보다도 더 귀중한 것이었습니다…. 그 안에는 소중한 물건들이 들어 있었습니다…. 제 어머니의 추억의 선물… 제 아내 안나의 신부 면사포… 아! 결혼 첫날밤 몹시 행복하게 그 면사포를 벗기고 그렇게도 아름답고 그렇게도 순결한 그 아름다운 얼굴을 들여다 보았을 때, 몇 해 후에 제가 그 얼굴을 보았을 때는 헌데 투성이일 것이라고 누가 말했겠습니까! 또… 제 아이들의 옷… 붙잡을 수 있는 동안에는 그 작은 손으로 잡고 놀았던… 장난감들… 어떤 물건… 그리고… 오? 정말 괴롭습니다…. 제 눈물을 용서하십시오. 불태워 버려야 했기 때문에… 그리고 문둥병자들의 물건들이었기 때문에… 입맞춤도 하지 못하고… 태워버린 지금, 그 상처로 인해서 저는 많은 고통을 당합니다…. 주님, 저는 옳지 못합니다…. 주님께 눈물을 보여 드리다니… 그러나 동정해 주십시오…. 저는 그들에게서 가졌던 마지막 추억을 부수어 버렸습니다…. 그리고 이제는 제가 사막에서 길을 잃은 사람과 같습니다…." 그 사람은 울면서 그의 과거의 추억인 그 잿더미 곁에 쓰러진다….

"요한, 당신은 길을 잃지 않았고, 혼자가 아닙니다. 내가 당신과 같이 있습니다. 그리고 당신 가족들은 곧 나와 같이 하늘에 올라가서 당신을 기다릴 것입니다. 이 잔해는 당신에게 병으로 일그러진 그들의 모습이나, 불행을 당하기 전에 빛나는 건강을 누리던 그들의 모습을 상기시켜 주었는데, 그 모두가 고통스러운 추억이었습니다. 그것을 불탄 잿더미속에 남겨 두시오. 하늘의 기쁨으로 아름답게 된 행복한 사람들을 다시 만나게 되리라고 내가 당신에게 주는 확신속에 그 추억을 없애 버리시오. 요한, 과거는 죽었습니다. 과거를 슬퍼하지 마시오. 빛은 밤의 어두움을 바라 보느라고 머뭇거리지 않고, 매일 아침 어두움과 갈라져서 해를 따라 하늘로 올라가면서 빛나는 것을 기뻐합니다. 또 해도 동쪽에서 머뭇거리지 않고, 하늘 꼭대기에 이를 때까지 올라오고 뛰어오르고 달려가서 빛납니다. 밤은 끝났으니, 밤 생각은 이제 하지 마시오. 빛인 내가 당신을 데려가는 곳으로 올라오시오. 감미로운 바람과 아름다운 믿음 덕택으로 당신은 벌써 기쁨을 다시 찾아낼 것입니다. 그것은 당신의 사랑이 하느님과 당신을 기다리는 사랑하는 사람들 안에 퍼질 수 있겠기 때문입니다. 그것은 빨리 올라가는 것뿐일 것입니다…. 그래서 당신은 그들과 같이 저 위에 있을 것입니다. 인생은 숨 한번 쉬는 시간이고… 영원은 영원한 현재입니다."

"주님의 말씀이 옳습니다. 주님은 제 용기를 돋우어 주시고, 이 시간을 어떻게 의롭게 극복할지를 가르쳐 주십니다…. 그러나 주님은 제 가까이 계시기 위해서, 하실 수 있는 것 이상으로 햇볕을 받고 계십니다. 선생님, 떠나십시오. 제게 넉넉히 주셨습니다. 해가 벌써 뜨거우니까 선생님께 해를 끼칠 수도 있을 것입니다."

"나는 당신과 같이 있으려고 왔습니다. 우리는 모두 이 때문에 왔

144. 문둥병자의 은신처 곁에서 전도하심

습니다. 그러나 당신도 나무들 있는 쪽으로 옮겨 오시오. 그러면 우리가 위험을 당하지 않고 이웃해 있을 것입니다."

그 사람은 순종하여, 그 밑에 잿더미, 즉 과거가 있는 바위를 떠나 예수께서 가시는 곳으로 향하여 간다. 그곳에는 몹시 감격한 사도들과 여자들과 마을 사람들과 도시에 선생님의 말씀을 들으려고 온 사람들이 있다.

"불을 피워서 생선을 구워라. 사랑의 축연으로 음식을 나누자" 하고 예수께서 명령하신다.

그리고 사도들이 명령을 이행하는 동안, 예수께서는 문둥병자가 근처에 있기 때문에 모든 사람이 피하였던 그곳에 아무렇게나 자란 나무들 아래를 한바퀴 도신다. 난 뒤로부터 낫연장이나 도끼를 만난 적이 없는 제멋대로 흩어져 있는 나무들이다. 고통을 당하는 사람들이나 근심이 있는 사람들은 우거진 나무들의 기분좋은 그늘에 있으면서 예수께 그들의 고민을 이야기 한다. 조금 더 떨어진 작은 풀밭에서는 가파르나움의 어린 아이가 마을의 어린이들과 기쁘게 노는데, 그들의 기쁜 함성은 나뭇잎 사이에 있는 많은 새들의 노래와 경쟁한다. 푸른 풀밭에서 뛰어 다니느라고 펄럭이는 여러 가지 빛깔인 그들의 옷 때문에 어린 아이들은 이 꽃에서 저 꽃으로 날아 다니는 큰 나비들과 같다.

음식이 준비되었다. 사람들은 예수를 부른다. 예수께서는 무화과와 포도를 가져온 농부에게 은혜를 청하시듯 바구니 하나를 달라고 부탁하셔서 빵과 가장 훌륭한 생선과 맛있는 과일들을 가득 채우시고, 거기에다 꿀물이 들어 있는 당신의 수통을 거기에 얹어 가지고 문둥병자였던 사람에게로 가신다.

"선생님은 수통없이 계시게 되었군요" 하고 바르톨로메오가 지적한다. "저 사람이 그걸 선생님께 돌려드릴 수는 없으니까요."

예수께서는 빙그레 웃으시며 말씀하신다. "사람의 아들의 목마름에는 아직 물이 매우 많이 있다! 아버지께서 깊은 우물에 넣어 두신 물이 있다. 그리고 사람의 아들은 마음대로 모을 수 있는 손도 있다…. 내가 손도 물도 가지지 못할 어느 날이 올 것이다…. 그리고 목마른 나를 시원하게 해 주기 위한 사랑의 물도 가지지 못하는 날이 올 것이다…. 지금은 내 주위에 아주 많은 사랑을 가지고 있다…."
그러시면서 넓고 둥글고 낮은 바구니를 두 손으로 드시고 계속 걸어 가셔서 요한에게서 몇 미터쯤 떨어진 풀 위에 내려놓으시며 말씀하신다. "자, 드시오. 이것은 하느님의 잔치입니다." 그리고 당신 자리로 돌아오셔서 음식을 바치시고 강복하신 다음 그곳에 있는 사람들에게 나누어 주게 하신다. 그 사람들이 자기들이 가지고 있던 것을 함께 내놓았다.

모두가 조용히 기쁘게 맛있게 먹는다. 그리고 성모님은 어린 알패오를 어머니같이 다정스럽게 돌보신다. 그리고 식사가 끝난 다음 예수께서 말씀을 시작하기 위하여 사람들과 문둥병자였던 사람사이에 자리잡으시는데, 어머니들은 실컷 먹고 실컷 뛰논 어린 아이들을 안고, 말씀하시는 것을 방해하지 않도록 그들을 재우려고 흔들어 준다.
"모두 들으시오.

다윗의 어떤 시에서 시편 작가는 이렇게 자문합니다. '누가 하느님의 장막에서 살 것인가? 누가 하느님의 산 위에서 쉴 것인가?' 그리고 그 운좋은 사람들이 어떤 사람들인 것인지, 또 어떤 이유로 운좋은 사람이 되겠는지를 열거하기 시작합니다. 그는 이렇게 말합니다. '흠 없이 살고 정의를 실천하는 사람. 진실되게 말하는 마음을 가지고, 속임수를 꾸미지 않는 혀를 가진 사람. 이웃에게 해를 끼치지 않고, 그의 동류의 명예를 손상하는 말을 받아들이지 않는 사람.' 그리고 누가 하느님의 영지에 들어갈 것인지를 말한 다음, 그 성인들이 악을 행하지 않은 다음에 어떤 선을 행하는지를 몇 줄로 이렇게 말합니다. '그의 눈에는 악인이 아무 것도 아닌 것으로 보인다. 그는 하느님을 두려워하는 사람들을 존경한다. 그는 거짓 맹세로 이웃을 속이지 않는다. 그는 돈을 고리(高利)로 빌려주지 않는다. 그는 죄없는 사람에게 해를 끼치려고 선물을 받지 않는다! 그리고 끝으로 이렇게 말합니다. '이렇게 하는 사람은 영원히 비틀거리지 않을 것이다.'

나 정말 진정으로 여러분에게 말합니다만, 시편 작가는 진리를 말했습니다. 그리고 이런 일들을 하는 사람은 영원히 비틀거리지 않으리라는 것을 내 지혜로 확인합니다. 하늘 나라에 들어가는 첫째 조건은 '흠없이 사는 것'입니다.

그러나 약한 피조물인 사람이 흠없이 살 수 있습니까? 육신과 세속과 마귀가, 정열이 끊임없이 부글부글 끓어오르는 가운데 오물을 토해 내서 영들을 더럽힙니다. 그래서 철난 뒤로 흠없이 산 사람들에게만 하늘의 문이 열린다면, 인류 전체에서 하늘에 들어갈 사람이 별로 없을 것입니다. 그것은 살아가는 동안 더 중하거나 덜 중하거나 병을 앓아보지 않고 죽음에 이르는 사람이 별로 없는 것과 같습니다.

그렇다면? 하늘의 문이 하느님의 자식들에게 이렇게 닫혀 있습니까? 사탄의 습격이나 광분하는 육신으로 인해서 넘어져서 그들의 영혼이 더러워진 것을 보았을 때, 그들은 '나는 하늘 나라를 잃었다' 하고 말해야 하겠습니까? 죄를 지은 사람에게 용서가 다시는 없겠습니까? 영을 더럽히는 흠을 지울 것이 아무 것도 없겠습니까?

옳지 않은 공포로 하느님을 두려워하지 마시오. 하느님은 아버지이십니다. 그런데 아버지는 비틀거리는 아들에게 항상 손을 내밀고, 아들이 다시 일어나도록 도움을 주고, 기분좋은 방법으로 그의 용기를 돋우어 주어서, 그의 가치가 떨어지는 것이 실망이 되지 않고, 아버지의 사랑을 다시 받게 되기 위하여 속죄하기를 갈망하는 겸손으로 피어나도록 하십니다.

자, 이렇습니다. 죄인의 뉘우침, 속죄하고자 하는 참된 의지는 두 가지가 다 주님의 참다운 사랑에서 난 것이어서, 죄의 얼룩을 씻고 하느님의 용서를 받을 자격을 얻게 합니다. 그리고 여러분에게 말하는 이 사람이 세상에서 사명을 다하고 나면, 사랑과 뉘우침과 착한 뜻의 사죄(赦罪)에 그리스도가 그의 희생의 대가로 얻은 매우 강력한 사죄가 결합할 것입니다. 영혼으로는 갓난 아기들보다도 더 깨끗하게 되어, 나를 믿을 사람들을 위하여는 사람의 모든 약함의 첫째 원인인 원죄까지도 씻어줄 맑은 강물이 그들 안에서 솟아나올 것이므로 훨씬 더 깨끗하게 되어, 여러분은 하늘과 하느님의 나라와 하느님의 장막을 갈망할 수가 있을 것입니다. 과연 내가 여러분에게 돌려줄 은총은 여러분이 의덕을 실천하도록 도와줄 터인데, 의덕은 그것이 닦아지는 정도에 따라서, 흠없는 영이 여러분에게 주는 하늘 나라의 기쁨에 들어가는 권리를 크게 하는 것입니다.

어린 아이들은 하늘 나라에 들어가서, 그들에게 공으로 주어질 지복 때문에 즐길 것입니다. 하늘은 기쁨이기 때문에 즐길 것입니다. 그러나 살고 싸우고 이겨서 은총의 하얀 월계관에 그들의 거룩한 행동과 마귀와 육신과 세속에 대한 그들의 승리의 여러 가지 빛깔로 된 월계관을 합칠 어른들과 노인들도 하늘 나라에 들어갈 것입니다. 승리자로서의 그들의 지복은 매우 클 것입니다. 사람이 상상할 수 없을 만큼 클 것입니다.

정의를 어떻게 실천합니까? 승리를 어떻게 얻습니까? 정직한 말과 행동으로, 이웃에 대한 사랑으로 그렇게 합니다. 하느님만을 인정하고, 피조물과 돈과 권력의 우상을 지극히 거룩하신 하느님 자리에 놓지 않는 것으로 그렇게 합니다. 주어야 할 것보다 더나 덜 주려고 하지 않고 각자에 당연히 주어져야 할 자리를 주는 것으로 그렇게 합니다. 어떤 사람이 권력있는 친구이거나 친척이기 때문에 그를 공경하고, 좋지 않은 일에서까지도 그를 도와주는 사람은 옳지 않습니다. 이와 반대로 이웃에게서 어떤 이익도 얻어낼 수 없기 때문에 그에게 해를 끼치고 거짓 증언을 하거나, 또는 선물로 매수되어 죄없는 사람에게 불리한 증언을 하거나, 두 반대자 중에서 더 권력 있는 사람에게서 불공평한 재판이 그에게 얻어줄 수 있는 것을 계산해서 정의에 따라서 재판하지 않고 불공평하게 판결하는 사람은 옳지 못합니다. 그래서 그의 기도와 제물은 하느님의 눈에 흠이 있는 것이기 때문에 헛된 것입니다.

여러분은 내가 말하는 것이 역시 십계명이라는 것을 아시지요. 이 선생의 말은 여전히 십계명입니다. 과연 선과 정의와 영광은 십계명이 가르치고, 하라고 명령하는 것을 행하는 데 있습니다. 다른 가르침은 없습니다. 예전에 이 가르침이 시나이산의 벼락속에서 주어졌지만, 지금은 빛나는 자비속에서 주어집니다. 그러나 언제나 같은 가르침입니다. 그 가르침은 변하지 않고, 변할 수도 없습니다. 이스라엘의 많은 사람이 변명하기 위하여 구세주가 세상을 지나간 다음에도 거룩하게 되지 않은 데 대해 자기 자신들을 정당화하기 위하여 '나는 그분을 따라다니고 그분의 말씀을 들을 방도를 찾아내지 못했다'고 말할 것입니다. 그러나 그들의 변명이 아무 가치도 없는 것이, 구세주는 새 율법을 가져다 주려고 오지 않고, **첫째** 율법, **보편적인** 율법을 확인하러 왔기 때문입니다. 아니 오히려 율법을 꾸밈이 없이 거룩한 상태로, 완전히 단순한 상태로 재확인하려고 온 것입니다. 처음에 한편에서는 준엄하게 말씀하셨고, 또 한편에서는 두려움을 가지고 들었던 것을 사랑과 하느님의 확실한 사랑의 약속으로 확인하려고 온 것입니다.

십계명이 어떤 것인지, 그것을 지키는 것이 얼마나 중요한지를 여러분에게 이해시키기 위해 이 비유를 말하겠습니다.

한 가장이 똑같이 사랑하고, 똑같이 은혜를 베풀어 주기를 원하는 두 아들을 두었었습니다. 이 아버지는 아들들이 있는 집 외에 큰 보물들이 숨겨져 있는 소유지들을 가지고 있었습니다. 아들들도 그 보물들이 있다는 것은 알고 있었습니다. 그러나 그리로 가는 길은 알지 못했습니다. 과연 아버지는 특별한 이유로 보물 있는 곳으로 가는 길을 아들들에게 알려 주지 않았었습니다. 그것도 여러 해 동안 그랬습니다. 그러나 어떤 시기에 아버지는 두 아들을 불러서 이렇게 말했습니다. '이제는 너희 아버지가 너희를 위해서 비축해 둔 보물들이 어디 있는지 너희가 알아서, 내가 말할 때에 그리로 갈 수 있게 하는 것이 좋겠다. 우선 그리로 가는 길과, 너희가 바른 길을 잃지 않도록 하려고 거기에 놓아 둔 표지들을 알아라. 그러니 내 말을 잘 들어라. 보물들은 물이 괴어 있고, 삼복더위로 타오르고, 먼지가 모든 것을 망치고, 가시덤불이 식물을 숨막히게 하고, 도둑들이 쉽게 와서 훔쳐 갈 수 있는 들판에 있지 않고, 높고 거칠은 저 산꼭대기에 있다. 내가 보물들을 저 산꼭대기에 갖다 두었다. 그래서 그것들이 거기서 너희를 기다리고 있다. 산에는 길이 하나뿐이 아니고, 많이 있지만, 한 길만이 바른 길이다. 다른 길들은 어떤 것은 낭떠러지에 가서 끝나고, 어떤 것은 출구가 없는 동굴로 가고, 어떤 것은 흙탕물이 있는 도랑으로, 어떤 것은 독사의 굴로, 어떤 것은 유황 불꽃이 이글거리는 분화구로, 어떤 것은 넘을 수 없는 장벽으로 간다. 반대로 바른 길은 힘들다. 그러나 절벽이나 장애물로 중단되지 않고 산꼭대기에 이른다. 너희가 그 길을 알아 볼 수 있도록 죽 가면서 일정한 거리를 두고 돌로 만든 비석을 열 개 세워 놓았고, 너희를 인도하기 위하여 거기에는 〈사랑, 순종, 승리〉라는 세 단어를 새겨 놓았다. 그 오솔길을 따라 가라. 그러면 보물이 있는 곳에 이를 것이다. 나는 곧이어서 나 혼자만이 아는 다른 길로 해서 가서 너희에게 문을 열어 주어 너희가 행복하게 되도록 하겠다.'

두 아들이 아버지께 하직인사를 드렸는데, 아버지는 아들들이 들을 수 있는 동안은 이렇게 되풀이 해 말했습니다. '내가 일러준 길로 해서 가거라. 이것은 너희 행복을 위한 것이다. 다른 길들이 더 나아 보이더라도 그것들에게 유혹되지 말아라. 그러면 너희는 보물도 잃고, 보물과 함께 나도 잃는다….'

아들들은 산 밑에 이르렀습니다. 첫번째 비석은 산 밑에, 바로 산을 향해 사방으로 올라가는 여러 갈래의 길들 가운데에 있는 오솔길이 시작되는 곳에 있었습니다. 두 형제는 바른 길로 해서 올라기기 시작했습니다. 그 길은 비록 그늘은 조금도 없지만, 처음에는 그래도 매우 좋았습니다. 하늘 위에서는 햇볕이 수직으로 그리로 내려오며 빛과 더위를 넘쳐 흐르게 했습니다. 오솔길을 닦아 놓은 흰 바위, 그들의 머리 위에 있는 파란 하늘, 그들의 몸을 감싸는 해의 열기, 형제가 보고 느끼는 것은 이런 것이었습니다. 그러나 아직 착한 뜻과 아버지와 아버지의 부탁에 대한 기억으로 고무되어, 그들은 산꼭대기를 향해 올라 갔습니다. 두번째 비석이 여기 있습니다. 그리고 세번째 비석, 오솔길은 점점 더 힘들고 쓸쓸하고 뜨거웠습니다. 풀과 나무들과 맑은 물이 있고, 특히 덜 가파르고, 바위 투성이가 아닌 땅에 나 있기 때문에 올라가기가 더 쉬운 다른 오솔길들은 보이지도 않았습니다.

'우리 아버지는 우리가 죽어서 도착하기를 원하시는 거로구나' 하고 네번째 비석에 이르자 한 아들이 말했습니다. 그러면서 걸음을 늦추기 시작했습니다. 다른 아들은 계속하자고 그를 격려하며 말했습니다. '아버지는 우리를 당신의 분신(分身)처럼 생각하셔. 또 우리에게 보물을 그렇게 훌륭하게 구해 주신 걸 보면 당신의 분신보다도 더하게 생각하셔, 바위에 나 있고, 밑에서부터 꼭대기까지 빗나가지 않고 올라가는 이 오솔길은 아버지가 닦아 놓으신 거야. 이 비석들도 아버지가 우리를 인도하시려고 만들어 놓으신 거야. 형, 곰곰이 생각해 봐! 아버지가, 아버지 혼자서 이 모든 것을 사랑으로 하신 거야! 우리에게 주시려고! 틀리는 일없이, 그리고 위험을 당하지 않고 꼭대기에 다다르게 하시려고 말이야.'

그들은 또 걸었습니다. 그러나 아랫쪽에서 버린 오솔길이 바위를 깎아 만든 오솔길에 가까이 왔습니다. 그리고 꼭대기로 올라가는 오솔길이 더 좁아지면 그럴수록 더 자주 가까이 왔습니다. 그리고 그 길들은 정말 아름답고 그늘이 져서 마음을 끄는 것이었습니다….

'나는 저 길들 중의 하나를 따라 가겠다' 하고 불평이 있는 아들이 여섯번째 비석에 와서 말했습니다. '더구나 저 길도 꼭대기로 가니까 말이다.'

'형은 그렇게 말할 수 없어…. 형은 그 길이 올라가는지 내려가는지 모른단 말이야….'

'저 길이 저 위에 있단 말이다!'

'형은 저 길이 이 길인지 알지 못한단 말이야. 또 그리고 아버지는 바른 길을 떠나지 말라고 말씀하셨어….'

맥없는 그 아들은 마지 못해 계속 갔습니다. 일곱번째 비석이 나타났습니다. '오! 나는 정말 저리로 가겠다.'

'형, 그러지 말아!'

그들은 이제는 정말 매우 어려운 오솔길로 올라갔습니다. 그러나 꼭대기는 이제 가까이에 있었습니다….

여덟번째 비석이 나타났습니다. 그리고 아주 가까이에 꽃이 피어 있는 오솔길이 있었습니다. '오! 저거 봐라. 아마 직선은 아니지만, 그래도 이 길은 정말 올라간다.'

'형은 저 길이 이 길인지 모르지.'

'아니야, 나는 그걸 알아본단 말이다.'

'형은 잘못 아는 거야.'

'아니야, 나는 간다.'

'그러지 말아. 아버지를 생각하고, 위험과 보물을 생각하란 말이야.'

'아니, 모두 다 없어지래! 만일 내가 다 죽어서 꼭대기에 이르면, 보물을 가지고 뭘 할 거니? 이 길보다 더 큰 위험이 어디 있니? 그리고 우리를 죽게 하려고 이 오솔길로 우리를 골탕먹인 아버지의 증오보다 더 큰 증오가 어떤 거냐? 잘 가라! 나는 살아서 너보다 먼저 도착할 거다….' 그러면서 인접한 오솔길로 뛰어 들어가서 기쁨의 함성을 지르면서 그늘을 드리우는 나무들 뒤로 사라졌습니다.

다른 아들은 우울하게 길을 계속했습니다…. 오! 길은 마지막 부분에 가서는 정말 형편없었습니다! 길손은 이제 기진맥진했습니다. 그는 피로와 해로 인해서 취한 사람 같았습니다! 아홉번째 비석에 가서 그는 숨을 헐떡이며 걸음을 멈추고 글자를 새긴 돌에 기대서, 새겨져 있는 말을 기계적으로 읽었습니다. 바로 곁에는 그늘과 물과 꽃들이 있는 오솔길이 있었습니다. '저 길로 가고 싶은데… 안 된다! 안 돼. 여기에 글씨가 새겨져 있는데,〈사랑, 순종, 승리〉라는 말을 아버지가 쓰셨단 말이야. 나는 믿어야 해. 아버지의 사랑과 진리를 믿어야 해, 그리고 내 사랑을 보여 드리기 위해서 순종해야 해…. 자… 사랑이 나를 받쳐 주기 바란다….' 이제 열번째 비석이 나타났습니다. 길손은 기진맥진하고 뜨거운 햇볕을 받으면서, 멍에를 멘 듯이 몸을 구부리고 걷고 있었습니다…. 그것은 사랑, 순종, 힘, 소망, 정의, 조심성 따위 모두…인 사랑스럽고 거룩한 멍에였습니다. 그는 거기에 기대는 대신에 그 비석이 땅에 만들어 놓은 얼마 안 되는 그림자에 털썩 주저앉았습니다. 그는 죽는 것같이 느껴졌습니다…. 이웃해 있는 오솔길에서는 개울 소리가 들려 오고 수풀 냄새가 왔습니다…. '아버지, 아버지, 아버지의 정신으로 이 유혹에서 저를 도와주시고… 끝까지 충실하도록 도와 주십시오!'

멀리서는 형의 명랑한 목소리가 들려 왔습니다. '이리 오너라. 기다리고 있다. 여기는 에덴동산이다…. 오너라….'

'가면 어떨까?' 그리고 매우 큰 소리로 '정말 꼭대기로 올라 가는 거야?' 하고 말했습니다.

'그래, 오너라. 시원한 회랑이 있는데 저 위로 올라간다. 오너라! 바위 사이로 회랑 저 너머로 벌써 산꼭대기가 보인다….'

'갈까? 말까?… 누가 나를 도와줄 것인가?… 가겠다….' 그는 일어나려고 손을 짚었습니다. 그리고 그렇게 하는 동안 새겨져 있는 말들이 첫번째 비석처럼 그렇게 분명치는 않다는 것을 알아보았습니다. '매 비석마다 단어들이 더 가벼워졌었다…. 마치 아버지가 기진맥진해서 글자들을 새기는 것이 힘들었던 것같다. 그리고… 봐라!… 여기에도 벌써 다섯번째 비석에서 보이던 이 검붉은 표시가 있다…. 그렇지만 여기에는 그 표시가 각 단어의 파진 곳을 메우고, 흘러서 우중충한 눈물처럼… 피…처럼 바위에 얼룩을 남겼다….' 그는 두 손만한 크기의 흔적이 있는 곳을 손가락으로 긁었습니다. 그랬더니 얼룩이 없어지면서 이런 말이 생생하게 드러났습니다. '너희들을 보물로 인도하기 위하여 내 피를 흘리도록 너희를 이렇게 사랑하였다.'

'오! 오! 아버지! 그런데 제가 아버지의 명령을 따르지 않으려고 생각할 수가 있었습니까?! 용서하십시오, 아버지! 용서하세요.' 아들은 바위에 얼굴을 대고 울었습니다. 그랬더니 단어들을 채우고 있던 피가 다시 생생해져서 루비처럼 빛났고, 눈물은 착한 아들의 음식과 음료와 힘이 되었습니다…. 그는 일어나서… 사랑을 가지고 크게 아주 크게 형을 불렀습니다…. 그는 형에게 그가 발견한 것과… 아버지의 사랑을 말하고 싶었던 것입니다. 그리고 '돌아와' 하고 말하고자 한 것이었습니다. 그러나 아무도 대답하지 않았습니다….

젊은이는 피로로 인해서 정말 기진맥진했기 때문에 뜨거운 돌 위로 무릎으로 기다시피 하며 다시 걷기 시작했습니다. 그러나 정신은 차분했습니다. 저기 산꼭대기가 있고… 거기에 아버지가 계십니다.

'아버지!'

'사랑하는 아들아!'

젊은이는 아버지의 품 안으로 쓰러졌고, 아버지는 그를 받아들여 입맞춤을 퍼부었습니다.

'혼자 왔느냐?'

'예… 그러나 형도 곧 올 겁니다….'

'아니다, 그 애는 오지 못하게 됐다. 그 애는 비석 열개가 있는 길을 떠났다. 그리고 그에게 경고를 하는 첫번째 실망을 맛본 다음에도 돌아 오질 않았다. 그 애를 보고 싶으냐? 저기 있다. 불구덩이속에… 그 애는 죄에 심취했었다. 만일 그 애가 자기의 잘못을 인정하고 되돌아 오고, 늦게나마 사랑이 먼저 지나가면서 너희를 위해 그의 가장 고귀한 피를, 그에게 있었던 가장 소중한 것을 흘리기까지 하면서 고통을 당한 그 곳으로 지나왔더라면 그래도 그 애를 용서하고 기다렸

을 것이다.'
 '형은 알지 못했었습니다….'
 '만일 그 애가 비석 열개에 새겨진 말을 사랑을 가지고 읽었더라면, 그 참뜻을 읽었을 것이다. 너는 그 뜻을 다섯번째 비석에서부터 읽었고, 그것을 형에게 지적하면서 말했었다. 〈여기서 아버지는 상처를 입으셨나 봐〉 하고, 그리고 너는 그 뜻을 여섯번째, 일곱번째, 여덟번째, 아홉번째 비석에서도 읽었다…. 점점 더 분명히 읽어서 마침내 피 밑에 무엇이 있는지 발견하는 본능을 가지게까지 되었다. 그 본능의 이름을 아느냐? 〈나와의 참다운 데에서의 일치다.〉 내 심금(心琴)과 섞인 네 심금이 떨리면서 네게 말했다. 〈여기서 너는 아버지가 너를 사랑하신 정도를 알게 될 것이다〉 하고, 이제는 다정하고 순종하고 영원히 승리하는 네가 보물과 나를 차지하여라.'
 자, 비유는 끝났습니다.
 열개의 비석은 십계명입니다. 여러분의 하느님께서 그것들은 새겨서 영원한 보물로 인도하는 오솔길에 놓아 두셨습니다. 그리고 여러분을 이 오솔길로 인도하시기 위해서 고통을 당하셨습니다. 여러분은 고통을 당하십니까? 하느님께서도 고통을 당하셨습니다. 여러분은 여러분의 감정을 억제해야 합니까? 하느님께서도 그렇게 하셔야 합니다.
 어느 정도까지 그렇게 하시는지 아십니까? 당신 자신에게서 갈라지는 것을 참고, 인류가 지니고 있는 모든 불행과 더불어 인간을 알기 위하여 노력하셔서, 나고, 추위와 굶주림과 피로와 조롱과 모욕과 증오와 계략으로 고통을 겪고, 마침내 여러분에게 보물을 주기 위해서 당신의 피를 모두 흘리고 죽임을 당하셨습니다. 여러분을 구원하기 위해서 내려 오신 하느님께서 겪으시는 것이 이런 것입니다. 그리고 당신 자신에게 그것을 겪으시도록 허락하심으로 하느님께서 저 하늘 높이서 겪으시는 것도 이런 것입니다.
 정말 잘 들어 두시오. 사람이 하늘에 가기 위하여 걸어가는 오솔길이 아무리 힘들다 하더라도 사람의 아들이 하느님에게 보물 있는 곳의 문을 열어 주려고 하늘에서 땅으로 오고, 땅에서 희생으로 가기 위하여 걸어가는 오솔길보다 더 힘들고 고통스러운 오솔길을 갈 사람은 아무도 없을 것입니다.

 내 피는 벌써 율법의 계명판에 있습니다. 내 피는 내가 여러분에게 닦아 주는 길에 있습니다. 소나기같이 쏟아지는 내 피를 맞고 보물의 문이 열립니다. 여러분의 영혼을 씻어 주고 먹여 주는 내 피로 여러분의 영혼이 깨끗해지고 튼튼해집니다. 그러나 내 피가 헛되이 흐르지 않기 위해서는 여러분이 십계명의 변함없는 율법을 지켜야 합니다.

 이제는 쉽시다. 해가 지면, 나는 이포로 가고, 요한은 정결예식을 하러 가고, 여러분은 집으로 가시오. 주님의 평화가 여러분과 함께 있기를 바랍니다."

145. 예수께서 이포에 가시다

　　이 공책의 글씨가 특히 잘못 쓰여졌더라도 양해해 주시기 바랍니다. 이것들은 제가 불길한 1946년 7월 2일 이후 죽음과 삶 사이를 헤매고 있는 동안에 본 삽화들입니다…. 저는 … 격심한 고통을 겪는데다가… 매우 높은 열이 나며 누워서 이것을 쓴 것입니다….

　　예수께서 환한 아침나절에 이포에 들어가신다. 예수께서는 요란스러운 장날 아침 이른 시간에 시내에 들어오시기 위하여, 당신 말씀을 들으려고 왔던 이 도시의 어떤 주민의 별장에서 밤을 지내신 것같다. 많은 이포 사람이 예수와 함께 오고, 다른 이포 사람들도 선생님께서 오신다는 소식을 듣고 많이 마중을 나온다. 그러나 예수 둘레에는 이포의 주민들만 있는 것이 아니다. 호숫가 마을 사람들도 있다. 몇몇 여자들만이, 혹은 그들의 육체적인 상태 때문에 또는 너무 어린 아이들이 있어서 집에서 너무 멀리 떨어질 수가 없었기 때문에 오지 못하였다.

　　호수의 수면보다 약간 높이 위치한 도시는 호수 너머에 있는 고원(高原)의 첫번째 기복이 시작되는 것에 펼쳐진다. 그 고원은 동쪽으로 올라가면서 동남쪽으로는 아우라니티데스 산들에 이르고 동북쪽으로는 대 헬몬산이 우뚝 솟아 있는 산들의 무리에 이른다.

　　도시는 부유한 상점들과 소유지들로 인하여 훌륭한 인상을 주고, 가말라, 가다라, 펠라, 아르벨라, 보스라, 게르게사 그밖의 다른 도시들의 이름이 적힌 이정표가 말해 주는 것처럼 호수 건너편의 많은 지방의 도로 분기점이고 중심지이다.

　　도시는 인구가 매우 많고, 물건을 사고 팔기 위하여, 또는 다른 사업 관계로 이웃 도시에서 온 외부 사람들이 매우 많이 다닌다. 나는 군중 가운데 민간인 또는 군인인 많은 로마 사람을 본다. 이 도시나

이 지방에만 유별나게 그런지는 알지 못하겠지만, 사람들이 로마인들에 대하여 적의를 품었거나 완고한 것같이 보이지는 않는다. 사업으로 인하여 우정 관계까지는 아니더라도 적어도 호수 건너편 지방들에서보다는 관계가 더 많이 맺어졌는지도 모른다.

예수께서 시내 중심지로 향하여 가시는 데 따라 군중은 불어난다. 마침내 예수께서는 나무들을 심은 넓은 광장에서 걸음을 멈추신다. 그 나무 그늘에서 시장이 전개된다. 즉 가장 중요한 상거래가 이루어진다. 식료품이나 다른 물건들의 소매는 이 광장 저쪽에 흙을 돋우어 만든 둑 위에서 행해지기 때문인데, 그곳에는 벌써 햇볕이 쨍쨍 내리쬔다. 물건 사는 사람들과 장사아치들은 말뚝 위에 쳐놓은 휘장으로 햇볕을 피하는데, 그 휘장들은 땅바닥에 벌려 놓은 상품들에 그림자를 좀 지어 준다. 그곳에는 이렇게 땅보다 조금 높이 쳐져 있는 여러 가지 빛깔의 휘장이 덮혀 있고, 가지각색 옷을 입은 사람들이 우글거린다. 어떤 것은 움직이지 않고, 어떤 것은 진열된 물건 사이로 왔다 갔다 하는 엄청나게 큰 꽃들로 장식된 풀밭같다. 이로 인하여 광장은 꽤 기분좋은 모습을 띠게 되는데, 그 … 구식 가게들이 치워지고, 메마르고 황량하고 누르스름하고 쓸쓸한 광장으로 지나지 않게 되면 그런 모습은 분명히 없어질 것이다.

광장에 지금은 와글와글 떠드는 소리로 활기가 가득 차 있다. 그러나 그 서민들이 어떻게나 소리를 지르고, 나무식기 하나, 체 하나 또는 씨앗 한 줌 값을 깎느라고 말을 얼마나 많이 하고 소리를 얼마나 지르는지! 그리고 파는 사람과 사는 사람들의 야단법석에 장마당의 소음을 누르고 사람들에게 들리게 하려고 목소리를 한껏 힘있게 내는 거지들의 합창이 합쳐진다.

"선생님, 그러나 여기서는 말씀하실 수가 없습니다"하고 바르톨로메오가 외친다. "선생님의 목소리가 힘있기는 하지만 이 모든 소음을 누를 수는 없습니다!"

"기다리자"하고 예수께서 대답하신다. "자, 보아라. 장이 파장이 되어간다. 어떤 사람들은 벌써 그들의 상품을 치운다. 그동안 이곳 부자들이 바친 돈으로 거지들에게 가서 동냥을 주어라. 그것이 연설의 서론과 축복이 될 것이다. 사랑으로 하는 애긍은 물질적인 도움의 단계에서 이웃 사랑의 단계로 넘어가고, 은총을 끌어오니까 말이다."
 사도들은 이 명령을 행하러 간다.
 예수께서는 주의를 기울이는 군중 가운데에서 말씀하기 시작하신다. "이 도시는 부유하고 번영합니다. 적어도 이쪽은 그렇습니다. 나는 여러분이 깨끗하고 멋있는 옷을 입은 것을 봅니다. 여러분의 얼굴은 번영한 모습을 나타냅니다. 모든 것이 여러분은 빈궁으로 고생하지 않는다는 것을 말해 줍니다. 이제는 저기서 신음하고 있는 사람들이 이포 사람들인지 또는 도움을 받기 위해서 다른 곳에서 이리로 온 우연한 거지들인지 묻겠습니다. 솔직히 대답하시오…."
 "예, 비록 선생님의 말씀이 벌써 꾸지람이지만, 말씀드리겠습니다. 어떤 사람들은 다른 곳에서 왔습니다만, 대부분은 이포 사람들입니다."
 "그런데 그들에게는 일거리가 없습니까? 나는 이곳에서 건설을 많이 하는 것을 보았으니, 모든 사람을 위해 일거리가 있을 텐데요…."
 "일을 시키는 사람은 거의 언제나 로마인들입니다…."
 "거의 언제나. 제대로 말했습니다. 나는 일을 지휘하는 이곳 사람들도 보았으니까요. 그런데, 그 중에 많은 사람이 이곳 사람이 아닌 사람들을 고용한 것을 보았습니다. 왜 우선 이 도시 사람들을 구제하지 않습니까?"
 "그것은… 여기서는 일하기가 어려워서 그렇습니다. 특히 몇 해 전에 로마인들이 훌륭한 길을 만들어 놓기 전에는 건축재료를 여기로 가져 오기가 힘들었고, 길을 내기가 힘들었기 때문입니다…. 그래서 병자와 불구가 된 사람이 많았습니다…. 그리고 이제는 일을 할 수가 없게 되었기 때문에 거지 노릇을 합니다."
 "그러나 여러분은 그들이 한 일을 이용하고 있지요?"
 "물론입니다. 선생님! 깊은 빗물받이 웅덩이에 물이 풍부하고 다른 부유한 도시들과 통하는 훌륭한 도로들이 있어서 도시가 얼마나 아름답고 편리한지 보십시오. 건물들이 얼마나 튼튼한지 보시지요. 얼마나 일을 많이 하고 있는지 보시지요. 얼마나…."
 "다 봅니다. 그런데 이것들은 지금 울면서 여러분에게 빵을 청하는 저 사람들이 여러분을 도와서 건설한 것입니까? 그렇다고 여러분은 말했지요? 그렇다면 그 사람들이 여러분을 도와서 차지하게 한 것을 누리면서 여러분은 왜 그들에게 기쁨을 좀 주지 않습니까? 그들이 청하기 전에 빵을 주고, 그들이 야수들의 동굴을 같이 쓰지 않도록 초라한 침대를 주고 말입니다. 치료만 하면, 어쩔 수 없이 품위를 떨어뜨리는 무위(無爲)로 천해지지 않고 그래도 무슨 일을 할 수 있게 될 터인데 그들의 병에 도움을 주지 않느냐 말입니다. 얼마 떨어지지 않은 곳에 굶주리는 형제들이 있다는 것을 알면서, 어떻게 만족하게 식탁에 앉아서 기뻐하는 여러분의 자녀들과 기쁘게 푸짐한 음식을 나눌 수 있습니까? 밤에 집 밖에는 침대가 없고 휴식이 없는 사람들이 있다는 것을 알면서, 어떻게 여러분이 편안한 침대에 쉬러 갈 수가 있습니까? 빵을 살 만한 동전 한푼도 없는 사람이 많다는 것을 알면서, 금고에 넣어 두는 그 돈들이 여러분의 양심을 괴롭히지 않습니까?

여러분은 지극히 높으신 주님께 충실하고 율법을 지키고, 예언서와 지혜서들을 안다고 내게 말했습니다. 여러분은 나를 믿고, 내 가르침을 갈망한다고 내게 말했습니다. 그러나 그렇다면 여러분은 착한 마음을 가져야 합니다. 하느님은 사랑이시고 사랑을 명령하시기 때문이고, 율법은 사랑이고, 예언자들과 지혜서들은 사랑을 권고하고, 내 가르침은 사랑의 가르침이기 때문입니다. 제물과 기도가 이웃에 대한 사랑, 특히 아무 것도 없는 가난한 사람에 대한 사랑을 바탕과 제단으로 가지고 있지 않으면 헛된 것입니다. 아무 것도 없는 가난한 사람에게는 빵과 침대와 옷과 위안과 가르침을 주고, 그를 하느님께 인도함으로써 모든 형태의 사랑을 줄 수가 있습니다. 빈곤은 사람의 가치를 떨어뜨림으로 사람의 정신으로 하여금 생활의 시련에서 견디어 나가는 데 유익한 저 섭리에 대한 믿음을 잃도록 이끌어 갑니다. 인생의 모든 행복을 받는 사람들이, 그리고 일반적인 사상에 따르면 그것을 섭리에게서 받는 사람들이 냉혹한 마음을 가지고, 참다운 종교를 가지고 있지 않고 ──그들의 종교에는 첫째이고 가장 본질적인 부분, 즉 사랑이 없기 때문에,── 참을성이 없고, 또 모든 것을 가진 그들이 굶주린 사람들의 애원을 들을 줄도 알지 못하는 것을 불행한 사람들이 보는데, 어떻게 여러분은 그들더러 항상 착하고, 참을성 있고, 경건하라고, 요구할 수가 있습니까? 어쩌다가 그 사람들이 하느님과 여러분을 저주합니까? 그러나 그들을 이 죄로 이끌어 가는 것은 누구입니까? 부유한 도시의 부유한 시민들인 여러분은 큰 의무를 가지고 있다는 것을 한번도 깊이 생각하지 않습니까? 여러분의 생활 태도로 여러분이 돌보지 않는 사람들을 지혜에로 데려오는 의무를 말입니다.

나는 '저희 모두가 선생님의 제자가 되어 선생님을 전했으면 합니다' 하고 사람들이 말하는 것을 들었습니다. 나는 모든 이에게 말합니다. '여러분은 그렇게 할 수 있습니다' 하고. 찢어진 옷을 입고 수척한 얼굴로 주뼛주뼛하고 부끄러워하며 오는 저 사람들이 기쁜 소식을 기다리는 사람들입니다. 가난한 사람들이 현재의 비참한 생활의 현실 다음에 올 영광스러운 생명을 바라는 데에서 초자연적인 위안을 받도록 특히 가난한 사람들에게 주는 기쁜 소식을 말입니다. 여러분은 얼마 안 되는 물질적인 노력으로, 그러나 더 많은 영적인 노력으로 — 재물은 거룩함과 정의에 대해서 위험한 것이니까요.— 내 가르침을 실천에 옮길 수 있습니다. 가난한 사람들은 그들의 가지가지 고생으로 내 가르침을 따를 수 있습니다. 빵이 없는 것, 옷이 부족한 것, 집이 없는 것, 이 모든 것으로 인해 그들은 이렇게 자문(自問)하게 됩니다. '공중에 날아 다니는 새도 가진 것을 나는 가지지 못했는데, 어떻게 하느님이 내 아버지라고 믿을 수 있단 말인가?' 하고. 이웃의 냉혹이 어떻게 그들로 하여금 서로 형제처럼 사랑해야 한다고 믿게 할 수 있습니까? 여러분은 하느님은 아버지이시고, 여러분은 그들의 형제라는 것을 행동하는 사랑으로 그들에게 믿게 할 의무가 있습니다. 섭리가 있습니다. 그리고 세상의 부자들인 여러분은 섭리의 봉사자들입니다. 섭리의 중개인이 되는 것이 하느님께서 여러분에게 주시는 가장 큰 명예이고, 위험한 재물을 거룩하게 하는 유일한 방법이라는 것을 생각하시오.

그러니 여러분은 가난한 사람들 하나 하나 안에서 나 자신을 보는 것처럼 행동하시오. 나는 그 사람들 안에 있습니다. 나는 가난한 사람들같이 되기 위해서, 그리고 가난하고 박해받은 그리스도의 기억이 많은 세월이 흐르는 동안 지속되면서 그리스도와 같이 가난하고 박해받는 사람들에게 초자연적인 빛을 비추도록, 여러분으로 하여금 그들을 나 자신의 분신(分身)처럼 사랑하게 할 빛을 비추도록 하기 위하여 가난하고 박해받기를 원했습니다. 그리고 나는 실제로 누가 배불리 먹여 주고, 목마름을 풀어 주고, 옷을 입혀 주고, 잠자리를 제공하는 거지 안에 있습니다. 나는 누군가 사랑으로 거두어 주는 고아 안에, 구원해 주는 노인 안에, 도와 주는 과부 안에, 재워 주는 나그네 안에, 치료해 주는 병자 안에 있습니다. 그리고 누군가 위로해 주는 슬퍼하는 사람 안에, 확신을 가지게 해 주는 의심하는 사람 안에, 가르쳐 주는 무식한 사람 안에 있습니다. 나는 어떤 사람이 사랑을 받아들이는 곳에 있습니다. 그리고 물질적이거나 영적인 능력이 없는 형제에게 해 준 것은 무엇이든지 내게 하는 것입니다. 나는 가난한 사람이고, 슬퍼하는 사람이고, 고통을 당하는 사람이기 때문입니다. 그런데 내가 이런 사람인 것은 **모든** 사람에게 초자연적인 재물과 기쁨과 생명을 주기 위한 것입니다. 사람들은 흔히 ─그들은 이런 줄을 모르지만 사실이 그렇습니다.─겉으로 보기에만 부유하고, 겉보기에 지나지 않는 기쁨으로 기뻐하며, 참 재산과 참 기쁨을 빼앗아 가는 원죄로 인해서 은총이 없기 때문에 그들은 모두가 참 재산과 참 기쁨으로는 가난한 것입니다. 여러분도 알고 있지요. 구속이 없이는 은총이 없고, 은총이 없이는 기쁨도 생명도 없다는 것을 말입니다.

그런데 나는 여러분에게 은총과 생명을 주기 위하여 왕이나 권력자로 태어나기를 원치 않고, 가난하게, 서민의 자식으로 비천하게 태어나기를 원했습니다. 과연 하늘로 인도하기 위하여 하늘에서 내려온 사람에게는 왕관은 아무 것도 아니고, 옥좌도 아무 것도 아니고, 권력도 아무 것도 아닙니다. 반면, 모범은 참 선생이 그의 가르침에 힘을 붙여 주기 위하여 주어야 하는 전부입니다. 과연 가장 많은 사람은 가난한 아랫 사람들이고, 권력자와 행복한 사람들의 수는 그들보다 적습니다. 착함은 연민이기 때문입니다.

이를 위하여 내가 왔고, 주님이 당신의 그리스도에게 기름을 발라 주셨습니다. 나더러 온유한 사람들에게 기쁜 소식을 전하고, 상심한 사람들을 고쳐 주고, 노예들에게 자유를, 갇힌 사람들에게 해방을 전하라고, 우는 사람들을 위로하고, 하느님의 자녀들, 기쁨가운데에서나 고통가운데에서나 하느님의 자녀로 남아 있을 줄 아는 자녀들에게 그들의 왕관과 정의의 옷을 돌려주고, 야생의 나무이던 것을 주님의 나무로 바꾸어 놓고, 주님의 투사로, 주님의 영광으로 바꾸어 놓으라고 말입니다. 나는 모든 사람에게 모든 것이고, 그들을 하늘 나라로 데리고 가기를 원합니다. 하늘 나라는 사람들이 의덕을 가지고 살 줄 알기만 하면, 모든 사람에게 열려 있습니다. 의덕은 율법을 지키고 사랑을 베푸는 데 있습니다. 이 나라에는 재산의 권리로 들어가지 못하고, 영웅적인 성덕으로 들어갑니다. 이 나라에 들어가기를 원하는 사람은 나를 따르고 내가 하는 것을 하시오. 즉 그는 하느님을 모든 것 위에 사랑하고, 이웃을 내가 사랑하는 것처럼 사랑해야 하고, 주님을 모독하는 말을 하지 말아야 하고, 명절들을 거룩하게 지내야 하고, 부모를 공경해야 하며, 자기와 같은 사람에게 난폭한 손을 들지 말고, 간음을 하지 말고, 이웃의 물건을 어떤 모양으로도 훔치지 말며, 거짓 증언을 하지 말고, 자기는 가지지 않았는데 다른 사람이 가진 것을 탐내지 말고, 오히려 자기의 운명을 항상 일시적인 것이고, 더 낫고 영원한 운명을 얻기 위한 길이요 방법이라고 생각해서 자기 운명에 만족하며, 가난한 사람들, 슬퍼하는 사람들, 이 세상의 약자들, 고아들, 과부들을 사랑해야 하며, 고리대금을 하지 말아야 합니다. 이렇게 하는 사람은 국적과 언어와 처지와 재산이 어떠하든지, 내가 문을 열어 주는 하느님 나라에 들어갈 수 있을 것입니다.

　바른 뜻을 가진 여러분은 모두 내게로 오시오. 여러분이 지금 어떤 사람이든지, 과거에 어떤 사람이었든지 무서워하지 마시오. 나는 과거를 씻고 미래를 위해서 튼튼하게 해 주는 물입니다. 지혜가 많지 않은 여러분은 내게로 오시오. 내 말에는 지혜가 들어 있습니다. 내게로 와서 여러분의 생활을 다른 사상에 따라 새롭게 하시오. 알지 못할까봐, 할 수 없을까봐 염려하지 마시오. 내 가르침은 쉽고, 내 멍에는 가볍습니다. 나는 보상을 요구하지 않고, 여러분의 사랑 외에 다른 보상은 요구하지 않고 주는 선생입니다. 만일 여러분이 나를 사랑하면 내 가르침을 사랑할 것이고, 따라서 여러분의 이웃을 사랑할 것이며, 생명과 나라를 얻을 것입니다.

부유한 사람들은 재산에 대한 애착을 버리고, 그 재산을 가지고 이웃에 대한 자비로운 사랑의 모든 행위를 해서 하늘 나라를 사시오. 가난한 사람들은 여러분의 가치 하락을 버리고 여러분의 왕의 길로 오시오. 이사야와 더불어 나는 여러분에게 말합니다. '목마른 사람들은 물 있는 데로 오고, 돈 없는 사람들은 사러 오시오' 하고. 사랑을 가지고 여러분은 사랑인 것, 불멸의 양식인 것, 정말로 배부르게 하고 강하게 하는 양식을 살 것입니다.

이포의 남자, 여자, 부자, 가난한 사람들 여러분, 나는 갑니다. 나는 하느님의 뜻을 따르기 위하여 갑니다. 그러나 내가 들어온 때보다 덜 슬픈 마음으로 여러분 곁을 떠나고 싶습니다. 여러분의 약속이 내 고뇌를 덜어줄 것입니다. 부자 여러분, 여러분의 이익을 위하여 여러분의 도시의 이익을 위하여, 여러분 가운데 가장 약한 사람들에 대해서 장차 자비로운 사람이 되시오. 그러겠다고 내게 약속하시오. 여기는 모든 것이 아름답습니다. 그러나 뇌우를 실은 검은 구름이 가장 아름다운 도시에 무서운 모습을 주는 것과 같이, 여기에는 아름다움을 사라지게 하는 그늘과 같이 여러분의 마음의 냉혹이 감돌고 있습니다. 그 냉혹을 없애시오. 그러면 여러분은 축복을 받을 것입니다. 하느님께서 소돔에 의인이 열 명만 있어도 소돔을 파멸시키지 않으시겠다고 약속하셨다는 것을 기억하시오. 여러분은 미래를 알지 못합니다. 그러나 나는 압니다. 그리고 진정으로 말합니다만, 그 미래는 여름에 우박이 실린 구름보다는 더 무거운 벌이 실려 있습니다. 여러분의 의덕과 여러분의 자비로 여러분의 도시를 구하시오. 그렇게 하겠습니까?"

"주님의 이름으로 그렇게 하겠습니다. 말씀해 주십시오. 더 말씀해 주세요! 저희들은 무자비했고 죄인이었습니다. 그러나 주님은 우리를 구원하십니다. 주님은 구세주이십니다. 말씀해 주십시오…."

"나는 오늘 저녁까지 여러분과 같이 있겠습니다. 그러나 나는 행동으로 말하겠습니다. 이제는 해가 뜨거워지기 시작하니, 각기 집으로 돌아가서 내 말을 묵상하시오."

"그럼, 주님은 어디로 가십니까? 제 집으로! 제 집으로 오십시오!" 이포의 모든 부자가 예수를 모시기를 원한다. 그래서 그들은 예수께서 이 사람 또는 저 사람 집에 가셔야 한다는 이유를 강조하느라고 거의 싸우다시피 한다.

예수께서는 손을 들어 침묵을 요구하신다. 침묵을 힘들게 얻으신다. 그리고 말씀하신다. "나는 저 사람들과 같이 남아 있겠습니다." 그러시면서 군중과 떨어진 곳에 몰려 서서, 항상 업신여김을 받다가 사랑받는 것을 느끼는 사람의 눈으로 예수를 바라보고 있는 가난한 사람들을 가리키신다. 예수께서 되풀이 해 말씀하신다. "나는 저 사람들과 같이 있으면서 그들을 위로하고, 그들과 같이 음식을 나누고, 왕이 자기 신민들 사이에서 같은 사람의 잔치에 앉아 계실 나라의 기쁨을 미리 맛보게 하겠습니다. 그리고 우선, 그들의 믿음이 그들의 얼굴과 그들의 마음에 생생하게 표현되어 있으므로 나는 그들에게 말합니다. '여러분이 마음속으로 청하는 것이 여러분에게 이루어지기를 바랍니다. 그리고 여러분의 영혼과 육체가 구세주가 여러분에게 주는 첫번째 구원을 받아 몹시 기뻐하기를 원합니다.'"

가난한 사람들은 아마 적어도 100명은 될 것이다. 그 중의 적어도 3분의 2는 신체장애자이거나 소경이거나 분명히 병자이고, 나머지 3분의 1은 과부 어머니나 할아버지 할머니를 위하여 구걸하는 어린이들이다…. 그런데 놀랄 만한 광경이 벌어진다. 불구가 된 팔들, 어긋난 허리들, 변형된 척추들, 보이지 않는 눈들, 기진맥진하여 겨우 걷는 사람들, 일하던 중의 사고로, 또는 과로나 지나친 궁핍으로 인하여 생긴 병이나 불행의 고통스러운 일련의 양상이 모두 사라지고 정상적인 상태가 된다. 그 모든 불행한 사람들이 다시 살기 시작하고, 자기들이 자족(自足)할 수 있게 된 것을 다시 느끼기 시작한다. 그들의 환성이 넓은 광장을 채우고 울려 퍼진다.

한 로마인이 열광하는 군중을 겨우 헤치고 예수 계신 곳까지 온다. 예수께서도 병을 고쳐 주신 가난한 사람들에게로 어렵게 가신다. 병이 나은 가난한 사람들은 빽빽한 군중을 헤치고 올 수가 없어 그 자리에서 주님을 찬미한다.

"이스라엘의 선생님, 안녕하십니까? 선생님께서 하신 것은 다만 선생님의 국민들만을 위한 것입니까?"

"아닙니다. 내가 한 것도, 내가 말한 것도 그렇지 않습니다. 내 능력은 보편적인 것이고, 내 사랑도 보편적인 것입니다. 또 내 가르침으로 말하면 그것을 제한하는 계급도 종교도 민족도 없으니까 보편적인 것입니다. 하늘 나라는 참 하느님을 믿는 인류를 위한 것입니다. 또 나는 참 하느님의 능력을 믿을 줄 아는 사람들을 위해서 왔습니다."

"저는 이교도입니다. 그러나 선생님을 신이라고 믿습니다. 저는 제게 소중한 노예를 한 사람 데리고 있습니다. 제가 어렸을 때부터 저를 따라 다니는 늙은 노예입니다. 이제는 중풍으로 많은 고통을 당하며 천천히 죽어 가고 있습니다. 그러나 그는 노예입니다. 그래서 선생님께서 혹…."

"나 진실히 당신에게 말합니다만, 나는 혐오감을 주는 노예상태를 하나밖에 알지 못합니다. 즉 죄의 노예상태, 완고한 죄의 노예상태입니다. 과연 죄를 짓고서도 뉘우치는 사람은 내 연민을 만납니다. 당신의 노예는 나을 것입니다. 가시오. 그리고 당신도 참 믿음에 들어와서 당신의 오류를 고치시오."

"제 집에는 가지 않으십니까?"

"안 갑니다."

"정말… 제가 너무 많은 것을 청했군요. 신은 인간의 집에는 오지 않는 것이지요. 그런 이야기는 옛날 이야기에나 나옵니다. 그러나 쥬피터나 아폴로를 집에 모신 사람은 일찌기 아무도 없었습니다."

"그 신들은 존재하지 않기 때문입니다. 그러나 하느님, 참 하느님께서는 당신을 믿는 사람의 집에 들어가시고, 그 집에 병나음과 평화를 가져다 주십니다."

"참 하느님은 누구십니까?"

"스스로 계신 분입니다."

"선생님이 아니시구요?" 거짓말 하지 마십시오! 저는 선생님께서 하느님이시라는 것을 느낍니다…."

"나는 거짓말을 하지 않습니다. 당신이 말한 것과 같이 나는 하느님입니다. 나는 당신의 사랑하는 노예를 구해 준 것처럼 **당신의 영혼도** 구하기 위해서 온 하느님의 아들입니다. 큰 소리로 당신을 부르러 오는 사람이 그 사람 아닙니까?"

로마인이 돌아다 본다. 그는 다른 사람들이 뒤에 따라오는 가운데 담요를 두르고 달려 오며 외치는 노인을 본다.

"마리우스! 마리우스! 주인님!"

"쥬피터의 덕택으로! 내 노예야! 아니!… 내가… 내가 쥬피터…라고 말했지…. 아니, 나는 이스라엘의 선생님 덕택으로라고 말하는 거야. 나는… 나는…." 그 사람은 무슨 말을 할지 모른다.

사람들은 병이 나은 노인을 지나가게 하려고 기꺼이 길을 내준다.

"저는 병이 고쳐졌습니다, 주인님. 저는 사지에 뜨거운 기운을 느끼고 '일어나라' 하는 명령을 들었습니다. 저는 일어나서… 서 있었습니다…. 걸어 보았습니다…. 걸을 수가 있었습니다…. 괴저(懷疽) 딱지를 만져 보았더니… 헌데가 없어졌습니다. 저는 소리를 질렀습니다. 네레아와 퀸뚜스가 달려 왔습니다. 그 사람들이 주인님이 어디 계신지를 말해 주었습니다. 저는 옷을 입는 걸 기다리지 않았습니다. 이제 저는 또 주인님께 봉사할 수 있습니다…." 노인은 무릎을 꿇고 로마인의 옷에 입맞춤을 하며 운다.

"내가 아니다. 네 병을 고쳐 주신 건 선생님 이분이시다. 아뀔라, 믿어야 하겠다. 이분이야말로 참 하느님이시다. 이분이 당신 목소리로 이 사람들의 병을 고쳐 주셨고, 너는… 무엇으로 고쳐 주셨는지 모르겠다…. 믿어야 한다…. 주님… 저는 이교도입니다. 그러나… 옛습니다…. 아니 이것은 너무 적습니다. 어디로 가시는지 말씀해 주십시오. 그러면 선생님께 경의를 표하겠습니다." 그는 돈주머니를 바쳤다가 도로 그것을 가져간다.

"나는 이 사람들과 같이 저 어두운 회랑 밑으로 갑니다."

"이 사람들을 위해서 드리겠습니다. 선생님, 안녕히 계십시오. 믿지 않는 사람들에게 이 이야기를 하겠습니다…."

"안녕히 가시오. 당신을 하느님의 길에서 기다리겠습니다."

로마인은 그의 노예들과 같이 가고, 예수께서는 가난한 사람들과 사도들과 여자 제자들과 함께 가신다.

회랑은 ─ 그것은 회랑이라기보다는 오히려 지붕이 있는 길이다. ─ 그늘이 지고 시원하다. 그리고 기쁨이 너무도 크기 때문에 그 장소가 자체로서는 매우 흔해빠진 것인데도 아름다워 보인다. 이따금씩 주민 한 사람이 와서 기부금을 낸다. 로마인의 노예가 무거운 돈 주머니를 가지고 다시 온다. 그래서 예수께서는 빛의 말씀과 돈으로 된 위안을 주신다. 사도들이 가지가지 음식을 가지고 돌아온다. 예수께서는 빵을 쪼개시고, 음식에 강복하시고 가난한 사람들에게, 당신의 가난한 사람들에게 주신다….

146. 가말라를 향하여

저녁이 내려오면서 심한 더위 끝에 시원하게 하는 미풍을 가져오고, 그렇게 햇볕이 내리쬔 뒤에 고통을 덜어주는 그늘을 가져온다.
예수께서는 안식일까지는 가파르나움에 가기를 원하시기 때문에 출발을 늦추지 않기로 굳게 결심하시고 이포 사람들에게 작별인사를 하신다.
사람들은 마지못해 떠나 가고, 어떤 사람들은 끝끝내 도시 밖에까지 예수를 따라 오려고 한다. 그들 가운데에는 아페카의 여인도 있는데, 그 여인은 호숫가에 있는 도시에서 어머니가 데리고 있고 싶어하지 않는 어린 알패오의 보호자로 골라 달라고 주님께 청한 과부이다. 그 여자는 여자 제자들 중의 한 사람인 것처럼 그들과 합류하여 이제는 그들과 친숙해졌고, 여자 제자들도 그 여자를 집안 식구처럼 생각한다. 지금은 그 여자가 살로메와 같이 있으면서 끊임없이 작은 목소리로 이야기를 나누고 있다. 조금 뒤에는 성모님이 동서와 함께 오시는데, 두분의 손을 잡고 걸어오는 어린 아이의 걸음에 당신들의 걸음을 맞추신다. 어린 아이는 길에 깔려 있는 돌 가장자리에서는 매번 깡충 뛰면서 좋아한다. 이 길에 규칙적인 포석이 깔려 있는 것을 보면 틀림없이 로마인들이 건설한 길일 것이다.
어린 아이는 매번 이렇게 말하면서 웃는다. "내가 얼마나 잘 하는지 봐요. 자 봐요, 또 봐요!" 그 장난은 자기들에게 다정스럽다고 느끼는 사람들의 손을 잡고 있을 때에는 세상의 모든 어린이들이 하는 것이라고 생각한다. 그러니까 그의 손을 잡고 가시는 두 거룩한 여인은 그의 놀이에 큰 흥미를 보이시고, 어린 아이가 깡충깡충 뛰어오르면서 보여주는 용기를 칭찬하신다. 그 불쌍한 어린 것은 며칠 동안의 평온하고 다정스러운 생활로 생기가 다시 살아나서, 눈이 행복한 어린이들과 같이 명랑하게 되고, 은방울을 굴리는 것같은 그의 웃음으로 더 예뻐 보이기까지 하고, 특히 더 어린 아이다워 보인다. 그 아이는 가파르나움에서 떠나던 날 저녁에 가졌던 조숙하고 우울한 어린 아이의 그 표정은 잃어버렸다.

알패오의 마리아는 그것을 알아보고, 또 과부 사라의 말을 듣고 동서에게 말한다. "그렇게 되면 좋을 거예요! 내가 예수라면, 이 애를 이 사람에게 주겠어요."

"마리아, 이 애는 어머니가 있어요…."

"어머니요? 그런 말 말아요! 암늑대라도 그 비열한 여자보다는 더 어미답겠어요."

"사실이에요. 그렇지만 그 여자가 자기 아들에 대한 의무는 깨닫지 못한다 하더라도 그에 대한 권리는 여전히 가지고 있어요."

"흠! 이 애를 괴롭히기 위한 권리요! 이 애가 얼마나 나아졌나 보세요!"

"알아요. 그렇지만… 예수는 아이들은 그들의 어머니에게서 빼앗을 권리가 없어요. 그 애들을 사랑할 사람에게 주기 위해서라두요."

"사람들도 …그럴 권리는 없어요…. 그만둡시다. 나도 알아요."

"오! 마리아의 말을 알아들어요…. 당신은 이렇게 말하려는 거지요. 사람들도 당신의 아들을 빼앗아 갈 권리가 없어요. 그렇지만 그들은 그렇게 할 겁니다… 하고. 그러나 그들은 인간적으로 잔인한 행위인 그 일을 함으로 무한한 행복을 유발할 것입니다. 그와 반대로 이 경우에는 이렇게 하는 것이 그 여자에게 이익이 되겠는지 모르겠어요…."

"그렇지만 어린 아이에게는 좋은 일이 될 거예요. 그렇지만 왜… 예수가 저 소름끼치는 일을 말했지요? 나는 그걸 안 뒤부터는 마음의 평화를 잃었어요…."

"그럼, 당신은 구세주가 고통을 당하고 죽어야 한다는 것을 전에도 알지 못했단 말이에요?"

"물론 알고 있었지요! 그러나 그것이 예수라는 것은 알지 못했어요. 나는 예수를 몹시 사랑했어요. 그건 아시지요? 내 친자식들보다도 더. 그렇게도 잘 생기고, 그렇게도 착하고… 오! 마리아, 나는 예수가 아주 어렸을 적에 당신을 부러워했어요. 그리고 그 다음에도 항상… 항상… 나는 예수를 위해서는 맞바람 치는 것까지도 조심을 했어요. 그래서… 나는 예수가 고문을 당하리라는 것을 생각할 수가 없어요….” 글레오파의 마리아는 베일속에서 운다.

그러니까 성모 마리아는 그를 위로하신다. “마리아, 그 일을 인간적인 면에서 보지 말고, 그 결과를 생각하세요…. 마리아는 내가 매일 해가 떨어지는 것을 어떻게 보는지 알 수 있지요…. 해가 지면, 나는 예수를 데리고 있을 날이 또 하루 줄었구나 하고 말해요. 오! 마리아! 나는 무엇보다도 어떤 한 가지 일에 대해서 지극히 높으신 분께 감사해요. 나로 하여금 완전한 사랑, 인간이 차지할 수 있는 한도에서 완전한 사랑에 다다를 은혜를 주신 데 대해서예요. 이 완전한 사랑은 나로 하여금 ‘예수의 고통과 내 고통은 내 형제들에게 유익하다. 그러므로 고통은 축복받아라’ 하고 말하면서 내 마음을 고치고 튼튼하게 할 수 있게 해 줍니다. 만일 내가 이웃을 사랑하지 않으면, 정말이지 나는 그들이 예수를 죽이리라는 것을 생각할 수 없을 거예요….”

“그러나 대관절 마리아의 사랑은 어떤 사랑이예요? 그런 말을 할 수 있으려면 어떤 사랑을 가지고 있어야 하느냐 말이예요. 자기 아이를 데리고 도망하고, 그를 보호하고 이웃에게 ‘내 첫째 이웃은 내 아들이예요. 나는 내 아들을 무엇보다도 더 사랑해요’ 하고 말하지… 않으려면 말이예요.”

“무엇보다도 더 사랑받으셔야 할 분은 하느님이세요.”

“그런데 예수는 하느님인걸요.”

“예수는 아버지의 뜻을 행합니다. 그리고 나도 예수와 함께 행하구요. 내 사랑이 어떤 사랑이냐구요? 이런 말을 하려면 어떤 사랑을 가져야 하느냐구요? 하느님과 하나가 되는 사랑, 완전한 일치, 완전한 맡김, 하느님 안으로 빠져들어가는 것, 하느님의 일부분에 지니지 않게 되는 거예요. 마치 마리아의 손이 마리아 자신의 일부분이고, 머리가 명령하는 것을 하는 것과 같이 말이예요. 이것이 내 사랑이고, 항상 착한 뜻으로 하느님의 뜻을 행하기 위해서 우리가 가져야 하는 사랑이예요.”

“그렇지만 동서는 동서지요. 마리아는 모든 여인 중에서 복되신 분이예요. 하느님께서 예수를 도우라고 마리아를 택하신 것을 보면, 마리아는 예수를 가지기 전부터 벌써 그런 사람이었던 게 틀림없어요. 그러니까 마리아에게 그 일이 쉬웠던 거지요…."

"아니예요, 마리아. 나도 어떤 여자나 어떤 어머니 마찬가지로 여자이고 어머니예요. 하느님의 은혜는 인간을 소멸시키지는 않아요. 인간은 하느님께서 그에게 높은 영성(靈性)을 주시더라도 다른 어떤 인간과도 마찬가지로 인간성을 가지고 있어요. 이제는 **내가** 자진해서, 그리고 그 은혜에 포함된 모든 결과와 더불어 그 은혜를 받아들여야 했다는 걸 마리아도 알지요. 사실 하느님의 은혜는 어느 것이나 큰 지복(至福)이지만 큰 약속이기도 해요. 그리고 하느님께서는 당신의 은혜를 받아들이라고 어떤 사람에게도 강요하지 않으시고, 인간에게 물어보셔요. 그래서 만일 인간이 그에게 말하는 영적인 목소리에 '싫다' 하고 말하면, 하느님께서는 그 인간을 강제하지는 않으세요. 모든 영혼이 적어도 일생에 한번은 하느님의 질문을 받아요. 그래서…."

"오! 나는 질문을 안 받았어요. 하느님께서는 내게 결코 아무 것도 묻지 않으셨어요!" 하고 알패오의 마리아가 자신만만하게 외친다.

성모님은 조용히 미소지으시며 대답하신다. "마리아는 그것을 알아차리지 못했어요. 그리고 마리아의 영혼이 마리아가 알아차리지 못하는 사이에 대답한 거예요. 그리고 이것은 마리아가 주님을 많이 사랑하기 때문이예요."

"정말이지 하느님께서 내게 말씀하신 적이 없다니까요!…."

"그러면 마리아는 왜 제자가 돼서 예수를 따라 다녀요? 그러면 왜 마리아의 아들들이 **모두** 예수의 제자가 되기를 열렬히 바라는 거예요? 마리아는 예수를 따르는 것이 어떤 것인 줄 알아요. 그러면서도 아들들이 예수를 따르기를 원하고 있어요."

"물론이지요. 나는 아들들을 모두 예수에게 주고 싶어요. 그 때에는 정말 내가 아들들을 빛에게 주었다고 말할 거예요. 그리고 나는 참되고 영원한 모성으로 그 애들을 빛에, 예수에게 낳아 줄 수 있기 위해서 기도하고 또 기도해요."

"자, 보세요! 그런데 왜 그렇게 하세요? 하느님께서 어느 날 마리아에게 '마리아야, 네 아들들을 내게 바쳐서 새로운 예루살렘에서 내 사제가 되게 하겠느냐?' 하고 말씀하시면서 물어보셨기 때문이예요. 그리고 마리아는 '예, 주님' 하고 대답했어요. 그리고 마리아는 지금도 제자가 스승보다 낫지 못하다는 것을 알고 있고, 마리아의 사랑을 시험하시려고 물어보시는 하느님께 '예, 주님. 이제부터 그 애들이 주님의 것이 되기를 원합니다' 하고 대답해요. 그렇지 않아요?"

"그래요, 마리아. 그래요, 사실이예요. 나는 하도 무식해서 영혼 안에 무엇이 일어나는지 이해하지 못해요. 그러나 예수나 나를 깊이 생각하게 하면, 나는 '맞아, 그건 틀림없는 사실이야' 하고 말해요. 나는 이렇게 말해요…. 그 애들이 하느님의 원수가 되기보다는 오히려 사람들의 손에 죽기를 원한다고… 물론… 만일 내가 그 애들이 죽는 것을 보면… 만일… 오! 그러나 주님이… 주님이 나를 도와주실까요, 예? 주님께서 이 시간에… 혹은 또 마리아만 도와주실까요?"

"주님께서는 영으로 순교자이거나 영과 육체로 당신의 영광을 위해 순교자가 되는 당신의 충실한 모든 딸들을 도와주실 거예요."

"아니 그런데 누가 죽어야 한다는 거야?" 하고 어린 아이가 묻는다. 그 아이는 이 이야기를 듣고는 깡충깡충 뛰는 것을 그만두고 온 신경을 귀에 집중시키고 있었다. 그리고 점점 어두워가는 호젓한 들판을 이쪽 저쪽 바라보면서 호기심도 좀 가지고 좀 무서워도 하면서 또 묻는다. "도둑놈들이 있는 거야? 어디 있어?"

"애야, 도둑은 없다. 지금 당장은 아무도 죽임을 당할 사람이 없다. 뛰어라, 또 뛰어…" 하고 성모님이 대답하신다.

훨씬 앞서 가시던 예수께서 여자들을 기다리시느라고 걸음을 멈추신다. 이포에서 예수를 따라온 사람들 중에서 아직 남자 셋과 과부가 있다. 다른 사람들은 하나씩 둘씩 예수를 떠나서 그들의 도시로 돌아가기로 결정하였다.

두 집단이 한데 합친다. 예수께서 말씀하신다. "여기서 머무르면서 달 뜨기를 기다리자. 그런 다음 새벽에 가말라시에 들어갈 수 있도록 떠나자."

"그러나 주님? 그들이 어떻게 주님을 내쫓았는지 기억 못하십니까? 그들은 주님더러 떠나시라고 간청했습니다…."

"그래서? 나는 떠났었고, 지금은 다시 간다. 하느님께서는 참을성 있고 신중하시다. 그 때에는 그들이 흥분하고 있어서 말씀을 받아들일 능력이 없었다. 말씀이 유익하기 위해서는 조용한 마음으로 들어야 하는 것이다. 엘리야를 기억하고 그가 호렙산에서 주님을 만난 것을 기억하여라. 엘리야는 벌써 주님의 사랑을 받고 주님의 말씀을 들어 버릇한 사람이라는 것을 생각하여라. 그런데 소란이 지난 다음 세상과 그의 성실한 자아의 평화속에서 그의 마음이 쉬고 있을 때 조용한 미풍속에서 비로소 주님이 말씀하셨다. 그리고 주님은 마귀의 무리가 그 지방으로 지나간 추억으로 ──하느님께서 지나가시는 것은 평화이고, 사탄이 지나가는 것은 혼란이니까.── 그 지방에 남겨졌던 소란이 가라앉고, 마음과 정신이 다시 맑아지기를 기다려서, 아직도 주님의 자녀들인 가말라 사람들에게로 돌아가는 것이다. 걱정하지들 말아라. 그들은 우리에게 해를 끼치지 않을 것이다!"

아페카의 과부가 앞으로 나아와서 땅에 엎드리며 말한다. "그러면 제 집에는 가지 않으시렵니까, 주님? 아페카에도 하느님의 자녀들이 많이 있습니다…."

"길이 어렵고, 시간도 별로 없어요. 우리는 여자들을 데리고 가는데, 안식일에 대서 가파르나움에 돌아가야 합니다. 여보시오, 조르지 마시오." 하고 가리옷 사람이 그 여자를 쫓아내려는 듯이 단호한 태도로 말한다.

"그것은… 주님께서 내가 어린 아이를 넉넉히 보살필 수 있다는 것을 믿으시기를 바라기 때문이었어요."

"그러나 이 애는 어머니가 있소. 아시겠소?" 하고 가리옷 사람이 또 말하는데, 무례하게 말한다.

"가말라와 아페카 사이에 지름길을 아시오?" 하고 예수께서 모욕을 당한 여인에게 물으신다.

"아이고! 알구 말구요! 산골길이지만 좋습니다. 수풀 사이로 지나가기 때문에 시원하구요. 그리고 여자들을 위해서는 제가 돈을 낼테니까 나귀들을 빌릴 수 있습니다…."

"비록 어린 아이는 어머니가 있기 때문에 당신에게 주지 못한다 하더라도 당신을 위로하기 위해서 당신 집에 가겠습니다. 그러나 만일 하느님께서 사랑을 받지 못하는 죄없는 어린이가 사랑을 되찾는 것이 좋다고 판단하시면, 당신을 생각하겠다고 약속합니다."

"고맙습니다, 선생님. 선생님은 마음이 착하십니다" 하고 과부가 말하면서 유다를 흘낏 쳐다본다. 그것은 "그리고 당신은 고약해요" 하는 뜻이다.

말하는 것을 듣고 적어도 부분적으로는 알아들은 어린 아이는 애무와 맛있는 것으로 그의 마음을 사로잡은 과부에게 달라붙어 있었는데, 조금은 자연적인 생각의 충동으로, 또 조금은 어린이들 특유의 그 모방 정신으로 과부가 한 것을 그대로 반복한다. 그러나 예수의 발 앞에 엎드리는 대신에 무릎에 달라붙으면서 달빛으로 하얗게 된 작은 얼굴을 쳐들면서 말한다. "고맙습니다, 선생님. 선생님은 마음이 착해요." 그리고 그렇게 하는데 그치지 않고, 그가 생각하는 것을 분명히 말하고자 한다. 그래서 이렇게 말을 끝마친다. "그리고 아저씨는 고약해." 그렇게 말하면서 사람에 대하여 아무 착오가 없도록 가리옷 사람을 발로 찬다.

토마는 요란스럽게 웃고 이렇게 말한다. "가엾은 유다! 아니, 어린이들이 자네를 좋아하지 않는다는 건 정말 숙명적이구먼! 어떤 어린이가 자네에 대해서 판단할 때마다 언제나 똑같이 좋지 않게 판단하거든!…." 그러니까 다른 사람들도 따라 웃는다.

유다는 하도 재치가 없어서 그의 분노를 나타낸다. 성을 나게 하는 원인과 대상과는 어울리지 않는 부당한 분노이다. 그리고 어린 아이를 예수의 무릎에서 비열하게 떼어내서 뒤로 내동댕이 치면서 이렇게 외치는 것으로 분을 푼다. "진지한 일을 할 때에 희극을 하면 이런 일이 생기는 겁니다. 여자들과 사생아들을 데리고 다니는 것은 아름답지도 않고 유익하지도 않은 겁니다…."

"그건 아니야. 이 애 아버지는 자네도 알았지. 그 사람은 합법적인 남편이고 의인이었네" 하고 바르톨로메오가 엄하게 지적한다.

"그래서? 이 애가 지금은 떠돌이고 미래의 도둑이 아니냐 말이야. 우리에게 별로 이롭지 못한 이야기의 원인이 되지 않았냐 말이야. 이 애를 선생님의 어머니의 아들로 생각했습니다…. 그러면 이만한 나이의 아들을 정당화하기 위한 어머님의 남편이 어디 있습니까? 그렇지 않으면 저희들 한 사람의 아들로 생각하고, 또…."
 "그만 해 두어라. 너는 세상 사람들이 하는 말투로 말한다. 그러나 세상은 진흙탕속에서 개구리들과 뱀들과 도마뱀들과 온갖 더러운 짐승들에게 말한다…. 알패오야, 울지 말고 이리 오너라. 내게로 오너라. 내가 안고 가마."
 어린 아이의 마음의 고통은 매우 크다. 평화로운 이 며칠 동안에 가라앉았던 고아로서의 그의 모든 고통, 어머니에게 버림받은 아이로서의 그의 모든 고통이 되살아나서 겉으로 나타나고 끓어오르고 넘친다. 돌이 많은 땅에 쓰러지면서 입은 이마와 손의 스친 상처, 여자들이 닦아 주는 스친 상처보다도 사랑을 받지 못하는 어린이로서의 고통 때문에 우는 것이다. 죽은 아버지와 그의 어머니를 부르면서 우는 비통하고 긴 울음이다…. 오! 가엾은 어린 것!

  일찍이 사람들이 사랑할 줄을 알지 못한 나도 이 어린이와 같이 운다. 그리고 내 아버지의 장례식 기념일인 오늘, 부당한 결정으로 내가 자주 성체를 모시지 못하게 된 오늘, 나도 이 어린이처럼 하느님의 품 안으로 피신한다….

 예수께서 어린 아이를 안고 입맞춤 하시고 흔들어 주신다. 그리고 달빛을 받으시며 죄없는 어린이를 안으신 채 모두의 앞장을 서 가시며 그를 위로하신다…. 울음이 천천히 가라앉고 사이가 떠진다. 그리고 고요한 밤의 적요속에 그에게 말씀하시는 예수의 목소리를 들을 수 있다. "알패오야, 내가 여기 있다. 나는 모든 사람을 위해 여기 있고, 네게 아버지 어머니 노릇을 하려고 여기 있다. 울지 말아라. 네 아버지는 내 곁에 있으면서, 나와 함께 네게 입맞춤 한다. 천사들이 어머니같이 너를 보살핀다. 네가 착하고 죄없이 살면 모든 사랑, 모든 사랑이 너와 함께 있다…."
 이제는 이포에서 온 세 사람 중의 한 사람의 목소리가 들린다. 그 목소리는 이렇게 말한다. "선생님은 마음이 착하셔서 사람을 끌어 당기신다. 그러나 제자들은 그렇지 않다. 나는 간다…."
 그리고 가리옷 사람에게 말하는 열성당원의 엄한 목소리가 들린다. "자네가 하는 일이 어떤 것인지 보나?"

그런 다음 아페카의 과부만이 여자 제자들과 남아 있으면서 그들과 같이 한숨을 쉰다. 차차 약해져 가는 발소리밖에 들리지 않는다. 과연 이포에서 왔던 세 사람은 갔다. 그런 다음 사도의 무리는 어떤 넓은 동굴 곁에서 걸음을 멈춘다. 바닥에는 벤지 얼마 되지 않은 브라이어와 목초가 한 겹 깔려 있어 축축한 땅바닥을 격리시킨 것을 보면 동굴은 아마 목자들의 피신처인 모양이다.

"여기서 멎자. 섭리가 마련해 주신 이 침대를 여자들을 위해 모아 놓자. 우리는 여기 밖에서 풀 위에 누워 잘 수 있다"하고 예수께서 말씀하신다. 그들은 만월이 하늘을 건너지르는 동안 그렇게 한다.

147. 가말라에서

　예수께서 잠이 깨서 흙과 풀로 된 당신의 촌스러운 침대에 앉으시려고 몸을 일으키실 때 새벽이 겨우 밝기 시작한다. 그런 다음 예수께서는 일어나셔서 샌들과, 이슬과 밤의 찬기운을 막으려고 덮으셨던 당신의 겉옷을 집으시고, 당신 주위에 잠들어 있는 사도들의 다리와 팔과 몸통과 머리가 뒤얽혀 있는 가운데로 조심해서 지나가신다. 그리고 나뭇잎이 우거진 아래에서는 빛 같을까 말까 한 희미한 새벽빛으로 어디를 디디는지 보시려고 자세히 들여다 보시며 몇 미터쯤 멀어져 가신다. 탁 트인 풀밭으로 가신다. 나무들 사이 빈틈으로 깨어나는 호수 한 모퉁이와 하늘의 많은 부분이 보인다. 하늘은 밤이 끝나가는 하늘의 독특한 빛깔인 회청색에서 엷은 파랑으로 변하면서 밝아 오고, 동쪽에서는 회청색이 벌써 밝은 노랑으로 연해지고, 이 빛깔은 또 점점 더 강조되어서 엷은 노랑에서 분홍색을 띤 노랑으로, 그 다음에는 지극히 우아한 엷은 산호색으로 변한다.
　매우 엷은 안개가 끼어 있는데도 불구하고 새벽은 날씨가 좋으리라는 것을 예고한다. 안개는 저 동쪽에서는 하늘의 영역을 자꾸만 빛에 빼앗기고, 몹시 엷은 베일처럼 보여서, 하늘의 파란 빛이 그것으로 인하여 손상되지 않고, 마치 그것이 금빛과 산호빛 술을 단 매우 흰 모슬린인 것처럼 더 아름답게 보인다. 그 모슬린은 자꾸 변하고 점점 더 아름다워져서, 마치 날이 밝아 태양의 승리로 그것을 부수기 전에 그것의 덧없는 아름다움의 완전에 도달하려고 애쓰는 것같다. 반대로 서쪽에서는 몇몇 천체가 비록 밤의 광채는 벌써 잃었지만 점점 더 환해지는 빛에서 아직 저항하고, 산의 능선 뒤로 거의 사라지게 된 달은 죽은 유성과 같이 빛을 잃고 창백하게 하늘을 지나가고 있다. 예수께서는 이슬에 젖은 풀속에 맨발로 서서, 팔짱을 끼시고, 솟아 오르는 해를 쳐다보시려고 머리를 드시고 곰곰이 생각하신다

…. 또는 영의 대화로 아버지와 대화를 나누신다.

　아주 많은 이슬 방울들이 땅에 떨어지는 소리가 들릴 정도로 말할 수 없이 조용하다.

　예수께서는 팔짱을 끼신 채 서서 얼굴을 숙이시고 한층 더 깊은 묵상에 잠기신다. 당신 자신에 완전히 집중하여 계신다. 크게 떠진 예수의 찬란한 눈은 풀에서 어떤 대답을 끌어내시려는 것처럼 땅을 뚫어지게 내려다보고 있지만, 나는 풀들의 느린 움직임을 보지도 못한다고 생각한다. 풀들은 새벽의 서늘한 바람을 받아 일종의 전율을 일으킨다. 잠이 깨서 기지개를 켜고, 돌아눕고, 잠을 완전히 깨서 힘줄과 힘살을 다시 민첩하게 놀리려고 몸을 떠는 사람의 전율과 같은 전율을 말이다. 예수께서는 바라보기는 하시지만, 가지와 잎과 꽃부리에서 꽃잎이나 꽃송이나 이삭이나 과일송이로 옮아가는 풀과 들풀들의 이 잠깸을 보지는 못하신다. 어떤 꽃들은 꽃받침이 하나씩 떨어져 있고, 어떤 것들은 부채살 모양으로 배치되어 있거나 금붕어꽃 모양이거나 풍요의 뿔*이나 깃털장식이나 장과(漿果)의 모양을 하고 있다. 어떤 꽃들은 줄기 끝에 꼿꼿이 서 있고, 어떤 꽃들은 제 줄기가 아닌 줄기에 감겨서 흐느적 거리며 늘어져 있고, 어떤 것들은 땅에 아무렇게나 기어가고 있다. 어떤 꽃들은 작고 보잘 것없는 많은 꽃들이 무리를 지어 있고, 어떤 것들은 외따로 있는데 넓고 빛깔과 모양이 세차다. 모든 꽃들이 이제는 이슬보다 해를 더 갈망하여 꽃잎에서 이슬 방울을 떨어 버리느라고 여념이 없다. 꽃들은 욕망이나 배치가 변덕스럽다…. 이 점으로는 꽃들이 사람들과 매우 비슷하다. 사람들은 그들이 가진 것에 만족하는 일이 절대로 없다.

　예수께서는 귀를 기울이시는 것같다. 그러나 점점 더 커지면서 가지들을 흔들어 이슬을 떨어뜨리는 장난을 하는 바람의 살랑거림도 분명히 듣지 못하시고, 잠이 깨서 서로 지난 밤의 꿈이야기를 하거나, 부드럽고 선율적인 둥지에서 서로 느낌을 이야기하는 새들의 점점 더 커지는 속삭임도 듣지 못하신다. 새둥지에서는 양털이나 건초 조각들속에서 어제는 아직 발가벗었던 새새끼들이 깃을 입기 시작하

＊ 역주 : 그리이스 신화에 나오는 제우스의 유모인 산양신의 뿔로, 풍요의 상징.

거나 부리를 엄청나게 크게 벌려 욕심사납게 그 놈들의 빨간 목구멍을 보이며 먹이에 대한 첫번째 요구를 요란스럽게 나타낸다. 예수께서는 귀를 기울이시는 것같다. 그러나 티티새의 비웃는 것같은 첫번째 부르는 소리로, 머리가 까만 꾀꼬리의 부드러운 노래로, 떠오르는 해를 맞이하려고 기꺼이 올라가는 종달새의 화려한 전음도, 둥지를 튼 바위들에서 나온 제비떼들이 조용한 공기를 가르며 땅과 하늘 사이에 지칠 줄 모르고 날아다님으로 피륙을 짜면서 내는 새액새액 소리도 분명히 듣지 못하신다. 또 예수께서 그 곁에 계신 떡갈나무 가지에서 몸을 기울이고 예수께 "당신은 누구요? 무얼 생각하고 있소?" 하고 물으면서 놀리는 것같은 까치의 재잘거림도 듣지 못하신다. 이것도 예수의 묵상을 중단시키지는 못한다.

그러나 까치들이 짓궂다는 것을 누가 모르는가? 이놈 아마 제가 제일 좋아하는 자리인 작은 풀밭에 있는 침입자에 지쳐서, 떡갈나무에서 달라붙은 도토리 두 알을 따서 사격 선수와 같이 정확하게 예수의 머리 위에 떨어뜨린다. 그것은 상처를 입힐 수 있는 무거운 발사체는 아니다. 그러나 그렇게 높은 곳에서 떨어지니까 명상하는 사람의 주의를 끌만한 힘은 넉넉히 있다. 예수께서는 위를 올려다 보시다가, 날개를 펴고 조롱하는 듯이 절을 꾸벅꾸벅하며 제 사격솜씨를 즐기고 있는 새를 보신다. 예수께서는 빙그레 웃으시고, 머리를 흔드시고, 마치 묵상을 끝마치기 위하신 것처럼 한숨을 쉬시고, 이쪽 저쪽으로 왔다갔다 하시면서 움직이신다. 까치는 놀리는 것처럼 웃고 깍깍 소리를 내며 내려 와서 재잘거리며, 침입자에게서 해방된 풀을 파고 뒤진다.

예수께서는 물을 찾으시지만 찾아내지 못하신다. 단념하시고 사도들에게로 돌아가시려고 하신다. 그러나 새들이 물이 어디 있는지 가르쳐 드린다. 새들은 떼를 지어 꽃받침이 매우 넓은 꽃들로 내려 오는데, 그것들은 물이 들어 있는 작은 컵들과 같다. 또는 털이 덮인 넓은 잎에 와서 앉기도 하는데, 그 털 하나하나에는 이슬이 한 방울씩 맺혀 있다. 새들은 거기서 물을 먹기도 하고 깃을 씻기도 한다. 예수께서도 새들이 하는대로 하신다. 손을 오목하게 오그려서, 거기에 꽃받침의 물을 받아 얼굴을 다듬으시고, 털투성이의 넓은 잎들을 뜯으셔서 그것으로 맨발의 먼지를 닦으시고, 샌들을 닦으셔서, 신고 끈을 매신다. 다른 잎들을 가지고 손이 깨끗해진 것을 보실 때까지 씻으신다. 그리고 빙그레 웃으시며 속삭이신다. "조물주의 숭고한 완전!"

예수께서는 축축한 손으로 머리와 수염을 다듬으셨기 때문에 이제는 산뜻하게 되시고 정돈되셨다. 그래서 처음 햇살이 풀밭을 금강석이 깔린 식탁보 모양으로 만들어 놓는 동안 사도들과 여자들을 깨우러 가신다.

여자들과 사도들은 몹시 피곤하기 때문에 깨기가 힘들다. 그러나 성모님은 깨어 계시지만 작은 머리를 성모님의 턱 밑에 대고 품에서 몸을 오그리고 자고 있는 어린 아이 때문에 움직이지 않고 계신다. 어머니는 그의 예수가 동굴 어귀에 나타나는 것을 보시고, 엷은 파란색의 부드러운 눈으로 미소를 보내시고, 아들을 보는 기쁨으로 뺨이 볼그레해진다. 움직이는 바람에 조금 칭얼거리는 어린 아이에게서 빠져 나오셔서 일어나시어, 얌전한 비둘기와 같은 가볍게 일렁거리는 걸음으로 예수께로 향하여 가신다.

"아들아, 하느님께서 오늘 네게 강복하시기를 바란다."

"하느님께서 어머니와 함께 계시기를 바랍니다. 밤이 어머니께 고생스러웠지요?"

"조금도 그렇지 않았다. 오히려 지극히 행복했다. 아주 어린 너를 품에 안고 있는 것같았다…. 그리고 네 입에서 이루 말할 수 없이 부드럽게 울리는 금으로 된 강같은 것이 흘러나오고, 말을 하는 목소리가 나오는 꿈을 꾸었다…. 오! 참 아름다운 목소리였! 그 목소리는 이렇게 말하고 있었다. '말씀이 세상을 부유하게 하고, 그것을 듣고 거기에 순종하는 사람에게 지복(至福)을 준다. 능력과 시간과 공간에 한계가 없는 말씀이 구원할 것이다'하고. 오! 아들아! 말씀은 내 아들 너다! 나를 네 어미가 되게 해 주신 것을 영원하신 분께 감사할 수 있게 많이 살고 많이 행하려면 어떻게 해야 하겠니?"

"어머니, 걱정하지 마십시오! 어머니의 심장의 고동 하나하나가 하느님께는 갚음이 됩니다. 어머니는 하느님께 살아있는 찬미이시고, 언제나 그러실 것입니다. 어머니께서는 계시기 시작하신 때부터 하느님께 감사하고 계십니다….”

"예수야, 나는 그것을 넉넉히 하는 것같이 생각되지 않는다! 하느님께서 나를 위해 하신 일은 너무도 크고 또 크다! 결국 내가 나와 같이 있는 네 제자인 이 모든 착한 여인들보다 더 하는 것이 무엇이냐? 내 아들인 네가 우리 아버지께 내가 받은 은혜에 마땅한 만큼 감사를 드리게 허락해 주십사고 말씀드려라."

"어머니! 제가 어머니를 위해 그것을 청하는 것이 아버지께 필요하다고 생각하십니까? 아버지께서는 어머니가 이 완전한 찬미를 위하여 바치셔야 할 희생을 어머니를 위해 벌써 마련해 놓으셨습니다. 그리고 어머니가 그 희생을 드리시고 난 뒤에는 완전하게 되실 것입니다…."

"내 예수야!…. 네 말이 무슨 말인지 알아듣겠다…. 그러나 그 시간에 내가 생각할 수 있겠느냐?…. 보잘 것없는 네 어미가…."

"영원한 사랑의 지극히 행복하신 정배(貞配)! 어머니는 이런 분이십니다. 그리고 영원한 사랑이 어머니 안에서 생각할 것입니다."

"아들아, 네가 그렇게 말하니, 나는 네 말을 신뢰한다. 그러나 너는… 이들 중의 아무도 이해하지 못하는… 그런데 벌써 임박한… 그 시간에 나를 위해 기도해 다오…. 임박했지? 임박한 것이 사실이지 아마?"

이 대화 중에 성모님의 얼굴 표정이 어떠하였는지를 말하는 것은 불가능한 일이다. 아양과 불명확한 색조로 그 표정을 망가뜨리지 않고 인간의 언어로 표현할 수 있는 문필가는 없다. 씩씩하면서도 마음을, 착한 마음을 가진 사람만이 성모님의 얼굴이 지금 나타내는 표정을 마음속으로 그의 얼굴에 띠게 할 수 있다.

예수께서 성모님을 바라다 보신다…. 우리의 언어로는 표현할 수 없는 또 하나의 표정이다. 그러면서 대답하신다. "그리고 어머니도 죽음의 시간에 저를 위해 기도해 주십시오…. 그렇습니다. 이 사람들 중의 아무도 이해하지 못합니다…. 그들의 탓이 아닙니다. 사탄이 그들이 보지 못하고, 술취한 사람과 귀머거리처럼 되고, 따라서 준비가 되어 있지 않고… 휘기 쉽게 하려고 공허한 일들을 만들어 놓는 것입니다. 그러나 어머니와 저는 사탄의 계략에도 불구하고 그들을 구할 것입니다. 어머니, 이제부터 그들을 어머니께 맡겨 드립니다. 이 말을 기억하십시오. 그들을 어머니께 맡겨 드립니다. 제 유산을 어머니께 드립니다. 저는 이 세상에 어머니 한분 밖에 가진 것이 없는데, 어머니를 하느님께 바칩니다. 제물과 함께 제물로. 그리고 제 교회를 어머니께 맡겨 드립니다. 제 교회에 유모가 되어 주십시오. 오랜 세월이 흐르는 동안, 가리옷의 사람이 그의 모든 결함과 함께 그들에게서 다시 살아날 수많은 사람들을 생각한 것이 얼마 안 됩니다. 그리고 예수가 아닌 어떤 사람은 그 흠 있는 사람을 물리칠 것이라는 생각을 했습니다. 그러나 저는 그를 물리치지 않겠습니다. 저는 예수입니다. 이 세상에 계시는 동안은 교회의 계급에서는 베드로가 으뜸이고 어머니는 신자이시기 때문에 베드로 다음으로 오시지마는, 그러나 그 신비체의 머리인 저를 낳으셨기 때문에 교회의 어머니로서 모든 사람에 앞서 첫째이신 어머니께서는 수많은 유다를 물리치지 마시고 구제해 주십시오. 그리고 베드로와 사촌들과 요한, 야고보, 시몬, 필립보, 바르톨로메오, 안드레아, 토마, 마태오에게 물리치지 말고 구제하라고 가르치십시오. 저를 따르는 사람들 안에서 저를 지켜 주시고, 새로 태어나는 교회를 흩어놓고 해체하고자 하는 자들에게서 저를 지켜 주십시오. 그리고 어머니, 세월이 흐르는 동안, 항상 전구(轉求)하시는 분, 제 교회와 제 사제들과 제 신자들을 악과 벌과 그들 자신에게서 보호하시고, 지키시고, 도와주시는 분이 되어 주십시오…. 어머니, 오랜 세월이 흐르는 동안 얼마나 많은 유다가 있을 것입니까! 그리고 정신장애자와 같이 이해하지 못하고, 소경과 같아서 볼 줄을 모르고, 귀머거리와 같아서 들을 줄을 모르고, 불구자나 마비 환자와 같아서 올 줄을 모르는 사람이 얼마나 많겠습니까!…. 어머니, 모두를 어머니의 겉옷 밑에 받아 주십시오! 어머니만이 한 사람 또는 여러 사람에 대한 영원하신 분의 벌을 주는 명령을 지금도 바꾸실 수 있고, 장차도 바꾸실 수 있을 것입니다. 삼위일체께서 당신의 유일한 꽃에게 거절하실 수 있을 것은 절대로 아무 것도 없겠기 때문입니다.”

"아들아, 그렇게 하마. 내게 달린 것에 대해서는 안심하고 네 목적을 향해 가거라. 네 어미는 교회 안에서 언제나 너를 지키기 위하여 여기 있다."

"어머니, 하느님의 강복을 받으시기 바랍니다…. 이리 오십시오! 향기로운 이슬이 가득 들어있는 꽃받침들을 따 드릴테니, 제가 한 것처럼 그것으로 얼굴을 시원하게 하십시오. 그것들은 지극히 거룩하신 우리 아버지께서 우리에게 마련해 주셨고, 새들이 그것들을 제게 가리켜 주었습니다. 하느님께서 정리하신 만물에서는 어떻게 모든 것이 도움이 되는지 보십시오! 갈릴래아 바다에서 올라오는 구름과 이슬을 끌어당기는 큰 나무들 때문에 매우 기름져서 가무는 여름동안에도 풀과 꽃이 무성하게 자랄 수 있게 해 주는 호수 가까이에 있는 이 높은 고원을 보십시오. 당신의 지극히 사랑하는 자녀들이 세수를 할 수 있도록 풍성한 비처럼 이 꽃받침들을 가득 채우는 이 이슬을 보십시오…. 당신을 사랑하는 사람들을 위하여 아버지께서 마련하신 것은 이런 것입니다. 옛습니다. 새로운 낙원의 하와를 시원하게 하기 위한 하느님의 잔에 가득 찬 하느님의 물입니다." 그러면서 예수께서는 이름을 알 수 없는 매우 넓은 그 꽃들을 따서서, 그 밑에 괴어 있는 물을 성모님의 두 손 안에 부으신다….

그동안 다른 사람들도 몸단장을 하였고, 휴식처에서 몇 미터쯤 떨어져 계신 예수를 찾아 온다.

"선생님, 저희들은 준비가 되었습니다."

"좋다. 이쪽으로 가자."

"그렇지만 이게 좋은 길입니까? 수풀이 여기서 끝나는데, 지난번에는 수풀속으로 걸었었는데요…" 하고 제베대오의 야고보가 이의를 제기한다.

"지난번에는 호수에서 올라왔기 때문이다. 그러나 지금은 곧장 가는 길로 갈 수가 있다. 너희들 보느냐? 가말라는 동쪽과 남쪽 사이 여기에 있다. 그리고 다른 세 방향은 산양이 아닌 사람은 다닐 수가 없으니까, 다른 길은 없다."

"선생님의 말씀이 옳습니다. 이렇게 하면 마귀들린 사람들이 나오는 것을 우리가 본 메마른 골짜기를 피할 것입니다" 하고 필립보가 말한다.

일행은 빨리 걸어서 오래지 않아 그들이 잔 수풀을 버리고, 조그마한 골짜기 너머에 있는 돌이 많은 길로 접어든다. 그 길은 가말라가 달라붙어 있는 이상하게 생긴 산으로 가까이 가면서 점점 더 험해진다. 산에서 동, 북, 서 세 쪽으로는 가파른 비탈이 내려오고, 그 지방의 나머지 부분과는 남쪽에서 북쪽으로 가는 하나밖에 없는 직통 도로로 연결되는데, 그 길은 동쪽에 있는 들판과 서쪽에 있는 참나무 숲에서 길을 갈라놓는 바위가 많고 황량한 두 계곡 사이에 높이 나 있다.

　참나무 숲을 향하여 가는 돼지떼 가운데에서 지나가는 돼지 지키는 사람이 많이 있다. 사각으로 자른 돌들을 운반하는 짐수레들이 걸음이 느린 소들에게 끌려서 삐걱거리며 지나간다. 말탄 사람 몇이 먼지를 구름같이 일으키며 속보로 지나간다. 아마 노예나 형벌을 치르는 사람들인 토목인부들의 작업반(作業班) 여럿이 누더기를 걸치고 핏기없는 얼굴로 지나가는데, 그들은 간수들의 무자비한 감시 아래 일을 하러 가는 것이다.

　산이 가까워지고 길이 올라가는 데 따라서, 산허리를 보호하는 가락지들처럼 산에 둘러쳐져 있는 방어설비가 되어 있는 도랑들이 보인다. 그 도랑들을 파는 것은 쉽지 않을 것이다. 특히 거의 앞으로 불쑥 내민 어떤 곳에서는 더 그러할 것이다. 그런데도 많은 사람이 이미 있는 방어시설을 정비하거나 다른 것들을 준비하기 위하여 일을 하고 있고, 옷을 입지 않은 어깨에 네모나는 돌들을 메고 오느라고 일하는데, 그 돌들은 불행한 사람들의 몸을 굽게 하고, 옷을 걸치지 않은 어깨에 피어린 자국을 남긴다.

　"아니, 죄 사람들 뭘 하는 거야? 혹 지금이 전시라서 저렇게 일을 하는 건가? 저 사람들 미쳤구먼!" 하고 제자들이 자기들끼리 말한다. 그리고 여자들은 힘에 겨운 피로를 겪을 수밖에 없는 영양이 나쁘고 반벌거숭이인 불행한 사람들을 동정한다.

　"그런데 누가 저 사람들에게 일을 시키는 거야? 분봉왕인가, 아니면 로마인들인가?" 하고 사도들이 또 묻는다. 그들은 서로 토론을 한다. 그것은 가말라가 말하자면 필립보의 사분령(四分領)과 헤로데의 사분령에서 독립해 있다시피 하고, 또 여러 사도들에게는 내일에는 그들에게 대항해 쓰일지도 모르는 방어시설을 로마인들이 다른 나라에 와서 떠맡아 한다는 것은 불가능한 것으로 보이기 때문이다. 그리고 편집광(偏執狂)의 고정관념 같은 메시아의 지상왕국이라는 변함없는 사상이 마치 벌써 보장된 승리와 민족의 영광과 독립의 깃발과 같이 나부낀다.

그들이 하도 크게 떠드는 바람에 간수들이 가까이 와서 듣는다. 분명히 히브리 민족이 아닌 교양없는 사람들인데, 여러 사람은 나이가 들었고, 어떤 사람들은 몸에 상처자국이 있다. 그러나 그들이 어떤 사람인지는 그들 중의 한 사람의 경멸적인 무례한 말로 알 수 있다.

"'우리 나라'라구! 티투스, 자네 들었나? 주먹코들! 당신들 나라는 벌써 이 돌들 밑에 깔려 버렸소. 적에 대항해서 건설하는 데 적을 사용하는 자는 적에게 봉사하는 것이다. 이건 뿌블리우스 꼬르피니우스의 말이오. 그리고 알아듣지 못하거든 오래 사시오. 돌들이 수수께끼를 풀어 줄 거요." 그러면서 기진 맥진하여 비틀거리다가 주저앉는 일꾼을 보았기 때문에 채찍을 들면서 웃는다. 그리고 만일 예수께서 앞으로 나아가셔서 그에게 "당신은 그렇게 할 권리가 없소. 이 사람도 당신과 같은 사람이오" 하고 말씀하시면서 그를 막지 않으셨더라면 그를 때렸을 것이다.

"당신은 누구기에 참견을 하고 노예를 변호하는 거요?"

"나는 자비요. 사람으로서의 내 이름은 당신에게는 아무 뜻도 없을 거요. 그러나 내 속성(屬性)은 당신에게 자비로우라고 일깨워 주오. 당신은 '적에 대항해서 건설하는 데 적을 사용하는 자는 적에게 봉사하는 것'이라고 말했소. 당신은 비통한 진리를 말했소. 그러나 나는 당신에게 빛나는 진리를 하나 말하겠소. '자비를 베풀지 않는 사람은 자비를 얻지 못할 것이다' 하는 거요."

"당신은 웅변술 교사요?"

"나는 자비라고 당신에게 말했소."

가말라 사람들이나 그리로 가는 사람들은 말한다. "갈릴래아의 선생님이시다. 병과 바람과 물과 마귀들에게 명령하시고, 돌을 빵으로 변하게 하시는 분이시고, 아무 것도 이분에게 반항하지 못한다. 시내에 달려 가서 알리자. 병자들은 오라고 하고! 이분의 말씀을 듣자, 우리도 이스라엘 사람들이다!" 그리고 서로 이렇게 말하면서 뛰어

가는 동안 다른 사람들은 선생님 둘레로 몰려 온다.
　조금 아까의 그 간수가 말한다. "저 사람들이 선생에 대해서 말하는 것이 사실입니까?"
　"사실이오."
　"기적을 하나 행하시오. 그럼 믿겠습니다."
　"믿기 위하여 기적을 청하는 것이 아니오. 믿기 위하여, 그리고 그렇게 함으로써 기적을 얻기 위하여 믿음을 청하는 것이오. 믿음과 이웃에 대한 연민을."
　"나는 이교도인데도…."
　"그것은 근거있는 이유가 아니오, 당신은 이스라엘에서 살고 있고, 이스라엘은 당신에게 돈을 주오."
　"내가 일을 하기 때문입니다."
　"아니오. 일을 시키기 때문이오."
　"나는 일을 시킬 줄 압니다."
　"그렇소, 무자비하게. 그러나 만일 당신이 로마인이 아니고 이스라엘 사람이었더라면, 당신이 저들 중의 한 사람일 수 있었을 것이라고 생각해 본 적이 있소?"
　"허!… 그야 물론이지요…. 그렇지만 나는 신들의 덕택으로 이스라엘 사람이 아닙니다."
　"만일 참 하느님께서 당신을 벌하기를 원하시면 당신의 헛된 우상들이 당신을 보호할 수 없을 거요. 당신은 아직 죽지 않았소. 그러니 자비를 얻기 위하여 자비를 베푸시오…."
　그 사람은 대꾸하고 토론하려고 하다가 이내 무시하는 태도로 어깨를 들썩하며 등을 돌리고, 단단한 바위의 맥을 곡괭이로 다루는 일을 중단하고 있는 어떤 사람을 가서 때린다.
　예수께서는 매를 맞은 불쌍한 사람과 매를 때린 사람을 바라보신다. 같기는 하지만 성질이 다른 연민을 나타내는 두 눈길이다. 그리고 하도 깊은 슬픔이 깃든 눈길이어서 수난 동안의 그리스도의 어떤 눈길을 연상시킨다. 그러나 어떻게 하실 수 있는가? 간섭하실 수가 없는 예수께서는 당신의 마음을 무겁게 하는 지금 보신 불행의 무게를 안으신 채 다시 길을 가기 시작하신다.

그러나 가말라에서 틀림없이 유력자들인 주민들이 빨리 내려와서 예수께로 와서는 깊이 몸을 숙여 인사를 하고, 시내로 들어오셔서 주민들에게 말씀을 하시라고 청한다. 주민들은 또 주민들대로 떼를 지어 오고 있다.

"당신들은 가고 싶은 데로 갈 수 있습니다. 그러나 저 사람들은 (그러시며 일꾼들을 가리키신다) 그렇게 못합니다. 아직 시원한 시간이고, 우리가 있는 위치에서는 해도 피할 수 있으니, 저 불행한 사람들도 생명의 말을 듣게 저 사람들 곁으로 갑시다" 하고 예수께서 대답하신다. 그런 다음 발길을 돌리셔서 제일 먼저 그 쪽으로 향하신다. 그리고 바로 산 아래, 일이 제일 힘든 곳으로 가는 울퉁불퉁한 오솔길로 들어서신다. 그리고는 유력자들에게로 몸을 돌리시고 말씀하신다. "당신들이 그렇게 할 권한이 있으면, 일을 중단하라고 명하시오."

"물론 저희들이 그렇게 할 수 있습니다! 저희들이 돈을 냅니다. 그러니까 일을 하지 않은 시간도 값을 쳐 주면, 아무도 불평을 하지 못할 것입니다" 하고 가말라의 사람들이 말한다. 그리고 일을 지휘하는 사람들과 교섭을 하러 간다. 조금 후에 일을 지휘하는 사람들이 어깨를 들썩하는 것이 보인다. "그렇게 하는 것이 당신들의 마음에 든다면, 우린 상관없소" 하고 말하는 것같다. 그리고 작업반들에게 휴식을 알리는 신호로 호각을 분다.

그동안 예수께서는 가말라의 다른 사람들과 말씀을 하신다. 이 사람들이 동의한다는 표를 하고 빨리 시내쪽으로 돌아가는 것이 보인다.

일꾼들은 겁을 내며 감시자들 둘레로 몰려 온다. "일을 그쳐라. 소음은 철학자에게 방해가 된다" 하고 그들 중의 한 사람이 명령을 내리는데, 아마 그들의 우두머리인 모양이다.

일꾼들은 "철학자"라고 불리며, 그들에게 일을 쉬게 하는 선물을 주는 사람을 피로한 눈으로 바라본다. 그러니 이 "철학자"는 그들을 연민 어린 눈으로 바라보며 그들의 눈길과 감시자의 말에 이렇게 대답하신다. "소음이 내게 방해가 되지는 않습니다. 그러나 당신들의 비참이 가슴아픕니다. 여러분, 오시오. 여러분의 사지를 쉬게 하고,

특히 여러분의 마음을 하느님의 그리스도 옆에서 쉬게 하시오."

일반 서민, 노예, 죄수, 사도, 제자들 모두가 산과 도랑 사이 빈터에 빽빽이 들어서고, 자리를 얻지 못한 사람들은 더 높은 긴 구덩이 위에 기어 올라가거나 땅에 엎어진 바위 위에 올라 앉는다. 그리고 제일 불운한 사람들은 단념하고 벌써 햇살이 내려오는 길로 간다. 그리고 가말라에서 여전히 다른 사람들이 오거나 다른 곳에서 가말라로 가던 사람들이 멎거나 한다.

많은 군중이다. 그런데 조금 전에 떠나 갔던 사람들이 그 가운데를 헤치고 온다. 그들은 바구니들과 무거운 그릇을 가지고 온다. 그들은 군중을 헤치고 예수에게까지 오는데, 예수께서는 일꾼들을 맨 앞줄에 앉게 하자고 사도들에게 명하셨다. 그들은 바구니와 항아리들을 예수의 발 앞에 내려놓는다.

"이들에게 사랑의 선물을 주시오" 하고 예수께서 명하신다.

"이들은 벌써 음식을 먹었소. 그리고 아직도 빵과 식초를 탄 물이 남아 있소. 너무 많이 먹으면, 몸이 무거워서 일을 못하오" 하고 감독이 외친다.

예수께서 그를 바라보시고 명령을 되풀이 하신다. "이 사람들에게 사람이 먹는 음식을 주고, 그들의 음식은 내게로 가져 오시오."

사도들은 자원봉사자들의 도움을 받으며 명령을 이행한다.

그들의 음식! 짐승들도 먹으려고 하지 않을 일종의 딱딱하고 검은 빵껍질과 식초를 탄 물 조금이다. 이것이 그 죄수들의 음식이다! 예수께서는 그 보잘 것없는 음식을 들여다 보시고, 그것을 산비탈에 따로 놓아두게 하신다. 예수께서는 그것을 먹어야 하던 사람들을 바라보신다. 영양불량인 육체들. 그 육체에서 비정상적인 피로로 인하여 고도로 발달한 근육만이 물렁물렁한 피부 위로 툭 튀어나온 섬유 다발로 저항할 뿐, 눈은 열에 들뜨고 겁에 질려 있고, 입은 그들이 예기치 않았던 훌륭하고 풍부한 음식을 베어물고, 포도주를, 힘을 나게 하고 시원한 진짜 포도주를 마실 때에는 동물적인 식욕을 보일 정도로 탐욕스럽다….

예수께서는 그들이 식사를 끝내기를 참을성 있게 기다리시는데, 하도 식성이 좋아서 모든 것이 이내 끝났기 때문에 많이 기다리실 필요가 없다.

　예수께서는 사람들의 주의를 끌고 침묵을 요구하기 위하여, 말씀을 하시겠다는 것을 알리는 늘 하시는 몸짓으로 팔을 벌리신다. 그리고 말씀하신다. "이곳에서는 사람의 눈이 무엇을 감탄하며 보게 됩니까? 자연이 파 놓았던 것보다 더 깊게 판 계곡들과, 사람이 만든 토대와 흙으로 쌓아 올려 만든 언덕들과 짐승들의 굴처럼 산속으로 뚫고 들어가는 구불구불한 길들을 봅니다. 그런데 이 모든 것을 왜 하는 것입니까? 어디서 올지는 모르지만, 소나기가 쏟아질 듯한 하늘에 있는 우박을 실은 구름과 같이 위협하는 것을 느끼는 위험을 막기 위해서입니다.
　여기서는 사실 인간적인 힘과 인간적인, 또 비인간적이기까지한 방법으로, 인간적으로 자기를 지키려고, 또 공격 방법을 마련하려고 준비합니다. 그러면서 가장 효과 있는 초인간적인 방법 덕택으로 어떻게 인간적인 불행을 막을 수 있는지를 그의 국민에게 가르치는 예언자의 말은 잊고 있습니다. 예언자는 이렇게 외칩니다. '너희들의 마음을 달래고… 예루살렘을 위로하여라. 그의 노예의 신분이 끝났고, 너희들의 죄가 속죄되었으며, 예루살렘이 주님의 손에서 그 죄의 곱절을 받았기 때문이다' 하고. 그리고 약속을 한 다음에, 그 약속을 현실로 나타나게 하기 위하여는 어떤 길을 가야 하는지를 말합니다. '주님의 길을 닦고, 쓸쓸한 곳에 하느님의 길을 곧게 하여라. 골짜기란 골짜기는 메워질 것이고, 산이란 산은 낮아질 것이며, 구불구불한 길이 곧아질 것이고, 울퉁불퉁한 길은 판판해 질 것이다. 그 때에는 주님의 영광이 나타날 것이고, 모든 사람이 한 사람도 빠짐없이, 주님을 뵈리니, 주님의 입이 말씀하셨기 때문이다.' 이 말씀은 하느님의 사람, 세례자 요한이 다시 했고, 오직 죽음만이 이 말씀을 그의 입술에서 없애버렸습니다.
　여러분, 이것이 사람의 불행에 대한 참다운 방어입니다. 무기에 대한 무기나 공격에 대한 방어가 아니고, 교만이나 사나움이 참다운 방어가 아닙니다. 그렇지 않고, 초자연적인 무기들, 조용한 가운데에서, 즉 개인의 내부에서, 사랑의 산을 쌓아올리고, 교만의 산꼭대기를 깎아내리고, 정욕의 구불구불한 길을 곧게 하고, 길에서 관능성의 장애물을 치움으로 자기를 거룩하게 하려고 힘쓰는 자기자신과 홀로 닦은 덕행들이 참다운 방어입니다. 그 때에는 주님의 영광이 나타날 것이고, 사람은 하느님에 의하여 영적인 적들과 육체적인 적들에 대하여 방어될 것입니다. 사람의 타락 또는 그저 냉담으로 인하여 받게 된 하느님의 벌에 대해서 구덩이 몇 개, 비스듬한 제방 몇 군데, 요새 몇 군데가 무엇을 해 주기를 여러분은 바라는 것입니까? 지금은 로마인이라고 불리지마는 옛날에는 바빌로니아인이나 펠리시테인이나 에집트인이라고 불렸지마는, 사실은 하느님의 벌이고, 또 그 것뿐이며, 너무나 많은 교오와 관능성과 탐욕과 거짓말과 이기주의와 십계명의 거룩한 율법에 대한 불복종으로 받게 된 벌인 이 벌들에 대해서 말입니다. 아무리 힘센 사람이라도 파리 한 마리에 의해서 목숨을 잃을 수도 있습니다. 아무리 방어시설을 잘한 도시라도 사람과 도시에 대한 하느님의 보호가 없어지게 되면, 사람이나 도시의 죄 때문에 이 보호가 도망치고 쫓겨나면, 점령될 수 있습니다.

예언자는 또 이렇게 말합니다. '사람은 누구나 풀과 같고, 그의 모든 영광은 들에 핀 꽃과 같다. 주님의 입김이 닿기만 하면 풀은 마르고 꽃은 떨어진다.'

여러분은 어제까지 여러분에 의해서 일하도록 강요당하는 기계로 보던 이 사람들을 오늘은 내 뜻에 의해서 동정을 가지고 봅니다. 오늘은 내가 이 사람들을 형제들 가운데 형제로, 부유하고 행복한 여러분 가운데 가난한 사람으로 데려다 놓았기 때문에, 여러분은 이 사람들을 있는 그대로, 즉 사람으로 봅니다. 업신여김과 무관심이 많은 사람의 마음에서 사라지고, 연민이 그리로 들어 갔습니다. 그러나 짓눌린 이 육체를 넘어 더 깊이 들어가시오. 그 육체 안에는 그들의 안에는 여러분에게와 같이 한 영혼이 있고, 생각과 감정들이 있습니다. 전에는 이 사람들도 여러분과 같이 건강하고, 자유롭고 행복했습니다. 그러다가 이 사람들은 그렇지 못하게 되었습니다. 사람의 생명이 마르는 풀과 같지만, 사람의 안락은 훨씬 더 불안정하기 때문입니다. 오늘 건강한 사람들이 내일은 병들 수도 있습니다. 오늘 자유로운 사람이 내일은 노예가 될 수도 있습니다. 오늘 행복한 사람은 내일은 불행하게 될 수 있습니다.

이 사람들 가운데에는 분명히 죄지은 사람들이 있습니다. 그러나 이들의 죄를 심판하지 말고, 이들의 벌을 기뻐하지 마시오. 내일 여러분도 여러 가지 원인으로 죄있는 사람이 될 수 있고 무자비한 죄갚음을 할 수밖에 없게 될 수도 있습니다. 그러므로 여러분의 내일이 어떨지를 알지 못하니, 자비를 베푸시고, 내일은 하느님과 사람의 온 자비가 필요하게 될 수도 있을 것이니까요. 그만큼 내일은 오늘과 다를지도 모릅니다. 사랑과 용서에 마음이 끌리도록 하시오. 하느님의 용서와 동류 중의 어떤 사람의 용서가 필요없을 만한 사람은 이 세상에 없습니다. 그러므로 용서를 받기 위하여 용서하시오.

예언자는 또 말합니다. '풀은 마르고, 꽃은 떨어진다. 그러나 주님의 말씀은 영원히 남아 있다.' 이것이 무기이고 방어물입니다…. 여러분의 행동의 규범이 된 영원한 말씀 말입니다.

여러분을 위협하는 위험에 대하여 이 참다운 성벽을 세우시오. 그러면 구원을 받을 것입니다. 따라서 말씀을 받아들이고 여러분에게 말하는 사람을 받아들이시오. 그러나 도시의 성안에 한 시간 동안 물질적으로 받아들이지 말고, 여러분의 마음속에 영원히 받아들이시오. 나는 알고 행동하고, 또 강력하게 지도하는 사람이기 때문입니다. 나는 나를 믿는 양떼에 풀을 뜯기는 착한 목자이며 아무도 소홀히 하지 않습니다. 신분이 낮은 사람도, 지친 사람도, 운명에 의하여 상처를 입었거나 타격을 입은 사람도, 그의 잘못을 슬퍼하는 사람도, 부유하고 행복하면서, 참된 재산과 참된 행복, 즉 죽을 때까지 하느님을 섬기는 행복을 위하여 모든 것을 무시하는 사람도.

주님의 성령이 내 위에 계십니다. 그것은 온유한 사람들에게 기쁜 소식을 전하고, 낙심한 마음을 고쳐 주고, 노예들에게 자유를, 갇힌 사람들에게 해방을 전하라고 주님이 나를 보내셨기 때문입니다. 그리고 내가 혼란을 선동한다고 아무도 말할 수 없습니다. 나는 반란을 부추기지 않고, 노예와 갇힌 사람들에게 탈출하라고 권하지 않고, 다만 사슬에 묶인 사람, 노예가 된 사람에게 참된 자유와 참된 해방을 가르치기 때문입니다. 빼앗아 갈 수도 없고 제한할 수도 없는 자유, 사람이 거기에 몸을 맡기면 맡길수록 그만큼 더 커지는 자유, 즉 정신적인 자유, 죄에서의 해방, 고통을 당하는 중에 가지는 온유, 사슬로 묶는 사람들 위에 계신 하느님을 알아볼 줄 아는 자유, 하느님께서는 당신을 사랑하는 사람을 사랑하시고, 사람이 용서하지 않는 곳에서 용서하신다는 것을 아는 자유, 자기의 불행속에서 착하게 살고, 죄를 뉘우치고, 주님께 충실할 줄은 아는 사람으로서는 영원한 상을 받는 곳에 가기를 바랄 줄 아는 자유를 말입니다.

내가 특별히 말을 하는 여러분은 울지 마시오. 나는 버림받은 사람들을 위로하고 거두어 주려고 왔고, 그들의 어두움에 빛을, 그들의 영혼에게 평화를 가져다 주려고 왔고, 죄가 없는 사람에게와 마찬가지로 뉘우치는 사람에게도 기쁨의 처소를 약속하려고 왔습니다. 그리고 그들이 처해 있는 처지에서 주님을 섬길 줄 아는 사람들을 하늘에서 기다리는 이 현재를 막을 과거는 없습니다.

불쌍한 자식들인 여러분, 주님을 섬기는 것은 어려운 일이 아닙니다. 주님은 여러분이 하늘에서 행복한 것을 보기를 원하시기 때문에, 여러분에게 주님을 섬기는 쉬운 방법을 주셨습니다. 주님을 섬기는 것은 사랑하는 것입니다. 여러분이 하느님을 사랑하기 때문에 하느님의 뜻을 사랑하는 것입니다. 하느님의 뜻은 겉으로 보기에는 가장 인간적인 일에도 감추어져 있습니다. 왜냐하면 ──나는 혹 여러분의 형제의 피를 흘렸을지도 모르는 여러분에게 말하는 것입니다.── 여러분이 폭력을 휘두르는 것이 분명히 하느님의 뜻이 아니었지만, 지금 여러분이 속죄로 사랑에 대한 여러분의 빚을 갚으라는 것은 하느님의 뜻이기 때문입니다. 여러분이 원수에 대하여 반항하는 것이 하느님의 뜻이 아니었지만, 전에 여러분이 교만해서 여러분의 불행을 초래한 것과 같이, 지금은 겸손하라는 것이 하느님의 뜻이기 때문입니다. 크게나 작게나 여러분의 것이 아닌 것을 부정한 수단으로 가로채는 것이 하느님의 뜻이 아니었지만, 지금은 여러분의 마음에 여러분의 죄를 지닌 채 하느님께로 가지 않도록 벌을 받는 것이 하느님의 뜻이기 때문입니다.

또 지금 행복한 사람들, 자기들이 안전하다고 믿고 있는 사람들, 그 어리석은 자신 때문에 자기들 안에 하느님의 나라를 준비하지 않고, 그래서 시험을 당할 때에는 아버지의 집을 멀리 떠나서 고통의 채찍 아래 폭풍우에 내맡겨진 채로 있게 될 사람들도 이것을 잊지 말아야 합니다.

　모두 정의로 행동하고, 아버지의 집을, 하늘 나라를 향해 눈을 드시오. 하늘 나라의 문이 그것을 열려고 온 사람에 의해 활짝 열리면, 누구든지 의덕에 도달한 사람은 받아들이기를 거부하지 않을 것입니다.

　팔다리가 잘리고, 불구가 되고, 고자가 되거나, 정신적으로 사지가 잘리고, 불구가 되고, 정신적인 능력으로 고자가 되고, 이스라엘에서 내쫓긴다 하더라도 하늘 나라에서 자리를 얻지 못할까봐 걱정하지 마시오. 육체의 절단, 변형, 불구 따위는 육체와 더불어 사라집니다. 감옥이나 노예 신분같이 정신에 영향을 미치는 것도 어느날 끝납니다. 영에 영향을 주는 것, 과거의 죄의 결과도 착한 뜻으로 갚아집니다. 육체적인 절단은 하느님의 눈에는 중요하지 않습니다. 그리고 영적인 절단은 사랑 가득한 뉘우침이 덮혀 있으면 하느님의 눈에는 보이지 않게 됩니다.

　거룩한 민족에 대하여 외국인이라는 사실은 이제 주님을 섬기는 데에 장애가 되지 않습니다. 그것은 유일한 왕, 자기의 새 민족을 만들기 위하여 모든 민족을 오직 하나로 모아놓는, 모든 왕과 모든 민족의 왕 앞에서는 이 세상의 국경들이 사라지기 때문입니다. 이 민족에서는 히브리인이건 이방인이건 또는 우상숭배자이건, **모든** 선의의 사람들이 지킬 수 있는 십계명을 거짓말로 지킴으로써 주님을 속이려고 하는 사람들만이 배제될 것입니다. 착한 뜻이 있는 곳에는 의덕을 향한 자연적인 경향이 있는데, 의덕을 지향(志向)하는 사람은 참 하느님을 알게 되었을 때 그분을 숭배하는 것을 어려워하지 않고, 그분의 이름을 존경하고, 명절들을 거룩히 지내고, 부모를 공경하고, 사람을 죽이지 않고, 도둑질을 하지 않고, 거짓 증언을 하지 않고, 간통죄나 간음죄를 짓지 않고, 자기의 것이 아닌 것을 탐내지 않는 것을 어렵게 생각하지 않을 것이기 때문입니다. 그리고 만일 지금까지 그렇게 하지 않았으면, 자기 영혼을 구하고 하늘 나라에 자리를 얻기 위하여 이제부터는 그렇게 할 것입니다. '그들이 내 계약을 존중하면, 그들에게 행복하게 하겠다'는 말씀이 있습니다. 그리고 이것은 거룩한 뜻을 가진 **모든** 사람에게 하신 말씀입니다. 거룩한 분들 중에서도 거룩하신 분은 모든 사람의 공동의 아버지이시기 때문입니다.
　내 말은 끝났습니다. 나는 이 사람들에게 줄 돈이 없습니다. 그리고 돈이 이 사람들에게는 유익하지도 않을 것입니다. 그러나 우리가 처음 만난 이후로 주님의 길로 많이 나아간 가말라의 여러분에게 말합니다만, 여러분의 도시를 위하여 가장 효력이 있는 방어물을 세우시오. 즉 여러분들 사이에, 그리고 이 사람들이 여러분을 위하여 고생하는 동안 내 이름으로 이 사람들을 구제함으로써 이 사람들을 위하여 사랑의 방어물을 세우시오. 그렇게 하겠습니까?"
　"예, 주님" 하고 군중이 대답한다.
　"그러면 갑시다. 만일 내 부탁에 대해서 여러분의 마음이 '아니오'라고 대답했더라면, 나는 여러분의 도시 안에 들어가지 않을 것입니다. 남아 있는 여러분은 축복받기를 바랍니다…. 갑시다…."
　예수께서는 이제는 해가 쨍쨍 내리쬐는 길로 돌아오셔서 도시로 올라가신다. 이 도시는 혈거인(穴居人)의 도시처럼 말하자면 바위속에 건설된 도시이지만, 잘 정돈된 집들이 있고, 아우라니티게스의 산들이나 갈릴래이 바다 쪽으로, 또는 저 멀리 있는 대(大) 헬몬산이나 요르단강의 푸른 계곡 쪽으로, 이렇게 보는 각도에 따라서 여러 가지로 변화 있는 훌륭한 전망을 가진 도시이다. 이 도시는 높은 곳에 위치하고, 또 독특한 양식으로 건설된 데다가 거리들이 뜨거운 해를 피할 수 있게 되어서 서늘하다. 도시는 오히려 엄청나게 큰 성과 일련의 요새와 비슷하다. 반쯤 담을 쌓고, 반쯤은 산을 파고 지은 집들이 그런 모습을 보여준다.
　모든 광장들 중에서 제일 높아서 시내의 맨꼭대기에 있는 제일 큰 광장에는 ──이곳에는 산과 수풀과 호수와 강들의 넓은 지평선이 내려다 보인다.── 가말라의 병자들이 있다. 그리고 예수께서는 지나가시면서 그들을 고쳐 주신다….

148. 가말라에서 아페카로

지금은 아침인 것으로 보아 일행은 가말라에서 밤을 지낸 모양이다. 바람이 부는 아침이다. 아마 집들의 건축 양식과 위에서 성곽의 경계에까지 계단식으로 내려오는 그 배치 때문에, 아마 이 도시는 동방 땅에서 매우 기분좋은 이 바람의 혜택을 받는 모양이다. 성곽은 육중하고, 역시 육중하고 쇠를 붙인 진짜 요새의 성문들이 달려 있다. 어제 이 도시가 환한 햇빛을 받고 있을 때 아름답게 보였지만, 지금은 찬란해 보인다. 집들은 그 모양으로 배치되어 있기 때문에 넓은 전망을 보는 것을 방해하지 않는다. 과연 어떤 집의 옥상이 윗쪽 거리에 있는 집의 대지와 같은 높이에 있어서 거의 하나하나가 지평선을 내다볼 수 있는 긴 옥상이 된다. 산 위에는 파노라마 전체를 보여주는 지평선이고, 아래로 내려오면 반원으로 줄어들지만 그래도 역시 넓고 매우 아름다운 전망이다. 산 밑에는 참나무 숲이나 들판의 푸른 빛이 가말라산을 둘러싸고 있는 메마른 골짜기 너머로 에메랄드의 거미발을 형성한다. 그리고 동쪽에는 까마득히 고원의, **아끄로꼬로**(acrocoro)*의 농작물들이 이어진다.

    제 생각에는 저 넓고 낮은 지각(地殼)의 둔덕을 이렇게 부르는 것 같습니다. 그러나 제가 틀렸으면 제 대신 고쳐 주시기 바랍니다. 제 손 닿는 곳에 사전이 없고, 또는 저는 제 방에 혼자 있습니다. 따라서 제게서 3미터도 못 되는 곳에 있는 사전을 가져올 수가 없습니다. 제가 이 말씀을 하는 것은 제가 침대에 붙박여 있으면서 글을 쓴다는 것을 상기시키기 위해서입니다.

고원 너머로는 아우라니티데스의 산들이 보이고, 더 멀리에는 더

---

* 역주 : 이탈리아 말.

높은 바산산의 꼭대기들이 보인다. 남쪽으로는 파란 요르단강과 강 동쪽에 있어서 고원의 지맥(地脈)과 같은 나무가 우거진 연속된 고지들 사이에 띠 모양으로 생긴 기름진 땅이 있고, 북쪽으로는 레바논 산맥의 먼 산들이 보이는데, 그 가운데에는 아침 시간의 여러 가지 빛깔로 아름답게 된 대(大) 헬몬산이 우뚝 솟아 있고, 그 밑 바로 서쪽으로는 진주와 같은 갈릴래아 바다가 있다. 그것은 요르단강의 파란 긴 목걸이에 달려 있는 정말 진주이다. 요르단강의 파란 빛깔은 호수에 들어올 때와 호수에서 나갈 때에 호수의 파란 빛깔이 다른데, 들어올 때에는 엷은 파랑이고, 정말 성경에 나오는 강으로 파란 두 기슭 사이로 햇볕을 받으며 조용히 남쪽을 향하여 다시 흘러 나갈 때에는 더 짙은 파란 빛깔이 된다. 이와는 반대로 작은 메론 호수는 베싸이다 북쪽에 있는 야산들에 가려 보이지 않고, 그것을 둘러싸고 있는 들판의 한층 더 짙은 초록빛으로 짐작할 뿐이다. 이 들판은 그 다음에는 갈릴래아 바다와 메론 호수 사이 서북쪽으로, 코라진이 있는 평야로 이어진다. 나는 전에 사도들이 이 평야를 겐네사렛 평야라고 말하는 것을 들은 것같다.

 예수께서는 주민들에게 작별 인사를 하시는데, 그들은 도시인의 자존심으로 지평선의 아름다움과 상수도용 수로와 공동 목욕탕과 아름다운 건물들을 갖춘 그들의 도시의 아름다움을 서둘러 예수께 보여 드린다. "이 모든 것이 저희들 수고와 돈의 결과입니다. 사실 저희들은 로마인들의 학교에서 배웠고, 그들에게서 편리한 것은 빌어 오고자 했습니다. 그러나 저희들은 데카폴리스의 다른 도시들 같지 않습니다! 저희들은 돈을 냅니다. 그래서 로마인들이 저희들에게 봉사를 합니다. 그러나 그리고 나서는! 다른 것은 아무 것도 없습니다. 저희들은 충실합니다. 그 고립까지도 충실입니다…."

 "여러분의 충실이 순전히 형식적인 것이 아니고, 실제적이고 내적이고 올바른 것이 되게 하시오. 그렇지 않으면 여러분의 방어물 공사가 무익할 것입니다. 이 말을 되풀이 합니다. 보시오. 여러분은 튼튼하고 유익한 저 상수도용 수로를 건설했습니다. 그러나 멀리 떨어져 있는 샘이 수로에 물을 대주지 않으면, 이 수로가 여러분에게 분수와 공동목욕탕 물을 주겠습니까?"

"아닙니다. 아무 것도 주지 않을 것입니다. 이것은 쓸데 없는 건조물일 것입니다."

"여러분의 말대로 쓸데 없습니다. 마찬가지로, 자연적이거나 물질적인 방어물들도, 만일 그것을 짓게 하는 사람이 그것을 하느님의 도움으로 힘있는 것이 되게 하지 않으면 쓸데 없습니다. 그런데 하느님께서는 당신의 친구가 아닌 사람은 도와주지 않으십니다."

"선생님께서는 저희들이 하느님에 대한 필요를 많이 느끼고 있다는 것을 아시는 것처럼 말씀하시는군요…."

"모든 사람에게 하느님이 필요합니다. 그것도 어떤 일에 있어서 그렇습니다."

"그렇습니다. 그러나… 저희는 팔레스타나의 다른 모든 도시보다도 하느님에 대한 필요를 더 가지고 있는 것같습니다. 그리고…."

"오!…." 매우 고통스러운 오! 소리이다.

가말라 사람들은 매우 놀라서 예수를 쳐다 본다. 가장 대담한 사람이 묻는다. "무엇을 생각하십니까? 저희들이 예날의 소름끼친 일을 또 겪으리라고 생각하십니까?"

"그렇습니다. 그리고 훨씬 더 긴… 긴… 오! 내 조국! 그렇게도 긴 공포…. 그런데 내 조국이 주님을 받아들이지 않으면 이렇게 될 것입니다!"

"저희들은 선생님을 모셔들였습니다. 그러면 저희들은 구원을 받았군요! 지난번에는 저희들이 어리석었습니다. 그러나 선생님께서 용서해 주셨습니다…."

"내게 대한 오늘의 정의에 그대로 남아 있고, 율법에 의한 정의가 점점 더 커지도록 하시오."

"그렇게 하겠습니다, 주님."

그들은 예수를 더 따라 오고, 더 붙잡아두고 싶어한다. 그러나 예수께서는 나귀를 타고 먼저 떠난 여자들과 합류하기를 원하셔서, 그들의 간청에서 억지로 빠져나오셔서 어제 오실 때에 걸어 오신 길로 해서 빨리 내려가신다. 일꾼들이 일하는 작업장에 오셨을 때에만 불행한 사람들에게 강복하시기 위하여 손을 드시려고 걸음을 늦추신다. 그들은 예수를 하느님을 쳐다보듯이 쳐다본다.

산 아래에 와서 길은 두 방향으로 갈라진다. 하나는 호수 쪽으로 가고, 또 하나는 내륙 쪽으로 간다. 나귀 네 마리는 여름해로 뜨거워진 이 길에 들어서서 종종걸음을 치며 그 긴 귀를 흔든다. 이따금씩 여자 중의 한 사람이 예수께서 같이 가려고 따라 오시는지 보려고 뒤돌아보고. 예수와 같이 가려고 걸음을 멈추려고 한다. 그러나 예수께서는 벌써 해가 내리쬐는 가려지지 않은 길의 짓누름에서 벗어나기 위하여 길을 계속해서 아페카로 올라가는 수풀에 이르도록 하라는 손짓을 하신다.

대상의 길 위에 푸른 둥근 천장을 얼기설기 얽히게 한 시원한 수풀들이다. 그들은 안도의 함성을 지르며 즐겁게 그리로 들어간다. 아페카는 가말라보다 훨씬 더 안쪽으로 산 가운데 있다. 그래서 갈릴래아 호수가 이제는 보이지 않게 되었다. 그뿐 아니라 길이 시야를 가리는 둥근 산 둘 사이로 나 있기 때문에 아무 것도 보이지 않는다.

과부는 제일 가까운 길을 가리키기 위하여 앞서 간다. 아니 그 보다도 대상의 길을 떠나 산으로 기어 올라가는 훨씬 더 시원하고 그늘진 오솔길로 들어선다. 그러나 나는 사라가 나귀 안장에서 뒤돌아보며 다음과 같이 말하였을 때 이렇게 돌아가게 된 동기를 이해하였다. "보십시오. 이 수풀들이 제 것입니다. 값나가는 나무들입니다. 부자들의 궤를 만들기 위해서 예루살렘에서 이 나무들을 사러 옵니다. 그리고 이것들은 늙은 나무들이지만, 저는 늘 갈아 심은 묘목들을 가지고 있습니다. 와서 보십시오…." 그러면서 나귀를 아래에 있는 도랑들 사이로, 위에 있는 구릉들로 몰고 간다. 그러다가 수풀 사이로 나 있는 오솔길을 따라 나귀를 몰고 가는데, 거기에는 사실 벌써 베어도 좋은 다 자란 나무들이 있는 지역들이 있고, 대로는 파란 풀 가운데 땅에서 몇 센티미터쯤 올라온 어린 나무들이 있는 지역들도 있다. 풀들은 산의 모든 향기를 풍기고 있다.

"아름답고 잘 보살펴진 곳이로군요. 당신은 영리합니다" 하고 예수께서 칭찬을 하시며 말씀하신다.

"오!… 그러나 저 혼자만을 위한 것입니다…. 아들을 위해서라면 더 기꺼이 이것들을 보살필 것입니다…."

예수께서는 대답을 하지 않으신다.

일행은 길을 계속한다. 벌써 사과나무와 다른 과일나무에 둘러싸인 아페카가 보인다.

"이 과수원도 제 것입니다. 저 혼자를 위해서는 너무나 많은 것을 가졌습니다…. 남편이 살아 있을 때에도 벌써 너무 많았습니다. 그래서 저녁이면 너무 비고 너무 큰 집에서, 저희에게 너무 많은 것을 마련해 주는 돈을 보면서 서로 바라다 보며 말하곤 했습니다. '그런데 이것이 누구를 위한 것인가?' 하고. 그런데 지금 저는 이 말을 한층 더 합니다…." 자녀를 두지 못한 결혼생활의 슬픔 전체가 여인의 말에 나타난다.

"가난한 사람은 언제나 있습니다…" 하고 예수께서 말씀하신다.

"오! 그렇습니다! 그래서 제 집에서는 날마다 그들을 받아들입니다. 그렇지만 그 다음에는요?…."

"당신이 세상을 떠난 때를 말하는 것입니까?"

"예, 주님. 제가 그렇게도 정성을 기울인 물건들을 누군지도… 모르는 사람에게 남겨 두는 것이 괴로울 것입니다…."

예수께서는 연민의 뜻이 뚜렷한 엷은 미소를 지으신다. 그러나 인자하게 대답하신다. "당신은 하늘의 일에 대해서 보다는 세상의 일에 대해서 더 영리합니다. 당신은 당신의 나무들이 잘 자라서 당신의 수풀 속에 빈터가 생기지 않도록 마음을 씁니다. 당신은 이 다음에는 지금처럼 그 나무들을 돌보지 않으리라는 것을 생각하면서 슬퍼합니다. 그러나 그 생각은 별로 현명하지 못하고, 아주 어리석기까지 합니다. 당신은 나무니 실과니 돈이니 집이니 하는 보잘 것없는 것들이 내세에서 가치가 있을 것이라고 생각합니까? 그것들이 무시당하는 것을 보는 것이 마음아플 것이라고 생각합니까? 아주머니, 생각을 고치시오. 그곳에서는 세 나라 중의 어떤 나라에도 이곳의 생각이 있지 않습니다. 지옥에서는 증오와 벌이 사나운 무분별을 일으키고, 연옥에서는 속죄에 대한 갈망이 다른 어떤 생각도 없애버리고, 임보에서는 의인들의 복된 기다림이 어떤 관능성으로도 더럽혀지지 않습니다. 세상은 그 불행과 더불어 멀리 있고, 세상이 가깝게 느껴지는 것은 다만 초자연적인 필요, 영혼에 대한 필요일 뿐, 물건에 대한 필요는 아닙니다. 지옥에 가지 않은 죽은 이들은 다만 초자연적인 사랑으로 그들의 정신으로 세상으로 돌리고, 세상에 있는 사람들을 위해 하느님께 기도를 드리지, 다른 것을 위해 기도를 드리지는 않습니다. 그리고 나중에 의인들이 하느님 나라에 들어가게 되면, 하느님을 뵙는 사람에게 세상이라는 이름을 가진 이 귀양살이 하는 곳이 어떻게 생각되겠습니까? 그에게 있어서 그가 남겨 놓고 갈 물건들이 무슨 가치가 있을 수 있습니까? 해가 낮을 비추고 있을 때에 낮이 연기 나는 등불을 그리워할 수 있겠습니까?"

"아이고! 그렇지 않습니다."

"그러면 당신이 남기고 가게 될 것을 왜 갈망합니까?"

"그러나 저는 자식이 계속…."

"세상의 재물을 누려서, 재물에서 초탈하는 것이 영원한 재물을 얻는 사다리인데, 세상 재물에서 완전하게 되는 데에 장애물을 만나기를 원한다는 말입니까? 이거 보시오, 아주머니. 저 죄없는 어린이를 얻는 데 가장 큰 장애가 되는 것은 아들에 대한 권리를 가진 그의 어머니가 아니라, 당신의 마음입니다. 저 아이는 죄없는 어린 아이고, 슬퍼하는 죄없는 어린 아이이지만, 역시 바로 그의 고통 때문에 하느님의 사랑을 받는 죄없는 어린 아이입니다. 그러나 만일 당신이 가진 재산 때문에 저 아이를 인색하고 탐욕스러운 사람을 만들고, 어쩌면 행실이 고약한 사람을 만들면, 그에게서 하느님의 특별한 사랑을 빼앗지 않겠습니까? 또 저 죄없는 어린이들을 보살피는 내가 생각을 깊이 하지 않은 탓으로 죄없는 제자가 빗나가게 내버려두는 무분별한 선생이 될 수 있겠습니까? 우선 당신 자신을 고치고, 아직 너무 강렬한 인간성을 떼어버리고, 당신의 의덕을 쇠약하게 하는 그 인간성이라는 껍데기에서 그것을 구해내시오. 그러면 당신이 어머니가 되는 자격을 얻을 것입니다. 사실 아들을 낳거나 양자를 사랑하고 보살피고, 그의 동물적인 인간의 필요에 주의를 기울이는 여자가 반드시 어머니는 아닙니다. 저 아이의 어머니도 저 아이를 낳기는 했습니다. 그러나 그 여자는 저 아이의 육체도 영도 돌보지 않기 때문에 어머니가 아닙니다. 죽는 것, 즉 육체에 대해서뿐 아니라, 특히 죽지 않는 것, 즉 영에 대해서 걱정을 할 때에 어머니가 되는 것입니다. 그리고 영을 사랑하는 사람은 올바른 사랑을 가지고 있을 것이니까 육체도 사랑할 것이고, 그렇게 해서 의인이 되리라는 것을 믿으시오."
"저는 아들을 잃어서, 그것을 이해합니다…."
"반드시 그렇지는 않습니다. 당신의 소원으로 당신이 거룩하게 되는데 자극을 받기를 바랍니다. 그러면 하느님께서 당신의 청을 받아 들이실 것입니다."

일행은 처음 집들에까지 이르렀다. 아페카는 가말라나 이포와 겨룰 수 있을 만한 도시는 아니다. 아페카는 도시보다는 오히려 시골티가 난다. 그러나 아마 도로들의 중요한 분기점이기 때문에 가난하지 않은 모양이다. 내륙지방에서 호수로, 또는 북쪽에서 남쪽으로 가는 대상들이 지나다니는 곳이므로, 아페카는 여행자들에게 숙소와 옷과 샌들과 양식을 제공하기 위한 설비를 갖추어야 한다. 그래서 많은 상점과 많은 여관이 있다.

과부의 집은 광장 옆에 있는 어떤 여관 곁에 있는 데, 아래층에는 별별 것이 다 있는 넓은 상점이 들어 있다. 상점은 주먹코에 수염이 난 늙은이가 관리하고 있는데, 그는 미치광이처럼 날뛰며 인색한 손님들과 흥정을 하고 있다.

"사무엘!" 하고 여자가 부른다.

"주인님!" 하고 늙은이는 그의 앞에 쌓여 있는 상품 봇짐에 닿을 만큼 몸을 굽히며 대답한다.

"엘리야나 필립보를 불러 가지고 집으로 나를 찾아오시오" 하고 과부가 명령한다. 그리고 선생님께로 향하여 말한다. "오셔서 제 집으로 들어오십시오, 그리고 제 집의 반가운 손님이 되십시오."

모두가 상점을 지나 들어가고, 사환 하나가 나귀들을 어디론지 끌고 간다. 집에 별로 예술적인 모습을 띠게 하지 않는 상점을 지나니, 양쪽에 회랑이 달린 아름다운 안마당이 있다. 한 가운데에 분수나 또는 물이 솟아오르고 있지 않으니까 적어도 수반이 있다. 가장자리에는 하얗게 회칠을 한 벽에 그늘을 드리우라고 심은 든든한 플라타너스들이 있다. 층층대가 옥상으로 올라가고, 방들은 회랑이 없는 쪽으로 문이 나 있는데, 상점에서 제일 떨어진 곳이다.

"전에 제 남편이 살았을 때에는 여기가 꽉 찼었습니다. 갑자기 밤을 만난 장사아치들을 재워주었거든요. 물건들은 회랑에 두고, 짐승들이 있을 외양간이 있고, 저기에는 짐승들에게 물을 먹일 수 있는 수반이 있었구요. 방으로 들어 오십시오." 그러면서 과부는 안마당을 비스듬히 건너질러서 집에서 가장 아름다운 부분으로 간다. 그리고 "마리아! 요안나!" 하고 부른다.

두 하녀가 달려 오는데, 한 사람은 손이 밀가루 투성이이고, 또 한 사람은 비를 들었다.

"주인님, 주인님이 돌아오신 지금, 평화가 주인님과 저희들과 함께 있기를 바랍니다."

"또 너희들과도 함께 있기를. 요사이 난처한 일은 없었느냐?"

"저 덤벙거리는 요셉이 주인님이 몹시 사랑하시는 장미나무를 부러뜨렸습니다. 제가 따끔하게 혼을 내 주었습니다. 제가 어리석어서 그 사람이 장미나무에 가까이 가는 것을 내버려 두었으니 저를 벌해 주십시오."

"상관없다…." 그러나 사라의 눈에 눈물이 괸다. 사라는 이렇게 설명한다.

"그 장미나무는 제 남편이 건강하던 마지막 봄에 제게 가져다 준 것이었습니다…."

"엘리야는 다리 하나가 부러졌습니다. 그래서 사무엘은 큰 장이 서는 이 시기에 그의 조수가 없게 됐기 때문에 몹시 화가 나 있습니다…. 엘리야는 주인님이 돌아오셨을 때 벽이 희게 칠한 것을 보시게 하려고 몸을 기울이다가 사다리 저쪽으로 떨어졌습니다" 하고 또 한 여자가 말하고, 이렇게 말을 끝낸다. "몹시 괴로워합니다. 그리고 앙가발이가 될 겁니다. 그런데 주인님은 여행을 잘 하셨습니까?"

"내가 바라던 것보다도 더 잘 했다. 나는 갈릴래아 선생님을 모시고 왔다. 빨리! 나와 함께 계신 분들을 위해 준비를 해라. 선생님, 들어오십시오!"

그들은 깜짝 놀란 하녀들 앞을 지나 집안으로 들어간다.

어슴푸레한 속에 의자들과 궤들이 있는 넓고 서늘한 방이 일행을 맞이한다. 예수께서는 사도들을 부르셔서 당신이 오신 것에 대하여 사람들에게 준비를 시키라고 시내로 보내신다. 사무엘이 물건 파는 사람에서 집주인으로 변해서 들어온다. 하녀들이 식사 전에 손을 씻

148. 가말라에서 아페카로 **671**

는데 쓰일 항아리와 대야들을 가지고 그를 따라 온다. 넓은 쟁반에 빵과 과일과 양젖을 가져온다.

주인여자가 돌아온다. "하인에게 선생님이 여기 오셨다는 말을 했습니다. 그는 선생님께 자비를 베풀어 주시기를 청합니다. 그리고 저도 역시 자비를 청합니다. 장막절 때문에 사람들이 이리로 많이 지나갑니다. 또 티스리 새달에 들어서면서도 즉시 많이 지나갑니다. 그가 앓고 있으면 저희가 어떻게 해야 할지 모르겠습니다…."

"그 사람더러 이리 오라고 하시오."

"올 수 없습니다. 일어설 수가 없습니다."

"선생님이 그를 보러 가지 않지만 그를 보고 싶어한다고 말하시오."

"사무엘과 요셉더러 업고 오라고 하겠습니다."

"설상가상이로군! 저는 늙고 지쳤습니다요" 하고 사무엘이 투덜거린다.

"엘리야더러 걸어 오라고 말하시오. 내가 명령합니다."

"가엾은 선생님! 가믈리엘같은 선생도 그렇게 못할 겁니다" 하고 늙은 하인이 또 투덜거린다.

"입 다물어요, 사무엘!… 선생님, 용서하십시오! 이 사람은 충실한 하인입니다. 여기서 제 남편의 집 하인들에게서 났는데, 능숙하고, 정직합니다…. 그러나 묵은 이스라엘 사람의 사상을 고집하고 있습니다…" 하고 주인여자가 그를 변호하기 위하여 낮은 목소리로 말한다.

"이 사람의 정신을 이해합니다. 그러나 기적을 보면 변할 것입니다. 엘리야에게 가서 오라고 말하시오. 그러면 올 것입니다."

과부가 갔다가 돌아온다. "가서 말했습니다. 그러나 그 사람이 그 꺼멓게 되고 부어 오른 다리로 방바닥을 디디는 것을 보지 않으려고 도망쳐 왔습니다."

"당신은 기적을 믿지 않습니까?"

"저는 믿습니다. 그렇지만 그 다리는 소름끼칩니다…. 괴저로 인해서 다리가 완전히 썩지 않을까 걱정이 됩니다. 다리가 반들반들합니다…. 소름끼쳐요. 그리고… 오!" 주인여자가 하인을 보았기 때문에 말이 중단되고 탄성이 나온다. 엘리야는 건강한 사람보다도 더 잘 뛰어 와서 예수의 발 앞에 엎드리며 말한다. "이스라엘의 왕께 찬미."

"찬미는 하느님께만 드려야 하네. 어떻게 왔나? 어떻게 감히 걸어 왔나?"

"저는 순종했습니다. 저는 이렇게 생각했습니다. '거룩하신 분이 거짓말을 하실 수 없고, 어리석은 일을 명령하실 수가 없다. 나는 믿음을 가졌다. 나는 믿는다' 하고. 그러면서 다리를 움직였습니다. 그런데 다리가 아프지 않고 움직였습니다. 다리를 땅바닥에 놓았습니다. 다리가 제 몸을 지탱하더군요. 한 걸음을 떼어놓았습니다. 걸을 수가 있었습니다. 그래서 달려 왔습니다. 하느님께서는 당신을 믿는 사람들을 속이지 않으십니다."

"일어나게. 나 진정으로 당신들에게 말하지만 이 사람과 같은 믿음을 가진 사람은 별로 없습니다. 그 믿음이 누구에게서 왔나?"

"선생님을 전하기 위해서 이곳으로 지나간 선생님의 제자들에게서 왔습니다."

"그들의 말을 자네 혼자 들었나?"

"아닙니다. 다들 들었습니다. 오순절 후에 그 사람들을 여기 받아들였었으니까요."

"그런데 자네 혼자만 믿었구먼…. 자네의 영은 주님의 길에 많이 나아갔네. 계속하게…."

늙은 사무엘은 서로 반대되는 두 가지 감정 사이에서 격렬히 몸부림친다…. 그러나 이스라엘의 많은 사람과 같이 새 것을 받으려고 묵은 것을 버릴 줄을 모르고 태도가 굳어지며 말한다. "마술! 마술! '내 백성은 마술사들과 점쟁이들에게 물들지 말아라. 만일 누가 그렇게 하면, 내가 그에게서 얼굴을 돌리고, 그를 멸망시키겠다'고 성경에서 말합니다. 주인님, 법에 충실치 않는 것을 두려워 하십시오!" 그러면서 마치 마귀가 집 안에 들어앉은 것을 보기라도 한 듯이 분개하며 엄한 태도로 나간다.

"선생님, 저 사람을 벌하지 마십시오! 저 사람은 늙었습니다! 저 사람은 항상 저렇게 믿었습니다…."

"염려 마시오. 만일 내가 나를 마귀라고 부르는 사람을 모두 벌해야 한다면, 많은 무덤이 열려 그 희생물을 집어삼킬 것입니다. 나는 기다릴 줄을 압니다…. 나는 해가 질 때쯤에 말하겠습니다…. 그리고 아페카를 떠나겠습니다. 지금은 당신의 집에 머무르는 것을 수락합니다."

149. 아페카에서의 전도

예수께서 사라의 상점 문지방에서 아페카 사람들에게 말씀하신다. 예수께서는 주의를 기울이기 보다는 오히려 호기심 있는 매우 다양한 군중에게 말씀하신다. 히브리인들이 가장 적은 편이다. 대부분은 지나가는 사람들인 상인들과 여행자들이기 때문인데, 어떤 사람들은 호수쪽으로 가고, 어떤 사람들은 예리고의 걸어서 강을 건너는 곳으로 갈 준비를 하고 있고, 어떤 사람들은 동방의 여러 도시에서 와서 바닷가의 여러 도시로 간다.

지금은 본격적인 연설이 아니라, 예수께서 이 사람 저 사람에게 하시는 대답으로 하나의 대화이다. 그러나 이 대화를 비록 각기 다른 감정을 가지고 듣지만 모두 듣는다. 그 감정들은 거기 있는 사람들의 얼굴 표정과 의견으로 잘 나타나며, 그것을 가지고 나는 그들이 어떤 사람인지 어디로 가는 사람인지를 알게 된다. 대화가 때로는 말투와 사람이 바뀌기도 한다. 그것은 예수는 곁에 내버려둔 채 거기 있는 사람들 사이에 인종이나 생각이 달라서 토론이 벌어지기 때문이다.

가령 예수께서 민족들이 기다리는 분이라는 것을 인정하고자 하지 않는 유다인들의 불신에 대하여 선생님을 옹호하는 시돈의 상인을 요페에서 온 늙은이 한 사람이 공격한다. 그리고 성경을 닥치는 대로 많이 인용하는데, 그것들이 시로-페니키아 사람의 단순한 단언의 저항을 받는다. "나는 그 말들은 상관하지 않습니다. 그러나 나는 이분의 기적들을 보고 말씀을 들었기 때문에 이분이 그분이라고 말하는 것입니다." 토론은 다른 사람들이 거기 끼어들기 때문에 확대된다. 그리스도의 반대자들은 외친다. "베엘제불이 이 사람을 도와주는 거요. 그러니까 이 사람은 하느님의 성인이 아니오. 하느님의 성인은 거짓 선생도 아니고 거지도 아니오." 그러면 시돈 사람처럼 생각하는 사람들은 이렇게 말한다. "현인들은 정직하기 때문에 가난한 거요.

현인들은 당신들의 거짓 선생들과 사제들같이 굉장히 돈이 많지도 않고 독선적인 사람들도 아니오." 그들이 이렇게 말하는 것은 그들이 히브리인들이 아니라, 팔레스티나에 우연히 왔거나 귀화는 했어도 여전히 이교도의 정신을 보존하고 있는 사람들이기 때문이라는 것을 알 수 있다.

"하느님을 모독하는 자들!"

"하느님을 모독하는 건 당신들이오. 선생님의 사상의 신성(神性)을 보지도 못하는 당신들이 말이오" 하고 어떤 사람들은 말한다.

"당신들은 선생님을 모실 자격이 없소. 그러나 젠장! 우리는 소크라테스를 업신여겼지만 그것이 우리에게 좋은 결과를 가져다 주지 못했소. 그래서 말하는 건데, 당신들 조심하시오. 우리가 아주 여러번 신들에게서 벌을 받은 것처럼, 신들이 당신들을 벌하지 않도록 조심하시오" 하고 어떤 사람이 외치는데, 그는 그리스 사람이 틀림없다.

"쳇! 이스라엘의 왕을 옹호하는 자들!! 이방인들이 말이야!"

"또 사마리아 사람들도 있소! 그리고 우리는 사마리아 사람이라는 것을 자랑하오. 우리는 선생님이 사마리아에 오시면 당신들보다 더 잘 선생님을 모셔둘 줄 알테니까 말이오. 그러나 당신들은… 성전을 지었소. 매우 아름다운 성전을, 그러나 그 성전에 금과 값진 대리석을 입혔지만, 그것은 하찮은 것이 잔뜩 들어있는 무덤이오" 하고 군중 끝에서 키가 큰 사람이 외친다. 그 사람은 밑자락 장식과 허리띠에 자수와 줄무늬가 있는 아마포 옷을 입었고, 리본을 달고 팔찌를 끼었다….

"쳇! 사마리아인!" 융통성이 없는 히브리인들 문둥병자를 피하듯이 비키면서 어떻게나 무서워하며 소리를 지르는지, "마귀다" 하고 말하는 것같다. 그들은 피하면서 예수께 외친다. "그 사람을 내쫓으시오! 그 사람은 더러운 사람이오!…."

그러나 예수께서는 아무도 내쫓지 않으신다. 예수께서는 질서와 침묵을 요구하려고 하시고, 사도들도 예수와 함께 애를 쓰지만, 별 성과가 없다. 그러자 토론을 끝내게 하시려고 전도를 시작하신다.

"가데스에서 마리아가 죽은 다음, 하느님의 백성이 물이 없는 것 때문에 광야에서 반항을 하고, 그들의 구제자이고, 죄의 땅에서 언약의 땅으로 인도하는 사람인 모세에게 마치 미친 파괴자인 것처럼 소리를 지르고, 아론에게 무익한 사제라고 욕을 하였을 때, 모세는 그의 형과 함께 장막 안으로 들어가서 주님께 말씀을 드리면서, 험구를 중단시키기 위해서 기적을 요구했습니다. 주님은 어떠한 청탁도 들어주셔야 할 의무는 없고, 특히 그 청탁이 난폭한 것이고, 아버지의 섭리에 대한 거룩한 신뢰를 잃은 정신에서 올 때는 더우기 들어주실 의무가 없습니다. 그러나 주님은 모세와 아론에게 말씀하셨습니다. 아론은 비록 대사제이었지만 어느날 우상을 숭배해서 하느님의 인자를 누릴 자격을 잃었기 때문에, 주님이 모세에게만 말씀하실 수 있었을 것입니다. 그러나 하느님께서는 다시 아론을 시험하고자 하셨고, 하느님의 눈 앞에서 은총으로 자랄 수 있는 방법을 주시고자 하셨습니다. 그러므로 꽃이 활짝 피고 편도(扁桃)를 열게 한 다음 장막 안에 넣어 둔 아론의 지팡이를 가지고 와서, 그것을 가지고 가서 돌에게 말을 하라고 명령하셨습니다. 그러면 돌이 사람들과 짐승들이 먹을 물을 줄 것이라고 하셨습니다. 그래서 모세가 아론과 같이 주님이 명령하시는대로 했습니다. 그러나 두 사람이 다 주님을 완전히 믿을 줄을 알지 못했고, 그 중에서 제일 덜 믿은 사람은 이스라엘의 최고 사제 아론이었습니다. 지팡이로 친 바위는 벌어지면서 사람들과 짐승들이 목마름을 풀 만큼 넉넉히 솟아 나오게 했습니다. 그런데 이 물을 반대의 물이라고 불렀습니다. 그것은 그 곳에서 이스라엘 사람들이 주님과 다투고, 주님의 행동과 명령을 비난했고, 또 모두가 똑같이 충실하지 않고, 오히려 최고 사제를 비롯해서 하느님의 말씀의 진실성에 대한 의심이 나타나고, 시작되었기 때문입니다. 그래서 그 다음 아론은 언약된 땅에 도달하지 못한 채 산 사람들 가운데에서 제거되었습니다.

　지금도 백성은 '당신은 우리를 민족으로 또 개인으로 압제자들의 지배 아래에서 죽게 했습니다' 하고 말하면서 주님께 시위를 합니다. 그리고 내게는 '왕이 되어서 우리를 해방해 주시오' 하고 외칩니다. 그러나 어떤 해방을 말하는 것입니까? 어떤 벌을 말하는 것입니까? 물질적인 것에 대해서 말하는 것입니까? 그러나 물질적인 것에는 구원도 없고 벌도 없습니다! 훨씬 더 큰 벌과 훨씬 더 큰 해방은 여러분의 자유의 힘이 미치는 데에 있고, 여러분은 선택할 수가 있습니다. 하느님께서는 여러분에게 선택의 자유를 주십니다.

이 말은 여기 있는 이스라엘 사람들을 위해서, 성서의 상징들을 읽고 이해할 줄 알아야 할 사람들을 위해서 하는 말입니다. 그러나 내가 그들의 영적인 왕인 내 백성을 불쌍히 여기기 때문에, 나는 여러분이 내가 누구인지 깨닫도록 도와주기 위하여 적어도 하나의 상징을 이해하도록 도와주고자 합니다.

지극히 높으신 분께서 모세와 아론에게 이렇게 말씀하셨습니다. '지팡이를 가지고 가서 바위에게 말하여라. 그리하여 백성의 갈증을 풀어줄 강물이 솟아 나와 백성이 더이상 한탄하지 못하게 하여라.' 영원한 사제에게 지극히 높으신 분께서는 당신 백성이 탄식을 끝나게 하시기 위해서 또 이렇게 말씀하셨습니다. '이새*의 가문에서 싹튼 막대기를 집어라. 그러면 거기에서 인간의 진흙이 닿지 않은 꽃 한 송이가 나올 것이고, 그 꽃은 달고 몹시 부드러운 편도열매가 될 것이다. 그러면 이새의 혈통에서 나온 그 편도를 가지고, 주님의 성령께서 일곱 가지 선물을 가지고 그 위에 머무르실 기묘한 그 싹으로 이스라엘의 돌을 쳐서 그 돌이 이스라엘의 구원을 위하여 풍부한 물을 내놓게 하여라.'

하느님의 사제는 사랑 자체입니다. 그리고 사랑을 진흙이 키우지 않은 이새의 뿌리에서 그의 순을 돋아나게 해서 육체를 만들어 내셨습니다. 그런데 그 육체는 강생하신 말씀의 육체, 기다려지는 메시아의 육체였고, 메시아는 바위가 갈라지도록, 바위가 그 교만과 탐욕의 단단한 껍데기를 갈라서 주님이 보내신 물, 그분의 그리스도에게서 솟아나는 물과 그의 사랑의 감미로운 기름을 받아들여, 유순하고 착하게 되어 그 마음속에 지극히 높으신 분께서 당신 백성에게 주시는 선물을 받아들임으로써 자기 자신을 거룩하게 하도록 바위에게 말을 하라고 보내진 것입니다.

그러나 이스라엘은 맑게 흐르는 물을 가슴에 받아들이기는 원치

---

* 역주 : 다윗왕의 아버지.

않습니다. 이스라엘은 단단하게 닫힌 채로 있고, 더구나 그 실력자들의 인격이 그런대로 남아 있어서, 다만 하느님의 능력 덕택으로 꽃이 피고 열매가 달린 막대로 그들을 치고 그들에게 말을 해도 소용이 없습니다. 그래서 나 여러분에게 진정으로 말합니다만, 이 민족의 많은 사람이 나라에 들어가지 못할 것인데, 이 민족에 속하지 않은 많은 사람이 이스라엘의 사제들이 믿고자 하지 않은 것을 믿을 줄 알았기 때문에 들어갈 것입니다. 그렇기 때문에 나는 여러분 가운데 반대의 표적으로 있으며, 여러분은 나를 이해할 줄 아는 방식에 따라서 심판을 받을 것입니다.

그러나 이스라엘 사람들이 아닌 다른 사람들에게 나는 말합니다. 하느님의 백성이 피하는 하느님의 집은 빛을 찾는 사람들에게 열려 있습니다. 와서 나를 따르시오. 내가 반대의 표적으로 세위지기도 했지만, 모든 민족을 위한 표적으로도 세워졌습니다. 그래서 나를 사랑하는 사람은 구원을 받을 것입니다."

"선생님은 우리보다 외국인들을 더 사랑하시는군요. 만일 우리에게 복음을 전하시면 우리도 마침내 선생님을 사랑하게 될 터인데요! 그러나 선생님은 유다만 **빼놓고** 사방으로 다니십니다" 하고 예수의 말씀에 충격을 받은 유다인 하나가 말한다.

"나는 유다에도 내려가서 오랫동안 머무르겠습니다. 그러나 이렇게 해도 많은 사람의 마음에 있는 돌이 바뀌지는 않을 것입니다. 피가 돌 위에 흘러 내려올 때에도 바뀌지 않을 것입니다. 당신은 회당장이지요?"

"그렇습니다. 그걸 어떻게 아십니까?"

"압니다. 그러면 당신은 내가 말하는 것을 알아들을 수 있지요."

"피가 돌 위에 흘러 내려서는 안 됩니다. 그것은 죄입니다."

"피는 **돌 위에 남아 있으라고** 당신들이 기꺼이 돌 위에 흘러 내리게 할 것입니다. 그리고 참다운 어린 양의 피를 흘리게 한 그 돌이 당신들에게는 승리의 기념물로 보일 것입니다. 그러나 곧이어 당신들이 깨달을 날이 올 것입니다…. 당신들은 진짜 벌을 깨달을 것이고, 당신들에게 제공되던 참 구원이 어떤 것이었는지를 깨달을 것입니다. 갑시다…."

한 남자가 사람들을 떼밀면서 앞으로 나아온다. "저는 시로-페니키아 사람입니다. 저희들 중의 많은 사람이 선생님을 모시지 못하고서도 선생님을 믿습니다…. 그런데 저희들은 병자가 많이 있습니다…. 저희 고장에는 가지 않으십니까?"

"당신네 고장에는 가지 않습니다. 그럴 시간이 없습니다. 그러나 이제 안식일이 지난 다음에는 당신들의 국경 쪽으로 가겠습니다. 은총이 필요한 사람은 그 근처에서 기다리라고 하시오."

"동포들에게 그렇게 말하겠습니다. 하느님께서 선생님과 함께 계시기를."

"당신에게 평화."

예수께서는 과부에게 작별 인사를 하신다. 아니 그 보다도 하고자 하신다. 그러나 과부는 무릎을 꿇고, 자기가 결정한 것을 예수께 알려 드린다. "저는 사무엘을 여기 남겨 두기로 결정했습니다. 사무엘은 믿는 이들보다는 하인으로 더 훌륭하니까요. 그리고 저는 가파르나움으로 가서 선생님 곁에 있기로 결정했습니다."

"나는 오래지 않아 가파르나움을 떠날 것입니다. 그것도 영영."

"그렇지만 거기에는 좋은 제자들이 있지요."

"그것은 사실이오."

"저는 이렇게 결정했습니다…. 이렇게 하면, 제가 재물에서 초탈할 줄 알고, 올바르게 사랑할 줄 안다는 증거를 선생님께 드리는 것이 될 것입니다. 여기서 모이는 돈은 선생님의 가난한 사람들을 위해서 쓰고, 또 가엾은 어린 아이는 어머니가 사랑하지는 않으면서도 정말 데리고 있겠다면, 그 애를 첫번째 가난한 사람으로 생각하겠습니다. 우선 이것을 받으십시오." 그러면서 무거운 돈주머니를 바친다.

"하느님께서 당신의 강복과 당신의 은혜를 입은 사람들의 축복으로 당신에게 강복하시기를 바랍니다. 당신은 얼마 안 되는 동안에 많이 진보했습니다."

여인은 얼굴을 붉힌다. 그리고 둘레를 휘 둘러보고 나더니 말한다.

"제가 진보를 한 것이 아닙니다. 선생님의 사도가 저를 가르쳤습니다. 갈색 머리 젊은이 뒤에 숨는 저 사람입니다."

"사도들의 우두머리, 시몬 베드로. 그래, 그가 당신에게 무엇이라고 말했습니까?"

"오! 그이는 제게 아주 소박하고 아주 적절하게 말했습니다! 사도인 그이가 자기도 저와 같이 옳지 못한 욕망을 가지고 있었다고 인정할 정도로 자기를 낮추었습니다. 오! 저는 그것을 믿을 수가 없습니다! 그이는 그러나 자기가 원하는 것을 받을 만한 자격을 얻기 위해서 착한 사람이 되기를 힘썼고, 자기가 얻은 선을 가지고 악을 만들지 않기 위해서 점점 더 착하게 되려고 힘쓴다고 말했습니다. 저희 보잘 것없는 사람들끼리 말하는 것은 이해가 더 잘 된다는 것을 아시지요…. 주님께 무례한 말씀을 했습니까?"

"아닙니다. 당신의 진실됨과 내 사도들 칭찬하는 것으로 하느님께 영광을 드립니다. 그가 권고한대로 하시오. 그리고 하느님께서 의덕을 향해 가는 당신과 항상 함께 계시기를 바랍니다."

예수께서는 과부에게 강복하시고, 갑자기 일어난 바람에 흔들리는 푸른 과수원 아래로 서북쪽을 향하여 앞장서 가신다.

150. 게르게사에, 그리고 가파르나움으로 돌아오심

붉은 해넘이가 보라빛의 조용한 황혼으로 바뀔 때 일행은 호숫가 게르게사 바로 근처에 이른다. 호숫가에는 밤고기잡이를 하려고 준비하거나 호수 위로 이리저리 부는 바람으로 약간 흔들리는 물에 즐겁게 목욕을 하는 사람들이 가득 차 있다.

사람들이 빨리 예수를 보고 알아보았다. 그래서 예수께서 시내로 들어가실 수 있기 전에 시민들은 예수께서 오신 것을 알았고, 으례 그런 것처럼 예수의 말씀을 듣기 위하여 사람들이 몰려온다.

한 남자가 사람들 사이를 헤치고 와서 아침에 가파르나움에서 사람이 예수를 찾아 왔었다고 말하면서, 할 수 있는대로 일찍 그리로 가시라고 한다.

"오늘 밤으로 당장 가겠소. 나는 여기 머무르지 않소. 그리고 우리 배들이 여기 없으니까, 당신들의 배를 빌려 달라고 부탁하오."

"주님께서 원하시는대로 하겠습니다. 그러나 떠나시기 전에 저희들에게 말씀하시겠지요?"

"그러지요, 작별 인사를 하게. 나는 오래지 않아 갈릴래아를 떠나오…."

눈물을 흘리는 여자가 선생님께 가게 비켜 달라고 애원하면서 군중 가운데에서 예수를 부른다.

"이방인 여잔데 사랑으로 인해서 이스라엘 사람이 된 아리아입니다. 선생님이 그의 남편을 한번 고쳐 주셨습니다. 그러나…."

"기억합니다. 올 수 있게 길을 내 주시오!"

여자는 앞으로 나아와 울면서 예수의 발 앞에 무릎을 꿇는다.

"무슨 일입니까?"

"선생님! 선생님! 저를 불쌍히 여겨 주십시오! 시메온이…."

게르게사의 어떤 사람이 그 여자의 말을 거들어준다. "선생님, 선생님이 그에게 주신 건강을 그 사람은 잘못 씁니다. 그 사람의 마음은 냉혹하고 탐욕스러워져서 이제는 이스라엘 사람 같지도 않게 되었습니다. 사실, 아내가 비록 이교도의 땅에서 났지만, 그 사람보다 훨씬 낫습니다. 그리고 그 사람은 냉혹과 탐욕으로 싸움을 일으키고 미움을 삽니다. 한번은 싸움을 하다가 머리에 상처를 입었는데, 의사는 그가 거의 틀림없이 소경이 될 것이라고 말합니다."

"그런데 이런 경우에 내가 무엇을 할 수 있겠습니까?"

"선생님… 그 사람을 고쳐 주십시오…. 선생님이 보시다시피 이 여자는 절망에 빠져 있습니다. 남편이 장님이 되면, 집안은 비참하게 됩니다…. 그것이 나쁘게 번 돈이기는 합니다…. 그러나 죽음은 불행일 것입니다. 사랑과 빵 대신에 배신과 매를 주더라도 남편은 역시 남편이고, 아버지는 역시 아버지니까요…."

"내가 그 사람을 한번 고쳐 주고 '다시는 죄짓지 말라'고 말했습니다. 그런데 그 사람은 더 많은 죄를 지었습니다. 그 사람이 다시는 죄를 짓지 않겠다고 약속하지 않았습니까? 내가 그의 병을 고쳐 주면, 다시는 고리대금과 도둑질을 하지 않고, 할 수 있으면 나쁘게 번 돈을 돌려주고, 그렇게 할 수 없을 때에는 그 돈을 가난한 사람들을 위해 쓰겠다고 맹세를 하지 않았습니까?"

"선생님, 그것은 사실입니다. 제가 그 때 거기 있었습니다. 그러나 … 사람은 그가 하려고 작정하는 일에 결단력이 부족합니다."

"당신이 바른 말을 했습니다. 그리고 시메온만이 아닙니다. 솔로몬이 말하는 것과 같이, 때에 따라 의견이 달라지고 잘못된 저울을 가지고 있는 사람이 많습니다. 그리고 물질적인 의미에서뿐 아니라, 그들의 판단과 행동에서도 그렇고, 하느님께 대한 태도에서도 그렇습니다. 솔로몬은 또 이런 말도 했습니다. '성인들을 몹시 괴롭히고, 맹세를 한 다음에 그것을 후회하는 것은 사람에게 있어서 파멸이다' 하고. 그러나 이렇게 하는 사람이 너무나 많습니다…. 부인, 울지 말고 내 말을 들으시오. 그리고 당신이 정의의 종교를 택했으니, 의롭게 되시오. 내가 당신에게 두 가지를 제안하면, 어떤 것을 택하겠습니까? 이런 것들입니다. 당신 남편을 고쳐서, 그가 하느님을 비웃고 그의 영혼 위에 죄를 쌓아올리도록 가만 내버려 두는 쪽을 택하겠습니까? 아니면 그를 회개시키고, 그를 용서하고 그를 죽게 내버려 두는 쪽을 택하겠습니까? 택하시오, 당신이 택하는대로 하겠습니다."

가엾은 여인은 매우 어려운 싸움을 겪는다. 자연적인 사랑과 좋게든 나쁘게든 아이들을 위하여 돈을 버는 남자의 필요성은 그 여자를 부추겨 〈목숨〉을 청하게 할 것이다. 남편에 대한 초자연적인 사랑은 그 여자가 〈용서와 죽음〉을 청하도록 격려한다. 사람들은 흥분한 마음으로 주의를 기울여 여인의 결정을 기다리며 말이 없다.

마침내 가엾은 여인은 다시 땅바닥에 엎드리며, 마치 거기에서 힘을 얻어내려는듯이 예수의 옷에 매달리며 탄식한다.

"영원한 생명입니다…. 그러나 주님, 저를 도와주십시오…."그러면서 어떻게나 얼굴을 땅에 부딪는지 죽는 것만 같다.

"당신은 가장 좋은 쪽을 택했습니다. 그로 인하여 축복을 받으시오. 하느님에 대한 두려움과 정의에 있어서 당신에 필적할 사람이 이스라엘에 그리 많지 않습니다. 일어나시오. 남편을 보러 갑시다."

"그러나 주님, 정말 그를 죽게 하실 겁니까? 그러면 저는 어떻게 합니까?" 인간적인 피조물이 신화의 불사조같이 정신의 불에서 다시 나온다. 그 여자는 인간적으로 괴로워하고 놀란다….

"부인, 두려워 마시오. 당신과 나는 모든 것을 하늘에 계신 아버지께 맡겨 드립니다. 그리고 아버지께서는 당신 사랑을 가지고 행동하실 것입니다. 그것을 믿을 수 있습니까?"

"예, 주님…."

"그러면 모든 청과 모든 위안의 기도를 드리면서 갑시다."

그리고 많은 군중이 둘러싸고 뒤따르는 가운데 걸어가시면서 예수께서는 천천히 주의 기도를 외신다. 사도들의 무리도 따라 한다. 그리고 잘 장돈된 합창으로 기도의 말이 군중의 소음을 누르고 올라간다. 군중은 선생님이 기도하시는 것을 듣고 싶은 마음이 생겨서 차차 입을 다문다. 그래서 엄숙하게 조용한 가운데 마지막 청들을 완전히 듣게 된다.

"일용할 양식을 아버지께서 당신에게 주실 것입니다. 아버지의 이름으로 내가 그것을 보장합니다"하고 예수께서 여인에게 말씀하신다. 그리고 그 여인 혼자에게만 아니라 모든 사람에게 이렇게 말씀하신다. "그리고 여러분을 모욕하고 여러분에게 해를 끼친 사람을 여러분이 용서하면, 여러분의 죄도 용서를 받을 것입니다. 저 사람은 하느님의 용서를 얻기 위해 여러분의 용서가 필요합니다. 그리고 시메온과 같이 죄에 떨어지지 않기 위해서는 모든 사람에게 하느님의 보호가 필요합니다. 이것을 기억하시오."

일행은 집에 이르렀다. 예수께서 여인과 베드로, 바르톨로메오, 열성당원과 함께 집안으로 들어가신다.

남자는 붕대와 젖은 수건으로 얼굴이 싸매진 채 간이침대에 누워서 심하게 움직이며 헛소리를 한다. 그러나 예수의 목소리나 의지가 그의 정신이 다시 돌아오게 하자 그는 외친다. "용서하십시오! 용서하세요! 다시는 죄를 짓지 않겠습니다. 지난번처럼 선생님의 용서를 주십시오! 그러나 지난번처럼 병도 고쳐 주십시오. 아리아! 아리아! 나 당신에게 맹세하오. 다시는 폭력도 쓰지 않고 속임수도 쓰지 않겠소. 나는…." 그 남자는 죽음의 공포 때문에 무엇이든지 약속할 참이다….

"왜 그것을 원합니까?" 하고 예수께서 물으신다. "속죄하기 위한 것입니까, 그렇지 않으면 하느님의 심판이 두렵기 때문에 그러는 것입니까?"

"그겁니다, 그겁니다! 지금 죽는 것은 싫습니다! 지옥입니다!…. 저는 도둑질을 했습니다. 가난한 사람의 돈을 훔쳤습니다! 저는 거짓말을 했습니다. 저는 이웃을 때리고, 집안 식구들을 괴롭혔습니다. 오!…."

"공포는 좋지 않습니다. 뉘우침이 필요합니다. 참되고 확고한 뉘우침이."

"죽음이나 실명! 오! 벌! 다시는 보지를 못하다니! 어두움! 어두움! 안 됩니다!…."

"눈의 어두움이 무서우면, 당신에게는 마음의 어두움이 더 무섭지 않습니까? 그리고 영원하고 소름끼치는 지옥의 어두움을 당신은 두려워하지 않습니까? 계속적으로 하느님을 잃는 것을? 계속적인 가책을? 당신의 영으로 당신 자신을 영원히 스스로 죽인 데 대한 고통을? 당신은 아내를 사랑하지 않습니까? 그리고 자식들을 사랑하지 않습니까? 그리고 아버지와 어머니와 형제들을 사랑하지 않습니까? 그런데, 당신이 만일 죽어서 지옥에 가면, 그들과 같이 있지 못하리라는 것을 생각하지 않습니까?"

"예! 예! 용서하십시오! 용서하세요! 여기서, 예, 여기서 속죄하겠습니다…. 실명까지도, 주님… 그러나 지옥은 싫습니다…. 하느님께서 저를 저주하지 마시기를 바랍니다! 주님! 주님! 주님은 마귀를 내쫓으시고 죄를 용서해 주시니, 제 병을 고치기 위해 손을 들지 마시고, 저를 용서하시고, 저를 붙잡고 있는 마귀에게서 저를 구해내시기 위해 손을 드십시오…. 제 가슴과 제 머리에 손을 얹어 주십시오…. 주님, 저를 구해내 주십시오…."

"나는 두 가지 기적을 행할 수는 없습니다. 깊이 생각하시오. 만일 내가 당신을 마귀에게서 구해내면, 병은 남겨 두게 될 것입니다…."

"상관없습니다! 구원자가 돼 주십시오."

"당신이 원하는대로 될 겁니다. 내가 당신에게 베푸는 마지막 은혜를 이용할 줄 아시오. 안녕히 계시오."

"주님은 저를 만져 주지 않으셨습니다! 주님의 손을! 주님의 손을!"

예수께서는 그를 만족시키셔서 붕대를 감은 그의 머리와 가슴에 손을 얹으신다. 붕대와 상처로 인하여 눈이 보이지 않는 그 사람은 예수의 손을 잡으려고 경련을 일으키며 더듬다가 손을 찾아가지고는 그것을 붙잡고 울며 예수를 떠나시게 놔 두지 않는다. 마침내 그는 피로한 어린 아이처럼, 예수의 손을 아직 잡고 열이 있는 그의 뺨에 꼭 댄 채 잠이 든다.

예수께서는 손을 살그머니 빼시고 소리 내지 않고 나오신다. 그 뒤를 여인과 사도 세 사람이 따라 나온다.

"하느님께서 주님께 갚아 주실 것입니다. 이 종을 위해 기도해 주십시오."

"아주머니, 계속 의덕으로 자라시오. 그러면 하느님께서 항상 당신과 함께 계실 것입니다." 예수께서는 손을 들어 집과 여인에게 강복하시고, 길로 나오신다.

수많은 별의별 질문을 하기 때문에 군중속에서 소리가 높아진다.

그러나 예수께서는 잠자코 따라 오라는 손짓을 하신다. 거리로 돌아 오신다. 밤이 천천히 내려온다. 예수께서는 호숫가에서 흔들리고 있는 배에 오르셔서 거기서 말씀하신다.

"아닙니다. 그 사람은 육체적으로는 죽지도 않고 고쳐지지도 않았습니다. 그 사람의 정신은 그의 죄를 곰곰이 생각했고, 그의 생각에 올바른 방향을 잡아 주었습니다. 그리고 용서를 얻기 위해 속죄할 것을 청했기 때문에 용서를 받았습니다.

여러분은 모두 그가 하느님께로 향해 가는 길을 도와 주시오. 우리는 모두 이웃의 영혼에 대해 책임을 가지고 있다는 것을 생각하시오. 이웃에게 죄지을 기회를 주는 사람은 화를 입을 것입니다! 그러나 비타협적인 태도로 선에 막 태어난 사람을 그가 들어선 길에서 강경하게 밀어냄으로써 그에게 겁을 주는 사람도 화를 입을 것입니다. 모두가 이웃에 대해서 선생이, 좋은 선생이 될 수 있습니다. 이웃이 약하고 선의 지혜를 모르는 만큼 더 그렇게 될 수가 있습니다. 나는 여러분에게 시메온에 대하여 참을성을 가지고, 친절과 너그러움을 많이 보이라고 권고합니다. 그에게 증오와 원한과 멸시와 빈정거림을 보이지 마시오. 여러분에게서나 그 사람에게서나 과거를 들추어 내지 마시오. 용서를 받고 뉘우친 다음, 그리고 진정한 좋은 결심을 한 다음 다시 일어서는 사람은 의지력을 가지고 있습니다. 그러나 과거의 격정과 습관의 무거운 짐과 유산도 가지고 있습니다. 그가 거기에서 헤어나오는 것을 도와주어야 하는데, 과거에 대한 암시를 하지 않고 매우 조심스럽게 해야 합니다. 과거에 대한 암시를 하는 것은 사랑에 대한 무분별, 인간에 대한 무분별일 것입니다.

뉘우치는 죄인에게 그의 잘못을 상기시키는 것은 그 사람의 품격을 떨어뜨리는 것입니다. 그렇게 하는 데에는 깨어난 그의 양심으로 충분합니다. 인간에게 그의 과거를 상기시키는 것은 격정을 다시 살아나게 하는 것이고, 때로는 억제했던 격정으로 돌아가도록 동의를 하도록 유발하는 것입니다. 가장 나은 경우라 하더라도 언제나 유혹을 하는 것이 됩니다. 이웃을 유혹하지 말고, 조심성있고 자비로운 사람이 되시오. 만일 하느님께서 여러분에게 어떤 죄를 면하게 해 주셨으면, 하느님을 찬미하시오. 그러나 여러분의 의덕을 과시해서 의롭지 못한 사람의 자존심을 상하게 하지 마시오. 여러분이 잊어버리기를 바라고, 또 여러분이 잊어버리지 않는다는 것을 알고, 적어도 과거를 그에게 상기시켜서 자존심을 상하게는 하지 말아 달라고 간청하는 뉘우치는 사람의 애원의 눈길을 이해할 줄 아시오.

여러분의 돌보지 않음을 정당화하려고 '그는 문둥이같은 정신을 가졌었다'고 말하지 마시오. 문둥병을 앓는 사람도 병이 나은 다음에 뒤따르는 정결의식을 한 다음에는 다시 백성들 가운데에 들어갈 수 있습니다. 죄를 고친 사람에게도 같은 일이 일어나야 합니다. 자기들이 완전한 사람이라고 믿지마는, 형제들에 대해서 사랑을 가지고 있지 않기 때문에 완전하지 못한 사람들과 같이 되지 마시오. 은총으로 돌아온 형제들을 오히려 여러분의 사랑으로 감싸서, 좋은 주위 사람들이 다시 죄에 떨어지는 것을 막게 하시오.

뉘우치는 죄인을 물리치지 않으시고 용서하시며, 다시 당신과 함께 있기를 허락하시는 하느님 이상이 되려고 하지 마시오. 또 그 죄인이 여러분에게 회복할 수 없는 해를 끼쳤더라도, 이미 사람들이 무서워하는 권력자가 아닌 지금 그 사람에게 보복을 하지 마시오. 오히려 용서하고 크나큰 연민을 가지시오. 그 사람은 누구든지 원하기만 하면 가질 수 있는 보물, 즉 친절로 가난했었기 때문입니다. 그 사람이 여러분에게 마련해 준 고통으로 여러분에게 하늘에서 더 큰 상급을 받을 공로를 세울 방법을 주었으니까, 그를 사랑하시오. 그가 준 방법에 여러분의 방법, 즉 용서를 합치시오. 그러면 하늘에서 여러분의 상급이 훨씬 더 커질 것입니다.

그리고 아무도, 다른 민족의 사람까지도 업신여기지 마시오. 하느님께서 어떤 영을 끌어당기실 때는, 그것이 이교도의 영이라 할지라도, 그 영의 의덕이 선택된 백성들의 의덕을 훨씬 능가할 정도로 그 영을 바꾸어 놓으신다는 것을 여러분은 압니다.

나는 갑니다. 이 말들과 내가 여러분에게 한 다른 말들을 지금도 기억하고, 또 항상 기억하시오."

차비를 하고 있던 베드로가 노를 호숫가에 대고 미니, 배가 기슭에서 떨어져 뒤에 따라오는 다른 두 배와 함께 항행을 시작한다.

약간 파도치는 호수가 배들을 좌우로 흔들리게 하지만, 항행 거리가 짧기 때문에 아무도 무서워하지 않는다. 붉은 현등들은 어두운 수면에 루비같은 반점을 만들어 놓고, 흰 거품을 핏빛으로 물들인다.

"선생님, 그런데 그 사람이 나을 것입니까, 아닙니까? 저는 아무 것도 알아듣지 못했습니다" 하고 한참 후에 베드로가 키 손잡이를 잡은채 묻는다.

예수께서는 대답하지 않으신다. 베드로는 배 안에 선생님의 발 앞에 앉아서 예수의 무릎에 머리를 기대고 있는 요한에게 눈짓을 한다. 그래서 요한이 작은 목소리로 질문을 되풀이 한다.

"낫지 않을 것이다."

"주님, 왜요? 저는 제가 들은 것으로, 그 사람이 속죄하기 위해서 낫게 될 것이라고 생각했었는 데요."

"아니다, 요한아. 그 사람은 정신이 약하기 때문에 다시 죄를 지을 것이다."

요한은 다시 머리를 예수의 무릎에 기대며 말한다. "그렇지만 선생님은 그를 강하게 하실 수 있었는데요…." 그러면서 약간 비난하는 것같다.

예수께서는 당신의 손가락을 당신의 요한의 머리카락 속에 넣으시면서 빙그레 웃으신다. 그리고 모두가 듣도록 목소리를 높여서 그날의 마지막 교훈을 주신다. "정말 잘 들어두어라. 은총을 내려주려면 그 타당성을 참작할 줄 알아야 한다. 생명이 언제나 은혜가 되는 것은 아니다. 번영이 항상 은혜는 아니고, 자식도 항상 은혜가 아니다. 선택도, 그렇다. 이것까지도 항상 은혜는 아니다. 이 모든 것은 그것을 받는 사람이 그것을 성화(聖化)라는 초자연적인 목적을 위해 잘 쓸 줄 알 때에 은혜가 되고 또 은혜로 남아있는 것이다. 그러나 건강이나 번영이나 애정이나 사명을 가지고 자기 자신의 영의 파멸이 되게 하면, 그것들을 절대로 받지 않는 것이 나을 것이다. 그래서 때로는 하느님께서 사람들이 원하는 것, 또는 좋은 것처럼 가지는 것이 옳다고 생각하는 것을 주시지 않음으로써 당신이 주실 수 있는 가장 큰 선물을 주시기도 한다. 가장이나 현명한 의사는 자녀들이나 병자들의 병이 더 나빠지지 않게 하거나 병에 걸리지 않게 하려면 그들에게 어떤 것을 주어야 하는지 안다. 마찬가지로 하느님께서도 영의 이익을 위하여 무엇을 주어야 하는지 아신다."

"그럼, 그 사람은 죽게 되어 있습니까? 불행한 집이로군요!"

"혹 하느님께 버림받은 사람이 그 집에 살면, 그 집이 더 행복하겠느냐? 또 사람도 살면서 계속 죄를 지으면 더 행복하겠느냐? 나 진정으로 너희에게 말한다마는, 죽음이 새 죄를 막는데 소용되고, 또 사람이 주님과 화해한 상태에 있을 때 그를 데려가면, 죽음이 은혜이다."

용골(龍骨)이 벌써 가파르나움 얕은 곳에 닿아 삐걱 소리를 낸다.

"때맞춰 잘 왔는걸. 오늘 밤은 돌풍이 불겠어. 호수가 부글부글 끓고, 하늘은 별 하나 없이 새까맣단 말이야. 아니 저 산 뒤에서 오는 소리가 들리나? 얼마나 환한지 보게. 천둥 번개, 오래지 않아 비가 쏟아질 걸세. 빨리! 우리 것이 아닌 배들을 안전한 곳에 두게! 여자들과 아이는 비가 오기 전에 떠나세요. 오! 좀 도와주게!" 하고 베드로가 그물과 바구니들을 치우는 다른 어부들에게 외친다.

그들이 힘차게 배를 모래톱으로 올려놓는 동안 첫번째 파도가 반벌거숭이가 된 팔다리를 후려갈기고 호숫가의 조약돌들을 밀어 올린다.

그리고 급히 집을 향하여 길을 떠나는데, 첫번째 굵은 빗방울들이 뜨거운 땅의 먼지를 일으키고 강한 냄새를 풍긴다. 번갯불이 벌써 호수 위에 와 있고, 천둥소리는 호숫가의 구릉들이 이루는 형태를 시끄러운 소리로 가득 채운다.

151. "뱀같이 슬기롭고, 비둘기같이 순진하여라"

"위층에는 나자렛 사람들이 있습니다. 그리고 어제는 선생님의 형제들이 선생님을 찾아왔습니다. 그리고 바리사이파 사람들과 많은 병자가 오고, 안티오키아에서 어떤 사람이 왔습니다" 하고 가리옷 사람이 예수께서 집안에 들어오시는 것을 보기가 무섭게 알린다.

"그들이 아마 돌아갔겠지?"

"아닙니다. 안티오키아에서 온 사람은 티베리아로 갔습니다만, 안식일 후에는 돌아옵니다. 병자들은 이 집 저 집에 분산배치 되었습니다. 그러나 바리사이파 사람들은 선생님의 형제들에게 많은 경의를 표하면서 그들 집에 머물게 하고자 했습니다. 그들은 모두 바리사이파 사람 시몬의 손님으로 가 있습니다."

"흠!…" 하고 베드로가 신음한다.

"왜 그러나? 자넨 그들이 선생님의 친척을 통해서 선생님을 존경하는 것이 기쁘지 않은가?" 하고 가리옷 사람이 묻는다.

"오! 존경이고 유익한 만남이라면… 나도 매우 기쁘지!"

"믿지 않는 건 판단하는 거야. 선생님은 판단하는 걸 원치 않으셔."

"그렇구 말구! 그렇구 말구! 그렇지만 확실한 것을 알기 위해서 기다렸다가 판단하겠네. 그렇게 하면 나는 바보도 되지 않고 죄인도 되지 않을 걸세."

"올라가서 나자렛 사람들을 만나자. 내일은 병자들을 보러 가자" 하고 예수께서 말씀하신다.

가리옷 사람이 예수께로 몸을 돌리며 말한다. "그렇게 못하십니다. 안식일인 걸요. 바리사이파 사람들이 선생님을 비난하기를 원하십니까? 선생님은 선생님의 명예를 생각하지 않으시지만, 저는 생각합니다" 하고 유다가 연극에서 처럼 과장해서 말한다. 그리고 이렇게 끝맺는다.

"그 보다도, 선생님을 찾는 사람들을 즉시 고쳐 주시고자 하시는 선생님의 소원을 제가 아는 만큼, 저희들이 가서 선생님의 이름으로 안수를 하겠습니다. 그러면…."

"그럴 필요없다. 어부들이 우리를 보았다. 그러니까 사람들은 내가 여기 있다는 것을 안다. 그리고 그들이 나를 찾아 온 것을 보면, 나를 믿는 사람들을 내가 고쳐 준다는 것을 그들이 알고 있다."

유다는 형편이 좋지 않은 날에 가지는 침울한 얼굴을 하며 불만스럽게 입을 다문다.

예수께서는 뇌우가 땅에 쏟아붓는 소나기를 상관하지 않으시고 위층 방으로 올라가신다. 문을 열고 들어가시니, 사도들이 따라 들어간다. 여자들이 벌써 위층에 올라와서 나자렛 사람들과 이야기를 하고 있다. 한구석에는 내가 알지 못하는 사람도 있다.

"여러분들에게 평화."

"선생님!" 나자렛 사람들이 절을 한다. 그리고 말한다. "그 사람이 여기 왔습니다." 그러면서 내가 알지 못하는 사람을 손가락으로 가리킨다.

"이리 오게!" 하고 예수께서 명하신다.

"저를 저주하지 마십시오!"

"그렇게 하기 위해서는 자네를 이리 부를 필요가 없었네. 자넨 자네의 구원자에게 그 말밖에 할 말이 없나?" 예수께서는 준엄하시다. 그러나 동시에 용기를 돋구어 주신다.

그 사람은 예수를 쳐다본다…. 그러더니 흐느껴 울기 시작하며 방바닥에 엎드리면서 부르짖는다. "만일 선생님이 저를 용서하지 않으시면, 저는 마음이 편안하지 못할 것입니다…."

"내가 자네를 착하게 만들려고 했을때, 자네는 왜 그렇게 되기를 원치 않았나? 이제는 늦어서 회복할 수가 없네. 자네 어머니는 돌아가셨어."

"아! 그 말씀을 제게 하지 마십시오. 선생님은 가혹하십니다!"

"아닐세, 나는 진릴세. 내가 자네에게 자네 어머니를 죽이는 것이 될 것이라고 말했을 때도 나는 진리였네. 그런데 그 때 자네는 나를 비웃었지. 그런데 왜 지금은 나를 찾는 건가? 자네 어머니는 돌아가셨네. 자네는 죄를 지었네. 죄를 짓는다는 것을 잘 알면서 계속 죄를 지었네. 내가 자네에게 그 말을 했었지. 그것이 큰 잘못일세. 자네는 말씀과 사랑을 물리치면서 죄를 짓기를 원했네. 지금 자네 마음이 편안하지 못하다고 왜 탄식을 하는 건가?"

"주님! 주님! 불쌍히 여기십시오! 저는 미쳤었는데, 선생님이 고쳐 주셨습니다. 전에는 모든 사람에게 실망했었는데, 선생님께는 바랐었습니다. 제 바람을 저버리지 마십시오…."

"그런데 왜 실망했었나?"

"그것은… 제가 어머니를 고통으로 죽게 했기 때문입니다…. 저번 날 저녁에도… 어머니는 한계에 이르렀습니다…. 그런데 저는 어머니를 불쌍히 여기지 않고… 때렸습니다. 주님!!!" 그리고 절망의 부르짖음이 방을 가득 채운다. "제가 어머니를 때렸습니다!…. 어머니는 그날밤에 돌아가셨습니다!…. 그런데 어머니는 저더러 착하게 되라는 말밖에 하지 않았습니다…. 어머니!… 저는 어머니를 죽였습니다…."

"사무엘, 자네는 벌써 여러 해 전에 어머니를 죽였네! 자네가 올바른 사람 노릇하는 것을 그만두었을 때부터 가엾은 에스텔! 나는 에스텔이 우는 것을 몇 번이나 보았는지 모르네. 그리고 자네 어머니가 자네의 애무 대신 아들과 같은 애무를 해 달라고 내게 부탁을 하실 때…. 또 내가 자네 집엘 갔던 것은 내 나이 또래인 자네에 대한 우정으로 그런 것이 아니고 자네 어머니에 대한 동정으로 그랬다는 것을 자네도 알지…. 나는 자네를 용서하지 말아야 할 걸세. 그러나 두 어머니가 자네를 위해서 빌었고, 자네의 뉘우침은 진실하네. 그래서 자네를 용서하네. 성실한 생활로 동향인들의 마음에서 죄인인 사무엘의 기억을 지우고, 자네 어머니를 되찾게. 자네가 의인의 생활로 하늘을 얻고, 하늘과 더불어 자네 어머니도 얻으면, 그렇게 하는 것이 될 걸세. 그러나 자네 죄가 매우 컸고, 따라서 자네의 빚을 갚기 위해서는 거기 비례해서 자네의 의덕도 커야 한다는 것을 기억하게. 그것도 단단히 기억하게."

"오! 주님은 친절하십니다! 주님의 제자 중에서 돌아왔다가 이내

151. "뱀같이 슬기롭고, 비둘기같이 순진하여라" **693**

나간 그 사람 같지 않으십니다. 그 사람은 그저 제게 공포를 주기 위해서만 나자렛에 왔습니다! 이 사람들이 그 말을 할 수 있습니다…."

예수께서 돌아다 보신다…. 사도들 중에서는 가리옷 사람만이 없다. 그러니까 사무엘을 혹독하게 대한 사람은 그밖에 없다. 예수께서는 어떻게 하셔야 하는가? 사람들이 사도를 인간으로서는 아니더라도 사도로서 비난하는 것을 피하기를 위하여 이렇게 말씀하신다.

"어떤 사람이라도 자네 죄 때문에 엄격할 수밖에 없네. 누가 악을 행할 때에는 사람들이 판단할 수 있다는 것을 곰곰이 생각해야 하고, 사람들에게 판단할 기회를 준다는 것을 생각해야 할 걸세…. 그러나 원한을 가지지 말게. 자네가 받은 모욕을 속죄로 하느님의 저울에 올려놓게. 자, 여기 의인들 가운데에는 자네의 구속 때문에 기쁨이 있네. 자네는 자네를 업신여기지 않는 형제들 가운데 있네. 어떤 사람이든지 죄를 지을 수 있지만, 그 사람이 계속 죄 중에 남아 있을 때에만 업신여길만 하기 때문일세."

"주님, 주님을 찬미합니다. 주님을 여러 번 업신여긴 것도 용서해 주십시오…. 어떻게 감사할지 모르겠습니다…. 평안합니다. 아시겠습니까? 평화가 제게 다시 옵니다." 그러면서 이제는 조용히 운다….

"내 어머니께 감사하게. 내가 자네를 용서하고, 뉘우칠 가능성을 자네에게 주기 위해 자네의 정신착란을 고쳐 준 것은 내 어머니 때문일세. 아래로 내려가세. 저녁이 준비되었으니, 같이 식사를 하세." 그러시면서 그 남자의 손을 잡고 내려오신다.

과연 식사가 준비되었다. 그러나 유다는 아래층에도 없다. 집안 아무 데도 없다. 주인여자가 설명한다. "그 사람은 나갔습니다. '곧 돌아옵니다' 하고 말했습니다."

"좋소. 앉아서 먹읍시다."

예수께서는 음식을 바치시고 강복하시고 나누어 주신다. 그러나 등잔 두개와 화덕의 불로 비추어진 방안에는 차디찬 그림자가 감돈다. 밖에는 뇌우가 계속된다.

유다가 호수에 빠졌던 것처럼 흠뻑 젖어서 숨을 헐떡이며 돌아온다. 겉옷을 머리에 썼지마는, 펑 젖은 겉옷을 방바닥에 내려놓으니,뺨과 목에 달라붙는 머리카락이 뻣뻣해 보이고, 물에 담갔던 것처럼 보인다. 모두가 그를 바라 본다. 그러나 아무도 말을 하지 않는다.

아무도 그에게 말을 물어보지 않는데도 그는 변명을 하려고 한다.

"선생님의 형제들에게 선생님이 여기 계시다는 것을 말하려고 그 사람들에게로 달려 갔습니다. 그렇지만 선생님께 순종해서 병자들은 보러 가지 않았습니다. 하기는 그렇게 할 수도 없었습니다. 굉장한 비! 동이로 퍼붓는 것같습니다!…. 그러나 저는 지체하지 않고 선생님의 친척들에게 경의를 표하고자 했습니다…. 선생님, 기쁘지 않으십니까? 말씀을 안하시는군요!….."

"네 말을 듣고 있다. 식사하여라. 그리고 쉬러 갈 때가지 우리끼리 이야기하자."

들어라. 우리가 외국인의 습관을 알지 못하기 때문에 그에게 우리의 속마음을 털어놓지 말라고 했다. 그러나 우리 동포인 사람의 마음조차도 우리가 안다고 말할 수 있느냐? 친구의 마음은? 친척의 마음은? 사람의 마음을 완전히 아시는 분은 하느님밖에 없다. 그리고 동류의 마음을 알고, 그가 정말 동포인지, 참다운 친구인지, 또 참 친척인지 아는 방법은 하나밖에 없다.

이 방법은 어떤 것이냐? 이 방법이 어디에 있느냐? 이웃 자신과 우리에게 있다. 그의 행동과 말, 그리고 우리가 마음에 품는 올바른 판단에 있다. 이웃의 말과 행동에, 또는 우리가 했으면 하고 그가 바라는 행동에, 우리가 마음에 품는 올바른 판단으로 선이 없다는 것을 알아차리게 되면, 그 때에는 우리가 이렇게 말할 수 있다. '저 사람은 착한 마음을 가지지 않았다. 그를 경계해야 한다' 하고. 그 사람은 가장 중대한 불행, 즉 병든 정신을 가졌다는 불행으로 고통을 당하고 있으니까 그를 사랑으로 대우해야 한다. 그러나 그의 행동을 따라서는 안 되고, 그의 말을 참되고 현명한 것으로 생각해서도 안 되며, 그의 권고를 따라서는 더우기 안 된다.

너희들은 '나는 강하니까 다른 사람들의 악이 내 안에 들어올 수 없다. 나는 의인이니까, 의인이 아닌 사람들의 말을 듣더라도 나를 의인으로 보존한다'는 따위의 교만한 생각으로 너희 자신을 파멸시키게 내버려 두지 말아라. 사람은 선과 악의 모든 요소가 들어 있는 깊은 구렁이다. 선의 요소와 하느님의 도우심은 우리가 커지고 왕이 되는 것을 도와주고, 걱정들과 나쁜 우정들은 나쁜 요소가 발전하도록, 그리고 해로움이 지배하게 하도록 도와준다. 모든 악의 싹과 선에 대한 모든 갈망이 하느님의 사랑하는 의지와 사탄의 나쁜 의지로 사람 안에서 자고 있다. 하느님께서는 끌어당기시고 위로하시고 사랑하시는데, 사탄은 암시하고 유혹하고 자극한다. 사탄은 매혹하기 위하여 유혹하고, 하느님께서는 마음을 끌기 위하여 힘쓰신다. 그런데 하느님께서 항상 승리를 거두는 것은 아니다. 인간은 사랑을 가지고 생활규칙을 삼지 않는 한 우둔하고, 이 우둔으로 인하여 즉각적이고, 사람 안에 있는 가장 저속한 것에 대한 만족감인 것으로 더 쉽게 끌려 내려가게 되기 때문이다.

내가 인간의 약함에 대해서 말하는 것으로, 너희들은 이미 우리 안에서 괴고 있는 것에, 부정한 양심의 독을 합치지 않기 위하여는 자기 자신을 경계하고 우리 이웃에 대해서 단단히 주의하는 것이 얼마나 필요한지 알 수 있다. 어떤 친구가 우리 마음의 파멸이 된다는 것을 깨닫고, 그의 말이 양심을 어지럽게 하고, 그의 권고가 죄지을 기회를 가져올 때에는 손해를 주는 우정을 버릴 줄 알아야 한다. 그 우정에 그대로 머물러 있으면, 끝내는 영이 죽는 것을 보고야 말 것이니, 하느님을 물리치는 행동, 무감각하게 된 양심이 하느님의 영감을 이해하는 것을 막는 행동으로 갈 것이기 때문이다.

중대한 죄를 지은 사람도 그가 어떻게 그 죄들을 짓게 되었는지 말할 수 있고 또 말하기를 원한다면, 우리는 처음에 좋지 못한 우정이 있었다는 것을 알게 될 것이다…"

"사실입니다!" 하고 나자렛의 사무엘이 낮은 목소리로 인정한다.

"너희들을 이유없이 공격한 후에 갑자기 경의를 표하고 선물을 잔뜩 안겨 주는 사람들을 경계하여라.

너희 모든 행동을 칭찬하고, 무엇이든지 칭찬할 준비를 갖춘 사람들을 경계하여라. 즉 그들은 게으른 사람을 부지런한 일꾼이라고 칭찬하고, 간통하는 사람을 충실한 남편이라고, 도둑을 정직한 사람이라고, 난폭한 사람을 온유한 사람이라고, 거짓말쟁이를 정직한 사람이라고, 나쁜 신자와 가장 나쁜 제자를 모범들이라고 칭찬한다. 그들이 그렇게 하는 것은 너희를 파멸시키고, 너희의 파멸을 그들의 교활한 계획에 써먹기 위해서이다. 너희가 취하지 않았으면 하지 않는 행동들을 너희로 하여금 하게 하려고 칭찬과 약속으로 너희를 취하게 하고자 하는 자들을 피하여라.

그리고 너희가 어떤 사람에게 충성을 맹세했으면, 그 사람의 원수들과 교섭하는 것을 피하여라. 그들은 그들이 미워하는 사람을 해치기 위해서만, 그것도 너희의 도움을 얻어 해치기 위해서만 너희들을 자주 만날 수 있는 것이다.

눈을 떠라. 나는 비둘기처럼 순진한 것 외에 뱀처럼 꾀가 있으라고 말했다. 그것은 영의 일을 다루는 데 있어서는 순박이 거룩한 것이지마는, 자기 자신과 친구들에게 해를 끼치지 않으면서 세상에서 살려면, 성인들을 미워하는 자들의 술책을 찾아낼 줄 아는 꾀가 필요하기 때문이다. 세상은 뱀의 소굴이다. 세상과 세상의 책략을 식별할 줄 알아라. 그리고 비둘기처럼, 뱀들이 있는 진흙탕속에 있지 말고, 바위 위의 안전지대에 있으면서 하느님의 아들들의 순박한 마음을 가져라. 그리고 기도하고 또 기도하여라. 그것은 나 진정으로 말한다마는, 큰 뱀이 너희 주위에서 색색거리고 있고, 그래서 너희가 큰 위험을 당하고 있기 때문이고, 경계하지 않는 사람은 파멸하겠기 때문이다. 그렇다. 제자들 가운데도 파멸해서 사탄의 가장 큰 기쁨이 되고, 그리스도의 무한한 고통이 될 사람들이 있을 것이다."

"주님, 누굽니까? 아마 저희들 중의 한 사람이 아닌 사람, 개종자 … 팔레스티나 사람이 아닌 어떤 사람… 이겠지요…."

"찾지들 말아라. 찾지를 말아라. 혹 가증스런 것이 이미 들어온 것과 같이 거룩한 곳에 들어올 것이라는 말이 없느냐? 그런데 지성소 곁에서도 죄를 지을 수 있는데, 나를 따르는 사람들 중의 어떤 사람이, 그가 갈릴래아 사람이든 유다인이든 죄를 지을 수가 없겠느냐? 벗들아, 경계하고 또 경계하여라. 너희들 자신을 살피고, 다른 사람들을 살피고, 다른 사람들이 너희에게 말하는 것과 너희 양심이 너희에게 말하는 것을 살펴라. 그리고 너희들 자신의 힘으로는 밝히 보기 위한 빛을 얻지 못하면, 내게로 오너라. 나는 빛이다."

베드로는 이것 저것 잔손질을 하면서 요한의 등 뒤에서 무엇인지 속삭이니, 요한은 아니라는 시늉을 한다. 예수께서 그에게로 눈길을 돌리시고 그를 보신다. 베드로는 태연한 체하면서 그곳을 떠나는 척한다. 예수께서는 일어나셔서 가볍게 미소를 지으신다…. 그리고 기도를 시작하시고, 강복하시고, 사람들을 떠나 보내신다. 그리고 혼자 남으셔서 또 기도를 하신다.

152. 가파르나움에서 지내신 안식일

"어린 아이를 제 어머니에게 데려다 주지 않으십니까?" 하고 바르톨로메오가 예수께서 옥상에서 깊은 묵상에 잠겨 계신 것을 보고 묻는다.

"아니다. 그 여자가 회당에서 돌아오는 것을 기다리겠다…"

"선생님은 거기서 주님이 그 여자에게 말씀하시고… 그 여자는 … 그의 의무를 깨달으리라고 생각하시는 겁니까? 선생님은 지혜로우신 분으로 생각하십니다. 그러나 그 여자는 현명하지 못합니다. 다른 어머니 같으면 어제 저녁에 달려 와서 아이를 도로 데려갔을 것입니다. 결국… 우리는 폭풍우가 몰아치는 바다로 항해를 했고… 그 여자는 우리가 어디서 오는지를 알지 못하고 있었습니다…. 혹 그 여자가 자기 아이가 폭풍우로 인해서 고통을 당하지나 않았나 알아보려고 걱정을 했습니까? 혹 오늘 아침에 올까요? 날이 샌지가 얼마 안 되는데도, 얼마나 많은 어머니들이 벌써 일어나서, 명절옷이 마저 말라서 아이들이 주님의 날에 깨끗한 옷을 입게 하려고 서둘러서 널고 있습니까? 바리사이파 사람은 저 여자들이 저 작은 옷들을 널기 때문에 천한 일을 하고 있다고 말할 것입니다. 그러나 저는 저 여자들이 하느님과 자기 자식들에 대해서 사랑의 일을 한다고 말하겠습니다. 저 여자들은 대부분이 가난합니다. 저기 베냐민의 마리아와 미케아의 레벡가를 보십시오. 그리고 저 초라한 옥상에서 그의 아들이 선성한 임무를 하러 가는 데 덜 가난해 보이도록 그의 보잘 것없는 옷의 가장자리 술장식을 참을성 있게 가다듬고 있는 요안나를 보십시오. 또 저기, 머지 않아 햇볕이 잘 들어 호숫가에는 셀리다가 아직 거칠은 삼베를 고와 보이게 하려고 아직 바래지 않은 삼베를 널고 있습니다. 저 삼베는 그것을 위해서 치른 셀리다의 희생 때문에만 아름답습니다. 셀리다는 창자를 쥐어뜯는 시장기를 달랠 그 많은 빵조각을 아껴서 삼실뭉치와 바꾼 것입니다. 또 저기는 작은 딸의 퇴색한 작은 옷이 더 푸르게 보이라고 푸른 풀로 문지르고 있는 아디나가 아닙니까? 그러나 저 여자는 볼 수가 없습니다…."

"주님이 그의 마음을 변하게 하시기를! 다른 말 할 것은 아무 것도 없다…."

두 사람은 옥상의 낮은 담에 기대서, 공기를 맑게 하고 푸르름을 깨끗하게 한 소나기로 새로워진 자연을 바라본다. 호수에는 아직 물결이 조금 일고, 여느 때보다 덜 파랗다. 몇 시간 동안 물이 붇은 급류들에서 내려오는 물줄기들이 말라붙었던 개울바닥의 먼지들을 실어왔다. 그러나 그 황토색 물을 부었는데도 호수는 아름답다. 호수는 진주색 무늬가 있는 어마어마하게 큰 청금석(靑金石)같고, 이제는 서쪽 산들 위로 비죽 나오며 아직 잔가지들에 매달려 있는 모든 물방울을 밝히는 맑은 해를 받아 밝아 보인다. 제비들과 비둘기들이 깨끗해진 공중을 즐겁게 누비고 날아 다니며, 나뭇잎들 속에서는 가지가지의 새들의 지저귐이 들려온다.

"더위는 물러갑니다. 이제는 풍요한 아름다운 좋은 계절이로군요. 중년처럼 아름다운…. 그렇지요, 선생님?"

"아름답지… 그래…." 그러나 예수께서는 전혀 다른 생각을 하고 계시다는 것을 알 수 있다.

바르톨로메오는 예수를 쳐다보고 나서 묻는다. "무슨 생각을 하십니까? 회당에서 하실 말씀을 생각하십니까?"

"아니다. 병자들이 기다리고 있다는 것을 생각한다. 우리 둘이 가서 그들을 고쳐 주자."

"우리 둘이서만요?"

"시몬과 안드레아와 야고보와 요한은 우리가 돌아올 것을 예측하고 토마가 놓았던 통발들을 꺼내러 갔고, 다른 사람들은 잔다. 우리 둘이서만 가자."

두 사람은 내려와서 들판을 향하여, 채소밭이나 밭들 사이에 흩어져 있는 집들 쪽으로, 항상 인심좋은 가난한 집들에서 보호를 받고 있는 병자들을 찾아간다. 그러나 선생님이 어디로 가시는지를 짐작하고 앞으로 뛰어 가는 사람들이 있고, 또 "여기 제 채소밭에서 기다리십시오. 병자들을 저희가 이리로 데려 오겠습니다…" 하고 말하는 사람이 있다.

그리고 이내 여러 방향에서 마치 하나밖에 없는 연못으로 모이는 실개천의 물처럼 병자들이 병을 고쳐 주는 분에게로 스스로 오거나 다른 사람들이 데리고 오거나 한다.

기적들이 행해진다. 예수께서 병이 고쳐진 사람들을 돌려보내시면서 말씀하신다. "물어보는 사람들에게 내가 당신들을 고쳐 주었다는 말을 하지 마시오. 당신들이 있던 집으로 돌아가시오. 내 제자가 해지기 전에 가장 가난한 사람들에게 원조금을 갖다줄 겁니다."

"그렇소. 말하지 마시오. 말을 하면 선생님께 해를 끼칠 것이오. 오늘이 안식일이라는 것과 선생님을 미워하는 사람이 많다는 것을 기억하시오" 하고 바르톨로메오가 한술 더 떠서 말한다.

"우리는 우리에게 잘해 주신 선생님께 해를 끼치지 않겠습니다. 우리는 고향에 돌아가서 어느 날 우리가 병이 나았다는 말을 하지 않고 이 말을 하겠습니다" 하고 전에 중풍환자였던 어떤 사람이 말한다.

또 눈병이 있던 사람은 이렇게 말한다. "나는 우리가 시골 여기저기에 흩어져서 해지기를 기다렸다는 말까지도 하겠습니다. 바리사이파 사람들은 우리가 어디 있는지를 아니까 보러 올 수도 있을 것입니다…"

"이사악, 자네 말이 옳아. 어제 그들은 너무 너무 많은 걸 물어봤어…. 그들은 우리가 기다리는데 지쳐서 해가 지기 전에 떠난 줄로 생각할 거야."

"그렇지만 어제 저녁 사도가 우리를 보았나?" 하고 소경이었던 사람이 묻는다. "말하는 사람이 그 사람이 아니었나?"

"아니야, 그 사람은 주님의 형제 중의 한 사람이야. 그이는 우리를 배신하지 않을 거야."

"내가 왔을 때 당신들을 찾을 수 있게 어디로 가는지만 말하시오."

병자들은 자기들끼리 의논을 한다. 어떤 사람들은 코라진으로 가고 싶어하고, 어떤 사람들은 막달라 쪽으로 가기를 원한다. 그들은 예수께 맡겨 드린다. 그러자 예수께서 그들에게 말씀하신다.

"막달라로 가는 길로 해서 밭들 사이로 가시오. 그러다가 둘째 개울을 따라 가면 얼마 안가서 집 한 채를 만날 것입니다. 그리 가서 '예수님이 우리를 보내셨습니다' 하고 말하시오. 그러면 그들이 형제들처럼 맞아들일 것입니다. 가시오. 그리고 하느님께서 여러분과 함께 계시고, 여러분이 하느님과 함께 있으면서, 장래에는 죄를 피하기를 바랍니다."

예수께서는 다시 길을 떠나시는데, 가셨던 길로 해서 즉시 마을로 돌아오지 않으신다. 채소밭들 가운데에서 돌아가는 길로 들어가시니 호수에 가까운 샘 근처에 이르시게 된다. 샘은 서늘한 동안, 그리고 해가 높이 올라오기 전에 물을 길어다 두려고 하는 여자들이 점령하고 있다.

"선생님이시다! 선생님이셔!"

여자들과 어린이들이 모이고, 안식일이기 때문에 한가한 대부분 나이먹은 남자들도 모여 온다.

"선생님, 한 말씀 하셔서 이 날을 기쁘게 해 주십시오" 하고 어린 아이의 손을 잡고 있는 노인이 말한다. 노인은 틀림없이 백살이 가까운데, 어린 아이는 여섯살이 더 되지 않은 것으로 보아 아마 증손자인 것같다.

"예, 늙은 레위를 기쁘게 해 주십시오. 그리고 레위와 같이 저희들도 기쁘게 해 주시구요."

"오늘은 여러분이 야이로의 설명을 듣게 됩니다. 나도 그의 말을 들으려고 여기 왔습니다. 여러분은 지혜로운 회당장을 모시고 있습니다…."

"선생님, 왜 그렇게 말씀하십니까? 선생님은 그들 모두의 지도자이시고, 이스라엘의 선생님이십니다. 저희들은 선생님밖에는 모릅니다."

"그래서는 안 됩니다. 회당장들은 여러분의 선생이 되라고, 여러분을 충실한 이스라엘 사람들로 만들기 위하여 여러분에게 본보기를 주면서 여러분 가운데에서 종교예식을 행하라고 세워졌습니다. 내가 가고 난 다음에도 그들은 거기에 있을 것입니다. 그들은 다른 이름을 가질 것이고 의식을 행할 것입니다. 그러나 여전히 종교예식을 행하는 사제들일 것입니다. 여러분은 그들을 사랑해야 하고 그들을 위해 기도해야 합니다. 훌륭한 지도자가 있는 곳에는 훌륭한 신자들이 있고, 따라서 하느님께서 그곳에 계시기 때문입니다."

"저희들은 그렇게 하겠습니다. 그러나 지금은 저희들에게 말씀해 주십시오. 선생님이 저희들을 떠나신다는 말을 들었습니다만…."

"팔레스티나에 흩어져 있는 양들이 아주 많습니다. 그 양들은 모두 그들의 목자를 기다리고 있습니다. 그러나 여러분은 점점 더 많아지고 현명한 제자들을 가지고 있습니다…."

"그렇습니다. 그렇지만 선생님이 말씀하시는 것은 언제나 훌륭하고 저희 무식한 사람들에게는 알아듣기가 쉽습니다."

"내가 여러분에게 무슨 말을 할까요?…."

"예수, 우린 자네를 사방으로 찾아다녔네!" 하고 동생 시몬과 한 떼의 바리사이파 사람들과 같이 뜻밖에 온 알패오의 요셉이 외친다.

"사람의 아들이 보잘 것없고 마음이 소박한 사람들 가운에 있지 않고, 어디에 있을 수 있습니까? 무슨 일로 찾아 오셨습니까? 제가 여기 있습니다. 그러나 그 전에 이 사람들에게 한 마디 말하게 해 주십시오.

들으시오. 여러분은 내가 여러분을 떠나리라는 말을 들었습니다. 그것은 사실입니다. 나는 이 사실을 부인하지 않았습니다. 그러나 여러분을 떠나기 전에 여러분에게 한 가지 계명을 주겠습니다. 여러분 자신을 잘 알기 위하여 여러분을 잘 살피고, 잘 보기 위하여 빛에 점점 더 가까이 오라는 계명입니다. 내 말은 빛입니다. 이것을 여러분 안에 간직하시오. 그리고 그 빛에서 반점이나 그늘을 발견하거든, 여러분의 마음에서 그것들을 내쫓으려고 애쓰시오. 내가 여러분을 알기 전에 여러분이 어떠하였던 그대로 다시 되어서는 안 됩니다. 여러분이 지금은 훨씬 많은 것을 아니까 훨씬 더 착하게 되어야 합니다.

전에는 여러분이 황혼과 같은 것에 있었습니다. 그런데 지금 여러분 안에 빛을 가지고 있습니다. 그러므로 여러분은 빛의 아들들이어야 합니다. 아침에 새벽빛이 하늘을 비출 때 하늘을 쳐다보시오. 하늘에 소나기 구름이 덮여 있지 않기 때문에만 하늘이 맑은 것같이 보일 수 있습니다. 그러나 빛이 더 많아지고, 해의 강렬한 빛이 동쪽에서 발달함에 따라서, 파란 하늘에 볼그레한 반점들이 형성되는 것을 놀란 눈으로 보게 됩니다. 그것은 무엇입니까? 오! 그것은 가벼운 구름이었습니다. 하도 가벼워서 빛이 분명하지 않은 동안은 있는 것 같지도 않았습니다. 그러나 해가 그것을 비추는 지금은 하늘의 시계(視界)에 가벼운 거품처럼 나타납니다. 그리고 거기 그대로 남아 있다가, 마침내 해가 그 큰 광채로 녹여 사라지게 합니다.

여러분도 여러분의 영혼을 위하여 같은 일을 하시오. 아무리 가벼운 안개라도 모두 발견하기 위하여 여러분의 영혼을 점점 더 빛에 가까이 데려가고, 그런 다음 영혼을 사랑의 큰 태양 밑에 계속 있게 하시오. 새벽에 해가 사라지게 하는 아주 가벼운 구름속에 응결되었던 가벼운 습기를 해가 증발시키듯이 사랑이 여러분의 불완전을 소멸시킬 것입니다. 만일 여러분이 철저하게 사랑속에 머물러 있으면, 사랑이 여러분 안에서 끊임없이 경탄할 만한 일을 할 것입니다. 이제는 가시오. 그리고 착하게 사시오…."

예수께서는 그들을 돌려 보내시고, 두 사촌을 보러 가셔서 거기 있는 바리사이파 사람들에게 몸을 많이 굽혀 절을 하신 다음 사촌들에게 입맞춤을 하신다. 바리사이파 사람들 가운데에는 가파르나움의 바리사이파 사람 시몬이 있다. 다른 사람들은 새로운 얼굴이다.

"우리가 자네를 찾은 것은 우리보다도 이분들 때문이네. 이분들이 자네를 찾아 나자렛에 왔네. 그래서…."

"당신들에게 평화. 무엇이 필요하십니까?"

"오! 필요한 것은 아무 것도 없습니다. 선생을 보고, 선생의 말씀을 듣고, 다만 선생의 말씀의 지혜를 듣기 위해 선생을 보고자 한 것 뿐입니다…."

"그것뿐입니까?"

"그리고 선생님께 정말 충고도 하려고… 선생은 너무 착하십니다. 그래서 대중이 그것을 남용합니다. 선생도 잘 아시다시피 이 백성은 착하지 않습니다. 왜 죄인들을 저주하지 않으십니까?"

"아버지께서는 제게 구원하라고 명령하시지. 지옥에 떨어뜨리라고 명령하지 않으셨기 때문입니다."

"선생은 불행을 향해 가시게 될 것입니다…."

"상관없습니다. 나는 어떤 인간적 이익을 위해서도 지극히 높으신 분의 명령을 어길 수는 없습니다."

"그런데 만일… 아시겠습니까?… 선생이 민중을 선동해서 이용하려고 민중의 비위를 맞춘다고 은근히 말들 합니다. 우리는 그것이 사실인지 선생에게 물어보려고 왔습니다."

"당신들이 스스로 오셨습니까. 그렇지 않으면 파견되셨습니까?"

"그것은 마찬가지입니다."

"그렇지 않습니다. 그러나 나는 당신들과 당신들을 보낸 사람들에게 이렇게 대답합니다. 내 들통에서 넘쳐 흐르는 물은 평화의 물이고, 내가 뿌리는 씨는 포기의 씨입니다. 나는 교만한 가지를 잘라 냅니다. 나는 나쁜 식물들이 접붙이는데 적합하지 않으면, 그것들이 좋은 나무에 해를 끼치지 못하도록 뽑아버릴 마음을 가지고 있습니다. 그러나 내가 '좋다'고 부르는 것은 당신들이 '좋다'고 말하는 것이 아닙니다. 사실 나는 '좋다'는 이름을 순종과 가난과 포기와 겸손과, 그리고 모든 겸손과 모든 자비에 동의하는 사랑에 붙여 줍니다. 아무도 두려워하지 마시오. 사람의 아들은 인간 권력에 대해서 계략을 꾸미지 않고, 정신에 힘을 주입하러 왔습니다. 가서 어린 양은 절대로 늑대가 되지 않을 것이라고 보고 하시오."

"그것이 무슨 뜻입니까? 선생은 우리를 잘못 이해하고, 우리는 선생의 말을 잘 이해하지 못하겠습니다."

"아닙니다. 당신들과 나는 서로 썩 잘 이해합니다…."

"그러면 선생은 우리가 왜 왔는지 아시는군요?"

"압니다. 나더러 군중에게 말해서는 안 된다고 말하려고 오신 것입니다. 그런데 당신들은 성경을 읽고 해석하는 곳, 할례를 받은 사람이면 누구나 말할 권리가 있는 그곳에 내가 어느 이스라엘 사람이나 마찬가지로 들어가는 것을 금할 수는 없다는 것을 깊이 생각하지 않으십니다."

"누가 선생에게 그 말을 했습니까? 야이로지요? 우리는 그것을 보고하겠습니다."

"나는 아직 야이로를 보지 못했습니다."

"거짓말입니다."
"나는 진리입니다."
사람들이 모여 있는 가운데에서 어떤 사람이 말한다.
"선생님은 거짓말 하지 않으십니다. 야이로는 어제 해가 지기 전에 아내와 딸을 데리고 떠났습니다. 여기에는 대리를 남겨 두고 아내와 딸과 같이 갔습니다. 그들을 돌아가시게 된 어머니께로 데려갔고, 정결례를 행한 다음에나 돌아올 것입니다."

바리사이파 사람들은 예수께서 거짓말을 하신다는 것을 증명할 수 있는 기쁨은 누리지 못한다. 그러나 예수께서 가파르나움에서 가장 유력한 친구를 가지지 못하시게 된 것을 아는 기쁨은 누린다. 그들은 서로 바라다 보는데, 눈짓으로 여러 가지 표현을 한다.

집안의 맏이인 요셉이 자기가 예수를 옹호할 의무가 있다는 것을 깨닫고 바리사이파 사람 시몬에게로 돌아서며 말한다.

"당신은 나와 식사를 같이 하고자 하는 경의를 내게 표했습니다. 그래서 지극히 높으신 분께서 다윗의 후손에게 표한 이 경의를 참작하실 것입니다. 당신은 내게 대해서 정의로운 사람이라는 것을 보였습니다. 내 아우는 바리사이파 사람들에게 비난을 받고 있습니다. 어제 이분들은 가장인 나에게 그들의 유일한 비통은 예수가 유다를 돌보지 않는 일이라고 말했습니다. 예수는 이스라엘의 메시아이므로 이스라엘 전체를 똑같이 사랑하고, 이스라엘 전체에 복음을 전할 의무가 있으니까 그렇다고 말입니다. 나는 이분들의 논리가 옳다고 생각해서 아우에게 그 말을 하려고 했습니다. 그러나 그렇다면 왜 오늘 이렇게 말하시는 겁니까? 최소한 예수가 왜 말을 해서는 안 되는지 말하라고 하시오. 내 생각에는 예수가 율법과 성서에 반대되는 말은 하지 않는 것같은데요. 이유를 말하시오. 그러면 다르게 말하라고 예수를 설득하겠습니다."

"당신 말이 옳습니다. 이분에게 대답들 하시오…" 하고 바리사이파 사람 시몬이 말한다. "선생이 하느님을 모독하는… 말을 했습니까?"

"아닙니다. 그러나 최고회의는 선생이 국민을 갈라놓는다고 비난합니다. 왕은 이스라엘 전체의 왕이어야지, 갈릴래아의 왕만이어서는 안 됩니다."

"조국 전체가 소중하지만, 조국에서도 우리가 태어난 고장은 매우 소중합니다. 갈릴래아에 대해서 예수가 가지는 사랑은 벌을 받아야 할 만큼 그렇게 중대한 이유는 되지 않습니다. 게다가 우리는 다윗의 후손입니다. 따라서…."

"그러면 선생이 유다에 오셔야 하고, 우리를 업신여기지 마셔야 합니다."

"이분들 말을 들었지? 이것은 자네와 우리 집안에 영광이 되는 일일세!" 하고 요셉이 약간 빈정거리며 말한다.

"들었습니다."

"이분들의 소원을 존중하기를 권고하네. 이 소원은 좋은 것이고, 또 아주 명예로운 걸세. 자네는 평화를 원한다고 말하지. 그러면 두 지방에서 다 자네를 사랑하니까 두 지방을 대립시키는 불화를 끝내도록 하게. 틀림없이 그렇게 하겠지. 오! 확실히 그렇게 할 것입니다. 형들에게 순종하는 예수에 대해서 내가 보증합니다."

"'나보다 더 큰 사람은 아무도 없다. 내 위에 있는 다른 신은 없다'고 했습니다. 저는 항상 하느님께서 원하시는 것을 따르겠습니다."

"이 사람의 말을 들으셨지요. 그럼 안녕히들 가십시오."

"우리도 들었습니다. 그러나 요셉, 떠나기 전에 우리는 선생의 생각에는 하느님께서 원하시는 것이 무엇인지 알고 싶습니다."

"하느님께서 원하시는 것은 내가 하느님의 뜻을 행하는 것입니다."

"그런데 그게 어떤 것입니까. 말씀하시오."

"내가 이스라엘의 양들을 모아서 오직 하나의 양떼로 합쳐놓는 것입니다. 그리고 나는 그렇게 할 것입니다."

"우리는 선생의 말에 유의하겠습니다."

"그게 좋을 것입니다. 하느님께서 당신들과 함께 계시기를." 그러시면서 예수께서는 바리사이파 사람들의 무리에 등을 돌리시고 집으로 가신다.

사촌 요셉은 반쯤 만족하고 또 보호자라는 태도로 예수 옆에 와서 걸으며, (자기처럼) 행동할 줄 알고, (다행히도 오늘처럼) 친척들에게 의지하고, (다윗의 후예로서) 왕위에 오를 권리가 있다는 것을 환기시키고… 등등 하면서 바리사이파 사람들 자신도 좋은 친구가 된다는 것을 지적한다.

예수께서는 그의 말을 막으시며 말씀하신다. "그래, 형님은 그 사람들을 믿으십니까? 그 사람들의 말을 믿으십니까? 정말이지 교만과 거짓 칭찬은 가장 날카로운 눈도 넉넉히 가리는군요."

"그렇지만 나같으면… 그들을 만족시키겠네. 자넨 그들이 대번에 호산나가 울려 퍼지는 가운데 자네를 개선장군처럼 떠받들기를 바랄 수는 없네…. 자넨 그들의 마음을 끌어야 하네. 예수, 겸손을 조금, 참을성을 조금 가지게. 명예는 모든 희생을 치를 가치가 있는 걸세."

"그만 해 두십시오! 그것은 인간적인 말들이고, 그보다도 더 못한 것입니다. 형님, 하느님께서 형님을 용서하시고, 빛을 형님께 주시기를 바랍니다. 그러나 형님이 저를 슬프게 하시니 비키십시오. 그리고 아주머니와 동생들과 제 어머니께는 그 어리석은 권고를 말씀하지 마십시오."

"자넨 파멸하기를 원하는구먼! 자넨, 우리와 자네 자신의 파멸의 원인일세!"

"형님이 여전히 변하지 않으셨으면, 왜 오셨습니까? 저는 아직 형님을 위해 고통을 당하지 않았습니다. 그러나 그렇게 할 것입니다. 그 때에는…."

요셉은 화를 내고 갔다.

"자넨 형님을 낙담시키네…. 형님은 우리 아버지 같은 분이야, 알겠나? 오래된 이스라엘 사람이야…" 하고 시몬이 중얼거린다.

"형님이 이해하시게 되면, 지금 형님을 당황하게 하는 내 행동이 거룩한 것이었다는 것을 아시게 될 것입니다…."

두 사람은 집의 문지방에 왔다. 두 사람은 안으로 들어간다. 예수께서는 베드로에게 명령하신다. "해질 무렵에 배가 준비되어 있도록 해라. 우리는 두분 마리아를 티베리아로 모시고 가고, 시몬이 그분들을 집으로 모셔 갈 것이다. 네 동료 어부들 외에 마태오가 너와 같이 가고, 다른 사람들은 여기서 우리를 기다린다."

베드로가 예수를 따로 모시고 가서 말한다. "그런데 안티오키아 사람이 오면 어떻게 합니까? 가리옷의 유다 때문에 이 말씀을 드리는 것입니다…."

"당신의 선생님이 우리가 당신을 티베리아의 부두에서 만나게 될 것이라고 말씀하셨습니다… 하고."

"아! 그러면!" 그리고 큰 소리로 말한다. "배를 준비해 놓겠습니다."

"어머니, 저와 같이 올라 가십시다. 이 몇 시간 동안 같이 있도록 하십시다."

성모님은 말없이 예수를 따라 가신다. 두분은 그것을 덮은 포도나무와 그늘을 지게 하려고 달아 놓은 커튼으로 그늘이 져서 시원한 위층 방 안으로 들어가신다.

"예수야, 너 떠난다지?!" 성모님의 얼굴은 매우 창백하다.

"예, 때가 되었습니다."

"그런데 나는 장막절을 지내러 가서는 안 되니? 아들아!…" 성모님은 흐느끼신다.

"어머니! 왜 그러세요? 우리가 이별하는 것이 이번이 처음이 아닌데요!"

"그래 맞았다. 그렇지만… 오! 나는 네가 가말라 근처의 숲속에서 말해 준 것을 기억한다…. 아들아! 이 불쌍한 여인을 용서해라. 네 말을 따르겠다…. 나는 하느님의 도우심으로 강하게 되겠다…. 그러나 네게서 한 가지 약속을 원한다…."

"어떤 약속입니까, 어머니?"

"그 무서운 시간을 이 어머에게 숨기지 말라는 것이다. 내게 대한 연민으로, 내게 대한 불신으로 그러라는 것이 아니다…. 그것은 너무나 큰 고통일 것이다…. 너무나 큰 고민…. 내가 모든 것을 뜻하지 않은 때에, 그리고 네가 이 가엾은 어미를 사랑하는 것처럼은 나를 사랑하지 않는 어떤 사람에게서 들어서 알게 되겠기 때문에… 너무나 큰 고통일 것이다…. 또 내가 실을 잣고, 옷감을 짜고, 비둘기들을 돌보는 순간에 내 아들인 네가 죽임을 당할지도 모른다는 것을 생각하면, 그것은 고통스러운 일일 것이다…."

"염려 마세요, 어머니. 어머니는 아실 것입니다…. 그렇지만 이번이 마지막 작별도 아닙니다. 우리는 또 만나게 됩니다…."

"참 말이냐?"

"예, 또 만나게 됩니다."

"그러면 너는 내게 '저는 제헌을 끝마치러 갑니다' 하고 말하겠지? 오…."

"그 말씀은 드리지 않겠습니다. 그러나 어머니는 깨달으실 것입니다…. 그런 다음에는 평화가 올 것입니다. 말할 수 없는 평화… 이렇게 생각하십시오. 다른 모든 자녀들을 위해서 하느님께서 당신의 자녀인 우리들에게서 원하시는 모든 것을 했다고. 아주 큰 평화… 완전한 사랑의 평화…."

예수께서는 어머니를 안으셨다. 그리고 아들의 애정을 담은 포옹으로 꼭 껴안으신다. 예수께서는 훨씬 더 크시고 더 튼튼하시고, 어머니는 더 작으시고, 당신 육체의 손상되지 않은 젊음으로, 또 때문지 않은 당신의 정신의 영원한 젊음을 감싸고 있는 육체가 표현하는 것으로 젊으시다. 그리고 성모님은 영웅적으로, 정말 말할 수 없이 영웅적으로 되풀이 하신다.

"그래, 그래. 하느님께서 원하시는 것을…."

다른 말씀은 없다. 완전하신 두분은 벌써 당신들의 가장 힘든 순종의 희생을 완수하신다. 눈물까지도 입맞춤까지도 없다. 완전히 사랑하시고, 당신들의 사랑을 하느님의 발 앞에 내려놓으시는 두분이 계실 뿐이다.

153. 쿠자의 요안나의 집에서. 안티오키아에서 온 편지

티베리아는 물 위를 달리고 호숫가를 따라 가꾸어진 정원의 나무들을 흔드는 산들바람으로 몸을 식히라고 모든 주민을 호숫가나 호수 위로 쏟아냈다. 이 도시에는 여러 가지 동기로 이곳에 모든 수많은 인종이 섞여 있다. 부자들은 안락한 유람선에서 몸을 풀거나 정원의 녹음에서 터키옥같이 파란 물 위에 배들이 왔다갔다 하는 것을 바라본다. 물은 지난 저녁의 소나기가 가져왔던 누런 빛깔을 벌써 깨끗이 없앴다. 가난한 사람들, 특히 어린이들은 작은 파도들이 와서 죽어버리는 모래밭에서 뛰논다. 어린이들이 바라는 것보다 더 높은 데까지 오는 차가운 물 때문에 그들은 조그마하게 소리를 지르는데, 그 소리는 제비들의 소리를 연상시킨다.

베드로와 야고보의 배들은 호숫가로 가까이 오면서 작은 부두 쪽으로 향한다.

"아니다. 요안나의 정원으로 가자" 하고 예수께서 명령하신다.

베드로는 말없이 순종한다. 그리고 자매선(姉妹船)이 뒤따라 오는 그 배는 완전한 선회를 하여 물음표 모양의 거품이 이는 항적(航跡)을 남기면서 쿠자의 정원에 딸린 부두로 굽이치며 돌아 거기에 닿아서 멎는다. 예수께서 제일 먼저 내리셔서 두분 마리아에게 손을 내미셔서 작은 부두에 올라오는 것을 도와 주신다.

"이제 너희들은 큰 부두로 가서 주님을 전하여라. 너희들은 어떤 사람이 다가와서 내가 어디 있는지 묻는 것을 보게 될 것이다. 그 사람은 안티오키아에서 온 사람이다. 군중을 보낸 다음 그 사람을 내게로 데려 오너라."

"예… 그렇지만… 저희들이 군중에게 뭐라고 말합니까? 선생님이 오신 것을 알릴까요, 선생님의 가르치심을 전할까요?"

"내가 온 것을 알려라. 내가 새벽에 타리케아에서 말하고 병자들을 고쳐 주겠다고 말해라. 너희 중의 한 사람이 배를 지키거나, 어떤 제자를 시켜 그렇게 하게 해서, 배가 떠날 준비가 되어 있게 해라. 가거라, 그리고 평화가 너희와 함께 있기를." 그리고 부두 쪽에 울타리 노릇을 하는 격자문 쪽으로 가신다. 두분 마리아도 말없이 예수를 따라 가신다.

수효는 적지만 늦장미꽃이 피는 넓은 정원에는 아무도 보이지 않는다. 그러나 놀고 있는 두 어린이의 기쁜 고함소리가 들려온다. 예수께서는 당초문(唐草紋) 창살 사이로 손을 넣으셔서 빗장을 벗겨 보려고 해 보시지만, 되지 않는다. 무슨 소리를 내서 주의를 끌만한 어떤 물건이 있는지 찾아보신다. 그러나 아무 것도 없다.

그러다가 두 어린이의 목소리가 더 가까이서 나는 것을 들으시고 큰 소리로 "마리아!" 하고 부르신다. 두 목소리가 뚝 멎는다…. 예수께서는 재차 "마리아!" 하고 부르신다….

저기, 양탄자처럼 깎여 있고, 손질이 잘 된 장미 나무 포기가 올라오는 잔디 밭에서, 예수께서는 계집애가 잔 걸음으로 조심조심, 입술에 손가락 하나를 대고, 사방을 탐색하는 듯한 눈초리로 살피며 걷는 것을 발견하신다. 그리고 몇 걸음 뒤에는 거품처럼 흰 어린 양인 마티아가 따라 온다.

"마리아! 마티아!" 하고 예수께서 큰 소리로 외치신다.

목소리가 죄없는 눈길들을 인도한다. 두 어린이는 격자문 쪽으로 눈을 돌리다가 얼굴을 격자에 대시고 그들에게 미소를 보내시는 예수를 본다.

"주님이다! 마티아야, 어머니에게 뛰어가라…. 엘리야나 미케아를 불러라…. 와서 문을 열라고 해라…."

"누나가 가, 난 주님한테 갈 거야…." 그리고 둘 다 팔을 내밀고 뛰어 온다. 작은 갈색 머리가 달린, 하나는 희고 하나는 분홍색인 두 마리 나비같다. 그러나 다행히도 뛰어 오면서 하인들을 부르니, 이들은 물뿌리개와 쇠스랑을 든채 달려 온다. 그래서 마침내 격자문은 열리고, 두 어린이는 예수의 품으로 뛰어든다. 예수께서는 그들에게 입맞춤 하시고, 손을 잡고 문지방을 넘으신다.

"어머니는 여자 친구들과 같이 있어요. 우리가 있는 걸 싫어하니까 우릴 내쫓아요." 하고 마티아가 빨리 설명한다.

"그렇게 나쁘게 말하지 말아. 어머니가 우리를 내보내는 건 그 부인들이 로마 사람들이고, 또 그 사람들의 신들 이야기를 하는데, 예수님이 구해 주신 우리는 예수님만 알아야 하기 때문이야. 주님, 그것 때문이에요. 마티아는 너무 어려서 이해 못해요" 하고 마리아가 상냥하게 말한다. 마리아는 고생을 하고, 따라서 보통 그만한 나이보다 더 성숙하고 더 어른스러운 어린이의 양식을 가지고 말한다.

"아버지도 궁궐 사람들이 오면 우릴 내보내요. 그 사람들은 거의 모두 군인이고… 전사들이니까 내가 좋아할 텐데…. 전쟁! 전쟁은 정말 멋있어요. 전쟁을 하면 이겨요! 전쟁은 로마 사람들을 내쫓아요. 로마 망해라! 이스라엘 나라 만세!" 어린 아이는 자랑스럽게 외친다.

"마티아야, 전쟁은 멋있지 않다. 그리고 승리를 하지 못하면 국민에서 노예가 된다."

"그렇지만 주님의 나라가 와야 해요. 그리고 주님의 나라가 오라고 전쟁을 할 거예요. 그리고 모두 다 헤로데까지 내쫓고, 주님이 왕이 될 거예요."

"아니, 입 좀 다물어, 이 바보야. 네가 듣는 걸 옮겨서는 안 된다는 걸 너도 알지. 아버지 어머니가 너를 내쫓는 건 잘하는 거야. 너는 그렇게 말하면, 아버지와 어머니와 예수님에게까지 해를 끼칠 수 있다는 걸 모르니?" 하고 마리아가 말한다. 그리고 이렇게 설명한다. "어느 날 왕자 같고, 헤로데의 친척이고 주님의 제자인 사람이 아버지와 말하려 왔어요. 그런데 두분만이 아니고 다른 사람도 많이 있었는데, 대단히 큰 소리로 말했어요…."

"모두 잘 생겼고, 멋있는 칼들을 찼고, 전쟁 이야기를 했어요…" 하고 마티아가 말을 가로막는다.

"입닥치라니까! 그런데 어떻게 크게 소리를 지르는지 다 들렸어요. 그리고 이 바보는 그 때부터 그 말밖엔 안해요. 그러면 안 된다고 주님이 말해 주세요…. 어머니도 그렇게 말했고, 아버지는 이 애가 입을 다물 줄 알 때까지 귀머거리고 벙어리인 노예와 함께 대 헬몬산 꼭대기에 있는 굴로 보내겠다고 위협했어요. 그러면 거기서 이 애는 말을 하지 말아야 할 거라고 그랬어요. 노예하고 말을 해도 듣지도 못하고 대답도 하지 못하고, 또 소리를 지르면 독수리들과 늑대들이 와서 이 애를 잡아먹을 테니까요…."
"무시무시한 벌이로구나!" 하고 예수께서 빙그레 웃으시며 대답하신다. 그리고 대담성을 잃고, 마치 독수리와 늑대들이 벌써 조심성 없는 그의 작은 입까지 포함해서 통채로 잡아먹으려고 준비하고 있는 것을 보는 듯이 예수께 꼭 달라붙는 어린 아이를 쓰다듬어 주신다. "무시무시한 벌이로구나!" 하고 되풀이 해서 말씀하신다.
"그렇군요. 그래서 나는 마티아가 그런 일을 당해서 나 혼자 남을까봐 무서워서 울어요…. 그렇지만 이 애는 어머니도 나도 불쌍히 여기지 않아요. 그래서 우리를 너무 슬퍼서 죽게 할 거예요…."
"난 일부러 그러는 거 아니야…. 난 들었으니까… 말하는 거야…. 그건 정말 멋있어…. 로마 사람들이 지고, 헤로데와 필립보가 쫓겨나고, 예수님이 이스라엘의 왕이 된다고 생각하니까 말이야" 하고 마티아가 무서워 죽어가면서도 그의 목소리를 한층 더 줄이려고 예수의 옷에 얼굴을 파묻으면서 말을 끝맺는다.
"마티아는 이제 다시는 이런 말을 하지 않을 거다. 나한테 약속을 한다. 그리고 약속을 지킬 거다. 그렇지? 그래서 마티아는 잡아먹히지 않고, 어머니와 누나는 슬퍼서 죽지 않고, 아버지는 화를 내지 않고, 나는 미움을 받지 않을 거다. 왜냐하면 마티아야, 그런 말을 하면 네가 나를 미움받게 할 테니까 말이다. 알겠니? 너는 예수가 박해를 받으면 좋겠니? 어느 날 네가 너 자신에게 '나는 나를 구해준 예수님이 박해를 받게 했다. 그런데 그건 내가 우연히 들은 말을 옮겼기 때문이야' 하고 말해야 한다면 네 양심에 얼마나 가책이 심하겠는지 생각해라. 그 사람들은 어른들인데, 어른들은 죄인들이기 때문에 하느님을 잊어버리는 일이 많다. 하느님을 보지 못하기 때문에 그 사람들은 지혜를 보지 못하고, 좋은 목적을 가지거나 좋다고 생각하는 목적을 가지고도 잘못을 저지른다. 그러나 어린이들은 착하고, 그들의 영은 하느님을 보고, 하느님께서는 그들의 마음에서 쉬고 계신다. 따라서 어린이들은 여러 가지 일들을 지혜로 이해해야 하고, 또 내 나라가 이 세상에서 폭력으로 이루어지지 않고, 사람들의 마음속에 사랑으로 세워질 것이라고 말해야 한다. 그리고 어린이들은 어른들이 이 나라를 어린이들이 이해하는 것처럼 이해하도록 기도해야 한다. 어린이들의 기도는 그들의 천사들이 하늘로 가져가고, 지극히 높으신 하느님은 그것들을 은총으로 바꾸신다. 그리고 예수는 전쟁과 이 세상 나라를 생각하는 어른들을, 예수는 평화이고 예수의 나라는 영적이고 하늘의 나라라는 것을 이해하는 사도를 만들기 위해 이 은총들이 필요하다. 너는 저 어린 양새끼를 보지? 저 어린 양이 다른 어린 양을 잡아먹을 수 있겠니?"

"아! 아니오! 저 어린 양이 그렇게 할 수 있으면, 우리를 갈기갈기 찢어놓으라고 저 놈을 선물로 주지 않았을 거예요."

"그래, 말 잘 했다. 하늘에 계신 아버지께서도 만일 내가 사람들을 갈기갈기 찢어놓을 수 있는 힘과 그렇게 할 뜻을 가지고 있었으면, 나를 보내지 않으셨을 거다. 나는 어린 양이고 목자다. 그리고 나는 어린 양처럼 온유하고 몹시 너그러우며, 착한 목자의 지팡이로 사랑을 가지고 사람들을 모으지, 병사의 창과 검으로 모으는 사람이 아니다. 알아들었니? 그리고 어떤 말은 다시는 하지 않겠다고 내게, 바로 내게 약속하겠니?"

"예, 예수님. 그렇지만… 나를 도와 줘요. 예수님이… 예수님만이…"

"내가 너를 도와 주마. 봐라, 네 입술을 쓰다듬어 준다. 그러면 네 입술이 다물린 채로 있을 줄 알거다."

"선생님! 저로 하여금 선생님을 뵐 수 있게 해 주는 이 저녁나절은 거룩합니다!" 요나타가 집에서 달려 나와 예수의 발 앞에 엎드리며 말한다.

"요나타야, 네게 평화. 요안나를 볼 수 있겠느냐?"

"오실 겁니다. 선생님을 뵈러 오려고 로마 여자들을 돌려 보냈습니다."

예수께서는 그를 질문하는 듯한 태도로 바라다 보신다. 그러나 아무 말씀도 묻지는 않으신다. 예수께서는 집을 향하여 걸어 가시며 "헤로데에 대항하여 완전히 굳어버린" 쿠자에 대하여 말하는 요나타의 말을 들으신다. 요나타는 이렇게 말한다. "제 여주인에 대한 사

153. 쿠자의 요안나의 집에서. 안티오키아에서 온 편지

랑으로 청하는 것이오니, 쿠자를 억제해 주십시오. 그분은 선생님께도 자기에게도 이익이 되지 않는 일을, 특히 선생님께 이익이 되지 않는 일을 하려고 하니까 말입니다."

요안나는 찬란한 흰 옷을 입었는데, 그 위로는 머리에서부터 은실을 하도 많이 넣고 짜서 은으로 선세공(線細工.) 한 것같이 보이는 베일이 늘어져 있고 ─그런데 나는 그 가벼운 천이 어떻게 그 은실을 넣고 짠 것을 감당하는지 모르겠다.─ 진주로 장식한 주교관 같이 앞쪽이 약간 뾰족한 날씬한 관을 썼고, 진주로 장식한 무거운 귀거리에, 목에는 진주 목걸이를 걸었고, 역시 보석을 박은 팔찌와 반지를 끼었는데 ─순수하고 우아한 아름다움의 출현이다.─ 주께로 급히 와서, 그의 아름다운 옷은 상관하지 않고 오솔길의 먼지속에 엎드리며 예수의 발에 입맞춤을 한다.

"요안나야, 네게 평화."

"선생님을 모시면 저와 제 집에 항상 평화가 있습니다⋯. 어머님!⋯." 그러면서 성모님의 발에 입맞춤 하려고 한다. 그러나 성모님은 요안나를 팔을 벌려 맞으시며 껴안으신다. 요안나는 또 알패오의 마리아와도 입맞춤을 주고 받는다.

인사가 끝난 다음 예수께서 말씀하신다. "요안나야, 네게 할 말이 있다."

"여기 대령했습니다, 선생님. 어머님, 제 집은 어머님 집입니다. 필요하신 것은 명령하십시오. 저는 선생님을 모시고 가겠습니다⋯."

예수께서는 풀밭으로 가시려고 벌써 자리를 옮기셔서, 모든 사람이 잘 볼 수는 있지만 아무도 말을 들을 수 없게 넉넉히 떨어져 계신다. 요안나가 예수 계신 데로 간다.

"요안나야, 나는 분명히 신디카가 보내서 안티오키아에서 온 그 사람을 네 집 정원에서 만나려고 생각했다."

"선생님은 요안나에게 딸린 모든 것의 주인이십니다."

"네 마음의 주인도 되느냐?" 하고 예수께서 요안나를 뚫어지게 들여다 보신다.

"선생님, 벌써 아시는군요! 그러리라고 거의 확신했습니다. 그러나 지금은 아주 확신합니다. 쿠자⋯ 남자들은 앞뒤가 몹시 어긋납니다!

그들의 이해에 대한 감정은 대단히 강합니다! 그리고 그들의 아내에 대한 동정은 매우 약합니다! 저희들은… 가장 좋은 사람들의 아내인 저희들은 도대체 무엇입니까? 유익할 수 있는 데 따라서 보이거나 감추거나 하는 노리개입니다…. 남자의 욕망에 따라서 웃거나 울고 끌어당기거나 물리치고, 말을 하거나 잠자코 있고, 나타나거나 숨어 있거나 해야 하는 판토마임 배우입니다…. 항상 남자의 이익을 위해서요…. 주님, 저희들의 처지는 한심합니다! 품위를 떨어뜨리는 것이기도 하구요!"

"그 대신에 너희들은 정신으로 더 높이 올라갈 줄 알 수 있다."

"그것은 사실입니다. 선생님, 혼자서 아셨습니까, 그렇지 않으면 누가 말씀드렸습니까? 마나헨을 보셨습니까? 선생님을 찾고 있던데요…."

"아니다. 아무도 만나지 않았다. 그 사람이 여기 있느냐?"

"예, 저희들 모두가 여기 있습니다…. 헤로데의 조신(朝臣) 모두라는 말씀입니다…. 그리고 헤로데를 미워하기 때문에 여러 사람이 있습니다. 그들 중에는 헤로디아의 뜻에 따라 헤로데가 그의 집사를 모욕하기를 즐기기 시작한 뒤로부터 그들 중에 끼게 되었습니다…. 주님, 베델에서는 쿠자가 헤로데의 총애를 잃을까 봐 걱정이 되었기 때문에 저를 주님에게서 떼어 놓으려고 했다는 것을 기억하시지요? 그 뒤로 몇 달밖에 지나지 않았는데… 지금은 벌써… 그렇습니다. 주님, 쿠자는 저더로 주님이 분봉왕 대신에 왕이 되시는 데 자기의 도움을 받아들이시도록 설득하기를 바랍니다…. 저는 이 말씀을 드려야 합니다. 저는 여자이고, 따라서 남자에게 복종하는 사람이고, 게다가 이스라엘 여자이고, 따라서 그 어느 때보다도 남편의 뜻에 복종해야 하기 때문에 이 말씀을 드려야 합니다. 그래서 말씀 드리는 것입니다…. 그리고 저는 주님께 조언은 드리지 않습니다…. 저는 주님이, 오! 주님이, 고용된 창기병(槍騎兵)들의 도움으로 왕이 되지는 않으시리라는 것을 이미 알고 있다고 생각하기 때문입니다. 오!… 제가 무슨 말씀을 드렸지요! 제가 이렇게 말씀드리는 것이 아니었는데 그랬습니다…. 저는 주님이 먼저 쿠자와 마나헨과 다른 사람들의 말을 들으시게 놔 두어냐 하는 건데 그랬습니다…. 또 잠자코 있었으면, 잘못하는 것이 아니었겠습니까?… 주님, 똑똑히 보게 도와 주십시오…."

"요안나야, 너는 제대로 보고 있다. 설사 로마와 이스라엘이 나를 사용해서 이 지방을 평정하기를 원한다 하더라도, 나는 로마의 군단이나 이스라엘의 창기병을 써서 왕이 되지는 않을 것이다. 나는 알아차릴 만큼 넉넉히 이해했다. 마티아가 거기에 대한 조심성 없는 말을 했고, 요나타가 불만에 대한 암시를 했고, 네가 나머지 말을 했다. 나는 이렇게 보충하겠다. 내 나라에 대한 터무니없는 견해로 인해서 마나헨과 같이 착하기는 하면서도 아직 의인은 아닌 사람들이 대부분의 사람의 고정관념에 따른 이스라엘 왕국을 세우는 것을 지향하는 운동을 일으킬 충동을 받는다고. 모욕에 대한 복수를 하고자 하는 자극적이고 강렬한 욕구에 의해서 같은 일에 대한 충동을 받는 사람들도 있는데, 이들 중에는 네 남편도 들어 있다. 바리사이파 사람들과 사두가이파 사람, 그리고 헤로데당 사람들의 간계(奸計)는 이 두 가지 동기를 수단으로 해서, 우리를 지배하는 사람들의 눈에 나를 실제로 그렇지 않은 사람으로, 보이게함으로써 나를 제거하고자 한다. 너는 내게 이 말을 하면서 쿠자와 마나헨과 다른 사람들을 배반하지 않으려고 로마 여자들을 돌려 보냈다. 그러나 나 분명히 말한다마는 나를 더 많이 이해한 사람들은 이방인들이다. 그들은 나를 철학자라고 부르는데, 폭력에 의거하는 그들의 생각으로는 어쩌면 나를 몽상가나 비현실주의자나 불행한 사람으로 생각하는지도 모른다. 그러나 그들은 내가 이 세상에 속해 있는 사람이 아니고, 내 나라가 이 세상의 것이 아니라는 것을 깨달았다. 적어도 그들은 깨달았다. 그들은 나를 두려워하지 않는다. 그러나 나를 따르는 사람들을 무서워한다. 그런데 그들의 생각은 옳다. 나를 따르는 사람들은, 더러는 사랑으로 더러는 교만으로 그들의 생각, 즉 왕 중의 왕이오. 우주적인 왕인 나를 아주 작은 국가의 보잘 것없는 왕을 만들겠다는 그들의 생각을 실현하기 위하여 무엇이든지 할 수 있을 것이다…. 그래서 정말이지 나는 은밀히 발전하고 있는 이 음모를 더욱 경계해야 한다. 이 음모를 내 진짜 원수들이 조장하는데, 그 진짜들은 가이사리아의 총독관저나 안티오키아의 지방충독 관저나 안토니아에 있지 않고, 히브리 사람들의 옷의 테필림*과 장식 술과 지짓* 속에, 특히 율법에 더 광범위하게 집착한다는 것을 나타내기 위하여 바리사이파 사람들과 율법학자들의 넓은 옷을 장식하는 넓은 테필림과 복슬복슬한 지짓들속에 들어 있다. 그러나 율법은 마음속에 있는 것이지 옷 위에 있는 것이 아니다…. 만일 율법이 그들의 마음속, 즉 서로 미워하지마는, 지금은 나를 해치기 위하여 이 증오를 잊어버리고 단결하는 마음속에 있으면, ─ 이스라엘의 계층 사이에 깊은 구렁을 파놓는 증오이지만, 지금은 그들이 내게 대하여 가지고 있는 증오로 구덩이들이 꽉 차 있기 때문에 분열되어 있지 않고 평평하게 되어 있다.─ 그러니까 만일 율법이, 마치 미개인이 미신으로나 장식으로 자기 몸에 부적이나 조가비나 뼈나 독수리의 부리 따위를 주렁주렁 매다는 것처럼 그들의 옷과 이미와 손에 매달고 붙이고 하지 않고, 그들의 마음속에 있으면, 그리고 지혜가 테필림에 쓰여 있지 않고 심근에 쓰여 있으면, 그들은 내가 누구라는 것과 그들이 나를 말씀으로서 또 사람으로서 파멸시키기 위하여 나를 반대해서는 안 된다는 것을 깨달을 것이다. 그러므로 나는 그들의 증오에 있어서나 사랑에 있어서나 똑같이 정당하지 못한 내 친구들과 내 원수들에게서 나를 지켜야 한다. 나는 사랑을 이끌어 주고 증오를 가라앉히려고 애쓴다. 나는 내 의무를 다하기 위하여 이렇게 하고, 또 내 피를 돌들 위에 뿌려 그것들을 단단히 붙여놓음으로 나라를 세울 때까지 이렇게 하겠다. 내가 너희들에게 내 피를 뿌리면, 너희들의 마음은 흔들리지 않을 것이다. 나는 내게 충실한 마음에 대해서 말하는 것이다. 요안나야, 네 위와 네 안에 있는 쿠자와 예수라는 두 힘과 두 사랑 사이에 이렇게 갈라져 있는 네 마음에 대해서 말하는 것이다."

"그렇지만 주님은 이기실 것입니다."

"그렇다, 내가 이길 것이다."

"그렇지만 쿠자도 구원해 주시도록 힘쓰십시오…. 제가 사랑하는 사람을 사랑하십시오."

"나는 너를 사랑하는 사람을 사랑한다."

"주님을 사랑하는 쿠자를 사랑하십시오…."

* * 역주 : 히브리인의 옷이나 몸에 다는 장식의 일종이라 생각됨.

"거짓말은 그것을 감싸고 있는 진주처럼 순결한 그 이마, 그리고 지금은 쿠자가 나를 사랑한다고 확신하고 싶고 내게도 확신시키고 싶어하는 노력으로 붉게 물들여진 그 이마에는 어울리지 않는다."
 "그렇지만 쿠자는 주님을 사랑합니다."
 "그렇다, 이기심으로. 마치 지오와 시람에서 이기심으로 나를 사랑하지 않던 것과 같이… 그러나 저기 요나의 시몬이 외국인과 같이 온다. 그를 마중을 나가자…."
 두 사람은 집 뒤쪽에 있는 넓은 입구에까지 간다. 현관이라기 보다는 오히려 동산 쪽으로 나 있는 반원형의 회랑이다. 이렇게 해서 동산은 정원 쪽으로 나 있는 이 반원형의 회랑으로 집에까지 연장되는데, 회랑은 지금은 꽃이 없는 장미나무 줄기와 꽃이 찬란하게 핀 매력적인 재스민 가지들과 이름을 알 수 없는 주홍빛 덩굴식물이 올려진 기둥들로 장식되어 있다.
 "평화가 외국 양반과 함께 있기를. 나를 보고자 한다지요?"
 "나으리께 인사와 영광을 드립니다. 나으리께 드릴 편지가 한장 있습니다. 한 그리이스 여자가 안티오키아에서 주었습니다. 저는… 아니, 저는 이제는 그리이스 사람이 아닙니다. 저는 제 일을 계속하기 위해 로마 국적을 취득했습니다. 저는 로마 군대의 납품업자입니다. 저는 그들을 미워합니다. 그러나 그들에게 보급을 하는 것이 유리합니다. 그들이 우리에게 한 것 때문에, 저는 밀가루에, 독당근에서 빼낸 독약을 섞어야 할 것입니다. 그러나 그들을 전부 독살해야지, 몇 명만 독살해서는 안 됩니다. 그것은 무익한 일이고, 더 나쁠 것입니다…. 그들은 강하기 때문에 무엇이든지 해도 괜찮다고 생각하고 있습니다. 그들은 그리이스인에 비하면 야만들입니다. 그들은 우리의 것이었던 것을 가지고 자신들을 꾸며서 문명인으로 보이도록 하려고 우리에게서 모은 것을 훔쳐 갔습니다. 그러나 일단 **우리의** 문명으로 물들인 껍질을 긁어내면 아물리우스, 로물루스*, 타르퀴누스* 같은

---

* **역주**: 로마의 시조(始祖).

* **역주**: 로마의 제5대왕. 앙쿠스의 아들에 의해 암살됨.

사람들을 발견합니다…. 자기의 은인을 죽인 부루투스* 같은 사람을 항상 발견합니다. 이제는 그들이 티베리우스*를 가지고 있습니다! 그들에게는 이게 아직 너무 적은 것이지요! 그들은 세야누스*를 가지고 있습니다. 그들은 마땅히 받아야 할 것을 받는 것입니다. 칼, 사슬, 그들이 저지른 죄악들이 그들에게로 되돌아가서, 저 짐승같은 로마인들의 몸을 괴롭힙니다. 그런데 이것은 아무 것도 아닙니다. 아직 충분치 않습니다. 그러나 그들은 법칙에서 벗어나지 못할 것입니다. 괴물이 엄청나게 커지면, 제 무게로 무너져서 썩을 것입니다. 그러면 패배했던 사람들이 엄청나게 큰 시체 앞에서 웃을 것이고, 그들이 다시 승리자가 될 것입니다. 그렇게 되길 바랍니다! 정복자들의 모든 발이 그의 난폭한 확장으로 우리를 파멸시킬 로마를 짓눌렀으면…. 그러나 용서하십시오. 나으리, 끊임없는 고통이 다시 한번 제 마음을 흔들어 놓았습니다…. 그리이스 여자가 선생님께 드릴 편지를 제게 주면서, 선생님은 완전한 덕을 가지신 분이라고 말했습니다. 덕망이 높이신 분이시라고… 선생님은 그렇기에는 너무 젊으십니다. 그리이스의 위인들은 덕망있는 사람이 되려고 일생을 바쳤습니다…. 그렇지만 그 여자는 선생님의 사상을 제게 말해 주었습니다. 만일 선생님이 가르치시는 것을 정말 믿으시면, 선생님은 위대하십니다…. 선생님은 사람들이 지금 하는 것처럼 짐승처럼 살지 않고 신처럼 사는 지혜를 세상에 주시려고 죽을 준비를 하기 위해 살으신다는 것이 사실입니까? 선생님은 사람이 도달할 만한 가치가 있는 재산은 한 가지밖에 없다고, 즉 덕행의 재산밖에 없다고 단언하신다는 것이 사실입니까? 선생님은 구속하러 오셨는데, 구속은 우리가 선생님의 가르침을 따르면 우리 자신 안에서 시작된다는 것이 사실입니까? 우리는 영혼을 가지고 있는데, 영혼은 숭고하고 죽지 않고 썩지도 않는 성질을 가졌기 때문에 잘 보살펴야 하고, 그러나 우리가 짐승처럼 살면

---

* 역주 : 시저를 죽인 사람 중의 하나.

* 역주 : 로마 황제. 폭군이었음.

* 역주 : 티베리우스의 신하. 티베리우스를 계승하려고 음모를 꾸미다가 티베리우스에게서 교수형을 받았음.

영혼을 파괴할 수는 없지만 숭고한 성격을 잃게는 할 수 있다는 것이 사실입니까? 대답하여 주십시오, 위대하신 선생님!"

"사실입니다. 모두가 사실입니다."

"맙소사, 우리의 지극히 위대한 철인도 그런 말을 했습니다. 그러나 그것은 음표 하나가 모자라는 음악같았고, 줄 하나가 모자라는 칠현금(七絃琴) 같았습니다. 때때로 우리들은 철학자가 건너뛰지 못하는 공백을 느끼곤 했습니다. 만일 선생님이 실제로 가르치려고만 오시지 않고, 아무에게도 강요되지 않는데, 하느님께 복종하겠다는 개인적인 의지로 죽기 위하여 오셨다면, 선생님은 그 공백을 채워놓으신 것이 됩니다. 그렇게 되면 선생님의 자살이 희생이 됩니다…. 젠장! 우리들의 신 중에서는 아무도 이런 일을 못했습니다. 그러니까 저는 선생님이 우리 신들보다 높으시다고 추론합니다. 그 그리이스 여자는 우리 신들은 존재하지 않고, 선생님만이 존재하신다고 말했습니다…. 그럼, 저는 하느님께 말씀을 드리는 것입니까? 그런데 하느님께서 도둑질을 하는 보급업자이고, 원수를 미워하며, 불쌍한 사람인 제 말씀을 들으실 수 있습니까? 왜 제 말씀을 들으십니까?"

"당신의 영혼을 보기 때문입니다."

"제 영혼을 보신다구요?!!! 제 영혼이 어떻습니까?"

"당신의 지능은 야만인의 지능과 매우 다르지마는 당신의 영혼은 보기 흉하고 더럽고, 반점이 있고, 쓰고, 무식합니다. 그러나 그 더럽혀진 신전 안에는 학자들의 모임에 있는 그 사람같이 기다리는, 같은 것을 기다리는 제단이 있습니다. 그 제단은 참 하느님을 기다리고 있습니다."

"그러면, 그 그리이스 여자가 선생님이 참 하느님이시라고 말하니까, 선생님을 기다리는 것이로군요. 그러나 맙소사, 선생님이 제 영혼에 대해 말씀하신 것은 참 말입니다. 선생님은 델포이*의 신탁(神託)보다 더 분명하고 확실하십니다. 그러나 선생님은 평화와 사랑과 용서를 권장하시는데, 이것들은 어려운 덕행들입니다. 그리고 선생님은 어떤 사항에 있어서나 절제와 정직을 권장하십니다…. 그렇게 되

---

* 역주 : 그리이스의 옛도시. 아폴로 신전이 있었음.

는 것은 신이 되는 것입니다. 신들보다 더 위대하게 되는 것입니다. 왜냐하면 신들은 오!… 신들은 평화를 사랑하지 않고 정직하지 않고 너그럽지 않기 때문입니다…. 신들은 적어도 지혜롭기는 한 미네르바*를 빼놓고는 사람의 나쁜 정열의 극치입니다…. 다이아나*까지도!… 다이아나는 순결하지만 잔인합니다…. 그렇습니다. 선생님이 권장하시는대로 되는 것은 신들보다 더 낫게 되는 것입니다. 제가 그렇게 된다면… 매력적인 가니메데스*에 의해서!… 가니메데스는 아주 어린 몸으로 올림포스의 독수리에 채여가서 신들의 술을 따르게 됐지요. 그러나 야만인 지배자들에게 생필품을 보급하는 사람인 제논이 신의 상태로 건너가다니… 그러나 제게 이 생각에 골몰하게 허락해 주십시오. 그리고 그동안 그 여자의 편지를 읽으십시오…." 그러면서 그 사람은 소요학파(消遙學派)의 철학자처럼 걷기 시작한다.

피로한 베드로는 이야기가 길어지는 것을 보고, 안마당에 있는 의자에 편안히 자리잡고, 시원한 공기속에서 의자에 놓여 있는 부드러운 쿠션들속에서 조용히 졸기 시작하였었다…. 그러나 봉인을 뜯는 소리와 양피지(羊皮紙)를 펼치는 소리에 잠이 깬 것을 보면, 귀에 주의를 기울이고 있었음이 분명하다. 그는 아직도 졸려서 감기는 눈을 비비면서 일어난다. 그는 약간 보랏빛이 도는 운모(雲母)를 씌운 천장에서 드리운 촛불 밑에 서서 읽으시는 선생님께로 다가간다. 빛은 약해서 맑은 밤의 달빛의 매력을 없애지 않은 채 겨우 그곳을 비추기에 넉넉할 뿐이다. 그래서 예수께서는 글자들을 읽기 위하여 종이를 높이 쳐들고 계시고, 훨씬 키가 작고 아주 예수 가까이에 다가서 있는 베드로는 목을 길게 뽑고 발뒤꿈치를 들고 서서 보려고 하지만, 보지를 못한다.

"신디카에게서 온 거지요, 예? 뭐라고 그랬습니까?" 베드로는 질문을 되풀이 하고 "선생님, 크게 읽으십시오!" 하고 간청한다.

---

* **역주**: 지혜와 기술의 여신. 그리이스 신화의 아테네에 해당한다(로마 신화).
* **역주**: 사냥과 순결의 여신. 그리이스 신화의 아르테미스에 해당한다(로마 신화).
* **역주**: 고대 그리이스의 철학자.

그러나 예수께서는 "그래, 신디카다…. 나중에…" 하고 대답하신다. 그리고 첫째 장을 읽으신 다음, 접어서 허리띠 주름잡은 데에 넣으시고 둘째 장을 읽기 시작하신다.

"길게도 썼군요, 예?! 요한은 어떻답니까? 그리고 저 사람은 어떤 사람입니까?"

베드로는 어린 아이처럼 보챈다. 예수께서는 하도 골몰하셔서 베드로의 말을 듣지 못하신다. 둘째 장도 끝났고, 첫째 장과 같은 처지가 된다.

"그렇게 하면 종이가 상합니다. 제가 가지고 있게 종이를 제게 주십시오…." 그러면서 베드로는 분명히 이렇게 생각한다. "그리고 곁눈으로 슬쩍 보게." 그러나 셋째이자 마지막 장을 펴시는 선생님의 손을 지켜보려고 눈을 들다가 예수의 노란 속눈썹에 눈물 한 방울이 맺혀서 반짝이는 것을 본다.

"선생님?! 우십니까?! 선생님, 왜 우십니까?" 그러면서 그의 튼튼하고 짧은 팔로 예수의 허리를 안아 자기에게로 꼭 잡아당긴다.

"요한이 죽었다…."

"오! 불쌍해라! 언제요?"

"첫더위가 시작하면서… 그리고 우리를 보기를 몹시 갈망하면서…."

"오! 가엾은 요한!… 그렇지만 벌써… 그 사람은 기진맥진해 있었습니다!…. 그리고 이별의 고통… 이 모두가 흉악한 자들 때문입니다! 제가 그 자들의 이름을 알았으면!…. 주님, 크게 읽으십시오. 저는 요한을 몹시 사랑했습니다!"

"나중에. 나중에, 읽어 주마. 지금은 아무 말도 하지 말아라."

예수께서는 주의깊게 읽으신다…. 베드로는 보려고 한층 더 발돋움을 한다…. 다 읽으셨다. 예수께서는 종이를 접으시며 말씀하신다.

"내 어머니를 모셔 오너라."

"안 읽어 주십니까?"

"다른 사람들을 기다린다…. 우선 저 사람을 돌려 보내겠다."

그리고 베드로가 요안나와 같이 있는 여자 제자들이 있는 집으로 가는 동안 예수께서는 그리이스 사람을 보러 가신다. "언제 떠나십니까?"

"오! 저는 가이사리아의 총독에게 갔다가, 물건들을 산 다음에 요빠로 가야합니다. 지금부터 한 달 후에, 11월의 폭풍우를 피할 수 있을 만큼 넉넉히 일찍 떠나겠습니다. 바다로 해서 가겠습니다. 제가 필요하십니까?"

"그렇습니다, 답장을 보내게. 그리이스 여자는 당신을 믿을 수 있다고 말합니다."

"사람들은 우리가 불성실하다고들 합니다. 그러나 그렇지 않을 수도 있습니다. 저를 믿으십시오. 편지를 쓰셔서 장막절에 클레옹트의 집으로 찾아오시면 됩니다. 그 사람이 로마인들의 식탁에 오를 치즈를 제게 대 줍니다. 벳파게 마을의 샘을 지나서 세번째 집입니다. 혼동하실 수가 없습니다."

"당신도 당신이 발을 들여놓은 길을 따라가면 틀릴 수가 없습니다. 안녕히 가십시오. 그리이스의 문명이 당신을 그리스도교의 문명으로 데려 옵니다."

"제가 미워하는 것을 비난하지 않으십니까?"

"내가 그렇게 해야 한다는 것을 알아차리십니까?"

"그렇습니다. 선생님은 증오를 비열한 정열이라고 비난하시고, 또 복수를 몹시 싫어하시니까요."

"그런데 당신은 그것을 어떻게 생각하십니까?"

"미워하지 않고 용서하는 사람은 제우스신보다도 더 위대하다고요."

"그러면 그 위대함에 이르도록 하시오…. 안녕히 가십시오. 당신 가족이 신디카를 사랑하기를 바랍니다. 그리고 당신들이 있는 유배지에서 불멸의 고향, 즉 하늘로 가는 길을 가시오. 나를 믿고 내 말을 실천에 옮기는 사람은 이 고향을 얻을 것입니다. 빛이 당신을 비추기를 바랍니다. 평안히 가시오."

"그 사람은 인사를 하고 떠나간다. 그러다가 발을 멈추더니 뒤로 돌아와서 묻는다. "선생님 말씀하시는 것을 저는 듣지 못하겠습니까?"

"새벽에 다리케아에서 말할 것입니다. 그러나 그 다음에는 시로—

페니키아로 갔다가, 어떤 길로 해서 갈지는 모르지만 예루살렘으로 갑니다."

"선생님을 찾아가겠습니다. 그리고 내일은 다리케아로 가서 선생님이 지혜로우신 것과 같이 웅변이기도 하신지 판단하겠습니다."

그 사람은 마침내 떠난다.

여자들은 안마당에 있는데, 베드로와 같이 요한의 죽음에 대하여 말들을 한다. 그러나 선생님께서 다음날 아침에 다리케아에 가시리라는 것을 알리기 위하여 시내에 남아 있었던 다른 사람들도 왔다. 그리고 모두가 가엾은 요한에 대하여 말하고 몹시 사정을 알고 싶어 한다.

"아들아, 그 사람이 죽었구나!"

"예, 평화를 누리고 있습니다."

"그 사람은 이제 정말 고통을 받지않게 되었구나."

"그 사람은 결정적으로 감옥에서 나갔습니다."

"그 사람이 귀양살이의 마지막 고통을 당하지 않는 것이 옳았을 텐데."

"또 하나의 정결의식이었습니다."

"오! 저는 제가 그런 정결의식을 하는 것은 원치 않습니다. 다른 정결의식은 어떤 것이라도 좋지만 선생님을 멀리 떠나서 죽기는 싫습니다!"

"그렇지만… 우리 모두가 그렇게 죽을 거야…. 선생님… 저희들을 같이 데려가 주십시오!" 하고 안드레아가 다른 사람들 다음에 말한다.

"안드레아야, 너는 네가 무엇을 청하는지를 모르는구나. 내가 너희를 부를 때까지는 여기가 너희들의 자리이다. 그러나 신디카가 무슨 말을 써 보냈는지 들어 보아라.

'그리스도의 신디카가 그리스도 예수께 인사드립니다.

이 편지를 선생님께 가져다 드릴 사람은 제 동포입니다. 이 사람은 선생님을 만날 때까지 찾겠다고 약속하면서, 아무 데에서도 선생님을 만나지 못하면 마지막 장소로 베다니아를 잡아두어서 편지를 라자로의 집에 남겨 놓겠다고 약속했습니다. 이 사람은 그와 그의 조상들이 로마에게서 받은 모든 불행에서 할 수 있는대로 마음을 진정하고 있는 사람입니다. 로마는 세번이나 여러 가지 모양으로, 그리고 항상 그의 방법으로 그들에게 타격을 주었습니다. 이 사람은 그리이스인다운 예민으로 자기는 떼베레강*의 암소들의 젖을 짜서 그리이스의 염소들을 토하게 한다고 말합니다. 이 사람은 지방총독의 집과 동방의 여왕인 이 대도시이며, 작은 로마의 많은 로마인들의 집에 물자를 보급해 주는 사람입니다. 그 뿐 아니라, 부자들을 위한 고급 양식 다음으로, 집요한 증오를 가리는 비굴한 찬사를 써서 간사하게 동방의 로마 군대의 보급을 확보하는 데 성공했습니다. 저는 이 사람의 하는 방식에 찬성하지 않습니다. 그러나 사람은 각기 자기의 방법을 가지고 있습니다. 저같으면 압제가가 그에게 주는 금이 들어 있는 상자들보다 길 옆에서 구걸해서 얻은 빵이 더 낫겠습니다. 그리고 이해관계에 얽히지 않은 다른 동기가 제 목적을 달성하기 위해 이 그리이스 사람을 본받게 하지 않았더라면 언제나 그렇게 했을 것입니다.

 그러나 요컨대 이 사람은 선량한 사람이고, 그의 아내와 세 딸과 한 아들도 착한 사람들입니다. 저는 이들을 안티고니아의 작은 학교에서 알았습니다. 그리고 어머니가 초봄에 병이 들었기 때문에 제가 방향제를 가지고 치료를 했습니다. 그래서 그들의 집에 드나들게 되었습니다. 귀족들의 집이나 장사하는 집들 중에 많은 집에서 저를 자수 선생으로 받아들였을 것입니다. 그러나 저는 이 집을 택했습니다. 마침 이 집 사람들이 그리이스인이기 때문에 그런 것은 아니었습니다. 나중에 설명드리겠습니다.

 선생님께서 제논의 견해에 찬성하지 않으시더라도 그를 너그럽게 보아 주시기를 부탁드립니다. 이 사람은 표면은 석영질(石英質)인 땅과 같이 메마르지만, 딱딱한 표면 밑에는 훌륭한 땅과 같습니다. 저는 많은 고통으로 인해서 이루어진 그 딱딱한 껍질을 떼어내고 좋은 땅을 드러낼 수 있게 되기를 바랍니다. 이 사람은 선생님의 교회에 큰 도움이 될 것입니다. 제논은 많이 알려져 있고, 키프로스, 몰타 그리고 이베리아에 이르기까지의 지방을 치지 않더라도, 소아시아와

---

* 역주 : 로마를 관통하는 강.

그리이스의 많은 사람과 관계가 있기 때문입니다. 이들 지방에는 어디에나 그와 같이 그리이스인이고 박해받은 친척들과 친구들이 있고, 군대와 행정관청의 로마인들도 있습니다. 이 사람들도 언젠가 선생님의 일에 매우 유익할 것입니다.

　주님, 제가 편지를 쓰고 있는 이 순간에, 저는 강에 연한 부두와 섬 안에 있는 지방 총독의 관저와 화려한 거리와 수백개의 강력한 탑이 있는 성곽을 가진 안티오키아를 봅니다. 그리고 몸을 뒤로 돌리면, 병영들과 지방 총독의 제2관저와 더불어 저를 내려다 보는 술피우스 산이 보입니다. 이렇게 해서 지배받는 여자인 저 혼자서 로마의 권력의 두 가지 표현 사이에 있습니다. 그러나 이 표현들이 저는 무섭지 않습니다. 오히려 저는 휘몰아치는 자연의 힘과 반란을 일으킨 한 민족 전체의 힘으로도 할 수 없는 것을, 사람들에게 불안을 품게 하지 않는 약함으로, 권력자들이 업신여기는 표면상의 약함으로, 하느님이신 선생님을 모시고 있기 때문에 힘이 되는 사람들의 약함으로 이룩하게 되리라고 생각합니다.

　저는 이렇게 생각하고 또 선생님께 말씀을 드리겠습니다. 즉 로마가 선생님을 알게 되면, 이 로마의 힘이 그리스도교의 힘이 될 것이고, 로마의 아성(牙城)이 여전히 세계를 지배할 것이고 그리스도교적 로마는 전세계적인 그리스도교계라는 뜻이 될 것이므로, 이교도적인 로마의 아성으로부터 일을 시작해야 할 것이라고. 언제 그렇게 되겠는지요? 모르겠습니다. 그러나 그렇게 되리라는 것을 저는 느낍니다. 그렇기 때문에 저는 로마인들이 그들의 군기와 그들의 힘을 왕 중의 왕을 섬기는 데 쓸 날을 생각하면서 로마의 권력의 이 표시들을 미소를 지으면서 바라 봅니다. 저는 로마인들을 자기들이 친구인 것을 아직 알지 못하는 친구들, 정복당하기 전에는 괴롭히겠지만, 일단 정복되고 나면 선생님을, 선생님에 대한 지식을 땅 끝까지 전할 친구들처럼 바라봅니다.

　하찮은 여자인 제가 선생님을 통한 제 훌륭한 형제들에게 감히 이 말을 하는 것입니다. 세계를 선생님의 나라로 끌어들일 때가 되었을 때에는, 바리사이파 사람들과 다른 지도계급들에 의해서 까다롭게 된 모세적인 엄격주의에 너무 들어박혀 있어서 쟁취하기 어려운 이스라엘부터 시작할 것이 아니라, 여기 로마적인 세계, 로마의 하부조 직 — 로마가 그의 이해관계를 위하여 그가 원하는 것과 다른 어떤 믿음도 어떤 사랑도 어떤 자유도 억압하는 촉수(觸手) — 에 서 시작해야 할 것입니다. 사람들을 진리로 끌어들이는 일은 여기서부터 시작해야 할 것입니다.

주님은 이것을 알고 계십니다. 그러나 이방인인 우리들도 선을 갈망한다는 것을 믿을 수가 없는 형제들을 위해서 말하는 것입니다. 이교적인 두꺼운 껍질 밑에는 이교의 공허함에 실망한 마음들, 풍습이 시키는대로 사는 그들의 생활에 싫증을 내고, 증오와 악습과 냉혹에 지친 마음들이 있다는 것을 형제들에게 말하는 것입니다. 성실하지만, 선에 대한 그들의 갈망을 만족시키는 것을 찾기 위해서 어디에 의지해야 할지를 알지 못하는 사람들이 있습니다. 형제들은 그들의 갈망을 만족시킬 믿음을 주십시오. 그러면 그들은 그리이스의 경기의 선수들처럼 그 믿음을 어두움을 밝히는 횃불처럼 들고 자꾸 앞으로 가져가면서 믿음을 위해 죽을 것입니다.'"

예수께서 첫째 장을 도로 접으신다. 편지 읽으시는 것을 들은 사람들은 신디카의 문체와 힘과 사상에 대하여 어러쿵저러쿵 말을 하고, 신디카가 왜 안티고니아를 떠났을까 하고 서로 묻는다. 그동안 예수께서는 둘째 장을 펴신다.

그 때까지 의자에 앉아 있었던 베드로가 더 잘 들으려는 것처럼 가까이 가서 예수께 꼭 붙어서서 보려고 뒤꿈치를 들고 선다.

"시몬아, 몹시 더운데 바짝 다가서는구나" 하고 예수께서는 빙그레 웃으시며 말씀하신다. "네 자리로 돌아가거라. 이제까지는 듣지 않았느냐?"

"들었냐구요? 예, 들었습니다. 그렇지만 보지는 못했습니다. 그런데 이 장에서부터 선생님의 얼굴이 변하고 우셨으니까 이제는 보고 싶습니다…. 그리고 우신 건 요한 때문만이 아니십니다…. 요한이 죽어가고 있었다는 것은 다들 알고 있었으니까요…."

예수께서는 빙그레 웃으신다. 그러나 베드로가 뒤에서 편지를 엿보는 것을 막기 위하여 촛대에서 멀어지시는 것은 상관하지 않으시고 제일 가까이 있는 기둥에 기대신다. 불빛은 종이는 비추지 않지만, 반대로 예수의 얼굴은 환히 비춘다.

베드로는 잘 보고 잘 듣기로 단단히 결심하고 등받이없는 걸상 하나를 예수 앞으로 끌고 가서 앉아 선생님의 얼굴을 뚫어지게 들여다본다.

"'저는 이것을 단단히 확신했기 때문에, 혼자 남게 되자, 이스라엘이 지배하고 있는 곳보다는 로마에서처럼 모든 인종이 합쳐지고 섞이는 이곳에서 일을 더 많이 할 수 있으리라고 확신하고 안티고니아를 떠나 안티오키아로 왔습니다. 여자인 저는 로마를 정복하려고 떠나지는 못합니다. 그러나 제가 로마시에 도달할 수는 없지만, 로마시의 가장 아름다운 딸, 온 세계에서 어머니를 가장 많이 닮은 이 도시에서 씨를 뿌립니다…. 그 씨가 몇 사람의 마음에 떨어질지? 몇 사람의 마음에서 싹이 틀지? 몇 사람의 마음에서 다른 곳으로 옮겨져서 사도들을 기다려 싹이 트게 될지? 그것은 모르겠습니다. 알려고도 하지 않습니다. 저는 그저 행동합니다. 저는 제가 알게 되었고 또 만족을 주시는 하느님께 제 정신과 제 지능과 제 일을 바칩니다. 저는 이 하느님을 오직 한분이시고 전능하신 하느님으로 믿습니다. 저는 이 하느님께서 착한 뜻을 가진 사람을 실망시키지 않으신다는 것을 압니다.

선생님, 요한이 로마인의 역법(曆法)에 따라 6월 9일 전의 제6일, 히브리인들로 볼 때에는 대략 타무즈 달이 시작되면서 세상을 떠났습니다.

주님… 주님께서 알고 계신 것을 말씀드려 무엇합니까? 그러나 형제들을 위해 말씀드립니다. 요한은 의인으로 죽었습니다. 그리고 그의 고통에 대한 진실을 말씀드리자면 순교자로 죽었다고 말해야 할 것입니다.

저는 여자가 가질 수 있는 온 연민을 가지고 그를 보좌했고, 우리가 영웅에 대해서 가지는 온 존경을 다해, 형제에 대해서 가지는 온 사랑을 다해 그를 보좌했습니다. 그러나 그렇게 했어도 제가 권태나 피로 때문에가 아니라 동정으로, 영원하신 분께 그를 평화에로 불러가십사고 청할 정도로 심한 고통을 막지는 못했습니다. 요한은 〈자유에로〉라고 말했습니다.

그의 입에서 어떤 말이 나왔습니까? 도대체 그가 말하던 것과 같이 밑바닥까지 내려갔던 사람이 그렇게도 빛나는 지혜에까지 올라갈 수가 있습니까? 오! 죽음은 참으로 우리의 근본을 드러내는 신비이고, 삶은 이 신비를 가리는 장치입니다. 밑그림 없이 우리에게 주어져서 우리가 원하는 것을 그릴 수 있는 장치입니다. 요한은 많은 글을 썼습니다. 그런데 모두가 아름답지는 않았습니다. 그러나 맨 마지막에 쓴 글들은 숭고했습니다. 인간의 고통과 인간의 폭력의 그림이 있던 이 세상의 어두운 하늘에서, 요한은 슬기로운 예술가와 같이 점점 더 빛나는 필치로 건너가 그의 그리스도인적 생활의 흐름을 덕행으로 꾸며, 마침내 하느님 안에 빠져 들어간 영혼의 눈부신 밝음속으로 들어갔습니다.

저는 주님께 이렇게 말씀드리겠습니다. 요한은 그의 마지막 시를 말하지 않고 노래했다고. 그리고 저는 언제나 사람이 말하는 것이었고, 언젠가 벌써 하느님의 아들인 영이 말하는 것인지를 정확히 구별할 수가 없었습니다.

주님, 주님도 아시다시피 저는 노예신분과 이교라는 두 가지 사슬에 묶여 있는 영혼을 위한 양식을 찾으려고 철학자들의 저서를 모두 읽었습니다. 그러나 그것은 인간들의 작품들이었습니다. 그런데 여기 있는 것은 이미 인간의 말이 아니라, 초인의 말, 완벽한 정신의, 아니 그보다도 반신(半神)인 영의 말이었습니다.

저는 신비를 지켰습니다. 하기는 그것을 우리에게 숙소를 제공하던 사람들, 요한에게 대해서 친절하기는 하지만, 가장 광범하고 가장 완전한 의미로서의 이스라엘 사람들인 그들은 이해하지 못했을 것입니다…. 그래서 사랑과의 마지막 접촉에서 요한이 온전히 사랑의 표현이 되었을 때, 저는 모든 사람을 물리치고, 저 혼자서 주님이 틀림없이 아시는 것을 거두었습니다….

주님… 그 사람은 죽었습니다…. 마지막 날이 가까웠을 때의 가는 목소리로, 그리고 황홀로 불타는 눈길로 제 손을 꼭 쥐고 그의 말로 제게 천국을 드러내 보이면서 말한 것과 같이 〈그는 마침내 감옥에서 나갔습니다.〉 그 사람은 살고 용서하고 믿고 사랑하는 것을 제게 가르치면서 죽었습니다. 제게 제 생애의 마지막 순간을 준비시키면서 죽었습니다.

주님, 저는 다 압니다. 겨울 저녁 때에 요한은 예언자들에 대해서 제게 가르쳐 주었습니다. 저는 성경을 진짜 이스라엘 여자처럼 압니다. 그러나 성경이 분명히 말하지 않는 것도 압니다….

선생님이시며 주님, … 저는 요한을 본 받겠습니다! 그리고 같은 총애를 받았으면 합니다. 그러나 그것을 청하지 않고 주님의 뜻을 행하는 것이 더 영웅적이라고 생각합니다….'"

예수께서는 종이를 다시 접으시고 셋째 장을 꺼내려고 하신다.

"아닙니다. 선생님, 아닙니다!" 하고 베드로가 외친다. "그럴 수가 없습니다…. 다른 것이 있습니다. 그 장이 그렇게 빨리 끝날 수는 없었습니다! 선생님은 전부 읽지 않으십니다! 주님, 왜 그러십니까? 자네들, 항의하게. 신디카는 선생님을 위해서보다는 우리를 위해서 더 많이 썼는데, 선생님은 읽지 않으신단 말이야."

"베드로야, 고집하지 말아라."

"아닙니다. 고집하겠습니다! 예, 고집하구 말구요! 아시겠습니까? 저는 선생님의 눈이 갑자기 더 아래 쪽으로 가는 것을 보았습니다. 그리고 선생님이 마지막 몇 줄을 읽지 않으신 것을 명백히 보았습니다. 저는 선생님이 그 장의 마지막 부분을 읽지 않으시는 한 마음이 편치 못하겠습니다. 선생님은 전에 우셨습니다. 그런데 뭡니까? 선생님이 읽으신 것 가운데 혹시 울만한 것이 있었습니까? 그가 죽은 것을 아는 것은 슬픈 일입니다. 그렇습니다…. 그러나 그러한 죽음 때문에 울게 되지는 않습니다! 저는 그의 영을 잃는 나쁜 죽음이 있었던 것으로 생각했습니다…. 그런데 그 반대입니다…. 자, 읽으십시오! 어머님! 요한! 무엇이든지 얻어내시는 두분…."

"이봐라, 아들아. 그것이 알아서 괴로운 일이라 하더라도 우리 모두가 그 잔을 마시겠다…."

"모두가 원하는대로 하겠다….

'저는 성경을 진짜 이스라엘 여자처럼 압니다. 그러나 성경이 분명히 말하지 않는 것도 압니다. 요한이 죽었고, 또 선생님은 그에게 임보에 오래 머무르지 않을 것을 약속하셨으니까, 이제는 선생님의 수난이 실현될 날이 멀지 않았다는 것을 말입니다. 요한이 이 말을 해 주었습니다. 그리고 요한은 주님께 대한 이스라엘의 증오가 어떻게 올지, 또 어디까지 갈 수 있는지 그가 알기 전에 데려 가시겠다고 약속하셨다는 말을 제게 해 주었습니다. 그리고 이것은 주님께 대한 사랑으로 요한이 주님을 괴롭힐 사람들을 미워하는 것을 막으려고 그렇게 하시는 것이라고 말해 주었습니다. 이제 요한은 갔습니다…. 그러니까 주님도 돌아가실 때가 가까웠습니다…. 아니, 사실 때가 가까웠습니다. 주님의 가르치심을 통하여, 저희들 안에 계신 주님 자신을 통하여, 희생이 저희들에게 영혼의 생명과 은총과 아버지와 아들과 성령과의 일치를 돌려준 다음에 저희들 안에 계신 천주성을 통하여 정말로 사실 때가 가까웠습니다.

선생님, 제 구세주, 제 임금님, 제 하느님… 요한이 육체로는 무덤 속에서 잠들어 있고, 영으로는 기다리면서 쉬고 있는 지금 선생님께로 가고싶은 유혹이 강합니다. 아니, 강했었습니다. 제자들인 제 자매들과 더불어 선생님의 제단 곁에 있기 위하여 선생님 곁으로 가고자 하는 유혹이 말입니다. 그러나 제단은 희생으로 꾸며져야 할 뿐 아니라, 하느님께 경의를 표하고 제물을 바치는 이에게 경의를 표하는 꽃장식으로도 꾸며져야 합니다. 저는 멀리 있는 제자로서의 제 자주빛 꽃장식을 선생님의 제단 아래 갖다 놓습니다. 저는 거기에 순종과 근면과 선생님을 뵙지 않고 선생님의 말씀을 듣지 않는 희생을 갖다 놓습니다…. 아! 그것은 매우 힘든 일일 것입니다. 요한과의 초자연적인 주님의 대화가 끝나서 제가 더 이상 그것을 누리지 못하게 된 지금 그것은 매우 힘든 일입니다!…. 주님, 주님의 종이 오직 주님의 뜻만 행할 줄 알고 주님을 섬길 줄만 알도록 종 위에 손을 들어 주십시오.'"

예수께서는 종이를 접으시고, 말씀을 듣는 사람들의 얼굴을 바라보신다. 그 얼굴들은 창백하다. 그러나 베드로는 중얼거린다. "저는 선생님이 왜 우셨는지 이해하지 못하겠습니다…. 저는 다른 것이 있다고 생각했는데요…."

"나는 아내를 죽인 사람, 옛날 죄수, 그리고 이교도 노예를 너무나 많은 이스라엘 사람들과 비교했기 때문에 울었다."

"알았습니다! 선생님은 이방인들보다 못한 히브리인들, 죄수보다 못한 사제들과 지도자들을 보시고 슬퍼하시는 거로군요. 선생님의 생각이 옳습니다. 제가 어리석었습니다! 저 여자는 정말 기막힌 여자입니다! 그 여자가 멀리 떠나 갈 수밖에 없는 것은 아깝습니다!…."

예수께서 셋째 장을 펴신다.

"'그리고 주님께 영광을 드리고 주님의 고통을 덜어 드리기 위하여 모든 정결의식을 다한 다음에 가서 이미 평화를 누리고 있는 주님의 제자와 형제를 모든 일에 본받으십시오.'"

"아! 아닙니다. 그 다음에요!" 베드로는 예수께서 비키실 수 있기 전에 재빨리 의자에서 뛰어 일어나서, 그의 눈이 보는 곳을 예수께서 보고 계실 수 없다는 것을 알게 된다. 윗부분을 잡지 않고 놓아 두는데 따라서 양피지가 저절로 말려, 그 장의 윗부분에 있는 여러 줄이 가려졌다는 것에 유의해야 한다.

예수께서는 머리를 드시고, 슬프기보다는 부드러운 얼굴로, 부드럽기는 하지만 단호한 얼굴로 당신의 사도를 물리치시며 말씀하신다.

"베드로야, 네 선생님은 무엇이 네게 유익한지 **알고 있다!** 네게 유익한 것을 주게 가만 있어라…."

베드로는 이 말씀과 그 보다도 몹시 애원하는 듯한 예수의 눈길에 더 감격하였고, 그의 눈에는 눈물이 반짝이며 떨어지려고 한다. 그는 자기 의자로 내려오며 말한다. "순종하겠습니다…. 그러나 거기에 무슨 말이 있었을까요?!"

예수께서는 다시 읽기 시작하신다. "다른 사람들에 대해서 말씀을 드렸으니, 이제는 제게 대해서 말씀드리겠습니다. 요한의 장례를 치른 다음 저는 안티고니아를 떠났습니다. 제가 그곳에서 대우를 잘 받지 못했기 때문이 아니라, 그곳이 제가 있을 자리가 아니라는 것을 깨달았기 때문이었습니다. 그것은 차라리 하나의 느낌이었습니다. 저는 그렇게 해야 한다고 느꼈었습니다. 말씀드린 것과 같이, 많은 사람이 저희들을 찾아왔기 때문에 저는 많은 가정을 알았었습니다. 그런데 저는 이 사회에서 일할 생각이기 때문에 제논의 가족 곁에 자리잡는 쪽을 택했습니다.

어떤 로마 귀부인이 헤로데의 주랑(柱廊) 곁에 있는 그의 호화로운 집에 저를 맞아들이려고 했습니다. 매우 부유한 시리아 여자가 띠로 사람인 남편이 셀레우치아에 세운 직물공장장 자리를 주겠다고 했습니다. 셀레우치아의 다리 근처에 사는 개종자로 아이 일곱을 둔 과부가 사내 아이들의 선생님이었던 요한을 생각해서 저를 두려고 했습니다. 원형경기장 곁에 있는 거리에 상점들을 가지고 있던 그리이스-앗시리아인 가족이 그의 집으로 오라고 청했었습니다. 그것은 경기가 있는 시기에 제가 그들에게 유익할 수 있기 때문이었습니다. 끝으로 분명히 군인이고 제 생각으로는 벌써 백부장인 로마인이 정확히 무슨 임무를 가지고 있는지는 모르겠지만 여기 남아 있는데, 그 사람도 향유로 병을 고쳤습니다. 그래서 그 사람도 자기 집에 와 있으라고 졸랐습니다.

그러나 저는 부자도 상인도 원치 않았습니다. 저는 영혼들을 원했습니다. 그리고 저는 주님의 가르침이 그리이스 사람들과 로마 사람들의 영혼을 통해서 세상에 퍼지기 시작해야 한다고 느꼈기 때문에 그들의 영혼을 원했습니다. 그래서 저는 술피우스산 비탈, 병영 근처에 있는 제논의 집에 와 있습니다. 성채가 산꼭대기에서 위협적으로 굽어보고 있습니다. 그러나 이렇게 별로 매력이 없는 모습을 하고 있어도, 성채는 온폴루수와 님페우스의 호화로운 저택보다 낫습니다. 그리고 거기에는 친구들이 있습니다. 알렉산데르라고 하는 주님을 아는 병사입니다. 커다란 병사의 몸 안에 들어 있는 어린 아이와 같은 순진한 마음을 가진 사람입니다. 가이사리아에서 온지 얼마 되지 않고 그의 짧은 망또 밑에 곧은 마음을 가지고 있는 군단사령관 자신도 있습니다. 투박한 소박함을 가진 알렉산데르는 진리에 더 가까이 와 있습니다 그러나 군단사령관도 주님을 완전한 수사학자(修辭學者)로, 또 그가 말하는 것처럼 〈신같은〉 철학자로 주님을 우러러 보고, 아직 진리를 받아들이지는 못한다 해도 지혜를 반대하지는 않습니다. 그러나 주님을 좀 알게 해서 그들과 그들 가족의 마음을 끈다는 것은 동서남북에 씨를 뿌린다는 뜻이 됩니다. 군대는 키로 까불리는 낟알 같고, 아니 그보다도 회오리 바람에 불려, 우리의 경우에는 카이자(황제)의 의도와 제국의 필요에 따라 사방으로 흩어지는 껍질과 같기 때문입니다.

언젠가 주님의 사도들이 날아가는 새들처럼 세상에 흩어지게 될 것인데, 그들이 사도직을 행하는 곳에서 주님이 계셨다는 것을 모르지 않는 한 사람, 다만 한 사람, 오직 한 사람만이라도 만나면 그들에게는 큰 도움이 될 것입니다. 저는 이런 생각으로 나이 많은 검투사(劍鬪士)들의 고통을 느끼는 팔다리와 젊은 검투사들의 상처를 치료해 주기도 합니다. 또 이제는 로마의 귀부인들을 피하지 않는 것도 이 때문이고, 제게 모든 것을… 당하게 한 사람들을 참아견디는 것도 이 때문입니다. 주님을 위해서입니다.

제 생각이 틀렸으면, 주님의 지혜의 충고를 제게 주십시오. 다만 제 잘못된 생각은 제 무능에서 오는 것이지 악의에서 오는 것이 아님을 아십시오. 그러나 주님은 이것을 알고 계십니다.

주님, 주님의 종은 많은 말씀을 드렸습니다…. 그러나 제 마음속에 있는 것은 아무 것도 말씀드리지 않았습니다. 주님, 그러나 주님은 제 정신을 보시지요…. 언제 주님의 얼굴을 볼 수 있을까? 언제 어머님과 형제들을 보게 될까요?… 인생은 지나가는 꿈입니다. 헤어짐은 지나갈 것입니다. 저는 주님 안에 그분들과 같이 있을 것이고, 그러면 그것이 제게, 요한에게와 같이 제게도 기쁨과 자유가 될 것입니다.

제 구원자이신 주님의 발 앞에 엎드리오니, 제게 강복하시고 평화를 주십시오. 나자렛의 어머님과 제 동료 제자들에게 평화와 축복을 드립니다. 사도들과 제자들에게 평화와 축복을. 주님께는 영광과 사랑을.'

다 읽었습니다. 어머니, 저와 같이 가십시다. 너희들은 나를 기다리던가 쉬던가 하여라. 나는 돌아오지 않고, 내 어머니와 함께 기도하며 있겠다. 요안나야, 누가 나를 찾거든 호수 근처 정자에 있다고 말해라."

베드로는 성모님을 따로 끌어 가지고 흥분하여, 그러나 낮은 소리로 말한다. 성모님은 그에게 미소를 지으시며 무슨 말인지 속삭이신다. 그리고 밤이라 겨우 보일까 말까 한 오솔길로 해서 아드님 있는 데로 가신다.

"요나의 시몬이 무엇을 청했습니까?"

"아들아, 알고 싶어하더라. 어린 아이다…. 큰 어린 아이… 그렇지만 매우 착한 사람이다."

"예, 매우 착합니다. 그래서 그 사람은 알려고, 지극히 착하신 어머니께 부탁을 한 거로군요…. 그 사람은 어머니와 요한이라는 제 약점을 찾아냈습니다. 저도 그걸 압니다. 모르는 체하고 있지만 알고 있습니다. 그러나 그 사람을 기쁘게 하려고 항상 양보할 수는 없습니다…. 요나타, 그럴 필요가 없었는데. 우리는 어두운 데에 그대로 있어도 괜찮았다" 하고 요나타가 은으로 만든 등잔과 쿠션을 가지고 달려 와서 등잔을 탁자에 놓고 쿠션은 정자의 의자에 놓는 것을 보시고 말씀하신다.

"요안나의 명령입니다. 선생님께 평화."

"네게 평화."

이제 두분만 남으셨다.

"제가 그 사람을 항상 기쁘게 해 줄 수는 없다고 말했습니다. 오늘 저녁에 그럴 수가 없었습니다. 제가 말하지 않은 점은 어머니만 아실 수 있습니다. 이 때문에 어머니를 모시고 싶어한 겁니다. 어머니와 같이 있기 위해서도 그랬구요…. 헤어지기 전에 마지막 몇 시간을 어머니와 같이 있는 것은 아주 크고 아주 기분좋은 힘을 모아서, 저를 이해하지 못하거나 잘못 이해하는 세상 가운데에서 지내게 될 수많은 외로운 시간에 그 힘으로 인해 부유하게 되는 것입니다. 또 돌아와서 처음 몇 시간을 어머니와 같이 있는 것은 세상에서 마셔야 하는 … 몹시 진저리 나고 몹시 쓴 모든 잔을 마신 뒤에 어머니의 자상함에서 즉시 힘을 다시 얻는 것입니다."

성모님은 말없이 예수를 쓰다듬으신다. 앉아 계신 예수 곁에 서신 어머니가 아들을 위로하시는 것이었다. 그러나 예수께서는 어머니를 앉게 하시고 말씀하신다. "들으세요…." 그러니까 예수 앞에 앉아서 주의를 기울이시는 성모님은 선생님이신 예수의 입술에 매달린 제자가 되신다.

"신디카는 안티오키아에 대한 말을 하면서 이렇게 써 냈습니다. '저는 사람들의 뜻이 어디에서 그치고, 하느님의 뜻이 어디에서 시작되는지 항상 구별할 줄을 모릅니다. 그것은 제가 총명하지 못하기 때문입니다. 그러나 저를 여기 데려온 것은 제 소원보다 더 강한 의지입니다. 그리고 그것은 아마 하느님의 뜻이었던 것같습니다. 아마 하늘의 은총이겠지만, 제가 이제는 이 도시를 사랑한다는 것은 확실합니다. 도시를 양쪽에서 지키고 있는 카시오스 산과 아말 산의 꼭대기와 더 멀리 있는 검은 산들의 푸른 능선으로 이 도시는 잃어버린 제 조국을 많이 생각나게 합니다. 그리고 이것이 제 땅으로 돌아가는 첫걸음인 것같습니다. 그런데 고향에서 죽으려고 그리로 돌아가는 여행자의 첫걸음이 아니라, 그의 어머니였던 땅에 생명을 주려고 오는 생명의 사자의 첫걸음인 것같습니다. 저는 이곳에서 쉬고 지혜로 영양을 취하고 나서, 다시 날기 시작할 제비처럼 저기 제가 태어난 도시를 향해 날아가야 할 것으로 생각됩니다. 저는 그 도시에 제가 받은 빛을 준 다음에 그곳에서 빛을 향해 올라가고자 합니다. 아니 **올라갔으면 합니다**.

 주님을 통해 제 형제들인 사람들은 사물을 이렇게 보는 방식에 찬성하지 않으리라는 것을 저는 압니다. 형제들은 주님의 지혜를 그들만을 위해서 가지기를 원하지만, 그것은 틀린 생각입니다. 언젠가 그들도 세상이 기다리고 있다는 것과 그들이 업신여기는 세상이 가장 훌륭하리라는 것을 깨달을 것입니다. 저는 형제들에게 길을 닦습니다. 여기서만이 아니고, 여기에 살다가 다른 나라로 돌아갈 수많은 사람들과 더불어 길을 닦습니다. 그리고 저는 그들이 이방인인가 또는 개종자인가, 그리이스인인가 또는 로마인인가, 제국의 다른 식민지들의 사람들인가 또 디아스포라의 사람들인가 알려고 그렇게 골몰하지 않습니다. 저는 말을 하고, 주님을 알고 싶어하는 소원을 불러일으킵니다…. 바다는 구름 한 덩어리에 물이 쏟아져서 이루어지지 않고, 땅에 쏟아져서 바다 쪽으로 가는 구름들, 수없이 많은 구름들로 이루어졌습니다. 저는 한 조각의 구름일 것이고, 바다는 그리스도교일 것입니다. 저는 그리스도교의 바다를 형성하는 데 이바지하기 위해 주님께 대한 인식을 늘려가고 싶습니다. 그리이스인인 저는 그리스인들에게 말할 줄 아는데, 말 때문에 그렇기보다는 사물 보는 방식의 공통성 때문에 그렇습니다…. 전에 로마인들의 노예였던 저는 그들의 정신의 약점을 알고 있어서 그 정신에 작용할 줄을 압니다. 또 히브리 사람들 가운데에서 살고 나서, 저는 특히 개종자들이 많은 이곳에서 그들과 어떻게 행동해야 할지도 압니다. 요한은 주님의 영광을 위해 죽었습니다. 저는 주님의 영광을 위해서 살겠습니다. 저희들의 영에 강복해 주십시오.'

그리고 더 뒤로 가서 요한의 죽음에 대한 말을 쓴 곳, 제가 시몬이 읽게 내버려 두지 않은 곳에는 이런 말을 썼습니다. '요한은 모든 정결의식을 다하고 나서, 그들의 행동 방식으로 그를 죽였고, 주님으로 하여금 그를 멀리 떠나보내지 않을 수 없게 한 사람들을 용서한다는 마지막 정결예식까지도 다 하고 나서 죽었습니다. 저도 그 사람들의 이름을 압니다. 적어도 그들 중의 주요한 사람의 이름을 압니다. 요한이 그 이름을 제게 알려 주면서 이렇게 말했습니다. 〈그 사람을 경계하시오. 그 사람은 배신자요. 그 사람은 나를 배반했고, 주님과 그의 동료들도 배반할 거요. 그러나 나는 주님이 그를 용서하실 것처럼 가리옷 사람을 용서하오. 그가 들어가 있는 심연은 그렇지 않아도 너무나 크기 때문에, 그가 나를 예수님에게서 갈라놓음으로 나를 죽인 것을 용서해 주기를 거부함으로 더 깊게 하고 싶지는 않소. 내 용서가 그를 구원하지는 못할 거요. 그는 마귀이니까 아무 것도 그를 구원하지 못할 거요. 살인을 한 내가 이런 말을 해서는 안될 거요. 그러나 내게는 적어도 나를 미치게 만들 모욕이 있었소. 그 사람은 자기에게 해를 끼치지 않은 사람을 공격하고, 끝내는 그의 구주를 배반하고야 말 거요. 그러나 하느님의 인자는 내게 대한 그의 증오에서 내 이익을 나오게 하셨기 때문에, 나는 그를 용서하오. 알겠소? 나는 모든 것을 속죄했소. 선생님께서 어제 저녁에 그 말씀을 해 주셨소. 이제 나는 감옥에서 나가, 정말 자유속으로 들어가오. 그의 주님 곁에서 평화를 찾아냈던 불행한 사람에 대한 가리옷의 유다의 죄에 대한 기억의 중압에서 벗어나서 말이오.〉

저도 요한의 본보기를 따라 저를 주님과 복되신 어머님과 제 동료 제자인 자매들에게서 억지로 떼어내고, 주님의 말씀을 듣지 못하게 하고, 구세주로서의 주님의 승리를 보기 위해 죽음에까지 주님을 따라가지 못하게 막은 것을 그에게 용서합니다. 그리고 저는 주님 때문에 주님께 경의를 표하고 주님의 고통을 덜어 드리기 위해서 이렇게 합니다. 주님, 안심하십시오. 주님을 따라 다니는 사람들 가운데 있는 치욕이 되는 사람의 이름은 절대로 제 입술에서 나가지 않을 것입니다. 그리고 이와 동시에 요한의 **자아**가 주님의 보이지 않고 복되게 하는 현존과 더불어 말할 때 그의 곁에서 들은 것 중의 아무 것도 제 입에서 나가지 않을 것입니다. 저는 새 거처에 자리잡기 전에 주님을 뵈러 갈까 하고 생각하면서 망서렸습니다. 그러나 저는 제가 가리옷 사람에 대해서 가지는 혐오감 때문에 제 본심을 드러내게 되리라고 느꼈고, 그렇게 해서 주님의 원수들에 대해 주님께 해를 끼치게 되리라고 느꼈습니다. 그래서 이 위안을 희생했습니다…. 희생에 이익도 없지 않고 상급도 없지 않을 것이라고 확신하면서요.'

이상입니다. 어머니, 이걸 시몬에게 읽어줄 수 있었습니까?"

"아니다. 시몬에게도 다른 사람들에게도 읽어 줄 수 없었다…. 나는 슬픔 가운데에도 요한의 그 거룩한 죽음에 대해 기쁨을 느낀다…. 아들아, 요한이 우리의 사랑을 느끼도록 기도하자. 그리고… 유다가 치욕의 사람이 되지 않도록… 오! 소름끼치는 일이다!… 그렇지만… 우리는 용서할 것이다…."

"기도합시다…." 두 분은 일어나서서 늘어진 가지들이 커튼을 이루고 있는 가운데 등잔의 깜박거리는 불빛을 받으시며 기도하신다. 그 동안 되밀려 오는 파도가 호숫가에 부딪으며 내는 단속적인 소리가 들려 온다….

154. 티베리아의 엠마오 온천에서

　달이 벌써 졌기 때문에, 호수는 별들이 매우 약하게 비추는 야산들의 거미발에 물린 거대한 붉은 무늬 마노(瑪瑙)에 지나지 않는다. 예수께서는 푸른 정자에 혼자 계신데, 희미한 불빛이 꺼져 가는 등불 곁에 탁자에 얹으신 팔에 얼굴을 대고 계신다. 그러나 주무시지는 않으신다. 이따금씩 머리를 드시고, 아직도 탁자 위에 펴져 있는 종이들을 바라다 보신다. 종이는 윗쪽에 놓여 있는 등잔과 아랫쪽에 기대 있는 예수의 앞팔로 고정이 되어 있다. 그런 다음 다시 고개를 숙이신다.

　모든 것이 정적이다. 호수조차도 밤의 압도하는 고요속에서 자는 것같다. 그러다가 갑자기 동시에 나뭇잎들 사이에서 살랑거리는 바람소리가 들리고, 파도 하나가 호숫가에 부딪히는 소리가 들리고, 자연에 변화가 일어난다. 자연의 힘이 잠을 깨는 것 같다. 겨우 나타나기 시작한 창백한 새벽빛이 벌써 진짜빛이 되었다. 아무도 없는 정원을 바라다 볼 때에는 눈이 그것을 알아차리지는 못하지만, 거울같은 호수가 이 빛이 돌아왔다는 것을 나타내는 반사를 보여준다. 왜냐하면 납빛깔과 짙은 붉은 무늬 마노빛깔이 더 엷어지고, 새벽이 시작되는 하늘의 반사로 천천히 납빛깔에서 회색 판암(板岩) 빛깔로 변했다가, 다시 철회색으로 변했다가 오팔색이 되고 마침내 낙원과 같은 파란 빛깔의 물에 하늘을 반사한다.

　예수께서는 일어나셔서 종이들을 모아가지고, 미풍이 처음 불기 시작할 때에 꺼진 등잔을 드시고 집 쪽으로 향하신다. 절을 하는 하녀 하나를 만나시고, 그 다음에는 화단 쪽으로 가는 정원사를 만나셔서 인사를 나누신다. 예수께서는 다른 하인들이 첫번 일을 시작하는 마당으로 들어가신다.

　"자네들에게 평화. 내 사람들을 불러줄 수 있겠나?"

154. 티베리아의 엠마오 온천에서

"주님, 다들 일어나셨습니다. 그리고 여자분들이 타실 마차도 벌써 준비되었습니다. 여주인님도 일어나셔서 안마당에 계십니다."

예수께서는 집을 건너질러 길쪽에 있는 안마당으로 가신다. 과연 모두가 거기 모여 있다.

"가십시다. 어머니 주께서 어머니와 함께 계시기를. 아주머니와도 함께 계시기를. 그리고 제 평화가 두분과 함께 가기를 바랍니다. 시몬아, 잘 다녀 오너라. 살로메와 아이들에게 내 평화를 전해라."

요나타가 육중한 대문을 연다. 거리에는 포장을 친 마차가 있다. 집들이 양쪽에 있는 거리는 아직 썩 환하지는 않고, 사람이 하나도 없다. 여자들은 친척과 함께 마차에 오르고 마차는 떠난다.

"우리도 즉시 가자. 안드레아야, 배 있는 곳으로 먼저 뛰어 가서 사환들에게 다리케아로 우리를 따라 오라고 말해라."

"뭐라구요? 우리는 걸어서 갑니까? 우리가 늦게 도착할 텐데요…."

"상관없다. 앞서들 가거라. 그동안 나는 요안나와 작별 인사를 하겠다."

사도들은 떠난다….

"주님, 저도 주님을 따라가겠습니다. 아니, 저는 배로 갈 테니까 오히려 주님보다 먼저 가겠습니다."

"오랫동안 기다려야 할 것이다…."

"상관없습니다. 저를 가게 내버려 두십시오."

"하고 싶은대로 하여라. 쿠자는 집에 없느냐?"

"그 사람은 돌아오지 않았습니다, 주님."

"내가 인사한다고, 그리고 의인이 되도록 권고한다고 말해라. 내 대신 아이들을 쓰다듬어 주어라. 그리고… 선생을 이해한 네가 쿠자에게 그가 잘못 생각하고 있고, 그리스도를 현세의 왕을 만들기를 원하는 사람들은 모두가 그와 같이 잘못 생각하고 있다는 것을 이해시켜라."

예수께서는 길로 나오셔서 빨리 사도들에게로 오신다.

"엠마오 길로 해서 가자. 불행한 사람들이 많이 온천에 간다. 어떤 사람들은 병을 고치려고, 또 어떤 사람들은 원조를 얻으려고."

"그렇지만 우리는 돈이 한푼도 없는데요" 하고 제베대오의 야고보가 지적한다.

예수께서는 대답을 하지 않으신다.

길에는 갈수록 사람이 많아지는데, 매우 다른 두 가지 부류의 사람들이다. 시장으로 급히 가는 야채 재배자, 장사꾼, 하인, 노예, 일반 서민들이 있고, 또 가마를 타거나 말을 탄 향락을 좇는 부자들도 샘 있는 쪽으로 간다. 샘이 병을 고치게 된다고 하니 아마 온천일 것이다.

티베리아는 거기 사는 사람들 가운데 여러 민족의 사람들을 볼 수 있기 때문에 약간 국제적인 도시임이 틀림없다. 한가하고 타락한 생활로 몸이 둔해진 로마인들이 있고, 몸치장을 하고 또 틀림없이 로마인들 못지 않게 방탕하지마는, 악습이 그들에게 남겨준 얼굴이 라틴족 사람들의 표정과는 같지 않은 그리스 사람들이 있고, 페니키아 해안지방의 사람들과 대부분이 나이 든 사람들인 히브리인들도 있다. 억양과 말과 옷이 가지각색이다. 그리고 남자나 여자의 병든 창백한 어떤 얼굴이나 로마 귀부인들의 피곤한 얼굴들도 있다…. 또 더러는 가마 곁으로 말을 타고, 더러는 가마를 타고 떼를 지어 가면서 농담을 하고, 쓸데 없는 문제를 가지고 토론을 하고, 내기를 하는 쾌활한 낙천가인 남녀들의 얼굴도 보인다.

길은 아름답다. 큰 나무들로 그늘이 진 길인데, 그 줄기들 사이로 한편은 호수, 또 한편은 들판이 보인다. 이제는 해가 올라와서 물과 초목의 빛깔을 생생하게 한다.

여러 사람이 몸을 돌려 예수를 바라보고, 속삭임이 그 뒤를 따른다. 여자들의 감탄을 나타내는 말들, 때로는 경멸적인 남자들의 희롱, 투덜거리는 소리, 어떤 탄식도 들린다. 예수께서는 탄식만 받아들이시고 주의를 기울이시며 들어주신다.

예수께서 관절염으로 마비된 어떤 때로인의 사지를 다시 민첩하게 하여 주시니, 여러 이방인의 빈정거리는 무관심이 흔들린다.

"오!" 하고 놀기 좋아하는 사람답게 얼굴이 부은 어떤 늙은 로마인이 외친다.

"오! 저렇게 병이 고쳐지다니 훌륭하구먼. 나도 저 사람을 부르겠다."
"저 사람이 당신에겐 그렇게 해 주지 않을 거요. 실레나 영감, 병이 고쳐지면 뭘 할 거요?"
"또 즐기러 가야지!"
"그럼, 보잘 것없는 나자렛 사람을 찾아가야 소용없소."
"나는 가오. 그리고 내 가진 걸 다 걸고 내기를 하겠소…."
"내기를 하지 마시오. 당신이 잃을 거요."
"내기를 하게 내버려 두시오. 저 사람 아직 술이 안 깼소. 우린 저 사람 돈을 이용합시다."
늙은이는 가마에서 비틀거리며 내려온다. 그는 손을 잡고 데리고 온 소녀인 그의 딸에 대하여 말하는 어떤 이스라엘 어머니의 말을 듣고 계신 예수께로 왔다.
"아주머니, 염려 마시오. 당신 딸은 죽지 않을 것입니다. 집으로 돌아가시오. 온천에는 가지 마시오. 당신 딸은 거기서 육체의 건강을 얻지 못하고 영혼의 순결을 잃을 것입니다. 그곳은 품위를 떨어뜨리는 방종이 판치는 곳입니다." 그리고 이 말씀을 모두가 듣도록 큰 소리로 하신다.
"선생님, 저는 믿습니다. 집으로 돌아가겠습니다. 종들에게 강복해 주십시오, 선생님."
예수께서 그들에게 강복하시고 그곳을 떠나려고 하신다.
로마인이 예수의 옷을 잡아 끈다. 그리고 "나를 고쳐 주시오" 하고 명령한다.
예수께서 그를 바라다 보시고 물으신다.
"어디요?"
로마인들, 그리고 그들과 같이 그리이스인들과 페니키아인들이 모여 들어서 히죽히죽 웃으며 내기를 한다. "모독! 저주!" 또 그와 비슷한 다른 말들을 중얼거리면서 비켜난 이스라엘 사람들도 역시 호기심으로 발을 멈추고 있다.
"어디요?" 하고 예수께서 물으신다.
"사방이, 나는 병자요… 히! 히! 히!" 그 사람이 웃는 것인지 우는 것인지 모르겠다. 그만큼 그의 입에서 나오는 소리가 괴상하다. 오랜 세월의 방탕생활이 그에게 남겨준 물렁물렁한 지방이 성대까지 방해하는 것같다. 그 사람은 그의 고질을 열거하며 죽을까봐 무섭다고 말한다.

예수께서는 그를 엄하게 바라다 보시며 말씀하신다. "과연 당신은 당신 자신을 죽였으니까 죽음을 두려워해야 할 거요." 그리고 그에게 등을 돌리신다. 그 사람은 그곳에 있는 사람들이 히죽히죽 웃고 있는데 예수의 옷을 다시 붙잡으려고 한다. 그러나 예수께서는 몸을 빼치시고 그곳을 떠나신다.

"엄지손가락이 아래로 향했소. 아피우스 파비우스! 엄지손가락이 아래로 향했소! 히브리인들의 왕이라고 불리는 사람이 당신에게 은혜를 베풀지 않았소. 당신이 내기에 졌으니, 당신 돈주머니를 이리 주시오." 그리스 사람들과 로마 사람들이 실망한 그 사람을 에워싸면서 소란을 피운다. 로마인은 그들을 떼밀어 내고, 옷을 걷어 올리며 지방투성이 몸을 비틀거리며, 그 지나치게 뚱뚱한 몸으로 할 수 있는 만큼 빠르게 뛰어 간다. 그러나 균형을 잃고 친구들이 깔깔거리고 웃는 가운데 먼지속에 넘어졌다. 친구들이 그를 어떤 나무 곁으로 끌고 가니, 술취한 그 사람은 나무 줄기에 바싹 기대 앉아 술꾼들의 얼빠진 울음을 운다.

많은 길에서 오직 한군데로 몰려드는 군중이 점점 더 많아지는 것을 보면, 온천이 분명히 가까이 있는 모양이다. 공기 중에 유황수의 냄새가 맴돌고 있다.

"저 더러운 사람들을 피하기 위해서 호숫가로 내려갑니까?" 하고 베드로가 묻는다.

"저 사람들 모두가 더럽지는 않다. 그들 가운데에는 이스라엘 사람도 많이 있다" 하고 예수께서 말씀하신다.

온천에 이르렀다. 흰 대리석으로 지은 일련의 건물인데, 건물들 사이에는 길들이 있고, 건물들과 호수 사이에는 나무들을 심은 넓은 광장이 있는데, 그 아래로 방금 도착한 사람들이 목욕을 기다리면서 또는 목욕한 후에 기운을 차리느라고 왔다갔다 한다. 어떤 건물의 벽에 툭 튀어나온 청동으로 만든 메두사*의 머리들은 김이 나는 물을 대

＊ 역주 : 그리스 신화에 나오는 머리카락이 뱀으로 되어 있는 마녀.

리석 수반에 쏟는데, 그 수반이 겉은 희고, 안쪽은 녹슨 쇠를 입힌 것처럼 불그스름하다. 많은 이스라엘 사람들이 온천으로 가고, 컵으로 광천수를 떠서 마신다. 이스라엘 사람들이 그렇게 하는 것을 볼 수 있고, 또 이 별채에서만 그렇게 한다. 충실한 이스라엘 사람들이 이방인들과의 접촉을 피하려고 특별한 장소를 가지기를 원한 것으로 짐작된다.

많은 병자들이 들것에 실려 치료를 기다리고 있는데, 예수를 보고 여러 사람이 외친다.

"다윗의 후손 예수님, 저를 불쌍히 여겨 주십시오."

예수께서는 그들에게로 가신다. 중풍환자, 관절염 환자, 관절경직(硬直)이 된 사람, 골절이 되었는데 뼈가 다시 붙지 않는 사람, 빈혈환자, 선(腺)질환이 있는 사람, 나이가 되기 전에 윤기를 잃은 여자, 애늙은이가 된 어린이 따위다. 또 그리고 나무 밑에는 신음을 하고 동냥을 청하는 거지들이 있다.

예수께서는 병자들 곁에서 걸음을 멈추신다. 선생님이 말씀을 하시고, 병자들을 고쳐 주실 것이라는 소문이 퍼진다. 사람들은, 다른 인종의 사람들까지도 보려고 가까이 온다.

예수께서는 주위를 휘 둘러보신다. 그리고 신디카가 보낸 그리이스 사람이 샤워를 해서 아직 젖은 머리로 나오는 것을 보시고 빙그레 웃으신다. 예수께서는 갑자기 목소리를 높이신다.

"자비는 문을 열어 은총을 들어오게 합니다. 자비를 얻기 위해 자비를 베푸시오. 모든 사람은 어떤 것이 가난합니다. 어떤 사람들은 돈이 없고, 어떤 사람에게는 애정이나 자유나 건강이 없습니다. 그래서 모든 사람은 우주를 창조하시고, 오직 한분뿐이신 아버지로서 당신의 자녀들을 구제하실 수 있는 하느님의 도움이 필요합니다."

예수께서는 사람들에게 당신의 말씀을 듣거나 목욕하러 가거나 선택할 시간을 주시려는 것처럼 잠깐 말씀을 중단하신다. 그러나 대부분이 목욕을 버린다. 이스라엘 사람들과 이방인들이 예수의 말씀을 들으려고 밀려든다. 회의적인 로마인들은 그들의 호기심을 농담으로 숨긴다. "오늘은 연설가까지 있으니, 여기가 로마의 공동목욕탕과 비슷하구먼" 하고 그들은 말한다.

그리이스 사람 제논이 군중을 헤치면서 외친다. "젠장! 나는 다리케아로 가려고 했는데, 여기서 선생님을 만나게 되는군요!"

예수께서는 말씀을 계속하신다. "어제 어떤 사람이 '선생이 하는 것을 따르기는 어렵습니다' 하고 내게 말했습니다. 아닙니다. 어렵지 않습니다. 내 가르침은 사랑에 바탕을 두고 있습니다. 그런데 사랑을 따르는 것은 어렵지 않습니다. 내 가르침은 무엇을 권장합니까? 참 하느님에 대한 공경과 이웃에 대한 사랑을 권장합니다. 영원한 어린아이인 사람은 사랑을 알지 못하기 때문에 어두움을 무서워하고 망상을 따라 갑니다. 사랑은 지혜요 빛입니다. 사랑은 가르치기 위해 스스로를 낮추기 때문에 지혜이고, 비추러 오기 때문에 빛입니다. 빛이 있는 곳에서는 어두움이 사라지고, 지혜가 있는 곳에서는 망상이 없어집니다. 내 말을 듣는 사람들 중에는 이방인들이 있습니다. 그들은 '하느님이 어디 있는가?' 하고 말합니다. '당신의 하느님이 참 하느님이라는 것을 누가 증명합니까?' 하고 말합니다. '당신이 진실을 말한다는 것을 당신은 어떻게 우리에게 보증합니까?' 하고 말합니다. 그리고 이런 말을 이방인들만이 하는 것도 아닙니다. 어떤 사람들은 내게 이렇게 '당신은 무슨 권한으로 그런 일을 합니까?' 하고. 아버지에게서 내게 오는 권한으로 이렇게 합니다. 모든 것을 당신이 특별히 사랑하시는 피조물인 사람에게 쓰이게 하셨고, 또 내 형제들인 사람들을 가르치라고 나를 보내신 아버지에게서 오는 권한으로 말입니다. 깊은 땅속에 샘물에 약효가 있게 하는 능력을 주신 아버지께서 당신의 그리스도의 능력을 제한하실 수 있습니까? 그리고 참 하느님 말고 어떤 신이 사람의 아들에게 파괴된 팔다리를 다시 만드는 기적을 행하도록 허락할 수 있습니까? 어떤 우상의 신전에서 소경이 눈을 뜨고 마비환자가 팔다리를 다시 움직이는 것을 봅니까? 어떤 신전에서 죽어가는 사람들이, 어떤 사람의 '내가 명령한다' 하는 말에 건강한 사람들보다도 더 건강하게 벌떡 일어납니까? 그런데 나는 참 하느님을 찬미하기 위하여, 그리고 참 하느님께서 여러분에게 알려지시고 찬미받으시기 위해서, 여기 모인 여러분 모두에게, 민족이 어떠하든 종교가 어떠하든, 그들이 물에서 구하는 건강을 얻을 것인데, 그 건강을 나를 통해서 얻을 것이라고 말합니다. 나는 나를 믿고 또 곧은 마음으로 자비를 베푸는 사람에게 육체의 생명과 정신의 생명을 주는 맑은 물입니다. 나는 어려운 일을 요구하지 않습니다. 나는 믿음의 충동과 사랑의 충동을 요구합니다. 여러분의 마음의 문을 열어 믿음을 받아들이시오. 여러분의 마음을 열어 사랑을 받아들이시오. 차지하기 위하여 주시오. 하느님의 도움을 얻기 위하여 보잘 것 없는 돈을 주시오. 우선 여러분의 형제들을 사랑하시오. 자비를 베풀 줄을 아시오. 여러분 중의 3분의 2는 그들의 이기주의와 사욕 때문에 병들었습니다. 이기주의를 꺾고 정열을 억제하시오. 그렇게 하면 육체적 건강과 지혜에서 이익을 얻을 것입니다. 여러분의 교만을 꺾으시오. 그러면 참 하느님의 은혜를 받을 것입니다. 나는 여러분에게 거지들을 위한 동냥을 청합니다. 그런 다음 여러분에게 건강을 선사하겠습니다.”

예수께서는 돈을 받기 위하여 겉옷 자락을 올려서 펴신다. 이교도들과 이스라엘 사람들이 그리로 던지는 돈이 많다. 그리고 그리로 오는 것이 돈뿐이 아니고 로마 여자들이 대범하게 던지는 반지와 다른 보석들도 있다. 로마 여자들은 예수께 가까이 오면서 쳐다보고, 무슨 말인지 속삭이는 여자들도 있다. 그러면 예수께서 동의를 표하시거나 짤막하게 대답하신다.

기부는 끝났다. 예수께서는 사도들을 부르셔서 거지들을 당신께로 데려 오게 하시니, 보물이 생겼던 것과 똑같이 빠른 속도로 마지막 한푼에 이르기까지 흩어진다. 보석들이 남아 있는데, 그것들을 돈과 바꿀 만한 사람이 없기 때문에 예수께서는 그것들을 내놓은 여자들에게 돌려주신다. 기부를 한 여자들을 위로하기 위하여 예수께서 그들에게 말씀하신다. “욕망이 행위만한 가치가 있습니다. 기부는 나누어진 것과 마찬가지로 값집니다. 하느님께서는 사람의 의향을 보시기 때문입니다.”

그리고 몸을 다시 일으키시고 외치신다. “능력이 어디에서 옵니까? 참 하느님에게서 옵니다. 아버지, 아버지의 아들을 통하여 아버지께서 빛나게 하십시오. 저는 아버지의 이름으로 병자들에게 명합니다. 가시오!”

이제는 매우 자주 본 광경이 벌어진다. 병자들이 일어나고, 불구자들이 다시 몸을 일으키고, 마비환자들이 몸을 움직이고, 얼굴들에 화기가 돌고, 눈들이 빛난다. 호산나의 환호성과 로마인들의 축하 소리가 울려 퍼진다. 로마인들 중에서 병이 고쳐진 여자 두 사람과 남자 한 사람이 있는데, 그들은 이스라엘 사람들을 본받기를 원하지마는, 그들처럼 그리스도의 발에 입맞춤 하도록 겸손하게 되지는 못하고, 몸을 숙여 예수의 옷자락을 잡고 입맞춤 한다.

그런 다음 예수께서는 군중 가운데에서 빠져나가시려고 떠나신다. 그러나 그렇게 하실 수가 없다. 어떤 완고한 이방인과 완고함으로 이방인보다 한층 더 죄가 많은 어떤 히브리 사람을 빼놓고는 모두가 다리케아로 가는 길로 예수를 따라 간다.

155. 다리케아에서

작은 다리케아 반도는 호수 안으로 쑥 내밀어 서남쪽에 깊은 작은 만을 이루어 놓았다. 그래서 반도라기보다는 오히려 주위 전체가 물에 둘러싸여 있고, 일종의 통로로 육지와 연결되어 있는 지협(地峽)이라고 말해도 틀리지 않는다. 적어도 내가 그것을 본 시기인 예수의 시대에는 그러하였다. 그후 스무 세기가 지나는 동안에, 바로 서남쪽의 작은 만으로 흘러 들어오는 작은 개울에 실려 온 모래와 자갈들이 작은 만을 모래로 메우고, 따라서 지협의 땅을 넓혀서 그곳의 모양이 바뀔 수 있었는지는 모르겠다.

만은 고요하고, 파랗고, 호숫가에서 호수 쪽으로 뻗어 있는 나무의 푸른 잎들이 반사되는 비취 빛깔의 띠들이 있다. 많은 배가 거의 고요한 물에서 가볍게 흔들리고 있다.

내게 강한 인상을 주는 것은 이상한 제방이다. 호숫가의 자갈 위에 세워진 홍예들로 그 둑은 서쪽으로 향하여 가는 일종의 산책로랄까 부두랄까, 그런 것을 만들어 놓았다. 나는 이것을 장식으로 해 놓은 것인지 내가 알지 못하는 어떤 목적으로 해 놓은 것인지 모르겠다. 이 통로, 방파제 또는 부두에는 흙을 두껍게 깔고, 꽤 작은 나무들을 매우 촘촘하게 심어서 길 위에 푸른 회랑을 만들어 놓았다. 많은 사람들이 산들바람과 물과 나뭇잎들이 확실히 서늘한 즐거움을 가져다 주는 이 살랑거리는 회랑 아래에서 시간을 보낸다.

요르단강 어귀와 강바닥으로 호수의 물이 흘러 들어가서 몇개의 소용돌이를 일으키고 교각 옆에 물의 흐름이 좀 막히는 것이 분명히 보인다. 이물 끝의 물결 헤치는 부분(내가 설명을 잘 하는지 모르겠다)처럼 건조(建造)한 튼튼한 교각 위에 의지하고 있는 건조물인 것으로 보아 이 다리는 로마인들이 놓은 것같은데, 그 교각 모서리에 흐르는 물이 부딪혀서, 호수 안에서 마음대로 넓게 퍼져 있던 물이 양쪽이 깎아지른 좁은 강으로 들어가려고 부딪고 넘쳐 흐르는 곳을 비추는 햇빛을 받아 자개와 같은 빛의 반짝임을 보인다. 거의 다리 끝의 맞은편 강안(江岸)에는 아주 하얀 작은 도시가 있는데, 그 집들이 기름진 푸른 들판 여기저기에 흩어져 있다. 그리고 좀 더 윗쪽 북쪽으로, 그러나 호수의 동쪽 기슭에는 이포 못미쳐 있는 마을과 절벽 위에 있는 수풀들이 보이고, 그 너머로는 언덕 꼭대기에 잘 보이는 가말라가 있다.

  사람들의 무리가 엠마오에서부터 예수를 따라 왔고, 군중은 다리케아에서 벌써 예수를 기다리고 있던 사람들로 더 불어났다. 그들 중에는 배를 타고 온 요안나도 있다. 예수께서는 바로 나무들을 심은 제방 쪽으로 가셔서 한가운데에서 걸음을 멈추신다. 오른쪽에는 호수의 물이 있고, 왼쪽에는 모래밭이 있다. 그렇게 할 수 있는 사람들은 그늘진 길에 자리잡고, 길에서 자리를 얻지 못한 사람들은 모래밭으로 내려가는데, 모래밭은 밤사이에 많이 올라온 밀물 때문인지 다른 어떤 이유에서인지 아직 좀 축축하고, 부분적으로는 제방에 있는 나무들로 그늘이 져 있다. 어떤 사람들은 배를 호숫가에 대고, 돛이 만드는 그늘에 자리잡는다.

  예수께서 말씀하시겠다는 손짓을 하시니 사람들이 잠잠해진다.

  "'당신은 당신 백성을 구하시기 위하여, 당신의 그리스도의 덕택으로 당신 백성을 구하시기 위하여 움직이셨습니다' 하는 말이 있고, '내 구세주여, 그래서 저는 주님 안에서 기뻐하고, 하느님 안에서 몹시 기뻐하겠습니다' 하는 말이 있습니다.

  이스라엘 백성은 이 말씀을 자기를 위한 것으로 생각해서, 이 말씀에 민족적이고, 개인적이고, 이기주의적인 뜻을 붙였는데, 그것은 메시아의 인물에 대한 진리와는 일치하지 않는 것입니다. 이스라엘 백성은 위대한 메시아 사상을 인간 능력을 나타냄과 이스라엘에 있는 정복자들을 그리스도에 의해서 분쇄한다는 수준으로 끌어내리는 좁은 뜻을 이 말씀에 붙여주었습니다.

  그러나 진리는 다릅니다. 진리는 하늘과 땅의 창조주이시고 주님이시며, 인류의 창조주이신 하느님에게서 옵니다. 즉 하늘에는 수많은 천체를 만들어 놓으시고, 땅에는 가지가지 초목을 만들어 놓으시고 갖가지 짐승을 만들어 놓으셨으며, 물에는 물고기를, 공중에는 새들을 만들어 놓으신 것과 마찬가지로, 만물의 왕이 되고 당신이 가장 사랑하시는 피조물이 되라고 창조하신 사람에게서 사람들의 자녀를 불어나게 하신 그분에게서 오는 것입니다. 그런데, **온 인류의 아버지**이신 주님이 어떻게 당신 자녀들에 대해서, 당신이 흙이라는 재료와 당신의 하느님으로서의 입김인 영혼으로 형성하신 남자와 여자에게서 태어난 자녀들인 당신 자녀들의 후손에 대해서 불공평하실 수가 있겠습니까? 그리고 어떤 자녀들은 당신에게서 오지 않은 것처럼 다른 자녀들과 다르게 취급하실 수 있겠습니까? 마치 그들은 유일한 근원에서 오지 않는 것처럼, 마치 그들은 당신에게서 오지 않고, 초자연적이고 적대적인 어떤 다른 존재에게서 오고, 다른 분파들로 창조되고 따라서 외부 사람들이고 사생아들이고, 그래서 업신여김을 받아야 할 사람들처럼 말입니다.

참 하느님의 이러저러한 국민의 보잘 것없는 신이 아니시고, 우상이나 환상적인 형태가 아니십니다. 하느님은 숭고한 실재이시고, 보편적인 실재이시며, 만물과 모든 사람을 창조하신 유일한 최고의 존재이십니다. **그러므로 그분은 모든 사람의 하느님이십니다.** 사람들은 하느님을 알지 못하더라도, 하느님께서는 사람들을 아십니다. 사람들은 그분을 알지 못해서 사랑하지 않거나, 잘못 알아서 잘못 사랑하거나, 알면서도 사랑할 줄을 모르더라도 하느님께서는 사람들을 사랑하십니다.

자식이 무식하거나 어리석거나 나쁘면 아버지의 감정이 사라집니까? 가르치는 것은 사랑이기 때문에 아버지는 가르치려고 힘씁니다. 아버지는 모자라는 자식을 덜 어리석게 하기 위해서 애를 씁니다. 아버지는 눈물과 관용과 유익한 벌과 자비로운 용서로 나쁜 자식을 고쳐 착하게 만들려고 애씁니다. 사람인 아버지가 이렇게 합니다. 그런데 하느님이신 아버지께서 혹 사람인 아버지보다 못하시겠습니까? 그러니까 하느님이신 아버지께서는 모든 사람을 사랑하시고, 그들의 구원을 원하십니다. 무한한 나라의 왕이시고 영원한 왕이신 하느님께서는 세상에 퍼져 있는 모든 국민들로 이루어진 당신 백성을 보시며 말씀하십니다. '이들은 내가 창조한 사람들로 이루어진 백성이고,

내 그리스도에 의해서 구원되어야 하는 백성이다. 이 백성을 위하여 나는 하늘 나라를 창조하였다. 그리고 지금은 구세주를 통해서 이 백성을 구원할 시간이다' 하고.

그리스도는 누구입니까? 구세주는 누구이고, 메시아는 누구입니까? 여기에는 그리이스 사람들이 많이 있습니다. 또 그리이스 사람이 아니더라도 '그리스도' 라는 단어의 뜻이 무엇인지 아는 사람이 많이 있습니다. 그리스도는 축성된 사람, 그의 사명을 다하라고 왕을 만드는 기름 바름을 받은 사람입니다. 무엇을 하라고 축성되었습니까? 왕좌의 보잘 것없는 영광을 누리라고 축성되었습니까? 그 보다 더 위대한 사제직을 위해서 축성되었습니까? 아닙니다. 유일한 왕권 아래 유일한 국민으로 유일한 교리 아래 모든 사람을 모아서 그들끼리 형제가 되고 오직 한분이신 아버지의 자녀가 되라고, 아버지를 알고, 아버지의 나라에서 한 몫을 차지하기 위하여 아버지의 율법을 지키는 자녀들이 되게 하라고 축성된 것입니다.

그를 보내신 아버지의 이름으로 왕인 그리스도는 그의 본성에 맞게, 즉 하느님에게서 왔기 때문에 **하느님 답게** 통치합니다. 하느님께서는 모든 것을 당신의 그리스도의 발판 노릇을 하게 하셨습니다. 그러나 짓누르려고 그렇게 하신 것이 아니라 모든 사람을 구원하시려고 그렇게 하셨습니다. 사실, 그리스도의 이름은 예수인데, 예수는 히브리말로 구세주라는 뜻입니다. 구세주가 계략과 가장 가혹한 상처에서 구하고 나면, 그의 발아래 산이 있을 것이고, 그가 통치하고 온 세상과 모든 민족 위에 높이 올라갔다는 것을 상징하기 위하여 그 산에는 모든 인종으로 이루어진 군중이 꽉 차 있을 것입니다. 그러나 왕은 벌거숭이일 것이고, 그는 오직 정신적인 것만 지향하고, 또 정신적인 것은 폭력과 황금이 아니라 정신의 능력과 희생의 영웅적 행위로 쟁취되고 보상된다는 것을 상징하기 위하여 그의 희생 외에 다른 재물을 가지고 있지 않을 것입니다. 그리스도가 벌거숭이가 되는 것은 ──그를 두려워하는 사람들과, 그를 세상이 생각하는대로의 왕을 만들고자 하여 거짓된 사랑으로 그를 찬양하거나 내리깎는 사람들과 그들에게 소중한 것을 **빼앗기지** 않을까 하는 염려 외에 다른 이유가 없이 그를 미워하는 사람들에게── 자기는 사람들에게 나라를 얻는 방법을, 내가 세우러 온 유일한 나라를 얻는 방법을 가르치기 위하여 보내진 정신적인 왕이라고, 오직 그것뿐이라고 대답하기 위해서일 것입니다.

나는 새 계율을 주지 않습니다. 이스라엘 사람들에게는 시나이산의 율법을 확인합니다. 그리고 나는 이방인들에게는 이렇게 말합니다. 나라를 얻기 위한 계율은 도덕적인 사람 누구나가 스스로 높이 올라가기 위하여 자기에게 스스로 과(課)하는 덕행의 계율에 지나지 않는다고 말입니다. 이 덕행의 계율은 참 하느님에 대한 믿음 덕택으로 인간적인 덕행의 윤리적인 계율에서 초인간적인 도덕의 계율이 됩니다.

이방인 여러분! 여러분은 여러분 나라의 위인들을 신이라고 선포하고, 그들을 여러분이 올림포스에 가득 채워놓는 비실제적인 수많은 신들 축에 끼게 하는 습관을 가지고 있습니다. 여러분은 여러분이 믿을 수 있는 무엇인가를 가지기 위해서 그 모든 신들을 여러분이 만들어 가졌습니다. 그것은 믿음이 사람의 항구적인 상태이고 불신은 비정상적인 우연한 일이기 때문에 믿음이 필요한 것과 같이 사람에게는 종교가, 하나의 종교가 필요하기 때문입니다. 그런데 여러분이 신의 지위에 올려놓은 저 사람들이 언제나 다만 인간적인 가치만이라도 가지고 있어서 그런 것은 아닙니다. 그들의 위대함이 난폭한 힘이나 그들의 능숙한 간계나 또는 그 어떤 방법으로 얻은 힘에서 오기 때문입니다. 그래서 그들이 초인적인 특성으로 가지고 가는 것이 현인이라면 있는 그대로를 보는 비참한 것들입니다. 즉 걷잡을 수 없는 감정의 타락입니다. 사실을 말하자면, 그들의 명상적이고 고결한 정신으로 본능적으로 느낀 최고의 존재를 직관하는데 성공했고, 또 동물적인 인간과 천주성 사이에 적극적인 중개인이 된 저 위대한 인물 중 **다만 한 사람도** 여러분의 가공의 올림포스에 모실 줄을 알지 못했다는 사실이 이것을 증명합니다. 추론하는 철학자, 진짜 위대한 철학자의 정신에서 참 하느님을 흠숭하는 진짜 믿는이의 정신까지의 간격은 한 걸음밖에 없습니다. 반면에 믿는이의 정신에서 교활한 사람이나 폭군이나 오직 물질적인 용맹만을 가진 사람의 **자아**까지에는 큰 간격이 있습니다. 그런데도 여러분은 여러분의 올림포스에 그들의 생활의 덕행으로, 인간 대중보다 하도 높이 올라가서 정신의 나라에 가까이 간 사람들을 모시지 않고, 여러분이 잔인한 지배자로 무서워한 사람들이나, 여러분이 비굴한 노예근성으로 아부한 사람들이나, 또는 인생의 목적과 목표같이 보이는 여러분의 비정상적인 욕망에 대해서 동물적인 본능의 저 자유의 산 모범처럼 우러러본 사람들을 올려 놓았습니다.

그리고 여러분은 실천과 덕 있는 생활을 가르치고 사는 것으로 신성(神性)에 더 가까이 간 사람들은 제쳐놓고, 신들 중에 한 몫 끼게 된 사람들을 부러워했습니다. 이제 나는 정말로 신이 되는 방법을 여러분에게 줍니다. 내가 말하는 것을 행하고 내가 가르치는 것을 믿는 사람은 참다운 올림포스에 올라가 하늘에서 신, 하느님의 자식인 신이 될 것입니다. 그 하늘에는 어떤 종류의 부패도 없고, 사랑이 유일한 계율입니다. 그 하늘에서는 사람들이 정신적으로 서로 사랑하고, 여러분의 종교에서 일어나는 것과 같이 거기 사는 사람들을 서로 원수가 되게 하는 관능의 둔함과 계략이 없습니다.

나는 여러분에게 요란스럽게 영웅적인 행위를 요구하러 오지 않았습니다. 나는 여러분에게 '짐승들 같이 살지 말고, 영혼과 이성이 있는 인간들처럼 사시오.' 하고 말하려고 왔습니다. 여러분을 창조하신 분의 나라 안에서 여러분 안에 있는 불멸의 부분으로 살, 실제로 살 자격을 얻도록 생활하시오. 나는 생명입니다. 나는 생명으로 가는 길을 여러분에게 가르치려고 왔습니다. 나는 여러분 모두에게 생명을 주려고, 여러분에게 생명을 주어 여러분을 여러분의 죽음과 여러분의 죄와 우상숭배의 무덤에서 다시 살아나게 하려고 왔습니다. 나는 자비입니다. 나는 여러분을 부르려고, 여러분 모두를 불러 모으려고 왔습니다. 나는 구세주 그리스도입니다. 내 나라는 이 세상의 것이 아닙니다. 그렇지만 나를 믿는 사람을 위하여는 이 세상에서 사는 때부터 그의 마음에 나라가 하나 생겨나는데, 그것은 하느님의 나라, 여러분 안에 있는 하느님의 나라입니다.

내게 대해서 나라들 사이에 정의를 가져올 사람이라고 말했습니다. 사실입니다. 모든 나라의 시민들이 **내가 가르치는대로** 하면 증오와 전쟁과 억압이 끝날 것이니까요. 내게 대해서 죄인들을 저주하려고 목소리를 높이지 않고, 그들의 부적당한 생활 방식으로 부러진 갈대와 연기가 나는 심지 같은 사람들을 파멸시키기 위하여 손을 들지 않을 것이라고 말했습니다. 사실입니다. 나는 구세주입니다. 그래서 나는 쓰러져가는 사람들을 튼튼하게 하고, 연료가 없어서 심지에서 연기가 나는 사람들에게 기름을 주기 위해 왔습니다. 내게 대해서 소경들에게 눈을 뜨게 하고 죄수들을 감옥에서 꺼내주고, 감옥의 어두움속에 있는 사람들에게 빛을 주는 사람이라고 말했습니다. 사실입니다. 가장 눈이 먼 소경들은 영혼의 눈을 가지고도 빛, 즉 참 하느님을 보지 못하는 사람들입니다. 나는 세상의 빛입니다. 나는 사람들로 하여금 보게 하려고 왔습니다. 가장 단단히 잡힌 죄수들은 그들의 나쁜 정열이라는 감옥에 갇힌 사람들입니다. 다른 사슬은 어느 것이든지 죄수가 죽으면 풀어집니다. 그러나 악습의 사슬은 육체가 죽은 후에도 그대로 남아 있어 묶어놓습니다. 나는 그 사슬들을 풀러왔습니다.

나는 이교주의가 우상숭배의 무더기 밑에 씌워 질식시키는 모든 사람을 하느님에 대한 무지라는 지하감옥의 어두움에서 꺼내 주려고 왔습니다. 빛과 구원으로 오시오. 내 나라가 참된 나라이고 내 율법은 좋은 것이니, 내게로 오시오. 내 율법은 여러분에게 한분뿐이신 하느님과 여러분의 이웃을 사랑하라고만 요구하고, 따라서 우상들과 여러분을 마음이 냉혹하고 비정한 사람, 관능적이고 도둑질을 하고 살인을 하는 사람이 되게 하는 열정을 버리라고 요구합니다.

세상은 이렇게 말합니다. '가난하고 약하고 외로운 자를 억압하자. 힘이 우리의 권리가 되고, 냉혹이 우리 존재의 바탕이 되고, 비타협과 증오와 잔인성이 우리의 무기가 되게 하자. 의인은 반항을 하지 않으니, 그를 밟아 버리자, 목소리가 약한 과부와 고아를 압제하자' 하고. 나는 이렇게 말합니다. 지극히 온화하고 너그러우며, 여러분의 원수를 용서해 주고, 약한 사람들을 구제하시오. 팔고 사는 데 공정하고, 여러분이 권리를 가지고 있는 때에도 관대하시오. 그렇지 않아도 고통을 당하는 사람들을 여러분의 권력을 이용해서 억누르지 마시오. 원수를 갚지 마시오. 여러분을 보호하는 일을 하느님께 맡기시오. 여러분의 모든 경향을 조절하시오. 절제는 정신적인 힘의 증거인데, 사욕(邪慾)은 약함의 증거이기 때문입니다. 짐승같이 되지말고 사람이 되시오. 그리고 너무 밑으로 내려가 다시 일어날 수가 없지 않을까 하고 걱정하지 마시오.

나 여러분에게 분명히 말합니다. 흙탕물도 해에 증발되어서 다시 깨끗해질 수 있고, 끓으면 깨끗해지고, 햇볕이 내리쬐게 하기만 하면 하늘로 올라가서 깨끗한 물과 유일한 이슬로 다시 떨어지게 됩니다. 이와 마찬가지로 영들이 하느님이라는 큰 빛에 가까이 가서 '저는 죄를 지었습니다. 그러나 빛이신 당신을 갈망합니다' 하고 그분께 부르짖으면, 깨끗하게 되어 그들의 창조주께로 올라가는 영들이 될 것입니다. 여러분의 생활로 생명을 얻기 위한 돈을 만들어서 죽음의 공포를 없애시오. 더러워진 옷과 같이 과거를 벗어버리고 덕행의 새 옷을 입으시오.

나는 하느님의 말씀입니다. 그래서 하느님의 이름으로 여러분에게 말합니다. 하느님을 믿고 착한 뜻을 가지며, 과거를 뉘우치고 미래를 위하여 바른 의향을 가진 사람은 히브리 사람이건 이방인이건 하느님의 자식이 되고 하늘 나라를 차지할 것입니다. 내가 처음에 '누가 메시아입니까?' 하고 여러분에게 말했습니다. 이제 여러분에게 말합니다. 여러분에게 말하고 있는 내가 메시아입니다. 그리고 내 나라를 여러분이 받아들이면 내 나라가 여러분의 마음속에 있습니다. 그런 다음 하늘에 있을 것인데, 여러분이 내 가르침을 꾸준히 따를 줄 알면, 내 나라의 문을 여러분에게 열어 주겠습니다. 메시아는 이런 것이고, 그 이상의 아무 것도 아닙니다. 메시아는 영적인 나라의 왕이며, 그의 희생으로 착한 뜻을 가진 모든 사람에게 그 나라의 문을 열어 줄 것입니다."

예수께서는 말씀을 끝마치셨다. 그리고 둑에서 호숫가로 가는 작은 층계로 해서 떠나시려고 한다. 아마 불완전한 부두 근처에서 앞뒤로 흔들리고 있는 베드로의 배로 가시려는 것같다. 그러나 갑자기 돌아서시며 군중 가운데를 바라보시면서 외치신다. "누가 그의 영과 육체를 위해서 나를 불렀소?"

아무도 대답하지 않는다.

예수께서는 질문을 되풀이 하시고, 그 찬란한 눈을 들어 길 위에서

뿐 아니라 저 아래 모래톱 위에서도 당신 뒤를 에워싸고 있는 군중을 바라보신다. 또 대답이 없다.

마태오가 지적한다. "선생님, 이 순간에 선생님의 말씀에 감동해서 얼마나 많은 사람이 선생님을 열망하는지 모릅니다…."

"아니다. 한 영혼이 '불쌍히 여기십시오' 하고 외쳤고, 나는 그 외침을 들었다. 그래서 너희들에게 그것이 참 말이라는 것을 말하기 위해 나는 그에게 이렇게 대답한다. '당신 마음의 충동은 올바른 것이니, 당신이 청하는대로 되기를 바라오' 하고." 그리고 크고 장엄하신 예수님은 호숫가를 향하여 명령조로 손을 내미신다.

예수께서는 다시 작은 계단 쪽으로 가려고 하신다. 그러나 앞에 쿠자가 있다. 그가 어떻게 배에서 내려왔다는 것은 알 수 있다. 쿠자는 몸을 많이 굽혀 인사를 한다. "여러 날째 선생님을 찾았습니다. 여전히 선생님을 찾아 호수를 한 바퀴 돌았습니다. 선생님, 급히 말씀드릴 일이 있습니다. 제 집의 손님이 되어 주십시오. 많은 친구들이 저와 같이 있습니다."

"어제 나는 티베리아에 있었소."

"그 말씀은 들었습니다. 그러나 저는 혼자가 아닙니다. 맞은편 기슭으로 가는 저 배들을 보시지요. 여러 사람이 선생님을 뵙고 싶어합니다. 그들 중에는 선생님의 제자들도 있습니다. 제발 요르단강 건너에 있는 제 집으로 오십시오."

"쿠자, 그것은 무익한 일이오. 나는 당신이 내게 무슨 말을 하고 싶어하는지 알고 있소."

"주님, 오십시오."

"병자들과 죄인들이 나를 기다리고 있소. 나를 봐 주시오…."

"선생님의 이익을 위한 고민으로 병든 저희들도 선생님을 기다리고 있습니다. 그리고 육체적으로 고통을 당하는 사람들도 있습니다.…."

"당신은 내 말을 들었소? 그런데 왜 간청하는 거요?"

"주님, 저희들을 물리치지 마십시오. 저희들은…."

한 여자가 군중을 헤치고 나왔다. 이제는 내가 히브리 사람들의 옷을 잘 알고 있기 때문에 그 여자가 히브리 여자가 아니라는 것을 알겠고, 그의 옷이 정숙한 여자의 옷이 아니라는 것도 알겠다. 그러나 그의 얼굴모습과 너무 선정적인 그의 매력을 가리기 위하여 그의 넓은 옷과 연한 파란 빛깔의 긴 베일로 온몸을 감쌌다. 그러나 그의 옷은 그의 매우 아름다운 팔을 드러나게 한 그 모양 때문에 선정적이다. 그 여자는 땅에 털썩 엎드려 예수의 옷을 만질 때까지 기어 와서 손가락으로 옷을 잡고 그 가장자리 술장식에 입맞춤 한다. 그 여자는 울고 흐느낀다.

쿠자에게 "당신들은 잘못 생각하고 있소. 그리고…"하고 대답하시려는 참이던 예수께서는 눈을 내리뜨시고 말씀하신다. "나를 부른 것이 당신이었소?"

"예… 그리고 저는 제게 베풀어 주신 은혜를 받을 자격이 없습니다. 저는 영으로 주님을 부르지도 말아야 했습니다. 그러나 주님의 말씀이… 주님, 저는 죄녀입니다. 제가 베일을 벗으면, 여러 사람이 제 이름을 말할 것입니다. 저는… 창녀입니다…. 그리고 아기를 죽였습니다…. 그리고 타락으로 인해서 병이 들었습니다. 저는 엠마오에 갔었고, 보석을 하나 드렸었는데… 제게 돌려 주셨습니다…. 그런데 주님의 눈길 중의 하나가 제 마음속에 들어왔습니다…. 저는 주님을 따라 왔습니다…. 주님은 말씀을 하셨습니다. 저는 주님의 말씀을 간직하고 있습니다. '저는 진흙탕입니다. 그러나 저는 빛이신 주님을 갈망합니다.' 저는 이렇게 말씀드렸습니다. '제 영혼을 고쳐 주십시오. 그런 다음 원하시면 제 육체를 고쳐 주십시오.' 주님, 제 육체는 고쳐졌습니다…. 그러면 제 영혼은요?…."

"당신의 영혼도 당신의 뉘우침 때문에 고쳐졌소. 가시오. 그리고 다시는 절대로 죄짓지 마시오. 당신의 죄는 사해졌소."

여자는 다시 예수의 옷자락에 입맞춤하고 일어난다. 그렇게 하는데 베일이 흘러내렸다.

"갈라찌아! 갈라짜아!" 하고 여럿이 외치더니 욕을 하고 자갈과 모래를 집어 여자에게 던진다. 여자는 몸을 숙인 채 겁을 집어먹고 그대로 서 있다.

예수께서는 엄한 눈으로 손을 드신다. 그리고 조용하라고 명령하신다. "왜 이 여인을 모욕합니까? 이 여인이 죄녀일 때는 당신들이 그렇게 하지 않았습니다. 그런데 이 여인이 자신의 죄를 갚는 지금 왜 그렇게 합니까?"

"그 여자가 그러는 건 늙고 병들었기 때문입니다" 하고 여럿이 경멸의 눈으로 바라보며 말한다.

사실은 그 여자가 비록 아주 젊지는 않지만 그들이 말하는 것처럼 조금도 늙었거나 추하지는 않다. 그러나 군중은 이런 것이다.

"내 앞으로 지나가서 배 안으로 내려가시오. 다른 길로 해서 당신 집에 데려다 주겠소" 하고 명령하시고, 제자들에게 말씀하신다. "이 여인을 너희가 둘러싸고 데려다 주어라."

그러나 어떤 비타협적인 이스라엘 사람이 흥분시킨 군중의 분노가 전적으로 예수께로 돌려져서, 그들은 이렇게 외치며 말한다. "저주받은 사람! 가짜 그리스도! 창녀들의 보호자! 창녀들을 보호하는 사람은 그들을 승인하는 것이다. 그 이상이다! 그는 창녀들을 즐기기 때문에 승인하는 거다" 하는 말과 이와 같은 종류의 다른 말들을 사람들이 외치는데, 외친다기보다는 오히려 짖는다. 그 말들은 특히 어떤 계급에 속해 있는지 알 수 없는 광신자의 작은 무리에게서 온다. 그리고 소리를 지르면서 축축한 모래를 한 줌씩 집어 던지니, 모래가 예수의 얼굴을 세게 맞힌다.

예수께서는 팔을 들어 항의하지 않으시고 뺨을 닦으신다. 그 뿐 아니라, 당신을 위하여 반항하려고 하는 쿠자와 다른 몇몇 사람을 손짓으로 막기까지 하시며 말씀하신다. "가만 내버려 두시오. 한 영혼을 구하기 위해서는 훨씬 더 한 것도 참아 견디겠소! 나는 용서하오!"

선샌님 곁을 잠시도 떠나지 않았던 안티오키아 사람 제논은 이렇게 외친다.

"이제는 정말 선생님이 누구신지 알았습니다! 참 하느님이시고, 가짜 연설가가 아니십니다! 그리이스 여자가 말한 것이 사실입니다! 온천장에서 하신 선생님의 말씀에는 제가 실망을 했었는데, 이 말씀에는 마음이 끌렸습니다. 기적은 저를 놀라게 했는데, 모욕에 대한 선생님의 용서는 제 마음을 사로잡았습니다. 선생님, 안녕히 계십시오! 저는 선생님 생각을 하고, 선생님의 말씀을 곰곰이 생각하겠습니다."

"안녕히 가시오. 빛이 당신의 마음을 비추기를 바랍니다."

그들이 부두로 가는 동안, 그리고 제방 위에서는 로마인들과 그리이스인들이 한편이 되어 이스라엘 사람들과 싸우고 있는 동안 쿠자는 다시 조른다.

"몇 시간 동안만 와 주십시오. 이것은 필요한 일입니다. 저 자신이 다시 모셔다 드리겠습니다. 선생님은 창녀들에 대해서는 친절하시면서, 저희들에게는 냉혹하고자 하십니까?"

"좋소, 가겠소. 사실은 이것이 필요하오…." 예수께서는 벌써 배에 올라가 있는 사도들에게로 몸을 돌리시고 말씀하신다. "먼저들 가거라. 내가 너희들을 따라가겠다…."

"혼자 가십니까?" 하고 베드로가 별로 만족스럽지 않아서 묻는다.

"쿠자와 같이 간다…."

"흠! 그럼, 저희들은 가면 안 됩니까? 왜 그 사람이 친구들과 같이 선생님을 모시겠다고 합니까? 왜 가파르나움에 오지 않았습니까?"

"우리는 가파르나움에 갔었소. 당신들은 거기 없었소."

"당신들은 우리를 기다리기만 하면 되는 건데요. 그 뿐인데요!"

"오히려 우리는 당신들을 뒤쫓아 왔소."

"이제 가파르나움으로 오시오. 선생님이 당신에게로 가셔야 하오?"

"시몬의 말이 옳습니다" 하고 다른 사도들이 말한다.

"아니, 왜 선생님께서 나와 같이 가시는 것을 당신들은 원치 않소? 혹 선생님께서 내 집엘 처음 오시는 거요? 혹 당신들이 나를 알지 못하오?"

"당신이야 물론 잘 알지요. 우리가 모르는 건 다른 사람들이오. 그 뿐이오."

"그런데 뭘 염려하오? 내가 선생님의 원수들의 친구일까봐 염려하오?"

"나는 아무 것도 모르겠소. 나는 예언자 요한의 최후를 기억하는 거요!"

"시몬! 당신은 나를 모욕하는구려. 나는 신의가 두터운 사람이오. 나는 선생님의 머리카락 한 오리라도 사람들이 빼앗아 가기 전에 내 몸이 꿰뚫리게 하겠소. 선생님, 저를 믿으셔야 합니다. 제 검이 선생님을 지킵니다…."

"여보시오!… 그들이 당신을 꿰뚫는다고… 그게 무슨 소용이 있겠소? 그 다음에는… 나는 그걸 믿소. 당신은 믿어요…. 그러나 당신이 죽고 나면, 선생님의 차례가 될 거요. 나는 당신 검보다 내 노를 더 낫게 여기고 내 보잘 것없는 배를 낫게 여기오. 그리고 특히 선생님을 섬기는 우리의 소박한 마음을…."

"그러나 나와 함께 마나헨도 있소. 당신은 마나헨은 믿소? 그리고 당신이 아는 바리사이파 사람 엘르아잘, 그리고 회당장 티몬과 나타나엘 벤 파다도 있소. 당신은 그를 모르지요. 그러나 그 사람은 중요한 지도자인데, 선생님과 말하기를 원하오. 그리고 대 헤로데의 총신(寵臣)이었던 안티파트리다의 안티파라는 별명을 가진 요한도 있소. 그 사람은 나이가 들고 권력이 있으며, 가하 계곡 전체의 소유주요, 그리고…."

"그만하시오! 그만해!… 그럼, 나도 가겠소…."

"안 되오. 그들은 선생님과 말하기를 원하오…."

"그들이 원한다! 그래, 그들이 누구요? 그들이 원하오? 그런데 나는 원하지 않소. 선생님, 여기 타십시오. 그리고 떠나십시다. 저는 누구에 대해서 말하는 것도 듣고 싶지 않습니다. 저는 저 자신만 믿습니다. 가십시다, 선생님. 그리고 당신은 평안히 가서 그 사람들에게 우리는 방랑자가 아니고, 어디서 우리를 만날 수 있는지 그들이 안다고 말하시오." 그러면서 꽤 무례하게 예수를 민다. 그러는 동안 쿠자는 큰 소리로 항의한다.

예수께서는 마침내 결정하신다. "시몬아, 염려 말아라. 내게 아무 해로운 일도 일어나지 않을 것이다. 나는 그것을 안다. 그리고 내가 거기 가는 것이 좋다. 그것이 내게 좋다. 나를 이해하여라…."

그러면서 마치 "고집부리지 말고 나를 이해하여라. 날더러 거기 가라고 권고하는 이유들이 있다"고 말씀하기 위한 것처럼 그 빛나는 눈으로 시몬을 뚫어지게 들여다 보신다.

시몬은 마지못해 양보한다. 그러나 그는 정복당한 사람처럼 양보한다…. 그렇지만 불만이어서 입속으로 무엇인가 중얼거린다.

"시몬, 안심하고 떠나시오. 나와 당신의 주님을 내가 직접 모시고 돌아오겠소" 하고 쿠자가 약속한다.

"언제요?"

"내일."

"내일이라구?! 한두 마디 말을 하는데 그렇게 시간이 많이 걸리오? 지금은 아침 아홉시와 정오 중간이오…. 저녁 전에 선생님이 우리에게 돌아오지 않으시면, 우리가 당신 집으로 가겠소. 잊지 마시오. 그리고 우리만 가지 않을 거요…." 그리고 그의 의향에 대하여 의심의 여지를 남기지 않는 말투로 이 말을 한다.

예수께서는 베드로의 어깨에 손을 얹으신다. "시몬아, 그들이 내게 해를 끼치지 않을 것이라고 내가 하는데 그러는구나. 네가 내 **참 본성을 안다는 것을 보여라**. 이 말을 내가 하는 것이다. 나는 안다. **그들은 내게 아무 것도 하지 않을 것이다**. 그들은 다만 나와 해명하기를 원하는 것이다…. 가거라…. 그 여자를 티베리아에 데려다 주고, 요안나에게도 들러라. 너는 그들이 나를 배와 병사들로 납치해 가지 않는다는 것을 알 수 있을 것이다…."

"좋습니다. 그러나 **그의** 집은 (그러면서 쿠자를 가리킨다) 저도 압니다. 그 뒤에는 **땅**이 있고, 섬이 아니라는 것을 압니다. 뒤에는 갈갈라와 가마라가 있고, 아에라, 아르벨라, 게라게사, 보즈라, 그리고 펠라와 라모, 그밖에 수많은 다른 도시가 있습니다!…."

"그러나 염려 말라니까 그러는구나! 순종하여라. 시몬아, 내게 입맞춤 하여라. 자! 그리고 너희들에게도." 예수께서는 사도들에게 입맞춤 하시고 강복하신다. 배가 떠나는 것을 보시자 그들에게 외치신다. "내 때가 안 되었다. 그런데 내 때가 오지 않는 동안은 아무 것도 또 아무도 내게 손을 들지 못할 것이다. 벗들아, 잘들 가거라."

예수께서는 눈에 띄게 불안해하고 생각에 잠긴 요안나에게로 몸을 돌리시고 말씀하신다. "이렇게 되는 것이 좋다. 평안히 가거라." 그리고 쿠자에게 말씀하신다. "갑시다. 내가 무서워하지 않는다는 것을 당신에게 보이기 위해서, 그리고 당신을 고쳐 주기 위해서…."

"주님, 저는 병자가 아닙니다…."

"당신은 병자요. 이것은 내가 분명히 하는 말이오. 그리고 당신과 같이 여러 사람도. 갑시다!"

　예수께서는 경쾌하고 호화로운 배로 올라가셔서 앉으신다. 노젓는 사람들은 호수의 끝, 물이 강으로 흘러 들어가기 시작하는 곳의 느낄 수 있는 물의 흐름을 피하기 위하여 우회를 하며 고요한 물 위를 저어가기 시작한다.

출판 허가서
신앙교리성성 제144 / 58 i 호
1994년 6월 21일

하느님이시요 사람이신 그리스도의 시
제6권 공생활 셋째해 (중)

1991년 5월 1일 초판
2025년 4월 30일 12쇄

저　자　마리아 발또르따
　　　　(Maria Valtorta)
역　자　안 응 렬
추　천　파 레 몬 드 (현우)
　　　　(Fr. Raymond Spies)
발행자　한상천
발행소　가톨릭 크리스챤

142-806 서울 강북구 미아9동 103-127
전　화　　987-9333
ＦＡＸ　　987-9334
등　록　　1979 .10.25 제7-109호
우리은행　1002-533-493419 한상천

값 35,000원

□허가없이 이 책을 전재. 일부를 복사할 수 없습니다.
□통신판매 02) 987-9333로 하시면 됩니다.

수덕 · 신비 신학 (전 5권)

아돌프 땅끄레 지음 / 정대식 옮김
<우리 그리스도인의 신앙생활 지침서>

....

제1권 그리스도적 생명

수덕·신비 신학의 고유한 목적은 그리스도적 생명의 완성에 있다. 그리스도적 생명은 바로 하느님의 생명에 참여하는 것이므로, 하느님만이 이 생명의 은총을 우리에게 주신다. 이것은 예수님의 생명에 참여하는 것이므로, 곧 예수님이 우리 안에 사시고 우리 또한 예수님 안에 사는 것이다.

제2권 완덕의 삶

모든 그리스도인은 완덕으로 나아가야 할 의무가 있다. 그리스도적 완덕은 자기 생명을 희생하는 사랑에 있다. 완덕은 오직 하느님을 사랑하는데 있으므로 우리를 하느님과 완전하게 일치시킨다.

제3권 정화의 길

완덕의 첫 단계인 정화의 길은 자기 희생과 포기의 길이다. 초보자들이 추구하는 완덕의 목적은 하느님과 일치하기 위해 죄의 기회와 영적 장애물들을 없애는 영혼의 정화를 실천하는데 있다.

제4권 빛의 길

예수님도 세상의 빛이시기에 그 분을 따르는 사람은 어둠 속을 걷지 않으며 사랑하는 하느님의 뜻을 따를 때 행복하다. 그러므로 항상 선을 실천하고 영원한 생명을 얻기 위해 끊임없이 하느님의 도움을 간청해야 한다.

제5권 일치의 길

일치의 길을 걷는 영혼의 목적은 자신 안에 현존하시는 하느님만을 위하여 사는데 있다. 그러므로 우리들의 삶 전체가 하느님 안에서 단순화 되어간다. 고요의 기도는 영혼 가까이에 현존하시는 하느님을 느끼고 맛보게 된다.

저의 묵상(피정)은 언제 했었나?

2000년 대희년(은총의 해)를 지내고,
우리는 희망찬 새 천년을 맞이 하였다.

그러나 우리는,
　　　　우리 가정은,
더구나 나는 세속 일로 바쁘다고 핑계대면서
오늘도 그냥 아무런 변화없이 덤벙덤벙 지냈구나!
노력이 없다 보니,
은총 속에서 새 변화가 있으리 있겠는가?
그나마 다행한 일은,
주일미사 하는 것, (그러나 근무 5일제, 쉬는 신자들)
어쨌든 나는 신앙생활의 전부인양 자위할 수 있었다.

과연 저의 묵상(피정)은 언제 했었나?
　　　　저희 가정의 묵상(피정)은 언제 했었나??
옛 생활을 청산하고 새 생활로 바뀌어야 하는,
새 천년에는 저(저희)부터 새롭게 꼭 변하고 싶다.

과거와 같이〈성가정〉, 습관화된 그 말로만 하지 마라.
이번에는, 참으로〈성가정!〉(작은 교회)을 이루고 싶다.
— 주님, 참회한 각자(가정)의 신앙고백이 되게 하소서!

그래서 여기「예수님과 함께」주님의 메시지 곧 성가정의 메시지를,
평생 동참하는 모든 신자의 각 가정에 전해드립니다.
반드시 먼저 본문을 세 번 반복해서 읽고 난 후,
성서와 같이, 일정에 따라 정성껏 묵상(피정)을 드리자!

1. 예수님의 눈으로 1·2·3·4·5·6·7

2. 예수님의 눈으로 1·2·3·4·5

3. 하느님이시요 사람이신 그리스도의 시 (1~10권)

4. 성 요셉의 생애 (성가정 생활)

5. 수덕신비신학 (그리스도인의 삶 / 1~5권)
　　　아돌프 땅끄레 지음 · 정대식 신부 옮김
　　　★ 완덕의 삶—나의 정화의 길, 빛의 길, 일치의 길

▶ 구매 연락처: (02) 987-9333　　　크리스챤 출판사

▶ 성 바오로 서원, 바오로 딸(전국 서점),
　가톨릭 출판사 영업부(명동 보급소, 수원 지사, 미주 지사, 캐나다 지사)